1982 年
《联合国海洋法公约》
评　注

第二卷

原书主编：萨切雅·南丹　沙卜泰·罗森
中译本主编：吕文正　毛　彬

海洋出版社

2014 年 · 北京

图书在版编目（CIP）数据

1982 年《联合国海洋法公约》评注. 第 2 卷/（斐济）南丹（Nandan，S. N.），（以）罗森（Rosenne，S.）主编；吕文正，毛彬译. —北京：海洋出版社，2014.7

书名原文：United nations convention on the law of the sea 1982 a commentary

ISBN 978 - 7 - 5027 - 8923 - 7

Ⅰ. ①1… Ⅱ. ①南… ②罗… ③吕… ④毛… Ⅲ.①海洋法 – 国际公法 – 研究 Ⅳ.①D993.5

中国版本图书馆 CIP 数据核字（2014）第 148303 号

图字：01 - 2014 - 4231

责任编辑：方 菁

责任印制：赵麟苏

海洋出版社 出版发行

http://www.oceanpress.com.cn

北京市海淀区大慧寺路 8 号 邮编：100081

北京旺都印务有限公司印刷 新华书店北京发行所经销

2014 年 7 月第 1 版 2014 年 7 月第 1 次印刷

开本：787 mm×1092 mm 1/16 印张：62.25

字数：1400 千字 定价：180.00 元

发行部：62132549 邮购部：68038093 总编室：62114335

海洋版图书印、装错误可随时退换

本卷献给所有曾代表国家和国际组织参加海底委员会和联合国第三次海洋法会议的朋友和同事们，他们的献身精神和毅力为《联合国海洋法公约》的诞生作出了大量的贡献。

1982 年《联合国海洋法公约》评注

麦隆·诺德奎斯特　主编

萨切雅·南丹　沙卜泰·罗森　总编

尼尔·格兰迪　助理编辑

马修·艾伦　编辑助理

截至目前本系列丛书已出版以下各卷：

※　※　※

本系列丛书第六卷将包括第一委员会、第一三三条至第一九一条、附件三和附件四、最后文件附件一、决议二，其中还包括有关筹备委员会和有关执行《公约》第十一部分的执行协定的信息。最后一卷将包括本系列丛书一个全面的主题索引、条约的综合清单、案例和附录，以及更多的参考材料。

《1982 年 <联合国海洋法公约 > 评注》
编译人员名单

主　编：吕文正　毛　彬

审　定：毛　彬　吕文正

翻　译：焦　健　焦永科　徐贺云　梁凤奎

　　　　杨亚峰　万芳芳　王　琦

弗吉尼亚大学法学院海洋法律和政策中心

1982 年《联合国海洋法公约》评注

第二卷

第一条至第八十五条
附件一、二
最后文件附件二

主　　编：萨切雅·南丹　　沙卜泰·罗森
助理编辑：尼尔·格兰迪

编者的话

　　《1982年<联合国海洋法公约>评注》（以下简称《评注》）在联合国原负责海洋法事务的副秘书长、国际海底管理局原秘书长南丹大使的倡导下，由美国弗吉尼亚大学法学院海洋法律和政策中心编撰、出版。《评注》为系列丛书，共分七卷，由南丹大使任丛书的总编辑。《评注》是研究《联合国海洋法公约》（以下简称《公约》）的权威著作，为《公约》的每一个条款和相关文件提供了必要的法律渊源和翔实的历史史料，并以评注的方式加以客观的分析，以求对《公约》的广泛理解。

　　《评注》第二卷是本系列丛书第三部最具实质性评论的一卷，由南丹大使亲自担任卷主编。该卷对《公约》第一条至第八十五条、附件一和附件二以及最后文件附件二进行了逐条评注，内容包括领海和毗连区、用于国际航行的海峡、群岛国、专属经济区和大陆架制度等方面制度，涉及《公约》中解决沿海国在国家管辖海域内的权利和义务，以及其他国家在这些区域内行使社会自由的权利和义务的广泛问题。研究《公约》这一部分的条款及相关附件和文件对《公约》的全面理解具有重要意义。

　　为纪念《公约》开放签字30周年，在国家海洋局国际合作司的组织下，在国家海洋局第二海洋研究所的大力协助和支持下，我们翻译出版《1982年<联合国海洋法公约>评注》第二卷，旨在帮助了解《公约》在起草过程中和在历次会议上对这一部分的条款及相关附件和文件的争论焦点和协商结果，追根溯源厘清认识，为我国从事海洋法学研究和教学工作提供参考。

　　翻译和编辑本书的原则是力求准确、尊重历史。本卷所涉及的文件是在不同的时期产生和通过的，个别地方所采用的表达方式和数字形式不尽相同，为尊重历史，在中译本中仍保持原貌。同时，考虑到原书资料来源中的文件国内大多没有馆藏，也没有中文译本，因此，为便于读者查阅，译文的资料来源和脚注中所涉会议名称、文件名、书名、作者名等都保持原文；脚注序号也按照原书章节中的序号编排。另外，该卷在不同的章节中对《公约》的全称有所不同。虽然《公约》已有中文本，并具有法律效力，但考虑到在不同历史时期产生的文件的真实性，仍按原书翻译。对个别有歧义的地方，除反复查阅历史资料外，还请教了国内外有关专家和当事人，以免误译或误导。

尽管如此，由于本书文字数量巨大，涉及的内容浩繁，加之编、译者水平有限，错误与疏漏之处在所难免，欢迎读者批评指正。

本书的翻译得到国家海洋局陈连增副局长和国际合作司张占海司长的指导，以及中国大洋矿产资源研究开发协会金建才秘书长和时任国际海底管理局高级法律顾问张克宁博士的大力帮助；国家海洋局国际合作司梁凤奎副巡视员和杨亚峰副处长对本书的翻译和出版工作做了大量的组织和协调工作，对此，一并表示衷心的感谢。

感谢 BRILL 出版社授权在中国翻译并出版该丛书第二卷的中译本。

编者
2013 年 12 月

序

　　弗吉尼亚大学法学院海洋法律和政策中心目前正从事一个项目,旨在提供一个对 1982 年《联合国海洋法公约》(以下简称《公约》)各个条文的制定过程做全面的、客观的和多卷本的分析。这是一个集体性的事业,涉及来自世界各地的 100 多位著名学者和外交官的贡献。这个项目是很独特的,其编者和大部分评注者都直接参与了《公约》条款的协商。评注所依据的是第三次联合国海洋法会议(1973—1982 年联合国海洋法会议)正式文件和非正式文件。此外,国家惯例和国际组织的活动(特别是自 1982 年 12 月 10 日《公约》签署以来的活动)都已反映在评注中,作为《公约》的规定已经被广泛采用。该项目的总体目标是给人们提供一个对《公约》更广泛的理解,从而促进更加可以预见的和平利用海洋的国家行动。评注所采用的方法是仔细叙述协商的历史,追踪《公约》的 320 个条款和 9 个附件的每一条的渊源和演变过程。

　　第二卷将是本系列丛书《1982 年〈联合国海洋法公约〉评注》的第三部具有实质性评论的一卷。第一卷出版于 1985 年,内容包含介绍性材料,《公约》的文本和第三次联合国海洋法会议最后文件,以及对最后文件的评论和序言。第一卷还包括了对协商过程的详细叙述和关于第三次海洋法会议起草委员会的工作。第五卷,包括了争端的解决,一般条款和最后条款(第二七九条至第三二〇条,《公约》附件五、六、七、八、九,和最后文件,决议一、三、四),这些材料于 1989 年才出现。第四卷涉及海洋环境的保护和保全、海洋科学研究,以及海洋开发和海洋技术等方面的问题(第一九二条至第二七八条以及最后文件附件六),这些材料于 1990 年才得到。

　　第二卷涉及了领海和毗连区、用于国际航行的海峡、群岛国、专属经济区和大陆架制度等方面的海洋法问题(《公约》第一条至第八十五条、附件一和附件二以及最后文件附件二),因此该卷涵盖了《公约》中有关沿海国在国家管辖海域内的权利和义务的广泛问题,以及其他国家在领海的外部界限以内和以外这些区域内行使诸如航行的这类活动的社会自由的权利和义务的部分。对第八十六条至第一三二条的评注，第二委员会主持下所协商的剩余条款（即公海、岛屿制度、闭海和半闭海，以及内陆国进出海洋的权利），将出现在本系列丛书的第三卷。

我们愿意再次对不断给予我们这个项目宝贵支持的纽约 Andrew W. Mellon 基金会表示深切感谢。该基金会的慷慨资助贯穿了整个项目的自始至终。此外，日本东京航运业基金会曾为编者和作者讨论和编写手稿的两次会议提供资金。如果没有这些基金会的支持，该项目就不可能达到如此高的学术水平和对其成功至关重要的世界性的广泛参与。

关于第二委员会条款的初稿是由许多人撰写的。这些稿件为编写本卷中的评注奠定了基础。但是，第二卷最终的文本（即当前文本）应感谢并归功于作为本卷主编的萨切雅·南丹（Satya N. Nandan）和沙卜泰·罗森（Shabtai Rosenne）以及作为助理编辑的尼尔·格兰迪（Neal R. Grandy）。他们在整理本卷的材料时还得到编辑助理马修·艾伦（Matthew C. Allen）的出色协助。在主编的指导下，与弗吉尼亚大学法学院海洋法律和政策中心有关的所有撰稿者都曾与原来的作者和评论者密切合作。特别感谢和归功于这些人对手稿草稿的正式或非正式的评论。

我们感谢联合国秘书处法律事务厅海洋事务和海洋法司（原为办公室）对本项目持续不断的积极支持。第二卷主编萨切雅·南丹本人曾在 1983 年至 1992 年期间担任该办公室主任，在此期间他为联合国副秘书长和秘书长特别代表。随着联合国秘书处在 1992 年 1 月改组，这个办公室的前身作为海洋事务和海洋法司纳入法律事务厅的职责范围。

我们还感谢为我们提供极大的帮助和支持的海洋法律和政策中心的工作人员。该中心行政办公室主任唐娜·甘诺（Donna D. Ganoe），负责该项目的行政和预算问题。与以往各卷一样，祖恩·巴特勒（June W. Butler）承担了手稿文字处理的最繁重的工作。编辑助理尼尔·格兰迪同时担任项目协调员和中心副研究员。编辑助理马修·艾伦也对该中心的计划和方案作出了贡献。

在此还值得一提的是，其他机构和个人也直接或间接地对本卷的编写作出了贡献。在弗吉尼亚大学法学院，国际法和海洋法图书馆管理员玛格丽特·艾科克（Margaret A. Aycock）（至 1991 年）和玛丽·吉列姆（Mary

C. Gilliam）多次帮助获得所需材料。玛莎·特林布尔（Marsha Trimble），该图书馆档案管理员，管理着一个对本项目非常宝贵而全面的海洋法材料档案。

我们还想表达对约翰·史蒂文森（John R. Stevenson）和埃利奥特·理查森（Elliot L. Richardson）的谢意，感谢他们对我们工作继续不断的支持和鼓励。他们对《公约》和本项目的支持对达到这项集体工作所追求的目标是非常宝贵的。

最后，特别感谢多德雷赫特的马蒂努斯·尼伊霍夫出版社的艾伦·史蒂芬斯（Alan D. Stephens）和安纳贝思·罗森博姆（Annebeth Rosenboom），由于他们不断地指导、合作和努力，才使得本卷取得如此的成果。

本卷和在其之前的几卷一样，是许多人以个人身份合作的产物。它不反映这些个人与之有或曾经有联系的任何政府、国际组织或其他机构的立场。

总编　麦隆·诺德奎斯特
于华盛顿哥伦比亚特区
项目主任　约翰·诺顿·摩尔
于弗吉尼亚夏洛茨维尔
1993年6月

前　言

　　本卷所涉内容构成了海洋法的"核心"。它论述了1982年《联合国海洋法公约》涉及有关国家主权或管辖权之下的海洋区域的条款（第二条至第八十五条）。这些条款是通过第三次海洋法会议上的第二委员会协商的。对由第二委员会所处理的其余条款（第八十六条至第一三二条）的评注将载在第三卷。第二委员会的工作是一个整体，而统一的主题分布在两卷里仅仅是为了方便而已。

　　本卷导言（如下）描述了第二委员会对处理一般海洋法条款的方式方法，以及这种工作方式对实体法发展的影响。第二委员会的工作对整个海洋法会议都发挥了至关重要的影响。

　　本卷的每项评注都遵循前几卷的既定格式，即先给出了《公约》的条文，然后列出了一个与该条文有关的法律文献清单。清单分成几个部分，适当时引用了第一次海洋法会议（1958年）和第二次海洋法会议（1960年）的文件，第三次海洋法会议的正式资料来源（以海底委员会开头），起草委员会达成一致的文件，以及非正式资料来源。每个条款的发展情况，都按时间顺序，简述背景，然后按第三次联合国海洋法会议逐次会议的演变过程来叙述。如果条款有多个主题或假设，专题讨论就会出现在评注的最后几段。

　　关于文件的说明（如下）解释了一般的会议文件系统，以及正式文件和非正式文件之间的区别。

　　在此项集体工作中，有许许多多个人为本书的成书作出了贡献。我们想借此机会，正式感谢他们的贡献，并代表海洋法评注项目与海洋法律和政策中心（海洋中心）再次对他们的努力表示感谢。

　　这些评注的初稿分别由如下人员编写：第一部分（第一条）由海洋中心内部人员编写；第二部分（第二条至第十四条）由林司宣编写、第二部分（第十五条）由芭芭拉·克维亚特科夫斯卡和艾力克斯·克欧德·埃尔佛林克编写、第二部分（第十六条）由海洋中心内部人员编写；第二部分（第十七条至第三十三条）、第三部分（第三十四条至第四十五条）和第四部分（第四十六条至第五十四条）全由霍勒斯·小罗伯逊编写；第八部分（第五十五条至第七十三条）由威廉·伯克编写；第五部分（第七十四条）由芭芭拉·克维亚特科夫斯卡和艾力克斯·克欧德·埃尔佛林克编写；第五部（第七十五条）由海洋中心内部人员编写；第六部分（第七十六条）由多利弗·纳尔逊编写；第六部分（第七十七条至第八十二条、第八十四条和第八十五条）由海洋中心内部人员编写；第六部分（第八十三条）由芭芭拉·克维亚特科夫斯卡和艾力克斯·克欧德·埃尔佛林克编写；《公约》附件一和附件二以及最后文件附件二由海洋中心内部人员编写。

这些初稿为本卷编者的整个评注的编撰工作奠定了极其有益的基础。这个过程包括大量的重新编写和相当可观的格式上的统稿，以确保与其他各卷的一致性，并与整个《公约》内部的前后连贯。在这项工作中，本卷编者得到了海洋中心工作人员积极的协助。这里想特别感谢尼尔·格兰迪，他参加了本卷编者的会议，并对本卷的编写提出许多实质性的技术性贡献。还应该特别提到的是马修·艾伦，他与所有的编辑一道工作，并在实质内容和风格上提出了大量问题，从而使手稿得以进一步改善。如果没有这两个人的贡献，不仅本书结构上的调整将是不可能的，而且形式上如此高雅的最后手稿也不可能产生。

为确保评注的客观和全面，部分手稿被送往下列人员审查：戴维·安德森、阿兰·贝克、艾伦·比斯利、帕特里夏·伯尼、威廉·伯克、乌戈·卡米尼奥斯、陈德恭、哈希姆·贾拉尔、弗洛伦蒂诺·费利西亚诺、马丁·格拉斯纳、加布里埃尔·戈茨奇、林司宣、弗朗西斯·海斯、井口武夫、伊藤信明、科马尔·坎塔特马贾、许东美、阿纳托利·科罗多金、阿卜杜勒·科罗马、芭芭拉·克维亚特科夫斯卡、胡利奥·塞萨尔·卢皮纳奇、埃罗·曼纳、莫克塔尔·库苏－阿特马贾、多利弗·纳尔逊、弗兰克·恩坚加、伯纳德·奥克斯曼、雷纳尔·多波尔、阿帕德·普兰德勒、维克托·普雷斯科特、让－皮埃尔·昆努代克、阿什利·罗奇、贺拉斯·罗伯逊、小阿特米·萨基里安、米兰·萨霍维奇、斋贺富美子、阿方索·阿里亚斯、施赖贝尔、塔利奥·斯科瓦齐、罗伯特·史密斯、约翰·史蒂文森、菲利普答·西蒙斯、弗朗西斯科·奥雷戈比库尼亚、丹尼尔·维涅斯、约瑟夫·瓦里奥巴、亚历山大·扬科夫、何塞·安东尼·伊图里亚加。我们感谢那些提交了意见的人，在编写最后的文本时我们都慎重考虑了这些意见。

我们还赞赏一些国际组织的合作，它们对我们提出的有关资料的要求给予认真的回应。这些组织包括国际原子能机构、国际民航组织、国际海道测量组织和国际海事组织。

编者们想特别指出多利弗·纳尔逊的贡献。他拥有非常宝贵的信息资料来源，作为起草委员会秘书，他为解决《公约》及其立法史上模糊不清的问题提供了指导。他参加了本卷编者们的多次会议。

我们还特别感谢英格里德·罗宾斯，他曾连续担任三届联合国副秘书长的海洋法助理。她对海洋法会议档案的了解在查找海洋法会议文件中对编者起到了宝贵的作用，否则有关资料就不会查到。

1985 年至 1992 年期间，编者和主要撰稿人会议在下列地点举行：葡萄牙卡斯卡伊斯（1990 年）、华盛顿州西雅图（1988 年）、荷兰诺德韦克河畔齐（1989 年）和海牙、北卡罗莱纳州达勒姆（1987 年）、弗吉尼亚夏洛茨维尔、纽约和华盛顿特区。这些会议对评注的编写是必不可少的。

最后的手稿由卷编者和助理编辑完成，以个人身份行事，他们与主编合作承担最后文本的责任。

萨切雅·南丹、沙卜泰·罗森

于弗吉尼亚夏洛茨维尔

1993 年 6 月

第二卷主要撰稿人

威廉·伯克（WILLIAM T. BURKE）是华盛顿大学法学和海洋事务教授，20 多年来，一直指导该校的法律和海洋事务法学硕士的教学计划。他曾以美国代表团专家成员的身份参加了海底委员会会议（1972—1973 年）和第三次海洋法会议初期的会议（1974—1976 年）。伯克教授曾作为各种身份的海洋事务顾问，包括作为美国国务院海洋事务咨询委员会成员、美国机构间特别工作组海洋法咨询委员会成员和国家科学院海洋政策委员会成员。他是《海洋发展与国际法》（*Ocean Development and International Law*）杂志的创始首位编辑，是关于海洋事务的许多出版物，特别是渔业管理和监管方面的出版物的作者。伯克教授具有很多的专业背景，其中包括作为国际法协会和美国国际法学会成员的背景。

林司宣（MORITAKA HAYASHI）是联合国法律事务厅海洋事务和海洋法司特别干事。林司宣先生于 1971 年参加联合国法律事务厅的工作，受命负责第三次联合国海洋法会议秘书处和国际法委员会工作。在他重新回到联合国秘书处工作之前，曾在 1980—1988 年期间担任日本常驻联合国代表团参赞和公使。他以此身份参加了海洋法会议第九期至第十一期会议。他是国际法律协会的成员，以及美国和日本国际法学会的会员。

巴巴拉·克维亚特科夫斯卡（BARBARA KWIATKOWSKA）是荷兰乌得勒支大学法学院国际海洋法教授，并担任荷兰海洋法法律研究所副主任（NILOS）。她为美国国际法学会的海洋边界项目作出过贡献。她是关于海洋法问题的无数专著、论文和条款的作者和编者，还是一些国际法律期刊编辑委员会的成员。克维亚特科夫斯卡教授也是国际法协会会员。

萨切雅·南丹（SATYA N. NANDAN），1983—1992 年期间曾任联合国副秘书长和秘书长海洋法特别代表。在这一职位上，他负责监督和促进各国实践在《公约》适用上的统一和协调。作为联合国海洋事务和海洋法司主任，负责国际海底管理局和国际海洋法法庭筹备委员会服务的秘书处工作。

南丹大使率领斐济代表团参加了海底委员会历次会议（1970—1973 年）和第三次联合国海洋法会议历次会议（1973—1982 年）。此外，他是第三次海洋法会议的领导人之一，在一些关键问题上进行了非常积极的协商。作为第二委员会的报告员，他编写了非正式单一协商案文草案第一稿，成为第二委员会后来协商的基础。1975 年，他担任了关于经济区、海上划界和公海的整个工作组的主席。南丹大使还与其他人共同主持了一个非公开、非正式小组，制定了用于通过国际航行的海峡的折中方案。1977年，他被任命为海洋法会议第四协商小组主席，以解决内陆国家和地理不利国参加邻近的专属经济区生物资源的开发问题。南丹大使曾于1978—1979年间担任七十七国集团主席，并主持了关于生产与深海底采矿政策有关的一个非正式小组。他曾担任斐济外交部长，并曾任斐济驻欧洲经济共同体、法国、意大利、卢森堡、荷兰和联合国大使。1992年，他在美国和平研究所作为詹宁斯伦道夫研究员计划的访问学者。他目前担任斐济常驻联合国代表团大使。1993年，他还曾担任联合国跨界和高度洄游鱼类种群会议主席。南丹大使是海洋法评注项目的总编和第二卷和第三卷的卷编者。

多利弗·纳尔逊（DOLLIVER NELSON）服务于联合国法律事务厅海洋事务和海洋法司，是负责国家实践1982年《联合国海洋法公约》的联合国特别干事。自1974年以来，纳尔逊先生一直参与关于海洋法的谈判，曾担任第三次联合国海洋法会议起草委员会秘书。自1982年《公约》通过以后，他一直担任国际海底管理局和国际海洋法法庭筹备委员会执行秘书。他曾被任命为伦敦经济学和政治学学院法律讲师和聘请为加拿大达尔豪西大学客座法律教授。纳尔逊先生还担任国际法协会专属经济区委员会报告员。

亚历克斯·欧德·艾尔佛林克（ALEX G. OUDE ELFERINK）是荷兰乌得勒支大学海洋法研究所副研究员。他的特殊兴趣包括前苏联及其继承国海上划界的研究。他拥有来自阿姆斯特丹大学国际公法硕士学位。

小霍拉斯·罗伯逊（HORACE B. ROBERTSON, JR.）曾于1945年至1976年在美国海军服役，军法署署长退役，海军少将军衔。他是1958年第一次联合国海洋法会议美国代表团的成员，美国参谋长联席会议的海洋法代表，以及1973年最后一次海底委员会筹备会议美国代表团成员。从海军一退役，罗伯逊少将就接受聘请，担任了北卡罗来纳州达勒姆杜克大学法学院的法学教授，他在那里任教直到1990年。在1991—1992学年，罗伯逊教授曾担任位于美国罗得岛的美国海军战争学院查尔斯H·斯托克顿主席。他是美国国际法学会会员。

沙卜泰·罗森（SHABTAI ROSENNE）1948—1983年任以色列出席联大代表团成员；任以色列出席第一次和第二次联合国海洋法会议代表团副团长；1971—1973年曾任以色列派往海底委员会观察员；1973年和1978—1982年任以色列出席第三次联合国海洋法会议代表团团长和起草委员会英语组成员；1962—1971年任国际法委员会成员。1982年以巡回大使之职从外交岗位退休后，任剑桥大学、乌得勒支大学和阿姆斯特丹大学客座教授和弗吉尼亚大学法学院访问学者和客座讲师至今。现为国际法研究所成员、美国国际法协会荣誉会员和该协会奖项获得者。罗森大使曾在国际法院审理的多起案件和国际仲裁案中担任律师。1999年，他被授予曼利·赫德森奖章。他在海洋法评注项目中担任总编和第二卷、第三卷、第四卷和第五卷卷编者。

尼尔·格兰迪（NEAL R. GRANDY）自1984年4月参与海洋法评注项目，担任助理编辑和项目协调员。他一直在与本卷编者密切合作，参与和修改本卷评注。他还在本书的设计和出版上与 Martinus Nijhoff 出版社一道工作。格兰迪先生持有弗吉尼亚大学海洋事务硕士学位，作为海洋法律和政策中心的研究员和副研究员，为该中心项目的计划和方案作出了贡献。

缩略语

Am. J. Int'l L.	American Journal of International Law	美国国际法期刊
AROA	United Nations Office for Ocean Affairs and the Law of the Sea, *Annual Review of Ocean Affairs*: *Law and Policy*, *Main Documents*	联合国海洋和海洋法司《海洋事务年度回顾：法律和政策的主要文件》
Bevans	C. I. Bevans (ed.) *Treaties and Other International Agreements of the United States of America 1776—1949*	C. I. Bevans 编《1776—1949 年美国条约和其他国际协定》
Brit. YB Int'l L.	British Year Book of International Law	英国国际法年鉴
C., Cd., Cmd., Cmnd., Cm.	U. K. Command Papers (1870—1899, 1900—1918, 1919—1956, 1956—1986, 1986—present, respectively)	分别代表 1870—1899 年、1900—1918 年、1919—1956 年、1956—1986 年和 1986 年至今英王敕令书
Can. YB Int'l L	Canadian Yearbook of International Law	加拿大国际法年鉴
C. F. R.	Code of Federal Regulations	联邦行政规章法典
Chicago Convention	Convention on International Civil Aviation (1944)	国际民航公约（芝加哥公约）（1944 年）
COLP Proceedings	*Proceedings*: Annual Seminar of the Center for Oceans Law and Policy	海洋法律与政策中心年度研讨会论文集
CTS	The Consolidated Treaty Series	条约大全
EAS	US Executive Agreement Series	美国行政协定集
EEC	European Economic Community	欧洲经济共同体
EEZ (or E. E. Z.)	Exclusive Economic Zone	专属经济区

FAO	Food and Agriculture Organization of the United Nations	联合国粮农组织
GAOR	General Assembly Official Records	联大正式记录
GESAMP	Group of Experts on the Scientific Aspects of Marine Pollution	海洋环境保护科学联合专家组
ICAO	International Civil Aviation Organization	国际民航组织
ICJ	International Court of Justice	国际法院
ICJ Reports	International Court of Justice: Reports of Judgments, Advisory Opinions and Orders	国际法院《判决、咨询意见和命令汇编》
ICNT	Informal Composite Negotiating Text (1977)	非正式综合协商案文（1977 年）
ICNT/Rev. 1	Informal Composite Negotiating Text, Revision 1 (1979)	非正式综合协商案文第一次修订稿（1979 年）
ICNT/Rev. 2	Informal Composite Negotiating Text, Revision 2 (1980)	非正式综合协商案文第二次修订稿（1980 年）
ICNT/Rev. 3	Informal Composite Negotiating Text, Revision 3 (1980) (also cited as "Draft Convention (informal text)")	非正式综合协商案文第三次修订稿（1980 年）（本书又称"公约草案（非正式文本）"）
Int'l & Comp. L. Quart	International and Comparative Law Quarterly	国际和比较法季刊
ICS	International Chamber of Shipping	国际航运公会
IHO	International Hydrographic Organization	国际水道测量组织
ILC	International Law Commission	国际法委员会
ILM	International Legal Materials	国际法律资料
ILR	International Law Reports	国际法评论
IMCO	Inter-Governmental Maritime Consultative Organization (now the IMO)	政府间海事协商组织（现国际海事组织）

IMO	International Maritime Organization (formerly IMCO)	国际海事组织（前政府间海事协商组织）
IOC	Intergovernmental Oceanographic Commission	政府间海洋学委员会
IOI	P. J. G. Kapteyn et al. (eds.), *International Organization and Integration: Annotated Basic Documents and Descriptive Directory of International Organizations and Arrangements*, (two volumes, in five books (1981—1989))	P. J. G. 卡普坦等编辑，《国际组织和整合》：基本文件注释和国际组织与安排的说明性名录（两卷，共 5 本（1981—1989 年））
ISNT	Informal Single Negotiating Text (1975)	非正式单一协商案文（1975 年）
IWGMP	Intergovernmental Working Group on Marine Pollution	海洋污染国际工作组
LL/GDS	Land-locked and Geographically Disadvantaged States	内陆国和地理不利国
LN	League of Nations	国际联盟
LNTS	League of Nations Treaty Series	国际联盟条约集
London Dumping Convention	Convention on the Prevention of Marine Pollution by Dumping of Wastes and Other Matter (1972)	防止倾倒废物及其他物质污染海洋公约（1972 年）
mimeo.	Mimeographed (used to denote documents issued in mimeographed form only)	（仅以油印形式印发的文件）
Neth. YB Int'l L.	Netherlands Yearbook of International Law	荷兰国际法年鉴
NG4	Negotiating Group 4 (dealing with the right of access of land-locked States, certain developing coastal States and geographically disadvantaged States to the living resources of the exclusive economic zone)	第四协商小组（处理内陆国、某些发展中国家和地理条件不利国家获取专属经济区生物资源的权利问题）

NG5	Negotiating Group 5 (dealing with the settlement of disputes relating to the exercise of sovereign rights of coastal States in the EEZ)	第五协商小组（处理沿海国在专属经济区行使主权权利有关的争端解决问题）
NG6	Negotiating Group 6 (dealing with the question of the outer limits of the continental shelf and the question of revenue sharing)	第六协商小组（处理大陆架外部界限和收益分享问题）
NG7	Negotiating Group 7 (dealing with the delimitation of the maritime boundaries between adjacent and opposite States and settlement of disputes thereon)	第七协商小组（处理海岸相邻国家和海岸相向国家间海洋划界及其争端解决问题）
NILOS YB	Netherlands Institute for the Law of the Sea, *International Organizations and the Law of the Sea*: *Documentary Yearbook*	荷兰海洋法研究所《国际组织和海洋法年鉴》
OAU	Organization of African Unity	非洲统一组织
Ocean Devel. & Int'l L.	Ocean Development and International Law	海洋开发与国际法
Off. Rec.	Official Records (unless otherwise noted, this refers to volumes of the *Official Records* of UNCLOS III)	正式记录（除非另有说明，指第三次海洋法会议正式记录）
Platzöder	R. Platzöder (ed.), *Third United Nations Conference on the Law of the Sea*: *Documents* (Volumes I – XIX)	R. Platzöder 编《第三次联合国海洋法会议文件集》（一至十八卷）
Platzöder, Documents 1975	R. Platzöder (ed.), *Third United Nations Conference on the Law of the Sea*: *Documents of the Geneva Session 1975*	R. Platzöder 编，第三次联合国海洋法会议 1975 年日内瓦会议文件集

Platzöder，Dokumente	*Dokumente der dritten Seerechtskonferenz der Vereinten Nationen*［Materialein-sammlung für die deutshe Seerechts del-egation，Stiftung Wissenschaft und Politik］（29vols.，1976—1982）	第三次联合国海洋法会议文件集［德国海洋代表团材料：基础科学与政治］（29 卷，1976—1982 年），
Platzöder，PrepCom	R. Platzöder（ed.），*The Law of the Sea：Documents* 1983—1989，*Prepara-tory Commission for the International Sea-Bed Authority and for the Interna-tional Tribunal for the Law of the Sea*	R. Platzöder 编，1983—1989 年海洋法会议、海底管理局筹备委员会和国际海洋法庭文件汇编
RGDIP	Revue Générale de Droit International Public	《国际公法概览》
RIAA	［United Nations］Reports of Interna-tional Arbitral Awards	［联合国］国际仲裁裁决报告
RSNT	Revised Single Negotiating Text（1976）	订正的单一协商案文（1976 年）
SBC	Sea-Bed Committee［Committee on the Peaceful Uses of the Sea-Bed and the Ocean Floor beyond the Limits of Na-tional Jurisdiction］	海底委员会［和平利用国家管辖范围以外海床洋底委员会］
SBC Report 1971	Sea-Bed Committee Report 26 GAOR（1971），Supp. No. 21（A/8421）	海底委员会报告，26GAOR（1971 年），Supp. No. 21（A/8421）
SBC Report 1972	Ibid.，27 GAOR（1972），Supp. No. 21（A/8721）	海底委员会报告，27GAOR（1972 年），Supp. No. 21（A/8721）
SBC Report 1973	Ibid.，28 GAOR（1973），Supp. No. 21（A/9021），Volumes I - VI	海底委员会报告，28GAOR（1973 年），Supp. No. 21（A/9021），一至六卷

SOLAS	International Convention on Safety of Life at Sea (1974)	国际海上人命安全公约（1974 年）
Stockholm Conference	United Nations Conference on the Human Environment (1972)	斯德哥尔摩会议（1972 年联合国人类环境会议）
Stockholm Conference Report	Report of the United Nations Conference on the Human Environment (A/CONF. 48/14/Rev. 1 and Corr. 1)	斯德哥尔摩会议报告（联合国人类环境会议报告）（A/CONF. 48/14/Rev. 1 and Corr. 1）
Supp.	Supplement	补编
TIAS	Treaties and Other International Acts Series (U. S. A.)	条约和其他国际规章集（美国）
U. K.	United Kingdom	英国
UKTS	United Kingdom Treaty Series	《联合王国条约集》
UN	United Nations	联合国
UNCLOS I	United Nations Conference on the Law of the Sea (1958)	第一次联合国海洋法会议（1958 年）
UNCLOS II	Second United Nations Conference on the Law of the Sea (1960)	第二次联合国海洋法会议（1960 年）
UNCLOS III	Third United Nations Conference on the Law of the Sea (1973—1982)	第三次联合国海洋法会议（1973—1982 年）
UNESCO	United Nations Educational, Scientific and Cultural Organization	联合国教育、科学和文化组织
UNTS	United Nations Treaty Series	《联合国条约集》
U. S. A.	United States of America	美国
USSR	Union of Soviet Socialist Republics	苏联

UST	United States Treaties and Other International Agreements	美国条约和其他国际协定
Va. J. Int'l L.	Virginia Journal of International Law	弗吉尼亚国际法评论
WHO	World Health Organization	世界卫生组织
YB	Yearbook (or Year Book)	年鉴

判例表 *

"1989 年 7 月 31 日仲裁裁决"（几内亚比绍诉塞内加尔），《国际法评论》第 83 卷第 1 页；《国际公法概览》第 94 卷第 204 页（1990 年）〔另见《关于 1989 年 7 月 31 日仲裁裁决案》〕。§§15. 12（c）（注 27）*。

"比格尔海峡仲裁案"（阿根廷诉智利）（1977 年），《国际法评论》第 52 卷第 93 页，《国际法资料》第 17 卷第 634 页（1978 年）。§§15. 12（c）（注 24）。

"关于 1989 年 7 月 31 日仲裁裁决案"（几内亚比绍诉塞内加尔），1991 年国际法院《判决、咨询意见和命令汇编》第 53 卷。§§15. 12（c）（注 27），57. 8（b）（注 l3）。

"大陆架案"（阿拉伯利比亚民众国/马耳他），1985 年国际法院《判决、咨询意见和命令汇编》第 13 页。§§V. 2（注 2），55. 11（a）（注 8），57. 8（b）（注 12），4 款（注 3），76. 18（b）（注 55），83. 19（b）。

"大陆架案"（突尼斯/阿拉伯利比亚民众国），1982 年国际法院《判决、咨询意见和命令汇编》第 18 页。§§15. 12（b）（注 22），74. 11（a）（注 23），83. 19（a）（注 60），83. 19（b）。

"科孚海峡"案（英国/阿尔巴尼亚），1949 年国际法院《判决、咨询意见和命令汇编》第 4 页。§§24. 7（c）（注 1），Ⅲ. 3，Ⅲ. 4，Ⅲ. 5，Ⅲ. 16，37. 1，39. 10（g）（注 11），44. 8（b），45. 2。

"大不列颠及北爱尔兰王国和法兰西共和国之间大陆架划界案"（1977 年），《国际仲裁裁决报告书》第十八卷第 3 页；《国际法评论》第 54 卷第 6 页。§§15. 12（c）（注 25），57. 8（a）（注 10）。

"加拿大和法国之间海域划界仲裁案"（加拿大/法国），《国际公法概览》第 96 卷第 673 页（1992 年）；ELM 第 31 卷 1145 页（1992 年）§§1. 18（注 18），33. 8（b）（注 21），57. 8（b）（注 11）。

"几内亚和几内亚比绍海洋边界划界案"（1985 年），《国际仲裁裁决报告书》第十四卷第 149 页，《国际法评论》第 77 卷第 635 页；《国际法资料》第 25 卷第 251 页（1986 年）；《国际公法概览》第 89 卷第 484 页（1985 年）。§§15. 12（c）（注 26）。

"缅因湾"区域"海上划界案"（加拿大/美国），1984 年国际法院《判决、咨询意

---

* 注："§§"是指在本书中援引的段，"（注）"是指在本书中援引的脚注编号。

见和命令汇编》第 245 页。§§V. 3（注 3），57.8（b）（注 11），VI. 4（注 6）。

"圣劳伦斯湾内鱼品船上加工案仲裁"（加拿大/法国），《国际仲裁裁决报告书》第十九卷第 223 页，《国际公法概览》第 90 卷第 713 页（1986 年）［法文本］；《国际法评论》第 82 卷第 591 页，§§62.16（j）（注 29）。

"渔业案"（英国诉挪威），1951 年国际法院《判决、咨询意见和命令汇编》第 116 页§§7.1（注 1），7.8（注 3），7.9（b）（注 5 和注 6），7.9（e）（注 10 和注 11），7.9（f），7.9（g），10.5（d）（注 6），15.12（b）（注 22），35.4，IV.2，47.3（注 4），61.12（g）（注 23），74.11（a）（注 23），83.19（a）（注 60）。

"渔业管辖权案"（英国诉冰岛、德意志联邦共和国诉冰岛），1972 年国际法院《判决、咨询意见和命令汇编》第 11 页和 181 页；同上，第 29 页和第 188 页。1973 年国际法院《判决、咨询意见和命令汇编》第 3 页、第 93 页和第 302 页；同上，第 49 页、96 页和 313 页。1974 年国际法院《判决、咨询意见和命令汇编》第 3 页。同上，第 175 页。§§导言，2（注 3），15.12（b）（注 22），74.11（a）（注 23），83.19（a）（注 60）。

"陆地、岛屿和海洋边界争端"（萨尔瓦多/洪都拉斯：尼加拉瓜介入），1992 年国际法院《判决、咨询意见和命令汇编》第 351 页。§§II. 12（注 14），10.5（d）（注 6），10.5（f）（注 8）。

"挪威与瑞典海洋边界争端"［又称格里斯巴丹那案（the *Grisbadarna Case*）］（1909 年），《美国国际法期刊》第 4 卷第 226 页（1910 年）；《海牙法庭报告书》第 121 页和 487 页（原文法文）（1916 年）§§15.12（c）（注 23）。

在尼加拉瓜和针对尼加拉瓜的军事和准军事活动（尼加拉瓜诉美利坚合众国），1986 年国际法院《判决、咨询意见和命令汇编》第 13 页。§§18.6（b）（注 2），39.10（g）（注 11）。

"北海大陆架案"（德意志联邦共和国/丹麦、德意志联邦共和国/荷兰），1969 年国际法院《判决、咨询意见和命令汇编》第 3 页。§§15.3（注 7），74.6（注 10），74.11（a），VI.6，76.4（注 4），76.5，83.3，83.5，83.18，83.19（a）。

"大贝尔特海峡通行案"（芬兰诉丹麦），1991 年国际法院《判决、咨询意见和命令汇编》第 12 页（临时措施）；1992 年国际法院《判决、咨询意见和命令汇编》第 347 页（中止）。§§第 III. 1，35.7（c）（注 11）。

条　约　表[*]

《特立尼达和多巴哥与委内瑞拉共和国之间海洋和海底区域划界协定》（1990 年）。§§III.20（注49）。

《阿根廷共和国和智利之间的边界条约》（1881 年）。§§III.20（注46），35.7（c）（注10）。

《非洲统一组织宪章》（1963 年）。§§74.3（注4）。

《联合国宪章》（1945 年）（另见《国际法院规约》）。§§15.3，《公约》第十九条第（2）款（a）项，19.4，19.5，19.6，19.10（c），24.7（d），35.3，第三十九条第（1）款（b）项，39.3，39.4，39.5，39.10（c），第四部分/附录，54.3，74.3（注5），74.4，74.11（c）（注25）。

《北太平洋溯河鱼类养护公约》（1992 年）。§§66.9（c）（注18）。

《禁止非法贩运麻醉药品和精神药物公约》（1988 年）。§27.4（注3）。

《关于中止海峡通行费的公约》（丹麦和美国）（1857 年）。§§35.7（c）（注11）。

《制止危及海上航行安全非法行为公约》（1988 年）。§§60.15（d）（注12）。

《捕鱼及养护公海生物资源公约》（1958 年）。§§V.b，61.2（注1），61.3。

《国际民用航空公约》（1944 年）（又称《芝加哥公约》）（空中规则）。§§2.6，2.8（a），2.8（d）（注11），17.9（c）（注10），34.8（g）（注10），37.7（c）（注4），38.8（a），39.3，39.4，39.10（k），39.10（1），42.10（k），54.3。

《精神药物公约》（1971 年）。§§27.4（注3）。

《关于海峡制度的公约》（1936 年）。§§35.7（c）（注9），43.8（e）（注3）。

《奥兰德群岛不设防和中立化公约》（1921 年）。§§35.7（c）（注13）。

《关于空中航行管制公约》（《空中航行公约》）（1919 年）。§§2.8（a），2.8（d）（注11）。

《大陆架公约》（1958 年）。§§导言2，导言3，V.2，V.20，56.11（a），60.2，60.12，60.15（f），68.2，68.3，68.5（b），74.2，VI.6，76.1，76.2，76.3，76.4（注4），77.2，77.3，77.5，77.7（b），77.7（c），78.2，78.4，78.8（a），79.2，

---

* 注："§§" 是指在本书中援引的段，"（注）" 是指在本书中援引的脚注编号。凡援引的《1982 年联合国海洋法公约》条款，标有 "《公约》第 x 条"。

79.4，79.8（b），80.2，83.2，83.3，83.5，84.3，85.2，85.3。

《公海公约》（1958年）。§§Ⅱ.1，Ⅱ.9（注9），29.2，29.3，38.8（d），39.10（g），61.2，79.2，79.5。

《国际海事组织（原政府间海事协商组织）公约》（1948年）。§§60（附录）。

《国际海上避碰规则公约》（1972年）。§§39.3，39.4，39.10（i），54.3。

《防止倾倒废物及其他物质污染海洋的公约》（1972年）（《伦敦倾废公约》）。§§1.5（注7），1.6，1.7，1.24，1.26，56.11（e）（注22）。

《领海和毗连区公约》（1958年）。§§导言2，Ⅱ.1，Ⅱ.7，Ⅱ.9，Ⅱ.12，2.1，2.3，2.5，2.8（f），3.2，4.1，5.1，6.2，7.1，7.9（e），（f），（g）和（h），8.2，8.6，9.1，9.5（a），9.5（b），10.1，11.1，12.1，13.1，15.2，15.4，15.5，16.2，16.3，16.4，17.1，17.2，18.1，18.6（c）和（d），19.2，19.10（a），20.1，21.2，24.1，24.3，24.7（a），25.1，26.1，26.3，27.1，27.2，28.1，28.2，29.1，29.2，30.1，32.2（和注2），33.2，33.4，33.5，33.8（b），Ⅲ.2，Ⅲ.3，Ⅲ.7，Ⅲ.8，44.8（b），45.2。

《荷兰王国和委内瑞拉共和国划界条约》（1978年）。§§Ⅲ.20（注48）。

《国际航班过境协定》（1944年）。§§17.9（c）（注10）。

《国际防止船舶污染公约》（1973年）。§§21.4。

《统一对有关国有船舶豁免的某些规则的国际公约》（1926年）和附加议定书（1934年）。§§32.7（b）（注6）。

《国际海上人命安全公约》（1947年）。§§23.8（c）（注7）。

《关于商船改装成战争船舶的国际公约》（《海牙公约》Ⅶ）（1907年）。§§29.2（注1），29.8（b）。

《关于大不列颠及北爱尔兰联合王国政府和法兰西共和国政府涉及在多佛海峡的领海划界协定签字之际的联合声明》（1988年），§§Ⅲ.20（注45）。

《国际法院规约》（1945年）［作为《联合国宪章》的一部分］。§§《公约》第七十四条第（1）款，74.1（注2），74.11（a）条，《公约》第八十三条第（1）款，83.1，83.17，83.18，83.18，83.19（a），A.Ⅱ.10（b）。

《制止危及大陆架固定平台安全非法行为议定书》（1988年）。§§60.15（d）（注12）。

《巴布亚新几内亚独立国与澳大利亚关于两国主权和之间"区域"，包括被称为托雷斯海峡的"区域"的海洋边界和相关事宜的条约》（1978年）。§§Ⅲ.20（注43）。

《恢复海峡通行费的条约（奥地利、比利时、法国、英国，德国、汉诺威、汉莎镇、梅克伦堡什未林、荷兰、奥尔登堡、普鲁士、俄罗斯、瑞典、挪威和丹麦）》（1857年）。§§35.7，（c）（注11）。

《和平友好条约》（阿根廷和智利）（1984年）。§§Ⅲ.20（注46），35.7（c）

（注 10）。

《阿拉伯埃及共和国和以色列国和平条约》（1979 年）。§§Ⅲ.20（注 44）。

《关于帕利亚湾海底区域的条约》（大不列颠及北爱尔兰联合王国和委内瑞拉）（1942 年）。§§Ⅵ.5（注 7）。

《联合国宪章》（1945 年）。［另见《国际法院规约》］§§83.4，83.5，83.10，83.15，83.19（d）（注 64）。

《联合国船舶登记条件公约》（1986 年）。§§1.31（注 33）。

《维也纳领事关系公约》（1963 年）。§§27.8（d）（注 6）。

《维也纳外交关系公约》（1961 年）。§§27.8（d）（注 5）。

《维也纳条约法公约》（1969 年）。§§1.2（注 2），1.5，1.12（注 15），74.4（注 6），83.5。

《关于国家在其对普遍性国际组织关系上的代表权维也纳公约》（1975 年）。§§1.11（注 16）。

文 件 说 明

1968 年

1. 1967 年 12 月 18 日，联大以第 2340（XXII）号决议设立了研究各国现有管辖范围以外海床洋底专供和平用途特设委员会。该特设委员会的文件号为 A/AC. 135/ –，其正式文件分为以下几类：

委员会会议文件：简要记录编号为 A/AC. 135/SR. 1～36；供普遍散发的文件编号为 A/AC. 135/1～36；供有限散发的文件编号为 A/AC. 135/L. 1～L. 3；供限制散发的文件编号为 A/AC. 135/R. 1～R. 3.

第一工作组——法律工作组文件（WG. 1）：简要记录编号为 A/AC. 135/WG. 1/SR. 1～3 和 SR. 6～14（第四次和第五次会议无简要记录）。

第二工作组——经济和技术工作组文件（WG. 2）：简要记录编号为 A/AC. 135/WG. 2/SR. 1 和 SR. 7～15（第二次至第六次会议无简要记录）。

特设委员会报告见 UN Doc. A/7230，23GAOR Supp. No. 30（1968 年）。

1969—1970 年

2. 1968 年 12 月 21 日，联大以第 2467（XXIII）号决议设立了和平利用国家管辖范围以外海床洋底委员会。之后的第 2750C（XXV）号决议（1970 年）和 2881（XXVI）号决议（1971 年）修改了该委员会的任务和组成。截至 1970 年，该委员会通过两个分委员会工作：法律分委员会（SC. 1）与经济和技术分委员会（SC. 2）。1971—1973 年，该委员会经过改组，被分为三个分委员会：第一分委员会（SC. I），即国际制度和国际机构分委员会；第二分委员会（SC. II），即海洋法分委员会；第三分委员会（SC. III），即污染、科学研究和技术转让分委员会。该委员会的文件号为 A/AC. 138/ –，其正式文件又分为以下几类：

委员会会议文件：简要记录编号为 A/AC. 138/SR. 1～104. 供普遍散发的文件编号为 A/AC. 138/1～97；供有限散发的文件编号为 A/AC. 138/L. 1～L. 14.

法律分委员会文件（SC. 1）：简要记录编号为 A／AC. 138／SC. 1／SR. 1 ～ 35. 供普遍散发的文件编号为 A／AC. 138／SC. 1／1 ～ 10；供有限散发的文件编号为 A／AC. 138／SC. 1／L. 1 ～ L. 6。

经济和技术分委员会文件（SC. 2）：简要记录编号为 A／AC. 138／SC. 2／SR. 1 ～ 40. 供普遍散发的文件编号为 A／AC. 138／SC. 2／1 ～ 9；供有限散发的文件编号为 A／AC. 138／SC. 2／L. 1 ～ L. 10。

1971—1973 年

第一分委员会文件（SC. I）：简要记录编号为 A／AC. 138／SC. 1／SR. 1 ～ 75。供有限散发的文件编号为 A／AC. 138／SC. I／L. 1 ～ L. 28.

第二分委员会文件（SC. II）：简要记录编号为 A／AC. 138／SC. II／SR. 1 ～ 80。供有限散发的文件编号为 A／AC. 138／SC. II／L. 1 ～ L. 63.

第三分委员会文件（SC. III）：简要记录编号为 A／AC. 138／SC. III／SR. 1 ～ 49。供有限散发的文件编号为 A／AC. 138／SC. III／L. 1 ～ L. 56。

该委员会年度报告见 UN Doc. A／7622，24GAOR Supp. No. 21（1969 年）；UN Doc. A／8021，25GAOR Supp. No. 21（1970 年）；UN Doc. A／8421，26GAOR Supp. No. 21（1971 年）；UN Doc. A／8721，27GAOR Supp. No. 21（1972 年）和 UN Doc. A／9021，28GAOR Supp. No. 21（共六卷）（1973 年）。

1973—1982 年

3. 第三次联合国海洋法会议的文件号是 A／CONF. 62／－。这一符号出现在会议的所有正式文件上。这些文件的最终形式大部分载在《正式记录》第三卷上。《正式记录》至今已发布十七卷，涵盖会议第一期至第十一期和结束会议（1973—1982 年）。

4. 众所周知，第三次联合国海洋法会议大部分是以"非正式"形式，即通过无会议记录的非公开会议进行的。由于非正式单一协商案文、订正的单一协商案文和非正式综合协商案文及其三个修订稿都是"非正式"文件，故提出的修改也只能是"非正式"的；尽管这些文件本身已作为会议文件发布，但《正式记录》只收录了前三个案文。

正式文件

5. 会议正式文件可分为以下几类：

全体会议文件：简要记录［SR］编号为 A／CONF. 62／SR. 1 ～ 184；于

1982 年 12 月在蒙特哥湾召开的最后会议的逐字记录 [PV] 为 185～193。供普遍散发的文件编号为 A/CONF. 62/1～123；供有限散发的文件编号为 A/CONF. 62/L. 1～L. 160。两者间无实质性区别，仅是联合国文件散发的技术方面的惯例。方法上的技术问题"L."文件不交图书馆托存。大部分"L."类文件收录在《正式记录》中。

6. 其他会议文件包括 A/CONF. 62/INF/1～17，包括代表团名单及其他会议官员名单（A/CONF. 62/INF/2 和 Rev. 1～3）（均为油印）；A/CONF. 62/Background Paper 1（仅为油印），于 1974 年和 1975 年分别在加拉加斯和日内瓦举行的关于争端的解决问题的非正式工作组会议的报告（以原文件号 SD. Gp/2nd Session/No. 1/Rev. 5 国际法资料 762）；A/CONF. 62/RCNG/1 和 2，第八期会议（1978 年）期间转载的一系列报告，收录在《正式记录》第十卷；A/CONF. 62/WP. 1～11（工作文件）；A/CONF. 62/R. 1～7（限制散发，油印）；和 A/CONF. 62/WS/1～38（书面声明）。

7. 非正式全体会议作为一个主要委员会进行工作，没有文件在 A/CONF. 62/－类下。

8. 总务委员会文件：简要记录编号为 A/CONF. 62/BUR/SR. 1～66；文件为 A/CONF. 62/BUR/1～14.

9. 第一委员会文件：简要记录编号为 A/CONF. 62/C. 1/SR. 1～56；文件为 A/CONF. 62/C. 1/L. 1～L. 30；和 A/CONF. 62/C. 1/WR/1～5（每周报告）。

10. 第二委员会文件：简要记录编号为 A/CONF. 62/C. 2/SR. 1～59；文件为 A/CONF. 62/C. 2/L. 1～L. 101 和 A/CONF. 62/C. 2/WP. 1（与 A/CONF. 62/L. 8/Rev. 1 附件二附录一完全相同）。

11. 第三委员会文件：简要记录编号为 A/CONF. 62/C. 3/SR. 1～46；文件为 A/CONF. 62/C. 3/L. 1～L. 34/Add. 1 和 2.

12. 供起草委员会使用的语词案文的编号为 A/CONF. 62/DC/WP. 1，2 和 3。

非正式文件

13. 会议非正式文件即被翻译成会议语言并由秘书处散发的文件（右上角带有文件号并标明原文语言）。这些文件有多种编号类别。会议文件号"A/CONF. 62/－"不出现在除非正式单一协商案文、订正的单一协商案文和非正式综合协商案文以及供起草委员会使用的语言案文以外的其他文件的编号中。这些非正式文件几乎都未被《正式记录》收录。

14. 会议室文件（CRP）1～5 号为会议《议事规则》。

15. 各协商小组在第七期会议（1978 年）上确定的"核心"问题的文件编号为 NG1/1～NG1/18，NG2/1～NG2/12/Rev. 1，NG3/1～NG3/6，NG4/1～NG4/11，

NG5/1～NG5/18，NG6/1～NG6/21 和 NG7/1～NG7/45。

16. 就序言部分召开的非正式全体会议的文件编号为 Preamble/1 和 Preamble/2。

17. 就争端的解决问题召开的非正式全体会议的文件编号为 SD/1～SD/4。

就一般规定召开的非正式全体会议的文件编号为 GP/1～GP/11。

就最后条款召开的非正式全体会议的文件编号 FC/1～31. 非正式全体会议在第九期会议（1980 年）上设立的最后条款法律专家组的文件编号为 GLE/FC/1～18。

就筹备委员会召开的非正式全体会议的文件编号为 PC/1 和 PC/2。

就划界召开的非正式全体会议的文件编号为 DEL/1 和 DEL/2。

就最后文件召开的非正式全体会议的文件编号为 FA/1 和 FA/2。

18. 二十一国工作组的非正式文件的编号为 WG/21/1～3 和 WG/21/Informal Paper/1～18。

19. 第一工作组文件的编号为 C. 1/Working Paper/1～6 页。主席非正式说明的编号为 C. 1/PBE. 1～17。

20. 第一委员会于第八期会议期间设立的第一委员会关于第十一部分的争端的解决问题法律专家工作组的非正式文件的编号为 GLE/1～4；起草组文件的编号为 GLE/DG/1～5。

21. 第一委员会关于投资保护的非正式文件的编号为 TPIC/1～8。

22. 第二委员会的非正式文件使用以下的几种编号：

Informal Working Paper No. 1～13/Rev. 2，第二期会议（1974 年）

C. 2/Blue Paper No. 1～14

C. 2/Informal Meeting/1～73

此外，1974—1980 年间的第二委员会非正式会议还收到了大量未编号的非正式提案。

23. 第三委员会的非正式文件使用以下几种编号：

SR/1 和 MSR/2～15（海洋科学研究）

CRP/Sc. Res. /1～42（科学研究）

MP/1～31（海洋污染）

CRP/MP/1～20/Add. 2（海洋污染）

TT/1（技术转让）

C. 3/Rep. 1

24. 起草委员会的非正式文件使用以下几种编号：①

LGDC/1～Add. 5

---

① 本表所列起草委员会文件均按部分、节、条所列。没有语言组提出的提案的地方（例如第八部分），就没有起草委员会文件。

LGDC/1/WP. 1 和2

ALGDC/1～66（阿拉伯语语言组）

CLGDC/1～34（汉语语言组）

ELGDC/1～81（英语语言组）

FLGDC/1～78（法语语言组）

RLGDC/1～25（俄语语言组）

SLGDC/1～67（西班牙语语言组）

GLE/CR/1～4（仅有西班牙语版本）

DC/Preamble

DC/Part I/Articles 1～1bis

DC/Part II/Articles 2～33

DC/Part III/Articles 34～45

DC/Part IV/Articles 46～54

DC/Part V/Articles 55～75

DC/Part VI/Articles 76～85

DC/Part VII/Articles 86～120

DC/Part IX/Articles 122～123

DC/Part X/Articles 124～132

DC/Part XI/Articles 133～191

DC/Part XII/Articles 192～237

DC/Part XIII/Articles 238～265

DC/Part XIV/Articles 266～278

DC/Part XV/Articles 279～299

DC/Part XVI/Articles 300～304

DC/Part XVII/Articles 305～320

DC/Annex I

DC/Annex II/Articles 1～9

DC/Annex III/Articles 1～22

DC/Annex IV/Articles 1～13

DC/Annex V/Articles 1～14

DC/Annex VI/Articles 1～41

DC/Annex VII/Articles 1～13

DC/Annex VIII/Articles 1～5

DC/Annex IX/Articles 1～8

DC/Pending items 1 和2

DC/Draft Decision

DC/Draft Resolution I

DC/Resolution I

DC/Draft Resolution II

DC/Resolution II/Preamble 和 Operative Paragraphs 1~15

DC/Draft Resolution III

DC/General Recommendations 1~6

Informal Plenary/DC/1

IC/1~7

Informal Papers 1~32

CG/WP. 1~72

A/CONF. 62/DC/WP. 1~3

25. 以上所列文件对增编（Add.）、更正（Corr.）、修订（Rev.）和重发（标以星号"＊"）的标示，都遵循联合国通常的习惯。

26. 包括正式和非正式文件在内的大多数会议文件，连同会议简要记录，已经过系统整理后 R. Platzöder 编订的十八卷的《第三次联合国海洋法会议文件汇编》（Third United Nations Conference on the Law of the Sea：Documents）中。

27. 国际海底管理局和国际海洋法法庭的筹备委员会的文件仅以油印的形式发布（文件号 LOS/PCN/－）。1983—1991 年期间的文件，包括非正式文件，也经过系统整理后编入 R. Platzöder 所编《海洋法：1983—1991 年文件》（The Law Of the Sea：Documents 1983—1992）（第15卷）中。

资料来源说明

本书中《公约》各条文本之后列出的第三次联合国海洋法会议"资料来源"分为三类。

"资料来源"第一部分（有时有"第一次联合国海洋法会议文件"、"第二次联合国海洋法会议文件"和"第三次联合国海洋法会议文件"的标题），列出了和各条、附件和决议有关的正式文件。第二委员会本身的文件号为 A/CONF. 62/C. 2/ − 。对这些文件的描述，见联合国秘书长海洋法特别代表办公室编辑的《列有参考文献的第三次联合国海洋法会议正式文件的主文件》（*Master File Containing References to Official Documents of the Third United Nations Conference on the Law of the Sea*）（联合国出版物销售号 E. 85. V. 9）。在适当之处，"第三次联合国海洋法会议"标题下列出的文件中包括了海底特设委员会（1968 年）的文件（文件号 A/AC. 135/ − ）和海底委员会（1969—1973 年）的文件（文件号 A/AC. 138/ − ）。决定召开第三次海洋法会议的 1973 年 11 月 16 日联大第 3067 号（XXVIII）决议的第 6 款决定向海洋法会议提交海底委员会的工作报告，以及联大和委员会的一切其他有关文件（见第一卷第 188 页）。标题为"初始文件"的会议《议事规则》第三十二条重复了这一决定。① 秘书长在第二期会议（1974 年）上对这些文件的参照方法进行了解释。②

在"起草委员会文件"标题下，根据具体情况包括了 1981 年和 1982 年起草委员会提交的包含其就案文的语词协调提出的建议的实质性报告。这些报告本身只有多语言的版，是作为起草委员会主席转交报告的增编发布的。这些转交报告包括在《联合国海洋法会议正式记录》第三卷中。③ "资料来源"中仅列出了这些报告的增编。这一系列中每个文件的最后一个增编合并了非正式全体会议对这些起草委员会的报告进行审议后作出的修改，并被包括在"资料来源"中。查阅这些报告可以得知起草委员会

---

① 会议《议事规则》最初于 1974 年 6 月 27 日通过（A/CONF. 62/30，油印），这套规则于 1974 年 7 月 12 日修订并取代（A/CONF. 62/30/Rev. 1，联合国文件销售号 E. 74. I. 18）。后又于 1975 年 3 月 17 日修订（A/CONF. 62/30/Rev. 2，销售号 E. 76. I. 4）和 1980 年 3 月 6 日（A/CONF. 62/30/Rev. 3，销售号 E. 81. I. 5）。第一、二、三次修订分别在《第三次联合国海洋法会议文件》第十三卷第 456、473 和 489 页。

② A/CONF. 62/L. 5（1974 年），正式记录，第三卷第 83 页。

③ 见 A/CONF. 62/L. 67/Rev. 1（1981 年），正式记录，第十五卷第 145 页；A/CONF. 62/L. 75（1981 年），同上，第 153 页；A/CONF. 62/L. 85（1982 年），正式记录，第十六卷第 197 页；和 A/CONF. 62/L. 152（1982 年），正式记录，第十七卷第 222 页。

提出的某项建议是否涉及会议的六种正式语文中的一种或多种或是涉及全部六种。如果是后一种情况，则该项建议可能更为重要。非正式全体会议审阅这些报告之后，起草委员会主席代表其本人、会议主席和有关的主要委员会主席向会议提交了正式报告，以向其通知非正式全体会议的决定；会议记录了这些决定。④《正式记录》中包括了这些报告，"资料来源"也根据具体情况列出了这些报告。起草委员会包含其关于案文的多语种协调建议的较早的报告已全部发表在《正式记录》中。"资料来源"中没有列出这些报告，但评注在适当之处提及了这些报告。

评注还在适当之处包括了对《公约》各部分、节和条的标题的讨论，"资料来源"中也包含了处理这些问题的文件。在 1982 年 9 月 24 日举行的第三次海洋法会议第 184 次会议上，起草委员会主席指出：

> 在与六个语文小组的协调员进行磋商的基础上，认为《公约》各部分、节和条的标题有助于理解和澄清审议中的条款的意义。⑤

主席提交给会议的关于起草委员会建议的报告中重复了这一陈述。⑥

在"非正式文件"标题下，按照委员会或会议机关，依时间顺序列出了所有送交会议的已知文件，无论这些文件是否有联合国文件号或工号。这些文件的共有特征是不带有会议文件编号"A/CONF. 62/ –"。这些非正式文件大多数已以非正式的方式发表，且不能被本书这种评注所忽视。然而，各主要委员会或较小分组的主席们处理这些非正式提案的方式并不统一。在一些情况下，提交给会议的正式文件中提及了这些非正式文件或将其全文附在正式文件之后。这种做法并不改变这些文件的非正式特性，"资料来源"的"非正式文件"标题下也列出了这些文件，并在必要之处列出了附有它们并借此使其被收入会议《正式记录》的正式文件。本卷"文件说明"部分列出了这些文件。

这些文件中的很多被提交给会议，以便利协商，并且本身也与会议作为其各期工作基础的各协商案文相 Off. 由于这些案文是"协商案文"，故不具有提案的正式地位，而且也不能提出对它们的正式修改。这些非正式文件可以显示出代表团的意图，因此在协商进程中有一定用处。在"资料来源"中列出这些文件并不暗示作为一个整体的本项目、总编或任何卷编辑或供稿人关于这些文件的地位，特别是关于这些文件对于提出它们的代表团的可反对性的立场。

---

④ 见 A/CONF. 62/L. 72（1981 年），正式记录，第十五卷第 151 页；A/CONF. 62/L. 82（1981 年），同上，第 243 页；A/CONF. 62/L. 90（1982 年），正式记录，第十六卷第 204 页；和 A/CONF. 62/L. 160（1982 年），同上，第 225 页。

⑤ 见 184th plenary meeting（1982 年），正式记录，第十七卷第 4 页，第 3 段。

⑥ A/CONF. 62/L. 160（1982 年），正式记录，第十七卷第 225 页，第 4 段。

"资料来源"中未列出已记录并发表在会议《正式记录》中的正式辩论。对这些正式辩论的参照出现在不同的评注中并在必要之处对有关的详细情况作了注解。

此外《评注》中还可以偶尔遇到未注明资料来源的对会议或其主要委员会或其他机关的非正式会议的讨论的参照。这些参照以编辑、作者或与本项目相关的其他人的个人知识为基础。已尽可能对这些引用作了独立核校。

第三期会议后，通常称为埃文森小组（由该小组主席延斯·埃文森（挪威）之名而来）（见第一卷第106页）的非正式法律专家组对非正式单一协商案文中处理专属经济区、大陆架和内陆国/地理不利国权利的条款进行了审议，以便就有争议和尚不明确的问题达成折中。同样在第六期会议上，卡斯塔菲达小组（由主席豪尔赫·卡斯塔菲达（墨西哥）之名而来）（见第一卷第108页）试图为关于专属经济区的法律地位和沿海国及其他国家在专属经济区内的权利和义务问题的僵局找到解决办法。对第五部分和第六部分各条的评注频繁地对这两个非正式小组或其中之一的工作进行了参照。但是，由于这两个小组是非公开小组，各条之后的"资料来源"中的"非正式文件"标题下并没有列出其提案，而是在脚注中包括了适当的参考资料来源。

* * * * * *

在第三次联合国海洋法会议上，起草委员会根据较早的先例，通过了关于案文的格式和体例（包括大小写、斜体的使用等）的多个决定。特别是，起草委员会遵循了联合国条约法会议（1968年和1969年于维也纳）关于一条中不成为语法上完整的一句话的一项应出于语法上的原因，由小写字母开头的决定。[⑦] 在整个第三次联合国海洋法会议过程中，进行了多次必要的修改和调整。本评注仅在这些修改对《公约》文字有所影响或澄清之处才提起读者的注意。

[⑦] 全体委员会关于其在第一次会议上的工作报告中包括了起草委员会的报告，A/CONF.39/14（1969年），第16（c）段。见《联合国条约法会议第一届和第二届会议正式记录》，A/CONF.39/11/Add.2 第95、108 页（联合国销售号 E.70.V.5）。在第三次联合国海洋法会议上，起草委员会在题为《对提议公约的结构的说明》的文件中就这一问题引用了《维也纳条约法公约》确立的这一做法。见《非正式文件3》（1979年，油印）》。

"shall" 一词使用说明

起草委员会英语组首先提请注意其初步文本协调报告中的"shall"一词。[①]它指出在一般倾向于表示必须履行的职责和义务时，不论是积极的还是消极的，均应包含"shall"一词。报告还说，在其他情况下，"shall"一词不应被用在使用现在时态就能充分传达的意思里。它举了一个制定权利的条文以及另一个用于描述一项规则的影响的条文作为例子。

在文本协调的早期阶段，起草委员会的报告说：

> 这里的主要问题是关于"shall"的使用。人们普遍认为"shall"表示必要性和表达义务。如例子所显示的，在英语、俄语和西班牙语文本中，使用"shall"与使用现在时态没有什么区别。当然使用这个助动词也有要考虑前后一致的情况。[②]

起草委员会还报告说，各语言小组的协调员们正就这个问题继续磋商。它指出，秘书处已经准备了一份关于"shall"一词在英文文本中使用的文件，作为各语言小组进一步讨论的基础。

1980年，英语组完善了其立场，提供了以下意见：

> 1. 本小组回顾了其先前的建议，即提及必须履行的责任和义务时，不论是积极的还是消极的，均应包含"shall"一词。然而，它认为，问题比所建议的规则的简单性更为复杂。例如，在实际上提及既包含"责任"也包含"义务"时，使用"shall"可能是不必要的。因此，本小组将作为文字的审查[统稿过程]进一步考虑此事。
>
> 2. 原则上，"shall"一词不应在现在时态能充分传达意思时使用：
>
> （a）在某些条款，但不是在其他条款中，"shall"在英文文本中现在用来描述某一项规则的运用，例如在 "Nothing in this Part shall affect… （本部分的

---

① LGDC/1（1978年，油印），第28和29部分，第3页。

② A/CONF. 62/L. 40（1979年），第28和29部分，正式记录，第十二卷，第95、104页（起草委员会主席）。秘书处提请注意国际法委员会关于条约法的特别报告员汉弗莱·沃尔多克先生的发言，他在其发言中说，在英语中，"shall"形式被用在成文法中来表示必要的规则。"请参见该委员会第872次会议报告，1966年《国际法委员会年报》第二部分第20段，第199页。

任何规定不影响……)"和"*Article…shall apply to…*（本条规定应适用于……)"等条款中。

（b）在其他条款中，"shall"用于制定权利的过程或宣布权利或义务的存在，例如："State *shall have* the right to…（各国应有权……)"。

本小组将分别考虑"shall"在建立机构的条文中的使用，如在第十一部分和附件二第四和第六中。

本小组总的倾向意见将在文本审定时落实。③

秘书处随后总结了其他报告此事的语言小组的立场：

> 在法语中，使用"s'applique"的［现在时态］没有对法语组造成问题。
>
> 俄语组指出，英文单词"shall"的翻译在俄语文本中造成了问题。《日内瓦公约》的措辞中凡是用"shall"一词的地方，在俄语文本中一般都是用"dolzhny"一词转达。在其他绝大多数条款中，都是使用动词的现在时态，它是用来表达该概念的现代方法。因此，可能会产生这样的印象，有些条款提到了一项必需的义务，而有些条款提到的必要性就少一些。为了避免翻译的困难，除非俄语的语言结构需要使用"dolzhny"这个词，俄语文本应该不再使用《日内瓦公约》的语言，而应该使用现在时态。
>
> 西班牙语组指出，在西班牙语中，描述法律后果应该使用将来时态。现在时态可在含有定义和描述的条款中使用，而且也在建立一般原则的条款中使用。④

没有来自阿拉伯语组或中文组的相应意见。

文本统稿和一般的逐条文字推敲的工作是在此基础上进行的。

在评注中，无论在《公约》的英文文本中是插入"shall"还是去掉"shall"，注意力都会被吸引到文字所做的改动上。立法史和上下文将确立一个给定的条文在多大程度上建立必要职责和义务，不论是积极的还是消极的，或包含一些其他的内涵。

---

③ ELGDC/5（1980年，油印），第三部分，B节，第2页。

④ 非正式文件4和修订1与修订2（1980年，油印），第29节。

第二委员会官员

一、官员

主席

第一期和第二期会议	安德烈斯·阿吉拉尔（委内瑞拉）
第三期会议	雷纳尔多·加林多·波尔（萨尔瓦多） （根据相关区域集团的协议）
第四期至第十一期会议	安德烈斯·阿吉拉尔（委内瑞拉）
副主席	捷克斯洛伐克、肯尼亚和土耳其代表
报告员	萨切雅·南丹（斐济）

二、各期会议

第一期会议于 1973 年 12 月 3—15 日在纽约举行；

第二期会议于 1974 年 6 月 20 日至 8 月 29 日在加拉加斯举行；

第三期会议于 1975 年 3 月 17 日至 5 月 9 日在日内瓦举行；

第四期会议于 1976 年 3 月 15 日至 5 月 7 日在纽约举行；

第五期会议于 1976 年 8 月 2 日至 9 月 17 日在纽约举行；

第六期会议于 1977 年 5 月 23 日至 7 月 15 日在纽约举行；

第七期会议于 1978 年 3 月 28 日至 5 月 19 日在纽约举行；

第七期会议续会于 1978 年 8 月 21 日至 9 月 15 日在日内瓦举行；

第八期会议于 1979 年 3 月 19 日至 4 月 27 日在日内瓦举行；

第八期会议续会于 1979 年 7 月 19 日至 8 月 24 日在纽约举行；

第九期会议于 1980 年 3 月 3 日至 4 月 4 日在纽约举行；

第九期会议续会于 1980 年 7 月 28 日至 8 月 29 日在日内瓦举行；

第十期会议于 1981 年 3 月 9 日至 4 月 24 日在纽约举行；

第十期会议续会于 1981 年 8 月 3—28 日在日内瓦举行；

第十一期会议于 1982 年 3 月 8 日至 4 月 30 日在纽约举行；

第十一期会议续会于 1982 年 9 月 22—24 日在纽约举行；

第十一期会议的最后部分于 1982 年 12 月 6—10 日在蒙特哥湾举行。

（第二委员会）评注与导言简介

导言 1. 第三次联合国海洋法会议第二委员会确立了《公约》第二条至第一三二条，第二九七条和第二九八条，1982 年《联合国海洋法公约》附件一和附件二以及最后文件的附件二的评注与导言。① 本系列丛书的第二卷包含了对以下部分的评注：第一部分（用语，第一条），第二部分（领海和毗连区，第二条至第三十三条），第三部分（用于国际航行的海峡，第三十四条至第四十五条），第四部分（群岛国，第四十六条至第五十四条），第五部分（专属经济区，第五十五条至第七十五条），和第六部分（大陆架，第七十六条至第八十五条）。它同时也包括附件一（高度洄游鱼种）和附件二（大陆架界限委员会）以及最后文件的附件二（关于使用一种特定方法划定大陆边外缘的谅解声明）。第三卷包括对以下部分的评注：第七部分（公海，第八十六条至第一二〇条），第八部分（岛屿制度，第一二一条），第九部分（闭海或半闭海，第一二二条和第一二三条），第十部分（内陆国出入海洋的权利和过境自由，第一二四条至第一三二条）。第三卷还包含了文献性附录，包括：（i）第二委员会在 1930 年海牙国际法编纂会议的报告；（ii）日内瓦四公约，任择议定书，第一次海洋法会议的最后文件和决议；（iii）第二次海洋法会议的最后文件；以及（iv）第三次海洋法会议的《主要趋势工作文件》。

在第七次全体会议（1973 年）上，主席声明，第二委员会的主席席位已被分配给拉丁美洲小组，安德烈斯·阿吉拉尔（委内瑞拉）是唯一的被提名者。阿吉拉尔大使于第 52 次全体会议（1975 年）在一片喝彩声中被选为主席，阿吉拉尔大使声明在大会第一期会议中已达成谅解，即他被选为第二委员会主席的依据仅限于加拉加斯会议（1974 年），并且选举雷纳瓦多·加林多·波尔（萨尔瓦多）为主席。但雷纳瓦多·波尔大使在第三期会议后辞职，阿吉拉尔大使于第 57 次全体会议（1976 年）被选为第二委员会主席。②

导言 2. 第一次联合国海洋法会议（1958 年），特别是第二次联合国海洋法会议（1960 年），在领海宽度及沿海国对领海外部界限以外生物资源权利的相关问题都未能达成协议，并不意味着国际上解决这些问题的努力的终结（见下文 V.6 段）。1960 年以前的一系列主要国际事件中，最著名的也许是所谓"鳕鱼战争"，牵涉到冰岛、德意

---

① 第二委员会提出的议题出现在两卷中，并强调了两卷的统一。

② 详见正式记录第一卷第 18 页；正式记录第四卷第 3 页；以及正式记录第五卷第 4 页。

志联邦共和国和英国（即在 1972—1974 年国际法院的渔业管辖权案中引起主要国际诉讼的国家）③——生动展示了这些国际争端的潜在严重性。另外，作为主要参与者，美国和苏联通过外交活动，就领海及其相关问题制定一个普遍性安排的努力也在私底下继续。

导言 3. 在 1967 年的联合国大会上，这些活动最初并没有受到马耳他倡议的直接影响。④ 该倡议未考虑领海及相关问题，但有关于国家管辖范围以外的海洋区域的处理——即在当时，由 1958 年《领海和毗连区公约》和 1958 年《大陆架公约》允许的范围以外的区域。

由马耳他提出的项目被列入联大的议程，题为"审议关于和平利用国家管辖范围以外海床洋底及其资源用于人类福利问题"⑤。该项目的讨论导致了 1967 年 12 月 18 日联合国大会第 2340（XXII）号决议，成立了特设委员会，探讨国家管辖范围以外海床洋底的和平利用（由 35 个国家组成）。

对该项目的进一步讨论之后，在联大第二十三届会议上，1968 年 12 月 21 日第 2367（XXIII）号决议成立了国家管辖范围以外海床洋底和平利用委员会（海底委员会）（最初由 42 个国家组成）。在海底委员会的最初谈判中，对生态问题重要性日渐增

③ "渔业管辖权案"，1972 年国际法院 11 号和 181 号报告（英国诉冰岛），第 29 号和 188 号（德国诉冰岛）；同上，国际法院第 3 号、93 号和 302 号报告（英国诉冰岛），以及第 49 号、96 号和 313 号（德国诉冰岛）；同上，1974 年国际法院第 3 号报告（英国诉冰岛），以及第 175 号（德国诉冰岛）。

④ 参见 1967 年 8 月 17 日马耳他就国家管辖范围以外的海床及其底土资源列为"人类共同继承财产"给联合国秘书长的照会（A/6695），联合国大会第二十二届会议正式记录，附件，议程项目 92。详见 1967 年 11 月 1 日马耳他的发言，联合国大会第二十二届会议正式记录，第一委员会，第 1515 次和第 1516 次会议，议程项目 92，（A/C.1/PV.1515 和 A/C.1/PV.1516（尤其是第 10～15 段））。

⑤ 以下为 1967—1973 年联合国大会在此问题的辩论的列表：

第 22 届会议（1967 年），议程项目 92，第一委员会的第 1515 次、1516 次、1524～1530 次和第 1542～1544 次会议以及第 1639 次全体会议。

第 23 届会议（1968 年），议程项目 26，第一委员会的第 1588～1605 次和第 1646～1649 次会议以及第 1752 次全体会议。

第 24 届会议（1969 年），议程项目 32，第一委员会的第 1673～1683 次、1708～1710 次和 1713～1715 次会议以及第 1833 次全体会议。

第 25 届会议（1970 年），议程项目 26，第一委员会的第 1773～1789 次、1794～1796 次和 1798～1801 次会议以及第 1933 次全体会议。

第 26 届会议（1971 年），议程项目 35，第一委员会的第 1843 次、1844 次和 1849～1855 次会议以及第 2029 次全体会议。

第 27 届会议（1972 年），议程项目 36，第一委员会的第 1911～1915 次和第 1918 次会议以及第 2114 次全体会议。

第 28 届会议（1973 年），项目议程 40，第一委员会的第 1924～1933 次、第 1936 次、1937 次、1939 次和 1948 次会议以及第 2181 次全体会议。

加的意识，世界自然食物及能源迅速蔓延的压力，任一1958年《公约》以及考虑不同缔约方争端的强制解决的任择签署议定书的事实，使第一次海洋法会议建立的一般性制度具有种种缺陷。海洋科学技术的飞速发展——确如1958年会议所预见——对1958年《大陆架公约》第一条大陆架的定义产生了怀疑。在1969年12月15日第2574A（XXV）号决议中，联合国大会也表达了对此定义的不满（参见第一卷，第169页）。

导言4. 领海宽度的相关问题，群岛国家的主张以及沿海国对邻接领海和领海以外海洋的不确定区域（实践中该区域最大宽度为从领海基线量起200海里的距离）的生物资源享有的专属权利或至少为优先权利的主张，很快被发现与有重要国际地位的海洋法的其他方面相违反。具体来说，包括民用和军用的船舶和飞机的航行和飞越自由。二者都在未确定的区域内并且穿越或经过大量用于国际航行的海峡。

1970年，苏联及其盟国提出一个新的议程项目，仅限于领海宽度问题，供联合国大会第六（法律）委员会，而非联合国大会第一（政治与安全）委员会审议，马耳他的项目也已经分配给它。正如1949—1960年海洋法会议所审议的问题。在联合国大会第二十五届会议上，苏联和马耳他项目被合并为一个议程项目，于第一委员会中审查。这使1970年12月17日第2750C（XXV）号决议得以通过（参见第一卷，第178页），其中名称被改为："审议关于和平利用海床洋底及其底土，当今国家管辖范围以外的公海及其资源用于人类福利以及海洋法会议的召开问题。"

该决议中，大体上决定召开第三次联合国海洋法会议。海底委员会得以扩大（至86名成员）并被指定就将由大会处理的问题编制一份完整的各项主题和问题清单，并且就各主题和问题编写条约条款草案。供审议的项目被扩充并分为4个子项目，包括原项目作为子项目（a），新增子项目（b）国家管辖范围以外的海床洋底及其底土的勘探开发可能引起的海洋污染和危险与不利影响；（c）成员国尽速召开一次海洋法会议的愿景；以及（d）领海宽度及其相关问题。

导言5. 第2750C（XXV）号决议通过之后，海底委员会于1971年改组为3个小组委员会（整体上）。决议的第二段说，会议将

> 致力于建立一个公平的国际制度——包括国家管辖范围以外的海床洋底区域和资源的国际机制，对该区域的准确定义以及广泛的相关问题，包括那些关于公海、大陆架、领海（包括领海宽度和国际海峡问题）及毗连区、公海捕鱼和生物资源的养护（包括沿海国优先权问题）、海洋环境的保全（尤其是包括防止污染）和科学研究制度。

国际海底区域的相关问题被分配给第一小组委员会，其工作最终制定了《公约》第十一部分及其相关附件，以及《公约》最后文件的附件一、决议一和决议二。最后两个项目，海洋环境保全和科学研究，分配给第三小组委员会，促成了《公约》第十一

部分、第十二部分和第十四部分，以及最后文件的附件六的制定。剩下的问题——一般海洋法被分配给第二小组委员会。该小组委员会被赋予以下任务：（i）拟定一份全面的主题列表和应由会议处理的海洋法相关问题，以及（ii）拟定该主题和问题的条约条款草案。⑥

导言 6. 在海底委员会中，成为利益焦点的第二小组委员会，最先将其注意力转向各项主题和问题清单的汇编。这一任务于 1972 年夏天完成（完整的清单出现在本系列丛书的第一卷，第 32 页）。⑦ 此后引发了一系列争论，期间大量的条约条款草案被提出，并伴有许多对确定问题的概念性思考进行阐述的工作报告。然而，与第一和第三小组委员会不同的是，第二小组委员会不可能通过适当的协商或向工作小组提出它的主题和问题来采取有效的实质行动，以试图达成共识。取而代之，在一系列非正式会议上，小组委员会致力于寻求一种系统方法，即以适合于《公约》的形式阐述向其提交的包含在不同提案中的观点。小组委员会 1973 年的报告，构成 1973 年海底委员会报告的附件二（1973 年国际海底委员会报告第 38 页），相应地包含了以下一系列附件：

附件五，1973 年第二小组委员会会议提交的提案文本（1973 年海底委员会报告三）（较早提交的提案存于《1972 年海底委员会报告》第 158－196页）。

附件六，代表提交的不同案文的备选案文对照，安排在被接受的与海洋法相关的主题和问题清单的标题和副标题中（1973 年海底委员会报告四）。

附件七，一份与分配给第二小组委员会的主题和问题相关的对提案、声明和工作底稿等的尝试性比较清单（1973 年海底委员会报告五）。

附件八，综合案文（1973 年海底委员会报告六）。

导言 7. 议题清单和第二小组委员会准备的议题构成了第三次海洋法会议的主要议程。⑧ 来自清单中的以下项目被分配到第二委员会。

项目 2. 领海
2.1 性质及特征，包括统一或多重领海制度问题
2.2 历史性水域
2.3 界限

---

⑥ 3 个分委员会的项目参考资料参见《1971 年海底委员会报告》，第 19 段，第 5 页。

⑦ 参见《1972 年海底委员会报告》，第 23 段，第 4－8 页。

⑧ 海底委员会所通过的主题和问题清单转载在《1973 年海底委员会报告》第一卷第 45 页。关于第三次海洋法会议上不同委员会项目的分配见 A/CONF.62/28（1974 年），正式记录，第三卷第 57 页。又见本丛书第一卷第 32 页和 87 页。

2.3.1 领海界限的划定问题；所涉及的各种问题

2.3.2 领海宽度，全球或区域性标准

开阔海洋，半闭海和闭海

2.4 领海的无害通过

2.5 基于领海多样制度问题产生的航行和飞越自由

项目3. 毗连区

3.1 性质及特征

3.2 界限

3.3 沿海国国家安全保卫权利，海关和财政控制，卫生和移民规章

项目4. 用于国际航行的海峡

4.1 无害通过

4.2 其他相关问题，包括过境通行权利问题

项目5. 大陆架

5.1 沿海国在大陆架的主权权利的性质及范围。国家义务

5.2 大陆架的外部界限：适用标准

5.3 国家间的划界问题；所涉及的各种问题

5.4 大陆架自然资源

5.5 大陆架上覆水域制度

5.6 科学研究

项目6. 领海以外的专属经济区

6.1 性质及特征，包括沿海国在该区域对资源、污染控制和科学研究的权利及管辖权。国家义务

6.2 区域的资源

6.3 航行和飞越自由

6.4 区域安排

6.5 界限：适用标准

6.6 渔业

6.6.1 专属渔区

6.6.2 沿海国的优先权

6.6.3 管理及养护

6.6.4 封闭海和半闭海沿海国渔业的保护

6.6.5 外国支配和控制下岛屿关于专属渔业管辖区域的制度

6.7 国家管辖范围以内的海床

6.7.1 性质及特征

6.7.2 相邻及相向国家间的划界

6.7.3 对自然资源的主权权利

6.7.4 界限：适用标准

6.8 海洋环境污染及其他危险的预防和控制

6.8.1 沿海国的权利及义务

6.9 科学研究

项目 7. 沿海国对领海以外资源的优先权或非专属管辖权

7.1 性质、范围及特征

7.2 海底资源

7.3 渔业

7.4 海洋环境污染及其他危险的预防和控制

7.5 研究及合理开发海洋资源的国际合作

7.6 争端解决

7.7 其他权利及义务

项目 8. 公海

8.1 性质及特征

8.2 国家权力及义务

8.3 公海自由及其管制问题

8.4 生物资源的管理及养护

8.5 奴隶贩卖、海盗和毒品

8.6 紧追权

项目 9. 内陆国

9.1 关于内陆国的一般海洋法原则

9.2 内陆国的权利和利益

9.2.1 进出海洋的自由：过境自由，交通运输工具和便利

9.2.2 过境国港内的同等待遇

9.2.3 自由通过国家管辖范围以外的国际海底区域

9.2.4 国际制度的参与，包括该区域的利益机制及其公平享有

9.3 发展中内陆国在国际制度中的特殊利益和需求

9.4 内陆国关于海洋生物资源的权利和利益

项目 10. 架锁国及具有窄陆架或短少海岸线的国家的权利和利益

10.1 国际制度

10.2 渔业

10.3 发展中架锁国及窄陆架或短海岸线国的特殊权利及需求

10.4 公海出入自由

项目 11. 宽大陆架国家的权利及利益

项目 16. 群岛

项目 17. 闭海和半闭海

项目 18. 人工岛屿和设施

项目 19. 岛屿制度

（a）殖民地化或外国支配或控制的岛屿

（b）其他相关问题

项目 24. 公海上的广播

海洋法会议还将以下项目分配给第二委员会，因为它们与其职权相关：

项目 15. 区域安排

项目 20. 海洋环境利用所致的损害责任和义务

项目 21. 争端解决

项目 22. 海洋区域的和平利用；和平与安全区域

另外，海洋法会议建议，1971 年 8 月 27 日海底委员会达成的以下协议，应由海洋法会议的主要委员会继续推进：

> 只要与所分配的主题相关，小组委员会有权讨论并记录其在界限问题上的结论。然而，除非第二小组委员会准确定义该区域的建议已被接受，主要委员会将不会就最后建议作出决定，这将构成供主要委员会审议的基本提案。[9]

导言 8. 分配给第二委员会的项目事实上覆盖了所有甚至是第一次海洋法会议中 5 个主要委员会[10]和第二次联合国海洋法会议所有委员会[11]中的全部工作中的更多部分。甚至在第一次海洋法会议之前，大会就已经提到海洋法主题的内在一致性（例如：在第 798（VIII）号决议，第 899（IX）号决议，第 900（IX）号决议和第 1105（XI）决议中）（参见此系列丛书的第一卷第 153 – 156 页）），国际法委员会（ILC）在 1956 年关于海洋法的最后报告中对于这一点有所表述。在第一次海洋法会议的组织中并没有遵循这种一致性，国际法委员会的统一的工作被任意的分割而后分配给 4 个主要的委

---

[9] 见 A/CONF. 62/29（1974 年），注，正式记录，第三卷第 59、61 页。

[10] 这五个主要委员会是：第一委员会——负责领海和专属经济区；第二委员会——负责公海的一般制度；第三委员会——负责公海中捕鱼和生物资源的养护；第四委员会——负责大陆架；第五委员会——负责内陆国自由出入海洋的问题。A/CONF. 13/35（《议事规则》，1958 年），规则第 47 条第一次联合国海洋法会议正式记录，第三十一和三十四节。

[11] 第二次联合国海洋法会议的整个委员会处理领海的宽度和捕鱼限制问题。参见大会 1958 年 12 月 10 日第 1307（XIII）号决议（本丛书的第一卷，第 159 页）。

员会，设立第五委员会处理内陆国⑫出入海洋的问题。第一次海洋法会议自身也没有遵循这种一致性，它故意将它的工作成果在 4 个独立的公约中展示，一个关于强制解决争端的任择议定书和几个决议⑬——这些甚至同会议最后文件⑭没有实质性的关联（但是，这些文件附加于《公约》之后）。第三次海洋法会议的组织和对于第二委员会主题和问题精心的分配，确保了一般海洋法的协调处理，有时被称为"传统"或"经典"的海洋法（然而，这些条款由于某些原因产生了误解）。

导言 9. 随着大会第二期会议（1974 年）的实质性工作的开展，第二委员会在几年内成为人们兴趣的焦点。它实际上是匆忙开始了工作。海底委员会的第一和第三小组委员会已经能够准备作为第三次海洋法会议协商的基础的草案，第二小组委员会还不能进行得如此顺利⑮。然而，从提交到第二小组委员会的提案中可以看出 1958 年《日内瓦公约》所体现的许多条款继续得到接受或是在必要的调整后得到大多数的接受，因此这些条款形成即将被建构起来的海洋法新主题的核心内容。相应地，第二委员会所采用的工作模式和其他主要委员会的有相当大的不同。事实上，在第二委员会将海洋法的一般规则重建之前，大会的其他机构对于分配给它们的主要项目显得无能为力。

导言 10. 在第三次联合国海洋法会议的第二期会议上，第二委员会和全体会议进行了密切联络，通过这些联络，使得无论其正式还是非正式会议都得以认真协调一致。全体会议（第 21 次到第 48 次会议）上的一般性辩论的范围很广，在第二委员会内部也有相似的辩论，根据主题和问题的列表逐条地完成，在这些辩论时具体的并且给每个参与的代表团机会去表达对每个项目的意见。那些公开的辩论按照如下顺序进行：

项目 2　　　　第二次至第七次会议（1974 年），第 48 次会议（1975 年）

项目 3　　　　第九次至第三十一次会议（1974 年）

项目 4　　　　第十次至第十五次会议（1974 年）

项目 5　　　　第十六次至第二十次和第二十二次会议（1974 年）；

　　　　　　　第五十次和第五十一次会议（1977 年）

---

⑫　参见"Method of Work and Procedures of the Conference：Report of the Secretary-General"，A/CONF. 13/11（1957 年），第一次联合国海洋法会议，正式记录，第一卷第 172 页。对于设立第五个主要委员会的决定参见第一次全体大会（1958 年），第 48 - 49 段，同上，正式记录，第二卷第 4 页。

⑬　参见第十一次全体会议的讨论（1958 年），第一次联合国海洋法会议正式记录，第二卷第 24 页。

⑭　参见 A/CONF. 13/L. 58（1958 年最后文件），同上，第 146 页。

⑮　此后海底委员会所有的文件最后都归入第三次联合国海洋法会议文件，参见 A/CONF. 62/L. 5（1974 年），正式记录第三卷第 83 页（秘书长）。

为了系统地介绍，第二委员会对议题进行了如下重新组合：

  第一组：项目 2（领海）；项目 4（用于国际航行的海峡）；项目 16（群岛）；以及项目 3（毗连区）。项目 17（闭海和半闭海），项目 18（人工岛屿和设施），以及项目 19（岛屿制度）同样能够被讨论只要他们和这组其他项目相关。

  第二组：项目 5（大陆架）；项目 6（专属经济区）；项目 7（沿海国的优先权或者在领海外对于资源的其他非专属管辖权）；项目 10（架锁国、窄大陆架国家、短海岸线国家的权利和利益）；以及项目 11（宽大陆架国家的权利和利益）。项目 9（内陆国），项目 17（闭海和半闭海），项目 18（人工岛屿和设施）和项目 19（岛屿制度）同样能够讨论只要它们和这组其他项目相关。

  第三组：项目 8（公海）和项目 24（从公海的播放）。项目 18（人工岛屿和设施）和项目 19（岛屿制度）同样能够讨论只要他们和这组其他项目相关。⑯

这样做的目的是在大会之前减少备选提案的数量，而且这导致了《主要趋势工作文件》的汇编。这期会议结束时，主席总结第二委员会的工作说道：

---

⑯ 参见 A/CONF. 62/L. 8/Rev. 1（1974 年），附件 2，第三部分，第 7 段，正式记录，第三卷第 93、106 页（大会总报告员）。同样参见第二委员会第 43 次会议（1974 年），第 2 - 5 段，正式记录，第二卷第 293 页。

12 海里领海和专属经济区在领海之外总距离为 200 海里的观点，至少在这次是由参加大会的大多数国家形成折中意见的基础。这种观点在全体会议的一般性辩论和在我们委员会的讨论中是显而易见的。

当然，对于这种观点的接受取决于其他问题的圆满解决，尤其是用于国际通行的海峡的通行问题、大陆架的外部界限和实际保留这个概念，最后但并非不重要的是内陆国和由于这样或那样的原因认为他们自己有地理上不利的国家的期望问题。

另外，伴随这个观点产生其他问题要去研究和解决，例如那些有关群岛和岛屿制度的一般情况。

对于专属经济区概念的特点和性质等问题仍做进一步的研究同样是必要的，这一主题上重要的意见分歧仍然存在。⑰

这些问题形成了第二委员会工作中出现的条款的核心内容。

导言 11. 因此，就第二委员会的工作来说，记录上的第二期会议主要是专门召开一系列的正式会议。这些会议主要有两种类型。第一种并且是时间最长的是对于分配到委员会的项目的"一般性辩论"（类似于大会全体会议的"一般性辩论"）。第二种是大会为提交到委员会不同正式提案的提议者介绍他们提案的机会的会议。同时，第二委员会还举行了多次"非正式会议"，这些会议原则上不向公众开放，而且没有保留和公开正式的记录。在这些非正式会议中，委员会在其主席、副主席、报告员指导下逐项准备了 13 个非正式工作文件，这些文件构成了在委员会面前的各种各样相关提案的系统介绍。这些文件共修订了 3 次。最后的结果——"主要趋势报告"⑱被包括进了大会第一期和第二期会议的活动叙述中。

导言 12. 《主要趋势工作文件》是反映第二委员会研究特定主题和问题的不同方法的概述。它是一个为了将堆积如山的提案减少到可控制的范围内而启动的程序设置。正如所写的那样：

在对每一个主题讨论结束后，在第二委员会非正式会议上产生的工作文件系统地汇编到……"主要趋势"文件中……。按照第二委员会主席的说法，这份文件仅仅总结了所有的主要趋势，没有体现出在大会上每个得到支持的观点。这份《主要趋势工作文件》使任何人更容易地知道折中方案的草案，

---

⑰ A/CONF. 62/C. 2/L. 86（1974 年），正式记录，第三卷第 242、243 页（第二委员会主席）。同样参见第二委员会第 46 次会议（1974 年），第 16 段，正式记录，第二卷第 302 页。

⑱ A/CONF. 62/C. 2/WP. 1（1974 年，油印），转载在 A/CONF. 62/L. 8/Rev. 1（1974 年），附件 2，附录 1，正式记录，第三卷第 93、107 页（总报告员）[《主要趋势工作文件》]，参考本丛书第二卷和第三卷中相关草案评注中的主要趋势问题。

而这些折中方案最后将会成为未来《公约》的基础。[19]

而且进一步写道：

> 事实是在加拉加斯会议［即第二期会议］上开始的关于实质性问题的讨论没有《公约草案》作为协商的基础，这种情况导致了大量的文件和条款草案的提交和许多在海底委员会上提交过的提案的再次提交。很显然，如果提案继续提交的话，第三次联合国海洋法会议就会无法继续下去。《主要趋势工作文件》通过成功地收集和识别参与国的不同观点以普遍被接受的构想，控制了协商进程。[20]

导言 13. 在第三期会议（1975 年）上，第二委员会的大多数协商发生在非正式会议中。第二委员会在下列主题中确立了非正式磋商小组：基线；历史性海湾和历史性水域；无害通过；公海；过境问题（有内陆国、过境国家和其他利益相关国家参加）；大陆架；专属经济区；闭海和半闭海；海峡；岛屿；以及划界[21]。大部分基本的工作由这些非正式磋商小组承担。此外，不同利益群体的代表团在大会框架外召开会议试图起草能够接受的单一案文。第二委员会也举行了几个非正式会议和两个正式会议来讨论工作的组织和介绍新的正式提案。

导言 14. 在总务委员会的提议和接下来的海洋法第 55 次全体会议的决议中，要求每个主要委员会的主席要准备一个涉及分配给它所在委员会的主题的单一协商案文。[22] 在第三期会议的末期，第二委员会的主席发布了非正式单一协商案文第二部分。[23] 它准备将这个阶段所有正式和非正式讨论考虑进去。这份文本第一次系统和统一地展示了最后成为 1982 年《公约》的第二部分至第十部分的内容。在那份文件的导言中，主席写道：

---

[19] H・Caminos，"The Legal Régime of Straits in the 1982 United Nations Convention on the Law of the Sea"，载于《国际法治学术》，《课程汇编》第 205 卷第 11、84 页（1987 年）（脚注省略）。作者是在第三次联合国海洋法会议期间任大会秘书处的副主任。

[20] 同上，第 94 页。

[21] 参见 A/CONF. 62/C. 2/L. 89/Rev. 1（1975 年），第 7－18 段，正式记录，第四卷第 195－196 页（报告员）。

[22] 参见 54th and 55th plenary meetings（1975 年），正式记录第四卷第 11－26 页（尤其是第 92 段和 93 段）。关于总务委员会讨论，参见 10th and 11th meetings（1975 年）（尤其是第 5－49 段），正式记录，第四卷，第 36 和 41 页。进一步参见 T. T. B. Koh 和 S. Jayakumar，"The Negotiating Process of the Third United Nations Conference on the Law of the Sea,"在本丛书第一卷，第 29、115 页（第 11 段）。

[23] A/CONF. 62/WP. 8/Part II（1975 年非正式单一协商案文），正式记录，第四卷第 152 页（第二委员会主席）。

在准备当前的这份案文的过程中……我们考虑了海洋法会议之前的文件以及在这一期会议期间的官方和非官方磋商意见。

这份案文的特定性质不允许保留［《主要趋势工作文件》］和提交到［海底委员会］的其他提案中所反映的所有趋势。如果所有趋势在案文中被保留下来，会议为其未来阶段工作采用新方法的目的将不能得到实现。大会发现将可替代的阐述整合是可能的，但在其他情况下在相互冲突的提案中选择是必要的。在某些情况下，就要采取一种中间道路。㉔

导言 15. 非正式单一协商案文第二部分是一个协商性文本，它部分地反映了对各种构想的评估，这为进一步的协商提供了基础。这样做整合了一系列错综复杂的正在进行的各个国家非正式协商的结果，内容来源于从主题和问题的列表中所分配的项目。这份文本将大会第二期会议期间收到的不断增长的描述海底委员会和第二委员会特性的概念、构想、提案转换为单一的、内容一致的文本。在它处理问题的范围内以条约语言对每个假说提出单独的案文。在这方面，它成为第二委员会在大会接下来的会议中工作的基础性文件。它没有局限于《主要趋势工作文件》包括的条款和情形。

导言 16. 在第四期会议（1976 年）上，第二委员会几乎只在正式会议上工作。这些会议用来对非正式单一协商案文第二部分条款逐个进行检查，而且大量修订文本的建议以口头和书面的方式被提交上来。㉕秘书处没有像大会程序的通常做法那样对这些修正案予以编号、翻译和散发。相反，修正案是由提议的代表团自己散发的。在大会的这个阶段，委员会遵循"沉默规则"进行工作，主席这样描述：

在工作的早期，委员会一致同意遵循"沉默规则"来工作，这样如果代表团基本上同意单一文本［非正式单一协商案文］，他们会在某一条款上节制发言。对于修正案的沉默会被解释为对于该修正案缺乏支持。这项规则会被灵活运用，并且并不是试图影响计算的结果或是作为一种暗示性投票的形式。在我对于这种规则的理解里，我考虑的事实是关于某些问题，只有那些直接关联的代表团通常会参加讨论。不过，这项规则允许在提交到委员会之前对问题进行一般性分类。㉖

在这期会议期间，第二委员会的工作成果是拟定了订正的单一协商案文的第二部

㉔ 同上，导言，第 153 页。参见此系列第一卷关于此案文的准备过程中的更多细节，第 116 页。

㉕ 在可能的情况下这些非正式的提案已经被编辑并出版在 R. Platzöder 所编《第三次联合国海洋法会议文件集》（尤其参见第二委员会的第三、四、五卷中的文件）。

㉖ A/CONF. 62/WP. 8/Rev. 1/Part II（修订的单一协商案文，1976 年），引言第 6 段，正式记录，第五卷第 151、153 页（第二委员会主席）。

分。这一结果表示对于下述方面达成一致：（i）从基线量起所允许的领海最大宽度为 12 海里；（ii）过境通行制度适用于国际航行海峡；（iii）群岛国概念的识别（参见下面 IV.8 至 IV.10 段）；（iv）沿海国对在领海之外且邻接其领海的专属经济区内的生物资源享有主权权利或管辖权，专属经济区是从基线量起 200 海里的距离；（v）沿海国对从基线量起 200 海里距离内的大陆架上的矿物资源，对陆地领土在 200 海里以外到大陆边的外部界限的自然延伸享有主权权利，在 200 海里界限以外在大陆架非生物资源的开发方面相对应建立税收体系；（vi）至少在航行权利保护方面，一个强制争端解决程序是《公约》必不可少的一部分。

导言 17.　在第五期（1976 年）和第六期（1977 年）会议期间，工作以相似的方式进行，尽管"沉默规则"并没有以同等程度被遵守。在第六期会议最后，大会工作整体上取得了充分的进展，这使得大会主席和 3 个主要委员会主席将订正的单一协商案文的不同部分整合为一个单一文件——非正式综合协商案文（ICNT）[27]。这份继续作为非正式会议中主要部分的文件成为大会剩余工作的基础。在这些会议期间，大会设立了许多特别工作组和协商小组，并且对所有代表团和其他小型非正式磋商小组（私人小组同样对特定问题进行工作）开放参与。这项工作的结果通过非正式方式交流并且在文本修订时被考虑进去。

导言 18.　在第六期会议（1977 年）上，第二委员会主席向海洋法会议总委员会报告称委员会已经决定优先讨论 3 个问题。它们分别是：

> 专属经济区的司法地位和在专属经济区内沿海国的权利和义务、大陆架外部界限的定义和对于 200 海里以外大陆架上的开发应缴的费用和实物以及相向或相邻国家的领海、专属经济区与大陆架之间的划界。这些问题将在 3 个不限定成员的协商小组的组织下讨论，但是，适当时候，协商会在与某个具体问题有非常利益关联的代表团组成的更小的小组范围内继续进行，这些更小的小组会向不限定成员的协商小组报告协商情况。在可能的情况下会考虑召开委员会的非正式会议解决那些不包含在 3 个优先议题之内的问题。委员会决定讨论具体的提案并且要避免华丽的声明。各个协商小组对这项决定表示尊重。[28]

在第六期会议即将结束时，各国就关于专属经济区的司法地位问题的决议达成了

---

[27]　A/CONF.62/WP.10（1977 年），正式记录，第八卷第 1 页。

[28]　General Committee, 31st meeting（1978 年），第五段，正式记录，第七卷第 22 页。

共识，㉙ 这项决议为第二委员会其他突出问题的解决开辟了道路。

导言 19. 在第七期会议（1978 年）上，大会设立 7 个协商小组解决突出的核心问题。㉚ 3 个小组解决第一委员会讨论的问题，余下 4 个小组解决第二委员会讨论的问题（两个组是关于争端的解决，使第十五条、六十九条、七十条、七十四条、七十六条、七十八条、八十二条、八十三条、二六四条、二六五条、二九四条、二九七条、二九八条和三〇〇条最后得以阐述）。每个协商小组成为与突出的核心问题相关的国家的核心，并且不限定成员（即对所有利益相关代表团开放）。4 个协商小组所解决的第二委员会的问题是：

第四协商小组

主席：萨切亚·N·南丹（斐济）

——内陆国和某些发展中的沿海国获得专属经济区内生物资源的权利；和

——内陆国和地理不利国家获得专属经济区生物资源的权利。

[注：项目的第一部分是由沿海国集团所要求的构想，项目的第二部分是内陆国和地理不利国集团所要求的构想]

第五协商小组

主席：康斯坦丁·A·斯塔夫洛普洛斯（希腊）

——关于沿海国在专属经济区内主权权利的争端解决问题。

第六协商小组

主席：安德烈斯·阿吉拉尔（委内瑞拉）

——大陆架外部界限的定义和 200 海里以外的大陆架上的开发应缴的费用和实物的问题；和

——大陆架外部界限的定义和税收分担的问题

第七协商小组

主席：E·J·曼纳（芬兰）

——相向和相邻国家之间的海洋边界的划界以及由此引发的争端解决。

与此同时，大会通过采取这样的规则简化了其议事程序，即除非个人的倡议得到足够的支持并实质上改善了取得共识的前景，任何对于非正式综合协商案文的修改或修订的内容“都应来源于协商本身而非任何个人的倡议。”㉛

㉙ A/CONF. 62/WP. 10/Add. 1（1977 年），“《修订单一协商案文》第二部分，”正式记录，第八卷第 65、68 页（大会主席）。

㉚ 参见 A/CONF. 62/62（1978 年），第五段，正式记录，第十卷第 7 页；同样参见此系列第一卷，第 92 页，第 13 段。

㉛ A/CONF. 62/62（1978 年），第 10 段，正式记录，第十卷第 8 页。

导言 20.　除第七协商小组（直到第十期会议结束时它的主要问题才解决（1981年））外，这些协商小组的工作成果都包含在非正式综合协商案文第三次修订稿[32]中。在这个阶段，第二委员会已经完成了它的实质性工作（保留了一些最后提案），只待起草委员会根据案文的一致性进行的建议调整，它的大多数提案都合并到了《公约草案》中。[33]

导言 21.　直到第十一期会议（1982 年）起草委员会才完成相关条款的编撰工作。它面临同从 1958 年《日内瓦公约》借用条款的衔接这一特殊问题。一方面，有人反对为改变而改变那些条款。另一方面，起草委员会对于案文的进一步审查解决条文内部的协调和 6 个作准文本一致性的问题，提出对影响 1958 年文本的所有版本必要的改动以及为改善《公约》作准文本的协调而进行的改动。

导言 22.　在第十一期会议（1982 年）上，当大会重新召开全体会议正式会议时，一些关于《公约》条款草案的正式修正案被提交上来。为了和此阶段全体会议的程序保持一致，大会主席（许通美（新加坡））委托大使阿吉拉尔解决来源于第二委员会工作中提出的条款的正式修正案问题，以便避免对这些修正案的投票表决。在大多数问题上，他都成功地解决了这一问题。但是，关于第 21 条的修正案，却没有提出其投票表决，而是通过一项由主席记录在案的声明撤回。[34] 关于第三部分的两条修正案在第176 次全体会议上进行了表决，大会对这两条修正案予以否决或未通过。[35]

导言 23.　除了第四、五、六和第七协商小组提交的报告中有关于它们的解释、说明和声明，其他工作组以条款草案的形式向第二委员会提交结论是没有这些声明的。因此，这部分的解释材料没有《公约》中其他部分的多。

导言 24.　第二委员会在 1974—1982 年期间举行了 59 次正式会议（其中的 46 次在 1974 年）、170 次非正式会议和不同工作组和协商小组之间数不清的会议。第二委员会 1974 年、1975 年、1982 年的报告员（萨切亚·N·南丹（斐济））在编写了委员会活动的说明。[36]

导言 25.　第二委员会的主席向大会报告了第二委员会的工作，如下：

A/CONF. 62/C. 2/L. 86（1974 年），正式记录，第 3 卷，第 242 页。

---

[32]　A/CONF. 62/WP. 10/Rev. 3*（非正式综合协商案文第三次修订稿，油印）。转载在《第三次联合国海洋法会议文件集》第二卷第 179 页。

[33]　A/CONF. 62/L. 78（《公约草案》，1981 年），正式记录，第十五卷第 172 页。

[34]　参见以下 21. 11 段。

[35]　参见以下 39. 9 段和 42. 9 段。

[36]　参见 A/CONF. 62/L. 8/Rev. 1（1974 年），附件二，正式记录，第三卷第 93、104 页。A/CONF. 62/C. 2/L. 89/Rev. 1（1975 年），正式记录，第四卷第 195 页；和 A/CQNF. 62/C. 2/L. 101（1982 年），正式记录，第十六卷第 277 页。

总务委员会 1975 年第 8 次会议（第 4 段）、第 9 次会议（第 2 段）、第 11 次会议（第 12 段），正式记录，第四卷，第 29～36 页。

总务委员会 1976 年第 15 次会议（第 3 段）、第 16 次会议（第 4 段和第 5 段）、第 17 次会议（第 3 段）、第 18 次会议（第 3 段至第 5 段）、第 19 次会议（第 3 段），正式记录，第五卷，第 81～91 页。

A/CONF. 62/L. 17（1976 年），正式记录，第六卷，第 135 页。

总务委员会 1977 年第 31 次会议，第 5 段和第 6 段，正式记录，第七卷，第 22 页。

第 94 次全体会议（1978 年），第 13～17 段，正式记录，第九卷，第 22 页。

A/CONF. 62/RCNG/1（1978 年），正式记录，第十卷，第 13、83 页。

A/CONF. 62/RCNG/2（1978 年），正式记录，第十卷，第 126、144 页。

A/CONF. 62/L. 38（1979 年），正式记录，第十卷，第 101 页。

A/CONF. 62/L. 42（1979 年），正式记录，第十二卷，第 92 页。

A/CONF. 62/L. 51（1979 年），正式记录，第十二卷，第 82 页。

第 148 次全体会议（1981 年），第 2～9 段，正式记录，第十五卷，第 17 页。

A/CONF. 62/L. 69（1981 年），正式记录，第十五卷，第 147 页。

157th plenary meeting（1982 年），第 48－52 段，正式记录，第十六卷第 12 页。

第二委员会各协商小组的报告，包括各小组主席提出的折中方案如下：

第四协商小组

NG4/9（1978 年），转载在《第三次联合国海洋法会议文件集》第九卷第 336 页。

NG4/9/Rev. 1（1978 年），转载在《第三次联合国海洋法会议文件集》第九卷第 338 页。

NG4/9/Rev. 2（1978 年），正式记录，第十卷第 93 页。

NG4/10（1978 年），正式记录，第十卷第 88 页。

NG4/11（1978 年），正式记录，第十卷第 166 页。

Second Committee meetings，第 57 次会议（1979 年），第 3～5 段，正式记录，第十一卷第 57 页。

第五协商小组

105th plenary meeting（1978 年），第 80 段、第 86~92 段，正式记录，第九卷第 81 页。

NG5/15（1978 年），正式记录，第十卷第 120 页。

NG5/17（1978 年），正式记录，第十卷第 117 页。

NG5/18（1978 年），正式记录，第十卷第 168 页。

111th plenary meeting（1979 年），第 1~6 段，正式记录，第十一卷第 8 页。

第六协商小组

Second Committee，第 58 次会议（1979 年），第 79~80 段，正式记录，第十一卷第 67 页。

A/CONF. 62/L. 37（1979 年），正式记录，第十一卷第 100 页。

A/CONF. 62/C. 2/L. 100（1979 年），正式记录，第十一卷第 126 页。

NG6/19（1979 年），正式记录，第十二卷第 106 页。

第七协商小组

105th plenary meeting（1978 年），第 81、82 段，正式记录，第九卷第 81 页。

NG7/21（1978 年），正式记录，第十卷第 124 页。

NG7/24（1978 年），正式记录，第十卷第 170 页。

NG7/39（1979 年），转载在《第三次联合国海洋法会议文件集》第十卷第 58 页。

Second Committee，57th meeting（1979 年），第 26~45 段，正式记录，第十一卷第 59 页。

NG7/45（1979 年），正式记录，第十二卷第 107 页。

A/CONF. 62/L. 47（1980 年），正式记录，第十三卷第 76 页。

另外，第二委员会主席就条款一致性问题向起草委员会作出报告。[37] 起草委员会主席和第二委员会主席就作准文本一致性问题向海洋法会议大会提交了非正式会议的报告。[38]

导言 26. 通过第二委员会协商的条款来源于两个方面：1958 年《海洋法公约》，

---

[37] 参见 A/CONF. 62/L. 63/Rev. 1（1980 年），附件二，B 部分，正式记录，第十四卷第 139、143 页。

[38] 参见 A/CONF. 62/L. 72（1981 年），正式记录，第十五卷第 151 页；以及 A/CONF. 62/L. 160（1982 年），正式记录，第十七卷第 225 页。

对必要的地方修改；以及第一次向海底委员会或大会提交的新提案。当 1982 年《公约》的某一条款明显是基于 1958 年《公约》条款制定时，这一条规定单独作为产生于第一次联合国海洋法会议的渊源。这份渊源列表同样涉及国际法委员会㊴关于海洋法条款草案的相关条文、秘书长为第一次联合国海洋法会议准备的参考指南㊵和第一次联合国海洋法会议主要委员会对于条款以及包含向大会提交的修正案列表所作出的报告。

事实是，第二委员会协商的许多条款都没有对 1958 年《公约》的相应条款予以改变。这种评论并不被 1958 年《公约》的评论所接受。并且，条约的相关性和特定条约辅助解释方式的相关一致性使得用联合国第一次海洋法会议作为第三次联合国海洋法会议解释性材料时需要谨慎对待。

同时，那些负责协商和起草条款的工作者熟悉他们的历史和实际应用。在 1958 年通过的文本在很大程度上同先前国际法委员会的 1956 年条款草案的提案相一致，而这个文本成为第一次联合国海洋法会议的基础工作文本。这样国际法委员会的评论可以在某些方面作为 1982 年《公约》文本评论的一点参考，没有减损 1982 年《公约》中国际法委员会的工作地位和第一次联合国海洋法会议的立法历史的问题。

导言27. 在通过第二委员会采纳的条款中，"主管国际组织"（单数形式）这种表述在第二十二、四十一、五十三和六十条中都有使用。"主管国际组织"（复数形式）这种表述在第六十一、六十五和一一九条使用，在第六十四条使用"适当的国际组织"的表述。㊶ 它通常在哪个国际组织主管特定目的的问题时才出现。

导言28. 在国际法委员会，各部分的顺序是在 1956 年准备条款草案过程中某些讨论的主题。㊷ 大会采纳的结构包括：第一部分——领海（包括领海界限和无害通过权的部分）；第二部分——公海（包括毗连区和大陆架部分）。

在第三次联合国海洋法会议上，第二委员会采纳了一种更为复杂的结构。在第二期会议（1975 年）非正式单一协商案文中各部分的初期顺序是：

第一部分：领海和毗连区
第二部分：用于国际航行的海峡
第三部分：专属经济区
第四部分：大陆架

㊴ 《国际法委员会关于第八期会议的工作报告》（A/3159），国际法委员会 1956 年年鉴第二卷，第 253 页。

㊵ A/C. 6/L. 378，大会正式记录，第十一卷，附件，项目 53 日程。

㊶ 第三委员会制定的条款采纳了相似的术语；参见本丛书第四卷，第 14 和 437 页，XII. 17 和 XIII. 14 段。

㊷ 国际法委员会采纳的顺序因具体报告员所提出的不同而稍微不同，J. P. A. Francois, in his Report on the Régime of the High Seas and the Territorial Sea, A/CN. 4/97（1956 年），第 5 – 8 段，1956 年《国际法委员会年鉴》第二卷，第 1 和 2 页。同样可参见该委员会第 334 次会议的讨论（1956 年），第 1 – 11 段，1956 年《国际法委员会年鉴》第一卷，第 4 页。

第五部分：公海

第六部分：内陆国

第七部分：群岛国

第八部分：岛屿制度

第九部分：闭海和半闭海

第十部分：在外国占领或殖民统治下的领土

第十一部分：争端的解决

第二、三、六、七、九和十部分代表新的主题。第八部分来源于国际法委员会的条款草案，它的内容被包含在领海制度项下第十条中。另外，在第一部分中规定了毗连区，第四部分和第五部分分别阐述了大陆架和公海。

在修订的单一协商案文的第二部分（1976年），在案文中"部分"被命名为"章"，虽然名称改变但实际上顺序没有改变。但是第十部分被转移到名为"过渡条款"项下，这部分最后成为最后文件的附件一决议三（参见本系列丛书第五卷，第478页）。

现在的顺序是在非正式综合协商案文被固定下来的，标题"部分"在《公约》中作为主要分类恢复。第一条作为第一部分（导言），其余部分从第二条到第十条重新编号。最主要的变化是将群岛国作为第四部分，将所有争端解释内容移到第十五部分。但是，这并不意味第二委员会停止参与有关他们自己工作方面争端解决条款的管辖。

在第七期会议（1978年）上和以后，秘鲁努力将第七部分（公海）分成三部分：公海，对专属经济区和公海都适用的条款，关于船舶的一般条款。[43] 在第十一期会议（1982年）的报告中，第二委员会主席向大会报告说这些提案已经交给瑞士代表主持的一个小型工作组去处理，并且不可能在那些建议上达成一致。[44]

导言29. 不同问题的调和实质上促使各国对于专属经济区概念和成为《公约》一部分的接受。会议主席（阿梅拉辛格）在他的备忘录中介绍非正式综合协商案文[45]

---

[43] A/CONF. 62/L. 27（1978年），正式记录，第九卷第182页。欲了解关于第二委员会更多详细阐述参考资料，参见 C. 2/Informal Meeting/9（1978年，油印）和 C. 2/Informal Meeting/68（1982年，油印）。分别转载在《第三次联合国海洋法会议文件集》第五卷第13、73页。

[44] Report by the Chairman of the Second Committee at the 157th plenary meeting（1982年），第50段，正式记录，第十六卷第12页。

[45] 第二委员会在有关《修订的单一协商案文》第二部分的报告中使用这一术语，第三委员会主席在关于海洋环境的保护和养护的报告中同样使用了这一术语。A/CONF. 62/WP. 10/Add. 1（1977年），正式记录，第八卷第68页和69页（大会主席）。第一委员会主席提及一系列他称之为"微型一揽子解决办法"（同上，第66页）。对于后来提及的"一揽子解决办法"和它的内容，参见许通美主席在1982年第185全体会议上的发言。第50段，正式记录，第十七卷第14页。

（详细参见本系列丛书第一卷，第 40 页）时使用《公约》是"一揽子协议"这种说法。在这个基础上，大会修改了程序确保在其他相关问题解决之前每一委员会的单一的问题不会被通过。在第二委员会中这一问题指的是所有分配给他们的项目。

导言 30.　《公约》以及包含在最后文件附件一中的决议一到决议四作为一个整体被通过。这种方法为参加大会的国家提供了使其不同利益一致的基础机制。如果一个国家在某一问题上的利益没有被完全满足，它可以看整个一揽子协议去寻找其他利益被更充分代表的问题，以此来减轻前一个问题所带来的影响。这样，《公约》成为无论国家大小在妥协基础上的苦心经营建构的文件。

导言 31.　第二委员会协商的一揽子协议包括几个关键的要素：（i）从基线量起领海宽度最宽不超过 12 海里，和穿过领海的外国船舶无害通过制度规则的分类；（ii）用于国际航行海峡的过境通行制度；（iii）群岛国和穿越群岛国水域航行制度；（iv）内陆国进出海洋；（v）从基线量起专属经济区最大宽度 200 海里，在专属经济区内沿海国对自然资源享有主权权利和基于管理的义务；（vi）沿海国对于大陆架上自然资源到陆缘外部界限主权权利的延伸，受关于 200 海里以外大陆架开发收入分成义务的限制。

大会的主要成功地方之一是就不同海域的界限问题达成一致——12 里领海，24 海里的毗连区，延伸到 200 海里的专属经济区，以及大陆架的新定义。而且，对于每一个海域制度也达成一致意见。第二委员会的一揽子协议，实际上是《公约》代表了不同利益之间的微妙的平衡，例如沿海国和远海国家，沿海国、内陆国和地理不利国家。它反映了国际社会维护了航行自由的利益并有效地平衡了沿海国在不同海洋区域中的权利、管辖权和义务与其他国家在这些海洋区域的权利和义务。

这些反映第二委员会的整个工作情况的一致意见，成为整个《公约》所体现的海洋法问题的整体解决中的一部分。其他主要的部分是国际海底区域制度（第十一部分——第一委员会）；海洋环境的保护和养护条款（第十二部分——第三委员会）；有关《公约》条款解释和适用的争端解决机制（第十五部分）。

目　次

第一部分
序　言

第一条　用语和范围

1. 为本公约的目的：

（1）"区域"是指国家管辖范围以外的海床和洋底及其底土。

（2）"管理局"是指国际海底管理局。

（3）"'区域'内活动"是指勘探和开发"区域"资源的一切活动。

（4）"海洋环境的污染"是指：人类直接或间接把物质或能量引入海洋环境，其中包括河口湾，以致造成或可能造成损害生物资源和海洋生物、危害人类健康、妨碍包括捕鱼和海洋的其他正当用途在内的各种海洋活动、损坏海水使用质量和减损环境优美等有害影响。

（5）（a）"倾倒"是指：

①从船只、飞机、平台或其他人造海上结构故意处置废物或其他物质的行为；

②故意处置船只、飞机、平台或其他人造海上结构的行为。

（b）"倾倒"不包括：

①船只、飞机、平台或其他人造海上构筑物及其装备的正常操作所附带发生或产生的废物或其他物质的处置，但为了处置这种物质而操作的船只、飞机、平台或其他人造海上构筑物所运载或向其输送的废物或其他物质，或在这种船只、飞机、平台或构筑物上处理这种废物或其他物质所产生的废物或其他物质均除外；

②并非为了单纯处置物质而放置物质，但以这种放置不违反本公约的目的为限。

2. （1）"缔约国"是指同意受本公约拘束而本公约对其生效的国家。

（2）本公约比照适用于第三〇五条第 1 款（b）、（c）、（d）、（e）和（f）项所指的实体，这些实体在按照与各自有关的条件成为本公约的缔约国这种情况下，"缔约国"也指这些实体。

资料来源

第三次联合国海洋法会议文件

1. A/AC. 138/53，第一条。转载在《1971 年海底委员会报告》第 105、114 页（马耳他）。

2. A/AC. 138/SC. II/L. 28，第一条。转载在《1973 年海底委员会报告》第三卷第

35、37 页（马耳他）。

3. A/CONF. 62/C. 1/L. 3（1974 年），第 0 条，正式记录，第三卷第 157、164 页（第一委员会）。

4. A/CONF. 62/C. 3/L. 2（1974 年），定义，正式记录，第三卷第 245 页（肯尼亚）。

5. A/CONF. 62/C. 3/L. 27（1975 年），第 1 款，正式记录，第四卷第 215 页（希腊）。

6. A/CONF. 62/WP. 8/Part I（非正式单一协商案文，1975 年），第一条和第二条第 1 款和第 2 款，正式记录，第四卷第 137 页（第一委员会主席）。

7. A/CONF. 62/WP. 8/Part Ⅲ（非正式单一协商案文，1975 年），第一部分，第一条和第十九条（注），正式记录，第四卷第 171 页（第三委员会主席）。

8. A/CONF. 62/WP. 8/Rev. 1/Part I（订正的单一协商案文，1976 年），第一条和第二条第 1 款和第 2 款，正式记录，第五卷第 125、128 页（第一委员会主席）。

9. A/CONF. 62/WP. 8/Rev. 1/Part Ⅲ（订正的单一协商案文，1976 年），第一条和第二十条（注），正式记录，第五卷第 174 页和 176 页（第三委员会主席）。

10. A/CONF. 62/WP. 10（非正式综合协商案文，1977 年），第一条，正式记录，第八卷第 1、6 页。

11. A/CONF. 62/RCNG/1（1978 年），第一条，正式记录，第十卷第 13、96、97、104 页第三委员会主席的报告（MP/9（美国））和第 107 页（MP/11（葡萄牙））。

12. A/CONF. 62/RCNG/2（1978 年），第三委员会主席的报告（C. 3/Rep. 1），正式记录，第十卷第 126、173、178 和 179 页。

13. A/CONF. 62/WP. 10/Rev. 1（非正式综合协商案文第一次修订稿，1979 年，油印），第一条。转载在《第三次联合国海洋法会议文件集》第一卷第 375、393 页。

14. A/CONF. 62/WP. 10/Rev. 2（非正式综合协商案文第二次修订稿，1980 年，油印），第一条。转载在《第三次联合国海洋法会议文件集》第二卷第 3、23 页。

15. A/CONF. 62/WP. 10/Rev. 3*（非正式综合协商案文第三次修订稿，1980 年，油印），第一条。转载在《第三次联合国海洋法会议文件集》第二卷第 179、199 页。

16. A/CONF. 62/L. 78（《公约草案》，1981 年），第一条，正式记录，第十五卷第 172、177 页。

17. A/CONF. 62/L. 86（1982 年）附件一，第一条之二，正式记录，第十六卷第 197、199 页（主席）。

18. A/CONF. 62/L. 93（1982 年），附件一，第一条之二，正式记录，第十六卷第 210、211 页（执行管理委员会等）。

起草委员会文件

19. A/CONF. 62/L. 152/Add. 21（1982 年，油印），第一条之二，第 2 ~ 4 页。

20. A/CONF. 62/L. 152/Add. 23（1982 年，油印），第 34~50 页。

21. A/CONF. 62/L. 160（1982 年），正式记录，第十五卷第 225 页（起草委员会主席）。

非正式文件

22. C. 1/PBE. 10（1976 年，油印），第一条（第一委员会主席）。转载在《第三次联合国海洋法会议文件集》第六卷第 121 页。

23. C. 2/Informal Meeting/9（1978 年，油印），第一条（秘鲁）。转载在《第三次联合国海洋法会议文件集》第五卷第 13 页。

24. MP/9（1978 年，油印），第一条（美国）。转载在《第三次联合国海洋法会议文件集》第十卷第 224 页。［见上文"资料来源 20"，第 104 页。］

25. MP/11（1978 年，油印），第一条第 5 款（葡萄牙）。转载在《第三次联合国海洋法会议文件集》第二卷第 227 页。［见上文"资料来源 20"，第 107 页。］

26. MP/21（1978 年，油印），第一条第 5 款（澳大利亚、巴基斯坦和南斯拉夫）。转载在《第三次联合国海洋法会议文件集》第二卷第 235 页。

27. MP/23/Rev. 1（1978 年，油印），第一条第 5 款（非正式会议主席）。转载在《第三次联合国海洋法会议文件集》第十卷第 238 页。

28. MP/24（1978 年，油印），第一条第 5 款（非正式会议主席）。转载在《第三次联合国海洋法会议文件集》第十卷第 238、242 页。

29. MP/27（1978 年，油印），第一条第 5 款（非正式会议主席）。转载在《第三次联合国海洋法会议文件集》第十卷第 251 页。

评　　注

1.1.　　第一部分只包含第一条。作为整个《公约》的总则，它包含了《公约》中使用的一些术语的含义。它是来自海洋法会议不同机构的各种想法的混合物。起初，第一部分和第三部分的非正式单一协商案文（资料来源 6 和资料来源 7）和订正的单一协商案文（资料来源 8 和资料来源 9）载有与第一条类似的用语的含义。第一条作为一个整体首次出现在非正式综合协商案文中（资料来源 10）（与文本中所有其他各部分和条款对应于重新编号），对该文本的修改使之开放留待会议将其他术语包括进来。第一条从未经会议的主要委员会或非正式全体会议审查过。另一方面，起草委员会认为它是在其统一的工作和谐的进程之中（资料来源 19 至资料来源 21）。最后文本纳入了起草委员会这些被各有关主要委员会采纳的建议。

在会议期间，提出很多提案，将《公约》中所使用的术语的解释包括在第一条里。这些提案大多产生于第一委员会和第三委员会的工作。但是，后来人们决定只限于把最重要的适用于整个《公约》某一特定含义的术语成为第 1 款。① 第一条第 1 款至第一条第 3 款产生于第一委员会，第一条第 4 款和第 5 款产生于第三委员会。第一条第 1 款，不包含该条款的解释，产生于第二委员会或非正式全体会议。第 2 款产生于非正式全体会议对第三〇五条关于参加条款的讨论。

1. 2. 第一条的标题是"用语和范围"，包含两个要素。"用语"一词的表达于 1965 年在其条约法条款草案二读期间由国际法委员会引入到一般国际惯例。1962 年，一读通过的相应条款的标题被指定为"定义"。但是，在该委员会第 777 次和第 778 次会议（1965 年）讨论期间产生了问题，即在这方面使用"定义"这个词可能导致国内法和国际法词汇普遍化的风险。从那次讨论开始，"用语"一词的表达通常限于给予国际文书具体条款的含义。②

"范围"一词是在第三次联合国海洋法会议结束时加上的（见下文第 1. 12 段）。它们不是指《公约》的属物原则的程度（范围），即在这种背景下词汇的通常含义，而是指从参与意义上的属人原则的范围。

1. 3. 第一次尝试把一个关于定义的全面的列表纳入海洋法条约草案是在海底委员会 1971 年会议上。马耳他提交的载有海洋空间条约草案的一份工作文件（资料来源 1）包含了一项标题为"定义"的条款。

这条载有许多定义，其中许多是修改自 1958 年《海洋法公约》。在 1973 年会议上，马耳他在其提交的提案中重复了这些定义（资料来源 2）。

虽然个别的定义出现在许多提案中，但在海底委员会会议上没有提出其他广泛的建议。第三工作组主席给第三分委员会主席的说明中指出，一些国家认为，"关于定义的条款没有必要，所起草的关于国家义务的条款将间接地但明显地规定所意指的意义。"

1. 4. 在第三次海洋法会议第二期会议（1974 年）上，在由第一委员会审议的一套条款草案上附上的一个解释性说明（资料来源 3）指出：

> 委员会决定暂时不处理关于定义或术语解释的提案。要继续为术语解释的条款（第"〇"条）制定条文，但该条款的涵盖范围及其解释将在稍后的阶段再加上。

---

① 因此，本评注只对第一条这种给予特定含义的术语进行了详细描述，而对其他术语只偶尔提及。

② 参见 1965 年《国际法委员会年鉴》第二卷，9 ff.。"用语"一词的引入在起草委员会第 810 次会议上无任何评论地通过。出处同上，第 244 页。在其条约法报告中，国际法委员会尽力解释道，标题和引导性语言［"为本条的目的"］表示该条只是想表达条款草案中所用术语的含义。1966 年《国际法委员会年鉴》第二卷，第 188 页，第二部分，第二条《评注》，第（1）段。自维也纳条约法会议（1968—1969 年）以来，将"用语"一词纳入一条已经普遍使用。

在该文本第○条指出，"协商完成时也许需要一个定义条款。"因此，定义问题必须在以后讨论。

在第三委员会，由肯尼亚代表提交的关于海洋环境的保护和保全提案（资料来源4），其中包括一条含有"管理局"、"海洋污染物"和"海洋环境的污染"的定义的条款。第三委员会主席编写的一份有关海洋环境保全的文件，其中含有下面关于海洋环境污染的定义：

> 海洋环境的污染是指：人类直接或间接把物质或能量引入海洋环境（包括河口湾），以致造成或可能造成损害生物资源、危害人类健康、妨碍包括捕鱼和海洋的其他正当用途在内的各种海洋活动、损坏海水使用质量和减损环境优美等有害影响。[③]

该定义被吸收到肯尼亚代表提出的关于"海洋污染物"和"海洋环境的保全"的提案中，但更接近改编自1972年联合国人类环境会议的提法（见下文第1.22段）。

虽然众多适用于章节或具体条款的定义列入了《主要趋势工作文件》，但没有一条包含一般定义条款的提案来源于第二委员会的工作。

1.5. 在第三期会议（1975年）上，非正式法律专家组（在埃文森小组）对"海洋环境污染"的定义提出了一些修改，并在一条脚注中规定，即"包含海洋环境污染定义的条文可以连同所有其他定义一起体现在《公约》一个专门的介绍性章节中。"[④]

在一个由第三委员会提交的介绍对有关海洋环境的保护的提案和修正案审议的非正式会议结果的文件中，这种想法的提出来自采用1972年《防止倾倒废物及其他物质污染海洋公约》（《伦敦倾废公约》）中"倾倒"一词的定义。[⑤] 在该文件关于海上倾倒废物的条款草案中，指出

> 倾倒的概念用于物质，见于《伦敦倾废公约》。包括倾倒的定义的需要，确切的文本及其对《公约》的宗旨和设置将是未来审议的主题。[⑥]

希腊代表（资料来源5）对"倾倒"提出了一条修改自1972年《伦敦倾废公约》

---

③ A/CONF. 62/C. 3/L. 16（1974年），注⑫，正式记录，第三卷第260页（第三委员会主席）。

④ Preservation of the Marine Environment（1976年，油印），第一条和注②（非正式法律专家组）。转载在《第三次联合国海洋法会议文件集》第十一卷第525页。

⑤ 见《公约》第三条第1款，《联合国条约集》第1046卷120页、《美国条约及其他国际协定》第26卷第2403页、《条约及其他国际条例集》第8165页；《英国条约集》第43卷（1976年），《英王敕令书》6486页；《美国国际法评论》第67卷第626页（1973年），《国际法资料》第11卷第1294页（1972年）。

⑥ A/CONF. 62/C. 3/L. 15/Add. 1（1975年），注⑤⑤，正式记录，第四卷第200页（第三委员会，非正式会议）。

的冗长的定义。⑦

在非正式单一协商案文第一部分（资料来源6）（来自第一委员会）包含几个适用于"《公约》的目"的定义。其中第一条规定"'区域'内活动"为：

"区域"内勘探及其资源开发的一切活动，以及其他相关活动，包括在"区域"内的科学研究。

该案文还赋予了"缔约国"的含义。第二条规定"区域"为"国家管辖范围以外的海床和洋底及其底土，"并为"管理局"下了定义。在由第一委员会主席关于对非正式单一协商案文第一部分的一项说明中，关于第一条的表述如下：

实际上，我不打算建议该名单是详尽无遗的。我已经阐明了在法律上和科学上都具有技术意义的术语。例如，对于文本的目的，"缔约国"就是指"缔约方"。当对后者是指什么有疑问时，必须要诉诸由《维也纳条约法公约》规定的定义。该公约对已经签署并批准了条约者适用这些术语。从法律上希望尽可能保持条约术语的统一。通称的"资源"和"矿产资源"往往是用一个代替另一个，这导致在技术处理问题上的混乱。这两个词都被相应地定义为文本的目的。⑧

非正式单一协商案文第三部分（资料来源7）（由第三委员会）重复了"海洋环境的污染"的早期定义。一个脚注指出"包含海洋污染定义的条文可以连同所有其他定义一起体现在《公约》一个专门的介绍性章节中。"非正式单一协商案文第三部分第十九条的脚注关于"倾倒废物及其他物质"的定义提出了同样的建议。

1.6. 在第四期会议（1976年）上，由第一委员会主席提出的一条非正式提案（资料来源22）对第一条提出了一些修正意见，在订正的单一协商案文第一部分得到采纳（资料来源8）。在该案文的第一条里，将"'区域'内活动"解释为"勘探和开发'区域'的资源的一切活动。同时，也给"资源"下了定义。

这些定义的范围仅限于《公约》的第一部分。该案文除了提到的"相关活动，包括科学研究"被取消外，重复了在非正式单一协商案文第一部分中的定义。该案文第2款重复了"区域"和"管理局"的定义。

---

⑦ 另见希腊代表介绍该项提案的发言。第二委员会第21次会议（1975年），正式记录，第四卷第100页第62和63段。希腊提案的全文见本丛书第四卷161页210.5段。

⑧ A/CONF.62/C.1/L.16（1975年，油印），第3段（第一委员会主席）。转载在《第三次联合国海洋法会议文件集》1975年第114、116页。

在订正的单一协商案文第三部分（资料来源9），海洋环境污染的定义表述为：

"海洋环境的污染"是指：人类直接或间接把物质或能量引入海洋环境（包括河口湾），以致造成或可能造成损害生物资源、危害人类健康、妨碍包括捕鱼和海洋的其他正当用途在内的各种海洋活动、损坏海水使用质量和减损环境优美等有害影响。

"造成或可能造成"这句短语代替了"造成"。关于"倾倒"，该案文第二十条的脚注说：

下面的条款将由起草委员会决定包括在适当的地方：

"为本公约的目的，'倾倒'按照1972年12月29日在伦敦签署的《关于防止倾倒废物及其他物质污染海洋的公约》的上下文的意思解释。"

1.7. 继在第五期和第六期会议上（1976年和1977年）进一步非正式讨论之后，非正式综合协商案文（资料来源10）把订正的单一协商案文第一部分和第三部分中的术语整合成为一个单一的条款，适用于整个《公约》。第一条内容如下：

第一条 用语

1. 为本公约的目的：

（1）"区域"是指国家管辖范围以外的海床和洋底及其底土。

（2）"管理局"是指国际海底管理局。

（3）"'区域'内活动"是指勘探和开发"区域"的资源的一切活动。

（4）"海洋环境的污染"是指：人类直接或间接把物质或能量引入海洋环境（包括河口湾），以致造成或可能造成损害生物资源和海洋生物、危害人类健康、妨碍包括捕鱼和海洋的其他正当用途在内的各种海洋活动、损坏海水使用质量和减损环境优美等有害影响。

（5）（a）"倾倒"是指：

①从船只、飞机、平台或其他人造海上构筑物故意处置包括焚烧废物或其他物质的行为；

②故意处置船只、飞机、平台或其他人造海上构筑物的行为。

（b）"倾倒"不包括：

①船只、飞机、平台或其他人造海上构筑物及其装备的正常操作所附带发生或产生的废物或其他物质的处置，但为了处置这种物质而操作的船只、飞机、平台或其他人造海上构筑物所运载或向其输送的废物或其他物质，或

在这种船只、飞机、平台或构筑物上处理这种废物或其他物质所产生的废物或其他物质均除外；

②并非为了单纯处置物质而放置物质，但以这种放置不违反本公约的目的为限。

（c）由海底矿物资源勘探、开发或相关的海上加工直接引起的或有关的废物或其他物质的倾倒不包括在本公约的规定之中。

在第 1 款中，第（1）项和第（2）项取自订正的单一协商案文第一部分第二条第（3）项则逐字逐句取自该案文的第一条。在订正的单一协商案文第一部分中"资源"的定义被列入非正式综合协商案文的第一三三条，其中也包括了对"'区域'内活动"的同样的定义。在订正的单一协商案文第一部分中对"缔约国"的定义在非正式综合协商案文中被取消了（尽管这在起草委员会后来修正时重新加上（见下文第 1.12 段））。

第（4）项重复了"海洋环境污染"的定义，但补充了对"海洋生物"的损害"作为海洋污染的一个有害影响。第（5）项改自 1972 年的《伦敦倾废公约》。它在倾倒的定义里包括了焚烧，[⑨] 在第（5）项①目及②目删除了故意"在海上"处置的提法。

1.8. 在第七期会议（1978 年）上，秘鲁代表（资料来源 23）提议插入新的第一条，内容如下：

"捕捞或捕捞活动"是指对海洋生物资源的任何捕捉或捕获。同样，"捕获物种"指被从海中捕获或捕捞的物种，"鱼类种群"是指任何生物资源的种群。

美国代表（资料来源 24）提议在第 1 款（4）项和第（5）项之间加入新的一段，即"'海洋环境'包括海洋生物。"

一个由葡萄牙代表提出的提案（资料来源 25）建议用下面的文字代替第（5）项第（a）目①：

"倾倒"是指：
①船只、航空器、平台或其他人造海上构筑物在海上故意处置任何废物或其他物质。

---

⑨ 在第三委员会的协商中，葡萄牙代表指出，《公约》"不仅应包括倾倒，还应包括用特殊船舶在海上焚烧，越来越多的国家用这种方法处理某些类别的废物。"第三委员会第 34 次会议（1977 年），正式记录，第七卷第 44 页第 34 段。

葡萄牙代表的提案还建议增加一个新的目（5）（d）单独处理的焚烧问题：

"海上焚烧"是指：

以热破坏为目的，在船只、平台或其他海上人造构筑物上故意燃烧废物及其他物质。

同时根据这一提案，要用"在海上倾倒和焚烧"取代关于防止、减少和控制由倾倒所造成的海洋污染的第一九五条、第二一一条和第二一七条（现在的第一九四条、第二一〇条和第二一六条）中的"倾倒"。

一个由 3 个国家提出的提案（资料来源 26）建议删去第（5）项（c）目。

在第三委员会的非正式会议上，与会者只就删除第 1 款（5）项（c）目的提案达成了一致意见（资料来源 11，第 97 页；以及资料来源 27 和资料来源 28）。同时，第三委员会主席指出，已经就"'海洋环境'包括'海洋生物'"一词达成共识，却没有提出对第 1 款（4）项的任何改动。

1.9. 在第七期会议续会（1978 年）上，第三委员会非正式会议主席在会议上报告（资料来源 29）表示，对倾倒的定义的修订已经被接受。第（5）项（a）目（i）规定，"倾倒"是指"从船只、飞机、平台或其他人造海上构筑物故意处置废物或其他物质的行为。"这个提法是从葡萄牙上期会议上提出的提案的修改而来的。

第三委员会主席在他向全体会议的报告中指出，尽管有人对删除"焚烧"这一概念表示担心，但在关于倾倒的规定里没有这个词却大大改善了共识的前景（资料来源 12，第 175 和 179 页）。

1.10. 在第八期会议（1979 年）上，经过进一步的非正式磋商，对非正式综合协商案文第一次修订稿第一条进行了略微修订（资料来源 13）。第 1 款（5）项（a）目（i）的新措词获得通过，删除了"焚烧"，第（5）项（c）目被取消。该案文在非正式综合协商案文第二次修订稿中没有变动（资料来源 14）。

1.11. 在第九期会议续会（1980 年）上，起草委员会报告说这是

考虑到第一条中插入一个新项的可能性，其内容如下：
"设施"包括人工岛屿和结构。[⑩]

于是，就要从第一条和《公约》的其他条文中删除"人工岛"和"构筑物"（尽管这种改动并不适用于第六十条和第八十条）。起草委员会还考虑用"第七十六条所指

---

⑩ A/CONF. 62/L. 57/Rev. 1（1980 年），第七节，"审议中的项目"，第 1 段，正式记录，第十四卷第 114、119 页（起草委员会主席）。

的大陆架范围以外"取代第一条第 1 款中的短语"国家管辖范围以外"，并删去"和洋底"一语。⑪

在同一份报告中，起草委员会建议英文和俄文版本的《公约》条文中增加一条，即"船只（ships）"和"船舶（vessels）"具有同样的意思。⑫随后，在一份非正式文件中，起草委员会审议了在第一条增加的下面几款：

（6）"悬挂一国国旗的"船只或船舶是指被允许悬挂该国国旗的船只或船舶；

（7）"国际组织"是指政府间组织；

（8）"船只"和"船舶"具有同样的意思。⑬

（在该案文的脚注中指出，第一条的形式为（模仿了 1975 年《维也纳关于国家在其对具有普遍性章程的国际组织关系上的代表权公约》第一条的表述。⑭同时还指出，第（8）款仅适用于英文文本。）

这些改动未被联大接受，非正式综合协商案文订正 3（资料来源 15）重复了先前的文字，《公约草案》也是如此（资料来源 16）。

1.12. 在第十一期会议（1982 年）上讨论第三〇五条（关于《公约》的参加）时，主席报告说（资料来源 17）收到了一份新的第一条之二的非正式提案，内容如下：

第一条之二　范围

本公约应比照适用于第三〇五条第 1 款（b）、（c）、（d）及（e）项所指的实体，这些实体按照与各自有关的条件成为本公约的缔约国，在这种情况下，"缔约国"也指并包括这些实体。

该提案为执行管理委员会所接受（资料来源 18）。起草委员会经过其协调工作（资料来源 20，第 49 页），建议把第一条与第一条之二合并，将标题名称改为"用语和范围"，并增加新的第 2 款，内容如下：

2.（a）"缔约国"是指同意受本公约拘束而本公约对其生效的国家。

（b）本公约比照适用于第三〇五条第 1 款（b）、（c）、（d）、（e）及（f）

---

⑪　A/CONF. 62/L. 57/Rev. 1（1980 年），第十节，"审议中的项目"，第 121 页。

⑫　同上。"其他建议……"，第一二六条（b）段。

⑬　非正式文件 14（1980 年，油印），第 1 页（起草委员会）。

⑭　见 A/CONF. 67/16（1975 年）。尚未生效。转载在《美国国际法杂志》第 69 期第 730 页（1975 年）。

项所指的实体，这些实体按照与各自有关的条件成为本公约的缔约国，在这种情况下，"缔约国"也指这些实体。

第 2 款（a）项改编自 1969 年《维也纳条约法公约》第二条第 1 款（g），⑮《公约》就按照这个形式通过了第一条。

1.13. 在第一条引语中"this Convention（本公约）"的说法是遵循了国际文书惯用的做法。由国际法委员会拟定于 1956 年的条款草案通篇使用"these articles"（原意为"这些条款"，在 1958 年海洋法四公约中也译为"本公约"——译者注。）的表述方式，在这种情况下，该表述方式是指在 1956 年通过的关于海洋法的所有条款。第一次海洋法会议没有改变这种表述方式，但是，这些条款分成了 4 个单独的公约，并因此在 1958 年《公约》的表述中"these articles"是指各个公约的条款。自从第一次海洋法会议以来，这种做法已经改变。国际法委员会在其起草的各种决议草案中仍继续使用"these articles"，但这在外交会议上（或在联大相应机构的会议上）通常被修改成为"this Convention"。

在第三次海洋法会议期间提交的提案中，经常遇到"these articles"的表述方式。这种表述方式是仅指文件中一项具体的建议，还是指按照 1958 年《公约》或其他文书的语言，还是打算适用于整个《公约》，只能视上下文而定。

《公约》在其用语上是很谨慎的，在某种程度上表明《公约》的规定的准确性考虑到了每一个背景。

1.14. 第一条第 1 款没有将《公约》使用的术语全部列出；应属于其他术语的含义全文都有出现。下面列出了适用于整个《公约》的具体含义或描述的术语，所有这些都来源于第二委员会（在这里，这些都遵循了第一次联合国海洋法会议的先例）：

群岛基线（第四十七条）

群岛海道通过（第五十三条第 3 款）

群岛国（第四十六条）

群岛（第四十六条）

海湾（第十条第 2 款）

毗连区（第三十三条）

大陆架（第七十六条）

闭海或半闭海（第一二二条）

专属经济区（第五十五条）

---

⑮ 该条规定，"缔约方"是指同意受本公约拘束而本公约对其生效的国家。见《联合国条约集》第 1155 卷第 331 页；《英国条约集》第 58 集（1980 年），英王敕令第 7964 号；《美国国际法期刊》第 63 卷第 875 页（1969年）；《国际法资料》第 8 卷第 679 页（1969 年）。

无害通过（第十九条）

内水（第八条）

内陆国（第一二四条第 1 款（a）项）

低潮高地（第十三条第 1 款）

运输方式（第一二四条第 1 款（d））

通行（第十八条第 1 款）

侵权行为（第一〇一条）

海盗船舶或飞机（第一〇三条）

领海（第二条）

过境通行（第三十八条第 2 款）

过境国（第一二四条第 1 款（c））

未经许可的广播（第一〇九条）

军舰（第二十九条）

1.15. 除了上述术语之外，《公约》中还有许多术语所表达的意思只限于一个部分或特定的条款。另外，这种含义给予这样一个特定的目的，但并不一定意味着这个词在《公约》的其他地方不会有同样的意思，只要该术语给定的含义在另一个背景下应用其本来的含义。这类术语包括以下：

开发合同区域收益净额（附件三第十三条第 6 款（e）项和第 6 款（n）项（i）目）

证明国（最后文件附件一决议二第一条第 1 款（c）项）

共识（第一六一条第 8 款（e）项）

承包者发展费用（附件三第十三条第 6 款（h）项和第 6 款（n）项（iv）目）

承包者收益毛额（附件三第十三条第 6 款（g）项（i）（ii），第 6 条第（n）项（iii）目）

承包者收益净额（附件三第十三条第 6 款（f）项）

承包者的经营成本（附件三第十三条第 6 款（k）和第 6 款（n）项（v））

债务担保（附件四，第十一条第 3 款（h）项）

采矿部门发展费用（附件三第十三条第 6 项（1）目）

地理不利国（第七十条第 2 款）

国际组织（附件九第 1 条）

海难（第二二一条第 2 款）

矿物（第一三三条（b）项）

开辟活动（最后文件附件一决议二第 1 款（b）项）

开辟区（最后文件附件一决议二第 1 款（e）项）

先驱投资者（最后文件附件一决议二第 1 款（a）项）

多金属结核（最后文件附件一决议二第 1 款（d）项）

加工金属（附件三第十三条第 7 款（a）项）

资源（第一三三条第（1）款）

投资回报（附件三第十三条第 6 款（m）项和 6 款（n）项（vi））

定居种（第七十七条第 4 款）

技术（附件三第五条第 8 款）

1.16. 第 1 款（1）项至第 1 款（3）项一起解读。第 1 款（1）项和第 1 款（3）项定义的必要性，及其在整个《公约》开头的特点，也与《公约》的混合性质相关。它是习惯法说明的一个部分，是一个（逐步发展的）新法律说明的一部分，也是在新的国际机构——国际海底管理局、国际海洋法法庭以及大陆架界限委员会文书的一个组成部分。

在海洋法会议最后文件的第 42 段说道，《公约》和最后文件决议四的通过"形成一个不可分割的整体。"然而，与"区域"和"区域"内活动相关的规定在原则上有别于一般的海洋方面的规定，虽然有些重叠不能避免。无论是第二委员会，还是第三委员会，还是关于争端解决和最后条款的非正式全体会议，都不时审议过和"区域"内活动对其工作的影响。这可见于关于海图和地理坐标表的规定的第八十四条第 2 款。其他还可见于关于来自"区域"内活动的污染第二〇九条；关于执行保护海洋环境免受"区域"内活动方面的污染的国际规则、规章和程序的第二一五条；关于"区域"内海洋科学研究的规定的第二五六条；以及关于《公约》修订的有关规定的第三一四条。

1.17. 第 1 条第（1）款对应于 1970 年 12 月 17 日联大第 2749（XXV）号决议中所载原则宣言执行段落第 1 句（见第一卷第 173 页）。该宣言接着说，"'区域'以及'区域'内的资源，是人类的共同继承财产。"正如在序言部分第六段所预示的（见第一卷第 459 页）《公约》的目的之一是发展该宣言中所体现的原则。

1.18. 在第 1 条第（1）款中"Area（区域）"（首字母"A"大写）一词的使用有别于该单词在字典中（首字母小写）的一般含义。这种用法是按照《公约》的英文、法文、俄文和西班牙文本使用的。在阿拉伯语中，不区分大小写字母，而是使用两个不同的词；而在中文文本中，则作了特别处理以示区别（在中文本中，加引号的"区域"二字表示国际海底区域，不加引号的"区域"二字表示一般含义的区域。——译者注）。结果发现无法从《公约》中完全去掉单词"area"。但是，在某些情况下，起草委员会得以用英文文本中别的东西替代其他语言中对应于变化。

1.19. 在第 1 条第（1）款中"国家管辖范围"的表达，是指第一三四条第 3 款所规定的有关沿海国或群岛国的大陆架外部界限。第一三四条规定了第十一部分的范围（第一三三条至一九一条，关于"区域"），第 3 款规定了关于将标明第一条第 1 款所指范围界限的海图和地理坐标表交存和予以公布的规定，载于第六部分。该第六部分的有关条文是第七十六条，该条既规定了大陆架的定义，也指出大陆架应如何划定。大陆架是从测算领海的基线量起向外扩展 200 海里，或在某些情况下超出 200 海里的区域（详细请见关于第七十六条的评注）。

因此，相当于专属经济区的海床和底土的 200 海里距离的大陆架，与扩展到 200 海里以外的大陆架，两者之间是有区别的。⑯ 扩展进入第一三六条所指定的作为人类共同继承财产的区域的界限，必须由沿海国通过大陆架界限委员会确定，构成了《公约》第七十六条第 8 款和附件二。

"区域"的界限由大陆架外部界限构成。大陆架外部界限相应地把沿海国依据《公约》第五部分和第六部分的规定行使主权权利和管辖权的海床和底土（及其资源），与作为人类的共同继承财产并受《公约》第十一部分支配的海床、洋底和底土（及其资源）的区域分开，在该区域内，任何国家均不得主张或行使主权或主权权利（第一三七条第 1 款）。

1.20. 关于第 1 款（2）项，管理局的章程、权力和职能列在第十一部分第四节（第一五六条至第一八五条）以及《公约》附件三和附件四。

1.21. 通过在第一三三条界定"资源"的定义和依据第七十六条、第八十四条和第一三四条对"区域"地域划分的安排，为了第十一部分及相关附件有限的目的完善了第 1 款（3）项。第一三三条中所界定的"资源"的定义涉及"区域"的矿物资源，第十一部分只适用于该区域。另一方面，关于生物资源（不论来自何处），《公约》并没有一般定义。

1.22. 在第 1 款（4）项"海洋环境污染"这个概念，出现在整个《公约》之中，其含义非常接近海洋环境污染的科学方面专家小组（GESAMP）提出的关于"污染"的定义，即：

> 人类直接或间接把物质或能量引入海洋环境（包括河口），以致造成损害生物资源和海洋生物、危害人类健康、妨碍包括捕鱼、损坏海水使用质量和减损环境优美等有害影响。⑰

这段文字引自 1968 年 12 月 21 日联大第 2467 号决议第 4 段（XXIII）请求由教科文组织政府间海洋学委员会编写（见第一卷第 163 页），并提交给秘书长关于海洋学研究的

---

⑯ 凡有主张超过 200 海里广阔的大陆架的地方，两个沿海国之间关于划定归其所有的海床和底土的争端，不得在法院进行双边的诉讼或仲裁审判；除非《公约》所确立处理区机关也参加了诉讼。比照。在这些 1992 年 6 月 10 日仲裁法庭对加拿大和法国之间海域划界案（*Delimitation of the Maritime Areas between Canada and France*）仲裁的决定，第 75 - 82 页。转载在《国际公法概览》第 96 卷第 673、702 页（1992 年）；《国际法资料》第 31 卷第 1145、1171 页（1992 年）。

⑰ 见 1970 年海底委员会报告第 27 段，第 9 页。

一个长期和扩大方案报告的说明。⑱"海洋环境污染"的定义后来在政府间海洋污染工作组（IWGMP）所建议并由 1972 年联合国关于人类环境会议（斯德哥尔摩会议）所通过的"评估和控制海洋污染的一般原则"中略有修改。⑲

第 1 款（4）项还包括河口作为海洋环境的一部分。

第二〇七条第 1 款在关于陆地来源的海洋环境污染情况下提到了"estuaries"（河口）（见第四卷第 132 页，207.7（a）段）。⑳在关于基线划定的第九条，使用了更广泛的术语"mouths of rivers"（河口）。Estuary（河口）是一条河的潮汐的口门（mouths of a river），是潮汐和淡水交汇的地方。㉑

1.23. 虽然在《公约》中没有对"海洋环境"超出上面所写含义之外的意义进行解释，但从第十二部分特别是从第一九二条至第一九六条可推断出其意义。没有这个词的具体含义，使得《公约》具有了可以容纳不断扩大的与海洋环境有关的人类知识和人类活动，包括海洋环境的保护和保全的灵活性。

1.24. 因此，与第 1 款（4）项紧密联系的是第 1 款（5）项，该项是取自《伦敦倾废公约》经文字修改起草的。㉒第（5）项（i）和（ii）目的措辞略有变化——1972 年《公约》提到"在海上的废物处置……在海上。"而第 1 款提到的是"废物处置……在海上"——只不过是一种起草文字润色上的变化。它反映了在 1982 年《公约》普遍适用于海洋法的更广泛的范围。此外，"倾倒"的含义必须结合第二一〇条（倾倒造成的污染）和第二一六条（关于倾倒造成的污染的执行）一起考虑。

1.25. 第 2 款既是定义性的也是预防性的。它反映了主席的建议，即基于本公约的目的，只授予第三〇五条第 1 款（b）至（f）项所指的所有实体"缔约国"资格，不论其是否可以作为国家，只要它们成为《公约》的缔约方（见第五卷，第 167 页）。不是"缔约国"的国家或实体，即使它们可能已被《公约》赋予权利，也被排除在

⑱ A/7750，附件，"Comprehensive outline of the scope of the long-term and expanded programme of oceanic exploration and research,"第一部分，第 3 节（1969 年，油印）。

⑲ Stockholm Conference Report，附件三，第 73 页。

⑳ R. D. Hayton，*The Freshwater-maritime Interface: Legal and Institutional Aspects*，粮农组织立法研究第 46 期（1990 年）。国际法委员会在其关于国际水道的非航行用途的法律条款草案中也规定了海洋环境的污染。国际法委员会第四十三届会议工作报告（A/46/10 号），第三章，D 节，第二十三条（1991 年）。国际法委员会关于国际水道的概念包含地表水和地下水。

㉑ 联合国海洋事务和海洋法司，*Baselines: An Examination of the Relevant Provisions of the United Nations Convention on the Law of the Sea*,（技术术语汇编）附录，第 47、54 页（联合国销售号 E. 88. V. 5*（1989 年））。

㉒ 在 1988 年，《伦敦倾废公约》第十届缔约方协商会议一致认为，有两个《公约》之间没有根本的矛盾，而且《伦敦倾废公约》应根据 1972 年通过以来国际法的发展，包括在《联合国海洋法公约》第十二部分中所反映的情况进行解释。国际海事组织文件，IMO doc. LDC/11/5（1988 年，油印），第 2.1 和 2.2 段，转载在荷兰海洋法研究所《国际组织和海洋法年鉴》[1988 年] 第四卷第 323 页。

外。另一方面，许多条款提及"国家"而没有提及"缔约方"资格。

起草委员会在其协调工作中对"国家"和"缔约国"之间的区别进行了认真研究，但没有是关于这些用语的具体建议。

《公约》中的其他术语体现了"国家"一词，但总是具有根据上下文所得的特定的含义，包括（所注为该词第一次出现）：

群岛国（第四十六条）

沿海国（第二条）

发达沿海国（第六十九条）

地理不利发达国家（第七十条）

发达的内陆国（第六十九条）

地理不利发展中国家（第七十条）

发展中内陆国（第六十九条）

发展中国家（第六十一条）

船旗国（第二十七条）

外国（第四十五条）

地理不利国（第六十九条）

内陆国（第六十九条）

会员国［国际组织］（附件九，第一条）

港口国（第二一八条）

研究国（第二四六条）

被告国（第一九〇条）

担保国（第一九〇条）

提起程序的国家（第二二八条）

文化上的发源国（第一四九条）

历史和考古上的来源国（第一四九条）

溯河产卵种群的鱼源国（第六十六条）

登记国（第一〇九条）

闭海或半闭海沿海国（第一二三条）

海峡沿岸国（第三十四条）

缔约国（第一条）

第三国（第一一一条）

过境国（第一二四条）

使用国（第四十三条）

根据第三〇五条第2款承认为缔约国的所有实体，可以归于这些类别的任何一类，将在任何情况下始终显示是否和在何种程度上不是《公约》缔约国的国家也属于上述任何一类。此外，"countries（国家）"一词只是偶尔保留。起草委员会在其协调工作中，提出了一般性的建议，即除非在所指的是一个国家以外的实体的地方，应用短语"developing States（发展中国家）"代替"developing countries（发展中国家），"[23]这条原则已普遍遵循。

1.26. 《公约》中没有"海"或"海洋空间"的定义。在海底委员会1971年会议上，马耳他代表（资料来源1）提出"海洋空间"包括国家管辖范围以外的水面、水体和海床。在1972年《伦敦倾废公约》中，"海"是指"除内水以外的所有国家海域。"[24]这些在一定程度上对这些词汇的解释，对《公约》来说是不充分的，至少要考虑第八条第2款，其中承认通过一定的内水的无害通过权。因此，《公约》适用于从陆地开始的特定距离的海洋空间，而不论这些海洋空间水域的法律、技术或物理分类。与此相关联，在第五十六条、第七十八条和第一三五条中，称覆盖海底的水域为"上覆水域"，在第八条中称在测量领海的基线向陆一侧的水域为"内水"，以及在第四十九条称"群岛水域"（用于群岛国）。

1.27. 虽然没有正面说明，但是人们普遍理解，基于《公约》的目的，按照海牙国际法编纂会议（1930年）、第一次海洋法会议（1958年）和国际海事组织的几个公约，1海里等于1852米或6080英尺，按照每个纬度位60海里计算得出。秘书处提请起草委员会注意全文中一系列有关这个在起草性质上的意见。[25]这没有正式吸收到《公约》里，因为考虑到没有一个正式的定义，可以更符合现代海洋制图。对海里的定义是由国际度量衡局所承认的。[26]

1.28. 《公约》的英文文本交替使用"船舶（ship）"和"船只（vessel）"两个词（详细请参见1.11段）。第二委员会倾向于使用"船舶"（第四十二条和第七十三条除外），而第三委员会则选择了"船只"（第二三三条除外）。第三委员会的主席在第十一期会议的报告（1982年）中介绍了对这一差别的解释，并指出，

㉓ A/CONF. 62/L. 40（1979年），第二节，正式记录，第十二卷第95－96页（起草委员会主席）。

㉔ 见前注7，第三条第3款。

㉕ Informal Paper 17（1981年，油印），第2页（讨论与第十条的关系）。

㉖ "海里（nautical mile）"是一个特殊的单位，在海洋航行和空中飞行中表示距离。1929年在摩纳哥举行的第一届国际海道测量特别会议上通过，名为"国际海里，"传统值为1 852米，作为"与国际单位制一起暂时使用的单位"之一保留下来。见 Letter from the Director of the International Bureau of Weights and Measures to the Center for Oceans Law and Policy, on file in the University of Virginia Law School Archives. 弗吉尼亚大学法学院法律和政策文件档案。另见 The 1956 draft articles of the International Law Commission.《国际法委员会1956年年鉴》第2卷第32段，第253、256页。第一次海洋法会议按国际法委员会解释使用"mile（英里）"一词，理解为"nautical mile（海里）"，但避免在文书中包含正式的定义。但是，第三次海洋法会议起草委员会建议使用完整术语"nautical mile（海里）。"见 A/CONF. 62/L. 57/Rev. 1（1980年），"其他建议……，"正式记录，第十四卷第114、126页（起草委员会主席）。对于所指出的困难，请参阅加拿大对外事务部法律司备忘录，《加拿大国际法年鉴》第18卷第130页（1980年）。

经过与国际海事组织等磋商，第三委员会的理解是，使用含义更为广泛的术语"船只"较为恰当，因为它不仅包括船舶，而且还包括其他的使用或操作可能会导致海洋环境污染的浮动构筑物。㉗

意大利代表在谈到该报告时说，没有依据的假设在《公约》中"船舶"和"船只"有不同的意思是没有根据的。㉘ 对于这个发言，没有人作出反应。

在《公约》的其他作准文本中没有发现这种区别（尽管类似的应用被认为存在于早期德版本俄罗斯文本中）。在其早期的工作中，起草委员会曾经研究过此事是否可以统一表达。该报告说：

此问题只影响英文和俄文版本，因为在其他语言中只有一个词，例如：在西班牙语中为 buque，在法国中为 navire。案文中的"船舶"和"船只"不解释为意味着不同的东西。㉙

英语语言组根据各种以英语为母语的国家的成文法和判例法，表示不能确定两者之间法律上的区别（如果有的话）。有代表还指出，在处理不同海事问题的国际公约中没有一致性。起草委员会后来建议在英文和俄文版本增加一条，大意是说明这两个词具有相同的含义，但没有被接受。㉚ 英语语言组和俄语语言组应努力解决的问题的另一项建议，也导致没有共同的结果，虽然在俄文本中使用一般倾向于使用的单词 sudno 取得了统一，使用 voyenniy korabl' 表达"军舰。"因此，就《公约》来说，这两个英文单词的意思之间不存在差异。

《公约》中的这种差别的原因可能是历史性的。第三委员会的工作受到国际海事组织（IMO，前身为政府间海事协商组织（IMCO））很多启发。这个组织经常使用单词"船只"，虽然在国际海事组织的许多公约中使用"船舶"这个词，但其中的含义，需要根据该文书的主体仔细地解释，各个文书之间的确各有不同。

因此，《公约》中没有对"船舶"或"船只"的定义，其精确的意义将取决于具体情况和上下文。人们已注意到这方面的问题：

㉗ 见 A／CONF. 62／L. 92（1982 年），第 5 段，正式记录，第十六卷第 209、210 页（第三委员会主席）。

㉘ 见 165th plenary meeting（1982 年），第 70 段。同上，第 76 页。另见 L. D. M. 尼尔森："The Drafting Committee of the Third United Nations Conference on the Law of the Sea: The implications of multilingual texts，"《不列颠国际法年鉴》第 57 卷第 169、177 页（1986 年）。

㉙ 见前注㉕，第六节，"涉及的一些其他问题"，第 97 页。

㉚ A／CONF. 62／L. 57／Rev. 1（1980 年），"其他建议"第（b）段，正式记录，第十四卷第 114、126 页（起草委员会主席）。另见上文 1. 12 段。

看起来"船舶/船只"似乎是可以被理解为在海洋发现的与一个国家联系的而该国可以主张排除其他国家的干涉的任何物体或设备。这种联系可以（例如）通过悬挂国旗，但如果是水上飞机可以通过注册，甚至实际控制，如对那些可能存在于平台和其他设施的情况。因此，这个概念可能需要在不同的情况下根据"船舶/船只"所属国家有关海洋区域的公认的权利的理由而定。㉛

国际法委员会在其关于国家管辖的豁免权及其财产的工作中，曾就第十六条（国家拥有或经营的船舶）评论时表示，"在这种情况下，'船舶'一词的表达应解释为包括所有类型的航海船只，不论其名称如何，即使它们仅从事部分航海交通。"㉜

1.29. 《公约》中一个不断重复出现而又没有正式解释词汇是"沿海国。"沿海国是指从海岸或测量领海宽度的基线起的国家，那些基线本身要根据《公约》第五条、第六条、第七条、第九条、第十条和第四十七条的规定确定。

1.30. "船旗国"一词也经常重复出现，其含义可以把第九十一条和第九十四条结合在一起推断出来。1986年《联合国船舶登记条件公约》所定义的"船旗国"是"船舶悬挂和有权悬挂其旗帜的国家"，并指出，船旗国在对船舶所有人和经营者身份识别和承担责任方面，以及在行政、技术、经济和社会方面"对这些船舶有效行使其管辖和控制。"㉝

1.31. 另一个经常出现的术语，其含义要从上下文和航海的一般用法推断出来，这就是"适航"（见第九十四条第3款（1）项、第二一九条和第二二六条第1款（c）项）。"适航"一词的基本含义是："处于进行一个航程并能抵抗暴风雨天气的合适状况。"㉞根据这些方面，并按照第二十一条第2款，可推测《公约》中的这个词包括船舶或船只的设计、构造、人员配备和设备以及维修标准等，特别是其具有经受住预期的暴风雨天气的能力。事实上，这个词最近的含义被定义为"合理的安全和适当的状况，其中船舶的船体和设备、其货物和储存、机械和船员编制，都被认为足以进行具体海域航行或被雇从事某一行业。"㉟这个术语也出现在各国的国内立法以及私法的交易中（如租船合同），而且关于对这个词的理解肯定有许多国家的判例法和有关法律。

㉛ T. Treves，"Navigation，"载于 R. -J. Dupuy 和 D. Vignes（编），A Handbook on the New Law of the Sea，第2册，第835、842页（1991年）。在第三次海洋法会议期间，特雷韦斯（Treves）教授活跃在意大利代表团，是起草委员会法语语言组的共同协调员。

㉜ 国际法委员会第四十三届会议工作报告，大会正式记录第46卷。补编10（A/46/10），第119页（1991年）。

㉝ 1986年2月7日在日内瓦签订的《联合国船舶登记条件公约》，第1条和第2条，联合国贸发会议文件，TD/RS/CONF/23（1986年），《海洋法公报》第7期第87页（1986年4月），《国际法资料》第26卷第1236页（1987年）。《公约》尚未生效。

㉞ 《牛津英语词典》第十四版第820页（1989年第二版）。

㉟ W. A. McEwen and A. H. Lewis，《航海知识百科全书》第487页（1985年第二次印刷）。

第二部分
领海和毗连区

导　　言

II. 1.　第二部分（第二条至第三十三条）的意义在于，海洋法会议通过此部分，保留了领海的历史性概念，并将其最大宽度固定为 12 海里。会议同样保留了毗连区的概念，并将毗连区扩展为自领海基线起向外 24 海里的范围。第二部分涵盖了支配领海和毗连区的法律的主要部分。该部分分成若干节，并在需要的时候继续细分为若干分节。

第二部分不论是其标题还是其内容，都与 1958 年《领海和毗连区公约》相一致，该《公约》本身就是第一次联合国海洋法会议第一委员会工作的成果。该部分同样与分配给第三次联合国海洋法会议第二委员会的主题和议题清单上的项目 2 和项目 3 相一致（参见上文导言 7）。除了一些文字性改变（包括对语法错误的修改，以及协调 1958 年《领海和毗连区公约》时还不包括阿拉伯语版本的不同作准文本之间需要调和之处），第三次联合国海洋法会议提出的最主要的改变如下：

（a）将 1958 年《公约》第一条、第二条的合并为第二条；

（b）1982 年《公约》中新的第三条；

（c）1982 年《公约》中新的第六条；

（d）新增第七条第 2 款以及对第 4 款的修订，与 1958 年《公约》第四条相一致；

（e）1982 年《公约》中新增第十四条；

（f）1982 年《公约》中新增第十六条；

（g）同 1958 年《公约》第十四条至二十条相比较，改写了 1982 年《公约》中第十七条至第二十六条关于无害通过的条款的措辞；

（h）将第二十九条的内容，从 1958 年《公约》第八条关于公海的部分，移动至现今其于 1982 年《公约》中所在的位置；

（i）包含了第十五部分，特别是第二九七条第 1 款和第二九八条第 1 款。

II. 2.　建议对 1958 年《公约》的状况提出某些修改的动力，来源于对无害通过条款的担心：该条款并不是完全地将该问题与船舶在其通过期间的行为相联系，而是颇具争议地将"无害"的定义留给沿海国，允许其以"有损沿海国的和平、良好秩序或安全"①的模糊标准作出单方面决定。第二个担心是关于沿海国制定与无害通过相关的法律规章的能力，特别是关于一些人认为的由于超级油轮和其他装载高度危险货物的船舶的通过而可能带来的对环境的危害。②

出于这些担心，引入了规定可能被认定为有损沿海国和平、良好秩序或安全的行为的条款，从而使得此类通过不再无害。《公约》同样包括了对沿海国能够对清单列举的，与《公约》和其他国际法规则相符的事项，采用与无害通过相关的法律规章的规定。

II. 3. 第一节，标题为"一般性条款"，包含了一个单独的条款，即第二条，说明了领海、领海上空以及领海下方海床、底土的法律地位。其解释的依据在于沿海国对其陆地领土的主权向海的延伸。该条款同样体现了那句著名的格言：领土主权延伸至"其上之天空，其下之地心"（上至苍穹，下至深渊）。与此同时，条款确认了主权的行使，不仅受制于本公约的规定，也受制于其他国际法规则。

II. 4. 第二节（第三条至第十六条），关于领海范围的问题，从对规定了领海可容许的最大宽度为依据《公约》而划定的领海基线向外量起 12 海里的国际协议的解释着手。在一段漫长的，始于 1930 年国际联盟国际法编纂会议的外交活动之后，才得出该结论。第四条指出了领海的外部界限如何确定。第五条说明了什么是一般性的领海基线。第六条、第七条、第九条至第十四条，解决了在特殊的地理因素或其他因素的情况下，背离一般性领海基线规则的正当理由。第八条延伸了对某些内水的无害通过的权利。虽然有一些变化和添加，但这些条款的绝大部分正是取自 1958 年《领海和毗连区公约》。第十五条同样来自 1958 年《公约》，解决了海岸线相向或相邻国家之间领海的外部界限和侧面界限的划分。第十六条补充道，对领海基线以及同其他国家的划界限，应提供能充分说明地理坐标的各种海图和地理坐标表。第二部分同 1930 年编纂会议第二委员会第二分委员会的工作相一致。

---

① 例见对斐济关于领海通过的条款草案的介绍性说明，A/AC. 138/SC. II/L. 42 和 Corr. 1，转载于《1973 年海底委员会报告》第三卷第 91 页。下列海底委员会第二分委员会代表的发言：马耳他，A/AC. 138/SR. 57（1971 年，油印），第 169 页；加拿大，A/AC. 138/SR. 58（1971 年，油印），第 193 页；美利坚合众国，A/AC. 138/SC. II/SR. 6（1971 年，油印），第 28 页，以及 A/AC. 138/SC. II/SR. 8（1971 年，油印），第 46 页。同样参见匈牙利在第三次联合国海洋法会议第 35 次全体会议（1974 年）上的发言，正式记录，第一卷第 142 页第 8 段；以及德意志民主共和国在第三期会议（1974 年）第二委员会的发言：正式记录，第二卷第 101 页第 23 段；苏联在第四期会议（1974 年）上的发言，同上，第 105 页第 19 段，和巴基斯坦在第四期会议（1974 年）上的发言，同上，第 22 段；波兰在第 6 期会议（1974 年）上的发言，同上，第 116 页第 18 段，和乌克兰苏维埃社会主义共和国在该次会议上的发言，第 29 段，同上。

② 例见对 A/AC. 138/SC. II/L. 42 和 Corr. 1 的介绍性说明，上述对斐济代表关于领海通过的条款草案的介绍性说明 note 12；加拿大代表的发言，A/AC. 138/SR. 58（1971 年，油印），第 193 页；印度尼西亚代表的发言，A/AC. 138/SC. II/SR. 12（1971 年，油印），第 113 页。更多代表的发言请参见第三次联合国海洋法会议于高棉共和国召开的第 38 次全体会议的发言，正式记录，第一卷第 162 页第 52、56 和 58 段。

II. 5. 1958 年《公约》关于领海测量的条款，深受一份专家委员会报告的影响。该专家委员会于 1953 年为国际法委员会准备一份关于领海的技术性问题的报告。考虑到其重要性，此处将该专家委员会报告加以复制，作为本导言的附录。③

II. 6. 第三节（第十七条至第三十二条）涉及领海的无害通过问题，并分成了 3 个分节。A 分节（第十七条至第二十六条）包含了适用于所有船舶的规则——各个国家的私人或公共所有或运营的全部船舶，包括军用和非军用船只以及其他船舶。B 分节（第二十七条和第二十八条）包含了适用于商业船舶和为商业目的而运营的外国政府船舶的规则。C 分节（第二十九条至第三十二条）阐明了适用于外国军舰和其他为非商业目的而运营的政府船舶的规则。《公约》的本部分，与 1930 年编纂会议第二委员会的工作相一致。

II. 7. 第三节有一个在先的直接渊源：1958 年《领海和毗连区公约》的第 III 节，标题为"无害通过权"④，同时该节本身也是 1930 年编纂会议第二委员会第一分委员会工作成果的继承。在海底委员会和第三次联合国海洋法会议中对本节条款的谈判指明，第一次联合国海洋法会议采用的条款已经不再符合国际社会的需要，随着领海范围的延伸，再加上其上的某些沿海国的权利，有必要重新考虑和阐明关于领海中无害通过的条款。各个代表团的立场，充分反应在海底委员会（特别是其 1973 年会议）和大会第二期会议（1974 年）上所提出的大量的关于无害通过的提案。这些都被汇总整理在《主要趋势工作文件》第二十四条至四十七条。⑤

II. 8. 第四节包含了一条关于毗连区（使第二部分的标题即领海和毗连区得以完整）的单独条款（第三十三条）。第二部分中本条的内容，与一场长久的、关于毗连区水域的司法地位问题的论辩有关。该问题涉及的水域，并不是领海的组成部分，但与之"毗连"。一直到由国际法委员会（1956 年）准备的关于海洋法的条款草案，毗连区都被视为公海的一部分（国际法委员会草案第二十六条第 1 款的解释是"'公海'系指不属于领海……或不属于内水的其他全部海域"）。在第一次联合国海洋法会议的组织中，它才被移至相当于目前的位置⑥，但这些水域的地位并没有任何改变。

II. 9. 在海洋法会议第三期会议（1975 年）上，第二委员会主席成立了一个非正式的、关于无害通过问题的咨询小组，并召开了六次会议。该小组起草了一份关于无害通过的综合文件⑦，该文件被用作非正式单一协商案文第二部分中制定无害通过条

---

③ A/CN.4/61/Add.1（1953 年，英文版本，油印），1953 年《国际法委员会年鉴》第二卷第 77 页（法文版）。

④ 一个例外现在的第二十九条（军舰的定义）是取自 1958 年《公约》关于公海的部分第八条第 2 款。

⑤ A/CONF. 62/L. 8/Rev. 1（1974 年），附件二，附录一 [A/CONF. 62/C. 2/WP. 1]，第二十四至第四十七条，正式记录，第三卷第 93、107、111–115 页（总报告员）[主要动态]。

⑥ 在第一次联合国海洋法会议上，第一委员会分配到的议题便是领海和毗连区。

⑦ 参见 A/CONF. 62/C. 2/L. 89/Rev. 1（1975 年），第 11 和 12 段，正式记录，第四卷第 195、196 页（报告起草人，第二委员会）。关于无害通过问题的综合文件，参见 C. 2/Blue Paper No. 14（1975 年，油印），转载于《第三次联合国海洋法会议文件集》第四卷第 253 页。

款的重要基础。虽然关于无害通过的绝大多数问题在第三期会议末尾、准备非正式单一协商案文第二部分期间就得以解决，但有一个问题——即军舰在领海的通过问题——直到本次会议末尾，依然是对修正案发表评论和建议的话题。

无害通过问题中导致最初的讨论复杂化的一个方面，在于规范无害通过的规则是否适用于领海的所有部分，又或者是否可将不同的制度适用于在领海中的某些部分，例如在用于国际航行的海峡的通过，以及通过群岛水域。一些建议不仅包含了在领海中的无害通过，而且包含了在海峡和群岛水域中的通过。至大会的第二期会议（1974年），对无害通过规则的重构步入了一个先进的阶段。接下来的注意力开始集中于适用于通过用于国际航行的海峡和通过群岛水域的规则。截至第三期会议（1975年），这些规则得到了接受，并被纳入非正式单一协商案文第二部分，作为独立的规则。

II. 10. 关于领海中无害通过的一节的基本结构，有别于1958年《领海和毗连区公约》第二部分第 III 节的基本结构。在1958年《公约》中，该章节分成了四个分节：A 分节，适用于所有船舶的规则；B 分节，适用于商业船舶的规则；C 分节，适用于军舰以外的政府船舶的规则；D 分节，适用于军舰的规则。C 分节中包含了区分为商业目的而运营的政府船舶和为非商业目的而运营的政府船舶的条款；其同样可以适用于 A 分节和 B 分节中为商业目的而运营的政府船舶，以及适用于 A 分节、B 分节的一个条款中为非商业目的而运营的政府船舶。

这是紧随《主要趋势工作文件》⑧ 和非正式单一协商案文第二部分⑨之后的总体方案。然而，在海洋法会议第四期会议（1976年）第二委员会的正式会议上对非正式单一协商案文第二部分进行过对条款的逐条检查后，主席提出了一项赋予商业船舶和为商业目的而运营的政府船舶同等地位的经过重新组织的提案。继而，B 分节的标题被更改为"适用于商业船舶和为商业目的而运营的政府船舶的规则"。C 分节的标题则变为"适用于军舰和其他为非商业目的而运营的政府船舶的规则"。这些标题被采纳进而修订的单一协商案文第二部分，并保持至今未变。⑩

II. 11. 本公约的第二部分，并未彻底涵盖领海问题的全部议题。其他相关条款遍及关于海洋环境保护和保存的第十二部分，特别体现在与领海无害通过的特殊方面有关的第二一一条、第二一八条和第二二〇条，以及关于海洋科学研究的第十三部分，特别体现在第二四五条（参见本系列的第四卷）。有关第二部分条款的解释或适用问题的争议，属于第十五部分关于争端解决的范围，但第二九七条第 1 款以及第二九八条，

---

⑧ 参见前注⑤。

⑨ A/CONF. 62/WP. 8/Part II（非正式单一协商案文，1975年），正式记录，第四卷第152、154页（第二委员会主席）。

⑩ A/CONF. 62/WP. 8/Rev. 1/Part II（修订的单一协商案文，1976年），正式记录，第五卷第151、156页（第二委员会主席）。

可能在某一具体案例中影响争端解决机构的运作（参见本系列的第五卷）。⑪

II. 12.　　"领海"和"领水"这两个词，可以在国家实践（包括条约和立法）、司法裁决和仲裁裁决以及在文献中交互使用。这两个词之间并没有本质的不同，虽然可能有一些细微的差别在于领"水"有时也包括内水。

国际联盟国际法先期编纂委员会使用了"领水"的提法，该词同样被国际联盟大会在其 1927 年 9 月 27 日的决议中采用，该决议决定召开第一次国际法编纂会议——1930 年海牙会议。⑫ 在该期会议上，该议题被分配给第二委员会。在该委员会第一次会议上，法国代表基德尔（G. Gidel）注意到了这个被他称为术语的使用的问题，特别是关于"领海"或"领水"的问题，继而引发了一场关于该问题的漫长讨论。⑬ 该委员会决定采用第一种表达，并在其报告中写到：

> 对于判断使用"领水"或"领海"二者哪一种措辞更佳，有一些犹豫。第一种"领水"的措辞，也即由筹备委员会所采用的措辞，或许适用得更为普遍些，并且其也已经被一些国际公约所采用。然而，毫无疑问的是，该措辞很可能导致——实际上已经导致了——混淆，因为事实是："领水"同样被用于指代内陆水，或作为内陆水的总数——而"领水"在狭义上便是后者。考虑到这些原因，"领海"的表达得以被采纳。⑭

II. 13.　　这个问题在联合国的编纂工作过程中被再次提起。在联合国大会于 1949—1957 年期间通过的一系列决议中［例如，第 374 号决议（Ⅳ），第 798 号决议（Ⅷ），第 899 号决议（Ⅸ）和第 900 号决议（Ⅸ），以及第 1105 号决议（Ⅺ）（参见第 1 卷，第 153 ~ 156 页）］，使用了"领水"的措辞。应联合国大会的要求而列入国际法委员会议程的议题，最初便同样被命名为"领水"。然而，在特别报告员弗朗索瓦（J. P. A. François，荷兰）的第一份题为"领海制度"的报告中，对 1930 年会议第二委员会得出的结论表示关注，并建议继续采用该术语。在其第 165 和 166 次会议的讨论

---

⑪　非正式单一协商案文第二部分第一三七条，以及修订的单一协商案文第二部分第一三一条，二者都设想到，由这些正在通过第二委员会协商的条款引发的争议，应根据成为《公约》第十五部分的条款来解决。这些从未得到第二委员会的讨论，然而，其自身普遍地没有审查争端的解决。

⑫　国际联盟，*Official Journal*，特别增编第 54 号，第 211 页（1927 年）。转载于 Sh. Rosenne（编），1 *League of Nations Conference for the Codification International Law*［1930］，第 ix 页（1975 年）。

⑬　国际联盟，Ⅲ *Acts of the Conference for the Codification of International Law*，LN doc. C. 351（b）. M. 145（b）. 1930. Ⅴ，第 12 和 30 页。转载于 Sh. Rosenne，参见上述脚注⑫，第 4 卷，第 1214 和 1232 页。

⑭　参见前注⑫，*Acts of the Conference* ……，附件五，附录 1，第 213 页。Rosenne，上述脚注⑫，第 4 卷，第 1415 页。关于 20 世纪早期术语的问题，参见《陆地、岛屿和海洋边界争端》案，国际法院 1992 年报告，第 351 和 392 页。

之后，委员会采纳了该建议。在其为 1952 年所作的报告中，相关章节被命名为"领海规则"，并简单阐明：特别报告员的建议已被采纳，因为"领水"的表达"有时同样包括了内陆水域"。⑮ 国际法委员会在其关于海洋法的最终报告中详述了此问题，该报告中条款草案的第一部分便题为"领海"。在对草案第一条的第 2 款评论中，国际法委员会写到：

> 相比"领水"而言，委员会更欣赏"领海"的提法。有观点认为，"领水"的措辞可能导致混淆，因为它既可以用以单指内陆水域，也可以用以指代内陆水域和领海的总和。出于同样的理由，（1930 年）编纂会议同样表达了对"领海"这种措辞的偏爱。虽然还未得到普遍的接受，但这种措辞正在变得越来越流行。⑯

在第一次联合国海洋法会议上，该问题在正式发言中并未得到充分讨论。保加利亚代表直接向第一委员会的起草委员会提交了一份提案，提出将所有出现的"领海"替换成"领水"，不论其位置。起草委员会工作成果中的一份秘书处报告声明，对于该提案，委员会尚未取得一致意见，并且"鉴于国际法委员会在对第一条第 2 款的评论中给出理由，绝大多数……倾向于保留'领海'的措辞"。起草委员会的建议得到了第一委员会的支持，在其第 65 次会议上未经讨论而通过。⑰

II. 14. 虽然如此，在最初，联合国大会还是继续使用"领水"的措辞〔例如，在 1969 年 12 月 15 日第 2574A 号决议的第二十四条（参见第一卷，第 169 页）〕。然而，在 1970 年 12 月 17 日召开第三次联合国海洋法会议的第 2750C 号决议决议的第二十五条（出处同上，第 178 页），采用了"领海"的措辞并且现在已被广泛接受，尽管在某些国内立法中，还有保持使用更旧的"领水"的提法。⑱ 此类议题并不是第三次联合国海洋法会议讨论的内容。"领水"的提法偶尔会出现在提交给海底委员会和大

---

⑮ 关于弗朗索瓦教授的第一份报告（A/CN.4/53），参见 1952 年《国际法委员会年鉴》第二卷，第 27 页。关于国际法委员会的讨论，参见第 165 次会议，1952 年《国际法委员会年鉴》第一卷第 2 – 22 段，第 148 页。同样参见国际法委员会关于其第四次会议成果的报告（A/2163），1952 年《国际法委员会年鉴》第二卷第四章，第 37 段，第 68 页。

⑯ Report of the International Law Commission covering the work of its eighth session（A/3159），第 1 条《评论》第 2 款，1956 年《国际法委员会年鉴》第二卷，第 253、265 页。

⑰ First Committee, 65th meeting（1958 年），第 6 段，第一次联合国海洋法会议，正式记录，第三卷第 200 页。关于保加利亚的提案，参见 A/CONF. 13/C. 1/L. 69（1958 年，油印）。同样参见保加利亚代表在第一委员会第 40 次会议上的发言，同上第 4 段，第 122 页。关于起草委员会工作成果中的秘书处报告，参见 A/CONF. 13/L. 167（1958 年），"第一部分的标题"，出处同上，第 254 页。

⑱ 关于同一个问题的最近的一次讨论，特别是涉及苏维埃的法律，见 Sh. Rosenne, W. E. Butler 以及 A. L. Kolodkin 在 14 COLP Proceedings 296 – 298（1990 年）中的评论。

会的提案中，但该措辞在最初的谈判过程中无一留存。

II. 15. 　　这些条款中的一部分，已经被视为一般性的术语和公理性的表达式。一方面，毋庸置疑的是，它们对许多内容进行了概括陈述，不然的话，我们将面对数量庞大而纷杂的、在一个持续的阶段中发展了数个世纪的国际习惯法。另一方面，它们的涵义随着时间的推进和技术的进步而不断发展，故而它们同样可以被视作未来法律改革的始发点。在 1982 年《公约》中，它们反映了国际社会所一致同意表达的法律。

附　录

专家委员会关于领海技术问题的报告

应国际法委员会领海制度的特别报告员弗朗索瓦教授的邀请，下列技术专家以个人身份出席，于 1953 年 4 月 14—16 日，在海牙国际法庭会晤，以审查在委员会讨论期间提出的一些技术性问题：

阿斯普朗德（L. E. G. ASPLUND）教授（地理调查部，斯德哥尔摩）；

鲍格斯（S. Whittemore BOGGS）先生（国务院地理学特别顾问，华盛顿）；

古劳特（P. R. V. COUILLAULT）先生（航道服务中心首席工程师，巴黎）；

肯尼迪（R. H. KENNEDY）中校，O. B. E. 勋衔获得者，皇家海军（退役）（海军部航道局，伦敦），随同为索亚（R. C. SHAWYER）先生（海军部办公室主任，伦敦）；

平克（A. S. PINKE）海军中将（退役）（荷兰皇家海军，海牙）。

由特别报告员担任主席，该专家委员会会晤，并由荷兰外交部助理法律顾问桑顿（C. W. van Santen）先生负责起草报告。

一份由特别报告员起草的问卷被提交至专家处。这些问题，以及专家们的回复，将在下文列出。需要强调的是，这些回复是从技术的角度出发，特别牢记着航海人员的实际困难。

I

假设从低潮线起开始测量领海，那么什么线是这种低潮线？

1. 除非另有规定，测量领海的基线应该是标记在经沿海国官方承认的现有最大比例尺海图上的沿岸低潮线。如果显示该地区低潮线的详细海图尚未绘制，则应使用海岸线（高潮线）。

2. 委员会没有考虑到，1930 年会议制定的在该问题中作为特别指示的条款的疏漏，存在着可能诱使各国政府在各自的海图上不合理地延伸其低潮线的危险。

3. 然而，委员会增添了一则限制性条款，与海图的基准面持平（au *niveau qu' on a choisi pour la carte*）的岩礁（以及类似的高地）不得被纳入考虑。

4. 在海图的基准面和高潮线之间暴露的干出礁和浅滩，如果是在领海之内的，则可以当做领海测量的一个独立起点，从而在后者的外部界限上形成一个突起。

5. 关于珊瑚礁，在上述海图上标记出的礁石边缘，应被认为是测量领海的低潮线。

II

接受低潮线系统作为领海测量的一般规则，在海湾中，一条横贯海湾的直线将划分出"内陆水域"，那么，何种技术性意见可以解决下列问题：

A. 相较于单纯的海岸线弯曲而言，海湾的定义？

B. 上述横贯海湾的直线的最大长度（B 海里）和领海宽度之间有无任何关系？

C. 上述直线应在怎样的点之间划定？

D. 如果有数条不同的最大长度线可选，那么这条线应按什么方向、在哪些点之间划定？

为回答上述问题，将上述 4 条修改补充为下列 4 条：

A：

1. 如果海湾的面积等同于或大于在海湾入口处划定下的半圆，则该海湾在法律意义上为海湾。历史性海湾例外；它们应在地图上如是标示出。

2. 如果一个海湾有不止一个入口——正如 B 项中所指示的——则这个半圆应该画在不同入口的总长度线上。

3. 如果是海湾水域的一部分，那么海湾内的岛屿应包含在内。

B：

1. 横穿（法律意义上的）海湾的封口线在宽度上不得超过 10 海里，这个距离相当于在晴朗的天气里，水手从 5 米的高度（这是被国际所接受的为水文目的的高度）肉眼可见视线距离的两倍。当存在相当大的潮差时，低潮线应被视作海岸线，海湾的宽度应在两者之间计算。

2. 如果一个（法律意义上的）海湾的入口被不同的岛屿分割成了数量众多的、更小的开口，只要这些线的长度都没有超过 5 海里——例外是可以有一条线的最大长度不超过 10 海里，则依然可以划定横穿这些开口的封口线。

C：

1. 如果海湾入口的宽度没有超过 10 海里，则地角间的线应构成内陆水和领海的分界。

2. 如果海湾入口宽度超过了 10 海里，则该长度的封口线应划在海湾内。若以该长度能划定不同的线时，应选择一条在海湾内围起最大范围水域的线。

D：

根据前述问题的答案，D 问题已经是多余的了。

III

如果低潮线可以被另一条直线基线所取代，正如国际法院在"英国—挪威渔业案"中指示的那样，则下列事项可能导致什么技术问题：

A. 这些线应在哪些点之间划出？

B. 这些线的最大长度是多少？

C. 海岸前方的 T 海里内的岛屿、岩礁和浅滩（T 表示领海宽度）是多少？

1. 委员会认为，"直线基线"的最大许可长度应最先确定。委员会选择了 10 海里，这和在第 2 个问题的 B 项中所提到的一致——视线范围的两倍。

2. 此类"直线基线"的划定，可能——如果由国际法进行了特殊调整——在海岸线上的陆岬之间，或者在此类陆岬和离海岸小于 5 海里的岛屿之间，或者在此类岛屿之间，只要此类陆岬和/或岛屿之间相隔不超过 10 海里。

3. 委员会认为，在 3 个或更多的、彼此相距不超过 5 海里的岛屿之间，可以划定"直线基线"。在这种情况下，这些岛屿构成了一个"岛群"。岛群外部基线中的水域，应被认为是内陆水域。

4. 委员会确认了一种特殊情况：在一组岛屿中，有一个且只有一个岛屿，其所谓的连接线长度虽然不足 10 海里但超过了 5 海里。这种情况可以被称为"虚拟海湾"。

5. "虚拟海湾"同样可以由一系列岛屿和大陆海岸线的一部分共同组成，正如第 2 个问题的 B 项中所规定的。

6. 委员会同意，"直线基线"不应该划向或从干出礁和浅滩划出。它们在领海划界中的作用已经在问题 I 中阐明。

IV

如果，作为一项基本规则，基线不应该明显偏离海岸的一般方向，这在技术上应该如何实现呢？

1. 委员会同意，在很多情况下，确立"海岸的一般方向"是难以实现的，并且注意到想要达成此目的的任何努力，都包括了为此目的而使用的海图的比例尺问题，以及一些关于应利用多少海岸以确定所谓"一般方向"的武断的决定。

2. 考虑到这个限制的问题，委员会在答复上述问题时，将最大长度或该"直线基线"固定在 10 海里。

3. 在例外情况下，特别是国际法认为正当时，对于特定的海岸可以允许划定更长的线。然而，此种线上的任何一个点，距离海岸都不得超过 5 海里。

4. 从技术和航行的观点来说，委员会同意，原则上，划定"直线基线"——第 2 个问题中关于海湾的封口线除外——应该避免产生对内陆水范围的无根据的扩张，以及将领海的外部界限向海的方向推进。

5. 当此类直线基线被认为正当后，沿岸国有义务对其进行充分的公共宣传。

6. 委员会拒绝了在"直线基线"的长度与领海的宽度之间建立任何联系的建议。

V

当领海的宽度达到 T 海里时，如何划定领海的外部界限？

领海的外部界限，其上的每一个点，与最近的领海基线上的点，相隔距离为领海的最大宽度。它由一系列连续的相交圆弧组成；这些圆弧是以领海基线上所有的点为圆心，以领海 T 海里宽度为半径而划定的。领海的界限是由向海一侧最远的圆弧组成（这个方法早在 1930 年就被使用了，但有时被用以解释相同内涵的、名为"圆弧的轨道线"的条款，却似乎已经不是偶尔地被误解）。

VI

当两个国家海岸相向、彼此之间的距离小于领海最大宽度 T 海里的两倍时，该如何划定国际边界呢？岛屿和浅水又该考虑到何种程度？

海岸相向的、彼此之间的距离小于领海最大宽度 T 海里的两倍的两个国家间的国际边界，从一般规则上讲，应该是中间线，该线上的任何一点到两个相关国家的领海基线的距离都相等。除非相邻国家间另有约定，在划定中间线时，所有的岛屿都应纳入考虑。同样的，仅在一国领海最大宽度 T 海里内的干出礁和浅滩也应被纳入考虑，但主权未定的类似低潮高地，若同时处于两国各自的领海最大宽度内，则在划定中间线时不予考虑。然而，考虑到例如航行和捕鱼权等特别的原因，可以从中间线调整边界。这条线应在现有最大比例尺的海图上标注，尤其是当该水域的任何部分狭窄而相对扭曲时。

VII

通过两个相邻国家毗邻领海的（侧面）边界限应如何划定？是否应该是

A. 陆地边界的继续？

B. 在陆地边界和海洋边界交叉处与海岸的垂直线？

C. 与海岸线的一般方向垂直的线？

D. 中间线？如果是，这条线该如何划定？岛屿、浅水和航道应该考虑到何种程度？

1. 在彻底地讨论了不同的方法之后，委员会决定，通过领海的（侧面）边界——如果还未确定——应该按照与相关的海岸线等距离的原则划定。

2. 在有些情况下，这种方法可能导致不公平的结果，则应通过谈判解决。

关于对第 VI 和 VII 问题的回答的说明

委员会认为，找到国家领海的国界划分方案是非常重要的，其同样可以运用于以同一大陆架为边界的两个国家间划分各自的大陆架。

一般性说明

委员会想要特别强调的是，对任何"毗连区"的外部边界的划分测量，应该使用和领海一致的基线。

第一节　一般规定

第二条　领海及其上空、海床和底土的法律地位

1. 沿海国的主权及于其陆地领土及其内水以外邻接的一带海域，群岛国的情形下则及于群岛水域以外邻接的一带海域，称为领海。

2. 此项主权及于领海的上空及其海床和底土。

3. 对于领海的主权的行使受本公约及其他国际法规则的限制。

资料来源

第一次联合国海洋法会议文件

1. 《领海和毗连区公约》（1958 年）第一条和第二条，对应于国际法委员会的条款草案第一条和第二条。关于前期历史见秘书处《参考文献指南》中关于第一条和第二条。关于在第一次联合国海洋法会议中的讨论情况，见第一委员会报告，A/CONF. 13/L. 28/Rev. 1（1958 年）第 4、30～33 段，第一次联合国海洋法会议正式记录，第二卷第 115、117 页。

第三次联合国海洋法会议文件

2. A/AC. 138/SC. II/L. 21，第一条。转载在《1973 年海底委员会报告》第三卷第 19 页（哥伦比亚、墨西哥以及委内瑞拉）。

3. A/AC. 138/SC. II/L. 24，第一条。转载在《1973 年海底委员会报告》第三卷第 23、25 页（乌拉圭）。

4. A/AC. 138/SC. II/L. 27 和 Corr. 1 和 2，第一条。转载在《1973 年海底委员会报告》第三卷第 30 页（厄瓜多尔、巴拿马以及秘鲁）。

5. A/AC. 138/SC. II/L. 28，第二条。转载在《1973 年海底委员会报告》第三卷第 35、38 页（马耳他）。

6. A/AC. 138/SC. II/L. 34，第 1 款（1）项，转载在《1973 年海底委员会报告》第三卷第 71 页（中国）。

7. A/AC. 138/SC. II/L. 37and Corr. 1，第一条。转载在《1973 年海底委员会报告》第三卷第 78 页（阿根廷）。

8. A/AC. 138/SC. II/L. 41，第一条和第二条。转载在《1973 年海底委员会报告》第三卷第 89 页（乌干达和赞比亚）。

9. A/AC. 138/SC. II/L. 51，第一条。转载在《1973 年海底委员会报告》第三卷第 106 页（保加利亚）。

10. A/CONF. 62/L. 4（1974 年），第一条，正式记录，第三卷第 81 页（加拿大、智利、冰岛、印度、印度尼西亚、毛里求斯、墨西哥、新西兰和挪威）。

11. A/CONF. 62/C. 2/L. 3（1974 年），第二章第一条，正式记录，第三卷第 183 页（英国）。

12. A/CONF. 62/C. 2/L. 4（1974 年），第一条，正式记录，第三卷第 187 页（印度）。

13. A/CONF. 62/C. 2/L. 5（1974 年），第一条和第二条，正式记录，第 187 页（圭亚那）。

14. A/CONF. 62/C. 2/L. 6（1974 年），第二条，正式记录，第三卷第 187 页（西班牙）。

15. A/CONF. 62/C. 2/L. 7（1974 年），正式记录，第三卷第 188 页（孟加拉国）。

16. A/CONF. 62/C. 2/L. 10（1974 年），第一条和第二条，正式记录，第三卷第 189 页（厄瓜多尔）。

17. A/CONF. 62/C. 2/L. 13（1974 年），正式记录，第三卷第 190 页（斐济、印度尼西亚、毛里求斯和菲律宾）。

18. A/CONF. 62/C. 2/L. 17（1974 年），第 2～4 段，正式记录，第三卷第 195 页（尼加拉瓜）。

19. A/CONF. 62/C. 2/L. 22（1974 年），第二条，正式记录，第 200 页（希腊）。

20. A/CONF. 62/C. 2/L. 26（1974 年），第一条，正式记录，第三卷第 203 页（保加利亚、德意志民主共和国、波兰以及苏联）。

21. A/CONF. 62/C. 2/L. 33（1974 年），第一条，正式记录，第三卷第 212 页（奥地利、比利时、玻利维亚、博茨瓦纳、布隆迪、白俄罗斯苏维埃社会主义共和国、捷克斯洛伐克、芬兰、德意志联邦共和国、匈牙利、老挝、莱索托、卢森堡、马里、蒙古、荷兰、巴拉圭、新加坡、斯威士兰、瑞典、瑞士、乌干达、上沃尔特和赞比亚）。

22. A/CONF. 62/L. 8/Rev. 1（1974 年），附件二附录一［A/CONF. 62/C. 2/WP. 1］，第一条，正式记录，第三卷第 93、107、109 页（总报告员）（主要趋势）。

23. A/CONF. 62/C. 2/L. 88（1975 年），第 1～3 段，正式记录，第四卷第 194 页

（厄瓜多尔）。

24. A/CONF. 62/WP. 8/Part II（非正式单一协商案文，1975 年），第一条，正式记录，第四卷第 152、153 页（第二委员会主席）。

25. A/CONF. 62/WP. 8/Rev. 1/Part II（订正的单一协商案文，1976 年），第一条，正式记录，第五卷第 151、154 页（第二委员会主席）。

26. A/CONF. 62/WP. 10（非正式综合协商案文，1977 年），第二条，正式记录，第八卷第 1、6 页。

27. A/CONF. 62/WP. 10/Rev. 1（非正式综合协商案文第一次修订稿，1979 年，油印），第二条。转载在《第三次联合国海洋法会议文件集》第一卷第 375、394 页。

28. A/CONF. 62/WP. 10/Rev. 2（非正式综合协商案文第二次修订稿，1980 年，油印），第二条。转载在《第三次联合国海洋法会议文件集》第二卷第 3、23 页。

29. A/CONF. 62/WP. 10/Rev. 3[*]（非正式综合协商案文第三次修订稿，1980 年，油印），第二条。转载在《第三次联合国海洋法会议文件集》第二卷第 179、199 页。

30. A/CONF. 62/L. 78（《公约草案》，1981 年），第二条，正式记录，第十五卷第 172、177 页。

起草委员会文件

31. A/CONF. 62/L. 67/Add. 1（1981 年，油印），第 3 页。

32. A/CONF. 62/L. 67/Add. 1/Rev. 1（1981 年，油印），第 2 ~ 3 页。

33. A/CONF. 62/L. 67/Add. 1/Rev. 1/Corr. 1（1981 年，油印）。

34. A/CONF. 62/L. 72（1981 年），正式记录，第十五卷第 151 页（起草委员会主席）。

非正式文件

35. Informal Working Paper No. 1 及 Rev. 1，2 和 2[*]（均为 1974 年，油印），第一条。转载在《1973 年海底委员会报告》第三卷第 205、210、226 和 244 页。

36. Informal suggestion by the Chairman（1975 年，油印）。转载在《1973 年海底委员会报告》四第 182 页。

37. C. 2/Informal Meeting/9（1978 年，油印），第二条第 1 款（秘鲁）。转载在《第三次联合国海洋法会议文件集》第五卷第 13 页。

评　注

2. 1.　　第二条规定，沿海国和群岛国对自己的领海，其中包括领海上空及其海床和底土行使主权。此项主权"及于其陆地领土及其内水以外邻接的"一带海域，称为"领海"。第二条是从 1958 年《领海和毗连区公约》第一条和第二条演变而来（资料来源1），后者所说的是"国家"主权（一般）和"沿海国。"

2.2. 1972 年，由加勒比国家海洋问题专门会议通过的《圣多明各宣言》发给了海底委员会。由对海洋法的问题，①在"领海"的标题下，本条规定了以下原则：

> 沿海国的主权及于其陆地领土及其内水以外邻接其海岸的一带海域，被指定为领海，包括上覆空域，以及下方的海床及底土。

在海底委员会1973 年会议上，由 3 个拉丁美洲国家提出的提案（资料来源2）包括下列内容：

1. 沿海国对紧紧毗连其领土和内陆水域被指定为领海的海域拥有主权。
2. 沿海国主权及于海床、底土和领海上覆空域。
3. 沿海国主权的行使要按照这些条款的规定及其他国际法规则。

许多类似的提议（资料来源3 至资料来源9）也被提交到第二分委员会，所反映的多是技术上的或起草文字润色上的变化。经过进一步协商，不同的提案编入第二分委员会1973 年报告附录中的备选案文比较中。②

这些备选案文大部分都把群岛国和群岛水域包括在其范围内，即使在正式的提案都没有提到这个问题。对随着备选案文 A ~ D 而提交备选案文 E 进行了讨论，内容如下：

1. 国家的主权及于其陆地领土及其内水以外［在群岛国的情形下则及于群岛水域］*邻接其海岸的一带海域，称为领海。
2. 沿海国主权的行使受这些条款的规定及其他国际法规则的限制。
3. 沿海国的主权也及于领海上空以及海床及其底土。

该案文中的一条注释（*）表示，包含群岛国和群岛水域的问题是涉及讨论关于群岛问题的项目 16。

2.3. 在第三次海洋法会议第二期会议（1974 年）上，在第二委员会发生广泛的正式辩论并提出了一些新的提案（资料来源10 至资料来源21）。这些提案大多数只是提出从海底委员会收到起草文字润色上的差异，虽然其中有几个（资料来源11、资料来源18、资料来源20 和资料来源21）不包括群岛国或群岛水域的概念。这些建议被整合到《主要趋势工作文件》条文1 中（资料来源22），放在标题"2.1［领海］的性质和特点，包括

---

① A/AC. 138/80，Territorial Sea，转载在《1972 年海底委员会报告》第70、71 页。

② 见委员会的报告附件二，其中载有附录六第 2 项，转载在《1973 年海底委员会报告》第四卷第3 页。

领海统一的多元化制度问题"，接在 3 个基本方案之后。有关条文 1 的说明写道：

> 基于纯粹的方法论的原因，以建立专属经济区为条件接受领海制度的这些代表团的立场没有作为一种趋势反映在本文件中。

方案 A 包括 1958 年《领海和毗连区公约》文本的第一条和第二条。方案 B 和方案 C 包含有新的内容，即提出了群岛水域和"多元化的制度"的概念（见下文第 2.4）。然而，这 3 个方案，有一个共同的结构，由三段类似的条文组成，只是与 1958 年《公约》中所放位置的顺序稍有不同。虽然《公约》在一个单独的条款（第二条）中处理了领海上空、海床和底土的地位，但这 3 个方案都把它插入两个段落之间，相当于 1958 年《公约》第一条第 1 款和第 2 款。

随着群岛国和群岛水域概念的随后通过，③ 会议就方案 C 达成了一般协议，从而形成了《公约》第二条的基础。在第二委员会关于领海的辩论中，大多数代表团谈到普遍赞同 1958 年《公约》的条文，虽然其中也有的建议在同一语境中群岛水域需要指内水，领海位于其外部。其他一些代表团则建议，新的海洋法不应遵循邻接的一带狭窄海域的传统观念，而应考虑采取一种全新的方法区分从基线量起 200 海里的国家（海洋）区域或国家海域与国际（海洋）区域。④ 这种做法得到其他一些代表团的普遍赞同，尤其是拉丁美洲国家，它们倾向于称扩展后的海域为国家海域为领海，或有时称为"承袭海。"⑤ 大部分代表团赞成允许扩展后的这种国家区域采用多元化的制度，如无害通过制度和航行自由制度等。这种方法反映在《主要趋势工作文件》条文 B。

2.4. 关于领海的多元化制度的概念问题在海洋法会议的这个阶段突出起来。萨尔瓦多代表对这一概念作了如下解释：

> 37. 在多元化制度中，有关沿海国的经济利益和安全利益在无害通过区域并存；在自由航行区域仍然存在这些经济利益，但是，就安全而言，沿海国与国际社会其他成员则处在一种类似的位置，使得该第二分区域成为一个经济区。在距离沿海国海岸更远的自由航行区域，并不存在沿海国安全的责任，而是受到国际规则的限制。在这种情况下，沿海国作为国际社会的另一个成员行事，因此应遵守这些规则，但不妨碍其经济权力和利益。

---

③ 见下文第四部分的评注。

④ 例见马达加斯加代表在第二委员会第三次会议（1974 年）上的发言，第 11 段，正式记录，第二卷第 100 页；和秘鲁代表在第二委员会第三次会议上的发言，第 46 段，同上，第 103 页；以及萨尔瓦多代表在第二委员会第五次会议上的发言，第 37－40 段，同上，第 112 页。

⑤ 例见乌拉圭代表在第三次会议上的发言，第 38 段，同上，第 102 页；厄瓜多尔代表在第四次会议上的发言，第 47－49 段，同上，第 107 页，以及巴西代表在第五次会议上的发言，第 6－8 段，同上，第 109 页。

38. 还有可能谈到受制于不同制度的国家海域；其分区域之一要遵守无害通过制度，而沿海国在另一个分区域将拥有经济利益。

39. 这样，正宗的国际社会的正宗权利将因此得到维护。还应区分国际社会的利益和航运大国的利益，它们有时声称代表国际社会说话和行事。

40. 在沿海国具有共同特性的 200 海里权利的范围内，仍然存在两个问题：这些权利的内容以及用于表达和界定这些权利的技术。海洋法会议的绝大多数与会者赞成设立一个国家区域，沿海国在该区域将拥有重要的权利。在这个过程中，正宗的国际社会的正宗权利能够得到维护。⑥

这样一来，多元化制度概念是旨在满足航行自由的需要。正如《主要趋势工作文件》中所述，该制度要规定沿海国的主权延伸在其陆地领土以外"根据这些条款的规定行使，并在其中指定的情况和目的下允许多元化制度"（《主要趋势工作文件》，条款第一条，方案 B）。相关的规定与无害通过权有关。

因此，条款第二十四条方案 B 内容如下：

在宽度超过 12 海里的领海，所有国家（不论是否为沿海国）的船舶，均应在从适用基线量起……海里的范围内享有……条的形式规定的无害通过的权利。

超出这个内部界限之外，船舶享有条款第四十七条规定的自由通过的权利。

含有多元化制度概念的本质的第四十七条规定：

1. 在宽度超过 12 海里的领海，所有国家（不论是否为沿海国）的船舶，均应在从适用基线量起……海里的范围内享有……条的形式规定的无害通过的权利。

2. 超出这个内部界限之外，船舶享有自由通过但应遵守和平共处和睦邻友好的义务以及由沿海国制定的关于资源勘探、养护和开发，海洋环境的保全，科学研究，设施的安装，以及航行和海上运输安全的规定。

3. 按照本条第 2 款中提到的义务，过境船舶应避免任何可能有损于沿海国的活动，如武器或弹药的操练和演习，在船上发射或接载军事装置，违反沿海国海关、财政、移民或卫生检疫规定上下人员或货物，任何宣传、间谍活动或干扰通信系统的行为，以及与通过没有直接关系的其他活动。

---

⑥ Second Committee, 5th meeting（1974 年），第 37 - 40 段，同上，第 112 页。

4. 在适当情况下，本条第 2 款和第 3 款的规定也应适用于飞机的通过。

5. 沿海国以本条第 2 款所指为目的的规定，不得影响其他国家按照本公约规定享有的有关航行、飞越及其他方面的国际交往手段的权利的正常与合法行使。

2.5. 在第三期会议（1975 年）上，第二委员会唯一的实质性的正式会议专门讨论了由厄瓜多尔代表的提案提议的领海性质和特点的问题（资料来源 23）。该提案体现了一种新形式的制度多元化。第 1 款至 3 款表述如下：

1. 沿海国对其海岸及其内水或群岛水域之外的被称为领海的一带邻接水域行使主权。

沿海国还对领海上空、其海床和底土行使主权。

这种主权的行使要按照本公约的规定并在以下所指的情况下和为以下目的允许多元化制度。

2. 凭借其对领海的主权，沿海国应采取对其安全必要的措施，并应对特别是在以下方面行使管辖权：

（a）勘探、开发、养护和管理不可再生和可再生资源，无论后者的特征和习性可能如何；

（b）其他经济活动，包括利用海水、海流和风力生产能源；

（c）海洋环境的保全，包括控制和消除污染，要考虑到其他国际公约的规定、与其他国家合作和国际技术机构的建议；

（d）授权、管理和控制科研管理，包括参与这种研究和参与其结果；

（e）任何种类的人工岛屿、设施、结构和设备的使用；

（f）海关、财政、移民和卫生的相关政策；

（g）在沿海国主权固有的其他权利。

3. 沿海国权利的行使不影响本公约所规定的限制。

在讨论中，没有再提到国家（海洋）区域或国家海的概念。许多国家主张 200 海里区域的海洋主权，尽管这一概念受到如匈牙利、马里、巴拉圭和新加坡等一些内陆国和地理不利国代表的反对。[⑦] 在对第二委员会的非正式会议期间，主席提出了可能统一关

---

⑦　一般见于第二委员会第 48 次会议上的讨论（1975 年），正式记录，第四卷 第 75 – 80 页。

在某些方面，第三一〇条为已经采用超过 12 海里领海的国家协调该法例适用于《公约》的要求开辟了道路（见本丛书第五卷第 224 页）。

于领海的性质和特点的案文的非正式提案（资料来源36）。该非正式文件内容为：⑧

　　1. 沿海国的主权及于其海岸和内水以外邻接其海岸的称为领海的一带海域、领海的上空及其海床和底土。

　　2. 在群岛国的情形下，这种主权则及于群岛水域以外邻接被确定为领海的一带海域。[1]

　　（沿海国在行使这种主权中应考虑到这些条款及国际法的其他有关规则的规定）。

在经过进一步的非正式讨论之后，一条新的案文作为第一条被列入非正式单一协商案文第二部分（资料来源24），内容如下：

　　1. 沿海国的主权及于其陆地领土及其内水以外，在群岛国的情形下，则及于群岛水域邻接的被称为领海的一带海域。

　　2. 此项主权及于领海上空及其海床和底土。

　　3. 对于领海的主权的行使受这些条款和其他国际法规则的限制。

这项案文实质上是基于1958年《领海和毗连区公约》文本第一条和第二条。第1款提到沿海国对其"陆地领土和内水"的主权，并纳入了"群岛国"的概念。第2款将主权及于领海上空、海床及其底土。第3款指出，沿海国主权受"这些条款"（即《公约》）及其他国际法规则的限制。该案文实际上结束了"多元化制度"的概念。⑨

2.6.　在第四期会议（1976年）上，经过进一步的非正式讨论，订正的单一协商案文第二部分（资料来源25）第一条重复了非正式单一协商案文。在这个阶段加上了标题"领海及其上空、海床和底土的司法地位"。它取自1956年国际法委员会的草案第二条的标题。

2.7.　在第六期会议（1977年）上，在非正式综合协商案文中，该条文被重新编为第二条，放在插入的关于用语的新的第一条之后（见上文第1.8节），但实质上没有改动（资料来源26）。该条文根据起草委员会的建议形成最后文字（资料来源31至资

---

⑧　该文件的内部说明为：

＊ 这项非正式建议不损害关于属于一国或多国领海的一部分的用于国际航行的海峡所在的一些国家和根据相同的法律制度作为领海的任何其他部分的国家在协商的最终结果和会议决议中所持的立场。这项建议也不损害那些以建立专属经济区为条件接受领海制度的代表团关于协商结果的立场。

[1]本条是否包含或接受群岛水域的概念，将取决于协商的结果，由会议关于第十部分（第16项）的最终决议确定。

⑨　尽管如此，多元化制度的概念仍然继续被一些国家提出，尤其是被厄瓜多尔。

料来源34）并将改动纳入《公约草案》（资料来源30）。起草文字润色上最重要的改动是在起草委员会在其协调过程中仔细分析的基础上在这里及《公约》中其他地方将标题中的"司法地位"替换成了"法律地位"。[⑩]

2.8（a）． 对沿海国在领海的主权概念的主要解释见于国际法委员会对1956年条款草案第一条第（1）、（3）及第（4）款的评述及其关于第二条的评述。该委员会写道：

（1）第1款反映了一个事实，即沿海国对领海的权利从性质上同国家在其领土其他部分所行使的主权权利没有什么不同。

领海制度与公海制度之间有着本质的区别，因为后者是建立在所有国家自由使用的原则之上的。

从各国政府关于1930年海牙编纂会议和会议委员会报告对这一问题的答复，证实几乎一致赞成的这一观点是按照现行法律规定。这也是许多多边公约的一个基本原则，例如作为1919年《航空公约》和1944年《国际民用航空公约》，它们都用处理国家领土其他部分同样的方式处理领海。

……

（3）显然，对领海主权只能按照国际法的规定行使。

（4）本条款规定了一些国际法对行使领海主权所施加的限制，但并不能被视为详尽。领海中所发生的事件所产生的法律问题还受到一般国际法规则的制约，而这些不能为其适用于领海的目的专门编纂在本草案里。这就是为什么除了本条款中的规定外还提到"国际法的其他规则"。

国际法委员会关于第二条说：

本条款除了纯粹的行文上的变化外，均取自1930年编纂会议提出的条文。由于目前的草案仅仅处理海的问题，委员会并没有研究对上空、海床和底土行使主权的条件。

2.8（b）． 除在群岛国的情况下，"内水"一词是指"领海基线向陆一面的水域"（见第七条第1款［此处有误，应为第八条第1款——译者注］）。相比之下，第四十九条第1款把"群岛水域"规定为群岛基线所包围的水域，根据第五十条内水可以划在群岛水域之内。第四十六条对术语"群岛国"和"群岛"进行了解释。

2.8（c）． 此处所载"邻接"一词的含义与第五十五条所用的含义相同，它是指

---

⑩ A/CONF. 62/L. 40（1979年），正式记录，第十二卷第95页，第十五节，第95、103页（起草委员会主席）。同时，起草委员会建议对《公约》所有其他作准文本进行相应修改。

基线向海一侧的水域，此前的各条款都是如此规定的。在第十五条中"邻接"一词也被用来指两个相邻国家领海的侧面边界。

2.8（d）. 第二条第 2 款重复了 1958 年《公约》。将其写入反映了一般的理解，即海洋法包含关于空中（特别是在领海上空）飞行的规则，以及"空中"不包括外层空间。这种理解可以追溯到 1930 年海牙国际法编纂会议编制的草案，此处没有争议。

"上空"一词对应于 1944 年《国际民用航空公约》（又称《芝加哥公约》）的语言。该公约第一条遵循 1919 年《航空管理公约》（又称《巴黎公约》），承认各国对其领土上空的主权。[11] 国际民航组织秘书处的报告说，第二条与 1944 年公约的有关条款是"完全协同扩展和一致"的。[12]

2.8（e）. 在一项由联合国海洋事务与海洋法司编写的基线研究中，"底土"一词被描述为：

> 所有自然埋藏在海床或深洋底下的物质。
> 底土包括残留矿床和矿物质以及下部的基岩。[13]

2.8（f）. 第 3 款中"受本公约……的限制"的一词对应于 1958 年《领海和毗连区公约》中的"按这些条款规定"，然而，其适用范围已经改变。在国际法委员会的条款中，"这些条款"一语，按照联大在 1952 年 12 月 7 日第 798（VIII）号决议和 1954 年 12 月 14 日第 899（IX）号决议中的要求，适用于把海洋法作为一个单位出现的所有那些条款（见第一卷第 153 和 154 页）。但是，当第一次联合国海洋法会议决定分别完成 4 个单独的公约时，"这些条款"被保留在每个公约中，在这种情况下，它仅在每一个公约的框架内适用。

第三次海洋法会议所采用的"本公约"的一词是又回到国际法委员会的做法。

---

① 欲查阅《芝加哥公约》在这方面没有变化的部分，见《联合国条约集》第 15 卷第 295 页；《条约及其他国际条例集》第 1591 页；C. I. Bevans 编《1776—1949 年美国条约及其他国际协定》第 3 卷第 944 页。如需查阅国际民航组织的作准文本文，见国际民航组织 ICAO doc. 7300/6（1980 年），纳入了迄今为止的所有修正案。该公约提到了"领海"。欲查阅《巴黎公约》见《国际联盟条约》第十一卷第 173 页。国际法委员会没有对此有何评论。欲查阅国际民航组织的评注，见 A/CONF. 13/31（1958 年），第一次联合国海洋法会议正式记录第 336 页。关于国际民航组织对《1982 年公约》第二条的意见，见《国际民航组织秘书处文件研究》，C－WP/7777（1984 年，油印），重印在 LC/26－WP/5－1（1987 年，油印），第 4.1 段。转载在荷兰海洋法研究所《国际组织和海洋法年鉴》[1987 年] 第 3 卷第 243、246 页。另见报告员的报告，LC/26－WP/5－41（1987 年，油印）。转载在荷兰海洋法研究所《国际组织和海洋法年鉴》[1987 年] 第 3 卷第 262 页，联合国海洋和海洋法司 1985—1987 年《海洋事务年度回顾：法律和政策的主要文件》第一卷第 114 页。

② 见国际民航组织 doc. C－WP/7777（1984 年，油印），第 7 部分，前注 11。

③ 联合国海洋和海洋法司，*Baselines：An Examination of the Relevant Provisions of the United Nations Convention on the Law of the Sea*，附录（技术术语汇编），第 47、64 页（联合国销售号 No. E. 88. V. 5*（1989 年））。

第二节　领海的界限

第三条　领海的宽度

每一国家有权确定其领海的宽度，直至从按照本公约确定的基线量起不超过十二海里的界限为止。

资料来源

第三次联合国海洋法会议文件

1. A/AC. 138/SC. II/L. 7/Add. 1，转载在《1973 年海底委员会报告》第三卷第 1 页（苏联）。

2. A/AC. 138/SC. II/L. 16 和 Add. 1，转载在《1973 年海底委员会报告》第三卷第 2 页（土耳其）。

3. A/AC. 138/SC. II/L. 21，第二条。转载在《1973 年海底委员会报告》第三卷第 19 页（哥伦比亚、墨西哥以及委内瑞拉）。

4. A/AC. 138/SC. II/L. 24，第二条。转载在《1973 年海底委员会报告》第三卷第 23、25 页（乌拉圭）。

5. A/AC. 138/SC. II/L. 25，A 条。转载在《1973 年海底委员会报告》第三卷第 29 页（巴西）。

6. A/AC. 138/SC. II/L. 27 和 Corr. 1 和 2，第一条和第二条。转载在《1973 年海底委员会报告》第三卷第 30 页（厄瓜多尔、巴拿马和秘鲁）。

7. A/AC. 138/SC. II/L. 37 和 Corr. 1，第二条。转载在《1973 年海底委员会报告》第三卷第 78 页（阿根廷）。

8. A/AC. 138/SC. II/L. 41，第三条。转载在《1973 年海底委员会报告》第三卷第 89、90 页（乌干达和赞比亚）。

9. A/AC. 138/SC. II/L. 47/Rev. 1，转载在《1973 年海底委员会报告》第三卷第 102

页（菲律宾）。

10. A/AC. 138/SC. II/L. 51，第二条。转载在《1973 年海底委员会报告》第三卷第 106 页（保加利亚）。

11. A/AC. 138/SC. II/L. 52，第一段，转载在《1973 年海底委员会报告》第三卷第 106 页（巴基斯坦）。

12. A/CONF. 62/L. 4（1974 年），第二条，正式记录，第三卷第 81、82 页（加拿大、智利、冰岛、印度、印度尼西亚、毛里求斯、墨西哥、新西兰以及挪威）。

13. A/CONF. 62/C. 2/L. 3（1974 年），第二章第二条，正式记录，第二卷第 183 页（英国）。

14. A/CONF. 62/C. 2/L. 5（1974 年），第二条，正式记录，第 187 页（圭亚那）。

15. A/CONE. 62/C. 2/L. 8（1974 年），正式记录，第三卷第 188 页（土耳其）。

16. A/CONF. 62/C. 2/L. 10（1974 年），第一条第 3 款，正式记录，第三卷第 189 页（厄瓜多尔）。

17. A/CONF. 62/C. 2/L. 12（1974 年），第二条，正式记录，第三卷第 190 页（尼日利亚）。

18. A/CONF. 62/C. 2/L. 17（1974 年），正式记录，第三卷第 195 页（尼加拉瓜）。

19. A/CONF. 62/C. 2/L. 22（1974 年），第七条第 1 款，正式记录，第三卷第 200、201 页（希腊）。

20. A/CONF. 62/C. 2/L. 26（1974 年），第二条，正式记录，第三卷第 203 页（保加利亚、德意志民主共和国、波兰以及苏联）。

21. A/CONF. 62/C. 2/L. 33（1974 年），第二条，正式记录，第三卷第 212 页（奥地利、比利时、玻利维亚、博茨瓦纳、布隆迪、白俄罗斯苏维埃社会主义共和国、捷克斯洛伐克、芬兰、德意志联邦共和国、匈牙利、老挝、莱索托、卢森堡、马里、蒙古、荷兰、巴拉圭、新加坡、斯威士兰、瑞典、瑞士、乌干达、上沃尔特和赞比亚）。

22. A/CONF. 62/L. 8/Rev. 1（1974），正式记录，第三卷第 93、107、111 页，附件二附录一［A/CONF. 62/C. 2/WP. 1］，条款第二十二条和二十三条（总报告员）［《主要趋势工作文件》］。

23. A/CONF. 62/C. 2/L. 88（1975 年），第 8 段，正式记录，第四卷第 194 页，（厄瓜多尔）。

24. A/CONF. 62/WP. 8/Part II（非正式单一协商案文，1975 年），第二条，正式记录，第四卷第 152、153 页（第二委员会主席）。

25. A/CONF. 62/C. 2/L. 90（1976 年），正式记录，第五卷第 202 页（土耳其）。

26. A/CONF. 62/WP. 8/Rev. 1/Part II（订正的单一协商案文，1976 年），正式记录第五卷第 151、154 页，第二条（第二委员会主席）。

27. A/CONF. 62/C. 2/L. 94（1976 年），正式记录，第四卷第 170 页（德意志联邦

共和国）。

28. A/CONF. 62/WP. 10（非正式综合协商案文，1977 年），第三条，正式记录，第八卷第 1、6 页。

29. A/CONF. 62/WP. 10/Rev. 1（非正式综合协商案文第一次修订稿，1979 年，油印），第三条。转载在《第三次联合国海洋法会议文件集》第一卷第 375、394 页。

30. A/CONF. 62/WP. 10/Rev. 2（非正式综合协商案文第二次修订稿，1980 年，油印），第三条。转载在《第三次联合国海洋法会议文件集》第二卷第 3、24 页。

31. A/CONF. 62/WP. 10/Rev. 3*（非正式综合协商案文第三次修订稿，1980 年，油印），第三条。转载在《第三次联合国海洋法会议文件集》第二卷第 179、200 页。

32. A/CONF. 62/L. 78（《公约草案》，1981 年），第三条，正式记录，第十五卷第 172、177 页。

起草委员会文件

没有与此过程同时的文件。

非正式文件

33. Informal Working Paper No. 1；No. 1/Rev. 1，条款第十七条和第十八条；No. 1/Rev. 2，条款第二十和第二十一条；以及 No. 1/Rev. 2*，条款第二十〔二十一〕条和第二十二条（均为 1974 年，油印）。转载在《第三次联合国海洋法会议文件集》第四卷第 205、210、226 和 244 页。

34. LL/GDS Group（1975 年，油印），转载在《第三次联合国海洋法会议文件集》第四卷第 238 页。

35. 德意志联邦共和国（1976 年，油印）。转载在《第三次联合国海洋法会议文件集》第四卷第 265 页。

36. 法国（1976 年，油印）。转载在《第三次联合国海洋法会议文件集》第四卷第 265 页〔法文〕。

37. 菲律宾（1976 年，油印）。转载在《第三次联合国海洋法会议文件集》第四卷第 265 页。

38. 法国（1977 年，油印）。转载在《第三次联合国海洋法会议文件集》第四卷第 388 页〔法文〕。

39. C. 2/Informal Meeting/8（1978 年，油印），第 1 节（德意志联邦共和国）。转载在《第三次联合国海洋法会议文件集》第五卷第 12 页。

40. C. 2/Informal Meeting/23（1978 年，油印），（土耳其）。转载在《第三次联合国海洋法会议文件集》第五卷第 33 页。

评　　注

3.1. 第三条建立了从根据《公约》所确定的基线量起领海的最大允许宽度为12海里，被视为第三次海洋法会议的主要成果之一。它的通过是从1930年国际联盟关于国际法编纂的会议召开开始，到第一次联合国海洋法会议和第二次联合国海洋法会议（尽管所有这些会议中没有任何一次会议就这一关键问题达成协议）的整个过程。① 它将要与对领海内的航行和用于国际航行的海峡的航行的安排一起达成共识。

3.2. 由于世界各国不同的政治、地理和经济条件，关于可接受的领海宽度的意见出现了很大分化。1954年，国际法委员会在这个问题上的报告指出：

关于领海宽度的问题，在委员会各种会议上的辩论中表达了不同的意见。提出的建议如下：

（1）应采用一个统一的范围（3海里，4海里，6海里或12海里）；

（2）领海的宽度应定为3海里，受沿海国有权行使的权利的限制，直到距离为12海里，受由委员会所承认的毗连区所存在的权利的限制；

（3）领海的宽度应为3海里，受沿海国有权扩展这一范围至12海里的权利的限制，只要它遵守下列条件：

（i）通过在整个区域的自由必须得到保障；

（ii）沿海国不得为其国民主张距离领海基线超出3海里的专属捕鱼权。在此3海里界限之外，沿海国可制定管理在领海内捕鱼的规章，虽然这种规章的唯一对象必须是保护海洋资源；

（4）应当承认每一个国家领海的宽度可以定为3~12海里的距离；

（5）海岸濒临同一个海的所有国家或处在一特定区域的所有国家应采用一个统一的范围；

（6）领海的范围应根据各国的具体情况和各国特有的历史权利的不同

---

① 关于这一主题的背景见《秘书处参考指南》，特别是导言第5段第7页。在第一次联合国海洋法会议上，同在1930年编纂会议上一样，没有通过关于领海宽度的条款。关于第一次联合国海洋法会议的讨论，见第一委员会报告，A/CONF.13/L.28/Rev.1（1958），第3-25页，第一次联合国海洋法会议正式记录第二卷第115页；以及在第14次和第15次全体会议上的进一步讨论，正式记录，第二卷第35-47页。同样，在第二次联合国海洋法会议上也没有通过条款。在第二次联合国海洋法会议上的唯一一个实质性议程项目是"根据1958年12月10日大会通过的1307（XIII）号决议审议领海宽度和渔业区范围问题"（见本丛书第一卷第159页）。见第二次联合国海洋法会议正式记录第二卷。欲查阅整个委员会讨论摘要，见A/CONF.19/L.4（1960年），第二次联合国海洋法会议正式记录第二卷第169页。整个委员会一般性辩论的逐字记录载于A/CONF.19/9，第二次联合国海洋法会议正式记录（联合国销售号No.1962.V.3（1962年））。

而异；

（7）领海的宽度应该依大陆架海域为基础；

（8）应当承认领海的宽度取决于不同的因素，因情况不同而异，应该同意每个沿海国有权根据其需要确定其领海宽度；

（9）领海的宽度，到目前为止尚未规定在任何一个具体的公约里，将在一个为此目的召开的外交会议上确定。

委员会认识到，这些解决方案中的每一个都将遇到一些国家的反对。但是，如果各国都不愿意作出让步，协议就不可能达成。[2]

经过进一步讨论，委员会将下列文字包括其在 1956 年编写的条款草案第三条：

领海的宽度

1. 委员会认识到，关于划定领海界限的国际惯例是不统一的。

2. 委员会认为，国际法不允许将领海扩大到 12 海里以外。

3. 委员会没有就达到该范围的领海宽度作出任何决议，指出，一方面，许多国家已确定的宽度大于 3 海里，而另一方面，许多国家，当其领海宽度较少时，不承认这种宽度。

4. 委员会认为，领海的宽度应由一个国际会议来确定。[3]

在 1958 年会议上，没有一个确定最大领海宽度的提案获得所需的多数。因此，《领海和毗连区公约》未包含关于领海宽度的条款。通过这一没有的情况与第二十四条相结合形成一条，根据该条毗连区（见以下第三十三条）从基线量起不得超过 24 海里成为广泛但不普遍的认为领海不能扩大超过 12 海里的主张。

在第二次联合国海洋法会议上的唯一一个实质性议程项目是"根据 1958 年 12 月 10 日联大通过的 1307（XIII）号决议审议领海宽度和渔业区范围问题"（见本系列丛书第一卷第 159 页）。第二次联合国海洋法会议的职权范围承认沿海国领海宽度与其领海外部界限之外专属或优先渔业权之间的关系；但在该次会议上没有提案草案获得所规定的可接受的绝大多数。在这两个问题上产生的不明朗因素，尤其是在 1960 年以后，导致了许多国际紧张局势。

3.3. 继 1970 年 12 月 17 日联大第 2750C（XXV）号决议之后（见第一卷第 178

---

②　Report of the International Law Commission covering the work of its sixth session （A/2693），第 68 - 70 段，1954 年《国际法委员会年鉴》，第二卷，第 140、153 页。

③　Report of the International Law Commission covering the work of its eighth session （A/3159），第三条和评注，1956 年《国际法委员会年鉴》，第二卷，第 253、265 页。

页），关于领海宽度的问题又一次在联合国范围内在海底委员会 1972 年会议上由第二分委员会审查。一项提交给海底委员会的关于非洲国家海洋法区域研讨会的报告的提案其中建议"领海不得超出 12 海里的范围。"④ 同样，加勒比国家在《圣多明各宣言》中主张"每个国家都有权建立其宽度从适用的基线量起高达 12 海里的领海。"⑤

在海底委员会 1973 年会议上，向第二分委员会提交了许多提案。这些建议很多都重申各国都有权建立自己宽度最多可达 12 海里的领海（资料来源 1、资料来源 3、资料来源 7、资料来源 10 和资料来源 11）。其他一些人则倾向于此问题留待以后解决（资料来源 2、资料来源 8 和资料来源 9）。另一方面，有几个拉丁美洲国家（资料来源 4 至资料来源 6）提议，领海的最大宽度应不超过 200 海里。巴西（资料来源 5）认为该提案符合条件，但是，它表示领海应"考虑到地域、社会、经济、生态和国家安全的因素"建立在"合理的范围内"。在海底委员会上没有取得任何结果。

3.4. 在第三次海洋法会议第二期会议（1974 年）上，提交的关于这个主题的提案（资料来源 12 至资料来源 21）再次提出了各种具有竞争性的立场。这些提案中有几个（资料来源 12 至资料来源 14、资料来源 19 至资料来源 21）明确规定 12 海里将是领海的最大宽度。还有一个是尼日利亚的提案（资料来源 17），主张最大宽度为 50 海里；而厄瓜多尔（资料来源 16）和尼加拉瓜的提案（资料来源 18）则提出为 200 海里的领海。

一个由 24 个国家提出的提案（资料来源 21）要禁止将另一国的领海同公海或其他任何部分分开。在这方面提到的地形轮廓是在波罗的海 Kadet 海峡和德意志民主共和国的海洋边界。但是，这项提案的发起，表明地理意义不仅限于区域（这个问题部分是第七条第 6 款关于直线基线的情况）。

这些不同的意见反映在《主要趋势工作文件》的条文 22 和条文 23（资料来源 22），其中提出了几种与项目 3.2 有关新方案（领海的宽度。全球或区域标准。公海和海洋，半闭海和闭海）。条文 22 方案 C 提出了适用于建立领海最大宽度的附加条件。但是，关于领海的宽度，条文 22 的方案 A 成了《公约》第三条的基础。

3.5. 在第三期会议（1975 年）上，非正式单一协商案文第二部分（资料来源 24）的条文 22 的案文方案 A 经过起草文字润色上的稍微变化被通过，作为第二条。这一案文如下：

> 每一国家应有权划定其领海的宽度，直至从按照本公约确定的基线量起不超过 12 海里的界限为止。

---

④ A/AC.138/79，转载在《1972 年海底委员会报告》第 73 页（雅温得区域研讨会）。

⑤ A/AC.138/80，"Territorial Sea,"第 2 段，转载在《1972 年海底委员会报告》第 70、71 页（《圣多明各宣言》）。

3.6. 在第四期会议（1976 年）上，土耳其代表（资料来源25）建议在这个条款增加一条条文，规定一个国家行使确定其领海的权利"不得损害相邻沿海国的权利和利益。"这项建议未被接受，而订正的单一协商案文/第二部分第二条只包含文字上的改动（资料来源26）。该案文如下：

领海的宽度

每一国家有权确定其领海的宽度，直至从按照本公约确定的基线量起不超过 12 海里的界限为止。

标题是在这个阶段加上的，对应于给国际法委员会草案第三条加的标题。这个条款用了更明确的措辞表达（将"应有"改为"有"），并在最后一句用更准确的字眼"确定"代替了"划定"。

这项条文在非正式综合协商案文中重新编号，为第三条（资料来源28），但在其他方面保持未变。

3.7. 在第七期会议（1978 年）上，土耳其代表（资料来源40）再次建议增加一条条文，规定行使确定领海的权利"不得损害相邻沿海国的权利和利益。"这项建议未被接受，该条保持不变。

3.8（a）. 从文字上可以清楚地看出，第三条赋予每一个沿海国有权确定从基线量起其宽度最大范围至 12 海里的领海。该条款不排除一国在该最大范围限制内在其不同部分的海岸建立不同的宽度。"每一国家"的表达被国际民航组织秘书处解释为表明这一规则（它指出，该规则已经"真正一致通过"）被认为是一般国际法的一部分，具有宣言的性质。[6]

3.8（b）. 根据一项由联合国海洋事务与海洋法司编写的基线研究，"基线"一词的意思是"一个国家测量其领海和某些其他管辖海域向海一侧界限的线。"[7]随后的条款"按照本公约"处理正常基线（第五条）以及其他各种基线。没有任何记录表明，该条中"确定的（determined）"一词还具有其他含义。基线是沿海国用于确定其领海的宽度的，但具有争议的是，作为一个给定的基线是否已根据《公约》确定，应该属于第十五部分关于争端的解决的范围。

3.8（c）. 在其关于 1982 年《公约》对国际海事组织的影响的研究中，国际海事组织秘书处指出，国际海事组织的一些《公约》中包含有或有关国家的领海条款的

---

[6] 国际民航组织 doc. C. WP/7777（1984 年，油印），第7.3 段。转载为 LC/26 - WP/5 - 1（1987 年，油印），荷兰海洋法研究所《国际组织和海洋法年鉴》[1987 年] 第 3 卷第243、249 页。

[7] 联合国海洋事务和海洋法司，*Baselines: An Examination of the Relevant Provisions of the United Nations Convention on the Law of the Sea*，附录一（技术术语），第47、50 页，（联合国销售号 No. E. 88. V. 5* （1989 年））。

字眼。

这些文书是在 1982 年《公约》达成之前以及在关于领海的最大的宽度的国际协议产生之前通过的。1982 年《公约》生效后,确立了明确的最大领海宽度,它可能使得有必要审查《国际海事组织公约》及其他有关文书的规定,以确定这些规定应用到 12 海里领海在何种程度上对本来的目的仍然是适当的和充分的。[⑧]

3.8 (d). 测量领海的基线在海洋法中履行几个主要功能。它们将沿海国在其行使绝对主权的内水和领海分开(依据第八条第 2 款),尽管领海在沿海国的主权管辖之下,但受无害通过权(第十七条至第三十二条)、过境通行或不停的无害通过(第三部分)的限制。

基线构成测量沿海国或群岛国拥有特权的其他海洋区域的起点,尤其是毗连区(第三十三条)、专属经济区(第五部分第五十五条至第七十五条)、大陆架(第六部分第七十六条至第八十五条),以及有关海上发现的考古和历史文物(第三〇三条)。这些海洋区域中每一个向陆地一侧的海域界限都由领海的外部界限来确立。在群岛国的情况下,这些职能由群岛基线来履行(第四十七条和第四十八条);在群岛水域之内,通过该水域的外国船舶享有无害通过权(第五十二条),群岛国可以划定内水水域的"封闭线"(第五十条)。

因此,基线是划分所有海洋区域外部界限以及划定与海岸相向或相邻国家之间的这些区域的要素(见第十五条、第七十四条和第八十三条)。

3.8 (e). 联合国秘书长在给联大的关于《公约》执行进展情况的报告中表示,截至 1992 年 6 月:

> 至少有 126 个沿海国建立了 12 海里或不到 12 海里的领海,其中 114 个划定了 12 海里领海的界限……在 126 个国家中,有几个国家已撤回其主张的超过 12 海里的领海……有些国家仍然主张 200 海里的领海,其他主张不到 200 海里宽度,但大于 12 海里。[⑨]

---

⑧ *Implications of the United Nations Convention on the Law of the Sea*,*1982 for the International Maritime Organization* (*IMO*),《海事组织秘书处研究》,IMO doc. LEG/MISC/1(1987 年,油印),第 19 段。转载在荷兰海洋法研究所《国际组织和海洋法年鉴》[1987 年]第三卷第 340、346 页[1987]。联合国海洋和海洋法司《海洋事务年度回顾:法律和政策的主要文件》第一卷第 123、127 页,1985—1987 年。

⑨ A/47/512(1992 年,油印),第 13 段。大会正式记录,第 47 卷附件议程项目 32。

第四条　领海的外部界限

领海的外部界限是一条其每一点同基线最近点的距离等于领海宽度的线。

资料来源

第一次联合国海洋法会议文件

1. 《领海和毗连区公约》（1958 年）第六条，对应于国际法委员会的条款草案第六条。关于前期历史，见秘书处《参考文献指南》中关于第六条。对于第一次联合国海洋法会议的讨论情况，见第一委员会的报告，A/CONF.13/L.28/Rev.1 （1958 年）第 47 段，第一次联合国海洋法会议正式记录第二卷第 115、118 页。

第三次联合国海洋法会议文件

2. A/AC.138/SC.II/L.24，第七条。转载在《1973 年海底委员会报告》第三卷第 23、26 页（乌拉圭）。

3. A/AC.138/SC.II/L.28，第十六条。转载在《1973 年海底委员会报告》第三卷第 35、42 页（马耳他）。

4. A/AC.138/SC.II/L.41，第三条。转载在《1973 年海底委员会报告》第三卷第 89、90 页（乌干达和赞比亚）。

5. A/CONF.62/C.2/L.3 （1974 年），第二章第二部分注释，正式记录，第三卷第 183 页（英国）。

6. A/CONF.62/C.2/L.22 （1974 年）第七条第 2 款，正式记录，第三卷第 200、201 页（希腊）。

7. A/CONF.62/C.2/L.26 （1974 年），第二部分，正式记录，第三卷第 203 页（保加利亚、德意志民主共和国、波兰和苏联）。

8. A/CONF.62/WP.8/Part II（非正式单一协商案文，1975 年），第三条，正式记录，第四卷第 152、153 页（第二委员会主席）。

9. A/CONF.62/WP.8/Rev.1/Part II（订正的单一协商案文，1976 年），第三条，正式记录，第五卷第 151、154 页（第二委员会主席）。

10. A/CONF.62/WP.10（非正式综合协商案文，1977 年），第四条，正式记录，

第八卷第 1、6 页。

11. A/CONF. 62/WP. 10/Rev. 1（非正式综合协商案文第一次修订稿，1979 年，油印），第四条。转载在《第三次联合国海洋法会议文件集》第一卷第 375、394 页。

12. A/CONF. 62/WP. 10/Rev. 2（非正式综合协商案文第二次修订稿，1980 年，油印），第四条。转载在《第三次联合国海洋法会议文件集》第二卷第 3、24 页。

13. A/CONF. 62/WP. 10/Rev. 3*（非正式综合协商案文第三次修订稿，1980 年，油印），第四条。转载在《第三次联合国海洋法会议文件集》第二卷第 179、200 页。

14. A/CONF. 62/L. 78（《公约草案》，1981 年），第四条，正式记录，第十五卷第 172、177 页。

起草委员会文件

没有与此过程同时的文件。

非正式文件

15. C. 2/Blue Paper No. 4（1975 年，油印），条款第四条脚注。转载在《第三次联合国海洋法会议文件集》第四卷第 126 页。

评　注

4. 1.　　第四条规定了确定领海外部界限的方法。它由一条从基线等距离的线标志，这个距离等于所确定的领海宽度。

该程序以美国代表团在 1930 年的海牙国际法编纂会议上的建议为基础，遵循"圆弧"的方法确立领海的外部界限。[①] 这一方法被列入专家委员会的报告[②] 并随后成为国际法委员会条款草案第六条的基础。

国际法委员会对该条款的评注指出：

（1）据专家委员会说，这种确定外部界限的方法已经使用了很长时间。在海岸线极为曲折的情况下，所测算出的线沿着海岸的蜿蜒曲折。不可否认的是，后者如此曲折会经常无法用于航行的目的。

（2）其所有点距离海岸上的最近点为 T 海里（T 代表领海的宽度）的线，

[①]　见博格斯（S. W. Boggs），"Delimitation of the Territorial Sea，"美国国际法期刊第 24 期第 541 页（1930 年）。博格斯是 1930 年会议上的美国代表团的一个成员和 1953 年会议专家委员会的成员，国际法委员会在其报告的基础上下的结论（下文注 2）。

[②]　A/CN. 4/61/Add. 1（1953 年，英文，油印），1953 年《国际法委员会年鉴》第二卷，第 77 页（只有法文）。专家委员会的报告转载在上述作为第二部分导言的附录（见特别报告的问题第五）。

可以通过以 T 海里为半径以海岸线上的所有点为圆心所画的一系列连续的圆的弧线获得。领海的外部界限由圆的弧线向海一侧的最外边的点组成。在崎岖海岸的情况下，这条线虽然起伏，但如果它沿着海岸蜿蜒弯曲，曲折就会较少，因为以海岸上的所有点为圆心画出的圆通常不会影响极为曲折的海岸向海一侧的圆弧形成的外部界限。在平直的海岸的情况下，圆弧法产生与严格的平行线相同的结果。

（3）委员会认为，之所以推荐圆弧法，是因为它有可能有利于航行。委员会觉得，在一些情况下，各国应可自由地使用此法而不冒以该线不沿着海岸的曲折为理由而被指控违反国际法的风险。③

专家委员会的报告以及国际法委员会的建议，都基于假设领海的宽度不超过 3 海里。

第六条随后被并入《公约》第六条"关于领海和毗连区"（资料来源 1）。

4.2. 在海底委员会 1973 年会议上的若干建议基本上重复了 1958 年《公约》第六条（资料来源 2 至资料来源 4）。马耳他代表的提案（资料来源 3）提到"国家海洋空间"，而不是"领海"，而乌干达和赞比亚（资料来源 4）的提案没有指定领海的最大宽度。

4.3. 在海洋法会议第二期会议上（1974 年），有 3 份关于领海外部界限的提案（资料来源 5 至资料来源 7），其中每一个都重复了 1958 年《公约》第六条。但是在《主要趋势工作文件》中没有出现对应的条文。

4.4. 在第三期会议（1975 年）上，基线问题非正式磋商小组和一个小型工作组的讨论使得第二委员会主席团编写了一份综合案文。经进一步讨论，修订后的案文发布，由协商小组研究。④ 该案文条款第四条底注（资料来源 15）随后被纳入在非正式单一协商案文第二部分（资料来源 8）第三条，内容如下：

领海的外部界限是一条其每一点同基线最近点的距离等于领海宽度的线。

这个措词与 1958 年文本的完全相同。该条款的标题与国际法委员会第六条的标题完全相同，加在订正的单一协商案文第二部分（资料来源 9）。该条在非正式综合协商案文中重新编号作为第四条（资料来源 10），文字保持不变。

---

③ Report of the International Law Commission covering the work of its eighth session（A/3159），第六条评注，1956 年《国际法委员会年鉴》，第二卷第 253、268 页。

④ 第二委员会工作情况陈述，A/CONF. 62/C. 2/L. 89/Rev. 1（1975 年），第 10 段，正式记录，第四卷第 195、196 页（第二委员会报告员）。

4.5（a）. 按照第三条和第四条确立的领海的外部界限，与依据第十五条所划定的界线结合在一起，确定沿海国在其中享有第二条规定的主权的领海的边界。鉴于这个作用，《公约》建立了正式的规则，以确保妥为公布测量领海的基线、由此计算获得的界限或其他分界线（第十六条）。

4.5（b）. 领海的外部界限行使多种功能。它将沿海国对其行使主权的领海与沿海国可以行使对第三十三条（毗连区）和第三〇三条（考古和在海上找到历史文物）所规定的控制的海域分开。

它将沿海国或群岛国主权之下的领海与沿海国或群岛国根据关于专属经济区（如果已经建立这种海洋区域的话）的第五部分（第五十五条至第七十五条）或关于大陆架的第六部分（第七十六条至第八十五条）可以对其生物资源和非生物资源行使主权权利或管辖权的海域分开。

它将沿海国或群岛国主权之下的领海（包括其海床、底土及上覆空域）——按照第二部分第三节（第十七条至第三十二条）和第五十二条，所有船舶在其中都享有无害通过权，或按照第三部分（第三十四条至第四十五条）享有过境通行权或不停顿地航行的无害通过权，或群岛海道通过权（第五十三条）——与按照第五十八条和第八十七条在其中适用公海自由（包括航行自由和飞越自由）的海域分开。

领海的外部界限构成了沿海国享有特权的所有海洋区域向陆地一侧的界限，尤其是毗连区、专属经济区、大陆架以及在海上发现的考古和历史文物。

关于飞机飞越，领海的外部界限划出了沿海国拥有主权的空域。对领海过境通行的主权同样适用于国际航行的海峡。在群岛国的情况下，主权及于其群岛水域上空（第四十九条第2款），要依据第四部分行使。

第五条　正常基线

除本公约另有规定外，测算领海宽度的正常基线是沿海国官方承认的大比例尺海图所标明的沿岸低潮线。

资料来源

第一次联合国海洋法会议文件

1. 《领海和毗连区公约》（1958 年）第三条，对应于国际法委员会的条款草案第四条。关于前期历史，见秘书处《参考文献指南》中关于第四条。关于第一次联合国海洋法会议讨论情况，见第一委员会的报告，A/CONF.13/L.28/Rev.1（1958 年），第34 段，第一次联合国海洋法会议正式记录，第二卷第115、117 页。

第三次联合国海洋法会议文件

2. A/AC.138/SC.II/L.24，转载在《1973 年海底委员会报告》第三卷第23、25 页，第四条（乌拉圭）。

3. A/AC.138/SC.II/L.28，转载在《1973 年海底委员会报告》第三卷第35、38 页，第三条第 1 款（马耳他）。

4. A/CONF.62/L.4（1974 年），第三条，正式记录，第三卷第81～82 页，（加拿大、智利、冰岛、印度、印度尼西亚、毛里求斯、墨西哥、新西兰和挪威）。

5. A/CONF.62/C.2/L.3（1974 年），第二章第二部分注释，正式记录，第三卷第183 页（英国）。

6. A/CONF.62/C.2/L.22（1974 年），第五条第 2 款，正式记录，第二卷第200 页（希腊）。

7. A/CONF.62/C.2/L.26（1974 年），第二部分，正式记录，第三卷第203 页（保加利亚、德意志民主共和国、波兰以及苏联）。

8. A/CONF.62/C.2/L.33（1974 年），第三条，正式记录，第三卷第212 页（奥地利、比利时、玻利维亚、博茨瓦纳、布隆迪、白俄罗斯苏维埃社会主义共和国、捷克斯洛伐克、芬兰、德意志联邦共和国、匈牙利、老挝、莱索托、卢森堡、马里、蒙古、荷兰、巴拉圭、新加坡、斯威士兰、瑞典、瑞士、乌干达、上沃尔特和赞比亚）。

9. A/CONF. 62/L. 8/Rev. 1（1974 年），附件二附录一［A/CONF. 62/C. 2/WP. 1］，条款第四条，正式记录，第三卷第 93、107、109 页（总报告员）［《主要趋势工作文件》］。

10. A/CONF. 62/WP. 8/Part II（非正式单一协商案文第二部分，1975 年），第四条，正式记录，第四卷第 152、153 页（第二委员会主席）。

11. A/CONF. 62/WP. 8/Rev. 1/Part II（订正的单一协商案文第二部分，1976 年），第四条，正式记录，第五卷第 151、154 页（第二委员会主席）。

12. A/CONF. 62/WP. 10（非正式综合协商案文，1977 年），第五条，正式记录，第八卷第 1、6 页。

13. A/CONF. 62/WP. 10/Rev. 1（非正式综合协商案文第一次修订稿，1979 年，油印），第五条。转载在《第三次联合国海洋法会议文件集》第一卷第 375、394 页。

14. A/CONF. 62/WP. 10/Rev. 2（非正式综合协商案文第二次修订稿，1980 年，油印），第五条。转载在《第三次联合国海洋法会议文件集》第二卷第 3、24 页。

15. A/CONF. 62/WP. 10/Rev. 3*（非正式综合协商案文第三次修订稿，1980 年，油印），第五条。转载在《第三次联合国海洋法会议文件集》第二卷第 179、200 页。

16. A/CONF. 62/L. 78（《公约草案》，1981 年），第五条，正式记录，第十五卷第 172、177 页。

起草委员会文件

没有与此过程同时的文件。

非正式文件

17. In formal Working Paper No. 1；No. 1/Rev. 1，条款第三条；No. 1/Rev. 2，条款第三条；和 No. 1/Rev. 2*，条款第四条（所有均为 1974 年，油印）。转载在《第三次联合国海洋法会议文件集》第三卷第 205、210、226 和 244 页。

18. C. 2/Blue Paper No. 4（1975 年，油印），条款第四条。转载在《第三次联合国海洋法会议文件集》第四卷第 126 页。

评　注

5.1.　第五条规定，测量领海宽度的正常基线是沿海岸的低潮线。其他条款规定了必须或可以用于测量领海宽度的各种不同基线的情况（例如，第六条、第七条、第九条、第十条、第十三条和第四十七条。

经过起草文字和行文上的改动，第五条与 1956 年国际法委员会的条款草案第四条相对应，标题也是"正常基线"，也与 1958 年《领海和毗连区公约》第三条相对应

（资料来源 1）。

5.2. 在海底委员会 1973 年会议上，以及在第三次海洋法会议第二期会议（1974年）上，提交了一些建议保留 1958 年《公约》第三条的提案（资料来源 2、资料来源 4、资料来源 5、资料来源 7 和资料来源 8）。在第二委员会第五次会议上，孟加拉国表示了唯一严重的反对意见，其代表坚持认为，新公约"应该……考虑到各沿海国具有法律相关意义的地域和水文的特殊性。"[①]

在《主要趋势工作文件》（资料来源 9），条款第四条，方案 A，重复了 1958 年《公约》的第三条，并成为 1982 年《公约》最终文本的基础。

5.3. 在第三期会议（1975 年）上，非正式磋商小组对基线以及载有条款第四条的经修订的综合案文（资料来源 18）进行了讨论。该案文后来在非正式单一协商案文第二部分（资料来源 10）作为第四条被通过，表述为：

> 除这些条款另有规定外，测算领海宽度的正常基线是沿海国官方承认的大比例尺海图所标明的沿岸低潮线。

目前的标题是在订正的单一协商案文第二部分（资料来源 11）中添加的。该条款在非正式综合协商案文中重新编号为第五条（资料来源 12），内容保持不变。

5.4（a）. 在这个条款的开头语"除本公约另有规定外"表明除了低潮线之外，还有其他方法确定基线。例子有第六条（礁石）、第七条（直线基线）、第九条（河口）、第十条（海湾）和第十三条（低潮高地）。第十四条允许根据适用的规则使用混合办法确定基线。第四十七条涉及的是群岛国家基线的具体情况。

5.4（b）. 关于"低潮线"一词，国际法委员会在其对草案第四条的评注中包括以下内容：

> （2）传统的"低潮标"一词可能具有不同的意义，国家实践中确定这条线没有统一的标准。委员会认为，这是可以允许采用沿海国正式承认的大比例尺海图的低潮标作为基线。委员会认为删除了例如由 1930 年编纂会议编写的详细规定很可能难以促使各国政府不合理地移动它们海图上的低潮线。

不论是第一次联合国海洋法会议还是第三次联合国海洋法会议的记录，都没有如何记录表明这方面有任何改变。然而，此后已经作了一些澄清。1981 年，秘书长提请注意国际水文会议的决议，低潮线应该是一个如此之低的平面，以至于潮流不会经常

[①] Second Committee, 5th meeting （1974 年），第 10 段，正式记录，第二卷第 109 页。这导致了第七条第 2 款的制定。

低于它，在实践中它非常接近于最低低潮面。②联合国海洋事务与海洋法司的有关基线研究，解释了"低潮线/低潮标"的表达为：

> 低潮水平面与海岸相交的线。该线沿着海岸或海滩，是大海退到的地方。
>
> 把低潮线画在海图上作为可识别的地形，是正常的做法，除非海图的比例尺太小，无法区分其与高潮线，或者在没有潮汐的地方，其高潮线和低潮线是相同的。③

它还指出，作为低水位用于制图目的实际水位被称为图表基准面。

5.4（c）. 第五条的其他唯一要求是，低潮线应该是"沿海国官方承认的大比例尺海图所标明的"。这里的"chart"是指海图，是专门用于满足海上航行需要的图并"用一种标准化格式"描绘如"水深、海底的性质、海岸的形状与性质、危险和助航设备"等信息。④虽然对图的尺度的要求是"大比例尺"海图，会因航行的不同需要和测量区域详细程度不同而不同，但1981年关于秘书长根据《公约》的未来职能的研究建议，视具体情况而定，比例尺的"范围可以介于1∶50 000和1∶200 000之间。"⑤

5.4（d）. 短语"沿海国官方承认的"意味着有关海图不一定是沿海国制作的，可以采用一些外国水文部门制作的海图，只要沿海国"官方"承认它们。

---

② "研究《公约草案》规定的秘书长未来的职责和各国特别是发展中国家根据新的法律制度对信息、咨询和援助的需要"A/CONF. 62/L. 76（1981年），正式记录，第十五卷第153、169页（尤其见第7节）。

③ 联合国海洋事务与海洋法司，*Baselines：An Examination of the Relevant Provisions of the United Nations Convention on the Law of the Sea*，附录一（技术术语汇编），第47、58页（联合国销售号No. E. 88. V. 5*（1989年））。

④ 同上。第51页。

⑤ 前注①，第7节，（d）（ii）段，第169页。

第六条 礁 石

在位于环礁上的岛屿或有岸礁环列的岛屿的情形下，测算领海宽度的基线是沿海国官方承认的海图上以适当标记显示的礁石的向海低潮线。

资料来源

第三次联合国海洋法会议文件

1. A/AC. 138/SC. II/L. 28，第十二条至第十七条。转载在《1973 年海底委员会报告》第三卷第 35、41 页（马耳他）。

2. A/CONF. 62/C. 2/L. 30（1974 年），第 5 段，正式记录，第 210 页（斐济、新西兰、汤加和西萨摩亚）。

3. A/CONF. 62/L. 8/Rev. 1（1974 年），附件二附录一［A/CONF. 62/C. 2/WP. 1］，第二四一条，方案 B，第 4 款，正式记录，第三卷第 93、107、141 页（总报告员）［《主要趋势工作文件》］。

4. A/CONF. 62/WP. 8/Part II（非正式单一协商案文，1975 年），第五条，正式记录第四卷第 152、153 页（第二委员会主席）。

5. A/CONF. 62/WP. 8/Rev. 1/Part II（订正的单一协商案文，1976 年），第五条，正式记录第五卷第 151、154 页（第二委员会主席）。

6. A/CONF. 62/WP. 10（非正式综合协商案文，1977 年），第六条，正式记录，第八卷第 1、6 页。

7. A/CONF. 62/WP. 10/Rev. 1（非正式综合协商案文第一次修订稿，1979 年，油印），第六条。转载在《第三次联合国海洋法会议文件集》第一卷第 375、395 页。

8. A/CONF. 62/WP. 10/Rev. 2（非正式综合协商案文第二次修订稿，1980 年，油印），第六条。转载在《第三次联合国海洋法会议文件集》第二卷第 3、24 页。

9. A/CONF. 62/WP. 10/Rev. 3[*]（非正式综合协商案文第三次修订稿，1980 年，油印），第六条。转载在《第三次联合国海洋法会议文件集》第二卷第 179、200 页。

10. A/CONF. 62/L. 78（《公约草案》，1981 年），第六条，正式记录，第十五卷第 172、177 页。

起草委员会文件

11. A/CONF. 62/L. 67/Add. 1（1981 年，油印），第 4～6 页。

12. A/CONF. 62/L. 67/Add. 1/Rev. 1（1981 年，油印），第 4～5 页。

13. A/CONF. 62/L. 67/Add. 1/Rev. 1/Corr. 2（1981 年，油印），数字 1 和 2。

14. A/CONF. 62/L. 72（1981 年），正式记录，第十五卷第 151 页（起草委员会主席）。

非正式文件

15. C. 2/Blue Paper No. 4（1975 年，油印），条款第四条之二。转载在《第三次联合国海洋法会议文件集》第四卷第 126 页。

评　　注

6. 1.　第六条是一条使海洋法现代化的新条文，承认岛屿国家提请第三次海洋法会议注意的特殊的地理情况。它涉及两种类型的岛屿，离开第五条所规定的正常基线的应用。这些情况发生在"位于环礁上的"岛屿和那些"有岸礁环列的"岛屿。由于这两种类型的岛屿的特点都是存在珊瑚礁，该条规定，在这些地理情况下，测量这些岛屿的领海宽度的基线是"礁石的向海低潮线。"在这方面，它为确定测量领海宽度的基线（从而也为确定内水）引入了一个新的要素——礁石。①

6. 2.　1953 年国际法委员会特别报告员，继关于领海问题的技术专家委员会的建议之后，建议：

> 至于珊瑚礁，上述海图上标示的珊瑚礁边缘应该被接受为测量领海的低潮线。②

委员会没有接受这项建议，在 1958 年《领海和毗连区公约》也没有包含关于珊瑚礁的条文。

6. 3.　在海底委员会 1973 年会议上，马耳他代表（资料来源 1）提出，在环礁的

---

①　关于在《1982 年公约》范围内关于珊瑚礁的全部讨论，见 P. B. Beazley，"Reefs and the 1982 Convention on the Law of the Sea，"《国际河口与沿海法律杂志》第六卷第 281 页（1991 年）。从历史的角度看礁石和环礁用于确定领海界限，以及在这方面的国家实践，见 D. P. O'Connell, *The International Law of the Sea*，第 185－189，195 页（1982 年）。

②　A/CN. 4/61/Add. 1（1953 年，英语，油印），转载在 1953 年《国际法委员会年鉴》第二卷，第 76 页（法文）。专家委员会的报告转载在上述文献作为第二部分导言的附录。

情况下，

　　　　测量国家海洋空间宽度的基线是礁石向海的边缘，不论礁石在高潮时是否被淹没。

　　6.4.　在第三次海洋法会议第二期会议（1974 年）上，由 4 个南太平洋国家（资料来源 2）提出的关于岛屿的草案第五款案文的内容为：

　　　　在环礁或有岸礁环列的岛屿的情形下，用于测量领海宽度基线应为官方海图上所标示的礁石的向海边缘。

　　这反映了国际法委员会特别报告员早先的建议和马耳他在海底委员会的建议。所有代表团对此都没有争议。新西兰的代表在介绍该条文时解释说，这项规定"适用于环礁以及其他与环礁地形特点相同的岛屿系统"；它进一步强调了环礁/潟湖/珊瑚礁系统的地理和生态统一，而用于测量领海宽度的基线"应为礁石的向海边缘而不是岛屿或环礁向海的边缘。"③
　　这一措辞被列为《主要趋势工作文件》第二四一条方案 B 第 4 款（资料来源 3）。没有关于环礁或珊瑚礁的其他建议提交给会议。
　　6.5.　在第三期会议（1975 年）上，作为基线问题非正式磋商小组的工作成果，下面的条文被包含在该小组编写的综合案文中（资料来源 15）：

　　　　　　　　　　　　第四条之二
　　　　在位于环礁上的岛屿或有岸礁环列的岛屿的情形下，测算领海宽度的基线应为沿海国官方承认的海图上以适当标记显示的礁石向海的边缘。

　　该条被纳入非正式单一协商案文作为第二部分第五条（资料来源 4）。
　　6.6.　在第四期会议（1976 年）上，在订正的单一协商案文第二部分（资料来源 5）加上了标题"礁石"。唯一的变化是，用"向海的低潮线"取代了"礁石向海的边缘"。

　　在非正式综合协商案文中，该条文重新编号为第六条（资料来源 6）。在《公约草案》中（资料来源 10），为与第五条的最后一段话一致，加上了"官方的海图"的表达（见上述第 5.4（c）段）。该条款按起草委员会建议修改后形成最后的形式（资料

---

③ Second Committee, 38th meeting（1974 年），正式记录，第二卷第 279 页第 72 段。另见 L. M. Alexander, "Baseline Delimitations and Maritime Boundaries"，《弗吉尼亚国际法杂志》第 23 卷第 503、510 页（1983 年）。

来源 11 至资料来源 14）。

6.7（a）. 诸如"位于环礁上的岛屿"和"有岸礁环列的岛屿"等地质特征，在世界各地都存在。④ 从此，该条中所使用的几个词就在联合国海洋事务与海洋法司关于基线的研究中有了解释。⑤

"礁石"是一种岩石或珊瑚礁，其伸出要么达到接近海面或在低潮时暴露出来。"岸礁"是一种直接与海岸或陆块连接或位于其附近的礁石。

"环礁"是一种被大海所包围的环形礁石，其上有小岛或没有小岛，包围或几乎包围着一个潟湖。

6.7（b）. 其他类似的系统还可能包括"准环礁，"由一个圆形珊瑚礁环绕的下陷的小岛组成，中间有一个潟湖；"马蹄礁"，是由一个马蹄形的珊瑚礁形成的礁石；"礁圈"是一种小的环礁形或椭圆形礁石，其中潟湖最大水深小于 30 米的除外。⑥ "礁石的向海低潮线"，显然是指在低潮时那些礁石要干出。

6.7（c）. 一个环礁或类似系统的潟湖水域一般被视为有关岛屿的内水。这可以从如下事实推断出来：潟湖水域通常与陆地领土充分紧密联系并受内水制度限制；潟湖也具有海湾的一些特点，如至少有一个出口；在群岛的情况下，类似的水域在根据第四十七条第 7 款计算水 – 陆比的时候可以可算作土地。⑦

6.7（d）. 第六条没有解决如何划围绕潟湖的珊瑚礁的封闭线问题。有代表建议，最适当的方法是运用有关河口或海湾的规则类推。⑧

6.7（e）. 第六条提到在沿海国官方承认的海图上标示低潮线。这是相对于第五条，其中提到用"大比例尺海图"来描述正常基线。在实践中，只要其比例尺能够提供足够的细节以供用户安全航行，并且被"沿海国正式承认"，任何一个有给定海岸线的海图都可以使用。⑨

---

④ 国际自然资源保护联盟（IUCN）已保护与联合国环境规划署（UNEP）合作编制了一个关于珊瑚礁的目录和数据库。见 UNEP/IUCN, *Coral Reefs of the World*（第 3 卷，1988 年）。

⑤ 联合国海洋事务和海洋法司, *Baselines*：*An Examination of the Relevant Provisions of the United Nations Convention on the Law of the Sea*, 附录一（技术术语汇编），第 47 页（联合国销售号 No. E. 88. V. 5 *（1989 年））。

⑥ 同上。第 7 页，第 18 – 20 段。

⑦ 同上。第 25 段。

⑧ 见 R. D. Hodgson and R. W. Smith, "The Informal Single Negotiating Text（Committee II）—A Geographical Perspective",《海洋发展与国际法》第 3 期第 230 页（1976 年）。

⑨ 如需查阅对基线的进一步阐述，见 *Baselines...* 前注 5，第 1 – 4 页，第 2 – 15 段。另见 "Study on the future functions of the Secretary-General...", A/CONF. 62/L. 76（1981 年），第一部分第 7 节，技术评论（iv）及（v），正式记录，第十五卷第 153、170 页。

第七条　直线基线

1. 在海岸线极为曲折的地方，或者如果紧接海岸有一系列岛屿，测算领海宽度的基线的划定可采用连接各适当点的直线基线法。

2. 在因有三角洲及其他自然条件以致海岸线非常不稳定之处，可沿低潮线向海最远处选择各适当点，而且，尽管以后低潮线发生后退现象，该直线基线在沿海国按照本公约加以改变以前仍然有效。

3. 直线基线的划定不应在任何明显的程度上偏离海岸的一般方向，而且基线内的海域必须充分接近陆地领土，使其受内水制度的支配。

4. 除在低潮高地上筑有永久高于海平面的灯塔或类似设施，或以这种高地作为划定基线的起讫点已获得国际一般承认者外，直线基线的划定不应以低潮高地为起讫点。

5. 在依据第1款可以采用直线基线法之处，确定特定基线时，对于有关地区所特有的并经长期惯例清楚地证明其为实在而重要的经济利益，可予以考虑。

6. 一国不得采用直线基线制度，致使另一国的领海同公海或专属经济区隔断。

资料来源

第一次联合国海洋法会议文件

1.《领海和毗连区公约》（1958年）第四条，对应于国际法委员会的条款草案第五条。欲查阅前期历史，见秘书处《参考文献指南》中第五条。关于第一次联合国海洋法会议上的讨论情况，其中对国际法委员会的建议进行了相当大的修订，见 A/CONF. 13/L. 28/Rev. 1（1958年）第一委员会报告，第35～44段，第一次联合国海洋法会议正式记录，第二卷第115、117页。欲查阅第19次全体会议上的讨论情况，见第一次联合国海洋法会议正式记录，第二卷第62页第3～23段。

第三次联合国海洋法会议文件

2. A/AC. 138/SC. II/L. 24，第五条。转载在《1973年海底委员会报告》第三卷第23、25页（乌拉圭）。

3. A/AC. 138/SC. II/L. 28，第四条。转载在海底委员会1973年会议报告第三卷第35、38页（马耳他）。

4. A/CONF. 62/L. 4（1974 年），第四条，正式记录，第 81、82 页（加拿大、智利、冰岛、印度、印度尼西亚、毛里求斯、墨西哥、新西兰和挪威）。

5. A/CONF. 62/C. 2/L. 3（1974 年），第二章第二部分注释，正式记录，第三卷第 183 页（英国）。

6. A/CONF. 62/C. 2/L. 22（1974 年），第五条第 3 ~ 5 款，第 8 和第 9 款，正式记录，第三卷第 200 页（希腊）。

7. A/CONF. 62/C. 2/L. 26（1974 年）第二节，正式记录，第 203 页（保加利亚、德意志民主共和国、波兰以及苏联）。

8. A/CONF. 62/C. 2/L. 33（1974 年），第四条，正式记录，第 212 页（奥地利、比利时、玻利维亚、博茨瓦纳、布隆迪、白俄罗斯苏维埃社会主义共和国、捷克斯洛伐克、芬兰、德意志联邦共和国、匈牙利、老挝、莱索托、卢森堡、马里、蒙古、荷兰、巴拉圭、新加坡、斯威士兰、瑞典、瑞士、乌干达、上沃尔特以及赞比亚）。

9. A/CONF. 62/L. 8/Rev. 1（1974 年），附件二附录一［A/CONF. 62/C. 2/WP. 1］，正式记录，第三卷第 93、107、110 页，条款第五条至第十条，（总报告员）［《主要趋势工作文件》］。

10. A/CONF. 62/WP. 8/Part II（非正式单一协商案文，1974 年），第六条，正式记录，第四卷第 152、153 页（第二委员会主席）。

11. A/CONF. 62/WP. 8/Rev. 1/Part II（订正的单一协商案文，1976 年），第六条，正式记录，第五卷第 151、154 页（第二委员会主席）。

12. A/CONF. 62/WP. 10（非正式综合协商案文，1977 年），第七条，正式记录，第八卷第 1、6 页。

13. A/CONF. 62/WP. 10/Rev. 1（非正式综合协商案文第一次修订稿，1979 年，油印），第七条，转载在《第三次联合国海洋法会议文件集》第一卷第 375、395 页。

14. A/CONF. 62/WP. 10/Rev. 2（非正式综合协商案文第二次修订稿，1980 年，油印），第七条，转载在《第三次联合国海洋法会议文件集》第二卷第 3、24 页。

15. A/CONF. 62/WP. 10/Rev. 3*（非正式综合协商案文第三次修订稿，1980 年，油印），第七条，转载在《第三次联合国海洋法会议文件集》第二卷第 179、200 页。

16. A/CONF. 62/L. 78（《公约草案》，1981 年），第七条，正式记录，第十五卷第 172、177 页。

起草委员会文件

17. A/CONF. 62/L. 67/Add. 1（1981 年，油印），第 7 ~ 11 页。

18. A/CONF. 62/L. 67/Add. 1/Rev. 1（1981 年，油印），第 6 ~ 10 页。

19. A/CONF. 62/L. 72（1981 年），正式记录，第十五卷第 151 页（起草委员会主席）。

20. Informal Working Paper No. 1；No. 1/Rev. 1，条款第四条至第十一条；No. 1/Rev. 2，条款第四条至第九条；以及 No. 1/Rev. 2*，条款第五条至第十条（均为 1974 年，油印）。转载在《第三次联合国海洋法会议文件集》第三卷第 205、210、226 和 244 页。

21. 孟加拉国（1974 年，油印）。转载在《第三次联合国海洋法会议文件集》第四卷，第 179 页。

22. C. 2/Blue Paper No. 4（1975 年，油印），条款第五条，转载在《第三次联合国海洋法会议文件集》第四卷第 126 页。

23. 孟加拉国（[1977 年]，油印），第六条第 2 款，转载在《第三次联合国海洋法会议文件集》第五卷第 389 页。

24. C. 2/Informal Meeting/6and Corr. 1（1978 年，油印），第七条第 2 款（孟加拉国）。转载在《第三次联合国海洋法会议文件集》第五卷第 11 页。

评　　注

7. 1.　　本条的作用是表明何时可以使用直线基线而不是使用根据第五条确定的正常基线。除起草文字和行文上的变化和第 2 款是新增加的外，本条基本上相当于 1958 年《领海和毗连区公约》第四条（资料来源 1）。1958 年《公约》第四条第 3 款现在改为下述第十三条；第 6 款由第十六条所取代。第四条本身基本上就是国际法委员会条款草案中第五条的修订版，它表明在该条中所体现的概念是源于国际法院的渔业案判例。①

7. 2.　　在海底委员会，由乌拉圭（资料来源 2）和马耳他（资料来源 3）代表提出的提案建议保留 1958 年《公约》第四条。

7. 3.　　在第三次海洋法会议第二期会议（1974 年）上，由不同的国家集团提出了类似的提案（资料来源 4 至资料来源 8）。在这个意义上，参加第一次海洋法会议的争论并没有重演。《主要趋势工作文件》（资料来源 9）因此重复了 1958 年文本，只有一些细微的改动。同时，由孟加拉国交了一份关于基线问题的非正式立场文件（资料来源 21），其中提出了对 1958 年《公约》第四条第 1 款修改如下：

> 在海岸线极为曲折的地方，或者如果紧接海岸有一系列岛屿，或者如果邻接海岸的水域具有持续冲积和沉淀作用的特点从而造成低潮线极不稳定的地方，测算领海宽度的基线的划定可采用连接各适当点的直线基线法。（强调

---

① *Fisheries case*（United Kingdom v. Norway），1951 年国际法院报告第 116 页。

是原有的。)

这项提案主要内容出现在《主要趋势工作文件》第五条，新的案文（斜体字）被列入第九条。

7.4. 在第三期会议（1975 年）上，经修订的由基线问题非正式磋商小组所产生的综合案文（资料来源 22）② 纳入非正式单一协商案文第二部分（资料来源 10）作为第六条，文字如下：

1. 在海岸线极为曲折的地方，或者如果紧接海岸有一系列岛屿，测算领海宽度的基线的划定可采用连接各适当点的直线基线法。因有三角洲和其他自然条件以致海岸线非常不稳定之处，可沿低潮线向海最远处选择各适当点，而且，尽管以后低潮线发生后退现象，该直线基线在沿海国按照本公约加以改变以前仍然有效。

2. 沿海国可以采用混合基线法，即交替使用第四条和本条所规定的方法绘制基线，以适应不同的条件。

3. 直线基线的划定不应在任何明显的程度上偏离海岸的一般方向，而且基线内的海域必须充分接近陆地领土，使其受内水制度的支配。

4. 除在低潮高地上筑有永久高于海平面的灯塔或类似设施，或以这种高地作为划定基线的起讫点已获得国际一般承认者外，直线基线的划定不应以低潮高地为起讫点。

5. 在依据第 1 款可以采用直线基线法之处，确定特定基线时，对于有关地区所特有的并经长期惯例清楚地证明其为实在而重要的经济利益，可予以考虑。

6. 一国不得采用直线基线制度，致使另一国的领海同公海或专属经济区隔断。

7. 沿海国应在海图上清楚地标出直线基线，附一个地理坐标点的表，交存联合国秘书长，并由其妥为公布。

7.5. 在第四期会议（1976 年）上，第二委员会的非正式协商导致了这项条文的修订稿列入了订正的单一协商案文第二部分第六条（资料来源 11）表述如下：

直线基线

1. 在海岸线极为曲折的地方，或者如果紧接海岸有一系列岛屿，测算领

② 另见第二委员会第 5 次会议（1974 年）上孟加拉国代表发言，第 10 段。正式记录，第二卷第 109 页。见下文注⑧。

海宽度的基线的划定可采用连接各适当点的直线基线法。

2. 在因有三角洲和其他自然条件以致海岸线非常不稳定之处，可沿低潮线向海最远处选择各适当点，而且，尽管以后低潮线发生后退现象，该直线基线在沿海国按照本公约加以改变以前仍然有效。

3. 直线基线的划定不应在任何明显的程度上偏离海岸的一般方向，而且基线内的海域必须充分接近陆地领土，使其受内水制度的支配。

4. 除在低潮高地上筑有永久高于海平面的灯塔或类似设施，或以这种高地作为划定基线的起讫点已获得国际一般承认者外，直线基线的划定不应以低潮高地为起讫点。

5. 在依据第1款可以采用直线基线法之处，确定特定基线时，对于有关地区所特有的并经长期惯例清楚地证明其为实在而重要的经济利益，可予以考虑。

6. 一国不得采用直线基线制度，致使另一国的领海同公海或专属经济区隔断。

在这个案文里，加上了与由国际法委员会原来的标题完全相同的标题。

非正式单一协商案文条文的第1款被分成了两款，关于三角洲的第二句，成为第2款。非正式单一协商案文从第2款从这项条文取消，成为新的第十三条（现在的第十四条）。此外，第七条成为一个新的第十五条（现第十六条）的第2款。

7.6.　在第六期会议（1977年）上，孟加拉国代表（资料来源24）提出了对第2款的修改，内容如下：

2. 在因有三角洲和其他自然条件，邻接海岸的水域具有持续冲积侵蚀和沉淀的特点从而造成低潮线极不稳定的地方，基线的划定可采用直线基线或连接邻接沿岸水域的各适当点的一系列直线。

此建议没有被接受，而在非正式综合协商案文（资料来源12），该条文重新编号为第七条，在订正的单一协商案文条款逐字重复。

7.7.　在第七期会议（1978年）上，孟加拉国代表（资料来源25）再次提出了对第2款的修改，内容如下：

如一国大部分海岸线由连续的沉积和冲积沉淀作用过程构成，致使低潮线极不稳定，测量领海宽度的基线可采用连接沿沉积三角洲向海最远处的适当点的直线基线。

这也没有被接受。

7.8. 在第 10 期会议（1981 年），根据起草委员会的建议，该条款成为其最后的形式（资料来源 17 至资料来源 19）。只是在修正案的英文文本中，将第 5 款的短语"a long usage"改成了"long usage"。该短语本身是取自国际法院对《渔业案》的判决，法文本是权威文本。③《公约》英文文本的变化只是行文上的变化。

7.9（a）. 在联合国海洋事务与海洋法司关于基线的一项研究中，为本条所使用的几个术语进行了解释。④

"直线基线"是一种连接低潮线上指定的或离散的点（通常称为直线基线折点）的直线系统。一直线"直线"在数学上是两点之间距离最短的线。

"海岸"是在海边直接接触任何水体的狭长陆地，包括高潮线和低潮线之间的区域。

"三角洲"是指河口包围和分流冲积形成的陆地地带。

7.9（b）. 第 1 款规定了允许应用直线基线法确定基线的两种特定的地理情况。其中一种是海岸线"极为曲折"，另一种就是"紧接海岸有一系列岛屿。"第一个短语毫无改动地取自国际法院在《渔业案》的判决书，其中是指如挪威芬马克东海岸的情况。⑤第二个短语来自同一判决书稍微修改后的版本，⑥涵盖了许多各种大小的岛屿散布在岸边附近，沿海岸形成一连续岛屿边缘的情况。仅仅存在少数孤立岛屿，不能构成足够连续的边缘。这些岛群一般属于其中的一类：（i）似乎与大陆形成一个统一体的群岛；或（ii）在距海岸一定距离形成一个屏障，从海上看去遮掩了部分海岸的一些岛屿。⑦

7.9（c）. 第 2 款一次出现是在非正式单一协商案文第 1 款，在订正的单一协商案文第二部分从第 1 款分离出来。这是第 1 款的一个特定应用。从第 2 款的条文可以明显看出，即使在其所涵盖的情况中，也不能从海水淹没区域采取用于确定直线基线的基点。按照孟加拉国在本条款的利益（见上述第 7.3 段），第 2 款条文的起草是考虑到了恒河/布拉马普特拉河三角洲的具体情况。第 2 款也可以适用于如缅甸、埃及、尼日利亚和越南等其他三角洲国家。

关于一定深度的沿岸水域作为一种可能的基点，出现在《主要趋势工作文件》条款第九条，未纳入非正式单一协商案文。该案文的内容在非正式单一协商案文最后确定，尽管后来孟加拉国代表通过非正式地提出建议坚持自己的想法，即应由直线基线

---

③ 前注①，第 133 页。

④ 联合国海洋事务与海洋法司，*Baselines：An Examination of the Relevant Provisions of the United Nations Convention on the Law of the Sea*，附录一（技术术语汇编），第 47 页（联合国销售号 No. E. 88. V. 5* （1989 年））。

⑤ 前注①，第 128 页。

⑥ 国际法院所用的表述是"沿……海岸有群岛（例如'skjaergaard'［字面上的意思是沿城墙的岩石］）濒临……。"前注①，第 129 页。

⑦ 前注④，第 20 页。

或连接"邻接沿岸水域"的适当点的一系列直线（资料来源 24）或沿"水下沉积三角洲向海最远处"（资料来源 25）划定基线。这些建议没有被通过。

7.9（d）. 关于"尽管以后低潮线发生后退现象"这一短语的表述，根据水文学家的理解，低潮线后退是一种罕见的现象。大多数三角洲是推进而不是后退（除非上游发生严重的截流）。即使风暴造成严重水土流失的三角洲区域，经过一段时间后，三角洲又会恢复其向海里推进。[8]

有代表曾提出第 2 款隶属于第 1 款，而不是替代它……因为第 2 款适用的三角洲海岸线必须符合第 1 款规定的条件。[9]

7.9（e）. 关于第 3 款，协商的记录表明，没有试图偏离 1958 年《领海和毗连区公约》。该款包含两个确定直线基线的要求，两者都取自《渔业案》判决书。首先，直线基线不应在任何明显的程度上偏离海岸的一般方向。这一段话呼应了国际法院的说明，"直线基线的划定不应偏离在任何明显的程度上海岸的一般方向"（权威的法文本是："le tracé des lignes de base ne peut s'écarter de façon appréciable de la direction générate de la côte"）。[10]

第二，位于基线以内的海域，必须充分接近陆地领土，受内水制度的限制。[11] 这些要求都不是按照数学术语制定的，也不存在普遍接受的满足它们的条件。关于第一条要求，杰拉尔德·菲茨莫里斯（Gerald Fitzmaurice）爵士曾针对国际法委员会的评论说，"明显"一词既是"被认为的能力"的意思也是"相当的"的意思，特别报告员（J. P. A. 弗朗索瓦）呼吁委员会不要去动这个方案，因为这个方案取自该判决书。[12] 至于第二个要求，含义似乎是很清楚的，即内水必须相当接近邻近岛屿或海岬所代表的陆地。[13]

7.9（f）. 第 4 款是基于 1958 年《公约》第四条第 3 款。"低潮高地"的含义规定在《1958 年公约》第十一条以及 1982 年《公约》第十三条第 1 款，是"在低潮时四面环水并高于水面但在高潮时没入水中的自然形成的陆地。"1958 年《公约》规定，被用来作为基点划定直线基线的低潮高地，其上必须筑有永久高出海平面的灯塔或类似的设施。在第三次联合国海洋法会议上进行的非正式磋商以及在第二委员会第四次会议非正式会议上，一些代表团指出，这项规定对那些因技术原因不能建立这种设施的国家过于严格，并认为应该删除。然而，也有人指出，关于灯塔或类似设施的要求

---

⑧　前注④，第 23 页第 50 段。另见孟加拉国代表在第二委员会第五次会议上的发言，前注②，解释说：

　　孟加拉国是一个拥有 1 000 多千米曲折海岸线和许多近海国岛屿的国家。在季风季节，恒河三角洲的河流在孟加拉湾沉积多达 1 000 万吨的淤泥。因此，恒河三角洲没有稳定的低潮线，其航行水道不断发生变化。

⑨　前注④，第 21 页第 48 段。

⑩　前注①，第 133 条。

⑪　同上。

⑫　见 317th meeting of the ILC。1955 年《国际法委员会年鉴》第一卷，第 204 页第 22、28 段。

⑬　前注④，第 24 页第 57 段。

有利于航海者，因为低潮高地在任何时候都不能看到。

类似灯塔的设施可以采取这种形式。它们可以是任何与导航服务没有专门联系的像灯塔的塔楼或建筑物，也可能是功能类似灯塔的设施，如航标、雾号和雷达反射器，以便提醒航海者有危险并帮助其定位。"可以设想，任何这种地物在各种潮汐的情况下都能看得清楚。"[14]

第二个例外的实例是依据第4款允许把低潮高地作为划定直线基线的起讫点，所反映的是挪威的情况，在《渔业案》中就承认了把没有灯塔或类似设施的低潮高地作为划定其起讫点的这样一条基线。[15]

正是因为这个独特的背景，同样的条文并没有出现在第四十七条第4款关于群岛基线的情况下（见下文第47.9（f）段）。

7.9（g）. 第5款源于1958年《公约》第四条第4款允许沿海国在确定特定直线基线时考虑到某些经济利益。在适用第5款之前必须满足第1款的基本要求，因为似乎开头一句就是"在依据本条第1款可以采用直线基线法之处……。"国际法委员会解释说，"纯粹当地的经济条件可以证明有理由应用特定的方式划这些线之前，直线基线系统的应用原则上应有其他的理由。"[16]"对于有关地区所特有的并经长期惯例清楚地证明其为实在而重要的经济利益"，这句话，也是取自国际法委员会《渔业案》判决书。[17]

7.9（h）. 除了提到专属经济区之外，第6款基本上是取自1958年《公约》第四条第5款。其目的是为了保护沿海国进出它享有航行自由的任何公海区域。[18]第6款另外提到经济专属区是有道理的，因为在该区域行使航行自由权利还要依据第五十八条第1款。

7.9（i） 第七条的语言，关于测算领海宽度的基线的划定（及领海的外部界限之外国家管辖范围之内的其他相关海洋区域）在一定程度上与海洋边界划分有关的条款第十五条（领海）、第七十四条（专属经济区）和第八十三条（大陆架）或许甚至还有第一三四条（"区域"）都是平行的。

---

[14] 前注④。第23页第52段。

[15] 见 R. D. Hodgson and R. W. Smith，"The Informal Single Negotiating Text（Committee 11）—A Geographical Perspective，"《海洋发展与国际法》第三卷第239页（1976年）。

[16] Report of the International Law Commission covering the work of its eighth session（A/3159），第五条评注，第（4）段，1956年《国际法委员会年鉴》第二卷第253、268页。

[17] 同上。另见上文注①，第133页。

[18] 有人指出，第七条"没有解决某些其他情况——一个国家的海岸线的重要组成部分可能被公海或专属经济区切断之处。……或前往一个国家的唯一的主要港口的航道可能被包围在另一国的直线基线系统内。"L. M. Alexander，"Baseline Delimitations and Maritime Boundaries，"《弗吉尼亚国际法杂志》第23卷第503、516页（1983年）。

第八条　内　水

1. 除第四部分另有规定外，领海基线向陆一面的水域构成国家内水的一部分。

2. 如果按照第七条所规定的方法确定直线基线的效果使原来并未认为是内水的区域被包围在内成为内水，则在此种水域内应有本公约所规定的无害通过权。

资料来源

第一次联合国海洋法会议文件

1. 《领海和毗连区公约》（1958 年）第五条，对应于国际法委员会条款草案第二十六条第 2 款。关于前期历史见秘书处《参考文献指南》中关于第二十六条。在第一次海洋法会议上，该款起初分配给第二委员会，该委员会随后要求将其重新分配给第一委员会。见 A/CONF. 13/C. 2/L. 54（1958 年，油印）和第二委员会的报告，A/CONF. 13/L. 17（1958 年），第 10 段，第一次联合国海洋法会议正式记录，第二卷第 94 页。关于第一委员会讨论的情况（本款作为第 5A 条通过），见第一委员会报告 A/CONF. 13/L. 28/Rev. 1（1958 年），第一次联合国海洋法会议正式记录，第二卷第 115、118 页，第 45 段和 46 段。

第三次联合国海洋法会议文件

2. A/AC. 138/SC. II/L. 24，第六条。转载在《1973 年海底委员会报告》第三卷第 23、26 页（乌拉圭）。

3. A/AC. 138/SC. II/L. 28，第五条。转载在《1973 年海底委员会报告》第三卷第 35、39 页（马耳他）。

4. A/CONF. 62/C. 2/L. 3（1974 年），第二章第二部分注释，正式记录，第三卷第 183 页（英国）。

5. A/CONF. 62/C. 2/L. 22（1974 年），第四条，正式记录，第三卷第 200 页（希腊）。

6. A/CONF. 62/C. 2/L. 26（1974 年），第二节，正式记录，第 203 页（保加利亚、德意志民主共和国、波兰和苏联）。

7. A/CONF. 62/C. 2/L. 33（1974 年），第五条，正式记录，第 212 页（奥地利、比

利时、玻利维亚、博茨瓦纳、布隆迪、白俄罗斯苏维埃社会主义共和国、捷克斯洛伐克、芬兰、德意志联邦共和国、匈牙利，老挝、莱索托、卢森堡、马里、蒙古、荷兰、巴拉圭、新加坡、斯威士兰、瑞典、瑞士、乌干达、上沃尔特和赞比亚）。

8. A/CONF. 62/L. 8/Rev. 1（1974 年），附件二附录一〔A/CONF. 62/C. 2/WP. 1〕，条款第十二条，正式记录，第 93、107、110 页（总报告员）〔《主要趋势工作文件》〕。

9. A/CONF. 62/WP. 8/Part II（非正式单一协商案文，1975 年），第七条，正式记录，第四卷第 152、154 页（第二委员会主席）。

10A/CONF. 62/WP. 8/Rev. 1/Part II（订正的单一协商案文，1976 年），第七条，正式记录，第五卷第 151、155 页（第二委员会主席）。

11A/CONF. 62/WP. 10（非正式综合协商案文，1977 年），第八条，正式记录，第八卷第 1、7 页。

12. A/CONF. 62/WP. 10/Rev. 1（非正式综合协商案文第一次修订稿，1979 年，油印），第八条。转载在《第三次联合国海洋法会议文件集》第一卷第 375、395 页。

13. A/CONF. 62/WP. 10//Rev. 2（非正式综合协商案文第二次修订稿，1980 年，油印），第八条。转载在《第三次联合国海洋法会议文件集》第二卷第 3、25 页。

14. A/CONF. 62/WP. 10/Rev. 3*（非正式综合协商案文第三次修订稿，1980 年，油印），第八条。转载在《第三次联合国海洋法会议文件集》第二卷第 179、201 页。

15. A/CONF. 62/L. 78（《公约草案》，1981 年），第八条，正式记录，第十五卷第 172、178 页。

起草委员会文件

16. A/CONF. 62/L. 67/Add. 1（1981 年，油印），第 12～13 页。

17. A/CONF. 62/L. 67/Add. 1/Rev. 1（1981 年，油印），第 11 页。

18. A/CONF. 62/L. 72（1981 年），正式记录，第十五卷第 151 页（起草委员会主席）。

非正式文件

19. Informal Working Paper No. 1/Rev. 1，条款第十一条；No. 1/Rev. 2，条款第十一条；以及 No. 1/Rev. 2*，条款第十二条（均为 1974 年，油印）。转载在《第三次联合国海洋法会议文件集》第三卷第 210、226 和 244 页。

20. C. 2/Blue Paper No. 4（1975 年，油印），第十二条。转载在《第三次联合国海洋法会议文件集》第四卷第 127 页。

评　　注

8. 1.　　第八条建立了内水制度。在这方面，它是与第七条第 3 款相联系的，该条文规定基线内的海域"必须充分接近陆地领土，使其受内水制度的支配"。

第 1 款给出了"内水"的含义，表明它适用于"除第四部分［群岛国］外"的所有规定。第 2 款规定在由所划的直线基线包围的内水水域有无害通过权，这些水域原来并未认为是内水。

8.2. 由国际法委员会于 1956 年拟订的条款草案第二十六条第 2 款规定，"在领海基线以内的水域被视为'内水'。"在其关于这一规定的评注中，明确区分 3 个海洋区域，指出"海洋水域要么属于公海，要么属于领海，要么属于内水。"①

在 1958 年《领海和毗连区公约》（资料来源 1）第五条中修改了此语言，表述为：

> 1. 领海基线向陆一面的水域构成国家内水的一部分。
> 2. 如果按照第四条所确定的直线基线的效果使原来认为是领海或公海的一部分的区域被包围在内成为内水，则在此种水域内应有第十四条至第二十三条所规定的无害通过权。

第 2 款一次列在由英国在第一次联合国海洋法会议上提出的提案里并经第一委员会采纳（见资料来源 1）。②

8.3. 在海底委员会 1973 年会议上，由乌拉圭（资料来源 2）和马耳他代表（资料来源 3）提出的提案保留了 1958 年文本。同样，在第三次海洋法会议的第二期会议（1974 年）上，保留这一规定的提议获得了广泛的支持（资料来源 4、资料来源 6 和资料来源 7），作为条款第十二条转载在《主要趋势工作文件》中（资料来源 8）。

8.4. 在第三期会议（1975 年）上，在关于基线的非正式磋商小组内，一些代表团建议删除第 2 款。但是，这项建议没有得到足够的支持，而且把 1958 年《公约》的条文列入了非正式单一协商案文第二部分第七条（资料来源 9），全文如下：

> 1. 除第七部分另有规定外，领海基线向陆一面的水域构成国家内水的一部分。
> 2. 如果按照第六条所确定的直线基线的效果使原来认为是领海、专属经济区或公海的区域的一部分被包围在内成为内水，则在此种水域内应有这些条款所规定的无害通过权。

---

① Report of the International Law Commission covering the work of its eighth session（A/3159），第二十六条，评注，第（1）段，1956 年《国际法委员会年鉴》第二卷第 253、277 页。

② A/CONF. 13/C. 1/L. 62/Corr. 1（1958 年），第五条第 6 款，第一次联合国海洋法会议正式记录，第三卷第 228 页（英国）。

该条文反映了关于基线问题的非正式磋商小组所表达的意见，即这项规定将不影响群岛制度。[③] 第1款增加的但指出，该款适用于"除第七部分［群岛国］外。"在第2款插入了对"专属经济区"的提法，是考虑到达成建立在新的《公约》中规定的海洋区域的可能性。在同一款中，用"这些条款"的一般提法代替了具体地列举有关无害通过的条款。

8.5. 在第四期会议（1976年）上，在逐条解读非正式单一协商案文时，有代表指出，在这里提及"专属经济区"是不适当的，因为这个区域同领海和公海不一样，它是将由《公约》建立的一个新概念。因此，有代表建议将"原来认为是领海、专属经济区或公海的区域"这个短语改成"原来并未认为是内水的区域"这种较为一般的说法。这一建议得到了广泛支持，并被纳入订正的单一协商案文第二部分第七条（资料来源10），全文如下：

内　　水

1. 除第七章［群岛国］另有规定外，领海基线向陆一面的水域构成国家内水的一部分。

2. 如果按照第六条所确定的直线基线的效果使原来并未认为是内水的区域被包围在内成为内水，则在此种水域内应有本公约所规定的无害通过权。

标题是新的。

该案文随后作为非正式综合协商案文第八条全文重复纳入（资料来源11），只是在技术上对起草文字进行了修改。此后唯一的变化就是根据起草委员会的建议（资料来源16至资料来源18），在《公约草案》（资料来源15）中把"按照第七条"，改为"按照第七条所规定的方法。"

8.6. 第八条的条文在3个重要方面不同于1958年《公约》第五条的条文。

首先，在群岛国的情况下，位于"领海基线向陆一面"的水域"是群岛水域，其中在划定了封闭线的地方（例如海湾或河口门（参见第九条和第十条）是内水或使用最外面的永久性海港工程（参见第十一条））。按照第四部分的规定（第四十六条至第五十四条），赋予"群岛水域"的法律地位与内水的法律地位和领海的法律地位不同（见下文第四十九条）。

第二，现在在确定直线基线的效果使"原来并未认为是内水的区域被包围在内成为内水"的情况下，承认在内水的无害通过权。根据1958年《公约》，这种情况只发生在基线包围了作为领海或公海的一部分的内水。立法史表明，新《公约》所采用的综合方案显然是想除领海和公海（也可能还有毗连区）之外也涵盖专属经济区（或专

---

③　见条款第十二条脚注①关于基线的经修订的综合案文（资料来源20）。

属捕鱼区）。正如第 1 款的开头语所确认的，没有类似的无害通过权适用于群岛国的内水。虽然根据第五十二条第 1 款有通过群岛水域的无害通过权，但第五十条的规定排除了对一个群岛国的内水这方面的权利（见下文第 50.6 段）。

第三，第 2 款中所提到的"按照第七条所规定的方法"确定直线基线使得所有按照第七条所规定的情况及条件所划定的直线基线都包括进了 1982 年《公约》。

第九条　河　口

如果河流直接流入海洋，基线应是一条在两岸低潮线上两点之间横越河口的直线。

资料来源

第一次联合国海洋法会议文件

1. 《领海和毗连区公约》（1958 年）第十三条，对应于国际法委员会的条款草案第十三条。关于前期历史，见秘书处《参考文献指南》中关于第十三条。

欲了解关于在第一次联合国海洋法会议上的讨论情况，见第一委员会的报告，A/CONF. 13/L. 28/Rev. 1（1958 年）第 58 和 61 段，第一次海洋法会议正式记录第二卷第 115、119 页。见在第 19 次全体会议上的进一步讨论，第 33～36 段，第一次联合国海洋法会议正式记录，第二卷第 64 页。

第三次联合国海洋法会议文件

2. A/AC. 138/SC. II/L. 24，第十四条。转载在《1973 年海底委员会报告》第三卷第 23、26 页（乌拉圭）。

3. A/AC. 138/SC. II/L. 28，第八条。转载在《1973 年海底委员会报告》第三卷第 35、40 页（马耳他）。

4. A/CONF. 62/C. 2/L. 3（1974 年），第二章第二部分注释，正式记录，第三卷第 183 页（英国）。

5. A/CONF. 62/C. 2/L. 22（1974 年），第五条第 7 款，正式记录，第 200 页（希腊）。

6. A/CONF. 62/C. 2/L. 26（1974 年），第二节，正式记录，第 203 页（保加利亚、德意志民主共和国、波兰和苏联）。

7. A/CONF. 62/C. 2/L. 33（1974 年），第九条，正式记录，第 212、213 页（奥地利、比利时、玻利维亚、博茨瓦纳、布隆迪、白俄罗斯苏维埃社会主义共和国、捷克斯洛伐克，芬兰、德意志联邦共和国、匈牙利、老挝、莱索托、卢森堡、马里、蒙古、荷兰、巴拉圭、新加坡、斯威士兰、瑞典、瑞士、乌干达、上沃尔特和赞比亚）。

8. A/CONF. 62/L. 8/Rev. 1（1974 年），附件二附录一［A/CONF. 62/C. 2/WP. 1］，

条款第十三条，正式记录，第三卷第93、107、110页（总报告员）[《主要趋势工作文件》]。

9. A/CONF. 62/WP. 8/Part II（非正式单一协商案文，1975年），第八条，正式记录第四卷第152、154页（第二委员会主席）。

10. A/CONF. 62/WP. 8/Rev. 1/Part II（订正的单一协商案文，1976年），第八条，正式记录，第五卷第151、155页（第二委员会主席）。

11. A/CONF. 62/WP. 10（非正式综合协商案文，1977年），第九条，正式记录第八卷第1、7页。

12. A/CONF. 62/WP. 10/Rev. 1（非正式综合协商案文第一次修订稿，1979年，油印），第九条。转载在《第三次联合国海洋法会议文件集》第一卷第375、395页。

13. A/CONF. 62/WP. 10/Rev. 2（非正式综合协商案文第二次修订稿，1980年，油印），第九条。转载在《第三次联合国海洋法会议文件集》第二卷第3、25页。

14. A/CONF. 62/WP. 10/Rev. 3[*]（非正式综合协商案文第三次修订稿，1980年，油印），第九条。转载在《第三次联合国海洋法会议文件集》第二卷第179、201页。

15. A/CONF. 62/L. 78（《公约草案》，1981年），第九条，正式记录第十五卷第172、178页。

起草委员会文件

16. A/CONF. 62/L. 67/Add. 1（1981年，油印），第14页。

17. A/CONF. 62/L. 67/Add. 1/Rev. 1（1981年，油印），第12页。

18. A/CONF. 62/L. 72（1981年），正式记录，第十五卷第151页（起草委员会主席）。

非正式文件

19. Informal Working Paper No. 1/Rev. 2，条款第十二条；条款第十三条（两者都是1974年，油印）。转载在《第三次联合国海洋法会议文件集》第三卷第226、244页。

20. C. 2/Blue Paper No. 4（1975年，油印），条款第十三条。转载在《第三次联合国海洋法会议文件集》第四卷第126、127页。

评　　注

9.1.　第九条解决在河流的河口确立基线。这几乎与1958年《领海和毗连区公约》第十三条完全相同（资料来源1），唯一的区别是，第九条指的是"low-water line（低水位线）"（《公约》中文版将"low-water line"一词均译为"低潮线"。为与《公约》保持一致，避免混乱，除需要特别区别之外，《评注》的中文译本也均将该词译成

"低潮线"——译者注。）上的点而不是"low-tide line（低潮线）"上的点。

9.2. 在海底委员会1973年会议（资料来源2和资料来源3）以及在第三次海洋法会议第二期会议（1974年）上（资料来源4至资料来源7）提交的提案建议保留1958年《公约》的措辞。这一措辞随后被纳入《主要趋势工作文件》条款第十三条（资料来源8）。

9.3. 在第三期会议上（1975年），遵循由关于基线问题的非正式磋商小组编写的经修订后的综合案文（资料来源20），非正式单一协商案文第二部分（资料来源9）第八条呈现了该案文的一种扩展版本，内容为：

> 如果河流直接流入海洋，基线应是一条在两岸低潮线上两点之间横越河口的直线。沿海国应在海图上清楚地标出直线基线，附一个地理坐标点的表，交存联合国秘书长，并由其妥为公布。

9.4. 在第三次海洋法会议第四期会议（1976年）上，在订正的单一协商案文第二部分中关于"海图和地理坐标表"的一条新的条款（资料来源10）解决了关于交存秘书长的标示出基线的海图的问题。于是，订正的单一协商案文第八条又回复到1958年文本。此后唯一的改变是根据起草委员会建议将英语和法语文本中的"low-tide"改为"low-water（*basse mer*）"（资料来源17）。

95（a）. 遵循第七条第2款，在河流形成三角洲和创造了"其他自然条件"致使海岸线极不稳定之处，沿海国可沿低潮线向海最远处选择各适当点划定直线基线。在这种情况下，第九条不适用。

9.5（b）. 第九条中有一个从1958年的文本就一直存在的问题，使得难以解释，它就是"如果河流直接流入海洋，……"这句话的含义。法文文本是指未形成河口湾的河流："*Si un fleuve se jette dans la mer sans former estuaire*…"如果短语"直接流"如法文文本是指"未形成河口湾"的意思，[①] 该文本在实践中应用可能会受到限制。事实上，河口湾——潮汐河口即潮汐与淡水汇合的地方[②]——是很常见的，以至于有人认为，没有河口湾的河流倒是不多见。[③]

缺失关于河口湾的规定的情况可追溯到第一次海洋法会议。由国际法委员会编写的条款草案最后文本包含两款，内容如下：

---

① 关于这方面，可以回忆起来，国际法委员会特别报告员 J. P. A. 弗朗索瓦是用法文写的他的报告。

② 联合国海洋事务与海洋法司，*Baselines: An Examination of the Relevant Provisions of the United Nations Convention on the Law of the Sea*，附录一（技术术语汇编），第47、54页（联合国销售号 No. E. 88. V. 5 *（1989年））。

③ 同上。第27页第62段。

1. 如果河流直接流入海洋，领海应从河口两岸咽喉地角之间所划的线测量。

2. 如果河流流入河口湾，其海岸属于一个国家，第七条［关于海湾］应该适用。④

因此，国际法委员会打算让"河流直接流入海洋"的意思是指该河流入海洋但未形成河口湾，并将河口湾同化到海湾。这两款在第一次联合国海洋法会议第一委员会得到批准。然而，在全体会议上，对第二款进行了单独表决，并没有获得所需要的 2/3 多数。⑤ 另一方面，本条款的英文文本也可能被解释为包括河流流入海洋而未形成三角洲的情况。⑥

9.5（c）. 第九条从 1958 年《公约》就带着的另一个问题，是缺失一个说明沿河岸的封闭点应放在什么和封闭线最大长度应是多少的条文。⑦ 可能有人认为，通过类比，第十条关于海湾的规则也应适用于河口湾，假设大多数河口湾都符合所规定的海湾的形状。⑧

9.5（d）. 不同于第十条，第九条并不限于属于一国领土上的河流的情况。⑨

9.5（e）. 在河口处的河口湾/海洋的接口并不是明确界定的线，而是一条受许多因素影响而波动的线。一般来说，河口湾将位于沿海国建立的基线之后从而构成内水。⑩

---

④ Report of the International Law Commission covering the work of its eighth session（A/3159），第十三条第 2 款，1956 年《国际法委员会年鉴》第二卷第 253、271 页。

⑤ 见 19th plenary meeting（1958 年），第 35 段，第一次联合国海洋法会议正式记录，第二卷第 64 页。关于第 2 款的投票选举结果为 37 票赞成，20 票反对，17 票弃权。

⑥ L. M. Alexander，"Baseline Delimitations and Maritime Boundaries，"弗吉尼亚国际法杂志第 23 卷第 503、512 页（1983 年）。同一作者还在别的地方指出第九条规则只适用于河口湾，第七条适用于三角洲。见 L. M. Alexander，*Navigational Restrictions within the New LOS Context：Geographical Implications for the United States* 16（1986 年）。

⑦ 见 L. M. Alexander，"Baseline Delimitations . . . ，"前注③，第 513 页。

⑧ 同上。

⑨ 前注②，第 27 页第 64 段。

⑩ 见 R. D. Hayton，*The Freshwater-Maritime Interface：Legal and Institutional Aspects*，《粮农组织立法研究》第 46 期第 2 - 6 页和 29 页（1990 年）。

第十条 海 湾

1. 本条仅涉及海岸属于一国的海湾。

2. 为本公约的目的，海湾是明显的水曲，其凹入程度和曲口宽度的比例，使其有被陆地环抱的水域，而不仅为海岸的弯曲。但水曲除其面积等于或大于横越曲口所划的直线作为直径的半圆形的面积外，不应视为海湾。

3. 为测算的目的，水曲的面积是位于水曲陆岸周围的低潮标和一条连接水曲天然入口两端低潮标的线之间的面积。如果因有岛屿而水曲有一个以上的曲口，该半圆形应划在与横越各曲口的各线总长度相等的一条线上。水曲内的岛屿应视为水曲水域的一部分而包括在内。

4. 如果海湾天然入口两端的低潮标之间的距离不超过二十四海里，则可在这两个低潮标之间划出一条封口线，该线所包围的水域应视为内水。

5. 如果海湾天然入口两端的低潮标之间的距离超过二十四海里，二十四海里的直线基线应划在海湾内，以划入该长度的线所可能划入的最大水域。

6. 上述规定不适用于所谓"历史性"海湾，也不适用于采用第七条所规定的直线基线法的任何情形。

资料来源

第一次联合国海洋法会议文件

1. 《领海和毗连区公约》（1958 年）第七条对应于国际法委员会的条款草案第七条。关于前期历史见秘书处《参考文献指南》第七条。关于在第一次联合国海洋法会议上的讨论情况，见第一委员会的报告，A/CONF. 13/L. 28/Rev. 1（1958 年），第一次海洋法会议正式记录，第二卷第 115、118 页第 48～51 段。另见在第 19 次全体会议上的进一步讨论，第一次联合国海洋法会议正式记录，第二卷第 63 页第 25 段和 26 段。

第三次联合国海洋法会议文件

2. A/AC. 138/SC. II/L. 24，第八条。转载在《1973 年海底委员会报告》第三卷第 23、26 页（乌拉圭）。

3. A/AC. 138/SC. II/L. 28，第一条第 8 款和第六条。转载在《1973 年海底委员会报告》第三卷第 35、37、39 页（马耳他）。

4. A/CONF. 62/C. 2/L. 3（1974 年），第二章第二部分注释，正式记录，第三卷第 183 页（英国）。

5. A/CONF. 62/C. 2/L. 22（1974 年），第六条，正式记录，第三卷第 200 页（希腊）。

6. A/CONF. 62/C. 2/L. 24/Rev. 1（1974 年），正式记录，第三卷第 202 页（菲律宾）。

7. A/CONF. 62/C. 2/L. 26（1974 年），第二节，正式记录，第三卷第 203 页（保加利亚、德意志民主共和国、波兰和苏联）。

8. A/CONF. 62/C. 2/L. 33（1974 年），第六条，正式记录，第三卷第 212 页（奥地利、比利时、玻利维亚、博茨瓦纳、布隆迪、白俄罗斯苏维埃社会主义共和国、捷克斯洛伐克、芬兰、德意志联邦共和国、匈牙利、老挝、莱索托、卢森堡、马里、蒙古、荷兰、巴拉圭、新加坡、斯威士兰、瑞典、瑞士、乌干达、上沃尔特和赞比亚）。

9. A/CONF. 62/L. 8/Rev. 1（1974 年），附件二附录一 ［A/CONF. 62/C. 2/WP. 1］，条款第十四条至第十六条，正式记录，第三卷第 93、107、110 页（总报告员）［《主要趋势工作文件》］。

10. A/CONF. 62/WP. 8/Part II（非正式单一协商案文，1975 年），第九条，正式记录，第四卷第 152、154 页（第二委员会主席）。

11. A/CONF. 62/C. 2/L. 91（1976 年），第一条，正式记录，第五卷第 202 页（哥伦比亚）。

12. A/CONF. 62/WP. 8/Rev. 1/Part II（订正的单一协商案文，1976 年），第九条，正式记录，第五卷第 151、155 页（第二委员会主席）。

13. A/CONF. 62/WP/10（非正式综合协商案文，1977 年），第十条，正式记录，第八卷第 1、7 页。

14. A/CONF. 62/WP. 10/Rev. 1（非正式综合协商案文第一次修订稿，1979 年，油印），第十条。转载在《第三次联合国海洋法会议文件集》第一卷第 375、396 页。

15. A/CONF. 62/WP. 10/Rev. 2（非正式综合协商案文第二次修订稿，1980 年，油印），第十条。转载在《第三次联合国海洋法会议文件集》第二卷第 3、25 页。

16. A/CONF. 62/WP. 10/Rev. 3*（非正式综合协商案文第三次修订稿，1980 年，油印），第十条。转载在《第三次联合国海洋法会议文件集》第二卷第 179、201 页。

17. A/CONF. 62/L. 78（《公约草案》，1981 年），第十条，正式记录，第十五卷第 172、178 页。

起草委员会文件

18. A/CONF. 62/L. 67/Add. 1（1981 年，油印），第 15～16 页。

19. A/CONF. 62/L. 67/Add. 1/Rev. 1 （1981 年，油印），第 13 ~ 14 页。

20. A/CONF. 62/L. 67/Add. 1/Rev. 1/Corr. 1 （1981 年，油印）。

21. A/CONF. 62/L. 72 （1981 年），正式记录，第十五卷第 151 页（起草委员会主席）。

22. A/CONF. 62/L. 152/Add. 23 （1982 年，油印），第 51 页。

23. A/CONF. 62/L. 160 （1982 年），正式记录，第十七卷第 225 页（起草委员会主席）。

非正式文件

24. Informal Working Paper No. 1；No. 1/Rev. 1，条款第十二条至十四条；No. 1/Rev. 2，条款第十三条至第十五条；以及 No. 1/Rev. 2*，条款第十四条至第十六条（均为 1974 年，油印）。转载在《第三次联合国海洋法会议文件集》第三卷第 205、210、226 和 244 页。

25. C. 2/Blue Paper No. 1 （1975 年，油印），"Bays and other historic waters。"转载在《第三次联合国海洋法会议文件集》第四卷第 121 页。

26. C. 2/Blue Paper No. 1/Rev. 1 （1975 年，油印），"Bays and other historic waters。"转载在《第三次联合国海洋法会议文件集》第四卷第 121 页。

27. C. 2/Blue Paper No. 2 （1975 年，油印），"Bays。"转载在《第三次联合国海洋法会议文件集》第四卷第 124 页。

28. C. 2/Blue Paper No. 3 （1975 年，油印），"Historic waters。"转载在《第三次联合国海洋法会议文件集》第四卷第 124 页。

29. C. 2/Blue Paper No. 3/Rev. 1 （1975 年，油印），"Historic waters。"转载在《第三次联合国海洋法会议文件集》第四卷第 125 页。

30. C. 2/Blue Paper No. 4 （1975 年，油印），条款第十四条。转载在《第三次联合国海洋法会议文件集》第四卷第 126、127 页。

评　注

10. 1.　第十条规定了术语"海湾"的含义，并建立了在法律上的海湾内或周围划定所谓的"封闭线"的方法。它也为了《公约》的目的免除了几种类型的海湾的海湾地位，包括"历史性"海湾。除了一些起草文字和行文上的变化外，它对应于 1958 年《领海和毗连区公约》第七条（资料来源 1）。

建议采用该案文的提案是在 1973 年海底委员会会议上由乌拉圭（资料来源 2）和马耳他（资料来源 3）提出的。不过，马耳他的提案提出了要把各款重新安排，并增加了一个规定，即新公约的缔约各方向拟议中的国际海洋空间机构交存一份在其管辖下的历史性海湾清单，以及解决关于这种清单的异议和争端的特别程序。

10. 2. 在第三次海洋法会议第二期会议（1974 年）上，提交了许多赞成保留1958 年文本的提案（资料来源 4 至资料来源 8）。菲律宾代表的（资料来源 6）的一项提案以一种更具体的形式提出了历史性水域的问题，规定：

1. 领海可以包括因历史权利或所有权属于一个国家的水域，而且实际上是作为其领海所拥有。

2. 本公约所规定的领海宽度的最大范围，不得适用于任何国家作为其领海所拥有的历史性水域。

3. 在本公约批准之前，任何国家已经建立了一个比本条所规定的最大范围的宽度更宽的领海不应受本条的限制。

这些建议后来都反映在《主要趋势工作文件》条款第十四条至第十七条（资料来源 9）。

10. 3. 在第三次海洋法会议第三期会议（1975 年）上，一个关于历史性海湾和历史性水域的非正式磋商小组进行了协商，部分由第二委员会主席，部分通过一个由哥伦比亚的代表担任主席的工作小组，试图就历史性水域和历史性海湾问题达成协议（资料来源 25 至资料来源 29）。一般都倾向于保留第 4 款所规定的封口线最大距离为二十四海里。

作为非正式协商的结果产生的综合案文（资料来源 30）合并到《主要趋势工作文件》条款第十四条至第十七条的各个单一的条文中。该案文随后被照抄作为非正式单一协商案文第二部分第九条（资料来源 10），全文如下：

1. 本条仅涉及海岸属于一国的海湾。

2. 为这些条款目的，海湾是明显的水曲，其凹入程度和曲口宽度的比例，使其有被陆地环抱的水域，而不仅为海岸的弯曲。但水曲除其面积等于或大于横越曲口所划的直线作为直径的半圆形的面积外，不应视为海湾。

3. 为测算的目的，水曲的面积是位于水曲陆岸周围的低潮标和一条连接水曲天然入口两端低潮标的线之间的面积。如果因有岛屿而水曲有一个以上的曲口，该半圆形应划在与横越各曲口的各线总长度相等的一条线上。水曲内的岛屿应视为水曲水域的一部分而包括在内。

4. 如果海湾天然入口两端的低潮标之间的距离不超过二十四海里，则可在这两个低潮标之间划出一条封口线，该线所包的水域应视为内水。

5. 如果海湾天然入口两端的低潮标之间的距离超过二十四海里，二十四海里的直线基线应划在海湾内，以划入该长度的线所可能划入的最大水域。

6. 上述规定不适用于所谓"历史性"海湾，也不适用于采用第六条所规定的直线基线法的任何情形。

10.4. 在第三次海洋法会议第四期会议（1976 年）上，哥伦比亚代表（资料来源 11）建议把第 1 款和第 6 款结合在一起，去掉第 6 款中关于直线基线的文字。同时，它还提出了一个新条款，以解决：（ⅰ）在历史性海湾的定义的问题，以及（ⅱ）"海岸属于两个或两个以上的国家"的历史性海湾的问题。这种做法没有被接受，但是，订正的单一协商案文第二部分第九条（资料来源 12）重复了非正式单一协商案文的条文。增加了标题"海湾"，重复了给予国际法委员会相应条款的标题。

该条款在非正式综合协商案文中重新编号为第十条（资料来源 13），除了根据起草委员会建议在语气上和为了前后一致而作的修改外，该条款此后一直保持不变（资料来源 18 至资料来源 23）。

关于历史性海湾和历史性水域的实质性问题没有达成协议。分歧涉及历史性海湾或所有权，不过都属于第二九八条第 1 款（a）（1）的范围。

10.5（a）. 第十条排除了 3 个类型的海湾，它们通常从其应用被称为海湾。它们是海岸属于多个国家的海湾（第 1 款），[①]所谓的"历史性"海湾（第 6 款），[②] 以及按照第七条（也由第 6 款）那些适用直线基线的海湾。

10.5（b）. 第 2 款规定了属于《公约》范围内法律上的海湾。法律上的海湾是由"是明显的水曲"形成的海湾，并不是一个单纯的弯曲的海岸，其面积至少等于或大于横越曲口所划的直线作为直径的半圆形的面积那样大，其凹入程度必须"和曲口宽度的比例，使其有被陆地环抱的水域。"这说明这种水域的形状是四周有三面为土地所包围而有一面开口。[③]

10.5（c）. 第 3 款规定，水曲的面积是位于水曲陆岸周围的低潮标和一条连接水曲"天然入口两端"低潮标的线之间的面积。[④] 同样的"天然入口两端"的概念，也用在第 4 款和第 5 款。然而，这种点并不总是那么容易确定，因为有一些海湾有许多个这种点，而另外一些则具有平滑的弯曲入口，没有容易区别的单个的点。[⑤]

[①] 参看 Commander R. H. Kennedy, *A Brief Geographical and Hydrographical Study of Bays and Estuaries the Coasts of which Belong to Different States*, A/CONF. 13/15 (1957), 第一次联合国海洋法会议正式记录，第一卷第 198 页。

[②] L. M. Alexander, *Navigational Restrictions under the New LOS Context*: *Geographical Implications for the United States*, Table 7, "Claimed and Potential Historic Bays," 第 89 页（1986 年）。

[③] 联合国海洋事务与海洋法司，*Baselines*: *An Examination of the Relevant Provisions of the United Nations Convention on the Law of the Sea*, 第 67 段，第 29 页（联合国销售号 No. E. 88. V. 5 * (1989 年)）。

[④] 法文和西班牙文本在这里指的是低水位"标志。"英语文本的这种差距第一次出现在非正式单一协商案语文本中，并在随后多次重复使用。

[⑤] 前注③，第 69 段，第 29 页。

10.5（d）. 关于第4款，国际法院的一个分庭曾在一宗涉及丰塞卡湾的案件中认为，不论适用何种制度，海湾的"封口线"都是位于其向海一侧的基线；该制度必须不同于向陆一侧的制度。

> 一个历史性海湾的封口线是领海的基线，这不可能有任何严重的疑问。否则将会不符合海湾的法律地位。⑥

10.5（e）. 第6款不包括第十条适用的"历史性水域，"特别是在这种情况下不包括所谓的"历史性海湾。"就此，第十五条使用了"历史性所有权，"第二九八条第1款（a）（1）提到"涉及历史性海湾或所有权的争端。"在《渔业案》中，国际法院对"历史性水域"司法解释是"通常指的是作为内水对待的但如果不是存在有历史性权力，它就不会有这种特点的水域。"⑦然而，在《公约》中没有"历史性所有权"或其他类似术语的定义。

10.5（f）. 国际法院的一个分庭指出，1958年《公约》第七条的规定和1982年《公约》第十条的规定"也许会被发现是表述一般习惯法。"⑧

10.6. 在第一次联合国海洋法会议上，第一委员会对国际法委员会的条款草案第七条（关于海湾；现在的1982年《公约》第十条）的讨论过程中，印度和巴拿马提交了一份决议草案，呼吁对历史性海湾制度进行研究。该决议经第三次海洋法会议通过，指出，国际法委员会并没有规定历史性水域（包括历史性海湾）的制度。会议进一步要求联大安排这种研究并将研究结果与联合国的所有成员国沟通。⑨

因此，在第十三届联大（1958年）上，一个适当的项目列入议程并分配给第六委员会。联大于1958年12月10日通过了第1306（XIII）号决议（见第一卷第158页），将该问题推到第十四届会议。在第十四届会议上，经过辩论后，联大于1959年12月7日通过了第1453（XIV）号决议（见第一卷第160页），其中请国际法委员会，一旦它认为时机成熟，就开展对历史性水域（包括历史性海湾）的法律制度问题的研究，并在委员会认为适当时就有关事项提出建议。

在其第十二届会议上（1960年），国际法委员会要求秘书处进行关于历史性水域、

---

⑥ *Land，Island and Maritime Frontier Dispute*（萨尔瓦多/洪都拉斯：尼加拉瓜介入），1992年国际法院报告第351、607页，第417段（另见第411、416、419和420段）。

⑦ 1951 ICJ Reports 第116、130 页。

⑧ 前注⑥，第588页，第383段。

⑨ 见 "Resolutions Adopted by the Conference，" A/CONF. 13/L.56（1958年），决议 VII，第一次联合国海洋法会议正式记录，第二卷第143、145页。关于第一委员会的报告，A/CONF. 13/L.28/Rev.1（1958年），第50段，同上，第115、118页。关于秘书处所写的一个筹备历史性海湾的备忘录，见 A/CONF. 13/1（1958年），第一次联合国海洋法会议正式记录第一卷第1页。另见 R. H. Kennedy，前注①。

包括历史性海湾法律制度的研究，并扩大初步研究的范围，对此，在秘书处所写的备忘录中已经结合第一次联合国海洋法会议进行了概述。秘书处向国际法委员会第十四届会议（1962 年）提交了有关"历史性水域（包括历史性海湾）的法律制度"的研究。[10] 直至其第十九届会议（1967 年），委员会都未采取进一步行动。当大多数委员怀疑时机是否已经到来以积极进行这一专题时，这个问题的范围已经相当大，并提出了一些政治问题。[11] 在其 1967 年 12 月 1 日第 2272（XXII）号决议中，联大注意到了该委员会报告的那一部分。

---

[10]　A/CN. 4/143（1962 年），1962 年《国际法委员会年鉴》第二卷第 1 页。

[11]　A/6709/Rev. 1（1967 年），第 45 段。1967 年《国际法委员会年鉴》第二卷第 369 页。

第十一条 港 口

为了划定领海的目的，构成海港体系组成部分的最外部永久海港工程视为海岸的一部分。近岸设施和人工岛屿不应视为永久海港工程。

资料来源

第一次联合国海洋法会议文件

1. 《领海和毗连区公约》（1958 年）第八条，对应于国际法委员会的条款草案第八条。关于前期历史，见秘书处《参考文献指南》第八条。关于在第一次联合国海洋法会议上讨论的情况，见第一委员会的报告，A/CONF. 13/L. 28/Rev. 1（1958 年），第 52 段，第一次联合国海洋法会议正式记录，第二卷第 115、118 页。

第三次联合国海洋法会议文件

2. A/AC. 138/SC. II/L. 24，第九条，转载在 1973 年海底委员会第三次会议报告第 23、26 页（乌拉圭）。

3. A/AC. 138/SC. II/L. 28，第七条，转载在《1973 年海底委员会报告》第三卷第 35、40 页（马耳他）。

4. A/CONF. 62/C. 2/L. 3（1974 年），第二章第二部分注释，正式记录，第三卷第 183 页（英国）。

5. A/CONF. 62/C. 2/L. 22（1974 年），第八条第 4 款，正式记录，第三卷第 200、201 页（希腊）。

6. A/CONF. 62/C. 2/L. 26（1974 年），第二节，正式记录，第三卷第 203 页（保加利亚、德意志民主共和国、波兰和苏联）。

7. A/CONF. 62/C. 2/L. 33（1974 年），第七条，正式记录，第三卷第 212 页（奥地利、比利时、玻利维亚、博茨瓦纳、布隆迪、白俄罗斯苏维埃社会主义共和国、捷克斯洛伐克、芬兰、德意志联邦共和国、匈牙利、老挝、莱索托、卢森堡、马里、蒙古、荷兰、巴拉圭、新加坡、斯威士兰、瑞典、瑞士、乌干达、上沃尔特和赞比亚）。

8. A/CONF. 62/L. 8/Rev. 1（1974 年），附件二附录一 ［A/CONF. 62/C. 2/WP. 1］，条款第十八条，正式记录，第三卷第 93、107、110 页（总报告员）［《主要趋势工作文

件》]

9. A/CONF. 62/WP. 8/Part Ⅱ（非正式单一协商案文，1975 年），第十条，正式记录，第四卷第 152、154 页（第二委员会主席）。

10. A/CONF. 62/WP. 8/Rev. 1/Part Ⅱ（订正的单一协商案文，1976 年），第十条，正式记录，第五卷第 151、155 页（第二委员会主席）。

11. A/CONF. 62/WP. 10（非正式综合协商案文，1977 年），第十一条，正式记录，第八卷第 1、7 页。

12. A/CONF. 62/WP. 10/Rev. 1（非正式综合协商案文第一次修订稿，1979 年，油印），第十一条。转载在《第三次联合国海洋法会议文件集》第一卷第 375、396 页。

13. A/CONF. 62/WP. 10/Rev. 2（非正式综合协商案文第二次修订稿，1980 年，油印），第十一条。转载在《第三次联合国海洋法会议文件集》第二卷第 3、25 页。

14. A/CONF. 62/WP. 10/Rev. 3*（非正式综合协商案文第三次修订稿，1980 年，油印），第十一条。转载在《第三次联合国海洋法会议文件集》第二卷第 179、202 页。

15. A/CONF. 62/L. 78（《公约草案》，1981 年），第十一条，正式记录，第十五卷第 172、178 页。

起草委员会文件

没有与此过程同时的文件。

非正式文件

16. Informal Working Paper No. 1；No. 1/Rev. 1，条款第十五条；No. 1/Rev. 2，条款第十六条；以及 No. 1/Rev. 2*，条款第十七条（均为 1974 年，油印）。转载在《第三次联合国海洋法会议文件集》第三卷第 205、210、226 和 244 页。

17. C. 2/Blue Paper No. 4（1975 年，油印），第十八条。转载在《第三次联合国海洋法会议文件集》第四卷第 126、128 页。

评 注

11.1. 第十一条是针对永久海港工程与近岸设施的人工岛屿在建立基线中的作用。其第一句的意思对应于 1958 年《领海和毗连区公约》第八条（资料来源 1），规定在划定领海中，海港工程应"视为海岸的一部分。"第二句规定"永久海港工程"不包括近岸设施和人工岛屿，是在第三次联合国海洋法会议上增加的。

11.2. 在海底委员会 1973 年会议上，乌拉圭代表（资料来源 2）的提案复述了1958 年《公约》第八条。马耳他代表（资料来源 3）提出了第二款，大意是"浮动的海港设施，不论是本身可移动的或可被移动的，不得被视为形成沿海港口的一个体系的组成部分。"

11.3. 在第三次海洋法会议第二期会议（1974 年）上，提出了许多提案（资料来源 4 至资料来源 6），都是重复的 1958 年《公约》文本。一项由 24 个国家（资料来源 7）提出的提案增加了这些海港工程"在高潮时高于水面"的条件。《主要趋势工作文件》第十八条（资料来源 8）提出了其他建议，但没有提及"浮动的海港设施。"

11.4. 第三次海洋法会议第三期会议（1975 年）期间，在关于基线问题的非正式磋商小组会议上，有人指出，案文应区分与沿岸海港体系没有联系的近岸设施和永久海港工程。该小组编写的综合案文（资料来源 17）包括了规定"近岸设施和人工岛屿不应视为永久海港工程。"该案文未经改动被列入非正式单一协商案文第二部分（资料来源 9）第十条，全文如下：

> 为了划定领海的目的，构成海港体系组成部分的最外部永久海港工程视为海岸的一部分。近岸设施和人工岛屿不应视为永久海港工程。

在订正的单一协商案文第二部分（资料来源 10），增加了标题"港口"，对应于由国际法委员会所给的标题。该条款在这方面用更加确定的字眼，称这种海港工程"视为"（代替了"应视为"）海岸的一部分。在非正式综合协商案文中经过重新编号为第十一条的该条款仍然保持不变（资料来源 11）。

11.5（a）. 该条的英文文本除了标题以外没有使用"port（港口）"一词。而在其他语言里，英语短语"harbour system（海港系统"都使用了"port（港口）"一词的词根（如 *portuaire*，*portovy*，*portuario*）。《公约》没有给予"port（港口）"一词和相关词汇的含义。在一项由联合国海洋事务和海洋法司编写的基线研究中，"port（港口）"一词被定义为"提供有各种供货物装卸和乘客上下的设施、码头和设备的地方。"[①]

11.5（b）. 构成海港体系"组成部分"的最外部永久海港工程视为海岸的一部分的提法引起了解释的问题。例如，连接近岸设施或人工岛屿与海岸的突堤码头或堤道算不算构成海港体系的"组成部分"。根据该条款的最后一句，近岸设施和人工岛"不应被视为永久海港工程"（但参阅下文第 11.5（c）段"海港工程"）。

11.5（c）. 联合国对于关于基线的规定审查也界定"海港工程"为"构成海港体系的组成部分的永久性的人造沿岸建筑结构，如突堤码头、防护堤、堤岸道路，或者其他港口设施、沿海码头、停泊处、防波堤、海墙等。"[②] 值得指出的是，并非所有

---

① 联合国海洋事务与海洋法司，*Baselines：An Examination of the Relevant Provisions of the United Nations Convention on the Law of the Sea*，附录 1（技术术语汇编），第 47、60 页（联合国销售号 No. E. 88. V. 5 *（1989 年））。

② 同上。第 56 页。

这些结构都必须连接到海岸。③（另见下文关于泊船处的第十二条）。

11.5（d）. 词组"近岸设施和人工岛屿"时在第三次联合国海洋法会议上增加到这个条文的，以便清楚地表明离岸装卸站不视为海港工程。这种性质的设备被视为其停靠的地方是与海岸分离的。这句话并非指领海界限以外的石油和天然气钻井平台，它们属于第六十条和第八十条的范围，但适用于为大型船只无法进入的港口服务目的的海港设施，它们通常用管道与岸上设施连接。

---

③ I. M. Alexander，*Navigational Restrictions within the New LOS Context*：*Geographical Implications for the United States* 17（1986）。

第十二条　泊船处

通常用于船舶装卸和下锚的泊船处，即使全部或一部位于领海的外部界限以外，都包括在领海范围之内。

资料来源

第一次联合国海洋法会议文件

1. 《领海和毗连区公约》（1958 年）第九条，对应于国际法委员会的条款草案第九条。关于前期历史，见秘书处《参考文献指南》第九条。关于在第一次联合国海洋法会议上讨论的情况，见第一委员会的报告，A/CONF.13/L.28/Rev.1（1958 年），第53 段，第一次联合国海洋法会议正式记录，第二卷第115、118 页。见在第 19 次全体会议上的进一步讨论，第 27~30 段，第一次联合国海洋法会议正式记录，第二卷第63 页。

第三次联合国海洋法会议文件

2. A/AC.138/SC.II/L.24，第十条。转载在《1973 年海底委员会报告》第三卷第23、26 页（乌拉圭）。

3. A/CONF.62/C.2/L.3（1974 年），第二章第二部分注释，正式记录，第三卷第183 页（英国）。

4. A/CONF.62/C.2/L.22（1974 年），第七条第 3 款，正式记录，第 200、201 页（希腊）。

5. A/CONF.62/L.26（1974 年），第二节，正式记录，第 203 页（保加利亚、德意志民主共和国、波兰以及苏联）。

6. A/CONF.62/C.2/L.33（1974 年），第八条，正式记录，第 212、213 页（奥地利、比利时、玻利维亚、博茨瓦纳、布隆迪、白俄罗斯苏维埃社会主义共和国、捷克斯洛伐克、芬兰、德意志联邦共和国、匈牙利、老挝、莱索托、卢森堡、马里、蒙古、荷兰、巴拉圭、新加坡、斯威士兰、瑞典、瑞士、乌干达、上沃尔特和赞比亚）。

7. A/CONF.62/L.8/Rev.1（1974 年），附件二附录一 ［A/CONF.62/C.2WP.1］，条款第十九条，正式记录，第三卷第 93、107、111 页（总报告员）［《主要趋势工作文

件》]

8. A/CONF. 62/WP. 8/Part II（非正式单一协商案文，1975 年），第十一条，正式记录，第四卷第 152、154 页（第二委员会主席）。

9. A/CONF. 62/WP. 8/Rev. 1/Part II（订正的单一协商案文，1976 年），第十一条，正式记录，第五卷第 151、155 页（第二委员会主席）。

10. A/CONF. 62/WP. 10（非正式综合协商案文，1977 年），第十二条，正式记录，第八卷第 1、7 页。

11. A/CONF. 62/WP. 10/Rev. 1（非正式综合协商案文第一次修订稿，1979 年，油印），第二条。转载在《第三次联合国海洋法会议文件集》第一卷第 375、396 页。

12. A/CONF. 62/WP. 10/Rev. 2（非正式综合协商案文第二次修订稿，1980 年，油印），第十二条。转载在《第三次联合国海洋法会议文件集》第二卷第 3、26 页。

13. A/CONF. 62/WP. 10/Rev. 3* （非正式综合协商案文第三次修订稿，1980 年，油印），第十二条。转载在《第三次联合国海洋法会议文件集》第二卷第 179、202 页。

14. A/CONF. 62/L. 78（《公约草案》，1981 年），第十二条，正式记录，第十五卷第 172、178 页。

起草委员会文件

15. A/CONF. 62/L. 67/Add. 1/Rev. 1（1981 年，油印），第 15 页。

16. A/CONF. 62/L. 72（1981 年），正式记录，第十五卷第 151 页（起草委员会主席）。

非正式文件

17. Informal Working Paper No. 1/Rev. 2，条款第十七条；以及 No. 1/Rev. 2* ，条款第十八条（均为 1974 年，油印）。转载在《第三次联合国海洋法会议文件集》第三卷第 226、244 页。

18. C. 2/Blue Paper No. 4（1975 年，油印），条款第十九条。转载在《第三次联合国海洋法会议文件集》第四卷第 126、128 页。

评　　注

12. 1　第十二条包括了"通常用于船舶装卸和下锚的泊船处，即使全部或一部位于领海的外部界限以外"的泊船处，作为领海的一部分。它不直接涉及基线，但涉及领海的外部界限。

第十二条对应于 1958 年《领海和毗连区公约》第九条（资料来源 1），不过删去了涉泊船处划界的第二句（现移至第十六条）。

12.2 在海底委员会1973年会议上，乌拉圭代表（资料来源2）建议保留1958年《公约》第九条。

在第三次海洋法会议第二期会议（1974年）上，提出了一些类似的提案（资料来源3至资料来源6）。这一措词随后被整合纳入《主要趋势工作文件》（资料来源7）作为条款第十九条。

12.3 在第三次海洋法会议第三期会议（1975年）上，由关于基线问题的非正式磋商小组编写的案文（资料来源18）没有对条款第十九条提出任何改动。这一案文未作任何修改整合到非正式单一协商案文第二部分（资料来源8），全文如下：

> 通常用于船舶装卸和下锚的泊船处，即使全部或一部位于领海的外部界限以外，都包括在领海范围之内。沿海国必须将这种泊船处连同其界限明确显示并标在海图上，并须应将这种海图妥为公布。

在订正的单一协商案文第二部分（资料来源9），当增加了新的第十五条（现为第十六条）处理海图时，第二句删掉了。在此阶段还加上了标题"泊船处"，对应于国际法委员会的标题。该条款在非正式综合协商案文中重新编号为第十二条（资料来源10），条文此后保持不变。

12.4（a）. 在一项由联合国海洋事务和海洋法司编写的基线研究中，"泊船处"一词的意思解释为"在海岸附近船只欲下锚的安全位置；往往位于海岸浅水水曲"。①它继续解释道：

> 在大多数情况下，泊船处自然地域的范围没有明确界定，其位置一般是用地理名称标示在海图上。但是，如果适用第十二条，必须在海图上显示其范围或必须用地理坐标表来描述。

12.4（b）. 根据第十二条，横跨于领海外部界限上的泊船处是完全包含在领海里。一个与领海完全分离的泊船处也明显是领海的一部分，尽管它是独立的一部分。联合国关于基线的研究指出，与通过12海里领海的一般运动：

> 如果泊船处的一部分与领海重叠，简直有必要扩大领海边界，将位于正常领海界限之外的该部分泊船处包围起来。如果泊船处没有与领海重叠的部

---

① 联合国海洋事务与海洋法司，*Baselines：An Examination of the Relevant Provisions of the United Nations Convention on the Law of the Sea*，附录一（技术术语汇编），第47、60页（联合国销售号 No. E. 88. V. 5*（1989年））。

分，那么假设该泊船处被视为一个独立的领海区域；这种情况极不可能。②

在第一次联合国海洋法会议上，荷兰代表提出了一项修正案，明确领海和一个独立的泊船处之间的一带水域构成领海的一部分，但该提案被否决。③

12.4（c）. 第十六条规定，根据第十二条所划定分界线要显示在足以确定其位置的海图上，或提供一个注明大地基准点的地理坐标表。

---

② 同上。第78段，第35页。

③ A/CONF. 13/C. 1/L. 67（1958），第九条第一次联合国海洋法会议正式记录，第三卷第230页（荷兰）。另见荷兰代表第一委员会第46次会议（1958年）上解释该项修正案的发言，第14段，同上。第142页。这项修正案以24票对22票，21票弃权被否决。见第一委员会的报告（资料来源1）。

第十三条　低潮高地

1. 低潮高地是在低潮时四面环水并高于水面但在高潮时没入水中的自然形成的陆地。如果低潮高地全部或一部与大陆或岛屿的距离不超过领海的宽度，该高地的低潮线可作为测算领海宽度的基线。

2. 如果低潮高地全部与大陆或岛屿的距离超过领海的宽度，则该高地没有其自己的领海。

资料来源

第一次联合国海洋法会议文件

1. 《领海和毗连区公约》（1958 年）第十一条。国际法委员会在其条款草案纳入了一条关于干出礁和干出滩的条款（第十一条）。对于前期历史，见秘书处《参考文献指南》第十一条。关于第一次联合国海洋法会议上的讨论情况（该案文在该会上曾作了相当大的修订），见第一委员会的报告，A/CONF. 13/L. 28/Rev. 1（1958 年）第 56 和 57 段，第一次海洋法会议正式记录，第二卷第 115、119 页。

第三次联合国海洋法会议文件

2. A/AC. 138/SC. II/L. 24，第十三条，转载在《1973 年海底委员会报告》第三卷第 23、26 页（乌拉圭）。

3. A/AC. 138/SC. II/L. 28，第一条第 7 段和第十条，转载在《1973 年海底委员会报告》第三卷第 35、37、40 页（马耳他）。

4. A/CONF. 62/C. 2/L. 3（1974 年），第二章第二部分注释，正式记录，第三卷第 183 页（英国）。

5. A/CONF. 62/C. 2/L. 26（1974 年），第二节，正式记录，第三卷第 203 页（保加利亚、德意志民主共和国、波兰和苏联）。

6. A/CONF. 62/C. 2/L. 62/Rev. 1（1974 年），第一条第 4～6 款，以及第二条第 1 款，正式记录，第三卷第 232 页（阿尔及利亚、达荷美［贝宁］几内亚、科特迪瓦、利比里亚、马达加斯加、马里、毛里塔尼亚、摩洛哥、塞拉利昂、苏丹、突尼斯、上沃尔特和赞比亚）。

7. A/CONF. 62/L. 8/Rev. 1（1974 年），附件二附录一 ［A/CONF. 62/C. 2/WP. 1］，条款第二十条，正式记录，第三卷第93、107、111 页（总报告员）［《主要趋势工作文件》]。

8. A/CONF. 62/WP. 8/Part II（非正式单一协商案文，1975 年），第十二条，正式记录，第四卷第152、154 页（第二委员会主席）。

9. A/CONF. 62/WP. 8/Rev. 1/Part II（订正的单一协商案文，1976 年），第十二条，正式记录，第151、155 页（第二委员会主席）。

10. A/CONF. 62/WP. 10（非正式综合协商案文，1977 年），第十三条，正式记录，第八卷第1、7 页。

11. A/CONF. 62/WP. 10/Rev. 1（非正式综合协商案文第一次修订稿，1979 年，油印），第十三条。转载在《第三次联合国海洋法会议文件集》第一卷第375、396 页。

12. A/CONF. 62/WP. 10/Rev. 2（非正式综合协商案文第二次修订稿，1980 年，油印），第十三条。转载在《第三次联合国海洋法会议文件集》第二卷第3、26 页。

13. A/CONF. 62/WP. 10/Rev. 3*（非正式综合协商案文第三次修订稿，1980 年，油印），第十三条。转载在《第三次联合国海洋法会议文件集》第二卷第179、202 页。

14. A/CONF. 62/L. 78（《公约草案》，1981 年），第十三条，正式记录，第十五卷第172、178 页。

起草委员会文件

15. A/CONF. 62/L. 67/Add. 1（1981 年，油印），第 17 条。

16. A/CONF. 62/L. 67/Add. 1/Rev. 1（1981 年，油印），第 16 条。

17. A/CONF. 62/L. 72（1981 年），正式记录，第十五卷第151 页（起草委员会主席）。

非正式文件

18. Informal Working Paper No. 1/Rev. 2，条款第十八条；以及 No. 1/Rev. 2*，条款第十九条（均为1974 年，油印）。转载在《第三次联合国海洋法会议文件集》第三卷第226、244 页。

19. C. 2/Blue Paper No. 4（1975 年，油印），条款第二十条。转载在《第三次联合国海洋法会议文件集》第四卷第126、128 页。

评　　注

13.1.　第十三条规定了沿海国可以在何处使用"正常"基线以外的方法测量领海宽度的另一个实例。它赋予了"低潮高地"的含义，并允许将它们用于确定测量领海宽度的基线。低潮高地的效力要视其高度是否可以作为基点使用而异。这取决于该高地与海岸之间的距离，它可能是大陆，也可能是岛屿。第十三条应与第七条第4款关于低潮高地在划直线基线中的使用一并解读（见上文第7.9（f）段）。

该条款逐字重复了1958年《领海和毗连区公约》的第十一条（资料来源1）。该提案代替了由国际法委员会于1956年起草的条款草案第十一条（关于干出礁和干出滩），但在第一次联合国海洋法会议上没有按照所提出的建议接受。

13.2. 在海底委员会1973年会议上，乌拉圭代表（资料来源2）提出了把1958年《公约》第十一条编入的建议。马耳他代表（资料来源3）采取不同的办法，首先确定"低潮高地"的定义，然后规定在这种地理特征周围建立安全区。

13.3. 在第三次海洋法会议第二期会议（1974年）上，提交的两项提案都赞成重复1958年《公约》的文本（资料来源4和资料来源5）。一项由14个非洲国家提出的提案（资料来源6）依据这些高地与海岸接近的情况以及基线适用于这些地理特征的情况一般性地解决对这些低潮高地的处理。1958年《公约》文本随后被并入作为《主要趋势工作文件》的条款第二十条（资料来源7）。

13.4. 在第三次海洋法会议第三期会议（1975年）上，在关于基线问题的非正式磋商小组讨论之后，由该小组通过的案文一字未动（资料来源19）被列为非正式单一协商案文第二部分第十二条（资料来源8），全文如下：

> 1. 低潮高地是在低潮时四面环水并高于水面但在高潮时没入水中的自然形成的陆地。如果低潮高地全部或一部与大陆或岛屿的距离不超过领海的宽度，该高地的低潮线可作为测算领海宽度的基线。
>
> 2. 如果低潮高地全部与大陆或岛屿的距离超过领海的宽度，则该高地没有其自己的领海。

在订正的单一协商案文第二部分（资料来源9），逐字重复了该案文，只是加上了标题"低潮高地。"在非正式综合协商案文（资料来源10）中又是全文重复了该条文，作为第十三条。此后，只是按照起草委员会的建议吸收了一些起草文字润色上的修改（资料来源15至资料来源17）。

13.5（a）. 第1款给"低潮高地"所下的定义是"在低潮时四面环水并高于水面但在高潮时没入水中的自然形成的陆地。"[①]因此，该高地可能是块岩石或浅滩，而不论其大小。这对应于国际法委员会草案第十一条所使用的"干出礁或干出滩"。

---

① 另见联合国海洋事务和海洋法司：*Baselines：An Examination of the Relevant Provisions of the United Nations Convention on the Law of the Sea*，第30段，第14页（联合国销售号 No. E. 88. V. 5* （1989年））。又见该报告的附录一（技术术语汇编），第47、58页。

13.5（b）. 本条款允许沿海国使用低潮高地作为用于测量领海宽度目的基点，只要它们全部或一部与大陆或岛屿的距离不超过领海的宽度。在这些情况下，低潮高地的低潮线可作为基线。

当低潮高地全部与大陆或岛屿的距离超过领海的宽度时，则该高地没有其自己的领海。但是，根据第七条第4款，如果在低潮高地上筑有灯塔或类似设施，或以这种高地作为划定基线已获得国际一般承认，这种高地可以作为划定直线基线的起讫点。

第十四条　确定基线的混合办法

沿海国为适应不同情况，可交替使用以上各条规定的任何方法以确定基线。

资料来源

第三次联合国海洋法会议文件

1. A/AC. 138/SC. II/L. 34，第一条第（2）款，转载在《1973 年海底委员会报告》第三卷第 71 页（中国）。

2. A/CONF. 62/L. 8/Rev. 1（1974 年），附件二附录一 ［A/CONF. 62/C. 2/WP. 1.］，条款第五条，方案 B 第 2 款，正式记录，第 93、107、110 页（总报告员）［《主要趋势工作文件》］。

3. A/CONF. 62/WP. 8/Part II（非正式单一协商案文，1975 年），第六条第 2 款，正式记录，第四卷第 152、153 页（第二委员会主席）。

4. A/CONF. 62/WP. 8/Rev. 1/Part II（订正的单一协商案文，1976 年），第十三条，正式记录，第五卷第 151、155 页（第二委员会主席）。

5. A/CONF. 62/WP. 10（非正式综合协商案文，1977 年），第十四条，正式记录，第八卷第 1、7 页。

6. A/CONF. 62/WP. 10/Rev. 1（非正式综合协商案文第一次修订稿，1979 年，油印），第十四条。转载在《第三次联合国海洋法会议文件集》第一卷第 375、397 页。

7. A/CONF. 62/WP. 10/Rev. 2（非正式综合协商案文第二次修订稿，1980 年，油印），第十四条。转载在《第三次联合国海洋法会议文件集》第二卷第 3、26 页。

8. A/CONF. 62/WP. 10/Rev. 3* （非正式综合协商案文第三次修订稿，1980 年，油印），第十四条。转载在《第三次联合国海洋法会议文件集》第二卷第 179、202 页。

9. A/CONF. 62/L. 78（《公约草案》，1981 年），第十四条，正式记录，第十五卷第 172、178 页。

起草委员会文件

没有与此过程同时的文件。

10. Informal Working Paper No. 1；No. 1/Rev. 1，条款第四条方案 B 第 2 款；No. 1/Rev. 2，条款第四条方案 B 第 2 款，以及 No. 1/Rev. 2*，条款第五条方案 B 第 2 款。（均为 1974 年，油印）。转载在《第三次联合国海洋法会议文件集》第三卷第 205、210、226 和 244 页。

11. C. 2/Blue Paper No. 4（1975 年，油印），第五条第 2 款。转载在《第三次联合国海洋法会议文件集》第四卷第 126 页。

评　　注

14. 1.　为了调和第六条至第十三条中所提到的一个国家的海岸线和各种地理特征之间的差异，第十四条允许沿海国使用混合的办法确定测量其领海的基线。这在 1958 年日内瓦《海洋法公约》中都没有对应的条文。

14. 2.　在海底委员会 1973 年会议上，中国代表（资料来源 1）建议：

> 沿海国有权根据其地理特征及其经济发展需要和国家安全合理确定其领海的宽度和界限，同时适当顾及周边国家的合法利益和方便国际航行，并予以公布。

继第二分委员会的非正式会议之后，1973 年海底委员会报告包含了一个由各代表团提交的备选案文汇编，其中包括关于领海划界问题的以下方案：

> 为适应不同情况，拥有漫长和复杂地形的海岸线的沿海国可以采用混合基线法，即交替使用第二条和本条所规定的办法划定基线。①

这是一个中国的工作文件的修订本（资料来源 1）。

14. 3.　在第三次海洋法会议第二期会议（1974 年）上，没有正式提出相应的提案，但这一方案被列为《主要趋势工作文件》条款第五条方案 B 第 2 款关于直线基线的部分（资料来源 2）。

14. 4.　在第三次海洋法会议第三期会议（1975 年）上，关于基线问题的非正式磋商小组接受这种做法。它采用了一个较短的条文，而删除了"拥有漫长和复杂地形的海岸线"（资料来源 11）。该条文这种形式纳入非正式单一协商案文第二部分第六条第

---

① 第三条第（1）款，备选案文 B 第 2 款，转载在《1973 年海底委员会报告》第四卷（附录六），第 8 页。

2 款（见上文第 7.4 段）（资料来源 3）。

14.5. 在第三次海洋法会议第四期会议（1976 年）上，一种新的办法被列入订正的单一协商案文第二部分（资料来源 4），该案文是从第六条的条文分出来的。第十三条的案文如下：

确定基线的混合办法

　　沿海国为适应不同情况，可交替使用以上各条规定的任何方法以确定基线。

　　这种更广泛的措辞后来被作为第十四条保留在非正式综合协商案文中（资料来源5），条文文字保持不变。

14.6. 这项从后来成为第七条（关于直基线）的条款中取消，并被赋予独立地位作为第十四条，加之取消了在海底委员会提出的原始文本"拥有漫长和复杂地形的海岸线"的局限性，产生了一个更具普遍性的条文。

　　在英文文本有一个"in turn（交替）"这个词的问题。这个词通常的意义是"按正当次序接替。"②"in turn（交替）"往往赋予不同的功能（例如法文为 *en fonction des différentes situations* ［根据不同情况］），在其他语言中也用类似的词。因此，英语的表达，必须假定指需要"根据情况"或"以适应不同条件"的东西。这也反映了该条款的标题，其提到的是"混合的办法。"

　　该条款顺应了一种已经发展成为普遍做法的国家实践，既有拥有一个以上海岸线的国家的实践，也有拥有单一海岸线但地理上多样的国家的实践。

---

② 参看《牛津英语词典》第十八卷第 697 页（定义 28b 段）（第 2 版，1989 年）。

第十五条　海岸相向或相邻国家间领海界限的划定

如果两国海岸彼此相向或相邻，两国中任何一国在彼此没有相反协议的情形下，均无权将其领海伸延至一条其每一点都同测算两国中每一国领海宽度的基线上最近各点距离相等的中间线以外。但如因历史性所有权或其他特殊情况而有必要按照与上述规定不同的方法划定两国领海的界限，则不适用上述规定。

资料来源

第一次联合国海洋法会议文件

1. 《领海和毗连区公约》（1958 年）第十二条第 1 款，对应于国际法委员会的条款草案第十二条第 1 款和第十四条第 1 款。关于前期历史，见秘书处《参考文献指南》有关第十二条和第十四条。关于在第一次联合国海洋法会议上讨论的情况，见第一委员会的报告，A/CONF. 13/L. 28/Rev. 1（1958 年）第 58～60 段，第一次联合国海洋法会议正式记录第二卷第 115、119 页。

第三次联合国海洋法会议文件

2. A/AC. 138/SC. II/L. 19，转载在《1973 年海底委员会报告》第三卷第 10 页（塞浦路斯）。

3. A/AC. 138/SC. II/L. 22 和 Rev. 1，第 1 款、2 款和 4 款，转载在《1973 年海底委员会报告》第三卷第 22、23 页（土耳其）。

4. A/AC. 138/SC. II/L. 24，第三条第 1 款，转载在《1973 年海底委员会报告》第三卷第 23、25 页（乌拉圭）。

5. A/AC. 138/SC. II/L. 25，A 条第 3 款，转载在《1973 年海底委员会报告》第三卷第 29 页（巴西）。

6. A/AC. 138/SC. II/L. 31，转载在《1973 年海底委员会报告》第三卷第 71 页（突尼斯和土耳其）。

7. A/AC. 138/SC. II/L. 34，第一条第 4 款，转载在《1973 年海底委员会报告》第三卷第 71、72 页（中国）。

8. A/AC. 138/SC. II/L. 41，第三条第 2 款，转载在《1973 年海底委员会报告》第

三卷第 89、90 页（乌干达和赞比亚）。

9. A/AC. 138/SC. II/L. 47 和 Rev. 1，转载在《1973 年海底委员会报告》第三卷第 102 页（菲律宾）。

10. Item 2.3.1，第二条，备选案文 A，转载在《1973 年海底委员会报告》第四卷第 5、7 页。

11. Item 2.3.2，第一条，备选案文 P，第 2 款；第三条，备选案文 A，第 1、2 款，和备选案文 B；以及最后"条款"，转载在《1973 年海底委员会报告》第四卷第 14、18～19 页。

12. A/CONF. 62/C. 2/L. 3（1974 年），第二章第二部分注释，正式记录，第三卷第 183 页。

13. A/CONF. 62/C. 2/L. 9（1974 年），第 1 款和第 2 款，正式记录，第 188 页（土耳其）。

14. A/CONF. 62/C. 2/L. 14（1974 年），第 1 款和第 2 款，正式记录，第 190 页（荷兰）。

15. A/CONF. 62/C. 2/L. 18（1974 年），第一条，第二条第 1 款，第三条，正式记录，第三卷第 195、196 页（罗马尼亚）。

16. A/CONF. 62/C. 2/L. 22（1974 年）第八条第 2 款，正式记录，第 200、201 页（希腊）。

17. A/CONF. 62/C. 2/L. 26（1974 年），第二部分［第十二条第 1 款］，正式记录，第 203 页（保加利亚、德意志民主共和国、波兰和苏联）。

18. A/CONF. 62/C. 2/L. 62/Rev. 1（1974 年），第三条，正式记录，第 232、233 页（阿尔及利亚、达荷美、几内亚、科特迪瓦、利比里亚、马达加斯加、马里、毛里塔尼亚、摩洛哥、塞拉利昂、苏丹、突尼斯、上沃尔特和赞比亚）。

19. A/CONF. 62/L. 8/Rev. 1（1974 年）附件二附录一［A/CONF. 62/C. 2/WP. 1］，条款第二十一条，正式记录，第三卷第 93、107、111 页（总报告员）［《主要趋势工作文件》］。

20. A/CONF. 62/WP. 8/Part II（非正式单一协商案文，1975 年），第十三条第 1 款，正式记录，第四卷第 152、154 页（第二委员会主席）。

21. A/CONF. 62/WP. 8/Rev. 1/Part II（订正的单一协商案文，1976 年），第十四条，正式记录，第五卷第 151、155 页（第二委员会主席）。

22. A/CONF. 62/WP. 10（非正式综合协商案文，1977 年），第十五条，正式记录，第八卷第 1、7 页。

23. A/CONF. 62/WP. 10/Rev. 1（非正式综合协商案文第一次修订稿，1979 年，油印），第十五条。转载在《第三次联合国海洋法会议文件集》第一卷第 375、397 页。

24. A/CONF. 62/WP. 10/Rev. 2（非正式综合协商案文第二次修订稿，1980 年，油

印），第十五条。转载在《第三次联合国海洋法会议文件集》第二卷第 3、26 页。

25. A/CONF. 62/WP. 10/Rev. 3 *（非正式综合协商案文第三次修订稿，1980 年，油印），第十五条。转载在《第三次联合国海洋法会议文件集》第二卷第 179、202 页。

26. A/CONF. 62/L. 78（《公约草案》，1981 年），第十五条，正式记录，第十五卷第 172、178 页。

起草委员会文件

没有与此过程同时的文件。

非正式文件

27. Informal Working Paper No. 1，"海岸相向或相邻国家间的划界"；No. 1/Rev. 1，条款第十六条；No. 1/Rev. 2，条款第十九条和 No. 1/Rev. 2 *，条款第十九［二十］条（均为 1974 年，油印）。转载在《第三次联合国海洋法会议文件集》第三卷第 205、210、226 和 244 页。

28. C. 2/Blue 10 号文件（1975 年，油印），第 2 款（秘鲁）。转载在《第三次联合国海洋法会议文件集》第四卷第 147 页。

29. Libyan 阿拉伯共和国（［1976 年］，油印），第十三条（非正式单一协商案文二），第 1 款和第 2 款。转载在《第三次联合国海洋法会议文件集》第四卷第 266 页。

30. Morocco（1977 年，油印），第十四条（订正的单一协商案文二）。转载在《第三次联合国海洋法会议文件集》第四卷第 389 页。

31. NG7/3（1978 年，油印），"领海的划界……"（摩洛哥）。转载在《第三次联合国海洋法会议文件集》第九卷第 394、395 页。

32. NG7/9（1978 年，油印），第十五条（第七协商小组主席）。转载在《第三次联合国海洋法会议文件集》第九卷第 401 页。

33. NG7/11（1978 年，油印），第十五条（第七协商小组主席）。转载在《第三次联合国海洋法会议文件集》第九卷第 405 页。

34. NG7/13（1978 年，油印），第十五条（秘鲁）。转载在《第三次联合国海洋法会议文件集》第九卷第 405 页。

35. NG7/21（1978 年，油印），第十五条（第七协商小组主席）。转载在《第三次联合国海洋法会议文件集》第九卷第 425 页。

评　　注

15. 1.　第十五条解决海岸相向或相邻国家之间的领海划界。条款规定，如果出现这种情况，两国中任何一国在彼此没有相反协议的情形下，均无权将其领海伸延至中间线以外。这一规定并不适用于存在历史所有权的情况或其他特殊情况，这些情况可能需要某种理由或其他方法划界。

15.2. 在 1930 年国际法编纂会议筹备委员会编写的《讨论的基础》中基础第 16 条规定，"当两国所濒临的海峡的宽度没有超过两倍的领海宽度时，每一国各国的领海原则上最多扩展至海峡的中心线……。"① 海岸相邻国家之间的领海划界没有包括在这项提案里。1930 年会议没有就任何划界条款达成任何协议。

由国际法委员会在 1956 年编写的关于海洋法的最后报告包含关于领海划界的两个条款：第十二条涉及海峡中领海的划界和其他海岸相向情况的划界；第十四条涉及两个相邻国家间的领海划界。这两个条款的实质内容是领海的划界应根据有关国家间的协议。在达不成协议的情形下，除非证明另一界线的特殊情况是合理的，在两国海岸相向的情况下，该边界就是中间线，等距原则适用于海岸相邻的情况。这是遵循了关于领海技术问题的专家委员会的建议（见上文第二部分导言附录）。

在第一次联合国海洋法会议上，英国代表发言表示，为公平起见或因某一具体海岸的形状，可能存在难以接受中间线作为实际的划界线的特殊情况。作为一个特殊情况的例子，他提到了航道或小岛。② 于是，国际法委员会条款草案第十二条和第十四条的条文被结合在了一起，③ 作为《领海和毗连区公约》第十二条第 1 款（资料来源 1），内容如下：

> 1. 如果两国海岸彼此相向或相邻，两国中任何一国在彼此没有相反协议的情形下，均无权将其领海伸延至一条其每一点都同测算两国中每一国领海宽度的基线上最近各点距离相等的中间线以外。但如因历史性所有权或其他特殊情况而有必要按照与本规定不同的方法划定两国领海的界限，则不适用本款规定。

"在彼此没有相反协议的情形下"一语取代了国际法委员会提议的第十二条第 1 款

---

① 国际联盟文件 Doc. C. 73. M. 38. 1929. V.，"Bases of Discussion for the Conference," Basis No. 16。转载在 Sh. Rosenne（编），2 *League of Nations Conference for the Codification of International Law*［*1930*］，第 277 页（1975 年）。

② First Committee, 60th meeting（1958 年），第 36 段，第一次联合国海洋法会议正式记录，第三卷第 189 页。

③ 挪威原本建议合并国际法委员会草案第十二条和第十四条。A/CONF. 13/C. 1/L. 97（1958 年），第一次联合国海洋法会议正式记录，第三卷第 239 页。挪威代表指出，"两项条款中所处理的问题是如此紧密地相互关联，在某些情况下几乎没有区别，例如，两个国家有一个共同的陆地边界在一个深湾湾头与海相遇。"第一委员会第 60 次会议，第 16 段，同上，第 188 页。

短语"在达不成协议的情形下"和第十四条第 1 款的短语"在没有此种协议的情形下"。④ 国际法委员会条款草案第十二条第 1 款所提到的"特殊情况"扩大为指"历史性所有权或其他特殊情况。"⑤

15.3. 在海底委员会，关于国家之间领海划界的提案遵循两个一般的方法。一批提案强调在海洋划界中使用间线和等距离，而另一批提案则强调公平原则基础上并考虑特殊情况的国家间相互协议。

这些赞成使用中间线和等距离的提案主要基于 1958 年《公约》第十二条。一项由塞浦路斯提出的提案（资料来源 2），内容如下：

> 如果两国海岸彼此相向或相邻，两国中任何一国在彼此没有相反协议的情形下，均无权将其领海伸延至一条其每一点都同测算两国大陆或岛屿领海宽度的基线上最近各点距离相等的中间线以外。

该提案在基线之后增加了"大陆或岛屿"的提法并删除了"历史性所有权或其他特殊情况"的提法，纳入了 1958 年《公约》第十二条第 1 款。乌拉圭代表（资料来源 4）提出类似的语言。乌干达和赞比亚代表的一项提案（资料来源 8）更加紧密地遵循了第十二条，包括以"历史性所有权或其他特殊情况"的提法。马耳他代表要将第十二条的规定，适用于说成为"国家海洋空间"的国家管辖区域。⑥

划界的第二种方法强调各国之间相互协议，反映在土耳其代表的一项提案中（资料来源 3），其中提到有关海上边界划分的各种问题，内容如下：

> 1. 海岸相邻或相向的两个或两个以上国家之间的海洋边界划分应由它们之间的协议确定，按照公平的原则，同时考虑到所有相关情况。
>
> 2. 在为达成协议所举行的谈判过程中，各国应考虑各种特殊情况，除其他外，包括各自海岸的一般形状，另一国家岛屿的存在，所涉及海洋区域包

---

④ 本措辞源于挪威的提案，前注⑤。据挪威代表说，这些话比国际法委员会草案案文更适当，它使用的是强制性短语"应通过协议确定"，紧接着就是假设达不成协议的情形。第一委员会第 60 次会议，第 16 段，同上，第 188 页。

⑤ 这种变化的依据包含在德意志联邦共和国的两项提案中，A/CONF. 13/C. 1/L. 121 和 L. 129，第 60 次会议，第 9 段，第一次联合国海洋法会议正式记录，第 187 页。德国代表指出，"等距离原则在长期占有（*longa possessio*）或国际法承认的历史性权利的情况下不适用。这种权利与通过明确协议所获得的权利具有同样的价值。"

⑥ A/AC. 138/53，第四十五条。转载在《1971 年海底委员会报告》第 105、134 页（马耳他）。在海底委员会 1973 年会议提出的这项提案的修订版提到的国家海洋空间的区域，是指从沿海国的基线扩大到外部限为 200 海里的区域。见 A/AC. 138/SC. II/L. 28，第十九条第 1 – 3 款，转载在《1973 年海底委员会报告》第三卷第 35、43 页（马耳他）。

括海床及其底土的物理和地质结构等。

    3. 各国应利用《联合国宪章》第三十三条所设想的方法或其他向其开放的和平手段和方法，以解决谈判过程中可能出现的分歧。

    4. 在没有特殊情况的情形下，在划定各自的边界时应适当顾及中间线或等距离原则。

    该提案规定，海洋边界的划定应通过按照公平原则并考虑到所有有关情况达成的协议加以确定。[7] 分歧要通过"《联合国宪章》第三十三条所设想的方法或和平手段"加以解决。在没有特殊情况的情形下，应适当顾及中间线或等距离原则。

    巴西和中国的提案还强调国家之间的协议。[8] 巴西代表（资料来源5）呼吁"其海岸不面对开阔海洋国家"要"与该地区的其他国家进行磋商，以确定一个双方同意的最大领海宽度。"中国（资料来源7）将会在"相互尊重主权和领土完整、平等互惠的原则基础上"确定领海的划界。

    涉及领海划界的其他提案包括解决地区内那些具有特别特点的如半闭海和闭海等领海的界限的提案；[9] 一项由三个拉丁美洲国家提出的提案，其允许列入关于划界的另外规定；[10] 由土耳其和突尼斯提出的提案（资料来源6），其建议删除塞浦路斯代表（资料来源2）提出的"岛屿"一词；以及一项由菲律宾提出的提案（资料来源9），该提案建议在新的《联合国海洋法公约》批准之前所建立的历史性水域和领海不受拟议的领海范围的限制。

    附1973年海底委员会报告之后的备选案文清单（资料来源10和资料来源11）反映了先前关于划定领海的若干提案，包括塞浦路斯、土耳其和乌拉圭的提案（资料来源2至资料来源4）。

    15.4. 在第三次海洋法会议第二期会议（1974年）上，许多提案强调要么使用1958年《公约》所表达的中间线划界方法，要么使用根据双方协议并考虑特殊情况的划界方法。由英国（资料来源12）和4个东欧社会主义国家代表（资料来源17）提出的两项提案，逐字重复了1958年《公约》第十二条。希腊代表提出的提案（资料来源16）反映了塞浦路斯较早前接着第十二条的建议（资料来源2），但删除了对"历史权

---

    [7] 这是国际法院使用的一个公式，作为管辖《北海大陆架案》（德意志联邦共和国/丹麦、德意志联邦共和国/荷兰）中大陆架划界的规则，1969年国际法院报告第3、54页，第101段。

    [8] 另见一较早的宣言，A/AC. 138/80，"Territorial Sea"第2段，转载在《1972年海底委员会报告》第70、71页（《圣多明各宣言》）。

    [9] 见 A/AC. 138/SC. II/L. 16 和 Rev. 1，第2款，转载在《1973年海底委员会报告》第三卷第2页（土耳其）；A/AC. 138/SC. II/L. 17，同上，第3页（希腊）；和资料来源4，第二条第2款（乌拉圭）。

    [10] A/AC. 138/SC. II/L. 27 和 Corr. 1 和2，第二节，转载在《1973年海底委员会报告》第三卷第二部分第30页（厄瓜多尔、巴拿马和秘鲁）。

利或其他特殊情况"的提法"，并明文规定在建立中间线时平等对待岛屿和大陆沿岸。

一项由土耳其代表提出的经修订的提案（资料来源13）和由荷兰代表提出的新提案（资料来源14）及罗马尼亚代表提出的新提案（资料来源15）都强调，划界应根据协议与公平原则，同时既要考虑到特殊情况（土耳其）、有关情况（荷兰），也要考虑到"所有影响海上或大洋区域的有关地理，地质或其他情况"（罗马尼亚）。由荷兰和罗马尼亚代表提出的提案为所有海洋区域的划界规定了一个制度。

一个由二十四国集团提出的提案一般性地指出"进一步仔细考虑1958年日内瓦各公约规定的规则的必要性。"[11]十四国非洲国家集团（资料来源18）建议如下：

> 相邻和/或相向国家之间海洋空间的划界，在有岛屿存在的情况下，必须通过它们之间按照公平原则达成的协议进行，中间线或等距离线不是划界的唯一方法。

在《主要趋势工作文件》中（资料来源19），第二十一条方案A至D，分别纳入了《领海和毗连区公约》第十二条、塞浦路斯和希腊代表所提出的除"大陆和岛屿"基线以外的相关条文（资料来源2和资料来源16）、由土耳其代表提出的经修订的提案（资料来源13），以及由中国代表在海底委员会提出的提案（资料来源7）的建议。

15.5. 在第三次海洋法会议第三期会议（1975年）上，成立了一个关于划界问题的非正式磋商小组。由秘鲁代表提出的一项非正式提案（资料来源28）的语言类似于1958年《公约》第十二条，强调使用中间线的和等距离原则划定国家之间的领海。历史性所有权或其他特殊情况没有例外。

在非正式单一协商案文第二部分（资料来源20），第十三条逐字重复了《领海和毗连区公约》第十二条。

15.6. 在第三次海洋法会议第四期会议（1976年）上，阿拉伯利比亚共和国代表提出了一项非正式提案（资料来源29），要修订第十三条，将海岸相向国家和海岸相邻国家分开成为单独的条款。该做法没有被接受。

订正的单一协商案文第二部分（资料来源21）所包括的第十四条表述如下：

第十四条　海岸相向或相邻国家间领海界限的划定

如果两国海岸彼此相向或相邻，两国中任何一国在彼此没有相反协议的情形下，均无权将其领海伸延至一条其每一点都同测算两国中每一国领海宽

---

⑪　A/CONF. 62/C. 2/L. 33（1974年），注释，正式记录，第三卷第212页（奥地利、比利时、玻利维亚、博茨瓦纳、布隆迪、白俄罗斯苏维埃社会主义共和国、捷克斯洛伐克、芬兰、德意志联邦共和国、匈牙利、老挝、莱索托、卢森堡、马里、蒙古、荷兰、巴拉圭、新加坡、斯威士兰、瑞典、瑞士、乌干达、上沃尔特和赞比亚）。

度的基线上最近各点距离相等的中间线以外。但如因历史性所有权或其他特殊情况而有必要按照与本条规定不同的方法划定两国领海的界限，则不适用本规定。

在这个阶段加上了该条款的标题。第十四条修改了非正式单一协商案文文本，把第 2 款挪到一个关于海图和地理坐标表并将这种海图表妥为公布的新的条款（订正的单一协商案文第十五条）。该条款成为《公约》第十六条（见下文第 16.6 段）。⑫

15.7. 在第三次海洋法会议第六期会议（1977 年）上，摩洛哥代表提交了一项非正式提案（资料来源 30），把第十四条的两句话分成两款。这将增加关于划界方法的具体规定，用于有必要特别考虑"历史性所有权或其他特殊情况"。这一建议未被接受。

在非正式综合协商案文（资料来源 22）中，该条文被重新编号为第十五条，逐字重复了订正的单一协商案文第十四条。在介绍该案文时，会议主席解释了没有修改所有关于划界的条款的原因，指出：

> 关于海岸相向或相邻国家之间领海、专属经济区和大陆架划界的问题，[第二委员会] 主席决定在订正的单一协商案文中出现的有关条款应予以保留，因为不可能制定一个方案缩小这些对立观点之间的差异。⑬

15.8. 在第三次海洋法会议第七期会议（1978 年）上，"海岸相邻或相向国家之间海洋划界及其争端解决"被确定为"核心问题。"⑭这个问题归由曼纳（芬兰）为主席的第七协商小组处理。虽然第七协商小组的职责包括划定领海，但这个问题并没有在该小组审议中占据突出的位置。这既涉及关于领海划界规定的实质，也涉及争端解决的相关问题。小组首先讨论了解决争端的问题和与专属经济区和大陆架划界有关的划界协议达成之前的临时措施。

在第七协商小组，同样出现了两种办法，一种是赞成等距离原则，另一种是赞成公平原则（见第一卷第 78～79 页）。大多数非正式提案试图保持划界条款的形式不变，只进行文字上的修改，而不是一块全部取代它。最实质性的变化是由摩洛哥提出的（资料来源 31），该提案遵循了保持方案的形式，但阐述了适用于历史性所有权或其他特殊情况存在时的实质性和程序性规则。它还提到，除其他外，公平原则的适用可能导致采用其他方法而不是等距离，并建议各国在边界划定之前努力作出临时安排。

---

⑫ 对关于专属经济区和大陆架划界的相应条款也进行了同样的编辑上的改动（第七十四条和第八十三条）。

⑬ A/CONF. 62/WP. 10/Add. 1（1977 年），"［订正的单一协商案文］第二部分"，正式记录，第八卷第 65、69 页（大会主席）。

⑭ 见 A/CONF. 62/61（1978 年），第 5 款第（7）项，正式记录，第十卷第 1、2 页（总报告委员会）和 A/CONF. 62/62（1978 年），第 5 款第（7）项，同上，第 6、8 页。另见本丛书第一卷第 97 页。

第七协商小组主席对第十五条提出了两处起草文字润色上的变化（资料来源 32 和资料来源 33），对将关于海图和地理坐标表妥为公布的规定转到非正式综合协商案文第十六条作出了满意的解释（见上述第 15.6 段）。秘鲁代表（资料来源 34）建议在"历史性所有权"之前插入短语"双方承认的"。

第七协商小组主席在其关于该小组工作的报告中指出（资料来源 36）：

> 关于第十五条（有关海岸相向或相邻国家之间的领海划界）似乎普遍表示支持［原文］保留其目前在非正式综合协商案文中的形式，只有主席根据讨论情况建议的两处起草文字润色上的修改。

15.9. 在第八期会议（1979 年）上，第七协商小组主席回顾了协商的进展，[15] 并再次指出支持所提出的第十五条起草文字的修改。[16] 这些变化随后并入非正式综合协商案文第一次修订稿第十五条（资料来源 23），全文如下：

> 如果两国海岸彼此相向或相邻，两国中任何一国在彼此没有相反协议的情形下，均无权将其领海伸延至一条其每一点都同测算两国中每一国领海宽度的基线上最近各点距离相等的中间线以外。但如因历史性所有权或其他特殊情况而有必要按照与上述规定不同的方法划定两国领海的界限，则不适用上述规定。

15.10. 在第九期会议（1980 年）上，一些国家建议把第十五条与第七十四条和第八十三条按照当时的情况一致起来。[17]但是第十五条在非正式综合协商案文第二次修订稿和第三次修订稿中保持不变（资料来源 24 和资料来源 25）。

15.11. 在第十一期会议（1982 年）上，委内瑞拉对第三〇九条关于保留和例外提出了正式的修正案，其大意是除非有公约的其他条款明文允许，除第十五条、第七十四条、第八十三条和第一二一条第 3 款之外，不得对公约作出任何保留，也

---

[15] NG7/26（1978 年，油印）（第七协商小组主席）。转载在《第三次联合国海洋法会议文件集》第九卷第 432 页。

[16] 见 NG7/39（1979 年，油印），第十五条（第七协商小组主席）。转载在《第三次联合国海洋法会议文件集》第九卷第 459 页。另见 A/CONF. 62/L. 38（1979 年），第七条，正式记录，第十一卷第 101 页（第二委员会主席）。

[17] 例见阿根廷在第 126 次全体会议（1980 年）上的发言，第 88 段；正式记录，第十三卷第 17 页；和委内瑞拉在第 126 次全体会议上的发言，第 137 段，同上，第 20 页。

没有例外。[18] 该提案被撤回，赞成由土耳其提出的删除第三〇九条的提案。土耳其的提案付诸表决并被驳回（见第五卷第221页第309.8段）。[19]哥伦比亚也表示它既不接受重新起草第十五条的条文，也不接受保留该条款的条文。[20]

15.12（a）. 第十五条包含的关于海岸相邻或相向国家之间的领海划界的基本规则是，应由有关各方共同协议划定，而不是单方面的。在没有达成协议的情况下，适用中间线原则。但如因历史性所有权或其他特殊情况而有必要按照不同的方法划定两国领海的界限，则不适用这条规定。[21]

15.12（b）. 在1951年《渔业案》中，国际法院关于划界有一项重要的原则声明。法院表示：

> 海域划界一直是一个国际问题，它不能仅仅依赖于沿海国的国内法所表达的愿望。虽然这是事实，划界必然是一个单方面的行为，因为只有沿海国有权去做，但划界对其他国家的有效性却依赖于国际法。[22]

15.12（c）. 各国之间的领海划界一直是在为数不多的现代案例中司法解决的主体。在挪威和瑞典之间的格里斯巴丹那案仲裁中，法庭竭力寻找领海"公正"的划界问题。因此，对于一部分界限的划定，它放弃了中间线，而是沿着一条与海岸的一般方向垂直的线。[23]

在1979年的比格尔海峡案中，仲裁法庭表示，在划定比格尔海峡边界中，它一直遵循的是

---

⑱ A/CONF.62/L.108（1982年），正式记录，第十六卷第223页（委内瑞拉）。另见委内瑞拉在158次全体会议（1982年）上的发言，第11段，同上，第15页，以及委内瑞拉在第168次全体会议上的发言，第67－70段，同上，第92页。另见 A/CONF.62/L.134（1982年），同上，第241页（委内瑞拉）。

⑲ A/CONF.62/L.120（1982年），正式记录，第十六卷第226页（土耳其）。关于土耳其对该提案的介绍，见第168次全体会议，第46段和第47段，同上，第96页。投票结果为100票反对，18票赞成，26票弃权。见176次全体会议，第14段，同上，第133页。

⑳ 见 A/CONF.62/WS/18（1982年）。正式记录，第十六卷第257、258页（哥伦比亚）和 A/CONF.62/WS/21（1982年），同上，第259页（哥伦比亚）。

㉑ 关于会议对历史所有权的讨论见上文第10.5（d）段。关于第一次海洋法会议讨论，见上文第15.2段（注5）。

㉒ *Fisheries* case（United Kingdom v. Norway），1951年国际法院报告第116、132页。这句格言曾被应用到《渔业管辖权案》（*Fisheries Jurisdiction* cases）（United Kingdom v. Iceland；Federal Republic of Germany v. Iceland）捕鱼区的划定，1974年国际法院报告第3、22页，第49段；同上，第175、191页第41段。它也被应用到1982年《大陆架案》（突尼斯/阿拉伯利比亚民众国）的大陆架划界，1982年国际法院报告第18、67页，第87段。

㉓ 《挪威与瑞典海洋边界争端案》（*Grisbadarna* case），《美国国际法杂志》第4卷226、232页（1910年）；J. B. Scott（主编），《海牙法庭案例汇编》第121、129页［法文原版第487页］（1916年）。

混合因素，特别是从属权利、海岸形状、等距离、便利、适航性以及使各方尽可能在自己的海域航行的愿望等。除了……盖博岛附近的地方沿着经常使用的航道之外，所有这一切都与严格的中间线没有很大的偏差。[24]

在 1977 年《大陆架划界案》（法国/英国）中，仲裁法庭无权解决它们双方之间关于领海划界的分歧，但某些有关方面"只作为划定英吉利海峡大陆架边界的一个要素。"[25]由仲裁法庭于 1985 年在《几内亚和几内亚比绍海洋边界划界案》中所裁定的海洋边界有部分领海边界。虽然仲裁法庭没有把领海划界作为一个单独的问题考虑，但确实以这种方式划了海洋边界，赋予位于该海洋边界以南约 2 海里向西 12 海里的领海。[26]

在几内亚比绍和塞内加尔仲裁案间接产生了问题。法庭在该案裁决中说，目前在现行的国际法中并不存在任何习惯规范或法律的一般原则会授权缔结了有效的海洋划界条约的国家或者其继承人核实或审查其公平性。[27]

15.12（d）. 与第七十四条和第八十三条关于专属经济区和大陆架的划界不同，第十五条中不包含关于临时安排或解决争端的规定。这些属于第二九八条第 1 款（a）项（1）目处理的范围，但是，这里是指有关"海上划界或涉及历史性海湾或历史性所有权"的纠纷。

---

[24] 《比格尔海峡仲裁案》（*Beagle Channel Arbitration*）（阿根廷/智利）（1979 年），第 110 段；《国际法评论》第 52 卷第 93、185 页；《国际法资料》第 17 卷第 634、673 页（1978 年）。

[25] 《大不列颠及北爱尔兰王国、爱尔兰和法兰西共和国之间大陆架划界案》（*Delimitation of the Continental Shelf between the Kingdom of Great Britain and Northern Ireland, and the French Republic*）（1977 年），第 13–21 段，第 139–144 页，《国际仲裁裁决报告》第三十八卷第 3、21 和 72 页；《国际法评论》第 54 卷第 6、321、81 页。

[26] 《几内亚和几内亚比绍海洋边界划界案》（*Delimitation of the Maritime Boundary between Guinea and Guinea-Bissau*）（1985 年），第三段，《国际仲裁裁决报告》第十九卷第 149、190 页；国际法院报告第 77 卷第 635、684 页；《国际法资料》第 25 卷第 252、298 页（1986 年）；《国际公法概览》第 89 卷第 484 页（1985 年）。

[27] 1989 年 7 月 31 日判决书第 79 段，国际法院报告第 83 卷第 1、43 页；《国际公法概览》第 94 卷第 204、264 页（1990 年）。该判决书的有效性是后来在国际法庭诉讼的主体，并在 1989 年 7 月 31 日《关于仲裁裁决书案》中得到确认，1991 年国际法院报告第 53 卷。

第十六条　海图的地理坐标表

1. 按照第七、第九和第十条确定的测算领海宽度的基线，或根据基线划定的界限，和按照第十二和第十五条划定的分界线，应在足以确定这些线的位置的一种或几种比例尺的海图上标出。或者，可以用列出各点的地理坐标并注明大地基准点的表来代替。

2. 沿海国应将这种海图或地理坐标表妥为公布，并应将各该海图和坐标表的一份副本交存于联合国秘书长。

资料来源

第一次联合国海洋法会议文件

1. 《领海和毗连区公约》（1958 年）第四条第 6 款，第九条和第十二条第 2 款；对应于《国际法委员会的条款草案》第五条第 2 款，第九条，第十二条第 4 款和第十四条第 2 款。关于前期历史，见秘书处《参考文献指南》中关于这些条款。关于在第一次联合国海洋法会议上讨论的情况，见第一委员会的报告，A/CONF13/L.28/Rev.1（1958 年），第 58～60 段，第一次联合国海洋法会议正式记录，第二卷第 115、119 页。

第三次联合国海洋法会议文件

2. A/CONF.62/L.8/Rev.1（1974 年），附件二附录一，〔A/CONF.62/C.2/WP.1〕，条款第十一条和条款第二十一条，方案 A，正式记录第三卷第 93、107、110 页（总报告员）〔《主要趋势工作文件》〕。

3. A/CONF.62/WP.8/Part II（非正式单一协商案文，1975 年），第六条第 7 款，第八条、第十一条和第十三条第 2 款，正式记录，第四卷第 152、154～155 页（第二委员会主席）。

4. A/CONF.62/WP.8/Rev.1/Part II（订正的单一协商案文，1976 年），第十五条，正式记录，第五卷第 151、155 页（第二委员会主席）。

5. A/CONF.62/WP.10（非正式综合协商案文，1977 年），第十六条，正式记录，第八卷第 1、7 页。

6. A/CONF.62/WP.10/Rev.1（非正式综合协商案文第一次修订稿，1979 年，油印），第十六条。转载在《第三次联合国海洋法会议文件集》第一卷第 375、397 页。

7. A/CONF. 62/WP. 10/Rev. 2（非正式综合协商案文第二次修订稿，1980 年，油印），第十六条。转载在《第三次联合国海洋法会议文件集》第二卷第 3、26 页。

8. A/CONF. 62/WP. 10/Rev. 3 *（非正式综合协商案文第三次修订稿，1980 年，油印），第十六条。转载在《第三次联合国海洋法会议文件集》第二卷第 179、202 页。

9. A/CONF. 62/L. 78（《公约草案》，1981 年），第十六条，正式记录第十五卷第 172、178 页。

起草委员会文件

10. A/CONF. 62/L. 67/Add. 1（1981 年，油印），第 18~20 页。

11. A/CONF. 62/L. 67/Add. 1/Rev. 1（1981 年，油印），第 17~19 页。

12. A/CONF. 62/L. 72（1981 年），正式记录，第十五卷第 151 页（起草委员会主席）。

非正式文件

13. Informal Working Paper No. 1；No. 1/Rev. 1，条款第十条和第十六条，方案 A；No. 1/Rev. 2，条款第十条、第十七条和第十九条，方案 A；及 No. 1/Rev. 2 *，条款第十一条、第十八条和第十九［二十］条。转载在《第三次联合国海洋法会议文件集》第三卷第 205、210、226、244 页。

14. C. 2/Blue Paper No. 4（1975 年，油印），条款第五条、第十三条和第十九条。转载在《第三次联合国海洋法会议文件集》第四卷第 126~128 页。

15. Libyan Arabic Republic（［1976 年］，油印），第 2 款和第 3 款。转载在《第三次联合国海洋法会议文件集》第四卷第 266 页。

评　　注

16. 1.　第十六条的宗旨是要确保国际社会充分获悉沿海国领海的界限，包括基线、外部界限和分界线。提供这些信息的目的在于（ⅰ）保护沿海国在其领海的主权；及（ⅱ）提供充分的信息，以确保国际航行不会无意中进入了一个沿海国领海和侵犯关于无害通过的规则。

第 1 款规定了沿海国有责任在海图表上显示（ⅰ）根据第七条（直线基线）、第九条（口河流）和第十条（海湾）划出的基线或由这些基线测算出的领海的界限；及（ⅱ）根据第十二条（泊船处）和第十五条（与海岸相向或相邻国家之间的划界）划定的界线。作为替代方案，这些基线、外部界限和划界界线，可注明在一个标有大地基准点的地理坐标表上。

第 2 款规定沿海国有义务妥为公布这种海图或地理坐标表。此外，每个海图或坐标表的副本要交存联合国秘书长。这反映了其他国家有要求将这种信息提供给它们的权利。

16. 2. 由国际法委员会编写的海洋法条款草案和 1958 年《领海和毗连区公约》，没有包括要求各国公布标明基线和其他划定领海所使用的线的位置的海图。相关的要求包括在关于直线基线、泊船处以及相向和相邻国家的领海等一些单独的条款中（资料来源 1）。关于海湾和河流的相应条款并没有包含任何类似的要求。

16. 3. 在海底委员会 1973 年会议上由乌拉圭和马耳他代表向其提交的不同提案遵循了那种做法。①

在第三次海洋法会议第二期会议（1974 年）上，有些提案纳入了 1958 年《领海和毗连区公约》中与第十六条的主题事项相关的某些条文或全部条文。② 有两套规定后来被包括在《主趋势工作文件》中（资料来源 2）。条款第十一条，关于直线基线，要求沿海国"在海图上明确标出直线基线，并必须将其妥为公布。"条款第二十一条方案 A 也将要求沿海国标出"把与相向或相邻国家之间领海划定的界限……标注在沿海国官方承认的大比例尺海图上。"《主要趋势工作文件》并没有包括关于与海湾、泊船处或河口相关的基线或边界的类似规定。

16. 4. 在第三期会议上（1975 年），由关于基线问题的非正式磋商小组改写的关于基线的综合案文（资料来源 14）采纳了多项关于公布和标示某些基线和划界界线的位置的新要求。第五条对处理直线基线，第七款要求沿海国要"清楚地将直线基线标在海图上，并附上一份标明地理坐标点的表作为补充，交存联合国秘书长，其应妥为公布。"这是第一次要求标出直线基线的位置并包括一份坐标表及海图。这项要求将材料交存秘书长也是新的（它相当于将一个已经发展的广泛接受的实践通知秘书长）。这项规定也出现在非正式文件条款第十三条该条涉及跨越河口绘制的基线。最后，条款第十九条重复了关于标出和妥为公布泊船处的位置，这已经包括在 1958 年《领海和毗连区公约》中，但没有被列入《主要趋势工作文件》。

由非正式磋商小组通过的建议，纳入了非正式单一协商案文第二部分（资料来源 3）中的条款第六条、第八条、第十一条和第十三条。因此，关于标出和公布与领海及

① 见 A/AC. 138/SC. II/L. 24，第三条第 2 款、第五条和第十条，转载在《1973 年海底委员会报告》第三卷第 23、25 页（乌拉圭）和 A/AC. 138/SC. II/L. 28，第四条第 6 款、第十九条第 6 款，同上，第 35、39、43 页（马耳他）。

② 例见 A/CONF. 62/C. 2/L. 3（1974 年），第二部分注释，正式记录，第三卷第 183 页（英国）；A/CONF. 62/C. 2/L. 22（1974 年），第八条第 3 款，同上，第 200、201 页（希腊）；A/CONF. 62/C. 2/L. 26（1974 年），第二部分，同上，第 203 页（保加利亚、德意志民主共和国、波兰和苏联）和 A/CONF. 62/C. 2/L. 33 的（1974 年），第四和第八条，正式记录，第三卷第 212 页（奥地利、比利时、玻利维亚、博茨瓦纳、布隆迪、白俄罗斯苏维埃社会主义共和国、捷克斯洛伐克、芬兰、德意志联邦共和国、匈牙利、老挝、莱索托、卢森堡、马里、蒙古、荷兰、巴拉圭、新加坡、斯威士兰、瑞典、瑞士、乌干达、上沃尔特和赞比亚）。

毗连区有关的各种边界的位置的要求继续作为单独的条款出现在非正式单一协商案文的条款。这些条款涉及直线基线、河口、泊船处和海岸相向或相邻国家。

16.5. 在第三次海洋法会议第四期会议（1976 年）上，在修改非正式单一协商案文第十三条的背景下，由阿拉伯利比亚共和国提交的一项非正式提案（资料来源 15）包含了关于标识两个相向或相邻国家之间的领海分界线的规定。

在订正的单一协商案文第二部分（资料来源 4），增加了一条新的规定，作为第十五条，内容如下：

> 1. 按照第六条、第八条和第九条确定的测算领海宽度的基线，或根据基线划定的界限，和按照第十一条和第十四条划定的分界线，应在足以决定这些线的一种或几种比例尺的海图上标出。或者，可以用列出各点的地理坐标并注明大地基准点的表来代替。
>
> 2. 沿海国应将这种海图或地理坐标表妥为公布，并应将各该海图和坐标表的一份副本交存于联合国秘书长。

第 1 款整合并取代了非正式单一协商案文中被分别处理的提到根据关于直线基线的条款制订的基线、河口、海湾、由其测算出的界限、按照有关泊船处的条款划定的泊船处的界限以及海岸相向或相邻国家间领海分界线等条款。第十五条也第一次把要求标出和公布某些基线的位置的要求适用于根据第九条关于海湾的规定所划定的直线基线。第 1 款也引入了显示在该条款中提到的基线及其他边界的替代方法的概念。它要求沿海国使用足够尺度的海图或坐标表，包括大地基准点，作为记录数据的正确方法。第 2 款规定的沿海国妥为公布这种海图或坐标表，而不是像在非正式单一协商案文第二部分的相应条款中规定的由秘书长去做。

16.6. 在第三次联合国海洋法会议第六期会议上（1977 年），非正式综合协商案文第十六条的案文（资料来源 5）重复了订正的单一协商案文第二部分第十五条的语言与交叉引用的后来的重新编号。

16.7. 在第八期会议（1979 年）上，起草委员会审查短语"海图……妥为公布"作为第十六条、第四十七条、第七十五条、第七十六条、第八十四条和第一三四条之间协调过程的一部分并提出使它们协调一致的建议。[③] 在第十期会议（1981 年）上，作为统稿的过程，起草委员会提出了一部分标点符号和轻微的改动，以"确定这些线的位置"取代了"决定这些线"（资料来源 10 至资料来源 12）。结合这些变化，条款形成了在《公约草案》中的正式形式（资料来源 9）。

16.8（a）. 第十六条规定，直线基线，跨越河流和海湾划定的基线，或由这些

---

③ A/CONF. 62/L. 40（1979 年），第十五节，正式记录，第七卷第 95、99 页（起草委员会主席）。

基线测算出的外部界限线，以及根据第十二条和第十五条划定的分界线，"应在足以确定这些线的位置的一种或几种比例尺的海图上标出。"④沿海国可制作出版其自己的海图或使用主要的制图部门所出版的海图（参见上文第5.4（d）段）。在这两种情况下，要求都是基线和其他的线要在这种海图上"标出"。⑤（关于"海图"一词，见上文第5.4（c）段）。

同样的规定并不适用于"正常基线。"根据第五条，正常基线（即沿海岸低潮线），是"沿海国官方承认的大比例尺海图所标明的沿岸低潮线。"（见上文第5.4（c）段）。（事实上，大多数大比例尺海图都标明低潮线（参见上文第5.4（b）段）。没有规定要求把从正常基线量起的领海外部界限标在海图上，这一问题受第四条和第五条支配。

16.8（b）. 如果用地理坐标表代替海图，表上就必须注明"大地基准点。"在审查基线时，联合国海洋事务和海洋法司解释所谓"基准点"是一个坐标系统的依据。重要的是要知道用的是什么大地基准点确定以坐标为基础的位置，因为"一个共同的点的位置使用两个不同的大地基准点的两种不同的测量会被归于两套不同的地理坐标里。"⑥

无论海图所使用的地图投影如何，海图给出了直观的领海界限，地理坐标表则提供了更大的精确度。虽然第十六条规定：哪一种方式都是可以接受的，但是事实上，最有利的可能是既使用用于说明的目的海图又使用标明确切位置的坐标表。⑦

16.8（c）. 第2款规定，沿海国应"妥为公布"第1款所述的海图和坐标表。由联合国海洋事务与海洋法司所编写的关于基线的研究中解释"妥为公布"一词的含义为"在合理的时间内用合适的方式通过有关当局通知人们知晓某一行动"。⑧ 在《公约》第四十七条第9款、第七十五条第2款、第七十六条第9款、第八十四条第2款中，这个词也用于指标明基线、界限和其他边界线位置的海图或地理坐标表。"妥为公布"这一短语也出现在第二十一条第3款、第二十二条第4款、第四十一条第2款和

---

④ 关于更多的不同类型和比例尺的海图的细节及其应用，见国际海道测量组织，*A Manual on Technical Aspects of the United Nations Convention on the Law of the Sea* – 1982，国际航道测量组织特刊第51期，第35–49页（1990年第二版）。

⑤ 关于更全面的说明，见联合国海洋事务与海洋法司，*Baselines：An Examination of the Relevant Provisions of the United Nations Convention on the Law of the Sea*，第100段，第40页（联合国销售号 No. E. 88. V. 5* （1989年））。

关于对大地测量因素用于地理坐标的充分讨论，见国际航道测量组织特刊第51期，前注④，第51–80页。

⑥ 同上，附录一（技术术语汇编），47、55页。另见 "Study on the future functions of the Secretary-General under the draft convention and on the needs of countries，especially developing countries，for information，advice and assistance under the new lega régime，" A/CONF. 62/L. 76（1981年），第二部分第7节，技术评论（vi），正式记录，第十五卷第153、170页。

⑦ 见 *Baselines. . .*，前注⑤，第98段，第40页。

⑧ 同上，附录一，第54页。

第 6 款、第四十二条第 3 款、第五十三条第 7 款和第 10 款，以及第二一一条第（3）款（关于后者见第四卷，第 203 页第 211.15（g）段）。⑨

16.8（d）. 第 2 款还要求沿海国将第 1 款所述海图和坐标表"交存"联合国秘书长。在起草委员会，有人建议使用一些其他词汇，如用"发送"代替"交存"，以避免发生任何暗示，即秘书长将作为《公约》保存人的身份接受这些文件。但是，这种尝试只是集中在英语和法语语言小组里，并没有被普遍接受。⑩ 在关于根据《公约》秘书长的未来职能的研究中，就海图和坐标表的问题提出了以下意见：

14. 第一类职责提出了处理海图及其他有关信息的问题。这将基本上是本组织工作中前所未有的一项活动，可能涉及与保存职能相关的某些职责。潜在的大量的和复杂的海图和数据交存秘书长，提出了一些关于适当的物质设施和工作人员的能力的问题。如果各国都要求通过联合国秘书处将这种海图和坐标表"妥为公布"，这意味着要有更大的再生产能力。目前似乎有必要建立一个中心设施，负责接收并保存关于沿海国管辖区域的所有这些材料，以及着手作出安排，这将需要强调水文学方面的技能。

15. 假设将为大陆架界限委员会提供的秘书处会在某些方面是这一安排的产物，似乎也是可行的，因为该委员会服务的工作人员需要熟悉并可以随时使用这许多相同的材料。

16. 与交存海图和坐标表相关的职能可能需要在早期阶段就采取行动。鉴于各国可能对这些职能的重视，这些职责必须位于《公约》规定的秘书长实质性职责的组织中心。⑪

16.8（e）. 类似的关于海图和地理坐标表以及将其"妥为公布"的规定，还包含在第四十七条第 8 款和第 9 款、第七十五条、第八十四条、第一三四条第 3 款（其中结合关于"区域"的第八十四条）。

---

⑨ 《公约》中使用的其他类似的但不一定是相同的表达方式包括："妥为公布，"第二十四条第 2 款、第四十四条和第六十条第 3 款；"适当通知"第五十一条第 2 款、第六十条第 3 款和第 5 款，第六十二条第 5 款、第一四七条第 2 款（a）项和附件六，第三十条第 4 款。在这方面，秘书长评论道：

许多规定，例如，第二十一条、第二十二条、第二十四条、第二十五条、第四十一条、第四十二条、第五十一条、第五十二条、第五十八条、第六十条、第六十二条、第一九八条、第二一一条、第二四四条、第二四六条和第二五四条都不同程度要求"妥为公布（due publicity）"、"适当通知"、"通知"、"妥为公布（appropriate publicity）"等。根据情况，各国可以把联合国和/或联合国组织系统作为一个适当的渠道实现这一目的。然而，这些规定的实际应用模式会是一个解释的问题。如果这些规定是基于其他条约的规定，根据其条款的规定通知和公布的方法的使用也许会维持。

"Study on the future functions . . . ,"前注⑥，A/CONF.62/L.76，注 52，第 157 页。

⑩ 见英语和法语语言小组，报告 ELGDC/5（1980 年，油印），第三部分 C；ELGDC/6（1981 年，油印）；FLGDC/8/1（1981 年，油印）；和 DC/第二部分第十六条（1981 年，油印）。

⑪ "前注⑥，A/CONF.62/L.76，第一部分（B），第 14–16 段，第 156 页。

第三节 领海的无害通过

A分节 适用于所有船舶的规则

第十七条 无害通过权

在本公约的限制下，所有国家，不论为沿海国或内陆国，其船舶均享有无害通过领海的权利。

资料来源

第一次联合国海洋法会议文件

1. 《领海和毗连区公约》（1958年）第十四条，对应于国际法委员会的草案第十五条第1款。关于前期历史，见秘书处《参考文献指南》中关于第十五条。关于在第一次联合国海洋法会议上的讨论，见第一委员会报告 A/CONF. 13/L. 28/Rev. 1（1958年），第62段和第67段，第一次海洋法会议正式记录，第二卷第115、119页。

第三次联合国海洋法会议文件

2. A/AC. 138/53，第四十七条第1款，转载在《1971年海底委员会报告》第105、135页（马耳他）。

3. A/AC. 138/SC. II/L. 18，第一条，转载在《1973年海底委员会报告》第三卷第3、4页（塞浦路斯、希腊、印度尼西亚、马来西亚、摩洛哥、菲律宾、西班牙和也门）。

4. A/AC. 138/SC. II/L. 21，第三条，转载在《1973年海底委员会报告》第三卷第19页（哥伦比亚、墨西哥和委内瑞拉）。

5. A/AC. 138/SC. II/L. 24，第十五条和第十六条第1款，转载在《1973年海底委员会报告》第三卷第23、26~27页（乌拉圭）。

6. A/AC. 138/SC. II/L. 27 and Corr. 1 和2，第四条和第五条第1款，转载在《1973年海底委员会报告》第三卷第30、31页（厄瓜多尔、巴拿马和秘鲁）。

7. A/AC. 138/SC. II/L. 28，第二十条第 1 款，转载在《1973 年海底委员会报告》第三卷第 35、44 页（马耳他）。

8. A/AC. 138/SC. II/L. 34，第 1 项，第（8）款，转载在《1973 年海底委员会报告》第三卷第 71、72 页（中国）。

9. A/AC. 138/SC. II/L. 37and Corr. 1，第 3 款，转载在《1973 年海底委员会报告》第 78、79 页（阿根廷）。

10. A/AC. 138/SC. II/L. 42and Corr. 1，第一条，转载在《1973 年海底委员会报告》第 91、92 页（斐济）。

11. A/CONF. 62/C. 2/L. 3（1974 年），第二章第十四条，正式记录，第三卷第 183、184 页（英国）。

12. A/CONF. 62/C. 2/L. 16（1974 年），第一条，正式记录，第三卷第 192 页（马来西亚、摩洛哥、阿曼和也门）。

13. A/CONF. 62/C. 2/L. 17（1974 年），第 5 段，正式记录，第三卷第 195 页（尼加拉瓜）。

14. A/CONF. 62/C. 2/L. 19（1974 年），第一条，正式记录，第 196 页（斐济）。

15. A/CONF. 62/C. 2/L. 26（1974 年），第十四条，正式记录，第三卷第 203 页（保加利亚、德意志民主共和国、波兰和苏联）。

16. A/CONF. 62/L. 8/Rev. 1（1974 年），附件二附录一［A/CONF. 62/C. 2/WP. 1］，条款第二十四条，方案 A 和方案 B，正式记录，第三卷第 93、107 页（总报告员）［《主要趋势工作文件》］。

17. A/CONF. 62/C. 2/L. 88（1975 年），第 4 款，正式记录，第四卷第 194 页（厄瓜多尔）

18. A/CONF. 62/WP. 8/Part II（非正式单一协商案文，1975 年），第十四条，正式记录，第四卷第 152～154 页（第二委员会主席）。

19. A/CONF. 62/WP. 8/Rev. 1/Part II（订正的单一协商案文，1976 年），第十六条，正式记录，第五卷第 151、156 页（第二委员会主席）。

20. A/CONF. 62/WP. 10（非正式综合协商案文，1977 年），第十七条，正式记录，第八卷第 1、7 页。

21. A/CONF. 62/WP. 10/Rev. 1（非正式综合协商案文第一次修订稿，1979 年，油印），第十七条。转载在《第三次联合国海洋法会议文件集》第一卷第 375、397 页。

22. A/CONF. 62/WP. 10/Rev. 2（非正式综合协商案文第二次修订稿，1980 年，油印），第十七条。转载在《第三次联合国海洋法会议文件集》第二卷第 3、27 页。

23. A/CONF. 62/WP. 10/Rev. 3*（非正式综合协商案文第三次修订稿，1980 年，油印），第十七条。转载在《第三次联合国海洋法会议文件集》第二卷第 179、203 页。

24. A/CONF. 62/L. 78（《公约草案》，1981 年），第十七条，正式记录，第十五卷第 172、179 页。

起草委员会文件

没有与此过程同时的文件。

非正式文件

25. Informal Working Paper No. 1；No. 1/Rev. 1，条款第十九条和第四十条第 1 款；No. 1/Rev. 2，条款第二十二条和第四十四条第 1 款；和 No. 1/Rev. 2*，条款第二十三条和第四十六条第 1 款（均为 1974 年，油印）。转载在《第三次联合国海洋法会议文件集》第三卷第 205、210、226 和 244 页。

26. C. 2/Blue Paper No. 14（1975 年，油印），条款第一条。转载在《第三次联合国海洋法会议文件集》第四卷第 153 页。

27. C. 2/Informal Meeting/30（1978 年，油印），第十七条（阿根廷、孟加拉国、中国、民主也门、厄瓜多尔、马达加斯加、巴基斯坦、秘鲁和菲律宾）。转载在《第三次联合国海洋法会议文件集》第五卷第 39 页。

评　　注

17. 1.　　在第三节直接原型是 1958 年《领海和毗连区公约》第三节（资料来源 1），遵循了 1956 年国际法委员会编写的条款草案第一部分第三节。[①]在这些文件中，标题为"无害通过权。"

第十七条作为第三节的总的介绍。它强调所有国家，不论是沿海国或内陆国，其船舶均享有无害通过别国领海的权利。因此，第二部分第三节 A 分节（第十七条至第二十六条）适用于所有船舶。在这方面，第十七条必须与第十八条（通过的意义）及第十九条（无害通过的意义）结合在一起解读。另外，无害通过的权利还受《公约》的其他条款的制约。

17. 2.　　第十七条的基本概念首次出现在由国际法委员会拟订的条款草案第十五条第 1 款。在其对该条款评注的第（1）段里，该委员会表示这一条适用于"所有国家的船舶，包括渔船"，它"重申了国际法公认的并经 1930 年编纂会议确认的原则。"[②]

在第一次联合国海洋法会议上，该规定获得通过，成为 1958 年《领海和毗连区公约》第十四条第 1 款（资料来源 1），内容如下：

[①]　关于第三节的一般背景，见上文 II. 5 和 II. 6 段。

[②]　Report of the International Law Commission covering the work of its eighth session（A/3159），第十五条评注，第（1）段，1956 年《国际法委员会年鉴》第二卷第 253、272 页。

1. 在这些条款规定的限制下，所有国家，不论是否为沿海国，其船舶均享有无害通过领海的权利。

17.3. 在海底委员会1971年会议上，马耳他提议（资料来源2）修改1958年文本的文字如下：

1. 在这些条款规定的限制下，所有国家，不论是否为沿海国，其船只应享有通过海岸以外十二海里的国家海洋空间的权利和无害通过国家海洋空间其他部分的权利［强调是原有的］。

该案文区分了所谓的"国家海洋空间"的不同组成部分。

在海底委员会1973年会议上，提交给第二分委员会许多提案（资料来源3至资料来源10）。其中大多数重复了1958年文本的实质内容（资料来源3、资料来源4、资料来源5、资料来源7、资料来源9和资料来源10），但其他也引入了新的规定。一个由3个拉丁美洲国家提出的提案（资料来源6）规定，沿海国可以"为了维护国家的和平、秩序和安全"，对外国船舶和飞机通过制定具体规定，包括关于"探矿、勘探、资源的保全和开发、海洋环境的保护、科研、设施的建立，以及航海和航运的保障措施"等的规定。（这些规定后来被纳入第二十一条。）

中国代表提出的一项提案（资料来源8）规定："外国非军用船舶享有无害通过领海的权利。"

在附在第二分委员会的1973年报告备选案文表中，这些备选案文没有列入，而是逐字重复了1958年《公约》的文字。③

17.4. 在第二期会议（1974年）上，提交给第二委员会的所有提案（资料来源11至资料来源15）都重复了1958年文本，虽然其中的多元化制度的办法（见上文2.4段）是一些关于无害通过适用于不同的制度讨论的基础。这两种方法分别载于《主要趋势工作文件》第二十四条（资料来源16）。

在全体会议和第二委员会的辩论中，对无害通过领海的一般原则没有争议。然而，有几个代表团表示，它们认为，在1958年《公约》中所表达的规则需要重新定义或精炼。④

---

③ 见附录六，第4项，转载在《1973年海底委员会报告》第四卷第49页。

④ 例见以下代表团代表在海底委员会的发言：加拿大，A／AC.138/SR.58（1971年，油印），第193页；萨尔瓦多，A／AC.138/SR.63（1971年，油印），第36－37页。另见在第三次海洋法会议第二期会议（1974年），在第35次全体会议上，匈牙利，第8段，正式记录，第一卷第142页；在第38次全体会议上，高棉共和国，第56段，同上，第162页；以及在第40次全体会议上，塞拉利昂，第53段，同上，第176页。又见在第二委员会第2次会议上的发言，德意志民主共和国，第23段，正式记录，第二卷第101页；在第4次会议上，苏联，第19段，同上，第105页；以及巴基斯坦，第22段，同上；第6次会议，波兰，第18段，同上，第116页。

17.5. 在第三次海洋法会议第三期会议（1975 年）期间，关于无害通过问题的非正式磋商小组召开了六次会议，并针对《主要趋势工作文件》中条款第二十四条至第四十六条编写了一个"关于无害通过的综合案文"（资料来源 26）。磋商小组未能就条款第二十四条的文本达成一致意见，但报告说，这一规定有待进一步协商。

虽然厄瓜多尔代表在第三期会议上正式重新提出了多元化制度这个概念（资料来源 17）（见上文第 2.4 段），但在非正式单一协商案文第二部分第十四条（资料来源 18）的措辞与《主要趋势工作文件》条款第二十四条的措辞完全相同（其本身重复 1958 年《公约》第十四条第 1 款）。到了会议的这一阶段，很明显，一个赞成受无害通过权制约的 12 海里领海和 200 海里专属经济区的共识出现了。于是，多元化制度这个概念已不再相关或适当。

17.6. 在第四期会议（1976 年）期间，在第二条委员会非正式会议上逐条阅读无害通过条款时，有代表提出修改非正式单一协商案文第二部分第十四条的建议，但根据委员会的"沉默规则"⑤ 没有博得足够的支持要求对文本的修改。因此，只对订正的单一协商案文第二部分（资料来源 19）作了 3 个技术和起草文字润色上的改动，第十六条内容如下：

无害通过权

在本公约的限制下，所有国家，不论为沿海国或内陆国，其船舶均享有无害通过领海的权利。

在这个阶段加上了标题，取自国际法委员会的条款草案。文字上的变化包括：（1）将"这些条款"改为"本公约"；（2）"不论是否为沿海国"改为"不论为沿海国或内陆国"；以及（3）动词的时态从一种老的形式"应享有"改变为说明一项权利，"享受"。

在非正式综合协商案文（资料来源 20），条款重新编号成为第十七条，逐字重申了订正的单一协商案文的文字。

17.7. 在第三次海洋法会议第七期会议（1978 年）上，一个九国集团提交了一份非正式提案（资料来源 27），其实质内容与中国在海底委员会提出的提案相同（资料来源 8）。上面写着：

在本公约的限制下，所有国家，不论为沿海国或内陆国，其非军用船舶均享有无害通过领海的权利。

---

⑤ 见主席对订正的单一协商案文第二部分的介绍（资料来源 19，第 6 段，第 6 页）和上文导言 16 段。

这是一个限制军舰无害通过的持续不断的努力的一部分。大多数关于这一问题的辩论围绕后来成为第二十一条（关于"沿海国关于无害通过的法律和规章"；见下文第21.9段）的内容，但有时也进行其他条款的讨论，如同在此处一样。在代表九个发起国解释该提案时，中国代表表示，"在第二委员会非正式会议上已经得到了许多代表团的支持，"并说因此他希望，"这项建议会考虑到非正式总和协商案文的任何修订。"⑥该非正式提案没有得到足够的支持，因此，非正式综合协商案文第一次修订稿第十七条（资料来源21）与非正式综合协商案文第十七条完全相同。

17.8. 在第九期会议续会（1980年）上，作为其协调过程的一部分，起草委员会建议把"享有权利（enjoy the right）"应改为"有权利（have the right）"，⑦但此建议未被第二委员会所接受。⑧

在随后的任何案文中，都没有提出对第十七条修改的建议，《公约》的文字与非正式综合协商案文第一次修订稿的文字完全相同。

17.9（a）. 该条款开头语"在本公约的限制下"回顾并强调了第三节并非《公约》唯一含有关于领海的无害通过规则之处。例如，第五十二条关于群岛水域的无害通过。因此，这句短语比在1958年《公约》中使用的"在这些条款规定的限制下"具有更广泛的应用领域，并且更加符合由国际法委员会所采取的方法（见第1.13段）。

17.9（b）. "所有国家的船舶"这一短语（*les navires de tous les Etats*，*suda vsëkh gosudarstv*，*los buques de todos los Estados*）并不限于"缔约国"，表明它阐明了一条一般国际法规则。该短语关系到第二部分第三节的结构，该节区别不同类型的船舶，规定了适用于所有船舶的规则（第十七条至第二十六条）、适用于商船和用于商业目的的政府船舶的规则（第二十七条和第二十八条）和适用于军舰和其他用于非商业目的的政府船舶的规则（第二十九条至第三十二条）。

英文（及其他对应于语言的）单词"ship（船舶）"一词用于通过第二委员会协商达成的条款，与"vessel（船只）"一词相对，该词用于通过第三委员会协商达成的条款（见上文第1.29段）。这种表达式本身是来自早期的文本（资料来源1及其前身）。"of（的）"一词在这里不是用于船舶的主人，而是指船舶的国籍（见第九十一条）。

短语"不论是沿海国或内陆国"与"所有国家"结合在一起使用，在某种意义上是多余的。这是在第一次联合国海洋法会议上提出的说法，并在内陆国家的坚持下保留下来（详见第一三一条）。

17.9（c）. 国际民航组织秘书处指出，没有飞机无害通过领海上空这种权利被

---

⑥ 见第103次全体会议（1978年），第76段，正式记录，第九卷第67页。

⑦ 见A/CONF. 62/L. 57/Rev. 1（1980年），第二节，正式记录，第十四卷第114、115、116页（起草委员会主席）。

⑧ A/CONF. 62/L. 63/Rev. 1（1980年），附件二第二部分第二节第143页（起草委员会）。

承认；通过这种空域要受飞越国家领土的同一制度约束，要么在不定期国际航空服务的情况下受 1944 年《国际民用航空公约》（《芝加哥公约》）的制约，要么在定期国际航空服务的情况下受 1944 年《国际航空过境协定》的制约，或按照《芝加哥公约》第六条根据一项双边协议或特别许可。⑨ 在这方面，国际民航组织秘书处指出，1982 年《联合国海洋法公约》在这方面没有改变国际航空法的现状。⑩

·

---

⑨　关于 1944 年《国际民用航空公约（《芝加哥公约》），见国际民航组织 ICAO doc. 7300/6（1980 年，油印），结合迄今为止的所有修正案。对于原始文本见《联合国条约集》第 15 卷第 295 页；《条约及其他国际条例集》第 1591 页；《英国条约集》第 8 集（1953 年），英王敕令书 8742 号；Bevans 编《1776—1949 年美国条约及其他国际协定》第 3 卷第 944 页。关于《国际航空过境协定》见《联合国条约集》第 84 卷第 389 页；《美国行政协定集》第 487 页，《成文法》第 59 卷第 1693 页；《英国条约集》第 8 集（1953 年），英王敕令书 8742 号（第 101 页）；Bevans 编《1776—1949 年美国条约及其他国际协定》第 3 卷第 916 页。

⑩　《国际民航组织秘书处研究》，*United Nations Convention on the Law of the Sea-Implications*，*if any*，*for the application of the Chicago Convention*，*its Annexes and other international air law instruments*，第 7.5 段。国际民航组织 ICAO doc. C-WP/7777（1984 年，油印）。作为 LC/26 - WP/5 - 1（1987 年，油印）转载在荷兰海洋法研究所《国际组织和海洋法年鉴》[1987 年] 第 3 卷第 243、250 页。

第十八条　通过的意义

1. 通过是指为了下列目的，通过领海的航行：

（a）穿过领海但不进入内水或停靠内水以外的泊船处或海港设施；或

（b）驶往或驶出内水或停靠这种泊船处或海港设施。

2. 通过应继续不停和迅速进行。通过包括停船和下锚在内，但以通常航行所附带发生的或由于不可抗力或遇难所必要的或为救助遇险或遭难的人员、船舶或飞机的目的为限。

资料来源

第一次联合国海洋法会议文件

1. 《领海和毗连区公约》（1958 年）第十四条第 2 和第 3 款，对应于国际法委员会条款草案第十五条第 2 款和第 4 款。关于前期历史，见秘书处《参考文献指南》关于第十五条。关于第一次海洋法会议讨论情况，见第一委员会报告，A/CONF. 13/L. 28/Rev. 1（1958 年）第 62 段和第 67 段，第一次海洋法会议正式记录，第二卷第 115、119 页。

第三次联合国海洋法会议文件

2. A/AC. 138/53，第四十七条第 2 款和第 3 款，转载在《1971 年海底委员会报告》第 105、135 页（马耳他）。

3. A/AC/138/SC. II/L. 18，第二条和第三条第 2 款，转载在《1973 年海底委员会报告》第三卷第 3、4 页（塞浦路斯、希腊、印度尼西亚、马来西亚、摩洛哥、菲律宾、西班牙和也门）。

4. A/AC. 138/SC. II/L. 28，第二十条第 2 款和第 3 款，转载在《1973 年海底委员会报告》第三卷第 35、44 页（马耳他）。

5. A/AC. 138/SC. II/L. 42 and Corr. 1，第二条第 1 款和第 2 款，转载在《1973 年海底委员会报告》第三卷第 91、92 页（斐济）。

6. A/CONF. 62/C. 2/L. 3（1974 年），第二章第十五条，正式记录，第三卷第 183、184 页（英国）。

7. A/CONF. 62/C. 2/L. 16（1974 年），第二条第 1 款、2 款和第 3 款，正式记录，第三卷第 192 页（马来西亚、摩洛哥、阿曼和也门）。

8. A/CONF. 62/C. 2/L. 19（1974 年），第二条，正式记录，第三卷第 196 页（斐济）。

9. A/CONF. 62/C. 2/L. 26（1974 年），第十五条，正式记录，第三卷第 203 页（保加利亚、德意志民主共和国、波兰和苏联）。

10. A/CONF. 62/L. 8/Rev. 1（1974 年），附件二 附录一［A/CONF. 62/C. 2/WP. 1］，条款第二十五条、第二十六条和第二十八条，正式记录，第三卷第 93、107、112 页（总报告员）［《主要趋势工作文件》］。

11. A/CONF. 62/WP. 8/Part II（非正式单一协商案文，1975 年），第十五条，正式记录，第四卷第 152、155 页（第二委员会主席）。

12. A/CONF. 62/WP. 8/Rev. 1/Part II（订正的单一协商案文，1976 年），第十七条，正式记录，第五卷第 151、156 页（第二委员会主席）。

13. A/CONF. 62/WP. 10（非正式综合协商案文，1977 年），第十八条，正式记录，第八卷第 1、8 页。

14. A/CONF. 62/WP. 10/Rev. 1（非正式综合协商案文第一次修订稿，1979 年，油印），第十八条。转载在《第三次联合国海洋法会议文件集》第一卷第 375、398 页。

15. A/CONF. 62/WP. 10/Rev. 2（非正式综合协商案文第二次修订稿，1980 年，油印），第十八条。转载在《第三次联合国海洋法会议文件集》第二卷第 3、27 页。

16. A/CONF. 62/WP. 10/Rev. 3[*]（非正式综合协商案文第三次修订稿，1980 年，油印），第十八条。转载在《第三次联合国海洋法会议文件集》第二卷第 179、203 页。

17. A/CONF. 62/L. 78（《公约草案》，1981 年），第十八条，正式记录，第十五卷第 172、179 页。

起草委员会文件

18. A/CONF. 62/L. 67/Add. 1（1981 年，油印），第 21 页。

19. A/CONF. 62/L. 67/Add. 1/Rev. 1（1981 年，油印），第 20~21 页。

20. A/CONF. 62/L. 72（1981 年），正式记录，第十五卷第 151 页（起草委员会主席）。

非正式文件

21. Informal Working Paper No. 1/Rev. 1，条款第二十条、第二十一条和第二十三条；No. 1/Rev. 2，条款第二十三条、第二十四条和第二十六条；No. 1/Rev. 2[*] 条款第二十四条、第二十五条和第二十七条（均为 1974 年，油印）。转载在《第三次联合国海洋法会议文件集》第三卷第 210、226 和 244 页。

22. C. 2/Blue Paper No. 14（1975 年，油印），条款第二十五条。转载在《第三次联合国海洋法会议文件集》第四卷第 153 页。

评　　注

18.1.　正如其标题已经很明显，第十八条规定了第二部分中"通过"的意义。第十九条是有关确定"无害"通过的。"无害通过"领海的概念来自第十八条和第十九条结合在一起。

第 1 款包含了通过意义的本质，它意味着船舶运动通过领海。它把通过设想在两种情况下：（a）穿过领海但不进入内水或停靠内水以外的泊船处或港口设施；及（b）驶往或驶出内水或停靠这种泊船处或港口设施。该段不同于 1958 年《公约》第十四条第 2 款中承认沿海国的港口可能超出该国的内水之外（例如泊船处或离岸深水港）。

第十八条来自 1958 年《领海和毗连区公约》第十四条第 2 款和第 3 款（资料来源 1），根据这两款规定：

2. 通过是指穿越领海的航行，其目的或是为了穿过领海，但不进入内水，或是驶往内水或自内水驶往公海。

3. 通过包括停船或下锚在内，但以通常航行所附带发生的或因不可抗力遇难所必要的为限。

18.2.　在海底委员会，提出了若干提案建议保留 1958 年文本第 2 款和第 3 款的内容（资料来源 2、资料来源 3、资料来源 4 和资料来源 5）。一个由 8 个国家提交的提案（资料来源 3）包含一项新的规定"通过应继续不停和迅速进行"，且通过的船舶要"避免不必要的机动、徘徊或从事单纯通过以外的任何其他活动。"斐济提出的提案（资料来源 5）在第 2 款的末尾补充了一条规定"否则，通过应继续不停和迅速进行。"它还增加了一个第 3 款界定港口的定义，其中包括"通常用于船舶装卸或下锚的任何港口或泊船处。"在一个解释性说明中，有人解释该条款草案"试图………改善现有'通过'的定义，并在该条款内包括通过的船舶所采取的救助遇险或遭难的人员或船舶的行动。"①

18.3.　在第三次海洋法会议第二期会议（1974 年）上，由英国代表提交的提案（资料来源 6）重复了先前斐济代表的建议，提出了"无害"通过的概念。该提案内容如下：

---

①　资料来源 5，解释性说明，第 3 段。

1. 无害通过是指为了穿过领海但不进入内水或驶往或驶出内水的航行。

2. 无害通过包括停船和下锚；但以通常航行所附带发生的或由于不可抗力或遇难所必要的目的为限。否则，通过应继续不停和迅速进行。

由4个东欧社会主义国家提出了一项措辞几乎完全相同的提案（资料来源9）。其他提案只是重复以前的案文（资料来源7和资料来源8）。在《主要趋势工作文件》条款第二十五条、第二十六条和第二十八条中重复了其中大多提案（资料来源10）。

18.4. 在第三次海洋法会议第三期会议（1975年）上，关于无害通过问题的非正式磋商小组编写了一份综合案文（资料来源22），整合了《主要趋势工作文件》的三个条款的内容，但删除了"港口"的定义。该案文随后被纳入非正式单一协商案文第二部分（资料来源11），作为第十五条，内容如下：

1. 通过是指为了下列目的，通过领海的航行：
（a）穿过领海但不进入内水或停靠内水以外的泊船处或港口设施；或
（b）驶往或驶出内水或停靠这种泊船处或港口设施。

2. 无害通过包括停船和下锚在内，但以通常航行所附带发生的或由于不可抗力或遇难所必要的或为救助遇险或遭难的人员、船舶或飞机的目的为限。通过应继续不停和迅速进行。

该案文包括了"通过"的意义，以及对什么是"无害通过"意义的描述。在第2款它也捡起了较早时由斐济提出的提案，规定除指出的情况外，通过必须"继续不停和迅速进行。"（虽然该语言没有被列入的《主要趋势工作文件》，但它在非正式单一协商案文中重新提出。）

18.5. 在第三次海洋法会议第四期会议（1976年）上，该条文在订正的单一协商案文第二部分（资料来源12）中重新编号为第十七条，表述如下：

通过的意义

1. 通过是指为了下列目的，通过领海的航行：
（a）穿过领海但不进入内水或停靠内水以外的泊船处或港口设施；或
（b）驶往或驶出内水或停靠这种泊船处或港口设施。

2. 通过应继续不停和迅速进行。通过包括停船和下锚在内，但以通常航行所附带发生的或由于不可抗力或遇难所必要的或为救助遇险或遭难的人员、船舶或飞机的目的为限。

在这个阶段增加了标题"通过的意义"。通过对这两个句子秩序的改变和删除"无害"一词，对第2款进行了修订。

在非正式综合协商案文（资料来源13）中，该条文被重新编号为第十八条，但在其他方面保持未变。后来所进行的唯一变化是根据起草委员会的建议进行的改动（资料来源18至资料来源20）。

18.6（a）. 虽然案文文字所指"通过"是就"航行通过领海"而言，但第十八条中"通过"的含义不限于本组条款，而是适用于整个《公约》的有关部分。它总是意味着运动通过海洋的某一部分。"无害"是"通过"合格的条件（第十九条）是对领海而言，"过境"通过（第三十八条）是对用于国际航行的海峡而言，而"群岛海道"通过（第五十三条）是就在群岛水域专门指定的区域而言。按照一般法律原则，这些条款的具体含义优先于第十八条第1款所赋予的一般意义。

18.6（b）. 第十八条第1款（a）项指出，"通过"可以包括穿过领海（i）不进入内水，或（ii）停靠内水以外的泊船处或港口设施。第1款（b）项规定的通过也可以包括（i）驶往或驶出内水，或（ii）停靠内水以外的泊船处或港口设施。国际法院指出，第1款（b）项"只不过是编纂国际法。"[2]

《公约》没有界定"泊船处"或"港口"的含义（分别见上文第12.4（a）段和11.5（a）段）。关于"海港设施"一词，联合国海洋事务和海洋法司在一项基线研究中指"海港工程"为"海港设施"的例子，这个词意思是"沿海岸建造的永久性的人造结构，是海港系统的组成部分。"[3]

18.6（c）. 第2款虽然采用了1958年《公约》第十四条第3款基本的实质内容，允许在某些情况下停船和下锚，但用增加开头语"通过应继续不停和迅速进行"改变了强调的重点。短语"通过应继续不停和迅速进行"也出现在第三十八条第2款关于通过用于国际航行的海峡的过境通行权，这一概念还纳入了第五十三条关于群岛海道通过权。

18.6（d）. 从1958年《公约》第十四条第3款的第二个实质性的变化是"救助遇险或遭难的人员、船舶或飞机，"作为通过时停船或下锚的依据。第十八条反映了如第九十八条（第七部分关于公海）所规定的一般传统和海事法惯例以及基本的人道考虑。从严格意义上对第十八条进行解读，为了救助的目的进入领海也许不是"无害通过"，但这种解释将很难与由一般国际法所赋予《公约》并具体规定在第三〇〇条的一般诚意的义务的应用和解释相容。

18.6（e）. 将"通过应继续不停和迅速进行"的要求放在第2款开头反映了重

---

[2] *Military and Paramilitary Activities in and against Nicaragua*（Nicaragua v. United States of America），1986年国际法院报告第13卷，第111页，第214段。

[3] 联合国海洋事务与海洋法司，*Baselines：An Examination of the Relevant Provisions of the United Nations Convention on the Law of the Sea*，附录一（技术术语汇编），第47、56页（联合国销售号No. E. 88. V. 5 *（1989年））。

点的变化。它满足了对可能在沿海国领海徘徊的外国军舰的关注。④ 用"但"字引出第二句话，它表明通过要"持续和迅速进行"还包含例外的规则。

"expeditious（迅速的）"一词可以澄清《公约》其他语言版本的提法，特别是法语，它使用的词是 *rapide*（西班牙语用的是 *rapido*）。据了解，在非正式协商中，有人建议英文文本使用"rapid（快速的）"，但被否定了，理由是 expeditious 可以理解为在所有情况下船舶必须"全速前进"的意思。在实践中，考虑安全及其他有关因素，要求船舶根据情况以适当的速度前进。

18.6（f）. 在国际民航组织秘书处已经注意到第 2 款关于飞机的提法，发表意见认为：

> "通过"必须继续不停和迅速进行；但必要时它包括停船和下锚，例如为救助遇险或遭难的人员、船舶或飞机的目的（第十八条第 2 款 ［1982 年《公约》］）强调是原有的。⑤

---

④　这也涉及国际法委员会的条款草案。在其关于第十五条第 3 款的评注（关于无害通过）中，委员会注意到这种可能性，即船舶把领海用于为了打破进出口控制和违反沿海国海关规章的明确目的（如偷入领海的走私船只）。进行这种通过不能被视为无害。

见 Report of the International Law Commission covering the work of its eighth session（A/3159），第十五条评注，第（4）段，1956 年《国际法委员会年鉴》第二卷第 253、273 页。

⑤　国际民航组织秘书处研究，*United Nations Convention on the Law of the Sea-Implications*，*if any*，*for the application of the Chicago Convention*，*its Annexes and other international air law instruments*，第 7.7 段，国际民航组织 ICAO doc. C-WP/7777（1984 年，油印）。转载为 doc. LC/26-WP/5-1（1987 年，油印），荷兰海洋法研究所《国际组织和海洋法年鉴》［1987 年］第 3 卷第 243、250 页。

第十九条　无害通过的意义

1. 通过只要不损害沿海国的和平、良好秩序或安全，就是无害的。这种通过的进行应符合本公约及其他国际法规则。

2. 如果外国船舶在领海内进行下列任何一种活动，其通过即应视为损害沿海国的和平、良好秩序或安全：

（a）对沿海国的主权、领土完整或政治独立进行任何武力威胁或使用武力，或以任何其他违反《联合国宪章》所体现的国际法原则的方式进行武力威胁或使用武力；

（b）以任何种类的武器进行任何操练或演习；

（c）任何目的在于搜集情报使沿海国的防务或安全受损害的行为；

（d）任何目的在于影响沿海国防务或安全的宣传行为；

（e）在船上起落或接载任何飞机；

（f）在船上发射、降落或接载任何军事装置；

（g）违反沿海国海关、财政、移民或卫生的法律和规章，上下任何商品、货币或人员；

（h）违反公约规定的任何故意和严重的污染行为；

（i）任何捕鱼活动；

（j）进行研究或测量活动；

（k）任何目的在于干扰沿海国任何通讯系统或任何其他设施或设备的行为；

（l）与通过没有直接关系的任何其他活动。

资料来源

第一次联合国海洋法会议文件

1. 《领海和毗连区公约》（1958年）第十四条第4款和第5款，对应于国际法委员会条款草案第十五条第3款。关于前期历史，见秘书处《参考文献指南》中第十五条。关于在第一次联合国海洋法会议上的讨论情况，见第一委员会的报告，A/CONF. 13/L. 28/Rev. 1（1958年），第63段，第一次联合国海洋法会议正式记录，第二卷第115、120页。

第三次联合国海洋法会议文件

2. A／AC. 138／53，第四十七条第 4 款，转载在《1971 年海底委员会报告》第 105、135 页（马耳他）。

3. A／AC138／SC. II／L. 18，第三条第 1 款、第 3 款和第 4 款，转载在《1973 年海底委员会报告》第三卷第 3、4 页（塞浦路斯、希腊、印度尼西亚、马来西亚、摩洛哥、菲律宾、西班牙和也门）。

4. A／AC. 138／SC. II／L. 34，第 1 项，第八段第三分段，转载在《1973 年海底委员会报告》第三卷第 71、72 页（中国）。

5. A／AC. 138／SC. II／L. 42 and Corr. 1，第三条第 1 款和第 2 款，转载在《1973 年海底委员会报告》第三卷第 91、92 页（斐济）。

6. A／CONF. 62／C. 2／L. 3（1974 年），第二章第十六条第 1 款和第 2 款，正式记录，第三卷第 183、184 页（英国）。

7. A／CONF. 62／C. 2／L. 16（1974 年），第三条第 1 款，第二条第 4 款和第 5 款，正式记录，第三卷第 192 页（马来西亚、摩洛哥、阿曼和也门）。

8. A／CONF. 62／C. 2／L. 19（1974 年），第三条第 1～3 款，正式记录，第 196 页（斐济）。

9. A／CONF. 62／C. 2／L. 26（1974 年），第十六条第 1～3 款，正式记录，第 203 页（保加利亚、德意志民主共和国、波兰和苏联）。

10. A／CONF. 62／L. 8／Rev. 1（1974 年），附件二附录一〔A／CONF. 62／C. 2／WP. 1〕，条款第二十七条和第二十九条方案 A，第二条，正式记录，第 93、107、112 页（总报告员）〔《主要趋势工作文件》〕。

11. A／CONF. 62／WP. 8／Part II（非正式单一协商案文，1975 年），第十六条，正式记录，第四卷第 152、155 页（第二委员会主席）。

12. A／CONF. 62／WP. 8／Rev. 1／Part II（订正的单一协商案文，1976 年），第十八条，正式记录，第五卷第 151、156 页（第二委员会主席）。

13. A／CONF. 62／WP. 10（非正式综合协商案文，1977 年），第十九条，正式记录，第八卷第 1、8 页。

14. A／CONF. 62／WP. 10／Rev. 1（非正式综合协商案文第一次修订稿，1979 年，油印），第十九条。转载在《第三次联合国海洋法会议文件集》第一卷第 375、398 页。

15. A／CONF. 62／WP. 10／Rev. 2（非正式综合协商案文第二次修订稿，1980 年，油印），第十九条。转载在《第三次联合国海洋法会议文件集》第二卷第 3、27 页。

16. A／CONF. 62／WP. 10／Rev. 3*（非正式综合协商案文第三次修订稿，1980 年，油印），第十九条。转载在《第三次联合国海洋法会议文件集》第二卷第 179、203 页。

17. A／CONF. 62／L. 78（《公约草案》，1981 年），第十九条，正式记录，第十五卷第 172、179 页。

18. A/CONF. 62/L. 123（1982 年），第十九条，正式记录，第十六卷第 232 页（希腊）。

起草委员会

19. A/CONF. 62/L. 67/Add. 1（1981 年，油印），第 22～25 页。

20. A/CONF. 62/L. 67/Add. 1/Rev. 1（1981 年，油印），第 22～25 页。

21. A/CONF. 62/L. 72（1981 年），正式记录，第十五卷第 151 页（起草委员会主席）。

22. A/CONF. 62/L. 152/Add. 23（1982 年，油印），第 52 页。

23. A/CONF. 62/L. 160（1982 年），正式记录，第十七卷第 225 页（起草委员会主席）。

非正式文件

24. Informal Working Paper No. 1；No. 1/Rev. 1，条款第二十二条规定和四十条第 2 款和第 3 款；No. 1/Rev. 2，条款第二十五条和第四十四条第 2 款和第 3 款；和 No. 1/Rev. 2*，条款第二十六条和第四十六条第 2 款和第 3 款（均为 1974 年，油印）。转载在《第三次联合国海洋法会议文件集》第三卷第 205、210、226 和 244 页。

25. C. 2/Blue Paper No. 14（1975 年，油印），条款第二十七条。转载在《第三次联合国海洋法会议文件集》第四卷第 153、154 页。

26. 加拿大（1976 年，油印），第十六条（非正式单一协商案文二）。转载在《第三次联合国海洋法会议文件集》第四卷第 267 页。

27. 阿拉伯联合酋长国（1976 年，油印），第十六条（非正式单一协商案文二）。转载在《第三次联合国海洋法会议文件集》第四卷第 268 页。

28. C. 2/Informal Meeting/8（1978 年，油印），第十九条第 2 款（德意志联邦共和国）。转载在《第三次联合国海洋法会议文件集》第五卷第 12、13 页。

29. C. 2/Informal Meeting/24 和 Corr. 1（1978 年，油印），第十九条（加拿大）。转载在《第三次联合国海洋法会议文件集》第五卷第 34 页。

30. C. 2/Informal Meeting/28（1978 年，油印），第十九条第 2 款（h）（洪都拉斯）。转载在《第三次联合国海洋法会议文件集》第五卷第 37 页。

31. C. 2/Informal Meeting/62（1980 年，油印），第十九条（德意志联邦共和国）。转载在《第三次联合国海洋法会议文件集》第五卷第 64 页。

32. C. 2/Informal Meeting/69 和 Corr. 1（1982 年，油印），第十九条（德意志联邦共和国）。转载在《第三次联合国海洋法会议文件集》第五卷第 74、75 页。

评　　注

19.1.　第十九条解释了"无害通过"的意义。它列举了一系列活动，如果外国船舶从事其中任何活动，就会使通过不是无害的。

19.2.　这项规定源于 1930 年海牙会议上的工作，当时给"不是无害"的通过用如下措辞下了定义：

> 当船只为损害沿海国的安全、公共政策和财政利益为目的而使用该国领海时，该船的通过就不是无害的。①

在国际法委员会编写的条款草案中，已经改为"无害通过"的定义。该文本第十五条第 3 款规定：

> 3. 只要船舶不使用领海进行任何有损于沿海国安全的犯罪行为，或违反本规则或其他国际法规则。通过就是无害的。

继在第一委员会在第一次海洋法会议漫长和艰难的谈判之后，② 该条款在 1958 年《领海和毗连区公约》中发生了根本的改变（资料来源 1）。该公约第十四条第 4 款和第 5 款文本内容如下：

> 4. 通过只要不损害沿海国的和平、良好秩序或安全，就是无害的。这种通过的进行应符合这些条款和其他国际法规则。
>
> 5. 外国渔船，如果它们不遵守沿海国可能制定和公布的以防止这些船在领海内捕鱼的这种法律和规章，其通过不得视为无害的。

第 4 款规定，通过不损害"沿海国的和平、良好秩序或安全，"就是无害的。在这里，没有试图解释这些措辞，这留待沿海国自行决定。第 5 款处理外国渔船的问题，

---

① 国际联盟，1 *Acts of the Conference for the Codification of International Law*，LN doc. C. 351. M. 145，1930. V，附件 10 附录一第三条第 123、127 页。转载在 Sh. Rosenne（编），3 *League of Nations Conference for the Codification of International Law*［1930］，第 829 页（1975 年）。

② 一般见第一委员会第 25 次会议上的讨论，第 20－32 段，第一次联合国海洋法会议正式记录，第三卷第 75 页；第 26 次会议，第 1－11 段，同上，第 76 页；第 28 次会议，第 22－49 段，同上，第 82 页；第 29 次会议，第 1－31 段，同上，第 84 页；第 30 次会议，第 15 段，同上，第 87 页；第 31 次会议，第 36－48 段，同上，第 92 页；以及第 33 次会议，第 32－43 段，同上，第 98 页。

并为沿海国方面留有一定程度的主观性，决定一个外国渔船的通过是否"被视为无害的。"

19.3. 在海底委员会，提出了一些提案（资料来源 2 至资料来源 4），全部或部分重复了 1958 年《公约》的规定。另一方面，斐济代表在附有一系列有关领海通过的条款草案的解释性说明中（资料来源 5）评论说：

> 无害通过仍由有关沿海国的和平、良好秩序和安全决定，但要寻找一个客观标准适用于确定什么行为实际上是被认为将有损于沿海国的和平、良好秩序和安全。

该提案第三条相应地采用了 1958 年《公约》第十四条第 4 款的语言，作为其第一款，并在其第二款补充了一个可能有损于沿海国的和平、良好秩序或安全的"活动"的清单。第 2 款表述为：

> 2. 如果外国船舶在领海内进行下列任何一种活动，其通过即应被视为损害沿海国的和平、良好秩序或安全：
> （a）任何针对沿海或任何其他国家的有战争危险的行为；
> （b）以任何种类的进攻性武器进行任何操练或演习；
> （c）在船上起落或接载任何飞机；
> （d）在船上起落或接载任何有战争危险的装置；
> （e）上下任何人员；
> （f）影响沿海国国防或安全的任何间谍行为；
> （g）任何影响沿海国安全的宣传行为；
> （h）干扰沿海国任何通信系统的任何行为；
> （i）干扰沿海国任何其他设施或装置的任何行为；
> （j）与通过没有直接关系的任何其他活动。

这是将会致使外国船只的通过不是无害的活动列表的第一份提案。此外，提案还在第 3 款中包含了新的成分，内容如下：

> 3. 本条第 2 款的规定不适用于由沿海国事先批准进行的任何活动或由于不可抗力或遇难所必要的或为救助遇险或遭难的人员、船舶或飞机的目的的活动。

19.4. 在海洋法会议第二期会议上（1974 年），提出了一些显然是相同的一般办法，但提案进行了修订。在英国提出的关于领海和海峡的一套条款草案（资料来源6）有关适用于所有船舶的规则的一节中，反映了早期斐济的办法。它扩大了介绍会致使外国船只的通过不是无害的活动列表的一款。第2款全文如下：

> 2. 外国船舶的通过，除非它在领海从事违反《联合国宪章》，进行任何武力威胁或使用武力侵犯沿海国的领土完整或政治独立，或未经沿海国批准或根据国际法证明的正当理由［从事］任何下列活动，不应被视为损害沿海国和平、良好秩序或安全。

附在后面的活动清单比斐济草案中的清单要短，可能考虑到关于"违反《联合国宪章》，进行任何武力威胁或使用武力侵犯沿海国的领土完整或政治独立"的提法包括了斐济草案中的许多项内容。英国案文的第3款增加了有关活动的新的元素，即"按照海员的正常做法安全、高效地审慎航行。"在介绍其提案时，英国代表强调说，在关于无害通过的提案的开头，就是"无害"这个词，"因此此清单给该词规定了一个明确的定义，并指出这些活动会致使通过"非无害"。③

第2款一个较短的版本出现在关于航行通过领海包括用于国际航行的海峡的一批条款草案里，由4个国家提交（资料来源7）：

> 2. 外国船舶的通过，除非在沿海国领海从事如下活动，不应被视为损害和平、良好秩序或安全。

该提案还在其第2款（j）项增加了一项新的活动，即"进行任何形式的研究活动。"该案文的第4款，关于渔船，重复了1958年《公约》第五条（见上文第19.1段）。第5款呼应了斐济较早时提案第3款的措辞（见第19.2段）。

斐济代表（资料来源8）随后提出了对英国提案第2款案文略加修改后的案文，用积极的措辞来表述（用"应视为"代替了"不应被视为"），并使其适用于沿海国"或任何其他国家"。一个由4个东欧社会主义国家提交的提案（资料来源9）提出了一个更简洁的表述：

> 2. 外国船舶的通过，只要因为它没有［在］领海从事下列任何活动，将被视为无害的。

关于"任何威胁或使用武力……"的条文移到了第2款（a）项，活动的清单缩短

---

③ 第二委员会第3次会议（1974年），第29段，正式记录，第二卷第102页。

了。关于外国渔船的条文被保留下来作为第 3 款。

在《主要趋势工作文件》（资料来源 10），条款第二十七条和第二十九条反映了先前的提案；条款第二十七条方案 B 内容最为广泛。该方案第 2 款纳入了英国提出的较长的案文，而关于"威胁或使用武力"的条文没有单列在一项中。第 3 款关于"事先批准"和"不可抗力或遇难，"是改自斐济的第一个案文(资料来源 5)。条款第二十九条方案 A 第 2 款载有有关渔船的规定。

19.5. 在第三次海洋法会议第三期会议（1975 年）上，关于无害通过问题非正式磋商小组的协商产生了一个与《主要趋势工作文件》方案中不同内容整合在一起的综合案文（资料来源25）。该综合案文吸收了一些小的改动后作为非正式单一协商案文第二部分第十六条（资料来源11），全文如下：

1. 通过只要不损害沿海国的和平、良好秩序或安全，就是无害的。这种通过的进行应符合这些条款和其他国际法规则。

2. 如果外国船舶在领海内进行下列任何一种活动，其通过即应视为损害沿海国的和平、良好秩序或安全：

（a） 对沿海国的领土完整或政治独立进行任何武力威胁或使用武力，或任何其他违反《联合国宪章》的国际法原则的方式；

（b） 以任何种类的武器进行任何操练或演习；

（c） 任何目的在于搜集情报使沿海国的防务或安全受损害的行为；

（d） 任何目的在于影响沿海国防务或安全的宣传行为；

（e） 在船上起落或接载任何飞机；

（f） 在船上发射、降落或接载任何军事装置；

（g） 违反沿海国海关、财政或卫生规章，上下任何货币或人员；

（h） 违反本公约规定的任何故意的污染行为；

（i） 进行任何形式的研究或测量活动；

（j） 任何目的在于干扰沿海国任何通讯系统的行为；

（k） 任何目的在于干扰沿海国任何其他设施或设备的行为；

（l） 与通过没有直接关系的任何其他活动。

3. 第 2 款的规定不适用于任何由沿海国事先批准进行的任何活动或（e）项至（l）项所指因不可抗力或遇难所必要的或为救助遇险或遭难的人员、船舶或飞机的目的的任何活动。在这种情况下，外国船舶应将可能采取的行动酌情及时通知沿海国当局。

4. 外国渔船通过，如果他们不遵守沿海国可能制定和公布的以防止这些船在领海内捕鱼的这些法律和规章，不应被视为无害的。

该案文从《主要趋势工作文件》进行了相当大的修改，并增加了没有出现在《主要趋势工作文件》中的早些时候提案的内容。关于"威胁或使用武力"的规定从第2款的引导句移至第2款（a）项。第2款（i）项重新提出了关于"进行任何形式的研究或测量活动。"第2款（h）项是新的，针对"任何故意的污染行为。"第3段最后一句也是新的。

19.6. 在第三次海洋法会议第四期会议（1976年）期间，在第二委员会非正式会议上，提交了一些非正式提案，对第2款中活动的清单提出了一些修改建议。加拿大（资料来源26）提交了修订第2款（h）项的非正式提案，提出了两个文字上更详细的备选方案：

（h）任何违反沿海国颁布的符合本公约规定的保全海洋环境的法律和规章的行为，当这种违反行为可以被合理预期会对沿海国造成重大有害后果。

或

（h）任何涉及或导致严重和迫切污染危险情况的行为或不作为，可以合理地被预期会对沿海国造成重大有害后果。

阿拉伯联合酋长国代表（资料来源27）提出了对第2款引导句措辞的不同侧重点，指出，"外国船舶的通过，如果从事任何有损于沿海国和平、良好秩序或安全的活动，不应被视为无害的。"提案还要淘汰非正式单一协商案文第二部分涵盖一切可能性的第2款（1）项。

与此同时，国际航运商会对第2款过于含糊表示关注。[④] 它认为，第2款的开头短语太广泛，应修改如下：

2. 为本条的目的，外国船舶的通过，如果只是在领海内从事下列任何活动，依据以下第3款，可被认为有损于沿海国和平、良好秩序或安全［强调是后加的］。

商会还建议删除第2款（1）项，认为它破坏了该条的基本结构由"作为涵盖一切可能性的条款，任何一个国家都可以使用它妨碍无害通过并［从而］恢复了试图删除第十六条第1款和第十六条第2款（a）项至（k）项的不确定性。"如果删除不能接

---

④ International Chamber of Shipping（1976年，油印），第十六条第2款. 转载在《第三次联合国海洋法会议文件集》第四卷第240、242页。

受，它敦促作为一项选择，用"类似"代替"其他"，"以确保类推解释规则将被应用。"该商会还认为，第2款（h）项允许"任何故意污染的行为，"致使通过不是无害的而走得太远，并要求删除该项。⑤

尽管这些非正式提案没有一份被普遍接受，但订正的单一协商案文第二部分第十八条（资料来源12）反映了在第2款活动清单中的一些变化。案文全文如下：

无害通过的意义

1. 通过只要不损害沿海国的和平、良好秩序或安全，就是无害的。这种通过的进行应符合本公约和其他国际法规则。

2. 如果外国船舶在领海内进行下列任何一种活动，其通过即应视为损害沿海国的和平、良好秩序或安全：

（a）对沿海国的主权、领土完整或政治独立进行任何武力威胁或使用武力，或任何其他违反《联合国宪章》所体现的国际法原则的方式；

（b）以任何种类的武器进行任何操练或演习；

（c）任何目的在于搜集情报使沿海国的防务或安全受损害的行为；

（d）任何目的在于影响沿海国防务或安全的宣传行为；

（e）在船上起落或接载任何飞机；

（f）在船上发射、降落或接载任何军事装置；

（g）违反沿海国海关、财政、移民或卫生的规章，上下任何商品、货币或人员；

（h）违反本公约规定的任何故意和严重的污染行为；

（i）任何捕鱼活动；

（j）进行研究或测量活动；

（k）任何目的在于干扰沿海国任何通讯系统或任何其他设施或设备的行为；

（l）与通过没有直接关系的任何其他活动。

在此阶段加上了标题，取自国际法委员会第十五条的标题。在第2款（a）项，在"《联合国宪章》"之前（中文为之后。——译者注。）插入了短语"所体现的国际法原则"。在第2款（g）项，"移民"一词被添加到规章的类别清单中，违反有关移民的规章会导致通过有损于沿海国的和平、良好秩序或安全（见下文第33.9（b）段）。第2款（h）项修改为要求污染行为必须是"严重的"而且是"故意的"。另一项活动是包含在新的第2款（i）项中，即"任何捕鱼活动。"这种增加使得非正式单一协商案文

---

⑤ 同上，第243页。

第四条多余了。各项重新编号，非正式单一协商案文第 2 款（j）项及第 2 款（k）项在订正的单一协商案文被合并成第 2 款（k）项。第 3 款删除，大概是因为第十七条第 2 款（现第十八条第 2 款）包括了关于"不可抗力或遇难"的类似规定（见上文第 18.4 和 18.5 段）。

19.7. 在第三次海洋法会议第五期会议（1976 年）上，国际海运商会重申其对清单的开放式性质的关注，建议如果第 2 款（1）项不能被删除，应该修改为："与通过没有直接关系的任何类似活动。"它还对删除非正式单一协商案文第二部分十六条第 3 款表示吃惊，删除"作为［在非正式会议上的］多数发言者只要求修改该条款提及的活动，以消除即使在不可抗力的情况下也将使得通过变成非无害的活动。"因此它建议修改第 2 款的开头语如下：

> 外国船舶的通过，除非经沿海国批准或因不可抗力或遇难所必要，它从事的以下任何活动将被视为损害沿海国和平、良好秩序或安全。⑥

这将会恢复载于非正式单一协商案文第二部分第 3 款的概念，即所列的活动，如果是经沿海国同意所进行的就不禁止。

这些建议并没有反映在非正式综合协商案文中（资料来源 13），其中第十九条与订正的单一协商案文条第二部分第十八条是一致的。

19.8. 虽然第 2 款的案文基本上保留了在非正式综合协商案文通过的情况，但有几个代表团仍继续建议修订。德意志联邦共和国在第七期（1978 年），第九期（1980 年）和第十一期会议（1982 年）上提出的非正式提案（资料来源 28、资料来源 31 和资料来源 32），模仿国际航运商会早些时候的意见希望消除第 2 款（1）项的开放式性质。

在第七期会议上，加拿大（资料来源 29）建议修改第 2 款（h）项如下：

> （h）任何违反沿海国颁布的符合本公约规定的保全海洋环境的法律和规章的行为，当这种违反行为可能被合理预期对沿海国造成重大后果。

洪都拉斯代表（资料来源 30）建议修订第 2 款（h）改为："违反本公约的任何故意的有害影响污染行为。"

这些建议都未被采纳。非正式综合协商案文之后的唯一变化是第 2 款（g）项在《公约草案》中的修改（资料来源 17），其中将"embarking or disembarking（上下船）"改为"loading or unloading（上下船）"，以及第 2 款（h）项，将"规章"代之以"法

---

⑥ 见《第三次联合国海洋法会议文集》第四卷第 370、372 页。

律和规章"。这些都是按照起草委员会提出的建议修改的（资料来源 19 至资料来源 23）。

    19.9.   在海洋法会议第十一期会议上（1982 年），希腊代表提出了一系列修正案（资料来源 18），但其中一个在第 168 全体会议上被撤回。[⑦] 其余修正案建议第 2 款（1）项中用"类似"代替"其他"，与早前的建议平行（见上文第 19.6 段）。希腊代表解释说，第 2 款（1）项最后一句给人的印象是"与通过没有直接关系的任何其他活动都有损于沿海国的和平、良好秩序或安全。"修正案的目的是"避免这样一种解释，因为它远远超出了接受了原来表述的代表的意图。"在随后的辩论中，该修订建议引起了各种反响。[⑧] 有鉴于没有对希腊的建议达成共识，主席随后报告说，该项提案已经被撤回。[⑨]

    19.10（a）.   第 1 款相应地重复了 1958 年《领海和毗连区公约》第十四条第 4 款的。在第十九条"符合本公约"的说法，相当于在第十七条中所说的"在本公约的限制下（见第 17.9（a）段），涵盖了 1982 年《公约》更广泛的范围。

    19.10（b）.   第 2 款是海洋法会议采取的一种方法，以满足许多代表团所表达的愿望，即希望对关于"无害通过"以及被视为"损害沿海国和平、良好秩序或安全"从而使得船舶的通过并非"无害"的活动的种类有更客观的标准。第 2 款开头的短句强调了外国船舶在领海的活动。

    19.10（c）.   第 2 款（a）项规定的国际法基本规则体现在《联合国宪章》第二条第 4 款。不论其是否列在《公约》中，该规则都对各国具有约束力。将其列入该条款，并在第三十九条的并行条款第 1 款（b）项重申了规则对船舶（和飞机）的适用，它遵循了船旗国、船籍国或船舶（或飞机）登记国承担国际责任确保国际规则的遵守。

    第三〇一条也涉及这个问题。"主权"一词没有出现在《宪章》第二条第 4 款或第三〇一条。它在第十九条第 2 款（a）项的出现是提醒人们无害通过是发生在通过沿海国领海和群岛国的群岛水域。"《联合国宪章》所体现的国际法原则"的提法涵盖了在《宪章》中体现的所有国际法原则（另见第五卷第 154 页第 301.5 段）。这种表达不同于在《公约》序言中所使用的"《联合国宪章》所载的联合国的宗旨和原则"（见本系列丛书第一卷第 207 和 450 页）。

---

    ⑦   见希腊代表在会议上的发言，第 39 段，正式记录，第十六卷第 90 页。

    ⑧   见支持该修正案的国家的代表的发言：在第 168 次全体会议上：秘鲁，第 47 段，正式记录，第十六卷第 91 页；以及英国，第 63 段，同上，第 92 页。在第 171 次全体会议上的发言：丹麦，第 9 段，同上，第 106 页；以及比利时，第 15 段，同上，第 107 页。在第 172 次全体会议上的发言：南斯拉夫，第 17 段，同上，第 115 页。

    另见反对该修正案的国家的代表的发言：在第 170 次全体会议上，在巴西，第 42 段，同上，第 103 页（这种修改"会破坏整个的无害通过的概念"）。在第 172 次全体会议上：厄瓜多尔，第 55 段，同上，第 118 页。以及在第 173 次全体会议上，马来西亚，第 50 段，同上，第 124 页（修正案"过于严格"）。

    ⑨   见 174th plenary meeting，第 50 段，同上，第 129 页。

19.10（d）． 根据第 2 款（b）项，如果外国船舶在行使其无害通过的权利时从事"以任何种类的武器进行任何操练或演习"，该通过将不再被视为无害。在这方面，安全是沿海国首要关注的问题。这在第二十五条第 3 款得到强调，其中特别注意到"武器演习"作为一活动，为"保护其安全"，使沿海国暂时停止外国船舶在其领海的无害通过。类似的规定是在第五十二条第 2 款关于群岛国为保护其安全有权暂时中止外国船舶在群岛水域的无害通过。（虽然没有明确提到武器演习的问题，但显然把它们包括在内。见下文第 52.8（a）段。）

与第 2 款（b）项有关的是第 2 款（f）项，在其职权范围内解决可以起飞和降落任何一种飞机的航空母舰及其他船只的活动。

19.10（e）． 第 2 款（c）项和（d）项规定，外国船舶，如果它从事将可能对沿海国的安全或国防产生不利影响的任何宣传或收集情报的行为，其通过不应被视为无害的。这再次强调了维护沿海国和平、良好秩序和国家安全的目标（见上文第 19.10（c）段）。

19.10（f）． 关于第 2 款（e）项，国际民航组织秘书处提请注意词汇"任何飞机"的使用。它说，这种词汇必须被解释为"国家航空器"以及"民用飞机"，如同这些词汇在国际航空法中的理解那样。⑩

19.10（g）． 关于第 2 款（g）项，第二十一条第 1 款（h）项允许沿海国制定法律和规章，以防止违犯沿海国的海关、财政、移民或卫生的法律和规章。根据第 2 款（g）项，违反沿海国海关、财政、移民或卫生的法律和规章，上下任何商品、货币或人员将导致该船舶不再被视为无害通过。第四十二条第 1 款（d）项还为沿海国提供了关于这个事项的其他执法权力。

19.10（h）． 第 2 款（h）项短语"故意和严重的污染"，反映了意向（"故意"）和客观环境（"严重"）的结合。它提出了在第十二部分没有见到的明确因素（处理国家在保护和保全海洋环境方面的权利、义务和责任）。第二一一条第 4 款授权沿海国

在其领海内行使主权，可制定法律和规章，以防止、减少和控制外国船只，包括行使无害通过权的船只对海洋的污染。按照第二部分第三节的规定，这种法律和规章不应妨碍外国船只的无害通过。

---

⑩ 《国际民航组织秘书处研究》，*United Nations Convention on the Law of the Sea-Implications，if any，for the application of the Chicago Convention，its Annexes and other international air law instruments*，第 7.6 段。国际民航组织 ICAO doc. C-WP/7777（1984 年，油印）。转载 doc. LC/26-WP/5－1（1987 年，油印），荷兰海洋法研究所《国际组织和海洋法年鉴》［1987］第 3 卷第 243、250 页。

在这方面，有关解释或适用的争端属于第十五部分第十九条的范围。

19.10（i）. 第2条（i）项规定，如果外国船舶在无害通过时从事"任何捕鱼活动"，其通过不因被视为无害的。这项规定是与普遍承认的沿海国对在其主权和管辖权之下海洋区域内的生物资源的主权权利相一致的。关于沿海国的渔业法律和规章的执法的权力，由第二十一条第1款（e）项、第四十二条第1款（c）项、第七十三条和第一——条规定赋予。

19.10（j）. 第2款（j）项是指在领海"研究和调查活动"。这种宽泛的提法，包括了各种研究和调查活动。第二十一条第1款（g）项允许沿海国制定关于"海洋科学研究和水文测量"方面的法律和规章。在第四十条关于用于国际航行的海峡过境通行的规定中"包括海洋科学研究和水文测量的船舶在内"的提法，使得"研究和测量活动"符合了条件。第二四五条赋予沿海国规定、准许和进行在领海内的"海洋科学研究"的专属权利。

19.10（k）. 第2款（k）项辅以第二十一条第1款（b）项和（c）项，允许沿海国制定法律和规章，保护助航设备和设施、其他设施或设备以及保护电缆和管道。

19.10（l）. 第2款（l）项，与该款的开头语一起解读，在会议期间被批评为赋予整个第十九条以"开放式"的性质。但是，所作的试图改变这种局面的努力没有成功（见第19.7和19.8段）。因此，沿海国有一定的酌情权决定何种活动可以使外国船舶通过成为不是无害的。第2款（l）项出现的"活动"这个词再次强调，船舶的行为是决定因素。

19.11. 对第十九条的解释，确切地说也就是对领海无害通过规定的一般解释，包含在美利坚合众国和苏联有关一个《关于无害通过的国际法规则的统一解释》的一项协议中。[⑪] 两国政府说，他们是在1982年《公约》规定"其中包括关于海洋的传统用途、一般构成的国际法和实践以及公平平衡所有国家的利益"的规定的指导下。特别是提到第十九条，两国政府同意如下：

3.1982年《公约》第十九条第2款规定详尽列出了会使通过不是无害的活动的清单。一艘船舶通过领海，不从事任何这些活动就是无害通过。

4. 沿海国质疑通过其领海的某船舶是否是无害的，应通知该船它为什么质疑其无害通过的理由，并提供该船澄清其意图或在合理的短时间内纠正其行为的机会。

---

⑪ 于1989年9月23日在怀俄明州杰克逊霍尔通过。转载在《国务院公报》第89卷第25、26页（1989年11月），《国际法资料》第28卷第1444页（1989年），《海洋法公报》第14卷第10页（1989年12月）。关于俄文版本，见 *Vestnik Ministerstva Inostrannykh Det SSSR*，No. 21（55），第25页（1989年11月15日）。俄罗斯联邦（独立国家联邦）已接受这项声明。

该文件认为，"在不妨害沿海国和船旗国行使权利的情况下，所有因船舶通过领海的具体案件可能引起的争端都应通过外交途径或其他约定的方式解决。"两国政府同意采取必要步骤，使其国内法律、规章和实践符合对该规则的理解。对该声明的理解必须遵照这样一个事实，即苏联在当时已经签署但尚未批准《公约》（当时尚未生效），而美国尚未签署或加入《公约》。

这是两个主要的海洋大国——也是最大的沿海国——的正式解释，尽管它所涉及的是一项在协议签订时尚未生效的条约，但它会影响各国的实践和对有关条文的解释，以前它可能被视为在重要的一点即第 2 款是否不详尽上模棱两可。同时，在 1989 年和 1990 年举行的联合国各种海军信任建设措施研讨会和其他会议上也表现出了不安，在这些会上，一些代表团认为，如果军舰有意通过其领海时行使无害通过权，就应通知沿海国。⑫

---

⑫ 见"*Negotiations on Confidence and Security-building Measures*，"CSCE/WV. 5"CSCE/WV. 5（1989 年，油印），第 3 页（奥地利、塞浦路斯、芬兰、爱尔兰、列支敦士登、马耳他、圣马力诺，瑞典、瑞士和南斯拉夫）。另见 L. D. M. Nelson，"*Working Group B：The Law of the Sea，Ocean Management and Confidence-building Measures*，"联合国裁军事务部，裁军，专题论文 4，《海军信任建设措施》第 259、260 页（联合国销售号 No. E. 90. IX. 10（1990 年））。这些文件都表明，就像美国和苏联一样，其他国家都不同意军舰无害通过领海"既不需要事先通知也不需要批准"。

第二十条　潜水艇及其他潜水器

在领海内，潜水艇及其他潜水器，须在海面上航行并展示其旗帜。

资料来源

第一次联合国海洋法会议文件

1. 《领海和毗连区公约》（1958 年）第十四条第 6 款，对应于国际法委员会的条款草案第十五条第 5 款。关于前期历史，见秘书处《参考文献指南》第十五条。关于在第一次联合国海洋法会议上的讨论，见第一委员会报告，A/CONF. 13/L. 28/Rev. 1（1958 年），第 64 段，第一次海洋法会议，正式记录第二卷第 115、120 页。

第三次联合国海洋法会议文件

2. A/AC. 138/53，第四十七条第 5 款，转载在《1971 年海底委员会报告》第 105、135 页（马耳他）。

3. A/AC. 138/SC. II/L. 18，第三条第 5 款，转载在《1973 年海底委员会报告》第三卷第 3、5 页（塞浦路斯、希腊、印度尼西亚、马来西亚、摩洛哥、菲律宾、西班牙和也门）。

4. A/AC. 138/SC. II/L. 42 and Corr. 1，第六条第 1 款，转载在《1973 年海底委员会报告》第三卷第 91、94 页（斐济）。

5. A/CONF. 62/C. 2/L. 3（1974 年），第二章第二十条，正式记录，第三卷第 183、184 页（英国）。

6. A/CONF. 62/C. 2/L. 16（1974 年），第三条第 3 款，正式记录，第三卷第 192 页（马来西亚、摩洛哥、阿曼和也门）。

7. A/CONF. 62/C. 2/L. 19（1974 年），第六条第 1 款，正式记录，第 196、197 页（斐济）。

8. A/CONF. 62/C. 2/L. 26（1974 年），第十六条第 4 款，正式记录，第 203 页（保加利亚、德意志民主共和国、波兰和苏联）。

9. A/CONF. 62/L. 8/Rev. 1（1974 年），附件二附录一［A/CONF. 62/C. 2/WP. 1］，条款第三十条，正式记录，第三卷第 93、107、113 页（总报告员）［《主要趋势工作文

件》]。

10. A／CONF. 62／WP. 8／Part II（非正式单一协商案文，1975 年），第十七条，正式记录，第四卷第 152、155 页（第二委员会主席）。

11. A／CONF. 62／WP. 8／Rev. 1／Part II（订正的单一协商案文，1976 年），第十九条，正式记录，第五卷第 151、156 页（第二委员会主席）。

12. A／CONF. 62／WP. 10（非正式综合协商案文，1977 年），第二十条，正式记录，第五卷第三卷第 1、8 页。

13. A／CONF. 62／WP. 10／Rev. 1（非正式综合协商案文第一次修订稿，1979 年，油印），第二十条。转载在《第三次联合国海洋法会议文件集》第一卷第 375、399 页。

14. A／CONF. 62／WP. 10／Rev. 2（非正式综合协商案文第二次修订稿，1980 年，油印），第二十条。转载在《第三次联合国海洋法会议文件集》第二卷第 3、28 页。

15. A／CONF. 62／WP. 10／Rev. 3 *（非正式综合协商案文第三次修订稿，1980 年，油印），第二十条。转载在《第三次联合国海洋法会议文件集》第二卷第 179、204 页。

16. A／CONF. 62／L. 78（《公约草案》，1981 年），第二十条，正式记录，第十五卷第 172、179 页。

起草委员会文件

没有与此过程同时的文件。

非正式文件

17. In formal Working Paper No. 1／Rev. 1，条款第二十五条；No. 1／Rev. 2 条款第二十八条和 No. 1／Rev. 2 *，条款第二十九条（均为 1974 年，油印）。转载在《第三次联合国海洋法会议文件集》第三卷第 210、226 和 244 页。

18. C. 2／Blue Paper No. 14（1975 年，油印），第 27 条（原条款第三十条）。转载在《第三次联合国海洋法会议文件集》第四卷第 153、155 页。

19. United Arab Emirates（1976 年，油印），第十八条（非正式单一协商案文二）。转载在《第三次联合国海洋法会议文件集》第四卷第 268、270 页。

20. Group of Arab States（1976 年，油印），第 17（非正式单一协商案文二）。转载在《第三次联合国海洋法会议文件集》第四卷第 270 页。

21. C. 2／Informal Meeting／30（1978 年，油印），第（2）和（3）节（阿根廷、孟加拉国、中国、民主也门、厄瓜多尔、马达加斯加、巴基斯坦、秘鲁和菲律宾）。转载在《第三次联合国海洋法会议文件集》第五卷第 39 页。

评　　注

20. 1.　第二十条规定，潜水艇及其他潜水器在领海航行时须在海面上航行并展示其旗帜。这一条是直接取自 1958 年《领海和毗连区公约》（资料来源 1）第十四条第 6 款，其内容如下：

6. 潜艇必须在海面上航行并展示其旗帜。

20. 2. 在海底委员会 1971 年会议上，马耳他代表（资料来源 2）采用了 1958 年《公约》的措辞，但补充说，要求只适用于"当其［潜艇］在接近离海岸 12 海里的地方时。"这是为了区分通过和无害通过。于 1973 年由 8 个国家提交给海底委员会的一项提案（资料来源 3）在 1958 年《公约》在潜艇的提法之后增加了"及其他潜水器。"斐济（资料来源 4）把潜水艇及其他潜水器包含在"具有特别性质的船舶"一类里，并包括了该规则的例外。该提案内容如下：

1. 潜水艇及其他潜水器可能会被要求在海面上航行并展示其旗帜，下列情况除外，它们：
（a）已经事先将其通过通知沿海国；
（b）若沿海国要求，将其通过限制在由沿海国为其通过指定的这种海道内。

该提案允许沿海国对这些"可能被要求"在海面上航行并展示其旗帜的船只酌情规定一些措施。

20. 3. 在第三次海洋法会议第二期会议（1974 年）上，由英国代表提交的提案（资料来源 5），像斐济代表早些时候提交的提案一样，将是否要求潜艇或其他潜水器在海面上航行并展示其旗帜留给沿海国定夺。其提案如下：

潜水艇和其他潜水器的无害通过可能须在海面上航行并展示其旗帜。

由 4 个其他国家（资料来源 6）和 4 个社会主义国家提交了（资料来源 8）同早先在海底委员会由 8 个国家提交的相同的提案。斐济代表（资料来源 7）重新提出其早些时候的建议。

《主要趋势工作文件》条款第三十条方案 A（资料来源 9）反映了由 8 个国家在海底委员会提交的提案。方案 B 是取自英国的提案，方案 C 取自 1958 年《公约》。

20. 4. 在第三次海洋法会议第三期会议（1975 年）上，关于无害通过问题的非正式磋商小组（资料来源 18）通过了一项潜艇在领海航行的方案，试图弥合允许沿海国有酌情权和那些想要潜艇在海面上航行必须清楚规定在条文中的意见之间的分歧。这一建议被并入非正式单一协商案文第二部分（资料来源 10）作为第十七条，表述为：

潜水艇及其他潜水器，须在海面上航行并展示其旗帜，除非沿海国另有授权。

20.5. 在第三次海洋法会议第四期会议（1976 年）上，阿拉伯联合酋长国代表（资料来源19）提出了以下措词：

潜水艇及其他潜水器，须在海面上航行并展示其旗帜，否则通过不得被视为无害通过。

阿拉伯国家集团代表（资料来源20）后来建议：

潜水艇及其他潜水器，如果其不在海面上航行并展示其旗帜，且不遵守沿海国组织这些潜水艇及其他潜水器通过的法律和规章，其通过不应被视为是无害的。

但是，这些提案，并没有纳入订正的单一协商案文第二部分（资料来源10），其中第十九条内容如下：

潜水艇及其他潜水器

在领海内，潜水艇及其他潜水器，须在海面上航行并展示其旗帜。

在此阶段加上了标题，并在措辞上进行了小的改动。"除非沿海国另有授权"这句话被删掉了，而在句子开头加上了"在领海内"（这是由马耳他早些时候提出的提案中的建议（见上文第20.2 段）。这将规定限制领海内的通过，有别于公海的自由航行。至于删去的短语，它不会改变一个事实，即沿海国可随时放弃对潜水艇在领海表面上航行的要求，因为这项规定的目的是造福于沿海国。该规定被纳入非正式综合协商案文（资料来源12），作为第二十条，文字上未作改动。

20.6. 在第三次海洋法会议第七期会议（1978 年）上，一个九国集团代表（资料来源21）提交了一项非正式提案，建议广泛修订有关军舰、潜艇及其他潜水器的不同条文。该提案相关部分内容如下：

（2）将第二十条关于"潜水艇和其他潜水器"合并到第二十九条。

（3）将第二十九条的标题更改为"军舰、潜水艇和其他潜水器的通行制度。"案文全文如下：

......

3. 外国潜水艇及其他潜水器通过领海时，须在海面航行并展示其旗帜。

（关于这个提案，另见上文第 17.7 段）。然而，改动有关潜艇条文的提案没有被采纳，该案文此后一直保持未变。

20.7（a）. 国际法委员会在其评注其第十五条草案的第（5）段中解释说，这项规定同样适用于军事和商业潜艇"如果这些船只不断重新提出的话"。关于潜艇方面的规定在第三次海洋法会议的早期阶段已经被普遍接受，并扩大到所有其他类型的潜水器（不论其名称如何）。然而，在这方面，主要关注的是关于通过海峡的通过和无害通过之间的关系。

20.7（b）. 开头语"在领海内"，鉴于第三节的标题，乍看起来是多余的。但是，由第三条的局限性对这种冗余进行了解释，即部分的领海不属于第三部分（关于用于国际航行海峡）或第四部分（群岛国）的范围，因此需要强调第二十条适用于"领海之内。"这种限制来自第十七条的开头语："在本公约的限制下。"①

20.7（c） "须"字取自 1958 年《公约》，在法律条文中这种用法具有不寻常的性质（即法律义务的正常语言会用"应"字）。英文版本留有余地，沿海国可以决定放弃这一要求，而其他语言版本的措辞则更具强制性（如 sont tenus，dolzhny，deberán）。

---

① 关于潜艇通过用于国际航行的海峡，见下文第 39.6（f）段。关于潜艇通过群岛水域见第五十四条。

第二十一条　沿海国关于无害通过的法律和规章

1. 沿海国可依本公约规定及其他国际法规则，对下列各项或任何一项制定关于无害通过领海的法律和规章：

（a）航行安全及海上交通管理；

（b）保护助航设备和设施以及其他设施或设备；

（c）保护电缆和管道；

（d）养护海洋生物资源；

（e）防止违犯沿海国的渔业法律和规章；

（f）保全沿海国的环境，并防止、减少和控制该环境受污染；

（g）海洋科学研究和水文测量；

（h）防止违犯沿海国的海关、财政、移民或卫生的法律和规章。

2. 这种法律和规章除使一般接受的国际规则或标准有效外，不应适用于外国船舶的设计、构造、人员配备或装备。

3. 沿海国应将所有这种法律和规章妥为公布。

4. 行使无害通过领海权利的外国船舶应遵守所有这种法律和规章以及关于防止海上碰撞的一切一般接受的国际规章。

资料来源

第一次联合国海洋法会议文件

1.《领海和毗连区公约》（1958 年）第十七条对应于国际法委员会的条款草案第十八条。关于前期历史，见秘书处的《参考文献指南》第十八条。关于在第一次联合国海洋法会议上的讨论情况，见第一委员会的报告，A/CONF. 13/L. 28/Rev. 1（1958年）第 77 和 78 段，第一次海洋法会议，正式记录，第二卷第 115、121 页。

第三次联合国海洋法会议文件

2. A/AC. 138/SC. II/L. 18，第六条。转载在《1973 年海底委员会报告》第三卷第 3、5 页（塞浦路斯、希腊、印度尼西亚、马来西亚、摩洛哥、菲律宾、西班牙和也门）。

3. A/AC. 138/SC. II/L. 42 和 Corr. 1，第五条。转载在《1973 年海底委员会报告》

第三卷第 91、94 页（斐济）。

4. A/CONF. 62/C. 2/L. 3（1974 年），第二章第十八条，正式记录，第三卷第 183、184 页（英国）。

5. A/CONF. 62/C. 2/L. 16（1974 年），第六条，正式记录，第三卷第 192 页（马来西亚、摩洛哥、阿曼和也门）。

6. A/CONF. 62/C. 2/L. 19（1974 年），第五条第 1～5、10 和 11 款，正式记录，第三卷第 196、197 页（斐济）。

7. A/CONF. 62/C. 2/L. 26（1974 年），第二十条，正式记录，第三卷第 203、204 页（保加利亚、德意志民主共和国、波兰和苏联）。

8. A/CONF. 62/L. 8/Rev. 1（1974 年），附件二附录一〔A/CONF. 62/C2/WP. 1〕，条款第二十九条方案 B，第 1～5、10 和 11 款；和方案 C，正式记录，第三卷第 93、107、112 页（总报告员）〔《主要趋势工作文件》〕。

9. A/CONF. 62/WP. 8/Part II（非正式单一协商案文，1975 年），第十八条，正式记录，第四卷第 152、155 页（第二委员会主席）。

10. A/CONF. 62/WP. 8/Rev. 1/Part II（订正的单一协商案文，1976 年），第二十条，正式记录，第五卷第 151、156 页（第二委员会主席）。

11. A/CONF. 62/WP. 10（非正式综合协商案文，1977 年），第二十一条，正式记录，第八卷第 1、8 页。

12. A/CONF. 62/WP. 10/Rev. 1（非正式综合协商案文第一次修订稿，1979 年，油印），第二十一条。转载在《第三次联合国海洋法会议文件集》第一卷第 375、399 页。

13. A/CONF. 62/WP. 10/Rev. 2（非正式综合协商案文第二次修订稿，1980 年，油印），第二十一条。转载在《第三次联合国海洋法会议文件集》第二卷第 3、28 页。

14. A/CONF. 62/WP. 10/Rev. 3*（非正式综合协商案文第三次修订稿，1980 年，油印），第二十一条。转载在《第三次联合国海洋法会议文件集》第二卷第 179、204 页。

15. A/CONF. 62/L. 78（《公约草案》，1981 年），第二十一条，正式记录，第十五卷第 172、179 页。

16. A/CONF. 62/L. 97（1982 年），第二十一条第 1 款，正式记录，第十六卷第 217 页（加蓬）。

17. A/CONF. 62/L. 117（1982 年），第二十一条第 1 款（h）项，正式记录，第十六卷第 225 页（阿尔及利亚、巴林、贝宁、佛得角、中国、刚果、韩国、民主也门、吉布提、埃及、几内亚比绍、伊朗、利比亚、马耳他、摩洛哥、阿曼、巴基斯坦、巴布亚新几内亚、菲律宾、罗马尼亚、圣多美和普林西比、塞拉利昂、索马里、苏丹、苏里南、叙利亚、乌拉圭和也门）。

起草委员会文件

18. A/CONF. 62/L. 67/Add. 1（1981 年，油印），第 26 ~ 27 页。

19. A/CONF. 62/L. 67/Add. 1/Rev. 1（1981 年，油印），第 26 ~ 27 页。

20. A/CONF. 62/L. 67/Add. 14（1981 年，油印），第 2 页。

21. A/CONF. 62/L. 72（1981 年），正式记录，第十五卷第 151 页（起草委员会主席）。

非正式文件

22. Informal Working Paper No. 1/Rev. 1，条款第二十四条；No. 1/Rev. 2 条款第二十七条；以及 No. 1/Rev. 2 * 条款第二十八条（均为 1974 年，油印）。转载在《第三次联合国海洋法会议文件集》第三卷第 210、226、244 页。

23. C. 2/Blue Paper No. 14（1975 年，油印），条款第二十九条。转载在《第三次联合国海洋法会议文件集》第四卷第 153、155 页。

24. 澳大利亚（1976 年，油印），第十八条。转载在《第三次联合国海洋法会议文件集》第四卷第 270 页。

25. 澳大利亚（1977 年，油印），第二十条（订正的单一协商案文二）。转载在《第三次联合国海洋法会议文件集》第四卷第 392 页。

26. 肯尼亚和摩洛哥（1977 年，油印），第二十条（订正的单一协商案文二）。转载在《第三次联合国海洋法会议文件集》第四卷第 392 页。

27. 美国（1977 年，油印），第二十条（订正的单一协商案文二）。转载在《第三次联合国海洋法会议文件集》第四卷第 392 页。

28. C. 2/Informal Meeting/58（1980 年，油印），第二十一条（阿根廷、中国、厄瓜多尔、马达加斯加、巴基斯坦、秘鲁和菲律宾）。转载在《第三次联合国海洋法会议文件集》第五卷第 62 页。

29. C. 2/Informal Meeting/58/Rev. 1（1982 年，油印），第二十一条（阿根廷、佛得角、中国、刚果、朝鲜人民民主共和国、厄瓜多尔、埃及、几内亚、几内亚比绍、阿拉伯利比亚民众国、马耳他、摩洛哥、阿曼、巴基斯坦、巴拿马、巴布亚新几内亚、秘鲁、菲律宾、圣多美和普林西比、索马里和乌拉圭）。转载在《第三次联合国海洋法会议文件集》第五卷第 62 页。

评　　注

21. 1.　第二十一条是对第十九条的补充。它列举了沿海国有权制定关于无害通过其领海的法律和规章的事项。

21. 2.　国际法委员会在其对条款草案第十八条评注的第（2）段列举了适于沿海国制定的尤其是关于"运输和航海"法律和规章。该清单包括：

（a）交通安全及航道和浮标的保护；
（b）保护沿海国水域，防止船舶造成的任何一种污染；
（c）对海洋生物资源的养护；
（d）渔猎权和沿海国的类似权利；
（e）任何水文测量。①

该委员会还在其评注的第（3）段提到"国旗的使用，规定用于国际航行的路线的使用，有关安全的规则的遵守，以及海关和卫生规章的遵守。"委员会更笼统地说，"国际法长期以来一直承认沿海国为了国际航行的一般利益有权制定适用于船舶行使通过领海的通行权的特别规定。"②然而，这些具体细节并没有列入《1958 年领海和毗连区公约》第十七条（资料来源1），内容如下：

行使无害通过权利的外国船舶，应遵守沿海国颁布的符合这些条款的法律和规章以及其他国际规则，特别是有关运输和航行的法律和规章。

21. 3.　在海底委员会1973 年会议上，一项由 8 个国家提出的提案（资料来源2）包含一个沿海国规章的非排他性议题清单，如下：

（a）海上安全和交通，特别是建立的海道和分道通航制；
（b）安装和利用助航设施与系统及其保护；
（c）安装和利用勘探和开发海洋资源的设施及其保护；
（d）海上运输；
（e）具有特别性质的船舶的通行；
（f）保全海洋和沿海环境以及预防各种形式的污染；
（g）对海洋环境的研究。

---

①　国际法委员会的清单遵循了1930 年编纂会议上第二委员会通过的关于领海的法律地位的草案第六条（略有修改）。见国际联盟，*Acts of the Conference for the Codification of International Law*，LN doc. C. 351. M. 145, 1930，第五卷附件十附录一第六条第 123、127 页。转载在 Sh. Rosenne（ed.），3 *League of Nations*，*Conference for the Codification of International Law*［1930］，第三卷第 869 页（1975 年）。

②　Report of the International Law Commission covering the work of its eighth session（A/3159），第十八条评注，第（2）段，1956 年《国际法委员会年鉴》第二卷第 253、274 页。

一个由斐济代表提出的提案（资料来源3）含有类似的建议，但更详尽地列出了沿海国可以制定法律和规章的问题，包括"防止破坏或损坏的海底或空中电缆和管道"以及"防止违反沿海国海关、财政、移民、检疫或卫生规章。"此外，斐济在清单前面加了一个说明作为前言，说沿海国可以就以下全部或任何问题"制定法律，显然是想说其清单应该已经是详尽的，不仅仅是举例说明而已。

21.4. 在第三次海洋法会议第二期会议（1974年），提出了4个关于无害通过的提案。由英国代表提交的一套第十八条的条款草案（资料来源4）内容如下：

1. 沿海国可依本公约规定和其他国际法规则，制定关于无害通过其领海的法律和规章。

这种法律和规章只可针对以下方面：

（a）航行安全及海上交通管理，包括海道和分道通航制；

（b）防止破坏或损坏助航设施和系统；

（c）防止破坏或损坏包括勘探和开采海床和底土资源的设备或设施；

（d）按照本公约第……章海洋环境的保全；

（e）海洋环境研究；

（f）防止违反沿海国海关、财政、移民或卫生规章；及

（g）防止外国渔船未经批准的捕鱼，尤其包括渔具的装备。

2. 这种法律和规章不得：

（a）适用于外国船只的设计、构造、人员配备或装备，或受普遍接受的国际规则规范的事项，除非由这些规则专门授权；

（b）对外国船舶按照本公约行使无害通过权规定具有实际否定或损害作用的要求；及

（c）对外国船舶之间形式上或事实上歧视。

3. 沿海国应妥为公布所有这些法律和规章。

4. 行使无害通过领海权利的外国船舶，必须遵守沿海国所有这些法律和规章。

5. 沿海国应确保对行使无害通过权的外国船舶适用的法律和规章，不论在形式还是在事实上，都符合本公约的规定。如果沿海国的行为方式违反了本章的规定，造成外国船舶的损失或损坏，沿海国应向船舶的所有者对损失或损坏进行赔偿。

在介绍该提案时，英国代表表示，该提案的目的是试图澄清沿海国有权制定有关无害通过的法律和规章；他还强调了第4款对外国船舶行使无害通过时要遵守这些规

则和规章的要求。③ 第 1 款非常详尽，指明这种法律和规章"只"可针对所列出的活动。第 2 款继续如此，列举了沿海国对外国船舶的立法权力的限制。

由 4 个国家提交的提案（资料来源 5）包含了类似的规定，尽管其清单更为广泛。该案文如下：

第六条　航行通过领海的规章

1. 沿海国可依据这些条款的规定和其他国际法规则，制定关于通过其领海的法律和规章。

2. 这种法律和规章可针对以下全部或任何一项：

（a）航行安全及海上交通管理，包括根据第七条建立海道和分道通航制；

（b）设置、利用和保护航行设施和助航设施；

（c）设置、利用和保护用于勘探和开采领海内生物资源和非生物资源的设施、结构和装置；

（d）设置、利用和保护海底或空中电缆和管道；

（e）保全沿海国的海洋环境，防止对海洋环境的污染；

（f）海洋环境研究，包括水文测量；

（g）防止违反沿海国海关、财政、移民或卫生规章；

（h）根据第八条，具有特殊性质的船舶的通过。

3. 沿海国应妥为公布根据本条款规定所制定的所有法律和规章。

4. 行使无害通过领海权利的外国船舶，必须遵守沿海国所有这些法律和规章。

5. 沿海国应确保对行使无害通过权利的外国船舶适用的法律和规章，不论在形式还是在事实上，都符合本公约的规定。

该案文没有列对沿海国立法权力的限制。

斐济代表（资料来源 6）随后提交了一份对其早些时提交的关于通过的规章的提案进行了较广泛修订的提案（资料来源 3）。新案文的相关部分表述如下：

B. 关于通过的规章

第五条

1. 沿海国可依本公约规定和其他国际法规则，对下列各项或任何一项制定关于无害通过领海的法律和规章：

（a））航行安全及海上交通管理，包括指定海道和建立分道通航制；

---

③　第二委员会第三次会议（1974 年），第 29 段，正式记录，第二卷第 102 页。

（b）设置、利用和保护助航设施和设备；

（c）设置、利用和保护用于勘探和开采领海内，包括海床和底土的海洋资源的设备和设施；

（d）保护海底或空中电缆和管道；

（e）养护海洋生物资源；

（f）保全沿海国的海洋环境，包括领海的海洋环境，并防止对海洋环境的污染；

（g）海洋环境研究，包括水文测量；

（h）防止违反沿海国海关、财政、移民或卫生规章；

（i）防止违反沿海国的渔业规章，尤其包括关于渔具装备的规章。

2. 这种法律和规章并不体现比1973年《国际防止船舶污染公约》或以后普遍适用的国际公约所规定的对有关船只的设计、构造、人员配备或装备更严格的要求。

3. 沿海国应妥为公布其根据本条规定所制定的所有法律和规章。

4. 行使无害通过领海权利的外国船舶，必须遵守沿海国所有这些法律和规章。

5. 在通过领海时，外国船舶，包括海洋调查船和水文测量船，未经沿海国事先准许，不得进行调查或测量活动

……

10. 行使无害通过权通过领海的外国船舶，在通过海道或由沿海国依据本条规定指定的分道通航制时，应遵守关于海上避碰的所有国际规章。

11. 如果沿海国在适用其法律和规章时其行为方式违反了这些条款的规定，造成行使无害通过权通过领海的任何外国船舶的损失或损坏，沿海国应向这种船舶的所有者赔偿损失或损坏。

一个东欧社会主义国家集团提交了一份类似提案（资料来源7），虽然措辞不同。该提案内容如下：

第二十条

1. 沿海国可对以下问题制定关于无害通过其领海的法律和规章，这种法律和规章应符合本公约的规定和其他国际法规则：

（a）航行安全及海上交通管理；

（b）防止破坏或损坏助航设施和系统；

（c）防止破坏或损坏勘探和开采海洋资源包括海床和底土资源的设备或设施；

（d）防止损坏通信线路和电传设备；

（e）按照本公约第……条保护环境和沿海国的水域和海岸免受污染；

（f）海洋环境的科学考察，包括领海的水密度、海底及其底土；

（g）防止违反沿海国海关、财政、移民或卫生规章；及

（h）防止外国渔船在领海捕鱼。

2. 这种法律和规章不应涉及外国船只的设计、构造、人员配备或技术渔具等问题，或对外国船舶强加要求，其实际后果等于否定或损害按照本公约所规定的无害通过的权利。

3. 沿海国应将关于无害通过的所有法律和规章妥为公布。

4. 行使无害通过领海权利的外国船舶，必须遵守沿海国所有这些法律和规章。

5. 沿海国应确保对享受无害通过权的外国船舶适用的法律和规章都符合本公约的规定。因沿海国适用法律或规章的方式违反本章的规定致使船舶蒙受损失，沿海国应向船舶所悬挂旗帜的国家赔偿损失或损坏。

这些提案都被概括在《主要趋势工作文件》条款第二十九条（资料来源8）。条款第二十九条方案A连同关于外国渔船的一项规定一起对应于1958年文本。方案B是较广泛的斐济提案与英国和四国提案相结合的产物。方案C反映了在海底委员会的8个国家的提案（资料来源2）。

21.5. 在第三期会议上（1975年），关于无害通过问题的非正式磋商编写了一个案文（资料来源23个），其中把第二十九条分为第二十九条和第二十九条A（后者规定专门处理海道和分道通航制，并最终成为第二十二条）。条款第二十九条被逐字采纳，作为非正式单一协商案文第二部分第十八条（资料来源9），全文如下：

1. 沿海国可依本公约规定和其他国际法规则，对下列各项或任何一项制定关于无害通过领海的法律和规章：

（a）航行安全及海上交通管理，包括指定海道和建立分道通航制；

（b）保护助航设备和设施以及其他设施或设备，包括勘探和开发领海和海床及其底土的海洋资源的设施和设备；

（c）保护电缆和管道；

（d）养护海洋生物资源；

（e）防止违反沿海国的渔业规章，尤其包括关于渔具装备的规章；

（f）保全沿海国环境，防止该环境污染；

（g）海洋环境研究和水文调查；

（h）防止违犯沿海国的海关、财政、移民或卫生或植物检疫的规章。

2. 这种法律和规章应不适用于或影响外国船舶由普遍接受的国际规则所规定的设计、构造、人员配备或装备，除非已经这些规则特别授权。

3. 沿海国应将其依据本公约所制定的所有法律和规章妥为公布。

4. 行使无害通过领海权利的外国船舶，必须遵守沿海国所有这些法律和规章，并应在任何时候，尤其是在通过由沿海国依据本条规定指定或规定的海道和分道通航制时，应遵守关于防止海上碰撞的一切一般接受的国际规章。

21.6. 在第三次海洋法会议第四期会议（1976 年）上，澳大利亚（资料来源 21）加入了这项规则支持者的队伍，即"这种法律和规章除使一般接受的国际规则或标准有效但可能涉及本公约所规定的海上交通管理的规定外，不应适用于外国船舶的设计、构造、人员配备或装备。"

在订正的单一协商案文第二部分（资料来源 10）第二十条提出了该条款更简洁的措辞，虽然在实质上没有多少改变。该案文内容为：

沿海国关于无害通过的法律和规章

1. 沿海国可依本公约规定和其他国际法规则，对下列各项或任何一项制定关于无害通过领海的法律和规章：

（a）航行安全及海上交通管理；

（b）保护助航设备和设施以及其他设施或设备；

（c）保护电缆和管道；

（d）养护海洋生物资源；

（e）防止违犯沿海国的渔业规章；

（f）保全沿海国的环境，防止该环境受到污染；

（g）海洋科学研究和水文测量；

（h）防止违犯沿海国的海关、财政、移民或卫生的法律和规章。

2. 这种法律和规章不应适用于或影响外国船舶由普遍接受的国际法规则所规定的设计、构造、人员配备或装备或事项，除非已经这些规则特别授权。

3. 沿海国应将所有这种法律和规章妥为公布。

4. 行使无害通过领海权利的外国船舶，必须遵守沿海国所有这些法律和规章以及关于防止海上碰撞的一切一般接受的国际规章。

在这个阶段添加了标题。第 1 款（a）项因删除了"指定海道和建立分道通航制"而变得简短（删除了不必要的重复；此事被包括在第二十一条［现第二十二条］，见下文第 22.4 和 22.5 段）。第 1 款（b）、（e）和（h）项和第 4 款也都被缩短。所有这些调整，都是起草文字润色上的变化。

21.7. 在第三次海洋法会议第六期会议（1977 年）上，由澳大利亚（资料来源 25），以及由肯尼亚和摩洛哥代表提出的非正式修正案（资料来源 26）都建议改写段第 2 款。④ 美利坚合众国（资料来源 27）代表提出了经美国全部改造的第 2 款，内容如下：

2.（a）这种法律和规章除使一般接受的国际规则、标准或由主管国际组织或一般外交会议通过的建议有效外，不应适用于或影响外国船舶的设计或构造；

（b）这种法律和规章不得适用于船员的资格及培训或外国船只设备上，除非：

（1）这种法律和规章使得国际规则、标准或主管国际组织或一般外交会议通过的建议有效；或

（2）条件要求根据现有的最佳科学和技术信息条件制定特殊规定。这种特殊规定应只包括技术规范和要求。

（c）沿海国制定这种法律和规章，应促进国际规则和标准的统一。

该方案没有被接受。

接着，第 1 款（f）和第 2 款经略微修改后被纳入非正式综合协商案文（资料来源 11）第二十一条，内容如下：

第二十一条　沿海国关于无害通过的法律和规章

1. 沿海国可依本公约规定和其他国际法规则，对下列各项或任何一项制定关于无害通过领海的法律和规章：

（a）航行安全及海上交通管理；

（b）保护助航设备和设施以及其他设施或设备；

（c）保护电缆和管道；

（d）养护海洋生物资源；

（e）防止违犯沿海国的渔业规章；

（f）保全沿海国的环境，并防止、减少和控制该环境受污染；

（g）海洋科学研究和水文测量；

（h）防止违犯沿海国的海关、财政、移民或卫生的法律和规章。

2. 这种法律和规章除使一般接受的国际规则或标准有效外，不应适用于

---

④　国际航运商会也表示了对订正的单一协商案文第二部分第二十条第 2 款的关切，指出任何实质上的改变都"会产生……的后果，使得船的所有者不能知道他们应建造什么类型的船只。" *International Chamber of Shipping*（1976 年，油印），第二十条第 2 款。转载在《第三次联合国海洋法会议文件集》第四卷第 370、372 页。

外国船舶的设计、构造、人员配备或装备。

3. 沿海国应将所有这种法律和规章妥为公布。

4. 行使无害通过领海权利的外国船舶应遵守所有这种法律和规章以及关于防止海上碰撞的一切一般接受的国际规章。

条文保持不变，并基于起草委员会的建议形成了其最后形式（资料来源 18 至资料来源 21）。

21.8.　虽然在非正式综合协商案文之后案文文字上并无实质上的改变，但仍就关于该条适用于外国军舰行使无害通过权利通过领海的问题进行了进一步讨论。这个题目曾经在海底委员会提出过。⑤　在第三次联合国海洋法会议第二期会议（1974 年）上，⑥ 有人认为，应包括规定允许沿海国要求事先通知或授权作为外国军舰行使无害通过领海的条件。这些工作在海洋法会议的后期（1980—1982 年）重新进行时，第二委员会收到了向其提交的非正式提案，接着是在全体会议上的正式提案（见下文）。这些提案都在第三次海洋法会议第九期（1980 年）、第十期（1981 年）和第十一期（1982 年）会议的全体会议上进行了广泛辩论。

在第九期会议上，由一个七国集团提交的提案（资料来源 28）要插入一个新的第 1 款（b）（其后的各款相应重新编号）如下：

（b）军舰航行，包括有权要求通过领海的事先授权或通知。

第二委员会主席在第九期会议结束时所作的总结报告，提到了这一提案，但没有说明已收到的对其支持的程度，只称：

16. 在委员会所审议的所有非正式提案使得它们的支持者它们所享有的接受的程度有一个清晰的概念。据我了解，许多提出提案的代表团正在按照讨论中所提出的建议和意见在修改这些提案。⑦

---

⑤　例见苏联（第 23 页）和西班牙（第 25－27 页）代表在第二分委会第六次会议上的发言（A/AC.138/SC.II/SR.6（1971 年，油印）），以及马来西亚代表在第十一次会议上的发言（A/AC.138/SC.II/SR.11（1971 年，油印），第 87 页）（以确保海洋包括海床和洋底用于和平目的，它坚持军舰，包括潜艇通过其领海内的海峡要事先获得准许）。又见 A/AC.138/SC.II/L.34，第 1 项最后一段。转载在《1973 年海底委员会报告》第三卷第 71、72 页（中国）。

⑥　例见索马里代表在第 42 次全体会议上的发言（1974 年）第 49 段。正式记录，第一卷第 186 页；和韩国代表在第二委员会第 5 次会议上的发言（1974 年），第 14 段。正式记录，第二卷第 110 页；以及也门代表在第 13 次会议上的发言。第 52 段，同上，第 134 页。

⑦　A/CONF.62/L.51（1980 年），第 12 和 16 段，正式记录，第十三卷第 82、84 页。

尽管这一建议并没有纳入非正式综合协商案文第二次修订稿（资料来源13），但它仍然得到一些代表团的支持。⑧

在第九期会议续会（1980年）上，有几个代表团发言说，根据目前的语言，各国有权利要求对军舰无害通过事先通知或授权。⑨此外，巴基斯坦在总务委员会上表示军舰通过是许多代表团表示希望项目继续协商的项目。⑩

21.9. 在第十期会议（1981年）上，几个代表团继续提出军舰无害通过的问题，其中有几个代表团主张在达成共识前需要进一步协商。⑪

在该次会议期间第二委员会的非正式会议的无论是这些措施还是辩论导致的对协商案文的修改，《公约草案》（资料来源15）从早期的文本就一直保持不变。但是，会议主席在其对这个案文的介绍性说明中指出：

---

⑧　例见在全体会议上代表的发言：在第134次会议上：巴基斯坦，第66段，正式记录，第十四卷第17页；以及罗马尼亚，第87段，同上，第18页。第135次会议上：芬兰，第21段，同上，第21页；中国，第49段，同上，第23页；尼日利亚，第108段，同上，第27页；埃及，第121段，同上，第28页；以及巴布亚新几内亚，第146段，同上，第30页。在第136次会议上：民主柬埔寨，第40段，同上，第33页；以及阿根廷，第99段，同上，第38页。在第137次会议上：伊朗，第1段，同上，第41页；以及马耳他，第38段，同上，第44页。在第138次会议上：民主也门，第22段，同上，第53页；索马里，第70段，同上，第55页；萨尔瓦多，第90段，同上，第57页；以及菲律宾，第116段，同上，第58页。在第139会议上：阿拉伯联合酋长国，第63段，同上，第66页；阿尔巴尼亚，第129段，同上，第69页；阿拉伯叙利亚共和国，第173段，同上，第72页；以及阿拉伯利比亚民众国，第187段，同上，第73页。以及在第140次会议上：乌拉圭，第60段，同上，第80页；危地马拉，第68段，同上；以及巴拿马，第70段，同上，第81页。

另外，在全体会议上代表发言的反对意见，例如在第137次会议上：澳大利亚，第13段，同上，第42页；以及英国，第86段，同上，第49页。以及在第140次会议上：匈牙利，第24段，同上，第77页。

⑨　例见在全体会议上代表的发言：在第136次会议上：瑞典，第61段，正式记录，第十四卷第35页；在第138次会议上，阿曼，第43段，同上，第54页；以及塞拉利昂，第49段，同上。以及在第139次会议上：韩国，第157段，同上，第71页。

⑩　总务委员会第57次会议（1980年），第38段，正式记录，第十四卷第93页。又见A/CONF.62/WS/13（1980年），第12段，正式记录，第十四卷第151、152页（洪都拉斯）。

⑪　例见在全体会议上代表的发言：在第145次会议上：马耳他，第40段，正式记录，第十五卷第11页；在第146次会议上：索马里，第14段，同上，第16页；以及罗马尼亚，第19段，同上；在148次会议上：菲律宾，第10段，同上，第18页；阿根廷，第17段，同上；罗马尼亚，第27段，同上，第19页；巴基斯坦，第33段，同上，第20页；朝鲜民主主义人民共和国，第52段，同上，第21页；韩国，第62段，同上，第22页；伊朗，第65段，同上；阿拉伯利比亚民众国，第76段，同上，第23页；马耳他，第77段，同上；佛得角，第78段，同上；埃及，第82段，同上；以及刚果，第86段，同上。在第149次会议上：罗马尼亚，第18段，同上，第26页。以及在153次会议上：中国，第2段，同上，第36页；阿拉伯利比亚民众国，第30段，同上，第37页；也门，第41段，同上，第38页；以及阿根廷，第55段，同上，第39页。

另外，全体会议上发言代表的反对意见，例见在148次会议上：苏联，第43段（就"维护各沿海国的安全利益和国际航行的利益"两者达成妥协），同上，第20页；匈牙利，第85段（"从法律的观点和既保护沿海国的利益又保护第三国两者的利益"的观点平衡关于军舰无害通的规定），同上，第23页；以及意大利，第87段，同上。

对某些悬而未决的问题的协商将继续下去，因此，运用会议《议事规则》规则第 33 项的时间尚未来到。在这一阶段，将不允许各代表团再提交修正案。正式的修正案只可在所有协商停止以后提交。[12]

21. 10. 在第三次海洋法会议第十一期会议（1982 年）上，关于军舰无害通过的讨论继续在第二委员会的三个非正式会议上进行。[13] 由 20 个国家重新提出了（与其他提案国原国）（资料来源 29）早先由 7 个国家提出的非正式提案（资料来源 28）。后来，第二委员会主席在其向全体会议的报告中随后说，该提案不符合纳入案文的要求。[14]

在全体会议随后的几个会议上，一些代表团继续表示对 20 国提案的支持，[15] 而且声称关于军舰无害通过的问题尚未达成共识。[16]

加拿大代表则表示，通过对第二十一条实质性的修改"可能是海上大国和他们的盟友的一个会议断路器。"[17]

---

[12] 资料来源 15，第 176 页。

[13] 第二委员会主席的报告，A/CONF. 62/L. 87（1981 年），第 5 – 6 段，正式记录，第十六卷第 202 页。又见第 157 次全体会议上的讲话（1982 年），第 51 段，同上，第 12 页。

[14] A/CONF. 62/L. 87，前注 13，第 7 – 8 段。

[15] 例见在全体会议上代表的发言：在第 159 次会议上：伊朗，第 13 段，正式记录，第十六卷第 17 页；以及罗马尼亚，第 40 段，同上，第 20 页。在第 160 次会议上：索马里，第 6 段，同上，第 27 页；阿拉伯联合国西长国，第 15 段，同上，第 28 页；刚果，第 30 – 32 页，同上，第 29 页；以及朝鲜民主主义人民共和国，第 36 段，同上，第 30 页。在第 161 次会议上：阿根廷，第 17 段，同上，第 31 页；中国，第 28 段，同上，第 32 页，巴基斯坦，第 99 段，同上，第 38 页；以及厄瓜多尔，第 120 段，同上，第 40 页。在 162 次会议上，马耳他，第 19 段，同上，第 44 页；阿拉伯利比亚民众国，第 33 段，同上，第 45 页；巴布亚新几内亚，第 40 段，同上，第 46 页；巴林，第 52 段，同上，第 47 页；圭亚那，第 56 段，同上；以及苏里南，第 85 段，同上，第 50 页；在第 163 次会议上：乌拉圭，第 29 段，同上，第 54 页。在第 164 次会议上：阿尔巴尼亚，第 3 段，同上，第 60 页；佛得角，第 29 段，同上，第 62 页；吉布提，第 36 段，同上；阿尔及利亚，第 47 段，同上，第 63 页；韩国，第 56 段，同上，第 64 页；安哥拉，第 65 段，同上；尼日利亚，第 116 段，同上，第 67 页；以及阿曼，第 133 段，同上，第 69 页。在第 165 次会议上：加蓬，第 54 段，同上，第 74 页；埃及，第 85 – 88 段，同上，第 77 页；阿拉伯叙利亚共和国，第 114 段，同上，第 79 页；塞拉利昂，第 129 段，同上，第 80 页；喀麦隆联合共和国，第 136 段，同上。以及在第 166 次会议上：苏丹，第 2 段，同上，第 81 页；卡塔尔，第 26 段，同上，第 83 页；以及扎伊尔，第 56 段，同上，第 85 页。

另外，全体会议上代表发言的反对意见，见例如第 166 次会议；约旦，第 18 段，同上，第 82 页；以及巴哈马，第 39 段，同上，第 83 页。

[16] 例见全体会议上代表的发言：在第 156 次会议上：罗马尼亚，第 37 段，正式记录，第十六卷第 6 页。在第 159 次会议上：伊朗，第 13 段，同上，第 17 页；以及罗马尼亚，第 40 段，同上，第 20 页。在 160 次会议上：朝鲜民主主义人民共和国，第 36 段，同上，第 30 页。在第 162 次会议上：巴林，第 52 段，同上，第 47 页。在第 164 次会议上，佛得角，第 29 段，同上，第 62 页。以及在第 167 次会议上：菲律宾，第 4 段，同上，第 85 页；以及罗马尼亚，第 5 段，同上。

[17] 见 164th plenary meeting（1982 年），第 109 段，正式记录，第十六卷第 67 页。

大会主席随后于1982年4月7日宣布，4月8日可以开始执行《议事规则》第33项，正式修订案可以提交了。⑱于是，提出了关于第二十一条修正案的两项提案。第一项是由加蓬提出的提案（资料来源16），其建议与20个国家的提案几乎完全相同。它建议增加一个新的第1款（b）项规定，要求军舰通过既事先须经准许，也须通知（而不是"或"须经批准，"或"须通知）。

第二项修正案（资料来源17）是由28个国家发起的，建议在第1款（b）增加关于"安全"的规定。虽然这项修正案并没有具体提到军舰，但菲律宾代表说，提出这个提案是为了有助于寻找一项关于军舰无害通过领海问题可接受的妥协方案。他指出，尽管一些代表团"已经表示不愿意考虑关于军舰通过须经事先准许或通知的规定的修订，"但他认为的"增加'安全'这个词"除了能满足发起者的关切之外，还会发现了能为更多的海洋国家所接受。"⑲

这两个修正案都引起了全体会议相当激烈的辩论，虽然其中大部分辩论都集中在28国的提案上。这两项提案获得了大量的支持，⑳但同样也有一些国家表示反对。㉑有几个国家指出，采纳修订会威胁已经达成共识的微妙平衡。㉒其他国家，在支持这个或那个提案的同时，它们表示，无论在条文上有没有明文规定，它们依然认为沿海国有

---

⑱　会议主席在第167次全体会议上的发言，转载在A/CONF. 62/L. 95（1982年），正式记录，第十六卷第216页。

⑲　见169th plenary meeting（1982年），第24－26段，正式记录，第十六卷第94页。

⑳　例见全体会议上代表的发言。在第169次会议上：罗马尼亚，第48段，正式记录，第十六卷第96页；以及索马里，第62段，同上，第97页。在第170次会议上：民主柬埔寨，第60段，同上，第105页；以及阿曼，第63段，同上。在第171次会议上：韩国，第5段，同上，第105页；埃及，第16段，同上，第107页；加蓬，第18段，同上；吉布提，第24段，同上，第108页；突尼斯，第36段，同上，第109页；塞拉利昂，第44段，同上；也门，第51段，同上，第110页；阿拉伯利比亚民众国，第57段，同上；以及苏丹第92段，同上，第112页。第172次会议：佛得角，第1段，同上，第114页；朝鲜民主主义人民共和国，第4段，同上；伊朗，第34－35段，同上，第117页；乌拉圭，第43段，同上；巴林，第61段，同上，第118页；以及圣多美和普林西比，第74段，同上，第120页。第173次会议：中国，第6段，同上；刚果，第38段，同上，第123页；马来西亚，第50段，同上，第124页；阿拉伯叙利亚共和国，第51段，同上；巴基斯坦，第59段，同上，第124页；以及罗马尼亚，第72－73段，同上，第126页。

㉑　例见在全体会议上代表的发言。在第168次会议上：英国，第61段，第16，正式记录，第十六卷第92页。在第170次会议上，泰国，第20段，同上，第101页；苏联，第26段，同上，第102页；意大利，第34段，同上，第103页；以及古巴，第59段，同上，第104页。在第171次会议上：伊拉克，第87段，同上，第112页。在第172次会议上：乌克兰苏维埃社会主义共和国，第63段，同上，第118页；以及在第173会议上：匈牙利，第1段，同上，第120页；蒙古，第12段，同上，第121页；德意志联邦共和国，第21和23段，同上，第122页；以及白俄罗斯苏维埃社会主义共和国，第27段，同上。

㉒　例见在全体会议上代表发言。第171次会议上：丹麦，第8段，正式记录，第十六卷第106页；以及保加利亚，第76段，同上，第111页。在第172次会议上：加拿大，第13段，同上，第115页。

权利管理军舰的通过。㉓

在协商结束时，为响应会议主席的呼吁，加蓬代表撤回其提出的修正案。㉔ 在下次全体会议上，主席表示，另一项提案的 28 个提案国也同意不按他们的修正案表决。就此，主席宣读了以下说明：

> 虽然在文件 A/CONF. 62/L. 117［资料来源 17］中的修正案的提案国曾为了澄清《公约草案》的文本提出了一个修正案，但为了响应会议主席的呼吁，他们已经同意不将它付诸表决。但是，他们想重申，他们的决定不妨碍沿海国根据《公约草案》第十九条和第二十五条采取保障其安全利益的措施的权利。㉕

支持后一项提案的许多代表团在签署《公约》时声明重新争论《公约》的规定不妨碍它们有权采取措施规范军舰无害通过其领海。㉖ 另一方面，意大利代表发表声明指出"《公约》中没有规定……可以被视为沿海国有权依赖事先同意或通知使特定类别的外国船只无害通过。"㉗

21. 11（a）. 第 1 款列举了关于沿海国可以制定有关无害通过其领海的法律和规章的事项，在此意义上，它反映了第十九条第 2 款。

第 1 款（a）项反映了《公约》自始至终所贯穿的一个基本概念——全球海上航行首要性。在第 1 款（a）项，这种航行的权利是由沿海国规范在其领海的无害通过的权利来平衡的。它是对第十九条第 1 款的补充。

第 1 款（b）项也关系到航行安全，并关系到沿海国对在其领海的所有设备和设施（包括人工岛屿、设施和结构）的管理。它是对第十九条第 2 款（k）项的补充。

21. 11（b）. 第 1 款（c）项允许沿海国制定法律和规章，保护在其领海的海底电缆和管道。在这里，目标既是为了维护这种系统的完整性，以避免在通信中中断（电缆），又保护海洋环境（管道），同时也为了保护领海区域内用于航行的电缆和

㉓ 例见在第 170 次全体会议上代表的发言：巴西，第 41 段，正式记录，第十六卷第 103 页；以及马耳他，第 51－52 段，同上，第 104 页。

㉔ 见 175th plenary meeting，第 2 和第 3 段，正式记录，第十六卷第 131 页。

㉕ 见 176th plenary meeting，第 1 段，同上，第 132 页。另见关于第一二三条的评注（本丛书第三卷）关于撤销对第一二三条的修正案，条件是第二十一条修正案也撤回。

㉖ 在写本书时（1993 年 5 月），已有下列国家在签署或批准《公约》时发表了这种声明：佛得角（签署/批准）、民主也门（批准）、埃及（批准）、芬兰（签署）、伊朗（签署）、罗马尼亚（签署）、圣多美和普林西比（签署）、苏丹（签署）、瑞典（签署）和也门（签署）。见最新版的 *Multilateral Treaties Deposited with the Secretary-General*（ST/LEG/SER. E/-），Ch. XXI. 6。

㉗ 同上。

管道。

在这方面对群岛国要求载于第五十一条第 2 款。其他适用于关于在专属经济区、大陆架和公海铺设电缆和管道的自由的规定分别载于第五十八条第 1 款、第七十九条和第八十七条。

21.11（c）. 第 1 款（d）和（e）项可以一起研究。它们涉及第五部项下的义务（特别是第六十一条）和第七部分项下养护和管理专属经济区的生物资源和公海。在这个问题上，第 1 款（e）项形成了沿海国对专属经济区生物资源的权利的出发点。这也是沿海国在其主权和管辖权下的海域对渔业法律和规章行使管辖权的一部分。第十九条第 2 款（i）（见上文第 19.10（i））段）是对这个问题的补充。

第 1 款（d）和（e）项是有关沿海国对其管辖下的生物资源执法权力的一个更广泛的模式的出发点。这一模式包括关于领海的第二十五条（通过第四十九条包括群岛水域）、关于沿海国对专属经济区的有关生物资源的法律和规章执法的第七十三条；处理沿海国对在其内水、领海、毗连区，群岛水域和专属经济区以及其大陆架违反法律和规章的行为适用的紧追权的第一一一条；关于沿海国执行其有关法律和规章，以保护和保全海洋环境，防止，减少和控制污染（受维护第二二三条至二三三条的限制）的第二二〇条；以及关于沿海国专属经济区或大陆架的海洋科学研究的第二五三条。㉘沿海国执法力量的特殊性，视在不同海洋区域权利的性质的不同而不同：对内水的完全主权，受制于适用于领海和群岛水域通行的主权，以及对专属经济区和大陆架资源的主权权利的管辖权。

21.11（d）. 第 1 款（f）和（g）项分别涉及第十二部分（海洋环境的保护与保全）和第十三部分（海洋科学研究）。第 1 款（f）项与第一九二条和第一九四条相联系，其中第一九二条规定了各国保护和保全海洋环境的一般义务，第一九四条规定了各国对防止、减少和控制"在其管辖下的活动"对海洋环境的污染和在其"行使主权权利区域"的海洋环境污染的义务。第 1 款（g）项与第二四五条相关联，其中赋予沿海国在其领海有"规定、准许和进行"海洋科学研究的专属权利。

21.11（e）. 第 1 款（h）项是对第十九条第 2 款（g）项的补充，同时也与第三十三条的实质（关于对毗连区）和第四十二条第 1 款（d）项（关于通过海峡的过境通行）有联系。所有这些都是赋予沿海国在其领海和毗连区的海关、财政、移民和卫生问题执行管辖权的要素。

通过第六十条第 2 款，赋予沿海国对与专属经济区内的人工岛、设施和结构相关事项的"海关、财政、卫生、安全和移民"问题类似的管辖权。

21.11（f）. 第 2 款包含一个不仅对关于领海的无害通过而且更普遍具有重大意

㉘　在这方面，第二九八条第 1 款（b）项规定了国家对强制解决争端程序的任择性例外，除其他外，对有关执法活动的争端作出具有约束力的决定。

义的规定。它规定，沿海国制定的有关无害通过的法律和规章，不得适用于"外国船只的设计、构造、人员配备或装备。"所规定的一个例外是，如果这些适用于外国船只的法律和规章"使一般接受的国际规则或标准有效。"在这方面，第2款是明确的，旨在维护全球海上航行的完整性。正如所见，对具有这种性质的条款有广泛的需求，关于这种条款的协商涉及其提法，而不是涉及原则。

这项规定的影响波及第十二部分，该部分在这方面突出了国际规则和标准（见第四卷第13页，第Ⅻ.15段）。第一九四条第3款（b）项要求各国采取一切必要措施，以尽量减少船只对海洋环境的污染，其中包括"规定［船只的］设计、建造、装备、操作和人员配备"。（见第四卷，第66页，第194.10（i）段）。

第二一一条第6款（c）项规定，沿海国为防止、减少和控制来自船只的污染所制定的法律和规章"不应要求外国船只遵守一般接受的国际规则和标准以外的设计、建造、人员配备或装备标准。"这里的要求是，各国要通过主管国际组织或一般外交会议行事，制定这些法律和规章（见第四卷，第200页，第211.15（a）段）。第二一七条第2款规定了船旗国有义务确保悬挂其旗帜或在其境内注册的船只遵守这方面的国际规则和标准。

21.11（g）. "一般接受的国际规则或标准"这个短语在这里没有另外注明，但可以从第二一一条第5款中所找到的更明确的语言"通过主管国际组织或一般外交会议制订的一般接受的国际规则和标准"的上下文理解（见第四卷，第201~203页，第211.15（c）-（f）段）。虽然在会议期间提出的提案使用类似的语言（见上文第21.8段）是不被接受的，但在此语境下，该短语似乎意味着涉及外国船只的设计、建造、人员配备或装备的普遍接受的国际规则或标准是通过国际海事组织制定的。事实上，国际海事组织秘书处报告说，为了第二十一条第2款的目的，国际海事组织是"与这一领域的使命有关的唯一的全球性机构，所有现有的关于船只的设计、建造、装备和人员配备的规则和标准其实都是由海事组织或在海事组织内制定的。"[29]

21.11（h）. 第3款的内容与其他一些要求各国颁布关于航行的规则和规章，妥为公布这些规则和规章的条文类似。这里没有试图说明何谓"妥为公布"，但其目的是明确的，即国家制定关于在任何存在无害通过权力的水域的无害通过的法律和规章，应给予充分的通知，以便引起航海者及其他一切有关实体（包括外国）的注意。应当指出，在这种情况下，联合国及其专门机构有自己的系统传播关于这方面的信息。

21.11（i）. 第4款规定，行使无害通过权利的船舶要遵守沿海国按照第二十一

---

[29] 见 *Implications of the United Nations Convention on the Law of the Sea*, 1982, *for the International Maritime Organization*, 国际海事组织秘书处文件研究。Doc. LEG/MISC/1（1986年，油印），第20段。转载在荷兰海洋法研究所《国际组织和海洋法年鉴》第3卷340、346页［1987年］；联合国海洋和海洋法司《海洋事务年度回顾：法律和政策的主要文件》第一卷第123页，1985—1987年。

条第 1 款制定的所有法律和规章以及关于防止海上碰撞的一切一般接受的国际规章。在这里，一般接受的国际规章也是那些通过海事组织框架内制定的。这条款只适用于"外国"船舶。这种限制是合适的，因为只有"外国"船舶才享有无害通过的权利。该款还要结合第二十二条一起解读。

21. 11（j）. 出现在早期的一些提案中有关船舶之间非歧视的建议（见上文第21.4 段）现在出现在第二十四条第 1 款（b）项和第二十五条第 3 款。同样的原则还出现在更具局限性的第十二部分第二二七条。

21. 12. 美利坚合众国和苏联代表包括在其《关于无害通过的国际法规则的统一解释》（见第 19.11 段）作了如下说明：

> 5. 行使无害通过权利的船舶，应遵守沿海国遵照 1982 年《公约》第二十一条、第二十二条、第二十三条和第二十五条所反映的相关的国际法规则制定的所有法律和规章。这些法律和规章包括沿海国要求船舶利用其必要时为了保障航行安全可能规定的海道和分道通航制行使无害通过权通过其领海的法律和规章。在没有规定这种海道或分道通航制的区域，船舶仍然享有无害通过权。

> 6. 沿海国规定的这些法律不得具有拒绝或损害 1982 年《公约》第二十四条所规定的无害通过权利行使的实际效果。

> 7. 如果军舰从事的行为违反了这种法律或规章或致使其通过不是无害的而又不根据要求采取纠正行动，根据 1982 年《公约》第三十条的规定，沿海国可以要求其离开领海。在这种情况下，军舰应立即这样做。

第二十二条 领海内的海道和分道通航制

1. 沿海国考虑到航行安全认为必要时，可要求行使无害通过其领海权利的外国船舶使用其为管制船舶通过而指定或规定的海道和分道通航制。

2. 特别是沿海国可要求油轮、核动力船舶和载运核物质或材料或其他本质上危险或有毒物质或材料的船舶只在上述海道通过。

3. 沿海国根据本条指定海道和规定分道通航制时，应考虑到：

（a）主管国际组织的建议；

（b）习惯上用于国际航行的水道；

（c）特定船舶和水道的特殊性质；和

（d）船舶来往的频繁程度。

4. 沿海国应在海图上清楚地标出这种海道和分道通航制，并应将该海图妥为公布。

资料来源

第三次联合国海洋法会议文件

1. A/AC. 138/SC. II/L. 18，第六条引语和（a）款，以及第八条。转载在《1973 年海底委员会报告》第三卷第 3、5、6、页（塞浦路斯、希腊、印度尼西亚、马来西亚、摩洛哥、菲律宾、西班牙和也门）。

2. A/AC. 138/SC. II/L. 28，第三十二条第（a）款，转载在《1973 年海底委员会报告》第三卷第 35、48 页（马耳他）。

3. A/AC. 138/SC. II/L. 42 and Corr. 1，第六条第 2、4 和 6~9 款，转载在《1973 年海底委员会报告》第三卷第 91、95 页（斐济）。

4. A/CONF. 62/C. 2/L. 3（1974 年），第二章第十八条第 1 款（a）项，正式记录，第三卷第 183、184 页（英国）。

5. A/CONF. 62/C. 2/L. 16（1974 年），第七条和第八条第 3 款和第 4 款，正式记录，第三卷第 192、193 页（马来西亚、摩洛哥、阿曼和也门）。

6. A/CONF. 62/C. 2/L. 19（1974 年），第五条第 1 款（a）项和第 6~10 款，以及第六条第 2 款，正式记录，第三卷第 196、197 页（斐济）。

7. A/CONF. 62/C. 2/L. 26（1974 年），第二十一条，正式记录，第三卷第 203、204

页（保加利亚、德意志民主共和国、波兰和苏联）。

8. A/CONF. 62/L. 8/Rev. 1（1974 年），附件二附录一［A/CONF. 62/C. 2/WP. 1］，条款第二十九条方案 B 第 1 款（a）和第 6～9 款，以及方案 C 第 1 款（a）和（e）项，条款第三十六条方案 A 第 1 款和方案 B［注：在正式记录第三卷英语版本中方案 B 副标题被删除］，正式记录，第三卷第 93、107、112 页（总报告员）［《主要趋势工作文件》］。

9. A/CONF. 62/WP. 8/Part II（非正式单一协商案文，1975 年），第十八条第 1 款（a）项和第十九条，正式记录，第四卷第 152、155 页（第二委员会主席）。

10. A/CONF. 62/WP. 8/Rev. 1/Part II（订正的单一协商案文，1976 年），第二十一条，正式记录，第五卷第 151、157 页（第二委员会主席）。

11. A/CONF. 62/WP. 10（非正式综合协商案文，1977 年），第二十二条，正式记录，第八卷第 1、8 页。

12. A/CONF. 62/WP. 10/Rev. 1（非正式综合协商案文第一次修订稿，1979 年，油印），第二十二条。转载在《第三次联合国海洋法会议文件集》第一卷第 375、399 页。

13. A/CONF. 62/WP. 10/Rev. 2（非正式综合协商案文第二次修订稿，1980 年，油印），第二十二条。转载在《第三次联合国海洋法会议文件集》第二卷第 3、28 页。

14. A/CONF. 62/WP. 10/Rev. 3*（非正式综合协商案文第三次修订稿，1980 年，油印），第二十二条。转载在《第三次联合国海洋法会议文件集》第二卷第 179、205 页。

15. A/CONF. 62/L. 78（《公约草案》，1981 年），第二十二条，正式记录，第十五卷第 172、179 页。

起草委员会文件

16. A/CONF. 62/L. 67/Add. 1/Rev. 1（1981 年，油印），第 28 页。

17. A/CONF. 62/L. 72（1981 年），正式记录，第十五卷第 151 页（起草委员会主席）。

18. A/CONF. 62/L. 152/Add. 23（1982 年，油印），第 53 页。

19. A/CONF. 62/L. 160（1982 年），正式记录，第十七卷第 225 页（起草委员会主席）。

非正式文件

20. Informal Working Paper No. 1/Rev. 1，条款第二十四条方案 B 第 1 款（a）项和方案 C 第 1 款（a）项，以及条款第二十一条；No. 1/Rev. 2，第二十七条方案 B 第 1 款（a）项和第 6～10 款，和方案 C，第 1 款（a）项，以及第三十四条；No. 1/Rev. 2*，第二十八条方案 B 第 1 款（a）项和第 6～10 款，和方案 C 第 1 款（a）项以及第三十五条（均为 1974 年，油印）。转载在《第三次联合国海洋法会议文件集》第三卷第 210、226 和 244 页。

21. C. 2/Blue Paper No. 14（1975 年，油印），条款第二十九条 A。转载在《第三次联合国海洋法会议文件集》第四卷第 153、156 页。

评　注

22. 1.　第二十二条赋予沿海国指定海道和规定分道通航制的权力，以规范通过领海的船舶无害通过。在"考虑到航行安全认为必要时，"考虑到某些因素，包括主管国际组织的建议（在这种情况下，即国际海事组织），可以采取这种行动。所有船舶可能都需要使用这些海道和分道通航制度，特别是"油轮、核动力船舶和载运核物质或材料或其他本质上危险或有毒物质或材料的船舶。"沿海国要将这种海道和分道通航制的存在表明在海图上并妥为公布。

海道和分道通航制的建立旨在促进航行安全。这通常会发生在"交通密度大的区域"，或者在那些"航运行动自由因海洋空间、存在妨碍航行的障碍物、水深有限或气象条件不利而被限制的地方。"①

22. 2.　在海底委员会 1973 年会议上，第一次提到海道和分道通航制是出现在由 8 个国家提交的提案里（资料来源 1）。该提案中列出"海上安全和交通，特别是建立海道和分道通航制"作为可以被规范的对象之一。在由马耳他提交的提案中也发现有类似建议（资料来源 2），其中提到沿海国有权"建立强制性交通分道通航制度，"指定安全的海道，制定某些区域限航草案"。斐济代表（资料来源 3）草拟的建议使用了有所不同的术语。它包含在只适用于特殊性质的船舶的条款中。其相关部分规定的内容如下：

> 2. 可以要求油轮和载运核物质或其他本质上危险或有毒物质或材料的船舶将其通过事先通知，并将通过限制在可以由沿海国为此目的指定的海道。
> ……
> 4. 沿海国可以要求海洋研究和水文测量的船舶事先将其通过通知给它，并将通过限制在可以由其为此目的指定的海道。
> ……
> 6. 按照本条规定指定海道的沿海国还可以规定分道通航制包括为管理这些船舶通过这些海道的深度分道通航制度。
> 7. 根据本条的规定，沿海国可在妥为公布这些海道之后，随时指定其他

---

① G. Breuer，"*Sea Lanes*"，在 R. Bernhardt（编辑），《国际公法百科全书》，第 11 期，第 276 页（1989 年）。

海道以代替以往任何海道。

　　8. 沿海国根据本条的规定，在指定海道和分道通航制时，应考虑到：

　　（a）主管国际组织的建议；

　　（b）习惯上用于国际航行的水道；

　　（c）特定船舶的特殊性质；和

　　（d）特定水道的特殊性质。

　　9. 沿海国应明确划定根据本条规定指定的所有海道，在海图上标出这些海道并妥为公布。

　　早期阶段以这种形式提出了成为第二十二条基本内容。此外，斐济案文的第 1 款（b）项要求潜水艇及其他潜水器要将其通行限制在由沿海国指定的海道（见上文第 20.2 段）。还值得注意的是第 2 款的规定，要求"油轮和载运核材料及其他本质上危险或有毒的物质或材料"要将其通过事先通知（详见下文第 23.2 段）。

　　22.3. 在海洋法会议第二期会议（1974 年）上，提出了几个载有涉及海道和分道通航制条文的提案。

　　由英国代表提出的提案（资料来源 4）包含了建议海道和分道通航制可作为沿海国管理的对象之一。一个由 4 个国家代表提出的提案（资料来源 5）遵循了斐济代表在海底委员会提出的提案的模式，但其适用范围不限制具有特殊性质的船舶。它既针对所有"过往船只"的航道和分道通航制，也针对具有特殊性质的船舶海上航行的问题。有关规定如下：

第七条　海道和分道通航制

　　1. 沿海国可在其领海指定海道和规定分道通航制，并强制规定过往船只必须使用这些海道和遵守分道通航制。

　　2. 沿海国在指定海道和分道通航制时，应考虑到：

　　（a）主管国际组织的建议；

　　（b）习惯上用于国际航行的水道；和

　　（c）特定船舶和水道的特殊性质。

　　3. 沿海国应在海图上清楚地标明其指定的所有海道和规定的分道通航制，并应将这些海道和分道通航制度妥为公布。

　　4. 沿海国可在妥为公布这些海道之后，可以用其他海道代替其以往指定的任何海道，或修改也是由其规定的分道通航制度。

　　5. 外国船舶应遵守按照本条建立的适用的海道和分道通航制度。

　　6. 通过海道和分道通航制的外国船舶应遵守适当的规则，以防止海上碰撞，并考虑从沿海国的助航设备和系统所收到的指示。

第八条　具有特殊性质的船舶

1. 沿海国可以管理通过其领海的：

（a）核动力船舶或载运核武器的船只；

（b）海洋研究和水文测量船舶；

（c）油轮和携带有害或有毒散装液体化学物质的船舶；和

（d）载运核物质或材料的船舶。

2. 对上述第1款（a）项所指的外国船舶通过其领海，沿海国可要求事先通知或经其主管机关批准。

3. 对上述第1款（b）项所指的外国船舶通过其领海，除沿指定海道航行外，沿海国可要求事先通知其主管机关。

4. 对上述第1款（c）和（d）项所指的外国船舶，沿海国可以要求其遵照第七条沿指定海道航行通过其领海。

第七条载列了对所有船舶的海道和分道通航制规定。

第八条解决了事先通知通过和为在第1款（a）～（d）项所述的船舶指定的海道。

斐济（资料来源6）提出了其先前提案的修改提案，也将关于海道和分道通航制的规定分成两个条款，一个条款解决沿海国所有船舶通过的一般规定，另一个条款处理具有特殊性质船舶的通过。该提案的有关条文如下：

B. 关于通过的规定
第五条

1. 沿海国可以遵照这些条款及其他国际法规则，制定有关通过领海的法律和规章，其中的法律和规章可以针对下列全部或任何方面：

（a）航行安全和海上交通管理，包括指定海道和建立分道通航制度；

……

6. 沿海国可以要求外国船舶使用其可以为过往船舶指定或规定的海道和分道通航制（包括深度分道通航制）行使无害通过权利通过其领海。

7. 沿海国可在妥为公布这些海道之后，随时用其他海道代替其以往根据本条的规定指定的任何海道。

8. 沿海国在根据本条的规定指定海道和分道通航制度时，应考虑到：

（a）主管国际组织的建议；

（b）习惯上用于国际航行的水道；

（c）特定船舶的特殊性质；和

（d）特定水道的特殊性质。

9. 沿海国应清楚地划定其根据本条规定指定的所有海道并在海图标出，

以及将其妥为公布。

10. 外国船舶行使无害通过权利通过领海时，应沿着由沿海国根据本条款指定或规定的海道和分道通航制水道航行，并遵守关于防止海上碰撞的所有国际规章的规定。

C. 具有特殊性质的船舶
第六条

2. 可以要求油轮和载运核物质或其他本质上危险或有毒物质或材料的船舶将其通过事先通知，并将通过限制在可以由沿海国为此目的指定的海道。

第六条第 1 款（b）项重复了斐济较早前关于潜艇及其他潜水器使用海道的规定的提案的条文。第 2 款重复了对指定的船舶的通行事先通知的规定。

由 4 个东欧社会主义国家提交的一项提案（资料来源 7）规定，各国可以在领海内规定海道和分道通航制度，而这些均应显示在海图上并应妥为公布。

在《主要趋势工作文件》（资料来源 8）中，关于海道和分道通航制的案文都被并入了条款第二十九条方案 B 和条款第三十六条方案 A 和方案 B。

22.4. 在第三期会议上（1975 年），关于无害通过问题的非正式磋商小组产生了一份关于无害通过的综合案文（资料来源 21）。该案文条款第二十九条方案 A 经行文上的一些小的修改后，被并入非正式单一协商案文第二部分（资料来源 9）第十九条，表述如下：

1. 沿海国考虑到航行安全认为必要时，可要求行使无害通过其领海权利的外国船舶使用其为管制船舶通过而指定或规定的海道和分道通航制。

2. 可要求油轮、核动力船舶和载运核物质或材料或其他本质上危险或有毒物质或材料的船舶只在上述海道通过。

3. 沿海国可在妥为公布这些海道之后，随时修改其规定的分道通航制或用其他海道代替其以往根据本条的规定指定的任何海道。

4. 沿海国根据本条指定海道和规定分道通航制时，应考虑到：

（a）主管国际组织的建议；

（b）习惯上用于国际航行的水道；和

（c）特定船舶和水道的特殊性质。

5. 沿海国应在海图上清楚地划定其根据本条规定指定的所有海道，并应将这些海道妥为公布。

22.5. 在海洋法会议第四期会议（1976 年）上，经过在非正式会议上对非正式单一协商案文第二部分逐条解读之后的一些技术和起草文字润色上的修改，形成了订正的单一协商案文第二部分。该案文第二十一条文字如下：

领海内的海道和分道通航制

1. 沿海国考虑到航行安全认为必要时，可要求行使无害通过其领海权利的外国船舶使用其为管制船舶通过而指定或规定的海道和分道通航制。

2. 特别是沿海国可要求油轮、核动力船舶和载运核物质或材料或其他本质上危险或有毒物质或材料的船舶只在上述海道通过。

3. 沿海国根据本条指定海道和规定分道通航制时，应考虑到：

（a）主管国际组织的建议；

（b）习惯上用于国际航行的水道；

（c）特定船舶和水道的特殊性质；和

（d）船舶来往的频繁程度。

4. 沿海国应在海图上清楚地标出这种海道和分道通航制，并应将该海图妥为公布。

在第 1 款，用"必要时"代替了"它认为必要时。"可以由其［沿海国］指定或规定的这句话"改为主动语态，即"其［沿海国］可指定或规定。"在第 2 款，开头一句增加了"特别是"，而且将适用范围扩大到也适用于"核动力船"。

非正式单一协商案文第 3 款已删除，以消除对第 1 款的重复。在第 3 款（非正式单一协商案文第 4 款），增加了（d）项，包括在沿海国指定海道和规定分道通航制时考虑的因素交通的"频繁程度"。[②]在第 4 款（非正式单一协商案文第 5 款），"划定"改成了"表示。"

22.6. 在第三次联合国海洋法会议第五期会议（1976 年）上，国际航运商会建议将第 4 款"标出"替换为"划定"，如在非正式单一协商案文第二部分时那样。在其提案后所附的一份说明中，商会表示："并不总是那么容易确定船的位置，特别是在能见度低的地方。如果为了使用指定路线，船只被引到一个特定的区域，假如有任何困难确定船的位置，那将造成一种危险。"[③]

这条在非正式综合协商案文（资料来源 11）经重新编号为第二十二条的条款，其文字与订正的单一协商案文第二部分文字完全相同。在非正式综合协商案文第二次修订稿（资料来源 13）中，它仍然保持没变。

22.7. 在第九期会议续会（1980 年）上，对第 3 款（a）项在非正式综合协商案

---

② 这似乎是根据国际航运商会提出的提案增加的，其中还建议包含一个新的（d）项："避免交通过于集中的必要性。"见《第三次联合国海洋法会议文件集》第四卷第 240、243 页。

③ International Chamber of Shipping（1976 年，油印），第二十一条第 4 款，同上，第 370、372 页。

文第三次修订稿（资料来源 14）中进行了修订，将 "competent international organizations（主管国际组织）" 的提法修改为 "*the* competent international organization"（译注：即将 "主管国际组织" 一词由复数改成为单数特指形式）——这是美国代表最初所提出的修正案（资料来源 18）。④ 使用单数形式特指反映了人们一般的理解，即所指的国际组织是国际海事组织。

后来又根据起草委员会的建议在行文上进行了其他方面的修改（资料来源 16 至资料来源 19）。

22.8（a）. 第二十二条措辞的几个问题与其谈判历史具有相关性。沿海国在 "考虑到航行安全认为必要时"，可要求所有船只沿着指定海道和规定分道通航制的地方航行；⑤ 沿海国不得援引其可能有的其他利益将无害通过限制在领海的特定路线上。这一结论在第 3 款得到了加强，其中沿海国要考虑的因素都涉及航行安全。

22.8（b）. 规定的沿海国对外国船舶行使无害通过权的权力，是要求船舶使用指定的海道和规定的分道通航制。一国对悬挂其旗帜或在其境内注册的船舶有权进行规范，无论它们在何处，尤其是在其领海。在实践中，为有效加强航行安全而指定的海道和规定的分道通航制，必须适用于所有使用领海的船舶，而不是仅仅针对外国船只。如果一艘行使无害通过领海权利的外国船舶不能认为所有它遇到的其他船舶都会遵守同样的规则，该制度将无法正常工作。

在这方面，第二十四条第 1 款（b）项、第二十五条第 3 款和第二二七条的非歧视条款可以适用。

22.8（c）. 第 2 款承认，现代技术及其他发展要求，为了一般的航行安全并保护沿海国的利益，可能需要限制 "油轮、核动力船舶和载运核武器或其他本质上危险或有毒物质或材料的船舶" 在其行使无害通过权力沿着按照《公约》指定的海道和建立的分道通航制通行。这增加了对沿海国的保护。它也加强了第 1 款和第 3 款（c）的一般赋权条文，这些条文规定了沿海国要求外国船只遵守海道和分道通航制所需的权限，而不论这些船舶是否具有特殊性质。

22.8（d）. 海事组织是公认的负责为船舶定线制定并采取国际层面的措施的唯一国际组织。⑥ 第二十二条在领海内的海道和分道通航制，在这个海域，沿海国无须将关于制定航线的计划的定线制度提交给国际海事组织，但 "要使用国际海事组织的各

④ 这是在经起草委员会关于使用单数形式还是复数形式的措辞协调工作后进行的修改。见 A/CONF. 62/L. 57/Rev. 1（1980 年），第十五条，正式记录，第十四卷第 115、124 页。关于第二委员会接受这项建议的情况，见 A/CONF. 62/L. 62/Rev. 1（1980 年），附件二，B 节，同上，第 139、143 页。

⑤ 在这里俄文本有一种轻微的差异，即在相当于 "where necessary（必要时）" 的地方之后插入了 "i（和）。" 其他语言都对应于英语文本。

⑥ 前注①，另见海事组织，*Ships' Routeing*（1991 年第 6 版）（海事组织销售编号 No. IMO-927E）。国际海事组织分道通航制全文，见本评注附录。

项决议规定的技术规定。"⑦ 不过，这种适用于海峡、群岛水域以及与其各自的领海邻接的海域航道的定线制度符合国际海事组织的规定，这就是目前所认为的第四十一条和第五十三条所指的"一般接受的国际规则"（见下文第 41.9（a）（ii）及 53.9（g）段）。

22.8（e）. 在一项由联合国海洋事务和海洋法司编写的基线研究中，"分道通航制"一词被解释为"旨在通过适当手段和建立交通通道把相反方向的交通流分开的一种定线措施。"⑧（关于"海图"一词，见上文第 5.4（c）段，一般见第十六条）。（关于由第二委员会通过的条款中的短语"妥为公布"，见上文第 16.9（c）段）。（关于海事组织在这方面可能发挥的作用，见上文第 21.12（e）段）。

22.9. 美国和苏联之间《关于无害通过的国际法规则统一解释》的协议也涉及第二十二条（见第 19.11 和 21.12 段）。该说明与英文文本一致，通过强调沿海国"在需要保护航行安全时"可以指定海道和规定分道通航制，帮助澄清在俄文文本中可能的差别（前注 5）。

---

⑦ *Ships' Routeing*，前注⑥。

⑧ 联合国海洋事务和海洋法司，*Baselines：An Examination of the Relevant Provisions of the United Nations Convention on the Law of the Sea*，附录一，（技术术语汇编），第 47、65 页（联合国销售号 No. E. 88. V. 5ᵉ（1989 年））。

附录

国际海事组织建立的分道通航制①

第一节　波罗的海

萨默斯岛附近海域

罗德舍尔岛附近海域

霍格兰岛（戈格兰岛）附近海域

卡尔巴达格朗德灯塔附近海域

波尔卡拉灯塔附近海域

汉科涅米半岛附近海域

科普半岛（希乌马岛）附近海域

奥兰岛附近海域

哥特兰附近海域

在进入罗斯托克入口处

盖瑟以南附近海域

海峡以内海域

法尔斯特布列夫附近海域

基尔灯塔附近海域

科苏尔岛和斯普罗岛之间海域

哈特巴恩浅滩

第二节　西欧水域

在进入易北河入口处

在泰尔斯海灵岛附近海域和日耳曼湾以内

在玉河入口处

德意志湾灯标船西面附近海域

泰塞尔岛附近海域

---

① 这份名单引自《船舶定线制》（第 6 版，1991 年）（海事组织销售编号 IMO－927E）。该出版物内容包含描绘分道通航制的小海图以及可以避免的深水航线和区域。

荷兰湾和欣德北部附近海域

弗里兰、弗里兰北部和弗里兰汇合处附近海域

菲仕兰附近海域

西希恩德水域

多佛海峡及邻接海域

蜥蜴岛附近海域

赛文斯通和朗希普斯之间的兰达斯恩德附近海域

锡利群岛以南

锡利群岛以西

斯莫斯附近海域

斯克利斯附近海域

北海海峡

塔斯卡尔岩附近海域

法斯内特岩附近海域

卡斯奎茨附近海域

阿申特岛附近海域

贝兰加附近海域

罗卡角附近海域

南文森特角附近海域

贝尔德尔奥滩

费斯泰因附近海域

芬尼斯特雷附近海域

第三节　地中海与黑海

直布罗陀海峡

恰尼岛附近海域

邦角半岛附近海域

萨罗尼克斯湾（在进入比雷埃夫斯港的入口处）

在刻赤海峡南部入口处

敖德萨和伊利切夫斯克两个港口之间海域

在敖德萨港和伊利切夫斯克港的入口处

第四节　印度洋及邻近海域

苏伊士湾

萨尔瓦多的曼德海峡

霍尔木兹海峡

大通布岛－福鲁尔岛海域

在拉斯坦努拉和朱艾玛入口处

拉斯哈德附近海域

栋德勒角附近海域

在宰古姆和乌姆谢夫之间

在祖卢夫油田和马贾恩油田之间

在亚喀巴湾入口处[a]

第五节　东南亚

在一寻浅滩

在新加坡海峡

在霍斯堡灯标区

在东博寮海峡及蓝塘海峡

第六节　大洋洲

在巴斯海峡威尔逊岬以南

在巴斯海峡

第七节　北美洲，太平洋沿岸

旧金山附近海域

在圣巴巴拉海峡

在进入洛杉矶－长滩的入口处

在胡安德富卡海峡及其入口处

在普吉特湾及其入口处[b]

在阿拉斯加威廉王子湾[b]

第八节　南美洲，太平洋沿岸

在安托法加斯塔入口处

在昆塔罗湾入口处

在瓦尔帕莱索入口处

在肯西普西恩湾入口处

在圣维森特湾入口处

---

a　在进行航道测量和设立了助航标志后实施。

b　1993 年 6 月 10 日实施。

在以阿里卡入口处

在伊基克的入口处

在阿雷纳斯角的入口处

第九节　北大西洋西部、墨西哥湾和加勒比海

在切达巴克托湾入口处

在进入缅因州波特兰的入口处

在进入马萨诸塞州波士顿的入口处

在进入罗得岛纳拉甘西特湾和马萨诸塞州巴扎兹湾的入口处

纽约附近海域

特拉华湾附近海域

在切萨皮克湾的入口处

在芬地湾及其入口处

在加尔维斯顿湾的入口处

圣安东尼奥角附近海域

拉塔夫拉附近海域

科斯塔德马坦萨斯附近海域

旧巴哈马航道附近海域

马特尼奥斯角附近海域

卢克雷西亚角附近海域

麦斯角附近海域

第十节　亚洲，太平洋沿岸

在第四千岛海峡

在阿尼瓦角附近海域

在奥斯托洛夫诺伊角附近海域

在纳霍德卡海湾入口处

布索尔海峡

第二十三条　外国核动力船舶和载运核物质或其他本质上危险或有毒物质的船舶

外国核动力船舶和载运核物质或其他本质上危险或有毒物质的船舶，在行使无害通过领海的权利时，应持有国际协定为这种船舶所规定的证书并遵守国际协定所规定的特别预防措施。

资料来源

第三次联合国海洋法会议文件

1. A/CONF. 62/C. 2/L. 26（1974 年），第十七条，正式记录，第三卷第 203 页（保加利亚、德意志民主共和国、波兰和苏联）。

2. A/CONF. 62/L. 8/Rev. 1（1974 年），附件二附录一 ［A/CONF. 62/C. 2/WP. 1］，条款第三十七条，正式记录，第三卷第 93、107、113 页（总报告员）［《主要趋势工作文件》］。

3. A/CONF. 62/WP. 8/Part II（非正式单一协商案文，1975 年），第二十条，正式记录，第四卷第 152、156 页（第二委员会主席）。

4. A/CONF. 62/WP. 8/Rev. 1/Part II（订正的单一协商案文，1976 年），第二十二条，正式记录，第五卷第 151、157 页（第二委员会主席）。

5. A/CONF. 62/WP. 10（非正式综合协商案文，1977 年），第二十三条，正式记录，第八卷第 1、8 页。

6. A/CONF. 62/WP. 10/Rev. 1（非正式综合协商案文第一次修订稿，1979 年，油印），第二十三条。转载在《第三次联合国海洋法会议文件集》第一卷第 375、400 页。

7. A/CONF. 62/WP. 10/Rev. 2（非正式综合协商案文第二次修订稿，1980 年，油印），第二十三条。转载在《第三次联合国海洋法会议文件集》第二卷第 3、29 页。

8. A/CONF. 62/WP. 10/Rev. 3*（非正式综合协商案文第三次修订稿，1980 年，油印），第二十三条。转载在《第三次联合国海洋法会议文件集》第二卷第 179、205 页。

9. A/CONF. 62/L. 78（《公约草案》，1981 年），第二十三条，正式记录，第十五卷第 172、179 页。

起草委员会文件

没有与此过程同时的文件。

非正式文件

10. Informal Working Paper No. 1/Rev. 2 * （1974 年，油印），条款第三十六条。转载在《第三次联合国海洋法会议文件集》第三卷第 244、258 页。

11. C. 2/Blue Paper No. 14（1975 年，油印），条款第二十九条 B，转载在《第三次联合国海洋法会议文件集》第四卷第 153、156 页。

12. C. 2/Informal Meeting/8（1978 年，油印），第二十三条（德意志联邦共和国）。转载在《第三次联合国海洋法会议文件集》第五卷第 12、13 页。

13. C. 2/Informal Meeting/69（1982 年，油印），第二十三条（德意志联邦共和国）。转载在《第三次联合国海洋法会议文件集》第五卷第 74 页。

评　注

23. 1.　通过在第二十三条加上对"外国核动力船舶和载运核物质或其他本质上危险或有毒物质的船舶"的特殊要求补充了第二十二条第 2 款。该条规定，这种船舶在行使无害通过权利时，必须按照国际协定规定"携带证书并遵守特别预防措施"。

23. 2.　在海底委员会 1973 年会议上，斐济代表提出针对"具有特殊性质的船舶"的规定，要求油轮、核动力船舶和载运核物质或材料或其他本质上危险或有毒物质或材料的船舶，事先将其通过通知沿海国（见上文第 22. 2 段）。[①]

23. 3.　在第三次联合国海洋法会议第二期会议（1974 年）上，一项由 4 个国家提交的提案和一项由斐济代表提交的经修订的提案再次提出，建议应要求具有特殊性质的船舶，包括核动力船舶或载运核材料的船舶，将其通过事先通知沿海国（见上文第 22. 3 段）。[②]

关于遵守预防措施和携带文件的要求最早是在由 4 个东欧社会主义国家提出的一套条款草案中提出的（资料来源 1）。该案文第十七条第 1 款表述如下：

> 1. 外国核动力船舶和载运核物质的船舶，在通过领海时，应当遵守国际协定所规定的特别预防措施并携带国际协定为这种船舶规定的文件。

---

① A/AC. 138/SC. 1I/L. 42 and Corr. 1，第六条第 2 款，转载在《1973 年海底委员会报告》第三卷第 91、95 页（斐济）。

② A/CONF. 62/C. 2/L. 16（1974 年），第八条第 1 款和第 2 款，正式记录，第三卷第 192、193 页（马来西亚、摩洛哥、阿曼和也门）和 A/CONF. 62/C. 2/L. 19（1974 年），第六条第 2 款，同上，第 196、197 页（斐济）。

在介绍这些条款草案时，波兰代表没有解释该规定的目的或意图，③ 后来该条文就被纳入了《主要趋势工作文件》条款第三十七条（资料来源2）。关于事先通知的问题没有纳入条款第三十七条。

23.4. 在第三次联合国海洋法会议第三期会议（1975年）上，关于无害通过问题的非正式磋商小组经修改后采纳了该提案（资料来源这项建议11）。随着进一步的修改，该条文被纳入非正式单一协商案文第二部分（资料来源3）作为第二十条，表述如下：

> 外国核动力船舶和载运核物质的船舶，在行使无害通过的权利通过领海时，应当携带国际协定为这种船舶规定的文件并遵守国际协定所规定的特别预防措施。

23.5. 在第三次联合国海洋法会议第四期会议（1976年）上，对该条文进行了进一步调整，纳入订正的单一协商案文第二部分（资料来源4）第二十二条，表述如下

外国核动力船舶和携带核武器

或其他本质上危险或有毒物质的船舶

外国核动力船舶和载运核物质或其他本质上危险或有毒物质的船舶，在行使无害通过领海的权利时，应持有国际协定为这种船舶所规定的证书并遵守国际协定所规定的特别预防措施。

在这个阶段为该条文添加了标题。主要变化是该条款扩大到包括运载核物质"或其他本质上危险或有毒的"物质的船只。这项规定后来多次在非正式综合协商案文（资料来源5）中重复，作为第二十三条，④ 条文始终保持未变。

23.6. 在第三次联合国海洋法会议第七期会议（1978年）上，德意志联邦共和国

---

③ Second Committee, 41st meeting（1974年），第6－8段，正式记录，第二卷第290页。

④ 在分发给会议的最初订正的单一协商案文第二部分的油印文本中，出现了短语"本质上危险或有毒核物质"。转载在《第三次联合国海洋法会议文件集》第一卷第199页。这导致国际海运商会指出，"核"字如果是

引入的一个全新的要素印错的字，即涉及本质上危险或有毒的物质，就有义务携带国际协定规定的证书和遵守国际协定规定的特别预防措施。

这些措施却没有界定，目前也不清楚所说的是什么样的国际协定。

商会因此建议删去"或其他本质上危险或有毒的核"这些字。国际航运商会（1976年，油印），第二十二条。转载在《第三次联合国海洋法会议文件集》第四卷第370、373页。虽然似乎没有印发更正，但这个"核"字在《正式记录》中所印的订正的单一协商案文第二部分中没有出现（资料来源4）。

代表提交了一份非正式提案（资料来源12），在"国际协定"之前加上了"一般接受的"。该提案还解释说，该规定应与非正式综合协商案文中的其他类似规定一致（特别是第二十一条第2款、第九十四条第2款（a）项以及第二一二条第2款和第4款），而这"将会澄清有关文件的要求是国际规则和标准的一部分。"这建议没有被接受，而非正式综合协商案文中条文维持不变。

23.7. 在第三次联合国海洋法会议第十一期会议（1982年）上，德意志联邦共和国代表再次提出了这项提案（资料来源13）。第二委员会主席随后报告说，这项修正案是属于那些不符合纳入《公约草案》要求的提案之中的（资料来源9）。⑤

23.8（a）. "危险或有毒的物质"的表述对应于第一九四条第3款（a）项和第二〇七条第5款所用的语言。沿海国可以对这些物质采取的执法行动的细节，受第十二部分所规定的关于无害通过的一般规则的制约（尤其是第二一一条第1款和第4款、第二一六条至第二二二条）。

23.8（b）. 海事组织秘书处报告说，根据第二十三条，当这些船舶行使其无害通过权利通过领海，履行携带国际组织规定的证书和遵守国际组织规定的特殊预防措施的义务时，确保悬挂其国旗的船舶遵守规定是船旗国的责任。⑥ 这取决于第九十四条的规定。

23.8（c）. 相关的国际协议——可能是多边的，也可能是双边的——包括《海上人命安全公约》（SOLAS）及其附件，⑦ 以及在协商中提及的国际海事组织建议的关于运载散装危险液体化学品船舶和运载散装液化气体的船舶的建造的装备的守则。

23.9. 美国和苏联之间《关于无害通过的国际法规则统一解释》的协议也涉及第二十三条（见上述第19.11和21.12段）。

---

⑤ A/CONF. 62/L. 87（1982年），第6－9段，正式记录，第十六卷第202页（第二委员会主席）。

⑥ 见 *Implications of the United Nations Convention on the Law of the Sea*，1982，*for the International Maritime Organization*（*IMO*），国际海事组织秘书处研究。Doc. LEG/MISC/1（1986年，油印），第62（b）段。转载在荷兰海洋法研究所《国际组织和海洋法年鉴》第3卷第340、363页［1987年］。联合国海洋和海洋法司《海洋事务年度回顾：法律和政策的主要文件》第一卷第123、139页，1985—1987年。

⑦ 《联合国条约集》第1184卷第2页和《联合国条约集》第1185卷第2页；《美国条约及其他国际协定》第32卷第47页，《条约及其他国际规章集》第9700页；《联合王国条约集》第46集（1980年），英王敕令第7874号。《海上人命安全公约》附件涉及危险货物（包括运输放射性物质）；第八章涉及核船舶。

第二十四条　沿海国的义务

1. 除按照本公约规定外，沿海国不应妨碍外国船舶无害通过领海，尤其在适用本公约或依本公约制定的任何法律或规章时，沿海国不应：

（a）对外国船舶强加要求，其实际后果等于否定或损害无害通过的权利；或

（b）对任何国家的船舶、或对载运货物来往任何国家的船舶或对替任何国家载物的船舶，有形式上或事实上的歧视。

2. 沿海国应将其所知的在其领海内对航行有危险的任何情况妥为公布。

资料来源

第一次联合国海洋法会议文件

1. 《领海和毗连区公约》（1958年）第十五条，对应于国际法委员会的条款草案第十六条。关于前期历史，见秘书处的《参考文献指南》第十六条。关于在第一次联合国海洋法会议上讨论的情况，见第一委员会的报告，A/CONF.13/L.28/Rev.1（1958年），第68段和69段，第一次海洋法会议正式记录，第二卷第115、120页。

第三次联合国海洋法会议文件

2. A/AC.138/53，第四十八条第1项和第五十条第1款，转载在《1971年海底委员会报告》第105、135、137页（马耳他）。

3. A/AC.138/SC.II/L.18，第四条。转载在《1973年海底委员会报告》第三卷第3、5页（塞浦路斯、希腊、印度尼西亚、马来西亚、摩洛哥、菲律宾、西班牙和也门）。

4. A/AC.138/SC.II/L.28，第二十一条和第二十六条第1款，转载在《1973年海底委员会报告》第三卷第35、45页（马耳他）。

5. A/AC.138/SC.II/L.42 and Corr.1，第3、4、5款，转载在《1973年海底委员会报告》第三卷第91、93页（斐济）。

6. A/CONF.62/C.2/L.3（1974年），第二章第十六条第4、5款，以及第十八条第2款（b），正式记录，第三卷第183、184页（英国）。

7. A/CONF.62/C.2/L.16（1974年），第四条第1、2款，正式记录，第三卷第192页（马来西亚、摩洛哥、阿曼和也门）。

8. A/CONF. 62/C. 2/L. 19 （1974 年），第 3、4、5 款，正式记录，第三卷第 196 页（斐济）。

9. A/CONF. 62/C. 2/L. 26 （1974 年），第十八条，正式记录，第三卷第 203 页（保加利亚、德意志民主共和国、波兰和苏联）。

10. A/CONF. 62/L. 8/Rev. 1 （1974 年），附件二附录一 ［A/CONF. 62/C. 2/WP. 1］，条款第三十一条和第三十二条，正式记录，第三卷第 93、107、113 页（总报告员）[《主要趋势工作文件》]。

11. A/CONF. 62/WP. 8/Part II （非正式单一协商案文，1975 年），第二十一条，正式记录，第四卷第 152、156 页（第二委员会主席）。

12. A/CONF. 62/WP. 8/Rev. 1/Part II （订正的单一协商案文，1976 年），第二十三条，正式记录，第五卷第 151、157 页（第二委员会主席）。

13. A/CONF. 62/WP. 10 （非正式综合协商案文，1977 年），第二十四条，正式记录，第八卷第 1、9 页。

14. A/CONF. 62/WP. 10/Rev. 1 （非正式综合协商案文第一次修订稿，1979 年，油印），第二十四条。转载在《第三次联合国海洋法会议文件集》第一卷第 375、400 页。

15. A/CONF. 62/WP. 10/REV. 2 （非正式综合协商案文第二次修订稿，1980 年，油印），第二十四条。转载在《第三次联合国海洋法会议文件集》第二卷第 3、29 页。

16. A/CONF. 62/WP. 10/Rev. 3* （非正式综合协商案文第三次修订稿，1980 年，油印），第二十四条。转载在《第三次联合国海洋法会议文件集》第二卷第 179、205 页。

17. A/CONF. 62/L. 78 （《公约草案》，1981 年），第二十四条，正式记录，第十五卷第 172、180 页。

起草委员会文件

18. A/CONF. 62/L. 67/Add. 1 （1981 年，油印），第 28～30 页。

19. A/CONF. 62/L. 67/Add. 1/Rev. 1 （1981 年，油印），第 29～30 页。

20. A/CONF. 62/L. 72 （1981 年），正式记录，第十五卷第 151 页（起草委员会主席）。

非正式文件

21. Informal Working Paper No. 1/Rev. 1，条款第二十六条和第二十七条；No. 1/Rev. 2，条款第二十九条和第三十条，以及 No. 1/Rev. 2*，条款第三十条和第三十一条（均为 1974 年，油印）。转载在《第三次联合国海洋法会议文件集》第三卷第 210、226 和 244 页。

22. C. 2/Blue Paper No. 14 （1975 年，油印），条款第三十一条．转载在《第三次联

合国海洋法会议文件集》第四卷第 153、156 页。

23. Australia（1976 年，油印），第二十一条（非正式单一协商案文二）。转载在《第三次联合国海洋法会议文件集》第四卷第 270 页。

评　注

24.1. 第二十四条规定外国船舶行使无害通过权利的义务与沿海国不妨碍这种通过的责任（除非《公约》有规定）。第十九条列举了可以剥夺船舶的无害通过权利的活动。在这种意义上，确立了船舶无害通过的责任。第二十一条详细规定了有关沿海国无害通过其领海的立法权力。第二十四条制订了沿海国不妨碍外国船舶无害通过其领海的义务，基本上是消极条款或禁止性条款。

第二十四条是 1958 年《领海和毗连区公约》第十五条的扩展版本（资料来源 1），第十五条内容如下：

> 1. 沿海国不得妨碍其领海的无害通过。
> 2. 沿海国应将其所知的、在其领海内对航行有危险的任何情况，予以适当公布。

24.2. 向海底委员会提交的三项提案说到这个主题。一项由马耳他代表提交的提案（资料来源 2）使用不同的术语，但基本上重复了 1958 年《公约》。一项由 8 个国家的代表提交的提案（资料来源 3）提出了修改后的 1958 年文本但对其第一款进行了扩展。该提案内容如下：

> 沿海国不应妨碍无害通过领海。尤其是不应妨碍悬挂特定国家国旗的外国船舶或运输属于特定国家的货物，从该国境内离开或将货物寄销给该国的船舶无害通过。

同样，一项由斐济代表提交的提案（资料来源 5）规定：

> 沿海国不应妨碍外国船舶无害通过领海，尤其是在适用这些条款或根据这些条款的规定制定的任何法律或规章时，不应歧视任何特定国家的船舶或运载货物前往、离开或代表任何特定国家的船舶。

这项提案规定了一项义务，提出了在适用沿海国订立的法律和规章时的非歧视的概念。

这些提案的背景仍然是适用于通过领海和通过用于国际航行的海峡的无害通过制度的背景。

马耳他代表提交的一项提案（资料来源4）转述了1958年《公约》第十五条并进了一步。它规定：

第二十一条

沿海国不应以任何方式妨碍行使通过权利通过其国家海洋空间，只要这种通过符合可以由国际海洋空间机构所制定或经广泛批准的多边公约所载的一般和非歧视性的用于航行管制的标准和规则。

第二十六条

1. 沿海国必须将其所知的、在其领海内对航行有危险或障碍的任何情况通过国际海洋空间机构，予以适当和立即公布。

第二十一条提到通过符合"可以由国际海洋空间机构所制定或经广泛批准的多边公约所载的"用于航行管制的标准和规则。第二十六条要求沿海国"适当和立即公布"对航行的任何危险或障碍。

24.3 在海洋法会议第二期会议（1974年）上，由英国代表提交的提案（资料来源6）的案文沿用了1958年《公约》的语言同时吸收了较早提案的精髓。该案文第十六条第4款规定，沿海国"不应妨碍外国船舶无害通过领海"；第5款要求沿海国"将其所知的、在其领海内对航行有危险的任何情况，予以适当公布。"第十八条第2款（b）项禁止沿海国制定法律和规章"对外国船舶强加要求，其实际后果等于否定或损害按照公约所规定的无害通过的权利。"4个东欧社会主义国家代表的提案（资料来源9）采用了1958年《公约》的语言。

由4个国家集团提出的提案（资料来源7）保持了较早前向海底委员会提交的提案的实质，规定：

1. 沿海国不应妨碍外国船舶无害通过其领海，尤其是在适用这些条款时，不得歧视任何特定国家的船舶或运载货物前往、离开或代表任何特定国家的船舶。

由斐济代表提交的经修订的提案（资料来源8）也遵循了这一方法，规定：

4. 沿海国不应妨碍外国船舶无害通过领海，尤其是在适用这些条款或根据这些条款的规定制定的任何法律或规章时，沿海国不应在形式上或事实上歧视任何特定国家的船舶或运载货物前往、离开或代表任何特定国家的船舶。

在会议的这个阶段，对要有一个用于国际航行的海峡的分道通航制还没有明确的共识，这两项提案都为一般的无害通过领海和用于国际航行的海峡设想了一个共同的制度。

《主要趋势工作文件》的条款第三十一条（资料来源10）逐字取自于斐济的提案（资料来源8），而条款第三十二条则重复了1958年《公约》第十五条第2款。

24.4 在海洋法会议第三期会议（1975年）上，关于无害通过问题的非正式磋商小组编写的综合案文（资料来源22）将《主要趋势工作文件》的条款第三十一条和第三十二条整合成了订正形式。该案文随后被逐字纳入非正式单一协商案文第二部分（资料来源11），作为第二十一条，表述如下：

> 1. 沿海国不应中断或妨碍外国船舶无害通过领海，尤其是在适用这些条款或根据这些条款的规定制定的任何法律或规章时，沿海国不应：
>
> （a）对外国船舶强加要求，其实际后果等于否定或损害无害通过的权利；或
>
> （b）在形式上或事实上歧视任何国家的船舶或运载货物前往、离开或代表任何国家的船舶。
>
> 2. 沿海国必须将其所知的、在其领海内对航行有危险的任何情况，予以适当和立即公布。

24.5. 在海洋法会议第四期会议（1976年）上，澳大利亚代表提交了一份非正式提案（资料来源23）修订第二十一条，从第1款删去"中断或"字样，以使其与非正式单一协商案文第二部分处理用于国际航行的海峡和群岛部分平行的条款（第四十三条和第一二六条）一致。该提案还指出，该条与第十八条相冲突，第十八条允许沿海国制定可以中断、妨碍或影响无害通过的法律和规章。为了克服这一点，建议在第1款的"领海"之后加上"除按照本公约的规定外"。澳大利亚提案还建议从第1款（a）项删除"或损害"等字眼。这些建议以及其他一些文字在一起修改，被纳入在订正的单一协商案文第二部分（资料来源12），作为第二十三条，其表述如下：

沿海国的责任

> 1. 除按照本公约规定外，沿海国不应妨碍外国船舶无害通过领海，尤其在适用本公约或依本公约制定的任何法律或规章时，沿海国不应：
>
> （a）对外国船舶强加要求，其实际后果等于否定或损害无害通过的权利；或
>
> （b）对任何国家的船舶、或对载运货物来往任何国家的船舶或对替任何国家载物的船舶，有形式上或事实上的歧视。

2. 沿海国应将其所知的在其领海内对航行有危险的任何情况妥为公布。

在此阶段加上了标题，对应于给国际法委员会的草案第十六条所加的标题。另一个调整是在第 1 款（a）项将"prejudicing（损害）"替换为"impairing（损害）"。

24.6. 在海洋法会议第六期会议（1977 年）上，没有就这一条文和非正式综合协商案文提交进一步的提案（资料来源 13），在该案文中，这个条文逐字重复了订正的单一协商案文，并经重新编号，作为第二十四条。此后的改动，吸收了起草委员会的建议（资料来源 18 至资料来源 20），在第 1 款有关法律和规章的条文中该条成了"根据本公约"。该条款其他地方没有改动。

24.7（a）. 第二十四条重复了 1958 年《公约》第十五条所表达的两个一般原则；它也赋予了其中的第二个原则具体和详细的内容。这满足了若干海洋国家在会议的各个阶段的关注。

第 1 款认为，沿海国妨碍无害通过事实上可能因专门针对这一目的的法律或规章发生，或因并不是公然为了妨碍、否定或损害无害通过但仍然具有这种实际结果的所规定的要求而发生。第二十一条赋予沿海国制定法律和规章的广泛权力，可能导致妨碍、否定或损害无害通过。如果没有第二十四条的保护，就有可能在保护海洋环境或防止违反海关、财政、移民或卫生的法律和规章的幌子下颁布其实际效果等于否定或损害无害通过的法律和规章。

24.7（b）. 第 1 款（b）项禁止对任何国家的船舶"有形式上或实际上的"歧视，实际上似乎是要求要平等对待本国和外国的船舶。同样，禁止对载运货物来往任何国家的船舶或对替任何国家载物的船舶歧视，是为了防止以本条禁止的方式公然歧视的行为在一个由条款（即"形式上的"歧视），以及防止虽然没有明显的歧视性，但有歧视效果的行为（即"事实上的"歧视）。

关于"在形式上或事实上"非歧视的提法也出现在第二十五条第 3 款、第四十二条第 2 款、第五十二条第 2 款以及第二二七条。在本条和第二二七条中，所针对的是"对任何［其他］国家的船舶，"它指的是沿海国针对任何其他国家船舶的歧视。在第二十五条、第四十二条和第五十二条，针对的是不歧视"外国船只，"是指沿海国对外国船舶普遍歧视。

24.7（c）. 第 2 款给沿海国规定的义务是要求"妥为公布"其所知的任何航行的危险情况。这项义务的现代衔接是沿用自科孚海峡案的判决。[①] 在国际法委员会工作的基础上，它被 1958 年《领海和毗连区公约》所采用，[②] 又被带到《公约》第四十四

---

① *Corfu Channel* case（United Kingdom v. Albania），1949 年国际法院报告第 4、22 页。

② 见 Report of the International Law Commission covering the work of its eighth session（A/3159），第十六条评注，1956 年《国际法委员会年鉴》第二卷第 253、273 页。

条。关于"妥为公布,"国际海事组织秘书处指出:

> 要求公布的目的只有有关信息到达希望这些信息指导的国家、部门、实体和个人才算切实达到。海事组织保持与有关国家的航行安全和防止源于船舶的污染的部门最直接和持续的接触。因此,"公布"很可能要海事组织的某些参与。③

什么是"妥为公布"取决于所有的情况,而且第二十二条(以及根据第四十四条和第六十条第3款)所要求的"妥为公布(appropriate publicity)"与有关海图制作的条款(第十六条、第七十五条、第八十四条以及第一三四条)中所规定的"妥为公布(due publicity)"是不同的。

24.7(d). 在非正式讨论过程中,有些代表提出了执行有关禁止歧视的第1款(b)项的禁运及其他制裁措施的问题。会议决定按照这些原则而不包括例外,理由是如果已由联合国安理会依据《联合国宪章》第七章所产生的义务在行使其为维护国际和平与安全职责的情况下授权禁运,依据《联合国宪章》(由凭借第二十五条和第一○三条)的义务优先于1982年《公约》。

24.7(e). 关于通过用于国际航行的海峡的过境通行和通过群岛海道的并行规定分别分布在第四十四条和第五十四条。

24.8. 美国和苏联之间《关于无害通过的国际法规则的统一解释》的协议也涉及第二十四条(见上文第19.11和21.12段)。

---

③ 见 *Implications of the United Nations Convention on the Law of the Sea*,1982,*for the International Maritime Organization*(*IMO*),国际海事组织秘书处的研究。Doc. LEG/MISC/1(1986年,油印),第130段。转载在荷兰海洋法研究所《国际组织和海洋法年鉴》第3卷第340、390页[1987年]。联合国海洋和海洋法司《海洋事务年度回顾:法律和政策的主要文件》第一卷第123、159页1985—1987年。

第二十五条　沿海国的保护权

1. 沿海国可在其领海内采取必要的步骤以防止非无害的通过。

2. 在船舶驶往内水或停靠内水外的港口设备的情形下，沿海国也有权采取必要的步骤，以防止对准许这种船舶驶往内水或停靠港口的条件的任何破坏。

3. 如为保护国家安全包括武器演习在内而有必要，沿海国可在对外国船舶之间在形式上或事实上不加歧视的条件其领海的特写区域内暂时停止外国船舶的无害通过。这种停止仅应在正式公布后发生效力。

资料来源

第一次联合国海洋法会议文件

1. 《领海和毗连区公约》（1958 年）第十六条第 1~3 款，对应于第十七条第 1~3 款，国际法委员会的条款草案。关于前期历史，见秘书处《参考文献指南》第十七条。关于在第一次联合国海洋法会议上的讨论情况，见第一委员会报告，A/CONF. 13/ L. 28/Rev. 1（1958 年），第 70~76 段，第一次联合国海洋法会议正式记录，第二卷第 115、120 页。

第三次联合国海洋法会议文件

2. A/AC. 138/53，第四十八条第 1 款，转载在《1971 年海底委员会报告》第 105，135 页（马耳他）。

3. A/AC. 138/SC. II/L. 18，第五条第 1~3 款，转载在《1973 年海底委员会报告》第三卷第 3、5 页（塞浦路斯、希腊、印度尼西亚、马来西亚、摩洛哥、菲律宾、西班牙和也门）。

4. A/AC. 138/SC. II/L. 42 and Corr. 1，第三条第 6 款和第 7 款，第四条第 1 款，转载在《1973 年海底委员会报告》第三卷第 91、93 页（斐济）。

5. A/CONF. 62/C. 2/L. 3（1974 年），第二章第十六条第 6 款和第 7 款，第十七条，正式记录，第三卷第 183、184 页（英国）。

6. A/CONF. 62/C. 2/L. 16（1974 年），第五条第 1~3 款，正式记录，第三卷第 192 页（马来西亚、摩洛哥、阿曼和也门）。

7. A/CONF. 62/C. 2/L. 19（1974 年），第三条第 6 款，第七条和第四条第 1 款，正式记录，第三卷第 196，197 页（斐济）。

8. A/CONF. 62/C. 2/L. 26（1974 年），第十九条，正式记录，第三卷第 203、204 页（保加利亚、德意志民主共和国、波兰和苏联）。

9. A/CONF. 62/L. 8/Rev. 1（1974 年），附件二附录一［A/CONF. 62/C. 2/WP. 1］，条款第三十三条、第三十四条、第三十五条，正式记录，第 93、107、113 页（总报告员）［《主要趋势工作文件》］。

10. A/CONF. 62/WP. 8/Part II（非正式单一协商案文，1975 年），第二十二条，正式记录，第四卷第 152、156 页（第二委员会主席）。

11. A/CONF. 62/WP. 8/Rev. 1/Part II（订正的单一协商案文，1976 年），第二十四条，正式记录，第五卷第 151、157 页（第二委员会主席）。

12. A/CONF. 62/WP. 10（非正式综合协商案文，1977 年），第二十五条，正式记录第八卷第 1、9 页。

13. A/CONF. 62/WP. 10/Rev. 1（非正式综合协商案文第一次修订稿，1979 年，油印），第二十五条。转载在《第三次联合国海洋法会议文件集》第一卷第 375、400 页。

14. A/CONF. 62/WP. 10/Rev. 2（非正式综合协商案文第二次修订稿，1980 年，油印），第二十五条。转载在《第三次联合国海洋法会议文件集》第二卷第 3、29 页。

15. A/CONF. 62/WP. 10/Rev. 3*（非正式综合协商案文第三次修订稿，1980 年，油印），第二十五条。转载在《第三次联合国海洋法会议文件集》第二卷第 179、205 页。

16. A/CONF. 62/L. 78（《公约草案》，1981 年），第二十五条，正式记录，第十五卷第 172、180 页。

起草委员会文件

17. A/CONF. 62/L. 67/Add. 1（1981 年，油印），第 31 页。

18. A/CONF. 62/L. 67/Add. 1/Rev. 1（1981 年，油印），第 31 ~ 32 页。

19. A/CONF. 62/L. 72（1981），正式记录，第十五卷第 151 页（起草委员会主席）。

非正式文件

20. Informal Working Paper No. 1/Rev. 1，条款第二十八条至第三十条；No. 1/Rev. 2，条款第三十一条、第三十三条，以及 No. 1/Rev. 2，条款第三十二条和第三十四条（均为 1974 年，油印）。转载在《第三次联合国海洋法会议文件集》第三卷第 210、226 和 244 页。

21. C. 2/Blue Paper No. 14（1975 年，油印），条款第三十三条和第三十五条。转载在《第三次联合国海洋法会议文件集》第四卷第 153、157 页。

22. Belgium（1977 年，油印），第二十四条第 3 款（订正的单一协商案文二）。转载在《第三次联合国海洋法会议文件集》第四卷第 393 页［只有法文文本］。

23. C. 2/Informal Meeting/15（1978 年，油印），第二十五条第 3 款（比利时）。转载在《第三次联合国海洋法会议文件集》第五卷第 22 页。

评 注

25. 1. 第二十五条承认沿海国拥有采取步骤防止在其领海非无害通过的权利。在两种情况下，沿海国可以采取这种措施：（ⅰ）防止任何违反由沿海国对驶往内水和停靠在内水之外海港设施的船舶所规定的条件；及（ⅱ）保护其安全，包括武器演习。在后一种情况下，如果沿海国认为对"保护其安全有必要"，可暂时停止外国船舶的无害通过。这种停止对外国船舶之间在形式上或事实上不加歧视。

第二十五条直接取自 1958 年《领海和毗连区公约》第十六条第 1~3 款（资料来源 1），其中规定：

1. 沿海国可在其领海内采取必要的步骤以防止非无害的通过。

2. 在船舶驶往内水的情形下，沿海国也应有权采取必要的步骤，以防止对准许这种船舶驶往内水的条件的任何破坏。

3. 依据第 4 款规定［对用于国际航行的海峡的无害通过的非歧视规定］，如为保护国家安全包括武器演习在内而有必要，沿海国可在对外国船舶之间不加歧视的条件，在其领海的特定区域内暂时停止外国船舶的无害通过。这种停止仅应在正式公布后发生效力。

（第 4 款的文字出现在第四十五条）

25. 2. 提交给海底委员会的所有提案（资料来源 2 至资料来源 4）在第二期会议期间（1974 年）（资料来源 5 至资料来源 8）多次以不同方式重复了 1958 年《公约》第十六条不同的条文。其中有些条文把第 3 款从第十六条中分离出来作为一个单独的条款（资料来源 4、资料来源 5 和资料来源 7），还有一些条文涉及船舶驶往沿海国的"任何港口"的提法（资料来源 4、资料来源 6 和资料来源 7）。

这些提案被整合在《主要趋势工作文件》的条款第三十三条至第三十五条（资料来源 9）。条款第三十三条复制了那些遵循第十六条第 1 款的提案；条款第三十四条方案 A 复制了那些遵循第十六条第 2 款提案；而方案 B 则综合了关于船舶驶往"任何港口和内水"的提法。条款第三十五条采纳了保留第十六条第 3 款的建议，但取消了 1958 年文本中提到关于无害通过海峡的开头语。

25.3. 在海洋法会议第三期会议（1975 年）上，由关于无害通过问题的非正式磋商小组编制的综合案文（资料来源21）条款第三十三条和第三十四条合并成一个单一的案文，表述如下：

条款第三十三条

1. 沿海国可在其领海内采取必要的步骤以防止非无害的通过。

2. 在船舶驶往内水或停靠内水外的港口设备的情形下，沿海国也有权采取必要的步骤，以防止对准许这种船舶驶往内水或停靠港口的条件的任何破坏。

该小组没有将建议纳入条款第三十五条，指出这"还须进一步协商。"

在非正式单一协商案文第二部分（资料来源10），第二十二条采用了综合案文条款第三十三条作为其前两款，并采用了《主要趋势工作文件》的条款第三十五条。整条改为：

1. 沿海国可在其领海内采取必要的步骤以防止非无害的通过。

2. 在船舶驶往内水或停靠内水外的港口设备的情形下，沿海国也应有权采取必要的步骤，以防止对准许这种船舶驶往内水或停靠港口的条件的任何破坏。

3. 如为保护国家安全包括武器演习在内而有必要，沿海国可在对外国船舶之间在形式上或事实上不加歧视的条件，在其领海的特定区域内暂时停止外国船舶的无害通过。这种停止仅应在正式公布后发生效力。

如同综合案文一样，非正式单一协商案文第 2 款所指的是驶往内水或"停靠内水外的港口设备的"的船舶。

25.4. 在海洋法会议第四期会议（1976 年）上，非正式单一协商案文措辞未经改变就被通过纳入订正的单一协商案文第二部分（资料来源11），作为第二十四条，并增加了标题"沿海国的保护权。"

25.5. 在海洋法会议第六期会议（1977 年）上，比利时代表提交了一份关于修订第 3 款的非正式提案（资料来源22），用短语"*pour des raisons de sécurité*（出于安全原因）"取代"*pour protéger sa sécurité*（为保护其［国家］安全）"。该建议未被接受。

在非正式综合协商案文（资料来源12），第二十五条重复了订正的单一协商案文。唯一的变化是在第 2 款，其中的"也应有"被改为"也有。"

25.6. 在海洋法会议第七期会议（1978 年）上，比利时代表建议在第 3 款第一句末尾加上"或为航运的安全"（资料来源23）。

在第八期会议（1979 年）上，第二委员会主席报告说，比利时代表的建议是"已得到广泛的支持许多建议之一"。① 于是，该建议被纳入非正式综合协商案文第一次修订稿（资料来源 13），不然它就与非正式综合协商案文是相同的了。

25.7. 在第八期会议续会（1979 年）上，对这一规定进行协商时，把"或为船舶的安全"改为"包括武器演习"。第二委员会主席对这种变化进行了如下说明：

> 由比利时代表提出的非正式提案，建议在第二十五条第 3 款第一句末尾加上"或为船舶的安全"，按照我在第 116 次全体会议上提出的……建议被纳入文本。……提出建议的代表团表示，作为一个新的磋商的结果，所引述的这个短句应为"包括武器演习"所取代，并解释说，该修订牵涉到沿海国进行的炮弹演习。②

主席第九期会议的报告中再次介绍了这个变动（1980 年）。③

根据起草委员会建议（资料来源 17 至资料来源 19）对第 3 款进行了修正，包括增加了对外国船只"在形式上或事实上"的歧视的提法。这种修改纳入了《公约草案》（资料来源 16）。

25.8（a）. 来自 1958 年《公约》第十六条第 1、2、3 款的第二十五条的意义没有改变。与 1982 年《公约》第二部分其他条款的变化一致（见，例如，评注第 19、21 和 24 条），有一些更加严格的措辞，以确保沿海国将以客观的态度适用第二部分的规定。在这方面，特别重要的是在第二十五条第 3 款的短语，即沿海国对在其领海的特定区域内暂时停止外国船舶的无害通过应"在形式上或事实上不加歧视。"对这句话在关于第二十四条的评注中进行了更详细的讨论（见上文第 24.7（b）段）。

25.8（b）. 第 2 款特别提到第二一一条第 3 款，其中涉及国家所规定的要求，即把防止、减少和控制海洋污染作为外国船只进入该国的港口或内水，或在离岸码头停靠的条件。这些规定"不妨害船只继续行使其无害通过权，也不妨害第二十五条第 2 款的适用。"这样做的目的是要维护航行自由和无害通过领海的权利（见第四卷第 202 页。第 211.15（e）段）。

---

① 见 116th plenary meeting（1979 年），第 17 段，正式记录，第十一卷第 28 页。另见 A/CONF. 62/L. 38（1979 年）。第 10 段，同上，第 101、102 页（第二委员会主席）。然而，主席表示，所提出的措词是"或为船舶的安全。"

② 见 A/CONF. 62/L. 42（1979 年），第 10 段，正式记录，第十二卷第 92、93 页（第二委员会主席）。另见美国代表团给第三次联合国海洋法第八期会议（续会）的报告，转载在 M. Nordquist and C. Park, *Reports of the United States Delegation to the Third United Nations Conference on the Law of the Sea* 340，海洋法研究所会议专题文件第 33 号（1983 年）；又见美国代表团给第九期会议的报告，同上，第 388 页。

③ A/CONF. 62/L. 51（1980 年），第 18 段，正式记录，第十三卷第 82、85 页（第二委员会主席）。

25.8（c）. "海港设施"一词似乎既包括港口（第十一条）又包括泊船处（第十二条），尽管在非正式协商中这方面的建议没有导致文字修改（关于"港口"一词，见上文第 11.5（a）段）。

25.8（d）. 第 3 款通过一系列条件相结合允许沿海国暂停在其领海的外国船舶无害通过。这些条件包括：（i）停止只能是暂时的；（ii）有可能只适用于在"［沿海国］领海的特定区域"；必须是"为保护国家安全包括武器演习在内而有必要"。这种停止还必须"对外国船舶之间在形式上或事实上不加歧视。"

25.8（e）. "在形式上或事实上"非歧视的提法也出现在第二十四条第 1 款（b）项、第四十二条第 2 款、第五十二条第 2 款以及第二二七条（对其含义的进一步阐述，见上文第 24.7（b）段）。

25.8（f）. 第 3 段最后一句规定，沿海国为保护其安全暂停无害通过，仅应在"正式公布"后发生效力。这个要求，与非歧视的规定结合在一起，是为了防止对任何特定船舶的无害通过的特别暂停。

25.9. 在美国和苏联之间《关于无害通过的国际法规则的统一解释》的协议也涉及第二十五条（见上文第 19.11 和 21.12 段）。

第二十六条　可向外国船舶征收的费用

1. 对外国船舶不得仅以其通过领海为理由而征收任何费用。

2. 对通过领海的外国船舶，仅可作为对该船舶提供特定服务的报酬而征收费用。征收上述费用不应有任何歧视。

资料来源

第一次联合国海洋法会议文件

1. 《领海和毗连区公约》（1958 年）第十八条，对应于国际法委员会的条款草案第十九条。关于前期历史，见秘书处《参考文献指南》关于第十九条。关于在第一次联合国海洋法会议上的讨论情况，见第一委员会的报告，A/CONF.13/L.28/Rev.1（1958 年）第 79 段，第一次联合国海洋法会议正式记录，第二卷第 115、121 页。

第三次联合国海洋法会议文件

2. A/AC.138/53，第五十一条第 1 款和第 2 款，转载在海底委员会 1971 年的报告，105、137 页（马耳他）。

3. A/AC.138/SC.II/L.18，第十一条第 1 款和第 2 款，转载在《1973 年海底委员会报告》第三卷第 3、7 页（塞浦路斯、希腊、印度尼西亚、马来西亚、摩洛哥、菲律宾、西班牙和也门）。

4. A/AC.138/SC.II/L.28，第二十七条第 1 款和第 2 款，转载在《1973 年海底委员会报告》第三卷第 35、46 页（马耳他）。

5. A/AC.138/SC.II/L.42 and Corr.1，第七条。转载在《1973 年海底委员会报告》第三卷第 91、96 页（斐济）。

6. A/CONF.62/C.2/L.3（1974 年），第二章第二十一条，正式记录，第三卷第183、185 页（英国）。

7. A/CONF.62/C.2/L.16（1974 年），第十条，正式记录，第三卷第 192、193 页（马来西亚、摩洛哥、阿曼和也门）。

8. A/CONF.62/C.2/L.19（1974 年），第七条，正式记录，第三卷第 196、197 页（斐济）。

9. A/CONF. 62/C. 2/L. 26（1974 年），第二十二条，正式记录；第三卷第 203、204 页（保加利亚、德意志民主共和国、波兰和苏联）。

10. A/CONF. 62/L. 8/Rev. 1（1974 年），附件二附录一〔A/CONF. 62/C. 2/WP. 1〕，条款第三十八条，正式记录，第三卷第 93、107、113 页（总报告员）〔《主要趋势工作文件》〕。

11. A/CONF. 62/WP. 8/Part II（非正式单一协商案文，1975 年），第二十四条，正式记录，第四卷第 152、156 页（第二委员会主席）。

12. A/CONF. 62/WP. 8/Rev. 1 第二部分（订正的单一协商案文，1976 年），第二十五条，正式记录，第五卷第 151、157 页（第二委员会主席）。

13. A/CONF. 62/WP. 10（非正式综合协商案文，1977 年），第二十六条，正式记录，第八卷第 1、9 页。

14. A/CONF. 62/WP. 10/Rev. 1（非正式综合协商案文第一次修订稿，1979 年，油印），第二十六条。转载在《第三次联合国海洋法会议文件集》第一卷第 375、401 页。

15. A/CONF. 62/WP. 10/Rev. 2（非正式综合协商案文第二次修订稿，1980 年，油印），第二十六条。转载在《第三次联合国海洋法会议文件集》第二卷第 3、30 页。

16. A/CONF. 62/WP. 10/Rev. 3*（非正式综合协商案文第三次修订稿），1980 年，油印），第二十六条。转载在《第三次联合国海洋法会议文件集》第二卷第 179、206 页。

17. A/CONF. 62/L. 78（《公约草案》，1981 年），第二十六条，正式记录，第十五卷第 172、180 页。

起草委员会文件

18. A/CONF. 62/L. 67/Add. 1（1981 年，油印），第 33 ~ 34 页。

19. A/CONF. 62/L. 67/Add. 1/Rev. 1（1981 年，油印），第 33 ~ 34 页。

20. A/CONF. 62/L. 72（1981 年），正式记录，第十五卷第 151 页（起草委员会主席）。

21. A/CONF. 62/L. 152/Add. 23（1982 年，油印），第 54 页。

22. A/CONF. 62/L. 160（1982），正式记录，第十七卷第 225 页（起草委员会主席）。

非正式文件

23. Informal Working Paper No. 1/Rev. 1，条款第三十二条；No. 1/Rev. 2，条款第三十五条；和 No. 1/Rev. 2*，条款第三十七条（均为 1974 年，油印）。转载在《第三次联合国海洋法会议文件集》第三卷第 210、226 和 244 页。

24. C. 2/Blue Paper No. 14（1975 年，油印），条款第三十八条。转载在《第三次联

合国海洋法会议文件集》第四卷第 153、158 页。

评　注

26.1.　第二十六条与 1958 年《领海和毗连区公约》第十八条完全相同（资料来源 1）。正如国际法委员会在其关于草案第十九条（这一规定的基础）的评论中所指出的：

（1）本文的目的是禁止因一般服务对航运征收任何费用（如灯标费或浮筒费，等等），只允许要求征收向船舶提供特定服务的费用（如引航、拖带等）。①

在第 3 款中，国际法委员会指出，“作为一般规则，这些费用应在平等的条件下征收。”这种非歧视原则没有纳入国际法委员会的草案，但被纳入了 1958 年《公约》。

26.2.　在海底委员会，有若干提案主要重复了 1958 年《公约》的措词（资料来源 2 至资料来源 5）。海洋法会议第二期会议（1974 年）提交的提案同样与这种情况一致（资料来源 6 至资料来源 9），尽管由英国提交的提案（资料来源 6）在提及第 2 款是用了“合理”地征收服务费用。

在《主要趋势工作文件》中的第三十八条（资料来源 10）逐字重复了 1958 年的文本。相同的措词还包含在关于无害通过问题的非正式磋商小组编写的案文中（资料来源 24），而且纳入了非正式单一协商案文第二部分（资料来源 11）作为第二十四条。在订正的单一协商案文第二部分（资料来源 12），增加了目前的标题，该条文被重新编号为第二十五条。在非正式综合协商案文中，该条文被再次重新编号，作为第二十六条（资料来源 13）。

在随后的会议上，吸收了起草委员会的建议，只在起草文字上进行了修改（资料来源 18 至资料来源 22）。1981 年，起草委员会建议将第 1 款中“费”字的英文“charge”改为“fees”（资料来源 18），但被撤回（资料来源 19）。

26.3.　唯一的变化是涉及本条款在《公约》中所放的位置。1958 年《公约》第十八条出现在关于无害通过权利的一节里（B 分节），是在适用于商船的规则之中，而不是在适用于所有船舶的规则之中（A 分节）。在《主要趋势工作文件》、在关于无害通过的综合案文以及在非正式单一协商案文第二部分也都是这种安排。

在第四期会议（1976 年）期间举行的非正式会议上对订正的单一协商案文第二部

---

① Report of the International Law Commission covering the work of its eighth session（A/3159），第十九条第（1）款的评注，1956 年《国际法委员会年鉴》第二卷第 253、274 页。

分逐条解读之后（资料来源12），该条款被转移到载有"适用于所有船舶的规则"的一节。

26.4（a）． 第1款只一般性地提到"通过"，没有任何条件。这个词的含义见第十八条。

26.4（b）． 第1款的消极提法表明，对外国船只征收费用的理由可以不仅仅是通过，这一点被第2款扩大了，提出向"驶过领海的外国船舶"可以征收"特定服务"费用。征收这些费用"对外国船舶或在外国船舶之间无歧视"（见第24.7（b）段）。显然，只有向船舶提供了特定服务，如引航（即使是强制引航）都将是"特定的。"目前从文本还不清楚一般性的服务，如导航设备维修是否属于"特定服务"的范围，因为它关系到领海本身。另一方面，在用于国际航行的海峡内，第四十三条要求各国进行合作，建立并维持"必要的助航和安全设备或帮助国际航行的其他改进办法。"

26.4（c）． 整个条款暗含着对于所提供的任何特定服务的收费应该与提供这些服务的成本合理相称。费用的征收不应该成为对通过的变相收费，这是第1款所禁止的。

B 分节　适用于商船和用于商业目的的政府船舶的规则

第二十七条　外国船舶上的刑事管辖权

1. 沿海国不应在通过领海的外国船舶上行使刑事管辖权，以逮捕与在该船舶通过期间船上所犯任何罪行有关的任何人或进行与该罪行有关的任何调查，但下列情形除外：

（a）罪行的后果及于沿海国；

（b）罪行属于扰乱当地安宁或领海的良好秩序的性质；

（c）经船长或船旗国外交代表或领事官员请求地方当局予以协助；或

（d）这些措施是取缔违法贩运麻醉药品或精神调理物质所必要的。

2. 上述规定不影响沿海国为在驶离内水后通过领海的外国船舶上进行逮捕或调查的目的而采取其法律所授权的任何步骤的权利。

3. 在第1和第2两款规定的情形下，如经船长请求，沿海国在采取任何步骤前应通知船旗国的外交代表或领事官员，并应便利外交代表或领事官员和船上乘务人员之间的接触。遇有紧急情况，发出此项通知可与采取措施同时进行。

4. 地方当局在考虑是否逮捕或如何逮捕时，应适当顾及航行的利益。

5. 除第十二部分有所规定外或有违犯按照第五部分制定的法律和规章的情形，如果来自外国港口的外国船舶仅通过领海而不驶入内水，沿海国不得在通过领海的该船舶上采取任何步骤，以逮捕与该船舶驶进领海前所犯任何罪行有关的任何人或进行与该罪行有关的调查。

资料来源

第一次联合国海洋法会议文件

1. 《领海和毗连区公约》（1958年）第十九条，对应于国际法委员会的条款草案

第二十条。关于前期历史，见秘书处的《参考文献指南》第二十条。关于在第一次联合国海洋法会议上的讨论，见第一委员会的报告 A/CONF. 13/L. 28/Rev. 1（1958 年）第 80～84 段，第一次联合国海洋法会议正式记录，第二卷第 115、121 页。

第三次联合国海洋法会议文件

2. A/AC. 138/53，第五十二条第 1～4 款，转载在《1971 年海底委员会报告》第 105、137 页（马耳他）。

3. A/AC. 138/SC. II/L. 18，第十二条。转载在《1973 年海底委员会报告》第三卷第 3、7 页（塞浦路斯、希腊、印度尼西亚、马来西亚、摩洛哥、菲律宾、西班牙和也门）。

4. A/AC. 138/SC. II/L. 28，第二十八条第 1～4 款和第二十九条第 1 款，转载在《1973 年海底委员会报告》第三卷第 35、46、47 页（马耳他）。

5. A/AC. 138/SC. II/L. 42 and Corr. 1，第八条，转载在《1973 年海底委员会报告》第三卷第 91、96 页（斐济）。

6. A/CONF. 62/C. 2/L. 3（1974 年），第二章第二十二条，正式记录，第三卷第 183、185 页（英国）。

7. A/CONF. 62/C. 2/L. 16（1974 年），第十一条，正式记录，第三卷第 192、193 页（马来西亚、摩洛哥、阿曼和也门）。

8. A/CONF. 62/C. 2/L. 19（1974 年），第八条，正式记录，第三卷第 196、197 页（斐济）。

9. A/CONF. 62/C. 2/L. 26（1974 年），第二十三条，正式记录，第三卷第 203、204 页（保加利亚、德意志民主共和国、波兰和苏联）。

10. A/CONF. 62/L. 8/Rev. 1（1974 年）附件二附录一［A/CONF. 62/C. 2/WP. 1］，条款第三十九条，方案 A 和方案 B，正式记录，第三卷第 93、107、113 页（总报告员）［《主要趋势工作文件》］。

11. A/CONF. 62/WP. 8/Part II（非正式单一协商案文，1975 年），第二十五条，正式记录，第四卷第 152、156 页（第二委员会主席）。

12. A/CONF. 62/WP. 8/Rev. 1/Part II（订正的单一协商案文，1976 年），第二十六条，正式记录，第五卷第 151、157 页（第二委员会主席）。

13. A/CONF. 62/WP. 10（非正式综合协商案文，1977 年），第二十七条，正式记录，第八卷第 1、9 页。

14. A/CONF. 62/WP. 10/Rev. 1（非正式综合协商案文第一次修订稿，1979 年，油印），第二十七条。转载在《第三次联合国海洋法会议文件集》第一卷第 375、401 页。

15. A/CONF. 62/WP. 10/Rev. 2（非正式综合协商案文第二次修订稿，1980 年，油印），第二十七条。转载在《第三次联合国海洋法会议文件集》第二卷第 3、30 页。

16. A/CONF. 62/WP. 10/Rev. 3 * （非正式综合协商案文第三次修订稿，1980 年，油印），第二十七条。转载在《第三次联合国海洋法会议文件集》第二卷第 179、206 页。

17. A/CONF. 62/L. 78 （《公约草案》，1981 年），第二十七条，正式记录，第十五卷第 172、180 页。

起草委员会文件

18. A/CONF. 62/L. 67/Add. 1 （1981 年，油印），第 35 ~ 38 页。

19. A/CONF. 62/L. 67/Add. 1/Rev. 1 （1981 年，油印），第 35 ~ 38 页。

20. A/CONF. 62/L. 72 （1981 年），正式记录，第十五卷第 151 页 （起草委员会主席）。

非正式文件

21. Informal Working Paper No. 1/Rev. 1，条款第三十三条；No. 1/Rev. 2，条款第三十六条；以及 No. 1/Rev. 2 *，条款第三十八条 （均为 1974 年，油印）。转载在《第三次联合国海洋法会议文件集》第三卷第 210、226 和 224 页。

22. C. 2/Blue Paper No. 14 （1975 年，油印），条款第三十九条。转载在《第三次联合国海洋法会议文件集》第四卷第 153、158 页。

评 注

27. 1. 第二部分 B 分节的标题反映了其条款（第二十七条和第二十八条）既适用于商船也适用于为商业目的而经营的政府船舶。在这方面，它扩大了 1958 年《领海和毗连区公约》的相应规定的适用范围，其中第 B 分节 （第十八条至第二十条） 载有 "适用于商船的规则。" 1958 年《公约》第 C 分节载有 "适用于军舰以外的政府船舶的规则" 和第二十一条规定，B 分节所载规则适用于 "为商业目的而经营的政府船舶。"

在第三次联合国海洋法会议上，非正式单一协商案文第二部分 B 分节载有 "适用于商船的规则。" 在 C （1） 分节，载有规则适用于 "适用于军舰以外的政府船舶的规则，" 第一条规定 "A 分节 ［适用于所有船舶的规则］ 和 B 分节所载的规则适用于为商业目的而经营的政府船舶。" 该条被整合进订正的单一协商案文第二部分，加上了 B 分节的标题，并形成了目前的结构。

27. 2. 第二十七条涉及沿海国对通过其领海的外国船舶船上所犯罪行刑事管辖权的行驶。它规定，除该条所列举的有限情况外，沿海国不应对在无害通过其领海的船上发生的犯罪行为行使其刑事管辖权。它还规定，不得对无害通过的外国船舶进入领海之前在船上所犯的罪行行使这类刑事管辖权。它几乎逐字重复了 1958 年《领海和毗连区公约》第十九条（资料来源 1），增加了第 5 款关于与第五部分（专属经济区）和第十二部分（海洋环境的保护和保全）具体交叉参照。

该条款的目的是试图建立沿海国和船旗国之间刑事管辖权的合理平衡（在该条款没有考虑到第三国的管辖权）。正如国际法委员会在对其条款草案第二十条发表的评论中所指出的那样，在船上所犯的刑事案件的情况下：

> 在这种情况下，就发生了利益的冲突：一方面，有航运利益，应该尽可能少受干扰；另一方面，也有沿海国的利益，如希望在其领土上执行其刑法。沿海国将人犯带到法院审理的权力（如可以逮捕他们）仍然没有减损，但其在船上逮捕船上的人犯的权力仅仅限于在第一款所列举的通过领海时情况。①

委员会还指出，该条款"并不试图解决沿海国和船旗国之间管辖权的刑事法律的冲突问题，也不以任何方式损害其各自权利。"②

27.3. 在海底委员会，提出的若干提案（资料来源 2 至资料来源 5）都逐字重复了 1958 年文本。唯一的实质性改动的是由马耳他提出的提案（资料来源 1）建议在第 1 款加上"取缔奴隶贸易［和］海盗。"

27.4. 在第三次联合国海洋法会议第二期会议（1974 年）上，提交的提案（资料来源 6 至资料来源 9）还重申了 1958 年《公约》的文本。

这一趋势反映在《主要趋势工作文件》条款第三十九条（资料来源 10）。方案 A 重复了 1958 年文本，方案 B 增添了一个新的元素，它未包括在上述任何提案中，扩展了第 1 款（d）项至包括非法贩运麻醉药品"和精神"药品。③

27.5. 在第三次联合国海洋法会议第三期会议（1975 年）上，由关于无害通过问题的非正式磋商小组提交的其编写的综合案文（资料来源 22）中有经修订的措辞提到

---

① Report of the International) Law Commission covering the work of its eighth session（A/3159），第二十条评注，第（1）段，1956 年《国际法委员会年鉴》第二卷第 253、275 页。

② 同上，第（4）款。

③ 增加的这项内容第一次出现在由海底委员会编写的"备选案文表"（差异）并纳入 1973 年报告。见《1973 年海底委员会报告》第四卷第 21 页。它没有出现在纳入《主要趋势》的任何草案中（资料来源 21）。这也至少在某种程度上反映了导致签订 1971 年《精神药物公约》的国际活动，《联合国条约集》第 1019 卷第 175 页；《条约及其他国际条例集》第 9725 页；杂项，第 24 号（1978 年），英王敕令 7330。1988 年 12 月 20 日，联合国签订了《联合国禁止非法贩运麻醉药品和精神药物公约》，UN. doc E/CONF. 82/15（1988 年）；《国际法资料》第 28 卷第 497 页（1989 年）。该公约第十七条第 11 款规定：

根据本条采取的任何行动应适当考虑不干预或影响沿海国按照国际海洋法行使管辖权的权利和义务的需要。

关于这个问题，又见 A/44/650（1989 年，油印），"Law of the Sea：Report of the Secretary-General，"第四十四届联大正式记录，第 44，第 40－43 页，附件，议程项目第 30 项。转载在荷兰海洋法研究所《国际组织和海洋法年鉴》［1989 年］第 5 卷第 23、33 页。

"麻醉药品和精神物质。"这一提法随后被纳入非正式单一协商案文第二部分第二十五条（资料来源11），全文如下：

　　1. 沿海国不应在通过领海的外国船舶上行使刑事管辖权，以逮捕与在该船舶通过期间船上所犯任何罪行有关的任何人或进行与该罪行有关的任何调查，但下列情形除外：
　　（1）该罪行的后果及于沿海国；
　　（b）罪行属于扰乱当地安宁或领海的良好秩序的性质；
　　（c）经船长或船旗国领事官员请求地方当局予以协助；或
　　（d）是取缔违法贩运麻醉药品或精神调理物质所必要的。
　　2. 上述规定不影响沿海国为在驶离内水后通过领海的外国船舶上进行逮捕或调查的目的而采取其法律所授权的任何步骤的权利。
　　3. 在第1和第2两款规定的情形下，如经船长请求，沿海国在采取任何步骤前应通知船旗国的领事官员，并应便利外交代表或领事官员和船上乘务人员之间的接触。遇有紧急情况，发出此项通知可与采取措施同时进行。
　　4. 地方当局在考虑是否逮捕或以何种方式逮捕时，应适当顾及航行的利益。
　　5. 如果来自外国港口的外国船舶仅通过领海而不驶入内水，沿海国不得在通过领海的该船舶上采取任何步骤，以逮捕与该船舶驶进领海前所犯任何罪行有关的任何人或进行与该罪行有关的调查。

在第1款（c）项，用更精确的术语"领事人员"取代了船舶悬挂其国旗的国家的"领事馆"。在第3款还有类似的调整。

27.6. 在第三次联合国海洋法会议第四期会议（1976年）上，经过非正式磋商，对订正的单一协商案文第二部分作了一些轻微的改动（资料来源12），其中该条款被重新编号，作为第二十六条，并添加了目前的标题。这些改动还包括对第1款（c）项和第3款的调整，提到"船旗国的外交代表或领事官员"。第1款（d）项还提到"麻醉药品或精神调理物质。"

27.7. 会议的发展使得有必要认识到一种例外，即禁止逮捕或调查船舶进入领海之前在船上发生的犯罪行为。这种认识是因为第五部分关于专属经济区条款和第十二部分关于海洋环境的保护和保全条款通过的结果。这两个条款都是在某些情况下和遵守适当的保障措施的情况下，允许沿海国在领海内对船舶在领海外面发生的犯罪行为采取调查或执法行动。因此，这就有必要使得第5款的规定受第五部分和第十二部分的限制。

为解决这些问题，在第三次联合国海洋法会议第六期会议（1977年）上，在非正式综合协商案文（资料来源13）中重新编号为第二十七条的这个条款中，在第5款开头增加了一段新的短语，如下：

> 除第十二部分有所规定外或有违犯按照第五部分制定的法律和规章的情形，……

非正式综合协商案文其他的唯一变化是在第 4 款将"以何种方式"改为"如何"。这项条文除了此后的表述和行文上的变化外，文字上一直保持未变，并在采纳了起草委员会提出的建议后形成了其最后的形式（资料来源 18 至资料来源 20）。④ 这些变化还包括了在第 1 款（c）和第 3 款中"船长"一词的英文用"master"代替了"captain"。

27.8（a）. 第 1 款列举了沿海国可对通过其领海的外国船舶行使刑事管辖权的一些情况。它明确规定，这种管辖权"只"可以在该列表详尽列出的这些情况下行使。行使这种管辖权可采取的措施扩大到逮捕通过的船舶上与所犯罪行有关的人员或进行与该罪行有关的调查。

27.8（b）. 第 2 款规定，第 1 款的限制不影响沿海国对已经离开该国的内水和正在通过其领海的外国船舶执行其法律的权利。因此第 2 款设想，沿海国对曾经在该国内水的外国船舶比只是"路过"领海的外国船舶具有更广泛的刑事管辖权。

27.8（c）. 在第 3 款中，"master"是指挥船的高级船员。在整个《公约》使用的相同的这个词（见第九十四条、第九十七条、第九十八条和第二一一条）都具有相同的含义。在第二十七条的情况下，按照第三节的标题，它适用于商船舶和为商业目的而经营的政府船舶。

27.8（d）. 在同一款中，"外交代表或领事官员"与第二三一条的规定相一致，也与 1961 年《维也纳外交关系公约》⑤ 和 1963 年《维也纳领事关系公约》的术语相一致。⑥ 根据 1961 年《维也纳外交关系公约》，外交代表是一个外交使团团长或使团的外交人员，"使团团长"是由该使团派遣国委派的负责人；外交人员是指使团中具有外交官衔的各个成员（第一条第（a）、（d）、（e）项）。该公约还规定，外交使团的任务包括在国际法允许的范围内保护派遣国在接受国的国家利益及其国民的利益（第二条第 1

---

④ 起草委员会曾有一次建议把英文、法文、俄文和西班牙语文本的第 1 款中的"if（如果）"换成"when（当）"（资料来源 18），但后来除了西班牙文本外其余都撤回了（资料来源 19）。

⑤ 《联合国条约集》第 500 卷第 95 页；《美国条约及其他国际协定》第 23 集第 3227 页；《条约及其他国际规章集》第 7502 页；《联合王国条约集》第 19 号（1965 年），英王敕令 2566；《美国国际法期刊》第 55 卷第 1064 页（1961 年）。

⑥ 《联合国条约集》第 596 卷第 261 页，《美国条约及其他国际协定》第 12 卷第 77 页；《条约及其他国际规章集》第 6820 页；《联合王国条约集》第 14 号（1973 年），英王敕令 5219；《美国国际法期刊》第 57 卷第 995 页（1963 年）。

款（b）项）。根据1963年《维也纳领事关系公约》，"领事官员"是指任何包括领事馆的负责人在内的被委派行使领事职责的任何人员（第一条第1款（d）项）。该公约还规定，领事职责包括帮助和协助派出国的国民，不论是个人还是企业机构（第五条第（e）项）；并承认与具有派出国国籍的船只和飞机有关的特殊职责（第五条第（k）和（1）项）。

27.8（e）. 第4款规定沿海国行使刑事管辖权要"适当顾及航行的利益。"这重复了《公约》的主要议题之一是确保安全和航行自由。

27.8（f）. 关于第5款，参照第十二部分，就引出了如在第二一八条所规定的港口国关于海洋环境保护的执法管辖权以及根据第二二〇条沿海国关于海洋环境保护的执法管辖权。参照第五部分，引出了沿海国按照第七十三条在专属经济区的渔业执法管辖权。这两个参照的作用，是按照这些有关规定扩大沿海国的刑事管辖权，但受限于扩大的执法管辖权可以行使的条件。⑦（另见第四卷第298页，第220.11（a）段）。

---

⑦ 凭借这些规定逮捕或拘留外国船只将发挥第二九二条关于迅速释放船只的作用。根据这一规定，如果在相关的时间内没有其他法院或法庭对案件具有管辖权，那么国际海洋法法庭在该案件中具有剩余管辖权。因此，筹备委员会第四特别委员会已草拟附属规则关于迅速释放船只和船员，作为国际海洋法法庭的规章草案的一部分。LOS/PCN/SC 注 4/WP. 2/Rev. 1/Part I（1986 年，油印），第八十九条至第九十三条。转载在《第三次联合国海洋法会议文件集》第七卷第259、297页。

第二十八条 对外国船舶的民事管辖权

1. 沿海国不应为对通过领海的外国船舶上某人行使民事管辖权的目的而停止其航行或改变其航向。

2. 沿海国不得为任何民事诉讼的目的而对船舶从事执行或加以逮捕，但涉及该船舶本身在通过沿海国水域的航行中或为该航行的目的而承担的义务或因而负担的责任，则不在此限。

3. 第2款不妨害沿海国按照其法律为任何民事诉讼的目的而对在领海内停泊或驶离内水后通过领海的外国船舶从事执行或加以逮捕的权利。

资料来源

第一次联合国海洋法会议文件

1. 《领海和毗连区公约》（1958年）第二十条，对应于国际法委员会的条款草案第二十一条。关于前期历史，见秘书处的《参考文献指南》第二十一条。关于在第一次联合国海洋法会议上的讨论，见第一委员会的报告，A/CONF. 13/L. 28/Rev. 1（1958年），第85~89段，第一次联合国海洋法会议正式记录，第二卷第115、122页。

第三次联合国海洋法会议文件

2. A/AC. 138/53，第五十四条。转载在《1971年海底委员会报告》第105、138页（马耳他）。

3. A/AC. 138/SC. II/L. 18，第十三条。转载在《1973年海底委员会报告》第三卷第3、8页（塞浦路斯、希腊、印度尼西亚、马来西亚、摩洛哥、菲律宾、西班牙和也门）。

4. A/AC. 138/SC. II/L. 28，第三十条。转载在《1973年海底委员会报告》第三卷第35、47页（马耳他）。

5. A/AC. 138/SC. II/L. 42和Corr. 1，第九条。转载在《1973年海底委员会报告》第三卷第91、97页（斐济）。

6. A/CONF. 62/C. 2/L. 3（1974年），第二章第二十三条，正式记录，第四卷第183、185页（英国）。

7. A/CONF. 62/C. 2/L. 16（1974年），第十二条，正式记录，第三卷第192、194

页（马来西亚、摩洛哥、阿曼和也门）。

8. A/CONF. 62/C. 2/L. 19（1974 年），第九条，正式记录，第三卷第 196、198 页（斐济）。

9. A/CONF. 62/C. 2/L. 26（1974 年），第二十四条第 1～3 款，正式记录，第三卷第 203、204 页（保加利亚、德意志民主共和国、波兰和苏联）。

10. A/CONF. 62/L. 8/Rev. 1（1974 年），附件二附录一〔A/CONF. 62/C. 2/WP. 1〕，条款第四十条，正式记录，第三卷第 93、107、114 页（总报告员）〔《主要趋势工作文件》〕。

11. A/CONF. 62/WP. 8/Part II（非正式单一协商案文，1975 年），第二十六条，正式记录，第四卷第 152、157 页（第二委员会主席）。

12. A/CONF. 62/WP. 8/Rev. 1 第二部分（订正的单一协商案文，1976 年），第二十七条，正式记录，第五卷第 151、158 页（第二委员会主席）。

13. A/CONF. 62/WP. 10（非正式综合协商案文，1977 年），第二十八条，正式记录，第八卷第 1、9 页。

14. A/CONF. 62/WP. 10/Rev. 1（非正式综合协商案文第一次修订稿，1979 年，油印），第二十八条。转载在《第三次联合国海洋法会议文件集》第一卷第 375、402 页。

15. A/CONF. 62/WP. 10/Rev. 2（非正式综合协商案文第二次修订稿，1980 年，油印），第二十八条。转载在《第三次联合国海洋法会议文件集》第二卷第 3、30 页。

16. A/CONF. 62/WP. 10/Rev. 3*（非正式综合协商案文第三次修订稿，1980 年，油印），第二十八条。转载在《第三次联合国海洋法会议文件集》第二卷第 179、207 页。

17. A/CONF. 62/L. 78（《公约草案》，1981 年），第二十八条，正式记录，第十五卷第 172、180 页。

起草委员会文件

18. A/CONF. 62/L. 67/Add. 1（1981 年，油印），第 39～40 页。

19. A/CONF. 62/L. 67/Add. 1/Rev. 1（1981 年，油印），第 39～41 页。

20. A/CONF. 62/L. 67/Add. 1/Rev. 1/Corr. 1（1981 年，油印），第 3 号。

21. A/CONF. 62/L. 72（1981 年），正式记录，第十五卷第 151 页（起草委员会主席）。

非正式文件

22. Informal Working Paper No. 1/Rev. 1，条款第三十四条；No. 1/Rev. 2，条款第三十七条；和 No. 1/Rev. 2*，条款第三十九条（均为 1974 年，油印）。转载在《第三次联合国海洋法会议文件集》第三卷第 210、226 和 244 页。

23. C. 2/Blue Paper No. 14（1975 年，油印），条款第四十条。转载在《第三次联合国海洋法会议文件集》第四卷第 153、158 页。

评　　注

28. 1. 　第二十八条民事管辖权的规定是与第二十七条行使刑事管辖权相对应的。它几乎是逐字照抄自《1958 年领海和毗连区公约》第二十条（资料来源 1）。第二十八条规定了国家普遍接受的规则，即沿海国不应为对通过领海的外国船舶上某人行使民事管辖权的目的而停止其航行或改变其航向。此外，船舶本身不应遭到逮捕或扣押，但因在通过过程中发生的其承担的义务或因而负担的责任例外。

28. 2. 　在海底委员会（资料来源 2 至资料来源 5）和在第三次联合国海洋法会议第二期会议（1974 年）（资料来源 6 至资料来源 9）上提出的提案都采用了 1958 年《公约》的语言。由斐济提出的提案（资料来源 5 和资料来源 8）和由 4 个东欧社会主义国家提出的提案（资料来源 9），要加强对沿海国干涉无害通过的船只的禁律，把第 1 款的"should not（不应）"改为更具强制性的"shall not（不得）"。后一项提案要赋予用于商业目的的政府船舶豁免权。这些新的方案没有纳入《主要趋势工作文件》的条款第四十条（资料来源 10），该条重复了 1958 年文本的文字。

28. 3. 　在第三次联合国海洋法会议第三期会议（1975 年）上，《主要趋势工作文件》的条款第四十条逐字移到由关于无害通过问题的非正式磋商小组编写的综合文本第四十条（资料来源 23）。该案文随后被纳入非正式单一协商案文第二部分（资料来源 11），作为第二十六条。

在第三次联合国海洋法会议第四期会议（1976 年）上，对订正的单一协商案文第二部分第二十七条稍加改动，增加了目前的标题（资料来源 12）。

后来又根据起草委员会建议吸收了另外的文字上的改动（资料来源 18 至资料来源 21）。

28. 4（a）. 　第 1 款规定，沿海国不应为对仅仅是通过领海的外国船舶上某人行使民事管辖权的目的而停止其航行或改变其航向。对沿海国的指令是规劝性质的（"不应"）。虽然此规定似乎是对沿海国施加的义务，但它不是一个绝对的义务。

28. 4（b）. 　第 2 款规定，沿海国不得为民事诉讼而扣押正在无害通过领海的船舶，除了因在通过期间或为了通过"由该船舶承担的义务或责任"。在这里，沿海国义务就是绝对的了（"不得"）。

28. 4（c）. 　根据第 1 款和第 2 款的含义，沿海国有更广泛的权力对驶离内水后正在通过其领海的外国船只行使其民事管辖权。^① 这项规定已明确纳入第二十七条第 2 款有关沿海国对外国船上行使刑事管辖权（见上文第 27.8（b）段）。

28.4（d）. "逮捕船舶"一词在第二十八条第 2 款中第一次使用，源于普通法法院在海事用法中对船舶或货物而言，其中"逮捕"是一个技术术语，是指对船舶或货物提起对物诉讼程序（又见第五卷第 301 页）。这一段的法文本为 "*prendre … de mesures conservatoires… a l'egard de ce navire*"；西班牙文本为 "*tomar contra esos buques . . . medidas cautelares*"^②。

28.4（e）. 关于第十二部分，第二二九条规定，本公约的任何规定"不影响因要求赔偿海洋环境污染造成的损失或损害而提起民事诉讼程序。"根据第二十八条，似乎认为，根据第二二九条提起的民事诉讼程序，必须以不违反第二十八条的这种方式实施（见本系列丛书第四卷第 361 页，第 229.5 段）。

---

① 参见 Report of the International Law Commission covering the work of its eighth session （A/3159），评注第二十条第（5）款，1956 年《国际法委员会年鉴》第二卷第 253、276 页。

② 关于提供海事英语技术术语和概念的难度，同样也表现在其他语言里，见国际法委员会关于国家的司法管辖权豁免的条款草案，评注第十六条第（3）款。国际法委员会第 43 次工作会议期间报告的，第四十六届联大正式记录，补编第 10 号（A/46/10 号），第 119 页。［转载在 1991 年《国际法委员会年鉴》第二卷第 119 页。］又见 G. Marston，"Admiralty Law"，in R. Bernhardt（ed.）《国际公法百科全书》，分期 11，第 1 页（1989 年）。

C分节　适用于军舰及其他用于非商业目的的政府船舶的规则

第二十九条　军舰的定义

为本公约的目的，"军舰"是指属于一国武装部队、具备辨别军舰国籍的外部标志、由该国政府正式委任并名列相应的现役名册或类似名册的军官指挥和配备有服从正规武装部队纪律的船员的船舶。

资料来源

第一次联合国海洋法会议文件

1. 《公海公约》（1958 年）第八条第 2 款，对应于国际法委员会的条款草案第三十二条第 2 款。关于前期历史，见秘书处的《参考文献指南》关于第三十二条。关于在第一次联合国海洋法会议上的讨论，见第一委员会的报告，A/CONF. 13/L. 17（1958），第 21 和 22 段，第一次联合国海洋法会议正式记录，第二卷第 94、96 页。

第三次联合国海洋法会议文件

2. A/AC. 138/SC. II/L. 42 and Corr. 1，第十二条第 1 款，转载在《1973 年海底委员会报告》第三卷第 91、97 页（斐济）。

3. A/CONF. 62/C. 2/L. 3（1974 年），第二章第二十六条第 1 款，正式记录，第三卷第 183、185 页（英国）。

4. A/CONF. 62/C. 2/L. 16（1974 年），第十五条第 2 款，正式记录，第三卷第 192、194 页（马来西亚、摩洛哥、阿曼和也门）。

5. A/CONF. 62/C. 2/L. 19（1974 年），第十二条第 1 款，正式记录，第三卷第 196、198 页（斐济）。

6. A/CONF. 62/L. 8/Rev. 1（1974 年），附件二附录一［A/CONF. 62/C. 2/WP. 1］，

条款第四十三条第 1 款，正式记录，第三卷第 93、107、114 页（总报告员）[《主要趋势工作文件》]。

7. A/CONF. 62/WP. 8/Part II（非正式单一协商案文，1975 年），第二十九条第 1 款，正式记录，第四卷第 152、157 页（第二委员会主席）。

8. A/CONF. 62/WP. 8/Rev. 1/Part II（订正的单一协商案文，1976 年），第二十八条，正式记录，第五卷第 151、158 页（第二委员会主席）。

9. A/CONF. 62/WP. 10/Rev. 1（非正式综合协商案文，1977 年），第二十九条，正式记录，第八卷第 1、9 页。

10. A/CONF. 62/WP. 10/Rev. 1（非正式综合协商案文第一次修订稿，1979 年，油印），第二十九条。转载在《第三次联合国海洋法会议文件集》第一卷第 375、402 页。

11. A/CONF. 62/WP. 10/Rev. 2（非正式综合协商案文第二次修订稿，1980 年，油印），第二十九条。转载在《第三次联合国海洋法会议文件集》第二卷第 3、31 页。

12. A/CONF. 62/WP. 10/Rev. 3 *（非正式综合协商案文第三次修订稿，1980 年，油印），第二十九条。转载在《第三次联合国海洋法会议文件集》第二卷第 179、207 页。

13. A/CONF. 62/L. 78（《公约草案》，1981 年），第二十九条，正式记录，第十五卷第 172、180 页。

起草委员会文件

14. A/CONF. 62/L. 67/Add. 1/Rev. 1（1981 年，油印），第 42 页。

15. A/CONF. 62/L. 72（1981 年），正式记录，第十五卷第 151 页（起草委员会主席）。

非正式文件

16. Informal Working Paper No. 1/Rev. 1，条款第三十七条，方案 B，第 1 款；No. 1/Rev. 2，条款第四十条第 1 款；以及 No. 1/Rev. 2 *，条款第四十二条（均为 1974 年，油印）。转载在《第三次联合国海洋法会议文件集》第三卷第 210、226 和 244 页。

17. C. 2/Blue Paper No. 14（1975 年，油印），条款第四十三条第 1 款，转载在《第三次联合国海洋法会议文件集》第四卷第 153、159 页。

18. C. 2/Informal Meeting/30（1978 年，油印），第（2）和（3）节（阿根廷、孟加拉国、中国、民主也门、厄瓜多尔、马达加斯加、巴基斯坦、秘鲁和菲律宾）。转载在《第三次联合国海洋法会议文件集》第五卷第 39 页。

评　　注

29. 1.　　第二部分 C 分节的标题表明，其条款（第二十九条至第三十二条）同时适用于军舰及其他政府经营的非商业用途的船舶。它是 1958 年《领海和毗连区公约》两个小节的合并:"C 分节 – 适用于军舰以外的政府船舶的规则";及 "D 分节 – 适用于军舰的规则。"

在第三次联合国海洋法会议上,非正式单一协商案文第二部分 C 分节处理"适用于政府船舶规则",并进一步细分为:(1) 军舰以外的政府船舶;(2) 军舰;(3) 国家对政府船舶的责任。在纳入订正的单一协商案文第二部分后,C 分节被给予其目前的标题和结构。(又见上文第 27.1 段)

29.2. 第二十九条为本公约的目的给出了"军舰"的含义。在国际法委员会于 1956 年编写的条款草案中,为"这些条款"的目的"军舰"的定义出现在第三十二条第 2 款(军舰在公海的豁免权)。国际法委员会的评注说,文字是基于 1907 年 10 月 18 日《海牙第七公约》第三条和第四条关于将商船改装成军舰的国际公约。①然而,由于具体提到海军名册和正规纪律(1907 年《公约》中使用的是"军事纪律"一词),1956 年的定义似乎更具有局限性。

该定义以那种形式纳入《1958 年公海公约》第八条第 2 款(资料来源 1),内容为:

> 2. 本公约各条中,"军舰"一词系指属于一国海军和具有辨别军舰国籍的外部标志,由该国政府正式委任并名列于海军名册的军官指挥,并配备受过正规海军训练的船员的船舶。

在这里,给予含义是为了"这些条款的目的"(显然是忽略了在决定将公约分为 4 个独立的文书时这些词使用范围的改变)。因此,虽然 1958 年《领海和毗连区公约》第二十三条包含"适用于军舰的规则,"(包括对应于 1982 年《公约》第三十条的一项规定),但它不包含有关术语"军舰"一词的意义。

29.3. 在海底委员会处理无害通过问题的早期提案中 ②也没有包含对"军舰"一词的定义。斐济在 1973 年会议上的提案(资料来源 2)是第一个包含有这个定义的提案,它直接取自《公海公约》第八条,内容如下:

---

① 事实上,国际法委员会的草案还纳入了《1907 年公约》的第二条。Report of the International Law Commission covering the work of its eighth session(A/3159),第三十二条评注,1956 年《国际法委员会年鉴》第二卷第 253、280 页。关于 1907 年《公约》文本,见《条约大全》第 205 卷第 319 页〔只有法文版〕;《联合王国条约集》第 11 号(1910 年),英王敕令 5115;《美国国际法期刊》第 2 卷补编第 133 页(1908 年)。进一步详细情况见 N. Ronzitti(ed.),*The Law of Naval Warfare*,第 111 页(1988 年)。

② 例见 A/AC. 138/53,转载在《1971 年海底委员会报告》第 105 页(马耳他);A/AC. 138/SC. II/L. 18,转载在《1973 年海底委员会报告》第三卷第 3 页(塞浦路斯、希腊、印度尼西亚、马来西亚、摩洛哥、菲律宾、西班牙和也门);以及 A/AC. 138/SC. II/L. 28,同上,第 35 页(马耳他)。

本公约各条中，"军舰"一词系指属于一国海军和具有辨别军舰国籍的外部标志，由该国政府正式委任并名列于海军名册的军官指挥，并配备受过正规海军训练的船员的船舶。

但是，在这种情况下，它仅适用于"为了本条款的目的。"

29.4. 在第三次联合国海洋法会议第二期会议（1974 年）上，英国代表提交（资料来源 3）了一项与斐济提案大体上相同的提案。但是，它提出了几处起草文字上的变化，包括用"武装部队"代替"海军"，用"相应的现役名册或类似名册"代替"海军名册"，以及用"武装部队纪律"代替"海军纪律。"这些变化反映了自 1958 年会议以来发生在一些国家的武装力量整合的大趋势。一个由 4 个国家代表提出的提案（资料来源 4）提出了只是与英国提案的开头语不同的建议。其中规定，"为这些条款的目的……，"从而扩大了该定义的适用范围。斐济经修订的提案（资料来源 5）与英国提案大体上是相同的，甚至使用了相同的名称。

在《主要趋势工作文件》（资料来源 6），英国的提案列为条款第四十三条第 1 款。

29.5. 在第三次联合国海洋法会议第三期会议（1975 年）上，关于无害通过问题的非正式磋商小组编写了一份综合案文（资料来源 17）。该文本的一些地方稍加改动后被并入非正式单一协商案文第二部分（资料来源 7），作为第二十九条第 1 款，内容如下：

1. 为本公约的目的，"军舰"是指属于一国武装部队、具备辨别军舰国籍的外部标志、由该国政府正式委任并名列相应的现役名册或类似名册的军官指挥和配备有服从正规武装部队纪律的船员的船舶。

该案文的第 2 款规定"在 A 分节所载的规则［适用于所有船舶的规则］应适用于军舰。"

29.6. 在第三次联合国海洋法会议第四期会议（1976 年）上，在订正的单一协商案文第二部分（资料来源 8）重复了非正式单一协商案文第 1 款，作为第二十八条。新增加了标题，在起草文字上进行了一处改动，用"a crew which is"代替了"a crew who are"（……船员）。在此阶段，非正式单一协商案文第二款规定被取消，考虑到第三十一条（现第三十二条），这一规定显然被视为是多余的。③

在非正式综合协商案文（资料来源 9）中，再次重复这项条款，作为第二十九条。

29.7. 在第三次联合国海洋法会议第七期会议（1978 年）上，一个九国集团提交

---

③ 在其对订正的单一协商案文第二部分的"入门须知"中，主席表示，他已作出"这种技术和起草文字上的修改，会改善文本。"见资料来源 8，第 154 页（第 23 段）。

了一份关于这个条款的非正式提案（资料来源18）。该提案的基础是把第二十条（关于潜水艇和其他潜水器）与第二十九条合并将后者改名为"军舰、潜水艇及其他潜水器通过的制度。"该提案案文的第1款和第3款分别重复了第二十九条和第二十条。第2款要求外国军用船只通过沿海国领海"须事先通知沿海国或事先征得其同意。"

然而，这项建议没有被接受，文字实质上仍保持不变（关于该项提案，另见上文第17.7段）。后又吸收了起草委员会的意见，对案文进行了小的改动（资料来源14和资料来源15）。

29.8（a）. 案文最重要的变化涉及引导语"为本公约的目的，"该短语的使用使其恢复到国际法委员会的原始概念。这一点之所以重要，不仅因为其行使无害通过的权利和豁免权的不同而将军舰和其他船舶区别开来，而且也因为其他政府船舶和船只不具备的行使某些特权和权力而在《公约》的其他部分将它们挑出来。例如，军舰在公海享有完全的豁免权（第九十五条）；军舰或军用飞机可由于发生海盗行为而执行扣押（第一〇七条）；军舰在公海可行使登临权（第一一〇条）；军舰可以行使紧追的权利（第一一一条）；以及军舰可以享有免于严格遵守《公约》关于保护和保全海洋环境的规定的豁免权（第二三六条）。

29.8（b）. 如第二十九条体现的，此处军舰的定义比1907年《公约》或在国际法委员会的草案所使用的定义要宽（见上文第29.2段），而且包括只要符合这些条款的实质性条件的如海岸警卫队、边防警察以及类似的队伍（在有些国家，执行海岸警卫任务的队伍被视为武装部队的一部分）。此外，虽然短语"正式委任"以某种形式在所有的定义中都出现，这并不排除准尉及其他高级士官作为一个军舰的指挥官。在这方面，关于"正式委任的军官"的表达，必须考虑到不同的国家实践。

第三十条　军舰对沿海国法律和规章的不遵守

如果任何军舰不遵守沿海国关于通过领海的法律和规章，而且不顾沿海国向其提出遵守法律和规章的任何要求，沿海国可要求该军舰立即离开领海。

资料来源

第一次联合国海洋法会议文件

1. 《领海和毗连区公约》（1958 年）第二十三条，对应于国际法委员会的条款草案第二十五条。关于前期历史，见秘书处的《参考文献指南》第二十五条。关于在第一次联合国海洋法会议上的讨论，见第一委员会的报告，A/CONF. 13/L. 28/Rev. 1（1958 年），第 95~96 段，第一次联合国海洋法会议正式记录，第二卷第 115、122 页。

第三次联合国海洋法会议文件

2. . A/AC. 138/SC. II/L. 18，第二十三条。转载在《1973 年海底委员会报告》第三卷第 3、10 页（塞浦路斯、希腊、印度尼西亚、马来西亚、摩洛哥、菲律宾、西班牙和也门）。

3. A/AC. 138/SC. II/L. 28，第三十五条第 1 款，转载在《1973 年海底委员会报告》第三卷第 35、49 页（马耳他）。

4. A/AC. 138/SC. II/L. 42 and Corr. 1，第十二条第 4 款，转载在《1973 年海底委员会报告》第三卷第 91、98 页（斐济）。

5. A/CONF. 62/C. 2/L. 3（1974 年），第二章第二十六条第 4 款，正式记录，第三卷第 183、185 页（英国）。

6. A/CONF. 62/C. 2/L. 16（1974 年），第十七条，正式记录，第三卷第 192、194 页（马来西亚、摩洛哥、阿曼和也门）。

7. A/CONF. 62/C. 2/L. 19（1974 年），第十二条第 4 款，正式记录，第三卷第 196、198 页（斐济）。

8. A/CONF. 62/C. 2/L. 26（1974 年），第二十七条，正式记录，第三卷第 203、205 页（保加利亚、德意志民主共和国、波兰和苏联）。

9. A/CONF. 62/L. 8/Rev. 1（1974 年），附件二附录一［A/CONF. 62/C. 2/WP. 1］，

条款第四十四条，方案 A 和方案 B，正式记录，第三卷第 93、107、114 页（总报告员）[《主要趋势工作文件》]。

10. A/CONF. 62/WP. 8/Part II（非正式单一协商案文，1975 年），第三十条，正式记录第四卷第 152、157 页（第二委员会主席）。

11. A/CONF. 62/WP. 8/Rev. 1/Part II（订正的单一协商案文，1976 年），第二十九条，正式记录，第五卷第 151、158 页（第二委员会主席）。

12. A/CONF. 62/WP. 10（非正式综合协商案文，1977 年），第三十条，正式记录，第八卷第 1、9 页。

13. A/CONF. 62/WP. 10/Rev. 1（非正式综合协商案文第一次修订稿，1979 年，油印），第三十条。转载在《第三次联合国海洋法会议文件集》第一卷第 375、402 页。

14. A/CONF. 62/WP. 10/Rev. 2（非正式综合协商案文第二次修订稿，1980 年，油印），第三十条。转载在《第三次联合国海洋法会议文件集》第二卷第 3、31 页。

15. A/CONF. 62/WP. 10/Rev. 3*（非正式综合协商案文第三次修订稿，1980 年，油印），第三十条。转载在《第三次联合国海洋法会议文件集》第二卷第 179、207 页。

16. A/CONF. 62/L. 78（《公约草案》，1981 年），第三十条，正式记录，第十五卷第 172、180 页。

起草委员会文件

17. A/CONF. 62/L. 67/Add. 1（1981 年，油印），第 41 ~ 42 页。

18. A/CONF. 62/L. 67/Add. 1/Rev. 1（1981 年，油印），第 43 ~ 44 页。

19. A/CONF. 62/L. 72（1981），正式记录，第十五卷第 151 页（起草委员会主席）。

非正式文件

20. Informal Working Paper No. 1/Rev. 1，条款第三十七条，方案 A；No. 1/Rev. 2，条款第四十一条，方案 A 和方案 B；以及 No. 1/Rev. 2*，条款第四十二条，方案 A 和方案 B，第 2 款（均为 1974 年，油印）。转载在《第三次联合国海洋法会议文件集》第三卷第 210、226 和 244 页。

21. C. 2/Blue Paper No. 14（1975 年，油印），条款第四十四条。转载在《第三次联合国海洋法会议文件集》第四卷第 153、159 页。

评 注

30. 1. 第三十条旨在强调，当军舰在外国领海上航行时，应该遵守该国的法律和规章（在这方面，第三十条特别与第十九条和第二十一条有关）。如果军舰不遵守这些法律和规章，而且无视关于遵守这些法律和规章的任何要求，沿海国可以要求它立即离开其领海。

第三十条取自1958年《领海和毗连区公约》第二十三条，并做了一些调整，（资料来源1），第二十三条只提到遵守沿海国的"规章"。

30.2. 在海底委员会1973年会议上，提出了若干提案，基本上都是重复了1958年《公约》的条文（资料来源2至资料来源4）。马耳他代表（资料来源3）提出了一项直接关系到其他条款的更简短的方案。斐济（资料来源4）建议在条款的结尾增加一句话，规定沿海国除可以暂停军舰的通过外，还可以"由沿海国决定，禁止该军舰在一定期限内在其领海通过。"

30.3. 在第三次联合国海洋法会议第二期会议（1974年）上，四国集团的提案（资料来源6）和斐济（资料来源7）提议重写条款的后半部分，大意是沿海国可以"暂停这种军舰的通行权，并……要求军舰按照沿海国可以指示的路线离开领海。"由英国（资料来源5）和4个东欧社会主义国家代表（资料来源8）提出的提案，除了英国的提案提到遵守"沿海国的法律和规章"外，其余只是重复了1958年《公约》的文字。

这些不同的方式都被纳入了《主要趋势工作文件》条款第四十四条方案A和方案B（资料来源9）。

30.4. 在第三次联合国海洋法会议第三期会议（1975年）上，由关于无害通过问题的非正式磋商小组编写的关于无害通过的综合案文（资料来源21）进一步整合了各项建议，表述如下：

> 1. 如果任何军舰不遵守沿海国关于通过领海的法律和规章，而且不顾沿海国向其提出遵守法律和规章的任何要求，沿海国可以暂停此类军舰的通行权，并可以要求其按照沿海国可以指示的这种安全和快捷的航线离开领海。

在非正式单一协商案文第二部分（资料来源10），该案文获得通过，成为第三十条，同时删除"可暂停通行权等军舰"一语。

30.5. 在第四期会议（1976年）的非正式协商中，有些国家对最后一句"沿海国可以指示的安全和迅速的路线"的提法表示了困难。这些国家认为，对什么构成安全的航线，船舶指挥人员是最好的判断，而军舰不能受船旗国以外的其他国家的指挥。

作为这种讨论的结果，订正的单一协商案文第二部分第二十九条（资料来源11）用"立即"一词取代了最后一句"这种安全和快捷的航线。"[①]在这个阶段增加了标题"军舰对沿海国法律和规章的不遵守。"

---

① 此修改建议似乎由秘鲁代表提出。

此后没有作过实质性的修改。起草委员会建议将标题中的"军舰对……不遵守"的英文表达从"Non-observance by warships of"改为"Non-compliance by warships with"，并在正文中的"compliance"之后插入单词"therewith"（资料来源17至资料来源19）。这些起草文字上的变化都被纳入了《公约草案》（资料来源16）。

30.6.　根据第三十条，沿海国对外国军舰违反该国有关无害通过的法律和规章的情况的唯一的追索权，是要求该军舰立即离开领海。军舰的船旗国对因军舰不遵守沿海国的法律和规章而可能造成的任何损失或损害的国际责任在第三十一条处理。

第三十一条　船旗国对军舰或其他用于非商业目的的政府船舶所造成的损害的责任

对于军舰或其他用于非商业目的的政府船舶不遵守沿海国有关通过领海的法律和规章或不遵守本公约的规定或其他国际法规则，而使沿海国遭受的任何损失或损害，船旗国应负国际责任。

资料来源

第三次联合国海洋法会议文件

1. A/AC. 138/SC. II/L. 42 和 Corr. 1，第十四条。转载在《1973 年海底委员会报告》第三卷第 91、98 页（斐济）。

2. A/CONF. 62/C. 2/L. 3（1974 年），第二章第二十八条，正式记录，第三卷第 183、185 页（英国）。

3. A/CONF. 62/C. 2/L. 16（1974 年），第十九条，正式记录，第四卷第 192、194 页（马来西亚、摩洛哥、阿曼和也门）。

4. A/CONF. 62/C. 2/L. 19（1974 年），第十四条，正式记录，第四卷第 196、198 页（斐济）。

5. A/CONF. 62/L. 8/Rev. 1（1974 年），附件二附录一［A/CONF. 62/C. 2/WP. 1］，条款第四十六条，正式记录，第三卷第 93、107、114 页（总报告员）［《主要趋势工作文件》］。

6. A/CONF. 62/WP. 8/Part II（非正式单一协商案文，1975 年），第三十二条，正式记录，第四卷第 152、157 页（第二委员会主席）。

7. A/CONF. 62/WP. 8/Rev. 1/Part II（订正的单一协商案文，1976 年），第三十条，正式记录，第五卷第 151、158 页（第二委员会主席）。

8. A/CONF. 62/WP. 10（非正式综合协商案文，1977 年），第三十一条，正式记录，第八卷第 1、9 页。

9. A/CONF. 62/WP. 10/Rev. 1（非正式综合协商案文第一次修订稿，1979 年，油印），第三十一条。转载在《第三次联合国海洋法会议文件集》第一卷第 375、402 页。

10. A/CONF. 62/WP. 10/Rev. 2（非正式综合协商案文第二次修订稿，1980 年，油

印），第三十一条。转载在《第三次联合国海洋法会议文件集》第二卷第3、31页。

11. A/CONF. 62/WP. 10/Rev. 3＊（非正式综合协商案文第三次修订稿，1980年，油印），第三十一条。转载在《第三次联合国海洋法会议文件集》第二卷第179、207页。

12. A/CONF. 62/L. 78（《公约草案》，1981年），第三十一条，正式记录，第十五卷第172、180页。

起草委员会文件

没有与此过程同时的文件。

非正式文件

13. Informal Working Paper No. 1/Rev. 1，条款第三十九条，No. 1/Rev. 2，条款第四十三条；以及 No. 1/Rev. 2＊，条款第四十五条（均为1974年，油印）。转载在《第三次联合国海洋法会议文件集》第三卷第210、226、244页。

14. C. 2/Blue Paper No. 14（1975年，油印），条款第四十六条。转载在《第三次联合国海洋法会议文件集》第四卷第153、160页。

15. Australia（1976年，油印），第三十二条（非正式单一协商案文第二部分）。转载在《第三次联合国海洋法会议文件集》第四卷第273页。

评　　注

31. 1.　第三十一条强调了军舰或其他用于非商业目的的政府船舶的船旗国因这种船舶在通过沿海国领海时不遵守其法律和规章而造成对沿海国的任何损失或损害承担的国际责任。它还强调船旗国因这种军舰不遵守"本公约的规定或其他国际法规则"而导致的任何损失或损害负有责任。

31. 2.　第三十一条的根源见于斐济在海底委员会1973年会议上提交的一项提案（资料来源1），内容如下：

> 对于军舰或其他用于非商业目的的政府船舶任何不遵守沿海国有关通过领海的法律或规章或任何这些条款的规定或其他国际法的规则，使沿海国遭受损害，包括对其环境、设施的任何装置或其他财产或任何其旗帜的船只的损害，此类损害的赔偿责任应由造成此种损害的船舶的船旗国承担。

该案文中具体提到了对沿海国的"环境、设施的任何装置或其他财产或悬挂其旗帜的任何船只的损害。"

31.3. 在第三次联合国海洋法会议第二期会议（1974 年）上，提出了 3 个提案，基本上包含了与斐济文本相同的条款（资料来源 2 至资料来源 4）。① 3 个提案唯一的实质性变化是短语"赔偿责任……应由……承担"改成了"国际责任，应由……承担。"此外，两个提案提到的是"任何悬挂其旗帜的船只，"而不是"悬挂其旗帜的船只"（资料来源 2 和资料来源 3）。英国的提案（资料来源 2）还在括号里规定了对环境损害的有关的具体情况，等等，着重在"对沿海国的任何损害。"

《主要趋势工作文件》（资料来源 5）条款第四十六条逐字照抄了英国的提案的案文。

31.4. 在海洋法会议第三期会议（1975 年）上，关于无害通过问题的非正式磋商小组编写的综合案文条款第四十六条（资料来源 13）与《主要趋势工作文件》的规定相同，但去掉了围绕"包括……悬挂其旗帜的"这句话的括号。

在非正式单一协商案文第二部分（资料来源 6）第三十二条遵循了这一措辞，内容如下：

> 对于军舰或其他用于非商业目的的政府船舶任何不遵守沿海国有关通过领海的法律或规章或任何这些条款的规定或其他国际法的规则，使沿海国遭受损害，包括对其环境、设施的任何装置或其他财产或任何悬挂其旗帜的船只的损害，此类损害的赔偿责任应由造成此种损害的船舶的船旗国承担。

同时增加了副标题"政府船舶的国家责任"。

31.5. 在第四期会议（1976 年）期间，在第二委员会非正式会议上逐条解读了非正式单一协商案文第二部分之后，对案文的内容和风格进行了修改，形成了订正的单一协商案文第二部分（资料来源 7）。澳大利亚代表还提出了一个非正式的提案（资料来源 15），建议重新起草该条文，但措辞没有出现在订正案文中。

该条文在订正的单一协商案文第二部分重新编号为第三十条，修订后的条款全文如下：

船旗国对军舰或其他用于非商业目的的

政府船舶所造成的损害的责任

对于军舰或其他用于非商业目的的政府船舶不遵守沿海国有关通过领海

---

① 尽管英国没有具体评论其提案中的这一条款（资料来源 2），在其关于用于国际航行的海峡的通过部分的提案中，英国代表指出：

> 在享有主权豁免的军舰及其他船只的情况下，第四条第 5 款和第七条规定，船旗国直接对由于其船只不遵守这种法律和规章所造成的损害负责。也就是说，将有国际层面的责任，或者换句话说，国家责任。

第二委员会第 11 次会议（1974 年），第 23 段，正式记录，第二卷第 125 页。

的法律和规章或不遵守本公约的规定或其他国际法规则，而使沿海国遭受的任何损失或损害，船旗国应负国际责任。

　　除了标题外，主要实质性的变化是删除了"包括对其环境、设施的任何装置或其他财产或任何悬挂其旗帜的船只的损害"的文字。从被动语态变成主动语态，可以消除以前案文的一些繁琐文字。

　　31.6.　当该条文被重新编号为第三十一条并入非正式综合协商案文时，没有提出进一步的修订（资料来源8），只有轻微的修改（英文的"船舶"一词从"ships"变成了"ship"）。

　　31.7（a）.　第三十一条构成了一系列处理在国家豁免情况下的国家责任的特定问题的一部分。在该系列中的其他规定见于第一〇六条、第一一一条第8款、第二三五条、第二六三条和第三〇四条。这些规定都为《公约》的条款引入了国际法有关国家责任的规定。

　　31.7（b）.　在非正式单一协商案文第二部分，保留了（来自1958年《公约》的）用于商业目的的政府船舶和用于非商业目的的政府船舶的区别（见上文第 II.12段）。非正式单一协商案文第二部分第二十三条第1款提出，行使无害通过权的船舶不遵守沿海国的法律和规章要对沿海国造成的任何损害承担赔偿责任。这可能在船舶本身对沿海国造成损害的严格责任和第三十一条规定的对这种损失或损害的国家责任之间产生歧义。② 随着从订正的单一协商案文第二部分 A 分节（适用于所有船舶的规则）删除关于 liability（责任）的所有提法，把关于国家责任和国家豁免权的规定保留在 C 分节，任何在这方面的含糊不清就都被消除了。

---

② "liability（责任）"和"responsibility（责任）"在英文具有不同的法律含义。在其他准文本中，一般只使用了"responsibility"一个字。另见本丛书第四卷第412页，第235.10（a）段）。

第三十二条 军舰及其他用于非商业目的的政府船舶的豁免权

A 分节和第三十条及第三十一条所规定的情形除外，本公约规定不影响军舰及其他用于非商业目的的政府船舶的豁免权。

资料来源

第一次联合国海洋法会议文件

1. 《领海和毗连区公约》（1958 年）第二十二条，对应于国际法委员会的条款草案第二十三条。关于前期历史，见秘书处《参考文献指南》第二十三条。关于在第一次联合国海洋法会议上的讨论，见第一委员会的报告，A/CONF. 13/L. 28/Rev. 1（1958 年），第 90～92 段，第一次联合国海洋法会议正式记录，第二卷第 115、122 页。

第三次联合国海洋法会议文件

2. A/AC. 138/SC. II/L. 18，第二十条。转载在《1973 年海底委员会报告》第三卷第 3、9 页（塞浦路斯、希腊、印度尼西亚、马来西亚、摩洛哥、菲律宾、西班牙和也门）。

3. A/AC. 138/SC. II/L. 28，第三十一条第 2 款和第 3 款，转载在《1973 年海底委员会报告》第三卷第 35、48 页（马耳他）。

4. A/AC. 138/SC. II/L. 42 and Corr. 1，第十一条和第十三条。转载在《1973 年海底委员会报告》第三卷第 91、97 页（斐济）。

5. A/CONF. 62/C. 2/L. 3（1974 年），第二章第 25 页和 27 页，正式记录，第三卷第 183、185 页（英国）。

6. A/CONF. 62/C. 2/L. 16（1974 年），第十四条和第十八条，正式记录，第三卷第 192、194 页（马来西亚、摩洛哥、阿曼和也门）。

7. A/CONF. 62/C. 2/L. 19（1974 年），第十一条和第十三条，正式记录，第三卷第 196、198 页（斐济）。

8. A/CONF. 62/C. 2/L. 26（1974 年），第二十五条和第二十六条，正式记录，第三卷第 203、205 页（保加利亚、德意志民主共和国、波兰和苏联）。

9. A/CONF. 62/L. 8/Rev. 1（1974 年），附件二附录一［A/CONF. 62/C. 2/WP. 1］，

条款第四十二条和第四十五条，正式记录，第三卷第93、107、114页（总报告员）[《主要趋势工作文件》]。

10. A/CONF. 62/WP. 8/Part II（非正式单一协商案文，1975年），第二十八条和第三十一条，正式记录，第四卷第152、157页（第二委员会主席）。

11. A/CONF. 62/WP. 8/Part II（订正的单一协商案文，1976年），第三十一条，正式记录，第五卷第151、158页（第二委员会主席）。

12. A/CONF. 62/WP. 10（非正式综合协商案文，1977年），第三十二条，正式记录，第八卷第1、10页。

13. A/CONF. 62/WP. 10/Rev. 1（非正式综合协商案文第一次修订稿，1979年，油印），第三十二条。转载在《第三次联合国海洋法会议文件集》第一卷第375、403页。

14. A/CONF. 62/WP. 10/Rev. 2（非正式综合协商案文第二次修订稿，1980年，油印），第三十二条。转载在《第三次联合国海洋法会议文件集》第二卷第3、31页。

15. A/CONF. 62/WP. 10/Rev. 3*（非正式综合协商案文第三次修订稿，1980年，油印），第三十二条。转载在《第三次联合国海洋法会议文件集》第二卷第179、208页。

16. A/CONF. 62/L. 78（《公约草案》，1981年），第三十二条，正式记录，第十五卷第172、180页。

起草委员会文件

没有与此过程同时的文件。

非正式文件

17. Informal Working Paper No. 1/Rev. 1，条款第三十八条；No. 1/Rev. 2，条款第四十二条；和No. 1/Rev. 2*，条款第四十四条（均为1974年，油印）。转载在《第三次联合国海洋法会议文件集》第三卷第210、226、244页。

18. C. 2/Blue Paper No. 14（1975年，油印），条款第四十二条和第四十五条。转载在《第三次联合国海洋法会议文件集》第四卷第153、160页。

评　　注

32. 1.　　第三十二条强调，除第十七条至第二十六条、第三十条和第三十一条的规定外，用于非商业目的的军舰及其他政府船只享有豁免权。

32. 2.　　第三十二条的基本前提产生于1956年编写的国际法委员会《条款草案》第二十三条。在其对这篇条款的评注中，该委员会指出，"暂时搁置是否将［非商业目的营运的政府船舶］应该完全或在某些方面与军舰等同的问题"（在这方面，遵循了

1930 年海牙会议）。

1958 年《领海和毗连区公约》第二十二条（资料来源 1）通过增加第 2 款扩大了国际法委员会草案的范围。该案文如下：

> 1. A 分节和第 18 条所包含的规则适用于为非商业目的而经营的政府船舶。
> 2. 除前款所述规则中所包含的例外情况以外，本公约各条款不影响上述船舶依据本公约和国际法的其他规则享有的豁免权。①

第 2 款强调，关于这些船舶享有无害通过权的这些规则，包括沿海国在这方面的权利，不损害这些船只根据《公约》或其他国际法规则可能享有的任何豁免权。②

32.3. 在海底委员会 1973 年会议上，一个有 8 个国家的集团（资料来源 2）和马耳他代表（资料来源 3）提出的提案主要重复了 1958 年《公约》文本（包括用于商业目的和非商业目的的政府船舶的单独条款）。由斐济提出的提案（资料来源 4）在一个分节中引进了关于军舰的一个新的要素，其中规定："在这些条款中没有任何规定影响军舰根据这些条款的规定或其他国际法规则享受的豁免权。"（第十三条）。

32.4. 在第三次联合国海洋法会议第二期会议上（1974 年），提出的所有谈到这个问题的提案（资料来源 5 至资料来源 8）都包含有对用于非商业目的的政府船舶和军舰（以及用于商业目的的政府船舶）的单独规定。这些提案的措辞与 1958 年《公约》的措辞几乎没有变化。关于军舰的情况，与斐济较早时候提出的提案也几乎没有什么不同。

因此《主要趋势工作文件》（资料来源 9）条款第四十二条基本上重复了 1958 年《公约》，第四十五条包括了"军舰享有的豁免权。"

32.5. 在第三次联合国海洋法会议第三期会议上（1975 年），关于无害通过问题的非正式磋商小组起草的综合案文（资料来源 18）重复了《主要趋势工作文件》中的措辞，用单独的条款处理"用于非商业目的政府船舶"和"军舰"所享有的豁免权。③

在非正式单一协商案文第二部分（资料来源 10），这种格式被保留下来，两个相关的条款表述如下：

---

① 第 2 款逐字采纳了澳大利亚提出的建议。见 A/CONF.13/L.46（1958 年），第 20 次全体会议纪要，第 15 – 17 段，第一次联合国海洋法会议正式记录，第二卷第 66 页。

② 1958 年《公约》第二十一条适用于政府经营的用于商业目的船只。"商业"和"非商业"之间的区别的问题一直带到海底委员会和第三次海洋法会议的早期。

③ 同《主要趋势》一样，综合案文也载有关于用于商业用途的政府船舶的规定，但增加了一个脚注，指出：

　　一些代表团认为，用于商业用途的政府船舶应享有豁免权，因此，第四十条所述有关外国船舶的措施［关于民事管辖权］应当只有经船旗国同意才适用于此类船舶。

第二十八条

1. 载于 A 分节［适用于所有船舶的规则］和第二十四条［商业船舶］所载规则应适用于非商业用途的政府船舶。

2. 除前款所提及的规定外，在这些条款中没有任何规定影响这些船舶根据这些条款的规定或其他国际法规则享受的豁免权。

第三十一条

除第二十九条、第三十条和第三十二条［关于军舰］外，在这些条款中没有任何规定影响军舰根据这些条款的规定或其他国际法规则享受的豁免权。

第二十八条涵盖了"用于非商业目的的政府船舶"的一般类型的豁免权"，第三十一条针对军舰的特别豁免权。此外，第二十七条是有关用于商业用途的政府船舶的，虽然没有提及这些船舶的豁免权。

32.6. 在第三次联合国海洋法会议第四期会议上（1976 年），在第二委员会非正式会议上逐条审查非正式单一协商案文第二部分之后，两个条款在订正的单一协商案文第二部分被合并成一个条款（资料来源 11）。第三十一条的案文如下：

军舰和其他用于非商业目的的政府船舶的豁免权

A 分节和第二十九及第三十条所规定的情形除外，本公约规定不影响军舰和其他用于非商业目的的政府船舶的豁免权。

在这条案文中，军舰和"其他用于非商业目的的政府船舶"的豁免权一起对待。此外，该条的范围只限于"《公约》"和"其他国际法规则"的提法被取消。同时，用于商业目的的政府船舶的规定也从文本中取消。

在非正式综合协商案文（资料来源 12）第三十二条的条文中保留了相同的措辞。在随后的文本中它一直保持未变。

32.7（a）. 这则条款的开头语"……所规定的情形除外，"意味着交叉引用的条款包含减损军舰及其他商业用途的政府船舶的豁免权。对 A 分节有关适用于所有船舶的规则以及第三十条关于军舰不遵守沿海国法律和规章的规定而言，这是真的。另一方面，第三十一条不涉及豁免权，而是涉及后果所导致的该条款所设想的情况下船旗国的国际责任。

32.7（b）. 在"其他用于非商业目的政府船舶"的表达是在起草委员会讨论的主题，因为在不同的条款中可以找到不同的方案。在其统一过程中，起草委员会为英文文本的制定提出以下措辞："军舰，……或一国拥有或经营的专门用于非商业目的船只。"④ 这一提法未被接受。因此，"用于非商业目的政府船舶"在英文文本中的意思可能不明确。⑤ 第三十二条可以连同第九十六条（第七部分公海）一起解读，该条内容如下：

> 由一国所有或经营并专用于政府非商业性服务的船舶，在公海上应有不受船旗国以外任何其他国家管辖的完全豁免权。

在这方面，1926 年《统一国有船舶豁免的某些规定的国际公约》的 1934 年附加议定书声明：

> 各国租用的船舶，不论是期租还是程租，只要专门从事政府非商业服务，则这种船舶及其所载货物，都不得成为扣留、扣押或滞留的对象。但是，这种豁免不得妨碍有关当事方在任何其他方面的任何权利或补偿。有关国家的外交代表以公约第 5 条规定的方式提供的证明书，应作为证明该船所从事的服务性质的绝对证据。⑥

最近，这个问题已经涉及国际法委员会关于国家管辖权及其财产豁免的工作。有关这一问题的《条款草案》第十六条规定：

国家拥有或经营的船舶

1. 除有关国家间另有协议外，拥有或经营一艘船舶的一国，在另一国原应管辖的法院有关该船舶的经营的一项诉讼中，只要在诉讼事由产生时该船舶是用于政府非商业性用途以外的目的，即不得援引管辖豁免。

2. 第 1 款不适用于军舰或辅助舰艇，也不适用于一国拥有或经营的、专门用于政府非商业性活动的其他船舶。

3. 为本条之目的，"有关该船舶的经营的一项诉讼"是指，除其他外，涉及有关以下方面的诉求的决定的任何诉讼：

---

④ A/CONF. 62/L. 57/Rev. 1（1980 年），第六条，正式记录，第十四卷第 114、118 页（起草委员会主席）。另参阅本丛书第四卷第 420 页第 236.6（a）段。

⑤ "用于非商业目的的船舶"的例子包括预备役军舰、舰队辅助船、海岸警卫队船只、供应船、运兵船、王室和总统游艇、海关快艇和医院船。

⑥ 见 1934 年议定书第 1 项，《国际联盟条约集》第 176 卷第 215 页。关于 1926 年《公约》，见 176《国际联盟条约集》第 176 卷第 199 页；《英国条约集》第 15 号（1980 年），英王敕令 7800；M. O. 哈德森，*International Legislation* 第三卷第 1838 页。

（a）碰撞或其他航行事故；

（b）救助和共同海损；

（c）维修、补给或与船舶有关的其他合同；

（d）海洋环境污染的后果。

4. 除有关国家间另有协议外，一国在有关该国拥有或经营的船舶所载货物之运输的一项诉讼中，只要在诉讼事由产生时该船舶是用于政府非商业性用途以外的目的，即不得向另一国原应管辖的法院援引管辖豁免。

5. 第4款不适用于第2款所指船舶所载运的任何货物，也不适用于国家拥有的、专门用于或意图专门用于政府非商业性用途的任何货物。

6. 国家可提出私有船舶、货物及其所有人所能利用的一切抗辩措施、时效和责任限制。

7. 如果在一项诉讼中产生有关一国拥有或经营的一艘船舶、或一国拥有的货物的政府非商业性质问题，由该国的一个外交代表或其他主管当局签署并送交法院的证明，应作为该船舶或货物性质的证据。⑦

⑦ Report of the International Law Commission on the work of its 43rd session，联大正式记录46，增刊第10号（A/46/10号），第118页。［将转载在1991年《国际法委员会年鉴》第二卷。］在1991年12月第46/55号决议，大会就其关于这一主题的未来行动采取的初步步骤。

第四节　毗连区

第三十三条　毗连区

1. 沿海国可在毗连其领海称为毗连区的区域内，行使为下列事项所必要的管制：

（a）防止在其领土或领海内违犯其海关、财政、移民或卫生的法律和规章；

（b）惩治在其领土或领海内违犯上述法律和规章的行为。

2. 毗连区从测算领海宽度的基线量起，不得超过二十四海里。

资料来源

第一次联合国海洋法会议文件

1. 《领海和毗连区公约》（1958 年）第二十四条第 1 款和第 2 款，对应于国际法委员会的《条款草案》第六十六条。关于前期历史，见秘书处《参考文献指南》中第六十六条。关于在第一次联合国海洋法会议上的讨论，见第一委员会报告，A/CONF. 13/L. 28/Rev. 1（1958 年），第 26 段和 27 段，第一次海洋法会议正式记录，第二卷第 115、116 页。

第三次联合国海洋法会议文件

2. A/CONF. 62/C. 2/L. 27（1974 年），正式记录，第三卷第 205 页（白俄罗斯苏维埃社会主义共和国、保加利亚、捷克斯洛伐克、德意志民主共和国、匈牙利、蒙古、波兰和苏联）。

3. A/CONF. 62/C. 2/L. 78（1974 年）正式记录，第三卷第 239 页（埃及、洪都拉斯、印度、伊朗、科威特、利比里亚、阿拉伯利比亚共和国、墨西哥、摩洛哥、阿曼、卡塔尔、沙特阿拉伯、阿拉伯联合酋长国和也门）。

4. A/CONF. 62/L. 8/Rev. 1（1974 年），附件二附录一 ［A/CONF. 62/C. 2/WP. 1］，条款第四十八条、第四十九条、第五十条，正式记录，第三卷第 93、107、115 页（总

报告员）〔《主要趋势工作文件》〕。

5. A/CONF. 62/WP. 8/Part II（非正式单一协商案文，1975 年），第三十三条，正式记录，第四卷第 152、157 页（第二委员会主席）。

6. A/CONF. 62/WP. 8/Rev. 1/Part II（订正的单一协商案文，1976 年），第三十二条，正式记录，第五卷第 151、158 页（第二委员会主席）。

7. A/CONF. 62/WP. 10（非正式综合协商案文，1977 年），第三十三条，正式记录，第八卷第 1、10 页。

8. A/CONF. 62/WP. 10/Rev. 1（非正式综合协商案文第一次修订稿，1979 年，油印），第三十三条。转载在《第三次联合国海洋法会议文件集》第一卷第 375、403 页。

9. A/CONF. 62/WP. 10/Rev. 2（非正式综合协商案文第二次修订稿，1980 年，油印），第三十三条。转载在《第三次联合国海洋法会议文件集》第二卷第 3、31 页。

10. A/CONF. 62/WP. 10/Rev. 3＊（非正式综合协商案文第三次修订稿，1980 年，油印），第三十三条。转载在《第三次联合国海洋法会议文件集》第二卷第 179、208 页。

11. A/CONF. 62/L. 78（《公约草案》，1981 年），第三十三条，正式记录，第十五卷第 172、181 页。

起草委员会文件

12. A/CONF. 62/L. 67/Add. 1（1981 年，油印），第 43 ~ 44 页。

13. A/CONF. 62/L. 67/Add. 1/Rev. 1（1981 年，油印），第 45 ~ 46 页。

14. A/CONF. 62/L. 67/Add. 14（1981 年，油印），第 3 页。

15. A/CONF. 62/L. 72（1981 年），正式记录第十五卷第 151 页（起草委员会主席）。

非正式文件

16. Informal Working Paper No. 6 和 Rev. 1 和 2，第一条至第三条（均为 1974 年，油印）。转载在《第三次联合国海洋法会议文件集》第三卷第 397、398、400 页。

17. C. 2/Blue Paper No. 6（1975 年，油印），条款第四十九条（土耳其）。转载在《第三次联合国海洋法会议文件集》第四卷第 129 页。

18. C. 2/Blue Paper No. 7（1975 年，油印），（巴西、厄瓜多尔、巴拿马、秘鲁和乌拉圭）。转载在《第三次联合国海洋法会议文件集》第四卷第 130 页。

19. C. 2/Blue Paper No. 8（1975 年，油印），（未具名）。转载在《第三次联合国海洋法会议文件集》第四卷第 130 页。

20. C. 2/Blue Paper No. 10（1975 年，油印），第 1 款（秘鲁）。转载在《第三次联合国海洋法会议文件集》第四卷第 147 页。

21. C. 2/Informal Meeting/9（1978 年，油印），第 33 条（秘鲁）。转载在《第三次联合国海洋法会议文件集》第五卷第 13、14 页。

22. C. 2/Informal Meeting/28（1978 年，油印），第三十三条第 1 款（洪都拉斯）。转载在《第三次联合国海洋法会议文件集》第五卷第 37 页。

23. C. 2/Informal Meeting/38（1978 年，油印），第三十三条第 1 款第（1）项（以色列）。转载在《第三次联合国海洋法会议文件集》第五卷第 44 页。

评　注

33. 1.　第 4 节包含一个涉及毗连区的单一条款（第三十三条）（见上文第 II. 7 段）。第三十三条规定了一个毗连领海的区域，称为"毗连区"。它还规定，毗连区的外部界限从测量领海的基线量起不得超过 24 海里。它允许沿海国在该区域行使必要的管制，以防止和惩治在其领土或领海内违犯其海关、财政、移民或卫生的法律和规章的行为。在这方面，沿海国建立毗连区的目标与适用于建立领海和专属经济区的目标是不同的。毗连区不属于领海，公海航行自由适用于毗连区。

33. 2.　第三十三条的规定来自 1958 年《领海和毗连区公约》第二十四条（资料来源 1），其中规定：

1. 沿海国可在毗连其领海的公海区域内，行使为下列事项所必要的管制：
（a）防止在其领土或领海内违犯其海关、财政、移民或卫生的规章；
（b）惩治在其领土或领海内违犯上述规章的行为。
2. 毗连区从测算领海宽度的基线量起，不得超过 12 海里。
3. 如果两国海岸彼此相向或相邻，在彼此没有相反协议的情形下，两国中任何一国均无权将其毗连区伸延至一条其每一点都同测算两国中每一国领海宽度的基线上最近各点距离相等的中间线以外。

该文本，部分取自由国际法委员会编写的《条款草案》第六十六条，建立作为公海的一部分的毗连区。[①] 在第一次联合国海洋法会议上，有关移民的规定被添加到沿海

[①]　这代表了自从 1930 年海牙会议以来关于毗连区具体适用以及是否应被视为公海的一部分的辩论的高潮。参照秘书处的《参考文献指南》第六十六条第 55 页。

虽然毗连区被认为是公海的一部分，但是在第一次联合国海洋法会议上还是把这个讨论题目分配给了第一委员会（领海和毗连区）。见 A/CONF. 13/11（1958 年），第 16 段，第一次联合国海洋法会议正式记录，第 172 页（秘书长）。不过，总的来说，所侧重的是毗连区与领海的区别。

欲进一步了解毗连区概念的历史背景，见 J. Symonides，"*Origin and legal essence of the contiguous zone*,"《海洋发展与国际法》第 20 期第 203 页（1989 年）。

国可以在毗连区行使控制的事项中。② 此外，第三款是新的，③ 规定采用等距离原则解决相向或相邻国家之间毗连区海洋边界的划分。

33.3. 在海底委员会 1972 年会议上，由一个五十五国集团 ④ 提交的关于海洋法的有关问题和事项的一份初步清单把毗连区的问题列为第 3 项。该项目分为 3 个子项目：3.1——性质和特点；3.2——范围；3.3——沿海国关于国家安全、海关和财政监督、卫生和移民规章的权利。马耳他提议又增加了一个子项目：3.4——国际利益的保护。⑤ 但是主题和问题正式列表中的项目只包括 55 个国家的建议。

在海底委员会，极少有人注意到这个主题，也没有提出这方面的提案。但是，在其在 1973 年的报告中，在各代表团提交的备选案文里，出现了下面的文本：

1. 沿海国可在毗连其领海的区域内，行使为下列事项所必要的管制：
（a）防止在其领土或领海内违犯其海关、财政、移民或卫生的规章；
（b）惩治在其领土或领海内违犯上述规章的行为。
2. 毗连区从测算领海宽度的基线量起，不得超过……海里。⑥

后来才知道，这条案文是由印度代表提出的。⑦

33.4. 在第三次联合国海洋法会议第二期会议（1974 年）期间，在第二委员会初步辩论中，提出了关于这种毗连区是否仍然有必要的问题。在第二委员会第 9 次会议的简短辩论象征着保留是否将毗连区的概念保留在新的海洋法的范畴内的正当理由。一方面，它认为，因为新出现的对 12 海里领海界限达成的共识，毗连区的概念将不再是必要的。⑧ 另一方面，有人认为，可能建立的邻接领海的经济区将使得海毗连区成为

---

② 移民问题被列入第 1 款（a）是基于由锡兰提出的建议。见 A/CONF. 13/C. 1/L. 55（1958 年），第一委员会第 58 次会议的简要记录（1958 年）第 21 段，第一次联合国海洋法会议正式记录，第三卷第 182 页。

③ 第 3 款是根据南斯拉夫的一项提案增加的，A/CONF. 13/C. 1/L. 54（1958 年），同上，第 226 页。该提案是在第一委员会第 58 次会议上所接受的。同上，第 21 段，第 182 页。

④ A/AC. 138/66 and Corr. 2，转载在《1972 年海底委员会报告》第 142 页，（阿尔及利亚、阿根廷、巴西、喀麦隆、智利、中国、哥伦比亚、刚果、塞浦路斯、厄瓜多尔、埃及、萨尔瓦多、埃塞俄比亚、斐济、加蓬、加纳、危地马拉、圭亚那、冰岛、印度、印度尼西亚、伊朗、伊拉克、象牙海岸、牙买加、肯尼亚、科威特、利比里亚、阿拉伯利比亚共和国、马达加斯加、马来西亚、毛里塔尼亚、毛里求斯、摩洛哥、尼加拉瓜、尼日利亚、巴基斯坦、巴拿马、秘鲁、菲律宾、罗马尼亚、塞内加尔、塞拉利昂、索马里、西班牙、斯里兰卡、苏丹、特立尼达和多巴哥、突尼斯、坦桑尼亚联合共和国、乌拉圭、委内瑞拉，也门、南斯拉夫和扎伊尔）。

⑤ A/AC. 138/67，同上，第 147 页。

⑥ 见《1973 年海底委员会报告》第四卷第 47 页。

⑦ Second Committee, 9th meeting（1974 年），第 3 段，正式记录，第二卷第 121 页和第 31 次会议（1974 年），第 48 段，同上，第 235 页。

⑧ 例见以色列代表在第 9 次会议上的发言，第 5 段，同上，第 121 页。

多余的和不必要的。⑨ 其他代表团认为该区域仍然会与新的《公约》相关。⑩ 一些国家主张在 12 海里领海之外建立一个特别区域，倾向于不同的范围。⑪

数周后，经过关于专属经济区一般性辩论帮助澄清了所接受的领海宽度之后，在该委员会第 31 次会议上继续进行了这项讨论。该辩论表明，没有任何理由不将毗连区包括在新的海洋法里面。⑫ 辩论中强调，毗连区的主要目的是为沿海国提供必要的权力，以防止违犯其海关、财政、移民和卫生规章的行为。⑬ 普遍的看法是，这个毗连区概念应保留在海洋法的结构中，因为它涉及不属于纳入专属经济区的沿海国权利和管辖权制度的某些具体的权力和控制。

由 8 个东欧社会主义国家的集团提交了关于一份关于毗连区的条款草案（资料来源 2），该提案重复了 1958 年《公约》的文本，包括第三条关于海岸相向或相邻国家间毗连区的划界。在对这一提案进行说明时，德意志民主共和国的代表指出说：

> 由于每个国家都有权……建立 12 海里领海并在其中充分行使主权，主张领海宽度不足 12 海里的沿海国应有权在从基线量其伸展到 12 海里的区域内行使自己主权权利以保护自己的合法权益，这似乎是合乎逻辑的。因此，毗连区的概念是基于一些国家自愿放弃行使其主权权利……。⑭

关于划界的规定，该代表说道：

> 载于 1958 年《日内瓦公约》第二十四条的关于划界的条款已经经过了实践的检验；相向或相邻国家间未签订协议的，应适用中间线原则。⑮

一个十四国集团（资料来源 3）提出了一种合并的经济区和毗连区的提案，内容如下：

---

⑨　例见在第 9 次会议上发的言：墨西哥，第 2 段，同上，第 121 页；印度尼西亚，第 4 段；同上；喀麦隆联合共和国，第 16 段，同上，第 122 页；以及黎巴嫩，第 22 段，同上。

⑩　例见在第 9 次会议上发言：埃及，第 8 段，同上，第 121 页；伊拉克，第 11 段，同上，第 122 页；阿尔及利亚，第 12 段，同上；巴林，第 19 段，同上；以及西班牙，第 24 段，同上。

⑪　例如，印度提议，毗连区的范围应规定在 30 海里（第 9 次会议，第 3 段，正式记录，第二卷第 121 页）；埃及立法规定毗连区为 6 海里［最大宽度 18 海里］（同上，第 8 段）；洪都拉斯认为毗连区最大范围应为 18 海里（第 31 次会议，第 40 段，同上，第 234 页。）

⑫　Second Committee, 31st meeting（1974 年），第 34 - 48 段，同上，第 234 页。

⑬　例见巴林在第 31 次会议上发言，第 43 段，同上。

⑭　前注⑫，第 34 段。

⑮　同上，第 36 段。

在经济区的一个区域内，其外部界限在领海以外不超过……海里，沿海国可以行使必要的管制：

(a) 防止在其领土或领海内违犯其海关、财政、移民或卫生的规章；

(b) 惩治在其领土或领海内违犯上述规章的行为。

在《主要趋势工作文件》（资料来源4），条款第四十八条、第四十九和第五十条针对问题的不同方面。条款第四十八条遵循1958年《公约》第二十四条第2款处理毗连区的方案A的限制，把方案B留待区域的宽度决定。条款第四十九条重复了1958年《公约》第二十四条第3款，处理相向或相邻国家之间毗连区的划定。条款第五十条规定了沿海国在毗连区的权利。在对毗连区的第一个脚注中指出：

有代表团认为专属经济区建立将使毗连区成为一个不必要的概念；其他代表团则认为12海里领海的建立将使毗连区成为一个不必要的概念；还有一些代表团认为毗连领海可达200海里的区域不是公海的一个区域。

至于理由并没有反映在《主要趋势工作文件》里。

33.5. 在第三次联合国海洋法会议第三期会议（1975年）上，在几次非正式会议进行了协商并提交了若干提案。土耳其（资料来源17）建议修改《主要趋势工作文件》中的条款第四十九条，用更一般的措辞规定"《公约》有关（领海／海洋空间划界）条款也应适用于毗连区的划定。"一个拉丁美洲国家五国集团（资料来源18）针对"扩大超过12海里领海的"情况，对条款第五十条提出了不同的开头语。同时，他们建议增加：

本条规定不影响沿海国行使适用于对位于……海里之外的人工岛屿及其他设施出于同样目的的控制。

一项未具名的提案（资料来源19）和秘鲁代表（资料来源20）的提案同样提议删除毗连区的提法。同拉美国家的提案一样，秘鲁的提案结合《主要趋势工作文件》中的不同要素，建议增加有关"人工岛屿或其他设施"一款。

这些建议没有被接受。不过，主席在全体会议上汇报工作进展情况时指出，关于毗连区问题的非正式工作小组只举行了一次会议，但似乎已就"关于毗连区的内容达成一定程度的一致意见。"[16]他还指出，主要问题仍然是"毗连区与经济区之间的相互关系，以及体制的多元化。"[17]

---

[16] 见54th plenary meeting（1975年），第21段，正式记录，第四卷第13页。

[17] 同上，第22段。

在非正式单一协商案文第二部分（资料来源5），下面的文字被列为第三十三条：

1. 沿海国可在毗连其领海称为毗连区的区域内，行使为下列事项所必要的管制：

（a）防止在其领土或领海内违犯其海关、财政、移民或卫生的规章；

（b）惩治在其领土或领海内违犯上述规章的行为。

2. 毗连区从测算领海宽度的基线量起，不得超过二十四海里。

除了其中有三处显著差异之外，这实质上相当于1958年《公约》第二十四条第1款和第2款。在第1款，"公海的"一词被删除，规定毗连区为一个独立于领海的一个区域，但同时又要考虑到专属经济区的存在。第2款规定了毗连区从基线最大宽度为24海里。1958年《公约》文本的第3款被删除，尽管在非正式单一协商案文第二部分列入了单独的条款，解决相向或相邻国家之间领海的划界及专属经济区的划界（第十三条和第六十一条；见上文第十五条和下文第七十四条评注）。

33.6. 在第三次联合国海洋法会议第四期会议（1976年）期间，继非正式会议上的讨论之后，[18] 非正式单一协商案文中的条款，除第2款中用复数形式的"基线（baselines）"取代了单数形式的"基线（baseline）"外，作为第三十二条保留在订正的单一协商案文一第二部分（资料来源6）。在这个阶段加上了标题"毗连区"，这个名字取自国际法委员会的条款草案。这项规定后来在非正式综合协商案文中重新编号为三十三条（资料来源7）。

33.7. 在第三次联合国海洋法会议第七期会议（1978年）上，秘鲁代表（资料来源21）提出增加新的第3款，规定"外国军舰和军用飞机不得从事与航行没有直接关系的活动。"但是，由于这个问题在非正式综合协商案文的其他规定中包含更多的细节，该提议没有被接受纳入第三十三条。

洪都拉斯代表（资料来源22）提议在第1款增加开头语，内容如下：

1. 在不损害其在专属经济区和大陆架，包括安全区的权利和管辖权……。

该条的其余部分则保持不变。这样的增加主要是为了强调沿海国建立毗连区不影响该国在其专属经济区和大陆架的权利和管辖权，也不影响安全区的建立。

以色列代表（资料来源23）提议在第1款（a）项的活动列表中增加"广播"，沿海国将在毗连区对其行使执法管辖权。该建议的提出，是提议放弃从第一一〇条（登

---

⑱ 国际航运商会还指出，在现阶段，"如果达成12海里领海，那么毗连区将是不必要的。"转载在《第三次联合国海洋法会议文件集》第四卷第240、244页。

临权）涉及在公海的未经许可的广播进行执法款项的规定的结果。

这些建议没有被接受，而非正式综合协商案文第一次修订稿（资料来源 8）随后重复了非正式综合协商案文的文字。

后来，根据起草委员会（资料来源 14）的建议（该建议基于起草委员会早期的统稿意见），第 1 款（a）和（b）中的"规章"改为"法律和规章"。[19]

33.8（a）. 第三十三条和 1958 年《领海和毗连区公约》第二十四之间的显著不同是没有"在公海区域"这样的语句。这对应于在 1982 年《公约》所体现的海洋法的结构调整，以及从其删除的"公海"一词的任何定义，作为对专属经济区一部分水域的司法地位问题的妥协方案（见《评注》第三卷关于第八十六条）。

33.8（b）. 第二个显著的区别是删除了对应于 1958 年《公约》第二十四条第 3 款有关毗连区的划定的任何规定，不论是与海岸相邻国家之间的还是与海岸相向国家之间。可以看出，这是在编写非正式单一协商案文第二部分（第 33.6 段）时删掉的。对于删除，给予了下面的说明：

> 在《公约》中没有规定毗连区的划定。从定义上看，这样一个区域，根本无法扩展到另一国的领海。由于在毗连区行使控制的性质不产生对该区域或资源的任何主权，因而如果两个国家的区域重叠，它们有可能在同一区域行使控制，以便防止或惩罚在其各自的领土或领海内违犯其各自的海关、财政、移民或卫生的规章。[20]

在这方面，第二九八条第 1 款（a）项（i）目，使用了"划定海洋边界"这样的语句，这种表达方式源于第七协商小组（见上述第 15.8 段），它只与有关划定领海、专属经济区和大陆架有关。在第七协商小组没有讨论过毗连区的划定，尽管偶尔提到这个问题，但没有文本提交给该协商小组，其报告也没有提及该问题。[21]

33.8（c）. 第三十三条中没有对应于第十六条的任何内容，也没有关于通知为第三十三条的目的设立毗连区的具体要求。在大多数情况下，这可能会通过一些立法、公布行为表现，这都将留待该国颁布此类立法。有关沿海国在行使其第三十三条所规定的职权的争端属于第十五部分的范围。

---

[19] A/CONF.62/L.57/Rev.1，第三节，正式记录，第十四卷第 114、116 页（起草委员会主席）。第三十三条在该报告中没有提及。

[20] 英联邦专家小组，*Ocean Management：A Regional Perspective – The Prospects for Commonwealth Maritime Co-operation in Asia and the Pacific* 39（1984 年）。该专家小组主席是萨切雅·南丹。

[21] 关于诉诸第三十三条为公平合理的办法提供了一个标准解决在拥挤的"区域"划界争端的实例，见 1992 年 6 月 10 日 *Delimitation of the Maritime Areas between Canada and France* 的仲裁决定。第 69 段，《国际公法综合杂志》第 96 卷第 673、700 页（1992 年），《国际法资料》第 1145、1170 页（1992 年）。

33.8（d）． 在第三次海洋法会议的记录中没有任何解释性材料，在由国际法委员会于1956所编写的评论中可以找到一些解释，[22] 它认为海关与卫生规章是相联系的，并用其来证明其将卫生规章列在这里是合理的。关于"安全"，它认为这种"极端的含糊不清"的措辞会为侵权行为开道，并指出，海关规章和卫生规章的执法在大多数情况下会足以保障沿海国的安全。委员会没有列入移民规章，这是在第一次联合国海洋法会议上添加的（见上文第33.2段，注2）。委员会解释说，关于"移民（immigration）"一词，已包含在较早版本中，它也包括移民（emigration［向国外移民——译者注］）。委员会认为，"海关规章"不仅是指有关进出口的职责，而且还指进出口货物的其他有关规定。

33.8（e）． "海关、财政、移民或卫生的法律和规章"这句话：还出现在第十九条第2款（g）项和第二十一条第1款（h）项，大概具有相同的普遍意义。

33.8（f）． 根据第五十五条，如果沿海国已建立了一个从领海的外部界限向海延伸的专属经济区，毗连区将包括在专属经济区的水域中。但是，沿海国在毗连区行使的控制权利，不同于涉及自然资源的专属经济区的主权权利和管辖权。

因此，似乎可能外国船只的行为可能既违反第三十三条所提及的法律和规章，同时也违反根据《公约》第五部分规定的涉及沿海国专属经济区的权利。第六十条第2款赋予沿海国对与专属经济区内人工岛屿、设施和结构有关的海关、财政、卫生、安全和移民法律的规定的管辖权。

33.8（g）． 根据第一一一条，沿海国的紧追权可在毗连区内开始，如果追逐未曾中断，才可在毗连区外继续进行。但是，"只有在设立该区所保护的权利遭到侵犯的情形下才可进行"。

33.8（h）． 根据第三〇三条，对在海上发现的考古和历史文物，关于对在海上发现的考古和历史文物的贩运的控制，使用了"适用第三十三条"。这种表达看起来似乎模糊，但按照第三〇三条的立法史，可能不要求沿海国依据第三十三条为行使其第三〇三条的权利的目的而主张任何控制的权利（见第五卷第161页，第303.6段）。其含义是，第三十三条所规定的沿海国的控制权利，独立存在于根据第三〇三条规定的权利，两个条款之间不存在相互依存的关系。

33.8（i）． 联合国秘书长在向联大报告《公约》执行的进展情况时说，截至1992年6月，有38个国家建立了毗连区——数量显著增加。[23] 在该报告中，把毗连区显著增加的人气归因于两点主要原因（ⅰ）贩运麻醉药品的问题，要求沿岸各国加强采取措施防止毒品走私；及（ⅱ）水下回收技术最新发展，导致沿海国根据第三〇三条第2款加强行使对回收24海里之内的考古和历史文物的控制。

㉒ Report of the International Law Commission covering the work of its eighth session（A/3159），第六十六条评注，第（1）至（8）段，1956年《国际法委员会年鉴》第二卷第253、294页。

㉓ A/47/512（1992年，油印），第13段，第47届联大正式记录，附件，议程项目第32项。

第三部分

用于国际航行的海峡

导　　言

III. 1.　　第三部分（第三十四条至第四十五条）设立了用于国际航行的海峡中，关于通过该海峡的船舶通行①及在该海峡上空的飞行器飞越的制度。此类海峡的无障碍通过制度的维持，是《公约》全部"一揽子协议"中重要的组成部分，并反映了第三次海洋法会议的协商中全球航行的重要性。对该制度的接受，使得《公约》得以就在领海的最大宽度为 12 海里的问题上，以及在关于专属经济区的条款上达成协议。

III. 2.　　在海洋法的每一期会议上，海峡的通过权都成为国际关注的话题。1930 年海牙国际法编纂会议筹备委员会，仅仅在海峡中界定领海的背景下，解释海峡的主题。一般认为，通过全部由一个或多个沿海国的领海组成的海峡的航行，与外国船舶通过领海的无害通过问题，并没有什么区别。②

在 1930 年的会议中，海峡的主题被分配给了第二委员会的第二分委会（领海），而无害通过的主题则被分配给了第一分委会。关于该问题，第一分委会成功制订了关于领海的法律地位及商船和军舰的通过权的 13 个条款，但未能就领海的宽度及在领海的毗连区域中实施特别管辖权达成一致意见。

第二分委会的工作则没有如此成功。正如第二分委会的报告中所陈述的：

> 对领海宽度未能达成一致意见，甚至对第二分委会报告中将采取的行动产生了更加深层的影响。分委会必须审查的问题与领海的宽度紧密联系，而在该问题上缺乏一致意见，甚至使得委员会无法在分委会起草的条款中采取临时性决定。然而，这些条款在该问题的继续研究中构成了极富价值的材料，并故而同样被引进当前报告中（如附件二）。③

---

①　某些钻油船和石油钻井平台的海峡通过权的适用问题，在国际法院"大贝尔特海峡通过案"中提出，1991 年《国际法院报告》第 12、17 页，第 22 段（临时措施）；1992 年《国际法院报告》第 348 页（中止）。

②　参见 "Bases of Discussion Drawn Up by the Preparatory Committee"，第二部分，领水，观点 VII、IX 至 XIII，国际联盟 doc. C. 74. M. 39. 1929. V，《美国国际法杂志增刊》1930 年第 24 期转载，第 35、38 页。转载在 Sh. Rosenne 编，《国际联盟国际法编纂会议（1930 年）》第 2 卷，1975 年，第 273、283 – 309 页。

③　Conference for the Codification of International Law, Report of the Second Committee（领海），国际联盟 doc. L. 230. M. 117. 1930. V，《美国国际法杂志增刊》1930 年第 24 期转载，第 234、237 页。同样在 Rosenne 的作品中转载，参见上述脚注②，第 3 卷，第 825、827 页。

关于通过海峡的航行的主题，第二分委会的工作中最富意义的方面是题为"军舰通过海峡的通行"的条款，其规定道：

> 无论以任何借口，甚至是军舰通过公海两部分之间用于国际航行的海峡的通行，都不得被干扰。

评论

> 根据之前的条款，不构成公海组成部分的海峡的水域，属于领海。确保在任何情况下商船和军舰通过公海两部分之间的及构成国际航行常用航线的海峡的通行，是必要的。④

III. 3. 在"北科孚海峡案"中，国际法院制定了两项关于通过用于国际航行的海峡的航行的重要原则。⑤ 关于阿尔巴尼亚对于联合王国未经预先授权而派遣军舰通过北科孚海峡的行为已经侵犯了阿尔巴尼亚主权的争辩，国际法院认为：

> 根据国际法院的观点，一般公认，也依据国际习惯，国家在和平时期，有权不经沿海国预先授权而派遣其军舰通过公海两部分之间用于国际航行的海峡，只要该通过是无害的。除非在国际公约中另有规定，沿海国无权在和平时期禁止此类通过海峡。⑥

而针对阿尔巴尼亚提出的北科孚海峡仅仅只是次要的航线，且多专用于地方交通的争辩，国际法院发布了一份有关功能标准的原则陈述。该陈述写道：

> 可能有人会问，是否会检测通过该海峡的交通量或其对国际航行或多或少的重要性。但根据国际法院的观点，决定性的标准恰恰是其连接公海两部分的地理位置，以及其用于国际航行的实际状况。该海峡不是公海两部分之间的必经之路，而仅是爱琴海和亚得里亚海之间的一条可选择的路线，故而不能认为其就是决定性的。然而，该海峡确实是一条有益于国际海上运输的航线。⑦

---

④ Report of the Second Committee，参见上述脚注③，《美国国际法杂志增刊》第 24 期，第 253 页。Rosenne，参见上述脚注②，第 3 卷，第 836 页。

⑤ 这是该问题第一次在主要的国际诉讼中被解释，也是国际法院对海洋法作出的第一例宣判，对三次联合国海洋法会议中对该法的重建产生了非常重要的影响。

⑥ *Corfu Channel* case（merits）（United Kingdom v. Albania），国际法院 1949 年报告 4，第 28 页。

⑦ 出处同上。

III. 4. 在 1956 年准备的海洋法条款草案中，国际法委员会通过了第十七条第 4 款，其表述如下：

> 4. 在公海两部分之间、通常用于国际航行的海峡上，不得停止外国船舶的无害通过。⑧

在对该条的评论中，委员会写道：

> （3）委员会同样包括了一则正式禁止干扰通过公海两部分之间用于航行的海峡的条款。"公海两部分之间、通常用于国际航行的海峡"的措辞，是国际法院在科孚海峡案中的决定所建议的。无论如何，委员会所持的意见认为，在"用于"一词之前插入"通常"一词，将是符合国际法院的决定的。⑨

III. 5. 在第一次联合国海洋法会议上，关于领海制度的协商集中在了从领海基线起测量的 3 海里最大宽度的问题。用于国际航行的海峡的主题，是在领海的无害通过的大背景下进行的探讨（在科孚海峡案之后），连同通过那些海峡的不可停止的无害通过的概念（正如国际法委员会规定的那样）。在艰难的辩论之后，国际法委员会修改了其提案；特别是，有意见反对"通常"一词的使用，理由是该词不符合国际法院在科孚海峡案中使用的语言。⑩ 在 1958 年《领海和毗连区公约》第十六条第 4 款的最终定稿中，写道：

> 4. 在用于国际航行的、位于公海的一部分和另一部分之间，或公海与一外国领海之间的海峡上，不得停止外国船舶的无害通过。

该条款适用于在连接公海两部分的海峡中，以及在连接公海和"一外国"领海的海峡中，不可停止的无害通过的规则。

III. 6. 在后来的讨论中，包括在第二次联合国海洋法会议上的讨论中，沿海国家明确表示，维持一项允许船舶和潜水艇自由通过海峡、允许飞行器自由飞越海峡的制度，不仅对于就领海的最大许可宽度达成 12 海里的协议，而且对于就其他有关问题，

---

⑧ 国际法委员会第八次会议工作的报告（A/3159），1956 年《国际法委员会年鉴》第二卷，第 253、273 页。

⑨ 出处同上，第 17 条的评论，第 3 款。委员会同样检查了海峡中领海的划界问题。出处同上，第 12 条。参见上述第 15.2 段。

⑩ 例见 A/CONF. 13/C. 1/L. 39（1958 年），第 4 款，评论 b，第一次联合国海洋法会议正式记录，第三卷第 220 页（美国）。

包括专属经济区概念的通过而达成协议，都是必要的。在第三次联合国海洋法会议上，关于通过海峡的协商，以及管理通过和飞越在《公约》中作为独立部分出现的、用于国际航行的海峡的制度等方面的协商都是在领海宽度为 12 海里的基础上而进行的。⑪

III. 7. 在 3 海里领海的条件下，仅有一些用于国际航行的海峡位于沿海国的领海中并因此而受到不可停止的无害通过权的限制。领海的最大宽度延伸至 12 海里意味着，宽度达到 24 海里的海峡有可能完全落入沿海国的领海之中。先前受公海自由支配的海峡水域，将受到 1958 年《公约》设立的不可停止的无害通过制度的限制。据估计，随着统一要求从 3 海里增加到 12 海里，超过 100 条用于国际航行的海峡的海洋航线将归入沿海国领海的范围内。⑫

维持通过和飞越用于国际航行的海峡的航行和飞越自由，并不仅仅是与沿海国利益有关的问题。该问题也同样涉及许多海上贸易必须通过此类海峡的国家，涉及拥有大量商船的船旗国，涉及边境接壤封闭或半封闭海的国家，以及涉及大西洋和太平洋上的多数岛屿国家。这些国家中，许多既与海峡接壤又是重要的使用国（出于商业目的和为了军事使用）。正如联合王国的代表早先在第三次联合国海洋法会议的协商中提到的那样，他的国家，

> 其国际贸易的绝大部分依赖于海洋，且该国本身拥有很长的海岸线和数条海峡；对于将适用于公海、领海和用于国际航行的海峡中的航行制度，该国有着非常现实的利益。⑬

的确，使用海峡的国家和海峡沿岸国之间并没有尖锐的分化，因为在很多情况下一国兼有上述两种条件。国际航运协会同样对进化中的制度表示了关注，注意到：

> 许多世界主要贸易航线涉及通过海峡的运输。领海宽度延伸至 12 海里将增加所涉海峡的数量。如果在公海上的航行自由是人类的普遍权利，那么经过公海的一部分而至另一部分的权利也属于同一范畴。内陆国家获得的进入海洋的权利，正是基于相同的道德和法律标准。
>
> 对于不可停止的过境权的经济上的争论甚至更为激烈。苏伊士运河封闭的效果，包括贸易方式和船舶设计的变化，阐明了可能发生的状况。我们只要从这个角度想象一下暂停其他海峡过境权的影响，便足以了解该部分的重

---

⑪　参见联合国海洋事务和海洋法司，*Straits Used for International Navigation：Legislative History of Part III of the United Nations Convention on the Law of the Sea*，第 1 卷［联合国销售号 E. 91. V. 14（1992 年）］（第 2 卷即将出版）。

⑫　例见美国外交部地理办公室，World Straits Affected by a 12 Mile Territorial Sea，Chart # 510376（1971）。

⑬　Second Committee, 3rd meeting（1974 年），第 24 款，正式记录，第二卷第 101 页。

要性。⑭

然而，与这些海峡接壤的国家考虑的是，一项确认给予通过"它们的"海峡的航行自由的制度，不应忽视其保护其领水和海岸线的正当权益，以使之免受该国认为可能对其安全、海洋和海岸环境、财政和经济的完整性及其他正当权益造成的威胁。

第一次联合国海洋法会议之后，海峡通行的问题对沿海国家呈现出更大的重要性。第一次和第二次联合国海洋法会议均未能解决领海的宽度问题，但越来越多的国家接受了 12 海里甚至更宽的领海。结果，许多海峡的水域变成了与之接壤国家声称的领海。这在沿海国家（特别是那些拥有主要海军武装的国家）之间引起了巨大关注，即 1958 年《公约》第十六条第 4 款中所表达的不可停止的无害通过制度，将不适于保护通过此类海峡的至关重要的通信航线。

III. 8. 另一个继续关注 1958 年《公约》的重要特征，是"海峡沿岸国"依据该公约第十四条的模糊定义而对"无害"通过的构成进行主观解释的可能性。此外，要求潜水艇从水面通行，以及相对于船舶的无害通过权，飞行器并未享受到一般的飞越权的事实，同样是主要关注的问题。于是，美国和苏联发起了关于达成一份新的国际协议的可能性的非正式磋商，以将领海最大许可宽度固定在 12 海里，并为通过和飞越海峡提供自由。众多其他国家就达成此类协议的可能性展开了讨论。⑮ 美国的正式政策于 1970 年宣布，当时，尼克松总统在关于海洋政策的重要讲话中，呼吁建立一项新的海洋法公约以"创建领海的 12 海里限制，并为通过国际海峡提供自由通行"。⑯ 与此同时，与联合国大会上的讨论有关（可参见上述导言第 4 段），苏联代表指出，如果领海均依据国际协议而一般性地延伸至 12 海里，"完全由领海组成的海峡的数量可能会显著增多，故而将变得有必要确保通过用于国际航行的海峡的通行自由。"⑰ 随后，联合国大会 1970 年 12 月 17 日第 2750C（XXV）号决议（第 I 卷，第 178 页）将"国际海峡问题"归入了第三次联合国海洋法会议将调查的诸问题之中。

III. 9. 在之后的三年内，在海底委员会的审议意见中，国家和国家集团开始界定

---

⑭ International Chamber of Shipping（1976 年，油印），"第十一部分——海峡"。转载在《第三次联合国海洋法会议文件集》第四卷，第 240、244 页。

⑮ A. L. Hollick, *U. S. Foreign Policy and the Law of the Sea*，第 174 期（1981 年）。

⑯ 就美国海洋政策的总统陈述，*Weekly Compilation of Presidential Documents* 第 6 卷第 677 期，第 678 页（1970 年 5 月 23 日）。

⑰ A/8047 and Add. 1, 3 and 4（1970 年，油印），要求在联合国大会第 25 次会议日程中列入一个补充事项的 1970 年 8 月 15 日信件的"备忘录"（保加利亚、捷克斯洛伐克、匈牙利、伊拉克、叙利亚共和国和苏维埃社会主义共和国联盟）。参见第二十五届联合国大会正式记录，附件，日程事项 25，第 6 页。同样可参见苏维埃社会主义共和国联盟代表在第一委员会第 1777 次会议上的发言（A/C. 1/PV. 1777），第 63 款，联合国大会正式记录，第 25 卷，第一委员会。

出其在通过海峡的航行制度中的立场。这些立场呈现出两个主要趋势。趋势之一以许多海峡沿岸国为代表，这些国家主张，自海峡成为领海的一部分之后，它们意图保护其所认为的自己的正当权益。一份西班牙代表的陈述反映了该观点。该陈述注意到：

> 没有理由将海峡的问题从领海的问题中剥离出来，因为用于国际航行的海峡只要处于领海的范围，便是领海不可分割的一部分。任何为领海和海峡设立单独制度的企图，无疑将违反沿海国对其领海享有主权的基础原则；因此，任何此类企图，都是他的代表团非常无法接受的。
>
> 遗憾的是，一个代表团已经反对将称之为自己的"重大利益"转换成沿海国对其领海的主权原则。虽然所有国家的正当权益均应受到尊重，但同样不能以牺牲不可剥夺的权利和基础原则为代价来满足其他国家所认为的自身的"重大利益"。⑱

这些提交了提案的国家，呼吁一项基于船舶不可停止的无害通过的概念的制度，或者在其他方面与领海制度的其他部分相一致，或者加以修改以顾及海峡对国际航行的特殊重要性。⑲

第二个趋势以美国、苏联和意大利为代表。这些国家为领海和用于国际航行的海峡设立单独的制度而提出提案，并寻找一种基于船舶的公海航行自由和飞行器的飞越自由的通过此类海峡的通行制度，前提条件是该制度将保障海峡沿岸国的利益。⑳ 正如美国代表在第二分委会中解释的那样：

> 《海洋法公约》最重要的任务之一，即保护所有国家在航行和飞越自由中的利益。这些自由的保存，对维持贸易和通信的流动及国际关系的安定和平来说是必不可少的……关于国际海峡的共同利益，远远比单纯的领海中的无害通过权要重要得多。

---

⑱ A/AC.138/SC.II/SR.60（1973年，油印），包含在 A/AC.138/SC.II/SR.48－62（1973年，油印），第187－188页。

⑲ 例见 A/AC.138/SC.II/L.18，转载在海底委员会1973年报告第三卷第3页（塞浦路斯、希腊、印度尼西亚、马来西亚、摩洛哥、菲律宾、西班牙和也门）；A/AC.138/SC.II/L.34，出处同上，第71页（中国）；以及 A/AC.138/SC.II/L.42 and Corr.1，出处同上，第91页（斐济）。非洲统一组织在其"关于海洋法问题的声明"中采用了类似的立场，A/AC.138/89，海底委员会1973年报告 II 转载在第4页；在第三次联合国海洋法会议中被 A/CONF.62/33（1974），正式记录，第三卷63所取代。

⑳ A/AC.138/SC.II/L.4，转载在《1971年海底委员会报告》第241页（美利坚合众国）；A/AC.138/SC.II/L.7，转载在《1972年海底委员会报告》第241页（苏维埃社会主义共和国联盟）；以及 A/AC.138/SC.II/L.30，转载在《1973年海底委员会报告》III 第70页（意大利）。

《公约》的基本目标应该是，就一项将使得国家之间因法律权利和责任的不确定性而产生冲突的可能性最小化的制度达成协议。如果适用于国际航行的海峡的制度可以由海峡国进行主观解释，则此类不确定性将有可能产生。㉑

于是，在海底委员会和在《公约》早期阶段的辩论中，从根本上就存在分歧。将在用于国际航行的海峡中适用的制度，成为《公约》能否得以成功通过所依赖的主要问题之一。

III. 10. 关键议题之一，是将如何在会议的日程中表达国际海峡的问题。在一系列艰难的协商之后，㉒ 委员会于1972年批准了主题和议题清单。海峡问题在该清单中的表达为：

4. 用于国际航行的海峡
4.1. 无害通过
4.2. 包括通行权问题在内的其他相关问题

该清单基于这样的理解被接受了，即其"不一定是完整的，也没有建立考虑各种主题和议题的优先顺序"，且其"不会歧视任何国家的立场，或者就该清单上的事项或就其提交的命令、形式或分类而要求任何国家承担责任"。㉓

㉑ 参见 A/AC. 138/SC. II/SR. 58（1973年，油印），包含在 A/AC. 138/SC. II/SR. 48 – 62（1973年，油印），第 129 页。

㉒ 例见第二分委会会议期间的代表的发言，在第5次会议上日本代表的发言［A/AC. 138/SC. II/SR. 5（1971年，油印），第 3 页］；在第6次会议上智利的发言［A/AC. 138/SC. II/SR. 6（1971年，油印），第 15 页］；在第7次会议上丹麦代表的发言［A/AC. 138/SC. II/SR. 7（1971年，油印），第 35 页］；在第 10 次会议上尼泊尔代表的发言［A/AC. 138/SC. II/SR. 10（1971年，油印），第 79 页］；在第 16 次会议上加蓬代表的发言［A/AC. 138/SC. II/SR. 16（1971年，油印），第 182 页］；在第 18 次会议上［A/AC. 138/SC. II/SR. 18（1971年，油印）］智利代表的发言（第 199 页），菲律宾代表的发言（第 201 页），苏维埃社会主义共和国联盟代表的发言（第 202 页），以及墨西哥代表的发言（第 203 页）；在第 19 次会议上西班牙代表的发言［A/AC. 138/SC. II/SR. 19（1971年，油印），第 216 页］；在第 29 次会议上［A/AC. 138/SC. II/SR. 29（1972年，油印）］菲律宾代表的发言（第 58 页），秘鲁代表的发言（第 68 页），和西班牙代表的发言（第 73 页）；以及在第 44 次会议上日本代表的发言［A/AC. 138/SC. II/SR. 44（1971年，油印），第 72 页］。

然而，对比：在第 15 次会议上委内瑞拉代表的发言［A/AC. 138/SC. II/SR. 15（1971年，油印），第 161 页］（清单应该"详细到足以覆盖该问题的所有方面"且"不应具有约束力"）；在第 18 次会议上墨西哥代表的发言［A/AC. 138/SC. II/SR. 18（1971年，油印），第 202 页］（清单应该是"广泛的合理地详细的"）；以及在第 20 次会议上智利代表的发言［A/AC. 138/SC. II/SR. 20（1971年，油印），第 232 页］（清单"应忠实反映联合国大会第 2750（XXV）号决议的精神"且因而应"是长期的和完整的"）。

㉓ 参见海底委员会1972年报告，第 23 段，第 4 页。同样可参见本系列第 1 卷，第 32 页。更多可参见海底委员会1972年报告，第 193 – 196 段，第 47 页。

III. 11.   在海底委员会 1973 年会议上，引入了关于在用于国际航行的海峡中适用的制度的附加提案。然而，不管是第二分委会还是整个海底委员会均未能将这些提案合并入协商案文。相反的是，第二分委会编辑了一份"代表团提交的不同意见"的清单，依据主题和议题清单中的相应标题，收集了不同代表团针对这些事项而提交的全部提案。[24]

III. 12.   在第三次联合国海洋法会议第二期会议上（1974 年），关于与为用于国际航行的海峡而创设的制度有关的不同方法的额外工作仍在持续出现。[25] 许多代表团或者在其原有条款中，或者加以修改以顾及其他代表团提出的观点，再次引入了在海底委员会中制作的提案。一些国家赞成采用所有船舶自由通过海峡的制度；其他国家倾向于不可停止的无害通过制度。虽然有这些不同，但一般性共识认为，该制度应使得航行权利和海峡沿岸国的正当权益相平衡。该一般性共识，为将来关于用于国际航行的海峡的特别制度的协议构建了一个框架。

一份由英国制作的题为"关于领海和海峡的条款草案"的提案，是思考该核心议题的会议的进化过程中的主要转折点。[26] 该文件本身，是在悉心研究了所有提交至第二分委会的提案，特别是来自于所谓"海峡沿岸国小组"的斐济、美国和苏联代表的提案之后，进行的准备。[27] 英国提案的第三章，将领海中无害通过制度的要素，与一项题为"用于国际航行的海峡的通过"的制度相结合。在该提案的解释中，英国的代表指出，他的代表团"已经竭尽所能，在作为一个整体的国际社会的利益和海峡沿岸国的正当关切之间……寻找一条中间道路"。[28] 基于 12 海里领海的该提案，有 3 个基本要素：（i）一项对于绝大多数用于国际航行的海峡而言全新的"过境通行权"，合并了在公海不同部分之间航行和飞越自由的要素；（ii）一项排除了过境通行的、在海峡中不可停止的无害通过制度；以及（iii）寻求海峡沿岸国[29]对其权利将受到保护的确信的规定。此外，受现有条约支配的通过海峡的通行将继续受到该条约制度的限制。联合王

---

[24]   转载在《1973 年海底委员会报告》第四卷，第 48 页。

[25]   例见第二委员会中的发言，在第 11 次会议上由伊朗代表所做，第 3 款，正式记录，第二卷第 123 页；丹麦，第 6 段，出处同上，第 124 页；芬兰，第 14、15 段，出处同上，以及斯里兰卡，第 29 段，出处同上，第 126 页；在第 12 次会议上由苏维埃社会主义共和国联盟所做，第 1 段，出处同上，第 126 页；德意志民主共和国，第 7、9 段，出处同上，第 127 页；古巴，第 13 – 14 段，出处同上；美利坚合众国，第 16 段，出处同上，第 128 页；以及瑞典，第 22 – 23 段，出处同上，第 129 页；以及在第 13 次会议上由加拿大所做，第 2 段，出处同上，第 130 页；波兰，第 15 – 17 段，出处同上，第 131 页；摩洛哥，第 28 段，出处同上，第 132 页；以及加纳，第 59 – 63 段，出处同上，第 134 页。

[26]   A/CONF. 62/C. 2/L. 3（1974 年），正式记录，第三卷第 183、185 页（英国）。

[27]   Second Committee, 3rd meeting，第 25 段，正式记录第二卷第 101 页。

[28]   Second Committee, 11th meeting（1974 年），第 26 段，正式记录，第二卷第 126 页。

[29]   这是第一次使用"海峡沿岸国"这一措辞，之后在订正的单一协商案文第二部分中获得通过。

国的提案在第二委员会最初的辩论中吸引了相当大的支持。[30]

III. 13.　在第三次联合国海洋法会议第三期会议上（1975 年），一个由斐济（Satya N. Nandan）和英国（Harry Dudgeon）代表联合主持成立的非正式的私人海峡小组，将英国的提案作为其工作的基础。[31] 该小组将已发展起来的两项主要的合适方法相结合——赞同一些自由通过海峡的形式（过境通行）的国家，及赞同不可停止的无害通过的修改后形式的国家。该非正式小组制作了一份对联合王国提案的轻微修改后的版本。[32]

由私人海峡小组起草的条款的绝大部分，都被合并入了非正式的单一协商案文第二部分。[33] 在该案文中，关于用于国际航行的海峡的规定被分成了 3 个小节：第一节（一般规定）列出了海峡中的一般规定；第二节（过境通行）包括了过境通行制度；以及第三节（无害通过），由一条说明不可停止的无害通过的条款组成。

在会议的过程中，之后的协商案文接受和包括了一些修改。然而，非正式的单一协商案文第二部分中列出的制度的基本结构并未改变，并且成为《公约》的第三部分。与此同时，数个支持无害通过制度的代表团，直到协商过程的最后一刻都在继续坚持他们的提案，[34] 结果使得这些问题被提交至投票程序。[35]

---

[30]　一般可参见第二委员会中关于该话题的讨论，在第 11 次至第 15 次会议（1974 年）中，正式记录，第二卷第 123 – 142 页。

[31]　除了两位副主席之外，该小组由阿根廷、澳大利亚、巴林、保加利亚、丹麦、埃塞俄比亚、冰岛、印度、意大利、肯尼亚、黎巴嫩、尼日利亚、新加坡、阿拉伯联合酋长国和委内瑞拉的代表组成。参见本系列第一卷，第 107 页。同样参见 M. H. Nordquist 和 C. Park 编，"*Reports of the United States Delegation to the Third United Nations Conference on the Law of the Sea*"，海洋法协会专刊第 33 号，第 98 页（1983 年）。更进一步请参见 J. N. Moore，"The Legal Régime of Straits in the 1982 United Nations Convention on the Law of the Sea"，载《美国国际法杂志》第 74 期第 77 页（1980 年）；H. Caminos，"1982 年联合国海洋法会议中的海峡法律制度"，国际法学会，*Recueil des Cours* 第 205 期第 9 页（1987 – V）；以及 S. N. Nandan 和 D. H. Anderson，"Straits used for international navigation：A commentary on Part III of the United Nations Convention on the Law of the Sea"，《不列颠国际法年鉴》第 60 期第 159、163 页（1989 年）。Moore 是会议早期部分的美国副特别代表。Nandan 是斐济代表团的负责人（及第二委员会报告起草人），而 Anderson 是会议中联合王国代表团的一员，并与他们一起，在指向第三部分的协商中扮演了主要角色。Caminos 是第三次联合国海洋法会议期间会议秘书处的副主任。

[32]　参见私人海峡小组的提案（1975 年，油印）。转载在《第三次联合国海洋法会议文件集》第四卷第 194 页。

[33]　A/CONF. 62/WP. 8/Part II（非正式的单一协商案文，1975 年），第三十四条至第四十四条，正式记录，第四卷第 151、157 – 159 页（第二委员会主席）。

[34]　特别是西班牙。参见 J. A. de Yturriaga, *Straits Used for International Navigation：A Spanish Perspective*。Yturriaga 是第三次联合国海洋法会议上西班牙代表团的成员之一。

[35]　这特别应用在由西班牙提议的对第三十九条和第四十二条的修正中。参见 A/CONF. 62/1. 109（1982 年），正式记录，第十六卷第 223 页。关于对这些修正的表决，参见第 176 次全体会议（1982 年），第 5 – 10 段，正式记录，第十六卷第 132 页。

III. 14.　　在第三次联合国海洋法会议第四期会议（1976 年）第二委员会非正式会议中，对非正式的单一协商案文第二部分进行了逐条检查。"沉默规则"的程序被采用（参见上述导言第 16 段），在该程序中，对一项修正议案的沉默将被视为不支持该修正。对关于海峡的条款进行修正的提议，总体上只赢得了少数的支持，且这些条款仅仅只在很少的一些具体问题上受到该修正的限制。

III. 15.　　关于第三部分，还有另外两点。第一是"海峡"定义的缺乏。第二是"海峡沿岸国"措辞的使用，取代了"沿岸国"。

在谈论的过程中，至少有一个代表团建议，在《公约》中列入一个对国际海峡的局部定义。一份加拿大的提案认为：

> 一条国际海峡是一条在陆地之间形成的天然通道：
> （a）（i）其长度上的任何一点坐落于一个或多个国家的领海内，且
> 　　　　（ii）连接……
> （b）在传统中就用于国际航行。㊱

其他代表团或者认为该措辞的含义是不证自明的，或者认为没有必要进行定义，因为他们建议的条款明确规定了其适用于的水域，而不考虑名字。例如，已经提到过的，成为第三部分构建框架的英国的提案就规定：

> 3. 本条款适用于任何海峡或其他水域的延伸，不论其地名为何，只要其满足：
> （a）用于国际航行；
> （b）连接公海的两部分。㊲

同样应注意到的是，为第一次联合国海洋法会议准备的"对构成国际交通运输航线的海峡的地理和水文的简要研究"，并不包括一个定义，但涵盖了被称为"海峡（straits）"、"河口（mouths）"、"河道（channels）"和"海峡（sound）"的水体。㊳ 第三部分中措辞看似有些繁琐的"海峡沿岸国"的使用，反映出了通过领土与海峡接壤的国家的那一部分领海时的制度，与在领海的其他部分中航行时的无害通过制度之间清晰的区别。正如英国最初建议的那样，使用的表达为"海峡国"，意味着"任

㊱　A/CONF. 62/C. 2/L. 83（1974 年），正式记录，第三卷第 241 页（加拿大）。同样还可参见加拿大、智利和挪威的联合"备忘录"（1975 年，油印），转载在《第三次联合国海洋法会议文件集》第四卷第 223 页。

㊲　上述脚注 26，第三章，第一条第 3 款。

㊳　A/CONF. 13/6 and Add. 1（1957 年），第一次联合国海洋法会议正式记录，第一卷第 114 页（皇家海军指挥官 R. H. Kennedy 编写）。

何与可适用本章节的海峡接壤的国家"。㊴ 在订正的单一协商案文第二部分，该措辞因为在其他语言，特别是在法语中遇到的问题，而被更改为"海峡沿岸国"［参见下述第34.8（a）段］。

III. 16. 虽然源自国际法院对科孚海峡案的判决，但"用于国际航行的海峡"的英文表达依然存在不确定的要素。㊵ 这种不确定在其他语言中并不会发生，阐明了第三部分可适用于不论何时用于国际航行的海峡。

在第三十七条的英文版本中，"which are"的措辞出现在词语"海峡"和"用于国际航行"之间。这些词语或许可以在"用于国际航行"中引入一个时间方面的标准。如此的解释将建议，只有那些《公约》生效时用于国际航行的海峡将受到第二节设立的过境通行制度的支配。很显然的是，该词语意在达到陈述的效果，而不是时间的效应。该解释得到了所有其他语言版本的支持。然而，起草委员会考虑了在英文版本中删除了"which are"和在西班牙语版本中删除了que sean（即"which may be"）的建议。对西班牙语的更改被采纳了，㊶ 而 utilizados（中文可直译为"使用"。——译者注）一词的使用，使得西班牙语的版本与其他语言的版本相一致。

III. 17. 第三部分分为三个小节。第一节（第三十四条至第三十六条）包括了可适用于全体缔约方的一般规定，并明确表达了第三部分与《公约》其他规定的关系。第二节（第三十七条至第四十四条）是第三部分的核心。该小节定义了"过境通行权"制度，描述了该制度适用的水域，并设立了海峡沿岸国及其船舶和飞行器正在行使过境通行权的使用国的有关权利和义务。第三节包括了一则单独的条款（第四十五条），该条款确认了通过用于国际航行的、不适用过境通行权且不涵盖在第三十五条第c段或第三十六条中的海峡时，不可停止的无害通过权。

III. 18. 除第三部分的条款之外，第十二部分（海洋环境的保护和保全）第二三三条（对用于国际航行的海峡的保障）和第四十二条交叉参照，互补了该规定的条款。争端的解决受第十五部分支配，第二九七条特别规定，关于因沿海国行使《公约》规定的主权权利或管辖权而发生的对本公约的解释或适用的争端，应适用一项有约束力的决定的程序，当认为一沿海国的行动违反了公约关于航行和飞越自由的规定时。第二九七条第1款保留了对第十五部分第二节中关于海洋中基本自由和权利的强制程序的完整保护（参见第五卷，第105页，第297.19段）。

III. 19. 1982年《公约》第三部分的范围中，加上第十二和十五部分引用的规

㊴ 上述脚注㉖，第三章，第十一条。

㊵ 上述脚注⑥，第28页。该判决权威的法语版本说的是"为国际航行目的的海峡"。这表明，在此背景下，"用于"是描写性词语和形容词。如前所述："将英语版本和法语版本放在一起，'用于'和'使用'可以被视为现在进行时。"参见 Nandan 和 Anderson，上述脚注31，第168页。

㊶ 参见 ELGDC/6（1981年，油印）和 DC/Part Ill/Article 37（1981年，油印）。更多可参见 A/CONF. 62/L. 152/Add. 21（1982年，油印），第6页（第37条）。

定，并不是《公约》中与用于国际航行的海峡的唯一接触点。关于海峡的议题在接近会议尾声时出现并与第十七部分有关（最后条款，第三〇五条至第三二〇条）。自第三次联合国海洋法会议以来的国家实践指出，只要具备必要的条件，第三一一条（本公约与其他公约和国际协议的关系）可以将有关海峡通行的新条约引入《公约》的范围。[42]

III. 20. 自第三次联合国海洋法会议开始以来，数条用于国际航行的海峡已经受国际条约的管理。在本范围内的海峡包括了，例如：托雷斯海峡，[43] 蒂朗海峡，[44] 多佛尔海峡，[45] 麦哲伦海峡和比格尔海峡，[46] 马六甲海峡，[47] 以及委内瑞拉和荷兰之间

---

[42] 对比：*Digest of United States Practice in International Law* 1980，第 623 页（1986 年）。关于这一点，有关条约和第三国的法律的规定同样可以是相关的。

[43] 《巴布亚新几内亚独立国和澳大利亚之间关于两国间该区域内主权和海洋边界的条约》，包括所知的托雷斯海峡区域，以及有关事项，1978 年 12 月 18 日，《联合国条约集》登记号第 24238 号；澳大利亚条约集第 4 号（1985 年）；《国际法资料》第 18 卷第 291 页（1979 年）。

[44] 《阿拉伯埃及共和国与以色列国之间的和平条约》，1979 年 3 月 26 日，《联合国条约集》第 1136 卷第 100 页和《联合国条约集》第 1138 卷第 59 页，第五条第 2 款规定：

缔约方认为，蒂朗海峡和亚喀巴湾是为了畅通无阻和不可停止的航行与飞越自由而面向所有国家开放的国际水道。

在批准《公约》时，埃及指出，1979 年和平条约关于蒂朗海峡和亚喀巴湾的规定"属于（1982 年）《公约》第三部分中涉及的构成海峡的水域的一般制度的范围"。参见《海洋法公报》第 3 期，第 13、14 页（1984 年 3 月）。在 1984 年 12 月 9 日的一份普通照会中，以色列指出，依据 1979 年和平条约的规定，"蒂朗海峡和亚喀巴湾将被认为……属于为了畅通无阻和不可停止的航行与飞越自由而面向所有国家开放的国际水道"。参见《海洋法公报》第 4 期，第 23 页（1985 年 2 月）。

[45] 《大不列颠及北爱尔兰联合王国政府与法兰西共和国政府的联合公报》，1988 年 11 月 2 日，值此多佛尔海峡中领海划界协议签署之际，《联合国条约集》登记号第 26858 号；法国第 1 号（1989 年），《英王敕令》第 557 号；《一般国际公法评论》第 92 卷第 1043 页（1988 年）；《海洋法公报》第 14 期第 14 页（1988 年 12 月）。且参见《不列颠国际法年鉴》第 59 期第 524 页（1988 年）。该联合公报指出：

两国政府确认了商船、政府船舶及特别是军舰，在多佛尔海峡中畅通无阻通行的权利……，以及飞越的权利……此类通过必须是以连续而迅速的形式行使的。

[46] 阿根廷和智利之间 1984 年 11 月 29 日《和平友好条约》，第 2 号附件，第四条，《联合国条约集》第 1399 卷（登记号第 23392 号）；《国际法资料》第 24 卷第 11 页（1984 年）；《海洋法公报》第 4 期第 50、63 页（1985 年 2 月）。该协议应从《1881 阿根廷共和国与智利的边界条约》第五条的角度加以解读，《条约大全》第 159 卷第 45 页。更多请参见下述第 35.7（c）段。

[47] 参见《马来西亚、印度尼西亚、新加坡、法国、联合王国、美利坚合众国、日本、澳大利亚和德意志联邦共和国关于海洋法公约草案第二三三条适用于马六甲海峡和新加坡的声明》，A/CONF. 62/L. 145 和 Adds. 1 – 8（1982 年），正式记录，第十六卷第 250 – 253 页。且参见第四卷，第 388 页，第 233.8 段。

的海峡,⑱ 及委内瑞拉和特立尼达和多巴哥之间的海峡。⑲

III. 21. 第三部分适用于所有用于国际航行的海峡,既包括两岸属于两个或多个国家的情况,也包括两岸属于单一国家的情况。在前者的情况下,当海峡的宽度小于24海里时,海峡中不属于领海的任何部分将受到第五十八条和第八十七条规定的公海航行制度的限制。当海峡的宽度大于24海里时,该海峡中将存在一条穿过公海或专属经济区的航线。如果任何一个海峡沿岸国已经宣称自己为第四部分所指的群岛国家,则群岛基线内的水域,包括这些水域中的海峡,均属于第四部分管辖的范围。在这方面,依据第五十四条、第三十九、四十、四十二和四十四条要加以必要的变通以适用于群岛海道的通行。

III. 22. 虽然三者是不同的法律制度,但关于无害通过(第二部分,第十七条至第三十二条)、过境通行(第三部分,第三十四条至第四十四条)的规定与群岛海道通行(第四部分,第五十三条)的规定之间有着概念连锁。在每一部分中类似短语的保留,或者在一处或别处的改变,经常都是经过深思熟虑的,且这些都经过了起草委员会的检查。关于海道和分道通航制及航行的有关方面,尤其如此。虽然在多处使用了相同的措辞,但其应用却取决于该措辞将适用的具体状况,考虑到所有有关因素。

---

⑱ 《荷兰王国与委内瑞拉共和国之间的划界条约》,1978年3月31日,《联合国条约集》第1140卷第311页;《荷兰王国条约集》第61卷(1978年);《委内瑞拉共和国官方公报》第2291号,特别版,1978年7月26日。且参见 A. H. A. Soons, International and National Regulations Concerning Environment Protection,载 Q. B. Richardson 和 J. Sybesma 编,《环境大会》第71期,第88页(1991年)。

⑲ 参见《特立尼达和多巴哥共和国与委内瑞拉共和国之间关于海洋和海底区域的划界协议》,1990年4月18日(特别是第Ⅵ条);《海洋法公报》第19期第22页(1991年10月)。

第一节　一般规定

第三十四条　构成用于国际航行海峡的
水域的法律地位

1. 本部分所规定的用于国际航行的海峡的通过制度，不应在其他方面影响构成这种海峡的水域的法律地位，或影响海峡沿岸国对这种水域及其上空、海床和底土行使其主权或管辖权。

2. 海峡沿岸国的主权或管辖权的行使受本部分及其他国际法规则的限制。

资料来源

第三次联合国海洋法会议文件

1. A/CONF. 62/C. 2/L. 6（1974 年），第三条，正式记录，第 187、188 页（西班牙）。

2. A/CONF. 62/C. 2/L. 11（1974 年），第一条第 3 款（b）项，正式记录，第三卷第 189 页（保加利亚、捷克斯洛伐克、德意志民主共和国、波兰、乌克兰苏维埃社会主义共和国和苏联）。

3. A/CONF. 62/L. 8/Rev. 1（1974 年），附件二附录一［A/CONF. 62/C. 2/WP. 1］，条款第六十一条，正式记录，第四卷第 93、107、117 页（总报告员）［《主要趋势工作文件》］。

4. A/CONF. 62/WP. 8/Part II（非正式单一协商案文，1975 年），第三十四条，正式记录，第四卷第 152、157 页（第二委员会主席）。

5. A/CONF. 62/WP. 8/Rev. 1/Part II（订正的单一协商案文，1976 年）第三十三条，正式记录，第五卷第 151、158 页（第二委员会主席）。

6. A/CONF. 62/WP. 10（非正式综合协商案文，1977 年）第三十四条，正式记录，第八卷第 1、10 页。

7. A/CONF. 62/WP. 10/Rev. 1（非正式综合协商案文第一次修订稿，1979 年，油

印），第三十四条。转载在《第三次联合国海洋法会议文件集》第一卷第 375、403 页。

8. A/CONF. 62/WP. 10/Rev. 2（非正式综合协商案文第二次修订稿，1980 年，油印），第三十四条。转载在《第三次联合国海洋法会议文件集》第二卷第 3、32 页。

9. A/CONF. 62/WP. 10/Rev. 3 *（非正式综合协商案文第三次修订稿，1980 年，油印），第三十四条。转载在《第三次联合国海洋法会议文件集》第二卷第 179、208 页。

10. A/CONF. 62/L. 78（《公约草案》，1981 年），第三十四条，正式记录，第十五卷第 172、181 页。

起草委员会文件

11. A/CONF. 62/L. 67/Add. 1（1981 年，油印），第 46～47 页。

12. A/CONF. 62/L. 67/Add. 1/Rev. 1（1981 年，油印），第 48 页。

13. A/CONF. 62/L. 72（1981 年），正式记录，第十五卷第 151 页（起草委员会主席）。

14. A/CONF. 62/L. 152/Add. 23（1982 年，油印），第 55 页。

15. A/CONF. 62/L. 160（1982 年），正式记录，第十七卷第 225 页（起草委员会主席）。

非正式文件

16. Informal Working Paper No. 2，条款第八条；No. 2/Rev. 1，条款第八条和 No. 2/Rev. 2，条款第九条（均为 1974 年，油印）。转载在《第三次联合国海洋法会议文件集》第三卷第 263、270 和 279 页。

17. 西班牙（1976 年，油印），第三十四条（非正式单一协商案文二）。转载在《第三次联合国海洋法会议文件集》第四卷第 274 页。

18. 马来西亚（1976 年，油印），第三十三条第 2 款（订正的单一协商案文二）。转载在《第三次联合国海洋法会议文件集》第四卷第 396 页。

19. 摩洛哥（［1976］，油印），第三十三条第 2 款（订正的单一协商案文二）。转载在《第三次联合国海洋法会议文件集》第四卷第 399 页［只有法文］。

20. 西班牙（［1977］，油印），第三十三条第 2 款（订正的单一协商案文二）。转载在《第三次联合国海洋法会议文件集》第四卷第 393 页。

21. C. 2/Informal Meeting/4（1978 年，油印），第三十四条（西班牙）。转载在《第三次联合国海洋法会议文件集》第五卷第 6 页。

22. C. 2/Informal Meeting/22（1978 年，油印），第三十四条第 2 款（摩洛哥）。转载在《第三次联合国海洋法会议文件集》第五卷第 30 页。

评　　注

34. 1.　作为第三部分的一般性或介绍性条文的一部分，第三十四条申明，第三部分所建立的用于国际航行的海峡的通过制度并没有"在其他方面"构成这种海峡的水域的法律地位。濒临其领海内的海峡的国家的主权规定在第二条，其对其领海之外的自然资源的主权权利主要衍生于第五十六条和第七十七条。

完全是在沿海国领海内通过的用于国际航行的海峡的通过制度，要么是过境通行（第三十七条至第四十四条）或不停止的无害通过（第四十五条），除非这种海峡的通过已全部或部分地规定在长期存在的国际公约中（第三十五条（c）项）。第三十四条认识到并确认构成这种海峡的水域的法律地位，包括其领空、海床和底土不受影响。这是在第三部分达成平衡的重要因素。第三十四条进一步强调了按照本部分规定及其他国际法规则行使的海峡沿岸国的主权和管辖权，以及（通过暗示）把这种海峡用于航行通过的国家的权利和义务。

34.2. 海底委员会的早期阶段，在第二分委员会完成编写主题和问题清单的工作之前，[1] 通过海峡是作为无害通过领海的制度对待的，向第二分委员会提交的各种提案就反映了这种趋势。[2] 因此，这些提案都没有具体涉及构成这种海峡的水域的法律地位。然而，由苏联提出的一项提案在关于海峡的条款中规定，"沿海国对海峡表面、海床以及海峡内的矿物资源的主权权利"不受该条款规定的影响。[3]

34.3. 在第三次联合国海洋法会议第二期会议（1974年）上，由西班牙提出的一项提案（资料来源1）在指出沿海国对领海的主权"及于其上空、海床、底土及其资源"之后，规定：

> 1. 沿海国的主权及于构成领海的一部分的海峡，不论它们是否用于国际航行。
>
> 2. 沿海国按照这些条款的规定及其他国际法规则行使主权。

在评论该提案以及其他提案时，西班牙代表表示同意这种评价，即"海峡虽然可以用于国际航行，但它们构成了国家的'领海的一部分'。"[4]

一项由6个东欧社会主义国家提出的提案（资料来源2）重复了苏联早期的一项提

---

① 例见A/AC.138/SC.II/L.4和Corr.1，转载在《1971年海底委员会报告》第241页（美国）；以及A/AC.138/SC.II/L.7，转载在《1972年海底委员会报告》第162页（苏联）。

② 例见A/AC.138/SC.II/L.18，第（2）段，转载在《1973年海底委员会报告》第三卷第3页（塞浦路斯、希腊、印度尼西亚、马来西亚、摩洛哥、菲律宾、西班牙和也门）。该文件指出，"航行通过领海，并通过用于国际航行的海峡应该作为一个整体处理，因为所谓的海峡是领海或构成领海的一部分。"另见A/AC.138/SC.II/L.34，第1节，第（7）段，同上，第71、72页（中国）。该案文强调"位于领海内的海峡，不论它是否经常用于国际航行，都构成了沿海国领海不可分割的一部分。"

③ A/AC.138/SC.II/L.7，前注1，第一条第3款（b）项。

④ Second Committee, 14th meeting（1974年），第19段，正式记录，第二卷第136页。

案。在解释这项提案时，几个发起提案的代表团指出，其目的是确认沿海国用于国际航行的海峡的表面、海床以及生物和矿物资源方面的主权权利不应受到引入一项航行通过这些海峡的特别制度的影响。⑤

《主要趋势工作文件》（资料来源3）随后纳入了以下为语言作为第六十一条：

> 本章的规定不影响沿海国对海峡表面、海床以及生物和矿物资源的主权权利。

34.4. 在第三次联合国海洋法会议第三期会议（1975年）上，关于海峡问题的个人小组通过了一项提案，大幅度修改了《主要趋势工作文件》中的条文并增加了第2款。该提案内容如下：

> 1. 本章所规定的用于国际航行的海峡的通过制度，不应在其他方面影响本公约其他部分所规定的构成这种海峡的水域的法律地位（也不影响这种水域及其上空、海床和底土的法律地位）。
>
> 2. 海峡国的主权或管辖权的行使受本章和其他国际法规则的限制。⑥

该文本第一次提到"构成这种海峡的水域的地位。"此外，它引入了"在其他方面的"水域的地位将不会受到影响的理念。它在第2款所指的是"海峡国"而不是"沿海国。"

经过对非正式会议案文进一步修改，第1款和新的第3款被并入非正式单一协商案文第二部分（资料来源4），作为第三十四条，内容如下：

> 1. 本分部所规定的用于国际航行的海峡的通过制度，不应在其他方面影响构成这种海峡的水域的法律地位，或影响海峡国对这种水域及其上空、海床和底土行使其主权或管辖权。
>
> 2. 海峡国的主权或管辖权的行使受本部分和其他国际法规则的限制。
>
> 3. 为了本部分的目的，"海峡国"是指这些条款适用的任何海峡沿岸国。

第1款已扩大到包括"由海峡国行使其对这些水域的主权或管辖权。"第3款取自

---

⑤ 例见第二委员会上代表的发言：捷克斯洛伐克，第12次会议，第35段，正式记录，第二卷第129页；波兰，第13次会议，第20段，同上，第131页；以及在第14会议上的发言：保加利亚，第68–70段，同上，第139页。

⑥ Private Group on Straits（1975年，油印），第九条。转载在《第三次联合国海洋法会议文件集》第四卷第194、197页。

英国关于用于国际航行的海峡的通过的提案。⑦

34.5. 在第三次联合国海洋法会议第四期会议（1976年）上，西班牙代表提交了一份非正式提案（资料来源17），重复了非正式单一协商案文第1款。第2款经过修订后规定海峡国的主权或管辖权的行使要受"本公约规定"（而不是"本部分规定"）的限制。非正式单一协商案文第3款的规定被删除。

该非正式修正案没有被接受。在订正的单一协商案文第二部分（资料来源5），第三十三条表述如下：

构成用于国际航行的海峡的水域司法地位

1. 本章所规定的用于国际航行的海峡的通过制度，不应在其他方面影响构成这种海峡的水域的法律地位，或影响海峡沿岸国对这种水域及其上空、海床和底土行使其主权或管辖权。

2. 海峡沿岸国的主权或管辖权的行使受本章和其他国际法规则的限制。

在这个阶段加上了标题。该表述"海峡沿岸国"的引入代替了"海峡国"，从而使得非正式单一协商案文第二部分第三条不再需要。

34.6. 在第三次联合国海洋法会议第五期会议（1976年）上，由马来西亚代表提出的提案（资料来源18）和摩洛哥代表提出的提案（资料来源19）要把第2款的适用范围扩大到"本章，到本公约的其他规定和其他国际法规则。"

在第三次联合国海洋法会议第六期会议（1977年）上，由西班牙代表提出的提案（资料来源20）中提到"本公约和其他国际法规则。"

这些建议都没有被接受，而非正式综合协商案文（资料来源6）重复了订正的单一协商案文的条文，并将它重新编号为第三十四条。

34.7. 在第三次联合国海洋法会议第七期会议（1978年）上，西班牙（资料来源21）和摩洛哥代表（资料来源22）再次提出将第2款的适用范围扩大为"本公约的规定，"但这些建议再一次没有被接受。

在起草委员会的建议下，该条形成了其最后的形式（资料来源11至资料来源15）。标题从"司法地位"改为"法律地位"是在起草委员会统稿工作时建议修改的，并对整个《公约》都进行了普遍修改。⑧

34.8（a）. 第1款规定，第三部分规定了通过制度，该制度与通过领海（第二部分）和通过群岛水域（第四部分）的制度不同。它规定，构成用于国际航行的海峡的水域的法律地位不受在这些海峡的通行制度的影响。就此而言，海峡制度在与通过

---

⑦ A/CONF. 62/C. 2/L. 3（1974年），第三章，第十一条，正式记录，第三卷第183、186页（英国）。

⑧ 见 A/CONF. 62/L. 40（1979年），第二十五节，正式记录，第七卷第95、103页（起草委员会主席）。

海峡无关的活动方面，不损害海峡沿岸国的主权或管辖权。这符合一个海峡沿岸国的主要关切。

34.8（b）. 第 2 款规定了海峡沿岸国的主权或管辖权的法律界限，指出它们的行使受《公约》第三部分及其他国际法规则的限制。

34.8（c）. 第 1 款和第 2 款都提到了主权和管辖权；它包括海峡沿岸国的领海不扩展到海峡整个宽度的情况。这种情况通常会发生在海峡宽度超过 24 海里的地方，但也可能发生在海峡宽度不到 24 海里的地方，至少在其中一个海峡沿岸国尚未主张 12 海里领海的地方。在这种情况下，通过海峡的走廊可以受制于海峡沿岸国的管辖权但并不是主权。过境通行制度在何种程度上适用于在这些海峡内的领海是在第三十六条处理的。

34.8（d）. 在第 2 款提到"本部分"（而不是"《公约》"）一词，无论是航行通过领海的制度（第二部分），还是通过群岛水域的制度（第四部分）都适用于海峡，属于第三部分（即用于国际航行的海峡）的范畴。

34.8（e）. 在签署（S）或批准（R）《公约》时发表的声明可于公布。⑨

34.8（f）. 在第 1 款中"其他方面"的措辞和第 2 款中"其他国际法规则"结合在一起使用，致使国际民航组织秘书处作出了下面的解释：

> 通过海峡的通行制度，不在"其他方面"（第三十四条第 1 款）影响构成这种海峡的水域的法律地位，或影响海峡沿岸国对这种水域及其上空、海床和底土行使其主权或管辖权。然而，用于国际航行的海峡的海峡沿岸国的主权权利只可以按照《公约》行使，这种海峡沿岸国在任何情况下都不能暂停

---

⑨ 例如，伊拉克（S）把第三部分解释为：

适用于该部分所规定的所有类型的海峡；如果离开或进入由主管国际组织定义的这些海峡的航道位于岛屿附近，也适用于位于海峡附近的这些岛屿之间的航行。

西班牙（S）把确立该制度的第三部分解释为：

只要不妨碍飞机飞过，这与沿海国颁布和适用自己在用于国际航行的海峡的航空规章的权利是一致的。

还有人指出，第二三三条"在任何情况下都必须与第三十四条的规定一起解释。"见 *Multilateral Treaties Deposited with the Secretary-General* 最新版本（ST/LEG/SER. E/－），第 XXI. 6 章，关于与第二三三条的联系，另见本丛书的第四卷第 388、390 页，第 233. 7 和 233. 9（a）段。

或限制过境通行权，也不能要求适用其自己的航空规则。[10]

34.8（g）. 从"海峡国"到"海峡沿岸国"术语的改变，在法语中对前者解释时找到一个词汇有时困难或者生硬。《公约》的法文文本既在第三十四条、第三十八条、第四十条、第四十二条和第四十三条使用了 *les Etats riverains* 这个短语，也在第三十五条、第三十九条、第四十一条、第四十二条、第四十四条和第二三三条使用了更充分地表达的短语 *les Etats riverains du*［*de*，*des d'un*］*déetroit*。（没有采用在早期的草案和提案中使用的"沿海国"。）

---

⑩ *United Nations Convention on the law of the Sea-Implications*，*if any*，*for the application of the Chicago Convention*，*its Annexes and other international air law instruments*，Secretariat Study，国际民航组织文件，国际民航组织 ICAO doc. C-WP/7777（1984 年，油印），第 9.13 段。转载为 LC/26-WP/5-1（1987 年，油印），荷兰海洋法研究所《国际组织和海洋法年鉴》（1987 年，油印）第 3 卷第 243、253 页。

第三十五条　本部分的范围

本部分的任何规定不影响：

（a）海峡内任何内水区域，但按照第七条所规定的方法确定直线基线的效果使原来并未认为是内水的区域被包围在内成为内水的情况除外；

（b）海峡沿岸国领海以外的水域作为专属经济区或公海的法律地位；或

（c）某些海峡的法律制度，这种海峡的通过已全部或部分地规定在长期存在、现行有效的专门关于这种海峡的国际公约中。

资料来源

第三次联合国海洋法会议文件

1. A/AC. 138/SC. II/L. 4 and Corr. 1 第二条第 2 款，转载在《1971 年海底委员会报告》第 241 页（美国）。

2. A/AC. 138/SC. II/L. 7 第一条第 3 款（c）项和第二条第 3 款（b）项，转载在《1972 年海底委员会报告》第 162、163 页（苏联）。

3. 第 4 项，"用于国际航行的海峡"，备选案文 D 第一条第 3 款（c）项和第二条第 3 款（b）项；备选案文 E 第 2 款，转载在《1973 年海底委员会报告》第四卷第 50、51 页。

4. A/CONF. 62/C. 2/L. 3（1974 年），第三章第九条和第十条，正式记录，第三卷第 183、186 页（英国）。

5. A/CONF. 62/C. 2/L. 11（1974 年），第一条第 3 款（c）项和第三条第 3 款，正式记录，第三卷第 189、190 页（保加利亚、捷克斯洛伐克、德意志民主共和国、波兰、乌克兰苏维埃社会主义共和国和苏联）。

6. A/CONF. 62/C. 2/L. 20（1974 年），第一条第 3 款（b）项，正式记录，第三卷第 198、199 页（阿尔及利亚）。

7. A/CONF. 62/L. 8/Rev. 1（1974 年），附件二附录一［A/CONF. 62/C. 2/WP. 1］，条款第五十三条、第五十七条，方案 A 第 2 款和第六十六条，正式记录，第三卷第 93、107、115、117 页（总报告员）［《主要趋势工作文件》］。

8. A/CONF. 62/WP. 8/Part II（非正式单一协商案文，1975 年），第三十五条，正式记录，第四卷第 152、157 页（第二委员会主席）。

9. A/CONF. 62/WP. 8/Rev. 1/Part Ⅱ（订正的单一协商案文，1976 年），第三十四条，正式记录，第五卷第 151、158 页（第二委员会主席）。

10. A/CONF. 62/WP. 10（非正式综合协商案文，1977），第三十五条，正式记录第四卷第 1、10 页。

11. A/CONF. 62/WP. 10/Rev. 1（非正式综合协商案文第一次修订稿，1979 年，油印）第三十五条。转载在《第三次联合国海洋法会议文件集》第一卷第 375、403 页。

12. A/CONF. 62/WP. 10/Rev. 2（非正式综合协商案文第二次修订稿，1980 年，油印）第三十五条。转载在《第三次联合国海洋法会议文件集》第二卷第 3、32 页。

13. A/CONF. 62/WP. 10/Rev. 3＊（非正式综合协商案文第三次修订稿，1980 年，油印）第三十五条。转载在《第三次联合国海洋法会议文件集》第二卷第 179、208 页。

14. A/CONF. 62/L. 78（1981 年公约草案）第三十五条，正式记录，第十五卷第 172、181 页。

起草委员会文件

15. A/CONF. 62/L. 67/Add. 1（1981 年，油印），第 48 ~ 52 页。

16. A/CONF. 62/L. 67/Add. 1/Rev. 1（1981 年，油印），第 49 ~ 53 页。

17. A/CONF. 62/L. 67/Add. 1/Rev. 1/Corr. 1（1981 年，油印）第 4 ~ 8 页。

18. A/CONF. 62/L. 67/Add. 14（1981 年，油印），第 3 ~ 4 页。

19. A/CONF. 62/L. 72（1981 年），正式记录，第十五卷第 151 页（起草委员会主席）。

非正式文件

20. Informal Working Paper No. 2，条款第四条方案 A 第 2 款，方案 D 第 2 款和条款第十一条；Informal Working Paper No. 2/Rev. 1，条款第四条方案 A 第 2 款和第十三条；Informal Working Paper No. 2/Rev. 2，第三条、第七条方案 A 第 2 款和第十六条（均为 1974 年，油印）。转载在《第三次联合国海洋法会议文件集》第三卷第 263、270 和 279 页。

21. 西班牙（1976 年，油印），第三十五条（非正式单一协商案文二）。转载在《第三次联合国海洋法会议文件集》第四卷第 274 页。

22. 土耳其（1976 年，油印），第三十五条 c 款（非正式单一协商案文二）。转载在《第三次联合国海洋法会议文件集》第四卷第 281 页。

23. 希腊（［1976］，油印），第三十五条（非正式单一协商案文二）。转载在《第三次联合国海洋法会议文件集》第四卷第 282 页。

24. 土耳其（1976 年，油印），第三十四条（非正式单一协商案文二）。转载在《第三次联合国海洋法会议文件集》第四卷第 402 页。

评　　注

35.1. 第三十五条是一项针对属于第（a）、（b）和（c）项范围内的水域的保留条款。它规定第三部分的任何规定不影响这些水域。（a）项处理海峡内的内水区域；（b）项重申了领海以外水域的法律地位；（c）项涵盖其通过已全部或部分地规定在长期存在，现行有效的专门国际公约中的海峡。本条的三项具有不同的来源。

35.2. 在海底委员会 1971 年会议上，美国代表提出的一项提案（资料来源 1）除其他内容外，特别提出本条规定 "不得影响已生效的专门关于某些海峡的公约或其他国际协定。" "已生效" 一语给本规定引入了时间要素。

在海底委员会 1972 年会议上，苏联代表提交了一项相似的提案（资料来源 2），规定本条不 "影响某些海峡的法律制度，这种海峡的过境已规定在专门关于这种海峡的国际协定中。"

此外没有其他提案提交给海底委员会。美国和苏联的提案在委员会 1973 年报告（资料来源 3）所附的 "代表团提交备选案文" 中得到反映。

35.3. 在第三次联合国海洋法会议第二期会议（1974 年）上，英国代表提交的一项提案（资料来源 4）包含了以下两条规定：

第九条
本章的任何规定不影响海峡内任何公海区域。

第十条
本章的任何规定不影响《联合国宪章》或已生效的公约或其他国际协定关于某一海峡所规定的义务。

该提案第九条首次提及 "海峡内任何公海区域"。第十条意图使关于海峡一章的除外范围包含 "《联合国宪章》所规定的义务"。第十条也引入了时间要素（与此前的美国提案一样），提及了 "已生效" 的协定。在解释这一提案时，英国代表指出，该提案旨在 "保留现有国际文书中关于某些海峡的规定的效力。"[1]

6 个东欧社会主义国家提出的一项提案（资料来源 5）重复了此前苏联提案的内容。在解释这一提案时，波兰代表指出，"关于海峡的无阻碍过境的规则显然不意味着现有国际协定的废除。"[2]

阿尔及利亚的提案（资料来源 6）以较为简要的措辞规定该条规定 "不适用于已

---

[1] 第二委员会，第 11 次会议（1974 年），正式记录，第二卷第 126 页第 25 段。

[2] 第二委员会，第 13 次会议（1974 年），同上，第 131 页第 21 段。

规定在国际公约中的海峡。"在介绍该提案时，阿尔及利亚代表指出，该草案"不质疑已是国际公约对象的海峡的通过的地位。"③

这些不同的提案反映在《主要趋势工作文件》（资料来源7）的第五十三条、第五十七条方案A第2款和第六十六条。

35.4. 在第三次联合国海洋法会议第三期会议（1975年）上，关于海峡问题的私人小组在一份非正式文件中提出两个相关条款，内容如下：

第八条
本章的任何规定不影响海峡内任何公海区域。

第十条
本章的规定不影响某些海峡的法律制度，这种海峡的通过已全部或部分地规定在长期存在、现行有效的专门关于这种海峡的国际公约中。④

加拿大、智利和挪威代表对这一"所谓'共识案文'"表示反对，认为其之所以不可接受，是"因为它意图改变对国际海峡的习惯定义，并创造这种海峡的全新类别。"⑤反对意见的重点是，对海峡的新定义将"否定……"很多国家已在沿其海岸的直线基线系统的基础上，遵循国际法院在英挪渔业案⑥中作出的判决，并按照1958年《领海和毗连区公约》建立的"……内水制度"。

此后的非正式协商在很大程度上修改了先前的案文。非正式单一协商案文第二部分（资料来源8）第三十五条内容如下：

本部分的任何规定不影响：

（a）海峡内任何内水区域，除非这些水域在按照第六条［现为第七条］所规定的规则划定直线基线前认为是公海或领海的一部分。

（b）海峡国领海以外的水域作为专属经济区或公海的地位；或

（c）某些海峡的法律制度，这种海峡的通过已全部或部分地规定在长期存在、现行有效的专门关于这种海峡的国际公约中。

本条的3个要素第一次被结合到一个单一的条款中：（a）项涵盖内水（针对加拿

---

③ Second Committee, 14th meeting（1974年），同上，第138页第39段。

④ Private Group on Straits（1975年，油印），第八条和第十条。转载在《第三次联合国海洋法会议文件集》第四卷第194页和197页。

⑤ Canada, Chile and Norway（1975年，油印），"备忘录"第三节，转载在《第三次联合国海洋法会议文件集》第四卷第223页。

⑥ 见1951 ICJ Reports，第116页。

大、智利和挪威代表的意见）；（b）项处理领海以外构成专属经济区或公海的水域的地位[7]；（c）项处理其通过已规定在现有公约中的海峡的法律地位。

35.5. 在第三次联合国海洋法会议第四期会议（1976 年）上，西班牙代表（资料来源 21）提出将本条导语中的"部分"一词改为"分节"。土耳其代表（资料来源 22）提出将（c）项修改为如下内容：

（c）某些海峡的法律制度，这种海峡的通过已全部或部分地规定在长期存在、现行有效的专门关于这种海峡的国际公约以及上文提及的国际公约中。

随该提案一起提交的评议说：

海峡的地位和制度由国际公约确立。然而，公约还包含其他虽然对海峡的地位和制度没有直接影响，但与其维持和维护有密切关系的技术条款。因此，我们感到，第三十五条（c）项的文字应涵盖所有这些公约条款。

希腊代表的一项提案（资料来源 23）提出增加一个新的（d）项，内容如下：

（d）海峡国行使完全和专属主权的领空的现有界限和地位。

这一新增内容意图将本条的范围扩大至包括海峡国领空。

经过该期会议的非正式协商，形成如下的《订正的单一协商案文》第二部分第三十四条：

本章的范围

本章的任何规定不影响：

（a）海峡内任何内水区域，但按照第六条确定直线基线的效果使原来并未认为是内水的区域被包围在内成为内水的情况除外；

（b）海峡沿岸国领海以外的水域作为专属经济区或公海的地位；或

（c）某些海峡的法律制度，这种海峡的通过已全部或部分地规定在长期存在、现行有效的专门关于这种海峡的国际公约中。

---

[7] 英国和海峡问题私人小组的提案是在海洋法会议明确将引入专属经济区概念之前提出的。海峡问题私人小组案文第一条的注解解释说，该文该处及其他各处所提及的连接公海两部分的海峡，意指领海外的所有区域，并认为其准确术语应与其他案文中所使用的一致。见资料来源 16。关于对案文在后续的修改中引入对专属经济区的提及的必要性的进一步说明，见下文对第三十六条的评述。

在这一阶段还增加了标题，对（a）项进行了重新措辞，将（c）项中的"地位"换成了"制度"，这一修改部分地反映了土耳其的提案。

35.6. 在第三次联合国海洋法会议第五期会议（1976 年）上，土耳其代表（资料来源 24）提出将（c）项单设为第 2 款，内容如下：

2. 本公约的规定不适用于某些海峡，这种海峡的通过已全部或部分地规定在长期存在、现行有效的专门关于这种海峡的国际公约中。

这一提案会实质性地改变本条的内容，因而没有被接受。

经过第三次联合国海洋法会议第六期会议（1977 年）的非正式协商，非正式综合协商案文（资料来源 10）重复了修订的单一协商案文的内容。

此后此条一直保持未变，只是根据起草委员会的建议（资料来源 15 至资料来源 19）在《公约草案》（资料来源 14）中做了一些修改。这些修改包括：（i）在开头语中将"将影响（shall affect）"改为"影响（affects）"；（ii）将（a）项中的"按照第七条"改为更为确切的"按照第七条所规定的方法"（见上文 8.4 段和 8.5 段）；（iii）将（b）项中的"领海以外的水域……的……地位"中的"地位"前加上了"法律"一词。

35.7（a）.　（a）项中提及第七条所规定的确定直线基线的方法。第七条必须与第八条一同解读，后者也处理在确定的直线基线产生内水的情况下，航行权所受影响的问题。第七条、第八条和第三十五条在非正式单一协商案文第二部分（分别为第六条、第七条和第三十五条）中是关联的，随后对三者的案文文字进行了统一。

（a）项确定，作为海峡沿岸国内水一部分的用于国际航行的海峡区域仍保留内水地位，不受第三部分为海峡航行所规定的专门制度的影响。[8] 这一规定的效果是，外国船舶和飞机在属于领海的海峡区域内所享有的过境通行权或无害通过权将不及于该海峡内的内水。其例外是"按照第七条所规定的方法"确定直线基线前，"并未认为是内水的区域"。因此，在水域如使用第五条所规定的普通基线将被划定为领海、专属经济区或公海，但由于在使用直线基线而成为内水的情形下，这些水域将根据第三部分的规定适用无害通过权或过境通行权。

（a）项在第八条第 2 款中有一个并列条款，该条款在某些水域原来具有领海地位，但因在直线基线的确定使其成为内水的情况下，保持在此种水域内的无害通过权。

35.7（b）.　（b）项处理的是与第三十四条第 1 款相对的一面。第三十四条确定，

---

[8]　第三部分仅适用于国际航行的海峡的通过。它不适用于关于海峡内水域的地位的问题。特别是，第三部分不是为适用于内水或领海外水域的情形而制定的。见 S. N. Nandan 和 D. H. Anderson 著 "Straits used for international navigation: A commentary on Part III of the United Nations Convention on the Law of the Sea 1982," 《不列颠国际法年鉴》第 60 卷，第 153、171 和 173 页（1989 年）。

海峡的航行制度，不应在其他方面影响沿岸国对之行使主权或管辖权的海峡内的水域的法律地位（第三部分规定的除外）；第三十五条（b）项确定，第三部分所规定的用于国际航行的海峡的通过制度并不给予海峡沿岸国对本不在其主权或管辖范围内的水域的其他权力。因而（b）项确定，对于其宽度足以容纳海岸相向国领海之间的一个公海或专属经济区通道的海峡，该通道仍属公海或专属经济区，第五十八条和第八十七条所规定的航行自由适用于该通道。第三部分的海峡制度并没有仅因为这些海洋区域属于海峡的一部分，就为该海峡的沿岸国产生可对这些海洋区域行使的更多权利。然而，这并不影响海峡沿岸国来自第三部分所不包括的条款的权利，如第二三三条所规定的权利。

35.7（c）. （c）项使其通过已全部或部分地规定在长期存在的国际公约中的海峡不受第三部分的影响，并确保现有制度在这种海峡中得到维护。就这一原则，当时在海洋法会议上形成了一般共识，并且，在协商期间，"长期存在"一语取代了"已生效"和"已规定在国际公约中"。对"长期存在"一语虽然没有说明，但它意指《公约》缔结时已存在的对一些海峡的通行作出规定的条约。这一规定的措辞，特别是其与"规定在"和"现行有效"两语的结合，不但认可了1982年《公约》缔结时已存在一个条约制度的概念，而且暗示，对这些海峡的通过的规定无疑已经长时间有效了。

虽然《公约》没有指出这一规则适用的海峡，但在海洋法会议的整个过程中，不同的代表团提到了达达尼尔海峡和博斯普鲁斯海峡（土耳其）⑨、麦哲伦海峡（阿根廷和智利）⑩、贝尔特海峡（丹麦）⑪ 和松德海峡（丹麦和瑞典）⑫，以及亚兰海峡（瑞典

---

⑨　见 1936 年 7 月 20 日签订于蒙特勒的《关于海峡制度的公约》，《国际联盟条约集》第 173 卷第 213 页；《英国条约集》第 30 集（1937 年），《英王敕令》第 5551 号；《美国海洋法杂志》补编第 31 期第 1 页（1937 年）。

⑩　见阿根廷共和国和智利签订于 1881 年 7 月 23 日的《边界条约》，《条约大全》第 159 卷第 45 页。阿根廷和智利于 1984 年协商签署的《和平友好条约》除其他外，在第五条中重申麦哲伦海峡"永远中立，并保证所有国家旗帜的悬旗船都享有航行自由。"《阿根廷 – 智利和平友好条约》，1984 年 11 月 29 日，《联合国条约集》第 1399 卷（注册号 23392）；《国际法资料》第 24 卷第 11 页（1984 年）；《海洋法公报》第 4 卷第 50 和 63 页（1985 年 2 月）。

⑪　奥地利（包括匈牙利和波西米亚）、比利时、法国、英国、汉诺威、汉莎城市（不莱梅、汉堡和卢卑克）、梅克伦堡 – 什未林大公国、荷兰、奥尔登堡、普鲁士、俄国、瑞典 – 挪威作为条约一部分的缔约方，丹麦作为条约另一部分的缔约方签订于 1857 年 3 月 14 日的《松德海峡通过税赎偿条约》，《条约大全》第 116 卷第 357 页。美国与丹麦单独缔结了一项双边条约，规定丹麦终止向悬挂美国国旗的船舶收取松德海峡通过税。《丹麦 – 美国松德海峡通过税终止条约》，1857 年 4 月 11 日，《条约大全》第 116 卷第 465 页；Bevans 编《1776—1949 年美国条约及其他国际协定》第 6 卷第 11 页；《美国法规大全》第 11 卷第 719 页。

丹麦和有关国家之间就松德海峡通过费废除的模式还签订有多个双边条约。这些条约散见于《条约大全》第 116 – 121 卷中。有关贝尔特海峡的问题在大贝尔特海峡案（芬兰诉丹麦）中被诉诸国际法院处理，1991 年国际法院报告第 12 页（临时办法）；1992 年国际法院报告第 348 页（终止）。

⑫　瑞典在签署《公约》时声明，由于丹麦和瑞典之间的厄勒海峡"已全部或部分地规定在长期存在、现行有效的国际公约中，现行法律制度将在《公约》生效后保持不变"。见最新版的 *Multilateral Treaties Deposited with the Secretary-General*（ST/LEG/SER. E/-），Ch. XXI. 6.

和芬兰)⑬。（c）项既指多边的也指双边的"现行有效的……国际公约"。

"全部或部分地"一语指一项条约除其他内容外，载明了就某一海峡的通过作出规定的规则，或仅处理有关海峡的通过的某些方面的问题。

---

⑬　见《亚兰群岛不设防和中立化条约》，1921 年 10 月 20 日，《国际联盟条约集》第 9 卷第 213 页；《英国条约集》第 6 集（1922 年），《英王敕令》第 1680 号；《美国国际法杂志》补编第十七期第 1 页（1923 年）。另见芬兰和瑞典签署《公约》时的声明，见最新版的 *Multilateral Treaties Deposited with the Secretary-General*。

第三十六条 穿过用于国际航行的海峡的公海航道或穿过专属经济区的航道

如果穿过某一用于国际航行的海峡有在航行和水文特征方面同样方便的一条穿过公海或穿过专属经济区的航道，本部分不适用于该海峡；在这种航道中，适用本公约其他有关部分其中包括关于航行和飞越自由的规定。

资料来源

第三次联合国海洋法会议文件

1. A/CONF. 62/C. 2/L. 3（1974 年），第三章第一条第 4 款（a）项，正式记录，第三卷第 183、186 页（英国）。

2. A/CONF. 62/L. 8/Rev. 1（1974 年），附件二附录一〔A/CONF. 62/C. 2/WP. 1〕第五十七条方案 B 第四款（a）项，正式记录，第三卷第 93、107、116 页（总报告员）〔《主要趋势工作文件》〕。

3. A/CONF. 62/WP. 8/Part II（非正式单一协商案文，1975 年），第三十六条，正式记录，第四卷第 152、158 页（第二委员会主席）。

4. A/CONF. 62/WP. 8/Rev. 1/Part II（修正的单一协商案文，1976 年），第三十五条，正式记录，第五卷第 151、159 页（第二委员会主席）。

5. A/CONF. 62/WP. 10（非正式综合协商案文，1977 年），第三十六条，正式记录，第八卷第 1、10 页。

6. A/CONF. 62/WP. 10/Rev. 1（非正式综合协商案文第一次修订稿，1979 年，油印）第三十六条，转载在《第三次联合国海洋法会议文件集》第一卷第 375、404 页。

7. A/CONF. 62/WP. 10/Rev. 2（非正式综合协商案文第二次修订稿，1980 年，油印），第三十六条。转载在《第三次联合国海洋法会议文件集》第二卷第 3、32 页。

8. A/CONF. 62/WP. 10/Rev. 3*（非正式综合协商案文第三次修订稿，1980 年，油印）第三十六条。转载在《第三次联合国海洋法会议文件集》第二卷第 179、209 页。

9. A/CONF. 62/L. 78（《公约草案》，1981 年），第三十六条，正式记录，第十五卷第 172、181 条。

起草委员会文件

10. A/CONF. 62/L. 67/Add. 1 （1981 年，油印）第 56 ~ 57 页。

11. A/CONF. 62/L. 67/Add. 1/Rev. 1 （1981 年，油印）第 54 页。

12. A/CONF. 62/L. 67/Add. 14 （1981 年，油印）第 4 页。

13. A/CONF. 62/L. 72 （1981 年），正式记录，第十五卷第 151 页（起草委员会主席）。

14. A/CONF. 62/L. 152/Add. 21 （1982 年，油印）第 5 页。

15. A/CONF. 62/L. 160 （1982 年），正式记录，第十七卷第 225 页（起草委员会主席）。

非正式文件

16. Informal Working Paper No. 2，条款第四条方案 B 第 4 款 （a）项和方案 D 第 4 款；Informal Working Paper No. 2/Rev. 1，条款第四条方案 B 第 4 款 （a）项和方案 D 第 4 款；Informal Working Paper No. 2/Rev. 2，条款第七条方案 B 第 4 款 （a）项和方案 D 第 4 款 （均为 1974 年，油印）。转载在《第三次联合国海洋法会议文件集》第三卷第 263、270 和 279 页。

17. 西班牙 （1976 年，油印），第三十六条（非正式单一协商案文二）。转载在《第三次联合国海洋法会议文件集》第四卷第 274、275 页。

18. C. 2/Informal Meeting/2 （1978 年，油印），第三十六条（南斯拉夫）。转载在《第三次联合国海洋法会议文件集》第五卷第 4 页。

19. C. 2/Informal Meeting/2/Rev. 1 （1979 年，油印），第三十六条（南斯拉夫）。转载在《第三次联合国海洋法会议文件集》第五卷第 5 页。

20. C. 2/Informal Meeting/2/Rev. 2 （1980 年，油印），第三十六条（南斯拉夫）。转载在《第三次联合国海洋法会议文件集》第五卷第 5 页。

21. 南斯拉夫 （1980 年，油印），第三十六条。转载在《第三次联合国海洋法会议文件集》第四卷第 527 页。

评　　注

36. 1.　第三十六条为《公约》第三部分的适用规定了一个例外。它规定第三部分不适用于穿过某一用于国际航行的海峡有"在航行和水文特征方面同样方便的"一条穿过公海或穿过专属经济区的航道的情形。这一例外将适用于 （i） 24 海里或不足 24 海里宽、任何沿海峡国都未划定 12 海里领海，使海峡中间留有一条公海或专属经济区通道的海峡（见上文第 35. 7 （b）段）；（ii）宽于 24 海里，特别是宽度甚大的海峡，如加拿大和格陵兰之间的戴维斯海峡。在这种通道存在的情形下，适用"本公约其他有关部分……的规定。"

36.2. 在第三次联合国海洋法会议第二期会议（1974年）上，第三十六条的第一个要素由英国在其提案中提交（资料来源1），其内容如下：

> 4. 过境通行适用于海峡，应以以下情形为限：
> （a）海峡没有同等适宜的公海航道；……

英国代表解释说，在宽于24海里的"宽阔海峡"中，"规定专门的过境通行权是没有必要的，因为船舶和飞机可以在公海上航行通过海峡。"①

这一提案随后被纳入《主要趋势工作文件》（资料来源2），成为第五十七条方案B第4款（a）项。②

36.3. 在第三次联合国海洋法会议第三期会议（1975年）上，关于海峡问题的私人小组采用了一个稍作修改的案文，内容如下：

> 4. 过境通行适用于海峡，应以以下情形为限；
> （a）海峡没有同样方便的公海航道；……③

该提案使用了"同样方便"，而不是"同等适宜"的公海通道。

经过进一步的非正式协商，非正式单一协商案文第二部分（资料来源3）采纳了经过大幅度修改的案文作为其第三十六条，内容如下：

> 如果穿过某一用于国际航行的海峡有同样方便的一条公海航道或穿过专属经济区的航道，本部分的规定不适用于该海峡。

该案文以单独的一条处理有"同样方便的一条公海航道或穿过专属经济区的航道"。这样，它采取了与此前各提案不同的方法，即直接针对用于国际航行的海峡的通行制度所"不适用"的海峡（而不是间接规定这一制度的适用有哪些例外情形）。同时，对这一规定做了扩充，以包括"穿过专属经济区的航道"。这一扩充反映了海洋法会议上各方就专属经济区概念达成的普遍共识。这种表述的结果是将"宽阔海峡"从

---

① 第二委员会，第11次会议（1974年），正式记录，第二卷第125页第21段。

② 关于适用于缔约国大陆部分及其岛屿之间的海峡的相似规定的讨论，见下文第三十八条。

③ 海峡问题私下磋商小组（1975年，油印）第一条第4款（a）项。转载在《第三次联合国海洋法会议文件集》第四卷第194页。

本部分的范围内排除了出去（请比较后文45.5）。该条采纳了关于海峡问题的私人小组在形容航道时所用的"同样方便"这一措辞。

36.4. 在第三次联合国海洋法会议第四期会议（1976 年）上，西班牙代表（资料来源 17）提出了一份对第三十六条的修订稿，内容如下：

> 如果穿过某一用于国际航行的海峡有通常用于国际航行目的的一条公海航道或穿过专属经济区的航道，本分节规定将不适用于该海峡。

这一修订稿没有使用"同样方便的航道"的措辞，而是使用了"通常用于国际航行目的的"一条公海航道或穿过专属经济区的航道。（西班牙在海洋法会议本阶段的非正式修订提案通常以"分节"代替"部分"。）这一提案没有获得接受。

经过非正式协商，修订的单一协商案文第二部分（资料来源 4）第三十五条采纳了如下修订：

> 穿过用于国际航行的海峡的公海航道或穿过专属经济区的航道
> 如果穿过某一用于国际航行的海峡有在航行和水文特征方面同样方便的一条穿过公海或穿过专属经济区的航道，本章不适用于该海峡。

除标题外，还作了几处其他改动。"不应适用（shall not apply）"改为"不适用（does not apply）"，因为现在时态足以恰当地描述本条适用的范围。"同样方便的"一语加上了限定语"在航行和水文特征方面"。

在非正式综合协商案文（资料来源 5）中，该案文成为第三十六条，未作修改。

36.5. 在第三次联合国海洋法会议第七期和第九期会议之间（1978—1980 年），南斯拉夫提交了三项非正式提案（资料来源 18 至资料来源 20），建议在第三十六条末尾增加一句"在这种航道［海峡］中，航行和飞越自由不应受阻碍［妨碍］。"这些提案没有获得接受，本条文字直到非正式综合协商案文第二次修订稿（资料来源 7）一直保持未作改动。

在第三次联合国海洋法会议第九期会议后续会议（1980 年）上，南斯拉夫代表团提交了一项更为详细的提案（资料来源 21），提出了如下两个备选案文：

> 备选案文 A
> 在这种公海航道或穿过专属经济区的航道中，分别适用第七部分［公海］或第五部分［专属经济区］，包括关于航行和飞越自由的规定。

> 备选案文 B
> 在穿过某一用于国际航行的海峡有在航行和水文特征方面同样方便的一

条公海航道或穿过专属经济区的航道的情形下，第七部分和第五部分，包括关于航行和飞越自由的规定，在这种航道中适用。

南斯拉夫代表解释说，之所以提出这一提案，是因为"专属经济区的设立绝不能成为航行和飞越自由的障碍"，而"在不作这一修改的情况下，现有的第三十六条可能导致与其原本目的相反的解释。"④ 在南斯拉夫不久后提交的一份书面声明中，南斯拉夫代表团指出，之所以提交这一提案，

> 其目的是使第三十六条的措辞更为明确。相当数量的代表团支持南斯拉夫的提案，很多其他代表团也表达了改进第三十六条措辞的愿望。然而，几个代表团提出的反对意见使南斯拉夫代表团提出的修改未能被非正式综合协商案文的最初两个修订稿采纳……南斯拉夫代表团相信为第三十六条找到一个其解读不会使第五部分和第七部分为所有国家规定的自由或沿海峡国家的权利和管辖权受到影响的［折中］表述是可能的，故有幸就此与很多其他有关代表团进行了详尽的磋商。这些努力产生了一个新的、折中的表述。南斯拉夫代表团相信，这次不会有任何反对意见阻止主席团（the Collegium）将这一表述纳入第三次修订稿中。⑤

虽然南斯拉夫提案后来成为第三十六条修订的基础，但在这一阶段并没有得到接受，在非正式综合协商案文第三次修订稿（资料来源8）中，本条保持不变。

36.6. 在第三次联合国海洋法会议第十期会议后续会议（1981年）上，以起草委员会的一项建议（资料来源10，第56页）为基础，在《公约草案》（资料来源9）中对本条作了略微改动，并使其更加简洁，其内容如下：

> 如果穿过某一用于国际航行的海峡有在航行和水文特征方面同样方便的一条穿过公海或穿过专属经济区的航道，本部分不适用于该海峡。

直到第十一期会议后续会议（1982年），南斯拉夫提案才被纳入本条，只是其措辞比原先更为一般化。以起草委员会的一项建议（资料来源14）为基础，在该条末尾增加了以下内容：

---

④ 见134th plenary meeting（1980年），正式记录，第十四卷第18页第75段。另见南斯拉夫代表在第127次全体会议（1980年）上的讲话，正式记录，第十三卷第24页第3段。该讲话指出，第八十七条和第五十八条规定的航行和飞越自由不应受到阻碍，并且"必须明示规定"这一点。

⑤ A/CONF.62/WS/11（1980年），正式记录，第十四卷第147页第6段（南斯拉夫）。

在这种航道中，适用本公约其他有关部分其中包括关于航行和飞越自由的规定。

由此可见，本条是在海洋法会议的相当后期才形成其最终形态的。

36.7（a）． 如同早先的提案所指出的，使用"同等适宜"的公海航道的措辞可能会造成麻烦，因此将案文改为"同样方便。"在航海工作者看来，没有哪两个航道在适当性上是"同等"的，但客观上在"方便"性上，两者间的差别却可能很小。"在航行和水文特征方面"这一修饰语的添加明确了方便性的相似度是由时间、距离、安全性、海况、能见度、水深和船只定位的难易程度等客观因素决定的。[6]

36.7（b）． "在航行和水文特征方面同样方便"的概念考虑到了符合第三十六条所描述的特征的海峡可能对一类船舶或飞机是"同样方便"的，但对其他类则不是的可能性。例如，如果一个沿海国行使其将其领海扩展至12海里的权利，就有可能因为助航设施（灯塔、航标灯等）的安置，使具有较高驾驶台的船舶能够安全地在12海里外航行，而驾驶台较低的船舶则不能在同一距离看到助航设施。同样的，一艘装有雷达的船舶可能能够安全地在12海里外航行，而另一艘没有雷达的船舶则不行。可以说，对于能力较弱的船舶，穿过公海或穿过专属经济区的航道在航行和水文特征方面是不会"同样方便"的，因此符合行使过境通行权的条件，而具有较完备设备的船舶则没有。机动性和导航自如性上的差异之大，足以使能力较差的过境船只可以不被要求保持在公海或专属经济区通道内航行。

36.7（c）． 用于国际航行的海峡有同样方便的公海航道，将导致过境通行制度不再适用。这种地理条件将使第三部分全部不适用，包括第四十五条所规定的不应予以停止的无害通过。如果这两种制度都不适用，那么船舶或飞机必须使用完全在公海或专属经济区内的航道，或在符合条件的情况下，行使其领海内无害通过权。对于船舶，考虑到后一种权利在其制度表述上与1958年《领海和毗连区公约》的表述相比的巨大改进，通常是可以行使的（见上文对第十九条的评述）。对于飞机，是不存在习惯的领海上空的飞越权的。

36.7（d）． 如果没有以"在这种航道中……"起始的最后一句，本条将只规定什么制度不适用于这些穿过海峡的公海和专属经济区航道，而不明确规定哪一个（或

---

[6] 在签署《公约》时，希腊代表提出了在确定穿过"因散布有众多岛屿而形成实际上服务于同一国际航道的多个可选海峡的地区"的航道时，需要平衡的问题，指出：

有关沿海国有责任指定前述多个可选海峡中的一条或多条航道，使第三国的船舶和飞机以既可以满足国际航行和飞越的要求，又能满足过境船舶和飞机以及沿海国的最低安全要求的方式，依过境通行制度通过。

见最新版的 *Multilateral Treaties Deposited with the Secretary-General*（ST/LEG/SER. E/-），第21章第6节。

哪些）制度适用。增加的这一句通过明确规定适用《公约》的其他"有关"部分，排除了歧义的可能。对于穿过公海的航道，整个第七部分都是适用的；对于穿过专属经济区的航道，第五部分是适用的（包括第五十八条）。第三十六条不一定仅适用于宽于24 海里的海峡，因为不是每个沿海国都将其领海宽度定为 12 海里。然而，如果一条有公海或专属经济区航道穿过的不足 24 海里宽的海峡由于一个或多个沿海峡国将其领海扩展至 12 海里的后续措施而成为"领"海，那么第三十六条所规定的例外将不再适用。

36.7（e）. 虽然有代表提出《公约》没有载明"海峡"和"用于国际航行的海峡"两语的涵义⑦，但第三十六条至少暗示了"海峡"的部分定义。从第三十六条可以清楚地看出，"海峡"一语的法律概念不仅限于指那些窄到海岸相向国家领海的外部界限相接的海洋通道。为本公约的目的，第三十六条并没有要求将"狭窄程度"作为"海峡"的要素。

---

⑦　例见第二委员会第十四次会议（1974 年）上智利代表的发言，正式记录，第二卷第 138 页第 43 段和第 47 段，和尼日利亚的发言，第 49 段，出处同前。

第二节　过境通行

第三十七条　本节的范围

本节适用于在公海或专属经济区的一个部分和公海或专属经济区的另一部分之间的用于国际航行的海峡。

资料来源

第三次联合国海洋法会议文件

1. A/AC. 138/SC. II/L. 18，第五条第 4 款，转载在《1973 年海底委员会报告》第三卷第 3、5 页（塞浦路斯、希腊、印度尼西亚、马来西亚、摩洛哥、菲律宾、西班牙和也门）。

2. A/AC. 138/SC. II/L. 42 and Corr. 1，第四条第 2 款，转载在《1973 年海底委员会报告》第三卷第 91、94 页（斐济）。

3. A/CONF. 62/C. 2/L. 3（1974 年），第三章第一条第 3 款，正式记录，第三卷第 183、185 页（英国）。

4. A/CONF. 62/C. 2/L. 11（1974 年），第一条第 1 款，正式记录，第三卷第 189 页（保加利亚、捷克斯洛伐克、德意志民主共和国、波兰、乌克兰苏维埃社会主义共和国和苏联）。

5. A/CONF. 62/C. 2/L. 15（1974 年），第一条第 3 款，正式记录，第三卷第 191 页（丹麦和芬兰）。

6. A/CONF. 62/C. 2/L. 16（1974 年），第二十条，正式记录，第三卷第 192、194 页（马来西亚、摩洛哥、阿曼和也门）。

7. A/CONF. 62/C. 2/L. 20（1974 年），第一条第 3 款（a）项，正式记录，第三卷第 198、199 页（阿尔及利亚）。

8. A/CONF. 62/C. 2/L. 44（1974 年），正式记录，第三卷第 221 页（阿尔及利亚、巴林、伊拉克、科威特、利比亚阿拉伯共和国、卡塔尔、沙特阿拉伯、叙利亚阿拉伯共和国、突尼斯和阿联酋）。

9. A/CONF. 62/C. 2/L. 83（1974 年），正式记录，第三卷第 241 页（加拿大）。

10. A/CONF. 62/L. 8/Rev. 1（1974 年）附件二附录一［A/CONF. 62/C. 2/WP. 1］第五十一条，正式记录，第三卷 93、107、115 页（总报告员）[《主要趋势工作文件》]。

11. A/CONF. 62/WP. 8/Part II（非正式单一协商案文，1975 年），第三十七条，正式记录，第四卷第 152、158 页（第二委员会主席）。

12. A/CONF. 62/WP. 8/Rev. 1/Part II（非正式单一协商案文，1976 年），第三十六条，正式记录，第五卷第 151、159 页（第二委员会主席）。

13. A/CONF. 62/WP. 10（非正式综合协商案文，1977 年），第三十七条，正式记录，第八卷第 1、10 页。

14. A/CONF. 62/WP. 10/Rev. 1（非正式综合协商案文第一次修订稿，1979 年，油印），第三十七条。转载在《第三次联合国海洋法会议文件集》第一卷第 375、404 页。

15. A/CONF. 62/WP. 10/Rev. 2（非正式综合协商案文第二次修订稿，1980 年，油印）第三十七条。转载在《第三次联合国海洋法会议文件集》第一卷第 3、32 页。

16. A/CONF. 62/WP. 10/Rev. 3*（非正式综合协商案文第三次修订稿，1980 年，油印），第三十七条，转载在《第三次联合国海洋法会议文件集》第一卷第 179、209 页。

17. A/CONF. 62/L. 78（《公约草案》，1981 年）第三十七条，正式记录，第十五卷第 172、181 页。

起草委员会文件

18. A/CONF. 62/L. 67/Add. 1（1981 年，油印）第 58 页。

19. A/CONF. 62/L. 67/Add. 1/Rev. 1（1981 年，油印）第 55 页。

20. A/CONF. 62/L. 72（1981），正式记录，第十五卷第 151 页（起草委员会主席）。

21. A/CONF. 62/L. 152/Add. 21（1982 年，油印）第 6 页。

22. A/CONF. 62/L. 160（1982 年），正式记录，第十七卷第 225 页（起草委员会主席）。

非正式文件

23. Informal Working Paper No. 2，条款第一条和第四条方案 B 第 3 款和方案 D 第 3 款；No. 2/Rev. 1 条款第四条，方案 B 第 3 款和方案 D 第 3 款；和 No. 2/Rev. 2 条款第一条和第七条，方案 B 第 3 款和方案 D 第 3 款（均为 1974 年，油印）。转载在《第三次联合国海洋法会议文件集》第二卷第 263、270 和 279 页。

24. 西班牙（1976 年，油印），第三十七条（非正式单一协商案文二）。转载在《第三次联合国海洋法会议文件集》第四卷第 274、275 页。

25. 以色列（1976 年，油印）第三十六条（订正的单一协商案文二）。转载在《第三次联合国海洋法会议文件集》第四卷第 403 页。

26. 以色列（1977年，油印）第三十六条（订正的单一协商案文二）。转载在《第三次联合国海洋法会议文件集》第四卷第403页。

评 注

37.1. 第三十七条构成了对过境通行制度的介绍，并明确了第二节（第三十七条至第四十四条）所规定的过境通行权所适用的海峡，即公海或专属经济区的一个部分和公海或专属经济区的另一部分之间的用于国际航行的海峡。不属于此两类中任何一类的海峡（除第三十五条（c）项规定下的，和没有另外按照第三一一条以与本公约相符合的形式管理的海峡），属于第四十五条的范围。

要使第二节适用于某一特定海峡，必须满足两个条件——一个是地理上的，一个是功能上的。地理上的条件是，该海峡应连接公海或专属经济区的一个部分和公海或专属经济区的另一部分。功能上的条件是，该海峡应"用于国际航行。"这两个标准来自（经过修改）国际法院对"科孚海峡案"的判决（见上文 III.3）。

37.2. 在海底委员会1973年会议上，8个海峡国（资料来源1）提交的一项提案规定，在领海内"不应停止外国船舶穿过用于国际航行的海峡的无害通过。"斐济代表提交的一项关于领海通过的提案（资料来源2）采用了相同的措辞。

37.3. 在第三次联合国海洋法会议第二期会议（1974年）上，英国代表提出的关于领海和海峡的条款草案的第一条第3款内容如下：

本条适用于符合以下条件的任何海峡或其他水域，无论其地理名称是什么：

（a）用于国际航行；

（b）连接公海的两部分。

丹麦和芬兰代表提出的一项提案建议修改英国提案的范围，使其仅包括"基线之间宽于6海里"的海峡（基于3海里领海），理由是对于不足6海里宽的海峡，没有必要改变现有的无害通过规则①。在英国措辞的基础上作出轻微修改的提案有以下几个：6个东欧社会主义国家的提案（资料来源4）（"公海的一个部分和公海的另一部分之间的用于国际航行的海峡。"）；4个海峡国家的提案（资料来源6）（"用于国际航行并构成一国或多国领海一部分的海峡"）；阿尔及利亚（资料来源7）（"连接公海的两部分并传统上用于国际航行的海峡"）；10个阿拉伯国家（资料来源8）（"任何连接公海的

---

① 其效果将把丹麦海峡排除在外，该海峡现已由国际协定解决，这将使其属于第三十五条（c）项的范围。另见丹麦代表关于现有的丹麦海峡专门制度的发言，该发言说这些制度"应仍然有效"。第二委员会第十一次会议正式记录，第二卷第124页第7－9段。

两部分并习惯上用于国际航行的海峡"）；加拿大的提案（资料来源9）（"符合下列条件的陆地构造之间的自然通道：（a）（i）沿其走向上的任意一点位于一国或多国领海之内且（ii）连接……［并］（b）传统上用于国际航行"）。

在《主要趋势工作文件》（资料来源10）中，这些提案反映在条款第五十一条中（《主要趋势工作文件》条款第五十七条收入了海底委员会提交的提案的措辞）。

37.4. 在第三次联合国海洋法会议第三期会议（1975年）上，关于海峡问题的私人小组采用了经过略微修改的表述，内容如下：

> 本条适用于任何符合下列条件的海峡（海峡一语包括任何自然形成的水域，无论其地理名称如何）：
>
> （a）用于国际航行，且
>
> （b）连接公海的两个部分。[②]

加拿大、智利和挪威代表认为该案文是无法接受的，特别是由于其"将内水水域定性为国际海峡。"[③] 他们更倾向于此前加拿大提案的措辞。

经过进一步的非正式协商，非正式单一协商案文第二部分（资料来源11）采纳了更为笼统的案文，作为其第三十七条，其内容如下：

> 本节内各条适用于在公海或专属经济区的一个部分和公海或专属经济区的另一部分之间的用于国际航行的海峡。

该条没有试图对"海峡"一语作出定义，而是仅仅以笼统的措辞说明非正式单一协商案文第二部分中该节适用于哪些海峡。

37.5. 在第三次联合国海洋法会议第四期会议（1976年）上，西班牙代表团提出的一项非正式提案（资料来源24）建议将"节"改为"分节"，并将本组条款的标题

[②] Private Group on Straits（1975年，油印），第一条第1款。转载在《第三次联合国海洋法会议文件集》第四卷第194页。该文下附的脚注有如下说明：

本处及其他各处均意指一切领海以外的区域。确切的术语应与第二委员会拟定的其他案文相符。

由此可见，关于海峡问题的私人小组希望此条以后的修改将包括公海的两部分之间，或公海和专属经济区之间，或一个专属经济区和另一个专属经济区之间的海峡。

该案文使用了"自然形成的"一语以绝对明确运河是不包括在海峡的定义中的。见 S. N. Nandan 和 D. H. Anderson 著 "Straits used for international navigation: A commentary on Part III of the United Nations Convention on the Law of the Sea 1982"，《不列颠国际法年鉴》第60卷第159、178页（注释67）（1989年）。

[③] 加拿大、智利和挪威（1975年，油印），《备忘录》。转载在《第三次联合国海洋法会议文件集》第四卷第233页。

由"过境通行"改为"海峡航行。"这些修改未获接受，在订正的单一协商案文第二部分（资料来源12）中，第三十六条增加了标题，并大体保持了此前的措辞（省略了开头的"……内各条"）。

37. 6. 在第三次联合国海洋法会议第五期会议（1976 年）上，以色列代表的提案（资料来源25）说："1958 年《公约》[《领海和毗连区公约》] 所重申的一个制度适用于所有用于国际航行的海峡的现有一般国际法原则，不应受到削弱。"为此，该国建议订正的单一协商案文第二部分第三十六条应修改为："本节适用于所有用于国际航行的海峡。"该提案随后指出："随之而来的必要修改应不妨害已被接受的由第三十七条第一款所处理的一项例外"（即岛屿/大陆例外（见后文第38.8（a）段和38.8（b）段））。（第六期会议（1977 年）上以色列再次提交了该提案（资料来源26）。）

案文直到被非正式综合协商案文（资料来源13）采纳为第三十七条时，一直未作改动。

本条案文最终在采纳起草委员会建议后确定下来（资料来源18 至资料来源22）。本阶段最重要的修改是将"区域"替换为"部分"（以避免与第十一部分所使用的"区域"相混淆（见上文第1.17 段）。

37. 7（a）. 第三十七条必须结合第三十六条和第三十八条第 1 款一起解读。第三十六条将过境通行制度的适用限制于没有同样方便地穿过公海或穿过专属经济区的航道的海峡（见上文第36.7(a) 段和36.7(b) 段）。第三十八条第 1 款将本来属于第三十七条范围内的一类海峡（岛屿/大陆海峡；见下文38.8（a）段）从过境通行制度内排除出去。

37. 7（b）. 尽管在第三次海洋法会议早期阶段曾有人试图加入对"海峡"一语的定义，但《公约》至今也未对其作定义（见上文第 III. 15 段）（关于"用于国际航行的海峡"一语，见上文第 III. 16 段）。同样，"公海"一语也在《公约》中未作定义（见本系列第三卷对第八十六条的评述）。"专属经济区"一语将在第五十五条的评述中讨论（见下文第 55.1 段和 55. 10（a）段）。

37. 7（c）. 用国际民航组织秘书处的话说，"《公约》为用于国际航行的海峡制定了一个新的国际法律制度。"该秘书处还指出：

> 《公约》创造了一个新的国际法术语，即用于国际航行的海峡的"过境通行权"，该术语是"自由过境"和"无害通过权"两者间的折中。船舶和飞机享有公海或专属经济区的一个部分和公海或专属经济区的另一部分之间的用于国际航行的海峡的不受阻碍的过境通行的权利（第三十七条和第三十八条）。过境通过指为在海峡继续不停和迅速过境的目的而行使飞越自由。[4]

---

④ 秘书处研究报告 *United Nations Convention on the Law of the Sea-Implications*，*if any*，*for the application of the Chicago Convention*，*its Annexes and other international air law instruments*，国际民航组织，ICAO doc. C-WP/777（1984 年，油印），9.1 和 9.3。转载为 LC/26-WP/5-1（1987 年，油印），载于《荷兰国际法研究所年鉴》第 3 卷 [1987 年] 第 243、251 页。

第三十八条　过境通行权

1. 在第三十七条所指的海峡中，所有船舶和飞机均享有过境通行的权利，过境通行不应受阻碍；但如果海峡是由海峡沿岸国的一个岛屿和该国大陆形成，而且该岛向海一面有在航行和水文特征方面同样方便的一条穿过公海，或穿过专属经济区的航道，过境通行就不应适用。

2. 过境通行是指按照本部分规定，专为在公海或专属经济区的一个部分和公海或专属经济区的另一部分之间的海峡继续不停和迅速过境的目的而行使航行和飞越自由。但是，对继续不停和迅速过境的要求，并不排除在一个海峡沿岸国入境条件的限制下，为驶入、驶离该国或自该国返回的目的而通过海峡。

3. 任何非行使海峡过境通行权的活动，仍受本公约其他适用的规定的限制。

资料来源

第三次联合国海洋法会议文件

1. A/AC. 138/SC. II/L. 4 and Corr. 1，第二条第 1 款，转载在《1971 年海底委员会报告》第 241 页（美国）。

2. A/AC. 138/SC. II/L. 7，第一条第 1 款和第二条第 1 款，转载在《1972 年海底委员会报告》第 162 页（苏联）。

3. A/AC. 138/SC. II/L. 30 and Corr. 1，（a）款，转载在《1973 年海底委员会报告》第 70 页（意大利）。

4. 第 4.2 项，"Other related matters...，"备选案文 C 第一条（1），转载在《1973 年海底委员会报告》第四卷第 49 页。

5. 第 4 项，"用于国际航行的海峡"，备选案文 D 第一条第 1 款和第二条第 1 款；和备选案文 E 第 1 款，转载在《1973 年海底委员会报告》第四卷第 50 ~ 51 页。

6. A/CONF. 62/C. 2/L. 3（1974 年），第三章第一条第 1、2、4 款。正式记录，第三卷第 183、185 页（英国）。

7. A/CONF. 62/C. 2/L. 11（1974 年），第一条第 1 款，正式记录，第三卷第 189 页（保加利亚、捷克斯洛伐克、德意志民主共和国、波兰、乌克兰苏维埃社会主义共和国和苏联）。

8. A/CONF. 62/L. 8/Rev. 1（1974 年），附件二附录一［A/CONF. 62/C. 2/WP. 1］，条款第五十七条方案 A 第 1 款；方案 B 第 1、2 款和第 4 款；以及方案 C 第 1 款，正式记录，第三卷第 93、107、116 页（总报告员）［《主要趋势工作文件》］。

9. A/CONF. 62/WP. 8/Part II（非正式单一协商案文，1975 年），第三十八条，正式记录，第四卷第 152、158 页（第二委员会主席）。

10. A/CONF. 62/WP. 8/Rev. 1/Part II（订正的单一协商案文，1976 年），第三十七条，正式记录，第五卷第 151、159 页（第二委员会主席）。

11. A/CONF. 62/WP. 10（非正式综合协商案文，1977 年），第三十八条，正式记录，第八卷第 1、10 页。

12. A/CONF. 62/WP. 10/Rev. 1（非正式综合协商案文第一次修订稿，1979 年，油印），第三十八条。转载在《第三次联合国海洋法会议文件集》第一卷第 375、404 页。

13. A/CONF. 62/WP. 10/Rev. 2（非正式综合协商案文第二次修订稿，1980 年，油印），第三十八条。转载在《第三次联合国海洋法会议文件集》第一卷第 3、33 页。

14. A/CONF. 62/WP. 10/Rev. 3 *（非正式综合协商案文第三次修订稿，1980 年，油印），第三十八条。转载在《第三次联合国海洋法会议文件集》第一卷第 179、209 页。

15. A/CONF. 62/L. 78（《公约草案》，1981 年），第三十八条，正式记录，第十五卷第 172、181 条。

起草委员会文件

16. A/CONF. 62/L. 67/Add. 1（1981 年，油印），第 59～61 页。

17. A/CONF. 62/L. 67/Add. 1/Rev. 1（1981 年，油印），第 56～58 页。

18. A/CONF. 62/L. 67/Add. 14（1981 年，油印），第 4 页。

19. A/CONF. 62/L. 72（1981 年），正式记录，第十五卷第 151 页（起草委员会主席）。

非正式文件

20. Informal Working Paper No. 2，条款第四条，方案 A 第 1 款，方案 B 第 1、2 款和第 4 款（b）项，方案 C 和方案 D 第 1 款；No. 2/Rev. 1，条款第四条，方案 A 第 1 款，方案 B 第 1、2 款和第 4 款（b）项，方案 C 和方案 D 第 1、2 款；No. 2/Rev. 2，第七条，方案 A，第 1 款，方案 B 第 1、2 款和第 4 款（b）项，方案 C 和方案 D 第 1、2 款（均为 1974 年，油印）。转载在《第三次联合国海洋法会议文件集》第二卷第 263、270 和 279 页。

21. 西班牙（1976 年，油印），第三十八条（非正式单一协商案文二）。转载在

《第三次联合国海洋法会议文件集》第四卷第 274、275 页。

22. 希腊（［1976 年］，油印），第三十八条（非正式单一协商案文二）。转载在《第三次联合国海洋法会议文件集》第四卷第 282 页。

23. 马来西亚（1976 年，油印），第三十七条（订正的单一协商案文二）。转载在《第三次联合国海洋法会议文件集》第四卷第 396 页。

24. 摩洛哥（［1976 年］，油印），第三十七条（订正的单一协商案文二）。转载在《第三次联合国海洋法会议文件集》第四卷第 399 页［仅有法文版本］。

25. 西班牙（［1977 年］，油印），第三十七条（订正的单一协商案文二）。转载在《第三次联合国海洋法会议文件集》第四卷第 393 页。

26. C. 2/Informal Meeting/4（1978 年，油印），第三十八条（西班牙）。转载在《第三次联合国海洋法会议文件集》第五卷第 6 页。

27. C. 2/Informal Meeting/22（1978 年，油印），第三十八条（摩洛哥）。转载在《第三次联合国海洋法会议文件集》第五卷第 30 页。

评　注

38. 1.　第三十八条规定在用于国际航行的海峡中，所有船舶和飞机均享有过境通行的权利，过境通行不应受阻碍。它规定了过境通行的一项例外，即海峡"是由海峡沿岸国的一个岛屿和该国大陆形成"的情形。不过，这一例外只有在该岛向海一面有在航行和水文特征方面同样方便的一条穿过公海，或穿过专属经济区的航道的情形下适用（在这一点上，使用了与第三十六条平行的措辞）。在这种岛屿/大陆海峡中，根据第四十五条的规定，有不可停止的无害通过权。

第 1 款规定了本条适用的海峡，即"第三十七条所指的海峡。"第 2 款给出了"过境通行"一语的涵义，规定这种通行应是"继续不停"和"迅速"的，且这种通行应"按照本部分规定。"第 3 款规定，非行使海峡过境通行权的活动，受"本公约其他适用的规定的限制。"

38. 2.　在海底委员会，美国（资料来源 1）和苏联代表团（资料来源 2）的提案都规定，在用于国际航行的海峡中，船舶和飞机"为穿过和飞越这种海峡过境的目的……"，享有"与其在公海上相同的航行和飞越自由。"相似的措辞也出现在意大利提交的一份关于海峡的条款草案中（资料来源 3）。这些提案反映在该委员会 1973 年报告所附的备选案文清单中（资料来源 4 和资料来源 5）。

38. 3.　在第三次联合国海洋法会议第二期会议（1974 年）上，英国代表团提交的提案（资料来源 6）包括了海事大国所寻求的基本航行和飞越自由，并包括了英国认为保护海峡沿岸国的合法利益所需的适当保障措施。英国提案就过境通行作出了如下表述：

1. 在本条所适用的海峡中，所有船舶和飞机均享有过境通行的权利，过境通行不应受阻碍。

2. 过境通行指按照本章规定，为在公海的一个部分和公海的另一部分或一个沿海峡国之间的海峡继续不停和迅速过境的目的而行使航行和飞越自由。

……

4. 过境通行应仅在以下范围内适用：

（a）海峡没有同等适宜的公海航道；或

（b）如果海峡是由沿海国的一个岛屿形成，该岛向海一面没有同等适宜的公海航道。

英国提案引入了"过境通行"一语，并在第4款中描述了过境通行可适用的情形（通过排除某些情形）。

英国代表强调，如果12海里领海获得接受，将使几条"形成国际航行必要通路"的海峡受到影响，并由此产生"确保穿过那些世界交通网上的重要通路的不受限制的航行仍可供国际社会使用"的必要。①英国代表就第一条解释说：

18. 第一条载明了通过连接公海的两个部分的海峡过境通行的概念。这一概念……与［该代表团］所认为的当前最佳国际做法相符。它提出行使过境通行权的船舶和飞机在其过境时不应受到阻碍或妨碍。同时，这一权利是"专为在……海峡继续不停和迅速过境的目的"而给予的。

19. 在考虑该权利所适用的地理情形时，该代表团首先考虑到的是连接公海的一个部分和公海另一部分的海峡。然而，由于具体海峡还有其他名称，如"channel"或"passage"，且往往没有一条精确的起始线，故第一条第3款规定，本条适用于"任何海峡或其他水域，无论其地理名称是什么"，只要是海洋的。

20. 该代表团还考虑到了一侧有一个以上沿岸国的狭长海峡的情形。假设一海峡的西侧有A、B两国，东侧有一C国，根据英国草案，首先，船舶或飞机在北向或东向通过整个海峡的情形下，应享有过境权；其次，船舶或飞机在通过A国和C国间的首段海峡以期前往B国一港口或机场的情形下，应享有过境权。这就是第一条第2款末尾使用"或一个沿海国"措辞的目的。

21. 第一条第4款是关于两种例外情形的。第一种可称为宽阔海峡：如果海峡宽度大大超过24海里，并在中央有足够宽的公海航道通过，就没有必要规定专门的过境通行权，因为船舶和飞机可以经公海通过海峡。第二种情形

① Second Committee, 11th meeting（1974年），正式记录，第二卷第125页第17段。

是并不鲜见的由一个距海峡国不足24海里的岛屿所形成的海峡。该代表团同样认为，只要在岛屿向海一面有同等适宜的公海航道，在这种情形下给予在岛屿和该国海岸之间的过境通行权的理由就是不充分的。②

英国代表在其说明性发言中，提到了"海峡沿岸国"。这是该词第一次被使用（但直到订正的单一协商案文，该词才被纳入条文中（见下文第38.5段））。

一项由6个东欧社会主义国家提出的提案（资料来源7）的措辞规定"所有过境船只应平等享有为在……"用于国际航行的海峡"……过境通行的目的的航行自由。"它包括了为"狭窄海峡"和"特定航行水道"制定的专门规定，为它们划定了通道，以便通过维护这些通道确保航行安全。在谈到这一提案时，苏联代表

　　强调了所有过境船只享有平等的为在连接公海的两个部分的用于国际航行的海峡过境通行的目的的航行自由的原则的重要性。针对这些海峡采用无害通过原则将导致妨碍国际贸易的风险，对某些国家和整个国际社会造成严重损害。③

苏联代表还强调，与用于国际航行的海峡相关的事项是不能容许"单边解决的"。

在《主要趋势工作文件》（资料来源8）中，关于过境通行权的不同提案载在条款第五十七条中；基于在构成领海的海峡部分中保留无害通过权的各提案载在条款第五十二条和第五十四条中。

38.4.　在第三次联合国海洋法会议第三期会议（1975年）上，英国提案成为关于海峡问题的私人小组工作的基础。该小组就用于国际航行的海峡的通行拟定了一项案文，该案文第一条大体保留了英国案文的内容。该案文内容如下：

　　2. 在本条所适用的海峡中，所有船舶和飞机均享有过境通行的权利，过境通行不应受阻碍。

　　3. 过境通行指按照本章规定，专为在公海的一个部分和公海另一部分之间或公海和一个海峡沿岸国之间的海峡继续不停和迅速过境的目的而行使航行和飞越自由。

　　4. 过境通行应仅在以下范围内适用：

　　（a）海峡没有同样方便的公海航道；或

　　（b）如果海峡是由沿海国的一个岛屿形成，该岛向海一面没有同样方便

---

② 同上，第18－21段。

③ Second Committee, 12th meeting（1974年），出处同上，第126页第1段（另见第2段）。

的公海航道。

5. 任何非行使海峡过境通行权的活动，仍受本公约其他适用的规定的限制。④

该案文还以穿过公海的"同样方便的航道"替换了"同等适宜"，并规定通行应是"专为"在海峡继续不停和迅速过境的目的的。对第 3 款做了扩充，使其还包括了"公海和一个海峡沿岸国之间"的海峡。⑤ 第 5 款是新增的，规定任何非过境通行活动应受《公约》其他适用的规定的限制。

经过进一步非正式协商，新的第 5 款被非正式单一协商案文第二部分中经过修订的案文（资料来源 9）所采纳。该案文第三十八条内容如下：

1. 在第三十七条所指的海峡中，所有船舶和飞机均享有过境通行的权利，过境通行不应受阻碍；但如果海峡是由海峡国的一个岛屿形成，而且该岛向海一面有同样方便的一条穿过公海，或穿过专属经济区的航道，过境通行就不应适用。

2. 过境通行指按照本部分规定，专为在公海或专属经济区的一个区域和公海或专属经济区的另一个区域之间的海峡继续不停和迅速过境的目的而行使航行和飞越自由。

3. 本条所承认的过境通行权也可在一个海峡沿岸国入境条件的限制下，为过境前往或离开另一个海峡国的目的而行使。

4. 任何非行使海峡过境通行权的活动，仍受本公约其他适用的规定的限制。

该案文结合了英国和关于海峡问题的私人小组提交的提案的要素，采用了关于海峡问题的私人小组的措辞，并增加了对专属经济区的提法。"岛屿例外"被移入第 1 款，而在新增加的第 3 款则纳入了关于"在一个海峡沿岸国入境条件的限制下，过境前往或离开另一个海峡国"的规定。关于宽阔海峡的规定在此前的提案中在第 4 款（a）项，现在被另设一条（见上文第 36.3 段）。

38.5. 在第三次联合国海洋法会议第四期会议（1976 年）上，西班牙提交了一项非正式提案（资料来源 21），提出若干项修改，包括：（i）删除所有对飞机的提法；

---

④ Private Group on Straits（1975 年，油印），第一条第 2 – 5 款。转载在《第三次联合国海洋法会议文件集》第四卷第 194 页。

⑤ 加拿大、智利和挪威提交的一份"备忘录"对这一修改提出了反对意见，认为"设想新的海峡类别，在法律和政治上将是错误的。"见《第三次联合国海洋法会议文件集》第四卷第 223 页（第 4 段）。

（ii）将文中所有"过境通行"改为"通行"；（iii）第1款后半部和第2款前半部使用新措辞；和（iv）在第3款中，将"为过境……的目的"改为"为航行……的目的。"

希腊代表团也提交了一项提案（资料来源22），建议删除对飞机和飞越的提法。此外，它还建议在第1款的岛屿例外中的"一个岛屿"之后增加"或一群岛屿。"

这两个非正式修改都未获得接受。

经过进一步的非正式讨论，订正的单一协商案文第二部分（资料来源11）对本条做了修改，该案文第三十七条内容如下：

过境通行权

1. 在第三十六条所指的海峡中，所有船舶和飞机均享有过境通行的权利，过境通行不应受阻碍；但如果海峡是由海峡沿岸国的一个岛屿和该国大陆形成，而且该岛向海一面有在航行和水文特征方面同样方便的一条公海航道，或在专属经济区内的航道，过境通行就不应适用。

2. 过境通行指按照本章规定，专为在公海或专属经济区的一个区域和公海或专属经济区的另一个区域之间的海峡继续不停和迅速过境的目的而行使航行和飞越自由。但是，对继续不停和迅速过境的要求，并不排除在一个海峡沿岸国入境条件的限制下，为驶入、驶离该国或自该国返回的目的而通过海峡。

3. 任何非行使海峡过境通行权的活动，仍受本公约其他适用的规定的限制。

在这一阶段增加了标题。在第1款，增加了对同样方便的航道的限定语"在航行和水文特征方面"（第三十六条做了相同的调整）。第2款结合了非正式单一协商案文第2款和第3款；并提及了"海峡沿岸国"。第3款重复了非正式单一协商案文第4款。

38.6. 在第三次联合国海洋法会议第五期会议（1976年）上，马来西亚代表团（资料来源23）提出扩充第3款，使过境通行以外的活动，受《公约》规定和"其他国际法规则"的限制。摩洛哥也提交了相似的提案（资料来源24）。

在第三次联合国海洋法会议第六期会议（1977年）上，西班牙代表团（资料来源25）重复了其先前从本条中删去飞机的提案，并提议扩展第3款适用的范围。

在第三次联合国海洋法会议第五期和第六期会议上的非正式提案都没有获得接受，非正式综合协商案文（资料来源11）第三十八条重复了订正的单一协商案文的实质性内容，只采纳了几处细微的文案修改。

38.7. 在第三次联合国海洋法会议第七期会议（1978年）上，西班牙（资料来源26）和摩洛哥代表团（资料来源27）重复了其先前的提案，但这些修改再次未获接受。

此后本条案文没有实质性的改动，只是根据起草委员会的意见作了几处文案修改（资料来源 16 至资料来源 19）。这些修改多数旨在使第 1 款与第三十六条一致。⑥

38.8（a）. 在使用海峡的国家看来，第 1 款是第三部分最重要的一项规定。它肯定了所有船舶和飞机均享有第三部分所规定过境通行的权利——"所有船舶和飞机均享有……的权利"的措辞是明确、无歧义且无例外的。⑦ 它包括所有类型的船舶。第 1 款确认，享有过境权，与国籍、所有人、是否具有军舰或商船地位，或是否具有民用或国有飞机地位（依 1944 年《国际民航公约》定义⑧）无关。这一权利适用于第三十七条所指的海峡，无论其宽度如何。

第三十八条第 1 款针对范围有限的一类海峡规定了过境通行制度的例外，即由海峡沿岸国的一个岛屿和该国大陆形成，而且该岛向海一面有"在航行和水文特征方面同样方便的一条穿过公海，或穿过专属经济区的航道"（关于"同样方便的"一语，见上文第 36.7（a）和 36.7（b）段）。这种针对"岛屿/大陆"型海峡的例外意在适用于诸如坦桑尼亚附近的奔巴海峡等情形。对于其他地理情形，这一例外适用与否则不是那么清楚，如海上有一个群岛或一组岛屿的情形。无论是何种情形，对这一例外的解读都不应过于机械，而应在常识的指导下应用，考虑到相关的地理情形和其他情形。

38.8（b）. 岛屿/大陆例外与第三十六条为有在航行和水文特征方面同样方便的一条穿过公海或穿过专属经济区的航道的海峡所规定的例外使用了相同的措辞，并在措辞上受限于相同的修订，并可能应以同样的方式解读（请与上文 36.7（c）段比较）。与该例外不同的是，第三十八条第 1 款中的例外由第四十五条第 1 款（a）项提供补充，该项特别规定不可停止无害通过制度适用于这些例外海峡。因此，这一例外最重要的实际效果作用在飞机的飞越权和潜水艇经过这种海峡的水下过境上。

38.8（c）. 第 1 款包含了过境通行制度的一个重要的实质性方面，即过境通行

---

⑥ 关于起草委员内部有关第 2 款在一致性问题上的难点，见 DC/Part III/Article 38（1981 年，油印），第 6 页；DC/Part III/Article 38/Add. 1（1981 年，油印）；和非正式文件 27（1982 年，油印）第三部分第 23 页。起草委员会没有就这一问题提出建议。

⑦ 伊朗在签署《公约》时，特别就第三十八条指出，"只有《海洋法公约》缔约国有资格受益于本条所产生的契约权利。"

南斯拉夫在批准《公约》时声明，依据第三十八条第 1 款和第四十五条第 1 款（a）项，它可以决定其领海内哪些用于国际航行的海峡"将保留无害通过制度。"希腊也发表了相似的声明（见上文 36.7（a），注释 6）。

见最新版的 *Multilateral Treaties Deposited with the Secretary-General*（ST/LEG/SER. E/-），第 21 章第 6 小节。

⑧ 见该《公约》第三条，国际民航组织 ICAO doc. 7300/6（1980），包括迄今为止的所有修订。原始文本见《联合国条约集》第 15 卷第 295 页；《条约及其他国际条例集》（美国）第 1591；Bevans 编《1776—1949 年美国条约及其他国际协定》第三卷第 929 页；P. J. G. 卡普坦等编，《国际组织和整合》：基本文件注释和国际组织与安排的说明性名录（两卷，共五本（1981—1989 年）），第 I. B 卷、I. B 卷. 1.6 段。

"不应受阻碍。"⑨ 这一内容由第四十四条提供补充，该条规定"海峡沿岸国不应妨碍过境通行。"

38.8（d）.　第2款为过境通行制度规定了实质性内容。它载明了"过境通行"的涵义，特别是就航行和飞越"自由"。其措辞与《公约》第五十八条和第八十条相呼应，并与后两者中的涵义相同（见下文第58.10（a）和58.10（b）段；另见第三卷中对第八十七条的评述）。它来自1958年《公海公约》第二条。第三部分对公海一语的使用强调了过境通行制度的内在特性和全球航行模式的完整性。

过境通行的第二个要素是"为在公海或专属经济区的一个部分和公海或专属经济区的另一部分之间的海峡继续不停和迅速过境的目的"的。因此，这一要素有两个组成部分：通行必须是"继续不停和迅速"的（这一措辞同样出现在关于无害通过的第十八条第2款和关于群岛海道通过的第五十三条第1款）；通行必须是在或为公海或为专属经济区的海洋部分之间的。本条中所使用的"继续不停和迅速"一语似乎是这一权利的一个组成要素。第三十九条第1款（a）项中关于船舶和飞机在过境通行时的义务的规定再次强调了这一概念，该规定要求船舶和飞机毫不迟延地通过或飞越海峡。为海峡沿岸国规定的不得干扰继续不停和迅速过境的义务见于第四十二条第2款，该款要求这种国家的法律和规章不应有否定、妨碍或损害过境通行权的实际后果。

38.8（e）.　第2款第二句处理船舶或飞机为驶入、驶离海峡沿岸国领土或自该国领土返回的目的而通过海峡的特殊情形。在海峡长度大，并且是前往某一海峡沿岸国的某一港口的唯一通路时，这一权利尤其重要。马六甲海峡就是一例，它提供了前往新加坡的唯一海上通路（见第四卷第388页，233.8）。因此，这一条款在海洋法会议上有时称为新加坡条款。如果不存在这一条款，过境前往海峡内某一港口就可能不会被视为"继续不停和迅速"的，船舶和飞机将无资格享有过境通行权，而不得不依赖某些范围较小的权利，如船舶的无害通过或飞机的事前准许。这句话明确了这种情形（即前往一个海峡沿岸国的港口）并不损害船舶或飞机过境通行的资格，当然，条件是其驶入、驶离或自该海峡沿岸国港口或机场返回应在该海峡沿岸国入境条件的限制下。

38.8（f）.　第三款处理与过境通行权的行使（具体定义见第2款）不符的活动。这是第2款开头"按照本部分规定"一语的产物之一。第3款由此规定，在那些情形下，任何非行使过境通行权的活动（无论是由船舶进行的还是由飞机进行的），仍受《公约》其他适用的规定的限制。正如以下文字所述：

---

⑨　由4个海峡国家提出的关于领海（包括用于国际航行的海峡）航行的提案提出应授权沿海国管理在其领海内的海峡通过的核动力船舶或运载核武器的船舶。见 A/CONF. 62/C. 2/L. 16（1974年），第八条第1款（a）项和第二十一条，正式记录，第三卷，第192页（马来西亚、摩洛哥、阿曼和也门）。第三部分中没有出现相关的规定。

这些［其他适用的规定］包括第三十四条（构成用于国际航行海峡的水域的法律地位）和第三部分其他条款，以及第二条（领海等的法律地位）。换言之，如果一船舶或飞机身处一用于国际航行的海峡但没有行使过境通行权，那么该船舶或飞机应受调整过境通行的本公约第三部分规定以外的其他规定的限制。[10]

---

[10]　S. N. Nandan 和 D. H. Anderson 著 "Straits used for international navigation: A commentary on Part III of the United Nations Convention on the Law of the Sea 1982"，《不列颠国际法年鉴》第 60 卷，第 159、182 页（1989 年）。

第三十九条　船舶和飞机在过境通行时的义务

1. 船舶和飞机在行使过境通行权时应：

（a）毫不迟延地通过或飞越海峡；

（b）不对海峡沿岸国的主权、领土完整或政治独立进行任何武力威胁或使用武力，或以任何其他违反《联合国宪章》所体现的国际法原则的方式进行武力威胁或使用武力；

（c）除因不可抗力或遇难而有必要外，不从事其继续不停和迅速过境的通常方式所附带发生的活动以外的任何活动；

（d）遵守本部分的其他有关规定。

2. 过境通行的船舶应：

（a）遵守一般接受的关于海上安全的国际规章、程序和惯例，包括《国际海上避碰规则》；

（b）遵守一般接受的关于防止、减少和控制来自船舶的污染的国际规章、程序和惯例。

3. 过境通行的飞机应：

（a）遵守国际民用航空组织制定的适用于民用飞机的《航空规则》；国有飞机通常应遵守这种安全措施，并在操作时随时适当顾及航行安全；

（b）随时监听国际上指定的空中交通管制主管机构所分配的无线电频率或有关的国际呼救无线电频率。

资料来源

第三次联合国海洋法会议文件

1. A/AC. 138/SC. II/L. 7，第一条第 2 款（a）~（c）项和第二条第 2 款（b）项，转载在《1972 年海底委员会报告》第 162、163 页（苏联）。

2. A/AC. 138/SC. II/L. 28，第四十一条第 1 款和第四十二条、第四十六条、第四十七条，转载在《1973 年海底委员会报告》第三卷第 35、50~52 页（马耳他）。

3. 第四项，"用于国际航行的海峡"，备选案文 C，第四十一条第 1 款和第四十二条；和备选案文 D 第一条第 2 款（a）~（c）项，和第二条第 2 款（b）项，转载在

《1973 年海底委员会报告》第四卷第 50～52 页。

4. A/CONF. 62/C. 2/L. 3（1974 年），第三章第二条，正式记录，第三卷第 183、186 页（英国）。

5. A/CONF. 62/C. 2/L. 11（1974 年），第一条第 2 款（a）～（c）项和第三条第 2 款（a）和（b）项，正式记录，第三卷第 189、190 页（保加利亚、捷克斯洛伐克、德意志民主共和国、波兰、乌克兰和苏联）。

6. A/CONF. 62/C. 2/L. 20（1974 年），第一条第 2 款（a）项和（b）项，正式记录，第三卷第 198 页（阿尔及利亚）。

7. A/CONF. 62/L. 8/Rev. 1（1974 年），附件二，附录一〔A/CONF. 62/C. 2/WP. 1〕，第五十八条，正式记录，第三卷第 93、107、116 页（总报告员）〔《主要趋势工作文件》〕。

8. A/CONF. 62/WP. 8/Part II（非正式单一协商案文，1975 年），第三十九条，正式记录，第四卷第 152、158 页（第二委员会主席）。

9. A/CONF. 62/WP. 8/Rev. 1/Part II（订正的单一协商案文，1976 年），第三十八条，正式记录，第五卷第 151、159 页（第二委员会主席）。

10. A/CONF. 62/WP. 10（非正式综合协商案文，1977 年），第三十九条，正式记录，第八卷第 1、10 页。

11. A/CONF. 62/WP. 10/Rev. 1（非正式综合协商案文第一次修订稿，1979 年，油印），第三十九条。转载在《第三次联合国海洋法会议文件集》第一卷第 375、404 页。

12. A/CONF. 62/WP. 10/Rev. 2（非正式综合协商案文第二次修订稿，1980 年，油印）第三十九条。转载在《第三次联合国海洋法会议文件集》第一卷第 3、33 页。

13. A/CONF. 62/WP. 10/Rev. 3*（非正式综合协商案文第三次修订稿，1980 年，油印），第三十九条。转载在《第三次联合国海洋法会议文件集》第一卷第 179、209 页。

14. A/CONF. 62/L. 78（《公约草案》，1981），第三十九条，正式记录，第十五卷第 172、181 页。

15. A/CONF. 62/L. 109（1982 年），第三十九条，正式记录，第十六卷第 223 页（西班牙）。

16. A/CONF. 62/L. 123（1982 年），第三十九条第 1 款（a）项，正式记录，第十六卷第 232 页（希腊）。

起草委员会文件

17. A/CONF. 62/L. 67/Add. 1（1981 年，油印）第 62～67 页。

18. A/CONF. 62/L. 67/Add. 1/Rev. 1（1981 年，油印）第 59～66 页。

19. A/CONF. 62/L. 72（1981 年），正式记录，第十五卷第 151 页（起草委员会主

席）。

非正式文件

20. Informal Working Paper No. 2，条款第五条；No. 2/Rev. 1，条款第五条，方案 A
和 B；以及 No. 2/Rev. 2，第八条（均为 1974 年，油印）。转载在《第三次联合国海洋
法会议文件集》第二卷第 263、270、279 页。

21. 西班牙（1976 年，油印），第三十九条、第四十条（非正式单一协商案文二）。
转载在《第三次联合国海洋法会议文件集》第四卷第 274、276 页。

22. 希腊（［1976 年］，油印），第三十九条（非正式单一协商案文二）。转载在
《第三次联合国海洋法会议文件集》第四卷第 282 页。

23. 马来西亚（1976 年，油印），第三十八条（非正式单一协商案文二）。转载在
《第三次联合国海洋法会议文件集》第四卷第 396 页。

24. 摩洛哥（［1976 年］，油印），第三十八条（非正式单一协商案文二）。转载在
《第三次联合国海洋法会议文件集》第四卷第 399 页［仅有法文版本］。

25. 西班牙（［1977 年］，油印），第三十八条（订正的单一协商案文二）。转载在
《第三次联合国海洋法会议文件集》第四卷第 393 页。

26. C. 2/Informal Meeting/4（1978 年，油印）第三十九条（西班牙）。转载在《第
三次联合国海洋法会议文件集》第五卷第 6 ~ 7 页。

27. C. 2/Informal Meeting/17（1978 年，油印）第三十九条第 1 款（b）项和第 3 款
（a）项（希腊）。转载在《第三次联合国海洋法会议文件集》第五卷第 23 页。

28. C. 2/Informal Meeting/22（1978 年，油印）第三十九条第 2 ~ 3 款（摩洛哥）。
转载在《第三次联合国海洋法会议文件集》第五卷第 30 ~ 31 页。

评　　注

39. 1.　　第三十九条载明了船舶和飞机在行使其在用于国际航行的海峡的过境通行
权时的义务。第 1 款既适用于船舶也适用于飞机，第 2 款规定了仅适用于船舶的其他
规则，第 3 款规定了仅适用于飞机的规则。

39. 2.　　关于船舶和飞机在通过和飞越海峡过境通行时的权利和义务的规定首次出
现在海底委员会 1972 年会议上的一项苏联提案（资料来源 1）中。该提案中的条款规
定，船舶和飞机应避免对沿海国的安全造成任何威胁，在海峡中过境的船舶应遵守国
际船舶避碰规则，船舶应采取预防措施，避免对海峡的海洋环境造成污染。

在海底委员会 1973 年会议上，马耳他代表提出的一项提案（资料来源 2）包含了
关于"避免航行事故和防止对海洋环境的损害"的相似规定。这些条款适用于一般船
舶、外国军舰和飞机；飞机也应"遵守主管国际机构所制定的或经广泛批准的多边公

约所包含的或由该沿海国颁布的关于航空的规章。"

这些提案随后反映在委员会 1973 年报告（资料来源 3）所附备选案文清单中。

39.3. 在第三次联合国海洋法会议第二期会议（1974 年）上，英国代表提出的一项提案（资料来源 4）将各有关概念综合形成一条规定，其内容如下：

1. 船舶和飞机在行使过境通行权时应：

（a）毫不迟延地通过海峡，并不应从事任何其过境的通常方式所附带发生的活动以外的任何活动；

（b）不对邻接的海峡国的领土完整或政治独立进行任何违反《联合国宪章》的武力威胁或使用武力；

2. 过境通行的船舶应：

（a）遵守一般接受的关于海上安全的国际规章、程序和惯例，包括 1972 年《国际海上避碰规则》；

（b）遵守一般接受的关于防止和控制来自船舶的污染的国际规章、程序和惯例。

3. 过境通行的飞机应：

（a）遵守国际民用航空组织根据 1944 年在芝加哥签署的《国际民航公约》制定的适用于民用飞机的航空规则；国有飞机通常应遵守这种安全措施，并在操作时随时适当顾及航行安全；

（b）随时监听国际上指定的空中交通管制主管机构所分配的无线电频率或有关的国际呼救无线电频率。

在解释该案文时，英国代表指出，该案文：

就船舶和飞机在行使过境通行权时可以做什么提出了很严格的限制。船舶和飞机不得从事任何其正常通行所不包括的活动。它们还必须遵守一般接受的航行和安全标准，以便为海峡国提供保障。①

该案文引入了几项新的要素。第 1 款（b）项要求船舶和飞机在行使过境通行权时"不对邻接的海峡国的领土完整或政治独立进行任何违反《联合国宪章》的武力威胁或使用武力。"第 2 款要求过境通行的船舶遵守"一般接受的关于海上安全的国际规章、程序和惯例"，包括 1972 年《国际海上避碰规则》。第 3 款要求过境通行的飞机应遵守国际民用航空组织制定的航空规则。关于这一问题，此款遵循 1944 年《国际民航公

---

① Second Committee, 11th meeting（1974 年），第 22 款，正式记录，第二卷第 125 页。

约》将民用飞机和国有飞机区分开来，后者也被要求在操作时适当顾及航行安全。本款还要求所有飞机监听指定的空中交通管制无线电频率"或有关的国际呼救无线电频率"。

6个东欧社会主义国家提交的一项提案（资料来源5）就过境通行的船舶采取了不同的办法。其第一条第2款规定：

2. 本条为在海峡过境通行的目的而规定的航行自由应按照以下规则行使：

（a）在海峡通行的船舶不应对海峡沿海国的安全，或对其领土的不可侵犯性或其政治独立造成任何威胁。在这种海峡通行的军舰不应在海峡区域内从事任何训练或射击、使用任何种类的武器、起降其飞机、从事水文测量工作或从事其他与通行无关的相似行动。在发生任何事故、在海峡内意外停止或采取任何因不可抗力而有必要采取的行动的情形下，一切船舶应通知海峡沿海国。

（b）在海峡通行的船舶应严格遵守关于船舶避碰或防止其他事故的国际规则。

在所有交通繁忙的海峡，沿海国都可以在政府间海事协商组织的建议的基础上，指定带有清楚标示的分道线的双向分道通航以管治通行。所有船舶都应遵守指定的交通秩序和分道线。它们还应避免不必要的调动。

（c）在海峡通行的船舶应采取一切预防措施避免对海峡的水域和海岸造成污染，或对海峡沿海国造成任何其他种类的损害。在海峡通行的超级油轮应采取专门预防措施确保航行安全和避免造成污染。

关于飞机通行的该提案第三条第2款内容如下：

2. 本条所规定的飞机在海峡上空过境飞越的自由应按照以下规则行使：

（a）飞越的飞机应采取必要措施保持在通道边界内和沿海国指定的高度上飞越海峡，并避免飞越沿海国陆地领土，除非这样的飞越是沿海国所指定的通道的划界所允许的；

（b）飞越的飞机不应对沿海国的安全、其领土的不可侵犯性或其政治独立造成任何威胁；尤其是军用飞机不应在海峡区域内从事任何训练或射击、使用任何种类的武器、拍摄航空照片、在船舶上空盘旋或向其俯冲、加油或从事其他与通行无关的相似行动。

该案文大体上重复了此前的苏联提案（资料来源1），但增加了新的要素。第一条第2款（b）项提到了"在政府间海事协商组织的建议的基础上"，制定双向分道通航制。第一条第 2 款（c）项增加了一项关于在海峡通行的超级油轮的规定。船舶和飞机被要求不应对沿海国的安全或"其领土的不可侵犯性或其政治独立"造成任何威胁。

阿尔及利亚代表关于海峡和半闭海的一项提案（资料来源 6）仅涉及了船舶的通行，规定：

> 2. 但本条所规定的通行制度应按照以下规定适用：
>
> （a）在通过时，船舶应遵守所有有关避碰的国际规章，并应为此遵守本公约或政府间海事协商组织的建议所产生的分道通航制；
>
> （b）船舶同样应采取一切必要防范措施避免对海峡沿海国家造成任何损失。

阿尔及利亚代表在说明该提案时指出，它仅适用于连接公海的两个部分并传统上用于国际航行的海峡。而且，阿尔及利亚提案没有涉及飞越的问题，因为该国认为"这一主题不应由海洋法会议处理，而应由其他现有机构处理。"②

这些不同的提案随后反映在《主要趋势工作文件》（资料来源 7）第五十八条中。

39.4. 在第三次联合国海洋法会议第三期会议（1975 年）上，关于海峡问题的私人小组提交的一项提案除重新调整了一些措辞外，基本遵循了英国此前的提案。③ 该表述被非正式单一协商案文第二部分（资料来源 8）采纳为第三十九条，内容如下：

> 1. 船舶和飞机在行使过境通行权时应：
>
> （a）毫不迟延地通过海峡；
>
> （b）不对海峡国的领土完整或政治独立进行任何武力威胁或使用武力，或以任何其他违反《联合国宪章》的方式进行武力威胁或使用武力；
>
> （c）除因不可抗力或遇难而有必要外，不从事其继续不停和迅速过境的通常方式所附带发生的活动以外的任何活动；
>
> （d）遵守本部分的其他有关规定。
>
> 2. 过境的船舶应：
>
> （a）遵守一般接受的关于海上安全的国际规章、程序和惯例，包括《国际海上避碰规则》；
>
> （b）遵守一般接受的关于防止和控制来自船舶的污染的国际规章、程序和惯例。

---

② Second Committee, 14th meeting（1974 年），第 35 - 39 段，正式记录，第二卷第 137 页。

③ Private Group on Straits（1975 年，油印），第二条。转载在《第三次联合国海洋法会议文件集》第四卷第 194 页。

3. 过境的飞机应:

（a）遵守国际民用航空组织制定的适用于民用飞机的《航空规则》；国有飞机通常应遵守这种安全措施，并在操作时随时适当顾及航行安全；

（b）随时监听适当的国际上指定的空中交通管制机构所分配的无线电频率或有关的国际呼救无线电频率。

该案文中唯一的实质性修改出现在第 1 款，即将（c）项从（a）项中分离出来；该规定增加了一个新的条件，要求船舶"除因不可抗力或遇难而有必要外"，不从事其继续不停和迅速过境的通常方式所附带发生的活动以外的活动。

39.5. 在第三次联合国海洋法会议第四期会议（1976 年）上，希腊代表提交的一项提案（资料来源22）建议删去对飞机的提及，并将第 3 款改为如下内容：

除海峡国另有许可外，过境的潜水艇和其他潜水器应在海面上航行并展示其旗帜。

该提案并没有被采纳为行使过境通行权的条件。（这一问题现由关于无害通过的第二十条调整（见上文第20.4 段））。

西班牙提案（资料来源21）也提出略去所有对飞机的提及，并提出增加关于潜水艇过境的第 3 款。实质上，西班牙提案等于以无害通过的概念替代过境通行概念。在这一问题上，它重复了非正式单一协商案文第二部分第十六条第 2 款（现第十九条，无害通过的意义）的大部分内容（见上文第19.5 段）。④

这两项提案都没有争取到足够的支持。在订正的单一协商案文第二部分（资料来源9）中，本条被重新编号为第三十八条第 2、3 款与其在非正式单一协商案文中基本一样。第 1 款则被修改为：

---

④ 国际航运商会也建议修改第 1 款（c）项，规定船舶应：

除因不可抗力或遇难而有必要外，不从事其继续不停和迅速过境的通常方式所附带发生的活动以外的任何影响沿海国的活动。

在说明这一建议时，国际航运商会称：

"不从事其继续不停和迅速过境的通常方式所附带发生的活动以外的任何活动"一句需要澄清。一艘降低速度航行以节省燃料的船只是否算从事这种活动？这一难题可以通过提及一种活动对沿海国的影响来解决。

转载在《第三次联合国海洋法会议文件集》第四卷第240、244 页。

船舶和飞机在其通行时的义务

1. 船舶和飞机在行使过境通行权时应：

（a）毫不迟延地通过或飞越海峡；

（b）不对海峡沿岸国的主权、领土完整或政治独立进行任何武力威胁或使用武力，或以任何其他违反《联合国宪章》所体现的国际法原则的方式进行武力威胁或使用武力；

（c）除因不可抗力或遇难而有必要外，不从事其继续不停和迅速过境的通常方式所附带发生的活动以外的任何活动；

（d）遵守本章的其他有关规定。

在此阶段增加了标题。对第 1 款（a）项做了修改，要求过境的船舶和飞机毫不迟延地通过或"飞越"海峡。扩充了第 1 款（b）项，使其包括了对海峡沿岸国的"主权"进行任何武力威胁或使用武力，或以任何其他违反《联合国宪章》"所体现的国际法原则"的方式进行武力威胁或使用武力。此外，第 1 款（b）项中"海峡沿岸国"代替了"海峡国。"

39.6. 在第三次联合国海洋法会议第五期会议（1976 年）上，马来西亚代表提交了一项非正式提案（资料来源23），建议将第 2 款改为：

2. 过境的船舶应：

（a）不从事以下活动：

（i）违反本公约规定的任何故意和严重的污染行为；

（ii）任何捕鱼活动；

（iii）进行研究或测量活动；

（iv）任何目的在于干扰海峡沿岸国任何通讯系统或任何其他设施或设备的行为。

（b）遵守现行的关于海上安全的国际规章、程序和惯例，包括国际海上避碰规则。

（c）遵守现行的关于防止和控制来自船舶的污染的国际规章、程序和惯例。

摩洛哥代表提交的一项非正式提案（资料来源24）更加详细地列出了船舶和飞机在通过或飞越海峡时不应从事的活动。［这一提案似乎是根据订正的单一协商案文第二部分第十八条（无害通过的意义）形成的，只是较之范围更窄。］

39.7. 在第三次联合国海洋法会议第六期会议（1977 年）上，西班牙代表再次提交了一项提案（资料来源25），建议删去关于飞机的提法，并按照关于无害通过的规则的措辞重新修改有关过境船舶义务的内容。

由于第五期和第六期会议上提交的提案都未获得足够的支持，非正式综合协商案文（资料来源14）第三十九条原文重复了订正的单一协商案文。

39.8. 在第三次联合国海洋法会议第七期会议（1978年）上，西班牙（资料来源26）和摩洛哥代表（资料来源28）再次尝试按照此前提案修改这一规定。希腊提案（资料来源27）提出在第1款（b）项结尾增加一个条件，即"在这方面，特别是针对飞机，海峡的宽度应至少等于国际航路的宽度。"该提案还建议将第3款（a）项中的"国有飞机通常应遵守这种安全措施"改为"国有飞机也应遵守这种规则和安全措施。"这些提案都没有获得接受，案文在后续的几个草案中都没有实质性修改。

该条根据起草委员会的建议（资料来源17至资料来源19）确定了最终形态。这些修改包括将标题中的"在其通行时"改为"在过境通行时"等。

39.9. 虽然在海洋法会议的后期阶段没有对第三十九条做任何实质性修改，但仍有针对本条的反对意见提出。在第九期会议后续会议（1980年）上，西班牙代表团在提交给会议的书面声明中表示担心第3款（a）会产生如下问题：

> 国家飞机几乎不受任何管制，因为它们只是"通常"应遵守国际民用航空组织制定的规则和安全措施。其必然结果是，这种飞机在被视为"非通常"的情形下将对航空、海峡沿岸人口和其飞越的国家本身的安全造成确定无疑的损害。[⑤]

在第三次联合国海洋法会议第十一期会议（1982年）上，西班牙代表根据该声明提交了一项正式修改（资料来源15），建议从第三十九条第3款（a）项中删去"通常"一词。在全体会议上介绍该修改时，西班牙代表解释说，草案中的第3款"将给予军用飞机几乎不受限制的自由，因而将对海峡沿岸国和一般国际民用航空构成威胁。"因此，将"通常一词删去意在至少部分地消除这种威胁。[⑥]这一修改随后付诸表决，但未获通过。[⑦]

希腊代表也针对第1款（a）项提交了一项正式修改提案（资料来源16），该提案重复了该国此前要求为第1款（b）项增加内容的提案（见上文第39.8段）。在全体会议上进一步讨论后，希腊代表撤回了该提案。[⑧]

---

⑤ A/CONF. 62/WS/12（1980年）第6段（另见第5段），正式记录，第十四卷第149、150页（西班牙）。

⑥ 见169th plenary meeting（1982年），第2-3段，正式记录，第十六卷第93页。

⑦ 见176th plenary meeting（1982年），第7段，同上，第132页。表决结果为21票赞成，55票反对，60票弃权。在签署《公约》时，西班牙声明它将"通常"一词理解为"除不可抗力或遇险的情形"之意。见最新版的 *Multilateral Treaties Deposited with the Secretary-General*（ST/LEG/SER. E/-），第21章第6小节。

⑧ 见168th plenary meeting（1982年）第39段，正式记录，第十六卷第90页。

39.10（a）. 第 1 款前的引导语规定，船舶或飞机在行使其过境通行权时应履行该款所规定的 4 个义务。船舶或飞机为通过一海峡的目的或为前往某海峡沿岸国的某港口或飞机场的目的而进入该海峡，该船即被视为正在行使其过境通行权（见上文第 38.8（e）段）。在确定一船舶或飞机何时为此目的进入一海峡时，必须采用一种常识化的判断方法，以便使过境通行权的目标和目的不会受到抹杀。在这一方面，第三〇〇条（关于诚意和滥用权利）也是适用的。

39.10（b）. 第 1 款（a）项要求行使过境通行权的船舶或飞机"毫不迟延地通过或飞越"海峡。第三十八条第 2 款中对过境通行的定义规定通行应是"继续不停和迅速"的。在将这一点规定为使用海峡的船舶和飞机的义务时，《公约》使用了交通工具应"毫不延迟"的措辞。即使"毫不延迟"一语与"继续不停和迅速"在意义上不完全相同，它也无疑包含了这两种概念。第 1 款（c）项中再次使用了"继续不停和迅速"一语，肯定了这一解读。"继续不停"还受第三十八条第 2 款第二句中的限定语的限制，此处规定，"对继续不停和迅速过境的要求，并不排除……为驶入、驶离该国或自该国返回的目的而通过海峡。"

39.10（c）. 第 1 款（b）项载明了《联合国宪章》第二条第 4 款所体现的国际法基本规则；无论该规则是否被纳入《海洋法公约》条文中，它对缔约国都是有约束力的。其在第三十九条中的出现重申了其对船舶和飞机的适用，而由此可见，船舶或飞机的旗国或国籍国或登记国应对确保该规则的遵守负有国际责任。在关于无害通过的第十九条第 2 款（a）项中，它有一条平行规定。第三〇一条也涉及了此方面问题。

"主权"一词既没有出现在《联合国宪章》第二条第 4 款中，也没有出现在 1982 年《公约》第三〇一条中。它在此处的出现提醒人们注意过境通行是发生在一个或多个海峡沿岸国的领海之内或上方的。"《联合国宪章》所体现的国际法原则"包括该宪章中所体现的所有国际法原则（详见本系列第五卷，301.5，第 152 页）。这一表述与本公约序言中出现的"《联合国宪章》所载的联合国的宗旨和原则"是不同的（见本系列第一卷，第 207 页和 450 页）。

39.10（d）. 第 1 款（c）项要求船舶和飞机在行使过境通行权时，不从事其继续不停和迅速过境的通常方式所附带发生的活动以外的任何活动。对于这一义务的履行，它允许在两种情形下可有例外，即因不可抗力或遇难而有必要的情形下。[9] 尽管已经规定了在海峡过境的船舶有不从事某些活动的义务，本规定还是载明了衡量允许进行的活动的标准，即"继续不停和迅速过境的通常方式。"它进而肯定了船舶和飞机有权进行过境的通常方式所附带发生的活动。继续不停和迅速过境的通常方式将确定不同情形下这种方式所附带发生的活动的范围。

---

[9] 虽无明示规定，但履行此义务的例外还应包括第三十八条第 2 款规定下的为进入一海峡沿岸国港口而中途停止。

39.10（e）.　　虽然《公约》中没有载明"通常方式"一语的意义，但从上下文和协商的历史中明显可以看出，该语意指特定类型的船舶或飞机在特定情形下进行通行时的通常或正常方式。对于水面船舶，它指在通常航行条件下的水面航行。对于潜水艇，它包括潜水通行，因为这是现代潜水艇的"继续不停和迅速过境的通常方式。"⑩对于具有特殊或独有运行特征的海上交通工具（如气垫船或水翼船），行使过境通行权时，有权以在特定情形下对于它们来说正常的方式通过。对于飞机，"通常方式"指特定情形下任何适当的高度和速度。

39.10（f）.　　第1款（c）项没有载明哪些活动是通常通行方式所附带发生的。这对于一个旨在适用于多种不同海峡、多种地理状况和操作特征有显著差异的各种船舶和飞机的一般性无限期条约来说，是适当的。一个适当的判断准绳是在具体情形下是否合理。如果雷达、声呐和测深装置通常是用于狭窄水域内的航行的，或者安全状况或其他状况要求使用它们，那么对其使用是可以属于这一范畴的。考虑到潮汐、海流、天气和航行风险，船舶和飞机速度和航线的变化也可以属于这一范畴。除了这些明显的活动，其他"通常"的活动取决于过境船舶或飞机的特征，以及海峡的适航和水文特征。

39.10（g）.　　有必要将因不可抗力或遇难而有必要进行某些活动的例外与第十八条第2款中关于无害通过的对应规定进行比较。这一比较产生两个问题。第一个问题是，第1款（c）项是否允许在因不可抗力或遇难而有必要的情形下停船和下锚？第二个问题是，第1款（c）项中的不可抗力或遇难是否包括其他人员、船舶或飞机的危险或遇难？

对第一个问题的显而易见的回答是，停船和下锚无疑是允许的"活动。"而且，既然第十八条第2款允许行使无害通过权的船舶因不可抗力或遇难而停船或下锚，这一准许同样适用于行使过境通行权的船舶（和）飞机，就是一个"更不必说（a fortiori）"的问题了。

第二个问题的答案就没有那么显而易见了。救援遇难人员的传统与航海活动本身一样古老，且被视为悬挂所有国家旗帜的船舶和飞机的一项义务。的确，1958年《公海公约》第十二条和1982年《公约》第九十八条使这一义务正式化。基本的人道考虑也要求船舶前往救援遇难人员。⑪

39.10（h）.　　第1款（d）项要求船舶和飞机遵守第三部分的其他有关规定。这意味着要求船舶（或飞机）遵守第四十条所规定的有关研究和调查活动的义务，尊重

---

⑩　　见美国在第二委员会第13次会议（1974年）上的声明，正式记录，第二卷第135页第64－65段。

　　在随后的第四期会议上，几项试图增加一款要求潜水艇须在水面通行的规定的提案未能获得通过。

⑪　　国际法院在"北科孚海峡案"中将"基本的人道考虑"原则适用于不同类型的情形，1949年国际法院报告第四卷第22页；和《尼加拉瓜国内和针对尼加拉瓜的军事和准军事活动》，1986年国际法院报告第十三卷第112页第215段。

按照第四十一条制定的海道和分道通航制，并遵守海峡沿岸国按照第四十二条制定的法律和规章（请与第二三三条比较）。

39.10（i）. 第 2 款（a）项要求船舶遵守一般接受的关于海上安全的国际规章、程序和惯例，包括《国际海上避碰规则》。[⑫] 应遵守的规则并不仅限于这些规章。它们还包括所有可视为"一般接受"的国际规章、程序和惯例（关于在本公约上下文中的这一措辞，见上文第 21.12（c）段）。国际海事组织是这方面的主管国际组织。

39.10（j）. 第 2 款（b）项针对控制来自船舶的污染规定了与关于海上安全的前一项相同的义务。二者规定义务的方式是相同的，都使用了"一般接受"的国际规章、程序和惯例的措辞。在保护和保全海洋环境和防止、减少和控制海洋环境污染的领域，国际海事组织是主管国际组织。第十二部分对这一方面做了更为详细的调整，特别是关于防止、减少和控制海洋环境污染的国际规则和国内立法的第五节（第二〇七条至第二一二条）和关于执行的第六节（第二一三条至第二二二条）。（关于"海洋环境污染"的意义，见上文第一条第 1 款（4）项）

39.10（k）. 第 3 项处理所有类型的过境通行的飞机。在国际民航组织秘书处编制的一项研究报告中有以下意见：

9.4. 船舶和飞机在行使过境通行权时，必须毫不迟延地通过或飞越海峡，且不得对海峡沿岸国的主权、领土完整或政治独立进行武力威胁或使用武力；它们除因不可抗力或遇难而有必要外，不得从事其继续不停和迅速过境的通常方式所附带发生的活动以外的任何活动（第三十九条第 1 款）。

……

9.6. 这些［第 3 款中］关于飞机在用于国际航行的海峡上空的过境通行权的具体条款对《芝加哥公约》及关于航空规则的该公约附件 2 有直接的影响，《海洋法公约》第三十九条第 3 款中对《航空规则》明确直接的交叉引用使其成为强制性的。

9.7. 根据《芝加哥公约》第三十七条、第五十四条第 1 款和第九十条，对附件二，即《航空规则》的制定和修改是且仍是国际民航组织理事会的宪定权力。国际民航组织理事会所制定的《航空规则》将在海峡上空具有强制适用性。该联合国公约导致的结论是，海峡沿岸国将不能根据《芝加哥公约》第三十八条就海峡上空空域向国际民航组织通知其与附件二——航空规则之

---

⑫　见 1981 年修正的 1972 年《国际海上避碰规则》，《联合国条约集》第 1050 卷第 16 页和《联合国条约集》第 1143 卷第 346 页；《美国条约及其他国际协定》第 28 卷第 3459 页，《条约及其他国际条例集》（美国）第 8587；《英国条约集》第 77 集（1977 年），《英王敕令》第 6962 号。1987 年所作的进一步修正包含在国际海事组织决议 A.626（15）中，见国际海事组织《第十五次会议决议及其他决定》（1987 年），第 137 页。

间的差别。可以将这一考虑推进一步：《芝加哥公约》第十二条处理航空规则（关于航空器飞行和运转的规则），并在其第三句规定："在公海上空，有效的规则应为根据本公约制定的规则。"国际民航组织理事会在1948年4月通过附件二和1951年11月通过该附件修正时作出决议认为，"本附件构成本公约（《芝加哥公约》）第十二条意义之内的关于航空器飞行和运转的规则。因此，在公海上空，这些规则无例外地适用"（见附件二前言）。因此，任何国家都不能将本国与该附件在公海上空飞越的问题上的差别通知备案，国际民航组织理事会必须被视为公海上空的《航空规则》的最终立法机构。无需对《芝加哥公约》进行任何修订，《联合国海洋法公约》即在事实上也导致国际民航组织理事会对海峡上空空域的《航空规则》的最终立法权限的扩展。《联合国海洋法公约》对《芝加哥公约》在这方面的这一直接影响将无需《芝加哥公约》或其附件二作出任何调整；然而，国际民航组织将来在根据《芝加哥公约》第十二条、第三十七条、第五十四条第（1）款和第九十条作出决定时，必须注意到其最终立法功能在事实上的扩展。

9.8. 相同的"航空规则"并不自动适用于海峡上空空域的国有飞机，即用于军事、海关和警察功能的飞机；但这种飞机应适当顾及航行安全，而这种顾及从根本上可以通过遵守《航空规则》来实现。国际民航组织会议就这些事项所作出的决议对于军事航空也是具有重要意义的（例见A24－7，附件P——民用和军用空中交通的合作）。

9.9. 过境通行的飞机应监听国际上指定的空中交通管制主管机构所分配的无线电频率的义务是完全符合《芝加哥公约》附件二——《航空规则》的规定的。该附件标准3.6.5.1规定"在管制状态下飞行的飞机应持续地守听有关的空中交通管制单位的有关无线电频率，并在必要的情形下与之建立双向通信。"同样的标准也专门适用于目视飞行规则的情形（附件二标准4.7）和仪表飞行规则的情形（附件二标准5.3.2）。

9.10. 由于附件二规定，持续守听空中交通管制频率的义务仅适用于管制状态下飞行的飞机，就必然有如下结论，即鉴于《联合国海洋法公约》第三十九条第3款的规定，理应没有非管制状态下飞行的飞机在用于国际航行的海峡上空过境通行。

9.11. "国际上指定的空中交通管制主管机构"一语在《芝加哥公约》的上下文中，可能仅意味着该主管机构载于国际民航组织理事会核准的适当《区域航空计划》中。

9.12. 《联合国海洋法公约》第三十九条第3款中提及的"有关的国际呼救无线电频率"指《芝加哥公约》附件十——《航空电信》中所载的甚高频紧急频率121.5兆赫。关于监听空中交通管制频率和有关的国际呼救无线电频率的义务,《联合国海洋法公约》将这一义务规定为二择其一的:过境通行的飞机应监听空中交通管制频率或国际呼救无线电频率。……实际上,飞机监听两个不同频率的义务并非是二择其一的。按照已经牢固确立的惯例和国际民航组织理事会制定的国际标准,这一义务应该是二者兼顾的;两个频率必须都随时监听。附件二——《航空规则》中的标准 3.6.5.1 规定,飞机应"持续地守听"空中交通管制频率;同时,附件十——《航空电信》的第二卷也规定"飞机……应持续地守听甚高频紧急频率 121.5 兆赫。"(标准5.2.2.1.1.1)因此,这两个频率都应以持续的方式同时监听,而并非是有选择的;《海洋法公约》中的"或"应为"并";考虑到就海峡问题的微妙的整体折中,海洋法会议明显不情愿在此问题上再作哪怕是很微小的文字修改了。在现实中,这一问题的影响很小,并不造成真正的冲突;尽管海洋法公约的条款是一般性的、笼统的,国际民航组织的标准作为特别法,在实际应用中仍将得到遵守,因为前者在任何情况下都是不排斥或禁止对更为严格的标准的遵守的。[13]

国际民航组织理事会法律委员会报告员为该研究报告添加了如下评语:

15.《联合国海洋法公约》第三十九条第 3 款(a)项要求过境通行的飞机"遵守国际民用航空组织制定的适用于民用飞机的《航空规则》"。我组织报告员同意此处即指由国际民航委员会制定和修订的附件二,不考虑《芝加哥公约》缔约国根据该公约第三十八条通知备案的差异。将与附件二的差别通知备案将不再有效,这是与以往的一个新的不同之处,因为以往沿海国有权依赖在飞越其领海的问题上的差别。这一新变更可能是受欢迎的,因为它扩大了国际民航组织所制定的《航空规则》统一适用的区域,这可能是有助于加强安全的。航空公司驾驶员协会国际联盟(IFALPA)反馈的意见表示支持对安全标准的国际标准化。

16. 然而,国际航空运输协会的意见提出了一个有趣的法律解释问题,有必要对此进行研究。附件二规则 2.1.1 内容如下:

"航空规则应适用于带有缔约国国籍和登记标志的飞机,无论其在何处,**但应以不与对飞越的领土拥有管辖权的国家所颁行的规则相冲突为限**"[黑体为本书作者所加]。

---

[13] 秘书处研究报告 *United Nations Convention on the Law of the Sea: Implications, if any, for the application of the Chicago Convention, its Annexes and other international air law instruments*,国际民航组织 ICAO doc. C-WP/7777(1984年,油印)。转载为 LC26-WP/5-1(1985年,油印),收入《荷兰国际法研究所年鉴》第 3 卷[1987年],第 243、251 页。

现在就产生了这样的问题（考虑到根据《芝加哥公约》第二条的规定，"领土"包括领海），即既然《联合国海洋法公约》第三十九条第3款（a）项要求在海峡上空过境通行的飞机应遵守附件二的《航空规则》，而这些规则本身却返引在其领海上空飞越的国家所颁行的规则，这是否构成反致？这一解读可能会造成多种适用于海峡上空过境的规则并行，从而不利于安全。这种解读显然不是理事会在制定对该附件2.1.1部分的注释时所赞成的解读方法。该注释称"这些规则无例外地适用于公海上空"，而如果《规则》2.1.1部分确实已导致对国家规则的反致，那么这句话将是不正确的。对于眼下讨论的问题，这样的解读将抹杀第三十九条第3款（a）项试图使所有海峡上空适用统一规则的明显目的。

17. 然而，还可能产生另外一个问题。在海峡过境的飞机将被要求遵守附件二中的《航空规则》，不考虑沿海国可能通知备案的差异；反之，从海峡一岸飞到另一岸的飞机则须虑及这些差异。因此，就可能产生规则的差异和由此造成的碰撞。贵组织报告员虽注意到已有29个成员国将约300项与附件二的差异通知备案，但未能就沿海国通知备案的差异在多大程度上可能导致碰撞风险或对在海峡过境的飞机有影响的其他风险作出评估，如果确实会造成这些风险的话。对这一事项的初步研究可能应由航空委员会，而不是法律委员会进行；有关的任何问题都可能通过区域或双边协定解决。

18. 秘书处研究报告9.7部分认为，《海洋法公约》第三十九条第3款（a）项将"导致国际民航组织理事会……的最终立法权限的扩展。"的确，理事会所制定的《航空规则》将适用于在海峡上空的过境飞行，而海峡国不能将其差异通知备案；而在以前，飞机通过的是它们领海上空的空域，他们有权将差异通知备案。贵组织报告员同意秘书处的以下观点，即理事会在作出有关《航空规则》的决定时，应牢记"最终立法权限"的这种实际上的扩展，但它并不要求对当前的《芝加哥公约》附件二作出任何修订。然而，规则2.1.1的现有注释给人这样一种印象，即该附件中所规定的规则仅对公海上空的飞行无例外地适用，而根据《联合国海洋法公约》第三十九条第3款（a）项和第五十四条，它们应无例外地适用于在海峡上空过境通行的飞行和群岛空中航道的飞行。⑭

39.10 (1) . 在《公约》英文版中，虽然第3款的引导语对所有过境通行的飞机

---

⑭ 国际民航组织 ICAO doc. C-WP/8077（1985年，油印），第15－19段。转载在《荷兰国际法研究所年鉴》第3卷［1987年］，第262、265页；联合国海洋和海洋法司《海洋事务年度回顾：法律和政策的主要文件》第一卷第114、118页，1985—1987年。

使用了"shall（应）"一词，其（a）项却对国有飞机使用了"will（要）"（与《国际民航公约》相同）。然而，在法语中，此处使用的是用于表示强制的现在直陈时态；西班牙语使用了祈使形式；俄语文本使用了非祈使将来形式。这一语言上的微妙差异反映了《国际民航公约》本身并不适用于该公约意义之内的国有飞机的事实。然而，国有飞机通常应遵守这种安全措施，并应在操作时随时适当顾及航行安全——不仅仅是航空安全。

第四十条　研究和测量活动

外国船舶包括海洋科学研究和水文测量的船舶在内，在过境通行时，非经海峡沿岸国事前准许，不得进行任何研究或测量活动。

资料来源

第三次联合国海洋法会议文件

1. A/AC. 138/SC. II/L. 7，第一条第 2 款（a）项，转载在《1972 年海底委员会报告》第 162 页（苏联）。

2. A/AC. 138/SC. II/L. 18，第二十二条第 2 款（e）项，转载在《1973 年海底委员会报告》第三卷第 3 ~ 10 页（浦路斯、希腊、印度尼西亚、马来西亚、摩洛哥、菲律宾、西班牙和也门）。

3. A/AC. 138/SC. II/L. 42 and Corr. 1，第十二条第 3 款（b）项，转载在《1973 年海底委员会报告》第三卷第 91、98 页（斐济）。

4. 第 4 项，"用于国际航行的海峡"，备选案文 D，第一条第 2 款（a）项，转载在《1973 年海底委员会报告》第四卷第 50、53 页。

5. A/CONF. 62/C. 2/L. 11（1974 年），第一条第 2 款（a）项，正式记录，第三卷第 189 页（保加利亚、捷克斯洛伐克、德意志民主共和国、波兰、乌克兰和苏联）。

6. A/CONF. 62/C. 2/L. 19（1974 年），第五条第 5 款，正式记录，第三卷第 196、197 页（斐济）。

7. A/CONF. 62/L. 8/Rev. 1（1974 年），附件二，附录一〔A/CONF. 62/C. 2/WP. 1〕，条款第五十八条，方案 B，第 1 款（a）项，正式记录，第三卷第 93、107、116 页（总报告员）〔《主要趋势工作文件》〕。

8. A/CONF. 62/WP. 10（非正式综合协商案文，1977 年），第四十条，正式记录，第八卷第 1、11 页。

9. A/CONF. 62/WP. 10/Rev. 1（非正式综合协商案文第一次修订稿，1979 年，油印），第四十条。转载在《第三次联合国海洋法会议文件集》第一卷第 375、405 页。

10. A/CONF. 62/WP. 10/Rev. 2（非正式综合协商案文第二次修订稿，1980 年，油印），第四十条。转载在《第三次联合国海洋法会议文件集》第一卷第 3、34 页。

11. A/CONF. 62/WP. 10/Rev. 3* （非正式综合协商案文第三次修订稿，1980 年，油印），第四十条。转载在《第三次联合国海洋法会议文件集》第一卷第 179、210 页。

12. A/CONF. 62/L. 78 （《公约草案》，1981 年），第四十条，正式记录，第十五卷第 172、181 页。

起草委员会文件

13. A/CONF. 62/L. 67/Add. 1/Rev. 1 （1981 年，油印），第 67 页。

14. A/CONF. 62/L. 72 （1981 年），正式记录，第十五卷第 151 页（起草委员会主席）。

非正式文件

15. Informal working Paper No. 2/Rev. 2 （1974 年，油印），第五条。转载在《第三次联合国海洋法会议文件集》第二卷第 279、282 页。

16. 西班牙（1976 年，油印），第三十九条第 1 款（ⅰ）项（非正式单一协商案文二）。转载在《第三次联合国海洋法会议文件集》第四卷第 274、276 页。

17. 马来西亚（1976 年，油印），第三十八条第 2 款（a）项（ⅲ）目（订正的单一协商案文二）。转载在《第三次联合国海洋法会议文件集》第四卷第 396 页。

18. 摩洛哥（［1976 年］，油印），第三十八条第 2 款（a）项（ⅳ）目（订正的单一协商案文二）。转载在《第三次联合国海洋法会议文件集》第四卷第 399、401 页［仅有法文版本］。

19. 西班牙（［1977 年］，油印），第三十八条第 1 款（e）项（订正的单一协商案文二）。转载在《第三次联合国海洋法会议文件集》第四卷第 393、395 页。

20. C. 2/Informal Meeting/22 （1978 年，油印），第三十九条第 2 款（a）项（ⅳ）目（摩洛哥）。转载在《第三次联合国海洋法会议文件集》第五卷第 30 ~ 31 页。

评　　注

40. 1.　第四十条处理过境通行时外国船舶进行研究或测量活动的问题。它规定"非经海峡沿岸国事前准许"，不得进行这种活动。在这方面，第四十条为第十九条第 2 款（j）项提供了补充，后者是关于在领海内行使无害通过权的外国船舶进行研究或测量活动的问题的。它还为第二四五条提供了补充，该条规定领海内的海洋科学研究"应经沿海国明示同意并在沿海国规定的条件下，才可进行。"第四十条适用于外国船舶，并特别指出包括"海洋科学研究和水文测量船舶"在内。

40. 2.　在海底委员会，关于这一主题的几项提案全部提及了军舰的问题。苏联代表在该委员会 1972 年会议上提交的一项提案（资料来源 1）规定，除其他外，过境的军舰不得"从事水文工作。"8 个海峡国家的提案（资料来源 2）在指出领海航行和海峡航行应统一处理后，规定过无害通过中的外国军舰应不"进行任何种类的研究作业。"后者和其他提案旨在将无害通过制度适用于国际航行的海峡。斐济提出的一项提案（资料来源 3）规定，在领海行使无害通过权的外国军舰不应"从事任何水文测量工作或任何海洋研究活动。"

苏联提案与要求将无害通过和用于国际航行的海峡结合起来的各项提案一起，被转载在委员会 1973 年报告（资料来源 4）所附备选案文清单中。

40.3.　在第三次联合国海洋法会议第二期会议（1974 年）上，6 个东欧社会主义国家的一项提案（资料来源 5）包含了与此前苏联提案相似的措辞，也涉及了军舰问题。斐济的提案（资料来源 6）较为宽松，规定：

> 5. 外国船舶，包括海洋研究和水文测量的船舶在内，在领海通行时，非经沿海国事前准许，不得进行任何研究或测量活动。

这一提案即是第四十条措辞的最初原型。

东欧社会主义国家提案的表述被作为第五十八条收入《主要趋势工作文件》中（资料来源 8）。斐济提出的案文被收入《主要趋势工作文件》第二十九条方案 B 第 5 款关于领海内无害通过的规定中。

40.4.　在第三次联合国海洋法会议第三期会议（1975 年）上，关于研究和测量活动的规定没有被收入非正式单一协商案文第二部分关于海峡问题的规定中，只是有"本案文［非正式单一协商案文第二部分］的性质使其不能保留［主要趋势工作文件］所反映的全部趋势"的说明。①

40.5.　在第三次联合国海洋法会议第四期会议（1976 年）上，西班牙代表提交的提案（资料来源 16）建议增加非正式单一协商案文第二部分第三十九条（现第三十九条）所列活动。该案文规定，外国船舶在通过海峡时，应不"进行任何种类的研究或测量活动"。

与上期会议一样，关于过境通行时的研究和测量活动的规定没有收入订正的单一协商案文第二部分中。

40.6.　在第三次联合国海洋法会议第五期会议（1976 年）上，马来西亚代表（资料来源 17）建议在订正的单一协商案文第二部分第三十八条中增加要求过境的船舶应不"进行研究或测量活动"的规定（见上文第 39.6 段）。摩洛哥代表（资料来源 18）提交了相似的提案。

---

①　见 A/CONF. 62/WP. 8/Part II（非正式单一协商案文，1975 年）引言第三段，正式记录，第四卷第 152、153 页（第二委员会主席）。

40.7. 在第三次联合国海洋法会议第六期会议（1977 年）上，西班牙代表（资料来源 18）也提交了与马来西亚和摩洛哥相似的对订正的单一协商案文第二部分第三十八条的增加内容。马来西亚代表团主席在致第二委员会主席的信中指出了这一遗漏，并认为这可能是疏忽造成的。② 信中称马来西亚代表团已与若干其他代表团进行了讨论，之后建议将该案文纳入关于海峡的一章中。此时，关于这一提案已没有争议，遂作为第四十条纳入非正式综合协商案文（资料来源 8）中。该新规定内容如下：

第四十条　研究和测量活动

外国船舶，包括海洋科学研究和水文测量的船舶在内，在海峡过境通行时，非经海峡沿岸国事前准许，不得进行任何研究或测量活动。

40.8. 此后对第四十条的唯一重要修改是将"在海峡过境通行时"改为"在过境通行时"，这一修改是根据起草委员会建议作出的（资料来源 13 和资料来源 14）。

40.9（a）. 第四十条中的"非经海峡沿岸国事前准许，不得进行任何研究或测量活动"的规定并没有明示地限于"海洋"科学研究。这是一项一般性的禁止，针对行使过境通行权的外国船舶的任何种类的研究活动。第四十条应与第二四五条一起解读，后者通过规定在领海内进行科学研究，应经沿海国"明示同意"，重申了沿海国在其领海内的主权（见第四卷，第 495 页，245.8（a））。

40.9（b）. 与第三十九条为船舶和飞机规定的行为规则一样，第四十条所载规定源出《公约》本身，应将它与第三十八条中的过境通行的定义和海峡沿岸国根据第四十一条和第四十二条制定的规则和规章所产生的义务区分开来（见上文第 39.10（i）段）。它通过增加关于外国船舶在过境通行时的研究和调查活动的具体行为规则，为第三十九条提供了补充。与第三部分其他一些条不同的是，第四十条所载的规则明示仅适用于过境通行的"外国"船舶。

40.9（c）. 简单地说，第四十条是一项针对过境通行时任何未经一个或多个海峡沿岸国事前准许而进行的研究或测量活动的一般性禁止。③ 在解读这一条时，必须考虑到第三十九条第 1 款（c）项，该项允许继续不停和迅速过境的通常方式所附带发生的活动。有些这种活动，如为导航目的而进行的深度仪声波测深和使用视觉和雷达手段的海图定位等，是通过狭窄水域（多数海峡可假定如此）时通常附带的活动。只要

---

② 马来西亚代表团团长致第二委员会主席信，1977 年 6 月 30 日。弗吉尼亚大学法律图书馆存档复印件。请比较马来西亚同日提交的提案，转载在《第三次联合国海洋法会议文件集》第四卷第 483 页。非正式单一协商案文第二部分中关于群岛国和外国船舶，包括海洋研究和水文测量船舶在群岛水域的通行的第一二七条中包含了相似的案文。这一内容现在体现在第五十四条中。

③ 本条的英语文本中如使用"States bordering *the* straits"会更好地避免歧义。这一可能产生的歧义可通过比较其他语言的作准文本消除。

这种活动是合法地附带于通常方式下的继续不停和迅速过境的，就是不受禁止的。

40.9（d）. "国"的复数形式"States"的使用暗示着在海峡的任何部分进行任何活动，都应有所有海峡沿岸国的准许。在海峡在一国领海内进行的活动，有该国一国的准许就足够了。给予外国船舶在自己的领海内进行研究和调查活动的权利的权力无疑是海峡沿岸国的权力之一，不受过境通行制度存在与否的影响。"国"的复数形式的使用与这一解读并不矛盾，因为这一复数形式是同一句中"海峡"一词的复数形式"straits"所要求的。

40.9（e）. 《公约》第三部分没有在与过境无关的活动方面限制海峡沿岸国的权力。正如第三十四条所规定的，过境通行制度"不应在其他方面影响构成这种海峡的水域的法律地位，或影响海峡沿岸国对这种水域及其上空、海床和底土行使其主权或管辖权"（见上文第34.8（a）段）。这一规定又被第三十八条第3款所强化，该款规定"任何非行使海峡过境通行权的活动，仍受本公约其他适用的规定的限制"（见上文第38.8（f）段）。

第四十一条　用于国际航行的海峡内的海道和分道通航制

1. 依照本部分，海峡沿岸国可于必要时为海峡航行指定海道和规定分道通航制，以促进船舶的安全通过。

2. 这种国家可于情况需要时，经妥为公布后，以其他海道或分道通航制替换任何其原先指定或规定的海道或分道通航制。

3. 这种海道和分道通航制应符合一般接受的国际规章。

4. 海峡沿岸国在指定或替换海道或在规定或替换分道通航制以前，应将提议提交主管国际组织，以期得到采纳。该组织仅可采纳同海峡沿岸国议定的海道和分道通航制，在此以后，海峡沿岸国可对这些海道和分道通航制予以指定、规定或替换。

5. 对于某一海峡，如所提议的海道或分道通航制穿过该海峡两个或两个以上沿岸国的水域，有关各国应同主管国际组织协商，合作拟订提议。

6. 海峡沿岸国应在海图上清楚地标出其所指定或规定的一切海道和分道通航制，并应将该海图妥为公布。

7. 过境通行的船舶应尊重按照本条制定的适用的海道和分道通航制。

资料来源

第三次联合国海洋法会议文件

1. A/AC.138/SC.II/L.4 and Corr.1，第二条第1款，转载在《1971年海底委员会报告》第241页（美国）。

2. A/AC.138/SC.II/L.7，第一条第1款和第2款（b）项，转载在《1972年海底委员会报告》第162页（苏联）。

3. A/AC.138/SC.II/L.18，第八条，转载在《1973年海底委员会报告》第三卷第3、6页（塞浦路斯、希腊、印度尼西亚、马来西亚、摩洛哥、菲律宾、西班牙和也门）。

4. A/AC.138/SC.II/L.28，第三十七条第2款（a）项，转载在《1973年海底委员会报告》第三卷第35、50页（马耳他）。

5. 第4项，"用于国际航行的海峡"，备选案文C，第三十七条第2款（a）项；备选案文 D，第一条第 2 款（b）项；和备选案文 E，第 1 款，转载在《1973 年海底委员会报告》第四卷第 50 页。

6. A/CONF. 62/C. 2/L. 3（1974 年），第三章第三条，正式记录，第三卷第 183、186 页（英国）。

7. A/CONF. 62/C. 2/L. 11（1974 年），第一条第 1 款和第 2 款（b）项，正式记录，第三卷第 189 页（保加利亚、捷克斯洛伐克、民主德国、波兰、乌克兰和苏联）。

8. A/CONF. 62/C. 2/L. 16（1974 年），第七条，正式记录，第三卷第 192、193 页（马来西亚、摩洛哥、阿曼和也门）。

9. A/CONF. 62/C. 2/L. 19（1974 年），第五条，第 6 ~ 10 款，正式记录，第三卷第 196、197 页（斐济）。

10. A/CONF. 62/C. 2/L. 20（1974 年），第一条第 2 款（a）项，正式记录，第三卷第 198、199 页（阿尔及利亚）。

11. A/CONF. 62/L. 8/Rev. 1（1974 年），附件二，附录一〔A/CONF. 62/C. 2/WP. 1〕，第五十九条，方案 A 和方案 B，正式记录，第三卷第 93、107 和 116 页（总报告员）〔《主要趋势工作文件》〕。

12. A/CONF. 62/WP. 8/Part II（非正式单一协商案文，1975 年），第四十条，正式记录，第四卷第 152、158 页（第二委员会主席）。

13. A/CONF. 62/WP. 8/Rev. 1/Part II（订正的单一协商案文，1976 年），第三十九条，正式记录，第五卷第 151、159 页（第二委员会主席）。

14. A/CONF. 62/WP. 10（非正式综合协商案文，1977 年），第四十一条，正式记录，第八卷第 1、11 条。

15. A/CONF. 62/WP. 10/Rev. 1（非正式综合协商案文第一次修订稿，1979 年，油印），第四十一条。转载在《第三次联合国海洋法会议文件集》第一卷第 375、405 页。

16. A/CONF. 62/WP. 10/Rev. 2（非正式综合协商案文第二次修订稿，1980 年，油印），第四十一条，转载在《第三次联合国海洋法会议文件集》第一卷第 3、34 页。

17. A/CONF. 62/WP. 10/Rev. 3*（非正式综合协商案文第三次修订稿，1980 年，油印），第四十一条。转载在《第三次联合国海洋法会议文件集》第一卷第 179、210 页。

18. A/CONF. 62/L. 78（《公约草案》，1981 年），第四十一条，正式记录，第十五卷第 172、181 页。

起草委员会文件

19. A/CONF. 62/L. 67/Add. 1（1981 年，油印），第四十一条，第 68 ~ 71 页。

20. A/CONF. 62/L. 67/Add. 1/Rev. 1（1981 年，油印），第四十一条，第 68 ~ 72 页。

21. A/CONF. 62/L. 72（1981 年），正式记录，第十五卷第 151 页（起草委员会主席）。

非正式文件

22. Informal Working Paper No. 2，条款第四条方案 A 第 1 款和条款第四条方案 A 和方案 B 第 1 款和第 2 款；No.2/Rev.1，条款第四条方案 A 第 1 款和条款第六条方案 A 和方案 B，第 1 款和第 2 款；和 No.2/Rev.2，条款第五条、条款第七条，方案 A 第 1 款和条款第九条方案 A 和方案 B 第 1 款和第 2 款（均为 1974 年，油印）。转载在《第三次联合国海洋法会议文件集》第二卷第 263、270、279 页。

23. 阿曼（1975 年，油印），第四条第 4 款。转载在《第三次联合国海洋法会议文件集》第四卷第 187、188 页。

24. 也门（1976 年，油印），第三条第 4 款。转载在《第三次联合国海洋法会议文件集》第四卷第 267、268 页。

25. 西班牙（1976 年，油印），第四十二条（非正式单一协商案文二）。转载在《第三次联合国海洋法会议文件集》第四卷第 274、277 页。

26. 希腊（〔1976 年〕，油印），第四十条（非正式单一协商案文二）。转载在《第三次联合国海洋法会议文件集》第四卷第 282 页。

27. 马来西亚（1976 年，油印），第三十九条第 4 款（订正的单一协商案文二）。转载在《第三次联合国海洋法会议文件集》第四卷第 396、397 页。

28. 摩洛哥（1976 年，油印），第三十九条第 6 款之二（订正的单一协商案文二）。转载在《第三次联合国海洋法会议文件集》第四卷第 399、400 页（仅有法文版本）。

29. 西班牙（〔1977 年〕，油印），第三十九条第 4、5 款（订正的单一协商案文二）。转载在《第三次联合国海洋法会议文件集》第四卷第 393、394 页。

30. C. 2/Informal Meeting/4（1978 年，油印），第四十一条第 5 款（西班牙）。转载在《第三次联合国海洋法会议文件集》第五卷第 6、8 页。

31. C. 2/Informal Meeting/17（1978 年，油印），第四十一条（希腊）。转载在《第三次联合国海洋法会议文件集》第五卷第 23 页。

评　　注

41.1.　第四十一条给予海峡沿岸国"于必要时"为用于国际航行的海峡指定海道和规定分道通航制的权力，"以促进船舶的安全通过。"这种指定或规定，以及对原先指定或规定的海道或分道通航制的替换，应在主管国际组织（通常为国际海事组织（IMO））与海峡沿岸国议定并采纳后进行。

第 1~6 款规定了可行使这种权力的条件。之后的第 7 款要求过境通行的所有船舶尊重适用的海道和分道通航制。（关于领海内的海道和分道通航制，见上文对第二十二条的评述。）

第四十一条仅适用于过境通行的船舶；本公约中没有针对飞机的相应规定，这方面的具体管理通过国际民航组织实现。

41.2. 海底委员会从最初开始就有海峡沿岸国应有权在"它们的"海峡指定海道和规定分道通航制的一般共识。主要问题是这些国家是否可以采取单边行动，还是在行动之前必须先与其他国家或主管国际组织协商。

这一议题首先出现在美国代表于海底委员会1971年会议上提交的一项提案上。该提案的有关部分内容如下：

> 沿海国可以指定所有船舶和飞机在这种海峡和其上空过境的适当通道。在海峡内有过境船舶习惯上使用的特定航行水道的情形下，这种通道应包括这种水道。

该提案涉及船舶和飞机通道的指定。苏联代表提交的提案（资料来源2）虽然只涉及船舶，但措辞大致相同。它还规定"在已为各通行方向的船舶指定了不同海道的海峡内，[船舶] 不应越过海道间的分隔线。"

8个海峡国家的提案（资料来源3）在将领海内和用于国际航行的海峡内航行一并处理时，规定：

> 沿海国可以在其领海内指定海道和分道通航制，同时考虑到主管国际组织推荐的海道和分道通航制，并规定这种海道和分道通航制的使用对通行船只是强制性的。

马耳他代表的提案（资料来源4）允许沿海国在宽度小于24海里的用于国际航行的海峡中，作为通行的一项条件，"要求遵守具有指定的海道和在必要的情况下具有强制性安全吃水限度的分道通航制"。

所有这些提案都反映在1973年海底委员会报告（资料来源5）所附的备选案文清单中。

41.3. 在第三次联合国海洋法会议第二期会议（1974年）上，英国代表的提案（资料来源6）合并了其中一些意见，并增加了细节内容。该提案第三条内容如下：

> 1. 依照本章，海峡国可于必要时为海峡航行指定海道和规定分道通航制，以促进船舶的安全通过。
>
> 2. 海峡国可于情况需要时，经妥为公布其决定后，以其他海道或分道通航制替换任何其原先指定或规定者。
>
> 3. 海峡国在指定海道或在规定分道通航制以前，应将提议提交主管国际

组织，并仅可在该组织核准后指定这种海道或规定这种分道通航制。

4. 海峡国应在海图上清楚地标出其所指定或规定的一切海道和分道通航制，并应将该海图公布。

5. 过境的船舶应尊重按照本条制定的适用的海道和分道通航制。

第3款明确要求在指定海道或规定分道通航制之前须有主管国际组织的批准。英国代表解释说，该款

> 承认了海道和分道通航制在任何有必要促进船舶的安全通过的情形下的价值，特别是考虑到通过海峡水域的海上交通量……这种分道通航制［应］在实施前得到国际海事组织的批准。①

他还指出，为多佛尔海峡制定的这种通航制当时已经获得政府间海事协商组织（即现国际海事组织）的批准。

4个海峡国家的提案（资料来源8）将海道与分道通航制的指定适用于国际航行的海峡所适用的制度。斐济代表的提案（资料来源9）采取了相似的办法，但包括了一条允许沿海国建立"水深分道通航制"的规定。

6个东欧社会主义国家的提案（资料来源7）重复了苏联此前的提案，其中只有一些细微的修改。阿尔及利亚代表的一项提案（资料来源10）包括了要求船舶在经过海峡过境时"遵守根据本公约或［政府间海事协商组织］的建议制定的分道通航制"的规定。

后两项提案被载入《主要趋势工作文件》（资料来源11）条款第五十九条方案 A 和方案 B 中。方案 B 包括了一项允许沿海国"指定专用的以便飞机飞越的空中通道和不同飞行方向的飞机的专用高度"的规定。

41.4. 在第三次联合国海洋法会议第三期会议（1975 年）上，阿曼代表的一项基于不可停止无害通过制度的提案（资料来源23）规定外国海洋研究和水文测量船舶、外国油轮和装载核物质或材料的化学品船应使用由沿海国指定的交通通道。这一提案未获得通过。

关于海峡问题的私人小组提出了一项对英国案文的修订版，其内容如下：

> 1. 依照本章，海峡国可于必要时为海峡航行指定海道和规定分道通航制，以促进船舶的安全通过。
>
> 2. 海峡国可于情况需要时，经妥为公布其决定后，以其他海道或分道通

---

① Second Committee, 11th meeting（1974 年），正式记录，第二卷第125页第23段。

航制替换任何其原先指定或规定者。

　　3. 这种海道或分道通航制应符合第二条所指的〔关于船舶和飞机的权利和义务的〕一般接受的国际规章。

　　4. 海峡国在指定海道或在规定分道通航制以前，应将提议提交主管国际组织，以期得到采纳。该组织仅可采纳同海峡国议定的海道和分道通航制，在此以后，海峡沿岸国可对这些海道和分道通航制予以指定或规定。

　　5. 对于某一海峡，如所提议的海道或分道通航制穿过该海峡两个或两个以上海峡国的水域，有关各国应同该组织协商，合作拟订提议。

　　6. 海峡国应在海图上清楚地标出其所指定或规定的一切海道和分道通航制，并应将该海图妥为公布。

　　7. 过境的船舶应尊重按照本条制定的适用的海道和分道通航制。②

　　主要的变化是新增了第 3 款和第 5 款，并修改了第 4 款（在先前的英国案文中为第 3 款）。

　　非正式单一协商案文第二部分几乎原文采纳了这一措辞（资料来源 12），该案文第四十条内容如下：

　　1. 依照本章，海峡国可于必要时为海峡航行指定海道和规定分道通航制，以促进船舶的安全通过。

　　2. 这种国家可于情况需要时，经妥为公布后，以其他海道或分道通航制替换任何其原先指定或规定者。

　　3. 这种海道或分道通航制应符合一般接受的国际规章。

　　4. 海峡国在指定海道或在规定分道通航制以前，应将提议提交主管国际组织，以期得到采纳。该组织仅可采纳同海峡国议定的海道和分道通航制，在此以后，海峡沿岸国可对这些海道和分道通航制予以指定或规定。

　　5. 对于某一海峡，如所提议的海道或分道通航制穿过该海峡两个或两个以上海峡国的水域，有关各国应同该组织协商，合作拟订提议。

　　6. 海峡国应在海图上清楚地标出其所指定或规定的一切海道和分道通航制，并应将该海图妥为公布。

　　7. 过境的船舶应尊重按照本条制定的适用的海道和分道通航制。

　　主要的修改是删去了第 3 款中的"第二条（现《公约》第三十九条）所指的"几

---

② Private Group on Straits（1975 年，油印），第三条。转载在《第三次联合国海洋法会议文件集》第四卷第 194、195 页。

个字。

41.5. 在第三次联合国海洋法会议第四期会议（1976 年）上，也门代表（资料来源 24）提出对阿曼代表早先的提案进行修订。

西班牙代表（资料来源 25）提交的一项非正式提案除其他外，建议给非正式单一协商案文第二部分第 3 款增加"并应将其通知主管国际组织"几个词。该提案还建议将第四条和第五条合并成如下内容：

> 4. 在指定穿过两个或两个以上海峡国的水域的海道或规定这样的分道通航制以前，有关各国应同有关的国际组织协商，合作拟订联合提议。这种海道或分道通航制仅可在该组织经所有海峡国事先同意而采纳后方可指定或规定。

希腊代表在赞成其他非正式修订的基础上，建议（资料来源 26）增加如下一项：

> 在群岛的情形下，海峡国可以指定一条或多条适用于过境通行的适当海道，以便外国船只的安全、继续不停和迅速通过。

在这一阶段，国际航运公会（ICS）指出，第 4 款"给予海峡国无需提交主管国际组织即可替换通航制的权利。"因此，国际航运公会建议将第 4 款第一句修改为："海峡国在指定海道或规定分道通航制或替换现有海道或通航制以前，……。"③

这些提案中，仅有一项随后反映在订正的单一协商案文第二部分（资料来源 13）中，即国际航运公会提交的提案。除此以外，订正的单一协商案文第二部分基本重复了订正的单一协商案文，其内容如下：

用于国际航行的海峡内的海道和分道通航制

1. 依照本章，海峡沿岸国可于必要时为海峡航行指定海道和规定分道通航制，以促进船舶的安全通过。

2. 这种国家可于情况需要时，经妥为公布后，以其他海道或分道通航制替换任何其原先指定或规定的海道或分道通航制。

3. 这种海道和分道通航制应符合一般接受的国际规章。

4. 海峡沿岸国在指定或替换海道或在规定或替换分道通航制以前，应将提议提交主管国际组织，以期得到采纳。该组织仅可采纳同海峡沿岸国议定

---

③ International Chamber of Shipping （1976 年，油印），第四十条第 4 款。转载在《第三次联合国海洋法会议文件集》第四卷第 240、244 页。

的海道和分道通航制，在此以后，海峡沿岸国可对这些海道和分道通航制予以指定、规定或替换。

5. 对于某一海峡，如所提议的海道或分道通航制穿过该海峡两个或两个以上沿岸国的水域，有关各国应同该组织协商，合作拟订提议。

6. 海峡沿岸国应在海图上清楚地标出其所指定或规定的一切海道和分道通航制，并应将该海图妥为公布。

7. 过境通行的船舶应尊重按照本条制定的适用的海道和分道通航制。

除增加了与目前《公约》相同的标题，并修改了第 4 项以外，仅作了一些文字性修改（如将"海峡国"改为"海峡沿岸国"）。

41.6. 在第三次联合国海洋法会议第五期会议（1976 年）上，马来西亚代表的一项非正式提案（资料来源 27）提出将第 4 款替换为以下内容：

4. 海峡沿岸国在指定或替换海道或在规定或替换分道通航制以前，应将提议提交主管国际组织。在按照本条指定或替换海道和规定或替换分道通航制时，海峡沿岸国应虑及到：

（a）主管国际组织的建议；

（b）通航水道的特殊性质；和

（c）船舶来往的频繁程度。

摩洛哥代表提交的一项非正式提案（资料来源 28）建议增加一个新的关于海峡沿岸国指定海峡上空的航空通道和其他有关事项的第 6 项之二。

在第三次联合国海洋法会议第六期会议（1977 年）上，西班牙代表提交的一项提案与早先的马来西亚提案（资料来源 29）相似，也将海道和分道通航制的指定置于无害通过制度之下（第二十二条）。

在第三次联合国海洋法会议第五期和第六期会议上提交的提案都没有被纳入非正式综合协商案文（资料来源 14）中。该案文第四十一条重复了订正的单一协商案文的实质内容，仅采纳了几项细微的文字性修改。

41.7. 在第三次联合国海洋法会议第七期会议（1978 年）上，西班牙代表的一项非正式提案（资料来源 30）提出在第 5 款末尾增加如下新内容：

5. ……这种海道或［分道］通航制仅可在该组织经所有海峡沿岸国同意而采纳后方可规定。

希腊代表也提出了一项非正式提案（资料来源 31），建议新增关于海峡沿岸国指定

"预定空中航道"和"空中交通程序"的第 8 款。这两项修订提案都没有获得接受，案文基本上无实质性修改。

随后根据起草委员会的建议（资料来源 19 至资料来源 21）作了几项文字性修改。其中一项在第 7 项，将中、英、法、西文案文中的"过境的船舶"替换为"过境通行的船舶"，使之与阿、俄文案文一致。《公约草案》采纳了这一修改（资料来源 18）。

41.8. 在第三次联合国海洋法会议第十一期会议（1982 年）上，希腊代表再次试图重新解读针对希腊群岛的过境通行制度。就第三十六条、第三十八条、第四十一条和第四十二条的适用问题，希腊代表作了如下的书面声明：

> 希腊代表团认为，在因散布有众多岛屿而形成实际上服务于同一国际航道的多个可选海峡的地区，有关沿海国有责任指定前述多个可选海峡中的一条或多条航道，使第三国的船舶和飞机以既可以满足国际航行和飞越的要求，又能满足过境船舶和飞机以及沿海国的最低安全要求的方式，依过境通行制度通过。④

土耳其代表此后针对这一声明提交了一项强烈的反驳，指出它"显示了希腊不仅在海峡，而且在公海行使自由裁量权的意图。"它还指出，"这种专断的行动既不是《公约》也不是国际法的规则和原则所允许的。"⑤

41.9（a）. 第四十一条允许海峡沿岸国在满足 4 种条件的情况下在海峡内指定海道和规定分道通航制，以及替换它们。

（1）海道或分道通航制必须是促进船舶在海峡的安全通过所必要的（第 1 款）。（关于在群岛海道中指定"通过……狭窄水道"的分道通航制的第五十三条第 6 款中也作了相似的规定。）由于海峡内宽度的变化和航行条件的多样，海道和分道通航制并不总是必要的。有些国家可能选择保持其所沿海峡内的传统通航模式不变。因此，各国并非必须指定海道或规定分道通航制——而是被允许在航行安全使之成为必要的情形下采取这种措施。

（2）海道和分道通航制必须符合"一般接受的国际规章（第 3 款）。"与第三十九条规定船舶和飞机有义务遵守"一般接受的"关于海上安全的和关于防止、减少和控制污染的"国际规章"相同，第四十一条第 3 款就海道的指定和分道通航制的规定为海峡沿岸国规定了相同的义务。由于所有海道和分道通航制必须与主管国际组织协同制定，确保其符合一般接受的国际规章并不困难。

---

④ A/CONF.62/WS/26（1982 年），正式记录，第十六卷第 266 页（希腊）。希腊在后来签署《公约》时作为正式声明重复了这一声明（见上文 36.7（a）注释6）。

⑤ A/CONF.62/WS/34（1982 年），正式记录，第十七卷第 226 页（土耳其）。

（3）海道和分道通航制及其替换的提议，必须提交主管国际组织（即国际海事组织），以期得到采纳（第4款）。除非与海峡沿岸国议定，否则该组织不能采纳海道和分道通航制。相似地，这些国家在将海道或分道通航制提交主管国际组织"以期得到采纳"之前，也不能指定海道或规定分道通航制。简而言之，任何海道和分道通航制在生效前，必须先得到海峡沿岸国和主管国际组织二者的同意。这是第四十一条所规定的制度的核心。海峡沿岸国有必要正式通过海道和分道通航制，反映了这样一个事实，即本条无疑处理的是属于海峡沿岸国管辖权之下的其领海的一部分。第四十一条所规定的制度与第十二部分第六节（第二一三条至第二二二条）中关于沿海国执行海洋环境保护的国际制度和规章的部分在模式上是相对应的。不过，第四十一条所规定的双方通过制更加严格。

（4）指定海道或规定分道通航制的国家必须清楚地将其标在海图上，并应将该海图"妥为公布"（第6款）。（"妥为公布"一语频繁出现在第二委员会所通过的条款中。关于其涵义和与其有关的惯例，见上文第16.9（c）段。）

41.9（b）. 第2款规定，于情况需要时，经妥为公布后，可以其他海道或分道通航制替换原先的海道或分道通航制。在替换之前，海峡沿岸国必须遵循与原通航制确立相同的程序，即必须与主管国际组织协商，并就替换计划与之达成共识。第4款的措辞清楚地表明了这一点。订正的单一协商案文第二部分修订了该款，增加了关于海道和分道通航制的替换的规定（见上文第41.5段）。关于群岛水域中的海道和分道通航制的第五十三条第7款中规定了与之平行的规定。

41.9（c）. 关于"主管国际组织"这一表达，国际海事组织就第四十一条第3款指出

> 国际海事组织是唯一有权制定关于船舶定线制的国际规章的全球性机构。[6]

关于这方面，在国际海事组织制定的关于船舶定线制的一般规定中有如下内容：

3.7 选择和制定船舶定线制主要是有关国家政府的责任。

3.8 提出新的定线制或对已采纳的定线制的修订的国家政府，如果新定线制或修订有任何部分位于其领海之外，应与国际海事组织协商，以便国际

---

[6] 见 *Implications of the United Nations Convention on the Law of the Sea for the International Maritime Organization（IMO）*，秘书处研究报告，IMO doc. LEG/MISC/1（1986年，油印），45（a）和101（b）部分，转载在《荷兰国际法研究所年鉴》第3卷［1987年］，第340、355、378页；联合国海洋和海洋法司《海洋事务年度回顾：法律和政策的主要文件》第一卷第123、134、150页，1985—1987年。国际海事组织建立的分道通行制详细目录见上述对第二十二条评注的附件。

海事组织采纳或修订这种制度供国际使用。这种国家政府应提送所有相关信息，特别是关于定线制的划定所使用的基准海图的编号、版本和可能时的大地基准的信息。在适当时，它还应提供以下附加信息：

1. 禁止某些船舶或某些级别的船舶使用定线制或该定线制任何部分的理由；和

2. 在必要的情形下，供被禁止使用定线制或部分该定线制的船舶使用的任何替代定线措施。[⑦]

41.9（d）. 第4款的规定与关于指定/规定或替换群岛海道通行所使用的海道或分道通航制的第五十三条第9款中的规定是平行的。在第三次海洋法会议上，对群岛水域中的海峡的通行权进行了讨论。各方在这方面所作折中的结果就是有关条款被分别归入第三、四部分中。

41.9（e）. 第5款规定，在沿海峡有两个或两个以上国家时，这些国家必须同主管国际组织协商，合作拟定在该海峡内的海道或分道通航制。这一规定设想此类型海峡的各沿岸国在海峡内采取联合行动。

41.9（f）. 第7款要求过境通行的船舶应尊重"按照本条制定的"海道和分道通航制。这暗示着，本公约没有规定任何遵守海道或分道通航制的义务，除非它们是在以上讨论的条件下制定的。

在实践中，要使海道和分道通航制有效地促进航行安全，它们必须适用于所有使用领海（包括海峡）的船舶，而不仅仅是外国船舶。船舶的船旗国或登记国无论该船在何处都可以管理该船的行为，特别是当其在该国领海内时。如果在一海峡内行使过境通行权的外国船舶无法假定它遇到的所有其他船舶都遵守同样的规则，那么这种制度将无法奏效。第四十二条第2款和第二二七条中的无歧视规定与这一问题是相关的。

41.9（g）. 第四十一条给予海峡沿岸国的管理权已经宽泛到了如果对之行使不当，将严重妨碍船舶的过境通行的程度。因此，本条针对这一问题规定了几项保障措施。一是规定提议的海道和分道通航制应符合"一般接受的国际规章"（第3款）。二是规定在要求过境的船舶遵守海道和分道通航制之前，海道和分道通航制必须得到主管国际组织和所有海峡沿岸国二者的认可。三是第四十二条第1款（a）项提及了第四十一条所规定的沿海国可指定和规定的事项，将其包括在该条涵盖的范围中。该条第2款对这一管理权限作出限制，规定这种规章"不应在形式上或事实上在外国船舶间有所歧视，或在其适用上有否定、妨碍或损害本节规定的过境通行权的实际后果。"最后，海峡沿岸国所颁布的任何规定还受制于第四十四条规定的海峡沿岸国不应妨碍

---

⑦ 国际海事组织，*Ships' Routeing*，A 部分，第3.7段和3.8段（第六版，1991 年）（国际海事组织，销售编号 IMO927E）。

或停止过境通行的一般性禁止。

41.9（h）． 由联合国海洋事务和海洋法司编写的一项关于基线的研究报告将"分道通航制"描述为"一种旨在通过适当的手段和通过建立交通分道分隔相向交通流的定线措施。"⑧ 同一研究报告将"定线制"描述为：

> 旨在降低海难风险的由一个或多个航道组成的系统或定线措施；它包括分道通航制、双向航道、推荐航道、避航区、沿岸通航区、环形航道、警戒区和深水航路。⑨

---

⑧ 联合国海洋事务和海洋法司，*An Examination of the Relevant Provisions of the United Nations Convention on the Law of the Sea*，附件一（技术用语表），第47、65页（联合国销售编号 E. 88. V. 5＊（1989年））。

⑨ 同前，第61页（原书）。

第四十二条　海峡沿岸国关于过境通行的法律和规章

1. 在本节规定的限制下，海峡沿岸国可对下列各项或任何一项制定关于通过海峡的过境通行的法律和规章：

(a) 第四十一条所规定的航行安全和海上交通管理；

(b) 使有关在海峡内排放油类、油污废物和其他有毒物质的适用的国际规章有效，以防止、减少和控制污染；

(c) 对于渔船，防止捕鱼，包括渔具的装载；

(d) 违反海峡沿岸国海关、财政、移民或卫生的法律和规章，上下任何商品、货币或人员。

2. 这种法律和规章不应在形式上或事实上在外国船舶间有所歧视，或在其适用上有否定、妨碍或损害本节规定的过境通行权的实际后果。

3. 海峡沿岸国应将所有这种法律和规章妥为公布。

4. 行使过境通行权的外国船舶应遵守这种法律和规章。

5. 享有主权豁免的船舶的船旗国或飞机的登记国，在该船舶或飞机不遵守这种法律和规章或本部分的其他规定时，应对海峡沿岸国遭受的任何损失和损害负国际责任。

资料来源

第三次联合国海洋法会议文件

1. A/AC. 138/SC. II/L. 7，第一条第 2 款（d）项，转载在《1972 年海底委员会报告》第 162 页（苏联）。

2. A/AC. 138/SC. II/L. 28，第三十七条第 3 款，转载在《1973 年海底委员会报告》第三卷第 35、50 页（马耳他）。

3. 第 4 项，"用于国际航行的海峡"，备选案文 C，第三十七条第 3 款；和备选案文 D，第一条第 2 款（d）项，转载在《1973 年海底委员会报告》第四卷第 50～53 页。

4. A/CONF. 62/C. 2/L. 3（1974 年），第三章，第四条，正式记录，第三卷第 183、186 页（英国）。

5. A/CONF. 62/C. 2/L. 11（1974 年）第一条第 2 款（d）项，正式记录，第三卷第 189 页（保加利亚、捷克斯洛伐克、德意志民主共和国、波兰、乌克兰苏维埃社会主义共和国和苏联）。

6. A/CONF. 62/C. 2/L. 16（1974 年），第二十二条第 3 款，正式记录，第三卷第 192 页（马来西亚、摩洛哥、阿曼和也门）。

7. A/CONF. 62/L. 8/Rev. 1（1974 年），附件二，附录一［A/CONF. 62/C. 2/WP. 1］，条款第六十二条、第六十三条和第六十五条，正式记录，第三卷第 93、107、117 页（总报告员）［《主要趋势工作文件》］。

8. A/CONF. 62/WP. 8/Part II（非正式单一协商案文，1975 年），第四十一条，正式记录，第四卷第 152、158 页（第二委员会主席）。

9. A/CONF. 62/WP. 8/Rev. 1/Part II（订正的单一协商案文，1976 年），第四十条，正式记录，第五卷第 151、159 页（第二委员会主席）。

10. A/CONF. 62/WP. 10（非正式综合协商案文，1977 年），第四十二条，正式记录，第八卷第 1、11 页。

11. A/CONF. 62/WP. 10/Rev. 1（非正式综合协商案文第 1 次修订稿，1979 年，油印），第四十二条。转载在《第三次联合国海洋法会议文件集》第一卷第 375、406 页。

12. A/CONF. 62/WP. 10/Rev. 2（非正式综合协商案文第二次修订稿，1980 年，油印），第四十二条。转载在《第三次联合国海洋法会议文件集》第一卷第 3、34 页。

13. A/CONF. 62/WP. 10/Rev. 3*（非正式综合协商案文第三次修订稿，1980 年，油印），第四十二条。转载在《第三次联合国海洋法会议文件集》第一卷第 179、211 页。

14. A/CONF. 62/L. 78（《公约草案》，1981 年），第四十二条，正式记录，第十五卷第 172、182 页。

15. A/CONF. 62/L. 109（1982 年），第四十二条第 1 款（b）项，正式记录，第十六卷第 223 页（西班牙）。

起草委员会文件

16. A/CONF. 62/L. 67/Add. 1（1981 年，油印），第 72 ~ 74 页。

17. A/CONF. 62/L. 67/Add. 1/Rev. 1（1981 年，油印），第 73 ~ 77 页。

18. A/CONF. 62/L. 67/Add. 14（1981 年，油印），第 4 页。

19. A/CONF. 62/L. 72（1981 年），正式记录，第十五卷第 151 页（第二委员会主席）。

20. A/CONF. 62/L. 152/Add. 23（1982 年，油印）第 56 页。

21. A/CONF. 62/L. 160（1982 年），正式记录，第十七卷第 225 页（起草委员会主席）。

非正式文件

22. Informal Working Paper No. 2，条款第三条第 3 款，第九条和第十条方案 A 第 1

款；No. 2/Rev. 2，条款第三条第 3 款及第九条、第十条和第十二条；以及 No. 2/Rev. 2，条款第四条第 3 款及第十二条、第十三条和第十五条（均为 1974 年，油印）。转载在《第三次联合国海洋法会议文件集》第二卷第 263、270 和 279 页。

23. 阿曼（1975 年，油印），第四条第 6 款。转载在《第三次联合国海洋法会议文件集》第四卷第 187、188 页。

24. 也门（1976 年，油印），第三条第 6 款。转载在《第三次联合国海洋法会议文件集》第四卷第 267、268 页。

25. 西班牙（1976 年，油印），第四十三条（非正式单一协商案文二）。转载在《第三次联合国海洋法会议文件集》第四卷第 274、278 页。

26. 希腊（［1976 年］，油印）第四十一条第 5 款（非正式单一协商案文二）。转载在《第三次联合国海洋法会议文件集》第四卷第 282 页。

27. 马来西亚（1976 年，油印），第四十条第 1 款，和第四十条之二和之三（订正的单一协商案文二）。转载在《第三次联合国海洋法会议文件集》第四卷第 396、397 页。

28. 摩洛哥（［1976 年］，油印），第四十条和第四十二条之二（订正的单一协商案文二）。转载在《第三次联合国海洋法会议文件集》第四卷第 399、401 页。［仅有法文版本］

29. 西班牙（［1977 年］，油印），第四十条第 1、5 和 6 款（订正的单一协商案文二）。转载在《第三次联合国海洋法会议文件集》第四卷第 393、395 页。

30. C. 2/Informal Meeting/4（1978 年，油印），第四十二条和第四十二条之二（西班牙）。转载在《第三次联合国海洋法会议文件集》第五卷第 6、8 页。

31. C. 2/Informal Meeting/17（1978 年，油印），第四十二条第 1 款（a）项（希腊）。转载在《第三次联合国海洋法会议文件集》第五卷第 23、24 页。

32. C. 2/Informal Meeting/22（1978 年，油印）第四十二条第 1 款（莫斯科）。转载在《第三次联合国海洋法会议文件集》第五卷第 30、32 页。

评　注

42. 1.　　第四十二条列出了海峡沿岸国可对之制定关于通过海峡的过境通行的法律和规章的各种活动。它还规定行使过境通行权的外国船舶应遵守这种法律和规章。此外，违反这种法律和规章所造成的损失和损害的国际责任应由"不遵守这种法律和规章"的船舶的船旗国或飞机的登记国承担。

42. 2.　　在海底委员会 1972 年会议上，苏联代表提交的一项提案（资料来源 1）包含了关于赔偿责任的规定，该提案内容如下：

船舶过境可能对海峡沿海国造成的任何损害的赔偿责任应由造成损害的船舶的船旗国或其管辖下或代其行事的法人承担。

马耳他代表的提案（资料来源2）增加了两个新的要素，规定沿海国关于通过海峡的通行所采取的措施"应当是非歧视性的，且应在通知国际海洋空间机构并妥为公布后方可生效。"海峡沿岸国集团和斐济的提案都把通过海峡的过境通行制度建立在领海内的无害通过制度之上。[①]

苏联和马耳他提案反映在委员会1973年报告（资料来源3）所附备选案文清单中。

42.3. 在第三次联合国海洋法会议第二期会议（1974年）上，英国代表的一项提案将几项规定结合在一条中，其内容如下：

1. 在本条规定的限制下，海峡国可制定如下的法律和规章：

（a）符合上文第三条［现第四十一条］规定的；

（b）使有关在海峡内排放油类、油污废物和其他有毒物质的适用的国际规章有效的；

2. 这种法律和规章不应在形式上或事实上在外国船舶间有所歧视；

3. 海峡国应将所有这种法律和规章妥为公布；

4. 行使过境通行权的外国船舶应遵守海峡国的这种法律和规章；

5. 如果享有主权豁免的船舶没有遵守任何这种法律或规章而导致对海峡国的损害，船旗国应按照第七条对给海峡国造成的任何这种损害负责。

英国代表解释说，该提案

明确规定任何海峡沿岸国都可以制定法律和规章以使海峡内航行的分道通行制充分有效。它还为海峡国通过制定法律和规章以采取适当强制措施控制在海峡内排放油类或其他有毒物质提供了依据。行使过境通行权的外国船舶将必须遵守这些规章；如果商船未能遵守，将可能面临法律诉讼。对军舰和其他享有主权豁免的船舶，第5款规定，船旗国应对其船舶因未遵守这种法律和规章而造成的损害直接负责。这就是说，应负国际层面上的责任，亦即国家责任。[②]

---

① 例见 A/AC.138/SC.II/L.18，第六条，转载在《1973年海底委员会报告》第三卷第3、5页（塞浦路斯、希腊、印度尼西亚、马来西亚、摩洛哥、菲律宾、西班牙和也门）；和 A/AC.138/SC.II/L.42 和 Corr.1，第四条第2款和第五条，同上，第91、94页（斐济）。另见上文21.3。

② Second Committee, 11th meeting（1974年），正式记录，第二卷第25页第23段。

按照英国提案的规定，海峡沿岸国只能规定与海道和分道通航制有关的和使关于海洋污染（主要是来自油类的）的国际规章有效适用的法律和规章。外国船只遵守这种法律和规章的责任应由船旗国承担。

6个东欧社会主义国家的提案（资料来源5）修改了苏联先前关于赔偿责任的提案，规定过境船舶对任何对海峡沿岸国、"其公民或法人"造成的损害都应负赔偿责任。它规定这种赔偿责任首先应由"船舶的所有人或其他对损害负有责任的人"承担，其次应由船旗国承担。

一项由4个海峡国（资料来源6）提交的提案将通过用于国际航行的海峡的过境通行与领海无害通过等同对待，规定：

> 3. 沿海国不应妨碍外国船舶在海峡内的领海的无害通过并应尽一切努力确保其迅速通过；特别是，它不应对某一国家的船舶，或对载运货物或乘客来往某一国家的船舶或对替某一国家载运货物或乘客的船舶，有形式上或事实上的歧视。

该提案在非歧视方面增加了一句"对载运货物或乘客来往某一国家的船舶或对代表某一国家载运货物或乘客的船舶。"

斐济代表重申了早先在海底委员会提交的将无害通过制度既适用于领海也适用于海峡的提案。③

这些提案中的不同要素随后经整理后载入主要趋势工作文件第六十二条、第六十三条和第六十五条（资料来源7）。

42.4. 在第三次联合国海洋法会议第三期会议（1975年）上，阿曼代表提交的一项提案（资料来源23）为了归并通过海峡的无害通过制度，重复了4个海峡国早先提交的关于非歧视的提案。

关于海峡问题的私人小组随后制定了一项以早先的英国提案为基础的案文，其中第1款采纳了新的要素。④ 该案文经过几处细微的文字性修改后，被非正式单一协商案文第二部分（资料来源8）采纳为第四十一条，内容如下：

> 1. 在本节规定的限制下，海峡国可对下列各项或任何一项制定关于通过海峡的过境通行的法律和规章：

---

③ A/CONF. 62/C. 2/L. 19（1974年），第五条，正式记录，第三卷第196、197页第1—4段（斐济）。另见上文21.4。

④ Private Group on Straits（1975年，油印），第四条。转载在《第三次联合国海洋法会议文件集》第四卷第194、196页。

（a）第四十条所规定的航行安全和海上交通管理；

（b）使有关在海峡内排放油类、油污废物和其他有毒物质的适用的国际规章有效，以防止、减少和控制污染；

（c）对于渔船，防止捕鱼，包括渔具的装载；

（d）违反海峡国海关、财政、移民或卫生的规章，装卸任何商品、货币或人员。

2. 这种法律和规章不应在形式上或事实上在外国船舶间有所歧视，或在其适用上有否定、妨碍或损害本节规定的过境通行权的实际后果。

3. 沿海国应将所有这种法律和规章妥为公布。

4. 行使过境通行权的外国船舶应遵守这种法律和规章。

5. 如果享有主权豁免的船舶或飞机不遵守本部分的规定或按照第 1 款制定的法律或规章而导致对海峡国或海峡附近其他国家的损失或损害，船旗国应对该损失或损害负责。

第 1 款扩充了先前提案的内容，列出了海峡沿岸国可对之制定法律和规章的四类活动。第 2 款增加了这种法律和规章不应"有否定、妨碍或损害本节规定的过境通行权的实际后果"的规定。在这一阶段，关于无害通过的第二十一条（现第二十四条）也增加了相似的措辞（"否定或妨碍"无害通过权）。关于海峡问题的私人小组先前提出的案文的第 6 款没有纳入非正式单一协商案文中。该款规定"如果海峡国不遵守本章的规定而导致对外国船舶或飞机的损失或损害，该海峡国应赔偿该船舶或飞机所有者的损失或损害。"（虽然第四十二条没有保留这一概念，但现第三〇四条涵盖了对损害的责任和赔偿责任的一般问题。）

42.5. 在第三次联合国海洋法会议第 4 期会议（1976 年）上，也门提交的非正式提案（资料来源 24）基本重复了早先 4 个海峡国提出的不妨碍外国船舶的无害通过的义务和不歧视任何船舶的提案。西班牙代表提出的非正式提案（资料来源 25）提出了若干修改，如果接受这些修改，本条将成为一套海峡无害通过制度。它适用于"任何海峡国"，并删去了所有"通行"前的"过境"二字和对飞机的提及。此外，它还提出增加新的第 5 款，内容如下：

5. 如果行使通过海峡的过境通行权的船舶不遵守海峡国按照本条制定的法律和规章，这种船舶应对在海峡国主权范围内的区域内造成的任何损害负责。

该案文建议由船舶承担在海峡通过时"在海峡国主权范围内的区域内"造成的任何损害的责任。希腊代表（资料来源 26）建议删去第 5 款中对飞机的提及。

这些修订都没有获得接受，订正的单一协商案文第二部分（资料来源9）第四十条重复了非正式单一协商案文，只是将第5款改为如下内容：

> 5. 享有主权豁免的船舶或飞机的船旗国，在该船舶或飞机不遵守这种法律和规章或本章的其他规定时，应对海峡沿岸国遭受的任何损失和损害负国际责任。

这一修改强调了船（机）旗国应对其享有"主权"豁免的船舶或飞机违反海峡沿岸国的行为所造成的损失和损害负国际责任。在这一阶段还增加了"海峡沿岸国关于过境通行的法律和规章"的标题。

42.6. 在第三次联合国海洋法会议第五期会议（1976年）上，马来西亚代表在其提案（资料来源27）的第1款中更加详细地列出了海峡沿岸国可对之制定法律和规章。该提案包括了订正的单一协商案文第二部分第四十条中的各要素，并增加了关于沿海国关于无害通过的法律和规章的该案文第二十条（现第二十一条）中所包含的其他要素。马来西亚代表还提出了新的第四十条之二，允许海峡沿岸国为"具有独特性的海峡"规定法律和规章保护。此外，马来西亚代表还提出了新的第四十条之三，强制性地要求船舶"购买足够的保险以偿付对给海峡沿岸国造成的任何损失或损害的任何索赔。"摩洛哥代表提交了相似的提案（资料来源28），扩充了第1款所列内容，规定这种法律和规章的制定应"符合本公约的规则和国际法的其他规则。"

42.7. 在第三次联合国海洋法会议第六期会议（1977年）上，西班牙代表的提案也建议扩充第1款所列活动（资料来源29）。此外，它还重复了自己建议新增一款要求通过的船舶对任何损害负责的早先提案（见上文第42.5段）。新提案还建议删去第5款中的"或飞机"几个字。

第五期和第六期会议上提交的提案都没有获得接受，非正式综合协商案文（资料来源10）几乎原文重复了订正的单一协商案文的条文，仅采纳了几处细微的文字性修改。

42.8. 在第三次联合国海洋法会议第七期会议（1978年）上，西班牙代表提交了一项非正式提案（资料来源30），建议将第1款（b）项修改为"按照一般接受的国际规章、程序和惯例"，防止、减少和控制海洋污染。[5] 它还提出了一个新的关于"保护

---

[5] 此后英语语言小组在起草委员会内部提交了一项相似的提案，但没有被语言小组协调员接受。见 ELGDC/6（1981年，油印）；DC/Part III/Article 42（1981年，油印）；和 CG/WP.4（1981年，油印）。汉语语言小组提出了反对意见，认为并非所有"国际规则/规章"之前的"适用的"都应改为"一般接受的"，而是应对每一处做具体研究。该语言小组还认为这一修改"可能会涉及实质性问题，"并特别提到了第四十二条第1款、第九十四条第4款（c）项、第二一八条第1款和第二一九条。因此，没有在这四处做这一修改。见 DC/Part III/Article 42（1981年，油印），第2页。

助航设备和设施、电缆和管道和其他设施和设备"的第 1 款（e）项。此外，西班牙还提出删去第 5 款，代之以第四十二条之二，除其他外，规定各国应确保"悬挂其旗帜的船舶购有足够的保险"，并应在其法律制度内提供申诉机制，以便"对悬挂其旗帜的船舶在行使过境通行权时所造成的任何损失或损害"，可获得"迅速和适当的补偿或其他救济。"（此规定与第二三五条中关于对海洋环境污染所造成的损害的责任和赔偿责任的规定相关。）

希腊代表（资料来源 31）提出扩充第 1 款（a）项，在其中增加"空中交通安全和国际民航组织规则、规章和程序。"摩洛哥代表提交的提案（资料来源 32）重复了其先前扩充第 1 款所列活动的建议（见上文第 42.6 段）。

这些建议的修订都没有获得接受，本条在此后的几版案文中基本没有实质性修改。

第四十二条在采纳了起草委员会建议的几项文字性修改（资料来源 16 至资料来源 21）以后，其最终形态固定下来。

42.9. 在第三次联合国海洋法会议第十一期会议（1982 年）上，西班牙代表提交了一项正式提案（资料来源 15），建议将第 1 款（b）项中的"适用的"国际规章替换为"一般接受的"国际规章。西班牙代表指出，第二一一条第 2 款（关于来自船舶的污染）使用了"一般接受的"一语，并指出，"问题在于，具体规章的适用性可能取决于有关船舶所悬挂的旗帜，因此建立一个客观的制度是不可能的。"⑥该提案还使用了"油类、废物和其他有毒物质的……规章"（即将"废物"前的"油类"删去），以使条文"包括所有种类的废物而更宽泛。"⑦ 随后就西班牙提案进行了表决，但因未获多数而没有得到采纳。⑧

42.10（a）. 第 1 款给予海峡沿岸国对第 1 款（a）至（d）项中规定的各项或任何一项制定法律和规章的权力。这一权力的行使应受"本节规定的限制"，即受关于过境通行的第三部分第二节第三十七条至第四十四条的限制。其立法史显示，第 1 款（a）至（d）项所列内容是详尽的，所有修改建议都未得到接受。然而，考虑到向其中引入其他事项的尝试，第三十九条和第四十条采纳了一些修订建议所涉及的主题。⑨ 此外，关于对海峡的海洋环境实际造成的或威胁造成的重大损害的问题，第二三三条中

---

⑥ 见 169th plenary meeting（1982 年），正式记录，第十六卷第 93 页第 4 段。

⑦ 出处同上。

⑧ 见 176th plenary meeting（1982 年），第 8 – 9 段，出处同上，第 133 页。表决结果为 60 票赞成，29 票反对，51 票弃权。会议《议事规则》第三十九条规定，就实质性问题的决定应有"出席并参与表决代表的三分之二多数，但这一多数应至少包括参与该届会议的国家的多数。"A/CONF. 62/30/Rev. 3（1981 年，油印）。转载在《第三次联合国海洋法会议文件集》第十三卷第 489 页。

⑨ 其他建议的事项包括符合国际民航组织要求的空中交通安全；助航设备和设施、电缆和管道及其他设备和设施的保护。见上文第 42.8 段。

还包含了对第四十二条第 1 款（a）项和（b）项的明确交叉引用。[⑩]

42.10（b）. 第 1 款（a）项通过对第四十一条的提及，谨慎地界定了海峡沿岸国立法确保航行安全和管理海上交通的权力。第四十二条并未对第四十一条所规定的规则进行扩充；关于海道和分道通航制的法律和规章应按照国际海事组织制定的指导原则制定（见上文第 41.9（c）和（g）段）。

42.10（c）. 第 1 款（b）项授权海峡沿岸国制定关于污染的防止、减少和控制的法律和规章。这一权力对很多这类国家至关重要，因为它们对过境船舶的油类和其他污染物的排放十分关切。而另一方面，使用国则担心不合理的污染控制规章可能成为妨碍通过海峡的过境自由的手段。为了调和这两种相互冲突的观点，允许海峡沿岸国制定关于污染防治、减少和控制的法律和规章，但只能通过"使……适用的国际规章有效"的途径。虽然"使……有效"几个字似乎允许一定程度的解读上的自由裁量，但海峡沿岸国并不能制定与适用的国际标准有实质差别或较之更加严格的规章。通过第二三三条，给予了海峡沿岸国有限的执法权，使之能够处理对海洋环境的实际的或威胁的重大损害。[⑪]

42.10（d）. 第 1 款（c）项授权海峡沿岸国管理渔船的活动，防止捕鱼，包括要求这种船舶在过境时装载渔具。这一权力仅限于渔船，并构成第十九条第 2 款（i）项、第二十一条第 1 款（c）项，第六十二条第 4 款（k）项和第七十三条所规定的一项更为广泛的规则的一部分。其他过境通行船舶的捕鱼活动不能构成第三十九条对所有行使其过境通行权的船舶所要求的"继续不停和迅速过境的通常方式"所附带发生的活动。根据第七十三条的规定，沿海国可以对其关于在构成该国专属经济区一部分的海峡区域内的捕鱼活动的法律和规章采取执行措施。

42.10（e）. 第 1 款（d）项授权海峡沿岸国制定关于上下任何商品、货币或人员的法律和规章，并具体指明这种法律和规章应针对违反海峡沿岸国海关、财政、移民或卫生的法律和规章的情况。[⑫] 这些活动是过境船舶对海峡沿岸国可能造成的最明显的影响中的一些；第二十一条第 1 款（b）项和第三十三条中的平行规定分别允许沿海国保护领海内和毗连区内的相同利益。是否上下了任何商品、货币或人员是可以客观核查的，且不属于继续不停和迅速通过海峡过境的通常方式所附带发生的。在这一问

---

⑩ 另见关于第二三三条及其对四十二条第 1 款（a）项的提及对马六甲海峡和新加坡海峡的适用和关于在这两个海峡过境的船舶的龙骨下余水深的确定的声明。A/CONF.62/L.145（1982 年），正式记录，第十六卷第 250 页（马来西亚），和附录一至附录八，同上，第 251－253 页（分别为印度尼西亚、新加坡、法国、英国、美国、日本、澳大利亚和德意志联邦共和国）。马来西亚的声明转载在本丛书第四卷第 388 页，233.8 部分。

⑪ 这方面的问题对马六甲海峡和新加坡海峡沿岸国尤其重要。见注①。

⑫ 世界卫生组织也指出，第 1 款（d）项所规定的海峡沿岸国权利"属于《国际卫生条例》第三章所允许措施的范围内。"见 A/CONF.62/109（1981 年），正式记录，第十五卷第 94 页（世界卫生组织总干事）。关于该《卫生条例》，见《世界卫生组织国际卫生条例》（1969 年）（注释本第三版，1983 年）。

题上，这种活动违反了第三十九条第 1 款（c）项。

42.10（f）. 第 2 款规定了对第 1 款所规定的海峡沿岸国的行动自由的两项限制。第一项限制是，根据第 1 款的授权制定的法律和规章不得"在形式上或事实上在外国船舶间有所歧视"。

这一规定在以下条款中有平行规定：第二十四条第 1 款（b）项和第二十五条第 3 款，关于领海内的无害过；第五十二条第 2 款，关于群岛水域内的无害通过；第二二七条，关于在海洋环境保护方面对外国船只的非歧视（第二十四条和第二二七条使用了"对（against）"，而不是本条的"在……之间（among）"；另见上文第 24.7（b）段）。第四十二条第 2 款暗示，对所有外国船舶的歧视是允许的，只要在外国船舶间无歧视即可，但这似乎在实践中无甚意义。第三部分中关于过境通行的条款旨在——对应地调整过境的外国船舶和飞机与海峡沿岸国二者的权利和义务。

"在形式上或事实上"这一表达与本公约其他非歧视条款的术语措辞是一致的。这一表达看起来既涵盖了本条所禁止的公开歧视（即"形式上"的歧视）行为，也涵盖虽然并非公开歧视，但其实施会产生歧视性效果的行为（即"事实上"的歧视）。然而，与第二十四条第 1 款（b）项不同，第四十二条第 2 款并没有提及货物（不过在第二期会议上确有将货物包括进来的尝试（见上文第 42.3）段）。

42.10（g）. 第 2 款中包括的第二项限制是，海峡沿岸国制定的法律和规章，在其适用上不应有否定、妨碍或损害第三部分第二节规定的过境通行权的实际后果。这一点进一步证明了这样的论断，即第四十二条所规定的权力只是规定性的。对行使过境通行权的船舶不能检查、逮捕、扣留、扣押、拒绝通过或对其加以其他形式的损害过境通行权的控制。第四十四条以略微不同的措辞重复了同样原则（见下文第 44.8（a）段）。

这一禁止并不否认海峡沿岸国有权在船舶进入该国港口或因其他原因可行使其执行权时充分行使其执行权（如果船舶所采取的行动是自愿的，在所有情形下都如此——请比较第二一八条、第二二〇条）。虽然存在这种可能性，但海峡沿岸国的权力无疑是受到严格限制的。该国不能实际干扰过境通行中的船舶，无论是通过否定其过境通行权，还是通过妨碍或损害该权利。在第三部分中没有与第二十五条第 1 款对应的内容，该款规定沿海国可在其领海内采取必要的步骤以防止非无害的通过。相反，第四十四条更加巩固地规定在用于国际航行的海峡"不应妨碍过境通行。"

42.10（h）. 第 3 款规定海峡沿岸国必须将根据第 1 款规定的权力制定的法律和规章妥为公布（关于"妥为公布"的问题，见上文第 16.9（c）段）。

42.10（i）. 第 4 款为第 1 款提供了必要的补充。它规定了行使过境通行权的外国船舶遵守按照第 1 款制定的法律和规章的相应义务。第三十九条第 1 款（d）项为其提供了强化，要求过境通行的船舶遵守第三部分的其他规定。按照第四十二条第 1 款可能制定的法律和规章构成这种"其他规定"的很大一部分。

42.10（j）． 第 5 款规定，在享有主权豁免的船舶或飞机不遵守沿海国按照第四十二条制定的法律和规章或第三部分的其他规定时，船旗国或登记国应对海峡沿岸国遭受的任何损失和损害负国际责任。与这一规定相对应的是海峡沿岸国有权对不享有主权豁免的船舶或飞机造成的损失或损害提起诉讼（比较第二二九条，在海洋环境污染的情况下）。如果一套制度没有对享有主权豁免的船舶所造成的损害提供恢复机制，而海峡国又无权拒绝这种船舶的通行，那么这样的制度是不能被海峡沿岸国接受的。因此《公约》确定，通常的国家责任原则适用于这种情形。关于这一问题，还请参考第二三五条、第二六三条和第三〇四条。

42.10（k）． 第 1~4 款从表面上看仅适用于行使其过境通行权的船舶。第 5 款则也适用于享有主权豁免的飞机，尽管在海洋法会议上确有将对飞机的提及删去的尝试（见上文第 42.5 段）。与本条其他规定不同，第 5 款既提及了根据第 1 款制定的法律和规章，也提及了"本部分的其他规定"；第三部分的其他规定提到了飞机，包括1944 年《国际民航公约》意义下的国有飞机。第 5 款确定，对这种船舶和飞机因违反这些义务所造成的任何损失或损害，海峡沿岸国可以获得赔偿。因此，关于船舶，第 5 款指的是第三十九条至第四十二条规定的义务；关于飞机，指的是第三十九条和第四十二条规定的义务。

42.10（l）． 就第四十二条，国际海事组织秘书处强调，它和第四十一条仅适用于可根据第三十七条适用过境通行制度的用于国际航行的海峡的情形。在其他海峡中，海峡沿岸国有义务适用不可停止无害通过制度或在海峡符合第三十五条（c）项所规定的条件的情形下，适用长期存在的适用于这种海峡的通行的国际公约的规定。该秘书处还强调了第四十二条第 4 款所规定的船旗国义务。⑬

---

⑬ 见国际海事组织秘书处研究报告 *Implications of the United Nations Convention on the Law of the Sea for the International Maritime Organization*（*IMO*），doc. LEG/MISC/1（1986 年，油印），第 46 段。转载在《荷兰国际法研究所年鉴》第 3 卷［1987 年］，第 340、357 页；联合国海洋和海洋法司《海洋事务年度回顾：法律和政策的主要文件》第一卷第 123、135 页，1985—1987 年。

第四十三条 助航和安全设备及其他改进办法以及污染的防止、减少和控制

海峡使用国和海峡沿岸国应对下列各项通过协议进行合作：

（a）在海峡内建立并维持必要的助航和安全设备或帮助国际航行的其他改进办法；和

（b）防止、减少和控制来自船舶的污染。

资料来源

第三次联合国海洋法会议文件

1. A/AC. 138/SC. II/L. 28，第三十九条第 1 款，和第四十条第 2～4 款，转载在《1973 年海底委员会报告》第三卷第 35、51 页（马耳他）。

2. 第 4 项，"用于国际航行的海峡"，备选案文 C，第三十九条第 1 款，和第四十条第 2～4 款，转载在《1973 年海底委员会报告》第四卷第 50、52 页。

3. A/CONF. 62/C. 2/L. 3（1974 年），第三章，第五条，正式记录，第三卷第 183、186 页（英国）。

4. A/CONF. 62/C. 2/L. 16（1974 年），第二十三条，正式记录，第三卷第 192、195 页（马来西亚、摩洛哥、阿曼和也门）。

5. A/CONF. 62/C. 2/L. 59（1974 年），正式记录，第三卷第 232 页（多米尼加共和国）。

6. A/CONF. 62/L. 8/Rev. 1（1974 年）附件二附录一［A/CONF. 62/C. 2/WP. 1］，第六十七条，正式记录，第三卷第 93、107、117 页（总报告员）［《主要趋势工作文件》］。

7. A/CONF. 62/WP. 8/Part II（非正式单一协商案文，1975 年），第四十二条，正式记录，第四卷第 152、159 页（第二委员会主席）。

8. A/CONF. 62/WP. 8/Rev. 1/Part II（订正的单一协商案文，1976 年），第四十一条，正式记录，第五卷第 151、160 页（第二委员会主席）。

9. A/CONF. 62/WP. 10（非正式综合协商案文，1977 年），第四十三条，正式记录，第八卷第 1、11 条。

10. A/CONF. 62/WP. 10/Rev. 1（非正式综合协商案文第一次修订稿，1979 年，油印），第四十三条。转载在《第三次联合国海洋法会议文件集》第一卷第 375、406 页。

11. A/CONF. 62/WP. 10/Rev. 2（非正式综合协商案文第二次修订稿，1980 年，油印），第四十三条。转载在《第三次联合国海洋法会议文件集》第一卷第 3、35 页。

12. A/CONF. 62/WP. 10/Rev. 3*（非正式综合协商案文第三次修订稿，1980 年，油印），第四十三条。转载在《第三次联合国海洋法会议文件集》第一卷第 179、211 页。

13. A/CONF. 62/L. 78（《公约草案》，1981 年），第四十三条，正式记录，第十五卷第 172、182 页。

起草委员会文件

14. A/CONF. 62/L. 67/Add. 1（1981 年，油印），第 75 ~ 76 页。

15. A/CONF. 62/L. 67/Add. 1/Rev. 1（1981 年，油印），第 78 ~ 79 页。

16. A/CONF. 62/L. 67/Add. 1/Rev. 1/Corr. 2（1981 年，油印），第 3 和第 4 页。

17. A/CONF. 62/L. 67/Add. 14（1981 年，油印），第 5 页。

18. A/CONF. 62/L. 72（1981 年），正式记录，第十五卷第 151 页（起草委员会主席）。

非正式文件

19. Informal Working Paper No. 2，条款第十二条；No. 2/Rev. 1，条款第十四条；以及 No. 2/Rev. 2，第十七条（均为 1974 年，油印）。转载在《第三次联合国海洋法会议文件集》第二卷第 263、270、279 页。

20. 阿曼（1975 年，油印），第四条。转载在《第三次联合国海洋法会议文件集》第四卷第 267、268 页。

21. 也门（1976 年，油印），第四条。转载在《第三次联合国海洋法会议文件集》第四卷第 267、268 页。

22. 西班牙（1976 年，油印），第四十四条（非正式单一协商案文二）。转载在《第三次联合国海洋法会议文件集》第四卷第 274、280 页。

23. 马来西亚（1976 年，油印），第四十一条第 1 款（订正的单一协商案文二）。转载在《第三次联合国海洋法会议文件集》第四卷第 396、398 页。

24. 摩洛哥（［1976 年］，油印），第四十一条（订正的单一协商案文二）。转载在《第三次联合国海洋法会议文件集》第四卷第 399、401 页［仅有法语］。

25. C. 2/Informal Meeting/22（1978 年，油印），第四十三条（摩洛哥）。转载在《第三次联合国海洋法会议文件集》第五卷第 30、32 页。

评　　注

43. 1. 第四十三条就海峡沿岸国和海峡使用国之间的国际合作作了规定。具体来说，它规定二者应对以下方面进行合作：（i）建立并维持"必要的助航和安全设备或帮助国际航行的其他改进办法"；和（ii）防止、减少和控制来自船舶的污染（不仅限于船舶污染）。

43. 2. 在海底委员会协商期间提交的提案倾向于要求海峡使用国为海峡沿岸国为便利穿过海峡的通行而进行的活动向其提供补偿。马耳他代表的一项提案（资料来源1）规定，不应向行使其穿过海峡的过境通行权的船舶收取费用，但在这一规定之后，附加了如下限制：

> 2. 但是，如果一条宽度小于24海里的用于国际航行的海峡有如下情形：（a）需要疏浚、安装或维护助航设备或采取其他措施维护或便利安全通行的，（b）某类型或级别的船舶若发生事故会造成严重的人员生命损失或对经济活动或该区域内的海洋环境的重大损害，沿海国可要求国际海洋空间机构设立要求使用海峡的所有船舶或所有有关级别或类型的船舶（视具体情况）无歧视支付的公平收费。
>
> 3. 前款提及的收费应由沿海国收取，所得款项应付入由国际海洋空间机构管理的基金，该基金的资源应用于维持和便利海峡的安全通行和补偿海峡国因外国船舶行使通行权而可能遭受的伤害或损害。。
>
> 4. 在宽度小于24海里的海峡行使通行权的船舶应付费用的额度应由国际海洋空间机构和有关国家间的特别公约决定。

马耳他代表提案的第三十九条第1款要求沿海国"采取有效措施维持和便利通过宽度小于24海里的海峡的航行。"这两条都将本身的使用限于狭窄海峡（即宽度小于24海里的海峡）。

以上各条都反映在委员会1973年报告（资料来源2）所附备选案文清单上。

43. 3. 在第三次联合国海洋法会议第二期会议（1974年）上，英国代表在其提案（资料来源3）中再次提出了分担费用的理念。但该案文第五条在处理这一问题时使用的措辞更为笼统，规定：

> 海峡使用国和海峡国应对在海峡内建立并维持必要的助航和安全设备或帮助国际航行的其他改进办法或防止和控制来自船舶的污染通过协议进行合作。

该案文列出了两个应进行合作的活动领域：

建立和维持助航和安全设备，防止和控制来自船舶的污染。英国编制的这一提案与最初几个海峡国的提案相比，风格多少有些不同。英国代表的案文"应有权获得补偿"中的"应"字没有使用强制语气的"应"（shall），而是使用了劝告语气的"应"（should）；它没有直接规定补偿海峡沿岸国的义务，而是劝告通过协议进行合作。英国提案还明确了任何现有义务并不直接由使用海峡的船舶和飞机承担，而是由其船舶和飞机使用海峡的国家承担（"海峡使用国"）。该条没有设想采用通行费或使用费制度，而是通过国与国之间的协议在建立并维持助航和安全设备和污染控制方面进行合作。

一个由4个海峡国组成的集团提交的提案（资料来源4）采用了不同的处理办法，规定：

海峡国家可以要求有关国家和适当的国际组织在海峡内建立并维持必要的助航设施和设备方面进行合作。

该案文规定的是沿海国要求合作的权利，而不是沿海国和海峡使用国合作的义务。它也没有包括在来自船舶的污染方面的合作。

多米尼加共和国代表也提出了一项关于"有共同的水道和海峡的国家"的提案，规定"其中任一国家在进行任何易于导致对另一沿海国的任何种类的污染的工程或设施安装前，应遵循事先协商的原则。"

《主要趋势工作文件》采纳英国代表的提案，作为第六十七条（资料来源6）。

43. 4. 在第三次联合国海洋法会议第三期会议（1975年）上，阿曼代表的一项建立在穿过海峡的无害通过制度上的提案（资料来源20）重复了海峡国先前的提案。关于海峡问题的私人小组在其关于海峡通过的案文[①]中，采用了英国代表的提案。非正式单一协商案文第二部分（资料来源7）采纳了英国代表的案文原文，作为第四十二条。

43. 5. 在第三次联合国海洋法会议第四期会议（1976年）上，也门代表提出的一项提案（资料来源21）重复了阿曼代表先前的提案。西班牙代表的提案（资料来源22）重复了非正式单一协商案文第二部分第四十二条。经过非正式讨论，订正的单一协商案文第二部分（资料来源8）作为第四十一条采纳了该条，其内容如下：

助航和安全设备及其他改进办法以及污染的防止和控制
海峡使用国和海峡沿岸国应对下列各项通过协议进行合作：
（a）在海峡内建立并维持必要的助航和安全设备或帮助国际航行的其他

---

① Private Group on Straits（1975年，油印），第五条。转载在《第三次联合国海洋法会议文件集》第四卷第194、196页。

改进办法；和

（b）防止和控制来自船舶的污染。

该案文增加了标题并修改了格式。其唯一的实质性修改是将海峡使用国和海峡沿岸国进行合作的两项活动以"和"字连接，表明海峡使用国和海峡沿岸国应在两个活动领域都合作。

43.6. 在第三次联合国海洋法会议第五期会议（1976 年）上，马来西亚代表提交了一项非正式提案（资料来源 23），建议给第四十三条增加与现《公约》第二十六条中的两款（可向外国船舶征收的费用）几乎相同的两款。摩洛哥代表在其提案（资料来源 24）中提出，应扩大设想中的海峡沿岸国与海峡使用国间的合作范围，使之包括建立并维持"旨在按照本部分和其他国际规则的规定保障过境通行权行使的任何其他装置。"摩洛哥代表在第七期会议（1978 年）上重复了这一提案（资料来源 25）。[②]

这些提案都因未能获得足够的支持而没有被随后的各协商案文（资料来源 9 至资料来源 13）采纳。

43.7. 按照起草委员会的建议对本条的唯一修改是将标题和（a）项中的"航行"一词由名词"navigation"（航行）改为形容词"navigational"（航行的）（资料来源 14 至资料来源 18）。

43.8（a）. 第四十三条要求海峡使用国和海峡沿岸国在建立并维持助航和安全设备或便利航行的其他改进办法上进行合作。相似地，有关国家还应在这种海峡内防止、减少和控制来自船舶的污染方面进行合作。这种合作既可能是直接的，也可能是通过适当的国际组织的。

43.8（b）. 尽管本条几乎未需协商，但可以看出它主要是为了解决海峡沿岸国所关心的问题的。在一些情形下，沿海国认为自己承受了建立和维持助航设备和忍受污染的负担而没有获得相应的利益，因为很多船舶只是在前往其他国家港口的途中经由这些国家相邻的海峡过境的。

43.8（c）. 第四十三条没有规定确保这种海峡使用国合作的直接执行机制。在海峡沿岸国和海峡使用国之间就第四十三条在具体情形下的适用发生任何争端时，可使用第十五部分中关于解决争端的规定。但是，如果使用国拒绝合作，也不能阻碍、妨碍或停止过境通行（第三十八条第 1 款和第四十四条）。海峡沿岸国没有设置助航和安全设备的独立义务，这可以促使海峡使用国合作。海峡沿岸国的唯一义务是"将其所知的海峡内或海峡上空对航行或飞越有危险的任何情况妥为公布"（第四十四条）。如果海峡使用国拒绝合作，海峡沿岸国可以拒绝提供助航和安全设备。

43.8（d）. 与此同时，并没有允许海峡沿岸国仅因通过海峡而收取通行费或其

---

② 英语文本来自 1978 年提案；1976 年案文仅有法文版本。

他费用的规定。根据第二十六条，沿海国可以无歧视地对在领海内行使无害通过权的外国船舶征收费用，但仅可"作为对该船舶提供特定服务的报酬"。

43.8（e）. 第四十三条并不排斥作为对穿过用于国际航行的海峡过境的船舶提供特定服务的报酬而收取费用。③ 根据第四十三条，有关国家必须就征收任何费用达成协议。

---

③ 例见 1936 年 7 月 20 日在蒙特勒签订的《关于海峡制度的公约》，《国际联盟条约集》第 173 卷第 213 页；《英国条约集》第 30 集（1937 年），《英王敕令》第 5551 号；《美国国际法杂志》补编第 30 集第 1 页（1937 年）。

第四十四条 海峡沿岸国的义务

海峡沿岸国不应妨碍过境通行，并应将其所知的海峡内或海峡上空对航行或飞越有危险的任何情况妥为公布。过境通行不应予以停止。

资料来源

第三次联合国海洋法会议文件

1. A/AC.138/SC.II/L.7，第一条第2款（e）项和第二条第2款（d）项，转载在《1972年海底委员会报告》第162、163页（苏联）。

2. A/AC.138/SC.II/L.18，第五条第4款，转载在《1973年海底委员会报告》第三卷第3、5页（塞浦路斯、希腊、印度尼西亚、马来西亚、摩洛哥、菲律宾、西班牙和也门）。

3. A/AC.138/SC.II/L.28，第三十六条第2款、第三十七条第1款和第三十八条，转载在《1973年海底委员会报告》第三卷第35、50页（马耳他）。

4. A/AC.138/SC.II/L.42和Corr.1，第四条第2款，转载在《1973年海底委员会报告》第三卷第91、94页（斐济）。

5. 第4项，"用于国际航行的海峡"，备选案文A，第四条第2款；备选案文B，第五条第4款；备选案文C，第三十六条第2款，第三十七条第1款和第三十八条；以及备选案文D，第一条第2款（e）项，和第二条第2款（d）项，转载在《1973年海底委员会报告》第四卷，第50、51页。

6. A/CONF.62/C.2/L.3（1974年），第三章第六条，正式记录，第三卷第183、186页（英国）。

7. A/CONF.62/C.2/L.11（1974年），第一条第2款（e）和（f）项，和第三条第2款（d）项，正式记录，第三卷第189、190页（保加利亚、捷克斯洛伐克、民主德国、波兰、乌克兰和苏联）。

8. A/CONF.62/C.2/L.16（1974年），第二十一条，和第二十三条第3款，正式记录，第三卷第192、194页（马来西亚、摩洛哥、阿曼和也门）。

9. A/CONF.62/C.2/L.19（1974年），第四条第2款，正式记录，第三卷第196、197页（斐济）。

10. A／CONF. 62／C. 2／L. 20（1974 年），第一条，第 2 款（d）项，正式记录，第三卷第 198、199 页（阿尔及利亚）。

11. A／CONF. 62／L. 8／Rev. 1（1974 年），附 件 二 附 录 一 ［ A／CONF. 62／C. 2／WP. 1］，第五十四条第 2 款和第 3 款，和第六十条，正式记录，第三卷第 93、107、115～117 页（总报告员）［《主要趋势工作文件》］。

12. A／CONF. 62／WP. 8／Part II（非正式单一协商案文，1975 年），第四十三条，正式记录，第四卷第 152、159 页（第二委员会主席）。

13. A／CONF. 62／WP. 8／Rev. 1／Part II（订正的单一协商案文，1976 年），第四十二条，正式记录，第五卷第 151、160 页（第二委员会主席）。

14. A／CONF. 62／WP. 10（非正式综合协商案文，1977 年），第四十四条，正式记录，第八卷第 1、11 页。

15. A／CONF. 62／WP. 10／Rev. 1（非正式综合协商案文第一次修订稿，1979 年，油印），第四十四条。转载在《第三次联合国海洋法会议文件集》第一卷第 375、407 页。

16. A／CONF. 62／WP. 10／Rev. 2（非正式综合协商案文第二次修订稿，1980 年，油印），第四十四条。转载在《第三次联合国海洋法会议文件集》第一卷第 3、35 页。

17. A／CONF. 62／WP. 10／Rev. 3*（非正式综合协商案文第三次修订稿，1980 年，油印），第四十四条。转载在《第三次联合国海洋法会议文件集》第一卷第 179、211 页。

18. A／CONF. 62／L. 78（《公约草案》，1981 年），第四十四条，正式记录，第十五卷第 172、182 页。

起草委员会文件

没有与此过程同时的文件。

非正式文件

19. Informal Working Paper No. 2，条款第三条第 3 款和第 4 款以及条款第七条；No. 2／Rev. 1，条款第三条第 3 款和第 4 款以及条款第七条；和 No. 2／Rev. 2，条款第四条第 3 款和第 4 款以及条款第十条（均为 1974 年，油印）。转载在《第三次联合国海洋法会议文件集》第二卷第 263、270 和 279 页。

20. 阿曼（1975 年，油印），第四条第 6 款和第 7 款。转载在《第三次联合国海洋法会议文件集》第四卷第 187、188 页。

21. 也门（1976 年，油印），第三条第 6 款和第 7 款。转载在《第三次联合国海洋法会议文件集》第四卷第 267、268 页。

22. 西班牙（1976 年，油印），第四十五条。转载在《第三次联合国海洋法会议文件集》第四卷第 274、280 页。

23. 希腊（［1976 年］，油印），第四十三条（非正式单一协商案文二）。转载在

《第三次联合国海洋法会议文件集》第四卷第 282 页。

24. 西班牙（［1977 年］，油印），第四十二条（订正的单一协商案文二）。转载在
《第三次联合国海洋法会议文件集》第四卷第 393、395 页。

25. C. 2/Informal Meeting/4（1978 年，油印），第四十四条（西班牙）。转载在
《第三次联合国海洋法会议文件集》第五卷第 6、9 页。

26. C. 2/Informal Meeting/22（1978 年，油印），"Three additional articles"（摩洛
哥）。转载在《第三次联合国海洋法会议文件集》第五卷第 30、33 页。

评　注

44. 1.　第四十四条规定了海峡沿岸国的三项义务：它们不得妨碍过境通行；它们
必须将其所知的对航行或飞越有危险的任何情况妥为公布；它们不得停止任何过境通
行。虽然在绝对意义上，第三项义务的措辞将其规定为一项全体义务（"过境通行不应
予以停止"），但它显然主要是为海峡沿岸国规定的，因为可能停止过境的主要是这些
国家。这一点可以从本条标题"海峡沿岸国的义务"看出。

44. 2.　在海底委员会 1972 年会议上，苏联代表提交的一项提案（资料来源 1）在
不同的条款里分别对不可停止船舶在海峡的过境通行和飞机的飞越作了规定。关于船
舶，该提案规定：

> 任何国家均无权中止或停止船舶在海峡的过境，或在海峡进行任何干扰
> 船舶过境的活动……

与之相似地，该提案就飞机规定：

> 任何国家均无权中止或停止外国飞机……在海峡上空空域……的飞越。

由此可见，对过境通行和飞越自由的非干扰规则在协商的早期阶段即有表达。

44. 3.　在海底委员会 1973 年会议上，由 8 个海峡国提出的提案（资料来源 2）将
通过领海的航行问题和通过用于国际航行的海峡的航行问题合为一体，规定：

> 4. ……外国船舶在构成领海一部分的用于国际航行的海峡的无害通过不
> 应予以停止。

斐济代表提案（资料来源 4）使用了几乎相同的语言，但增加了"在［指定的］
海道中的无害通过不应予以停止"的规定。

马耳他代表提交的提案（资料来源3）中有几项规定要求沿海国"不应妨碍"在海峡中的通过，包括宽于24海里的海峡和窄于24海里的海峡。但该提案还包括了这样的规定，即可以采取措施防止或停止在宽度小于24海里的海峡中的通行，不过"只可在［沿海国］的安全有受到严重或迫切的威胁的合理可能性的情形下"如此。

这些提案反映在委员会1973年报告所附备选案文清单中（资料来源5）。

44.4. 在第三次联合国海洋法会议第二期会议（1974年）上，英国代表提交的提案（资料来源6）将各概念综合入一条中，其内容如下：

> 海峡国不应妨碍过境通行，并应将其所知的海峡内或海峡上空对航行或飞越有危险的任何情况妥为公布。过境通行不应予以停止。

英国代表在介绍该提案时指出，该提案旨在为"穿过或越过连接公海的一部分和另一部分的水域，从公海的一部分驶往另一部分的船舶或飞机规定确定的航行权和飞越权。"[1]

4个海峡国提交的提案（资料来源8）将领海内航行制度和用于国际航行的海峡的航行制度结合起来。第二十一条规定，外国船舶在海峡的通过应受领海内无害通过制度的支配。在这一背景下，第二十二条第3款规定：

> 3. 沿海国不应妨碍外国船舶在海峡内的领海的无害通过并应尽一切努力确保其迅速通过；……

斐济代表的提案（资料来源9）基本重复了其先前的提案，规定：

> 2. 除在以上各条的规定允许的范围内，外国船舶在用于国际航行的海峡或按照以上各条的规定指定的海道的无害通过不应予以停止"。

6个东欧社会主义国家的提案（资料来源7）重复了苏联代表先前的提案，并增加了一项关于船舶过境的规定——"沿海国不应在海峡内放置任何可能干扰或阻碍船舶过境的设施。"[2]

---

[1] Second Committee, 3rd meeting（1974年），正式记录，第二卷第102页第31段。

[2] 丹麦代表留意到该提案中提及的设施的放置问题，指出：

丹麦在地理上有着岛国的特征，狭窄的国际海峡将其主岛与国家的其他主要部分隔离，并与邻国瑞典隔离……现有的方案已经充分考虑到了不阻碍过境船舶自由通过的义务。

Second Committee, 11th meeting（1974年），第12段，出处同前，第124页。

阿尔及利亚代表在其关于海峡和半闭海的提案（资料来源 10）中采用了略微不同的措辞，规定"任何国家均无权中止或停止船舶在海峡的自由过境，或采取任何可能阻碍这种过境的措施。"

后两个措辞反映在《主要趋势工作文件》（资料来源 11）第五十四条和第六十条中。

44. 5.　在第三次联合国海洋法会议第三期会议（1975 年）上，阿曼代表提交的提案（资料来源 20）试图将无害通过制度适用于外国船舶在海峡的通过。另一方面，由关于海峡问题的私人小组提交的提案[3]则采纳了英国的案文。

非正式单一协商案文第二部分（资料来源 12）将英国代表的案文采纳为第四十三条，其内容如下：

> 海峡国不应妨碍过境通行，并应将其所知的海峡内或海峡上空对航行或飞越有危险的任何情况妥为公布。过境通行不应予以停止。

44. 6.　在第三次联合国海洋法会议第四期会议（1976 年）上，也门代表的提案（资料来源 21）重复了阿曼代表先前的提案，建议将无害通过制度适用于海峡。西班牙代表的提案（资料来源 22）建议以"在海峡中的通过"替换"过境通行"，并删去对飞机的提法（包括"或海峡上空"和"或飞越"）。希腊提案（资料来源 23）也提出限制本条对船舶的适用范围。

在订正的单一协商案文第二部分（资料来源 13）中，唯一的修改是增加了标题，并将开头的"海峡国"改为"海峡沿岸国"（关于这一修改，另见上文第 III. 15 段）。

44. 7.　在第三次联合国海洋法会议第六期会议（1977 年）和第七期会议（1978 年）上，西班牙代表提交的提案建议将本条的适用限于船舶（资料来源 24 和资料来源 25）。摩洛哥代表的提案（资料来源 26）建议增加几个新条，以规定若干"海峡使用国义务。"然而，这些提案都没有获得接受，订正的单一案文之后对本条的唯一修改是在非正式综合协商案文（资料来源 14）中将本条重新编号为第四十四条。

44. 8（a）.　第四十四条规定了海峡沿岸国与船舶和飞机行使其过境通行权有关的义务。第一项义务是这些国家"不应妨碍"过境通行。其他要求海峡沿岸国不得否定、妨碍、损害或阻碍过境通行的规定见于第三十八条和第四十二条中。第三十八条第 1 款在处理过境通行权时，规定过境通行"不应受阻碍。"第四十二条第 2 款在处理

---

③　Private Group on Straits（1975 年，油印），第六条。转载在《第三次联合国海洋法会议文件集》第四卷第 194、196 页。在这种背景下，该小组讨论了"阻碍（impede）"和"妨碍（hamper）"之间的区别，并决定采用后者。见 S. N. Nandan 和 D. H. Anderson 著 Straits used for international navigation: A commentary on Part III of the United Nations Convention on the Law of the Sea 1982，《不列颠国际法年鉴》第 60 卷，第 159、195 页（1989 年）。

海峡沿岸国法律和规章的适用时，规定这种法律和规章不应"有否定、妨碍或损害……过境通行权的实际后果。"因此，第四十四条巩固了这样的论断，即过境通行不可受到海峡沿岸国的妨碍，无论是通过制定法律和规章或是以其他任何方式。

44.8（b）. 第四十四条规定的海峡沿岸国的第二项义务是将其所知的对航行或飞越有危险的任何情况"妥为公布"。对这一义务的现代表述随"科孚海峡案"而产生。④ 1958 年《领海和毗连区公约》第十五条第 2 款（对航行有危险的情况）根据国际法委员会的工作采纳了这一规则⑤，后又被目前《公约》第四十四条（和处理对航行有危险的情况的第二十四条第 2 款）取用。关于"妥为公布"，国际海事组织秘书处指出，

> 只有有关信息到达理应受到该信息指导的国家、当局、实体和个人时，所要求的公布的目标才算有效达到。国际海事组织与各国主管航行安全和防止船源污染的部门机构保持着最为直接和持续的联络。因此，一定程度的国际海事组织参与对于实现"公布"的目标可能是有帮助的。⑥

什么是"妥为"取决于所有具体情形，而且第四十四条（和第二十四条第 2 款和第六十条第 3 款）所要求的"妥为（appropriate）"公布与公约其他条款所要求的"妥为（due）"公布似乎有所差别（另见上文第 16.8（c）段）。

44.8（c）. 海峡沿岸国的第三项义务，即不应停止过境通行，对于整个过境通过制度至关重要。无害通过制度自 1958 年《领海和毗连区公约》发展至今，一个主要的难点是，虽然在表面上，在用于国际航行的海峡中的通行是不可停止的，但海峡沿岸国有时基于多种不同的主观判断将其解释认定为非无害的（从而导致可停止通过的结论）。过境通行制度处理这种可能性的办法是具体界定船舶和飞机的义务（第三十九条）和海峡沿岸国的权利（第四十条、第四十一条和第四十二条）。在这种基础上，第四十四条明确了海峡沿岸国的权利不包括或暗示其有停止过境通行的权利。⑦

---

④ *Corfu Channel* case（United Kingdom v. Albania），1949 年国际法院报告第四卷。

⑤ 见 Report of the International Law Commission covering the work of its eighth session（A/3159），对第十六条的评注，1956 年《国际法委员会年鉴》第二卷，第 253、273 页。

⑥ 见 *Implications of the United Nations Convention on the Law of the Sea*，1982，*for the International Maritime Organization*（*IMO*）（国际海事组织），国际海事组织秘书处研究报告，doc. LEG/MISC/1（1986 年，油印），第 130 段。转载在《荷兰海洋法研究所年鉴》第三卷［1987 年］，第 340、390 页；联合国海洋和海洋法司《海洋事务年度回顾：法律和政策的主要文件》第一卷第 123、159 页，1985—1987 年。

⑦ 关于这一问题的解读，见关于第二三三条对马六甲海峡和新加坡海峡的适用的声明。关于在这两个海峡过境的船舶的龙骨下余水深的确定应特别参加第四十四条。A/CONF. 62/L. 145（1982 年），正式记录，第十六卷第 250 页（马来西亚）；和附录一至附录八，同上，第 251－253 页（分别为印度尼西亚、新加坡、法国、英国、美国、日本、澳大利亚和联邦德国）。马来西亚的声明转载在本丛书第四卷第 388 页，233.8 段。

第四十五条　无害通过

1. 按照第二部分第三节，无害通过制度应适用于下列用于国际航行的海峡：

（a）按照第三十八条第 1 款不适用过境通行制度的海峡；或

（b）在公海或专属经济区的一个部分和外国领海之间的海峡。

2. 在这种海峡中的无害通过不应予以停止。

资料来源

第一次联合国海洋法会议文件

1.《领海和毗连区公约》第十六条第 4 款，对应于国际法委员会《条款草案》的第十七条第 4 款。关于其前期历史，见关于第十七条的秘书处的《参考指南》。关于第一次联合国海洋法会议上的讨论，见第一委员会报告，A/CONF. 13/L. 28/Rev. 1（1958年），第 75 段，第一次联合国海洋法会议，正式记录，第二卷第 115、121 页。

第三次联合国海洋法会议文件

2. A/AC. 138/SC. II/L. 18，第五条第 4 款，转载在《1973 年海底委员会报告》第三卷第 3、5 页（塞浦路斯、希腊、印度尼西亚、马来西亚、摩洛哥、菲律宾、西班牙和也门）。

3. A/AC. 138/SC. II/L. 28，第三十六条第 1 款，转载在《1973 年海底委员会报告》第三卷第 35、49 页（马耳他）。

4. A/AC. 138/SC. II/L. 42 and Corr. 1，第四条第 2 款，转载在《1973 年海底委员会报告》第三卷第 91、94 页（斐济）。

5. 第 4.1 项，"Innocent Passage,"备选案文 A 第 2 款，转载在《1973 年海底委员会报告》第四卷第 48 条。

6. 第 4 项，"用于国际航行的海峡，"备选案文 A，第四条第 2 款；备选案文 B，第五条第 4 款；和备选案文 C，第三十六条第 1 款，转载在《1973 年海底委员会报告》第四卷第 50 页。

7. A/CONF. 62/C. 2/L. 3（1974 年），第三章，第八条，正式记录，第三卷第 183、186 页（英国）。

8. A/CONF. 62/C. 2/L. 11（1974 年），第二条，正式记录，第三卷第 189 页（保加利亚、捷克斯洛伐克、民主德国、波兰、乌克兰和苏联）。

9. A/CONF. 62/C. 2/L. 16（1974 年），第二十二条，第 2 款，正式记录，第三卷第 192、194 页（马来西亚、摩洛哥、阿曼和也门）。

10. A/CONF. 62/C. 2/L. 19（1974 年），第四条第 2 款，正式记录，第三卷第 196、197 页（斐济）。

11. A/CONF. 62/C. 2/L. 20（1974 年），第一条第 1 款，正式记录，第三卷第 198、199 页（阿尔及利亚）。

12. A/CONF. 62/L. 8/Rev. 1（1974 年），附件二，附录一 ［A/CONF. 62/C. 2/WP. 1］，条款第五十二条，方案 A、B、C 和 E，正式记录，第三卷第 93、107、115 页（总报告员）［《主要趋势工作文件》］。

13. A/CONF. 62/WP. 8/Part II（非正式单一协商案文，1975 年），第四十四条，正式记录，第四卷第 152、159 页（第二委员会主席）。

14. A/CONF. 62/WP. 8/Rev. 1/Part II（非正式单一协商案文，1976 年），第四十三条，正式记录，第五卷第 151、160 页（第二委员会主席）。

15. A/CONF. 62/WP. 10（非正式综合协商案文，1977 年），第四十五条，正式记录，第八卷第 1、11 页。

16. A/CONE62/WP. 10/Rev. 1（非正式综合协商案文第一次修订稿，1979 年，油印），第四十五条。重印在《第三次联合国海洋法会议文件集》第一卷第 375、407 页。

17. A/CONF. 62/WP. 10/Rev. 2（非正式综合协商案文第二次修订稿，1980 年，油印），第四十五条。转载在《第三次联合国海洋法会议文件集》第一卷第 3、35 页。

18. A/CONF. 62/WP. 10/Rev. 3* （非正式综合协商案文第三次修订稿，1980 年，油印），第四十五条。转载在《第三次联合国海洋法会议文件集》第一卷第 179、212 页。

19. A/CONF. 62/L. 78（《公约草案》，1981 年），第四十五条，正式记录，第十五卷第 172、182 页。

起草委员会文件

20. A/CONF. 62/L. 67/Add. 1/Rev. 1（1981 年，油印），第 80 ~ 81 页。

21. A/CONF. 62/L. 72（1981 年），正式记录，第十五卷第 151 页（起草委员会主席）。

22. A/CONF. 62/L. 152/Add. 23（1981 年，油印），第 57 页。

23. A/CONF. 62/L. 160（1982 年），正式记录，第十七卷第 225 页（起草委员会）。

非正式文件

24. Informal Working Paper No. 2 及 Rev. 1 和 Rev. 2（均为 1974 年，油印），第二

条。转载在《第三次联合国海洋法会议文件集》第二卷第 263、270 和 279 页。

25. 阿曼（1975 年，油印）第三条和第四条第 2 款。转载在《第三次联合国海洋法会议文件集》第四卷第 187、188 页。

26. 也门（1976 年，油印），第十六条（非正式单一协商案文二）第三条第 1~3 款。转载在《第三次联合国海洋法会议文件集》第四卷第 267 页。

27. 西班牙（1976 年，油印），第四十四条（非正式单一协商案文二）。转载在《第三次联合国海洋法会议文件集》第四卷第 274、280 页。

28. Group of Arab States（1976 年，油印），第四十三条（订正的单一协商案文二）。转载在《第三次联合国海洋法会议文件集》第四卷第 404 页。

评　　注

45. 1.　　第三部分第三节仅有一条。该条处理适用于无害通过制度而不是过境通行制度的几个类型的用于国际航行的海峡。第四十五条规定，（第十七条至第三十二条所规定的）无害通过制度在适用于两种用于国际航行的海峡时不应予以停止：（i）由海峡沿岸国的一个岛屿和该国大陆形成，而且该岛向海一面有替代航道的（按照第三十八条第 1 款的规定）；和（ii）在公海或专属经济区的一个部分和外国领海之间的海峡。

45. 2.　　在用于国际航行的海峡的不可停止的无害通过权的表述最早出现在国际法委员会于 1956 年编制的条款草案的第十七条第 4 款中，其内容如下：

> 外国船舶在公海的两个部分之间通常用于国际航行的海峡中的无害通过不得停止。

国际法委员会解释说，这一规定是由国际法院在"科孚海峡案"中"建议（suggested）"的。[①] 在第一次联合国海洋法会议上，对国际法委员会的文本进行了修订后，将其采纳《领海和毗连区公约》作为第十六条第 4 款，其文字表述如下：

> 4. 外国船舶在公海的一个部分和公海的另一个部分或外国领海之间的用于国际航行的海峡中的无害通过不得停止。

45. 3.　　在海底委员会，各国在用于国际航行的海峡是否应受不可停止的无害通过

---

① *Corfu Channel* Case（United Kingdom v. Albania），1949 年国际法院报告第四卷。另见 Report of the International Law Commission covering the work of its eighth session（A/3159）中对第十七条的评注，第（3）部分，1956 年《国际法委员会年鉴》第二卷第 253、273 页。

制度的支配还是应受航行自由制度支配的问题上意见不一（另见上文第 III. 9 段）。

由 8 个海峡国代表提交的一项提案（资料来源 2）规定，"外国船舶在形成领海的一部分的用于国际航行的海峡中的无害通过不得停止。"马耳他的提案（资料来源 3）包含了关于不可停止的无害通过的相似规定，但将其适用于宽度超过 24 海里的海峡。斐济的提案（资料来源 4）包含了更为宽泛的禁止停止在用于国际航行的海峡中的无害通过的规定。

这三项提案反映在委员会 1973 年报告所附备选案文清单中（资料来源 5 和资料来源 6）。

45. 4. 在第三次联合国海洋法会议第二期会议（1974 年）上，英国代表提交的一项提案（资料来源 7）似乎结合了 1958 年的规定与海底委员会提交的提案。该提案内容如下：

> 1. 除按照第一条适用过境通行制度的海峡外，在公海的一个部分和公海的另一个部分之间或在公海的一个部分和外国领海之间的用于国际航行的海峡应在本条规定的限制下，按照第二章第三部分的规定适用无害通过制度。
> 2. 外国船舶在这种海峡中的无害通过不应予以停止。
> 3. ［关于海道和分道通航制的］本章第三条的规定应适用于这种海峡。

该提案在其描述的海峡中规定了一套不可停止的无害通过制度。英国代表在介绍该提案时指出，国际社会在无阻碍航行中的利益，在公海和外国领海之间的海峡中，不像在连接公海的两个部分的海峡中那么重要；英国提案考虑到了这个问题。②英国折中方案的一个基本要素是将某些类型的海峡从过境通行制度中排除出去，并在不得停止在这些海峡中的无害通过这一附加条件的限制下，使用无害通过制度。在后来的会议上，英国代表进一步指出：

> 该条涉及三种地理情形：连接公海的一部分与一国领海的用于国际航行的海峡；沿海国岛屿和其大陆之间的……不涉及过境通行权的海峡；和中间有一条公海通道穿过的宽阔海峡。在这三种情形中……没有规定过境通行权的理由。本条代之以规定应在第八条的其他规定的限制下，适用草案第二章所描述的无害通过制度。此外，还有两种不产生于第八条的例外情形：一种涉及从海峡一侧驶往另一侧的船舶；另一种涉及沿仅与一国相邻的海峡的一部分通行，驶往该国一港口的船舶。在这两种情形下，英国代表团认为应适

---

② Second Committee，3rd meeting（1974 年），正式记录，第二卷第 102 页第 32 段。

用无害通过制度，而不是过境通行制度。③

6 个东欧社会主义国家的提案（资料来源 8）基本上以规定过境自由为主，但也规定将不可停止的无害通过制度适用于连接公海和外国领海的海峡。

4 个海峡国的提案（资料来源 9）和斐济代表关于无害通过的提案（资料来源 10）仅重复了其先前在海底委员会的提案（见上文第 45.3 段）。

以上这些表述反应在主要趋势工作文件（资料来源 12）第五十二条，方案 A、B、C 和 E 中。

45.5. 在第三次联合国海洋法会议第三期会议（1975 年）上，阿曼代表提交的非正式提案（资料来源 25）将领海内无害通过制度适用于外国船舶在海峡内的通过。在这种情形下，它规定，"外国船舶在海峡中的无害通过不应予以停止。"

关于海峡问题的私人小组的案文采用了英国代表的措辞，但将第 1 款改为以下内容：

> 1. 除按照第一条适用过境通行制度的以外的在公海的一个部分和公海的另一个部分之间的，或在公海的一个部分和外国领海之间的用于国际航行的海峡应在本条规定的限制下，按照第二章第三部分的规定适用无害通过制度。④

针对该案文提出了一些反对意见，因为它设想了新的海峡类别（"适用过境通行制度的以外"的海峡），反对意见认为这在"法律上和政治上是错误的。"⑤

非正式单一协商案文第二部分（资料来源 13）第四十四条采纳了英国代表和关于海峡问题的私人小组案文的基本要素，其内容如下：

> 1. 按照第一部分第三节，无害通过制度应适用于下述区域之间的用于国际航行的海峡：
>
> （a）公海或专属经济区的一个区域和公海或专属经济区的另一个区域，按照第二节适用过境通行制度的海峡除外；或
>
> （b）公海或专属经济区的一个区域和外国领海。
>
> 2. 在这种海峡中的无害通过不应予以停止。

---

③ Second Committee, 11th meeting（1974 年），出处同上，第 125 页第 24 段。

④ Private Group on Straits（1975 年，油印），第七条。转载在《第三次联合国海洋法会议文件集》第四卷第 194、197 页。对该小组和英国提出的条款的讨论，见上文 III. 12 和 III. 13。

⑤ Canada, Chile and Norway（1975 年，油印），"备忘录"第四段。转载在《第三次联合国海洋法会议文件集》第四卷第 223 页。另见上文 38.4（注释 5）。

该案文重新组织了先前提案的措辞，并删去了第 2 款中对"外国船舶"的提法。它还增加了对专属经济区的提法，反映了海洋法会议上就这一概念的普遍共识（见下文第 V.11 部分）。先前提案中关于海道和分道通航制的提法的第 3 款被全部删除。

第四十四条的操作受非正式单一协商案文第二部分的结构的影响，因为在该部分中，关于用于国际航行的海峡的规定被分为三节：一般规定、过境通行和无害通过（见上文第 III.13 段）。处理用于国际航行的海峡内的同样方便地穿过公海或穿过专属经济区的航道的规定出现在第一节的另一条中（第三十六条；见上文第 36.3 段）。该条将宽阔海峡从本部分中排除出去——无论是过境通行还是不可停止的无害通过都不适用于这种海峡。这一排除反映在第四十四条第 1 款（a）项中，因为该项仅提及了本部分第二节。这反映了该提案与先前各提案的一个根本性差别——在先前提案中，宽阔海峡是包括在不可停止的无害通过中的。这样，第四十四条就将不可停止的无害通过适用于英国最初提出的三种海峡中的两种，即沿海国的一个岛屿和该国大陆之间的海峡和连接公海或专属经济区的一部分和外国领海的海峡之上。

45.6.   在第三次联合国海洋法会议第四期会议（1976 年）上，也门代表提交了一项非正式提案（资料来源 26），该提案处理了领海内和海峡内的无害通过，为在用于国际航行的海峡内通过的外国船舶规定了不可停止的无害通过制度。西班牙代表的提案（资料来源 27）提出删去第 1 款中的"按照第一部分第三节"，并删去第 1 款（a）项中的"过境"一词（这样就成了关于一般通行制度的规定）。

这些修改都没有获得接受。订正的单一协商案文第三部分（资料来源 14）第三节（无害通过）第四十三条内容如下：

无害通过

1. 按照第一章第三节，无害通过制度应适用于下列用于国际航行的海峡：

（a）按照第三十七条第 1 款不适用过境通行制度的海峡；或

（b）在公海或专属经济区的一个区域和外国领海之间的海峡。

2. 在这种海峡中的无害通过不应予以停止。

在这一阶段增加了标题。并将第 1 款（a）项修改为直接提及适用岛屿/大陆例外的海峡（现包含在第三十八条第 1 款中）。

45.7.   在第三次联合国海洋法会议第五期会议（1976 年）上，阿拉伯国家集团代表提交的提案（资料来源 28）建议将连接公海或专属经济区与外国领海的海峡从禁止停止无害通过的规定下排除出去。

非正式综合协商案文（资料来源 15）第四十五条未加修改地重复了订正的单一协商案文的规定。此后，又根据起草委员会的建议采纳了一些文字性修改（资料来源 20 至资料来源 23）。

45.8（a）.　第四十五条规定了第二部分第三节所规定的无害通过制度对该条第1款（a）、（b）项所载的两类用于国际航行的海峡的适用。但该制度有一个例外，即在这些海峡中的无害通过不应予以停止——这通常被称为不可停止的无害通过制度。

45.8（b）.　按照第1款（a）项的规定，不可停止的无害通过适用于按照第三十八条第1款不适用过境通行制度的海峡。这指的是岛屿向海一面有在航行和水文特征方面同样方便的一条穿过公海，或穿过专属经济区的航道的岛屿/大陆海峡（见上文第38.1和38.8（a）、（b）段）。（关于"同样方便"一语，见上文第36.7（a）、（b）段。）

45.8（c）.　第1款（b）项规定，不可停止的无害通过适用于"在公海或专属经济区的一个部分和外国领海之间的海峡。"根据定义，该制度不适用于在公海或专属经济区的一个部分和公海或专属经济区的另一部分之间的用于国际航行的海峡；在这些海峡，按照第三十八条第2款的规定，适用过境通行。海峡可能连接的只是公海或专属经济区和领海。在这种情形下，"foreign State（外国）"一语应意指海峡沿岸国以外的一国⑥（法语文本使用的是 *d'un autre état*，西班牙语文本使用的是 *de otro Estado*）。

---

⑥　见 S. N. Nandan 和 D. H. Anderson 著 Straits used for international navigation：A commentary on Part III of the U-nited Nations Convention on the Law of the Sea 1982，《不列颠国际法年鉴》，第六十卷第 159、197 页（1989 年）。

第四部分
群 岛 国

导　　言

IV. 1. 第四部分（第四十六条至第五十四条）为被称为"群岛国"的国家规定了制度。"群岛国"指第四十六条所描述的"全部由一个或多个群岛［即一群岛屿］构成的国家，并可包括其他岛屿。"

在国际法协会、国际法研究所和美国国际法研究所内部早在1920年代就有给予群岛特殊地位的提议。1930年海牙国际法编纂会议也讨论了这一提议，但由于技术资料的缺乏，就这一问题拟写草案的尝试终被放弃。①

IV. 2. 国际法院在1951年英挪渔业案的判决中认为，沿挪威海岸的一系列几乎不间断的岛屿、小岛和礁石（石垒）的存在是在确定沿海岸的直线基线时可以考虑的因素。②国际法委员会在其1956年关于海洋法的报告中考虑到了这一判决，并将几条允许紧接其海岸有一系列岛屿的国家使用直线基线的规定纳入其条款草案中。③它还研究了其他几个类型的群岛是否应受制于某种特殊制度或是在划定其领水时按照与孤立岛屿相同的办法处理。在研究过特别报告员的几项提议以及各国政府的反馈意见后，委员会最终决定不采纳一项关于"岛群"的规定，原因在于不同群岛的不同形态所产生的困难、就领海的宽度无法达成共识和关于这方面问题的技术资料的缺乏。④不过，该委员会表达了"如果某国际会议此后打算研究所提议的规则，它可以给予群岛问题以关注"的希望。⑤

---

①　见 *Certain Legal Aspects Concerning the Delimitation of the Territorial Waters of Archipelagos*，A/CONF. 13/18（1957）第一次联合国海洋法会议正式记录，第一卷第289页（Jens Evensen（挪威）编写）。这项为第一次海洋法会议所作的预备性研究总结了国际法研究所、国际法协会、美国国际法研究所、哈佛国际法研究会、1930年海牙国际法编纂会议和国际法委员会截至1956年的关于群岛问题的研究成果。另见 R. D. Hodgson 著 *Islands*：*Normal and Special Circumstances*，美国国务院情报和研究局研究 RGES－3号（1973年）；和联合国海洋事务和海洋法司所编，*Archipelagic States*：*Legislative History of Part IV of the United Nations Convention on the Law of the Sea* 第3段（联合国销售编号 No. E. 90. V. 2（1990））。

②　Fisheries case（United Kingdom v. Norway），1951年国际法院报告第116、128和139页。

③　Report of the International Law Commission covering the work of its eighth session（A/3159），第五条的评注，第（1）款和第（2）款，1956年《国际法委员会年鉴》第二卷，第253、267页。

④　出处同上，第十条的评注，第（3）款，第270页。

⑤　出处同上。

IV. 3.　　在第一次联合国海洋法会议上，印度尼西亚代表提出了群岛的问题⑥，南斯拉夫⑦和菲律宾⑧代表提交了条款草案。这些提案试图将直线基线法适用于群岛（在南斯拉夫提案中为"与海岸分离的岛群"）。这些提案最终被撤回。⑨英国代表在解释关于这一主题的一些考虑时指出：

> 这一问题的各种复杂性使 1930 年海牙会议和国际法委员会都未能解决它。它在与大洋群岛相对的海岸群岛的情形下尤其复杂，这种群岛一些是有重叠领海的紧凑的岛群，其他则广泛分散。将这一原则适用于广泛分散的岛群将把与陆地面积完全不成比例的面积巨大的水域包括进来。对直线基线长度的新限制也不能大幅度简化定位……，因为即使是在礁石和环礁之间也可以完全人为地划定基线。⑩

主要因为这些复杂性，会议通过的各项公约都没有包括任何处理上述群岛的规定。

IV. 4.　　在第三次联合国海洋法会议前，几个主张自己应有群岛地位的国家主张在其群岛水域适用一种特殊制度。⑪虽然这些主张的细节各不相同，它们都反映了这样的概念，即国家有权围绕最外的岛屿划定直线基线、从这些基线起测算其领海并将基线内的水域视为国家水域或内水。这一处理办法是基于当时将海域划分为内水、领海和公海的划分方法的，它反映了将群岛主张置于这种三分法框架内的困难。虽然海事大

---

⑥　见印度尼西亚代表在第一委员会第七次会议（1958 年）上的发言，第 5 段，第一次联合国海洋法会议正式记录，第三卷 第 15 页；和在第十五次会议上的发言，同上，第 43 页第 1 – 10 段。

⑦　A/CONF. 13/C. 1/L. 59（1958 年），第十条第 3 款，第一次联合国海洋法会议正式记录，第三卷第 227 页（南斯拉夫）。

⑧　A/CONF. 13/C. 1/L. 98（1958 年），第五条，新款，第一次联合国海洋法会议正式记录，第三卷第 239 页（菲律宾）。

⑨　关于南斯拉夫的提案，见 First Committee, 52nd meeting（1958 年），第 28 和 40 段，第一次联合国海洋法会议正式记录，第 162 页第三卷。关于菲律宾提案，见 First Committee, 48th meeting，出处同前，第 148 页第 26 段。

⑩　First Committee, 52nd meeting（1958 年），第 38 段，第一次联合国海洋法会议正式记录，第三卷第 162 页。

⑪　最引人注目的是菲律宾和印度尼西亚的主张。关于菲律宾，见联合国立法书系 *Laws and Regulations on the Regime of the Territorial Sea*（ST/LEG/SER. B/6），第 39 页（1955 年 12 月 12 日照会）；和《共和国法案》第 3046 页（1961 年）和 5446 页（1968 年），转载在联合国立法书系 *National Legislation and Treaties Relating to the Territorial Sea, the Contiguous Zone, the Continental Shelf, the High Seas and to Fishing and Conservation of the Living Resources of the Sea*（ST/LEG/SER. B/15）第 105、106 页。另见菲律宾递交于 1956 年 1 月 20 日的普通照会，转载在 1956 年《国际法委员会年鉴》第二卷第 69 页。

关于印度尼西亚，见 Announcement on the Territorial Waters of the Republic of Indonesia of 14 December 1957 的官方译本，转载在 M. Whiteman 编辑的《国际法文摘》第四卷第 284 页（1965 年）。这一公报通过 1960 年 2 月 18 日 4 号法案正式化。

国们没有接受这些主张，但从群岛地位主张国们的坚持态度来看，第三次海洋法会议将不得不处理群岛的问题。第三次联合国海洋法会议海底委员会第二分委员会将"群岛"作为第 16 项纳入其编制的主题和问题清单。

自此，关于群岛问题的实质性讨论在海底委员会 1973 年会议上开始。一个由 4 个群岛国组成的集团提交了两项提案。第一项提案规定了关于群岛国的一般原则，第二项提案拟定了关于群岛的条款草案。[12] 作为对关于群岛的讨论的回应，英国代表也提交了一项旨在"确立客观的群岛国标准和阐明其法律地位"的提案。[13] 该提案反映了某些海事大国对特殊群岛地位国这一概念的接受。

IV. 5. 另一个可能更难解决的难点是，要确定哪些由岛群组成的国家有资格适用群岛概念，缺乏客观的标准。没有这样的客观标准，就无法有效防止群岛主张甚为牵强的国家利用国际性公约所制定的原则将大片海洋空间纳入其版图。

IV. 6. 第四部分规定了一个新的、自成一体的"群岛水域"概念，它既有领海的某些法律特征，也有一些独特的特征。与之配套的是一个在这些水域的二重通过制度，包括船舶和飞机经指定海道（第五十一条第 1 款）或正常用于国际航行的航道（第五十三条第 12 款）过境的群岛海道通过，和船舶经群岛国内水以外的任何其他群岛水域过境的无害通过。

IV. 7. 关于缺少确定哪些国家应属群岛国的客观标准的问题，第四部分采用了将水陆比例和最长基线长度相结合的办法（第四十七条）。只有符合这些条件的国家才有资格被认定为群岛国。属于大陆国并形成其领土一部分的群岛、系列岛屿和相似的地理特征被排除在外。

IV. 8. 在第三次联合国海洋法会议第二期会议（1974 年）上，各代表团就群岛国概念是否应仅适用于全部由岛屿组成或部分由岛屿组成（即大洋群岛国）[14] 的国家，还是应也适用于其领土包括离岛群（即属于沿海国的大洋群岛）的大陆国发生了分歧。[15] 支持

---

⑫ 分别见 A／AC. 138／SC. II／L. 15，转载在《1973 年海底委员会报告》第三卷第 1 页（斐济、印度尼西亚、毛里求斯和菲律宾）；和 A／AC. 138／SC. II／L. 48，同上，第 102 页（提交国同上）。

⑬ A／AC. 138／SC. II／L. 44，同上，第 99 页。

⑭ 例见以下国家的代表在第二委员会第 36 次会议（1974 年）上的发言：印度尼西亚，正式记录，第二卷第 260 页第 3 段；日本，出处同上，第 261 页第 15 段；保加利亚，出处同上，第 262 页第 22 段；斐济，出处同上，第 262 页第 35 段；菲律宾，出处同上，第 264 页第 59 段；泰国，出处同上，第 265 页第 70 段；以及以下国家的代表在第 37 次会议（1974 年）上的发言：缅甸，出处同上，第 266 页第 7 段；苏联，出处同上，第 267 页第 14 段；毛里求斯，出处同上，第 269 页第 35 段；阿尔及利亚，出处同上，第 271 页第 67 段；和土耳其，出处同上，第 272 页第 72 段。

⑮ 例见以下国家的代表在第 36 次会议上的发言：印度，第 41 段，正式记录第二卷第 263 页；法国，第 45 至 46 页，出处同上；以及以下国家在第 37 次会议上的发言：厄瓜多尔，第 16 段，出处同上，第 267；秘鲁，第 24 段，出处同上，第 268 页；西班牙，第 42 段，出处同上，第 270 页；加拿大，第 60 段，出处同上，第 271 页；和阿根廷，第 83 段，出处同上，第 272 页。

第一种意见的国家大多支持 4 个海峡国家提出的条款草案；⑯ 支持第二种意见的国家大多支持由九国集团提交的条款草案。⑰ 这两种立场反映在《主要趋势工作文件》第二○二条和第二○三条中。⑱

IV. 9. 在第三次联合国海洋法会议第三期会议（1975 年）上（及随后），关于群岛问题的协商主要在主要海事大国和 4 个群岛国之间进行；或者像第二委员会报告员在其关于该期会议的报告中所说的，"在某些对群岛有直接利益关系的代表团之间进行。"⑲ 在这些协商期间，在与群岛国有关的大多数问题上取得了相当大的进展。两个最重要的待解决问题是关于群岛基线长度的问题和对群岛海道及在其中适用的制度的定义。

为了加快协商进程，巴哈马代表（没有参与以上协商）在有关代表团间散发了一份题为"群岛条款应包括的十八项原则"的文件。该文件整理了主要海事大国和群岛国集团之间的协商中出现的群岛国制度的各基本要素，便利了此后有关国家间的进一步协商。⑳ "十八项原则"中的很多规定都取自此前的提案和仍在进行的协商，并随后被非正式单一协商案文第二部分采纳。

在非正式单一协商案文第二部分中，关于群岛国的条款出现在第七部分的"群岛"标题下。第七部分第一节（第一一七条至第一三○条）的标题为"群岛国"，其中包括了该部分除一条以外的所有条。它将群岛国定义为"全部由一个或多个群岛构成的国家，并可包括其他岛屿。"㉑ 标题为"属于大陆国的大洋群岛"的第二节仅包括一条（第一三一条），它规定"第一节的规定不妨害构成大陆国领土的一部分的大洋群岛的地位。"

IV. 10. 在第三次联合国海洋法会议第四期会议（1976 年）上，经过进一步非正式协商，非正式单一协商案文第二部分第一三一条被删去；在订正的单一协商案文第二部分中，第一节的标题成为第七章的标题。这反映了当时达成的这样一个共识：群岛国的概念应仅适用于由大洋群岛组成的国家，不适用于属于大陆国的群岛。

---

⑯ 见 A/CONF. 62/C. 2/L. 49（1974 年），正式记录，第三卷 第 226 页（斐济、印度尼西亚、毛里求斯和菲律宾）。

⑰ 见 A/CONF. 62/L. 4（1974 年），正式记录，第三卷第 81 页（加拿大、智利、冰岛、印度、印度尼西亚、毛里求斯、墨西哥、新西兰和挪威）。该文件对两种类型的群岛都适用——当时印度尼西亚和毛里求斯参与了两个文件的提交可以证明这一点。后来毛里求斯在第四部分的协商中没有表现出与此时相同的积极性。

⑱ A/CONF. 62/L. 8/Rev. 1（1974 年），附件二附录一 ［A/CONF. 62/C. 2/WP. 1］，第 202 条和第 203 条，正式记录，第三卷第 93、107、136 页（总报告员）［《主要趋势工作文件》］。

⑲ A/CONF. 62/C. 2/L. 59/Rev. 1（1975 年），正式记录，第四卷 195、196 页第 18 段（第二委员会报告员）。

⑳ 该文件没有在会议上散发，但为方便读者参考，本书将其作为附录附于本引言之后。录自弗吉尼亚大学法律图书馆档案。

㉑ A/CONF. 62/WP. 8/Part II（非正式单一协商案文，1975 年），第一一七条第 2 款（a），正式记录，第四卷第 152、168 页（第二委员会主席）。

在非正式综合协商案文中，这些条被移入目前《公约》的位置，即第四部分中，对当时在第二委员会内部协商的条款作了更加符合逻辑的排序。随后的各协商案文和《公约》保留了这一安排。

IV. 11. 在第三次联合国海洋法会议后期，几个代表团表示，自己主张群岛国地位。这些国家包括巴哈马、佛得角、斐济、荷属安的列斯群岛、巴布亚新几内亚、菲律宾和所罗门群岛。[22] 圣多美和普林西比在 1982 年签署《公约》时也表示，关于群岛水域的规定是符合其主权和对海洋空间的管辖状况的。[23]

IV. 12. 根据第四十六条的规定符合群岛国条件的国家可以按照第四十七条的规定划定群岛基线。划定群岛基线后，即适用第四部分的其余规定。

联合国秘书长在致大会的关于《公约》执行进展的报告中说，已有 15 个国家主张了群岛地位，其中有的划定了其群岛基线，有的没有划定，包括：安提瓜和巴布达、佛得角、科摩罗、斐济、印度尼西亚、基里巴斯、马绍尔群岛、巴布亚新几内亚、菲律宾、圣文森特和格林纳丁斯、圣多美和普林西比、所罗门群岛、特立尼达和多巴哥、图瓦卢和瓦努阿图。[24]

IV. 13. 在航行方面，"群岛海道通过"的概念以第三十九条、第四十条、第四十二条和第四十四条所规定的用于国际航行的海峡内的过境通行为比照。在其他方面，按照第五十二条的规定，除按照第五十条具有内水法律地位的水域外，无害通过规则（第十八条至第三十二条）适用于群岛水域。

IV. 14. 关于无害通过（第二部分第十七条至第三十二条）、过境通行（第三部分第三十四条至第四十四条）和群岛海道通过的规定（第四部分第五十三条）虽然在概念上有所交叉，但三者是各自独立的法律制度。在这些条款中，无论是使用相同的词语，还是在某处有所差异，都是经过仔细推敲的。关于海道和分道通航制和有关的航行方面问题，尤其如此。虽然在几处使用了相同的术语，但其适用应根据适用术语的具体情况决定，同时考虑到所有相关因素。

---

[22] 见以下国家的代表的发言：斐济在第 187 次全体会议上的发言，正式记录，第十七卷第 43 页第 83 段；佛得角代表在第 188 次全体会议上的发言，同上，第 62 页第 125 段；菲律宾代表在第 189 次全体会议上的发言，同上，第 67 页第 48 – 54 段；以及巴布亚新几内亚代表在该次全体会议上的发言，同上，第 75 页第 125 段；巴哈马代表在第 191 次全体会议上的发言，同上，第 104 页第 54 – 56 段；和荷属安的列斯群岛代表在该次全体会议上的发言，同上，第 109 页第 124 – 125 段；和所罗门群岛代表在第 192 次全体会议上的发言，第 83 段，出处同上，第 122 页。另见《群岛国：联合国海洋法公约第四部分的立法史》，前注①，第 107 – 112 页第 74 段。

[23] 见圣多美和普林西比代表的声明，转载在最新版 *Multilateral Treaties Deposited with the Secretary-General*（ST/LEG/SER. E/-），第二十一章第 6 节。另见 *Archipelagic States...*，前注①，第 115 页第 77 段。

[24] A/47/512（1992 年，油印），第 47 页第 28 段，大会官方记录，附件，议事日程第 32 项。关于这些国家中的大多数的相关法律法规，见联合国海洋事务和海洋法司编写的 *Practice of Archipelagic States*（联合国销售编号 No. E. 92. V. 3（1992））。

附件
群岛条款应包括的十八项原则（巴哈马）

1. 应有仅适用于群岛国的条款。

2. 这种条款应包括对群岛的定义，该定义应包含这样的概念，即群岛是一群密切相关的岛屿或若干岛屿的若干部分、水域和其他自然地形，在本质上构成一个地理、经济和政治的实体，并在历史上已被视为这种实体。

3. 这种条款应包含一套定义"密切相关"的意义的客观标准，这套标准应包含：

a）陆地面积和海域面积的比例，该比例应在一比一至一比九之间；

b）群岛基线长度的上限，群岛基线的长度不应超过80海里，但基线总数中可有不超过百分之二的基线的长度不超过125海里；

c）在计算陆海比例时，环礁内或群岛内的陆地面积应视为包括位于陆侧海台周围的一系列灰岩岛和干礁所包围或几乎包围的海台的那一部分。

4. 可划定连接群岛最外缘各岛和各干礁的最外缘各点的直线基线，并从这些直线基线起划定领海、经济区、大陆架和其他特别管辖区。

5. 群岛国不应采用一种基线制度，致使另一国的领海同公海或专属经济区隔断。

6. 群岛国可按照本公约关于河流封闭线、海湾封闭线和外部永久海港工程的条款，在其群岛水域内用封闭线划定内水的界限。

7. 在关于指定海道内通过的规定限制下，所有国家均不受歧视地享有通过群岛水域的无害通过权。

8. 为保护国家安全，群岛国可以不加歧视地暂时停止外国船舶和飞机在指定的海道外的特定区域内的无害通过。

9. 群岛国应指定海道和首尾相接的空中航道，以便所有国家的船舶和飞机在群岛内通过，并可将这种船舶和飞机的群岛通过限制在这种海道内。

10. 应在条款里对群岛通过作出这样的定义，即群岛通过意指专为从公海一部分到公海的另一部分继续不停和迅速地在群岛通过的目的，行使正常通过方式的航行和飞越自由。

11. 群岛国可以将所有习惯上用于国际航行的航道指定为这种海道，但无须在相同的进出点之间另设同样适当的其他航道。

12. 这种海道和空中航道的宽度不应超过……海里［或］指定海道边缘各主要岛屿最近各点之间的距离的百分之……。

13. 群岛国指定海道时，也可为在这种海道中的通过规定分道通航制，但这种制度须有相关国际组织的同意方可实施。

14. 实施群岛通过的群岛水域内应适用海峡制度；实施无害通过的群岛水域内应适用领海内无害通过制度。

15. 船舶和飞机在行使无害通过和群岛通过权时应：

a）毫不迟延并不应从事过境通常所附带发生的活动以外的任何活动；

b）不违反《联合国宪章》进行任何武力威胁或使用武力；

c）遵守一般接受的关于海上航行安全的国际规章，包括一般接受的国际海上避碰规则；

d）遵守一般接受的关于控制来自船舶的污染的国际规章、程序和惯例。

16. 享有主权豁免的船舶的船旗国或飞机的登记国，应对该船舶或飞机因不遵守群岛条款而给群岛国造成的任何损害负责。

17. 其他船舶或飞机所造成的损害的责任和赔偿应按照《公约》的其他有关条款来确定。

18. 应按照《公约》的争端解决程序解决争端。

第四十六条　用语

为本公约的目的：

（a）"群岛国"是指全部由一个或多个群岛构成的国家，并可包括其他岛屿；

（b）"群岛"是指一群岛屿，包括若干岛屿的若干部分、相连的水域或其他自然地形，彼此密切相关，以致这种岛屿、水域和其他自然地形在本质上构成一个地理、经济和政治的实体，或在历史上已被视为这种实体。

资料来源

第三次联合国海洋法会议文件

1. A/AC. 138/SC. II/L. 15，原则第一条，转载在《1973 年海底委员会报告》第三卷第 1 页（斐济、印度尼西亚、毛里求斯和菲律宾）。

2. A/AC. 138/SC. II/L. 24 第十二条第 1 款，转载在《1973 年海底委员会报告》第三卷第 23、26 页（乌拉圭）。

3. A/AC. 138/SC. II/L. 44，《条款草案第》1 款（a）项，转载在《1973 年海底委员会报告》第三卷第 99 页（英国）。

4. A/AC. 138/SC. II/L. 48，第一条，转载在《1973 年海底委员会报告》第三卷第 102 页（斐济、印度尼西亚、毛里求斯和菲律宾）。

5. 第 16 项，"群岛"，备选案文 A（1），第 1 款；备选案文 A（2），第 1 条；和备选案文 B，第 1 款（a）项，转载在《1973 年海底委员会报告》第四卷第 156 页。

6. A/CONF. 62/L. 4（1974 年），第五条，正式记录，第三卷第 81、82 条（加拿大、智利、冰岛、印度、印度尼西亚、毛里求斯、墨西哥、新西兰和挪威）。

7. A/CONF. 62/C. 2/L. 49（1974 年），第一条，正式记录，第三卷第 226 页（斐济、印度尼西亚、毛里求斯和菲律宾）。

8. A/CONF. 62/C. 2/L. 51（1974 年），正式记录，第三卷第 227 页（厄瓜多尔）。

9. A/CONF. 62/C. 2/L. 52（1974 年），第一条第 1 款和第 2 款，正式记录，第三卷第 228 页（保加利亚、德意志民主共和国和波兰）。

10. A/CONF. 62/C. 2/L. 55（1974 年），第四条，正式记录，第三卷第 230 页（土耳其）。

11. A/CONF. 62/C. 2/L. 70（1974 年），第一条，正式记录，第三卷第 236 页（巴哈马）。

12. A/CONF. 62/L. 8/Rev. 1（1974 年），附件一，附录一 ［A/CONF. 62/C. 2/WP. 1］，第二〇二条，方案 B；和第二〇三条，方案 A，正式记录，第三卷第 93、107、136 页（总报告员）［《主要趋势工作文件》］。

13. A/CONF. 62/WP. 8/Part II（非正式单一协商案文，1975 年），第一一七条第 2 款，和第一三一条，正式记录，第四卷第 152、168 页（第二委员会主席）。

14. A/CONF. 62/WP. 8/Rev. 1/Part II（订正的单一协商案文，1976 年），第一一八条，正式记录，第五卷第 151、170 页（第二委员会主席）。

15. A/CONF. 62/WP. 10（非正式综合协商案文，1977 年），第四十六条，正式记录，第八卷第 1、11 页。

16. A/CONF. 62/WP. 10/Rev. 1（非正式综合协商案文第一次修订稿，1979 年，油印），第四十六条。转载在《第三次联合国海洋法会议文件集》第一卷第 375、407 页。

17. A/CONF. 62/WP. 10/Rev. 2（非正式综合协商案文第二次修订稿，1980 年，油印）第四十六条。转载在《第三次联合国海洋法会议文件集》第二卷第 3、36 页。

18. A/CONF. 62/WP. 10/Rev. 3 *（非正式综合协商案文第三次修订稿，1980 年，油印）第四十六条。转载在《第三次联合国海洋法会议文件集》第一卷第 179、212 页。

19. A/CONF. 62/L. 78（《公约草案》，1981 年）第四十六条，正式记录，第十五卷第 172、182 页。

起草委员会文件

20. A/CONF. 62/L. 67/Add. 1/Rev. 1（1981 年，油印），第 82 页。

21. A/CONF. 62/L. 67/Add. 1/Rev. 1/Corr. 1（1981 年，油印），第 2 页。

22. A/CONF. 62/L. 67/Add. 14（1981 年，油印），第 5 页。

23. A/CONF. 62/L. 72（1981 年），正式记录，第十五卷第 151 页（起草委员会主席）。

非正式文件

24. Informal Working Paper No. 8 及 Rev. 1 和 2（均为 1974 年，油印），第二条，方案 A。转载在《第三次联合国海洋法会议文件集》第二卷第 444、451 和 458 页。

评　注

46. 1.　第四十六条给出了为本公约的目的"群岛国"和"群岛"两词的意义。两个词汇的意义有着根本的不同，因为从第四十七条到第五十四条中只提及了群岛国。根据（a）项的定义，"群岛国"是指"全部由一个或多个群岛构成的国家，并可包括其他岛屿。"根据（b）项的定义，"群岛"一词指一群岛屿，"包括若干岛屿的若干部分、相连的水域或其他自然地形"，其关系如此密切，以致"在本质上构成一个地理、经济和政治的实体"，或"在历史上已被视为这种实体。"

从地理角度来看，群岛可见于以下几种大致情形中：群岛可以位于大陆或大陆国沿海；群岛可以是大陆国的离岸或大洋部分；群岛还可以由全部由岛屿构成的国家的全部或部分构成。第四部分仅限于全部由一群岛屿（即大洋群岛）构成的国家，所有寻求扩大第四部分范围，使之包括其他类型的群岛的尝试都没有获得会议的接受。

46. 2.　在海底委员会 1973 年会议上，4 个群岛国提交的提案（资料来源 1）将群岛国描述为"其组成岛屿和其他自然地形在本质上构成一个地理、经济和政治的实体，并在历史上已被视为或可能被视为这种实体"的国家。乌拉圭代表提交的提案（资料来源 2）包含了相似的措辞。

这 4 个群岛国提交的第二项提案（资料来源 4）包括了对"群岛国"和"群岛"两词的定义。该提案第一条规定：

> 1. 这些条仅适用于群岛国。
> 2. "群岛国"是指全部或主要由一个或多个群岛构成的国家。
> 3. 为这些条款的目的，群岛是指一群岛屿和其他自然地形，彼此密切相关，以致其组成岛屿和其他自然地形在本质上构成一个地理、经济和政治的实体，或在历史上已被视为这种实体。

该条将群岛定义为与一群岛屿相关联的密切相关的地形。

英国代表的提案（资料来源 3）试图通过制定客观标准定义群岛国，包括水陆比例和在岛屿间划定的最大基线长度等。

4 个群岛国代表提交的两项提案和英国代表提案都被收入 1973 年海底委员会报告所附备选案文清单中（资料来源 5）。

46. 3.　在第三次联合国海洋法会议第二期会议（1974 年）上，9 个有沿岸群岛和离岸群岛利益的国家（既有大陆国也有岛屿国家）在海底委员会提交了一项提案（资料来源 6），使用了与 4 个群岛国的第二项提案相似的措辞。该提案第五条将"群岛国"和"群岛"定义如下：

> 1. "群岛国"是指全部或主要由一个或多个群岛构成的国家。
> 2. 为这些条款的目的，"群岛"是指一群岛屿，包括若干岛屿的若干部分、相连的水域或其他自然地形，彼此密切相关，以致其组成岛屿、水域和其他自然地形在本质上构成一个地理、经济和政治的实体，或在历史上已被视为这种实体。

该提案对先前措辞的修改在于删去了开头的"这些条款仅适用于群岛国",并增加了"包括若干岛屿的若干部分、相连的水域。"它还反映了会议上关于对"群岛国"和"群岛"两词的描述和适用的一个重要的不同之处。

在该期会议的辩论上,几个国家提出,某些群岛条款不仅应适用于群岛国,同样也应适用于群岛。① 前述九国提出以"构成沿海国一部分的群岛"为标题的 3 个新条的方式,支持了这一立场。这几条建议允许沿海国将群岛条款适用于"一个或多个离岸群岛"(另见下文第 47.4 段)。

其他几个国家(既有群岛国也有沿海国)反对将群岛条款适用于属于大陆国或陆地国家的群岛或岛群。这些国家主张将群岛国的概念仅适用于那些由大洋群岛和其他岛屿组成的国家。② 前述 4 个群岛国提出的一项新提案(资料来源 7)包括了几处支持这一立场的修改。该提案第一条规定:

1. 这些条仅适用于群岛国;

2. "群岛国"指全部由一个或多个群岛构成的国家,并可包括其他岛屿;

3. 为这些条款的目的,"群岛"指一群岛屿,包括若干岛屿的若干部分、相连的水域或其他自然地形,彼此密切相关,以致这种岛屿、水域和其他自然地形在本质上构成一个地理、经济和政治的实体,或在历史上已被视为这种实体。

第 1 款恢复了将这些条的适用限于群岛国的开头一句。第 2 款重新定义了"群岛国"一词,使其仅包括"全部由一个或多个群岛构成的国家"(删去了"或主要由"一词),并增加了"可包括其他岛屿"的条件。将两处修改结合起来的效果是将有群岛的大陆国排除出符合"群岛国"条件者之列,但包括了斐济这样的作为其领土的一部分包含有地理上分隔的、不能划在第四十七条所设想的直线基线内的岛屿的国家。③ 在

---

① 见以下各国代表在第二委员会第 36 次会议(1974 年)上的发言:印度,正式记录,第二卷第 263 页第 38 – 43 段;法国,同上,第 44 – 47 段;和洪都拉斯,同上,第 48 – 56 段;和以下各国代表在第 37 次会议上的讲话:葡萄牙,同上,第 266 页第 1 – 6 段;厄瓜多尔,同上,第 267 页第 15 – 20 小节;秘鲁,同上,第 268 页第 21 – 24 段;西班牙,同上,第 270 页第 39 – 43 段;智利,同上,第 56 – 58 段;加拿大,同上,第 271 页第 59 – 64 段;阿根廷,同上,第 272 页第 82 – 86 段。

② 见以下国家代表在第二委员会第 36 次会议(1974 年)上的发言:印度尼西亚,正式记录,第二卷第 260 页第 3 段;日本,同上,第 261 页第 15 段;保加利亚,同上,第 262 页第 22 段;斐济,同上,第 35 段;菲律宾,同上,第 264 页第 59 段;泰国,同上,第 265 页第 69 段;和以下国家代表在第 37 次会议上的讲话:缅甸,同上,第 266 页第 7 段;苏联,同上,第 267 页第 14 段;毛里求斯,同上,第 269 页第 35 段;阿根廷,同上,第 271 页第 67 段;和土耳其,同上,第 272 页第 72 段。

③ 见斐济代表在第 36 次会议上的发言,同上,第 262 页第 35 段。

该提案第 3 款中，4 个群岛国采纳了九国提案（资料来源 6）首先使用的"包括若干岛屿的若干部分"和"相连的水域"两个短语。

在第二委员会第 36 次会议上，印度尼西亚代表就 4 个群岛国的新提案和其先前在海底委员会上的提案之间的差异发表了意见，指出：

> 其意图是强调群岛国必须是与大陆完全分离的，且必须全部由岛屿构成。该条将群岛国与一个国家的群岛区分开来。"包括若干岛屿的若干部分"一句被加入第 3 款以便顾及到群岛国的政治和地理现实；增加"相连的水域"一语是为了强调水域的一体化功能，而保留"彼此密切相关"一句是为了将其作为确定一群岛屿是否应被视为群岛的要素。④

印度尼西亚代表提到的"政治和地理现实"特指印度尼西亚的情形，该国领土包括两个岛屿的一部分，其余部分属于其他国家主权之下。

第二期会议上提交的其他两项提案同样反映了各代表团之间就"群岛国"一词——以及很多关于群岛的条款——是否适用于具有群岛领土的大陆国的分歧。3 个东欧社会主义国家的提案（资料来源 9）与 4 个群岛国的提案相呼应，也提出群岛国必须"全部由群岛"构成。巴哈马代表的提案（资料来源 11）采用了与九国提案的第（1）、（2）款相似的措辞，允许群岛国"全部或主要由一个或多个群岛构成。"

在《主要趋势工作文件》（资料来源 12）中，第二○二条方案 B 重复了 9 国提案（资料来源 16）；第二○三条方案 A 重复了群岛国的提案（资料来源 7）。

46.4. 在第三次联合国海洋法会议第三期会议（1975 年）上，非正式单一协商案文第二部分（资料来源 13）在其关于"群岛"的第七部分包含了关于"群岛国"和"群岛"两词及其适用的两节。该案文的有关条款内容如下：

第一节　群岛国

第一一七条

1. 本节的各项规定适用于群岛国。

2. 为本公约的目的：

（a）"群岛国"是指全部由一个或多个群岛构成的国家，并可包括其他岛屿；

---

④　见印度尼西亚代表在第 36 次会议上的发言，同上，第 260 页第 3 段。

（b）"群岛"是指一群岛屿，包括若干岛屿的若干部分、相连的水域或其他自然地形，彼此密切相关，以致这种岛屿、水域和其他自然地形在本质上构成一个地理、经济和政治的实体，或在历史上已被视为这种实体。

［第 1 节的剩余部分为第一一八条至第一三〇条］

第二节　属于大陆国的大洋群岛

第一三一条

第一节的各项规定不妨害构成大陆国领土一部分的大洋群岛的地位。

第一节包含了关于群岛国的全部执行条款，并采纳了群岛国提交的提案中规定的群岛国定义，将其为第一一七条（资料来源 7）。第二节仅有一条，它保留了主张对群岛问题采取更为宽松的处理办法的国家集团的立场，并显示出在海洋法会议的这一阶段，什么是属于大陆国的"大洋群岛"的问题仍然是悬而未决的。

46.5. 在第三次联合国海洋法会议第四期会议（1976 年）上，经过进一步非正式协商，形成以下内容的订正的单一协商案文第二部分第一一八条（资料来源 14）。

第一一八条　用语

为本公约的目的：

（a）"群岛国"是指全部由一个或多个群岛构成的国家，并可包括其他岛屿；

（b）"群岛"是指一群岛屿，包括若干岛屿的若干部分、相连的水域或其他自然地形，彼此密切相关，以致这种岛屿、水域和其他自然地形在本质上构成一个地理、经济和政治的实体，或在历史上已被视为这种实体。

在这一阶段增加了标题。该案文原文重复了非正式单一协商案文第二部分第一一七条第 2 款。非正式单一协商案文第一三一条被删去，这使得非正式单一协商案文第二部分第一一七条成为多余的，表明此时已经就属于大陆国的大洋群岛的地位达成了一定的共识。随后出现的任何案文中都没有包括与非正式单一协商案文第二部分第一三一条类似的条款。

订正的单一协商案文第二部分第一一八条随后被非正式综合协商案文（资料来源 15）未加修改地采纳，作为第四十六条。除根据起草委员会的建议（资料来源 20 至资料来源 23）所作的文字性修改外，该条此后无实质性改动。

46.6（a）.　（a）项以笼统的措辞描述了第四部分所适用的实体——"群岛国"。它规定，群岛国是指"全部由一个或多个群岛构成的国家"，并"可包括其他岛屿。"这一术语如何适用，可以通过适用第四十七条为群岛基线的划定所规定的标准来澄清。

"群岛国"一词可以包括《公约》第三〇五条第 1 款（c）和（d）项范围内的实体（见译注系列丛书第四卷 305.8 部分，第 182 页）。

第二委员会将这一事项放在第四十六条而不是第一条，这遵循了它将术语的意义或描述置于在自己主持下制定的有关条款之内的惯例（见上文第 1.3 和 1.15 段）（对"用语"的说明，见上文第 1.2 段）。

46.6（b）.　（b）项通过水域与岛屿国的陆地之间的本质联系定义了"群岛"。⑤第四十七条载明了判断群岛的客观标准，如英国代表在海底委员会提出的标准等。其效果是，如果一群岛屿符合第四十六条（b）项列出的标准，即符合群岛的定义，但除非一个国家按照第四十七条的规定划定直线群岛基线，它不能将群岛水域的概念适用于这些岛屿。反过来，除非一个国家符合第四十六条（a）项和（b）项规定的标准，它无权划定群岛基线。群岛的一些基线可能超过第四十七条规定的长度并不妨碍一个国家成为群岛国，也不妨碍它将第四十七条所规定的客观标准可适用的水域划入群岛水域。在这些情形下，群岛国将被视为由一个或多个群岛构成，每个群岛有自己的群岛水域，并可能有一个或多个受调整岛屿海洋区划定的通常规则限制的离岛（见本系列第三卷对第一二一条的评注）。

46.6（c）.　（b）项的一个基本要素是将"相连的水域"一语作为群岛的组成部分之一。群岛主权是否包括相连的水域的主权的问题在传统上是通过将划定领海的通常规则适用于岛屿来确定的，即每个岛屿有自己的领海。《公约》承认将群岛视为一个整体单元的概念，这一理念早在 1924 年即在国际法协会内部提出。⑥在第三次海洋法会议上，就以下三点形成了共识：（ⅰ）12 海里领海和建立在其上的（ⅱ）专属经济区概念和（ⅲ）在用于国际航行的海峡内的过境通行或不可停止的无害通过制度。这几项共识和群岛海道通过制度的制定一起为群岛国家概念获得接受扫清了道路。

46.6（d）.　虽然群岛国概念的倡导者在证明其合理性时最初强调的是地理上和

---

⑤　见斐济代表在第 29 次全体会议（1974 年）上的发言：正式记录，第一卷第 113 页第 44 段；菲律宾代表在第 31 次全体会议上的发言，同上，第 124 页第 50 段；巴哈马代表在第 32 次全体会议上的发言，同上，第 132 页第 60 段。另见印度尼西亚代表在第二委员会第 36 次会议上的发言，正式记录，第二卷第 260 页第 1 段；和澳大利亚代表（代表巴布亚新几内亚）在该次会议上的发言，同上，第 11 段。

⑥　见 A/CONF. 13/18（1957 年），第一部分，第二节，第一次联合国海洋法会议正式记录，第一卷第 289、291 页（由 Jens Evensen（挪威）编写）。另见 A. Alvarez 在国际法协会内部提出的《公约草案》，《第 33 次会议报告》（1924 年），第 266、267 页（在 A/CONF. 13/18 中被错误地称为第五条的该草案第六条处理群岛领海的问题）。

经济上的统一性，但一俟专属经济区的概念获得广泛接受，与航行问题有关的政治和国家安全因素转而成为突出的问题。（b）项的内容以及支配无害通过和群岛国内的群岛海道通过的规则都说明了这一点。

46.6（e）. （b）项允许在两个条件中的一个得到满足的情况下，将一群岛屿、相连的水域和其他自然地形视为一个群岛：（1）它们如此密切相关，以致"在本质上构成一个地理、经济和政治的实体"；或（2）它们"在历史上已被视为这种实体。"这句话在英语文本中表达为"historically have been regarded as such"，句中"such"所指代的先行名词是什么，在各语言的有效文本中都不明确，它既可能指"群岛"，也可能指"实体。"但从上下文和协商历史看，应指后者。

作为产生本条的提案的主要提交者，印度尼西亚竭力强调其对其岛屿的相连水域的历史性主张。该国在全会上的一项发言中指出：

> 1957年12月13日，印度尼西亚政府宣布印度尼西亚为群岛国。除其他外，它宣布，印度尼西亚各岛屿周围和之间的一切水域，无论其宽度如何，都是共和国陆地领土的天然附属物，并构成其绝对主权下的内水水域或国家水域的一部分。这一概念强调了印度尼西亚陆地领土和水域领土的统一性。⑦

同样，菲律宾代表认为，该国的陆地、水域和人民本质上构成一个地理、经济和政治的实体，并"在历史上已被视为这种实体。"⑧ 在这一与第四十六条（b）项的措辞平行的发言中，"such"的先行名词无疑指"实体。"

在海洋法会议上没有对"在历史上已被视为这种实体"一句作出澄清。在实践中，这种历史判断法可能不是很重要，因为在一个群岛国划定群岛基线前，它必须满足第四十七条所规定的客观标准（水陆比例、基线长度等）以及它必须由一个或多个"群岛"构成的要求（见下文第47.9（d）段）。而且，一个缺乏地理、经济和政治统一性的实体也不可能寻求被视为一个群岛国。

46.6（f）. 第四十六条适用于"为本公约的目的"。除了第四部分的规定以外，《公约》中对"群岛国"或"群岛水域"的直接提及还见于第二条、第八十六条和第一一一条。

---

⑦　见第42次全体会议（1974年），正式记录，第一卷第187页第61段。
⑧　见菲律宾代表在第31次全体会议（1974年）上的发言，正式记录，第一卷第124页第50段。

第四十七条　群岛基线

1. 群岛国可划定连接群岛最外缘各岛和各干礁的最外缘各点的直线群岛基线，但这种基线应包括主要的岛屿和一个区域，在该区域内，水域面积和包括环礁在内的陆地面积的比例应在 1:1 至 9:1 之间。

2. 这种基线的长度不应超过一百海里。但围绕任何群岛的基线总数中至多 3% 可超过该长度，最长以 124 海里为限。

3. 这种基线的划定不应在任何明显的程度上偏离群岛的一般轮廓。

4. 除在低潮高地上筑有永久高于海平面的灯塔或类似设施，或者低潮高地全部或一部与最近的岛屿的距离不超过领海的宽度外，这种基线的划定不应以低潮高地为起讫点。

5. 群岛国不应采用一种基线制度，致使另一国的领海同公海或专属经济区隔断。

6. 如果群岛国的群岛水域的一部分位于一个直接相邻国家的两个部分之间，该邻国传统上在该水域内行使的现有权利和一切其他合法利益以及两国间协定所规定的一切权利，均应继续，并予以尊重。

7. 为计算第 1 款规定的水域与陆地的比例的目的，陆地面积可包括位于岛屿和环礁的岸礁以内的水域，其中包括位于陡侧海台周围的一系列灰岩岛和干礁所包围或几乎包围的海台的那一部分。

8. 按照本条划定的基线，应在足以确定这些线的位置的一种或几种比例尺的海图上标出。或者，可以用列出各点的地理坐标并注明大地基准点的表来代替。

9. 群岛国应将这种海图或地理坐标表妥为公布，并应将各该海图或坐标表的一份副本交存于联合国秘书长。

资料来源

第三次联合国海洋法会议文件

1. A/AC. 138/53，第四十条，转载在《1971 年海底委员会报告》第 105、132 页（马耳他）。

2. A/AC. 138/SC. II/L. 15，原则 1，转载在《1973 年海底委员会报告》第三卷第 1 页（斐济、印度尼西亚、毛里求斯和菲律宾）。

3. A/AC. 138/SC. II/L. 24 第十二条第 1 款转载在《1973 年海底委员会报告》第三卷第 23、26 页（乌拉圭）。

4. A/AC. 138/SC. II/L. 27 and Corr. 1 和 2，第三条第 1 款，转载在《1973 年海底委员会报告》第三卷第 30 页（厄瓜多尔、巴拿马和秘鲁）。

5. A/AC. 138/SC. II/L. 28，第十一条第 2 款，转载在《1973 年海底委员会报告》第三卷第 35、41 页（马耳他）。

6. A/AC. 138/SC. II/L. 44，《条款草案第》第 1、2、3 和 11 款，转载在《1973 年海底委员会报告》第三卷第 99 页（英国）。

7. A/AC. 138/SC. II/L. 48，第二条，转载在《1973 年海底委员会报告》第三卷第 102、103 页（斐济、印度尼西亚、毛里求斯和菲律宾）。

8. 第 16 项，"群岛"，备选案文 A（1），第 1 款；备选案文 A（2），第二条；备选案文 B，第 1、2 和 11 款；备选案文 C，第三条第 1 款；和备选案文 E，转载在《1973 年海底委员会报告》第四卷第 156 页。

9. A/CONF. 62/L. 4（1974 年），第六条和第九条，正式记录，第三卷第 81、82 页（加拿大、智利、冰岛、印度、印度尼西亚、毛里求斯、墨西哥、新西兰和挪威）。

10. A/CONF. 62/C. 2/L. 22（1974 年），第五条第 3~6、8 和 9 款，正式记录，第三卷第 200 页（希腊）。

11. A/CONF. 62/C. 2/L. 49（1974 年），第二条，正式记录，第三卷第 226 页（斐济、印度尼西亚、毛里求斯和菲律宾）。

12. A/CONF. 62/C. 2/L. 63（1974 年），第一条，正式记录，第三卷第 233 页（泰国）。

13. A/CONF. 62/C. 2/L. 64（1974 年），第二条，正式记录，第三卷第 233 页（马来西亚）。

14. A. CONF. 62/C. 2/L. 70（1974 年），第二条，正式记录，第三卷第 236 页（巴哈马）。

15. A/CONF. 62/C. 2/L. 73（1974 年），正式记录，第三卷第 237 页（古巴）。

16. A/CONF. 62/L. 8/Rev. 1（1974 年），附件二，附录一〔A/CONF. 62/C. 2/WP. 1〕，第二○三条，方案 B；第二○四条至第二○八条；第二一二条，方案 A 和方案 B；和第二一三条，正式记录，第三卷第 93、107、136 页（总报告员）〔《主要趋势工作文件》〕。

17. A/CONF. 62/C. 2/L. 64/Rev. 1（1975 年），第二条，正式记录，第四卷第 192 页（马来西亚）。

18. A/CONF. 62/WP. 8/Part II（非正式单一协商案文，1975 年），第一一八条，正式记录，第四卷第 152、168 页（第二委员会主席）。

19. A/CONF. 62/C. 2/L. 92（1976 年），正式记录，第五卷第 203 页（马来西亚）。

20. A/CONF. 62/WP. 8/Rev. 1/Part II（订正的单一协商案文，1976 年），第一一九

条，正式记录，第五卷 151、171（第二委员会主席）。

21. A/CONF. 62/WP. 10（非正式综合协商案文，1977 年），第四十七条，正式记录，第八卷第 1、11 页。

22. A/CONF. 62/WP. 10/Rev. 1（非正式综合协商案文第一次修订稿，1979 年，油印），第四十七条。转载在《第三次联合国海洋法会议文件集》第一卷第 375、407 页。

23. A/CONF. 62/WP. 10/Rev. 2（非正式综合协商案文第二次修订稿，1980 年，油印），第四十七条。转载在《第三次联合国海洋法会议文件集》第一卷第 3、36 页。

24. A/CONF. 62/WP. 10/Rev. 3*（非正式综合协商案文第二次修订稿，1980 年，油印），第四十七条。转载在《第三次联合国海洋法会议文件集》第一卷第 179、212 页。

25. A/CONF. 62/L. 78（1981 年，《公约草案》），第四十七条，正式记录，第十五卷第 172、182 页。

起草委员会文件

26. A/CONF. 62/L. 67/Add. 1（1981 年，油印），第 53 ~ 55 页、第 77 ~ 79 页、第 90 ~ 92 页。

27. A/CONF. 62/L. 67/Add. 1/Rev. 1（1981 年，油印），第 83 ~ 91 页。

28. A/CONF. 62/L. 67/Add. 1/Rev. 1/Corr. 1（1981 年，油印），第 10 号。

29. A/CONF. 62/L. 67/Add. 14（1981 年，油印），第 6 页。

30. A/CONF. 62/L. 72（1981 年），正式记录，第十五卷第 151 页（起草委员会主席）。

31. A/CONF. 62/L. 152/Add. 23（1982 年，油印），第 58 页。

32. A/CONF. 62/L. 160（1982 年），正式记录，第十七卷第 225 页（起草委员会主席）。

非正式文件

33. Informal Working Paper No. 8 及 Rev. 1 和 Rev. 12（均为 1974 年，油印），第二条，方案 B，第三条至第七条，以及第十一条，方案 A 和方案 B。转载在《第三次联合国海洋法会议文件集》第二卷第 444、451 和 458 页。

34. 印度尼西亚（1976 年，油印），第一一八条（非正式单一协商案文二）。转载在《第三次联合国海洋法会议文件集》第四卷第 334 页。

35. 马来西亚（1976 年，油印），第一一八条（非正式单一协商案文二）。转载在《第三次联合国海洋法会议文件集》第四卷 334。

36. 菲律宾（1976 年，油印），第一一八条（非正式单一协商案文二）。转载在《第三次联合国海洋法会议文件集》第四卷第 335 页。

37. 菲律宾（1977 年，油印），第一一九条（订正的单一协商案文二）。转载在《第三次联合国海洋法会议文件集》第四卷第 472 页。

38. 印度尼西亚（1977 年，油印），第一一九条第 2 款（订正的单一协商案文二）。转载在《第三次联合国海洋法会议文件集》第四卷第 476 页。

39. 印度尼西亚（1977 年，油印），第一一九条第 2 款（订正的单一协商案文二）。转载在《第三次联合国海洋法会议文件集》第四卷第 480 页。

评 注

47.1. 针对在国际海洋法中为群岛国制定特殊制度的一个主要反对理由是缺少判断可适用这种制度的地理形态的客观标准（见上文第 IV.7 段）。第四十七条通过为群岛基线的划定规定客观标准解决这一问题。这些标准包括：（i）基线的最大长度；（ii）这些基线内的最小和最大水陆比例；（iii）基线与群岛的一般轮廓的符合；和（iv）对基线起始点的限制。此外，第四十七条第 5 款和第 6 款处理了与群岛国相邻的、可能受其划定的群岛基线影响的国家的权利的保护和保全的问题。

47.2. 在第一次联合国海洋法会议上（1958 年），南斯拉夫和菲律宾代表都提交了（但随后又撤回）与国际法委员会编制的条款草案第十条相关的提案。这两条规定建议将直线基线制度适用于"岛群"和"群岛"[1]（见上文第 IV.3 段）。丹麦代表在会议上重新提交了南斯拉夫的提案，[2] 但后来也将其撤回。无论是这两项提案还是任何相关条款都没有被 1958 年诸海洋法公约所采纳，主要原因是在提议的基线的最大长度问题上的分歧和缺乏关于群岛轮廓的足够地理信息。

47.3. 在海底委员会 1971 年会议上，马耳他代表在其提交的条约草案（资料来源 1）中再次提出了群岛基线的问题。在海底委员会 1973 年会议上，非洲统一组织发表声明赞同群岛基线原则。[3] 一套由 4 个群岛国提交的原则（资料来源 2）规定群岛国"可划定连接群岛最外缘各岛和各干礁的最外缘各点的直线基线。"乌拉圭（资料来源 3）和 3 个拉美国家（资料来源 4）的提案使用了相似的语言；马耳他代表的提案（资料来源 5）提出从主要岛屿之间划定的基线起测算"岛屿国或群岛国的管辖范围。"

---

[1] 见 A/CONF. 13/C. 1/L. 59（1958），第一次联合国海洋法会议正式记录，第三卷第 227 页（南斯拉夫）；和 A/CONF. 13/C. 1/L. 98（1958），同上，第 239 页（菲律宾）。南斯拉夫提案的第 3 款中提到了"远离海岸的岛群。"菲律宾提案提到了"海岸附近的群岛"和"彼此足够接近，以致形成一个紧密的整体的……海岸附近的多个岛屿。"另见第一委员会报告，A/CONF. 13/L. 28/Rev. 1（1958），第 54 段，第一次联合国海洋法会议正式记录，第二卷第 115、119 页。

[2] 见丹麦代表在第一委员会第 52 次会议（1958 年）上的发言，第 29 段和第 41 段，第一次联合国海洋法会议正式记录，第三卷第 162、163 页。

[3] 见《关于海洋法问题的声明》，A/AC. 138/89，声明 A，第 4 小节，转载在《1973 年海底委员会报告》第一卷第 4、5 页（非统组织）。在第三次海洋法会议第二期会议（1974 年）上重复了该"声明"，A/CONF. 62/33，声明 A，正式记录，第三卷第 63 页第 4 段（非统组织）。

英国代表的提案（资料来源 6）建议为对群岛国适用直线基线规定客观标准。该提案建议的最长群岛基线为 48 海里，在基线包围的领土内，水陆面积的比例不超过 5:1。该提案还增加了要求群岛国提供标出基线范围的海图并作出声明确认每条基线的长度和水陆比例的规定。该提案要求对按照群岛基线条款作出的任何声明进行"交存"，以向各国通知这些声明。与先前的几项群岛提案不同，这一提案没有提及作为基线转折点的"礁石"或"干礁"（见下文第 47.9（b）段）。

4 个群岛国提出的一项范围广泛的提案（资料来源 7）包括了有关群岛基线的几个概念。该提案第二条内容如下：

> 1. 群岛国在划定测算领海宽度的基线时，可采用连接群岛最外缘各岛和各干礁的最外缘各点的直线基线法。
>
> 2. 这种基线的划定不应在任何明显的程度上偏离群岛的一般轮廓。
>
> 3. 除在低潮高地上筑有永久高于海平面的灯塔或类似设施，或者低潮高地全部或一部与最近的岛屿的距离不超过领海的宽度外，基线的划定不应以低潮高地为起讫点。
>
> 4. 群岛国不应采用一种基线制度，致使另一国的领海隔断。
>
> 5. 群岛国应在海图上清楚地标出其直线基线，并应将该海图妥为公布。

第 1 款重申了群岛基线可以连接干礁以及群岛国最外缘各岛。与英国提案中包含的数字相比，第 2 款规定了较为主观的群岛基线划定指导原则，规定基线不应"偏离群岛的一般轮廓"④（见下文第 47.9（e）段）。第 3 款为以"低潮高地"为起讫点划定基线规定了条件；第 4 款禁止群岛国划定"致使另一国的领海隔断"的基线。第 5 款结合了英国提案中分条规定的要求群岛国标出和公布其基线的规定。

这些提案被列入 1973 年海底委员会报告（资料来源 8）所附备选案文清单中。该清单增加了一个新的备选案文 E，其中提及直线群岛基线，但未说明其出处。

47.4.　在海洋法会议第二期会议（1974 年）上，9 个沿海国提出的一项提案（资料来源 9）进一步规定了划定群岛基线的指导原则。该案文第六条内容如下：

> 1. 群岛国在划定测算领海、经济区和其他特殊管辖区宽度的基线时，可采用连接群岛最外缘各岛和各干礁的最外缘各点的直线基线法。
>
> 2. 如果这种基线的划定包围了一个直接相邻国家传统上用于其领土的一部分和另一部分之间的直接交通的海域的一部分，对这种交通应继续予以尊重。

---

④　改写自"英挪渔业案"，1951 年国际法院报告第 116 页。

第 1 款采纳了与 4 个群岛国在海底委员会首先提出的措辞相似的措辞。第 2 款引入了旨在减轻群岛基线对"直接相邻国家"的不同部分之间的交通的影响的新规定。它明确规定在相邻国家领土的一部分和其领土的另一部分因群岛基线的划定而被分隔时，应保护两部分之间的直接交通。

会议在群岛基线和提议的群岛制度的其他方面是否应仅适用于由岛屿构成的国家，还是应既适用于这种国家，也适用于具有离岸群岛的沿海国发生了分歧。⑤ 九国提案在标题为"构成沿海国一部分的群岛"一节中，主张将群岛基线适用于大陆国的离岸群岛。该提案第九条规定，群岛基线可以适用于构成沿海国领土的"组成部分"的"离岸群岛。"希腊代表提交的提案（资料来源 10）也允许沿海国将直线基线适用于"群岛的情形。"

同样的 4 个群岛国提交的另一项提案（资料来源 11）建议将群岛基线的使用限于"全部由一个或多个群岛构成"的国家，但这种国家的领土也可包括其他岛屿（见上文第 46.3 段）。该提案第二条以四国先前在海底委员会提出的规定（资料来源 7）为基础。新提案增加了以下一项规定：

5. 如果这种基线的划定包围了一个直接相邻国家传统上用于其国家领土的一部分和这种领土的另一部分之间的直接交通（包括铺设海底电缆和管道）的海域的一部分，群岛国应承认和保障这种交通权的继续。

该第 5 款扩充了九国提案第六条第 2 款的措辞，特别是规定先前提案中提及的"直接交通"应包括海底电缆和管道的铺设。

该提案是在印度尼西亚和其区域内相邻国家代表讨论之后提交的。⑥ 马来西亚代表对这一规定尤为关切，因为该规定涉及马来半岛和北婆罗洲之间的公海区域。如果适用提议中的群岛国制度，这一区域将成为印度尼西亚的群岛水域，将马来西亚领土的两个组成部分分隔开来。马来西亚代表对群岛国提案的第 5 款不满意，提出一项修正案（资料来源 13），建议将"直接交通（direct communication）"改为"直接进出和一切形式的交通（direct access and all forms of communications）。"

泰国代表的提案（资料来源 12）也旨在保护邻近国家免受新划定的群岛基线的影响（见下文第 51.3 段）。该提案处理了更为广泛的利益，并且其覆盖的地理情形比九国提案或马来西亚修正案都更为宽泛。

巴哈马代表提案（资料来源 14）中包含了关于基线的以下规定：

---

⑤　见上文 IV.8 关于在第二委员会第 36 次和 37 次会议（1974 年）上的发言的内容（注释 14 和注释 15）。

⑥　见印度尼西亚代表在第二委员会第 36 次会议上的发言，正式记录，第二卷第 260 页第 5 段。

第二条

1. 群岛国在划定测算领海、经济区和其他特殊管辖区域宽度的基线时，可采用连接群岛最外缘各岛和各干礁或低潮高地的最外缘各点的直线基线法，或采用这种点之间的任何不可通航的连续礁石或沙洲作为基线。

2. 如果这种基线的划定包围了一个直接相邻国家传统上用于其领土的一部分和另一部分之间的直接交通的海域的一部分，对这种交通应继续予以尊重。

该案文包含了先前案文中关于可用于群岛基线划定的地理特征和关于现有交通线的主要要素。考虑到巴哈马的特殊地理条件，它还增加了关于"不可通航的连续礁石或沙洲"的新要素。

古巴代表针对该案文提交的一项修正案（资料来源 15）建议将其第二条改为如下内容：

1. 群岛国在划定测算领海宽度的基线时，可采用连接群岛最外缘各岛的最外缘各点的直线基线法，但这些基线应沿主要岛屿的一般轮廓而行，且不应以孤立的小岛或礁石为起讫点。基线向陆一面的海域必须接近陆地领土，其中的航行必须与群岛国的港口相联系。

2. 这种基线的划定不应将任何用于国际航行的水路或海峡或一个直接相邻国家传统上用于其领土的一部分和另一部分之间或其领土和公海之间的直接交通的海域包围，使之成为群岛水域。

英国代表在海底委员会提出的 48 海里群岛基线最大长度几乎没有得到支持。[⑦] 第二期会议上提交的提案都未提出任何群岛基线最大长度。就这一问题，印度代表发表意见认为，一个数学公式"可能会导致任意性，从而阻碍其实现本来的目的。"[⑧] 但是，群岛国代表提出，他们愿意通过协商确定适当的客观标准，包括最大基线长度和适当的水陆比例。[⑨]

主要趋势工作文件（资料来源 16）将英国代表在海底委员会提交的提案（资料来源 6）和 4 个群岛国和泰国在第二期会议上提交提案的要素列为第二〇三条方案 B、第

---

⑦ 在参与辩论的代表团中，只有日本和苏联代表似乎对 48 海里最大长度表示过支持。见日本在第二委员会第 36 次会议（1974 年）上的发言，正式记录，第二卷第 261 页第 15 段；和苏联代表在第 37 次会议上的发言，同上，第 267 页第 12 段。

⑧ 见印度尼西亚代表在第 36 次会议上的发言，同上，第 260 页第 4 段。

⑨ 见印度尼西亚代表在第 42 次全体会议（1974 年）上的发言，正式记录，第一卷第 187 页第 64 段；以及菲律宾在第二委员会第 36 次会议上的发言，正式记录，第二卷第 264 页第 64 段。

二〇四至第二〇八条、第二一二条方案 A 和方案 B 以及第二一三条。

47.5. 在第三次联合国海洋法会议第三期会议（1975 年）上，一项建议采用 1：1 至 9：1 之间水陆比例的表述首次出现在巴哈马代表散发的"十八项原则"的原则第 3 条（a）项中。[10] 该表述修改自英国先前的提案（资料来源 6），旨在囊括会议参与各方所确认的所有潜在群岛国提出的主张。该表述的成功依赖于关于环礁和陡侧海台的具体规定（原则第 3 条（c）项），这些规定在起草时考虑到了具体群岛国的情况。

该项规定关于"位于陡侧海台周围的一系列灰岩岛和干礁所包围或几乎包围的海台的那一部分"的最后一部分，完全是考虑到巴哈马独特的地质特征而起草的。[11]

"十八项原则"文件还提出，群岛基线的长度不应超过 80 海里，但有如下例外，即基线总数中可有不超过 2% 的基线的长度不超过 125 海里（原则第 3 条（b）项）。

马来西亚代表（资料来源 17）提交了一项针对 4 个群岛国先前提案第 5 款的修正案（资料来源 8）。这一修正案规定了在划定群岛基线时应"保持适用和不受影响"的一些邻国权利，条件是这种权利是"传统上在被包围区域内行使的。"

非正式单一协商案文第二部分（资料来源 18）第一一八条第 1、2 和 8 款采纳了"十八项原则"提出的水陆比例和最大基线长度。该案文还采纳了《主要趋势工作文件》中的几项规定。第一一八条全文内容如下：

1. 群岛国可划定连接群岛最外缘各岛和各干礁的最外缘各点的直线基线，但这种基线应包围主要的岛屿和一个区域，在该区域内，水域面积和包括环礁在内的陆地面积的比例应在 1：1 至 9：1 之间。

2. 这种基线的长度不应超过 80 海里。但围绕任何群岛的基线总数中至多百分之……可超过该长度，最长以 125 海里为限。

3. 这种基线的划定不应在任何明显的程度上偏离群岛的一般轮廓。

4. 除在低潮高地上筑有永久高于海平面的灯塔或类似设施，或者低潮高地全部或一部与最近的岛屿的距离不超过领海的宽度外，基线的划定不应以低潮高地为起讫点。

5. 群岛国采用的基线制度，不应致使另一国的领海同公海或专属经济区隔断。

6. 群岛国应将其直线基线清楚地标注在大比例尺海图上，并将该海图交存于联合国秘书长，联合国秘书长应将其妥为公布。

7. 如果这种基线的划定包围了一个直接相邻国家传统上用于其国家领土

---

[10] 见上文 IV.9。该文件以陆水比例来表述；而《公约》以水陆比例来表述。

[11] 见巴哈马代表在第 32 次全体会议（1974 年）上的发言，第 58－62 段，正式记录，第一卷第 131－132 页；及其在第二委员会第 36 次会议上的发言（1974 年），正式记录，第二卷第 265 页第 76－80 段。

的两部分或更多部分之间的直接进出和一切形式的交通（包括铺设海底电缆和管道）的海域的一部分，群岛国应继续承认和保障这种直接进出和交通权。

8. 为计算第 1 款规定的水域与陆地的比例的目的，陆地面积可包括位于岛屿和环礁的岸礁以内的水域，其中包括位于陡侧海台周围的一系列灰岩岛和干礁所包围或几乎包围的海台的那一部分。

第 1 款以《主要趋势工作文件》第二〇四条方案 A 为基础，但对其做了几处明显修改。该款措辞规定，群岛国"可划定……直线基线，"而不是"可采用……直线基线法。"第 1 款还为划定直线基线的程序规定了两个新的限制。第一，所有基线必须包括群岛的"主要的岛屿（见下文第 47.9（c）段）。"古巴代表的提案（资料来源 15）使用了"主要的岛屿"一语，虽然它没有充分解释该语，但通过对古巴本身的描述，即"两个主要的岛屿和 1500 多个中小型岛屿"，对该语作了说明。[12] 第二项限制取自十八项原则文件，规定基线包括的区域内，水域面积和陆地面积的比例应在 1:1 至 9:1 之间。第 1 款中没有任何措辞规定领海和其他管辖范围的宽度应从群岛基线起测算。该规定经修改后，成为单独一条，即非正式单一协商案文第二部分第一一九条（现第四十八条）。

第一一八条第 2 款和第 8 款为最大基线长度和计算水陆比例的程序规定了指导原则。在非正式单一协商案文第二部分形成前的非正式协商中，各方就普通基线最大长度为 80 海里和有限数量的例外基线最大长度为 125 海里达成了一般共识。但与规定例外基线所占百分比为 2% 的"十八项原则"文件不同的是，第一一八条中没有规定任何长度可超过 80 海里的基线可占的百分比数字，因为就这一数字的协商仍在进行中。

第 3 款和第 4 款重复了《主要趋势工作文件》第二〇五条和第二〇六条。第 5 ~ 7 款分别重复了第二〇七条、第二〇八条和二一二条的措辞，仅对它们做了细微的改动。《主要趋势工作文件》第二〇八条要求群岛国在海图上清楚地标出基线，并将海图妥为公布，第一一八条第 6 款将其改为规定"应将其直线基线清楚地标注在大比例尺海图上，并将该海图交存于联合国秘书长，联合国秘书长应将其妥为公布。"这一措辞上的修改使本款规定与关于直线基线的非正式单一协商案文第二部分第六条（现《公约》第七条）相一致——随后本规定被移入后来成为《公约》第十六条的一条中（见上文第 16.5 段）。

47.6. 在第三次联合国海洋法会议第四期会议（1976 年）上，马来西亚代表（资料来源 19 和资料来源 35）将其关于相邻国家权利的先前提案（见上文第 47.4 段）修改为如下内容：

---

[12] 见古巴代表在第二委员会第 37 次会议（1974 年）上的发言，正式记录，第二卷第 269 页第 31 段。

7. 如果这种基线的划定导致一个或多个使一个直接相邻国家的两个或多个部分分隔的海域被包围，该国传统上行使的一切现有权利和业已缔结的协定所规定的一切权利和其他合法利益应保持适用和不受影响。

这一提案的唯一受益者，是一个"直接相邻国家。"该国的权利仅在被群岛基线包围的一直用于该相邻国家的领土的不同部分间的交通的水域内受到保护，并且仅为这些领土区域之间的进出交通的目的而受到保护。因此，马来西亚提议将本规定所保护的权利的范围扩大至一切"传统上行使的"现有权利，以及"业已缔结的协定所规定的一切权利和其他合法利益。"

印度尼西亚提交的非正式提案（资料来源34）规定，第2款所规定的群岛基线的最大长度应为100海里，划定的基线总数中5%可超过正常长度。印度尼西亚提案还建议删去第6款中的限定语"大比例"一词。菲律宾提案（资料来源36）也提出了相同的修改。

订正的单一协商案文第二部分（资料来源20）中，第一一九条经过几处修改后，内容如下：

群岛基线

1. 群岛国可划定连接群岛最外缘各岛和各干礁的最外缘各点的直线群岛基线，但这种基线应包括主要的岛屿和一个区域，在该区域内，水域面积和包括环礁在内的陆地面积的比例应在1:1与9:1之间。

2. 这种基线的长度不应超过80海里。但围绕任何群岛的基线总数中至多1%可超过该长度，最长以125海里为限。

3. 这种基线的划定不应在任何明显的程度上偏离群岛的一般轮廓。

4. 除在低潮高地上筑有永久高于海平面的灯塔或类似设施，或者低潮高地全部或一部与最近的岛屿的距离不超过领海的宽度外，这种基线的划定不应以低潮高地为起讫点。

5. 群岛国不应采用一种基线制度，致使另一国的领海同公海或专属经济区隔断。

6. 群岛国应在足以辨识这种基线的一种或几种比例尺的海图上清楚地将其标出，并应将这种海图妥为公布，将各该海图的一份副本交存于联合国秘书长。

7. 如果这种基线的划定包围了一个直接相邻国家传统上用于其领土的两部分或更多部分之间的直接进出和一切形式的交通（包括铺设海底电缆和管道）的海域的一部分，群岛国应继续承认和保障这种直接进出和交通权。

8. 为计算第1款规定的水域与陆地的比例的目的，陆地面积可包括位于岛屿和环礁的岸礁以内的水域，其中包括位于陆侧海台周围的一系列灰岩岛和干礁所包围或几乎包围的海台的那一部分。

在此阶段增加了标题。在第 1 款中，"直线基线"改成了"直线群岛基线，"附带条件从主动语态（"provided that such baselines enclose the main islands"）改成了被动语态（"provided that within such baselines are included the main islands"）。第 2 款保留了这种基线的长度不应超过 80 海里的规定，并规定划定的基线总数中 1% 可超过该长度，最长以 125 海里为限。第 6 款根据印度尼西亚和菲律宾提案的框架作了扩充和改写。"大比例尺海图"一语改成了"足以辨识这种基线的一种或几种比例尺的海图，"将这种海图妥为公布的义务被重新改为由群岛国承担，群岛国还应承担将各该海图的一份副本交存于联合国秘书长的义务。[13] 第 7 款重复了非正式单一协商案文的内容。

47. 7. 在第三次联合国海洋法会议第六期会议（1977 年）上，菲律宾代表的提案（资料来源 37）再次建议群岛基线不应超过 100 海里，其中 5% 的例外基线可超过该长度，最长以 125 海里为限。[14] 印度尼西亚提交的一项非正式提案建议对第 7 款作出与马来西亚的先前提案相似的修改，但形式上有所变化。该提案内容如下：

> 7. 如果群岛国的群岛水域的某一部分位于一个直接相邻国家的两个部分之间，该邻国传统上在该水域内行使的现有权利和一切其他合法利益以及两国间协定所规定的一切权利，均应继续，并予以尊重。

印度尼西亚也建议将普通群岛基线的最大长度改为 100 海里，并建议允许 3%（而不是先前提出的 5%）的基线超过该长度，最长以 125 海里为限。

在非正式综合协商案文（资料来源 21）中，本条被重新编号为第四十七条，其中第 1、3、6 和 8 款重复了订正的单一协商案文的相应各款。第 2 款和第 7 款修改为如下内容：

> 2. 这种基线的长度不应超过 100 海里。但围绕任何群岛的基线总数中至多 3% 可超过该长度，最长以 125 海里为限。
>
> 7. 如果群岛国的群岛水域的某一部分位于一个直接相邻国家的两个部分之间，该邻国传统上在该水域内行使的现有权利和一切其他合法利益以及两

---

[13] 与之不同，订正的单一协商案文第二部分第十五条规定，测算领海宽度的基线既可以标在海图上，也可以用列出各点的地理坐标的表来代替（见上文 16.5）。本条后来经修改与关于海图和坐标表的其他各条相统一（见下文 47.8）。

[14] 菲律宾代表提案附加的说明称，这样的修改"将避免仅因其基线长度相差几海里而使一个天然群岛失去法律意义上的群岛资格。"转载在《第三次联合国海洋法会议文件集》第四卷第 472 页。

国间协定所规定的一切权利，均应继续，并予以尊重。

第 2 款采纳了印度尼西亚提出的 100 海里群岛基线最大长度，但规定其中至多 3% 可超过该长度，最长以 125 海里为限。

第 7 款原文采用了印度尼西亚的提案。对第 7 款的修改在相当大的程度上改变了其重点。它不再仅限于保护一个直接相邻国家被一个群岛水域分隔的其国家的两部分间的传统的"直接进出和交通权"，而是规定"该［直接相邻］邻国传统上在该水域内行使的现有权利和一切其他合法利益以及两国间协定所规定的一切权利，均应继续，并予以尊重。"虽然对这些"现有权利"和"其他合法权益"没有作出定义，但似乎它们无疑应比直接进出和交通更为宽泛，并肯定包括它们。其他权利的存在取决于相邻国家能否证明它传统上行使了主张的权利或利益。第 7 款中提及的"协定"既包括现有的也包括未来群岛国和其邻国之间的定义邻国传统上行使的权利和利益的范围和界限，以及协定可能产生的任何新权利的协定。

马来西亚代表在第四期会议上的提案（资料来源 19）（见上文第 47.6 段）支持对第 7 款中的"协定"作出另一种解释。在非正式综合协商案文中，第 7 款（《公约》第 6 款）虽然直接采用了印度尼西亚代表的非正式提案，但它是因马来西亚对非正式单一协商案文和订正的单一协商案文条款的不满所导致的非正式协商所产生的结果，并考虑到了马来西亚修订非正式单一协商案文的提案。该提案建议将该款改为"直接相邻国家合理地行使的一切现有权利和业已缔结的协定所规定的一切权利和其他合法利益应保持适用和不受影响。"无论如何，如果有这种业已存在的协定，那么按照其条款行使的权利将被保留。

47.8. 起草委员会在 1981 年建议重新调整本条结构（资料来源 26 和资料来源 27）前，非正式综合协商案文一直保持未作修改。根据这些建议，第 7 款和第 8 款被重新编号为第 6 款和第 7 款，第 6 款被拆为第 8 款和第 9 款，这两款内容如下：

8. 按照本条划定的基线，应在足以确定这些线的位置的一种或几种比例尺的海图上标出。或者，可以用列出各点的地理坐标并注明大地基准点的表来代替。

9. 群岛国应将这种海图或地理坐标表妥为公布，并应将各该海图或坐标表的一份副本交存于联合国秘书长。

为了使第四十七条与第十六条相统一，对新的第 8 款作了扩充，规定任何宣布采用直线基线的群岛国都应可以用列出各点的地理坐标的表来代替先前案文第四十七条第 6 款所规定的海图。这一新规定与第十六条所规定的大陆沿海国可使用的相同替代方法相呼应。这些修改被《公约草案》（资料来源 25）采纳。此后，本条仅根据起草委员会的建议（资料来源 31 和资料来源 32）作了一处文字性修改。

47.9（a）. 　第一款允许符合第四十六条标准的国家划定"直线群岛基线"，并以这种方式使自己正式取得群岛国地位。任何关于一国是否有权这样做的争端都应属于关于争端的解决的第十五部分的范围。如果一国选择不划定直线群岛基线，那么它就不是《公约》意义上的群岛国，对其各种地理特征应作相应处理。

9：1 的水陆比例符合参与海洋法会议的各群岛国的要求。其目的是为群岛国的概念提供一个客观标准，并将其适用限于比较紧凑的大洋岛群。1：1 的比例下限的目的同样是为了确保只有其包围的水体面积大于其陆地面积的大洋岛群才有资格取得群岛国地位。

47.9（b）. 　关于在第一款中规定以"干礁"作为直线群岛基线的转折点，各方没有争议。这一点包括在提交给海底委员会的多项提案中（见上文第 47.3 段）。"干礁"是礁石在低潮时高于水面但在高潮时没入水中的部分。⑮ 据此，干礁应属第十三条定义下的"低潮高地"，应受第四十七条第 4 款所包含的有关规定的限制（见下文第 47.9（f）段）。

在这方面，第四十七条第 1 款与第六条形成对照，后者规定，"在……有岸礁环列的岛屿的情形下，"基线是"礁石的向海低潮线"。

47.9（c）. 　第 1 款规定了直线基线的划定必须包括"主要的岛屿"的限制。这一表达意指构成群岛的一群岛屿中的主要岛屿。在联合国海洋事务和海洋法司编制的一项关于基线的研究报告中，"主要的岛屿"一语被解释为可能意指"最大的岛屿、人口最多的岛屿、经济生产力最高的岛屿，或在历史或文化意义上最卓著的岛屿。"⑯

第四十六条（a）项设想群岛国可由一个或多个群岛组成。只要满足第四十七条的客观标准，似乎对群岛国将这些群岛划入各自独立的群岛基线圈内就没有反对意见。第四十七条第 1 款对主要岛屿的要求与设想的可将一个以上的群岛划入群岛基线内的权利（第四十六条（a）项）相结合，意味着"主要的岛屿"意指群岛的主要岛屿，而不是群岛国的主要岛屿。如果直线群岛基线以这种方式包括了某一特定群岛的主要岛屿，那么是符合标准的。

47.9（d）. 　在第 2 款中"任何群岛"（而不是"一个群岛国"）一语暗示着在判断适用本款规定的限制时应将哪些基线考虑在内时，必须将每个群岛单独处理。这一措辞也支持了这样的解读，即群岛国可以划定一个以上的群岛，每个群岛都有其自己的基线。此外，第 2 款还规定，"围绕任何群岛的基线总数中至多 3%"可超过这种基

---

⑮　见联合国海洋事务和海洋法司研究报告 *Baselines：An Examination of the Relevant Provisions of the United Nations Convention on the Law of the Sea*，附件一（技术用语表），第 47-60 页（联合国销售编号 E. 88. V. 5 *（1989年））。关于礁石的一般情况，见上文第六条。

⑯　同上，第 35 页第 82 段。

线的 100 海里长度上限，最长以 125 海里为限。这一规定的目的是确保高度分散的岛屿不能符合群岛国的条件。这一点是紧凑性要求的另一个方面（见上文第 47.9（a）段）。

47.9（e）. 第 3 款规定，直线群岛基线的划定"shall not（不应）"在任何明显的程度上偏离群岛的一般轮廓。起草委员会建议将该规定的措辞与第七条第 3 款统一，后者规定基线"must not（不得）"在任何明显的程度上偏离海岸的一般方向。这一建议没有得到接受。在英语文本中，"shall"和"must"在实践中几乎没有差别。[17]

第 3 款中没有包括见于第七条第 3 款中的要求基线内的海域必须充分接近陆地领土的规定（见上文第 7.9（e）段）。群岛水域制度的性质决定了它无需这类条件。

47.9（f）. 第 4 款为将"低潮高地"用作基线的转折点规定了限制，即"除在低潮高地上筑有永久高于海平面的灯塔或类似设施，或者低潮高地全部或一部与最近的岛屿的距离不超过领海的宽度外"，基线的划定不应以低潮高地为起讫点。这一规定适用于第 1 款中提及的"干礁"。它与处理直线基线的第七条第 4 款和处理低潮高地的第十三条相承接。根据第十三条第 1 款的定义，"低潮高地"是"在低潮时四面环水并高于水面但在高潮时没入水中的自然形成的陆地。"[18]

47.9（g）. 第 5 款和第 6 款都试图减轻主张直线群岛基线和划定群岛水域对邻国的权利和利益造成的影响。第 5 款禁止以"致使另一国的领海同公海或专属经济区隔断"的方式适用群岛基线，与第七条第 6 款相呼应（见上文第 7.9（h）段）。

47.9（h）. 第 6 款仅处理"群岛国的群岛水域的一部分位于一个直接相邻国家的两个部分之间"的地理情形。马来西亚代表对这一问题尤为关切（见上文第 47.4 段）。第五十一条第 1 款处理直接相邻国家"在群岛水域范围内的某些区域内"行使的传统渔业和其他合法权利。

47.9（i）. "直接相邻国家（immediately adjacent neighbouring State）"一语源自提交于第三次联合国海洋法会议第二期会议上的九国提案中的"直接相邻国家（immediate and adjacent neighbouring State）"，改为与目前《公约》相同的形式后被非正式单一协商案文第二部分采纳。泰国是唯一就这一问题提交了正式提案的其他非群岛国，它使用了"邻国"一词（资料来源 12）。似乎没有任何代表团试图在这一语境中对这些术语作出定义。第 6 款仅适用于其组成部分被一个群岛国的群岛水域分隔的相邻国家。"直接相邻国家"一语暗示了这种国家与群岛国的相近。[19]该语也出现在第五十一条

---

⑰ 法语文本在两条中使用了相同的用语（*ne doit pas*）。

⑱ 对这一用语的更详细解释，见前注 15 中的 *Baselines...*，第 58 页。

⑲ "直接（immediately）"一词或其对等词出现在阿拉伯语、英语、俄语和西班牙语文本中。法语文本使用的是 *Etat limitrophe*，汉语文本与之相似。使用"直接"的作用是强调"相邻"特征。

第 1 款。[20]

47.9（j）. 第 6 款中的状语"传统上"似乎在整个会议进程中都没有被给予任何确切定义。其适用取决于具体情形下的历史先例。

47.9（k）. "协定所规定的"一语指与第三一一条中关于本公约与其他公约和国际协定的关系的一般规则相对的特殊法（见本系列第五卷，第 229 页）。

47.9（l）. 第 7 项规定，为计算第 1 款规定的水域与陆地的比例的目的，陆地面积可包括群岛的某些水域。这些水域包括"位于岛屿和环礁的岸礁以内的水域"，以及"位于陡侧海台周围的一系列灰岩岛和干礁所包围或几乎包围的海台的那一部分。"后一适用范围源自巴哈马散发的"十八项原则"文件，并具体涉及巴哈马群岛的情形。

47.9（m）. 第 8 款和第 9 款分别使第四部分包括了第十六条第 1 款和第 2 款中的平行规定。第 8 款规定，应在足以确定直线群岛基线的位置的一种或几种比例尺的海图上标出其位置，或用列出各点的地理座标并注明大地基准点的表来代替。第 9 款规定群岛国应将这种海图或地理坐标表妥为公布，并应将各该海图或坐标表的一份副本交存于联合国秘书长（见上文第 16.9（c）和 16.9（d）段）。

---

[20] 必须将第四部分中使用的该用语与第九十八条第 2 款中的"邻国"和第二五四条中的"邻近的内陆国和地理不利国"（比较本丛书第四卷 254.14（e），第 245 页）区分开。

第四十八条 领海、毗连区、专属经济区和大陆架宽度的测算

领海、毗连区、专属经济区和大陆架的宽度，应从按照第四十七条划定的群岛基线量起。

资料来源

第三次联合国海洋法会议文件

1. A/AC. 138/SC. II/L. 15，原则一，转载在《1973 年海底委员会报告》第三卷第 1 页（斐济、印度尼西亚、毛里求斯和菲律宾）。

2. A/AC. 138/SC. II/L. 24，第十二条第 1 款，转载在《1973 年海底委员会报告》第三卷第 23、26 页（乌拉圭）。

3. A/AC. 138/SC. II/L. 27 and Corr. 1 和 2，第三条第 1 款，转载在《1973 年海底委员会报告》第三卷第 30 页（厄瓜多尔、巴拿马和秘鲁）。

4. A/AC. 138/SC. II/L. 34，"Territorial Sea"，第 6 款，转载在《1973 年海底委员会报告》第三卷第 71、72 页（中国）。

5. A/AC. 138/SC. II/L. 44，《条款草案第》4 款，转载在《1973 年海底委员会报告》第三卷第 99、100 页（英国）。

6. A/AC. 138/SC. II/L. 48，第二条第 1 款，转载在《1973 年海底委员会报告》第三卷第 102 页（斐济、印度尼西亚、毛里求斯和菲律宾）。

7. 项目 16，"群岛"，备选案文 A（1），第 1 款；备选案文 A（2），第二条第 1 款；备选案文 B，第 4 款；备选案文 C，第三条第 1 款；和备选案文 E，转载在《1973 年海底委员会报告》第四卷第 156 页。

8. A/CONF. 62/L. 4（1974 年），第六条第 1 款，正式记录，第三卷第 81、82 页（加拿大、智利、冰岛、印度、印度尼西亚、毛里求斯、墨西哥、新西兰和挪威）。

9. A/CONF. 61/C. 2/L. 49（1974 年），第二条第 1 款，正式记录，第三卷第 226 页（斐济、印度尼西亚、毛里求斯和菲律宾）。

10. A/CONF. 62/C. 2/L. 70（1974 年），第二条第 1 款，正式记录，第三卷第 236 页（巴哈马）。

11. A/CONF. 62/L. 8/Rev. 1 （1974 年），附件二，附录一 ［A/CONF. 62/C. 2/WP. 1］，第二〇四条，方案 A，正式记录，第三卷第 93、107、137 页（总报告员）［《主要趋势工作文件》］。

12. A/CONF. 62/WP. 8/Part II（非正式单一协商案文，1975 年），第一一九条，正式记录，第四卷第 152、169 页（第二委员会主席）。

13. A/CONF. 62/WP. 8/Rev. 1/Part II（订正的单一协商案文，1976 年），第一二〇条，正式记录，第五卷第 151、171 页（第二委员会主席）。

14. A/CONF. 62/WP. 10（非正式综合协商案文，1977 年），第四十八条，正式记录，第八卷第 1、12 页。

15. A/CONF. 62/WP. 10/Rev. 1（非正式综合协商案文第 1 次修订稿，1979 年，油印），第四十八条。转载在《第三次联合国海洋法会议文件集》第一卷第 375、408 页。

16. A/CONF. 62/WP. 10/Rev. 2（非正式综合协商案文第 2 次修订稿，1980 年，油印），第四十八条。转载在《第三次联合国海洋法会议文件集》第二卷第 3、37 页。

17. A/CONF. 62/WP. 10/Rev. 3[*]（非正式综合协商案文第 3 次修订稿，1980 年，油印），第四十八条。转载在《第三次联合国海洋法会议文件集》第二卷第 179、213 页。

18. A/CONF. 62/L. 78（《公约草案》，1981 年），第四十八条，正式记录，第十五卷第 172、183 页。

起草委员会文件

19. A/CONF. 62/L. 67/Add. 1（1981 年，油印），第 93 页。

20. A/CONF. 62/L. 67/Add. 1/Rev. 1（1981 年，油印），第 92 页。

21. A/CONF. 62/L. 72（1981 年），正式记录，第十五卷第 151 页（起草委员会主席）。

非正式文件

22. Informal Working Paper No. 8 及 Rev. 1 和 Rev. 2（均为 1974 年，油印），第三条，方案 A。转载在《第三次联合国海洋法会议文件集》第三卷第 444、451 和 458 页。

评　　注

48.1.　第四十八条规定，按照第四十七条划定的群岛基线应充当测算群岛国领海（比较第二条第 1 款）、毗连区、专属经济区和大陆架的宽度的起始点或基线。这一明确规定肯定了群岛基线与按照第五条至第十一条、第十三条和第十四条划定的基线在这一方面起到相同的作用。

关于领海宽度的第三条明确规定，领海是从"按照本公约确定的"基线量起的，这一表达包括了按照第四十七条划定的群岛基线。关于毗连区最大宽度的第三十三条第2款、关于专属经济区最大宽度的第五十七条和关于大陆架最大宽度的第七十六条第1款都提及了测算领海宽度的基线。因此，第四十八条仅肯定了对于群岛国、群岛基线与按照《公约》其他规则确定的基线起到相同的作用。

群岛基线与其他基线在包围的水域方面有所不同。第八条第1款明确地将第四部分从将基线向陆一面的水域定义为内水的规定中排除出去（比较第四十九条和第五十条）。在群岛基线的情形下，根据第四十九条的规定，这些水域不是内水，而是"群岛水域。"其影响可见于支配通过（群岛海道通过或无害通过）的各项规则。第五十条规定，可在群岛水域内划定内水的界限。

48.2. 早在1958年，在第一次联合国海洋法会议的筹备文件中就提出了使用直线群岛基线作为测算群岛国周围领海宽度的起点。[①] 在该次会议上，菲律宾代表也提出将直线基线适用于群岛和领海宽度的测算，但未经讨论就撤回了该文件。[②] 1958年《领海和毗连区公约》没有包括任何关于这一问题的规定。

48.3. 在海底委员会1973年会议上，提交了几项提到使用直线基线确定群岛国周围领海宽度的提案（资料来源1、资料来源2和资料来源3）。3个拉丁美洲国家的一项提案（资料来源3）扩大了直线基线的适用范围，将其用于确定"群岛国主权和管辖区域。"这些提案都使用了许可性的措辞，规定"可以"从基线开始"测算"或"确定"。

4个群岛国代表在海底委员会提出的第二项提案（资料来源6）的第二条第1款规定：

> 群岛国在划定测算领海宽度的基线时，可采用连接群岛最外缘各岛和各干礁的直线基线法。

中国代表的一项提案（资料来源4）以一般性的措辞规定"在划定由相互接近的岛屿组成的群岛或岛链周围领海的界限时，可将这种群岛或岛链作为一个不可分割的整体。""不可分割的整体"暗示着包括在群岛或岛链（及其包围的水域）的岛屿周围或之间划定的基线。

英国代表的提案（资料来源5）将关于群岛基线的规定置于其关于群岛国的权利

---

① 见 Certain Legal Aspects Concerning the Delimitation of the Territorial Waters of Archipelagos，A/CONF. 13/18（1957），第一次联合国海洋法会议正式记录，第一卷第289、302页（由 Jens Evensen（挪威）编写）。

② A/CONF. 13/C. 1/L. 98（1958），第一次联合国海洋法会议正式记录，第三卷第239页（菲律宾）。在第一委员会第48次会议上撤销，出处同上，第148页第26段。

和义务的条款草案的单独一条中。该规定内容如下：

4. 群岛国的领海〔经济区〕和任何大陆架应从符合本公约第……条的周边〔即基线〕起向外延伸。

英国代表的提案是第一项规定群岛国的专属经济区和大陆架也应从群岛基线开始测算的提案。该提案中提及的"周边"指围绕群岛最外缘各岛的最外缘各点划定的一系列基线。

48. 4. 在第三次联合国海洋法会议第二期会议（1974 年）上提交的几项提案（资料来源 8 至资料来源 10）采用了 4 个群岛国在海底委员会提交的第二项提案的框架。但这些提案除领海外，还在其列出的应从群岛基线开始确定界限的区域中包括了"经济区和其他特别管辖区。"

主要趋势工作文件（资料来源 11）第二〇四条方案 A 合并了这些提案。

48. 5. 在第三期会议（1975 年）上，经过非正式协商，非正式单一协商案文第二部分（资料来源 12）第一一九条采纳了以下的经过修订和简化的文本：

领海、毗连区、专属经济区和大陆架的宽度，应从按照第一一八条划定的基线量起。

该案文第一次规定了其宽度应从群岛基线量起的具体海洋区域。

在第三次联合国海洋法会议第四期会议（1976 年）上，订正的单一协商案文第二部分（资料来源 13）给本条增加了目前《公约》的标题，并原文采纳了以上提案的内容。非正式综合协商案文后来将本条重新编号为第四十八条（资料来源 14）。

48. 6. 在第三次联合国海洋法会议第八期会议后续会议（1979 年）上，厄瓜多尔代表提出将按照第四十七条划定的基线适用于构成一国领土一部分的岛群，具体地说，即构成第四十六条（b）项所定义的群岛。③ 这样，这些基线将成为划定这些具体群岛的领海、毗连区、专属经济区和大陆架的依据。当时，这项提案与非正式综合协商案文第 1 次修订稿第四十七条第 1 款相冲突，因为后者规定只有符合某些标准的群岛国（第四十六条所定义的）可以划定群岛基线。

48. 7. 在起草委员会的建议（资料来源 19 至资料来源 21）下，"基线"一词在《公约草案》（资料来源 18）中被改为"群岛基线"。这一用语上的差异表明按照第四十七条划定的群岛基线也起到用于测算群岛水域向海一侧海洋区域的基线的作用。

---

③ C. 2/Informal Meeting/47（1979 年，油印），第一二一条 A（厄瓜多尔）。转载在《第三次联合国海洋法会议文件集》第五卷第 55 页。

第四十九条　群岛水域、群岛水域的上空、海床和底土的法律地位

1. 群岛国的主权及于按照第四十七条划定的群岛基线所包围的水域，称为群岛水域，不论其深度或距离海岸的远近如何。

2. 此项主权及于群岛水域的上空、海床和底土，以及其中所包含的资源。

3. 此项主权的行使受本部分规定的限制。

4. 本部分所规定的群岛海道通过制度，不应在其他方面影响包括海道在内的群岛水域的地位，或影响群岛国对这种水域及其上空、海床和底土以及其中所含资源行使其主权。

资料来源

第三次联合国海洋法会议文件

1. A/AC. 138/SC. II/L. 15，原则二，转载在《1973 年海底委员会报告》第三卷第 1、2 页（斐济、印度尼西亚、毛里求斯和菲律宾）。

2. A/AC. 138/SC. II/L. 27 and Corr. 1 和 2，第三条，转载在《1973 年海底委员会报告》第三卷第 30 页（厄瓜多尔、巴拿马和秘鲁）。

3. A/AC. 138/SC. II/L. 44，《条款草案第》5 款，转载在《1973 年海底委员会报告》第三卷第 99、100 页（英国）。

4. A/AC. 138/SC. II/L. 48，第三条，转载在《1973 年海底委员会报告》第三卷第 102、103 页（斐济、印度尼西亚、毛里求斯和菲律宾）。

5. 项目 16，"群岛"，备选案文 A（1），第 2 款；备选案文 A（2），第三条；备选案文 B，第 5 款；和备选案文 C，第三条第 2 款，转载在《1973 年海底委员会报告》第四卷第 156、157 页。

6. A/CONF. 62/L. 4（1974 年），第七条第 1 款和第 2 款，正式记录，第三卷第 81、82 页（加拿大、智利、冰岛、印度、印度尼西亚、毛里求斯、墨西哥、新西兰和挪威）。

7. A/CONF. 62/C. 2/L. 22（1974 年），第四条第 2 款，正式记录，第三卷第 200 页（希腊）。

8. A/CONF. 62/C. 2/L. 49（1974 年），第三条，正式记录，第三卷第 226 页（斐

济、印度尼西亚、毛里求斯和菲律宾）。

9. A/CONF. 62/C. 2/L. 52 (1974 年），第一条第 3 ~ 5 款，正式记录，第三卷第 228 页（保加利亚、德意志民主共和国和波兰）。

10. A/CONF. 62/C. 2/L. 70 (1974 年），第三条，正式记录，第三卷第 236 页（巴哈马）。

11. A/CONF. 62/L. 8/Rev. 1 （1974 年），附件二，附录一 ［A/CONF. 62/C. 1/WP. 1］，第二一○条和第二一一条，正式记录，第三卷第 93、107、137 页（总报告员）［《主要趋势工作文件》］。

12. A/CONF. 62/WP. 8/Part II （非正式单一协商案文，1975 年），第一二○条，正式记录，第四卷第 152、169 页（第二委员会主席）。

13. A/CONF. 62/WP. 8/Rev. 1/Part II （订正的单一协商案文，1976 年），第一二一条，正式记录，第五卷第 151、171 页（第二委员会主席）。

14. A/CONF. 62/WP. 10 （非正式综合协商案文，1977 年），第四十九条，正式记录，第八卷第 1、12 页。

15. A/CONF. 62/WP. 10/Rev. 1 （非正式综合协商案文第一次修订稿，1979 年，油印），第四十九条。转载在《第三次联合国海洋法会议文件集》第一卷第 375、408 页。

16. A/CONF. 62/WP. 10/Rev. 2 （ICNT/Rev. 2，1980 年，油印），第四十九条。转载在《第三次联合国海洋法会议文件集》第二卷第 3、37 页。

17. A/CONF. 62/WP. 10/Rev. 3* （非正式综合协商案文第三次修订稿，1980 年，油印），第四十九条。转载在《第三次联合国海洋法会议文件集》第二卷第 179、213 页。

18. A/CONF. 62/L. 78(《公约草案》，1981 年），第四十九条，正式记录，第十五卷第 172、183 页。

起草委员会文件

19. A/CONF. 62/L. 67/Add. 1 （1981 年，油印），第 94 ~ 95 页。

20. A/CONF. 62/L. 67/Add. 1/Rev. 1 （1981 年，油印），第 93 ~ 94 页。

21. A/CONF. 62/L. 67/Add. 1/Rev. 1/Corr. 1 （1981 年，油印），第 11 页。

22. A/CONF. 62/L. 67/Add. 14 （1981 年，油印），第 6 页。

23. A/CONF. 62/L. 72 (1981 年），正式记录，第十五卷第 151 页（起草委员会主席）。

非正式文件

24. Informal Working Paper No. 8 及 Rev. 1 和 Rev. 2 （均为 1974 年，油印），第九条、第十条和第十九条。转载在《第三次联合国海洋法会议文件集》第二卷第 444、451 和 458 页。

25. 印度尼西亚（1977 年，油印），第一二六条之二。转载在《第三次联合国海洋法会议文件集》第四卷第 476、479 页。

26. 印度尼西亚（1977 年，油印），第一二一条（订正的单一协商案文二）。转载在《第三次联合国海洋法会议文件集》第四卷第 480 页。

评　　注

49.1. 第四十九条规定了《公约》第四部分引入的海洋空间概念——"群岛水域"的法律地位。它规定群岛国的主权包括群岛基线所包围的群岛水域、这些水域的上空、海床和底土，以及其中所蕴藏的资源。此外，第四十九条还规定群岛水域的地位不受群岛海道通过制度的影响。

49.2. 国际法委员会会议曾讨论过群岛基线所包围的水域的法律地位，但没有作出任何决定。[①] 这些讨论涉及这样的概念，即应将这种被包围的水域作为群岛国的内水处理。[②] 南斯拉夫和菲律宾在第一次海洋法会议上提出了同样的概念[③]，但没有被 1958 年《领海和毗连区公约》采纳。

49.3. 在海底委员会 1973 年会议上，4 个群岛国提出的最原始的群岛原则陈述引入了关于群岛水域的地位的措辞。该文件的第二项原则提及了群岛基线包围的水域，其内容如下：

> 2. 基线之内的水域，不论其深度或距离海岸的远近如何，其海床和底土和上空以及其资源属于并受限于群岛国主权。

同样 4 个国家后来提交的条款草案（资料来源 4）将以上单独的一款拆为两款（为后来的第四十九条第 1 款和第 2 款提供了基本结构）。

3 个拉丁美洲国家提交的提案（资料来源 2）与此前各项提案的不同之处在于，它规定"［群岛］基线所包围的水域应视为内水。"但它通过规定"悬挂任何旗帜的船只都可以按照群岛国制定的规定在其中［群岛内水中］航行"，将群岛基线内的水域和一般内水区别开来。

英国代表提交的提案（资料来源 3）也提及了群岛国主权，规定：

---

① 例见在国际法委员会第 319 次会议（1955 年）上的发言，1955 年《国际法委员会年鉴》第一卷，第 218 页第 64 段；和在第 365 次会议（1956 年）上的发言，1956 年《国际法委员会年鉴》第一卷，第 193 – 194 页，第 80 段和第 86 – 88 段。

② 见 D. O'Connell 著 *Mid-Ocean Archipelagos in International Law*，《不列颠国际法年鉴》第 45 卷第 19 页（1971 年）。

③ 另见本部分上文 IV.3 及其注释。

5. 群岛国主权及于周边内称为群岛水域的水域；此项主权的行使受这些条款的规定和其他国际法规则的限制。

该提案引入了"群岛水域"一词。该提案中的"周边"一词定义为围绕连接群岛最外缘各岛的最外缘各点划定的一系列基线。与 4 个群岛国的提案不同，这一提案通过规定群岛国主权应受提议的各条的规定和"其他国际法规则"的限制，限制了群岛国的主权（这为后来成为第四十九条第 3 款的规定提供了基础）。

所有以上提案都被载入 1973 年海底委员会报告（资料来源 5）所附的备选案文清单。

49.4. 在第三次联合国海洋法会议第三次海洋法会议第二期会议（1974 年）上，九国提案（资料来源 6）和巴哈马提案（资料来源 10）重复了 4 个群岛国在海底委员会提出的关于群岛国主权的措辞。4 个群岛国提出的一项新提案（资料来源 8）也重复了其先前提案的措辞，并将群岛国的主权和权利扩至其群岛水域内的"水体（water column）。"东欧社会主义国家提出的一项提案（资料来源 9）包括了相似的规定，与其他提案的差别仅在于措辞和结构。

主要趋势工作文件（资料来源 11）在第二一〇条方案 A 和方案 B 与第二一一条中结合了以上几个案文。它还在第二一〇条方案 C 中进一步完善了拉丁美洲在海底委员会提交的规定群岛基线内的水域应为内水的提案（资料来源 2）。

49.5. 在第三次联合国海洋法会议第三期会议（1975 年）上，经过非正式协商，在非正式单一协商案文第二部分（资料来源 12）中由第一二〇条处理群岛水域的法律地位。该规定内容如下：

1. 群岛国的主权及于基线所包围的水域，称为群岛水域，不论其深度或距离海岸的远近如何。

2. 此项主权及于群岛水域的上空、其海床和底土，以及其中所包含的资源。

3. 此项主权的行使受本节规定的限制。

第 1 项的措辞使得非正式单一协商案文第二部分第一二〇条与第一条第 1 款（目前《公约》关于领海法律地位的第二条第 1 款）相统一。第 2 款采纳了《主要趋势工作文件》条款第二一一条的措辞，但删去了其中的"水体"二字。第 3 款与先前提案中的几个相应规定不同，后者更为宽泛，规定群岛国主权的行使受列出的规定或条款和"其他国际法规则"的限制。非正式单一协商案文第二部分删去了原来提及的其他国际法规则，显然是为了明确本节规定的新制度是完整和自成体系的。

49.6. 在第三次联合国海洋法会议第四期会议（1976 年）上，订正的单一协商案文第二部分（资料来源13）第一二一条重复了非正式单一协商案文的规定，并增加了"群岛水域、群岛水域的上空、海床和底土的司法地位"的标题。

49.7. 在第三次联合国海洋法会议第六期会议（1977年）上，印度尼西亚代表提交的两项提案（资料来源25和资料来源26）包括了关于在群岛海道内的通过的规定。其中第二项提案内容如下：

> 本章所规定的群岛海道通过制度，不应在其他方面影响包括海道在内的群岛水域的地位，或影响群岛国对这种水域及其上空、海床和底土以及其中所含资源行使其主权。

非正式综合协商案文（资料来源14）将本条重新编号为第四十九条，并采纳了印度尼西亚代表的提案，将其列为第4款。

49.8. 此后本条唯一的重要文字性修改是将第1款中的"基线"改为"按照第四十七条划定的群岛基线"（资料来源19和资料来源20）。这一修改根据起草委员会的建议被《公约草案》（资料来源18）所采纳，它消除了第四十九条所指的基线在类型问题上产生歧义的可能。在起草委员会进行多语种文字协调工作期间，根据其建议将标题中的"司法地位（juridical status）"改为"法律地位（legal status）。"④

49.9（a）. 第1款规定了群岛水域法律地位的3个重要特征。它们是：

（1）这些水域的地理界限为群岛基线所包围的一切水域（除群岛国按照第五十条划定为内水的水域外）。

（2）群岛国享有对群岛水域的主权。

（3）群岛水域的地位不取决于任何深度或距离海岸的远近；第四部分所规定的唯一决定因素是这些水域应被按照第四十七条划定的直线群岛基线所包围。

49.9（b） 第2款确认，对群岛水域行使的主权还及于群岛水域的上空、海床和底土，以及其中所蕴藏的资源。这一规定紧随关于沿海国对其领海的主权的第二条第2款的主旨。虽然可以将这一规定视为冗余的，因为对这些资源的权利是主权概念的内在组成部分，但增加这一规定对群岛国是重要的，因为它们对这些资源的依赖构成其群岛主张的主要依据之一。

49.9（c）. 第3款规定，对群岛水域的主权的行使受第四部分的限制。外国在

---

④ 见A/CONF.62/L.40（1979年），第二十五节，正式记录，第十二卷第95、103页（起草委员会主席）；和A/CONF.62/L.56（1980年），附件B，第二十五节，正式记录，第十三卷第94、96页（起草委员会主席）。

群岛水域内的权利包括：（i）第五十一条第 1 款所规定的现有协定授予的权利和"直接相邻国家……的传统捕鱼权利和其他合法活动"；（ii）第五十一条第 2 款所规定的维护、修理和更换现有海底电缆的权利；（iii）第五十二条所规定的所有国家的船舶均享有的无害通过权；和（iv）所有国家的船舶和飞机按照第五十三条和第五十四条享有的群岛海道通过权，以及第四十七条第 6 款提及的"现有权利和一切其他合法利益"。

49.4（d）. 第 4 款承接关于用于国际航行的海峡的法律地位的第三十四条第 1 款。由于群岛海道通过制度部分地以用于国际航行的海峡的过境通行制度为基础，因此第四部分包括了关于群岛水域、其上空和其海床和底土的法律地位的相似的预防性表述。

第五十条　内水界限的划定

群岛国可按照第九、第十和第十一条，在其群岛水域内用封闭线划定内水的界限。

资料来源

第三次联合国海洋法会议文件

1. A/AC. 138/SC. II/L.44，《条款草案第》6 款，转载在《1973 年海底委员会报告》第三卷第99、100 页（英国）。

2. 项目16，"群岛"，备选案文 B，第6 款，转载在《1973 年海底委员会报告》第四卷第156 页。

3. A/CONF. 62/L.4（1974 年），第八条，正式记录，第三卷第81、82 条（加拿大、智利、冰岛、印度、印度尼西亚、毛里求斯、墨西哥、新西兰和挪威）。

4. A/CONF. 62/C.2/L.49（1974 年），第五条注释，正式记录，第三卷第226、227 页（斐济、印度尼西亚、毛里求斯和菲律宾）。

5. A/CONF. 62/L.8/Rev.1（1974 年），附件二，附录一 ［A/CONF. 62/C.2/WP.1］，第二〇九条和第二二〇条，正式记录，第三卷第93、107、137 页（总报告员）［《主要趋势工作文件》］。

6. A/CONF. 62/WP.8/Part II（非正式单一协商案文，1975 年），第一二一条，正式记录，第四卷第152、169 页（第二委员会主席）。

7. A/CONF. 62/WP.8/Rev.1/Part II（订正的单一协商案文，1976 年），第一二二条，正式记录，第五卷第151、171 页（第二委员会主席）。

8. A/CONF. 62/WP.10（非正式综合协商案文，1977 年），第五十条，正式记录，第八卷第1、12 页。

9. A/CONF. 62/WP.10/Rev.1（非正式综合协商案文第 1 次修订稿，1979 年，油印），第五十条。转载在《第三次联合国海洋法会议文件集》第一卷第375、409 页。

10. A/CONF. 62/WP.10/Rev.2（非正式综合协商案文第 2 次修订稿，1980 年，油印），第五十条。转载在《第三次联合国海洋法会议文件集》第一卷第3、37 页。

11. A/CONF. 62/WP.10/Rev.3 [*]（非正式综合协商案文第 3 次修订稿，1980 年，油印），第五十条。转载在《第三次联合国海洋法会议文件集》第一卷第179、213 页。

12. A/CONF. 62/L. 78（《公约草案》，1981 年），第五十条，正式记录，第十五卷第 172、183 页。

起草委员会文件

没有与此过程同时的文件。

非正式文件

13. Informal Working Paper No. 8 and Rev. 1 和 2（均为 1974 年，油印），第八条和第九条，方案 C。转载在《第三次联合国海洋法会议文件集》第三卷第 444、451 和 458 页。

14. 印度尼西亚（1976 年，油印），第一二一条（非正式单一协商案文二）。转载在《第三次联合国海洋法会议文件集》第四卷第 334 页。

15. 菲律宾（1976 年，油印），第一二一条（非正式单一协商案文二）。转载在《第三次联合国海洋法会议文件集》第四卷第 335 页。

评　注

50. 1.　第五十条允许群岛国在其群岛水域内"用封闭线划定内水的界限"。这些封闭线可以按照第九条在河口划定，按照第十条横越海湾湾口划定，和按照第十一条使用最外部永久海港工程划定。

50. 2.　允许群岛国至少将一些水域指定为内水的规定最早出现在英国代表在海底委员会 1973 年会议上提交的一项提案中（资料来源 1）。该提案第 6 款内容如下：

6. 为了划定内水的目的，群岛国可以依照第……条（关于海湾）和第……条（关于河口）划定基线。

该提案允许在海湾和河口的情形下划定内水，但没有提及永久海港工程。该提案被纳入 1973 年海底委员会报告（资料来源 2）所附备选案文清单中。

50. 3.　在第三次联合国海洋法会议第二期会议（1974 年）上，两项提案包含了相似的规定，都建议扩大群岛国权力，使之涵盖任何大陆国可被允许采用直线基线的情形。九国提案（资料来源 3）的第八条内容如下：

上述关于群岛国的规定不应影响第四条所述的已建立的关于极为曲折的海岸线和被紧接海岸的一系列岛屿所包围的水域的制度。

4 个群岛国提交的一项提案（资料来源 4）所包含的一项注释解释说，提议的规定
"不妨害关于极为曲折的海岸线和被紧接海岸的一系列岛屿所包围的水域的制度。"

在主要趋势工作文件（资料来源 5）中，第二〇九条重复了英国在海底委员会提交的提案（资料来源 1），第二二〇条基本重复了九国提案。

50.4. 在第三次联合国海洋法会议第三期会议（1975 年）上，巴哈马代表散发的"十八项原则"① 以下的一款作为其原则 6：

> 6. 群岛国可按照关于河流封闭线、海湾封闭线和外部永久海港工程的公
> 约条款，在其群岛水域内用封闭线划定内水的界限。

该规定具体提到了用于划定内水的"封闭线"，并首次规定群岛国在划定用于划定内水界限的封闭线时，可以使用"外部永久海港工程"。

非正式单一协商案文第二部分（资料来源 6）将"十八项原则"文件中的原则 6 的实质性内容采纳为第一二一条，其内容如下：

> 群岛国可按照第八、第九和第十条，在其群岛水域内用封闭线划定内水
> 的界限。

第一二一条列出了处理河口、湾口和外部永久海港工程的具体各条。同时，非正式单一协商案文第二部分第 7 条将内水定义为领海基线向陆一面的水域。不过，这是有条件的，即受限于"除第七部分另有规定外"。该案文第一三〇条与此相衔接，规定："本节［现第四部分］各项规定不妨害第六条［现第七条］的各项规定。"如果没有此项例外，该案文第七部分定义为群岛水域的水域将被视为内水，因为它们在划定的基线之内。

50.5. 在第三次联合国海洋法会议第四期会议（1976 年）上，印度尼西亚和菲律宾代表都提出应将第一二一条与第一三〇条合并（资料来源 14 和资料来源 15）。

订正的单一协商案文第二部分（资料来源 7）将非正式单一协商案文第一二一条保留为第一二二条，并加上了目前《公约》中的标题。非正式单一协商案文第二部分被删去，因为其对后来成为公约第七条的规定中的直线基线的提及被认为与群岛国内水无关。这一点可为第八条开头的"除第四部分另有规定外……"所证明（见上文第 8.6 段）。

在非正式综合协商案文（资料来源 8）中，该案文被重新编号为第五十条，但未作其他改动。

---

① 见上文第 IV.9 段。

50.6（a）. 根据第五十条的规定，群岛国可分别按照第八条、第九条和第十条在河口、横越海湾湾口以及使用最外部永久海港工程"用封闭线划定内水的界限。"其他的内水位于领海基线向陆一面的情形，如使用礁石（第六条）、有极为曲折的海岸或一系列岛屿（第七条）和使用低潮高地（第十三条）划定直线基线的情形，对群岛国不适用。

50.6（b）. 本条中使用的"划定"一词与第十五条、第七十四条和第八十三条中使用的同一用语形成对比，后几处指的是海岸相向或相邻国家间重叠主张的划分。在第五十条中，它指的是确定一条界定内水并将这种水域与群岛水域分隔开的线。本条中规定可"按照第九条、第十条和第十一条"划定内水的界限即可支持这一点。

在对领海、专属经济区或大陆架有重叠主张的情形下，应分别适用第十五条、第七十四条或第八十三条。

第五十一条　现有协定、传统捕鱼权利和现有海底电缆

1. 在不妨害第四十九条的情形下，群岛国应尊重与其他国家间的现有协定，并应承认直接相邻国家在群岛水域范围内的某些区域内的传统捕鱼权利和其他合法活动。行使这种权利和进行这种活动的条款和条件，包括这种权利和活动的性质、范围和适用的区域，经任何有关国家要求，应由有关国家之间的双边协定予以规定。这种权利不应转让给第三国或其国民，或与第三国或其国民分享。

2. 群岛国应尊重其他国家所铺设的通过其水域而不靠岸的现有海底电缆。群岛国于接到关于这种电缆的位置和修理或更换这种电缆的意图的适当通知后，应准许对其进行维修和更换。

资料来源

第三次联合国海洋法会议文件

1. 项目 16，"群岛"，备选案文 F，转载在《1973 年海底委员会报告》第四卷第156 页。

2. A/CONF. 62/C. 2/L. 63（1974 年），第一条，正式记录，第三卷第 233 页（泰国）。

3. A/CONF. 62/L. 8/Rev. 1（1974 年），附件二，附录一［A/CONF. 62/C. 2/WP. 1］，第二一三条，正式记录，第三卷第 93、107、137 页（总报告员）［《主要趋势工作文件》］。

4. A/CONF. 62/WP. 8/Part II（非正式单一协商案文，1975 年），第一二二条，正式记录，第四卷第 152、169 页（第二委员会主席）。

5. A/CONF. 62/WP. 8/Rev. 1/Part II（订正的单一协商案文，1976 年），第一二三条，正式记录，第五卷第 151、171 页（第二委员会主席）。

6. A/CONF. 62/WP. 10（非正式综合协商案文，1977 年），第五十一条，正式记录，第八卷第 1、12 页。

7. A/CONF. 62/WP. 10/Rev. 1（非正式综合协商案文第 1 次修订稿，1979 年，油印），第五十一条。转载在《第三次联合国海洋法会议文件集》第一卷第 375、409 页。

8. A/CONF. 62/WP. 10/Rev. 2（非正式综合协商案文第 2 次修订稿，1980 年，油

印），第五十一条。转载在《第三次联合国海洋法会议文件集》第二卷第 3、37 页。

9. A/CONF. 62/WP. 10/Rev. 3[*]（非正式综合协商案文第 3 次修订稿，1980 年，油印），第五十一条。转载在《第三次联合国海洋法会议文件集》第二卷第 179、213 页。

10. A/CONF. 62/L. 78（《公约草案》，1981 年），第五十一条，正式记录，第十五卷第 172、183 页。

起草委员会文件

11. A/CONF. 62/L. 67/Add. 1（1981 年，油印），第 96 ~ 98 页。

12. A/CONF. 62/L. 67/Add. 1/Rev. 1（1981 年，油印），第 95 ~ 97 页。

13. A/CONF. 62/L. 72（1981 年），正式记录，第十五卷第 151 页（起草委员会）。

非正式文件

14. Informal Working Paper No. 8 及 Rev. 1 和 2（均为 1974 年，油印）。第二十一条和第二十二条。转载在《第三次联合国海洋法会议文件集》第二卷第 444、451 和 458 页。

15. 印度尼西亚和新加坡（1976 年，油印），第一二二条（非正式单一协商案文二）。转载在《第三次联合国海洋法会议文件集》第四卷第 339 页。

16. 日本（1976 年，油印），第一二二条（非正式单一协商案文二）。转载在《第三次联合国海洋法会议文件集》第四卷第 339 页。

评　　注

51. 1.　第五十一条要求群岛国尊重根据现有协定获得的权利，并应承认邻国的传统捕鱼权利和其他合法活动，并尊重与现有海底电缆有关的权利。

它规定，群岛国必须尊重其他国家在其群岛水域的某些区域内的这些权利，但其他国家对这种权利的行使，不应妨害群岛国对这些水域的主权。第 1 款规定，群岛国必须：（i）尊重与其他国家间的现有协定；（ii）承认直接相邻国家的传统捕鱼权利和其他合法活动；和（iii）经任何有关国家要求，与这种直接相邻国家谈判达成双边协定，对行使这种权利和进行这种活动的条款和条件，包括这种权利和活动的性质、范围和适用的区域作出规定。它还禁止将这些权利转让给第三国或其国民或与第三国或其国民分享。第 2 款规定群岛国应"尊重……现有海底电缆"，并准许对其进行维修和更换。

51. 2.　由第二分委员会编辑并附于海底委员会 1973 年报告的关于群岛的条款备选案文清单（资料来源 1）包括了一个未具名的"备选案文 F"，其内容如下：

如果按照第……条作出的声明的效果使原来被视为公海一部分的水域被

包围在内成为群岛水域，群岛国应经任何其他国家要求，展开协商，以期保障这种其他国家的关于在这种区域内的除第……条所规定的航行使用外的任何现有的海洋使用的权力和利益，但**除其他外**，包括渔业、海底电缆和管道。

这一备选案文为后来的第五十一条提供了框架。

51.3. 在第三次联合国海洋法会议第二期会议（1974 年）上，几个与群岛国相邻的国家表达了对群岛国概念的引入对其对生物资源的获取和前往海底电缆或管道的通路的可能影响的关切。[①] 作为回应，几个群岛国表示愿意接受可减轻这些问题的条款。[②]

唯一一项将这些关切以具体的形式表达出来的提案（资料来源 2）是泰国代表提交的。该提案第一条内容如下：

> 在任何群岛国的群岛水域或根据其测算的领海水域包括原来被视为公海的区域的情形下，该沿海国在行使其对这种区域的主权时，应在这些地区内的生物资源开发方面对其邻国的利益和需要给予特别考虑，并应经任何邻国要求，通过区域或双边安排，与之订立协定，以期规定使这种邻国的国民有权以与其国民平等的方式，并在地理情形允许时，在互惠的基础上，从事和参与这些区域内的生物资源开发的模式。

该提案与备选案文 F 相比，在为群岛国设置的规定方面更为具体。泰国代表没有就该提案的历史作出任何说明。不过，在一次较早的讨论中，泰国代表专门就照顾"群岛国的直接相邻国家"利益的问题发表了意见，指出：

> 最佳办法是通过一项虑及群岛国及其直接邻国二者利益和权利的方案达成谅解。这不是一个单纯的国家间就具体问题达成的外交谅解，而是现行法所承认的权利与利益和拟议法所提议的权利之间在法律原则上的相互谅解，即这项谅解不应导致为一个国家规定的新权利完全消除或抑制其他国家的合法和不可缺少的利益。[③]

---

① 例见以下国家代表在第二委员会第 36 次会议（1974 年）上的发言：日本，正式记录，第二卷第 261 页第 17 段（群岛原则"可能会有将公海的某些已传统上多年用于渔业的部分纳入群岛水域的效果"，并"还可能影响到现有的海底电缆和管道"）；和泰国，同上，第 265 页第 72 段；以及新加坡代表在第 37 次会议上的讲话，同上，第 268 页第 29 段。

② 例见以下国家代表在第二委员会第 36 次会议（1974 年）上的发言，正式记录，第二卷第 260 页第 5 段（印度尼西亚意识到"可能存在的直接相邻国家的传统渔业问题"）；斐济，同上，第 262 页第 29 段；和菲律宾，同上，第 264 页第 64 段。

③ Second Committee, 36th meeting（1974 年），正式记录，第二卷第 265 页（另见第 70－73 小节）第 74 段。

因此，该提案要求群岛国在"生物资源的开发方面"对其邻国的利益和需要给予"特别考虑。"它还要求他们作出"区域或双边安排"，以规定邻国可以以与群岛国国民平等的方式开发这些资源的"模式"。

随后，印度尼西亚代表在一系列初步意见中表达了若干难以接受该提案的理由：

> 第一，该规定适用于一切构成群岛水域和领海的区域，群岛国对这些区域拥有主权；第二，它给群岛国规定了对其邻国的利益和需要给予特别考虑的义务，无论这些利益和需要是否是传统上的、合法的和合理的；第三，它规定群岛国有义务经任何邻国要求与之订立协定；第四，该条款草案没有规定有权与群岛国达成谅解的邻国应符合哪些条件。在这一问题上略去关于相邻程度的要求，将给群岛国造成难题；最后，该条款草案中为照顾邻国在群岛水域和领海的生物资源方面的利益而规定的互惠和平等内容可能给群岛国造成问题。④

条款备选案文清单中的备选案文 F 和泰国提案的第一条被《主要趋势工作文件》（资料来源3）采纳，作为第二一三条方案 A 和方案 B。

51.4. 在第三次联合国海洋法会议第三期会议（1975 年）上，经过非正式会议对这些概念和关切的进一步讨论，这一问题被纳入非正式单一协商案文第二部分（资料来源4），但对其原有形式作了很大修改。该案文第一二二条内容如下：

> 群岛国应尊重与其他国家间的现有协定，并应承认直接相邻国家在群岛水域内的某些区域内的传统捕鱼权利。行使这种权利的条款和条件，包括这种权利的范围和适用的区域，经任何有关国家要求，应由有关国家之间的双边协定予以规定。这种权利不应转让给第三国或其国民，或与第三国或其国民分享。

该案文与《主要趋势工作文件》中的规定相比，列出的受保护权利没有那么明确。它规定群岛国应"尊重与其他国家间的现有协定"并"承认"直接相邻国家在群岛水域内的某些区域内的"传统捕鱼权利。"行使这种权利的条款和条件，经任何有关国家要求，应由双边协定予以规定。它还增加了一项限制，即禁止邻国将这种权利转让给第三国或其国民，或与第三国或其国民分享。

51.5. 在第三次联合国海洋法会议第四期会议（1976 年）上，印度尼西亚和新加坡（资料来源15）就修订第一二二条达成了共识，该修订版内容如下：

---

④ Second Committee, 45th meeting（1974 年），正式记录，第二卷第 298 页第 3 段。

在不妨害第一二〇条的情形下，群岛国应尊重与其他国家间的现有协定，并应承认直接相邻国家在群岛水域范围内的某些区域内的传统捕鱼权利和其他合法活动。行使这种权利和进行这种活动的条款和条件，包括这种权利和活动的性质、范围和适用的区域，经任何有关国家要求，应由有关国家之间的双边协定予以规定。这种权利和活动不应转让给第三国或其国民，或与第三国或其国民分享。

该提案增加了一项附加说明，即其规定"不妨害第一二〇条（现关于群岛水域的法律地位的第四十九条）。"群岛国应尊重直接相邻国家的传统捕鱼权利"和其他合法活动"。它还提及了这种传统权利和活动的"性质、范围和适用的区域"。

日本提交的一项非正式提案（资料来源16）提出新增加内容如下的第2项：

2. 群岛国应尊重其他国家所铺设的通过群岛的现有海底电缆。特别是，这种电缆的维修和更换不应受到妨碍。

这些提案经修改后被订正的单一协商案文第二部分（资料来源5）采纳，作为第一二三条，其内容如下：

现有协定、传统捕鱼权利和现有海底电缆

1. 在不妨害第一二一条的情形下，群岛国应尊重与其他国家间的现有协定，并应承认直接相邻国家在群岛水域范围内的某些区域内的传统捕鱼权利和其他合法活动。行使这种权利和进行这种活动的条款和条件，包括这种权利和活动的性质、范围和适用的区域，经任何有关国家要求，应由有关国家之间的双边协定予以规定。这种权利和活动不应转让给第三国或其国民，或与第三国或其国民分享。

2. 群岛国应尊重其他国家所铺设的通过其水域而不靠岸的现有海底电缆。群岛国于接到关于这种电缆的位置和修理或更换这种电缆的意图的适当通知后，应准许对其进行维修和更换。

在这一阶段增加了标题，第1款原文重复了印度尼西亚和新加坡代表的提案。第2款经过相当大幅度的修改，提及了通过群岛国水域而"不靠岸"的现有海底电缆。对第2款的第二句进行了扩充，澄清了对这些电缆进行维修和更换的条件。

在非正式综合协商案文（资料来源6）中，该规定被重新编号为第五十一条，但未作其他改动。

51.6. 此后除根据起草委员会的建议（资料来源11至资料来源13）作出的几项

文字性修改外，没有对第五十一条的案文进行任何修改。这些修改包括将第 2 款中的"群岛国"和"其水域"改为单数等。

51.7（a）． 第 1 款处理群岛国应承认"直接相邻国家"在其群岛水域的某些区域内的传统捕鱼权利和其他合法活动的特殊情形。第四十七条第 6 款（见上文第 47.9 （i）段）也使用了"直接相邻国家"这一表达。然而，在这一语境中，这一表达的意义有时可能是不那么明确的。"相邻"提示这一国家必须在附近。"直接相邻"提示这一国家与群岛国有着共同的海洋或陆地边界。

51.7（b）． 与第 1 款有关的另一个难点是它与第四十七条第 6 款的关系。后者针对一个具体的地理情形——位于一个直接相邻国家的两个部分之间的群岛水域。对于这种国家，在该水域内的现有权利和一切传统上行使的合法利益，均应继续，并予以尊重。这与第五十一条第 1 款并不冲突，而似乎是该款的一个特例。明确规定它是为了解决马来西亚对未来印度尼西亚划定的群岛水域的关切（见上文第 47.4 段）。

第 1 款规定，群岛国或邻国都可以发起关于生物资源开发的协商。它还规定本款规定的权利不得转让。简而言之，第五十一条处理的是对一切直接相邻国家的权利的照顾，而不仅仅是被群岛水域一分为二的国家（如同第四十七条第 6 款所规定的）。⑤ 即使是对于符合第四十七条第 6 款所规定的标准的国家，第五十一条也是有用的补充，因为任何符合第四十七条第 6 款条件的国家也会被第五十一条第 1 款所覆盖；只是按照后者的规定群岛国才应经要求谈判作出双边安排。

51.7（c）． 四十七条第 6 款和第五十一条第 1 款通过使用"其他合法利益"（第四十七条）和"其他合法活动"（第五十一条）显然都设想还有其他权利存在。

第五十一条第 1 款中提到的"其他合法活动"包括军事用途，如训练等，因为这些用途是在《公约》所规定的群岛制度建立之前就合法行使的。该款明确规定，渔业权利要得到维护，必须一直是被视为传统的，但没有任何内容明确它指的是在方法上、手段上还是其他方面是传统的。类似地，第四十七条第 6 款也提到了邻国"传统上在该水域内行使的"利益。

51.7（d）． 第 1 款中开头的引导语"在不妨害第四十九条的情形下"强调了其他国家在群岛水域内行使的权利不应减损群岛国对第四十九条所描述的水域所行使的主权。

51.7（e）． 第 1 款中提及的"现有协定"指现已存在的与其他国家就这些国家在群岛水域内的传统捕鱼权和其他合法活动达成的协定。行使这种权利和进行这种活动的条款和条件应由群岛国和有关国家之间的双边协定予以规定。第 1 条中提及的"双边协定"是关于《公约》与其他公约和协定的关系的第三一一条的一般性规定的

---

⑤ 这一意义上的照顾并不及于群岛国和直接相邻国家之间海洋区域的划定。该问题视具体情形，由第十五条、第七十四条或第八十三条调整。

又一个例外（见第五卷，第 229 页）。

51.7（f）. 第 1 项的最后一句禁止将渔业权转让给第三国或其国民，或与第三国或其国民分享。第七十二条第 1 款包含了一项相似但更为详细的规定（关于内陆国和地理不利国开发专属经济区的生物资源）。

51.7（g）. 专门处理现有海底电缆的第 2 款适用于任何可能在因《公约》而成为半岛水域的水域铺设有电缆的国家。在这一语境中，"现有"一词指按照第四部分的条件获得主张群岛国地位接受时电缆已经存在。

51.7（h）. 第 2 款规定，应将海底电缆的位置和任何修理或更换这种电缆的意图"适当通知"群岛国。当群岛国无论从何种来源获得适当通知时，本规定为群岛国规定的义务即产生。

关于大陆架上的海底电缆，见第七十九条；关于公海的海底电缆，见第一一二条至第一一五条。与第五十一条不同，这些条还提及了海底管道。

51.7（i）. "其他国家所铺设的"一语既指其他国家所铺设的电缆，也指其他国家的国民，而不是国家本身所铺设的电缆。

第五十二条 无害通过权

1. 在第五十三条的限制下并在不妨害第五十条的情形下，按照第二部分第三节的规定，所有国家的船舶均享有通过群岛水域的无害通过权。

2. 如为保护国家安全所必要，群岛国可在对外国船舶之间在形式上或事实上不加歧视的条件下，暂时停止外国船舶在其群岛水域特定区域内的无害通过。这种停止仅应在正式公布后发生效力。

资料来源

第三次联合国海洋法会议文件

1. A/AC. 138/SC. II/L. 15，原则 3，转载在《1973 年海底委员会报告》第三卷第 1、2 页（斐济、印度尼西亚、毛里求斯和菲律宾）。

2. A/AC. 138/SC. II/L. 44，《条款草案第》8 项，转载在《1973 年海底委员会报告》第三卷第 99、100 页（英国）。

3. A/AC. 138/SC. II/L. 48，第四条和第五条第 1、8 和 9 款，转载在《1973 年海底委员会报告》第三卷第 102、103 页（斐济、印度尼西亚、毛里求斯和菲律宾）。

4. 项目 16，"群岛"，备选案文 A（1），第 3 款；备选案文 A（2），第四条和第五条第 1 款和第 9 款；和备选案文 B，第 8 款，转载在《1973 年海底委员会报告》第四卷第 156～160 页。

5. A/CONF. 62/L. 4（1974 年），第七条第 3 款，正式记录，第三卷第 81、82 页（加拿大、智利、冰岛、印度、印度尼西亚、毛里求斯、墨西哥、新西兰和挪威）。

6. A/CONF. 62/C. 2/L. 49（1974 年），第四条和第五条第 9 款和第 10 款，正式记录，第三卷第 226 页（斐济、印度尼西亚、毛里求斯和菲律宾）。

7. A/CONF. 62/C. 2/L. 52（1974 年），第四条和第五条，正式记录，第三卷第 228 页（保加利亚、德意志民主共和国和波兰）。

8. A/CONF. 62/C. 2/L. 63（1974 年），第二条，正式记录，第三卷第 233 页（泰国）。

9. A/CONF. 62/L. 8/Rev. 1（1974 年），附件二，附录一［A/CONF. 62/C. 2/WP. 1］，第二一四条，方案 A，第二一八条和第二一九条，正式记录，第三卷第 93、107、137 页（总报告员）［《主要趋势工作文件》］。

10. A/CONF. 62/WP. 8/Part Ⅱ（非正式单一协商案文，1975 年），第一二三条，正式记录，第四卷第 152、169 页（第二委员会主席）。

11. A/CONF. 62/WP. 8/Rev. 1/Part Ⅱ（订正的单一协商案文，1976 年），第一二四条，正式记录，第五卷第 151、171 页（第二委员会主席）。

12. A/CONF. 62/WP. 10（非正式综合协商案文，1977 年），第五十二条，正式记录，第八卷第 1、12 页。

13. A/CONF. 62/WP. 10/Rev. 1（非正式综合协商案文第 1 次修订稿，1979 年，油印），第五十二条。转载在《第三次联合国海洋法会议文件集》第一卷第 375、409 页。

14. A/CONF. 62/WP. 10/Rev. 2（非正式综合协商案文第 2 次修订稿，1980 年，油印），第五十二条。转载在《第三次联合国海洋法会议文件集》第二卷第 3、37 页。

15. A/CONF. 62/WP. 10/Rev. 3*（非正式综合协商案文第 3 次修订稿，1980 年，油印），第五十二条。转载在《第三次联合国海洋法会议文件集》第一卷第 179、214 页。

16. A/CONF. 62/L. 78（《公约草案》，1981 年），第五十二条，正式记录，第十五卷第 172、183 页。

起草委员会文件

17. A/CONF. 62/L. 67/Add. 1（1981 年，油印），第 99～100 页。

18. A/CONF. 62/L. 67/Add. 1/Rev. 1（1981 年，油印），第 98～99 页。

19. A/CONF. 62/L. 72（1981 年），正式记录，第十五卷第 151 页（起草委员会主席）。

非正式文件

20. Informal Working Paper No. 8 和 Rev. 1 和 2，以及 Rev. 2/Corr. 1（均为 1974 年，油印），第十一条，方案 C，第十三条和第十八条。转载在《第三次联合国海洋法会议文件集》第二卷第 444、451 和 458 页。

21. 印度尼西亚（1976 年，油印），第一二三条（非正式单一协商案文二）。转载在《第三次联合国海洋法会议文件集》第四卷第 334 页。

22. 菲律宾（1976 年，油印），第一二三条（非正式单一协商案文二）。转载在《第三次联合国海洋法会议文件集》第四卷第 335 页。

23. 菲律宾（1977 年，油印），第一二四条（订正的单一协商案文二）。转载在《第三次联合国海洋法会议文件集》第四卷第 472 页。

24. 印度尼西亚（1977 年，油印），第一二四条（订正的单一协商案文二）。转载在《第三次联合国海洋法会议文件集》第四卷第 476 页。

25. 印度尼西亚（1977 年，油印），第一二四条（订正的单一协商案文二）。转载在《第三次联合国海洋法会议文件集》第四卷第 480 页。

26. C. 2/Informal Meeting/20（1978 年，油印），第五十二条（菲律宾）。转载在《第三次联合国海洋法会议文件集》第五卷第 26 页。

27. C. 2/Informal Meeting/73（1982 年，油印），第五十二条（巴布亚新几内亚）。转载在《第三次联合国海洋法会议文件集》第五卷第 77 页。

评　注

52. 1.　第五十二条为在群岛水域的通过规定了一般规则，这种通过属于第二部分第 3 节（第十七条至第三十二条）所规定的"无害通过"。处理群岛海道通过的第五十三条为它提供了补充。第五十二条第 1 款开头对第五十条和第五十三条的提及表明除（i）因适用第五十条而成为内水的水域，或（ii）存在更为宽泛的群岛海道通过权的情形下（第五十三条），无害通过权适用于一切群岛基线内的水域。

第 2 款规定了要停止在一个国家群岛水域特定区域内的无害通过必须先满足的四项条件，即：（i）这种停止必须是在外国船舶之间在形式上或事实上不加歧视的；（ii）它只能是暂时的；（iii）它必须是保护群岛国国家安全所必要的；和（iv）这种停止仅应在正式公布后发生效力。

52. 2.　群岛水域的无害通过问题在海底委员会 1973 年会议上第一次讨论。当时的辩论反映了关于适用于群岛水域的国际航行制度的性质的分歧。4 个群岛国提交的一项提案（资料来源 1）提出了一种意见，它建议采用无害通过制度，但为之增加了一个限制，即群岛国可以将这种通过限于它指定的海道。

英国代表提交的提案（资料来源 2）提出了另一种意见，它规定了一个限制较少的制度。该提案第 7 款和第 8 款内容如下：

> 7. 如果部分群岛水域在本公约批准前作为公海的一部分和公海的另一部分或另一个国家的领海之间的用于国际航行的航道使用，那么这些航道（以及与之相邻的群岛国领海的各部分）应比照海峡适用本公约第……条的各项规定。根据本条第 1 款作出的声明应随附一份这种水域的列表，载明所有用于国际航行的航道，以及任何按照本公约第……条在这种水域有效的分道通航制。仅可按照本公约第……条修改这种航道或设立新航道。
>
> 8. 在以上第 7 款所指水域以外的群岛水域内，应适用（无害通过）第……条的各项规定。

这两款提出了一个二重的群岛水域通过制度。在穿过群岛水域的用于国际航行的航道中，应适用于国际航行的海峡的制度；对于一切其他群岛水域，应适用领海内的无害通过制度。

在提交给海底委员会的第二项提案中（资料来源3），4 个群岛国修改了其关于航行制度的立场。该提案的相关规定如下：

第四条

在第五条的限制下，外国船舶的无害通过应存在于群岛水域。

第五条

1. 群岛国可指定适当的海道，以便船舶安全和迅速通过其群岛水域，并可将外国船舶在这些水域的无害通过限于这些海道。

8. 如果任何军舰不遵守群岛国关于通过其按照本条的各项规定指定的任何海道的法律和规章，而且不顾沿海国向其提出遵守法律和规章的任何要求，群岛国可停止这种军舰的通过并要求该军舰通过群岛国制定的航道离开群岛水域。除这种停止通过以外，群岛国可禁止该军舰在群岛国确定的期间内通过群岛水域。

9. 在本条第 8 款的限制下，除为保护国家安全所必要、在正式公布后，并以其他海道替换无害通过已被禁止的海道外，群岛国不得停止外国船舶在其按照本条各项规定指定的海道的无害通过。

第五条第 1 款更加明确地规定了群岛水域内的无害通过应受海道通过制度的限制。第 8 款规定应允许群岛国在任何军舰不遵守该国关于群岛海道通过的法律和规章时停止该军舰的通过。此外，还可以要求这种军舰离开群岛水域，并在群岛国确定的期间内拒绝该军舰通过这些群岛水域。第 9 款还引入了要停止指定的海道内的无害通过应满足的其他条件，包括规定这种停止必须是"为保护国家安全所必要"的。在采取停止前，应正式公布；群岛国只能在以其他海道替换无害通过已被禁止的海道之后，方可停止通过。

群岛国集团提出的两项提案和英国代表的提案被载入海底委员会 1973 年报告所附备选案文清单（资料来源4）中。

52.3. 在第三次联合国海洋法会议第二期会议（1974 年）上，各代表团就群岛水域航行制度问题的分歧仍未解决。一些国家支持群岛国在海底委员会提交的立场（即无害通过）。[①]另一些国家则不愿意接受在未来将被划入群岛基线内的广大海洋区域内

---

① 例见澳大利亚代表（代表巴布亚新几内亚）在第二委员会第36次会议（1974 年）上的发言，正式记录第二卷第 260 页第 10 和 11 段；和巴基斯坦代表在第 37 次会议上的发言，同上，第 270 页第 48 和 49 段。巴布亚新几内亚于 1975 年 10 月 10 日成为联合国成员，并在此后参与了第三次海洋法会议。

适用限制性如此之强的制度，因此支持采用与英国代表的提案类似的方案。② 其他代表团则支持九国提案提出的一种介于二者之间的新方案（资料来源5）。该提案规定，无害通过"应存在于群岛水域内"，但其说明指出"关于群岛水域指定海道内的通行的制度和描述，还需要其他条款。"③

　　4 个群岛国在其提案（资料来源6）中重申了其在海底委员会提交的关于无害通过的立场。一个由 3 个东欧社会主义国家组成的集团提交的提案（资料来源7）提出了若干修订，建议将重点放在群岛国的海峡和水域通过的船舶对该国的法律和规章的遵守上，但对无害通过的停止未作规定。

　　泰国代表的提案（资料来源8）也对 4 个群岛国的意见提出了若干修订。泰国的提案规定了一种仅可由群岛国的邻国享受的"以实现以最短和最方便的航道进出公海的任何部分为目的"的特别无害通过权。

　　主要趋势工作文件（资料来源9）包括了这些提案的大部分要素。第二一四条方案 A 规定一切船舶有在群岛水域无害通过的基本权利。第二一八条重复了群岛国关于军舰的通过和停止这种通过的条件的提案。第二一九条则处理群岛海道内除某些情况外无害通过的不可停止规定。

　　52. 4. 　在第三次联合国海洋法会议第三期会议（1975 年）上，巴哈马代表散发的"十八项原则"文件中的原则 7 和原则 8 中分别包含了群岛海道通过制度的两个主要要素。④原则 7 规定了群岛水域内的无害通过权应"受关于指定海道内的通过的规定的限制。"原则 8 规定，群岛国可以因国家安全原因，"暂时停止"外国船舶和飞机在指定海道外的其群岛水域内的无害通过。

　　非正式单一协商案文第二部分（资料来源10）将这一表述采纳为第一二三条，其内容如下：

　　　　1. 在第一二四条的限制下，按照第一部分第三节［无害通过］的规定，所有国家，无论是否为沿海国，其船舶均应享有通过群岛水域的无害通过权。

　　　　2. 如为保护国家安全所必要，群岛国可在对外国船舶之间在形式上或事实上不加歧视的条件下，暂时停止外国船舶在其群岛水域特定区域内的无害通过。这种停止仅应在正式公布后发生效力。

（该案文第一二四条处理群岛海道通过。）

第 1 款以群岛国提案第四条为基础（见上文第 52.3 段），但作了大幅度修改。无害通过在群岛海道通过制度不适用之处作为剩余规则（residual rule）而出现。无害通过权应按照后来成为关于领海内无害通过的第二部分第 3 节的规定行使。

第 2 款采用了非正式单一协商案文第二部分第二十二条第 3 款（现第二十五条第 3 款）的措辞，但增加了限定"不加歧视"一词的"在形式上或事实上"几个字。它允许群岛国在"为保护国家安全所必要"时，暂时停止外国船舶的无害通过。

52.5. 在第三次联合国海洋法会议第四期会议（1976 年）上，印度尼西亚代表（资料来源 21）建议将"通过群岛水域"替换为"通过群岛水域内习惯上用于国际航行的航道。"这一提案暗示了向无害通过方案的回归，但未能获得足够的支持。菲律宾提交了一项类似的提案（资料来源 22），同时提议删去"无论是否为沿海国"几个字。后一项建议随后得到采纳。国际航运公会也强调了群岛国的一切规章符合国际规则和标准的必要性，并建议为此修改第 2 款。⑤

在订正的单一协商案文第二部分（资料来源 11）中，标题为"无害通过权"的第一二四条采纳了非正式单一协商案文的措辞，只是第 1 款被修改得更为简洁，其内容如下：

> 1. 在第一二五条的限制下，按照第一章第三节的规定，所有国家的船舶均享有通过群岛水域的无害通过权。

按照菲律宾代表的建议删去了"无论是否为沿海国"几个字，"应享有"被改为"享有"。第 2 款与非正式单一协商案文相同，只是最后一句被改为"仅"应在正式公布后发生效力。

52.6. 在第六期会议（1977 年）上，菲律宾（资料来源 23）和印度尼西亚代表（资料来源 24 和资料来源 25）再次试图重申无害通过制度，但这些提案都没有获得接受。在非正式综合协商案文（资料来源 12）中，本条被重新编号为第五十二条，并作略微修改。其内容如下：

第五十二条 无害通过权

1. 在第五十三条的限制下并在不妨害第五十条的情形下，按照本公约第二部分第三节的规定，所有国家的船舶均享有通过群岛水域的无害通过权。

2. 如为保护国家安全所必要，群岛国可在对外国船舶之间在形式上或事

---

⑤ International Chamber of Shipping（1976 年，油印），第一二三条第 2 款。转载在《第三次联合国海洋法会议文件集》第四卷第 240、245 页。

实上不加歧视的条件下，暂时停止外国船舶在其群岛水域特定区域内的无害通过。这种停止仅应在正式公布后发生效力。

第1款中最重要的修改是增加了采纳自印度尼西亚代表提案的"并在不妨害第五十条的情形下"一句。这句话的采纳承认了群岛国有权像任何其他沿海国一样，依陆地领土在河口、湾口和港口划定封闭线，内水制度应在这种封闭线内适用。第2款未作修改。

52.7. 在第三次联合国海洋法会议第七期会议（1978年）上，菲律宾代表（资料来源26）再次提议将群岛水域无害通过权适用于"一切习惯上用于国际航行的航道"。这一提案再一次未获接受。

在第三次联合国海洋法会议第十一期会议（1982年）上，巴布亚新几内亚代表（资料来源27）提交的一项非正式提案建议在第2款的"国家安全"之后增加"包括武器演习在内"几个字。这项提案的理由是使该规定与第二十五条第3款中的对应规定保持一致。但这项建议没有获得接受，除根据起草委员会建议（资料来源17至资料来源19）采纳的修改外，该条保持不变。

52.8（a）. 停止领海内无害通过的权利出现在第二十五条第3款。该条规定，停止必须是为保护沿海国国家安全包括武器演习在内而有必要的。第五十二条中没有提及武器演习似乎并不影响群岛国以武器演习为理由"暂时停止"外国船舶"在其群岛水域特定区域内"的无害通过。⑥

52.8（b）. 第二十四条第1款（b）项、第二十五条第3款、第四十二条第2款和第二二七条中也出现了"在形式上或事实上"几个字（详见上文第24.7（b）段）。在本条中（和第二十五条和第四十二条中），使用了"对"外国船舶"之间（among foreign ships）"不加歧视（第二十四条和第二二七条中则仅使用了介词"对（against）"）。

---

⑥ 法语文本中规定停止"措施"应为保护沿海国或群岛国国家安全所必要的。在这一语境中，"包括武器演习在内"几个字指沿海国或群岛国将武器演习作为其国家安全所必要的活动而进行。

第五十三条　群岛海道通过权

1. 群岛国可指定适当的海道和其上的空中航道，以便外国船舶和飞机继续不停和迅速通过或飞越其群岛水域和邻接的领海。

2. 所有船舶和飞机均享有在这种海道和空中航道内的群岛海道通过权。

3. 群岛海道通过是指按照本公约规定，专为在公海或专属经济区的一部分和公海或专属经济区的另一部分之间继续不停、迅速和无障碍地过境的目的，行使正常方式的航行和飞越的权利。

4. 这种海道和空中航道应穿过群岛水域和邻接的领海，并应包括用作通过群岛水域或其上空的国际航行或飞越的航道的所有正常通道，并且在这种航道内，就船舶而言，包括所有正常航行水道，但无须在相同的进出点之间另设同样方便的其他航道。

5. 这种海道和空中航道应以通道进出点之间的一系列连续不断的中心线划定，通过群岛海道和空中航道的船舶和飞机在通过时不应偏离这种中心线 25 海里以外，但这种船舶和飞机在航行时与海岸的距离不应小于海道边缘各岛最近各点之间的距离的 10%。

6. 群岛国根据本条指定海道时，为了使船舶安全通过这种海道内的狭窄水道，也可规定分道通航制。

7. 群岛国可于情况需要时，经妥为公布后，以其他的海道或分道通航制替换任何其原先指定或规定的海道或分道通航制。

8. 这种海道或分道通航制应符合一般接受的国际规章。

9. 群岛国在指定或替换海道或在规定或替换分道通航制时，应向主管国际组织提出建议，以期得到采纳。该组织仅可采纳同群岛国议定的海道和分道通航制；在此以后，群岛国可对这些海道和分道通航制予以指定、规定或替换。

10. 群岛国应在海图上清楚地标出其指定或规定的海道中心线和分道通航制，并应将该海图妥为公布。

11. 通过群岛海道的船舶应尊重按照本条制定的适用的海道和分道通航制。

12. 如果群岛国没有指定海道或空中航道，可通过正常用于国际航行的航道，行使群岛海道通过权。

资料来源

第三次联合国海洋法会议文件

1. A/AC.138/SC.II/L.15，原则 3，转载在《1973 年海底委员会报告》第三卷第 1、2 条（斐济、印度尼西亚、毛里求斯和菲律宾）。

2. A/AC.138/SC.II/L.44，《条款草案第》第 7 款，转载在《1973 年海底委员会报告》第三卷第 99、100 页（英国）。

3. A/AC.138/SC.II/L.48，第五条第 1～4 款、第 7 款和第 10 款，转载在《1973 年海底委员会报告》第三卷第 102、103 页（斐济、印度尼西亚、毛里求斯和菲律宾）。

4. 项目 16，"群岛"，备选案文 A（2），第五条第 1～4 款、第 7 款和第 10 款；和备选案文 B，第 7 项，转载在《1973 年海底委员会报告》第四卷第 156～158 页。

5. A/CONF.62/C.2/L.49（1974 年），第五条第 1～5 款，正式记录，第三卷第 226 页（斐济、印度尼西亚、毛里求斯和菲律宾）。

6. A/CONF.62/C.2/L.52（1974 年），第四条和第五条第 8 款，正式记录，第三卷第 228 页（保加利亚、民主德国和波兰）。

7. A/CONF.62/L.8/Rev.1（1974 年），附件二，附录一〔A/CONF.62/C.2/WP.1〕，第二一四条，方案 B 和方案 C；和第二一五条和第二一七条，方案 A，正式记录，第三卷第 93、107、137 页（总报告员）〔总趋势〕。

8. A/CONF.62/WP.8/Part II（非正式单一协商案文，1975 年），第一二四条，正式记录，第四卷第 152、169 页（第二委员会主席）。

9. A/CONF.62/WP.8/Rev.1/Part II（订正的单一协商案文，1976 年），第一二五条，正式记录，第五卷第 151、171 页（第二委员会主席）。

10. A/CONF.62/WP.10（非正式综合协商案文，1977 年），第五十三条，正式记录，第八卷第 1、12 页。

11. A/CONF.62/WP.10/Rev.1（非正式综合协商案文第 1 次修订稿，1979 年，油印），第五十三条。转载在《第三次联合国海洋法会议文件集》第一卷第 375、409 页。

12. A/CONF.62/WP.10/Rev.2（非正式综合协商案文第 2 次修订稿，1980 年，油印），第五十三条。转载在《第三次联合国海洋法会议文件集》第二卷第 3、38 页。

13. A/CONF.62/WP.10/Rev.3*（非正式综合协商案文第 3 次修订稿，1980 年，油印），第五十三条。转载在《第三次联合国海洋法会议文件集》第二卷第 179、214 页。

14. A/CONF.62/L.78（《公约草案》，1981 年），第五十三条，正式记录，第十五卷第 172、183 页。

起草委员会文件

15. A/CONF. 62/L. 67/Add. 1（1981 年，油印），第 101 ~ 108 页。

16. A/CONF. 62/L. 67/Add. 1/Rev. 1（1981 年，油印），第 100 ~ 107 页。

17. A/CONF. 62/L. 72（1981 年），正式记录，第十五卷第 151 页（起草委员会主席）。

非正式文件

18. Informal Working Paper No. 8 和 Rev. 1 and 2（均为 1974 年，油印），第十四条。转载在《第三次联合国海洋法会议文件集》第二卷第 444、451 和 458 页。

19. 菲律宾（1976 年，油印），第一二四条（非正式单一协商案文二）。转载在《第三次联合国海洋法会议文件集》第四卷第 335、336 页。

20. 德意志联邦共和国（1976 年，油印），第一二四条（非正式单一协商案文二）。转载在《第三次联合国海洋法会议文件集》第四卷第 340 页。

21. 印度尼西亚（1976 年，油印），第一二四条（非正式单一协商案文二）。转载在《第三次联合国海洋法会议文件集》第四卷第 341 页。

22. 美国（1976 年，油印），第一二四条（非正式单一协商案文二）。转载在《第三次联合国海洋法会议文件集》第四卷第 342 页。

23. 菲律宾（1977 年，油印），第一二五条（订正的单一协商案文二）。转载在《第三次联合国海洋法会议文件集》第四卷第 472、473 页。

24. 印度尼西亚（1977 年，油印），第一二五条（订正的单一协商案文二）。转载在《第三次联合国海洋法会议文件集》第四卷第 476、477 页。

25. 印度尼西亚（1977 年，油印），第一二五条（订正的单一协商案文二）。转载在《第三次联合国海洋法会议文件集》第四卷第 480 页。

26. C. 2/Informal Meeting/5（1978 年，油印），第五十三条（古巴）。转载在《第三次联合国海洋法会议文件集》第五卷第 10 页。

27. C. 2/Informal Meeting/20 和 Corr. 1（1978 年，油印），第五十三条（菲律宾）。转载在《第三次联合国海洋法会议文件集》第五卷第 26、27 和 29 页。

评　　注

53.1.　第五十三条与第五十二条和第五十四条一起，构成完整的群岛水域通过制度。第五十三条规定了群岛国和船舶和飞机在群岛海道通过方面的权利和义务。它授权群岛国指定海道和其上的空中航道，以便其群岛水域和邻近的领海之内的群岛海道通过权得以行使。这些海道和空中航道应是"适当的……，以便外国船舶和飞机继续不停和迅速通过或飞越其群岛水域和邻接的领海"。它还规定了要作出这种指定需满足的条件。群岛国还可以"为了使船舶安全通过这种海道内的狭窄水道"在指定海道内规定分道通航制，并应与有关国际组织（此处即指国际海事组织）在这方面协调。如果群岛国不指定海道或空中航道，那么可以通过通常用于国际航行的航道行使群岛海道通过权。

第五十三条还规定，所有船舶和飞机均享有在指定的海道和空中航道内的群岛海道通过权。行使群岛海道通过权的船舶应尊重适用的海道和分道通航制。

群岛海道通过是二重方案的第二个要素，另一个要素是群岛水域无害通过制度（第五十二条所规定）。将这些规定作为一个整体来看，其目的是使群岛国的合法利益与全球航行所提出的各种要求平衡。群岛海道通过制度与第三部分所规定的用于国际航行的海峡的过境通行制度相似；但前者经过调整，反映了往往被群岛水域包括在内的大面积海域与多数用于国际航行的海峡的狭窄通道之间的差别。

第 1 款允许群岛国为在群岛水域内和其上的通行指定海道和其上的空中航道。第 2 款肯定了所有船舶和飞机均享有这种通过权。第 3 款给出了"群岛海道通过"的定义及其涉及的一些细节。

第 4 款为海道和空中航道的指定规定了规则。第 5 款规定了群岛海道和空中航道的划定方法，并为船舶和飞机如何使用它们规定了一般指导原则。第 6 款处理为了船舶安全通过这种海道内的狭窄水道而规定的分道通航制。关于海道的指定和替换与分道通航制的规定与替换的第 7～11 款与处理用于国际航行的海峡的第四十一条中的平行规定相对应。第 12 款处理群岛国没有在其水域或其上指定海道或空中航道的情形。

53. 2. 在海底委员会1973 年会议上，第一项建议为群岛水域内的航行规定专门制度的提案（资料来源 1）是由四群岛国集团提交的。该提案仅规定了在由群岛国指定的海道内的群岛水域中的无害通过。继该提案之后，英国代表也提交了一项提案（资料来源 2），建议为群岛水域内的航线规定一套二重制度。该提案第 7 款内容如下：

> 7. 如果部分群岛水域在本公约批准前作为公海的一部分和公海的另一部分或另一个国家的领海之间的用于国际航行的航道使用，那么这些航道（以及与之相邻的群岛国领海的各部分）应比照海峡适用本公约第……条）的各项规定。根据本条第 1 款作出的声明应随附一份这种水域的列表，载明所有用于国际航行的航道，以及任何按照本公约第……条在这种水域有效的分道通航制。仅可按本公约第……条修改这种航道或设立新航道。

该提案没有载明专门的群岛海道通过制度的细节，但规定群岛水域内的主要国际航道内的通过应遵循用于国际航行的海峡内的通过制度。这样的话，处理用于国际航行的海峡内的分道通航制等的规定也将适用于群岛水域内划定的航道。群岛水域内包括的其他水域将受无害通过制度的限制。

此后，四群岛国在一项提案（资料来源3）中提出了其先前提案的一个修订版，但以无害通过概念为核心。该提案第五条所包含的有关规定包括了以下内容：

1. 群岛国可指定适当的海道，以便船舶安全和迅速通过其群岛水域，并可将外国船舶在这些水域的无害通过限于这些海道。

2. 群岛国可随时经妥为公布后，以其他的海道替换任何其原先按照本条的各项规定指定的海道。

3. 群岛国根据本条的各项规定指定海道时，为了使外国船舶通过这些海道，也可规定分道通航制。

4. 群岛国根据本条各项规定指定分道通航制时，除其他外，应考虑到：

（a）主管国际组织的建议或技术咨询；

（b）习惯上用于国际航行的水道；

（c）特定船舶和水道的特殊性质；和

（d）特定船舶或其货物的特殊性质。

……

7. 在这些海道行使无害通过的外国船舶应遵守按照本条的各项规定制定的一切法律和规章。

……

10. 群岛国应清楚地标示并在海图上标出其按照本条的各项规定所指定的一切海道，并应将该海图妥为公布。

第1~3款分别引入了群岛国为船舶通过群岛水域而指定海道的权利、替换原先指定的海道的权利，和在这种海道内规定分道通航制的权利。第4款要求群岛国在指定分道通航制时考虑"主管国际组织"的建议或技术咨询，并考虑特定的航行水道的特殊性质和特定船舶或其货物的特殊性质。第7款和第10款包含了要求船舶遵守关于群岛海道的规定，并要求群岛国在海图上标出一切海道并将其妥为公布。

53.3. 在第三次联合国海洋法会议第二期会议（1974年）上，同样4个群岛国提出的一项提案（资料来源5）基本重复了其先前提交给海底委员会的关于群岛海道的规定。其中一处修改是将第3款最后一行的"外国"改为"这种"。

3个东欧社会主义国家（资料来源6）的提案建议修改该项提案，以

在群岛海峡、前往群岛海峡的通路和在正常情况下与用于公海的一个部分和公海的另一部分之间的国际航行的最短海道并行的群岛国的群岛水域内的那些区域的通过自由制度

代替无害通过制度。

该提案没有包含关于适用于不构成"群岛海峡"的群岛水域部分内的一类制度的规定。

虽然群岛海道的理念在第三次海洋法会议的早期阶段即获得普遍接受，但各代表团就将适用于这些海道和空中航道的制度的性质仍存有分歧。提出的各种表述随后被《主要趋势工作文件》（资料来源7）采纳，作为第二一四条方案B和方案C、第二一五条和第二一七条方案A。

53.4. 在第三期会议（1975年）上，巴哈马代表散发的"十八项原则"① 中的原则9至原则13包含了与群岛海道有关的几项规定。这些规定经略微修改后被非正式单一协商案文（资料来源8）第二部分第一二四条采纳。该条处理群岛水域内的群岛海道通过。其内容如下：

1. 群岛国可指定适当的海道和空中航道，以便外国船舶和飞机安全、继续不停和迅速通过其群岛水域。

2. 所有国家，无论是否是沿海国，其船舶和飞机均有在海道和空中航道内的群岛海道通过权。

3. 群岛海道通过是指按照本公约规定，为在公海或专属经济区的一部分和公海或专属经济区的另一部分之间的群岛继续不停和"迅速"地过境的目的，行使正常方式的航行和飞越的权利。

4. 这种海道和空中航道应穿过群岛和邻接的领海，并应包括用作通过群岛水域的国际航行或飞越的航道的所有正常通道，并且在这种航道内，就船舶而言，包括所有正常航行水道，但无须在相同的进出点之间另设同样方便的其他航道。

5. 海道的宽度不应小于……海里或海道边缘各岛最近各点之间的距离的百分之……。

6. 群岛国根据本条各项规定指定海道时，为了使船舶安全通过这种海道内的狭窄水道，也可规定分道通航制。

7. 群岛国可于情况需要时，经妥为公布后，以其他的海道或分道通航制替换任何其原先指定或规定的海道或分道通航制。

8. 这种海道或分道通航制应符合一般接受的国际规章。

9. 群岛国在指定海道或在规定分道通航制前，应向主管国际组织提出建议，以期得到采纳。该组织仅可采纳同群岛国议定的海道和分道通航制；在此以后，群岛国可对这些海道和分道通航制予以指定或规定。

---

① 见上文 IV.9。

10. 群岛国应在海图上清楚地标出其所指定或规定的一切海道和分道通航制，并应将该海图妥为公布。

11. 过境的船舶应尊重按照本条制定的适用的海道和分道通航制。

12. 如果群岛国没有指定海道，可通过群岛水域内的正常用于国际航行的航道，行使群岛海道通过权。

该案文综合了先前各提案的大多数要素。第 1 款允许群岛国指定海道和空中航道，以便"外国船舶和飞机安全、继续不停和迅速"通过其群岛水域。但与群岛国提案和"十八项原则"文件不同的是，它没有允许将群岛通过限于指定海道。而是在第 11 款中规定应尊重群岛海道和分道通航制。第 2 款给予所有国家的船舶和飞机"群岛海道通过权"。第 3 款将该语定义为"为在……群岛继续不停和迅速地过境的目的，行使正常方式的航行和飞越的权利。"第 4 款和第 5 款为这种海道和空中航道的指定规定了具体限制。第 6 款允许群岛国在指定的海道规定分道通航制，第 7 款和第 8 款为这种指定和规定设置了限制。第 9 款要求群岛国将指定海道或规定分道通航制的提议提交主管国际组织，以期得到采纳。第 10 款规定群岛国应将一切指定的海道和规定的分道通航制妥为公布。第 12 款为群岛国不指定海道的情形作了规定。第 11 款和第 12 款都涵盖了空中航道或飞机。

虽然该条采纳了当时正在制定中的关于用于国际航行的海峡的过境通行的规定（尤其是第 7～11 款），但它为适用于群岛水域的"群岛海道通过"规定了细节。

53.5. 在第三次联合国海洋法会议第四期会议（1976 年）上，菲律宾（资料来源 19）和印度尼西亚代表（资料来源 21）都提出了将空中航道和飞机从本条的涵盖范围中删去的修订建议。这两项提案还建议将一种限制性更强的群岛海道通过制度适用于某些类型的船舶，如军舰、核动力船只和外国非商用船舶等。德意志联邦共和国代表的提案（资料来源 20）和美国代表提案（资料来源 22）建议在第 1 款中以"shall（应）"代替"may（可）"，使群岛国指定海道成为强制性的，而不是许可性的。美国提案中还包含了几项旨在使案文与关于用于国际航行的海峡的条款中的平行规定相一致的措施。此外，该提案还提出：（i）将第 2 款修改为"所有船舶和飞机均享有"群岛海道通过权；（ii）在第 2 款末尾增加这种权利"不应受阻碍"的规定；（iii）在第 3 款中的"航行和飞越的权利"改为"航行和飞越的自由；"和（iv）将第 5 款中的"海道边缘各岛"改为"海道边缘各主要岛屿"。

以上四项非正式提案还包含了非正式单一协商案文第二部分第 5 款空出的群岛海道最小宽度的具体数字。菲律宾提案（资料来源 19）提出该宽度不应超过 20 海里或最近岛屿间距离的 30%，以较窄者为准，除非群岛国指定了更宽的海道。联邦德国提案（资料来源 20）建议将该款分为两句，一句处理海道，另一句处理空中航道，并删去边缘各岛之间距离的百分数。该提案规定"海道的宽度不应小于……海里。空中航道的宽度不应小于……海里。"印度尼西亚（资料来源21）提出的数字是20海里和30%，并加上了限定语"以较窄者为准，除非群岛国指定更宽的海道。"美国（资料来源22）建议，海道或空中航道的宽度"不应小于80海里"或海道边缘"各主要岛屿最近各点之间的距离的80%"，"以较小者为准。"

关于第9款，菲律宾提案（资料来源19）和印度尼西亚提案（资料来源21）基本上恢复了其在海底委员会和第三次联合国海洋法会议第二期会议上作为提交四群岛国提案的四国中的两国提交的提案的措辞（见上文第53.2段和53.3段）。此外，德意志联邦共和国提案（资料来源20）建议应将第9款也适用于群岛国替换海道和分道通航制时，而不仅是指定或规定它们时。

几个代表团还建议修改新增的第12款的措辞。这些提议的修改多数是文字性的，只是德意志联邦共和国（资料来源20）和美国（资料来源22）代表都建议将空中航道和飞越都包括在第12款的范围内。美国提案还建议将覆盖范围由仅包括"群岛水域"扩大到整个"群岛"。

以上各项提案经审议后，对本条进行了修改，形成订正的单一协商案文第二部分（资料来源9）第一二五条，其内容如下：

群岛海道通过权

1. 群岛国可指定适当的海道和空中航道，以便外国船舶和飞机安全、继续不停和迅速通过或飞越其群岛水域和邻接的领海。

2. 所有船舶和飞机均享有在这种海道和空中航道内的群岛海道通过权。

3. 群岛海道通过是指按照本公约规定，为在公海或专属经济区的一部分和公海或专属经济区的另一部分之间继续不停和迅速地过境的目的，行使正常方式的航行和飞越的权利。

4. 这种海道和空中航道应穿过群岛和邻接的领海，并应包括用作通过群岛水域的国际航行或飞越的航道的所有正常通道，并且在这种航道内，就船舶而言，包括所有正常航行水道，但无须在相同的进出点之间另设同样方便的其他航道。

5. 海道的宽度不应小于……海里或海道边缘各岛最近各点之间的距离的百分之……。

6. 群岛国根据本条指定海道时，为了使船舶安全通过这种海道内的狭窄水道，也可规定分道通航制。

7. 群岛国可于情况需要时，经妥为公布后，以其他的海道或分道通航制替换任何其原先指定或规定的海道或分道通航制。

8. 这种海道或分道通航制应符合一般接受的国际规章。

9. 群岛国在指定或替换海道或在规定或替换分道通航制前，应向主管国际组织提出建议，以期得到采纳。该组织仅可采纳同群岛国议定的海道和分道通航制；在此以后，群岛国可对这些海道和分道通航制予以指定、规定或替换。

10. 群岛国应在海图上清楚地标出其所指定或规定的一切海道和分道通航制，并应将该海图妥为公布。

11. 过境的船舶应尊重按照本条制定的适用的海道和分道通航制。

12. 如果群岛国没有指定海道或空中航道，可通过正常用于国际航行的航道，行使群岛海道通过权。

在本阶段增加了标题，并强调了群岛海道通过是一项"权利"。第1款修改了非正式单一协商案文第二部分的措辞，将"通过其群岛水域"改为"通过或飞越其群岛水域和邻接的领海。"这使第1款与提及"群岛和邻接的领海"的第4款相一致。同时，删去了第3款中的"继续不停和迅速过境"之前的"之间的群岛"。对第2款进行了重新措辞，强调"所有船舶和飞机均享有"群岛海道通过权。

第4~7款未作实质性修改。对第8款作了略微修改，将"海道或分道通航制"改为"海道和分道通航制"。对第9款作了扩充，使之也适用于海道和分道通航制的替换。第10款和第11款未作修改；第12款经扩充后在"如果群岛国没有指定海道"之后增加了"或空中航道"。由于第1款经调整后将本条的范围扩大至包括领海，故本款删去了"可通过群岛水域内的正常用于国际航行的航道，行使群岛海道通过权"中的"群岛水域内的"几个字。

53.6. 在第三次联合国海洋法会议第五期会议（1976 年）上，菲律宾代表（资料来源23）再次试图从群岛海道通过权中删去对飞机和飞越的提法，并将限制性更强的制度适用于军舰和其他特殊船舶。

菲律宾代表的提案还建议从第一二五条中删去第4、10 和11 款，并在第5 款中规定确定群岛海道最大宽度的方法，以取代订正的单一协商案文提出的最小宽度。此外，它还为第9 款提及的"主管国际组织"规定了新的、受到限制的角色。在其提案随附的说明中，菲律宾解释道：

> 在指定海道和规定分道通航制时，订正的单一协商案文二第9 款给予了"主管国际组织"对这种指定和规定的否决权。我国提案建议取消这一否决权，因为它侵害了主权。
>
> 根据订正的单一协商案文二第二十一条，沿海国无需任何国际组织批准其在领海内指定的海道和规定的分道通航制。我国提案只是在群岛水域内给予群岛国相同的权利。

印度尼西亚代表连续提交的两项提案（资料来源24 和资料来源25）提出在第1 款

中使用与非正式综合协商案文（资料来源11）中的该款基本相同的形式。其中后一项提案规定：

> 1. 群岛国可指定适当的海道和其上的空中航道，以便外国船舶和飞机继续不停和迅速通过或飞越其群岛水域和邻接的领海。

新增加的"其上的"一词暗示群岛国指定的海道和空中航道应该是相同的。

印度尼西亚的第一项提案（资料来源24）没有建议删去对飞机和空中航道的提法，而是新增了几句话，为国有飞机和民用飞机分别规定了专门制度。它还再次提出自己在先前提案中提出的允许群岛国要求军舰在海道外通过须有其事前准许的规定。但其第二项提案（资料来源25）未经修改地接受了订正的单一协商案文第二部分第2款。

印度尼西亚的两项提案对第3款和第4款也作了不同的处理。其中前一项提案提出对第3款进行实质性的修改，规定群岛海道通过是指"专为……安全、继续不停、无阻碍/无中断/无障碍、迅速和正常过境的目的……的航行和飞越的权利。"第2项提案接受了该款在订正的单一协商案文第二部分中的形态，仅在"为在"前添加了一个"专"字。与第3款相同，前一项印度尼西亚提案建议对第4款作大幅度修改，而其后一项提案仅提出对其进行略微修改，以"群岛水域"代替"群岛"。

印度尼西亚的两项提案还引入了"中心线"一语，作为定义海道的基础。印度尼西亚的第二项提案（资料来源25）提出重新规定第5款如下：

> 5. 海道应以通道进出点之间的一系列连续不断的中心线划定，通过群岛海道和空中航道的船舶和飞机在通过时不应偏离这种中心线25海里以外，但这种船舶和飞机在航行时与海岸的距离不应小于海道边缘各岛最近各点之间的距离的10%。

因此，也需要调整第10款以包括中心线的概念。

印度尼西亚的第一项提案还包括了对第9款的几项修改，其修改后的结果与菲律宾提出的修改相似。其第二项提案建议将该款第一个分句最后的"前"替换为"时"。

53.7. 在第六期会议（1977年）上，非正式综合协商案文（资料来源10）采纳了以上提议修改中的几个。该案文将本条重新编号为第五十三条，其内容如下：

第五十三条 群岛海道通过权

1. 群岛国可指定适当的海道和其上的空中航道，以便外国船舶和飞机继续不停和迅速通过或飞越其群岛水域和邻接的领海。

2. 所有船舶和飞机均享有在这种海道和空中航道内的群岛海道通过权。

3. 群岛海道通过是指按照本公约规定，专为在公海或专属经济区的一部分和公海或专属经济区的另一部分之间继续不停、迅速和无障碍地过境的目的，行使正常方式的航行和飞越的权利。

4. 这种海道和空中航道应穿过群岛水域和邻接的领海，并应包括用作通过群岛水域的国际航行或飞越的航道的所有正常通道，并且在这种航道内，就船舶而言，包括所有正常航行水道，但无须在相同的进出点之间另设同样方便的其他航道。

5. 海道应以通道进出点之间的一系列连续不断的中心线划定，通过群岛海道和空中航道的船舶和飞机在通过时不应偏离这种中心线25海里以外，但船舶和飞机在航行时与海岸的距离不应小于海道边缘各岛最近各点之间的距离的10%。

6. 群岛国根据本条指定海道时，为了使船舶安全通过这种海道内的狭窄水道，也可规定分道通航制。

7. 群岛国可于情况需要时，经妥为公布后，以其他的海道或分道通航制替换任何其原先指定或规定的海道或分道通航制。

8. 这种海道或分道通航制应符合一般接受的国际规章。

9. 群岛国在指定或替换海道或在规定或替换分道通航制时，应向主管国际组织提出建议，以期得到采纳。该组织仅可采纳同群岛国议定的海道和分道通航制；在此以后，群岛国可对这些海道和分道通航制予以指定、规定或替换。

10. 群岛国应在海图上清楚地标出其指定或规定的海道中心线和分道通航制，并应将该海图妥为公布。

11. 过境的船舶应尊重按照本条制定的适用的海道和分道通航制。

12. 如果群岛国没有指定海道或空中航道，可通过正常用于国际航行的航道，行使群岛海道通过权。

第2、6、7、8、11 和 12 款重复了订正的单一协商案文。第 1 款在"空中航道"前增加了"其上的"。对第 3 款作了扩充，在"继续不停"和"迅速"两项对通过的要求之后增加了"无障碍地"的要求。它还将群岛海道通过定义为"专"为这种过境的目的，行使航行和飞越的权利。第 4 款将"群岛"改为"群岛水域"（在处理航行问题时，后者是一个更为恰当的术语）。第 5 款根据印度尼西亚的提案完全作了重新修改，改为海道"应以通道进出点之间的一系列连续不断的中心线划定"。第 10 款也作了相应调整。第 9 款中的唯一一处修改是将第一个分句最后的"规定或替换分道通航制前"，改为"规定或替换分道通航制时"，使这一规定有了不同的时间适用范围。（修改后即与关于在用于国际航行的海峡内指定海道的第四十一条第 4 款的措辞不同，后者规定海峡沿岸国应在指定或替换海道或在规定或替换分道通航制"以前"，将提议提交主管国际组织。

53.8. 在第三次联合国海洋法会议第七期会议（1987 年）上，菲律宾代表的提案（资料来源 27）再次建议删去任何对飞机、空中航道和飞越的提及。它还为第 3 款制定了新规定，建议允许群岛国将限制性更强的海道通过制度适用于军舰等"特殊"船舶。与菲律宾此前各项提案一样，该提案建议删去第 4 款并限制第 9 款为主管国际组织定义的角色。[②]

古巴提案（资料来源 26）提出修订第五十三条第 3 款，将非正式综合协商案文第三十八条第 2 款所包含的过境通行的定义适用于群岛水域内的用于国际航行的海峡。

以上各项提案都没有获得接受，第五十三条的最终文本只采纳了几项文字性修改（资料来源 15 至资料来源 17）。

53.9（a）. 第 1 款所表述的群岛国指定海道和空中航道的权利必须结合第 12 款解读。第 1 款允许群岛国作出这种制定，但没有要求它们必须这样做。第 12 款规定，如果群岛国没有指定海道和空中航道，所有国家的船舶和飞机都"可通过正常用于国际航行的航道"行使群岛海道通过权。

53.9（b）. 第 2 款确认一切船舶和飞机都有明确的群岛海道通过权。可将本款与第三十八条第 1 款相比较，后者对用于国际航行的海峡内的过境通行制度起到相同的作用。这一权利不在船舶或飞机的国籍或所有权、目的地或货物、或军舰/商船地位或民用飞机/国有飞机地位等因素上受到任何限制。

53.9（c）. 第 3 款以与关于用于国际航行的海峡内的过境通行的第三十八条第 2 款几乎相同的措辞载明了群岛海道通过权的核心内容。[③]

53.9（d）. 但第三十八条第 2 款和第五十三条第 3 款在措辞上的不同还是让我们有必要探讨二者是否有实质性的差别。主要差别是，第三十八条第 2 款规定的是"按照本部分［第三部分］规定"的航行和飞越"自由"，而第五十三条第 3 款规定的是"按照本公约规定"的航行和飞越的"权利"。此外，第五十三条第 3 款在继续不停和迅速过境的要求中还增加了"无障碍"的条件。而且第五十三条中没有出现第三十八条第 2 款第 2 句中的"为驶入、驶离该国或自该国返回的目的"而通过海峡一句。如果海峡在群岛国和大陆国之间，应适用第三部分；该句对于群岛海道通过是不必要的。

这暗示着针对每种情形都设想了一种实质上相同的制度，按照"按照本公约规定"一句，受其各自部分其余条款中包含的限定条件的限制。在第四部分中，通过第五十四条对第三十九条提及的使用"通常方式的"过境规定发挥作用（关于对"通常方式

---

② 见菲律宾代表在第 104 次全体会议（1978 年）上的发言，第 19 段，正式记录，第九卷第 70 页。

③ 上文 38.8（d）和 38.8（e）与此相关，这两部分中很多评注适用于群岛海道通过。

的"一语的涵义和意义的分析，见上文第39.10（f）段。

53.9（e）. 第3款与第三十八条第2款的不同之处在于，它将"继续不停和迅速过境"扩充为"继续不停、迅速和无障碍地过境。"这一术语上的差别似乎并不减损规定的航行权。与其说它对航行权有影响的话，倒可以说确保了其不可侵犯性。增加的"无障碍地"一词为群岛国规定了一项不得为通过设置障碍的新义务，而继续不停和迅速过境的义务则属于过境的船舶和飞机。第五十四条通过对第四十二条第2款和第四十四条的参照，规定了与这项义务密切相关的其他群岛国义务（不应"否定、妨碍或损害"过境通行）。

53.9（f）. "航行和飞越的权利"一语的使用值得注意。立法史显示，建议（像《公约》其他各处一样）使用"自由"一词的各项提案都没有得到接受。

53.9（g）. 在解读第4款时，必须将其与第9款和第12款结合起来。第9款要求群岛国将制定或替换海道或规定或替换分道通航制的建议提交主管国际组织。该组织仅可采纳同群岛国议定的海道和分道通航制。在此以后，群岛国可对海道和分道通航制予以指定、规定或替换。

为此目的的主管国际组织为国际海事组织。④ 如涉及空中航道，主管国际组织为国际民航组织。

53.9（h）. 第5款为划定海道和空中航道规定了一种方法，这种方法考虑到了群岛国多变和往往比较广阔的地理特点。它规定群岛国应在"通道进出点之间"划出一系列连续不断的中心线。这样划定的中心线确定了通过群岛水域的通道的中点（但不一定是海峡的中点）。行使群岛海道通过权的船舶和飞机不应偏离该中心线25海里以外，但这种船舶和飞机在航行时与海岸的距离不应小于海道边缘各群岛岛屿最近各点之间的距离的10%。

在处理这一问题时，10%规则占主导地位。举例来说：如果中心线通过相距60海里的两个岛屿之间的中点，那么根据25海里最大值规则，可以在距两岛中任何一岛海岸5海里之内航行；而根据10%规则，航行时与海岸的距离不应小于6海里。如果海道或空中航道是沿相距仅6海里的岛屿之间的中线划定的，那么行使群岛海道通过权的船舶或飞机可以在4.8海里宽的通道内航行，但与任一海岸的距离不应小于0.6海里（10%）。

53.9（i）. 第6款与第四十一条第1款相对应，允许海峡沿岸国"于必要时"为用于国际航行的海峡"指定海道和规定分道通航制，以促进船舶的安全通过。"两款

④ 关于这方面问题，见 *Implications of the United Nations Convention on the Law of the Sea* 1982 *for the International Maritime Organization*（*IMO*）（国际海事组织），doc. LEG/MISC/1（1986年，油印），第52-53段和第102-103段。转载在《荷兰国际法研究所年鉴》第三卷［1987］，第340、358和379段；联合国海洋和海洋法司《海洋事务年度回顾：法律和政策的主要文件》第一卷第123、136、151页，1985—1987年。另见上文第二十二条对海道和分道通航制的讨论；该部分评注附有国际海事组织制定的全部分道通航制清单。

的相同之处是，允许海峡沿岸国或群岛国采取这种措施的唯一目的是为船舶提供安全的通道。此外，两种情形都将权力限于船舶，而不及于飞机。然而，两款的不同之处是，在海峡的情形下，规定海峡沿岸国可以为航行的目的指定海道和规定分道通航制；而在群岛水域的情形下，第五十三条是在该条另一款对指定海道的权力作了规定，并允许存在船舶的安全通过以外的理由。

53.9（j）. 第6款处理指定海道内有狭窄水道的情形，并准许群岛国在这些狭窄水道内规定分道通航制。其明确规定的目的是为了使船舶安全通过。这一规定仅在这种海道穿过狭窄水道时适用。

53.9（k）. 第6、7、8和9款仅提及了船舶而没有提及飞机。但飞机的通过问题由于第五十四条对第三十九条的提及而使之属于第五十四条的范围。国际民航组织秘书处就第9款及该款（与第1款不同）未对空中航道作任何提及的问题发表了如下意见：

> 虽然第三次海洋法会议的协商没有留下能解释为什么没有提及空中航道的清楚记录，但必须将这一省略视为是有意为之的。据认为，其表面上的解释必定是因为群岛国没有将关于在群岛水域上空指定空中航道的建议提交给国际民航组织以期得到采纳的传统义务。另一方面，应认为，单纯为了协调的实际需要，群岛国也应将其指定空中航道的建议提交给区域航空会议，以便将其纳入适当的区域航空计划以待国际民航组织理事会最终批准。⑤

国际民航组织法律委员会报告员指出，本条第6~11款之所以未涉及飞机，"可能是因为在群岛水域和邻近的领海上空行使通过权的飞机将按照《联合国海洋法公约》第三十九条第3款（a）项的规定遵守国际民航组织制定的《航空规则》。第五十四条将这一规定的范围延至群岛通过。"⑥

53.9（l）. 第7、8、9、10和11款分别对应第四十一条第2、3、4、6和7款。除为与第四部分的用语一致而作的必要修改外，相对应各款的措辞基本相同。（另见上文第41.9（b）段至（d）段和第41.9（f）段）

53.9（m）. 第11款规定，一切船舶应尊重群岛海道和分道通航制。⑦这一点很重要，因为规定分道通航制的明确目的是为了一切船舶在群岛海道的安全通过。如果群岛国船舶不受这些制度的限制，在航行通过狭窄水道时无视适用于其他船舶的分道

---

⑤ 关于该秘书处研究报告，见国际民航组织 ICAO doc. C-WP/7777（1984年，油印）。转载为 LC/26-WP/5-1（1987年，油印），《荷兰国际法研究所年鉴》第三卷［1987年］，第243、254页，第10.5段。

⑥ 关于报告员报告，见国际民航组织 ICAO doc. LG/26-WP/5-41（1987年，油印），出处同上，第262、268页第25段。

⑦ 关于"船舶"一语，见上文1.29。

通航制，那么这一目的将无法实现。但是，应该认识到，这一规定不适用于小规模、局部的沿群岛岛屿或在群岛岛屿之间的交通。第四十二条第 2 款和第二二七条的非歧视条款也与这一问题相关。

53.9（n）. 由于第 12 款使用了"群岛海道通过"一语来描述过境的船舶或飞机可以在群岛国没有指定海道的情形下行使的权利，故本条的其余规定和第五十四条的规定应在这种情形下适用。在这种情形下，"正常用于国际航行的航道"可理解为意指用于国际航行或飞越的一切正常航道。例如，这种通过必须是继续不停、迅速和无障碍的，过境的船舶和飞机与群岛国应有第五十三条和第五十四条规定的责任和义务，而且群岛国不得阻碍、妨碍或停止这种通行。国际民航组织秘书处就此发表意见认为：

> 该规定在群岛国没有采取任何措施的情形下保留事实现状；即将成为群岛水域的海洋区域上空的现有空中航道将继续适用，除非群岛国采取具体措施以其他航道代之。⑧

---

⑧ 前注⑥，第 10.6 段。

第五十四条 船舶和飞机在通过时的义务、研究和测量活动、群岛国的义务以及群岛国关于群岛海道通过的法律和规定

第三十九条、第四十条、第四十二条和第四十四条各条比照适用于群岛海道通过。

资料来源

第三次联合国海洋法会议文件

1. A/AC. 138/SC. II/L. 48，第五条第 5 ~ 8 款，转载在《1973 年海底委员会报告》第三卷第 102、104 页（斐济、印度尼西亚、毛里求斯和菲律宾）。

2. 项目 16，"群岛"，备选案文 A（2），第五条第 5 ~ 8 款，转载在《1973 年海底委员会报告》第四卷第 158 页。

3. A/CONF. 62/C. 2/L. 49（1974 年），第五条第 6 ~ 8 款，正式记录，第三卷第 226 页（斐济、印度尼西亚、毛里求斯和菲律宾）。

4. A/CONF. 62/C. 2/L. 52（1974 年），第五条第 8 款和第 9 款，正式记录，第三卷第 228 页（保加利亚、联邦德国和波兰）。

5. A/CONF. 62/L. 8/Rev. 1（1974 年），附件二，附录一 ［A/CONF. 62/C. 2/WP. 1］，第二一六条和第二一七条，正式记录，第三卷第 93、107、138 页（总报告员）［《主要趋势工作文件》］。

6. A/CONF. 62/WP. 8/Part II（非正式单一协商案文，1975 年），第一二五条至第一二九条，正式记录，第四卷第 152、170 页（第二委员会）。

7. A/CONF. 62/WP. 8/Rev. 1/Part II（订正的单一协商案文，1976 年），第一二六条和第一二七条，正式记录，第五卷第 151、172 页（第二委员会主席）。

8. A/CONF. 62/WP. 10（非正式综合协商案文，1977 年），第五十四条，正式记录，第八卷第 1、13 页。

9. A/CONF. 62/WP. 10/Rev. 1（非正式综合协商案文第 1 次修订稿，1979 年，油印），第五十四条。转载在《第三次联合国海洋法会议文件集》第一卷第 375、410 页。

10. A/CONF. 62/WP. 10/Rev. 2（非正式综合协商案文第 2 次修订稿，1980 年，油印），第五十四条。转载在《第三次联合国海洋法会议文件集》第二卷第 3、39 页。

11. A/CONF. 62/WP. 10/Rev. 3 *（非正式综合协商案文第 3 次修订稿，1980 年，油印），第五十四条。转载在《第三次联合国海洋法会议文件集》第一卷第 179、215 页。

12. A/CONF. 62/L. 78（《公约草案》，1981 年），第五十四条，正式记录，第十五卷第 172、184 页。

起草委员会文件

没有与此过程同时的文件。

非正式文件

13. Informal Working Paper No. 8 和 Rev. 1 和 2（均为 1974 年，油印），第十五条至第十七条。转载在《第三次联合国海洋法会议文件集》第二卷第 444、451 和 458 页。

14. 菲律宾（1976 年，油印），第一二五条、第一二六条和第一二八条至第一三〇条。转载在《第三次联合国海洋法会议文件集》第四卷第 335 页。

15. 德意志联邦共和国（1976 年，油印），第一二八条和第一二九条。转载在《第三次联合国海洋法会议文件集》第四卷第 340 页。

16. 印度尼西亚（1976 年，油印），第一二六条和第一二八条至第一三〇条。转载在《第三次联合国海洋法会议文件集》第四卷第 343、344 页。

17. 澳大利亚（1976 年，油印），第一二九条。转载在《第三次联合国海洋法会议文件集》第四卷第 345 页。

18. 菲律宾（1976 年，油印），第一二六条和第一二七条之二（订正的单一协商案文二）。转载在《第三次联合国海洋法会议文件集》第四卷第 472、474 页。

19. 印度尼西亚（1976 年，油印），第一二六条（订正的单一协商案文二）。转载在《第三次联合国海洋法会议文件集》第四卷第 476、478 页。

20. 印度尼西亚（1976 年，油印），第一二六条，第一二六条之二和第一二六条之三（订正的单一协商案文二）。转载在《第三次联合国海洋法会议文件集》第四卷第 480、481 页。

21. C. 2/Informal Meeting/20（1978 年，油印），第五十四条（菲律宾）。转载在《第三次联合国海洋法会议文件集》第五卷第 26、28 页。

评　注

54. 1.　第五十四条通过参照关于用于国际航行的海峡的过境通行的第三十九条、第四十条、第四十二条和第四十四条的规定，将这些规定纳入群岛海道通过制度。这些条的覆盖范围及于：（i）船舶和飞机在其通过时的义务（第三十九条）；（ii）研究和测量活动（第四十条）；（iii）海峡沿岸国关于过境通行的法律和规章（第四十二条）；和（iv）海峡沿岸国的义务（第四十四条）。这些条款所包含的原则比照适用于群岛海道通过制度。

54. 2. 在海底委员会1973年会议上和第三次海洋法会议第二期会议（1974年）上，由4个群岛国组成的集团提交了包含关于群岛国的关于群岛海道通过的法律和规章，和船舶在群岛海道通过中的义务的详细规定的提案（资料来源1和资料来源3）。其中第二项提案内容如下：

> 6. 群岛国可依这些条的各项规定，对下列各项或任何一项制定顾及其他适用的国际法规则的关于其群岛水域中的通过或按照本条的各项规定指定的海道的法律和规章：
>
> （a）航行安全及海上交通管理；
>
> （b）助航设备和设施的安装、利用和保护；
>
> （c）群岛水域的海洋资源，包括海床和底土资源的勘探和开发设施及装置的安装、利用和保护；
>
> （d）保护海底和架空电缆和管道；
>
> （e）养护海洋生物资源；
>
> （f）保全群岛国的环境，并防止该环境受污染；
>
> （g）海洋环境内的研究和水文测量；
>
> （h）防止违犯群岛国的渔业规章，除其他外，包括关于渔具的装载的规章；
>
> （i）防止违犯群岛国的海关、财政、移民、检疫、卫生和植物检疫的规章；
>
> （j）保全群岛国的和平、良好秩序和安全。
>
> 7. 群岛国应将所有其按照本条的各项规定制定的法律和规章妥为公布。
>
> 8. 行使无害通过群岛水域或按照本条的各项规定指定的海道的权利的外国船舶应遵守所有群岛国按照本条的各项规定制定的法律和规章。

4个东欧社会主义国家的一项提案（资料来源4）建议对该提案进行修改。这些提案仿照当时正在制定中的关于领海内无害通过的各项规定制定。

然而，在该次会议上的协商中，某些代表团以这些规定在将无害通过原则适用于群岛水域时对通行限制性太强为理由反对这些规定，一些代表团表示更倾向于对这种水域适用过境通行制度。①

---

① 例见以下国家代表在第二委员会第36次会议上的发言（1974年）：日本，正式记录，第二卷第261页第16段；保加利亚，同上，第21段；和泰国，同上，第265页第72段；和苏联在第37次会议（1974年）上的发言，同上，第267页第13段。

群岛国提案反映在主要趋势工作文件第二一六条和第二一七条（资料来源5）中。第二一七条中收录的不同表述在提及外国船舶行使的权利时使用了"无害通过"或"自由通过"。

54.3. 在第三次联合国海洋法会议第三期会议（1975年）上，由巴哈马代表散发的"十八项原则"[②] 还将群岛水域内的无害通过和群岛海道通过区分开来。原则第14条规定了一项二重制度，该制度将海峡制度适用于"群岛通过"，将领海无害通过制度适用于无害通过限制下的群岛水域。原则第15条规定了船舶和飞机在行使"无害通过和群岛通过权"时的义务。这些义务使用与当时正在逐渐形成的过境通行制度（比较非正式单一协商案文第二部分第三十九条）平行的措辞表述出来。这与建议将无害通过制度适用于群岛海道通过的各项先前提案相比，是一个根本性的修改。

非正式单一协商案文第二部分（资料来源6）在第一二五条至一二九条中规定了与群岛海道通过有关的船舶和飞机的义务和群岛国的权利和义务。该案文对应于同时正在制定中的关于过境通行的各条，其内容如下：

第一二五条

1. 船舶和飞机在行使群岛海道通过权时应：

（a）毫不迟延地通过或飞越海峡；

（b）不对群岛国的领土完整或政治独立进行任何武力威胁或使用武力，或以任何其他违反《联合国宪章》的方式进行武力威胁或使用武力；

（c）除因不可抗力或遇难而有必要外，不从事其继续不停和迅速过境的通常方式所附带发生的活动以外的任何活动；

（d）遵守本节的其他有关规定。

2. 过境通行的船舶应：

（a）遵守一般接受的关于海上安全的国际规章、程序和惯例，包括《国际海上避碰规则》；

（b）遵守一般接受的关于防止和控制来自船舶的污染的国际规章、程序和惯例。

3. 过境通行的飞机应：

（a）遵守国际民用航空组织按照《芝加哥公约》制定的适用于民用飞机的《航空规则》；国有飞机通常应遵守这种安全措施，并在操作时随时适当顾及航行安全；

（b）随时监听国际上指定的适当的空中交通管制机构所分配的无线电频率或有关的国际呼救无线电频率。

---

② 见上文 IV.9。

第一二六条

群岛国不应妨碍群岛海道通过，并应将其所知的指定的海道或空中航道内对航行或飞越有危险的任何情况妥为公布。群岛海道通过不应予以停止。

第一二七条

外国船舶，包括海洋科学研究和水文测量的船舶在内，在通过群岛水域时，非经群岛国事前准许，不得进行任何研究或测量活动。

第一二八条

1. 在本节规定的限制下，群岛国可对下列各项或任何一项制定关于群岛海道通行的法律和规章：

（a）第一二四条所规定的航行安全和海上交通管理；

（b）使有关在群岛水域内排放油类、油污废物和其他有毒物质的适用的国际规章有效，以防止污染；

（c）对于渔船，防止捕鱼，包括渔具的装载；

（d）违反群岛国海关、财政、移民或卫生的规章，上下任何商品、货币或人员；

2. 这种法律和规章不应在形式上或事实上在外国船舶间有所歧视，或在其适用上有否定、妨碍或损害本节规定的群岛海道通行权的实际后果。

3. 群岛国应将所有这种法律和规章妥为公布。

4. 行使群岛海道通过权的外国船舶应遵守群岛国的这种法律和规章。

第一二九条

如果享有主权豁免的船舶或飞机不遵守本节的规定或按照第一二八条第1款制定的法律和规章而导致对群岛国或其附近其他国家的损失或损害，船旗国应对该损失或损害负责。

54.4. 在第三次联合国海洋法会议第四期会议（1976年）上，根据当时正在逐渐形成的无害通过制度对非正式单一协商案文中的各条进行修改的提案（资料来源14至资料来源17）提出了若干建议，但这些提案一般没有得到接受。

在订正的单一协商案文第二部分（资料来源7）中，非正式单一协商案文中的规定被压缩到两条中：

第一二六条　船舶和飞机在通过时的义务、群岛国的义务以及
群岛国关于群岛海道通过的法律和规章

第三十八、第四十、第四十二条比照适用于群岛海道通过。

第一二七条　研究和测量活动

外国船舶，包括海洋研究和水文测量的船舶在内，在通过群岛水域时，

非经群岛国事前准许，不得进行任何研究或测量活动。

考虑到与关于过境通行的各条的相似之处，第一二六条通过规定第三十八条、第四十条和第四十二条（关于过境通行）"比照适用于群岛海道通过"，将非正式单一协商案文第二部分第一二五条、第一二六条、第一二八条和第一二九条结合了起来。第一二七条重复了非正式单一协商案文第二部分第一二七条。

54.5. 在第三次联合国海洋法会议第五期会议（1976年）上，菲律宾代表提交的提案（资料来源18）建议删去第一二六条的案文，代之以"经过适当修改以适用于海道通过"的第三十八条、第四十条和第四十二条案文。这些"适当修改"包括删去对飞机的海道通过的任何提及，以及删去处理船旗国对享有主权豁免的船舶和飞机所导致的损失或损害所负责任的第四十条第5款。

印度尼西亚代表（资料来源19）的提案同样采用了详细列出关于过境船舶和飞机的规定的方法，而没有使用比照适用法。印度尼西亚制定的规定的具体表述与订正的单一协商案文第二部分第三十八条、第四十条和第四十二条不同。在其第二项提案（资料来源20）中，印度尼西亚修改了先前的提案，将第三十八条、第四十条和第四十二条的措辞归入第一二六条、第一二六条之二和第一二六条之三中，其修改仅限于以群岛海道的用语代替过境通行的用语所必要的内容。

这些提案都因为未能获得足够的支持而未被非正式综合协商案文（资料来源8）采纳。该案文其第五十四条内容为：

船舶和飞机在通过时的义务、研究和测量活动、群岛国的义务以及
群岛国关于群岛海道通过的法律和规章
第三十九、第四十、第四十二和第四十四各条比照适用于群岛海道通过。

标题增加了"研究和测量活动"。将关于研究和测量活动的第四十条纳入本条，是为了与当时在第三部分中新增的一项相似内容（见上文第40.7段）相呼应。由于这一原因，与订正的单一协商案文第一二七条相应的规定没有被非正式综合协商案文采纳。

54.6. 在第三次联合国海洋法会议在第七期会议（1978年）上，菲律宾代表提交的提案（资料来源21）最后一次试图在群岛海道通过制度中列出第三十九条、第四十条、第四十二条和第四十四条的详细规则，并删去了这些规定中对飞机和飞越的任何提及。它提出将这几条的措辞修改以使之与群岛海道用语一致并删去对飞机和飞越的任何提及后将其载入第五十四条A款至D款中。但该提案因未获得足够支持而未被采纳。

54.7（a）. 第五十四条采用的通过提及其他规定而比照适用这些规定的起草方法凸显了群岛海道通过和用于国际航行的海峡中的过境通行二者的相似特性。这种方

法还消除了措辞上的细微变化可能导致在本无意有所差别之处发生解读上的差异之可能。尽管如此，在第五期和第七期会议上还是有建议以更确切的措辞代替"比照适用"法的提案提出，但这些提案没有得到接受。

54. 7（b）. 第四十二条第 1 款（a）项规定，海峡沿岸国可以对"第四十一条所规定的航行安全和海上交通管理"制定规章。如前所述，这项规定是对海峡沿岸国管理海上交通的权力的谨慎界定。第四十二条未加扩充地采纳了第四十一条所规定的规则（见上文第 42. 10（b）段）。这些规则也比照适用于群岛海道通过。通过第四十二条，这也根据比照适用将第二三三条所规定的规则纳入群岛海道通过制度中。

第五部分
专属经济区

导　言

V. 1.　第五部分（第五十五条至第七十五条）确立了专属经济区制度的法律框架。该区域是领海之外并毗邻领海的海域，从测算领海的基线量起最宽不超过 200 海里。该部分和《公约》其他相关的条款一起，设立了适用于沿海国在专属经济区的权利、义务和管辖权，以及其他国家的权利义务及其在该区域内所享有的自由的规则。

在专属经济区，沿海国对有生命和无生命的自然资源享有主权权利，对在该区域内的其他与勘探开发相关的活动拥有管辖权。此外，沿海国有关人工岛屿、设施和构筑物的建造、海洋科学研究、海洋环境的保护和保全，以及其他权利和义务的《公约》规定。①

同时，当不具有勘探和开发资源，而特别是为了航行和飞越的目的时，第五部分保留了其他国家和整个国际社会的权利、责任和自由。

V. 2.　第五部分和第六部分（大陆架）一起设立了在领海的外部界线之外国家管辖下海洋区域的自然资源相关的沿海国权利和义务的法律。第五部分主要但不限于规定了专属经济区的生物资源。该区域可以从基线开始向外最大延伸至 200 海里。第六部分主要规定的是大陆架的非生物资源。大陆架可延伸至基线之外 200 海里，在某些情况下可以延伸更远。主要区别在于根据第五部分，为了行使该部分规定的管辖权，沿海国必须对专属经济区提出主张。按照第六部分，根据定义在勘探开发大陆架自然资源的目的下，沿海国对大陆架拥有主权性权利，沿海国并不需要采取任何正式步骤来获取该权利。

第五十六条第 1 款（a）项，确立了沿海国对专属经济区海床及其底土以及上覆水域中自然资源的主权性权利。在第五十六条第 3 款中规定的关于专属经济区海床和底土的权利应当以符合第六部分的方式行使。沿海国对领海外部界线以外但同时在国家管辖范围内的海床和底土的自然资源的权利行使规定在第六部分（第七十六条至第八十五条）和附件二的大陆架管理制度中。这种衔接减少了专属经济区和大陆架混淆

---

　① 在本公约中，"养护"和"管理"这两个词用在与海洋自然资源相关的内容中（参照第五十六条第 1 款（a）项），而"保护"和"保全"两个词则用于海洋环境中（参照第七部分）。

的可能性。②

V. 3 对专属经济区和大陆架的制度而言有几个因素是共同的；因而，在第五部分和第六部分中存在相似的条款，但适当改变了表述。它们包括：分别关于在专属经济区和大陆架上的人工岛屿、设施和构筑物的第六十条和第八十条；以及关于其他国家在专属经济区的权利和义务的第五十八条第 1 款，还有关于在大陆架上铺设海底电缆和管道的第七十九条。

对划分拥有相邻或相向海岸的国家间关于专属经济区（第七十四条）以及大陆架（第八十三条）的重叠主张的条款在结构上对称。③ 这两个条款一起协商；然而，在大多数情况下，决定谈判方不同立场的因素是他们对大陆架界的关注。在会议期间，世界上大多数区域都存在对大陆架的重叠主张。在这一点上，提交到国际法院或者国际仲裁庭的大多数双边划界争端都与大陆架主张重叠有关。自第三次联合国海洋法会议以来，一些此类争端也与渔区和专属经济区有关。一些争端包括为所有渔区确定一条单一的界线，例如缅因湾案。

V. 4. 在 1982 年海洋法《公约》通过前，有一些将国家管辖权延伸到海洋的生物资源上的做法。早在 1930 年国际法编纂的海牙会议上，代表们就认同需要将对资源的管理延伸至邻近的海洋中。一些提案的条款草案指出在领海相邻的区域"有效实施渔业法"。④ 会议没有就领海的限制或者领海之外相邻的管辖区的范围以及目的达成任何协议。

V. 5. 将沿海国管辖权扩展至领海以外的自然资源（生物和非生物）上的最重要的主要步骤发生在第二次世界大战之后。在 1945 年 9 月 28 日，美利坚合众国的杜鲁门

---

② 由于 1958 年《大陆架公约》及其表达的习惯法，很多沿海国已经拥有在领海以外的海床和底土的自然资源的权利。其他只有狭窄的大陆架或者没有大陆架的沿海国，发现他们没有任何这种延展性的管辖权。这种情况是 1958 年《大陆架公约》并不令人满意的对大陆架的界定所带来的结果，在联合国大会的第 2574 A（XXV）号决议中也指出了这种情况（参见下文 VI. 6 段）。第五部分和第六部分都强调了这一问题，尤其是通过第五十六条第 3 款和第七十七条。在 1985 年"大陆架案"（阿拉伯利比亚民众国/马耳他）中，国际法院指出：

虽然大陆架和专属经济区的制度是截然不同的，但专属经济区对该区域的海床所规定的权利是参考了为大陆架所制定的制度。虽然可以没有专属经济区的大陆架，但不可能没有相对应的大陆架的专属经济区。

1985 年《国际法院报告》4，33，第 34 段。

③ 在"缅因州地区海湾的海洋边界划界案"（加拿大/美国）中，国际法院的特别分庭指出以下事实：

关于划定大陆架和专属经济区的条款的对称性，在如本案的情况下最为有意义，即在海底及上覆渔区（包括在专属经济区的概念中）划定一条单一的界限。尽管限于相关国际法原则和规则的认定，所使用语言的同一性是最为关键的。

1984 年《国际法院报告》245，295，第 96 段。

④ 第二委员会通过的报告，参见国际联盟，*Acts of the Conference for the Codification of International Law*，LN doc. C. 351（b）. M. 145（b）. 1930. V，Annex V，第 209 页。转载在 Sh. Rosenne（编），*League of Nations Conference for the Codification of International Law*［1930］，第四卷第 1411 页（1975 年）。

总统发布了两项公告。第一项公告宣布了美国针对大陆架海床和底土的自然资源的政策⑤（详细内容参见下文第 VI.5 段）。伴随该公告所发布的文件指出，大陆架可延伸到 100 英寻（600 英尺）水深的地方。⑥ 第二份公告宣布了美国关于在"毗连其海岸"的公海地区需要保护区并保护渔业资源的政策。⑦

尽管美国没有主张对在那些区域中的生物资源拥有管辖权，但它宣布了在该类保护区中规范和控制捕鱼活动的权利。在两份文件中都特别主张"自由和不受阻碍的航行"权利。

在杜鲁门公告以后，一些拉丁美洲的国家也对扩大海洋区域提出主权要求。这些国家中最突出的是智利和秘鲁。在 1947 年 6 月，智利宣告了对"与其国家领土的大陆和岛屿海岸邻接的大陆架"以及"已知的或者经发现的存在于上述大陆架之中或者其下的自然财富"拥有主权，并且还对 200 海里的"与其海岸相邻的海域"和"前述海域之中还有其下的所发现的自然资源"拥有主权。⑧ 明确的目的是为了保护捕鲸和深海渔业以及维护航行自由。在同年的 8 月，秘鲁宣布其对大陆架的国家主权和管辖权可以延伸到大陆架所有的深度和宽度范围，并且还宣称其在 200 海里范围内"在秘鲁海岸附近的海域将行使同一的控制和保护"。⑨ 其目的是保护近海渔业（特别是凤尾鱼）

---

⑤　第 2667 号公告，Concerning the Policy of the United States with Respect to the Natural Resources of the Subsoil and Sea Bed of the Continental Shelf，转载在《联邦行政法典》1943—1948 年补编第三卷第 67 页；《美国法规大全》第五十九卷，第二部分，第 884 页（1945 年）；《美国国际法杂志》补编第四十卷第 45 页（1946 年）；以及 UN Legislative Series，*Laws and Regulations on the Régime of the High Seas*（ST/LEG/SER. B/1），第 38 页（联合国销售号 1951. V. 2（1951 年））。

⑥　参见 *Public Papers of the Presidents of the United States*；*Harry S. Truman*（1945），第 353 页（1961 年）；以及 *Laws and Regulations...*，见前注 5，第 39 页。

⑦　第 2668 号公告。Concerning the Policy of the United States with Respect to Coastal Fisheries in Certain Areas of the High Seas. 在《联邦行政法典》1943—1948 年补编第三卷第 68 页；《美国法规大全》第 59 卷，第二部分，第 885 页（1945 年）；转载在《美国国际法杂志》第四十卷补编，第 46（1946 年）；以及 *Laws and Regulations...*，见前注⑤，第 112 页。

⑧　1947 年 6 月 23 日关于大陆架的总统公告转载在 *Laws and Regulations...*，见前注⑤，第 6 页。

智利是第一个声明 200 海里区域的国家。在这一点上，值得注意的是：

智利的法律专家……认为 200 海里的声明是符合 1939 年巴拿马声明中所采纳的安全区的。并且增加了该声明中大陆架和上覆水域的区别来强化智利跟随在杜鲁门公告中美国提出的先例的主张的声明。

A. Hollick，"The Origins of 200-Mile Offshore Zones,"《美国国际法杂志》第 71 卷第 494、495 页（1977 年）。

巴拿马声明主张 300 英里的"安全区"。参见 *Foreign Relations of the United States*，Diplomatic Papers 1939，第五卷第 36 页（Dept. of State Pub. 6493（1957））。

⑨　1947 年 8 月 1 日的关于水下大陆架或者岛架的第 781 号总统法令，转载在 *Laws and Regulations...*，见前注⑤，第 16 页。

免受远洋捕鱼船队的影响；它也维护了航行自由。其他拉丁美洲的国家在20世纪50年代期间也提出了相似的要求。

在1952年8月18日，智利、厄瓜多尔和秘鲁通过了一项"关于海洋区域的宣言"，后来被称为《圣地亚哥宣言》。该宣言主张从其海岸开始最小200海里范围内拥有排他的主权和管辖权。[⑩] 宣言规定了该区域内的无害通过，其他国家认为这等于将领海延伸到200海里的范围内。在其他情况下，使用了反映对公海的利用的字眼，虽然不一定有那种内涵。对于所主张的国家权利的范围存在广泛的不确定性，特别是关于航行和飞越问题，并且这些主张由于违反了公海自由而受到质疑。[⑪]

V. 6.   第一次联合国海洋法会议（1958年）上，在联合国国际法委员会提出的草案的基础上进行了讨论，主要是围绕领海的最大宽度的问题进行了协商。就这一问题进行广泛的讨论后，没有通过任何明确这一宽度的提案。[⑫] 对公海的生物资源的保护以及捕鱼权等构成相关问题，并且会议通过了《公海捕鱼和生物资源养护公约》。此外，还通过了一些决议，在这些决议中能够看到专属经济区的理念根源。它们包括国际渔业养护公约的决议三，养护措施合作的决议四，人为捕杀海洋生物的决议五，还有关于沿海渔业的特殊情况的决议六。[⑬]

第二次联合国海洋法会议（1960年）议程由单一项目构成："领海宽度和捕鱼范围的问题"。存在的主要问题是领海的最大宽度可能是多少，以及在该情况下沿海国的捕鱼权能够在领海之外延伸多少。所有的提案都构想较窄的领海宽度以及在领海的外部界限之外和相邻的区域设立适度范围的较窄的渔区，并且排除外国的捕鱼活动。某一提案建议授权沿海国可以修改其领海宽度，从所适用的领海基线开始最宽6海里，并且从该基线开始最远12海里的毗连渔区，在该区域内拥有与领海相同的捕鱼和开发海洋生物资源的权利，而该提案以非常小的票数差而没有获得通过所需的2/3多数。[⑭]

---

⑩   《联合国立法集》，*Laws and Regulations on the Régime of the Territorial Sea*（ST/LEG/SER. B/6），第723页（联合国销售号 1957. V. 2（1956））.

⑪   这一不确定性形成后来发展为解决在200海里领海中航行问题的方法的"相对多数机制"的基础（参见上文2.4段）。然而，在第三次联合国海洋法会议上，当通过其中或者上空具有航行和飞越自由的专属经济区的概念得到明确以后，相对多数机制的方法就没有被采用了。

⑫   在第一委员会第56次和第57次会议上，当对该问题表决时，进行了不少于14次的投票。其中有7次是程序性的。在总投票次数中，有13次是记名投票。这表明对该问题的利益的高度关注。

⑬   这些决议的案文参见 A/CONF. 13/L. 56（1958），第一次联合国海洋法会议，正式记录，第二卷第143、144页。

⑭   这是加拿大和美国代表共同提交的提案，一般被称为"六加六"。参见 A/CONF. 19/C. 1/L10（1960），第二次联合国海洋法会议正式记录，第169页。该提案在全体委员会上获得通过，其中43票赞成，33票反对，还有12票弃权，参见 A/CONF. 19/L. 4（1960），第23段，同上，第170页。然而，在第13次全体会议上，加拿大和美国提交的一项修正案（A/CONF. 19/L. 11，同上173）以54票赞成，28票反对，5票弃权（因此没有获得规定的三分之二多数）而没有获得通过。参见 13th plenary meeting（1960），第18段，同上，第30页。

这一情况让沿海国尤其是在非洲和南美的国家更新了其主张，要扩大领海宽度或者其他专属的或者优先的权利或管辖权，有时候这些权利被称为沿海国的"管辖权蔓延"。因此，对在领海之外沿海国的权利更全面和完整的规定的需要可以追溯到以前的会议，包括第一次联合国海洋法会议和第二次联合国海洋法会议，涉及领海宽度，但没有涉及沿海国对与其海岸毗邻的海洋自然资源的特有权的地理范围以及数量特征等更广泛的问题。

V.7. 基于1970年12月17日联合国大会的第2750C（XXV）号决议（第Ⅰ卷，第178页）而召开第三次海洋法会议，以及在其之前的程序上的争议（参见上述导言3～5款），日益认识到承认任何在领海外部界限之外的沿海国的延伸管辖权，需要与在该延伸区域内国际社会的一般性权利的主张符合。这尤其在涉及领海航行权，用于国际航行的水道的航行和飞越自由以及在沿海国延伸的管辖范围的任何区域的航行和飞越自由方面，与海洋资源有关的方面适用。虽然在两种途径之间存在冲突的因素——扩展国家管辖权和保持航行自由，但是因为绝大多数沿海国也对航行自由十分关注，这一因素变模糊了。所谓的"沟通原则"适用于所有的国家，包括内陆国都有兴趣的内容。内陆国和地理不利国家集团（LL/GDS Group）在沿海国的权利义务和管辖权谈判的时候也强调其地位，尤其是涉及它们出入海洋（第Ⅹ部分，第一二四条至第一三二条）以及在领海之外它们获得生物资源（第六十九条和第七十条）的问题。

V.8. 最开始提交给海底委员会的提案对延伸海洋管辖权提出了温和的建议。在1971年会议上美国代表提交的首个提案[15]与1960年没有获得通过的提案几乎一致。它主张国家管辖权的区域仅仅为12海里，这一部分可成为领海并且还拥有享有排他的捕鱼权的其他区域。在12海里之外，可以按照为养护和分配资源的某些获得一致同意的标准，由区域组织来管理捕鱼。后来加拿大[16]，美国[17]，澳大利亚和新西兰[18]的提案都认可了沿海国对生物资源拥有排他权利，但是避免了对争端中的海洋区域明确进行限制，只是按照各个种类的生命周期界定了这些权利。这就是所谓的"种类方法"。

其他发达国家的提案都类似地以限制沿海国的管辖权为目标，尤其是苏联[19]和日本[20]的提案。根据苏联提案，沿海国影响渔业的措施需要得到捕鱼国的明示同意或者捕鱼国是成员国的国际渔业机构的一致推荐。日本的提案巧妙地通过授予沿海国（发达国家和发展中国家）优先权使发展中国家受益，但只是在谈判并且就特定的实施措施

---

[15]　A/AC. 138/SC. Ⅱ/L. 4 and Corr. 1，第一条和第三条，转载在《1971年海底委员会报告》第241页（美国）。

[16]　A/AC. 138/SC. Ⅱ/L. 8，转载在《1972年海底委员会报告》第164页（加拿大）。

[17]　A. AC. 138/SC. Ⅱ/L. 9，转载在《1972年海底委员会报告》第175页（美国）。

[18]　A/AC. 138/SC. Ⅱ/L. 11，转载在《1972年海底委员会报告》第183页（澳大利亚和新西兰）。

[19]　A/AC. 138/SC. Ⅱ/L. 6，转载在《1972年海底委员会报告》第158页（苏联）。

[20]　A/AC. 138/SC. Ⅱ/L. 12，转载在《1972年海底委员会报告》第188页（日本）。

达成协议之后，并且通过将发达国家的利益限制在"当地实施的小型海洋渔业"范围。

V. 9. 与发达国家倾向于给予沿海国优先权利的提案形成对比的是，发展中国家的提案寻求对 200 海里范围内的自然资源拥有不受限制的主权权利。最初，拉丁美洲国家在就管辖主张的不太正规的具体表达方式达成一致方面存在困难（与 1970 年《利马宣言》和《蒙得维的亚宣言》以及随后的 1972 年《圣多明哥宣言》相比[21]）。然而，亚洲和非洲国家一致希望通过一项为特有的资源目的将主权权利延伸的条款。[22] 虽然发展中国家总体上强烈支持在邻近的 200 海里的海域获得更多的资源权利，但是对提案的管辖区的特殊性质仍然存在不同意见。

V. 10. 作为复杂谈判以及关于在领海之外的区域资源的沿海国权利和管辖权概念的不同方法的结果，由第二分委员会准备的主题和问题清单中的第 6 项和第 7 项是长期而复杂的。[23]这些问题如下：

第 6 项 领海之外的专属经济区

6.1 性质及特征，包括沿海国对该区域内资源、污染控制和科学研究的权利和管辖权。国家的义务

6.2 区域的资源

6.3 航行和飞越自由

6.4 地区安排

6.5 范围；适用标准

6.6 捕鱼

6.6.1 专属渔区

6.6.2 沿海国的优先权

6.6.3 管理和保全

6.6.4 在封闭和半封闭海域的沿海国渔业的保护

6.6.5 在国外管理和控制下的关于专属渔业管辖的区域的岛屿制度

6.7 在国家管辖范围内的海床

6.7.1 性质和特征

6.7.2 相邻和相向国家之间的划定

6.7.3 对自然资源的主权

---

[21] 《拉丁美洲国家宣言》（《利马宣言》）转载在 A/AC. 138/28（1970 年，油印）；《蒙得维的亚宣言》转载在 A/AC. 138/34（1971 年，油印）；以及《圣多明哥宣言》转载 A/AC. 138/80，《1972 年海底委员会报告》第 70 页（关于海洋法问题的加勒比海国家会议）。这些宣言中只有后者是明确确认了管辖权延伸但有限的一片区域。

[22] 例见，the Conclusions in the General Report of the African States Regional Seminar on the Law of the Sea, A/AC. 138/79（1972 年，油印），转载在《1972 年海底委员会报告》第 73 页。

[23] 提交给第二委员会的清单全文参见本丛书的第 I 卷，第 87 页；以及上文导言 7。

6.7.4 限制：适用标准

6.8 沿海国的权利和义务

6.9 科学研究

第7项 沿海国在领海之外对资源的优先权利或者其他非专属的管辖权

7.1 性质、范围和特征

7.2 海床资源

7.3 渔业

7.4 预防和控制对海洋环境的污染和其他威胁

7.5 在研究和合理开发海洋资源方面的国际合作

7.6 争端解决

7.7 其他权利和义务

在清单中的一些其他内容也是与此相关的，包括内陆国对海洋生物资源的权利和利益（第9.4项）；没有大陆架的国家以及只有狭窄的大陆架的国家或者从渔业角度看只有较短海岸线的国家的权利和利益（第10.2项）；人工岛屿和设施（第18项）；以及争端的解决（第21项）（参见第I卷，第34页）。

V.11. 到第二期会议（1974年）时，专属经济区概念的接受已经基本得到了确认。剩下的要解决的问题是关于在该区域内沿海国的权利和权利性质和范围、区域的司法地位的明确、剩余权利的归属，还有重叠的主张的解决仍需要讨论。这些问题成为会议协商的核心。

V.12. 在该区域内涉及沿海国权利的不同立场用下述文字进行了总结：

在第三次联合国海洋法会议讨论的第一个阶段，可以辨别出三种基本观点的发展趋向。领海主义趋势假定的前提是200海里的领海，在最开始的12海里以外，逐步接受对沿海国管辖权的限制，直到在剩余的188海里的地带为了国际合作的目的所确认的主权自由的位置（海洋环境的保全，科学研究，第三国获得剩余生物资源）。这一观点虽然是最早形成的，但是已经基本上消失了，各国更倾向建立"强有力的"经济区。另一种趋势首先被称为优先主义，因为它只承认沿海国在领海之外涉及生物资源开发的优先权；因此其出发点是在毗连领海的公海区域认可沿海国某些特别权利或者授予其专门权力。这种方法自其开始形成以来得到了发展，直至接受200海里范围的专属经济区并且列明了沿海国（包括对资源的主权权利以及关于相关活动的管辖权）以及其他国家的权利和义务。然而，由于该区域构成公海的一部分的概念，这种方法被弱化了。最后一种趋势是区域主义，在其中纳入了世袭主义的态度（在二者间可能会找到一些不同点，但是它们基本上持有相同的立场）并且它建议创设一种新的法律制度来管理具有其本身特色的海洋空间并因此既不构成领海也不属于公海的一部分。这一趋势逐步发展成熟，从其他两种趋势中吸取了一些内容。

会议讨论的历史记录了这些趋势之间的冲突，各个发展趋势的支持者逐步形成了代表两种基本取向的集团：一种希望有或多或少独立的经济区，它让区域主义和领海主义在本质上结合起来，尽管在二者间还存在不同，甚至还有重大的差别；以及另一种希望有"疲弱"的经济区。两个集团之间争论的焦点……是专属经济区的法律地位。㉔

在第二期会议临近结束时，《主要趋势工作文件》㉕ 在主题和问题清单中反映了对以上事项的主要提案。提案反映了上述的三种立场，但是没有包括领海主义者提出的200海里领海的过于极端的立场。㉖

V. 13 在第二期和第三期会议之间（1974年和1975年），非正式法律专家组（埃文森小组）首次试图拟定一系列紧密结合的关于经济区的条款草案。㉗ 该小组准备了讨论结果的案文并且小组的主席埃文森（Jens Evensen，挪威）自己承担责任将该案文在会议上散发。㉘ 案文由15条组成，分成一般条款和生物资源两类，重点是后者。然而这并不是一个谈判案文，而且它引起了七十七国集团的反对，尤其是那些极端的领海主义者。他们想要让经济区受到沿海国较严格的管理。此外，在内陆国和地理不利国家也存在很大反应，它们更努力地想要获取相邻沿海国的渔场。㉙

㉔ J. César Lupinacci, "The Legal Status of the Exclusive Economic Zone in the 1982 Convention on the Law of the Sea," 载于 F. Orrego Vicuña（编），*The Exclusive Economic Zone: A Latin American Perspective* 75, 93 – 94（1984）. Lupinacci 大使是第三次联合国海洋法会议乌拉圭代表团的团长。

㉕ A/CONF. 62/L. 8/Rev. 1（1974），附件二，附录一［A/CONF. 62/C. 2/WP. 1］，条款第八十八条至第一二三条，正式记录，第三卷第107、120页（总报告员）［《主要趋势工作文件》］，详细段落参见上文导言10 – 12。

㉖ 《主要趋势工作文件》的第五部分（专属经济区）所附加的提示表明："为了纯粹的方法学原因，那些认为将专属经济区纳入延伸到200海里的领海范围内的代表团的立场，不构成一种趋势。"

㉗ 关于埃文森小组的组成、特点和作用的更多详细信息，参见 J. Evensen, "Working methods and procedures in the Third United Nations Conference on the Law of the Sea," 199 *Recueil des Cours* 第415、491页（1986 – IV）。

㉘ 关于在第三期会议上散发的本案文的最终草案，参见 letter of Jens Evensen, of 24 April 1975，转载在《第三次联合国海洋法会议文件集》第四卷第209页。该案文是建立在第二期会议上该小组准备的一系列"临时条款草案"的基础上，规定的是在经济区中的国家权利和义务。参见《第三次联合国海洋法会议文件集》第十一卷第393、398页（第十一条至第二十三条）。关于该小组产生的关于专属经济区的后续草案参见同出处的第425、442、446、464和481页。

㉙ 例见由德国、尼泊尔、新加坡和赞比亚代表于1975年4月30日致第二委员会主席的信，信中不同意埃文森小组的代表权是"非常偏向于沿海国以及那些拥有广阔大陆架的国家"以及内陆国/地理不利国"明显没有得到充分的代表"的情况。转载在《第三次联合国海洋法会议文件集》第四卷第224页。

提交给第二委员会主席并由七十七国集团③主席在大会散发的针对专属经济区的工作文件重申了发展中国家的地位。该文件将主要的重点放在了沿海国的主权权利或者专属管辖权上，这个案文反映了经济区的强烈倾向于沿海国的特点。

V. 14. 在第三期会议（1975 年）上，第二委员会建立了经济区的非正式咨询小组。③ 虽然小组本身并没有就该问题建议任何案文，它的讨论导致了政治上的平衡并最终反映在非正式单一协商案文第二部分中。非正式单一协商案文第二部分是基于两项重要的前提：第一，对在专属经济区内竞争的利益的平衡；以及第二，在整体《公约》范围内该区域的范围和性质。非正式单一协商案文第二部分（第四十五条至第六十一条）的主要内容保留在后来的案文中并且出现在《公约》的第五部分。这表明在早期阶段就解决了关于沿海国对毗连其领海的海洋区域内的海洋自然资源的权利的主要实质性问题。

一些重要的问题仍然引人关注。他们包括：（i）专属经济区的司法地位以及该区域中的剩余权利问题；（ii）内陆国和地理不利国家分享相邻沿海国的生物资源的权利；（iii）拥有相向或者相邻海岸的国家对专属经济区重叠主张的划分；以及（iv）在专属经济区沿海国行使主权权利引起的争端的解决。

V. 15. 在第四期会议（1976 年）上，在第二委员会非正式会议中的协商仍在继续。在逐条讨论非正式单一协商案文第二部分后，主席对修订的单一协商案文第二部分的介绍包括了以下对专属经济区协商的解释：

> 14. 委员会中分歧最大的问题可能是是否应当将专属经济区包括在公海的概念中。我最初感到：我应当至少寻求到一种折中的解决办法，通过我的观点多少带来一些实质性的认识，以寻找到和解。

> 15. 然而，基于对讨论更为详细的分析，我决定改变现在可能起到反作用的案文，它会扰乱［非正式单一协商案文］中潜在的平衡。

> 16. 可能令人遗憾的是这一问题是在第七十五条公海的定义条款中获得处理。对公海章节中的条款，究竟哪一条适用于专属经济区，是否包含在公海的定义中，不存在什么争端。

> 17. 对专属经济区既不是公海又不是领海也不存在什么疑问。它是一个独特的区域。

> 18. 正如常常所指出的，"剩余权利"的问题应当获得关注。简而言之，属于沿海国的涉及资源的权利，这些权利至今仍未受到侵害，所有其他国家

---

③ Working Paper on the Exclusive Economic Zone（1975 年，油印）（七十七国集团）。转载在《第三次联合国海洋法会议文件集》第四卷第 227 页。

③ 参见 A/CONF. 62/C. 2/L. 89/Rev. 1（1975 年），第 5 页，第 16 段，正式记录，第四卷第 196 页（第二委员会报告员）。

享有航行和通信自由。㉜

专属经济区因此被认为是一个不同于领海和公海的独立的海洋区域，并且修订的协商案文第二部分的第七十五条中规定的"公海"这一定义称，公海是"不包括在专属经济区、领海或者国家的内水，或者群岛国的群岛水域的"所有海洋区域。

V. 16. 在第五期会议（1976 年）的前期阶段，会议主席把确定专属经济区的定义和地位看成是一个关键因素。尤其是他说：

> 12. 对于是否应当将专属经济区纳入公海的定义中或者将专属经济区作为一个不属于公海和领海的独特的区域这一存在争端的问题，必须达成妥协。专属经济区概念的独一无二的性质必须要求规定在该范围内行使权利和履行义务的条款越清楚越好。沿海国的利益和权利必须与内陆国和地理不利国的要求相协调。

> 13. 从另一个方面，这一新的法律概念的特点要求清晰地划定在该区域内沿海国的权利和国际社会的权利。一个令人满意的解决方案必须保证赋予沿海国的主权权利和管辖权与对维持国际交往、商业往来以及其他方面不可或缺的得到了完善建立的和长期得到认可的通信和航行权利相融合。㉝

第二委员会主席后来指出在第二委员会中建立了第一协商小组，来讨论专属经济区的法律地位以及沿海国和其他国家在该区域内的权利和义务的问题。该小组集中在那些"为了避免以任何形式将专属经济区与领海或者公海相同化，而着眼于重新表述它们"的问题上。㉞虽然该小组差一点就获得了普遍接受的解决办法，但是实际上在该次会议上还是没有实质性进展。

V. 17. 在 1977 年第六期会议上，第二委员会赋予专属经济区的司法地位和在该区域内的沿海国的权利和义务等问题优先地位。㉟ 该问题最终通过为人们所熟知的"卡斯塔涅达（Castañeda）小组"的小型非正式私人小组而获得解决。㊱ 该小组集中在 4 个

㉜　A/CONF. 62/WP. 8/Rev. 1/Part II（修订的单一协商案文，1976 年），引言，第 14 – 18 段，正式记录，第五卷第 151、153 页（第二委员会主席）。

㉝　A/CONF. 62/L. 12/Rev. 1（1976 年），第 11 – 13 段，正式记录，第六卷第 122 页（大会主席）。

㉞　A/CONF. 62/L. 17（1976 年），第 11 – 13 段和第 27 段，正式记录，第六卷第 135 页（第二委员会主席）。

㉟　General Committee, 31st meeting（1977），第 5 段，正式记录，第六卷第 22 页。

㊱　这一私人小组由 Jorge Castañeda（墨西哥）和 Helge Vindenes（挪威）共同领导。参见该系列第一卷，第 108 页。该小组通过的案文参见《第三次联合国海洋法会议文件集》第四卷第 419、424 和 426 页。也参见 J. Castañeda, "Negotiations on the Exclusive Economic Zone at the Third United Nations Conference on the Law of the Sea," 载于 J. Makarczyk（编），*Essays in International Law in Honour of Judge Manfred Lachs*，第 605 页（1984 年）。

主要的问题上：

    （a）界定专属经济区的地位；

    （b）修改第二委员会涉及沿海国以及在专属经济区内其他国家的权利和义务的案文（修订的单一协商案文第二部分第四十四条至四十七条）；

    （c）修改第三委员会涉及专属经济区法律地位的案文（修订的单一协商案文／第三部分第五十九条至六十二条、第六十四条至六十七条、第七十六条，以及第七十七条）；以及

    （d）为专属经济区内的渔业事项以及科学研究的争端解决制定一般性框架（此后由第五协商小组具体解决）。

该小组针对专属经济区的突出的问题制定了一系列全面的条款，包括涉及在该区域进行海洋科学研究的条款（详情参见第四卷，第509页，第246.10段）。该案文强化了沿海国的权利并且澄清了在专属经济区内的其他国家的相关权利。

关于第五部分，小组提出了一项新的条款以解决专属经济区的特殊法律地位。[37]该条款作为第五十五条包括在了非正式综合协商案文中。[38] 于是，一项条约条款的草案首次提出规定专属经济区拥有特别的法律地位，可以既不属于领海也不属于公海。

同时，在非正式综合协商案文中公海的定义是来自成为第八十六条的内容。其目的是确保在专属经济区内除了沿海国之外的国家在从事不涉及资源的活动方面所享有的自由。作为在该案文中所取得的平衡的一部分，第五十九条规定，关于不能归属于沿海国或者其他国家的权利发生冲突的时候，该问题要"在公平的基础上……考虑到所涉利益对有关各方和整个国际社会整体的重要性，加以解决"。[39]鉴于专属经济区的功能性质，其经济利益是主要的关注点，这一惯性将有利于沿海国，并且在不涉及其他国家或者整个国际社会的利益的问题中优先考虑。

V. 18. 相邻的内陆国和地理不利国家获得专属经济区的生物资源的权利后来被确认为会议"核心"问题之一，并且也是会议的第四协商小组的扩大协商主题。[40]该小组

㊲ 在大会主席非正式综合协商案文的备忘录中，他留意到［卡斯塔涅达］小组精心拟定的案文"与［修订的单一协商案文］中的条款相比为将来的协商提供了更好的基础"。参见 A/CONF. 62/WP. 10/Add. 1（1977），"Part II of the［RSNT］，"第一段，正式记录，第八卷第65、68页（大会主席）。

㊳ 在非正式单一协商案文第二部分以及修订的单一协商案文第二部分，关于专属经济区的条款包括在第四部分中。在非正式综合协商案文中，与群岛相关的条款作为第四部分进行了规定，并且针对专属经济区的条款被移至第五部分。

㊴ 该案文的基础作为第四十七条第3款纳入了非正式单一协商案文第二部分。这表明解决关于滥用专属经济区的权利的冲突的协议在协商中进入了前期阶段。

㊵ 对此以及处理在第二委员会中产生的问题的另一"核心"协商小组，参见上文导言19段。

达成的协议形成了《公约》第六十九条、第七十条、第七十一条和第七十二条的基础，相关的内容由第十部分补充（内陆国出入海洋的权利以及通过自由——第一二四条至第一三二条）。

V. 19. 另一个核心问题是在专属经济区内沿海国行使主权权利而引起的争端解决，这一问题在会议第五协商小组中进行了详尽的探讨。该小组达成的协议纳入了《公约》第二六四条、第二六五条、第二九四条、第二九七条和第二九八条第1款（b）项，直接涉及各种问题的争端解决，还有关于滥用权利的第三〇〇条。

另一个核心问题是与拥有相向或者相邻海岸国家之间海洋界线划定以及与划界相关的争端解决存在联系。该问题提交给会议第七协商小组，并且该小组的协商产生了《公约》第七十四条和第八十三条，以及第二九八条第1款（a）项。

V. 20. 在任何关于专属经济区概念的发展的分析中，这一概念的大部分内容是来自以前就存在的理念这一点变得十分明显。沿海国在邻近的海洋区域对自然资源的"主权权利"的概念曾出现在国际法委员会准备的1956年条款草案中，并且保留在1958年《大陆架公约》中，但限制在大陆架的非生物资源范围内（但包括定居种生物）。在联合国第三次海洋法会议上，沿海国的主权权利的概念适用于上覆在海床之上的专属经济区的水体中的自然资源，以及海床和底土的自然资源。

关于人工岛屿、设施和结构的条款以及在其周围建立安全区的灵感也是来于1958年《大陆架公约》。尽管由于考虑到专属经济区涉及生物资源的目的而进行了很大的修改，规定在第二四六条和第二五二条中的专属经济区内的海洋科学研究的"同意制度"可以在1958年《大陆架公约》的第5条第8段中找到根源。

V. 21. 第五部分确立了专属经济区的重要的法律框架。第五十五条至第六十条涉及两点原则性内容：（i）专属经济区的制度的设立；以及（ii）该区域最主要的使用者，即沿海国和其他国家的权利和义务的分配。第五十五条、第五十六条和第五十七条规定的是区域的范围，法律性质以及沿海国在该区域内的权利、管辖权和义务。

第五十六条规定了沿海国权利、管辖权和义务的一般范围，但是没有规定其使用的全部范围的细节情况。该条规定了以勘探和开采、养护和管理专属经济区的自然资源以及涉及其他经济活动，例如从海水、洋流和风中生产能源为目的的沿海国的主权权利。（沿海国对海床和底土的自然资源的主权性权利按照第六部分行使。参见上文第V.2段）。该条还一般性地规定了涉及保护和保全海洋环境以及海洋科学研究的沿海国的权限。（对这些问题的具体规定分别在第七部分和第八部分。）

第五十八条、第五十九条和第六十条处理的是在专属经济区内沿海国和其他国家权利和管辖权的关系。第五十八条是规定国家与公海自由的概念中所能从事活动相关的权利和义务的关键条款；第五十九条为解决《公约》条款没有明确将权利或者管辖权分配给沿海国或者其他国家的情况下，解决所发生的冲突而确立的原则；还有第六十条明确了沿海国对人工岛屿、设施和构筑物的权利。

第六十一条至七十三条构成了第五部分的最大的单一专题内容。这些条款仅仅处理生物资源问题。在第六十一条和第六十二条规定了沿海国对保全和利用生物资源的广泛的权力、权利和义务。在第六十三条中规定共享资源（跨海域以及跨界资源）问题，并在单独的条款中规定了高度回游鱼类种群（第六十四条）、海洋哺乳动物（第六十五条）、溯河产卵种群（第六十六条）以及降河产卵鱼种（第六十七条）[41]的保全和管理。第五部分的条款不适用于定居物种（第六十八条），定居物种包括在第七十七条第4款规定的大陆架的自然资源（第六部分）中。第六十九条至第七十二条处理的是内陆国以及地理不利国家获取自然资源的复杂的问题。第七十三条规定的是沿海国实施其通过的涉及专属经济区内的生物资源的法律规定。

第七十四条规定了相向或者相邻海岸的国家之间专属经济区划界问题。第七十五条（在第十六条之后）规定了以海图和地理坐标形式公布专属经济区的外部界限以及根据第七十四条划定的分界线。

V. 22. 通过适用第五十五条、第五十七条和第七十四条可以确定沿海国专属经济区的地理范围。第五十五条规定了专属经济区的位置，即"领海之外并且邻接领海"的区域。第五十七条规定了专属经济区的宽度，从测量领海宽度的基线开始"不应超过200海里"。第七十四条规定了相向或者相邻海岸的国家之间重叠主张的专属经济区的划分。因此，这些条款结合起来确定了第五十六条下的沿海国对其专属经济区内的自然资源的主权性权利的界线。根据第七十五条，外部界限和分界线二者都在海图或者地理坐标上标出。（关于领海的外部界限和分界线的第十六条，关于群岛基线的第四十七条第8款以及关于大陆架的第84条中有类似的规定。）从这一意义上，第十六条和第七十五条是相联系的。

V. 23. 国家在专属经济区内的权利和义务的基础规定在了第十五部分解决关于解释或者适用《公约》的争端的条款中。作为一项原则，所有涉及《公约》的缔约国之间的争端都应当通过和平方式解决。虽然第十五部分规定了这些方式，但是在涉及沿海国对专属经济区的权利和义务的情况下，对诉诸产生约束力的解决方式的强制程序存在特别限制。这些条款是《公约》规定的专属经济区制度的不可分割的一部分。

V. 24. 第二九七条第1款明确规定了关于因沿海国行使《公约》规定的主权权利或管辖权而发生的对《公约》解释或适用的争端，当据指控沿海国在第五十八条规定的关于航行、飞越或铺设海底电缆和管道的自由和权利，或关于海洋的其他国际合法用途方面，有违反《公约》的规定的行为，应遵守导致有拘束力裁判的程序。第五十八

---

[41] 专属经济区中的自然资源以及公海中的自然资源的养护和管理之间的相互关系由第五十六条、第六十三条第2款、第六十四条和第七部分第二节（第一一六条至第一二〇条），以及第一一六条共同支配。参见联合国海洋事务和海洋法司，*The Regime for High-Seas Fisheries: Status and Prospects*，《条约大全》第66段和67段，第23页（联合国销售号 E. 92. V. 12（1992年））。

条规定根据《公约》相关条款，在专属经济区所有国家享有第八十七条中规定了航行、飞越或铺设海底电缆和管道的自由（公海自由），以及其他与这些自由相关的符合国际法的海洋利用，例如与船舶、飞机以及海底电缆和管道运营相关的并且符合《公约》其他条款的自由。

V.25. 与在拥有相向或者相邻海岸的国家之间的领海、专属经济区以及大陆架相关的涉及与《公约》条款的解释或者适用的争端，还包括关于历史性海湾的争端，都属于第二九八条第1款可选择性例外的范围，根据其所要求的遵守附件五强制调解的规定。该条款导致了按照第十五部分第二节的要求作出约束第三方的决议，或者作为另一种选择，在第二九八条第1款（a）项以及附件五中规定的和解程序。

V.26. 与一个沿海国发生的涉及在专属经济区内的渔业的争端属于第二九七条第3款的管辖范围。那将会排除以下争端：涉及沿海国就区域的生物资源（不包括定居种生物）的主权权利，或者行使这些权利，包括沿海国决定可捕捞量、其收获能力、将剩余的分配给其他国家以及沿海国设立的关于保护和管理的法律和规章中的术语和条件。

V.27. 与沿海国发生的涉及沿海国在专属经济区内为保护和保全海洋环境的行为的争端，属于第二九七条第1款（c）项的管辖范围，并且如同航行争端一样是可进行裁判的。在这一意义上，第二九〇条赋予了法院或者仲裁庭对案件的性质拥有裁量权，根据第二八七条规定的程序的选择来处以临时性措施以"防止对海洋环境造成严重损害"。如果法院或者仲裁庭在当时还不存在，那么国际海洋法法庭根据第二九〇条以及附件六第二十五条就拥有有限的临时管辖权。

V.28. 与沿海国就海洋科学研究发生的涉及在专属经济区内的主权权利的争端原则上根据第二六四条和第二九七条第2款解决。但是，沿海国对源于其根据第二四六条行使权利或者自由权，或者根据第二五三条决定命令研究项目暂停或者终止而产生的争端，并不一定接受将未具名交给第三方解决。这些争端提交协商解决，受到以下条款的制约：协商委员会不应当质疑沿海国根据第二四六条第5款行使拒绝同意的自由。第二六五条包括了一项特殊条款——特别规定，是涉及临时措施的，沿海国有权在该争端尚未解决时，不执行在第二九零条中规定的临时性或者过渡性措施的一般规定。

V.29. 通过扩展，基于选择性排除，第二九八条第1款（b）项允许任何国家在涉及行使主权权利或者管辖权的法律实施活动方面不受强制性争端解决程序约束。那些争端根据第二九七条第2款或者第3款，不受法院或者仲裁庭的管辖。这与海洋科学研究（第2款）和捕鱼争端（第3款）的例外相关。

V.30. 第二九二条规定了及时释放根据第七十三条规定而被逮捕或者拘留的违反了沿海国对专属经济区内的生物资源进行管理的法律和规章，或者根据第二〇〇条没有适当地遵守沿海国关于海洋环境保护的法律和规章的船舶和船员。如果根据第二八七条对案件拥有管辖权的法院或者仲裁庭在当时还不存在，国际海洋法法庭根据第二九二条第 1 款拥有临时剩余管辖权。

V. 31. 因此可以看到专属经济区的整体概念是对权利、管辖权和义务结构的一种精巧设计，在沿海国和所有国家社会中进行多种分配。这一概念是 1982 年《联合国海洋法公约》最重要的支柱之一，而且为专属经济区所创设的制度也许是整个《公约》中最为复杂并且多样的。

V. 32. 庞大而综合的海洋法在第二委员会的协商中包括了许多较小的专题。专属经济区是其一个最重要的例子。第五部分条款反映了多种利益的分配，包括：（i）沿海国勘探和开发，以及养护和管理专属经济区的主权权利和义务；（ii）航行和飞越自由；（iii）第三国经济利益；（iv）在区域中某些活动的管理，例如海洋科学研究，保护和保全海洋环境，以及人工岛屿、设施和结构的建造和使用；（v）铺设海底电缆和管道的自由；（vi）区域军事和战略用途；以及（vii）该区域的剩余权利问题。

V. 33. 国家立法表明专属经济区概念得到了广泛的接受。联合国秘书处在提交给联合国大会的关于《公约》实施的进展的一份报告中指出，已有 86 个国家提出了 200 海里范围内的专属经济区主张，并且有 20 个国家提出了专属渔区的主张。[42] 曾经只得到少数支持的具有革命性的专属经济区，现在已经普遍被认为成为了一般国际法的一部分。

然而，当主张和立法显然受到《公约》影响的同时，立法并不完全与《公约》一致，至少在其英文翻译中发现的术语表达不一样。联合国秘书处对这些不同之处给予了部分解释，指出：

> 对这些……国家海洋立法进行审视将揭示一部分这些立法的制定与［《公约》］规定……的专属经济区条款的不同，有时是很重要的方面。这些法律中的一部分是基于前期的《公约》版本，尤其是［非正式单一协商案文］。在这些非正式的谈判案文中的条款是应当变化并且确实在多年以来发生了改变。结果，一些沿海国的立法没有反映现在纳入［《公约》］中的对这些案文的修改。一些国家已经实际上修改了其立法以便和《公约》的相关条款保持一致，还有其他一些国家正在参照《公约》条款修改其立法……
>
> 从一些国家的立法的命名就可以看出，他们主张的包括整套权利的专属经济区或者经济区与《公约》下的专属经济区相联系。然而一些其他的国家更倾向于制定专属渔区立法，因此限于主张对专属经济区的上覆水域中找到

---

[42] A/47/512（1992 年，油印），第四十七届联合国大会正式记录，第 31 段，附件，议程项目第 32 项。这一国家立法的绝大部分包括在联合国海洋事务和海洋法司，对海洋管辖权的国家声明（联合国销售号 E. 91. V. 15（1991））中。

的生物资源（鱼类）的主权权利。㊸

如果一个国家主张专属渔区，其权利和管辖权就限于该区域内的生物资源。专属渔区因此可以被看做是专属经济区的一部分，并且所制定的专属渔区立法的国家权利和义务是根据第五部分规定的涉及勘探和开发、养护和管理所涉水域的生物资源的权利和义务而规定的。㊹ 第五部分因此大体上被认为是管理所有国家涉及专属渔区的权利、管辖权和义务的部分，不论是否是沿海国。

应当指出位于半封闭海的国家倾向于限制他们对专属经济区或者专属渔区的主张范围；在地中海没有国家主张专属经济区。㊺当一个国家没有建立专属经济区或者专属渔区，所有在领海之外的水域都属于公海范围。在这样的情况下，对大陆架的自然资源的就受第六部分的规定的支配。

就自然资源来说，专属渔区和专属经济区之间的不同在实践中可能不会很多。虽然第五十六条第1款（a）项赋予沿海国对海床和底土上的自然资源拥有主权权利，该条的第3款规定了这些权利需要根据第六部分来行使。

㊸ 联合国秘书长关于海洋法问题的特别代表办公室，*National Legislation on the Exclusive Economic Zone, the Economic Zone and the Exclusive Fishery Zone*，在 iii – iv（联合国销售号 E. 85. V. 10（1986））。又参见联合国秘书长关于海洋法问题的特别代表办公室，*Current Developments in State Practice*（联合国销售号 E. 87. V. 3（1987））；联合国海洋事务和海洋法司，*Current Developments in State Practice* 第二期（联合国销售号 E. 89. V. 7（1989））；以及同上第三期（联合国销售号 E. 92. V. 13（1992））。

㊹ 秘书长在其提交给关于海洋法的联合国大会的最新报告中，指出很多宣布了专属渔区的国家在很大程度上将其立法建立在《公约》第六十一条、第六十二条以及第七十三条规定的基础上。见前注㊷，第 35 段。

㊺ 同上，第 32 段。

第五十五条　专属经济区的特定法律制度

专属经济区是领海以外并邻接领海的一个区域，受本部分规定的特定法律制度的限制，在这个制度下，沿海国的权利和管辖权以及其他国家的权利和自由均受公约有关规定的支配。

资料来源

第三次联合国海洋法会议文件

1. A/AC. 138/SC. II/L. 10，第二条。转载在《1972 年海底委员会报告》第 180 页（肯尼亚）。

2. A/AC. 138/SC. II/L. 11，第一节，转载在《1972 年海底委员会报告》第 183、184 页（澳大利亚和新西兰）。

3. A/AC. 138/SC. II/L. 12，条款第一条第 1 款，转载在《1972 年海底委员会报告》第 188、190 页（日本）。

4. A/AC. 138/SC. II/L. 21，第四条。转载在《1973 年海底委员会报告》第 19、20 页（哥伦比亚、墨西哥和委内瑞拉）。

5. A/AC. 138/SC. II/L. 23，转载在《1973 年海底委员会报告》第三卷第 23 页（冰岛）。

6. A/AC. 38/SC. II/L. 34，第二条第（1），转载在《1973 年海底委员会报告》第 71、72 页（中国）。

7. A/AC. 138/SC. II/L. 36，第一条（a）项，转载在《1973 年海底委员会报告》第三卷第 77 页（澳大利亚和挪威）。

8. A/AC. 138/SC. II/L. 37 and Corr. 1，第四条。转载在《1973 年海底委员会报告》第三卷第 78、79 页（阿根廷）。

9. A/AC. 138/SC. II/L. 38，第一条。转载在海底委员会 1973 年第四次会议报告第 82 页（加拿大、印度、肯尼亚和斯里兰卡）。

10. A/AC. 138/SC. II/L. 39，第一条。转载在《1973 年海底委员会报告》第 85 页（阿富汗、奥地利、比利时、玻利维亚、尼泊尔和新加坡）。

11. A/AC. 138/SC. II/L. 40 and Corr. 1 – 3，第一条。转载在《1973 年海底委员会报

告》第三卷第 87 页（阿尔及利亚、喀麦隆、加纳、科特迪瓦、肯尼亚、利比里亚、马达加斯加、毛里求斯、塞内加尔、塞拉利昂、索马里、苏丹、突尼斯和坦桑尼亚联合共和国）。

12. A/AC. 138/SC . II/L. 41，第四条第 1 款，转载在《1973 年海底委员会报告》第三卷第 89、90 页（乌干达和赞比亚）。

13. A/CONF. 62/L. 4（1974 年），第十二条，正式记录，第三卷第 81、82 页（加拿大、智利、冰岛、印度、印度尼西亚、毛里求斯、墨西哥、新西兰和挪威）。

14. A/CONF. 62/C. 2/L. 21/Rev. 1（1974 年），第一条第 1 款，正式记录，第三卷第 199 页（尼日利亚）。

15. A/CONF. 62/C. 2/L. 38 and Corr. 1（1974 年），第一条，正式记录，第三卷第 214 页（保加利亚、白俄罗斯苏维埃社会主义共和国、德意志民主共和国、波兰、乌克兰苏维埃社会主义共和国和苏联）。

16. A/CONF. 62/C. 2/L. 39（1974 年），第一条，正式记录，第三卷第 216 页（阿富汗、奥地利、比利时、不丹、玻利维亚、博茨瓦纳、芬兰、伊拉克、老挝、莱索托、马里、尼泊尔、荷兰、巴拉圭、新加坡、斯威士兰、瑞典、瑞士、乌干达、上沃尔特和赞比亚）。

17. A/CONF. 62/C. 2/L. 40 和 Add. 1（1974 年），第四条，正式记录，第三卷第 217 页（比利时、丹麦、法国、德意志联邦共和国、爱尔兰、意大利、卢森堡和荷兰）。

18. A/CONF. 62/C. 2/L. 47（1974 年），第一条，正式记录，第三卷第 222 页（美国）。

19. A/CONF. 62/C. 2/L. 48（1974 年），B 节，第 1 款，正式记录，第三卷第 225 页（巴基斯坦）。

20. A/CONF. 62/C. 2/L. 65（1974 年），第一条，正式记录，第三卷第 234 页（玻利维亚和巴拉圭）。

21. A/CONF. 62/C. 2/L. 82（1974 年），第一条，正式记录，第三卷第 240 页（冈比亚、加纳、科特迪瓦、肯尼亚、莱索托、利比里亚、阿拉伯利比亚共和国、马达加斯加、马里、毛里塔尼亚、摩洛哥、塞内加尔、塞拉利昂、苏丹、突尼斯、喀麦隆共和国、坦桑尼亚联合共和国和扎伊尔）。

22. A/CONF. 62/L. 8/Rev. 1（1974 年），附件二附录一［A/CONF. 62/C. 2/WP. 1］，条款第八十八条、第九十条，方案的 A、方案 D 和方案 E，条款第九十八条和第一二四条，正式记录，第三卷第 93、107、120 页（总报告员）［《主要趋势工作文件》］。

23. A/CONF. 62/WP. 8/Part II（非正式单一协商案文，1975 年），第四十五条第 1 款，正式记录，第四卷第 152、159 页（第二委员会主席）。

24. A/CONF. 62/WP. 8/Rev. 1/Part II（订正的单一协商案文，1976 年），第四十四

条第 1 款，正式记录，第五卷第 151、160 页（第二委员会主席）。

25. A/CONF. 62/C. 2/L. 95（1976 年），第一条和第二条第 1 款，正式记录，第六卷第 171 页（赞比亚）。

26. A/CONF. 62/C. 2/L. 97（1977 年），第一条和第二条第 1 款，正式记录，第七卷第 84 页（赞比亚）。

27. A/CONF. 62/WP. 10（非正式综合协商案文，1977 年），第五十五条，正式记录，第八卷第 1、13 页。

28. A/CONF. 62/WP. 10/Rev. 1（非正式综合协商案文第一次修订稿，1979 年，油印），第五十五条。转载在《第三次联合国海洋法会议文件集》第一卷第 375、411 页。

29. A/CONF. 62/WP. 10/Rev. 2（非正式综合协商案文第二次修订稿，1980 年，油印），第五十五条。转载在《第三次联合国海洋法会议文件集》第二卷第 3、39 页。

30. A/CONF. 62/WP. 10/Rev. 3*（非正式综合协商案文第三次修订稿，1980 年，油印），第五十五条。转载在《第三次联合国海洋法会议文件集》第二卷第 179、215 页。

31. A/CONF. 62/L. 78（《公约草案》，1981 年），第五十五条，正式记录，第十五卷第 172、184 页。

起草委员会文件

32. A/CONF. 62/L. 67/Add. 3（1981 年，油印），第 2～4 页。

33. A/CONF. 62/L. 72（1981 年），正式记录，第十五卷第 151 页（起草委员会主席）。

非正式文件

34. Informal Working Paper No. 4，条款第一条和第十二条；No. 4/Rev. 1，条款第一条；和 No. 4/Rev. 2，条款第一条（均为 1974 年，油印）。转载在《第三次联合国海洋法会议文件集》第三卷第 314、332 和 354 页。

35. Informal Working Paper No. 5 and Rev. 1，第一条（均为 1974 年，油印）。转载在《第三次联合国海洋法会议文件集》第三卷第 378 和 387 页。

36. Contact Group of the Group of 77（1975 年，油印），第 1 款。转载在《第三次联合国海洋法会议文件集》第四卷第 186 页。

37. LL/GDS Group（1975 年，油印），第一条。转载在《第三次联合国海洋法会议文件集》第四卷第 198 页。

38. LL/GDS Group（1975 年，油印），第一条。转载在《第三次联合国海洋法会议文件集》第十一卷第 490 页。

39. LL/GDS Group（1975 年，油印），第一条。转载在《第三次联合国海洋法会议文件集》第四卷第 201 页。

40. LL/GDS Group（1975 年，油印），第一条。转载在《第三次联合国海洋法会议文件集》第四卷第 202 页。

41. Contact Group of the Group of 77（1975 年，油印），第 1 款，转载在《第三次联合国海洋法会议文件集》第四卷第 205 页。

42. 赞比亚（1975 年，油印），第一条。转载在《第三次联合国海洋法会议文件集》第四卷第 208 页。

43. Draft articles on resource jurisdiction beyond the territorial sea（（［1975 年］油印），第一条（未具名）。转载在《第三次联合国海洋法会议文件集》第四卷第 218 页。

44. Group of 77（1975 年，油印），第一条。转载在《第三次联合国海洋法会议文件集》第四卷第 227 页。

45. LL/GDS Group（1975 年，油印），第一条。转载在《第三次联合国海洋法会议文件集》第四卷第 234 页。

46. 奥地利（1976 年，油印），第四十五条（非正式单一协商案文二）。转载在《第三次联合国海洋法会议文件集》第四卷第 283 页。

47. 赞比亚（1976 年，油印），第四十五条（非正式单一协商案文二）。转载在《第三次联合国海洋法会议文件集》第四卷第 284 页。

48. 日本（1976 年，油印），第四十五条（非正式单一协商案文二）。转载在《第三次联合国海洋法会议文件集》第四卷第 286 页。

49. 西班牙（［1976 年］，油印），第四十五条（非正式单一协商案文二）。转载在《第三次联合国海洋法会议文件集》第四卷第 288 页。

50. 美国（1976 年，油印），第四十五条（非正式单一协商案文二）。转载在《第三次联合国海洋法会议文件集》第四卷第 289 页。

51. 秘鲁（1976 年，油印），第四十五条（非正式单一协商案文二）。转载在《第三次联合国海洋法会议文件集》第四卷第 289 页。

52. 新加坡（1976 年，油印），第四十五条。转载在《第三次联合国海洋法会议文件集》第四卷第 290 页。

53. 荷兰（1976 年，油印），第四十五条（非正式单一协商案文二）。转载在《第三次联合国海洋法会议文件集》第四卷第 292 页。

54. 苏联（［1976 年］，油印），第四十五条（非正式单一协商案文二）。转载在《第三次联合国海洋法会议文件集》第四卷第 293 页。

55. 赞比亚（1976 年，油印），第四十五条之二（非正式单一协商案文二）。转载在《第三次联合国海洋法会议文件集》第四卷第 293 页。

56. 英国（［1976 年］，油印），第四十四条。转载在《第三次联合国海洋法会议文件集》第四卷第 405 页。

57. 马拉圭（［1976 年］，油印），第四十四条第 1 款，转载在《第三次联合国海洋法会议文件集》第四卷第 406 页。

58. 波兰（〔1976 年〕，油印），第四十四条。转载在《第三次联合国海洋法会议文件集》第四卷第 407 页。

59. 德意志联邦共和国（〔1976 年〕，油印），第四十四条（订正的单一协商案文二）。转载在《第三次联合国海洋法会议文件集》第四卷第 416 页。

60. LL/GDS Group（1976 年，油印），第四十四条。转载在《第三次联合国海洋法会议文件集》第四卷第 410 页。

61. 赞比亚（1976 年，油印），项目二。转载在《第三次联合国海洋法会议文件集》第四卷第 408 页。

62. LL/GDS Group（1976 年，油印），第四十四条。转载在《第三次联合国海洋法会议文件集》第四卷第 411 页。

63. LL/GDS Group（1976 年，油印），第四十四条。转载在《第三次联合国海洋法会议文件集》第四卷第 412 页。

64. LL/GDS Group（1976 年，油印），第四十四条。转载在《第三次联合国海洋法会议文件集》第四卷第 414 页。

65. LL/GDS Group（1977 年，油印），第四十四条。转载在《第三次联合国海洋法会议文件集》第四卷第 381、383 页。

66. LL/GDS Group（1977 年，油印），第四十四条（订正的单一协商案文二）。转载在《第三次联合国海洋法会议文件集》第十一卷第 568 页。

67. 赞比亚（〔1977 年〕，油印），第四十四条（订正的单一协商案文二）。转载在《第三次联合国海洋法会议文件集》第四卷第 418 页。

68. 美国（1978 年，油印）。转载在《第三次联合国海洋法会议文件集》第十一卷第 574 页。

69. C. 2/Informal Meeting/7（1978 年，油印），第五十五条第 2 款（苏联）。转载在《第三次联合国海洋法会议文件集》第五卷第 12 页。

70. C. 2/Informal Meeting/34 和 Corr. 1 和 2（1978 年，油印），第五十五条（安哥拉、阿根廷、澳大利亚、孟加拉国、巴西、佛得角、智利、哥伦比亚、刚果、埃及、斐济、加蓬、加纳、危地马拉、几内亚、几内亚比绍、圭亚那、海地、洪都拉斯、冰岛、印度、伊朗、象牙海岸、肯尼亚、马达加斯加、毛里塔尼亚、毛里求斯、墨西哥、摩洛哥、莫桑比克、新西兰、尼加拉瓜、尼日利亚、挪威、阿曼、巴布亚新几内亚 新几内亚、巴基斯坦、巴拿马、秘鲁、菲律宾、韩国、沙特阿拉伯、塞内加尔、塞拉利昂、索马里、西班牙、突尼斯、乌拉圭、委内瑞拉和南斯拉夫）。转载在《第三次联合国海洋法会议文件集》第五卷第 42 页。

71. LL/GDS Group（1978 年，油印），第五十五条（非正式综合协商案文）。转载在《第三次联合国海洋法会议文件集》第十一卷第 574 页。

72. C. 2/Informal Meeting/35（1978 年，油印），（当地雇员/全球分销系统）。转载在《第三次联合国海洋法会议文件集》第五卷第 43 页。

73. 未具名（［1979 年］，油印），第五十五条。转载在《第三次联合国海洋法会议文件集》第四卷第 518 页。

评　注

55. 1.　　第五十五条是第五部分的介绍性条款，起到了很多作用。它宣布邻接领海并受到特定法律制度限制的海洋区域的存在。该区域在以前没有得到承认，也没有得到普遍的接受。这一目的是通过将沿海国在界定为"专属经济区"的区域的管辖权的概念囊括进来而实现的。

"在该部分建立特别法律制度"的表述预示着在随后的条款中将详细考虑制度的不同方面。第五部分是对以前得到接受的将海洋空间划分为领海以及公海的一种背离。

因此，第五十五条规定了专属经济区具有其建立在第五部分中的特别的法律制度。在专属经济区内沿海国的权利、管辖权和义务以及其他国家的权利和自由受到《公约》相关条款的约束，有一些条款是在第五部分，而其余的一些条款在其他部分。

55. 2　在海底委员会早期的讨论中，沿海国在邻接领海并在领海之外的区域的管辖权性质（不论是专属的还是优先的）及其可能包括何种内容，是引起广泛争议的问题。这反映在由第二分委员会准备的主题和问题的复杂的清单（参见上文 V. 10 段）以及分委员会的争论中。① 描述了一类经济区、承袭海或者简单的邻接领海的专属管辖区的很多早期的提案强调了这些所提议的区域的不同方面，例如对该区域资源的权利的专属性质，沿海国的优先权以及在该区域中的其他国家的权利。少部分国家不同意建立特别区域并且提议将领海的外部界限扩展至 200 海里。② 然而，经济区应当是专属的，应当与领海相区别并且应当位于邻接领海并在领海之外的地方的观点包括在了许多主张和提案中（资料来源 1 至资料来源 12）。

55. 3　在第二期会议（1974 年）上，确认了一种类似的模式。针对经济区的提案一致将该区域描述为专属性的并且位于邻接领海并在领海之外的区域。例如发展中内陆国和其他地理不利国家大会的《Kampala 宣言》③、或者《非洲统一组织宣言》④ 的

---

①　例见 Report of Sub-Committee II, A/AC. 138/95，第 52，53，58 以及 59 段，转载在《1973 年海底委员会报告》第 38、51 页。

②　例见 A/AC. 138/SC. II/L. 25，转载在《1973 年海底委员会报告》第三卷 29 页（巴西）；and A/AC. 138/SC. II/L. 27 和 Corr. 1 和 2，同上第 30 页（厄瓜多尔，巴拿马和秘鲁）。

③　A/CONF. 62/23（1974），第 8 和 9 段，正式记录，第三卷第 3 页（《坎帕拉宣言》（乌干达））。

④　A/CONF. 62/33（1974），宣言 C，第 6 段，正式记录，第三卷第 63、64（OAU）。原始声明参见 A/AC. 138/89，宣言 C，第 6 段，转载在《1973 年海底委员会报告》第二卷第 4 页（OAU）。

修改版本等政策主张是该类提案的例子，并且一些具体的提案采用了类似的方法（例如，资料来源 13 至资料来源 18，以及资料来源 21）。

虽然直到第六期会议（1977 年）上，第五十五条才以现在的形式开始出现（参见下文第 55.7 段），这些认为经济区应当是专属的并且应当不同于领海的观点已经反映在了主要趋势工作文件中（资料来源 22）。第五部分中的一节包括了处理专属经济区本身的条款（第九十条），而第六部分的另一节处理的是沿海国在领海之外对资源的优先权以及其他国家和国际组织在该区域内的权利（第一二四条至第一三五条）。然而直到第三期会议（1975 年）上，关于领海宽度以及随之而来的在领海中"制度的重复"的观点的干扰等概念混淆（见上述第 2.4 段）才得到解决。

55.4 在第三期会议（1975 年）上，七十七国集团提交了一份提案（资料来源 36，资料来源 41 和资料来源 44），部分内容表述如下：

> 沿海国有权在邻接其领海并在领海之外的区域建立专属经济区，但不应当从测量领海宽度的基线开始超出二百海里。

该提案指出了沿海国在"领海以外并邻接领海"的区域建立专属经济区的一般性权利。附于该案文之后的脚注表明该内容不损及针对大陆架的平行条款。

内陆国/地理条件不利国家集团提交了一系列提案（资料来源 37 至资料来源 40，以及资料来源 45），其最终版本指出：

> 根据这些条款规定，沿海国有权在邻接其领海的区域建立经济区，但不应当从测量领海宽度的基线开始超出……海里。沿海国可以为勘探和开采水体、海床和底土的自然资源的目的（不论是生物资源还是非生物资源）行使经济区的权利。

该提案没有指出经济区是"专属性"的，但是增加了一句话，概括描述了沿海国可以在该区域行使的权利。

赞比亚代表（资料来源 42）针对经济区提出了所谓的"区域性方法"，表述如下：

> 第三次联合国海洋法会议兹决定在沿海国的领海的统一限制范围之外建立……区域的或者分区域的经济区。

玻利维亚代表代表内陆国/地理条件不利国家集团，对区域经济区的概念提出了以下看法：

> 建立区域以及/或者分区域经济区的目的是为了维持世界和平并且避免冲突和

争端，如果经济区由各个沿海国专属开采，可能由于经济区的重叠而产生冲突。⑤

在非正式单一协商案文第二部分（资料来源23）中，第45条第1款的开篇就以一般性术语强调了专属经济区的法律制度。该款指出：

> 1. 在其领海之外并邻接领海的区域，及所称的"专属经济区"，沿海国具有：……

该条款的剩余部分描述了沿海国在专属经济区的权利和管辖权（现在规定在第五十六条中）。

55.5 在第四期会议（1976年）上，绝大多数非正式提案简单地重复了专属经济区是"领海之外并且邻接领海"的这一固定表达（资料来源46，资料来源48至资料来源50，资料来源53和资料来源54）。赞比亚重申了以前的提案，将专属经济区概念替换成"区域和分区域"的经济区（资料来源47和资料来源55）。秘鲁（资料来源51）建议增加一个条款明确规定"国家管辖的区域"不是公海的一部分。新加坡的提案（资料来源52）反对采用"专属"这一表述。

在修订的单一协商案文第二部分（资料来源24）中，第四十四条原封不动地采用了非正式单一协商案文的第四十五条的表述，名为"在专属经济区内沿海国的权利，管辖权和义务"。

55.6 在第五期会议（1976年）上，波兰代表（资料来源58）采用了一种不同的方法，建议把"经济区的法律地位"作为一项独立的条款。该建议将经济区作为公海的一部分。

内陆国/地理条件不利国家集团（资料来源60，以及资料来源62至资料来源64）也将这一条款独立规定，但是采用了一种新的方法表述：

经济区的建立和定义

1. 每个沿海国都有权根据本章的条款建立经济区。

2. 在现有《公约》中采用的"经济区"的术语是指从沿海国的领海向海一侧的界限延伸，直到从测量领海宽度的基线量起二百海里的最大宽度。

3. 第五章第一节的规定以及其他相关国际法规则应当适用于经济区，除非它们与本章相冲突。

---

⑤ The Economic Zone（1975年，油印），第7段（玻利维亚）。转载在《第三次联合国海洋法会议文件集》第四卷第192页。

在其原来的提案（资料来源 60）中，该集团将经济区作为公海的一部分，但是在其最后版本中该区域成为了总体海洋的一部分。然而，在附在案文后的一条注释中，该集团表明提案"不损及本集团提出的关于经济区的公海地位的立场"。

赞比亚代表（资料来源 25）基于《坎帕拉宣言》针对区域或者分区域的经济区提出了一系列条文。（参见上文 55.3 段）。

55.7 在第六期会议（1977 年）上，内陆国/地理条件不利国家重申了其早期的提案（资料来源 65 和资料来源 66）。赞比亚代表（资料来源 26 和资料来源 67）就区域或者分区域的经济区重复了其可选的提案。

然而，在这期会议中最重要的发展是卡斯塔涅达集团所准备的案文，提出了一项新的条款，表述如下：

专属经济区是在领海之外并且邻接领海的区域，受制于本章确立的特定法律制度，其他国家的权利和自由受现有《公约》的相关条款的支配。⑥

该案文试图更清楚地界定其他国家在专属经济区内的权利和自由，指出它们是由《公约》的相关条款来管理的。

略作修改之后，案文被作为非正式综合协商案文的第五十五条（资料来源 27）而采纳，它规定：

专属经济区的特定法律制度
专属经济区是在领海之外并且邻接领海的区域，受制于本章确立的特定法律制度，其他国家的权利和自由受现有《公约》的相关条款的支配。
专属经济区的特定法律制度以及沿海国在该区域的权利和管辖权在独立的条款中列明。

第五十五条解决了"沿海国的权利和管辖权"以及其他国家在专属经济区内的权利和自由，并且规定了二者都根据《公约》的相关条款进行管理。

在主席对非正式综合协商案文的介绍中，他指出这是一项有很多相关国家制定的条文，并且虽然它"不是协商的解决途径"，但第二委员会的主席感到它"为协商提供了更好的基础"。⑦

---

⑥ Castañeda Group（1977 年，油印），新条款第四十三条之二。转载在《第三次联合国海洋法会议文件集》第四卷第 426 页。该案文的早期版本参见同上，第 419 页。

⑦ A/CONF. 62/WP. 10/Add. 1（1977），"Part II of the［RSNT］，"正式记录，第八卷第 65、68 页（大会主席）。

55.8 在第七期会议上（1978 年），一些提案试图明确沿海国在专属经济区内的权利和管辖权的性质。苏联（资料来源69）和 内陆国/地理条件不利国家集团代表（资料来源71 和资料来源72）二者都提交了非正式提案，新的第 2 款内容规定"任何国家都不能有效主张领海之外的海洋的某一部分受其主权管辖。"美利坚合众国代表（资料来源68）作出了相同的评论，除了让各国考虑"《公约》的第五十八条为国际社会除了保留了某些特定的公海自由外，还保留了国际法一般原则所承认的船舶和飞机所享有的所有其他传统的公海自由。"

其他国家关注的是这个问题的两个方面：一方面是经济区和领海之间的关系，以及另一方面是经济区和公海之间的关系。由 49 个国家发起的提案（资料来源70）建议第五十五条新设一款具体规定"专属经济区既不是公海的一部分也不是领海的一部分。"

55.9 在第八期会议续会（1979 年）上，一份未具名提案（资料来源73）提出对第五十五条进行修改，在"本公约相关条款"之前插入"并且受制于"的表述。这一修改的效果将大大延展沿海国在专属经济区内涉及外国船舶和活动的权利。在第七期会议上或者第八期会议上没有任何提案获得通过。

55.10 在非正式综合协商案文之后第五十五条表述上的唯一变化就是在起草委员会的建议下，将"管辖权"一词调整成为单数形式（资料来源32 和资料来源33）。

55.11（a） 专属经济区的概念现在已经被国家实践广泛接受了，并且它普遍被认为是一般国际法的一部分。[8]

专属概念的重要性在于沿海国排除了其他国家和实体，对区域的资源享有唯一的管辖权，并且有权对这些资源行使自由决定权。在第三次联合国海洋法会议上，专属的涵义发生了变化。最初它是指沿海国可以行使决策制定权以排除类似国际组织的其他参与者。然后，它指的是排除其他国家，尤其是内陆国和地理不利国家在利用渔业资源方面的参与。[9]

---

[8] 在 1985 年"大陆架案"（阿拉伯利比亚民众国/马耳他）中，国际法院指出：

法院认为，除了［第七十六条］规定以外，经由国家实践表现出来的专属经济区制度及其根据距离的授权规则，成为了习惯法的一部分。1985 年《国际法院报告》13、33，第 34 段。

[9] Bernard Oxman（美国）从协商的开始到结束一直参加，他指出了以下这点：

坚持将经济区特性化为"专属"的立场一直存在于自然资源问题的协商中，尤其是渔业。在前期，有提案建议将涉及沿海渔业的重要的管理权授予国际渔业组织，这被看做是学理上的和策略性的。到后来几年，与内陆国和地理不利国家提出的要求与其邻国在区域享有平等的捕鱼权或者在区域享有区域管理权的主张存在相反的趋势。没有主张沿海国的管辖权是对所有非资源性的目的都是排他的。

B. H. Oxman，"The Third United Nations Conference on the Law of the Sea: the 1977 New York Session，"《美国国际法杂志》第 72 卷第 57、67 页（1978 年）。

55.11（b） 在本条款中使用的"之外并且邻接"的表述与第二条的表述具有类似的涵义。它指的是根据第二部分第四条设立的在领海的外部界限之外向海一侧的水域。此处的"邻接"一词因此与第七十四条中的同一词区别开来了，在第七十四条中它是指专属经济区的可能的侧边界线。

55.11（c） 一般来讲，第五十五条的其他目的似乎得到国家实践的支持。绝大多数国家都认为专属经济区是一个独特的区域并且不应当简单地被当做国家领土的延伸部分。但是在具体的例子中，国家的主张使这一点产生了疑问。类似的通过特定的例外，一般认为沿海国对其专属经济区内的资源的利用和管理拥有最终决定权。

55.11（d） 第五十五条指出第五部分确立了专属经济区的特别法律制度，也参考了"本公约的相关条款"。涉及区域的其他条款可以在以下部分找到：第三部分（第三十五条至第三十八条，以及第四十五条），第四部分（第四十八条和第五十三条），第七部分（第八十六条和第一一一条），第八部分（第一二一条），第十二部分（第二一〇条，第二一一条，第二一六条，第二一八条，第二二〇条和第二三四条），第十三部分（第二四六条至第二四九条，第二五三条和第二五九条），第十五部分（第二九七条和第二九八条）以及附件八。

第五十六条　沿海国在专属经济区内的权利、管辖权和义务

1. 沿海国在专属经济区内有：

（a）以勘探和开发、养护和管理海床上覆水域和海床及其底土的自然资源（不论为生物或非生物资源）为目的的主权权利，以及关于在"区域"内从事经济性开发和勘探，如利用海水、海流和风力生产能等其他活动的主权权利；

（b）《公约》有关条款规定的对下列事项的管辖权：

（1）人工岛屿、设施和构筑物的建造和使用；

（2）海洋科学研究；

（3）海洋环境的保护和保全；

（c）《公约》规定的其他权利和义务。

2. 沿海国在专属经济区内根据《公约》行使其权利和履行其义务时，应适当顾及其他国家的权利和义务，并应以符合《公约》规定的方式行事。

3. 本条所载的关于海床和底土的权利，应按照第六部分的规定行使。

资料来源

第三次联合国海洋法会议文件

1. A/AC.138/SC.II/L.10，第二条、第四条和第五条，转载在《1972年海底委员会报告》第180页（肯尼亚）。

2. A/AC.138/SC.II/L.11，原则第一条和第十五条，转载在《1972年海底委员会报告》第183、184、187页（澳大利亚和新西兰）。

3. A/AC.138/SC.II/L.12，条款第一条第1款，转载在《1972年海底委员会报告》第188、190页（日本）。

4. A/AC.138/SC.II/L.21，第四条至第六条和第十一条，转载在《1973年海底委员会报告》第三卷第19、20页（哥伦比亚、墨西哥以及委内瑞拉）。

5. A/AC.138/SC.II/L.23，第一段，转载在《1973年海底委员会报告》第三卷第23页（冰岛）。

6. A/AC.138/SC.II/L.28，第八十条第1款，转载在《1973年海底委员会报告》

第三卷第 35、61 页（马耳他）。

7. A/AC. 38/SC. II/L. 34，第二条第 2 款，转载在《1973 年海底委员会报告》第三卷第 71、72 页（中国）。

8. A/AC. 138/SC. II/L. 35 and Corr. 1，第一条第 1 款和第 3 款，转载在《1973 年海底委员会报告》第三卷第 75 页（美国）。

9. A/AC. 138/SC. II/L. 36，第一条第（a）和（b）项，转载在《1973 年海底委员会报告》第三卷第 77 页（澳大利亚和挪威）。

10. A/AC. 138/SC. II/L. 37 and Corr. 1，第四条、第七条、第九条至第十二条。转载在《1973 年海底委员会报告》第三卷第 78、79 页（阿根廷）。

11. A/AC. 138/SC. II/L. 38，第一条、第十二条和第十三条，转载在《1973 年海底委员会报告》第三卷第 82、84 页（加拿大、印度、肯尼亚和斯里兰卡）。

12. A/AC. 138/SC. II/L. 39，第一条第 2 款，转载在《1973 年海底委员会报告》第三卷第 85 页（阿富汗、澳大利亚、比利时、玻利维亚、尼泊尔和新加坡）。

13. A/AC. 138/SC. II/L. 40 和 Corr. 1 – 3，第二条、第六条和第七条，转载在《1973 年海底委员会报告》第三卷第 87、88 页（阿尔及利亚、喀麦隆、加纳、科特迪瓦海岸、肯尼亚、利比里亚、马达加斯加、毛里求斯、塞内加尔、塞拉利昂、索马里、苏丹、突尼斯和坦桑尼亚联合共和国）。

14. A/AC. 138/SC. II/L. 41，第四条第 2 款，转载在《1973 年海底委员会报告》第三卷第 89、90 页（乌干达和赞比亚）。

15. A/AC. 138/SC. II/L. 60，第一条第 3 款，转载在《1973 年海底委员会报告》第三卷第 114 页（扎伊尔）。

16. A/CONF. 62/L. 4（1974 年），第十二条、第十五条和第十六条，正式记录，第三卷第 81、82 页（加拿大、智利、冰岛、印度、印度尼西亚、毛里求斯、墨西哥、新西兰和挪威）。

17. A/CONF. 62/C. 2/L. 21/Rev. 1（1974 年），第一条第 2 款，正式记录，第三卷第 199 页（尼日利亚）。

18. A/CONF. 62/C. 2/L. 38（1974 年），第二条、第四条至第六条，正式记录，第三卷第 214 页（保加利亚、白俄罗斯苏维埃社会主义共和国、德意志民主共和国、波兰、乌克兰苏维埃社会主义共和国和苏联）。

19. A/CONF. 62/C. 2/L. 47（1974 年），第一条，正式记录，第三卷第 222 页（美国）。

20. A/CONF. 62/C. 2/L. 60（1974 年），正式记录，第三卷第 232 页（萨尔瓦多）。

21. A/CONF. 62/C. 2/L. 82（1974 年），第二条和第三条，正式记录，第三卷第 240 页（冈比亚、加纳、科特迪瓦、肯尼亚、莱索托、利比里亚、阿拉伯利比亚共和国、马达加斯加、马里、毛里塔尼亚、摩洛哥、塞内加尔、塞拉利昂、苏丹、突尼斯、喀麦隆联合共和国、美国、坦桑尼亚联合共和国和扎伊尔）。

22. A/CONF. 62/L. 8/Rev. 1（1974 年），附件二附录一〔A/CONF. 62/C. 2/WP. 1〕，条款第九十条、第一〇〇条至第一〇二条，正式记录，第三卷第 93、107、120 页（总报告员）〔《主要趋势工作文件》〕。

23. A/CONF. 62/WP. 8/Part Ⅱ（非正式单一协商案文，1975 年），第四十五条，正式记录，第四卷第 152、159 和 160 页（第二委员会主席）。

24. A/CONF. 62/WP. 8/Rev. 1/Part Ⅱ（订正的单一协商案文，1976 年），第四十四条，正式记录，第五卷第 151、160 页（第二委员会主席）。

25. A/CONF. 62/C. 2/L. 95（1976 年），第二条，正式记录，第六卷第 171 页（赞比亚）。

26. A/CONF. 62/C. 2/L. 97（1977 年），第二条，正式记录，第七卷第 84 页（赞比亚）。

27. A/CONF. 62/WP. 10（非正式综合协商案文，1977 年），第五十六条，正式记录，第八卷第 1、13 页。

28. A/CONF. 62/WP. 10/Rev. 1（非正式综合协商案文第一次修订稿，1979 年，油印），第五十六条。转载在《第三次联合国海洋法会议文件集》第一卷第 375、411 页。

29. A/CONF. 62/WP. 10/Rev. 2（非正式综合协商案文第二次修订稿，1980 年，油印），第五十六条。转载在《第三次联合国海洋法会议文件集》第二卷第 3、39 页。

30. A/CONF. 62/WP. 10/Rev. 3*（非正式综合协商案文第三次修订稿，1980 年，油印），第五十六条。转载在《第三次联合国海洋法会议文件集》第二卷第 179、215 页。

31. A/CONF. 62/L. 78（《公约草案》，1981 年），第五十六条，正式记录，第十五卷第 172、184 页。

32. A/CONF. 62/L. 115（1982 年），第五十六条，正式记录，第十六卷第 224 页（莱索托）。

起草委员会文件

33. A/CONF. 62/L. 67/Add. 3（1981 年，油印），第 2~4 页。

34. A/CONF. 62/L. 72（1981 年），正式记录，第十五卷第 151 页（起草委员会主席）。

非正式文件

35. Informal Working Paper No. 4，条款第一条、第三条、第七条、第十二条、第十三条、第三十条、第三十二条、第三十四条；No. 4/Rev. 1，条款第一条、第三条、第五条、第六条、第十条、第十四条、第十五条、第三十三条、第三十五条、第三十六条、第三十七条；以及 No. 4/Rev. 2，条款第三条、第五条、第九条、第十三条、第十四条、

第二十八条、第三十一条、第三十三条、第三十六条（均为 1974 年，油印）。转载在《第三次联合国海洋法会议文件集》第四卷第 314、332 和 354 页。

36. Informal Working Paper No. 5，条款第一条、第二条、第七条；以及 No. 5/Rev. 1，条款第一条、第二条、第八条（均为 1974 年，油印）。转载在《第三次联合国海洋法会议文件集》第三卷第 378、387 页。

37. Contact Group of the Group of 77（1975 年，油印），第 2 款。转载在《第三次联合国海洋法会议文件集》第四卷第 186 页。

38. LL／GDS Group（1975 年，油印），第 2 款和第 3 款。转载在《第三次联合国海洋法会议文件集》第十一卷第 490 页。

39. LL／GDS Group（1975 年，油印），第 1～3 款。转载在《第三次联合国海洋法会议文件集》第四卷第 198 页。

40. LL／GDS Group（1975 年，油印），第 1 款和第 2 款。转载在《第三次联合国海洋法会议文件集》第四卷第 201 页。

41. LL／GDS Group（1975 年，油印），第 1 款和第 2 款。转载在《第三次联合国海洋法会议文件集》第四卷第 202 页。

42. Contact Group of the Group of 77（1975 年，油印），第 2 款和第 4 款。转载在《第三次联合国海洋法会议文件集》第四卷第 205、206 页。

43. 赞比亚（1975 年，油印），第二条。转载在《第三次联合国海洋法会议文件集》第四卷第 208 页。

44. Draft articles on resource jurisdiction beyond the territorial sea（（［1975 年］油印），A 部分，第一条（未具名）。转载在《第三次联合国海洋法会议文件集》第四卷第 218 页。

45. Group of 77（1975 年，油印），第 2 款和第 4 款。转载在《第三次联合国海洋法会议文件集》第四卷第 227、228 页。

46. LL／GDS Group（1975 年，油印），第 1 款和第 2 款。转载在《第三次联合国海洋法会议文件集》第五卷第 234 页。

47. 奥地利（1976 年，油印），第四十五条（非正式单一协商案文二）。转载在《第三次联合国海洋法会议文件集》第四卷第 283 页。

48. 赞比亚（1976 年，油印），第四十五条（非正式单一协商案文二）。转载在《第三次联合国海洋法会议文件集》第四卷第 284 页。

49. 阿尔及利亚（1976 年，油印），第四十五条（非正式单一协商案文二）。转载在《第三次联合国海洋法会议文件集》第四卷第 285 页。

50. 日本（1976 年，油印），第四十五条（非正式单一协商案文二）。转载在《第三次联合国海洋法会议文件集》第四卷第 286 页。

51. 西班牙（［1976 年］，油印），第四十五条（非正式单一协商案文二）。转载在

《第三次联合国海洋法会议文件集》第四卷第 288 页。

52. 美国（1976 年，油印），第四十五条（非正式单一协商案文二）。转载在《第三次联合国海洋法会议文件集》第四卷第 289 页。

53. 秘鲁（1976 年，油印），第四十五条（非正式单一协商案文二）。转载在《第三次联合国海洋法会议文件集》第四卷第 289 页。

54. 新加坡（1976 年，油印），第四十五条（非正式单一协商案文二）。转载在《第三次联合国海洋法会议文件集》第四卷第 290 页。

55. 荷兰（1976 年，油印），第四十五条（非正式单一协商案文二）。转载在《第三次联合国海洋法会议文件集》第四卷第 292 页。

56. 苏联（［1976 年］，油印），第四十五条（非正式单一协商案文二）。转载在《第三次联合国海洋法会议文件集》第四卷第 293 页。

57. LL/GDS Group（1976 年，油印），第四十五条和第四十六条（订正的单一协商案文二）。转载在《第三次联合国海洋法会议文件集》第四卷第 410 页。

58. 美国（1976 年，油印），第四十四条（订正的单一协商案文二）。转载在《第三次联合国海洋法会议文件集》第四卷第 432 页。

59. 赞比亚（1976 年，油印），项目三。转载在《第三次联合国海洋法会议文件集》第四卷第 408 页。

60. 英国（［1976 年］，油印），第四十四条。转载在《第三次联合国海洋法会议文件集》第四卷第 405 页。

61. 乌拉圭（［1976 年］，油印），第四十四条。转载在《第三次联合国海洋法会议文件集》第四卷第 406 页。

62. 波兰（［1976 年］，油印），第四十五条。转载在《第三次联合国海洋法会议文件集》第四卷第 407 页。

63. 赞比亚（1976 年，油印），项目三。转载在《第三次联合国海洋法会议文件集》第四卷第 408 页。

64. LL/GDS Group（1976 年，油印），第四十五条（订正的单一协商案文二）。转载在《第三次联合国海洋法会议文件集》第四卷第 411 页。

65. LL/GDS Group（1976 年，油印），第四十五条（订正的单一协商案文二）。转载在《第三次联合国海洋法会议文件集》第四卷第 412、413 页。

66. LL/GDS Group（1976 年，油印），第四十五条（订正的单一协商案文二）。转载在《第三次联合国海洋法会议文件集》第四卷第 414 页。

67. 德意志联邦共和国（［1976 年］，油印），第四十四条。转载在《第三次联合国海洋法会议文件集》第四卷第 416 页。

68. LL/GDS Group（1977 年，油印），第四十五条。转载在《第三次联合国海洋法会议文件集》第四卷第 381、383 页。

69. LL/GDS Group（1977 年，油印），第四十五条（订正的单一协商案文二）。转载在《第三次联合国海洋法会议文件集》第十一卷第 568 页。

70. 希腊（1977 年，油印），第四十四条。转载在《第三次联合国海洋法会议文件集》第四卷第 418 页。

71. 赞比亚（［1977 年］，油印），第四十四条（订正的单一协商案文二）。转载在《第三次联合国海洋法会议文件集》第四卷第 418 页。

72. C. 2/Informal Meeting/9（1978 年，油印），第五十六条（秘鲁）。转载在《第三次联合国海洋法会议文件集》第五卷第 13、14 页。

73. C. 2/Informal Meeting/16（1978 年，油印），第五十六条（乌拉圭）。转载在《第三次联合国海洋法会议文件集》第五卷第 22 页。

74. 未具名（［1979 年］，油印），第五十六条。转载在《第三次联合国海洋法会议文件集》第四卷第 518 页。

75. C. 2/Informal Meeting/45（1979 年，油印），第五十六条（阿富汗、奥地利、玻利维亚、莱索托、尼泊尔、新加坡、乌干达、上沃尔特和赞比亚）。转载在《第三次联合国海洋法会议文件集》第五卷第 52 页。

76. C. 2/Informal Meeting/45/Rev. 1 和 Corr. 1（1981 年，油印），第五十六条（阿富汗、奥地利、玻利维亚、莱索托、尼泊尔、新加坡、乌干达、上沃尔特和赞比亚）。转载在《第三次联合国海洋法会议文件集》第五卷第 53 和 54 页。

77. C. 2/Informal Meeting/67（1982 年，油印），第五十六条（秘鲁）。转载在《第三次联合国海洋法会议文件集》第五卷第 72 页。

评　　注

56. 1　第五十六条包含了专属经济区概念的核心。与第五十八条和第五十九条一起考虑，它描述了第五十五条中规定的专属经济区的"特定法律制度"。第五十六条的目的是明确沿海国在该区域内的权利、管辖权和义务的一般性质。即"勘探和开发，保全和管理自然资源"的主权权利，由此而产生的义务，以及其他具体活动和目的的"管辖权"。

56. 2　在海底委员会的协商过程中，提交给第二分委员会（资料来源 1 至资料来源 15）的大量提案反映了广泛的利益。其中一些提案提出了邻接领海的承袭海的概念（资料来源 4 和资料来源 9）或者要求建立区域或者分区域经济区（资料来源 14）。其他提案建议为专属经济区捕鱼设立一个特别制度（资料来源 2，资料来源 3，资料来源 11 和资料来源 14）。然而总体上，提案表明了就沿海国在该区域的优先权达成了广泛的一致。很多提案反映了沿海国在邻接领海的区域的水体、海床和底土中勘探和开发、保全和管理生物和非生物、可再生和不可再生资源方面应当拥有"主权权利"（资料来源 1, 资料来源 4, 资料来源 8 至资料来源 11)。其他的涉及沿海国对这些活动的"管辖权"或者"专属管辖权"(资料来源 1, 资料来源 7, 资料来源 12 和资料来源 13)。提案提及的其他问题包括为"其他合法用途"("其他活动")以及其他国家的利益(资料来源 2, 资料来源 4 和资料来源 11)"适当考虑"("合理考虑","适当顾及")实施与资源相关的活动。所指的沿海国在这一新的区域内拥有管辖权的其他活动包括:(i)预防和控制海洋污染;(ii)管理和批准科学研究的实施;(iii)批准和管理近海设施以及钻探活动的建造、运营和利用以及钻探活动;(iv)航行;(v)捕鱼活动以及(vi)海底电缆和管道的铺设和修复。[①]

56.3 在第二期会议(1974 年)上,协商持续反映了在海底委员会中浮现的各种利益和问题。经修改的《非洲统一组织宣言》包括了以下涉及沿海国在专属经济区内的主权和管辖权的段落:

专属经济区概念包括专属渔区

……

　7. 在所谓的[专属经济]区,沿海国应当对所有生物和矿产资源行使永久主权并且管理该区域但不应当不当地干扰其他对海洋的合法利用,即航行、飞越和铺设海底电缆和管道的自由;

　8. 非洲国家认为在经济区进行科学研究和控制海洋污染应当受制于沿海国的管辖。[②]

……

此外,还介绍了在专属经济区沿海国的权利和义务的一般性主张的一些途径。由 9 个国家提交的工作文件(资料来源 16)包含了如下 3 个相关条款:

第十二条

　沿海国在邻接领海并在领海之外的区域内以及区域的全部范围,即所谓的专属经济区,行使:(a)为勘探和开发自然资源之目的的主权权利,不论是在海床和底土以及上覆水域中的可再生的或者非可再生的资源;(b)规定在这些条款中的涉及保护和保全海洋环境和进行科学研究的其他权利和义务。这些权利的行使应当不损及本公约[大陆架]的第十九条。

---

① 第二分委员会在《1973 年海底委员会报告》中对这一主题的协商作了总结。参见《1973 年海底委员会报告》第一卷第 51 页第 52 - 65 段。

② A/CONF. 62/33(1974 年),宣言 C,正式记录,第三卷第 63、64 页(非洲统一组织)。非洲统一组织以前的宣言参见 A/AC. 138/89,宣言 C,转载在《1973 年海底委员会报告》第一卷第 4、5 页。

第十五条

沿海国应当在经济区行使其权利并且履行其义务，不无理干扰其他海洋的合法利用，包括按照本公约规定的铺设电缆和管道。

第十六条

在海面上以及经济区的海床和底土上建造并且利用人工岛屿和其他设施应当遵守沿海国的授权和管理。

加拿大代表介绍完提案后，将经济区与承袭海二者等同起来。他指出：

每一个［提案］都体现了在当今世界三种对沿海国至关重要的基本的管辖权：对海洋的生物资源的主权权利，对海床的主权权利以及为了保护海洋环境所需的重要的权利和义务。除了这些管辖权的三种基本形式之外，两个提案［经济区和承袭海］也明确了在经济区或者承袭海中沿海国管理的科学研究的概念。工作文件是基于经济区——承袭海概念。③

尼日利亚代表（资料来源17）针对修改后专属经济区的草案提出提案：

第一条

沿海国的权利和职权

⋯⋯

2. 沿海国在其专属经济区内拥有如下权利和职权：

（a）行使勘探并且开发海洋和海床的可再生生物资源的专属权利；

（b）为勘探和开发大陆架、海床和底土的不可再生资源之目的的主权权利；

（c）考虑到适当的国际或者区域渔业组织的建议，管理、保护和保全海洋和海床的生物资源的专属权利；

（d）为了控制、管理和保全海洋环境包括污染控制和减少之目的的专属管辖权；

（e）为控制、授权和管理科学研究之目的的专属管辖权；

（f）为保护、保全和管理其他附属于上述权利和职权，以及尤其关于在其领海以及经济区防止和处罚违反其海关、财政、移民或者安全规定的事务。

⋯⋯

---

③ 参见 46th plenary meeting（1974 年），正式记录，第一卷第 202 页第 59 段。

在案文中的第 2 款（a）项中提出的是沿海国对海洋和海底的生物资源有"专属权利"，而不是"主权权利"。尼日利亚代表指出这是基于"主权权利的概念不适合涵盖渔业，因为鱼类可以从一个国家领海移动到另外一个国家或者到达公海"这一前提。④

由 6 个东欧社会主义国家代表（资料来源 18）提交的针对经济区的一系列条款草案包括了如下一般性条款：

第二条

沿海国应当在经济区范围内，根据本公约对水体、海床和底土中的所有生物和矿产资源行使主权权利。

第四条

在经济区范围内沿海国的权利行使应当不损及本公约条款规定的以及国际法中的所有其他国家的权利，不论是能通向海洋国家的还是内陆国，包括航行自由权、飞越自由权以及铺设海底电缆和管道的自由。

第五条

在经济区范围内每个国家可自由地进行与勘探和开发区域的生物或矿产资源无关的基础科学研究。在经济区进行有关生物和矿产资源的科学研究应当征得沿海国的同意。

第六条

沿海国应当按照本公约的规定行使经济区的权利和义务，并且适当顾及公海的其他合法用途并且铭记合理开发海洋自然资源以及保护海洋环境的需要。

对这项提案作出评论时，苏联代表强调：

在经济区给予沿海国主权权利不等于授予领土主权，必须不以任何方式干涉其他国家在公海的合法活动，特别是国际海洋通信。公约必须清楚地规定，沿海国在经济区的权利的行使必须不影响国际法所承认的任何其他国家的权利，包括航行自由、飞越自由和铺设电缆和管道的自由，以及不涉及在经济区内进行生物和矿产资源的勘探和开采的科学研究的自由。⑤

由美利坚合众国代表（资料来源 19）提出的一系列针对经济区和大陆架的条款草案包括下列一般性规定：

---

④ 参见 Second Committee，22nd meeting（1974），正式记录，第二卷第 172 页第 13 段。

⑤ Second Committee，28th meeting（1974），正式记录，第三卷第 221 页第 54 段。

1. 沿海国在邻接领海并在领海之外的区域内，即所称的经济区内，为勘探和开采海床和底土以及上覆水域中的不论是可再生的或者是非可再生的自然资源的目的行使本章中规定的主权权利和专属权利以及管辖权。

2. 沿海国在经济区内行使本公约规定的包括关于保护和养护海洋环境以及科学研究活动相关的其他权利和义务。

3. 这些权利的行使，应符合并遵守本公约的规定，并不得妨碍本章第三部分的规定。

第2款的脚注指出，对这些事项进行了详细规定的条款将被设置在《公约》对科学研究和污染规定的章节中。在第3款提到的本章第三部分涉及大陆架的内容，是草案中唯一用到"主权权利"的表述的地方。该案文第十一条赋予沿海国管理经济区范围内的捕鱼的"专属权利"。

一项由萨尔瓦多代表提出的工作文件（资料来源20），由于考虑到专属经济区的特点，下面的"要素"应当纳入已经提交的文件的适当的地方：（a）沿海国对水域的其他经济用途的管辖权；（b）对沿海国有利的剩余职权和权利；以及（c）指出"专属经济区是邻接公海的"。

由18个非洲国家代表（资料来源21）提交的针对专属经济区的一系列条款草案包括若干相关规定：

第二条

1. 在专属经济区，沿海国应拥有对生物和非生物资源的主权。为管理、控制、勘探、开发、保护和保全所有相关生物和非生物资源的目的，它应当拥有主权权利。

2. 本条第1款所指的资源、应包括水体，海床和底土中的生物和非生物资源。

3. 根据第六条［涉及内陆国/地理条件不利国家］的规定，未经沿海国的同意或者协议，任何其他国家无权勘探和开发资源。

第三条

除其他外，沿海国还应为以下目的，在专属经济区内享有专属管辖权：

（a）控制、管理和保全海洋环境，包括控制和减少污染；

（b）控制、授权和管理科学研究；

（c）控制和管理有关区域经济活动的海关和财政事项。

该案文的第四条将给予沿海国"制定和执行"管理在专属经济区内的各种活动的规章的专属权利。

非正式法律专家组还准备了一套"临时条款草案"处理经济区问题。

虽然这个案文没有提出有关沿海国的权利和管辖权的新思路，但它试图减少若干替代案文的内容。⑥

这些提案大多体现了沿海国将在领海之外并邻接领海的延伸管辖权的区域拥有对资源的权利的普遍共识。然而"剩余权利"问题具有非常重大的意义——沿海国的权力范围越是全面，专属经济区和领海的区别就越模糊。这一点是第二期会议期间由秘鲁的代表提出的，他认为，"应该规定的不是在该区域中沿海国的专属管辖的权利和功能，而是授予其他国家的权利和用途。"⑦ 在这方面，秘鲁代表认为

> 应当适当考虑到"保护其他［沿海国］相关的利益"。为了保护所称的沿海国的"剩余权利"，这是绝对不可缺少的。⑧

其他国家则强调在经济利益方面沿海国权利的特殊性质的重要性。⑨

当时反映了对这一问题缺乏共识的情况，这些提案的大部分被列入主要趋势工作文件（资料来源22）的第九十条和第九十二条下各种规则中。《主要趋势工作文件》中的第一〇〇条至第一〇二条规定了在拟议中的专属渔区中沿岸国的权利。

第二委员会关于专属经济区的一般性讨论的一个重要方面是触及到了"主权权利"这种表达的使用，该表述在 1958 年《大陆架公约》中出现过。一些代表团在涉及沿海国对关于专属经济区的生物资源的权利时对这种表述表示支持，⑩ 但其他代表团认为该表述不合理或者不适当。⑪

56.4 在第三期会议（1975 年）上，非正式法律专家组［埃文森（Evensen）小组］对该专题实施了全面的考察，并且为专属经济区的条款准备了一份案文。⑫ 该案文

---

⑥ 参见第十一条和第十四条。转载在《第三次联合国海洋法会议文件集》第十一卷第 393、398 页。关于该小组更详细的情况，参见本丛书第一卷，第 106 页。

⑦ Second Committee, 24th meeting（1974），正式记录，第二卷第 194 页第 91 段。

⑧ 同上，第 92 段。

⑨ 例见美利坚合众国代表在第二委员会第 24 次会议上的发言，同上，第 190 页第 53 段；意大利在第二委员会第 25 次会议上的发言，第 9 段和第 10 段，同上，195；以及在第二委员会第 25 次会议上的发言，同上，第 196 页第 21 段。

⑩ 例见以色列代表在第二委员会第 22 次会议上的发言，第 112 段，正式记录，第二卷 178；英国代表在第二委员会第 25 次会议上的发言，同上，第 200 页第 72 段；以及印度尼西亚代表在第二委员会第 26 次会议上的发言，同上，第 207 页第 67 段。

⑪ 例见法国代表在第二委员会第 23 次会议上的发言，同上，第 185 页第 42 段；以及萨尔瓦多代表在第二委员会第 24 次会议上的发言，同上，第 187 页第 10 段。

⑫ 埃文森小组拟定的关于专属经济区的最后案文参见《第三次联合国海洋法会议文件集》第四卷第 209、210 页。该小组的更多背景资料参见上文 V.13 段。

的第一条表述如下：

1. 沿海国在领海之外并邻接领海的区域，即所称的专属经济区内，拥有：

（a）为勘探和开发，保全和管理海床和底土以及上覆水域的自然资源的目的的主权权利，不论是可再生的或是不可再生的资源；

（b）涉及对为区域经济勘探和开发之目的的其他活动的管辖权，例如利用海水、海流和风生产能源。

（c）本公约中规定的涉及以下活动的管辖权：

（i）海洋环境的保全，

（ii）科学研究，

（iii）人工岛屿、设施和类似结构的建造和使用，包括相关的海关、财政、健康和移民相关的规定。

（d）本公约规定的其他权利和义务。

2. 沿海国在经济区内根据本公约行使其权利以及履行其义务的时候，应当适当顾及其他国家的权利和义务并且应当以符合公约规定的方式行使。

3. 本条所规定的权利应当不损害本公约的［大陆架的基本条款］的规定。

一些内陆国和地理不利国家对埃文森小组的案文表示了强烈的反对，因为该小组代表的"完全是倾向于沿海国和拥有宽陆架的国家"，"明显没有代表"内陆国/地理条件不利国家集团。[13]

七十七国集团以及内陆国/地理条件不利国家集团也提交了新的提案。七十七国集团代表对专属经济区的问题进行了一系列的讨论，并且就该问题准备了一些草案（资料来源37、资料来源42和资料来源45）。该集团的最后的工作文件（资料来源45）针对沿海国的权利和管辖权规定了以下条款：

第二条

沿海国在专属经济区内以及全部经济区范围内行使：

（a）为勘探和开发，保护和管理水体，海床和底土的自然资源的目的的主权权利，不论是可再生的或是不可再生的资源。

（b）对为专属区域经济勘探和开发之目的的其他活动的主权权利，例如利用海水、海流和风生产能源，但是不应当损害以下第七条的规定。

---

[13] 例见 the letter submitted to the Chairman of the Second Committee by the Federal Republic of Germany，Nepal，Singapore and Zambia（1975 年，油印）。转载在《第三次联合国海洋法会议文件集》第四卷第 224 页。

（c）（I）关于海洋环境的管理、控制和保护的管辖权，包括控制和减少污染。

    （II）关于科学研究的授权、管理和控制的专属管辖权。

    （III）关于人工岛屿、设施和构筑物以及其他手段，包括相关的海关、财政、健康、公共秩序以及移民规定的设立和使用的专属管辖权。

（d）与本公约规定相符合的其他权利和义务。

沿海国有权制定并实施关于以上权利和管辖权的规章。

第四条

沿海国在行使公约规定的权利和管辖权以及制定并实施相关的规定时，应当适当顾及本公约规定的其他国家在专属经济区内的权利。

内陆国/地理条件不利国家集团讨论了本问题并且就沿海国的权利和义务准备了一些草案（资料来源38至资料来源41以及资料来源46）。这些案文中的最后一份表述如下：

第一条

依据这些条款的规定，沿海国应当有权在邻接其领海的地方建立经济区，但从测量领海宽度的基线开始量起不应超过……海里。沿海国为勘探和开发水体、海床和底土的自然资源的目的（不论是可再生的或是不可再生的资源）可以在经济区内行使权利。

第二条

沿海国在行使与经济区相关的权利时，应当适当顾及其他国家在该区域中的权利。

该提案中所称的沿海国对资源的"权利"没有使用例如"专属"或者"主权"等定语。它与其他的提案存在显著的不同，因为沿海国关于获取资源的权利受到其他国家权利的很大限制。所有国家都有权获得经济区内的生物和非生物资源。根据该案文第十一条，内陆国就生物资源具有平等的权利；地理不利国家"在平等基础上"获得这些资源。此外，根据第十二条，非生物资源的一定百分比（尚未具体化）也要分给内陆国和地理不利国家。

在沿海国对资源的权利性质方面，七十七国集团的提案尽管规定得更为概括，但与埃文森小组提交的案文几乎是一致的，并且在其他方面的沿海国权利方面也采用了类似的表达。其中的一个不同是与埃文森小组相比，七十七国集团提出了更加广泛的沿海国权利。最重要的不同是埃文森小组提出沿海国在行使其权利，履行其义务的时候，必须适当顾及其他国家的权利和义务，并且应当以与《公约》相符的方式行使。两个案文都提出了沿海国拥有其他权利和义务，但是埃文森小组将其描述为条约规定的权利和义务，而七十七国集团的案文规定应当与《公约》"相符"。

关于专属经济区内的其他经济活动，七十七国集团和埃文森小组的立场非常不一样。前者规定沿海国对区域内的经济勘探和开发的其他活动拥有"主权权利"；后者建议沿海国应当拥有"管辖权"。

关于"海洋环境的保全"方面，七十七国集团提出"关于管理、控制和保全海洋环境，包括控制和减少污染，以符合本公约的方式管辖。"虽然在更进一步的建议中有对专属权利含义的阐述，即"沿海国有权制定并实施涉及上述权利和管辖权的规定"，但这仍导致了这种管辖权是否以及如何行使非常不明确。另一方面，埃文森小组考虑到其他协商并提供了对"本公约中规定的管辖权"的交叉引用。（关于保护和保全海洋环境的主要协商在第三委员会中进行，在那里将对专属经济区内的和其他海洋区域内的沿海国的权力的内容进行确定（参见第二一一条和第二二○条）。

海洋科学研究问题是以类似的方式进行了处理。七十七国集团提出沿海国享有专属管辖权，而埃文森小组提出交叉参照其他规定并且没有对其可能的含义作出一点暗示。（这也是对第三委员会提出的一个问题，参见第二四六条以及相关条款）

关于人工岛屿、设施和结构，埃文森小组提出参照一个更全面的处理问题的独立条款（参见第六十条）。另一方面，七十七国集团明确提出了沿海国对此类事项的专属管辖权。

对于在该区域中沿海国的权利和其他国家的权利的关系，埃文森小组呼吁沿海国"适当顾及"在该区域中其他国家的权利。另一方面七十七国集团仅提及沿海国的权利而没有提及其他国家的权利。

埃文森小组还建议，在本条中规定的沿海国的权利是"不损害"《公约》关于大陆架的规定。七十七国集团没有提到这个问题。

赞比亚（资料来源43）重申了设立区域或分区域经济区，其中该地区的所有国家将对自然资源享有平等权利的建议。

在非正式单一协商案文第二部分（资料来源23），第四十五条对专属区中沿海国的权利、管辖权和义务进行了如下规定：

1. 在领海以外并邻接领海的区域，即所称的专属经济区，沿海国拥有：

（a）为勘探和开发，养护和管理海床，底土以及上覆水域中的自然资源（不论是可再生或是不可再生的）的目的的主权权利；

（b）关于建立和使用人工岛屿、设施和结构的专属权利；

（c）涉及以下内容的专属管辖权：

（i）为了在该区域中进行经济勘探和开发的其他活动，例如从海水、海

流和风力中生产能量；以及

（ii）科学研究；

（d）关于海洋环境保护的管辖权，包括控制和减少污染；

（e）本公约规定的其他权利和义务。

2. 沿海国根据本公约在专属经济区行使其权利和履行其义务时，应当适当顾及其他国家的权利和义务。

3. 在本条中规定的权利，不应当妨碍第四部分［大陆架］的规定。

第四十五条的整体结构与埃文森小组的建议相似。但是在其基本结构中具体表述发生了变化。第1款（a）项规定，沿海国在专属经济区内享有对自然资源的主权权利。它还将勘探与开发以及保护和管理联系了起来。第1款（b）项提到了沿海国在人工岛屿、设施和结构方面的"专有权利和管辖权"。第1款（c）（i）项是从七十七国集团的提案改编而来，并指出沿海国对诸如"从海水、海流和风中生产能源"活动的"专属管辖权"（而不是"主权权利"）。

沿海国对污染控制和减少的管辖作为一个单独条款第1款（d）项列明，而没有列入第1款（c）项；这里的表述也是来自七十七国集团的提案。第2款没有要求沿海国"以符合本公约的规定的方式行事。"

56.5 在第四期会议（1976年）上，提出了很多非正式提案（资料来源47至资料来源56）。澳大利亚代表（资料来源47）指出沿海国的"权利"、"管辖权"以及"义务"不附带任何其他限定条件。赞比亚代表（资料来源48）重申了在该区域范围内设立区域的或者分区域的经济区的建议。阿尔及利亚代表（资料来源49）想要确保内陆国和地理不利国家的开发权利。为此目的它建议将第3款与国家的经济权利和义务一章相联系。[14] 它还建议拟定新的第4款，规定沿海国从来自专属经济区的开发的收益中支付一部分给国际主管机构。

日本代表（资料来源50）没有提到海洋污染控制属于沿海国管辖范围，也没有对沿海国对其他活动的管辖权使用"专属"一词作为定语。它提出拟定新的第4款，要求各国遵守沿海国"制定的符合本公约和其他国际法规则"的法律和规章。

由西班牙代表提出（资料来源51）的建议在很大程度上是非正式单一协商案文经调整的版本。它将可再生资源和不可再生资源分开，并呼吁"为人类福利"充分利用可再生资源。

美利坚合众国代表提出的提案（资料来源52）仿效了非正式单一协商案文，但是为沿海国提供了"本公约中规定的"针对科学研究和保护海洋环境的管辖权。正如日本提案一样，美国提案要求国家遵守沿海国制定的符合《公约》和其他国际法规则的

---

[14] 1974年12月12日联合国大会第3281（XXIX）号决议。

法律和规章。

秘鲁代表（资料来源53）的提案也仿效了非正式单一协商案文，但是添加了一项条款，规定沿海国在专属经济区拥有"只要不损及关于航行和通信的海洋的合法利用"的额外权利。新加坡提案（资料来源54）反对使用"专属"的表述，并且寻求能够保证内陆国和地理不利国家在区域的经济勘探和开发的参与权利。它还建议删除第1款（d）项，将其留待第三委员会讨论"海洋环境的保护，包括控制和减少污染"。

荷兰代表提交的提案（资料来源55）仿效了西班牙代表提案，指出将可再生资源和不可再生资源分开。它也指出了沿海国对经济区内不同活动的"管辖权"（而没有使用"专属管辖权"），正如苏联代表所提交的提案（资料来源56）一样。然而，苏联提案确实考虑到沿海国建造、批准并且管理人工岛屿、设施和构筑物的"专属权利"。尽管存在大量的建议修正案，其中的一些在后来被纳入了《公约》的其他条款中，修订的单一协商案文第二部分（资料来源24）几乎没有进行修改。该案文第四十四条规定：

沿海国在专属经济区内的权利、管辖权和义务

1. 在沿海国领海之外并且邻接领海的区域，即所称的专属经济区，沿海国拥有：

（a）以勘探和开发、养护和管理海床和底土以及上覆水域中的自然资源（不论是生物资源或非生物资源）为目的的主权权利；

（b）建造和使用人工岛屿、设施和结构的专属权利和管辖权；

（c）以下事项的专属管辖权：

（i）区域中其他经济勘探和开发活动，例如从海水、海流和风中生产能源；

（ii）科学研究；

（d）海洋环境的保护和保全的管辖权，包括控制和减少污染；

（e）本公约规定的其他权利和义务。

2. 沿海国根据本公约在专属经济区内行使权利和履行义务的时候，应适当顾及其他国家的权利和义务。

3. 本条款规定的涉及海床和底土的权利应当以符合第四章［大陆架］的方式行使。

在这一阶段添加上了题目。第1款（a）项将"可再生或者不可再生"资源的表述替换成了"生物资源或非生物资源"。该条还提及了"海床"（用的是"bed"而不是"seabed"）和底土。第3款经过修改，规定沿海国应当根据大陆架的条款规定"行使"专属经济区的海床和底土相关的权利。

56.6 在第五期会议（1976年）上，对第四十四条提出了更多的非正式提案（资

料来源 57 至资料来源 67）。美国代表（资料来源 58）建议在第 1 款（b）项的末尾加上"在第四十八条中所规定的"一语。这将确立第四十八条作为沿海国涉及人工岛屿、设施和结构的权利和管辖权的主导条款的地位。它还建议删除第 1 款（c）项（ii）目并且将科学研究包括进第 1 款（d）项沿海国对保护海洋环境的普遍管辖权中。它还建议在第 2 款后增添新的款项：

> 3. 沿海国应根据本公约的规定在专属经济区行使其权利，履行其义务。
>
> 4. 各国应当遵守沿海国根据本公约规定以及其他国际法规则制定的法律和规章。

（该表述曾经在前一期会议上美国的提案中出现（资料来源 52）。）

赞比亚代表（资料来源 59 和资料来源 63）重申了其提出的关于建立区域的或者分区域的经济区的提案。然而先前的提案中的第 3 款被删除了。随后在正式的提案中它得到了重申（资料来源 25）。

英国代表提交的案文（资料来源 60）在第 1 款的 6 个项中列举了修订的单一协商案文中所包括的各种活动，指出在每种情况下沿海国是否对该活动拥有"主权权利"、"专属管辖权"或者只是"管辖权"。联邦德国也随之采用了类似的方法（资料来源 67）。

乌拉圭代表的提案（资料来源 61）将从海水、海流和风力中生产能源作为"主权权利"，并且建议沿海国应当对海洋污染拥有"专属管辖权"。它还包括了解释该术语的一个条款，指出：

> 3. 管辖权是专属性的，在这一意义上，只有沿海国有权在其专属经济区内制定并且实施为了根据公约规定行使其权利以及履行其义务所需的各种措施。这并不排除船旗国对其船舶、飞机以及设施的管辖权，除非沿海国有权采取必要措施确保公约规定或者沿海国根据公约制定的法律和规章在其专属经济区范围内得到所有国家的遵守。

与上述条文相联系的另外一条建议，沿海国应当拥有"与本公约相符的所有其他权利，只要……其他国际上涉及航行和通信的海洋的合法使用不受非法影响。"

波兰代表（资料来源 62）提交了一份简短的案文，其中规定沿海国应当对资源拥有主权权利以及对人工岛屿、设施和结构、科学研究、海洋污染和"可再生的自然资源的养护和管理"拥有"管辖权"。此外，沿海国应当拥有"本公约规定的其他权利"。这一提案也将第 1 款中的大部分开篇用词分离出来，成为新的"经济区法律地位"条款的一部分。

这一方法被建议对"经济区的确立和定义"拟定新条款的内陆国/地理条件不利国家集团捡了起来（资料来源57以及资料来源64至资料来源66）。该提案的第四十五条（修订的单一协商案文的第四十四条）开始就指出"在经济区内，沿海国应当拥有：……"。它规定对资源拥有"主权权利"，并且对人工岛屿、设施和结构、科学研究以及海洋环境的保护，还有"自然资源的养护和管理"拥有"权利和管辖权"。后者是从第1款（a）项中分离出来的，第1款（a）项规定的是以这些为目的的"主权权利"。

56.7　在第六期会议（1977年）上，内陆国/地理条件不利国家集团（资料来源68和资料来源69）重复了其先前的提案。希腊代表（资料来源70）建议删除关于《公约》赋予沿海国的其他权利和义务的第1款（e）项。赞比亚代表（资料来源71）再次建议设立区域或者分区域的经济区。

卡斯塔涅达（Castañeda）小组也一直为沿海国在专属经济区内的权利和义务而努力。在其提交的关于第四十四条的案文的最后版本中表述为：

> 1. 在专属经济区，沿海国拥有：
>
> （a）以勘探和开发，养护和管理海床以及底土和上覆水域的自然资源（不论是生物资源或非生物资源）为目的的主权权利，以及关于在该区内从事经济性开发和勘探，如利用海水、海流和风力生产能等其他活动的主权权利；
>
> （b）涉及以下内容的本公约的相关条款规定的管辖权：
>
> （i）人工岛屿、设施和结构的建造和使用；
>
> （ii）海洋科学研究；
>
> （iii）海洋环境的保全，包括污染控制和减少；
>
> （c）本公约中规定的其他权利和义务。
>
> 2. 沿海国在专属经济区内根据本公约行使其权利和履行其义务，应当适当顾及其他国家的权利和义务并且应当以符合本公约规定的方式行事。
>
> 3. 在本条所载的关于海床和底土的权利应当按照第四章［大陆架］的规定行使。[15]

这一条的第1款参考了在前一期会议中波兰和内陆国/地理条件不利国家集团所建议的结构。第1款（a）项反映了乌拉圭代表在第五期会议上的建议（参见上文56.6段），规定了对资源和对"从海水、海流和风的能源的生产"的主权权利。第1款（b）项列出了沿海国拥有"管辖权"的其他活动的原则。规定了"海洋科学研究"而不是一般的"科学研究"的（ii）目，缩小了沿海国对专属经济区内的研究的管辖权

---

[15]　转载在《第三次联合国海洋法会议文件集》第四卷第426页（1977年7月12日版），之前的版本，7月8日和10日，转载在同上第419和424页。该小组的详细信息参见上文V.13段。

范围。第 2 款扩展规定了沿海国在专属经济区内行使其权利和履行义务的时候，将"以符合现行《公约》规定的方式"活动。

非正式综合协商案文（资料来源 27）几乎一字不差地在第五十六条中重复了这一条款。唯一的变化是在非正式综合协商案文的第 1 款（b）项（iii）目中，去掉了"包括控制和减少污染"这一句（在第三委员会制定完善第七部分的过程中，这些内容都被具体纳入了）。第 3 款中的交叉引用修改成了"第六部分"。

56.8　在第七期会议（1978 年）上，秘鲁代表（资料来源 72）提出了一些草案的变化。此外，它还提出了新的一款规定：

> 2. 管辖权应当是专属的，因为只有沿海国有权在其专属经济区通过并且实施所需的根据本公约的规定行使其权利并履行其义务的措施。这不应排除船旗国对其船舶和飞行器的管辖权，除非沿海国得到授权采取必要措施以确保本公约的条款，或者根据本公约的规定由沿海国制定的法律以及规章在其专属经济区内得到所有国家的遵守。

（它参照了乌拉圭代表在第五期会议上的提案（参见上文 56.6 段），经过略微修改。）

乌拉圭代表（资料来源 73）的提案将第 1 款（a）项中的"其他"活动中的"其他"由一般性的其他（other）改为特指的"其他"（the other），还有一些其他的修改草案。

在正式的提案中，秘鲁代表建议对《公约》整体进行实质性调整。提案想要将现在的第五部分内容紧跟在第三部分后面（用于国际航行的水道），并且将现在的第四部分（群岛国）返回第九部分。[16]在该提案中，还建议针对"同时适用于专属经济区和公海的规定"设立新的第七部分。

56.9　在第八期会议（1979 年）上，一项未具名提案（资料来源 74）建议设立新的第 4 款，要求各国遵守沿海国制定的在其专属经济区内的法律和规章，"只要这些法律和规章与本部分不相冲突"（它仿效了美国和日本在第四期会议上的提案（参见上文第 56.5 段）。）

九国集团（资料来源 75）提出设立新的来自开发非生物资源的持续积累的关于"对共同继承财产基金的捐款或捐物"的第 4 款（这与海底采矿条款规定的管理局相关）（该提案在第十期会议上经过修订（资料来源 76）。）

56.10　在第十一期会议（1982 年）上，莱索托在一项正式修正案（资料来源 32）

---

[16]　对于《联合国海洋法公约》中章节的排序的建议参见 A/CONF. 62/L. 27（1978 年），正式记录，第九卷第 182 页（秘鲁）。对第四部分的位置的建议参见上文 Intro. 28 段和 IV. 10 段。

中重复了其建议拟定新的关于对基于专属经济区的非生物资源进行开采的共同继承财产基金的捐献的第 4 款。[17]

秘鲁代表提交的非正式提案（资料来源 77）试将第 1 款（a）项中"海床和底土以及上覆水域"的表述替换成"海洋、海床和底土"。秘鲁代表解释这种变化并不影响实质但是反映了应当列出的所提及的三个空间（海洋、海床和底土）的逻辑顺序，"因为专属经济区首先由海水构成，其次是海床和底土（在其不超过 200 海里范围内被大陆架所包括）。"[18] 随后，起草委员会主席指出非正式全体会议同意将"海床以及底土和上覆水域"的表述改为"海床上覆水域和海床及其底土"。[19] 这也在第五十六条第 1 款（a）项的最终案文中得到了反映。

56. 11（a） 在涉及专属经济区时使用"主权权利"的表述呼应了 1958 年《大陆架公约》中的第二条的表述，虽然在第五部分中其使用和功能更广泛。国际法委员会将与大陆架有关的"主权权利"的表述在其对草案第六十八条的评论中作了解释（成为 1958 年《公约》的第二条）。该委员会指出：

> 虽然委员会想避免对其认为具有决定性意义的问题，即维护上覆海域及其上空的充分自由的原则，提出相反解释的语言，但它不愿接受沿海国对大陆架的海床和底土的主权。另一方面，现在所通过的案文无疑将授予沿海国的权利包括了所有必要的以及与大陆架自然资源的勘探和开发相关的权利。这种权利包括了涉及对违反法律的预防和惩罚的管辖权。[20]

在排除了使用"上覆海域的充分自由"后，该段可以适用于沿海国在专属经济区内的主权权利的功能，且"上覆海域的充分自由"在涉及专属经济区是得到了修改。

56. 11（b） 针对自然资源，沿海国为了两个相联系的目的拥有主权权利：为"勘探和开发"这些资源；以及为"养护和管理"这些资源。这对该区域中的生物资源和非生物资源同等适用。第五部分剩余的内容首先处理的是生物资源的养护和管理（管理包括了"最佳利用"的概念（第六十二条和第六十四条）和"收获"（第六十一条、第六十二条和第六十七条））。另一方面，第六部分首先处理的是大陆架非生物资源（但是包括定居种）的勘探和开发，没有影响上覆水域及其上空的法律地位，并且通过第五十六条第 3 款与第五部分联系起来。

---

[17] 于第 171 次全体会议上引入（1982 年），正式记录，第十六卷第 106 页第 10 段，在第 176 次会议上（第 2 段），大会主席声明发起单位并不强迫对本修正案提交表决，同上第 132 页。

[18] 这发生在 1982 年 9 月的全体非正式会议上（来自联合国海洋事务与海洋法官员的澄清）。

[19] A/CONF. 62/L. 160（1982），正式记录，第十七卷第 225 页第 3（a）段（起草委员会主席）。

[20] Report of the International Law Commission covering the work of its eighth session（A/3159），《评注》第 68 条，第（2）段，1956 年《国际法委员会年鉴》第二卷，第 253、297 页。

56.11（c） "自然资源（不论是生物资源还是非生物资源）"的表述与涉及大陆架的第七十七条中一般性使用的"自然资源"形成了对比。由于第六十八条和第七十七条第 4 款的规定，"属于定居种的生物体"属于大陆架的法律制度，不属于为专属经济区所确立的制度（详细信息参见下文第七十七条）。"上覆水域"（waters superjacent）的表述（与第七十八条和第一三五条中使用的"上覆水域"的英文 superjacent waters 一致）指的是"紧邻海床或者深海底向上直到水面的水域"。㉑在这一点上，《公约》在涉及自然资源的时候使用"养护"和"管理"的表述（参照第五十六条第 1 款（a）项），在涉及海洋环境的时候使用"保护"和"保全"的表述（参见第十二部分）。

56.11（d） 第 1 款（b）项列明了沿海国拥有"管辖权"的事项；该管辖权在《公约》相关条款中进行了规定。在人工岛屿、设施和结构的情况下（（i）目），第六十条赋予了沿海国建造以及授权和管理其建造、操作和使用的"专属权利"，还有对它们的专属管辖权。其他与人工岛屿和类似结构相关的条款包括第八十条、第八十七条（由第二委员会处理），第一四七条（由第一委员会处理），以及第二〇八条、第二一四条、第二四六条和第二五九条（由第三委员会处理）。

规定了沿海国对海洋科学研究（（ii）目）的管辖权的条款包括第八十七条（第二委员会），第十三部分（第二三八条至第二六五条；第三委员会），以及第二九七条第 2 款（来自非正式全体会议以及第五协商小组）。

沿海国对海洋环境的保护和保全（（iii）目）相关的管辖权详细规定在第十二部分中（第一九二条至第二三七条；第三委员会）。

56.11（e） 由于第五十六条第 1 款（b）项（iii）目赋予了沿海国在专属经济区内对海洋环境的保护和保全的管辖权，国际海事组织（IMO）审查了《伦敦倾废公约》的适用性问题。其结论提交到了联合国大会，指出：

> 同意《伦敦倾废公约》应当根据自 1972 年获得通过以来国际法的发展来进行解释，包括那些在《联合国海洋法公约》第十二部分中确立的法律。国际海事组织的结论指出，除其他外，对《伦敦倾废公约》的第七部分第 1 款（c）项以及第 2 款的要求（适用于在缔约方管辖下的例如船舶、平台；在某一缔约方领土范围内采取的措施）应当作出相应的解释。会议采纳了其法律小组的结论，只要符合国际法，缔约国不仅能够在其领海范围内适用《伦敦倾废公约》，而且还可在专属经济区和大陆架上适用。

65. 然而，协商各方注意到其法律小组对专属经济区是否必须在沿海国能

㉑ 联合国海洋事务与海洋法司，*Baselines：An Examination of the Relevant Provisions of the United Nations Convention on the Law of the Sea*，附录 I（技术术语），第 47、64 页（联合国销售号 E. 88. V. 5*（1989））。

够对在该海域实施的倾倒行使管辖权之前建立所持的不同观点……。②

56.11（f） 第2款为沿海国附加了一项义务，即在专属经济区内行使权利和履行义务的时候，沿海国应当适当顾及其他国家的权利和义务。该条款的重要意义在于它平衡了专属经济区内沿海国的权利、管辖权和义务以及其他国家的权利和义务。保护其他国家在各种海洋区域中的权利和自由的条款出现在《公约》的各处，例如第二十四条第1款（领海）；第四十二条第2款，以及第四十四条（用于国际航行的海峡）；第五十一条（群岛水域）；第五十八条（专属经济区）；第七十八条第2款（大陆架）；和第八十七条第2款（公海）。

56.11（g） 第3款明确了在专属经济区内的海床和底土，行使第五十六条中列出的沿海国的权利必须符合第六部分（第七十六条至第八十五条）。

---

② *Law of the Sea：Report of the Secretary-General*，A/44/650（1989年，油印），第64和65段，第四十四届联合国大会正式记录，议程第30项。转载于荷兰海洋法研究所《国际组织和海洋法年鉴》第五卷［1989年］，第23、38页。关于1972年《防止倾倒废物和其它物质污染海洋的公约》（伦敦倾废公约），见《联合国条约集》第1046卷第120页，修订后在《联合国条约集》第1140卷第377页（其他修订尚未生效）。

第五十七条 专属经济区的宽度

专属经济区从测算领海宽度的基线量起，不应超过 200 海里。

资料来源

第三次联合国海洋法会议文件

1. A/AC. 138/SC. II/L. 10，第七条。转载在《1972 年海底委员会报告》第 180、181 页（肯尼亚）。

2. A/AC. 138/SC. II/L. 21，第八条。转载在《1973 年海底委员会报告》第三卷第 19、20 页（哥伦比亚、墨西哥和委内瑞拉）。

3. A/AC. 138/SC. II/L. 23，第二段，转载在《1973 年海底委员会报告》第三卷第 23 页（冰岛）。

4. A/AC. 138/SC. II/L. 34，第 2 部分，第（2）段，转载在《1973 年海底委员会报告》第三卷第 71、72 页（中国）。

5. A/AC. 138/SC. II/L. 35 and Corr. 1，第一条第 2 款，转载在《1973 年海底委员会报告》第三卷第 75 页（美国）。

6. A/AC. 138/SC. II/L. 36，第 1 部分，(c) 款，转载在《1973 年海底委员会报告》第三卷第 77、78 页（澳大利亚和挪威）。

7. A/AC. 138/SC. II/L. 37，第四条。转载在《1973 年海底委员会报告》第三卷第 78、79 页（阿根廷）。

8. A/AC. 138/SC. II/L. 38，第二条。转载在《1973 年海底委员会报告》第三卷第 82 页（加拿大、印度、肯尼亚和斯里兰卡）。

9. A/AC. 138/SC. II/L. 39，第一条第 1 款，转载在《1973 年海底委员会报告》第三卷第 85 页（阿富汗、奥地利、比利时、玻利维亚、尼泊尔和新加坡）。

10. A/AC. 138/SC. II/L. 40 and Corr. 1 – 3，第三条。转载在《1973 年海底委员会报告》第三卷第 87 页（阿尔及利亚、喀麦隆、加纳、科特迪瓦、肯尼亚、利比里亚、马达加斯加、毛里求斯、塞内加尔、塞拉利昂、索马里、苏丹、突尼斯和坦桑尼亚联合共和国）。

11. A/AC. 138/SC. II/L. 41，第四条第 1 款，转载在《1973 年海底委员会报告》第

三卷第 89、90 页（乌干达和赞比亚）。

12. A/AC. 138/SC. II/L. 52，第二段，转载在《1973 年海底委员会报告》第三卷第 106 页（巴基斯坦）。

13. A/AC. 138/SC. II/L. 59 and Corr. 1，第一条。转载在《1973 年海底委员会报告》第三卷第 111、112 页（荷兰）。

14. A/CONF. 62/L. 4（1974 年），第十三条，正式记录，第四卷第 81、82 页（加拿大、智利、冰岛、印度、印度尼西亚、毛里求斯、墨西哥、新西兰和挪威）。

15. A/CONF. 62/C. 2/L. 21/Rev. 1（1974 年），第一条第 1 款，正式记录第 199 页（尼日利亚）。

16. A/CONF. 62/C. 2/L. 38 and Corr. 1（1974 年），第三条，正式记录，第 214、215 页（保加利亚、白俄罗斯苏维埃社会主义共和国、德意志民主共和国、波兰、乌克兰苏维埃社会主义共和国和苏联）。

17. A/CONF. 62/C. 2/L. 40 和 Add. 1（1974 年），第五条，正式记录，第三卷第 217 页（比利时、丹麦、法国、德意志联邦共和国、爱尔兰、意大利、卢森堡和荷兰）。

18. A/CONF. 62/C. 2/L. 47（1974 年），第二条，正式记录，第三卷第 222 页（美国）。

19. A/CONF. 62/C. 2/L. 65（1974 年），第一条，正式记录，第三卷第 234 页（玻利维亚和巴拉圭）。

20. A/CONF. 62/C. 2/L. 82（1974 年），第一条，正式记录，第三卷第 240 页（冈比亚、加纳、科特迪瓦、肯尼亚、莱索托、利比里亚、阿拉伯利比亚共和国、马达加斯加、马里、毛里塔尼亚、摩洛哥、塞内加尔、塞拉利昂、苏丹、突尼斯、喀麦隆共和国、坦桑尼亚联合共和国和扎伊尔）。

21. A/CONF. 62/L. 8/Rev. 1（1974 年），附件二附录一〔A/CONF. 62/C. 2/WP. 1〕，规定 99 和 126，正式记录，第三卷第 93、107、122、126 和 127 页（总报告员）〔《主要趋势工作文件》〕。

22. A/CONF. 62/WP. 8/Part II（非正式单一协商案文，1975 年），第四十六条，正式记录，第四卷第 152、159 页（第二委员会主席）。

23. A/CONF. 62/WP. 8/Rev. 1/Part II（订正的单一协商案文，1976 年），第四十五条，正式记录，第五卷第 151、160 页（第二委员会主席）。

24. A/CONF. 62/WP. 10（非正式综合协商案文，1977 年），第五十七条，正式记录，第八卷第 1、13 页。

25. A/CONF. 62/WP. 10/Rev. 1（非正式综合协商案文第一次修订稿，1979 年，油印），第五十七条。转载在《第三次联合国海洋法会议文件集》第一卷第 375、411 页。

26. A/CONF. 62/WP. 10/Rev. 2（非正式综合协商案文第二次修订稿，1980 年，油

印），第五十七条。转载在《第三次联合国海洋法会议文件集》第二卷第 3、39 页。

27. A/CONF. 62/WP. 10/Rev. 3 *（非正式综合协商案文第三次修订稿，1980 年，油印），第五十七条。转载在《第三次联合国海洋法会议文件集》第二卷第 179、216 页。

28. A/CONF. 62/L. 78（《公约草案》，1981 年），第五十七条，正式记录，第十五卷第 172、184 页。

起草委员会文件

没有与此过程同时的文件。

非正式文件

29. Informal Working Paper No. 4，条款第十一条和第三十一条；No. 4/Rev. l，条款第十三条和第三十四条；以及 No. 4/Rev. 2，规定第十二条和第三十二条（均为 1974 年，油印）。转载在《第三次联合国海洋法会议文件集》第四卷第 314、332 和 354 页。

30. Informal Working Paper No. 5 and Rev. 1，条款第三条（均为 1974 年，油印）。转载在《第三次联合国海洋法会议文件集》第三卷第 378 和 387 页。

31. 玻利维亚（1975 年，油印），第 3 款。转载在《第三次联合国海洋法会议文件集》第四卷第 192 页。

32. LL/GDS Group（1975 年，油印），第一条。转载在《第三次联合国海洋法会议文件集》第十一卷第 490 页。

33. LL/GDS Group（1975 年，油印），第一条。转载在《第三次联合国海洋法会议文件集》第四卷第 198 页。

34. LL/GDS Group（1975 年，油印），第一条。转载在《第三次联合国海洋法会议文件集》第四卷第 201 页。

35. LL/GDS Group（1975 年，油印），第一条。转载在《第三次联合国海洋法会议文件集》第四卷第 202 页。

36. Contact Group of the Group of 77（1975 年，油印），第 1 款。转载在《第三次联合国海洋法会议文件集》第四卷第 205 页。

37. Draft articles on resource jurisdiction beyond the territorial sea（［1975 年］油印），第一条（未具名）。转载在《第三次联合国海洋法会议文件集》第四卷第 218 页。

38. Group of 77（1975 年，油印），第一条。转载在《第三次联合国海洋法会议文件集》第四卷第 227 页。

39. LL/GDS Group（1975 年，油印），第一条。转载在《第三次联合国海洋法会议文件集》第四卷第 234 页。

40. 新加坡（1976 年，油印），第四十六条（非正式单一协商案文二）。转载在《第三次联合国海洋法会议文件集》第四卷第 290、291 页。

41. 波兰（［1976 年］，油印），第四十四条第 2 款（订正的单一协商案文二）。转载在《第三次联合国海洋法会议文件集》第四卷第 407 页。

42. LL/GDS Group（1976 年，油印），第四十四条第 1 款（订正的单一协商案文二）。转载在《第三次联合国海洋法会议文件集》第四卷第 410 页。

43. LL/GDS Group（1976 年，油印）第四十四条第 2 款（订正的单一协商案文二）。转载在《第三次联合国海洋法会议文件集》第四卷第 411 页。

44. LL/GDS Group（1976 年，油印）第四十四条第 2 款（订正的单一协商案文二）。转载在《第三次联合国海洋法会议文件集》第四卷第 412 页。

45. LL/GDS Group（1976 年，油印）第四十四条第 2 款（订正的单一协商案文二）。转载在《第三次联合国海洋法会议文件集》第四卷第 414 页。

46. LL/GDS Group（1977 年，油印），第四十四条第 2 款。转载在《第三次联合国海洋法会议文件集》第四卷第 381、383 页。转载在《第三次联合国海洋法会议文件集》第十一卷第 568 页。

47. LL/GDS Group（1977 年，油印），第四十四条第 2 款（订正的单一协商案文二）。转载在《第三次联合国海洋法会议文件集》第十一卷第 568 页。

评　　注

57.1. 第五十七条规定了专属经济区的外部界限，即从测算领海宽度的基线量起，不超过 200 海里的范围。专属经济区本身的组成，包括了全部水体以及从领海的外部界限到专属经济区的外部界限之间的海床。所以，当领海宽度为 12 海里时，专属经济区传统的最大宽度为 188 海里（如果领海的宽度缩小则相应增加）。这对于航行和飞越有重大意义——在领海中外国船只享有无害通过的权利；而在领海之外，则适用航行和飞越自由。

57.2. 在海底委员会，为决定专属经济区的外部界限及界定这些界限的标准（资料来源 1 至资料来源 13），采用了不同的方法。第二分委员会在海底委员会 1973 年会议上的报告对此作了记录，指出：

> 对关于界定专属经济区外部界限进行了说明，要么按照距离标准，要么按照深度标准，或两者皆采纳来确定。在涉及一个区域的划界时，有的意见阐述了一些因素的重要性，例如地理、地质、地貌、经济、生物和生态环境，区域内的可用资源及发展中国家、内陆国、近内陆国和架锁国，以及彼此相邻或相向的国家的权利和利益。①

———————————

① 《1973 年海底委员会报告》第一卷，第 57 段，第 52 页。

在一项 1971 年提交的提案中，马耳他代表采用了 200 海里的数字，作为延伸后的国家管辖区域的外部界限。② 在对该提案进行评论时，马耳他代表指出，200 海里的界限"可以取代现有国际法的众多且不确定的界限"，同时，沿海国在该界限内的权力可以"在离海岸 12 海里外以不同的方式进一步限制，以保护重要的国际利益"。③

在 1972 年会议上，《圣多明哥宣言》提到了"承袭海"，其宽度"最大不应超过 200 海里"，但是"要考虑到地理环境"。④ 肯尼亚代表提交的一项提案（资料来源 1）进一步发展了这个概念，规定：

> 经济区的界限，应在考虑到该地区的资源状况，发展中国家、内陆国、近内陆国、架锁国和窄大陆架国家的权利和利益，不损害该地区其他国家所接受的界限的前提下，与各地区的标准相一致，以海里为单位加以确定。经济区从测算领海的基线量起，无论如何不应超过 200 海里。

[相同的文字出现在 14 个非洲国家随后提交的提案中（资料来源 10）。] 该段文字的第一句话，已经出现在非洲国家联盟关于海洋法的研讨会的结论中。⑤

57.3. 在海底委员会 1973 年会议上，数份提案都提到经济区（或称"承袭海"），其外部界限从测算领海的基线量起（资料来源 3、资料来源 4、资料来源 6、资料来源 10 和资料来源 12）不得超过 200 海里。其他提案将关于距离的问题留给了之后的讨论（资料来源 5、资料来源 8、资料来源 9 和资料来源 11）。一项由冰岛提交的提案（资料来源 3）指出，外部界限应该"是合理的，始终考虑到当地的地理、地质、生态、经济和其他有关情况"，但不应超过 200 海里。

阿根廷代表（资料来源 7）建议，沿海国对于基线外 200 海里，"或与陆缘海相符的更广阔的距离"⑥的区域，应该享有"主权权力"。

一项由荷兰代表提交的提案（资料来源 13）要求创立一个与领海毗连的"过渡区"（在第三次联合国海洋法会议早期，很多国家提出在领海到公海之间设立一个"过渡区"（intermediate zone），同时对该区的名称及宽度提出了各种提案，最后该"过渡区"被"专属经济区"所代替。——编注）。该区将包括两个主要要素：（i）关于生物资源（高度洄游鱼类除外），"与领海毗连的上覆水域"为一个不确定的界限；（ii）关

---

② A/AC.138/53，第 36 条，转载在《1971 年海底委员会报告》第 105、131 页（马耳他）。

③ 同上，导言，第二部分，第 110 页。

④ A/AC.138/80，承袭海，第 3 段，转载在《1972 年海底委员会报告》第 70、71 页（加勒比海国家关于海洋问题的会议）。

⑤ A/AC.138/79，第一部分，第（5）款，转载在《1972 年海底委员会报告》第 73、74 页。

⑥ "陆缘海"被描述为"覆盖在位于平均深度为 200 米的海床和底土之上的水体"。

于非生物资源，海床和底土从"'大陆架'外部界限向海方向延伸40海里"[7]，但不应超过一个未指明的距离。

一项由四国提出的、与创立"专属渔业区"相关的提案（资料来源8）并未详细说明该区域的最大范围，只说明应和适用于专属经济区的界限相符。

57.4. 在第三次联合国海洋法会议第二期会议上（1974年），绝大多数关于专属经济区宽度的提案都包含了其外部界限不应超过从测量领海的基线起200海里的要求（资料来源14至资料来源16，以及资料来源18至资料来源20）。

一项由8个西欧国家提交的提案（资料来源17）中提出了一个新的渔业区概念，但没有具体指明其外部界限。其内容：

> 2. 该区域的范围应该由沿海国决定，……考虑到所有相关因素，特别是区域的地理特征以及渔业资源及其它们在沿岸的分布。

这将赋予沿海国对区域宽度测量的自由裁量权。

在《主要趋势工作报告》（资料来源21）中，这些提案在一些备选案文中做了概括。第九十九条，方案A，便是取自三国向海底委员会的提案（资料来源2），主张"承袭海"的外部界限不应超过从适用于领海测量的可用基线量起200海里。方案B重复了非洲国家关于适用于经济区界限测量的标准的提案（资料来源10）。第一二六条逐字重复了西欧国家关于渔业区的提案（资料来源17）。

显然，在会议早期，权力受到特别限制的、从测量领海的基线量起不超过200海里的区域，对于那些想要扩展对领海之外资源的沿海控制权却又反对扩张国家领土主权的国家来说，可能是可以接受的满意方案。第二委员会主席表示，从他观察的角度评价，"12海里的领海和在领海之外、总的最大距离达到200海里的专属经济区的构想，是大多数国家青睐的折中解决方案的基石"。[8]

57.5. 在第三期会议（1975年）上，绝大多数提案强调的是200海里的限制。七十七国集团（资料来源36和资料来源38）和埃文森小组[9]推荐到，该区域不得延伸超过基线外200海里。虽然内陆国和地理位置不利国家（资料来源32和资料来源33）早先提交的提案包括了一个200海里的最大宽度，但之后的提案（资料来源34、资料来源35和资料来源39）没有提到对该区域的范围有特殊的限制。除了埃文森小组的文

---

⑦　"大陆架"在脚注中被描述为"与海岸邻接，不超过200米等深线或者位于宽度为从测量领海的基线起40海里的带状海域之下的海床和底土"。

⑧　第二委员会第46次会议（1974年），第16段，正式记录，第二卷第302页。同样可参见A/CONF.62/C.2/L.86（1974年），正式记录，第三卷第242、243页（第二委员会主席）。

⑨　The Economic Zone（1975年，油印），第二条（非正式法律专家的小组）。转载在《第三次联合国海洋法会议文件集》第四卷第209、211页。

本，这些提案全部与沿海国设立专属经济区的一般性权利相关。

在非正式单一协商案文第二部分（资料来源 22）里，第四十六条将一致意见进行了如下合并：

专属经济区的范围从测算领海宽度的基线量起不应超过 200 海里。

57. 6.　在第四期会议（1976 年）上，一项由新加坡提交的非正式提案（资料来源 40）表示"对 200 海里持一般性保留……若内陆国和地理位置不利国家的权利得到了公正的满足"。

在修订的单一协商案文第二部分（资料来源 23）里，标题补充为："专属经济区的宽度"。重新编号后第四十五条的文本，逐字重复了非正式单一协商案文，只将"基线"由英文的单数改成了复数，反映了文本第十三条的变化〔现在是第十四条关于确定基线的混合办法〕。

57. 7.　在第五期会议（1976 年）上，内陆国和地理位置不利国家集团提交了一系列提案（资料来源 42 至资料来源 45），其中"经济区"被形容为"从沿海国的领海界限出发、向海方向延伸的海洋的一部分，最大范围不超过 200 海里，从测量领海宽度的基线出发"。第六期会议（1977 年）重复了该条内容（资料来源 46 和资料来源 47）。

在非正式综合协商案文（资料来源 24），该条款被重新编号为第五十七条，但在其他方面并未改动。

57. 8（a）.　《公约》并未指出将如何测量或划定专属经济区的外部界限。在这方面，关于专属经济区外部界限的条款不同于领海外部界限的相关条款（第四条）和大陆架外部界限的相关条款（第七十六条）。国家实践，以及国际法院和仲裁法庭的决定，论证了为连接地理坐标而使用等方位线和测地线之间的差异。⑩

专属经济区的外部界限把专属经济区和公海分开了，在从领海起的专属经济区里，

---

⑩　这个问题在 1977 年英国和法国之间的"大陆架案"中被首次提出，关于 1978 年 3 月 14 日的解释的决定，《国际法评论》第 54 期第 139 页；《国际仲裁裁决报告》第十八卷第 271 页。这些条款由国际水道测量组织解释为：

最短线，或测地线，是"在一个给定平面中的两点之间距离最短的曲线……（通常而言，一条测地线既不是两点间大圆方向上的视线，也不是弦，同样不是平面曲线。）一般来说，其在地图投影上显示为一条曲线"。

等方位线，或罗盘方位线，是"墨卡托投影地图上的一条真正的直线……其通常将区别于测地曲线，以及通常不是平面曲线。一条等方位线有一个恒定的方位。取决于线的长度、纬度和方向，等方位线和测地线之间的不同可以是非常显著的"。

A Manual on Technical Aspects of the United Nations Convention on the Law of the Sea—1982，第一节，第 45 页〔IHO Special Pub. No. 51（1990 年第二版）〕。还可参见 "Study on the future functions of the Secretary-General under the Draft Convention,"，A/CONF. 62/L. 76（1981），第二部分，第七节，技术评论（vii），正式记录，第十五卷第 153、170 页。

沿海国或群岛国可以根据第五十六条行使主权权利或司法管辖权。该外部界限同样将沿海国管辖海床与国际海底区域分开了，除了当大陆架根据第七十六条第 4～6 款，自领海基线起延伸超过 200 海里的例外情况。

57.8（b）. 在大多数情况下，国家都建立起一条单独的海洋边界，作为专属经济区和大陆架（大陆架延伸超过 200 海里的情况除外）的外部界限。这个实践被认为不仅是关于专属经济区向海一侧的外部界限（包括大陆架），而且也是关于海岸相向或相邻的国家之间的分界线。在 1984 年"缅因湾案"中，国际法院所持的观点认为，并没有妨碍单一边界的司法划界的国际法规则，划出那样的一条边界也不是不可能。[11] 在 1985 年利比亚和马耳他之间的"大陆架案"中，国际法院认为"虽然可能存在其上并无专属经济区的大陆架，但不可能存在没有与之相应的大陆架的专属经济区"。[12] 国际法院似乎同样接受了这种可能性：当已有一项先前存在的划定大陆架的协议时，并不意味着一定要随着大陆架外部边界的划定而让专属经济区的外部界限与之相一致。[13]

---

[11] *Delimitation of the Maritime Boundary in the Gulf of Maine Area*，1984 年国际法院报告第 245、294 页，第 26、27 段。这在 1992 年 6 月 10 日"加拿大和法国之间的海洋地区划界的仲裁的决定"中，被称为"多用途线"，第 37 段，《一般国际公法评论》第 96 卷第 673、692 页（1992 年）；《国际法资料》第 31 卷第 1145、1163 页（1992 年）。

[12] *Continental Shelf* case（Libyan Arab Jamahiriya/Malta），1985 年国际法院报告 13、33，第 34 段。

[13] 这遵循了"关于 1989 年 7 月 31 日仲裁裁决案件"的决定，1991 年国际法院报告 53。

第五十八条　其他国家在专属经济区内的权利和义务

1. 在专属经济区内，所有国家，不论为沿海国或内陆国《公约》有关规定的限制下，享有第八十七条所指的航行和飞越的自由，铺设海底电缆和管道的自由，以及与这些自由有关的海洋其他国际合法用途，诸如同船舶和飞机的操作及海底电缆和管道的使用有关的并符合本公约其他规定的那些用途。

2. 第八十八至第一一五条以及其他国际法有关规则，只要与本部分不相抵触，均适用于专属经济区。

3. 各国在专属经济区内根据《公约》行使其权利和履行其义务时，应适当顾及沿海国的权利和义务，并应遵守沿海国按照《公约》的规定及其他国际法规则所制定的与本部分不相抵触的法律和规章。

资料来源

第三次联合国海洋法会议文件

1. A/AC. 138/SC. II/L. 10，转载在《1973 年海底委员会报告》第三卷第 180 页（肯尼亚）。

2. A/AC. 138/SC. II/L. 21，第九条和第十条。转载在《1973 年海底委员会报告》第三卷第 19、20 页（哥伦比亚、墨西哥和委内瑞拉）。

3. A/AC. 138/SC. II/L. 28，第八十条第 1 款，转载在《1973 年海底委员会报告》第 35、61 页（马耳他）。

4. A/AC. 38/SC. II/L. 34，第 2 部分，第（4）款和第（6）款，转载在《1973 年海底委员会报告》第三卷第 71、73 页（中国）。

5. A/AC. 138/SC. II/L. 35 and Corr. 1，第三条和第四条，转载在《1973 年海底委员会报告》第三卷第 75、76 页（美国）。

6. A/AC. 138/SC. II/L. 36，第 1 部分，第（d）款，转载在《1973 年海底委员会报告》第三卷第 77、78 页（澳大利亚和挪威）。

7. A/AC. 138/SC. II/L. 37，第 13 段，转载在《1973 年海底委员会报告》第三卷第 78、80 页（阿根廷）。

8. A/AC. 138/SC. II/L. 40 and Corr. 1 – 3，第四条。转载在《1973 年海底委员会报

告》第三卷第 87、88 页（阿尔及利亚、喀麦隆、加纳、科特迪瓦、肯尼亚、利比里亚、马达加斯加、毛里求斯、塞内加尔、塞拉利昂、索马里、苏丹、突尼斯和坦桑尼亚联合共和国）。

9. A/CONF. 62/L. 4（1974 年），第十四条、第十五条和第十七条，转载在正式记录，第三卷第 81、82 页（加拿大、智利、冰岛、印度、印度尼西亚、毛里求斯、墨西哥、新西兰和挪威）。

10. A/CONF. 62/C. 2/L. 21/Rev. 1（1974 年），第二条、第三条第 3 款和第 4 款、第四条，正式记录，第三卷第 199 页（尼日利亚）。

11. A/CONF. 62/C. 2/L. 38（1974 年），第四条和第八条，正式记录，第三卷第214、215 页（保加利亚、白俄罗斯苏维埃社会主义共和国、德意志民主共和国、波兰、乌克兰苏维埃社会主义共和国和苏联）。

12. A/CONF. 62/C. 2/L. 47（1974 年），第七条和第八条，正式记录，第三卷第 222页（美国）。

13. A/CONF. 62/C. 2/L. 82（1974 年），第五条，正式记录，第三卷第 240、241 页（冈比亚、加纳、科特迪瓦、肯尼亚、莱索托、利比里亚、阿拉伯利比亚共和国、马达加斯加、马里、毛里塔尼亚、摩洛哥、塞内加尔、塞拉利昂、苏丹、突尼斯、美国、喀麦隆联合共和国、坦桑尼亚联合共和国和扎伊尔）。

14. A/CONF. 62/L. 8/Rev. 1（1974 年），附件二附录一［A/CONF. 62/C. 2/WP. 1］，条款第九十七条，正式记录，第三卷第 93、107、122 页（总报告员）［《主要趋势工作文件》］。

15. A/CONF. 62/WP. 8/Part II（非正式单一协商案文，1975 年），第四十七条，正式记录，第四卷第 152、159 页（第二委员会主席）。

16. A/CONF. 62/WP. 8/Rev. 1/Part II（订正的单一协商案文，1976 年），第四十六条，正式记录，第五卷第 151、160 页（第二委员会主席）。

17. A/CONF. 62/C. 2/L. 95（1976 年），第七条，正式记录，第六卷第 171 页（赞比亚）。

18. A/CONF. 62/WP. 10（非正式综合协商案文，1977 年），第五十八条，正式记录，第八卷第 1、13 页。

19. A/CONF. 62/C. 2/L. 97（1977 年），第八条，正式记录，第七卷第 84、85 页（赞比亚）。

20. A/CONF. 62/WP. 10/Rev. 1（非正式综合协商案文第一次修订稿，1979 年，油印），第五十八条。转载在《第三次联合国海洋法会议文件集》第一卷第 375、411 页。

21. A/CONF. 62/WP. 10/Rev. 2（非正式综合协商案文第二次修订稿，1980 年。油印），第五十八条。转载在《第三次联合国海洋法会议文件集》第二卷第 3、40 页。

22. A/CONF. 62/WP. 10/Rev. 3＊（非正式综合协商案文第三次修订稿，1980 年，

油印），第五十八条。转载在《第三次联合国海洋法会议文件集》第二卷第 179、216 页。

23. A/CONF. 62/L. 78 （《公约草案》，1981 年），第五十八条，正式记录，第十五卷第 172、184 页。

起草委员会文件

24. A/CONF. 62/L. 67/Add. 3 （1981 年，油印），第 5~8 页。

25. A/CONF. 62/L. 67/Add. 14 （1981 年，油印），第 6 页。

26. A/CONF. 62/L. 72 （1981 年），正式记录，第十五卷第 151 页（起草委员会主席）。

非正式文件

27. Informal Working Paper No. 4，条款第九条；No. 4/Rev. 1，条款第十一条和第十五条；No. 4/Rev. 2，条款第四条、第六条和第十条（均为 1974 年，油印）。转载在《第三次联合国海洋法会议文件集》第三卷第 314、332 和 354 页。

28. Contact Group of the Group of 77 （1975 年，油印），第 6 段。转载在《第三次联合国海洋法会议文件集》第四卷第 186、187 页。

29. Contact Group of the Group of 77 （1975 年，油印），第 7 段。转载在《第三次联合国海洋法会议文件集》第四卷第 205、207 页。

30. Group of 77 （1975 年，油印），转载在《第三次联合国海洋法会议文件集》第四卷第 227、230 页。

31. Group of 77 （1975 年，油印）。转载在《第三次联合国海洋法会议文件集》第十一卷第 499 页。

32. 丹麦（1975 年，油印）。转载在《第三次联合国海洋法会议文件集》第四卷第 231 页。

33. LL/GDS Group （1975 年，油印），转载在《第三次联合国海洋法会议文件集》第四卷第 234，235 页。

34. 新加坡（1976 年，油印），转载在《第三次联合国海洋法会议文件集》第四卷第 290、291 页。

35. 秘鲁（1976 年，油印），第四十七条（非正式单一协商案文 II）。转载在《第三次联合国海洋法会议文件集》第四卷第 294 页。

36. 挪威（1976 年，油印）。转载在《第三次联合国海洋法会议文件集》第十一卷第 566 页。

37. 赞比亚（1976 年，油印），第八条。转载在《第三次联合国海洋法会议文件集》第四卷第 408、409 页。

38. LL／GDS Group（1976 年，油印），转载在《第三次联合国海洋法会议文件集》第四卷第 411、412 页。

39. LL／GDS Group（1976 年，油印），转载在《第三次联合国海洋法会议文件集》第四卷第 412、413 页。

40. LL／GDS Group（1976 年，油印），转载在《第三次联合国海洋法会议文件集》第四卷第 414、415 页。

41. 德意志联邦共和国（［1976 年］，油印），第四十六条（订正的单一协商案文二）。转载在《第三次联合国海洋法会议文件集》第四卷第 416 页。

42. 美国（1976 年，油印），第四十五条［第四十六条］（订正的单一协商案文二）。转载在《第三次联合国海洋法会议文件集》第四卷第 432 页。

43. 秘鲁（1976 年，油印），第四十六条（订正的单一协商案文二）。转载在《第三次联合国海洋法会议文件集》第四卷第 433 页。

44. 阿拉伯联合酋长国（1976 年，油印），第四十六条（订正的单一协商案文二）。转载在《第三次联合国海洋法会议文件集》第四卷第 433 页。

45. ［未具名］（1976 年，油印），第四十六条。转载在《第三次联合国海洋法会议文件集》第四卷第 433 页。

46. LL／GDS Group（1977 年，油印），第四十六条。转载在《第三次联合国海洋法会议文件集》第四卷第 381、383 页

47. LL／GDS Group（1977 年，油印），第四十六条（订正的单一协商案文二）。转载在《第三次联合国海洋法会议文件集》第十一卷第 568、569 页。

48. 希腊（1977 年，油印），第四十六条。转载在《第三次联合国海洋法会议文件集》第四卷第 418 页。

49. 德意志联邦共和国（1978 年，油印），第五十八条。转载在《第三次联合国海洋法会议文件集》第四卷第 494 页。

50. C. 2/Informal Meeting/9（1978 年，油印），第五十八条（秘鲁）。转载在《第三次联合国海洋法会议文件集》第五卷第 13、14 页。

51. C. 2/Informal Meeting/28（1978 年，油印），第五十八条（洪都拉斯）。转载在《第三次联合国海洋法会议文件集》第五卷第 37 页。

52. C. 2/Informal Meeting/28/Corr. 1（1978 年，油印），第五十八条（洪都拉斯）。转载在《第三次联合国海洋法会议文件集》第五卷第 38 页。

53. ［未具名］（［1979 年］，油印），转载在《第三次联合国海洋法会议文件集》第四卷第 518 页。

评　　注

58. 1.　第五十八条设立了沿海国之外的国家在专属经济区的权利和义务，并规定

在行使该权利和履行义务时，这些国家应适当顾及沿海国在专属经济区的权利和义务。第五十八条同样参考了《公约》的其他条款，以完善对适用于专属经济区的国际法规则的陈述。第五十八条是对第五十六条第二款的补充，后者规定沿海国要顾及其他国家在专属经济区的权利和义务。沿海国和其他国家的关系是相互的，第五十六条和第五十八条合在一起，构成了专属经济区制度的本质。

58.2. 在海底委员会中，随着对专属经济区概念的讨论的不断发展，在沿海国行使其权利和管辖权时强加在沿海国权利之上的限制的背景下，最初讨论到其他国家在该区域的权利和义务。与此同时，早期关于描述沿海国在领海之外的新权利和新活动的提案同样规定，在行使此类权利和进行这类活动时，应"合理顾及"或"不损害"其他国家的权利和自由（资料来源1和资料来源3）。这些提案首先建立起沿海国的新权利，然后试图保护其他国家的权利和自由。

《圣多明哥宣言》（1972年）引入了第二项平衡沿海国和其他国家在专属经济区的利益和权利的方法。"承袭海"一节第五段规定：

> 5. 在［承袭海］之内，所有国家，不论是否是沿海国，其船舶和飞行器均应享有不受限制的自由航行和飞越的权利，除了沿海国在此区域内行使自身权利而导致的例外。除仅受这些限制外，同样还有铺设海底电缆和管道的自由。①

第5段首先设立了其他国家在专属经济区内的权利和自由，然后补充道，此类权利可以因沿海国在此区域内行使自己的权利而受到限制。紧跟着后者所言的方法，在1973年会议上提交3份提案（资料来源2、资料来源7和资料来源8）。一项由3个拉丁美洲国家提交的提案（资料来源2）中涵盖了一条补充条款，禁止其他国家在专属经济区行使其权利和自由时，妨碍到沿海国的活动。

对肯尼亚更早之前的一项提案（资料来源1）进行了扩展，由14个非洲国家组成的集团联合提交了一项提案（资料来源8），规定：

> 在专属经济区中，所有国家的船舶和飞行器，不论是否是沿海国所有，均应享有不受限制的自由航行、飞越及铺设海底电缆和管道的权利，除了沿海国在此区域内行使［自身权利］而导致的例外。

同样的文字还出现在一项由阿根廷代表提交的提案（资料来源7）中，区别在于

---

① 参见 A/AC.138/80，转载在《1972年海底委员会报告》第70、72页（加勒比海国家关于海洋问题的专门会议）。

该提案特别涉及了沿海国在"在资源的勘探、养护和开发，污染和科学研究等事项中"行使自己权利的问题。

其他一些提案同样涉及了特定的权利和义务。一项由中国提交的提案（资料来源4）保证所有国家都享有航行和飞越的自由，但铺设海底电缆和管道则需要沿海国的同意。中国的提案同样涉及了其他国家"遵守沿海国相关法律规章"的义务。一项由美利坚合众国代表提交的提案（资料来源5），通过确认航行和飞越的自由，以及参考那些"除了本公约特别规定的之外，根据国际法一般原则"而行使的其他权利，开始概述其他国家的权利的范围。另一项由澳大利亚和挪威代表提交的提案（资料来源6）只是允许所有国家在专属经济区内享有航行和飞越的自由。

58.3. 在海洋法会议第二期会议（1974年）上，由9个国家组成的集团提出了一项采用了《圣多明哥宣言》中的方法的提案——首先规定了其他国家的权利和自由，继而考虑基于沿海国的权利而对这些权利加以限制。在由非正式法律专家小组（即埃文森小组）准备的一系列备选案文中，同样提议了相同的文字。[2]

尼日利亚代表提出了一项提案（资料来源10），将沿海国置于"一项国际义务之下"，即无合理的管辖权，不得干涉其他国家的自由。与此同时，该提案规定，在沿海国的专属经济区内，"所有其他国家均有义务不得干涉沿海国行使其权利和职权的活动"。一项由6个东欧社会主义国家提交的提案（资料来源11）同样建议，沿海国在行使其自身权利时，应"不损害其他国家的权利"，同时所有其他国家"不得妨碍沿海国在专属经济区内行使自身权利或履行自身义务"。美利坚合众国（资料来源12）向海底委员会提交了一项对其先前递交的提案的修正案，而18个非洲国家组成的集团（资料来源13）提出了和3个拉丁美洲国家（资料来源2）提交的提案相同语言的建议。

在《主要趋势工作报告》（资料来源14）中，第九十七条提出了4项关于国家在专属经济区内的权利和义务的备选方案。方案A重复了非洲国家对海底委员会的提案（资料来源8）。方案B合并了尼日利亚提案（资料来源10）第三条的第3款和第4款。方案C采纳了东欧国家提案（资料来源11）的第四条，而方案D则重复了非洲国家在第二期会议上的提案（资料来源13）的第五条。

58.4. 在第三期会议（1975年），埃文森小组准备了数份关于专属经济区的草案，并将其之前的提案整合成一项单一案文，表述如下：

1. 所有国家，不论沿海国或内陆国，在本公约相关规定的限制下，应在经济区［内］享有航行和飞越的自由，铺设海底电缆和管道的自由，以及其

---

② Tentative Draft Articles（1974年，油印），第十三条和第十四条（非正式法律专家组）。转载在《第三次联合国海洋法会议文件集》第十一卷第393、399页。

他与航行和通信有关的、符合国际法的对海洋的使用的自由，并且应该享有本公约规定的其他权利与义务。

2. 在公约并未将经济区内的权利或管辖权归属于沿海国或其他国家的情况下，而在沿海国和其他任一或多个国家之间发生了利益冲突，该冲突应该在公平的基础上，参照一切相关情况，考虑到事件所涉及利益对有关各方及对国际社会整体的重要性，来加以解决。

3. 各国在专属经济区内根据本公约行使其权利和履行其义务时，应适当顾及沿海国的权利和义务，并应按照与本公约的规定不相抵触的方式行事。③

这段案文表明，所有国家将享有特别是和"其他与航行与通信有关的、符合国际法的对海洋的使用"相关的自由。第 2 款涉及了沿海国和其他国家之间的利益冲突的解决。

七十七国集团提交的一项提案（资料来源 28 至资料来源 31）主要沿用了埃文森小组的案文，除了在第 1 款中它涉及了与航行和通信相关的对海洋的"其他正当使用"，并没有使用"《公约》规定的其他权利和义务"的表述。第 2 款特别指出，各国应合理顾及到沿海国的"安全利益"。一项由内陆国和地理不利国家集团（资料来源 33）提交的提案沿用了七十七国集团案文的第 1 款。

非正式单一协商案文第二部分（资料来源 15）合并了一项更加广泛的案文，规定在第四十七条中，表述如下：

1. 所有国家，不论沿海国或内陆国，在本公约相关规定的限制下，应在经济区［内］享有航行和飞越的自由，铺设海底电缆和管道的自由，以及其他与航行和通信有关的、符合国际法的对海洋的合法用途。

2. 第七十四、七十六至九十七条和一〇〇条至一〇二条的规定，以及国际法其他的有关规则，应在不违反本部分规定的情况下，适用于专属经济区。

3. 在公约并未将专属经济区内的权利或管辖权归属于沿海国或其他国家的情况下，而在沿海国和其他任一或多个国家之间发生了利益冲突，该冲突应该在公平的基础上，参照一切相关情况，考虑到事件所涉及利益对有关各方及对国际社会整体的重要性，来加以解决。

4. 各国在专属经济区内根据本公约行使其权利和履行其义务时，应适当

③ The Economic Zone（1975 年，油印），第三条第 1 款和第 3 款（非正式法律专家组）。转载在《第三次联合国海洋法会议文件集》第四卷第 209、211 页。这是对专属经济区的第六次修订（参见以上 V.13 段，注㉘）。

第 1 款的脚注指出"其他国家关于科学研究、铺设和维护海底电缆和管道以及海洋资源的养护的权利和义务"将在《公约》的其他部分处理。

顾及沿海国的权利和义务，并应遵守沿海国按照本公约的规定和其他国际法规则所制定的与本部分不相抵触的法律和规章。

该规定基本沿用了埃文森小组的案文，特别是第1款和第3款。第1款澄清了其他国家对专属经济区的合理使用的标准应依从国际法，排除了关于由沿海国单独决定其他国家的正当使用的争论。将某些公海规则适用于专属经济区的第2款，是埃文森小组案文第1款后半部分的自然结果，与《公约》规定的"其他权利和义务"相关。（这种特征的程度明显是必要的，因为非正式单一协商案文第二部分第七十三条定义的"公海"并不包含在内，尤其是，专属经济区。④）第2款的目的在于，对那些沿海国因之而无权行使主权或专属管辖权的行为，提供了公海制度中的重要要素的适用。所引用的条款涉及对船舶的船旗国的管辖权，对特定船舶的豁免，奴隶贩卖，海盗和类似问题。

第4款是对埃文森小组案文第3款的扩展，要求国家遵守"由沿海国"按照《公约》的规定和其他国际法规则所制定的"法律和规章"。其并未提及沿海国的"安全利益"。

58.5. 在第四期会议（1976年）上，秘鲁代表提交的一项非正式修正案，建议船旗国要确保其船只"避免"对沿海国的"主权、领土完整或政治独立威胁使用或使用武力"。⑤

在订正的单一协商案文第二部分（资料来源16）中，第四十六条表述如下：

专属经济区中其他国家的权利和义务

1. 所有国家，不论沿海国或内陆国，在本公约相关规定的限制下，应在经济区［内］享有航行和飞越的自由，铺设海底电缆和管道的自由，以及其他与航行和通信有关的、符合国际法的对海洋的合法用途。

2. 第七十七至一○三条的规定，以及国际法其他的有关规则，应在不违反本章规定的情况下，适用于专属经济区。

3. 各国在专属经济区内根据本公约行使其权利和履行其义务时，应适当顾及沿海国的权利和义务，并且应遵守沿海国制定颁布的与本章规定和其他国际法规则相符的法律和规章。

---

④ 更多请参见第三卷，评论第87条。以及参见 R. Galindo Pohl："依据第三次联合国海洋法会议的协商的专属经济区"，载 F. Orrego Vicuña 编：《专属经济区：拉丁美洲的观点》，第31、51页（1984年）。

⑤ 国际航运协会建议，现有的公海制度"应该在专属经济区中得到延续"。参见《第三次联合国海洋法会议文件集》第四卷第240、245页。

除去添加了标题，以及摘除了非正式单一协商案文第 3 款（该款变成了一个新的第四十七条［现在的第五十九条］），仅有起草上文字的变化纳入了第四十六条。在其介绍修订的单一协商案文第二部分，将其与第四十四条和第四十七条（现在的第五十六条和第五十九条）连同在一起阅读时，第二委员会主席注意到了第四十六条，阐释如下：

> 简而言之，与资源相关的权利属于沿海国，只要该权利未受损害，所有其他国家均可享有航行和通信的自由。⑥

58.6. 在第五期会议（1976 年）上，提出了一大批非正式的修正案（资料来源36 至资料来源45）。美利坚合众国代表（资料来源 42）最初建议改变第 2 款中的交叉引用而参考关于公海的整个章节，但之后又修正了此提案，改为只参考该章（关于公海的一般性规定）的第一节。其同样建议缩短第 3 款，将"沿海国的权利和义务"之后的全部内容替换为要求国家"应按照与本公约的规定不相抵触的方式行事"。

挪威代表（资料来源 36）对本条的结构提出了不同的建议，其用词更加简练，但依然保留了相同的基本要素。德意志联邦共和国（资料来源 41）、阿拉伯联合酋长国（资料来源 44）和未具名国家代表（资料来源 45）也提交了类似的提案。所有这些提案在第 1 款（b）项中均参考了公海自由和其他公海使用，"同《联合国宪章》和其他国际法规则所体现的原则相符"。

秘鲁代表（资料来源 43）提交的一项提案表示，沿海国在专属经济区中的"专属管辖权"扩展到采取和强制执行措施的权力，需要其按照《公约》行使自身权利和履行自身义务。然而，船旗国对其船舶、航空器和设施享有管辖权，但应符合沿海国制定颁布的法律和规章。

内陆国和地理不利国家集团提交了一系列提案（资料来源 38 至资料来源 40），大部分是重复了第 1 款和第 3 款的基本要素。在一条新的第 2 款中，其试图确保在经济区中，"内陆国和地理不利国享有和自然资源有关的权利"。内陆国和地理不利国家集团同样建议删除第 1 款关于参考其他符合国际法的、"与航行和通信相关的"对海洋的使用。因为这个限制将导致在一个沿海国的专属经济区内，其他的一些面向其他国家开放的、符合国际法的对海洋的使用变得不合格了。

58.7. 在第六期会议（1977 年）上，非正式会议上的谈判仍在继续。内陆国和地理不利国家集团（资料来源 46 和资料来源 47）重复了其早先的，通过删除"与航行和通信相关"的字眼，扩大其他国家在专属经济区中可行使的自由的提案。希腊（资料来源 48）建议删除第 1 款中"在本公约有关规定的限制下"的限定性措辞。内陆国

---

⑥　资料来源16，导言，第18段，第153页。

和地理不利国家集团建议在第 3 款中代入更加一般性的要求，即"各国应尊重按照本公约所规定的沿海国的权利和利益"。希腊代表建议删除"和其他国际法规则"的字句。

卡斯塔涅达小组在此阶段非常活跃，并且准备了关于此规定的一系列提案。⑦ 该集团准备的最后一个案文包含了一些显著的变化，表述如下：

> 1. 所有国家，不论为沿海国或内陆国，在本公约相关规定的限制下，应在经济区［内］享有第七十六条所指的航行和飞越的自由，铺设海底电缆和管道的自由，以及其他与航行和通信有关的、符合国际法的对海洋的合法用途，诸如同船舶和飞机的操作及海底电缆和管道的使用有关的并符合本公约的其他规定的那些用途。
>
> 2. 在不与本章相抵触的前提下，第七十七条至第一〇三条和国际法的其他相关规则可适用于专属经济区。
>
> 3. 各国在专属经济区内根据本公约行使其权利和履行其义务时，应适当顾及沿海国的权利和义务，并应遵守沿海国制定的法律和规章以及与本章不相抵触的其他国际法规则。

第 1 款规定，所有国家在专属经济区内都享有特定的"第七十六条（现在的第八十七条）中所指的自由"，以及其他符合国际法的"与其他自由相关的"用途，例如，尤其是"符合本公约其他规定"的那些用途。第 2 款逐字重复了修订的单一协商案文的规定。在第 3 款的末尾，添加了一项保留，各国应遵守沿海国制定的法律和规章，以及"只要与本章不相抵触的"其他国际法规则。

作为这些非正式协商的结果，在非正式综合协商案文（资料来源 18）中做了改动，而条文被重新编号为第五十八条，其表述如下：

专属经济区中其他国家的权利和义务

1. 在专属经济区内，所有国家，不论为沿海国或内陆国，在本公约有关规定的限制下，享有第八十七条中所指的航行和飞越自由，铺设海底电缆和管道的自由，以及与这些自由有关的海洋其他国际合法用途，诸如同船舶和飞机的操作及海底电缆和管道的使用有关的并符合本公约其他规定的那些用途。

2. 第八十八至第一一五条以及其他国际法有关规则，只要与本部分不相

<hr>

⑦　卡斯塔涅达小组编写的关于订正的单一协商案文第二部分第四十六条的草案转载在《第三次联合国海洋法会议文件集》第四卷第 419、424 和 426 页。

抵触，均适用于专属经济区。

　　3. 各国在专属经济区内根据本公约行使其权利和履行其义务时，应适当顾及沿海国的权利和义务，并应遵守沿海国按照本公约的规定和其他国际法规则所制定的与本部分不相抵触的法律和规章。

　　该案文实际上采用了卡斯塔涅达小组的提案。第 3 款包含了一处改动，指出国家将遵守沿海国"依据本公约规定"而制定的法律和规章。

　　通过宣称所有国家在专属经济区内享有第八十七条所指的特定的公海自由，澄清了专属经济区内公海自由的问题。插入该参照，明确了在专属经济区内享有的自由，在很大程度上，和其在公海上享有的自由一样。与此同时，第八十六条被修改以明确"本条规定并不使各国按照第五十八条规定在专属经济区内所享有的自由受到任何减损。"

　　58. 8.　　在第七期会议（1978 年）上，德意志联邦共和国（资料来源 49）建议删除第 1 款"对海洋的其他国际合法用途"之后的全部内容。通过留下未明确说明的"其他用途"，该提案将进一步限制沿海国的权利。秘鲁代表（资料来源 50）建议将第 2 款替换为另一条规定，即要求在专属经济区内的外国军舰和军用飞机在没有沿海国同意的情况下，"避免操纵或使用武器"。洪都拉斯代表（资料来源 51 和资料来源 52）建议删除第 1 款参考第八十七条的部分，以及在该段之后部分的"诸如"一词。

　　58. 9.　　在第八期会议（1979 年）上，一项未具名的提案（资料来源 53）提出了一条重新拟定的条文，虽然保留了基本实质，但建议简化第 3 款。美利坚合众国代表更早之前就声称对其他国家的权利要做一个更广泛的解释，包括第五十八条"除了某些特定的公海自由，为国际社会保存所有其他由国际法的一般原则所确认的船舶和飞行器依据传统而享有的公海自由"。[8]

　　案文随后的唯一改动是润色起草文字的性质，最主要的一项是在第 3 款中用"adopted（制定）"替代"established（制定）"，作为协调过程的一部分。[9] 次要的文字修改包含在起草委员会的建议中（资料来源 24 至资料来源 26）。

　　58. 10（a）.　　将专属经济区视为一个自成一体的区域的决定，再加上一致同意沿海国在该区域中出于特定目的而拥有主权权利，使得为其他国家在该区域中的权利作出规定成为必要。在对这些权利的规定中，第五十八条第 1 款指出，其他国家在该区域可以行使的自由"在本公约有关规定的限制下"。这些自由包括了第八十七条中所表

---

　　[8]　转载在《第三次联合国海洋法会议文件集》第十一卷第 574 页。

　　[9]　参见 A/CONF. 62/L. 57/Rev. 1（1980 年），第三节（"涉及的一些问题"项下），正式记录，第十四卷第 114、117 页（起草委员会主席）。这与第十二部分第六节第二一三条关于与海洋环境的保护有关的国际规则和标准的表述相一致。

达的一部分，即"航行和飞越的自由，铺设海底电缆和管道的自由，以及与这些自由有关的海洋其他国际合法用途"的自由。被排除的自由涉及捕鱼和相关主题（例如，海洋科学研究）。

"其他国际合法用途"⑩，尤其是包括"与船舶、飞行器的操作和海底电缆、管道的使用有关"。这不包括捕鱼，其受第六十一条至第七十三条所支配。所有"其他……用途"将"符合本公约的其他规定"。

58.10（b）. 也有一些疑问表示，"其他国际合法用途"的表达，是否包括所有军事活动，特别是涉及那些出于演习的目的而使用武器的活动。⑪ 一些国家主张，专属经济区内的一些军事活动不受保护。⑫它们认为，按照《公约》的规定，在其专属经济区内，任一沿海国将有权反对外国军舰进行可能危害生物资源或海洋环境，或者威胁到设施、航行安全、科学研究的开展和沿海国其他相关利益的武装演习或演练。然而，在这方面依然存在不同的解释，并且上述情况同样适用于某些实践，在这些行为中，沿海国可以以其不符合所有国家皆有的避免使用武力或武力相威胁的义务（第三〇一条），且与专属经济区设立所谓的和平目的不一致（参考第八十八条，见第五十八条第2款）为理由，而提出反对。

58.10（c）. 理论上，其他国家在专属经济区内行使的自由，与第八十七条包含的规定是一样的，只要它们符合本公约的其他规定。区别在于，这些自由受制于与沿海国在该区域内的主权有关的措施，而它们不受制于此类措施或该区域之外的权利。作为一项权利问题，使用一艘渔船在该区域内航行，与使用一艘渔船在区域外航行是一样的。虽然一艘收起了渔具的渔船，仅仅在其快速通过专属经济区的情况下将不受制于沿海国的管辖，但沿海国可以有权通过外观检验来核对该船舶并未参与任何捕鱼活动，以便保证该沿海国关于渔业的主权的完整。（这些船舶的出现，可能需要沿海国采取将不可避免地影响到过路船舶的保护措施。）然而，这个问题并未引起广泛的关注，虽然一些国家已经为该目的而通过了法律，并且在其他面临着所谓非法捕鱼问题的国家中，此类措施也在考虑之中。

58.10（d）. 第2款表示，第八十八条至第一一五条（关于公海的一般性规定）

---

⑩ 起草委员会试图在《公约》的其他规定中协调该措辞的用法，但该建议并未被第三委员会采纳。例如，第二四〇条（c）段，引用了对海洋的"其他合法用途"。参见 A/CONF. 62/L. 56（1979），附件 C，第 4、7 段，正式记录，第十三卷第 94、96 页（起草委员会主席）。详细参见本丛书的第四卷第 460 页第 240.8 段。

⑪ R. Galindo Pohl，前注④，第 55 页。

⑫ 在《公约》的批准过程中，巴西指出该规定"没有授权其他国家……在未得到沿海国同意的情况下，在专属经济区进行军事演习或演练"。同样，佛得角共和国在批准文书中表示，国家在专属经济区内享有的自由，"排除了任何未经沿海国书面同意的、非和平的用途，例如武装演习"。乌拉圭在签署时发表的一份声明中使用了完全相同的语言。意大利宣称，《公约》没有赋予沿海国"获得军事演习或演练的通知或者给其授权的权利"。参见最近一版的 *Multilateral Treaties Deposited with the Secretary-General*（ST/LEG/SER. E/-），第二十一章第六节。

以及"其他国际法有关规则"适用于专属经济区，但仅"只要与本部分不相抵触。"第八十八条至第一一五条包括了支配船舶和船旗国的权利和义务、海盗、广播、紧追及海底电缆和管道的规则。

58.10 (e). 第3款引入了一项保留，针对的是第1款的一般性，要求各国在行使自身权利和履行自身义务时，"应适当顾及沿海国的权利和义务，并应遵守沿海国所制定的法律和规章"。该适用的前提是，这些依据《公约》的规定和其他国际法规则而被采用的法律和规章，"与本部分不相抵触"。然而，通过援引"其他国际法规则"而采用了超过第五部分所赋予其的权限的法律和规章，沿海国无法证明如此做法的正当性。⑬

58.10 (f). 第二九七条第1款（b）项，包含了一条与第五十八条第3款平行的规定。该项规定，当有人认为，"一个行使"第五十八条所指的自由的"国家""其行为违反了本公约，或者沿海国依据本公约和其他国际法规则而采用的、不与本公约相抵触的法律规章"时，求助于争端的强制解决程序以取得一个有约束力的判决（参见本系列第五卷，第105页，第297.19段）。

---

⑬ 与此相反，第二段引用了"其他有关规则"。虽然起草委员会建议删掉"有关"这个词，但该建议并未被第二委员会采纳。参见 A/CONF. 62/L. 63/Rev. 1（1980年），附件二，第一部分 B 节，正式记录，第十四卷第139、143页（起草委员会）。

第五十九条 解决关于专属经济区内权利和管辖权的归属的冲突的基础

在本公约未将在专属经济区内的权利或管辖权归属于沿海国或其他国家而沿海国和任何其他一国或数国之间的利益发生冲突的情形下，这种冲突应在公平的基础上参照一切有关情况，考虑到所涉利益分别对有关各方和整个国际社会的重要性，加以解决。

资料来源

第三次联合国海洋法会议文件

1. A/CONF. 62/WP. 8/Part II（非正式单一协商案文，1975 年），第四十七条第 3 款，正式记录，第四卷第 152、159 页（第二委员会主席）。

2. A/CONF. 62/WP. 8/Rev. 1/Part（第二订正的单一协商案文，1976 年），第四十七条，正式记录，第五卷第 151、161 页（第二委员会主席）。

3. A/CONF. 62/WP. 10（非正式综合协商案文，1977 年），第五十九条，正式记录，第八卷第 1、13 页。

4. A/CONF. 62/WP. 10/Rev. 1（非正式综合协商案文第一次修订稿，1979 年，油印），第五十九条。转载在《第三次联合国海洋法会议文件集》第一卷第 375、412 页。

5. A/CONF. 62/WP. 10/Rev. 2（非正式综合协商案文第二次修订稿，1980 年，油印），第五十九条。转载在《第三次联合国海洋法会议文件集》第二卷第 3、40 页。

6. A/CONF. 62/WP. 10/Rev. 3*（非正式综合协商案文第三次修订稿，1980 年，油印），第五十九条。转载在《第三次联合国海洋法会议文件集》第二卷第 179、216 页。

7. A/CONF. 62/L. 78（《公约草案》，1981 年），第五十九条，正式记录，第十五卷第 172、184 页。

起草委员会文件

8. A/CONF. 62/L. 67/Add. 3（1981 年，油印），第 9 页。

9. A/CONF. 62/L. 72（1981 年），正式记录，第十五卷第 151 页（起草委员会主席）。

非正式文件

10. Contact Group of the Group of 77（1975 年，油印），第 7 段。转载在《第三次联合国海洋法会议文件集》第四卷第 186、187 页。

11. Contact Group of the Group of 77（1975 年，油印）第 8 段。转载在《第三次联合国海洋法会议文件集》第四卷第 205、207 页。

12. 七十七国集团（1975 年，油印），转载在《第三次联合国海洋法会议文件集》第四卷第 227，230 页。

13. 新加坡（1976 年，油印），第四十七条第 3 款（非正式单一协商案文二）。转载在《第三次联合国海洋法会议文件集》第四卷第 290、291 页。

14. 美国（1976 年，油印），第四十七条（订正的单一协商案文二）。转载在《第三次联合国海洋法会议文件集》第十一卷第 565 页。

15. LL/GDS Group（1976 年，油印），第四十七条。转载在《第三次联合国海洋法会议文件集》第四卷第 410、411 页。

16. LL/GDS Group（1976 年，油印），第四十七条。转载在《第三次联合国海洋法会议文件集》第四卷第 411、412 页。

17. LL/GDS Group（1976 年，油印），第四十七条。转载在《第三次联合国海洋法会议文件集》第四卷第 412、413 页。

18. LL/GDS Group（1976 年，油印），第四十七条。转载在《第三次联合国海洋法会议文件集》第四卷第 414、415 页。

19. LL/GDS Group（1977 年，油印），第四十七条。转载在《第三次联合国海洋法会议文件集》第四卷第 381、384 页。

20. LL/GDS Group（1977 年，油印），第四十七条（订正的单一协商案文二）。转载在《第三次联合国海洋法会议文件集》第十一卷第 568、569 页。

21. C. 2/Informal Meeting/9（1978 年，油印），第五十九条（秘鲁）。转载在《第三次联合国海洋法会议文件集》第五卷第 13、14 页。

22. C. 2/Informal Meeting/16（1978 年，油印），第五十九条（乌拉圭）。转载在《第三次联合国海洋法会议文件集》第五卷第 22 页。

23. 未具名（［1979 年］，油印），第五十九条。转载在《第三次联合国海洋法会议文件集》第四卷第 518、519 页。

评　　注

59. 1.　　沿海国和其他国家之间关于专属经济区内《公约》未作出明确分配的剩余权利和管辖权问题，可能因第五十五条、第五十六条和第五十八条的适用而引起冲突，

第五十九条提出了解决该冲突的基础和所适用的法律机制，即"公平……考虑所涉及利益对有关各方及对整个国际社会的重要性"。

59. 2. 在海洋法会议第三期会议（1975 年）上，成为第五十九条的背景文本首次出现在一份由七十七国集团联络小组主席提交的关于专属经济区的草案中（资料来源10）。该提案的相关规定表述如下：

> 7. 在公约并未将经济区内的［原文如此］管辖权归属于沿海国或其他国家，而在沿海国和其他国家之间发生了利益冲突的情形下，该冲突应该在公平的基础上，参照一切有关情况，考虑到事件所涉及利益对有关各方及对国际社会整体的重要性，来加以解决。

非正式法律专家组（埃文森小组）随后准备了一份近乎相同的案文，将其作为第五十八条（参见上述第58.4 段）第2 款。[①] 七十七国集团之后修改了其提案（资料来源 11 和资料来源 12）；主要的变化为包含了一条规定，即争端的解决应"考虑公平因素"和"［专属经济区］本质上并不是公海的一部分"。

在非正式单一协商案文第二部分（资料来源 1）第四十七条第三段，解决了冲突的问题，表述如下：

> 3. 在本公约未将在专属经济区内的权利或管辖权归属于沿海国或其他国家而沿海国和任何其他一国或数国之间的利益发生冲突的情形下，这种冲突应在公平的基础上参照一切有关情况，考虑到所涉利益分别对有关各方和整个国际社会的重要性，加以解决。

该文本与埃文森小组准备的文本完全相同。

59. 3. 在第四期会议（1976 年）上，新加坡代表（资料来源 13）建议删除第 3 款，认为"若公约明确地将唯一的资源管辖权赋予了沿海国，则该条款便是不必要的"。

然而，在订正的单一协商案文第二部分（资料来源 2）中，第 3 款并未被改变，而是作为了一个新的独立条款第四十七条，标题为"关于解决专属经济区内权利和管辖权的归属的冲突的基础"。

59. 4. 在第五期会议（1976 年）上，美利坚合众国代表（资料来源 14）建议在"公平"后增加一个逗号，并将"意即"替换为"和"。这样的话，冲突解决的基本标

---

① The Economic Zone（1975 年，油印），第 3 条第 2 段（非正式法律专家组）。转载在《第三次联合国海洋法会议文件集》第十一卷第 481、482 页。

准将成为"以公平为基础",即可以描述成"参照一切有关情况……"。其同样提出了一个简略标题,即"关于专属经济区内权利和管辖权冲突的解决"。

内陆国和地理不利国家集团(资料来源 15 至资料来源 18)建议以一条规定替换第四十七条,即冲突应依据公约在别处规定的争端的强制解决程序而解决。

该提案在第六期会议(1977 年)上又被提出(资料来源 19 和资料来源 20)。然而,非正式综合协商案文(资料来源 3)保留了订正的单一协商案文的条款不变,将其重新编号为第五十九条。

59. 5. 在第七期会议(1978 年)上,秘鲁代表(资料来源 21)建议说,该条款应适用于所有涉及沿海国权利或管辖权的案件,但仅适用于涉及其他国家权利的案件(删掉了其他国家的"管辖权")。乌拉圭代表建议删除整个条款(资料来源 22)。在第八期会议(1979 年)上,一项未具名的提案(资料来源 23)提及了其他国家的"权利或自由"。

这些提案都未被采纳。除了根据起草委员会的建议(资料来源 8 和资料来源 9)而采用的文字性修改外,第五十九条保持不变。

59. 6(a). 第五十九条针对的是当《公约》未在沿海国或其他国家间对争议的权利或管辖权作出分配时关于剩余权利的冲突;因此,该条将根据《公约》分配的权利的功能实质来进行解读。其规定了与专属经济区内各国的权利和管辖权有关的"冲突"的解决基础,即"在公平的基础上参照一切有关情况"。以那样的方式,该条为"冲突"的外交解决提供了指引,一如为"争端"的司法解决所提供的指导。该条款并不是指示争端解决机构依公允及善良原则解决争议,后一原则由第二九三条第 2 款特别作出规定,在当事方均同意的前提下可能采用(参见第五卷,第 73 页,第 293. 4段)。

59. 6(b). 在《公约》中,第五十九条是唯一一条在标准文本中直接引用"公平"的条款,来解决关于专属经济区内权利和管辖权的分配的冲突。公平不再是一个抽象的概念,但受到了规则的限制,一项冲突要以公平为基础而解决,应考虑到"所涉利益分别对有关各方和整个国际社会的重要性"。

鉴于专属经济区功能的实质,即经济利益是主要关切的问题,此准则会对沿海国有好处。当冲突产生于不涉及资源的勘探或开发的问题,其他国家的利益或整个国际社会的利益将被纳入考量。

第六十条　专属经济区内的人工岛屿、设施和结构

1. 沿海国在专属经济区内应有专属权利建造并授权和管理建造、操作和使用：

（a）人工岛屿；

（b）为第五十六条所规定的目的及其他经济目的的设施和构筑物；

（c）可能干扰沿海国在区内行使权利的设施和构筑物。

2. 沿海国对这种人工岛屿、设施和结构应有专属管辖权，包括有关海关、财政、卫生、安全和移民的法律和规章方面的管辖权。

3. 这种人工岛屿、设施或构筑物的建造，必须妥为通知，并对其存在必须维持永久性的警告方法。已被放弃或不再使用的任何设施或结构，应予以撤除，以确保航行安全，同时考虑到主管国际组织在这方面制订的任何为一般所接受的国际标准。这种撤除也应适当地考虑到捕鱼、海洋环境的保护及其他国家的权利和义务。尚未全部撤除的任何设施或构筑物的深度、位置和大小应妥为公布。

4. 沿海国可于必要时在这种人工岛屿、设施和构筑物的周围设置合理的安全地带，并可在该地带中采取适当措施以确保航行以及人工岛屿、设施和构筑物的安全。

5. 安全地带的宽度应由沿海国参照可适用的国际标准加以确定。这种地带的设置应确保其与人工岛屿、设施或构筑物的性质和功能有合理的关联；这种地带从人工岛屿、设施或结构的外缘各点量起，不应超过这些人工岛屿、设施或构筑物周围500米的距离，但为一般接受的国际标准所许可或主管国际组织所建议者除外。安全地带的范围应妥为通知。

6. 一切船舶都必须尊重这些安全地带，并应遵守关于在人工岛屿、设施、构筑物和安全地带附近航行的一般接受的国际标准。

7. 人工岛屿、设施和构筑物及其周围的安全地带，不得设在对使用国际航行必经的公认海道可能有干扰的地方。

8. 人工岛屿、设施和构筑物不具有岛屿地位。它们没有自己的领海，其存在也不影响领海、专属经济区或大陆架界限的划定。

资料来源

第一次联合国海洋法会议文件

1. 《大陆架公约》（1958年），第五条第2~6款，对应于国际法委员会的《条款

草案》第七十一条。关于前期历史，见秘书处的《参考文献指南》关于第七十一条。关于在第一次联合国海洋法会议上的讨论情况，见第四委员会报告，A/CONF. 13/L. 12（1958），第10段，第一次联合国海洋法会议，正式记录，第二卷第89页。

第三次联合国海洋法会议文件

2. A/AC. 138/43，第十条和第十二条第5款，转载在《1971年海底委员会报告》第67、69页（苏联）。

3. A/AC. 138/53，第六十二条至第六十四条，转载在《1971年海底委员会报告》第105、143页（马耳他）。

4. A/AC. 138/91，案文B，（c）条，转载在《1973年海底委员会报告》第二卷第9、11页（比利时）。

5. . A/AC. 138/SC. II/L. 21，第七条，转载在《1973年海底委员会报告》第三卷第19、20页（哥伦比亚、墨西哥和委内瑞拉）。

6. A/AC. 138/SC. II/L. 27 and Corr. 1－2款，第十二条、第十九条和第二十四条，转载在《1973年海底委员会报告》第三卷第30、32页（厄瓜多尔、巴拿马和秘鲁）。

7. A/AC. 138/SC. II/L. 35 and Corr. 1，第一条第3~5款、第二条（a）项和第三条第2款，转载在海底委员会报告第三卷第75、76页（美国）。

8. A/AC. 138/SC. II/L. 37，第二十四条至第二十六条，转载在《1973年海底委员会报告》第三卷第78、81页（阿根廷）。

9. A/CONF. 62/L. 4（1974年），第十六条，正式记录第三卷第81、83页（加拿大、智利、冰岛、印度、印度尼西亚、毛里求斯、墨西哥、新西兰、挪威）。

10. A/CONF. 62/C. 2/L. 21/Rev. 1（1974年），第一条第3款和第4款，第三条第4款，正式记录，第三卷第199页（尼日利亚）。

11. A/CONF. 62/C. 2/L. 38（1974年），第七条，正式记录，第三卷第214、215页（保加利亚、白俄罗斯苏维埃社会主义共和国、德意志民主共和国、波兰、乌克兰苏维埃社会主义共和国和苏联）。

12. A/CONF. 62/C. 2/L. 47（1974年），第三条和第二十八条，正式记录，第三卷第222页和第225页（美国）。

13. A/CONF. 62/C. 2/L. 82（1974年），第四条（b）和（c）项和第十条，正式记录，第三卷第240、241页（冈比亚、加纳、科特迪瓦、肯尼亚、莱索托、利比里亚、阿拉伯利比亚共和国、马达加斯加、马里、毛里塔尼亚、摩洛哥、塞内加尔、塞拉利昂、苏丹、突尼斯、喀麦隆联合共和国，坦桑尼亚和扎伊尔共和国）。

14. A/CONF. 62/L. 8/Rev. 1（1974年），附件二附录一［A/CONF. 62/C. 2/WP. 1］，规定第二三一条至第二三八条，正式记录，第三卷第93、107、139页（总报告员）［《主要趋势工作文件》］。

15. A/CONF. 62/WP. 8/Part II（非正式单一协商案文，1975 年），第四十八条，正式记录，第四卷第 152、159 页（第二委员会主席）。

16. A/CONF. 62/WP. 8/Rev. 1 第二部分（订正的单一协商案文，1976 年），第四十八条，正式记录，第五卷第 151、161 页（第二委员会主席）。

17. A/CONF. 62/WP. 10（非正式综合协商案文，1977 年），第六十条，正式记录，第八卷第 1、13 页。

18. A/CONF. 62/WP. 10/Rev. 1（非正式综合协商案文第一次修订稿，1979 年，油印），第六十条。转载在《第三次联合国海洋法会议文件集》第一卷第 375、412 页。

19. A/CONF. 62/WP. 10/Rev. 2（非正式综合协商案文第二次修订稿，1980 年，油印），第六十条。转载在《第三次联合国海洋法会议文件集》第二卷第 3、40 页。

20. A/CONF. 62/WP. 10/Rev. 3 *（非正式综合协商案文第三次修订稿，1980 年，油印），第六十条。转载在《第三次联合国海洋法会议文件集》第二卷第 179、216 页。

21. A/CONF. 62/L. 78（《公约草案》，1981 年）第六十条，正式记录，第十五卷第 172、184 页。

22. A/CONF. 62/L. 106（1982 年），第六十条第 3 款，正式记录，第十六卷第 221 页（法国）。

23. A/CONF. 62/122（《联合国海洋法公约》，1982 年），第六十条，正式记录，第十七卷第 151、164 页。

起草委员会文件

24. A/CONF. 62/L. 67/Add. 3（1981 年，油印），第 10～15 页。

25. A/CONF. 62/L. 67/Add. 3/Corr. 1（1981 年，油印）。

26. A/CONF. 62/L. 67/Add. 13（1981 年，油印），第 2 页。

27. A/CONF. 62/L. 67/Add. 14（1981 年，油印），第 7 页。

28. A/CONF. 62/L. 72（1981 年），正式记录，第十五卷第 151 页（起草委员会主席）。

29. A/CONF. 62/L. 142/Add. 1（1982 年，油印）第 25～26 页。

30. A/CONF. 62/L. 147（1982 年），正式记录，第十六卷第 254 页（起草委员会主席）。

非正式文件

31. Informal Working Paper No. 4，条款第三条，方案 C；No. 4/Rev. l，条款第三条，方案 C－E；以及 No. 4/Rev. 2，条款第三条，方案 C－E（均为 1974 年，油印）。转载在《第三次联合国海洋法会议文件集》第三卷第 314、332 和 354 页。

32. Informal Working Paper No. 12，条款第一条至第十条；No. 12/Rev. l，条款第一

条至第十条和 No. 12/Rev. 2，条款第一条至第十条（均为 1974 年，油印）。转载在《第三次联合国海洋法会议文件集》第二卷第 505、509 和 513 页。

33. 印度（1976 年，油印），第四十八条（b）段（非正式单一协商案文二）。转载在《第三次联合国海洋法会议文件集》第四卷第 294 页。

34. 秘鲁（〔1976 年〕，油印），第四十八条（订正的单一协商案文二）。转载在《第三次联合国海洋法会议文件集》第四卷第 434 页。

35. C. 2/Informal Meeting/9（1978 年，油印），第六十条第 1 款（秘鲁）。转载在《第三次联合国海洋法会议文件集》第五卷第 13、15 页。

36. C. 2/Informal Meeting/11（1978 年，油印），第六十条第 1 款（巴西和乌拉圭）。转载在《第三次联合国海洋法会议文件集》第五卷第 19 页。

37. C. 2/Informal Meeting/32（1978 年，油印），第六十条第 2 款（苏联）。转载在《第三次联合国海洋法会议文件集》第五卷第 41 页。

38. 英国（1980 年，油印），第六十条第 3 款。转载在《第三次联合国海洋法会议文件集》第十一卷第 576 页。

39. 英国（1981 年，油印），第六十条第 3 款。转载在《第三次联合国海洋法会议文件集》第十一卷第 577 页。

40. 加拿大（1981 年，油印），第六十条第 3 款。转载在《第三次联合国海洋法会议文件集》第十一卷第 578 页。

41. C. 2/Informal Meeting/66（1982 年，油印），第六十条第 3 款（英国）。转载在《第三次联合国海洋法会议文件集》第五卷第 72 页。

评　注

60. 1. 　第六十条阐明了在第五十六条第 1 款（b）（i）项中规定的沿海国对专属经济区内所有人工岛屿和其他特定的设施和构筑物的建造、操作和使用的管辖权。第六十条赋予了沿海国在专属经济区内"建造并授权和管理建造、操作和使用"这些目标物的专属权利。该条款规定了使用它们的特定条件和限制，并规定了一旦被放弃或不再使用时，这些目标物的撤除。

60. 2. 　在第一次联合国海洋法会议（1958 年）上，人工岛屿、设施和构筑物的问题被归入大陆架的范畴。1958 年《大陆架公约》（资料来源 1）第五条第 2～6 款表述如下：

> 2. 以不违反本条第一项及第六项之规定为限，沿海国有权在大陆架上建立、维持或使用为探测大陆架及开发其天然资源所必要之设置及其他装置，并有权在此项设置与装置之周围设定安全区以及在安全区内采取保护设置及

装置之必要措施。

3. 本条第二项所称之安全区以已建各项设置及其他装置周围 500 米之距离为范围、自设置与装置之外缘各点起算之。各国船舶必须尊重此种安全区。

4. 此种设置与装置虽受沿海国管辖，但不具有岛屿之地位。此种设置与装置本身并无领海，其存在不影响沿海国领海界限之划定。

5. 关于此项设置之建立必须妥为通告、并须常设警告其存在之装置。凡经废弃或不再使用之设置必须全部撤除。

6. 此项设置或位于其周围之安全区不得建于对国际航行所必经之公认海道可能妨害其使用之地点。

这些规定之后构成了第六十条的基础。

60.3. 在海底委员会 1971 年会议上，比利时代表建议将"关于公海上的人工岛屿或人工设施的管辖权"包括在由第二分委员会讨论的议题之内。[①] 苏联代表（资料来源 2）提出的条款草案，同样讨论了"固定和移动设施"的建造。一项由马耳他（资料来源 3）提出的海洋空间条约草案，涉及"人工岛屿、浮动港和其他设施"的建造、维持和操作。两份草案均讨论了在此类设施周围的安全地带的设立，以避免干扰国际航行和确保国际航行的安全。

随着海底委员会 1972 年会议上更进一步的谈判，人工岛屿和设施的主题被作为一个单独的项目（项目 18）列入委员会（之后在第三次联合国海洋法会议上被分配到第二委员会）通过的主题和议题清单上。

60.4. 在海底委员会 1973 年会议上，比利时提交了一项关于人工岛屿和设施的工作文件（资料来源 4）。[②] 关于大陆架上的此类构筑物的基本案文，表述如下：

> 沿海国可以……授权，非以自然资源的勘探或开发为目的的，在其大陆架上建造人工岛屿或固定设施。此类结构应位于沿海国的管辖权之下，或位于承担这些结构的建造的国家的管辖权之下，并且，考虑到对其的保护，可以在其周围不超过 500 米的范围内设立安全地带。此类人工岛屿或固定设施

---

① A/AC. 138/35，项目 4，转载在《1971 年海底委员会报告》第 65 页（比利时）。

② 在第三次联合国海洋法会议上，比利时代表对该案文进行了评论，指出：

人工岛屿的问题导致了两个疑问：第一，它们将受制于哪一个管辖权的问题，以及第二，国家建造人工岛屿和设施的权利及在建造过程中其应遵守的条件问题。

他还进一步指出，第二个问题更加微妙。Second Committee, 38th meeting（1974 年），第 62 和 66 段，正式记录，第二卷第 278 页。

并没有自己的领海。

该提案特别讨论了"非以自然资源的勘探或开发为目的的"人工岛屿和"固定设施"的问题。

一项由3个拉丁美洲国家提交的提案（资料来源5）讨论了位于承袭海中的人工岛屿的问题。该案文第七条表述如下：

> 沿海国应授权和管理人工岛屿以及位于承袭海内的海洋表面、水体中及海床和底土上的任何种类的设施的安置和使用。

该提案讨论了沿海国对人工岛屿"和任何种类的设施"，后者包括那些"位于海洋表面、水体中及海床和底土上"的设施的管辖权。

3个不同的拉丁美洲国家引入了类似的规定（资料来源6），但将其适用于"邻接海域"——位于沿海国管辖权下的区域，其范围不超过自沿海国领海基线起200海里。[③] 然而，其补充说，此类结构的安置应"受制于国际规则"。

美国提出的条款草案（资料来源7）包括了有关位于"沿海海底经济区"的"海上设施"的规定。在相关部分，该提案的主要规定表述如下：

> ……
>
> 3. 沿海国应……在沿海海底经济区的上覆水域享有专属的权利授权和管理：
>
> （a）影响其经济利益的海上设施的建造、操作和使用。
>
> ……
>
> 4. 沿海国可于必要时在这种海上设施的周围设置合理的安全地带，并可在该地带中采取适当措施以保护人员、财产和海洋环境。此类安全地带的设置应确保其与该设施的性质和功能有合理的关联。安全地带的宽度应由沿海国加以确定，并且应符合现有的或根据第三条而将要制定的国际标准。
>
> 5. （a）为了本章的目的，"设施"一词是指所有岸外装备、设施或设备，但不包括那些以其正常运作模式在海上移动的设备。
>
> （b）设施不具有岛屿的地位。它们没有自己的领海或沿海海底经济区，

---

③ 一项由马耳他代表编写的草案讨论了位于国际海洋空间中的固定或浮动的"设施、系统和设备"的问题。该草案同样更细化了关于此类构筑物使用的细节，指出，在建议具体的规则之前，应先确定此类构筑物的目的，以及它们的使用对国际秩序产生的影响。参见 A/AC. 138/SC. II/L. 28，第十六章，转载在《1973 年海底委员会报告》第三卷第 35、69 页（马耳他）。

并且它们的存在并不影响沿海国领海的划定。

......

该案文第三条第二款要求，对于海上设施周围的安全地带的宽度，应与政府间海事协商组织磋商。

一项由阿根廷代表提出的提案（资料来源8）含有下列相关规定：

> 24. 第三国或其国民设立任何其他种类的设施［海底电缆和管道除外］，均须经沿海国的同意。
>
> 25. 沿海国有权在大陆架之上或之外，建造、维持和操作对其行使自身权利有必要的设施和其他设备，有权在此类设备和设施周围设立安全地带，并在该地带中采取必要的保护措施。所有国籍的船舶均应尊重这些安全地带，其范围可以达到设施或设备周围500米。
>
> 26. 任何此类设施或设备的建造，必须妥为通知，并对其存在必须维持永久性的警告方法。已不再使用的任何设施，应由沿海国拆除。

总体而言，海底委员会中关于人工岛屿和设施的提案，大部分反映了基于1958年《大陆架公约》的此类结构的地位，并试图将其适用于专属经济区的新概念。

60.5. 在海洋法会议第二期会议（1974年）上，一项由9个国家提交的提案（资料来源9）包括了下列规定：

> 位于经济区海洋表面、水体中和海床及底土之上的人工岛屿和其他设施的安置或使用，应受制于沿海国的授权和管理。

非正式法律专家组（埃文森小组）在其条款草案中对经济区的问题采用了近乎相同的语言。④

一项由尼日利亚代表提交的提案（资料来源10）详细阐释了这个主题，表述如下：

> 3. 沿海国对于在专属经济区、大陆架、海床和底土中，为勘探和开发其中的不可再生资源的目的，建造、安置、操作和使用岸外人工岛屿和其他设施的，应享有授权和管理的专属权利。
>
> 4. 沿海国可以在其岸外人工岛屿和其他设施周围设立一个合理范围的安

---

④ Tentative Draft Articles（1974年，油印），第十五条（非正式法律专家组）。转载在《第三次联合国海洋法会议文件集》第十一卷第393、400页。

全地带，在该地带中，该国可以采取适当措施，以保证其设施的安全和航行的安全。此类安全地带的设置应"确保其与该设施的性质和功能有合理的关联"。

第3款规定了人工岛屿和其他设施的"建造、安置、操作和使用"。安全地带被描述成在此类结构周围的"合理区域"。一条单独的条款指出，此类结构不得干扰"国际航行必经的公认海道和分道通航制"（第三条第4款）。

一项由6个东欧社会主义国家提交的提案（资料来源11）使用了不同的措辞，但同样建议准予沿海国有权从事和管理"非沿海设施和其他设备"及它们周围的安全地带的建造、操作和使用。关于安全地带，该提案同样要求符合"公认的国际标准"。此外，该提案禁止在该区域内设置"可能对正常航道的使用造成阻碍"的此类设施。

美利坚合众国（资料来源12）建议对位于经济区内的设施和建造在大陆架上的设施分别制定条款。针对大陆架上的人工岛屿和设施的第二十八条，但同样可以适用于经济区内的此类结构，其表述如下：

1. 沿海国，对在大陆架上为勘探或开发自然资源或为其他经济目的而建造、操作和使用人工岛屿和设施，以及任何可能干扰沿海国行使权利的设施的，应有授权和管理的专属权利。

2. 沿海国可于必要时在这种海上设施的周围设置合理的安全地带，并可在该地带中采取适当措施，以保证其设施的安全和航行的安全。此类安全地带的设置应确保其与该设施的性质和功能有合理的关联。所有国籍的船舶均应尊重这些安全地带。

3. 安全地带的宽度应由沿海国决定，并且应遵守现行的或政府间海事协商组织制定的关于安全地带的设立和宽度的适用的国际标准。当不存在此类附加标准时，为勘探和开发海床和底土的不可再生资源的设施周围的安全地带，可以从设施外缘各点量起，扩展到设施周围500米的范围。

4. 任何此类设施的建造和安全地带的范围，必须妥为通知，并对此类设施的存在必须维持永久性的警告方法。已被放弃或不再使用的任何设施，应予以彻底地撤除。

5. 各国应确保悬挂该国国旗的船舶，在安全地带之外但在此类设施附近，遵守与航行有关的、可适用的国际标准。

6. 若可能对国际航行必经的公认海道的使用造成干扰，则不能设立设施和其周围的安全地带。

7. 出于本节的目的，"设施"一词是指人工岸外岛屿、设施或类似设备，但不包括那些以其正常运作模式在海上移动的设备。设施不得成为申请领海或经济区的基础，并且其存在并不影响沿海国领海或经济区的划定。

该案文将许多之前提案的要素整合在一起。在第 2 款的最后一句话中，其以命令的语气表示，船舶"必须"尊重设立的安全地带。该语言在最后的提案中被采纳。

一项由 18 个非洲国家代表提交的提案（资料来源 13）也重点强调，沿海国有管理"人工岛屿和其他设施的建造、安置、操作和使用"的专属权利，并设立和管理此类结构周围的安全地带。第十条继续规定：

> 没有沿海国的同意，任何国家都无权在另一国家的专属经济区内，建造、维持、部署或操作任何军事设施或设备或者无论出于何种目的的其他设施或设备。

在本节的最后，关于受制于国家管辖的人工岛屿和设施的规定，包含在了《主要趋势工作文件》（资料来源 14）的两部分中。本议题的主要条文被纳入第十二部分（第二三一条至第二三八条）（与主题和议题清单中的议题 18 相符）。补充规定被纳入与大陆架有关的第六部分，以及与专属经济区有关的第五部分。

60.6. 在第三期会议（1975 年）上，埃文森小组相当大地扩展了其关于经济区的条款草案，并提出一则关于人工岛屿和设施的条款的建议，表述如下：[⑤]

> 1. 沿海国在经济区内，应享有专属权利建造并授权和管理建造、操作和使用：
> （a）人工岛屿；
> （b）为第一条所规定的目的而受其管辖的设施和构筑物；
> （c）为任何经济目的而使用的设施和构筑物；
> （d）可能干扰沿海国在经济区内行使权利的设施和构筑物。
> 2. 沿海国对这种人工岛屿、设施和结构应有专属管辖权，包括有关海关、财政、卫生、安全和移民的法律和规章方面的管辖权。
> 3. 此类人工岛屿、设施或结构的建造，必须妥为通知，并对其存在必须维持永久性的警告方法。已被放弃或不再使用的任何设施或构筑物，应予以彻底地撤除。
> 4. 必要时，沿海国可在这种人工岛屿、设施和结构的周围设置合理的安全地带，并可以在该地带中采取适当的措施以确保航行以及人工岛屿、设施

---

⑤ The Economic Zone（1975 年，油印），第四条（非正式法律专家组）。转载在《第三次联合国海洋法会议文件集》第四卷第 209、212 页。

和构筑物的安全。

安全地带的宽度应由沿海国参照可适用的国际标准加以确定。这种地带的设置应确保其与人工岛屿、设施或结构的性质和功能有合理的关联，并且从人工岛屿、设施或构筑物的外缘各点量起，不应超过这些人工岛屿、设施或构筑物周围……米的距离，但为一般接受的国际标准所许可或主管国际组织所建议者除外。

所有国籍的船舶都必须尊重这些安全地带，并应遵守关于在人工岛屿、设施、构筑物和安全地带附近航行的普遍接受的国际标准。安全地带的范围应妥为通知。

5. 人工岛屿、设施和构筑物及其周围的安全地带，不得设在对使用国际航行必经的公认海道可能有干扰的地方。

6. 人工岛屿、设施和构筑物不应有自己的领海，其存在也不影响领海、沿海国管辖的其他区域或大陆架的划定。

非正式单一协商案文第二部分（资料来源15）第四十八条随后反映了该案文，表述如下：

1. 沿海国在专属经济区内，应享有专属权利建造并授权和管理建造、操作和使用：

（a）人工岛屿；

（b）为第四十五条［现第五十六条］所规定的目的及其他经济目的而使用的设施和构筑物；

（c）可能干扰沿海国在该区内行使权利的设施和构筑物。

2. 沿海国对这种人工岛屿、设施和结构应有专属管辖权，包括有关海关、财政、卫生、安全和移民的法律和规章方面的管辖权。

3. 此类人工岛屿、设施或结构的建造，必须妥为通知，并对其存在必须维持永久性的警告方法。已被放弃或不再使用的任何设施或构筑物，应予以彻底地撤除。

4. 必要时，沿海国可在这种人工岛屿、设施和构筑物的周围设置合理的安全地带，并可以在该地带中采取适当的措施以确保航行以及人工岛屿、设施和构筑物的安全。

5. 安全地带的宽度应由沿海国参照可适用的国际标准加以确定。这种地带的设置应确保其与人工岛屿、设施或构筑物的性质和功能有合理的关联，并且从人工岛屿、设施或结构的外缘各点量起，不应超过这些人工岛屿、设施或结构周围 500 米的距离，但为一般接受的国际标准所许可或主管国际组织所建议者除外。

6. 所有国籍的船舶都必须尊重这些安全地带，并应遵守关于在人工岛屿、设施、构筑物和安全地带附近航行的一般接受的国际标准。安全地带的范围应妥为通知。

7. 人工岛屿、设施和构筑物及其周围的安全地带，不得设在对使用国际航行必经的公认海道可能有干扰的地方。

8. 人工岛屿、设施和构筑物不应有自己的领海，其存在也不影响领海、沿海国管辖的其他区域或大陆架的划定。

虽然该案文沿用了埃文森小组准备的草案，但仍有一些不同之处。在第 1 款中，埃文森小组案文的（b）项和（c）项被合并成非正式单一协商案文的第 1 款（b）项。第 2 款和第 3 款保持不变。埃文森小组案文第 4 款中的三款内容，在非正式单一协商案文中被单独编号。唯一的变化在于，在非正式单一协商案文第 5 款的规定中，其规定建立安全地带应"不超过"人工岛屿、设施和结构周围"500 米的距离"。第 6、7 和 8 款逐字重复了埃文森小组的案文。

60.7. 在第四期会议（1976 年）上，一项由印度提交的非正式提案（资料来源 33）用下列文字替换了第 4 款和第 5 款（并适当修改了第 7 款和第 8 款）：

沿海国可以指定专属经济区的一片区域，称为指定区域，在该区域中，除了沿海国指定的例外，沿海国可以禁止或管理外国船舶的进入和通行，并采取其认为对下列目的有必要或合适的其他措施：

（a）保护指定区域内的已存在的海洋或生物资源，或该区域的其他经济用途；

（b）确保人工岛屿、岸外终端、设施和其他构筑物与设备的安全；

（c）保护海洋环境；以及

（d）预防走私。

在修订的单一协商案文第二部分（资料来源 16）第四十八条中，唯一的变化在于添加了一个标题，以及在第 6 款中的一处文字性改变，即用"所有国籍的船舶"取代了"所有船舶"。

60.8. 在第五期会议（1976 年）上，一项由秘鲁代表提交的非正式提案（资料来源 34）建议添加一段，表述如下：

9. 本条款的规定不可以被解释为本公约授权其他国家非经沿海国的同意而在专属经济区内安置除第一款提到之外的设施、结构和设备。

该案文将使得沿海国针对"设施、结构和设备"的管辖权更加广泛。其同样为第1款提出了一个简化版本，赋予沿海国不需要非正式单一协商案文中包含的限定条件的专属权利。

60.9. 在第六期会议（1977年）上，没有再出现更多提案。第五期会议中的提案没有被采纳，非正式综合协商案文第六十条（资料来源17）重复了修订的单一协商案文。唯一的改变在于，在第8款中，"专属经济区"替代了"沿海国管辖的其他区域"。

60.10. 在第七期会议（1978年）上，由秘鲁代表（资料来源35）提交的及巴西和乌拉圭（资料来源36）提交的非正式提案，都提出了相同的意见，将第1款中沿海国对于建造、授权和管理"人工岛屿、设施和结构"的建造、操作和使用的专属权利的规定，替换为更简化、无条件限制的规定。删除第六十条第1款（b）、（c）项规定的区别，将确保沿海国对其专属经济区内的所有设施和结构享有管辖权。

苏联代表（资料来源37）提交的一项非正式提案，在第2款结尾添加了条文，规定沿海国的专属管辖权"不得损害有沿海国授权的国家建造此类人工岛屿、构筑物和设施的权利"。这些提案均未得到足够的支持，未被采纳。

60.11. 在第九期会议（1980年）上，与会者表达了对第六十条的关注，其规定了一项当设施被废弃或不再使用时应被撤除的绝对义务。英国代表提出的一项非正式提案（资料来源38）呼吁对第3款最后的句子进行阐述，表述如下：

> 根据由主管国际组织设立的普遍接受的国际标准，如为确保船舶航行安全而有必要，则任何废弃或不用的设施或结构应被撤除。此类撤除同样应考虑到捕鱼、海洋环境的保护及其他国家的权利和义务。未彻底撤除的设施或构筑物的深度和位置，应妥为通知。

该提案的典型不同之处在于，废弃或不用的设施和构筑物，是为确保船舶航行安全"有必要"而被撤除（在非正式综合协商案文中，它们则是将被"彻底"撤除）。一项来自石油工业国际勘探和生产论坛（E & P论坛）的备忘录，提供了对该规定含义的一些解释。[6] 其指出第3款"为沿海国"设置了"国际公法规定的义务"。其建议将第3款修改为，仅"当设施和结构表现出对航行，或者对海洋的合法使用，或者对环境构成危险时"才要求将其撤除。这将缓和该条款的严格适用，从而避免了"彻底"撤除所有物件可能的巨大花费。

按照这些方法，非正式综合协商案文第二次修订稿（资料来源19）或非正式综合协商案文第三次修订稿（资料来源20）均未包括对资格条件的限制。

---

⑥ Memorandum of E & P Forum（1980年，油印），转载在《第三次联合国海洋法会议文件集》第四卷第533页。

60.12. 在第九期会议续会（1980 年）上，第二委员会主席在一封提交给起草委员会主席的信中写到⑦，第八段应加以调整，表述如下：

> 8. 人工岛屿、设施和构筑物并不具备岛屿的地位。它们没有自己的领海，并且其存在也不影响领海、专属经济区或大陆架的划定。

这是基于起草委员会更早之前的一项建议⑧，之后纳入了《公约草案》（资料来源 21）中。（其同样反映了在 1958 年《大陆架公约》第五条中使用的最初的构建。）

60.13. 在第十期会议（1981 年）上，大不列颠及北爱尔兰联合王国（资料来源 39）和加拿大（资料来源 40）代表提交了非正式提案，以阐明撤除废弃或不用的设施和结构的义务。在该阶段，这些提案未被采纳。

在起草委员会的建议下（资料来源 24 至资料来源 28），起草的改变包含在了《公约草案》（资料来源 21）中，包括了之前提到的对第八条的调整。

60.14. 在第十一期会议（1982 年）上，联合王国代表（资料来源 41）提交了一项关于其更早之前的提案第 3 款（见上述第 60.11 段）的修正版。新修正案，为替代第六十条第 3 款的第二个句子，表述如下：

> 任何废弃或不用的设施或结构，考虑到任何一般接受的、由主管国际组织针对此点而设立的国际标准，应被撤除，以确保航行的安全。此类撤除应同样与捕鱼、海洋环境的保护以及其他国家的权利和义务有合理的关联。未彻底撤除的设施或构筑物的深度、位置和规模，应妥为通知。

该提案在第二委员会中，被视为实质性促进了共识的前景，而被接受。⑨ 在经过起草委员会建议的细微修改（资料来源 29 和资料来源 30）之后，该案文被《公约》采纳（资料来源 23）。

法国代表在之后提交了一项正式的、有着更详细规定的修正案（资料来源 27），以取代第六十条第 3 款的第二个句子。最重要的因素是一项指示，即撤除的程度取决于海床的深度：在 60 米或更浅的水中的设施和结构，将被彻底撤除；在其他所有的情况

---

⑦ A/CONF.62/L.63/Rev.1（1980 年），附件二，B 部分，正式记录，第十四卷第 139、143 页（起草委员会）。

⑧ A/CONF.62/L.40（1979 年），第十一节和第十三节，正式记录，第十二卷第 95、98 页（起草委员会主席）。完整地改变在第十期会议上被正式引入。参见资料来源 24，第 15 页。

⑨ 参见第 157 次全体会议上第二委员会主席的报告，第 50 段，正式记录，第十六卷第 12 页。同样可见他撰写的报告，A/CONF.62/L.87（1982 年），第 8 段，同上，第 202 页。关于其被管理委员会采纳的情况，参见 A/CONF.62/L.93（1982 年），第 5（e）段和附件二，同上，第 210 页。

下，保留的构筑物不得超过海床之上 10 米。对此的解释是，法国的提案只要求部分而不是彻底的撤除，且"结果是在合适的位置，将水下对船舶和渔具构成危险的结构移走"。然而，该正式提案并未能进行投票。⑩

60.15（a）．　第六十条讨论了"人工岛屿、设施和构筑物"的问题。在《公约》的其他地方，使用了该表达的变化形态。例如，第一四七条仅涉及"设施"；第一九四条第 3 款（c）、（d）项，涉及"设施和设备"；第二〇九条第 2 款，涉及"设施、构筑物和其他设备"；而第十三部分第四节（第二五八条至第二六二条），涉及"设施或器材"。在其协调的工作中，起草委员会指出，缺乏调和这些措辞的一致性和可能性。最后，其考虑在第一条中插入一个新小段，详细说明"'设施'包括了人工岛屿和构筑物"。⑪ 至少在某种程度上，它还反映了在协商的早期阶段，有将"设施"的定义包括在该条款中的意图（资料来源 7 和资料来源 12；参见上述第 60.3 和 60.4 段）。然而，这些调整并没有做。

60.15（b）．　虽然第六十条讨论的问题和 1958 年《大陆架公约》第五条解决的一般问题一样，但沿海国的权利和管辖权相比 1958 年《公约》之内的规定，则更加宽泛得多。首先，且最明显的改变是，人工岛屿受制于沿海国在专属经济区内"建造以及授权和管理建造、操作和使用"人工岛屿的专属权利（如果未设立专属经济区，则依据第八十条，相同的权利将存在于大陆架上。）此规定适用于所有人工岛屿，不论是何种大小或为任何目的。与此相反，《公约》未定义的"设施"和"构筑物"，"为了第五十六条规定的目的和其他经济目的"，或者当它们"可能干扰沿海国在该区域内行使权利"时，将受制于沿海国的专属权利。1958 年《公约》涉及了设施和"设备"，但之后的条款在第六十条并未使用。

60.15（c）．　并不为经济目的服务的，以及那些并不倾向于干扰沿海国在专属经济区内的权利的设施，不属于第六十条调整的范围。规定无论出于任何目的的所有设施均受制于沿海国的管辖（资料来源 5 和资料来源 35），或者明确要求沿海国同意任何军用设施或设备，或无论出于任何目的的任何设施、设备（资料来源 33）的提案，没有被采纳（参见上述第 60.7 和 60.10 段）。

60.15（d）．　第 2 款规定了在专属经济区内，沿海国应对"海关、财政、卫生、安全和移民方面的法律和规章"享有管辖权。在这方面，其沿用了第二十一条第 2 款（h）项，允许沿海国在领海中针对此类问题制定法律和规章，也沿用了第三十三条关于毗连区的规定。该专属管辖同样包括在此类人工岛屿、设施和构筑物上或对此类人

---

⑩ 该修正案是由法国代表在第 170 次全体会议（1982 年）上提出的，第 2 段，正式记录，第十六卷第 100 页。南斯拉夫代表指出，提案"包含了对将由主管国际组织设立的国际标准的有益指导"。参见第 172 次全体会议（1982 年），第 17 段，同上，第 115 页。其并未能够进行表决。参见第 174 次全体会议（1982 年），第 10 段，同上，第 131 页。

⑪ A/CONF. 62/L. 57/Rev. 1（1980 年），第八节，正式记录，第十四卷第 114、119 页（起草委员会主席）。

工岛屿、设施和构筑物所犯的罪行的刑事管辖权。⑫

60. 15（e）. 第 3 款要求，任何第六十条描述的构筑物的建造应"妥为通知"，同样的，任何未彻底撤除的构筑物的位置也应发布"适当的公布"。类似的规定也包含在了第一四七条第 2 款（a）项，关于"在该区域用于执行活动的设施"的建造、安置和撤除。对于"适当的公布"和航行的安全，国际海事组织秘书处指出：

> 关于航行安全和船舶来源污染的预防，国际海事组织与各国当局保持着最为直接和持续的联系。相应的，国际海事组织很可能参与进来，为"公布"的目的而服务。⑬

第 5 款还要求对安全区的范围应"妥为通知"。

60. 15（f）. 第六十条的主要特点是第 3 款关于人工岛屿、设施和构筑物的撤除的规定。不同于沿用 1958 年《公约》且规定它们必须被"彻底撤除"，第六十条并没有将该义务作为一项绝对的要求，并建议在特殊情况下决定撤除的程度时，仅采用一般标准。如果一个设施没有被彻底撤除，沿海国便有义务对其"深度、位置和大小"发布"适当的公布"。与此同时，第六十条确认了"考虑到任何一般接受的、由主管国际组织针对此点而设立的国际标准，为确保航行安全而应被撤除"中可适用的标准的必要性。

设立此类标准的"主管国际组织"即是国际海事组织（IMO），其已制定了指导方针以解决这些问题。⑭ 与此同时，沿海国撤除废弃或不用的设施的实践很少，并且针对

---

⑫ 对比：1988 年《制止危及海上航行安全非法行为公约》，《国际法资料》第 27 卷第 672 页（1988 年）；以及 1988 年《制止危及大陆架固定平台安全非法行为议定书》，《国际法资料》第 27 卷第 685 页（1988 年）（两公约均已失效）。

⑬ 参见 *Implications of the United Nations Convention on the Law of the Sea*, 1982, *for the International Maritime Organization*（*IMO*），国际海事组织秘书处研究，doc. LEG/MISC/1（1986 年，油印），第 130 段。转载在荷兰海洋法研究所《国际组织和海洋法年鉴》第 3 卷［1987 年］第 340、390 页。联合国海洋和海洋法司《海洋事务年度回顾：法律和政策的主要文件》第一卷第 123、159 页，1985—1987 年。

⑭ 国际海事组织大会，在其第十六届大会（1989 年）上，通过了 1989 年 10 月 19 日决议 A. 672（16），关于"大陆架和专属经济区中近岸设施和结构撤除的指导和标准"。其建议成员国在作出关于废弃或不用的设施或结构的撤除决定时，将这些指导纳入考虑。国际海事组织大会，第十届会议，《决议及其他决定》293（IMO Sales No. 136 90. 04. E）。关于 A. 672（16）号决议的文本，请参见本评论之后的附录。

该问题的国内立法尚未完全符合 1958 年《公约》第五条中提出的要求。⑮

60.15（g）． 第 4 款明确了设立安全地带的目的是为了"确保航行以及人工岛屿、设施和构筑物的安全"。"此类地带的设置应确保其与人工岛屿、设施或构筑物的性质和功能有合理的关联"的规定，指明了第六十条第 5 款授权的更多详细措施。如果在安全地带中航行受到了管制，则对沿海国而言，针对其他不相容活动的管制将同样是许可的；然而，《公约》并未明确。虽然北海的经验显示，绝大多数对安全地带的违反均是由于渔船引起的，但《公约》中关于安全地带的规定依然唯一地指向确保航行的安全。这暗示，保护设施免受从事渔捞作业的船舶的危害，同样是一项重要的目标。然而，第六十条中唯一提及渔业活动之处，是与第 3 款项下关于撤除废弃或不用设施的规定有关。尽管如此，第六十二条第 4 款，包含了通过调整渔业区域而调整外国渔捞作业的充分权限，并将允许沿海国建立必要的措施。第一四七条第 2 款（c）项，关于在该区域用以执行活动的设施，也有类似的规定。

60.15（h）． 第 5 款制定了基本惯例，即人工岛屿、设施和构筑物周围安全地带的宽度，由沿海国"考虑可适用的国际标准"而决定。自设施外缘起量，安全地带的宽度不应超过 500 米，但规定可以设立更大的区域，"若一般接受的国际标准授权，或主管国际组织建议"。第二六〇条也有类似的规定，即允许在科学调查设施周围，创建一个"有一个合理的、范围不超过 500 米的宽度"的安全地带。

虽然第 5 款第一句话承认沿海国有资格决定安全地带的宽度，但沿海国必须"考虑"可适用的国际标准。国际海事组织尚未通过任何标准，因此看起来，沿海国的权限将受到设立的安全地带的范围不得超过 500 米的限制。

60.15（i）． 第 6 款要求，所有船舶必须尊重这些安全地带，并遵守"与在人工岛屿、设施、构筑物和安全地带附近航行有关的，一般接受的国际标准"。因此，沿海国有义务确保悬挂其旗帜的船舶履行这些要求。然而，安全地带的设计和范围，招致了在海洋环境中利益不同的国家的反对。使用安全地带以保护海上设施的困难，导致一些国家开始使用为同一目的的路线计划（然而，该做法本身并非没有争议）。⑯ 国际海事组织大会已经将该问题列入建议中，作为《关于海上设施和构筑物周围的安全地

---

⑮ 例见 P. Peters, A. H. A. Soons 和 L. A. Zima, "Removal of Installations in the Exclusive Economic Zone"，载于《荷兰国际法年鉴》第十五卷第 167、179 页（1984 年）（"关于近岸设施撤除的行业惯例非常有限"）；美国国家研究委员会，工程和技术系统委员会，海事局，*Disposal of Offshore Platforms*，第 35 页（1985 年）（"除了在墨西哥湾，世界范围内，平台的实际撤除非常少发生"）；以及 P. V. McDade, "The Removal of Offshore Installations and Conflicting Treaty Obligations as a Result of the Emergence of the New Law of the Sea: A Case Study"，《圣地亚哥法学评论》第 24 期第 645 页（1987 年）（尤其参见注 6）。还可参见《奥斯陆委员会对处理海洋中的近岸设施的指导》，IMO doc. LDC/SG 15/8（1992 年，油印），附件三。

⑯ A. N. Cockroft, "Routing and the Environment"，《航海杂志》第 39 期第 213 页（1986 年）。

带和航行安全的决议》第 A. 671（16）号决议的附件。⑰

60.15（j）. 通过规定人工岛屿、设施、构筑物和安全地带不得设在"对使用国际航行必经的公认海道可能有干扰的地方"，第 7 款再次重申了航行是优先考虑的事项。该要求与第 4 款相联系，后者允许沿海国采取适当的措施以确保此类设施周围的航行安全。该要求同样与第二十一条第 1 款（a）和（b）项有关，在后者的规定下，沿海国可以制定在领海中与"航行安全和海上运输管理"及"海上助航设备和设施的保护"有关的法律和规章。在第二六一条有一项有关的规定，要求"任何种类"的科学研究设施或装备的部署，"不应对已确定的国际航路构成障碍"。

60.15（k）. 第八段规定，（i）此类海上设施"不具有岛屿的地位"；（ii）它们没有自己的领海；以及（iii）其存在不影响海洋空间的划定。类似的规定存在于第一四七条第 2 款（e）项，关于在该地区用于执行活动的设施的地位；以及第二五九条，关于科学研究设施的法律地位。

60.15（l）. 第二〇八条包含了对第六十条和第八十条的交叉引用。该规定要求沿海国采用法律和规章，以预防、减少和控制来自"依据第六十条和第八十条"而在其管辖范围内的人工岛屿、设施和构筑物对海洋环境的污染（参见第四卷，第 144 页，第 208.10（a）段）。第二一四条与这些法律和规章的实施有关（参见第四卷，第 223 和 226 页，第 214.1 和 214.7（c）段）。

60.15（m）. 第六十条和第八十条同样包含在讨论专属经济区内和大陆架上的海洋科学研究的第二四六条中。根据第二四六条第 5 款（b）项，沿海国可以保留对另一国或主管国际组织的海洋科学研究项目的进行的同意，如果该项目"涉及第六十条和第八十条提及的人工岛屿、设施和构筑物的建造、操作或使用"。

在第十三部分第四节关于海洋环境中的科学研究设施或装备中包含一些规定，与第八十条的规定相符，即此类科学研究设施与大陆架相关。这些重叠的规定，涉及了科学研究设施的部署和使用（第二五八条），科学研究设施的法律地位（第二五九条），此类设施周围的安全地带（第二六〇条），以及不得干扰海运路线（第二六一条）。⑱

---

⑰　参见国际海事组织大会 1989 年 10 月 19 日 A. 671（16）号决议，关于"近岸设施和构筑物周围的安全地带和航行安全"附件。国际海事组织，《决议及其他决定》，前注⑭，第 287、289 页。

⑱　参见第四卷，第 614 页，第 258.2 和 258.3 段；第 622 页，第 259.6 段；第 625 页，第 260.5（a）和260.5（d）段；以及一般地，对第 261 条的评论。

附　录
国际海事组织
A. 672（16）号决议
（1989 年 10 月 19 日通过）

大陆架和专属经济区内海上设施和构筑物
撤除的准则和标准

大会：

忆及《国际海事组织公约》第 15（j）条，关于大会涉及与海洋安全及海洋污染的预防和控制有关的规章和准则的职能，

谨记 1982 年《联合国海洋法公约》第六十条规定，考虑到由主管国际组织针对此问题而制定的任何一般接受的国际标准，任何废弃或不用的设施或构筑物应撤除，以确保航行安全，并且此类撤除应同样适当顾及到捕鱼、海洋环境的保护及其他国家的权利和义务，

同样谨记，国际海事组织是处理该问题的主管机构，

审议了海上安全委员会在其第五十七次会议上通过的，与海洋环境保护委员会合作开发的准则和标准草案，

1. 通过本决议附件中所制定的大陆架和专属经济区内海上设施和构筑物撤除的准则和标准；

2. 建议成员国在作出与废弃或不用设施或构筑物的撤除有关的决定前，考虑上述准则和标准。

附　件

1. 一般的撤除要求

1.1　大陆架上或专属经济区内废弃或不用的海上设施或构筑物必须撤除，除非不撤除或部分符合下列准则和标准。

1.2 对设施或构筑物享有管辖权的沿海国应确保，一旦这些设施或构筑物不再服务于最初设计和安装时的主要目的，或者不再服务于之后的新用途，或者当没有其他合理的、在这些准则和标准中可引用的、管辖权允许该设施或构筑物或其部分继续存在于海床，则其将按符合这些准则和标准的方式被全部或部分撤除。此类撤除应以合理地可行做法，在此类设施或构筑物的废弃或永久不再使用之后，尽快进行。

1.3 不撤除或部分撤除的通知，应转发至国际海事组织。

1.4 本准则和标准的任何内容，均不排除沿海国对其大陆架上或专属经济区内现存的或将来的设施或构筑物设置更加严格的撤除要求。

2. 准则

2.1 允许海上设施、构筑物或其部分保留在海床的决定，应由对该设施或构筑物有管辖权的沿海国，特别基于下列事项的个案评估作出：

（1）对水面或水下航行的安全，或者其他海洋使用的安全，是否有潜在的影响；

（2）材料损耗的速率，以及其现有的和将来可能的对海洋环境的影响；

（3）对海洋环境的潜在影响，包括对海洋生物资源的影响；

（4）在将来的某一时刻，材料从其位置上移动的危险；

（5）与撤除设施或构筑物相关的全体人员的费用、技术可行性和受伤风险；以及

（6）允许设施或构筑物或其部分保留在海床中的新用途的决定或者其他合理的理由。

2.2 对水面或水下航行的安全或者其他海洋使用安全的任何潜在影响的判断，应基于：在可预见的将来计划通过该区域的船舶的数量、类型和吃水；在该区域将运输的货物；潮汐、海流、一般性航道状况以及潜在的极端气候状况；附近的指定或常用海道及港口通行路线；附近的导航辅助设备；商业捕鱼区域的位置；有效的可航行航道的宽度；以及该区域是否是通向用于国际航行的海峡或是此类海峡内的通道，或者是否是用于国际航行的通过群岛水域的航道。

2.3 任何对海洋环境的潜在影响的判断，应基于考虑到下列因素的科学依据：对水质的影响；地质学和水文学特征；濒危物种或生存受威胁的物种的存在；当地的渔业资源；海上设施或构筑物的剩余物质产生的，或者该设施或构筑物的退化导致的对该地点的潜在污染或杂质污染。

2.4 允许海上设施或构筑物或其部分保留在海床的程序，应同样包括由对该设施或构筑物具有管辖权的沿海国的下列行动：特别的官方授权，指明该设施或构筑物或其部分将被允许保留在海床的情况；拟定一项沿海国通过的具体计划，监测遗留在海床的材料的累积和退化，以确保随后没有对航行、海洋的其他使用或海洋环境的负面影响；关于任何未从海床上彻底撤除的设施或构筑物的特殊位置、大小、俯视深度和标记，对水手的预先通知；以及对适当的航道测量的预先通知，以允许对海图作出及时修正。

3. 标准

当要作出一项与海上设施或构筑物的撤除有关的决定时，下列标准应纳入考虑。

3.1 所有废弃或不用的设施或构筑物，不包括甲板和上部结构，位于水下 75 米以上且重量轻于 4 000 吨的，应被彻底撤除。

3.2 所有废弃或不用的设施或构筑物，若是在 1998 年 1 月 1 日之后安置的，不包括甲板和上部结构，位于水下 100 米以上且重量轻于 4 000 吨的，应被彻底撤除。

3.3 撤除不得对航行或海洋环境造成显著的负面影响。在完成任何局部或彻底撤除之前，设施应继续按照国际灯塔协会的建议所要求的方式而标记出。撤除操作之后保留的任何设施的位置和大小的详细信息，应尽快传递给有关国家当局以及一个世界性的水道绘图机构。撤除或部分撤除的方法，不得导致对海洋环境的生物资源，特别是对生存受威胁的和濒危的物种的显著的负面影响。

3.4 下列情况，沿海国可以决定设施或构筑物适当地全部或部分保留：

（1）现有设施或构筑物，包括第 3.1 或 3.2 段提到的或其部分，如果被允许在海床上适当地保留全部或部分（例如加强对一项生物资源的保护），将服务于一项新的使用；或者

（2）现有设施或构筑物，但不包括第 3.1 或 3.2 段提到的或其部分，只要不对其他的海洋使用造成不合理的干扰，可以保留在原处。

3.5 虽然有第 3.1 或 3.2 段的要求，但当彻底撤除在技术上不可行，或者可能导致极高的费用，或者对人员或海洋环境存在不可接受的危险时，则沿海国可以决定不需要彻底地撤除。

3.6 任何废弃或不用的、在海面上方运作的设施或构筑物或其部分，应被适当保持，以预防构筑物失效。在根据第 3.4.2 或 3.5 段的部分撤除的情况下，应在任何部分撤除的、不在海面上方运作的设施或构筑物之上，留出一个足以保证航行安全但不少于 55 米的通行无障碍的水体空间。

3.7 不再服务于其最初设计或安装时的主要目的，并且位于通向用于国际航行的海峡或通过群岛水域的用于国际航行的入口或在该航道内，在通常的吃水深的海道，或者正处在或非常邻近于国际海事组织制定的航线系统的设施或构筑物，应彻底撤除，并且不受制于任何例外。

3.8 沿海国应确保，来自任何尚未从海床上被彻底撤除的设施或构筑物的材料，其位置、俯视深度和大小已在海图上标示出，并且在必要时，任何保留均已在导航辅助系统中合适标注。沿海国同样应当确保至少提前 120 日发布预先通知，以建议水手和关于设施或构筑物的状态变化的适当的航道测量。

3.9 在同意任何设施或构筑物的部分撤除之前，沿海国应有理由确信，任何保留的材料将继续保持在海床的原地，并且不会在海浪、潮汐、海流、风暴或其他可预知的自然原因的影响下移动而对航行造成危险。

3.10 沿海国应确定负责维持导航辅助设备的一方①是否认为对标注任何航行障碍的位置以及检测保留下来的材料的状况是必要的。沿海国同样应确保责任方在必要时进行定期监测，以确保持续遵守这些准则和标准。

3.11 沿海国应确保尚未从海床上被彻底撤除的设施和构筑物的法定所有权是清楚地，并应确保维护的责任和对将来损害承担责任的经济能力已明确确定。

3.12 如果通过海床上的来自撤除设施或构筑物的材料的放置能够加强生物资源的保护（例如，创造一个人工鱼礁），考虑到这些准则和标准以及其他海洋安全维护的有关标准，此类材料应远离常用的交通道妥善放置。

3.13 在 1998 年 1 月 1 日及其之后，任何设施或构筑物均不得放置在大陆架上或专属经济区内，除非该设施或构筑物的设计和构造能保证其在废弃或永久不再使用后彻底撤除的可行性。

3.14 除非另有说明，否则这些准则应适用于现有的和将来的设施或构筑物。

---

① "责任方"一语是指任何法律或自然属性上的人，其由沿海国为了上文第 3.10 段所提到的目的而确认。

第六十一条　生物资源的养护

1. 沿海国应决定其专属经济区内生物资源的可捕量。

2. 沿海国参照其可得到的最可靠的科学证据，应通过正当的养护和管理措施，确保专属经济区内生物资源的维持不受过度开发的危害。在适当情形下，沿海国和各主管国际组织，不论是分区域、区域或全球性的，应为此目的进行合作。

3. 这种措施的目的也应在包括沿海渔民社区的经济需要和发展中国家的特殊要求在内的各种有关的环境和经济因素的限制下，使捕捞鱼种的数量维持在或恢复到能够生产最高持续产量的水平，并考虑到捕捞方式、种群的相互依存以及任何一般建议的国际最低标准，不论是分区域、区域或全球性的。

4. 沿海国在采取这种措施时，应考虑到与所捕捞鱼种有关联或依赖该鱼种而生存的鱼种所受的影响，以便使这些有关联或依赖的鱼种的数量维持在或恢复到其繁殖不会受严重威胁的水平以上。

5. 在适当情形下，应通过各主管国际组织，不论是分区域、区域或全球性的，并在所有有关国家，包括其国民获准在专属经济区捕鱼的国家参加下，经常提供和交换可获得的科学情报、渔获量和渔捞努力量统计，以及其他有关养护鱼的种群的资料。

资料来源

第三次联合国海洋法会议文件

1. A/AC.138/53，第一条第7段和第六条。转载在《1971年海底委员会报告》第105、114和118页（马耳他）。

2. A/AC.138/SC.II/L.4 and Corr.1，第三条第2款，原则A，转载在《1971年海底委员会报告》第241、242页（美国）。

3. A/AC.138/SC.II/L.9，第二节和第四节，转载在《1972年海底委员会报告》第175和176页（美国）。

4. A/AC.138/SC.II/L.10，第五条第（c）项，转载在《1972年海底委员会报告》第180、181页（肯尼亚）。

5. A/AC.138/SC.II/L.27和Corr.1 and 2，第八条。转载在《1973年海底委员会报告》第三卷第30、31页（厄瓜多尔、巴拿马和秘鲁）。

6. A/AC. 138/SC. II/L. 28，第八十一条至第八十三条，转载在《1973 年海底委员会报告》第三卷第 35、61 页（马耳他）。

7. A/AC. 138/SC. II/L. 37，第十条。转载在《1973 年海底委员会报告》第三卷第 78、80 页（阿根廷）。

8. A/AC. 138/SC. II/L. 38，第八条。转载在《1973 年海底委员会报告》第三卷第 82、83 页（加拿大、印度、肯尼亚和斯里兰卡）。

9. A/AC. 138/SC. II/L. 39，第二条第 2 款和第 6 款，转载在《1973 年海底委员会报告》第三卷第 85 页（阿富汗、奥地利、比利时、玻利维亚、尼泊尔和新加坡）。

10. A/AC. 138/SC. II/L. 54，规定 A 和 D，转载在《1973 年海底委员会报告》第三卷第 107 和 108 页（厄瓜多尔、巴拿马和秘鲁）。

11. A/AC. 138/SC. II/L. 60，第一条和第三条，转载在《1973 年海底委员会报告》第三卷第 114 页（扎伊尔）。

12. A/CONF. 62/C. 2/L. 38 and Corr. 1（1974 年），第十一条、第十二条和第十四条，正式记录，第三卷第 214、215 页（保加利亚、白俄罗斯苏维埃社会主义共和国、德意志民主共和国，波兰、乌克兰苏维埃社会主义共和国和苏联）。

13. A/CONF. 62/C. 2/L. 40 and Add. 1（1974 年），第二条和第七条，正式记录，第三卷第 217、218 条（比利时、丹麦、法国、德意志联邦共和国、爱尔兰、意大利、卢森堡以及荷兰）。

14. A/CONF. 62/C. 2/L. 47（1974 年），第十二条，正式记录，第三卷第 222、223 页（美国）。

15. A/CONF. 62/C. 2/L. 65（1974 年），第三条和第五条，正式记录，第三卷第 234 页（玻利维亚和巴拉圭）。

16. A/CONF. 62/C. 2/L. 82（1974 年），第二条，正式记录，第三卷第 240 页（冈比亚、加纳、科特迪瓦、肯尼亚、莱索托、利比里亚、阿拉伯利比亚共和国、马达加斯加、马里、毛里塔尼亚、摩洛哥、塞内加尔、塞拉利昂、苏丹、突尼斯、喀麦隆共和国、坦桑尼亚联合共和国以及扎伊尔）。

17. A/CONF. 62/L. 8/Rev. 1（1974 年），附件二附录一［A/CONF. 62/C. 2/WP. 1］，条款第一〇二条、第一〇四条、第一〇五条和一〇八条，正式记录，第三卷第 93、107、122 和 123 页（总报告员）［《主要趋势工作文件》］。

18. A/CONF. 62/WP. 8/Part II（非正式单一协商案文，1975 年），第五十条，正式记录，第四卷第 152、160 页（第二委员会主席）。

19. A/CONF. 62/WP. 8/Rev. 1/Part II（第二订正的单一协商案文，1976 年），第五十条，正式记录，第五卷第 151、161 页（第二委员会主席）。

20. A/CONF. 62/WP. 10（非正式综合协商案文，1977 年），第六十一条，正式记录，第八卷第 1、14 页。

21. A/CONF. 62/WP. 10/Rev. 1（非正式综合协商案文第一次修订稿，1979 年，油印），第六十一条。转载在《第三次联合国海洋法会议文件集》第一卷第 375、413 页。

22. A/CONF. 62/WP. 10/Rev. 2（非正式综合协商案文第二次修订稿，1980 年。油印），第六十一条。转载在《第三次联合国海洋法会议文件集》第二卷第 3、41 页。

23. A/CONF. 62/WP. 10/Rev. 3*（非正式综合协商案文第三次修订稿，1980 年，油印），第六十一条。转载在《第三次联合国海洋法会议文件集》第二卷第 179、217 页。

24. A/CONF. 62/L. 78（《公约草案》，1981 年）第六十一条，正式记录，第十五卷第 172、184 页。

起草委员会文件

25. A/CONF. 62/L. 67/Add. 3（1981 年，油印），第 16 ~ 19 页。

26. A/CONF. 62/L. 72（1981 年），正式记录，第十五卷第 151 页（起草委员会主席）。

27. A/CONF. 62/L. 152/Add. 23（1982 年，油印），第 59 ~ 60 页。

28. A/CONF. 62/L. 160（1982 年），正式记录，第十七卷，第 225 页（起草委员会主席）。

非正式文件

29. Informal Working Paper No. 4，条款第十六条第（a）款，条款第二十一条，方案 A 和第二十二条；No. 4/Rev.，条款第十八条第（a）项，条款第二十四条，方案 A、方案 B 第 1 款和方案 C，以及第二十五条；和 No. 4/Rev. 2，条款第十八条第（a）项，条款第二十一条，方案 A、方案 B 第 1 款，方案 C 和第二十二条（均为 1974 年，油印）。转载在《第三次联合国海洋法会议文件集》第三卷第 314、332 和 354 页。

30. Informal Working Paper No. 5，条款第二条第 2 款、条款第四条，方案 B 第 1 款和第 2 款，条款第五条，方案 B 第 1 款，条款第七条；和 No. 5/Rev. l，条款第二条第 2 款，条款第五条，方案 B 第 1 款和第 2 款，条款第六条，方案 B 第 1 款，以及第八条（均为 1974 年，油印）。转载在《第三次联合国海洋法会议文件集》第三卷第 378 和 387 页。

31. 比利时、丹麦、德意志联邦共和国、法国、爱尔兰、意大利、卢森堡和荷兰（1975 年，油印），A 条和 C 条第 1 款。转载在《第三次联合国海洋法会议文件集》第四卷第 225 页。

32. LL/GDS Group（1975 年，油印），第三节第三条。转载在《第三次联合国海洋法会议文件集》第四卷第 234、237 页。

33. 西班牙（［1976 年］，油印），第五十条（订正的单一协商案文二）。转载在

《第三次联合国海洋法会议文件集》第四卷第 435 页。

34. 苏联（［1976 年］，油印），第五十条（订正的单一协商案文二）。转载在《第三次联合国海洋法会议文件集》第四卷第 436 页。

35. 巴基斯坦（［1976 年］，油印），第五十条（订正的单一协商案文二）。转载在《第三次联合国海洋法会议文件集》第四卷第 436 页。

36. C. 2/Informal Meeting/9（1978 年，油印），第六十一条第 2 ~ 5 款（秘鲁）。转载在《第三次联合国海洋法会议文件集》第五卷第 13、15 页。

37. C. 2/Informal Meeting/26（1978 年，油印），第六十一条第 1 款（葡萄牙）。转载在《第三次联合国海洋法会议文件集》第五卷第 36 页。

评　注

61.1.　第六十一条规定了沿海国与专属经济区内生物资源的养护与管理有关的权利与义务。为此，该条款包括了与沿海国决定在其专属经济区内生物资源的可捕量的义务，并通过适当的养护与管理措施确保对该资源的维护有关的基本规定。除了第六十五条第五部分中关于生物资源的剩余条款，列出了这些权利和义务的范围。在关于专属经济区内生物资源的利用与分配的条款中所涉及的内容，特别是第六十二条、第六十三条、第六十四条、第六十九条和第七十条（以及在公海部分，间接地通过第一一六条与第六十三条第 2 款及第六十四条至第六十七条的互相说明），指明了第六十一条对于沿海国当局而言的核心的和压倒一切的作用。上述任一条款（第一一六条除外）均关注允许其他国家而非沿海国在专属经济区内捕鱼的权利，并且均声称，其并不损害第六十一条的特别规定或第五部分其他条款的一般规定。

61.2.　养护专属经济区内生物资源的理念，是养护公海内生物资源的自然推论。在此方面，第六十一条的起源可以追溯到 1958 年《捕鱼和养护公海生物资源公约》，①特别是该公约第一条第 2 款和第二条。这些规定如下：

……

2. 各国均有义务为本国国民，而自行采取或与他国合作采取养护公海生物资源的必要措施。

第二条

本公约所称"养护公海生物资源"一语系所有可使此项资源保持最适当

---

① A/CONF. 13/L. 54（1958），第一次联合国海洋法会议，正式记录，第二卷第 139 页。《联合国条约集》第 559 卷第 285 页；《美国条约和其他国际协定》第 17 集第 138 页，转载在《条约及其他国际条例集》（美国）5969 页。

而持久产量，俾可取得食物及其他海产最大供应量的措施的总称。拟订养护方案应首求取得人类消费食物之供应。

（依据1958年《公海公约》第一条，"公海"一词的定义为"不包括在一国领海或内海内的全部海域"。那时，不论领海的宽度是多少，沿海国在领海之外享有排他、优先或主权权利的观点尚未被接受。在联合国第二次海洋法会议上亦是如此。）

61.3. 在海底委员会上，第一次讨论了专属渔区或专属经济区内生物资源养护的原则的应用。[②] 由于这些拟议的区域内的管辖权问题仍有争议，关于养护措施的讨论的大多数，集中于沿海国或者区域性或国际性渔业组织对于此类措施的制定和管理能享有多大程度的权力。一些代表团主张扩大沿海国对于其领海范围之外水域中的生物资源的管辖权。[③] 其他代表团则不愿意扩大在上述水域中的国家管辖权，[④] 而是倾向于采用1958年《捕鱼和养护公海生物资源公约》中设立的捕鱼自由和国际合作的一般原则。

在海底委员会1971年会议上，马耳他代表（资料来源1）提出的提案，有可能使得各国均有义务采取海洋生物资源养护措施，并就此类措施的制定和执行与"主管国际机构"合作。美利坚合众国代表（资料来源2）提交的提案包含了下列原则：

A. 养护措施的通过不得在形式上或在实质上对任何渔民存有歧视。为此目的，基于现有的最佳证据，考虑到有关的环境和经济因素，许可的捕捞量应决定在足以维持最大持续供应量或在切实可行的范围内尽快恢复的水平上。

关于公海区域内的养护措施，该提案同样强调了国际合作。其主张运用基于鱼种的分布和洄游而不是单纯基于辖区的"物种法"来管理鱼类。根据该提案，"国际（包括区域）渔业组织"将决定该物种或种群的可捕量。

61.4. 在海底委员会1972年会议上，苏联[⑤]和加拿大[⑥]代表提交的提案建议，制定

[②] 例见《1971年海底委员会报告》第108段，第36页；以及《1972年海底委员会报告》第175–179段，第43页。

[③] 例见澳大利亚代表在第二分委员会会议上的评论意见，A/AC.138/SC.II/SR.6（1971年，油印），第11页；加拿大在第二分委员会会议上的评论意见，A/AC.138/SC.II/SR.9（1971年，油印），第62页；马达加斯加代表在第二分委员会会议上的评论意见，同上，第74页；以及墨西哥代表在第二分委员会会议上的评论意见，A/AC.138/SC.II/SR.11（1971年，油印），第96页。

[④] 例见日本代表在第二分委员会会议上的评论意见，A/AC.138/SC.II/SR.5（1971年，油印），第5页；保加利亚代表在第二分委员会会议上的评论意见，A/AC.138/SC.II/SR.7（1971年，油印），第32–33页；以及苏联代表在第二分委员会会议上的评论意见，A/AC.138/SC.II/SR.12（1971年，油印），第103页。

[⑤] A/AC.138/SC.II/L.6，第5段，转载在《1972年海底委员会报告》，第158页（苏联）。

[⑥] A/AC.138/SC.II/L.8，第三节和第六节，出处同上，第164、167和174页（加拿大）。

养护措施的责任应由沿海国和国际渔业组织共同分担。美利坚合众国代表（资料来源3）提交的提案复述了其之前提案包含的原则，但补充道，管理生物资源的权力的行使，应"确保生物资源的养护、最大程度利用和公平分配"。肯尼亚代表（资料来源4）提交的提案建议，国家可以在专属经济区内为"可再生资源的保护和保存"而建立规章。

一项由澳大利亚和新西兰代表提交的工作报告⑦同样采用了一种物种法，并为渔业制度设立了指导原则。这些原则包括下列条款建议：（i）沿海国有义务以获得最大持续产量为目标，为生物资源提供合适的管理和利用措施；（ii）沿海国将决定可捕量及其分配；（iii）需要考虑"传统的自给性捕鱼"；以及（iv）沿海国将进行资源研究，以为生物资源更好地提供管理和利用措施。

一项由日本代表提交的提案⑧简要概括出了一项在公海上同样采取物种法的渔业制度。基于现有的最佳科学证据，以获得最大持续产量为目标，沿海国将对一个既定的种群或物种采用养护措施。这将在与"国际性或区域性渔业组织"的合作中完成。日本代表还建议，在"不造成现行渔业制度的陡变，以避免导致对国家经济和社会结构的干扰"的前提下，调整沿海国和其他国家之间的利益。⑨一项由5个社会主义国家⑩联合发表的声明也表达了类似的观点。

61.5. 在海底委员会1973年会议上，一些代表团支持沿海国对于管理与其领海毗连的公海区域或地区内的生物资源享有更大的权力。⑪一项由3个拉丁美洲国家（资料来源5）提交的提案一般性规定，与"国际技术组织"合作的沿海国，将管理可再生资源的"探查、保护、养护和开发"。马耳他代表（资料来源6）提交的条款草案提倡规划养护程序，以实现国家海洋空间内生物资源的"最佳连续产量"。这些程序的规划和执行，将是与"国际海洋空间机构"合作的沿海国的责任。此外，其都基于"适当和可靠的科学发现"，并兼顾资源的"生物和经济管理"。一项由阿根廷代表（资料来源7）提交的提案倡议沿海国、其他国家和"国际技术机构"之间在领海毗连区域中可再生资源的保护和养护方面的合作。由4个国家（资料来源8）提交的一系列条约草案建议，沿海国可以采取"适当措施"以保护其自身在其专属渔区中维持生物资源产

---

⑦　A／AC.138／SC.Ⅱ／L.11，原则二、四、六和十，转载在《1972年海底委员会报告》，第183页（澳大利亚和新西兰）。

⑧　参见A／AC.138／SC.Ⅱ／L.12，开篇摘要和第2.1至2.4款，转载在《1972年海底委员会报告》，第188、190页（日本）。

⑨　此外，日本代表还指出："专属经济区概念的适用，将阻止渔业资源的良好养护，因为每一沿海国都将以任意方式采用其认为合适的措施。"A／AC.138／SC.Ⅱ／SR.43（1972年，油印），第57页。

⑩　《关于为了世界人民的共同利益合理开发海洋生物资源的原则声明》，A／AC.138／85，尤其是第一段和第二段，转载在《1972年海底委员会报告》，第78页（保加利亚、捷克斯洛伐克、匈牙利、波兰和苏联）。

⑪　第二委员会报告，A／AC.138／95，第61、62和72段，转载在《1973年海底委员会报告》第一卷第38、53页。

出的利益。一项由 6 个国家（资料来源 9）提交的提案解释了"最大持续产量"的概念，以及为确保对领海外区域中生物资源的适当管理和养护而采用的规则和措施。

一项由 3 个拉丁美洲国家（资料来源 10）提交的、作为对其先前提交提案（资料来源 5）的补充的提案，认为沿海国有责任——当与其他国家和主管国际组织合作时若有必要——"制定与生物资源的管理和开发有关的法律规定"。一项由扎伊尔代表（资料来源 11）提交的提案赋予沿海国对专属经济区内生物资源的养护与管理的能力与权限。该提案同样保护"临近的发展中沿海国家"要求的、在专属经济区设立之前获得的传统捕鱼权。

61.6. 在海洋法会议第二期会议（1974 年）上，有一点逐渐明朗：任何新公约均将包括关于 200 海里专属经济区的条款。一个主要的未解决的问题是，沿海国适用养护和管理措施的责任的性质。一项由 18 个非洲国家提交的提案，一般性提及了沿海国与专属经济区内资源的养护、保护及保全有关的权力（资料来源 16）。[12] 一项由玻利维亚和巴拉圭代表（资料来源 15）提交的提案建议，沿海国和邻近的内陆国可以联合管理"区域经济区"中资源的养护。

其他国家更倾向于为国际社会制定适用于专属经济区内的养护措施而扮演一个更积极的角色。一项由 6 个东欧社会主义国家（资料来源 12）提交的提案建议国际渔业组织和其他国家在区域内生物资源的养护和管理中发挥作用。

该提案第十二条内容表述如下：

> 基于适当的科学数据，并依据由相关地区的利益相关国代表和在该地区从事捕鱼业的其他国家组成的主管国际渔业组织的建议，沿海国应在专属经济区内决定：
> （a）除了高度洄游鱼类种群之外，各种鱼类或其他海洋生物资源的年度可捕量；
> （b）其提供给其国民的各种鱼类或其他海洋生物资源的年度可捕量的比例；
> （c）持有专属经济区内捕鱼许可证的其他国家，依据本公约第十五条、第十六条可以占有的鱼类或其他海洋生物资源的年度可捕量的部分；
> （d）管理海洋生物资源开发的措施；
> （e）养护和更新海洋生物资源的措施；
> （f）监督第 d 项和第 e 项规定措施的遵守情况的规章。

---

[12] 还可参见由美利坚合众国代表和密克罗尼西亚国会联合委员会主席发表的声明，A/CONF. 62/L. 6（1974），在"渔业"项下（"……沿海国应有权为其自身的经济区发布养护和分配规则"），正式记录，第三卷第 83、85 页。密克罗尼西亚联邦于 1991 年 9 月 17 日成为了联合国的一员。

该提案的第 14 条规定,"年度可捕量",以及养护措施,将"合理考虑适当的经济因素和环境因素,并遵守国际公认的规则"而设立。苏联代表在评论该提案时解释道:"遵守国际渔业组织的建议,将预防沿海国和领国或其他利益相关国家之间对专属经济区内生物资源有关问题的分歧,或使之最小化。"[13]

一项由 8 个西欧国家(资料来源 13)提交的提案,在下列情况下,将承认对区域渔业组织的养护措施的最后批准:

第二条

1. 各国和组织应采取为保持、重建或获得捕鱼的最大产量而必要的措施。这些措施应基于科学数据并顾及到科技和经济的考虑。依据这些条款,这些措施应根据区域状况而采取,且不应存在形式或实质上的歧视。

第七条

1. 当沿海国出于保存任何物种的利益需要而有必要在其区域内制定总可捕量时,该总可捕量的决定应确保维持最大持续产量。

2. 沿海国应将依据第 1 款而决定的数量提交至适当的区域或行业组织。基于所有相关的科学数据,这些组织可以建议其他数量。

在一项关于该提案的声明中,丹麦代表解释道:

沿海国对于鱼种的合理开发和养护有主要责任。然而,由于海洋生物资源会从一个地区流动至另一个地区,养护措施在本质上必须具有国际性,并且这也是条款草案强调了区域渔业组织的重要性的原因。[14]

美利坚合众国代表(资料来源 14)提出了一项将其之前在海底委员会中建议的语言加以整合后的提案,赋予了沿海国对专属经济区内"可再生资源"的养护和管理的广泛的管辖权[15]。该提案第十二条表述如下:

1. 沿海国应确保专属经济区内可再生资源的养护。

2. 为此目的,沿海国应适用下列原则:

(a)应参照沿海国可得到的最可靠的科学证据,制定可捕量和其他养护措施,目的是在相关环境和经济因素及任何得到一般性认可的全球和区域最

---

⑬ Second Committee, 28th meeting(1974 年),第 52 段,正式记录,第二卷第 221 页。

⑭ Second Committee, 30th meeting(1974 年),第 19 段,同上,第 228 页。

⑮ Second Committee, 41st meeting(1974 年),第 11 段,同上,第 291 页。

低标准限制下，维持或恢复最高持续产量。

（b）这种措施应考虑到对与所捕捞鱼种相关联或依赖该鱼种生存的鱼种的影响，以便最低限度使这些有关联或依赖的鱼种的数量维持在或恢复到其可能面临灭绝威胁的水平之上。

（c）为此目的，应经常提供和交换科学信息、捕获量和捕捞能力统计及其他有关资料。

……

不同于东欧社会主义国家和西欧国家的提案，该提案明确指出，沿海国应对确保专属经济区内可再生资源的养护负有责任。第 2 条（b）款首次引入了要求此类措施"考虑到对与所捕捞鱼种相关联或依赖该鱼种生存的鱼种的影响"的规定。

非正式法律专家组（埃文森小组）同样准备了一系列关于专属经济区的条款草案，[⑯] 其中第十八条列出的一些备选文本如下：

备选案文 A

1. 在采取养护专属经济区内生物资源的措施时，沿海国应尽全力维持鱼种的产量，并避免对所述区域外生物资源生存的有害影响。

2. 出于前述目的，沿海国应增进同其他国家和主管国际组织之间的任何必要合作。

备选案文 B

沿海国在专属经济区内对渔业资源行使其主权权利时，应以适当管理措施，确保此类资源的维持不会因过度捕捞而濒临灭绝。为此目的，其应与适当的区域和全球组织合作。

备选案文 C

在行使其关于领海之外可再生自然资源的权利的过程中（除了应受到第……条规则管制的高度洄游鱼类之外），沿海国应适用下列原则，以确保对此类可再生资源的养护和最大程度利用：

1. 养护。

（a）应参照沿海国可得到的最可靠的科学证据，制定可捕量和其他养护措施，目的是在相关环境和经济因素及任何得到一般性认可的全球和区域最低标准限制下，使捕捞鱼种的数量维持在或恢复到能够生产最高持续产量的水平；

---

⑯ Tentative Draft Articles（1974 年，油印），第十八条（非正式法律专家组）。转载在《第三次联合国海洋法会议文件集》第一卷，第 393、401 页。

（b）为此目的，应经常提供和交换科学情报、渔获量和捕捞努力量统计及其他有关资料。

......

《主要趋势工作报告》（资料来源17）整合了在海底委员会期间及在专属经济区内生物资源养护第二次会议上提出的数项相关提案。不同的提案在下列标题的条款中得到了反映："专属渔区"（第一〇二条和第一〇四条），"沿海国的优先权"（第一〇五条），以及"管理和养护"（第一〇八条）。

61.7. 在第三期会议（1975年）上，埃文森小组扩展了其早先关于专属经济区的草案。[17] 关于该区域内生物资源的养护和管理，该案文表述如下：

第五条

1. 沿海国在专属经济区内对渔业资源行使其主权权利时，应以适当的管理和养护措施，保证此类资源的维护不会因过度捕捞而濒临灭绝。为此目的，其应酌情与适当的区域和全球组织合作。参与这些组织的国家应尽可能保证该相关组织扩展其与沿海国在管理和养护措施方面的合作。

2. 在行使其决定可捕量和为区域内生物资源制定其他养护措施的权利时，沿海国应：

（a）参照沿海国可得到的最可靠的科学证据，制定措施，目的是在包括沿海渔民社区的经济需要和发展中国家的特殊要求在内的各种有关的环境和经济因素的限制下，使捕捞鱼种的数量维持在或恢复到能够生产最高持续产量的水平，并考虑到捕鱼方式、种群的互相依存及任何得到一般建议的全球和区域最低标准。

（b）考虑到与所捕捞鱼种有关联或依赖该鱼种而生存的该鱼种的影响，以便使这些有关联或依赖的鱼种的数量维持在或恢复到其繁殖不会遭受严重威胁的水平以上。

3. 应通过适当的区域和全球性组织、尤其是在所有国家，包括其国民获准在专属经济区内捕鱼的国家参加下，经常提供和交换可得到的科学情报、渔获量和捕捞努力量统计及其他有关与养护鱼的种群的资料。

第七条

1. 各国应在不损害第5条和第6条规定的前提下，直接或在适当的国际

---

[17] The Economic Zone（1975年，油印），第五条和第七条（非正式法律专家组）。转载在《第三次联合国海洋法会议文件集》第十一卷，第209、212页。由埃文森小组准备的更早的草案出现在《第三次联合国海洋法会议文件集》第十一卷，第425、442、446、464和481页。

渔业组织的框架内，不论是全球性的还是区域性的，为专属经济区内生物资源的养护和合理使用寻求制定详尽的标准和指导方针而合作。

......

一项由 8 个西欧国家提交的非正式提案（资料来源 31）提出了一些重要的不同意见。其包括了对第五条第 2 款（a）项和埃文森小组提案的缩略版，规定沿海国应该：

（a）应依据沿海国提供的可用最佳科学证据而制定措施，考虑到相关环境和经济因素及任何得到一般建议的区域性或全球性最低标准，而使捕捞鱼种的数量维持在或恢复到能够生产最大持续产量的水平。

与第五条第 3 款相对应的埃文森小组提案 A 条第 3 款规定：

3. 所有有关国家均应通过适当的区域性或全球性组织，经常提供和交换可得到的科学情报、渔获量和捕捞努力量统计及其他有关与养护鱼的种群的资料。

西欧国家的文件中 C 条第 1 款规定：

1. 各国应在适当的国际渔业组织的框架内，不论是全球性还是区域性的，考虑到管制鱼种或有关国家在渔业中的共同利益，为专属经济区内生物资源的养护和合理使用寻求制定详尽的标准和指导方针而合作。

该条规定指出，应制定的详尽标准和指导方针的目标在于"管制鱼种或有关国家在渔业中的共同利益"。

同埃文森小组要求措施的设计应基于可提供的"最佳证据"的案文相比，西欧国家的提案规定的沿海国权限的范围更为狭窄。西欧国家将养护措施的目标定位为"考虑到相关环境和经济因素，而使捕捞鱼种的数量维持在或恢复到能够生产最大持续产量的水平"。埃文森小组同样规定了采取旨在使捕捞鱼种的数量维持在或恢复到能够生产最大持续产量的水平的措施，而这些措施应"在有关的环境和经济因素限制下"。这将使沿海国得以从完全的生物学考虑和关注中解放出来。

内陆国和地理位置不利国家集团同样提交了一项非正式提案（资料来源 32），赋予沿海国在区域或分区域经济区内成立机构或组织以"促进自然资源的有序开发、管理和养护及发展"的权利。

在非正式协商之后，非正式单一协商案文第二部分第五十条（资料来源 18）将这些不同的方法加以合并，规定：

1. 沿海国应决定其专属经济区内生物资源的可捕量。

2. 沿海国参照其可得到的最可靠的证据，应通过正当的养护和管理措施，确保专属经济区内生物资源的维护不受过度捕捞的危害。为此目的，在适当情形下，沿海国和有关的分区域、区域和全球性组织应彼此合作。

3. 这种措施的目的也应在包括沿海渔民社区的经济需要和发展中国家的特殊要求在内的各种有关的环境和经济因素的限制下，使捕捞鱼种的数量维持在或恢复到能够生产最大持续产量的水平，并考虑到捕捞方式、种群的互相依存及任何一般建议的分区域、区域或全球最低标准。

4. 沿海国在制定这种措施时，应考虑到与所捕捞鱼种有关联或依赖该鱼种而生存的鱼种所受的影响，以便使这些有关联或依赖的鱼种的数量维持在或恢复到其繁殖不会受严重威胁的水平之上。

5. 在适当情形下，应通过适当的分区域、区域和全球性组织，并在所有有关国家，包括其国民可以在专属经济区内捕鱼的国家参加下，经常提供和交换可获得的科学情报、捕获量和捕捞努力量统计以及其他有关养护鱼的种群的资料。

61.8. 在第四期会议（1976 年）上，在非正式协商中代表们提出了两项改变。第一个是在第 2 款的"证据"一词之前添加"科学"。第二个是通过删除最后一句话开始部分的"适当的"一词，引入沿海国享有决定可捕量的唯一权限的限制。由此，采取措施的资格将被共同赋予沿海国和"适当的……组织"，而不是那些仅仅"适当时"参与合作的机构。

在修订的单一协商案文第二部分（资料来源 19）第五十条中，添加了"生物资源的养护"的标题，且第 2 款中"证据"一词之前插入了"科学"一词。

61.9. 在第五期会议（1976 年）上，西班牙代表（资料来源 33）提交了一项对第五十条详细重述的提案，内容如下：

1. 沿海国参照其可得到的最可靠的证据，应通过按照本部分规定所制定的正当的养护和管理措施，确保专属经济区内生物资源的维护不受过度捕捞的危害。为此目的，在适当情形下，沿海国和有关的分区域、区域和全球性组织应彼此合作。

2. 这种措施的目的也应在包括沿海渔民社区的经济需要和发展中国家的特殊要求在内的各种有关的环境和经济因素的限制下，使该区域捕捞鱼种的数量达到、维持在或恢复到基于可靠的生物和统计资料和适当的分区域、区域或全球组织所建议的能够生产最大持续产量的水平。

3. 沿海国应制定在其专属经济区内生物资源的可捕捞总量，以满足之前的条款及基于之前条款涉及的资料而提到的目的。

4. 沿海国在制定这种措施时，应考虑到与所捕捞鱼种有关联或依赖该鱼种而生存的鱼种所受的影响，以便使这些有关联或依赖的鱼种的数量维持在或恢复到其繁殖不会受严重威胁的水平之上。

5. 在适当情形下，应通过分区域、区域和全球性组织，并在所有有关国家，包括其国民可以在专属经济区内分享第五十一条中提及的盈余的捕鱼的国家参加下，经常提供和交换可获得的科学情报、捕获量和捕捞努力量统计以及其他有关养护鱼的种群的资料。

苏联代表（资料来源 34）删去了第 1 款，将其与第 2 款的起始句加以合并。巴基斯坦（资料来源 35）代表建议，包括在第 1 款中，"如果其认为合适"，沿海国将决定可捕量的情况。

这些提案均未被接受，且非正式综合协商案文（资料来源 20）原样复述了修订的单一协商案文的条文，作为自身第六十一条。

61.10. 在第七期会议（1978 年）上，一项由秘鲁代表提交的非正式提案（资料来源 36）重新起草了第 2 款最后一句话，表述为："为此目的，适当的分区域、区域和全球性组织应与沿海国合作。"秘鲁代表同样建议用"养护"取代第 4 款中的"繁殖"，并改写第 5 款以便使有关资料得以"及时而经常地交换"。葡萄牙代表（资料来源 37）建议在第 1 款中添加如下一句话：

当鱼类种群出现在两个或两个以上沿海国的专属经济区内，或同时出现在专属经济区和超出但与之毗连的区域内时，则这些鱼类的可捕捞总量，应由有关国家直接决定，或者由分区域性、区域性或全球性委员会决定。

这些复述非正式综合协商案文的提案均未被非正式综合协商案文第一次修订稿所采纳（资料来源 21）。

61.11. 基于起草委员会的协调工作，随后的起草修改意见被采纳了。这些意见包括了将第 2 款中的"发展中国家的英文由 developing countries 改为 developing States"。[18] 在第 2 款和第 5 款中，词组"分区域性、区域性和全球性组织"改为了"主管国际组织，不论是分区域、区域或全球性的"。[19]

---

[18] 参见 A/CONF. 62/L. 40（1979 年），第二节，正式记录，第十二卷第 95、96 页（起草委员会主席），以及 A/CONF. 62/L. 56（1980 年），第二节，正式记录，第十三卷第 94、95 页（起草委员会主席）。

[19] 参见 A/CONF. 62/L. 57/Rev. 1（1980 年），第十五节，"涉及的一些问题"，第（d）款，正式记录，第十四卷第 114、125 页（起草委员会主席）。

起草委员会的建议（资料来源25至资料来源28）将第3款中"分区域、区域或全球性最低标准"的措辞改为"国际最低标准，不论其是分区域、区域或全球性的"（资料来源25，第18页）。

61.12（a） 本条款的标题点出了"养护和管理"的功能要素，为此沿海国依据第五十六条第1款（a）项而被赋予了主权权利。第六十一条中养护措施的目的，是达到第六十二条中列出的专属经济区内生物资源最佳利用的目标。在该公约中，"养护"一词（与"管理"一起）通常在涉及生物资源时使用，而"保护和保全"的表达则一般在涉及海洋环境时使用（对比上述第五十六条第11款（c）项）。在早期的提案中，不论是第二委员会还是第三委员会，均未对此进行区分。在第六十一条中列出了沿海国在行使其主权权利时应考虑的情况，且对沿海国义务的主要说明是第六十二条的一项内容。

61.12（b） 第1款要求沿海国决定在其专属经济区内生物资源的可捕量。该决定成为沿海国行使自身权利和承担养护和管理生物资源责任的权限的基础。第2~4款详细阐释了决定可捕量的过程中应考虑的因素。

在处理对生物资源的使用的过程中被提上议事日程的其他因素，在第六十二条中得到了解决，其自身规定"不妨害"第六十一条。"可捕量"的表达，既可以指单一的鱼种，也可以指区域内的全部捕捞鱼种。

由于该事项最终会属于沿海国的自由裁量权，关于可捕量的决定的争议属于第二九七条第3款的范畴，因此在第五协商小组中作为会议的"核心"议题而加以协商（参见第五卷，第85页，尤其是第100页，第291.14 ff.段）。

61.12（c） 第2款说明了沿海国在决定可捕量时能采用的方法。"应该"一词的使用，要求沿海国考虑其所得到的最佳科学证据，且通过适当的养护和管理方法，确保生物资源的维持不会因过度开发而受到威胁。在适当情形下，沿海国和主管国际组织应为此目的而进行合作。

61.12（d） "可得到的最佳科学证据"一语，出现在英文文本第二三四条，关于冰封区域海洋污染的防止、减少和控制，但在《公约》其他语言版本中却被以不同的方式提及。第2款要求沿海国"考虑"该证据，但依据第3款推断，却无需仅以此为其行动的基础。

61.12（e） 在第2款中，应仔细区分"主管国际组织，不论其是分区域、区域或全球性的"的表达和"主管国际组织"的表达，后者适用于通过第二委员会和第三委员会而采用的、与航行和海洋环境的保护和保全有关的条款。在这些条款中，该表达一般是指国际海事组织（IMO）（参见上述导言第27段）。[20] 在解决涉及分区域、区域和全球性组织的协调问题时，起草委员会注意到，"除有关第六十一条的问题外"，

---

[20] 关于第三委员会对该措辞的使用，可参见本丛书第四卷，第14页，XII.17段。

"主管国际组织"的措辞足以涵盖全球性组织，或者即涵盖了全球性也涵盖了拥有第三委员会所承认的地位的其他组织。[21]

关于渔业，联合国粮农组织（FAO）并不处于同样的位置。目前，联合国粮农组织渔业委员会构成了唯一一个得以将渔业问题在全球范围的基础上定期检查的政府间论坛，并且在某些方面可以被视为第六十一条所指的一个全球性组织。除了该委员会，联合国粮农组织之内和之外还有数个区域性渔业机构，它们的活动对于渔业资源的实际管理有着更直接的关联。[22]

61.12（f） 第2款同样确认了沿海国采取适当的养护和管理"措施"的义务，以确保生物资源的维护，反对过度开采——之后的条款，尤其是第3款和第4款，更详尽说明了采取这些"措施"的目的。

虽然在该公约中未作定义，但该文本中"措施"的概念暗指沿海国采取的某些具有立法或规范性影响的行动。以此为基础，通过例如第六十二条第4款、第一一一条第2款和第二九二条（关于船舶和船员的即时放行）之类条款的适当组合，采取的这些措施的可执行性才能落到实处。

61.12（g） 第3款引入了"最高持续产量"的概念。这是指种群数量的水平，对其的维持或恢复，是沿海国采取的养护措施的主要目标之一。英文文本使用了受其他各方面因素的"限制"的表达，涵盖了相关的环境和经济方面（包括沿海渔民社区的经济需要[23]），发展中国家的特殊需求，捕鱼方式，种群的互相依存及"一般建议的国际最低标准，无论是分区域、区域或全球性的"。法文文本——"*eu égard*（顾及）"——表达了这一规定的主旨。

"最高持续产量"的措辞，同样出现在第一一九条第1款（a）项。

61.12（h） "最高持续产量"的措辞包含了可捕量的概念，对第六十一条而言是极为重要的。对可捕量的提法在国内立法中并不普遍，且尚未有成型惯例。更多国家使用生物学和经济学考量的结合来管理自身的渔业。当立法被框定在生物学领域，

---

21 A/CONF.62/L.40（1979年），第二十二节，第2段，正式记录，第十二卷第95、102页（起草委员会主席）。

㉒ 例见联合国粮食和农业组织渔业通知第807号，*Activities of International Organizations Concerned with Fisheries*（1987年4月）；以及联合国粮食和农业组织渔业通知第835号，*Summary Information on the Role of International Fishery Bodies with regard to Conservation and Management of Living Resources of the High Seas*，由 M. J. Savini 著（1991年7月）。同样可参见 A/CONF.62/L.14（1976年，油印），"关于海洋事务的政府间组织提要指南"（秘书长）。转载在《第三次联合国海洋法会议文件集》第十四卷第431页。

㉓ 这回应了联合国国际法院在渔业案中的法官意见，其影响是导致在划界问题中，应考虑地区独有的经济利益，以及因长久使用而得以清晰证明的真实性和重要性。参见1951年国际法院报告116，第133页。更多可参见 R. Galindo Pohl 著："依据第三次联合国海洋法会议协商的专属经济区"，载 F. Orrego Vicuña 编：《专属经济区：从拉丁美洲的视角》，第31、53页（1984年）。

便很难得出这些标准在实际应用中的任何结论，尤其是因为在"很多例子中，捕获的鱼类是多鱼种的，事实上几乎不可能同时得出不同种类的鱼的最高持续产量"。大部分主要的沿海国为达成经济和政治的多重目标而管理其渔业，与此同时，试图通过国家措施（这本身可能源自适当的国际机构）来避免严重的过度开发。

61.12（i） 第 4 款解决了鱼类种群的互相依赖关系与生物资源养护有关的问题。这要求沿海国考虑上述提到的影响。然而，其并不限于如此；这与其他物种之间也有依存关系，特别是海洋哺乳动物。第一一九条第 1 款（b）项中使用了完全相同的语言。关于海洋环境的保护和保全，与该条款并行的规定可参见第一九六条（参见第四卷，第 73 页，尤其是第 76 页，第 196.7（a）段）。

61.12（j） 第 5 款适用于所有附有交换可提供的科学信息、包括捕捞和渔业统计及其他与鱼种养护相关的资料的互惠义务的有关国家。此类交换或是直接进行，或是通过主管国际组织进行。第二○○条中有一则与之并行的关于海洋环境的保护和保全的条款。

61.12（k） 有关海洋生物资源养护的条款出现在关于公海的第一一九条；以及第一二三条（a）款，即有关濒临闭海或半闭海的国家之间为协调海洋生物资源的管理、养护、勘探和开发的合作。

第六十二条　生物资源的利用

1. 沿海国应在不妨害第六十一条的情形下促进专属经济区内生物资源最适度利用的目的。

2. 沿海国应决定其捕捞专属经济区内生物资源的能力。沿海国在没有能力捕捞全部可捕量的情形下，应通过协定或其他安排，并根据第4款所指的条款、条件、法律和规章，准许其他国家捕捞可捕量的剩余部分，特别顾及第六十九和第七十条的规定，尤其是关于其中所提到的发展中国家的部分。

3. 沿海国在根据本条准许其他国家进入其专属经济区时，应考虑到所有有关因素，除其他外，包括：该区域的生物资源对有关沿海国的经济和其他国家利益的重要性，第六十九和第七十条的规定，该分区域或区域内的发展中国家捕捞一部分剩余量的要求，以及尽量减轻其国民惯常在专属经济区捕鱼或曾对研究和测定种群做过大量工作的国家经济失调现象的需要。

4. 在专属经济区内捕鱼的其他国家的国民应遵守沿海国的法律和规章中所制订的养护措施及其他条款和条件。这种规章应符合本公约，除其他外，并可涉及下列各项：

（a）发给渔民、渔船和捕捞装备以执照，包括交纳规费及其他形式的报酬，而就发展中的沿海国而言，这种报酬可包括有关渔业的资金、装备和技术方面的适当补偿；

（b）决定可捕鱼种，和确定渔获量的限额，不论是关于特定种群或多种种群或一定期间的单船渔获量，或关于特定期间内任何国家国民的渔获量；

（c）规定渔汛和渔区，可使用渔具的种类、大小和数量以及渔船的种类、大小和数目；

（d）确定可捕鱼类及其他鱼种的年龄和大小；

（e）规定渔船应交的情报，包括渔获量和渔捞努力量统计和船只位置的报告；

（f）要求在沿海国授权和控制下进行特定渔业研究计划，并管理这种研究的进行，其中包括渔获物抽样、样品处理和相关科学资料的报告；

（g）由沿海国在这种船只上配置观察员或受训人员；

（h）这种船只在沿海国港口卸下渔获量的全部或任何部分；

（i）有关联合企业或其他合作安排的条款和条件；

（j）对人员训练和渔业技术转让的要求，包括提高沿海国从事渔业研究的能力；

（k）执行程序。

5. 沿海国应将养护和管理的法律和规章妥为通知。

资料来源

第三次联合国海洋法会议文件

1. A/AC. 138/SC. II/L. 4，第三条第 1 款和第 2 款，转载在《1971 年海底委员会报告》第 241 页（美国）。

2. A/AC. 138/SC. II/L. 6，第一条、第三条、第五条和第六条，转载在《1972 年海底委员会报告》第 158 页（苏联）。

3. A/AC. 138/SC. II/L. 9，第二、五、六节，转载在《1972 年海底委员会报告》第 175、176 页（美国）。

4. A/AC. 138/SC. II/L. 10，第五条，转载在《1972 年海底委员会报告》第 180、181 页（肯尼亚）。

5. A/AC. 138/SC. II/L. 28，第八十八条和第八十九条，转载在《1973 年海底委员会报告》第三卷第 35、63 页（马耳他）。

6. A/AC. 138/SC. II/L. 34，第二节第（3）、（5）、（6）款，转载在《1973 年海底委员会报告》第三卷第 71、73 页（中国）。

7. A/AC. 138/SC. II/L. 37，第八条、第九条、第十四条，转载在《1973 年海底委员会报告》第三卷第 78、79 页（阿根廷）。

8. A/AC. 138/SC. II/L. 38，第四条至第六条、第八条，转载在《1973 年海底委员会报告》第三卷第 82 页（加拿大、印度、肯尼亚和斯里兰卡）。

9. A/AC. 138/SC. II/L. 39，第二条第 2 款和第 3 款，转载在《1973 年海底委员会报告》第 85 页（阿富汗、奥地利、比利时、玻利维亚，尼泊尔和新加坡）。

10. A/AC. 138/SC. II/L. 40，第二条、第七条、第八条、第九条，转载在《1973 年海底委员会报告》第 87、88 页（阿尔及利亚、喀麦隆、加纳、科特迪瓦、肯尼亚、利比里亚、马达加斯加、毛里求斯、塞内加尔、塞拉利昂、索马里、苏丹、突尼斯和坦桑尼亚联合共和国）。

11. A/AC. 138/SC. II/L. 54，A、B、C、I 条，转载在《1973 年海底委员会报告》第二卷第 107、109 页（厄瓜多尔、巴拿马和秘鲁）。

12. A/AC. 138/SC. II/L. 59，第二条至第五条，转载在《1973 年海底委员会报告》第三卷第 111 和 112 页（荷兰）。

13. A/AC. 138/SC. II/L. 60，第一条和第三条，转载在《1973 年海底委员会报告》第三卷第 114 页（扎伊尔）。

14. A/CONF. 62/C. 2/L. 38（1974 年），第十二条、第十三条、第十五条和第十六条，正式记录，第三卷第 214、215 页（保加利亚、白俄罗斯苏维埃社会主义共和国、德意志民主共和国、波兰、乌克兰苏维埃社会主义共和国和苏联）。

15. A／CONF. 62／C. 2／L. 40 and Add. 1（1974 年），第二条、第三条、第八条；正式记录，第三卷第 217、218 页（比利时、丹麦、法国、美国、德意志联邦共和国、爱尔兰、意大利、卢森堡和荷兰）。

16. A／CONF. 62／C. 2／L. 47（1974 年），第十三条、第十四条和第十五条，正式记录，第三卷第 222、223 页（美国）。

17. A／CONF. 62／C. 2／L. 82（1974 年），第四条、第六条、第七条、第九条，正式记录，第三卷第 240、241 页（冈比亚、加纳、科特迪瓦、肯尼亚、莱索托、利比里亚、利比亚阿拉伯共和国、马达加斯加、马里、毛里塔尼亚、摩洛哥、塞内加尔、塞拉利昂、苏丹、突尼斯、喀麦隆联合共和国、坦桑尼亚联合共和国和扎伊尔）。

18. A／CONF. 62／L. 8／Rev. 1（1974 年），附件二附录一〔A／CONF. 62／C. 2／WP. 1〕，条款第九十条，方案 B 第 3 款（d）～（g）项，第 103、104、108 页，方案 B，第 109、125、128、129 页，正式记录，第三卷第 93、107、120 页（总报告员）〔《主要趋势工作文件》〕。

19. A／CONF. 62／WP. 8／Part II（非正式单一协商案文，1975 年），第五十一条，正式记录，第四卷第 152、160 页（第二委员会主席）。

20. A／CONF. 62／WP. 8／Rev. 1／Part（第二订正的单一协商案文，1976 年），第五十一条，正式记录，第五卷第 151、161 页（第二委员会主席）。

21. A／CONF. 62／WP. 10（非正式综合协商案文，1977 年），第六十二条，正式记录，第八卷第 1、14 页。

22. A／CONF. 62／RCNG／1（1978 年），第二委员会主席向全体会议的报告，附件 A（NG4／9／Rev. 2（第四协商小组主席）），第六十二条，正式记录，第十卷第 13、83、93 页。

23. A／CONF. 62／WP. 10／Rev. 1（非正式综合协商案文第一次修订稿，1979 年，油印），第六十二条。转载在《第三次联合国海洋法会议文件集》第一卷第 375、414 页。

24. A／CONF. 62／WP. 10／Rev. 2（非正式综合协商案文／Rev. 2，1980 年，油印），第六十二条。转载在《第三次联合国海洋法会议文件集》第二卷第 3、42 页。

25. A／CONF. 62／WP. 10／Rev. 3[*]（非正式综合协商案文第三次修订稿，1980 年，油印），第六十二条。转载在《第三次联合国海洋法会议文件集》第二卷第 179、218 页。

26. A／CONF. 62／L. 78（《公约草案》，1981 年）第六十二条，正式记录，第十五卷第 172、185 页。

27. A／CONF. 62／L. 107（1982 年），第六十二条，正式记录，第十六卷第 222 页（扎伊尔）。

28. A／CONF. 62／L. 112（1982 年），第六十二条，正式记录，第十六卷第 223 页

（罗马尼亚和南斯拉夫）。

起草委员会文件

29. A/CONF. 62/L. 67/Add. 3（1981 年，油印），第 20 ~ 27 页。

30. A/CONF. 62/L. 67/Add. 13（1981 年，油印），第 3 ~ 5 页。

31. A/CONF. 62/L. 72（1981 年），正式记录，第十五卷第 151 页（起草委员会主席）。

32. A/CONF. 62/L. 152/Add. 23（1982 年，油印），第 61 ~ 64 页。

33. A/CONF. 62/L. 160（1982 年），第十七条，正式记录，第 225 页（起草委员会主席）。

非正式文件

34. Informal Working Paper No. 4，条款第十四条至第十八条、第二十一条；No. 4/Rev. 1，条款第十六条至第二十条、第二十四条和 No. 4/Rev. 2，条款第三条，方案 B，以及条款第十六条、第十九条和第二十一条（均为 1974 年，油印）。转载在《第三次联合国海洋法会议文件集》第三卷第 314、332 和 354 页。

35. Informal Working Paper No. 5，条款第二条、第四条和第六条；和 No. 5/Rev. 1，条款第二条、第五条和第六条（均为 1974 年，油印）。转载在《第三次联合国海洋法会议文件集》第三卷第 378、387 页。

36. Informal Working Paper No. 9/Rev. 1，条款第十七条，方案 D；和 No. 9/Rev. 2，条款第十七条，方案 D 和方案 E（均为 1974 年，油印）。转载在《第三次联合国海洋法会议文件集》第三卷第 473 和 481 页。

37. Suggested compromise formula（1975 年，油印），第十八条（未具名）。转载在《第三次联合国海洋法会议文件集》第四卷第 183、184 页。

38. Draft articles on resource jurisdiction beyond the territorial sea（［1975 年］，油印），A 部分，第二条第（4）和（5）款（未具名）。转载在《第三次联合国海洋法会议文件集》第四卷第 218 页。

39. 比利时、丹麦、德意志联邦共和国、法国、爱尔兰、意大利、卢森堡和荷兰（1975 年，油印），B 条。转载在《第三次联合国海洋法会议文件集》第四卷第 225 页。

40. 新加坡（1976 年，油印），第五十一条（非正式单一协商案文二）。转载在《第三次联合国海洋法会议文件集》第四卷第 290、291 页。

41. 巴基斯坦（［1976 年］，油印），第五十一条（订正的单一协商案文二）。转载在《第三次联合国海洋法会议文件集》第四卷第 436 页。

42. 罗马尼亚和南斯拉夫（［1976 年］，油印），第五十一条（订正的单一协商案文二）。转载在《第三次联合国海洋法会议文件集》第四卷第437页。

43. 阿拉伯利比亚共和国（［1976年］，油印），第五十一条（订正的单一协商案文二）。转载在《第三次联合国海洋法会议文件集》第四卷第438页。

44. NG4/5（1978年，油印），（秘鲁）。转载在《第三次联合国海洋法会议文件集》第九卷第323页。

45. NG4/9（1978年，油印），第六十二条（第四协商小组主席）。转载在《第三次联合国海洋法会议文件集》第九卷第336页。

46. NG4/9/Rev. 1（1978年，油印），（第四协商小组主席）。转载在《第三次联合国海洋法会议文件集》第九卷第338页。

47. C. 2/Informal Meeting/1（1978年，油印），第六十二条第2和3款（罗马尼亚和南斯拉夫）。转载在《第三次联合国海洋法会议文件集》第五卷第3页。

48. C. 2/Informal Meeting/36（1978年，油印），第六十二条（伊拉克）。转载在《第三次联合国海洋法会议文件集》第五卷第43页。

49. C. 2/Informal Meeting/37（1978年，油印），第六十二条第4款（a）项（塞内加尔）。转载在《第三次联合国海洋法会议文件集》第五卷第43页。

50. NG4/9/Rev. 2（1978年），第六十二条（第四协商小组主席）。转载在《第三次联合国海洋法会议文件集》第九卷第34页。［见上文资料来源36。］

51. C. 2/Informal Meeting/1/Rev. 1（1979年，油印），第六十二条第2和3款（罗马尼亚和南斯拉夫）。转载在《第三次联合国海洋法会议文件集》第五卷第4页。

52. C. 2/Informal Meeting/41（1979年，油印），非正式提案（罗马尼亚和南斯拉夫）。转载在《第三次联合国海洋法会议文件集》第五卷第46页。

53. C. 2/Informal Meeting/70（1982年，油印），非正式的建议（罗马尼亚和南斯拉夫）。转载在《第三次联合国海洋法会议文件集》第五卷第75页。

评　注

62.1.　第六十二条明确表述了沿海国旨在促进专属经济区内生物资源的最佳利用的责任，且不妨害第六十一条中规定的养护和管理的目标。当一个沿海国设立了专属经济区时，其便承担起第六十一条和第六十二条中规定的义务。当一个沿海国确定可捕量超过了其自身的收获数量，以至于在专属经济区内存在剩余的鱼类时，则该国必须允许他国捕捞该剩余部分。第六十二条规定了允许进入的其他国家、应遵循的程序、需要纳入考虑的因素和已被允许进入的其他国家的义务。在决定准许进入的过程中应纳入考量的因素，应遵循沿海国设立的关于生物资源的法律和规章。应为其制定且其他国家国民在区域内捕鱼时同样应遵守的法律和规章的活动，其详细清单并未详尽。

62.2.　在海底委员会讨论的早期阶段，关于专属经济区内生物资源的利用的辩论，是在一场对毗连领海的区域内的渔业管理办法的更大争论的背景下开始的。随着专属经济区概念的发展，代表们经常提及类似于区域内生物资源的利用、管理和公平分配的议题。[①] 一些国家主张沿海国在专属经济区内生物资源的利用中扮演一个强有力的、管控的角色；[②] 其他国家则建议，对沿海国赋予过多的权限可能导致对这些生物资源的利用失效。[③]

一项由美利坚合众国代表在1971年委员会会议上提交的提案（资料来源1），赞成通过合适的国际渔业组织管理鱼类和其他公海生物资源。该提案的第三条包括了如下相关条文：

1. 鱼类和其他公海生物资源应由为此目的而设立或将要设立的适当的国际（包括区域）渔业组织加以管理；在该组织中，沿海国和任何其国民或船舶正在开发或意图开发某一类受管制鱼种的其他国家，均有不受歧视、平等参与的权利。没有任何其国民或船舶正在开发某一类受管制物种的缔约国可以拒绝与此类组织的合作。依据本条第2款中列出的原则而设立的此类组织的规章，应适用于所有捕捞受管制鱼种的船舶，不论其国籍。

2. 为了确保鱼类和公海其他生物资源的养护和公平分配，依据第1款设立的组织应适用下列原则：

……

C. 在邻接一沿海国的公海的任何区域内，该国能够捕捞的某种鱼种可捕量的百分比，应每年确定一次。上述条款的规定，不应适用于附件A中定义的高度洄游鱼类。

……

E. 关于上述C、D两项：

（1）〔传统上由其他国家的渔民占有的某种鱼种可捕量的百分比，不应由沿海国进行分配。本条款并不适用于在本公约对沿海国生效后发生的、其他国家的任何新的捕鱼活动或对现有捕鱼活动的扩张。〕

（2）对沿海国实施分配的方式，不应对其他国家的渔民之间存在形式或

① 例见"分配给第二分委会的主题和职能"，第108段，《1971年海底委员会报告》第三部分，第30、36页；以及第175段，《1972年海底委员会报告》第三部分，第35、43页。

② 例见澳大利亚代表在第二分委会会议上的发言，A/AC. 138/SC. II/SR. 6（1971年，油印），第14页；加拿大代表在第二分委会会议上的发言，A/AC. 138/SC. II/SR. 9（1971年，油印），第64页；以及墨西哥代表在第二分委会会议上的发言，A/AC. 138/SC. II/SR. 11（1971年，油印），第96页。

③ 例见日本代表在第二分委会会议上的发言，A/AC. 138/SC. II/SR. 5（1971年，油印），第4页；保加利亚代表在第二分委会会议上的发言，A/AC. 138/SC. II/SR. 7（1971年，油印），第32页；以及苏联代表在第二分委会会议上的发言，A/AC. 138/SC. II/SR. 12（1971年，油印），第109页。

实质上的歧视。

（3）当有一个以上的沿海国有资格分配鱼类的百分比，则可能分配的总数量应依据本条款的原则，公平地加以划分。

F. 包括沿海国在内的所有国家，可以在公海中捕捞依据本条款未加以分配的可捕量的百分比。

本条款主要涉及对公海生物资源的管理。其同样建议了管理"在毗连某沿海国的公海的任何区域内"的鱼种的捕捞的指导方针。在此类区域中，受到对传统上由其他国家捕捞的鱼种的特殊考虑及其他沿海国分配资格的影响的同时，沿海国已经分配了可以捕捞的可捕量的份额。所有其他国家均被许可捕获可捕量在公海中的剩余部分。

62.3. 在海底委员会 1972 年会议上，一项由苏联代表提交的提案（资料来源 2）说明了发展中沿海国在毗连其领海或渔区（二者均不得超过基线外 12 海里）的公海区域内的权利。该提案的有关条文表述如下：

1. 在直接邻接其领海或渔区（不超过 12 海里）的公海区域内，该发展中沿海国可以每年为自己保留能够由在航行中悬挂该国旗帜的船舶所捕获鱼类的可捕量。随着发展中沿海国渔船队的增加，上述由该国保留的鱼类的可捕量可以据此增加。

发展中沿海国应将保留的捕捞部分的数量通知权限覆盖了特定区域的国际渔业组织，且同样应通知涉及在上述区域内捕捞的国家。

……

3. 上述依据第 1 款和第 2 款未作保留的鱼类（洄游鱼类）可捕量的部分，在不损害鱼种产量的前提下，可以由在航行中悬挂其他国家包括内陆国的旗帜的船舶捕捞。

……

5. 在本条所指的、第 4 款中规定的管理措施并未覆盖的区域中，沿海国可以基于科学发现，自己制定渔业管理措施。此类措施的制定，应由沿海国与涉及该区域内捕捞的国家达成协议。

管理措施不应在形式或实质上对任何其他国家的渔民存在歧视。

6. 沿海国可以自己对其依据第 5 款规定而制定的渔业管理措施的遵守实施控制。

……

正如美国的提案，苏联的提案设想通过一个"国际渔业组织"来管理渔业，虽然沿海国将在国际渔业组织不涉及的区域内"对渔业管理措施的遵守实施控制"。该提案同样建议沿海国保留"航行中悬挂该国旗帜的船舶可以捕捞鱼类可捕量的此类部分"，以及随着该国渔船队的发展而增加的共享。

一项由加拿大代表提交的关于海洋生物资源管理的工作报告，赋予沿海国对毗连其海岸的海域内生物资源享有的管理及优先使用权。④ 该工作报告概括了一种基于不同种群的管理和使用的、符合国际认可原则的功能方法。该提案同样建议，对鱼种的开发应维持在"略低于最大持续产量"的水平上。

一项由美利坚合众国代表修订的条款草案（资料来源 3）认为，对生物资源的管理应基于"生物学特质"，且应保证这些资源的"关注、适度利用和公平分配"。其同样对沿海的和洄游鱼种进行了区分。经选择后的提案条文如下：

II. 沿海的和洄游的生物资源

对于所有远离其海岸线、超过其领海范围的沿海生物资源，沿海国应在其洄游范围的界限内管理且享有优先权。淡水或河口水域洄游资源（例如，大马哈鱼）在其范围内产卵的沿海国，应对此类超出其领海、洄游范围遍及公海的资源（不论其是否远离所述国家的海岸线）有管理和优先权。

A. "沿海资源"一词是指远离沿海国海岸线的、除附件 A 中列出的高度洄游鱼类和洄游资源之外的所有生物资源。

B. 沿海国可以依据本条款，每年为悬挂该国旗帜的船舶保留其能够捕捞的此类沿海和洄游资源的份额。

C. 此类生存的或在洄游时通过的水域与多个沿海国毗连的沿海和洄游资源，应通过这些国家之间的协议加以管理。

……

V. 利用与分配

为确保沿海和洄游资源的最大利用和公平分配，沿海国应适用下列原则：

A. 沿海国可以每年为悬挂该国旗帜的船舶保留其能够捕捞的可捕量份额。

B. 沿海国应在合理的条件下，基于下列优先事项，许可其他国家使用资源中其船舶不能完全利用的份额：

（1）依据下列第 C 项的条件，传统中捕捞该渔业资源的国家；

（2）已经与之签订了联合或互惠安排的该区域内的其他国家，特别是内陆国和有限享受该资源的其他国家；以及

（3）所有国家，不得加以歧视。

---

④ A/AC. 138/SC. II/L. 8，第二至六节，以及第五节原则（2），转载在《1972 年海底委员会报告》，第 164 – 172 页（加拿大）。

565

C. 无论何时，一旦有必要调整分配，沿海国的传统捕鱼量可能会减少，为了不在对资源享有传统捕捞权的国家之间造成歧视，应适用下列方式：

（将在第二分委会范围内协商的考虑到传统捕鱼国家利益的方案）

其渔民捕捞某沿海国管理下的资源的国家，可能被毫无歧视地要求为其分享的此类管理的成本支付合理费用。

该提案不同于美国提案之前的提案，后者建议沿海国及非国际性组织可以管理远离其海岸线、超出其领海的生物资源的开发。

沿海国对于所有"沿海生物资源"享有"优先权"，且正如早先的提案中提出的，可以基于其自身的捕捞能力而保留可捕量的份额。

该提案同样引入了数条原则以确保"沿海和洄游资源的最大利用和公平分配"，并列出了一组优先权以许可其他国家分享这些资源。

修订后的美国提案第五节第 B（2）款，同样说明了"内陆国和有限享受该资源的其他国家"的情况。一个非洲国家小组已在提交至海底委员会的《非洲国家海洋法区域研讨会的总报告》中表达了类似关注。⑤ 在一项关于专属经济区概念的提案中，肯尼亚代表（资料来源 4）同样说明了内陆国对这些资源的使用途径。该提案的有关条款如下：

第五条

在不损害上述第二条赋予沿海国的一般性管辖权限的前提下，该国可以在其专属经济区内为下列目的而制定单行规章：

……

（b）可再生资源的专属或优先开发；

……

当已经存在此类许可条款且符合沿海国的法律和规章时，任何国家均可以从沿海国获得开发区域内资源的许可。

一项由澳大利亚和新西兰代表提交的工作报告列出了"沿海渔业资源区域"内生物资源利用的原则。⑥ 从该工作报告中节选的条款如下：

II. 沿海国有义务在其专属管辖区域内提供生物资源的适当管理和利用，

---

⑤ A/AC. 138/79，第 I（a）节，第 3、4 和 7 款，转载在《1972 年海底委员会报告》，第 73、74 页（雅温得区域研讨会）。

⑥ A/AC.138/SC. II/L. 11，原则 I－III，和 V－VII，转载在《1972 年海底委员会报告》，第 183、184 页（澳大利亚和新西兰）。

包括：

（a）将鱼种维持在可提供最大持续产量的水平上；

（b）资源的合理利用与促进经济稳定，再加上最高可能的粮食产量；以及

（c）当沿海国内人口直接消费需要资源，应给予为人口直接消费而提供的鱼类产量的最高可能优先权。

（评注：在履行这些义务时，一国可以使用以下原则 III 提到的措施）

III. 沿海国可以采取的措施包括：

（a）对在区域内作业的捕鱼船舶和工具，要求由其颁发的许可；

（b）限制可能使用的船舶数量和渔具的单位数量；

（c）指定许可使用的渔具类型；

（d）确定一段时期，在该期间可以捕捞鱼类或者某种或某类鱼类；

（e）确定可以捕捞的鱼类的大小；

（f）指定在特定区域内，或者为捕捞特定种类的鱼类而可以使用的方法，并禁止使用其他方法。

原则 II 通过举例说明其应承担的责任，将适当管理和利用在其"专属管辖区域"内的生物资源的义务分配给了沿海国。这些国家要采取"合理的"利用方法，既能保证最高持续产量、促进经济稳定，同时又要确保为人口消费提供最高可能的食品产量。原则 III 则列出了数条允许沿海国在履行义务时采取的"措施"——这也是第一次提出关于利用措施的清单。该提案的原则 IV 和 V 涉及沿海国分配给自身的可捕量份额，以及允许其他国家捕捞剩余份额的权利。原则 VI 要求沿海国在采取原则 III 中列出措施时，将"传统的维持生计的捕捞"纳入考虑。

与设立沿海国可以管理资源利用的专属管辖区域不同，一项由日本代表提交的提案建议赋予沿海国某种在公海中捕鱼的优先权。[7] 考虑到"其他国家的合法权益"，其强调了国际合作的需要。沿海国和非沿海国之间应就管理措施的决定达成协议。

一项由 5 个东欧社会主义国家发表的声明采取了与日本的提案相类似的立场，主张生物资源的充分利用问题，可以"通过对渔业、沿海国利益和涉及长距离捕鱼作业国家的利益的国际规章，基于一种合理的组合，而不是通过个别国家采取单边措施"得到解决。[8]

---

⑦ A/AC. 138/SC. II/L. 12，第（ii）和（v）款；以及原则 3.1 和 3.2，转载在《1972 年海底委员会报告》，第 188、192 页（日本）。

⑧ "为全人类共同利益合理开发海洋生物资源的原则声明"（莫斯科声明），A/AC.138/85，第 6 段，转载在《1972 年海底委员会报告》，第 78 页（保加利亚、捷克斯洛伐克、匈牙利、波兰和苏维埃社会主义联邦）。

62. 4.　　在海底委员会1973年会议上，关于生物资源利用的争论继续集中于沿海国的主权和管辖权，以及对内陆国和其他地理位置不利国家的特殊考虑。[9] 一项由马耳他提交的条约草案（资料来源5）赋予沿海国"在其国家海洋空间中为其国民保留一些或全部生物资源的开发"的权限（不超过200海里）。该提案包括了对外国渔民传统捕捞的特殊考虑，且同样要求沿海国有义务依据有效的养护措施，行使对这些资源的利用。

一项由中国提交的提案（资料来源6）引入了有关沿海国管制其专属经济或渔区的权限的条文，表述如下：

　　　　……

（3）原则上，沿海国应允许毗连其领土的内陆国和架锁国在其专属经济区内享有一般的、一定比例的所有权。通过公平的、建立在对彼此主权的互相尊重的基础上的协商，沿海国与其毗连的内陆国和架锁国应就有关问题达成双边或区域协议。

　　　　……

（5）其他国家可以依据与沿海国达成的协议，在该沿海国的专属经济区内从事捕鱼、开采或其他活动。

（6）沿海国可以为自身专属经济区的有效管理颁布必要的法律和规章。

其他国家，在沿海国专属经济区内实施任何活动，均必须遵守沿海国的有关法律和规章。

一项由阿根廷代表提交的提案（资料来源7）同样建议，赋予沿海国管制在"邻接其领海的海洋区域"中存在的自然资源的开发。此外，该提案同样规定处于地理位置不利国家在海洋区域对资源的特殊使用。

一项由4个国家提交的提案（资料来源8）更加详细解释了沿海国在管理其"专属渔区"时可以规定的规则，内容如下：

第四条

沿海国可以允许其他国家的国民，依据其规定的此类条款、情况和规章，在其专属渔区内捕鱼。这尤其与下列相关：

（a）捕鱼船舶和装备的许可，包括费用的支付和酬劳的其他形式；

（b）限制可能使用的船舶数量和渔具数量；

---

⑨　例见第二分委会报告，A/AC.138/95，第63、72、74和75段，转载在《1973年海底委员会报告》第一卷第38、53页。

（c）指定许可使用的渔具类型；

（d）确定一段时期，在该期间可以捕捞规定鱼类；

（e）确定可捕捞鱼类的年龄和大小；

（f）确定捕捞的配额，不论是关于特定鱼种，或者是在一段时期内每艘船舶的捕捞量，或者在规定时期内一国国民的总捕捞量。

这些规定，涉及由沿海国规定的"条款、条件和规章"，大部分复述了早先由澳大利亚和新西兰代表列出的管制措施。该提案第八条重申了沿海国在专属经济区内对资源的优先权，包括保留其能够捕捞的可捕量份额的权利。

一项由6个国家提交的提案（资料来源9）同样说明了"地理位置不利国家"在相邻沿海国区域内参与生物资源开发的权利。该提案建议，沿海国可以每年为自己和地理位置不利国家保留由有关国际渔业组织决定的最高持续产量的一部分。其他国家有权在支付酬劳的前提下，开发可捕量的剩余部分。

一项由14个非洲国家提交的提案（资料来源10）从本质上扩展了早先由肯尼亚（资料来源4）提议的条款，并且整合了包括在4国提案（资料来源8）中关于地理位置不利国家渔业特权的一些语言。

一项由3个国家提交的提案（资料来源11）涵盖了与关于在"其主权和管辖下的海洋区域"内生物资源开发有关的规定。这些规定如下：

第A条

沿海国有义务制定与在其主权和管辖下的海洋区域内的生物资源的管理和开发有关的法律规定，主要目的是为了保证对此类资源的养护和合理利用，其渔业和相关行业的发展，以及人民营养水平的提高。

第B条

顾及促进此类资源的有效利用、经济稳定和社会利益最大化的需要，沿海国可以为其自身或其国民保留在其主权和管辖下的海洋区域内的生物资源的开发。

第C条

当沿海国允许其他国家的国民开发在其主权和管辖下的海洋区域内的生物资源时，其应为此类开发设定条件，尤其包括：

（a）通过支付相当的费用，而获得捕鱼和海洋狩猎许可和执照；

（b）指定可以捕捞的物种；

（c）确定可以捕捞的鱼类或其他资源的年龄和大小；

（d）设立捕鱼和狩猎禁区；

（e）确定某一时期，期间可以捕捞指定的物种；

（f）确定捕捞的最大尺寸；

（g）限制船舶的数量和吨位及可能使用的渔具；

（h）指定许可使用的渔具；

（i）违反本规定时将适用的程序和处罚。

该提案修订了由澳大利亚和新西兰代表及四国小组（资料来源8）代表早先建议的沿海国管制措施列表。

荷兰代表（资料来源12）建议，所有对"过渡带"内资源的开发，均应由沿海国依据"主管国际机构"制定的规则授予许可。该提案区分了地理位置有利和不利国家，并给予前者限制在其区域内对资源的开采和处置的权限。

一项由扎伊尔代表提交的提案（资料来源13），就沿海国管理整个专属经济区内生物资源的权限强调：（i）邻近的发展中国家在生物资源开发一事上给予彼此特惠待遇；（ii）地理位置不利国家参与的权利；以及（iii）邻近发展中沿海国的传统捕鱼权。

62.5. 在海洋法会议第二期会议（1974年）上，专属经济区的概念得到了广泛认可。一项由6个东欧社会主义国家提交的关于专属经济区的提案（资料来源14），涵盖了有关生物资源开发的数条条款。该提案的相关规定如下：

第十二条

基于适当的科学数据，并依据由相关地区的利益相关国代表和在该地区从事捕鱼业的其他国家组成的主管国际渔业组织的建议，沿海国应在专属经济区内决定：

（a）除了高度洄游鱼类种群之外，各种鱼类或其他海洋生物资源的年度可捕量；

（b）其提供给其国民的各种鱼类或其他海洋生物资源的年度可捕量的比例；

（c）持有专属经济区内捕鱼许可证的其他国家，依据本公约第十五、十六条可以占有的鱼类或其他海洋生物资源的年度可捕量的部分；

（d）管理海洋生物资源开发的措施；

（e）养护和更新海洋生物资源的措施；

（f）监督第d项和第e项规定措施的遵守情况的规章。

第十五条

1. 如果某沿海国并不能百分之百占有专属经济区内的任何鱼种或其他海洋生物资源的年度可捕量，则应给其他国家的渔民发放对此类未使用部分的鱼类的捕捞许可。

第十六条

当给予外国船只在该国专属经济区的捕鱼许可时以及为确保生物资源的

公平分配，沿海国家应在尊重公约第十八条、十九条列明的国家优先顺序的同时，遵循以下顺序：

（a）承担了大量研究、发现、鉴别和开发生物资源种群的物力投入及其他费用的国家；或者已经在有关区域捕鱼的国家。

（b）发展中国家、内陆国家、入海通道狭窄或大陆架狭窄的国家，以及海洋生物资源非常有限的国家。

（c）无歧视的所有其他国家。

该提案设置了一系列有关专属经济区资源利用的要件。这些要件包括：（i）沿海国采取措施规范开发的决心；（ii）沿海国家利用资源的优先权；及（iii）供其他国家获取未利用资源的优先顺序。该建议还包括了一些特别安排，关于发展中沿海国家和内陆国利用的问题，并考虑已在该有关区域内捕鱼的国家，以及在长期和互相承认的利用基础上的获取权。

8个西欧国家（资料来源15）的提案，也包括解决获得"捕鱼最高产量"的措施，沿海国对其区域的生物资源的优先权利，并特别考虑准许其他国家获取这些资源等问题的条款。

由美利坚合众国代表提出的关于专属经济区和大陆架的草案（资料来源16）中包括一项优先顺序，在资源分配给其他国家予以考虑。该条款内容如下：

1. 沿海国家应确保充分利用专属经济区内的可再生资源。

2. 为此，沿海国应遵照［养护］条款所采纳的保护措施以及以下优先次序，允许其他国家国民捕捞该部分未被本国国民充分利用的可再生资源：

（a）根据第3款的条件，各国为某种资源而进行的正常捕捞；

（b）那些位于该区域，特别是内陆国和获取其海岸以外海洋生物资源有限的国家；及

（c）所有其他国家。

沿海国可以制定合理的规章和为此收取合理费用。

3. 根据以上第2（a）项规定的优先次序应合理地与这些国家的捕鱼量挂钩。不论何时，为满足沿海国捕捞量增加的要求，减少此类捕鱼量时，此类减少须无歧视，并且沿海国应当应要求与相关国家协商，以期尽量减少这样减少所产生的不良经济后果。

4. 沿海国可根据第十四条和十五条的安排规定，为上述第2款的目的，考虑将外国捕鱼行为作为该沿海国家国民行为对待。

第十四条和第十五条规定的是海岸相邻国家和内陆国在特定经济区内的捕鱼特权。

类似的表述在由非正式法律专家组（埃文森小组）⑩ 准备的草案中也存在。

18 个非洲国家（资料来源 17）提出的提案要给予沿海国在其专属经济区内专属管辖权，其中包括管理捕鱼的权力。这项建议也保证发展中内陆国和其他地理不利国在专属经济区内享受与沿海国同样的开发生物资源的权利。

在《主要趋势工作文件》（资料来源 18）中，有关专属经济区内对生物资源利用的条文被包括在不同的标题和小标题下，以表明专属经济区的性质和特点、沿海国有关生物资源的权利和义务、专属渔区、管理和养护，以及对沿海国的渔业优先权。

62.6. 在第三期会议上（1975 年），一项未具名的折中方案（资料来源 37）呼吁沿海国家和邻国举行谈判，提供"在公平和长期的相互承认的基础上"获取专属经济区的生物资源。埃文森小组也一直关注更多的沿海国专属经济区内生物资源获取的相关权利和职责等问题。埃文森小组起草的最终草案第六条⑪表述如下：

1. 根据第一条的规定，沿海国在行使其勘探和开发、养护和管理专属经济区内的可再生资源的主权权利时，应在不妨害第五条的情形下促进对这些资源最适度利用的目的。

2. 沿海国家应通过协定或其他安排，根据第 4 款中所指的条款、条件和规章，准许其他国家捕捞本国无捕捞能力的可捕捞部分资源。对捕捞能力的界限规定应取决于沿海国。

3. 沿海国在根据本条准许其他国家进入其专属经济区时，应考虑到所有有关因素，除其他外，包括：该区域的可再生资源对沿海国经济和其他国家利益的重要性，第八、第九和第十条的规定，该分区域或区域内发展中国家捕捞一部分剩余量的要求，以及尽量减少在已习惯于在捕鱼区进行捕捞，或者已经为该区域内的研究和种群测定做过大量工作的国家带来的经济失调现象的需要。

4. 其他国家国民在专属经济区内捕鱼应遵守沿海国规章所制定的有关养护措施以及其他条款和条件。这些规章应与本公约的规定相一致，除其他外，并可能涉及以下各项：

（a）发给渔民、渔船和设备以执照，包括交纳规费和其他形式的报酬；特别是发展中国家，可能需要在该区域捕鱼业资金、设备和渔业技术上的适当补偿；

---

⑩ Tentative Draft Articles（1974 年，油印），第十九条至第二十一条（非正式法律专家组），转载在《第三次联合国海洋法会议文件集》第十一卷第 393、402 页。

⑪ The Economic Zone（1975 年，油印），第六条（非正式法律专家组）。转载在《第三次联合国海洋法会议文件集》第四卷，第 209、213 页。

（b）确定可捕鱼种，和确定渔获量的限额，不论是关于特定种群或混合种群或一定期间的单船渔获量，或关于特定期间内任何国家国民的渔获量；

（c）规定渔汛和渔区，可使用渔具的种类、大小和数量以及渔船的种类、大小和数目。

（d）确定可捕鱼类和其他鱼种的年龄和大小；

（e）规定渔船应交的情报，包括渔获量和渔捞努力量统计和船只位置的报告；

（f）要求在沿海国授权和控制下进行特定渔业研究计划，并管理这种研究的进行，其中包括对捕捉物的抽样、样品处理和相关科学数据的报告；

（g）由沿海国在这种船只上配置观察员或受训人员；

（h）这种船只在沿海国港口卸下捕捞量的全部或任何部分；

（i）有关联合企业或其他合作安排的有关条款和条件；

（j）对人员训练和渔业技术转让的要求，包括提高沿海国家从事渔业研究的能力。

（k）执法程序。

这是第一个综合专属经济区内生物资源利用的基本原则的案文。第 1 款提出了"适度利用"的概念，以表述沿海国在管理专属经济区内生物资源所追求的目标。第 2 款和第 3 款还采用新的说法，规定沿海国将自行界定本国的捕获能力，以使其他国家获得剩余资源，并考虑到所有给予如此权限的相关因素。第 4 款提供了一个更长和更详细的清单，关于在专属经济区内捕鱼可以由沿海国规定处理的事项。

一个未具名提案（资料来源 38）反映了地理不利国家集团的意见，承认提案中所界定的地理不利国家可利用毗邻沿海国家生物资源的权利。8 个西欧国家（资料来源 39）的提案建议给予沿海国未收获的剩余生物资源优先利用权。它还包括 1 款规定，如果一个沿海国旨在扩大其捕捞能力，它会被要求与其他在该区捕鱼的国家进行协商，努力"尽量减少对这些国家不利的经济后果"，在这种情况下，至少应该有合理的调整期。

非正式单一协商案文第二部分（资料来源 19），第五十一条表述如下：

1. 沿海国应在不妨害第五十条的情形下促进专属经济区内生物资源的最适度利用的目的。

2. 沿海国应决定其捕捞专属经济区内生物资源的能力。在沿海国没有能力捕捞全部可捕量的情形下，应通过协定或其他安排，并根据第 4 款提到的条件和规章，准许其他国家捕捞可捕量的剩余部分。

3. 沿海国在根据本条规定准许其他国家进入其专属经济区时，应考虑到所有相关因素，除其他外，包括：该区域的可再生资源对沿海国的经济和其他国家利益的重要性，第五十七和五十八条的规定，该分区域或区域内发展中国家捕捞一部分剩余量的要求，尽量减少在已习惯于在捕鱼区进行捕捞，或者已经为该区域内的研究和种群测定做过大量工作的国家带来的经济失调现象的需要。

4. 在专属经济区内捕鱼的其他国家的国民应遵守有关养护措施，以及其他沿海国家的相关规定条件。这些规章应与本公约的规定相一致，除其他外，并可能涉及以下各项：

（a）发给渔民、渔船和设备以执照，包括交纳规费和其他形式的报酬；特别是发展中国家，可能需要在该区域捕鱼业资金、设备和渔业技术上的适当补偿；

（b）确定可捕鱼种，和确定渔获量的限额，不论是关于特定种群或混合种群或一定期间的单船渔获量，或关于特定期间内任何国家国民的渔获量；

（c）规定渔汛和渔区，可使用渔具的种类、大小和数量以及渔船的种类、大小和数目。

（d）确定可捕鱼类和其他鱼种的年龄和大小；

（e）规定渔船应交的情报，包括渔获量和捕捞努力量统计和船只位置的报告；

（f）要求在沿海国授权和控制下进行特定渔业研究计划，管理这种研究的进行，其中包括对捕捉物的抽样、样品处理和报告相关科学数据的报告；

（g）由沿海国在这种船只上配置观察员或受训人员；

（h）这种船只在沿海国港口卸下捕捞量的全部或任何部分；

（i）有关联合企业或其他合作安排的有关条款和条件；

（j）对人员训练和渔业技术转让的要求，包括提高沿海国家从事渔业研究的能力。

（k）执法程序。

5. 沿海国家应就养护和管理的法律和规章妥为通知。

该案文的基本结构来自埃文森小组提案的第六条，但对沿海国家承担有关管理职责更加明确。第1款和第2款文字上有轻微调整，第4款的开头语、第5款沿海国家规定的通知则是新添加的。

62.7. 在第四期会议（1976年）上，新加坡代表（资料来源40）提出修正第2款，旨在设立一个内陆国和地理不利国可以获取专属经济区生物资源的独立权利，并建议在第51条中规定的沿海国给予权从属于第五十七条和第五十八条有关对内陆国和地理不利国的规定。新加坡提案还建议删去第4款（a）～（k）项，并以一般规定

"上述规章应与本公约保持一致"作为结尾。

62.8. 在第五期会议（1976 年）上，巴基斯坦代表（资料来源 41）建议删除第 1 款至第 3 款，只保留第 4 款和第 5 款。罗马尼亚和南斯拉夫代表（资料来源 42）的提案旨在通过将第 3 款的有关规定修订为授权其他国家"特别是发展中国家"强调发展中国家应获得获取渔业资源的权利。利比亚代表（资料来源 43）建议修改第 2 款，简单声明"沿海国应给予其他国家获取可捕量的剩余部分的权利。"它还建议修改第 4 款，规定沿海国有权授权、管理和参与任何其他国家在其专属经济区内进行的渔业研究。

62.9. 在第六期会议（1977 年）结束时，会议主席在关于非正式综合协商案文的备忘录中指出，内陆国和某些沿海国家参与生物资源开发权利的具体问题成为"集中协商的主题"⑫（见第 69.7 段）。但是，非正式综合协商案文没有作任何改动，其中的第六十二条逐字重复了订正的单一协商案文（资料来源 31）。

62.10. 在第七期会议（1978 年），内陆国和地理不利国的利益的问题仍然是会议⑬的突出核心问题，并分配给第四协商小组（主席：萨切亚·南丹（斐济））讨论。第四协商小组主席的一系列报告特别提出了对第六十二条、第六十九条和第七十条的相关修改（资料来源 45、资料来源 46 和资料来源 50）。关于第六十二条的最后建议（来资料源 50）是在第 2 款结尾加上"特别顾及第六十九条和第七十条的规定，尤其是关于其中所提到的发展中国家的部分。"

第四协商小组主席这样解释协商产生的提案所呈现的困难：

> 现在让我回过头谈谈这些提案的形成过程中所考虑的主要困难方面，首先，将要回顾的是，内陆国和地理不利国主张，它们在参与邻近的专属经济区活动时应以优惠或优先为基础。因此，它们建议对第六十九条和第七十条进行修订，明确包括对优先到首先或优惠的次序，以便使这些条款更有意义。许多沿海国家认为，这样明确的措辞没有必要，并争辩说，这些优先倾向已经隐含在第六十九条和第七十条的具体规定中。

> 虽然我可以理解某些沿海国对此事表态的意见，但是我相信第六十九条和第七十条以及第六十二条的关系仍然需要澄清。依照我的看法，实现这一目标的最好的方法是修订第六十二条第 2 款的规定，沿岸国在给予其他国家对剩余部分的可捕量利用权时，应特别考虑到第六十九条和第七十条的规定，特别是在这些条款中提到的发展中国家。

---

⑫ A/CONF. 62/WP. 10/Add. 1（1977），"订正的单一协商案文第二部分"。正式记录，第八卷第 65、68 页（大会主席）。

⑬ A/CONF. 62/61（1978），第 II 部分，第 5 段，第（4）项，正式记录，第十卷第 1、2 页（总务委员会）。

这项修正案的优点是，避免了在第六十九条和第七十条使用"优先"或"倾向于"等措辞，并且同时，更明确地指出，需要特别考虑这些条款中提到的国家。我认为这是内陆国、地理不利国和沿海国之间的公平合理的妥协，前者要求条款中涵纳优先或优惠，而后者希望能够超越这些优惠倾向。

大家也会注意到，为适应发展中内陆国和地理不利国的需要，这个建议也给予了格外重视。当然，与大多数观点一致，考虑发展中内陆国和地理不利国的利益时须立足于高于发达的内陆国和地理不利国的基础之上。在此，我可能会提及，在第六十九条和第七十条的实质性条款规定中，发达的和发展中的内陆国和地理不利国的区分已经表述的更加明确⑭。

按照与第四协商小组提案同样的思路，罗马尼亚和南斯拉夫代表（资料来源 47）建议修改第 2 款和第 3 款，强调"尤其是发展中国家"能够利用可捕量的剩余部分。伊拉克（资料来源 48）建议增加一个第六款，规定第六十二条的适用应当"无损根据本公约享有的权利和承担的义务。"塞内加尔（资料来源 49）还建议，第 4 款（a）项应提及适当的补偿以及"其他"。

在第七期会议续会（1978 年）上，第四协商小组主席回顾了小组在第七期会议的工作，并声称他修改第六十二条第 2 款的建议并未改变⑮。

62. 11. 在第八期会议（1979 年）上，罗马尼亚和南斯拉夫代表（资料来源 51 和资料来源 52）再次建议修改第六十二条第 2 款，强调"尤其是发展中国家"能够利用可捕量剩余部分。

在非正式综合协商案文第一次修订稿（资料来源 23），唯一的变化的文字被纳入第 2 款，表述如下：

> 2. 沿海国应决定其捕捞专属经济区生物资源的能力。沿海国家在没有能力捕捞全部可捕量的情形下，应通过协定或其他安排，并根据第 4 款所指的条款、条件和规章，准许其他国家利用剩余的可捕量并特别顾及第六十九条和第七十条的规定，尤其是关于其中所提到的发展中国家的部分。

该文本，从"特别顾及"开始的结语，符合第四协商小组主席提出的折中方案，并得到了第二委员会主席的支持⑯。

---

⑭ A/CONF. 62/RCNG/1（1978），第四协商小组主席的解释性备忘录（NG4/10），正式记录，第十卷第 13、88 页；转载在《第三次联合国海洋法会议文件集》第九卷第 345 页。

⑮ A/CONF. 62/RCNG/2（1978），第四协商小组主席的报告，（NG4/11），正式记录，第十卷第 126、166 页。

⑯ A/CONF. 62/L. 38（1979），第 6 段，正式记录，第十一卷第 101 页（第二委员会主席）。

62. 12. 在第九期会议（1980 年）上，一些代表团表达了他们的关切，认为第六十二条第 2 款，以及第六十九条和第七十条的规定，并没有充分满足内陆国和地理不利国对利用专属经济区生物资源的需要[17]。而其他代表团则表示支持非正式综合协商案文第一次修订稿对此的规定[18]。

在非正式综合协商案文第二次修订稿中（资料来源 24），唯一的变化是，根据起草委员会的建议，将第 3 款中以 "States（国家）" 取代 "countries（国家）" 以作为统一进程的一部分[19]。

62. 13. 在第九期会议续会（1980 年）上，两个代表团支持在针对利用专属经济区的生物资源的次序上设立特别优先权。南斯拉夫代表再次建议修订第 3 款，规定位于专属经济区或临近专属经济区的发展中国家应当比其他发展中国家更为优先[20]。在一份书面声明中，西班牙代表就维护那些已经惯常在之前被认为是公海[21]的捕捞区进行捕捞的国民利益表达了关注。西班牙代表建议，发达国家船队进入专属经济区应以沿海国此前批准惯常地在该区域捕鱼的其他国家进入为条件。该建议还警示说，第二九七条第 3 款（a）项 "酌情权" 的表述将削弱沿海国在第六十一条和第六十二条中的实质性权利和义务。

起草委员会建议统一 "法律、规章" 与《公约》中其他类似说法的用法[22]。其后，根据起草委员会的建议，起草文本的一些修改被纳入（资料来源 29 至资料来源 33）。

62. 14. 《公约草案》形成之后，第六十二条没有更多的修改（资料来源 26），虽然在第十一期会议（1982 年）上提出了几条正式和非正式的修正案。扎伊尔代表（资料来源 27）提交了正式的修正案，建议将第 3 款 "surplus（剩余捕捞量）" 改为 "available catch（可捕量）"[23]。罗马尼亚和南斯拉夫代表（资料来源 53）非正式建议在第 3 款增加 "in particular, those（特别是那些）"，接在 "the requirements of developing States（发展中国家的要求）" 后面[24]。后来这条建议在一条正式提案中再次提出（资料

---

[17] 参见 A/CONF. 62/WS/2（1980），7（a）段，正式记录，第十二卷第 98 页（罗马尼亚）；和 A/CONF. 62/WS/7（1980），第 14 段，同上，第 109、110 页（巴林）。

[18] 参见 A/CONF. 62/WS/6（1980），第 5 段，正式记录，第十三卷第 106、107 页（秘鲁）。

[19] A/CONF. 62/L. 56（1980），附件 B，第 II 部分，正式记录，第十三卷第 94、95 页（起草委员会主席）。

[20] A/CONF. 62/WS/11（1980），第 7、8 段，正式记录，第十四卷第 147、148 页（南斯拉夫）。但是并没有提交任何正式的或非正式的针对此问题的修正案。

[21] A/CONF. 62/WS/12（1980），第 11、12 段，正式记录，第十四卷第 149、150 页（西班牙）。

[22] A/CONF. 62/L. 63/Rev. 1（1980），附件一，第二十节，正式记录，第十四卷第 139、140 页（起草委员会）。

[23] 参见 A/CONF. 62/WS/30（1982），正式记录，第十六卷第 268 页（扎伊尔）。

[24] 参见 A/CONF. 62/L. 87（1982），第 6 段和第 10 段，正式记录，第十六卷第 202 页（第二委员会主席）。

来源28)㉕，全体会议的讨论之后，这些建议都未能进入表决程序。㉖

62.15. 第五部分的一个关键条款第六十二条文本的条文于1975年已初步形成，除了关于参照第六十九条和第七十条的协商迟迟未决之外，直到第十一期会议的最后阶段才结束。

62.16（a）. 第六十二条规定了沿海国关于其专属经济区生物资源权利和义务的一些关键概念，包括：

（ⅰ）适度利用的目标；

（ⅱ）沿岸国家就适度利用目标的义务和第六十一条的关系；

（ⅲ）"可捕量剩余部分"概念的解释，决定于沿海国捕捞专属经济区生物资源的能力及其确定结果。

（ⅳ）其他国家利用专属经济区内可捕量剩余部分的安排；

（ⅴ）沿海国考虑给予其他国家利用其专属经济区资源的因素，和不同类别的国家和涉及不同类型的利益相关。以及

（ⅵ）其他国家国民在获准可捕捞的专属经济区应当遵循沿海国有关法律和规章的指导方针。

62.16（b）. 根据第1款，沿海国应"促进最适度利用的目的"。唯一具体的渔业资源利用的提案呼吁沿海国家"确保充分利用"（资料来源16）或"确保最大限度的利用（资料来源3）。这些参考提案与"促进最适度利用目的"的义务不同，其中反差明显的是在所有条件下"确保"目标还是"寻求实现"该目标。"最佳"的概念也从"全面（full）"和"最大限度（maximum）"区别开来，并且按照生物和经济的概念，可能建议一个较低程度的利用。

62.16（c）. 第六十二条第1款明确规定了促进最佳利用的义务，即"不妨碍第六十一条"。该条还规定，在第六十一条有关可捕量的确定过程中，避免因过度捕捞而危及生物资源的义务，保持何种程度的种群密度，并对相关或依附物种的影响的考虑，都是在促进"最适度利用目的"时需要加以权衡的重要因素，第六十二条设立了沿海国根据第六十一条作出决定的行动参数。

62.16（d）. 第2款要求沿海国确定其捕捞能力。它还规定了沿海国允许其他国家利用其专属经济区可捕量剩余部分的生物资源的义务，但是，这项义务取决于沿海

㉕ 虽然该条建议未被大会接受，但是南斯拉夫代表团随后接受了《公约》的表述。参见 A/CONF.62/WS/36（1983），正式记录，第十八卷第227、235页（秘书处注）。

㉖ 见174次全会主席声明（1982年）第50段，正式记录，第16卷第129页，并见174次全会扎伊尔声明第8段，正式记录，第16卷第131页。

国对这些资源存在剩余的判断。这种剩余量在沿岸国家认定可捕量超过了该国的捕捞能力才存在。国家实践表明，国家确定可捕量的义务可通过参照特定鱼类种群或鱼类数量，或确定一个物种或数量的某一特殊管理单位的方式来履行。

62.16（e）. 第2款规定，沿海国应允许其他国家"通过协定或其他安排"获取剩余资源，并且这种安排须符合沿海国根据第4款设立的条件、法律和规章。沿海国还应"特别顾及"第六十九条和第七十条（关于内陆国和地理不利国的权利）的规定（见下文第62.16（g）段）。

62.16（f）. 第3款规定了沿海国给予其他国家利用其专属经济区资源时须考虑的其他因素。沿海国应考虑到"所有相关因素，包括，除其他外，该地区的生物资源对沿海有关国家经济和其他国家利益的重要性。"四个类别的国家参考如下安排：第六十九条内列明的国家（内陆国）和第七十条列明的国家（地理不利国）；位于专属经济区或专属经济区附近的发展中国家[27]；以及那些因为该国国民惯常在专属经济区捕鱼，或已在该区域为研究和确定生物资源方面作出实质努力，而因此将蒙受经济失调影响的国家。

62.16（g）. 第2款和第3款是第六十二条、第六十九条和第七十条之间关于内陆国和地理不利利用有关沿海国专属经济区剩余生物资源的规定的衔接性条款。第2款要求沿海国"特别顾及"第六十九条和第七十条的规定。[28] 第3条要求沿海国考虑到"所有相关因素，包括第六十九条和第七十条的规定。"第2款的最后一句——"尤其是关于其中提到的发展中国家的部分"强调，应特别顾及发展中内陆国和发展中地理不利国，并进一步强调了第六十九条规定和第七十条的规定（见一下第69.17（e）和70.16（f）段）。

沿海国可视个案情况给予利用权限，同时考虑第六十二条、第六十九条和第七十条的规定。有关因素的综合，包括本国不同的利益需要，可以使沿岸国在给予获得其并非在第六十二条第3款中列明的国家利用权，或给予任何一个上述清单中列明的国家，无论其在列表中位于何种顺序。这种沿海国家在给予利用其专属经济区的剩余生物资源时，可以变化的权衡考虑证明，这种利用权是一个相对权利。

62.16（h）. 就利用剩余生物资源，国家之间产生的争端可能包括在第二九七条第3款的范围内。第二九七条第（3）款（a）项完善了第六十一条和第六十二条沿海国的权利的范围，除了强制解决争端，沿海国的主权权利"包括确定可捕量、捕捞能

---

[27] 在1982年《公约》里此处和别处均未解释术语"发展中国家"。但是，该术语已经成为公认用法，并且联合国也把这作为既定的标准来划分此类国家。又见 A. A. Fatouros "Developing States"，载于 R. Bernhardt（编），《国际法学百科全书》，第九卷第71–77页（1986年）。

[28] 在此条款的协商中，第4协商小组主席指出，避免在第六十九条和第七十条使用术语"优先（priority）"或"倾向（preference）"是有益的，同时，更明确了特别顾及那些提到的国家的需要。NG4/10（1978），正式记录，第十卷第88页（第4协商小组主席）引用于前述62.10）。

力、将剩余资源分配给其他国家，其养护和管理法律和规章规定的条款和条件"，以及根据附件五要求在当地诉诸强制调解。（另见第五卷第105页第297.19段）。

62.16（i）. 第4款规定并说明了沿海国有权监管其专属经济区内的外国渔业行为。在明示外国渔民须遵守沿海国的法律和规章之后，反过来又必须与《公约》相一致，有如下一个冗长且并非详尽无遗的清单，列明就何等事项可制定法律和规章。沿海国通过这种办法管理渔业行为，以避免其渔业过度开发，并达到其环境、社会和经济发展目标。

62.16（j）. 许多沿海国家已经通过了国家立法，涵盖了第六十二条第4款所列明的一个或更多主题。虽然第4款中包括的活动清单，早在谈判中已经确定，并且已经包括在非正式单一协商案文第二部分（见以上第62.6段），但该清单并不详尽㉙。

62.16（k）. 第5款规定要求沿海国应"妥为通知"其施行的任何养护和管理的法律和规章。这条规定涉及第六十一条和第六十二条。由于专属经济区在国际法领域是一个相对较新的概念，很多国家实践中不存在关于"妥为通知"养护和管理法律和规章的规定。该项妥为通知的要求，为沿海国设置了一项义务，须提供有关其专属经济区生物资源法律和规章的信息。

尽管有关渔业信息一般可以通过全球性或区域性渔业组织获知，《公约》设想，一个系统的操作实践可以发展为提供当前沿海国根据第六十二条规定设立的法律的信息。这个做法也可以扩展到根据第六十一条规定所采取的养护和管理措施，以及根据第六十一条第5款对鱼类种群信息的传播。

62.16（l）. 多数沿海国家为规定外国利用专属经济区的生物资源，经常通过双边协定的形式。国家立法不经常处理关于专属经济区的剩余资源利用或促进实现"最适度利用目的"的事项㉚。在第六十二条的实施中接受的做法仍然处于发展的过程中㉛。

㉙ 为理解第4款关于在海上加工鱼片，参见有关"圣劳伦斯湾鱼片加工"仲裁案（加拿大/法国），第52－53段，《国际仲裁裁决报告》第XIX卷第223、258页；《一般国际公法评论》第90卷第713、748页（1986年）；《国际法评论》第82卷第591、629页。

㉚ 见联合国秘书长海洋法特别代表办公室，*National Legislation on the Exclusive Economic Zone, the Economic Zone and the Exclusive Fishery Zone*（联合国销售 No. E. 85. V. 10（1986））。

㉛ 粮农组织就外国捕鱼的国家立法和协定提供信息和指导方针。在这个问题上，关于利用剩余资源更具体的信息参见 G. Moore, *Coastal State Requirements for Foreign Fishing*，粮农组织第21/Rev. 3 立法研究（1988年），第3－6页，转载在荷兰海洋法研究所《国际组织和海洋法年鉴》[1988年]，第200页。

第六十三条 出现在两个或两个以上沿海国专属经济区的种群或出现在专属经济区内而又出现在专属经济区外的邻接区域内的种群

1. 如果同一种群或有关联的鱼种的几个种群出现在两个或两个以上沿海国的专属经济区内，这些国家应直接或通过适当的分区域或区域组织，设法就必要措施达成协议，以便在不妨害本部分其他规定的情形下，协调并确保这些种群的养护和发展。

2. 如果同一种群或有关联的鱼种的几个种群出现在专属经济区内而又出现在专属经济区外的邻接区域内，沿海国和在邻接区域内捕捞这种种群的国家，应直接或通过适当的分区域或区域组织，设法就必要措施达成协议，以养护在邻接区域内的这些种群。

资料来源

第三次联合国海洋法会议文件

1. A/AC. 138/SC. II/L. 9，第二节，转载在《1972 年海底委员会报告》第 175 页（美国）。

2. A/AC. 138/SC. II/L. 28，第八十五条和第八十八条第 2 款，转载在《1973 年海底委员会报告》第三卷第 35、63 页（马耳他）。

3. A/AC. 138/SC. II/L. 38，第九条和第十条，转载在《1973 年海底委员会报告》第三卷第 82、84 页（加拿大、印度、肯尼亚和斯里兰卡）。

4. A/AC. 138/SC. II/L. 54，J 条。转载在《1973 年海底委员会报告》第 107、109 页（厄瓜多尔、巴拿马和秘鲁）。

5. A/CONF. 62/L. 8/Rev. 1（1974 年），附件二附录一［A/CONF. 62/C. 2/WP. 1］，条款第一五八条，正式记录，第 93、107、124 和 132 页（总报告员）［《主要趋势工作文件》］。

6. A/CONF. 62/WP. 8/Part II（非正式单一协商案文，1975 年），第五十二条，正式记录，第四卷第 152、161 页（第二委员会主席）。

7. A/CONF. 62/WP. 8/Part II/Rev. 1（订正的单一协商案文，1976 年），第五十二条，正式记录，第五卷第 151、162 页（第二委员会主席）。

8. A/CONF. 62/WP. 10（非正式综合协商案文，1977 年），第六十三条，正式记录，第八卷第1、15页。

9. A/CONF. 62/WP. 10/Rev. 1（非正式综合协商案文第一次修订稿，1979年，油印），第六十三条。转载在《第三次联合国海洋法会议文件集》第一卷第375、415页。

10. A/CONF. 62/WP. 10/Rev. 2（非正式综合协商案文第二次修订稿，1980年。油印），第六十三条。转载在《第三次联合国海洋法会议文件集》第二卷第3、43页。

11. A/CONF. 62/WP. 10/Rev. 3*（非正式综合协商案文第三次修订稿，1980年，油印），第六十三条。转载在《第三次联合国海洋法会议文件集》第二卷第179、219页。

12. A/CONF. 62/L. 78（《公约草案》，1981年），第六十三条，正式记录，第十五卷第172、185页。

13. A/CONF. 62/L. 114（1982年），第六十三条第2款，正式记录，第十六卷第224页（澳大利亚、加拿大、佛得角、冰岛、菲律宾、圣多美和普林西比、塞内加尔和塞拉利昂）。

起草委员会文件

14. A/CONF. 62/L. 67/Add. 3（1981年，油印），第28~31页。

15. A/CONF. 62/L. 72（1981年），正式记录，第十五卷第151页（起草委员会主席）。

16. A/CONF. 62/L. 152/Add. 23（1982年，油印），第63~65页。

17. A/CONF. 62/L. 160（1982年），正式记录，第十七卷第225页（起草委员会主席）。

非正式文件

18. 比利时、丹麦、德意志联邦共和国、法国、爱尔兰、意大利、卢森堡和荷兰（1975年，油印），C条，转载在《第三次联合国海洋法会议文件集》第四卷第225、226页。

19. 加拿大（［1976年］，油印），第五十二条第2款。转载在《第三次联合国海洋法会议文件集》第四卷第438页。

20. C. 2/Informal Meeting/26（1978年，油印），第六十一［六十三］条第1款（葡萄牙）。转载在《第三次联合国海洋法会议文件集》第五卷第36页。

21. C. 2/Informal Meeting/48（1979年，油印），第六十三条第2款（阿根廷）。转载在《第三次联合国海洋法会议文件集》第五卷第56页。

22. C. 2/Informal Meeting/54（1980年，油印），第六十三条（阿根廷）。转载在《第三次联合国海洋法会议文件集》第五卷第59页。

23. C. 2/Informal Meeting/54/Rev. l（1980年，油印），第六十三条第2款（阿根廷、澳大利亚、加拿大、佛得角、哥伦比亚、哥斯达黎加，危地马拉、冰岛、新西兰、菲律宾、葡萄牙，圣多美和普林西比、塞内加尔、塞拉利昂和乌拉圭）。转载在《第三次联合国海洋法会议文件集》第五卷第 60 页。

评　　注

63. 1.　第六十三条处理俗称"跨界种群"和"越界种群"造成的问题"，即该种群出现在两个或两个以上沿海国的专属经济区中，或该种群的存在跨越了沿海国的专属经济区，第 1 款处理的是出现在两个或两个以上沿海国的专属经济区中（的跨界种群），无论该专属经济区是相邻或相向的。第 2 款处理的是跨越沿海国专属经济区和公海海域的种群（越界种群）问题。

对海洋生物资源来说，很多都不是仅仅局限于生活在它们的栖息地，或局限于自基线起 200 海里以内（可能在某些情况下，分布在离海岸相当遥远的地方）。有些海洋生物通常生活在或活动在不归属任何国家管辖领域的海洋空间。被开发或受开发影响的鱼群可能分布于或跨越多个沿海国家边界，或从一个国家的专属经济区移动到相邻的公海。

有些鱼群两种情况都存在。对这种生物资源的捕捞，可能会发生在某单个专属经济区的界内或者界外。在这种情况下，一个鱼群，作为一个单一的管理单位，不持续的属于某个特定的沿海国的管辖，因此需要作出额外安排，以确保对该种群的有效管理。第六十三条为解决此问题既涉及跨界种群也涉及越界种群。

63. 2.　在海底委员会 1972 年会议上，加拿大代表提交的工作文件建议，"大范围活动的物种"适当的管理机制应当是"一个由相关国家组成的国际权威机构"。[1] 美国代表建议（资料来源 1），由该洄游种群通过水域的沿岸国家提供对洄游物种的管理。由澳大利亚和新西兰代表提交的工作文件规定了一个原则，"大范围活动的物种"应该由国际渔业管理委员会管理，并考虑一个特定物种的沿海国的特定利益。[2]

在海底委员会 1973 年会议上，非统组织声明赞成建立一个拥有足够的权力的国际组织，使各国遵守普遍接受的渔业管理原则，或者也可以加强粮农组织或其他渔业管理机构的力量，使它们能够就公海的所有地区作出适当的规定。[3]

一个由马耳他代表提出的条约草案（资料来源 2）建议强调，国际机构和沿海国家在执行有关那些国家海洋空间范围内迁徙范围延伸到国际公海范围内的生物资源的方案时，要进行"密切磋商"。

一个由 4 个国家（资料来源 3）提出解决"有限洄游的物种"和那些有"高度洄游

---

[1]　A/CONF. 138/SC. II/L. 8，第 11 部分（d）段，转载于《1972 年海底委员会报告》，第 164、166 页（加拿大）。

[2]　A/AC. 138/SC. H/L. 11，第 IX、XIII 部分，转载于《1972 年海底委员会报告》，第 183、187 页（澳大利亚和新西兰）。

[3]　A/AC. 138/89，declaration E，转载于《1973 年海底委员会报告》，第 4、6 页（非统组织）。

习性的物种"的管理。关于这些生物资源的勘探、开发、养护和发展的规章，要由"海洋法会议为此指定的权威机构"制定，虽然可能涉及区域的国家已经就"有限洄游的物种"有所规定。一个由3个拉丁美洲国家提交的议案（资料来源4）用更笼统的措辞规定：

> 考虑到那些超越一个和两个或更多的国家主权管辖区范围的生物资源，繁殖、觅食、生长在该海域，则有关国家之间可以协商建立勘探、保护和开发这些生物资源的适当规章。

63.3. 在海洋法会议第二期会议（1974年）上，没有引入任何关于具体处理跨界种群或越界种群问题的建议。非统组织重申其立场，赞成由国际渔业管理机构管理的机制。④

在《主要趋势工作文件》中（资料来源10），第一一二条规定，对于位于经济区内高度洄游鱼种将受沿岸国家规范，而超出该经济区的捕鱼行为将受"船舶国籍国"管理，这和国际或区域渔业组织建立的规定相一致。第一五八条重述了拉丁美洲国家的建议（资料来源4）。

63.4. 在第三期会议（1975年）上，由非正式法律专家小组（伊文森小组）准备的条款草案引入了新的语言文字，解决关于跨界种群和越界种群的问题。第七条的案文如下：

> 1. 各国应在不损害第五条和第六条的规定的情况下互相合作，直接或在适当的国际渔业组织框架内，无论是世界性的还是区域性的，寻求制定养护和合理利用经济区内的生物资源的准则和标准。
>
> 2. 如果同一种群或相关联的鱼种的几个种群出现在两个或两个以上沿海国的专属经济区内，这些国家应直接或通过适当的区域或分区域组织，设法就必要措施达成协议，以便在不妨害本章其他规定的情形下，协调并确保养护和公平地分配这些种群资源。
>
> 3. 如果同一种群或相关联的鱼种的几个种群出现在一个经济区内或超越了经济区或者邻接经济区的范围内，沿海国和在邻近地区捕捞这些种群的国家应直接或通过适当的区域或分区域组织，设法就措施达成协议，以养护这些在邻接区域内的这些种群。
>
> 4. 沿海国应将及时通知有关的养护和管理办法。⑤

---

④ A/CONF. 62/33（1974），声明E，正式记录，第三卷第63、64页（非统组织）。

⑤ The Economic Zone（1975年，油印），第七条（非正式法律专家小组）。转载在《第三次联合国海洋法会议文件集》第四卷第209、214页。

8 个西欧国家提交的提案（资料来源 18）中，第 C 条的内容如下：

1. 各国应进行合作，在适当的无论是国际性或区域性的国际渔业组织的框架内，着眼于维护有关国家鱼类物种或共同的渔业利益，寻求制定保护和合理利用经济区生物资源的标准和指导方针。

2. 如果同一种群或相关联的鱼种的几个种群出现在两个或两个以上沿海国家的经济区，或者一个或多个沿海国家的经济区以及向海一侧的区域内，则该一个或多个沿海国和国民在该地区捕鱼的国家应通过适当的区域组织，设法就措施达成协议，以协调和确保该地区的这些种群的养护和公平分配。

该提案还提到了跨界鱼类种群和越界种群"养护和公平分配"。
非正式单一协商案文第二部分（资料来源 6），第五十二条内容如下：

1. 如果同一的种群或相关联的鱼种的几个种群出现在两个或两个以上沿海国专属经济区内，这些国家应直接或通过适当的分区域或区域组织，设法就措施达成协议，在不妨害本部分的其他规定的情形下，协调并确保对这些种群的养护和发展。

2. 如果同一种群或相关联的鱼种的几个种群同时出现在专属经济区内及与专属经济区以外的邻接区域内，则沿海国和在该邻接区域内捕捞这种种群的国家应直接或通过适当的分区域或区域组织，设法就必要措施达成协议，以养护在邻接区域内的这些种群。

其后是伊文森小组案文的第 2 款和第 3 款。第 1 款处理的问题是关于跨界种群，虽然该条款呼吁有关沿海国家用达成一致措施"养护和发展这些种群"的说法，替代他们原来的"养护和公平分配这些种群"的表述，但是第 2 款在处理越界种群的问题时，说法依然是，呼吁各国直接或通过适当的分区域或区域组织设法就必要措施达成协议，以"养护这些种群"。

63.5. 第四期会议（1976 年）上，没有提出进一步的提案。在订正的单一协商案文/第二部分（资料来源 7），条文中唯一的变化是增加了标题。

63.6. 在第五期会议（1976 年）上，加拿大（资料来源 19）建议在第 2 款具体说明，有关国家应设法

就邻接区域养护和管理这些种群的必要措施达成协议，同时考虑到有必要确保这些措施都不与沿海国家制定的经济区内同一种群或物种的管理措施相冲突。

该提案设想了一个管理计划，以协调在专属经济区外和在专属经济区内采取的措施。

在非正式综合协商案文（资料来源8），该条款经稍微改动后并入了第六十三条。

63.7. 在第七期会议（1978年）上，葡萄牙代表（资料来源20）建议修订第六十一［六十三］条关于可捕量的问题，在跨界和越界种群的情况下，应当"由有关国家直接决定或通过适当的分区域性、区域性或全球性组织决定。"

63.8. 在第八期会议（1979年）上，一个由阿根廷代表（资料来源21）提出的非正式提案建议在第2款各国"设法"达成协议的指令性措辞，替代以他们"有义务"达成协议。它也在该段末尾增加了一款条文，表述如下：

> 有关协议应包括第六十二条的（b）、（c）、（d）、（e）和（k）项所述的措施。如果这个问题没有在合理的时间内达成协议，捕捞当前条文第二款中提到的种群的第三方国家应当遵守沿海国家为这类种群在上述第62段所涉及的事项所施行的管理规定。⑥

该建议在第七期和第八期会议的提案没有被接受，而非正式综合协商案文第一次修订稿（资料来源9）仅纳入了轻微的修改意见。

63.9. 在第九期会议（1980年）上，阿根廷代表提交了另外一项非正式提案（资料来源22），期望同时调和沿海国和捕鱼国对跨界种群的关切。该提案建议修订第六十三条第2款，纳入关于保护措施所起争端的应当采取的解决措施的条款。加拿大代表支持阿根廷代表的提案，在一项折中的提案中也作出类似的陈述。⑦ 这两项建议都试图确保，即使万一发生分歧，跨界种群的养护措施也能有所规定。他们的建议也意在确保，沿海国所采取的对位于其专属经济区内生物种群的规定，能够影响适用于公海的新措施的制定。阿根廷的提案要求，由"适当的法庭"决定，对跨界鱼类种群的保护措施与沿海国对在其专属经济区内的相同种群采取的措施一致。加拿大提案只是要求法庭考虑到沿海国对同一种群所采取的措施。

第二委员会主席关于该期会议的报告中提到了阿根廷的提案，但未将其纳入那些受到了"该委员会的广泛支持"的提案中。⑧ 阿根廷代表此后不久发表的书面声明说："事实上，我们的文本受到30个代表团的支持，说明，我们的关注和国际社会的大部分一致。"⑨ 然而，没有对第六十三条的任何修改纳入非正式综合协商案文第二次修订稿（资料来源10）。

---

⑥ 又见A/CONF.62/L.42（1979），第10段，正式记录，第十二卷第92、93页（第二委员会主席）。

⑦ 见A/CONF.62/WS/4（1980），第19−22段，正式记录，第十三卷第101、103、104页（加拿大），第125次全体会议上发言强调第18−22段，同上第8页。

⑧ A/CONF.62/L.51（1980），第12段和第13段，正式记录，第三卷第82、84页（第二委员主席会）。

⑨ 见A/CONF.62/WS/5（1980），第9段，正式记录，第十三卷第104、105页（阿根廷），在第126次全体会议上的发言，第82−93段，同上第17页。

63.10. 在第九期会议的续会（1980 年）上，15 个沿海国家（包括阿根廷和加拿大）（资料来源 23）再次提议变更第六十三条第 2 款，修改内容基本重复了上期会议加拿大的提案。加拿大提到，至少应当将这条修改包括在内，并指出，鉴于对修改的广泛支持，主张"相对简单"的修正第六十三条第 2 款，以与其对应的公海渔业条款中相关规定相一致（第一一七条和第一一八条）。该提案建议，呼吁沿海国和捕鱼国合作，共同采取"必要措施以满足种群在邻接区域养护的需要。"[10] 由于没有达成一致，这项提案在非正式综合协商案文第三次修订稿（资料来源 11）中没有任何变化。

63.11. 在第十一期会议（1982 年）上，按照最初由阿根廷代表提出的思路，做了试图修改第六十三条的最后努力。阿根廷代表力挺这项修改，认为如果没有这样一个修改，根据第六十三条沿海国在专属经济区的权利"将成为虚设"，因为它会削弱各国合作采取养护措施以合理开发利用这些资源必要的义务。[11] 还有其他几个国家也继续支持修订第 2 款。[12]

一项由 8 国集团提出的对第 2 款修订的类似的修正案（资料来源 13）作为正式修改建议提出，该修改建议对 15 个国家在第九期会议续会上提出的非正式提案的版本进行略加修改。在全体会议有很多支持[13]或者反对[14]修改的发言。按照当时大会对于正式修改意见的生效程序，为响应主席的呼吁，修正案的提案国首先撤回提案的第二和第三句，[15] 然后宣布，修正案不会进入表决程序。[16] 根据起草委员会的建议，对起草文字进行了进一步润色（资料来源 16 和资料来源 17）。

---

[10] 见 A/CONF.62/WS/14（1980），第 10 段和第 11 段，正式记录，第十四卷第 153、154 页（加拿大），在 137 次全体会议上重复发言，第 23 – 37 段，同上，第 43 页。

[11] 参见在 161 次全体会议（1982 年）上阿根廷代表的声明，第 18 段，正式记录，第十六卷第 31 页。

[12] 见在第 160 次至第 166 次全体会议（1982 年）上的综合辩论。例如，澳大利亚代表的陈述（"……非正式磋商已经证明了该条款引起了普遍不满。"）（第六十三条第 2 款）第 73 段，正式记录，第十六卷第 36 页；和厄瓜多尔代表（第六十三条修正案，将"确保就专属经济区及邻接海域的公海中生物资源的养护有效的政策"），第 119 段，同上，第 39 页。

[13] 参见：例如，在 171 次全体会议塞拉利昂代表的发言（提案"客观，公正"）第 43 段，正式记录，第十六卷第 109 页，和马达加斯加，第 106 段，同上，第 113 页；加拿大代表在第 172 次全体会议上称（无论处在何处，所有国家对本国的捕鱼船队采取可以接受的保护措施，这是合理的要求）第 11 段，同上，第 115 页；和厄瓜多尔（修订将产生一个"更清晰，更简洁的文本"）第 54 段，同上，第 118 页。另见加拿大代表提供的一份书面声明中的解释，A/CONF.62/WS/23（1982），同上，第 262、263 页（加拿大）。

[14] 例见，在 169 次全体会议上日本代表称（"为保护［这种］种群的任何安排……应基于有关国家之间的自愿协定"），第 43 段，正式记录，第十六卷第 96 页；由德意志民主共和国代表在第 170 次全体会议上称（反对"限制在公海捕鱼的第三国的权利"通过"扩大沿海国对临近海洋领域的的权利"）第 7 段，同上，第 100 页；和苏联（修订会"［削弱］在公海上的捕鱼自由"）第 27 段，同上，第 102 页；和韩国代表在第 171 次全体会议上称（建议将"引入强制性因素"到养护过程，并且"增加了费时和不必要的复杂程序"），第 4 段，同上，第 106 页。

[15] 见加拿大代表在第 175 次全体会议上的发言（1982 年），第 14 段，同上，第 131 页。

[16] 见第 176 次全体会议主席宣言（1982 年）第 2 段，同上，第 132 页。

63.12（a） 关于跨界种群的第 1 款，规定了相关沿海国的义务，即设法就必要措施达成协议，以便在不妨害第五部分其他规定的情形下，"协调并确保这些种群的养护和发展"。此为一项事务性约定，暗示着其义务为善意磋商。根据第六十一条规定，沿海国有义务在专属经济区采取措施进行生物资源的养护和管理。第六十三条第 1 款要求，相关沿海国应"直接或通过适当的分区域或区域组织"就协调和确保跨界种群的养护和开发所应采取的必要措施达成协议。相应地，在根据第六十一条确定养护和管理措施时，应同时考虑到第六十三条的要求。

63.12（b） 跨界种群的"开发"关系到渔业资源种群的开发，包括增加对极少利用的种群的开发和改善重度利用鱼类种群的开发，以便提高开发效率。联系到第六十一条关于不得过度开发特定种群的要求，跨界种群的开发需要制定长期战略，保护种群作为可持续资源。

63.12（c） 关于跨界种群的第 2 款规定沿海国和其他相关国家之间的协议追求目标应当是养护"在专属经济区以外和邻接专属经济区"的种群。第一一六条第（b）款对此进行了进一步规定（该款同时亦与第六十四条至第六十七条规定事项相关）。同样地，第一一七条要求所有国家应相互合作，采取措施保护公海现有资源。第一二三条再次以稍弱口吻重申了闭海或半闭海沿岸国在保护公海现有资源方面的义务。

63.12（d） 第六十三条要求相关沿海国达成协议，采取措施确保种群的养护和发展（第 1 款）。为养护跨界种群（第 2 款），沿海国和捕捞国还应就养护跨界种群达成类似协议。在两种情形下，相关国家均"应直接或通过适当的分区域或区域组织"，设法就必要措施达成协议。

63.12（e） 第六十三条第 2 款反映了海洋空间的连续性。第二部分第二节"公海生物资源的养护和管理"同样涉及了公海捕捞和在专属经济区邻接区域捕捞对种群的影响。根据第八十七条第 1 款第（e）项和第一一六条的规定，在公海捕捞跨界种群的权利取决于第六十三条第 2 款所规定的沿海国的权利、义务和利益。

63.12（f） 联合国一份关于公海捕鱼问题的研究指出，沿海国在跨界种群管理方面的问题在于"在 200 海里范围以外对跨界种群无限制的滥捕，会使得在 200 海里以内对该种群采取的任何措施都归于无用"。[17] 相反，在专属经济区内对种群的过度捕捞会对邻接的公海内的种群造成影响。第六十三条第 2 款"将（沿海国与在公海上捕捞种群的捕捞国）之间的合作作为对邻接专属经济区的公海资源养护的机制。"[18]

---

[17] 联合国法律事务部海洋事务与海洋法分部，《公海捕鱼机制的现状与展望》，第 21 页 62 段（联合国销售号：E. 92. V. 12（1992））。

[18] 同上，第 10 页第 20 段。

第六十四条　高度洄游鱼种

1. 沿海国及其国民在区域内捕捞附件一所列的高度洄游鱼种的其他国家应直接或通过适当国际组织进行合作，以期确保在专属经济区以内和以外的整个区域内的这种鱼种的养护和促进最适度利用这种鱼种的目标。在没有适当的国际组织存在的区域内，沿海国及其国民在区域内捕捞这些鱼种的其他国家，应合作设立这种组织并参加其工作。

2. 第 1 款的规定作为本部分其他规定的补充而适用。

资料来源

第三次联合国海洋法会议文件

1. A/AC. 138/SC. II/L. 4，A 节第三条第 3 款，转载在《1971 年海底委员会报告》第 241、243 页（美国）。

2. A/AC. 138/SC. II/L. 9，第三节，转载在《1972 年海底委员会报告》第 175、176 页（美国）。

3. A/AC. 138/SC. II/L. 28，第八十五条。转载在《1973 年海底委员会报告》第三卷第 35、63 页（马耳他）。

4. A/AC. 138/SC. II/L. 38，第十条。转载在《1973 年海底委员会报告》第三卷第 82、84 页（加拿大、印度、肯尼亚和斯里兰卡）。

5. A/CONF. 62/C. 2/L. 40 和 Add. 1（1974 年），第十三条，正式记录，第三卷第 217、218 页（比利时、丹麦、法国、德意志联邦共和国、爱尔兰、意大利、卢森堡和荷兰）。

6. A/CONF. 62/C. 2/L. 47（1974 年），第十九条，正式记录，第三卷第 222、223 页（美国）。

7. A/CONF. 62/C. 2/L. 57/Rev. 1（1974 年），条款第二条、第六条，正式记录，第三卷第 231 页（澳大利亚和新西兰）。

8. A/CONF. 62/L. 8/Rev. 1（1974 年），附件二附录一［A/CONF. 62/C. 2/WP. 1］，条款第一一二条、第一二八条，方案 A 第 4 款和第一五七条。正式记录，第三卷第 93、107、125、127 和 132 页（总报告员）［《主要趋势工作文件》］。

9. A/CONF. 62/WP. 8/Part II（非正式单一协商案文，1975 年），第五十三条，正式记录，第四卷第 152、161 页（第二委员会主席）。

10. A/CONF. 62/WP. 8/Rev. 1/Part II（订正的单一协商案文，1976 年），第五十三条，正式记录，第五卷第 151、162 页（第二委员会主席）。

11. A/CONF. 62/WP. 10（非正式综合协商案文，1977 年），第六十四条，正式记录，第八卷第 1、15 页。

12. A/CONF. 62/WP. 10/Rev. 1（非正式综合协商案文第一次修订稿，1979 年，油印），第六十四条。转载在《第三次联合国海洋法会议文件集》第一卷第 375、415 页。

13. A/CONF. 62/WP. 10/Rev. 2（非正式综合协商案文第二次修订稿。1980 年，油印），第六十四条。转载在《第三次联合国海洋法会议文件集》第二卷第 3、43 页。

14. A/CONF. 62/WP. 10/Rev. 3 *（非正式综合协商案文第三次修订稿，1980 年，油印），第六十四条。转载在《第三次联合国海洋法会议文件集》第二卷第 179、219 页。

15. A/CONF. 62/L. 78（《公约草案》，1981 年），第六十四条，正式记录，第十五卷第 172、185 页。

起草委员会文件

16. A/CONF. 62/L. 67/Add. 3（1981 年，油印），第 32～34 页。

17. A/CONF. 62/L. 72（1981 年），正式记录，第十五卷第 151 页（起草委员会主席）。

18. A/CONF. 62/L. 152/Add. 23（1982 年，油印），第 63 页。

19. A/CONF. 62/L. 160（1982 年），第十七卷，正式记录，第 225 页（起草委员会主席）。

非正式文件

20. Informal Working Paper No. 4，第二十五条；No. 4/Rev. l，条款第二十八条；和 No. 4/Rev. 2，条款第二十五条（均为 1974 年，油印）。转载在《第三次联合国海洋法会议文件集》第三卷第 314、332 和 354 页。

21. Informal Working Paper No. 5，条款第九条，方案 B 和 No. 5/Rev. l，条款第十条，方案 B（均为 1974 年，油印）。转载在《第三次联合国海洋法会议文件集》第三卷第 378 和 387 页。

22. C. 2/Reference No. 1（1975 年），澳大利亚：第一一二条（第二委员会主席）。转载在《第三次联合国海洋法会议文件集》第四卷第 114 页。

23. 巴基斯坦（〔1977 年〕，油印），第五十三条。转载在《第三次联合国海洋法会议文件集》第四卷第 436 页。

24. 美国（1977 年，油印），第五十三条。转载在《第三次联合国海洋法会议文件集》第四卷第 439 页。

25. 日本（［1977 年］，油印），第五十三条。转载在《第三次联合国海洋法会议文件集》第四卷第 440 页。

26. C. 2/Informal Meeting/25（1978 年，油印），第六十四条（厄瓜多尔）。转载在《第三次联合国海洋法会议文件集》第五卷第 35 页。

27. C. 2/Informal Meeting/25/Corr. l（1978 年，油印），第六十四条（厄瓜多尔）。转载在《第三次联合国海洋法会议文件集》第五卷第 36 页。

［注：本评注应与附件一一起研读。］

评　　注

64. 1.　第六十四条规定了关于经常在专属经济区内外广阔的海洋空间区域游动的鱼种的问题。该类鱼种被称为"高度洄游鱼种"，如附件一中所列，包括金枪鱼、剑鱼、马林鱼等。

第 1 款要求该区域内的沿海国和其他国家相互合作，以"确保养护和促进最适度利用"附件一所列高度洄游鱼种。沿海国和其他国家之间应在"专属经济区以内和以外的整个区域""直接或通过适当国际组织进行合作"。第 1 款同时规定，在没有适当的国际组织存在的地区，沿海国和其国民在区域内捕捞这些鱼种的其他国家，应合作设立这种组织并参加其工作。

第 2 款强调关于高度洄游鱼种的规定作为第五部分关于专属经济区生物资源养护与管理的其他规定的补充而适用。由于高度洄游鱼种跨越距离长、捕捞国家多，第六十四条的特别规定显得尤为必要。

尽管移动性并非附件一所列鱼种的独特特性，但仍有很多捕捞国倡导区分高度洄游鱼种，并就其单独建立一个特别机制。相反地，很多沿海国则认为洄游鱼种应与专属经济区内发现的其他鱼种一视同仁。第六十四条就是两种立场折中后的结果。

64. 2.　在海底委员会 1971 年的会议上，美利坚合众国代表（资料来源 1）提议给予"国际渔业组织"管理公海生物资源的权力。该提案包括了关于"高度洄游海洋种群"的规定，具体内容如下：

附录一所列之高度洄游海洋种群，*应按照相关国家之间有关鱼种养护与捕捞的协议或磋商进行管理。

如果直接相关的国家不能建立或认为没有必要建立有关高度洄游海洋种群的国际组织或区域性组织，该规定允许相关国家"根据协议或磋商"管理高度洄游种群。尽管该提案针对的是附录一所列明的种群，但脚注（＊）说明该附录并未附上（参见下文 A. I. 2 附件一评注）。

在海底委员会 1972 年的会议上，关于高度洄游鱼种的争论聚焦在国际渔业组织管理高度洄游鱼种的程度处于何等位置方为恰当。① 6 个社会主义国家的发言提出管理"不断游动的鱼类"是一项艰巨的任务。② 由加拿大代表提交的一份工作文件建议"由相关国家组成的国际机构应为管理这些（范围广泛、不断游动）鱼种的最为适当的机制"。③ 美利坚合众国（资料来源 2）对其最初的提案进行了修改，建议国家之间或者与国际组织合作或者相互之间达成关于"高度洄游海洋资源"管理的直接协议。澳大利亚和新西兰代表也支持由国际渔业委员会对"范围广泛的鱼种"进行管理，并提议"应当考虑沿海国对该类鱼种的特别利益"。④ 日本代表提出了支持国际管理但反对关于沿海国对捕捞高度洄游鱼种的优先权的规定。⑤

在海底委员会 1973 年会议上，大多数提案主张对高度洄游鱼种进行国际管理。⑥美利坚合众国提交的工作文件⑦、非统组织提交的联合声明⑧以及马耳他代表提交的条款草案（资料来源 3）均提议通过区域性渔业组织或适当的国际渔业组织对高度洄游鱼种进行管理。另一方面，由 4 个国家（资料来源 4）提交的提案则主张在专属经济区内的高度洄游鱼种由沿海国管理，在专属经济区之外的高度洄游鱼种由"海洋法会议设立的管理机构进行管理"。

64.3 在海洋法第二期会议（1974 年）上，非洲统一组织重申了其主张由国际组织对高度洄游鱼种进行管理的立场。⑨ 此外，由 8 个西欧国家（资料来源 5）提交的条款草案建议设立区域性组织，对"包括金枪鱼和鲸鱼在内的特定鱼种"实行养护和利用。

由非正式法律专家组（又称"埃文森小组"）起草的条款草案吸纳了美国代表在海底委员会会议上的提议，⑩规定由"负责高度洄游鱼种养护、分配和利用"的"适当

---

① 参见《1972 年海底委员会报告》，第 45 页第 179 段。

② A/AC. 138/85，转载在《1972 年海底委员会报告》第 78、79 页第 1 段（保加利亚、捷克斯洛伐克、德意志民主共和国、匈牙利、波兰和苏联）。

③ A/AC. 138/SC. II/L. 8，第二部分（d），转载在《1972 年海底委员会报告》第 164、166 页（加拿大）。

④ A/AC. 138/SC. II/L. 11，第九部分和第十三部分，转载在《1972 年海底委员会报告》第 183、186、187 页（澳大利亚和新西兰）。

⑤ A/AC. 138/SC. II/L. 12，第（vi）段、第 4.1 款，转载在《1972 年海底委员会报告》第 188、189、194 页（日本）。

⑥ A/AC. 138/95，第 72 段，转载在《1973 年海底委员会报告》第 38、54 页（第二分委员会报告）。

⑦ A/AC. 138/SC. II/L. 20，第二部分，转载在《1973 年海底委员会报告》第三卷第 11、15 页（美国）。

⑧ A/AC. 138/89，declaration E，转载在《1973 年海底委员会报告》第二卷第 4、6 页（非统组织）。

⑨ A/CONF. 63/33（1974），declaration E，正式记录，第三卷第 63、64 页（非洲统一组织）。

⑩ 临时条款草案（1974 年，油印），第二十二条，方案 B（埃文森小组）。转载在《第三次联合国海洋法会议文件集》第十一卷第 393、405 页。

的国际渔业组织或区域性渔业组织"进行管理。

美利坚合众国代表（资料来源 6）关于专属经济区和大陆架的提案涉及高度洄游鱼种的管理。该提案提出：

> 高度洄游鱼种的捕捞应遵守如下原则：
> A. 管理
> 捕捞附件一所列高度洄游鱼种的，在专属经济区捕捞的，由沿海国管理，在专属经济区外捕捞的，由捕捞船船旗国根据相关国际渔业组织或区域性渔业组织根据依据本条制定的规章进行管理。
> 在区域内的所有沿海国以及受国际渔业组织或区域性渔业组织管理的鱼种的捕捞船的船旗国，应加入该组织。未成立此类组织的，这些国家应当成立。
> 渔业组织根据本条确立的规章应适用于一切捕捞高度洄游鱼种的船只，无论其船旗国为哪国。

根据该提案，沿海国有权管理处于其专属经济区的高度洄游鱼种。在专属经济区外，则由捕捞船的船旗国"根据相关国际渔业组织或区域性渔业组织制定的规章"管理高度洄游鱼种捕捞行为。该提案还呼吁所有相关国家加入此类组织或在没有此类组织时，建立一个这样的国际性或区域性的渔业组织。该条的其他部分则是关于养护措施、允许捕捞资源的充分利用、外国船只捕捞费等。美国代表是这样评价该提案的：

> 在承认沿海国对于在其专属经济区内捕捞到的鱼种显然享有的衡平利益的同时，已经有人努力寻找同意对此类鱼种的养护和管理进行国际安排的关键科学证据。[11]

澳大利亚和新西兰代表（资料来源 7）提出的修订后的条款草案则对高度洄游鱼种进行了一些规定。相关规定如下：

> 2. 所有国家应与已经成立的或被授权发布有关包括分配和国家配额在内的有关特定种群养护和管理规定的相关国际性或区域性组织（无论其在本条规定生效日前已经存在还是此后根据本条款设立）通力合作。
> ……
> 6. 各国应遵守该等国际性或区域性组织发布的规章：

---

[11] Second Committee，41st meeting（1974 年），第 19 段，正式记录，第二卷第 291 页。

（a）在其专属经济区或其他水域内对所有人员和船只适用该等规章；

（b）在其专属经济区之外，对悬挂其国旗的船只适用该等规章。

条款草案的第 1 款创建了一种与粮农组织就恰当管理高度洄游鱼种进行磋商的方法。第 2 款要求相关国家和"相关国际性或区域性组织"通力合作，进行相关鱼种的养护和管理。第 6 款则是关于一个国家在其专属经济区内外规章适用的。有一个介绍性条款对该事项进行了如下阐述：

> 附件所列之高度洄游鱼种应根据本条规定管理，其方式应同于在专属经济区内发现或捕获的鱼种。但更多国家被要求在此类鱼种的养护、管理和控制以及合理利用方面相互合作的，如下额外规定应予适用。

美国代表的提案第 4 款提出了国际组织在制定规定时应当考虑的标准。额外规定对外国船只规费、执行和争端解决进行了规范。

密克罗尼西亚代表的一项正式发言同样提出了"沿海国对高度洄游鱼种的资源权利"。在主张沿海国对其专属经济区内高度洄游鱼种的管理权利的同时，该发言同时指出"养护要求对沿海国专属经济区和公海的捕捞行为进行管理"。⑫

《主要趋势工作文件》（资料来源 8）吸纳了直接涉及高度洄游鱼种问题的提案意见。这些意见体现在《主要趋势工作文件》关于专属经济区、沿海国优先权和公海三个章节里。《主要趋势工作文件》包含了有关专属经济区生物资源处理和专属经济区内外高度洄游鱼种处理的规定。第一一二条方案 A 和方案 B，第一二八条方案 A，第一五七条方案 A 分别体现了美利坚合众国（资料来源 6）、澳大利亚和新西兰（资料来源 7）自第二期会议以来以及日本在海底委员会提案（资料来源 4）的意见。

64.4 在第三期会议（1975 年）上，埃文森小组起草了关于专属经济区的一系列条款草案，包括有关高度洄游鱼种的，节选如下：

> 1. 沿海国在对经济区内的生物资源行使主权权利时，应按照本条规定和本章的其他相关规定，管理附件一所列高度洄游鱼种的捕捞。

> 2. 沿海国应直接与其国民在区域内捕捞高度洄游鱼种的其他国家或通过相关国际组织与这些国家相互合作，进行高度洄游鱼种的养护和最适度利用。

---

⑫ 参见 A/CONF. 62/L. 6（1974 年），渔业，正式记录，第三卷第 83－85 页（密克罗尼西亚国会联合委员会主席）。（严格地说，当时作为太平洋岛国托管领土一部分的密克罗尼西亚代表团是美国代表团的一部分。这一说明是第 49 次大会作出的明确决议后密克罗尼西亚作出的独立意见。现在的密克罗尼西亚联邦，当时的密克罗尼西亚是联合国会员，并核准了 1982 年公约。）

该地区内不存在相关国际组织的，沿海国和其国民在区域内捕捞高度洄游鱼种的国家应合作设立这种组织并参加其工作。

3. 在现有最有说服力科学证据和其他相关信息的基础上，这种组织应制定有关高度洄游鱼种的标准，对经济区内外的该区域内的高度洄游鱼种进行养护和最适度利用。为此目的，相关的组织应对允许捕捞范围、公平分配、捕捞许可颁发、统一的规费和惩罚制度进行规定或提出建议。

……⑬

该条承认了沿海国对经济区生物资源的主权权利，要求沿海国"按照本条规定和本章的其他相关规定"对高度洄游鱼种进行管理。该条款草案第2款提出沿海国和该地区内其他国家可直接合作或通过国际组织开展合作。第2款同时还引入了对高度洄游鱼种进行"最适度利用"的提法。(此前第二期会议上的提案提到的是"充分利用"(资料来源6)和"合理利用"(资料来源7))。第3款通过规定确保高度洄游鱼种"在经济区内外的区域范围内"的养护和最适度利用，将"区域"的范围扩展至专属经济区以外。国家之间可直接合作，或通过有权制定高度洄游鱼种养护和最适度利用规章的"适当国际组织"开展合作。第8款特别对海洋哺乳动物的捕捞、保护和管理进行了规定(参加下文65.4)。

澳大利亚代表(资料来源22)的一项非正式提案则建议恢复其之前提案的引言款，包括关于高度洄游鱼种管理的一般性说明(最初的提案在被纳入主要趋势文件时，该款被删除)。但这一提议未被接受。

非正式单一协商案文第二部分(资料来源9)第五十三条表述如下：

1. 除本部分其他规定外，第二款的规定亦应适用于沿海国对其专属经济区内附件所列高度洄游鱼种捕捞的管理。

2. 沿海国和其国民在该区域内捕捞高度洄游鱼种的国家应直接或通过适当国际组织进行合作，以期确保在专属经济区内外的整个区域的这种高度洄游鱼种的养护和促进最适度利用这种鱼种的目标。在没有适当国际组织存在的区域内，沿海国和其国民在区域内捕捞高度洄游鱼种的国家应建立这种组织并参加其工作。

3. 本公约的任何内容均不约束沿海国、国际组织对海洋哺乳动物的捕捞进行限制、管治和限制。各国应直接或通过适当国际组织进行合作，对海洋

---

⑬ The Economic Zone (1975年，油印)，第十二条第1－3款(埃文森小组)。专家组向第二委员会主席提交的最终文件不包括关于高度洄游鱼群的任何规定，仅仅在第十二条将此事项作为"在议事项"。转载在《第三次联合国海洋法会议文件集》第四卷，第209、216页。

哺乳动物进行保护和管理。

第 1 款规定了沿海国对其专属经济区内高度洄游鱼种捕捞行为的管理。第 2 款引用了埃文森小组的意见，对捕捞国和沿海国创设了相互直接合作或通过国际组织开展合作，以便"确保养护和促进对专属经济区内外的整个区域的这种高度洄游鱼种进行养护，实现最优利用"的义务。特别关于海洋哺乳动物的第 3 款则衍生自埃文森小组的草案第 8 款。

64.5 在第四期会议（1976 年）上，经过非正式协商，订正的单一协商案文第二部分（资料来源 10）第五十三条的内容如下：

高度洄游鱼种

1. 沿海国和其国民在区域内捕捞附件所列高度洄游鱼种的国家应直接或通过适当国际组织进行合作，以期确保在专属经济区内外的整个区域的这种高度洄游鱼种进行养护，实现最优利用。在没有适当的国际组织存在的区域内，沿海国和其国民在区域内捕捞高度洄游鱼种的国家应合作设立这种组织并参加其工作。

2. 除本章其他规定外，第 1 款规定亦应予以适用。

这一阶段加入了标题。非正式单一协商案文规定中这两段的顺序被颠倒。订正的单一协商案文第 2 款同时略去了沿海国对高度洄游鱼种的管理。对海洋哺乳动物进行规定的非正式单一协商案文第 3 款被自第五十三条中撤出，成为独立的订正的单一协商案文第 54 条（参见下文第 65.5 段）。

尽管订正的单一协商案文第二部分不再明确提及沿海国对其专属经济区内高度洄游鱼种的管理，但第五十三条第 2 款仍对该事项进行了规定，该款规定本章有关专属经济区的其他规定应予适用。

64.6 在第六期会议（1977 年）上，巴基斯坦（资料来源 23）提议删除"促进最适度利用"的表述。美国代表（资料来源 24）提议保留第五十三条第 1 款和第 2 款的实质内容，并另外新增加 3 款，对沿海国和主管国际组织各自的职权范围进行规定。在采用适用于沿海国专属经济区的管理措施前应征求沿海国同意，但沿海国业已同意不同程序的除外。沿海国在其专属经济区内具有执行该等措施的权力，国际组织的其他成员国则应对专属经济区以外的执行措施达成协议。国际组织可确定整个区域的捕捞限量，尽管其不对捕捞限量进行具体分配。日本代表（资料来源 25）提议在高度洄游鱼种的定义中包括

金枪鱼、鲸鱼和其他相关国际组织或区域性组织基于其宽广的迁移特性

和对其捕捞进行全球性或区域性国际保护之需要而确定的其他鱼类。

以上提议均未被接受，在非正式综合协商案文（资料来源 11）中，该条规定被修改为第六十四条，仅对起草文字进行了稍微润色，对语句进行了细微调整。

64.7 在第七期会议（1978 年）上，厄瓜多尔代表（资料来源 26 和资料来源 27）提议对第六十四条进行与美国代表在上次会议上的提案类似的修改。但这些修改未被接受。

64.8 在非正式综合协商案文第二次修订稿（资料来源 12）中，对第六十四条进行了起草文字上的润色。第一款中的"本公约"和第二款中的"本公约"均被删除。此后非正式综合协商案文（资料来源 13 和资料来源 14）的修订未再进行实质性修改。

64.9（a） 第六十四条确认了沿海国对管理其专属经济区内的高度洄游鱼种的主权权利。该条对第五部分关于生物资源的其他条款进行了补充。国家的实践确认了沿海国对其专属经济区的管理扩展至高度洄游鱼种。[14]该条要求沿海国与"其国民在区域内捕捞的其他国家"相互合作，管理区域内专属经济区内外的高度洄游鱼种。合作管理的目的是为了确保对区域内的高度洄游种群的养护和实现最适度利用。在可行的最大程度上，所采取的一切管理措施应广泛适用于相关的洄游种群。[15]

64.9（b） 这种合作的义务可由相关国家直接履行或通过"适当的国际组织"履行。曾有人提出修改本条，要求仅通过国际组织开展合作，如第六十五条（海洋哺乳动物），但这些提议未被接受。相应地，第六十四条也没有排除可以同时使用这两种途径。相关国家可以通过关于相同捕捞活动的多个机制进行合作。

64.9（c） 第六十四条要求，在不存在适当国际组织时，沿海国和其国民捕捞高度洄游鱼种的其他国家应相互合作设立这种组织并参加其工作。

渔业管理的区域合作并非一个新的理念。在联合国粮农组织内就存在很多区域性渔业机构。[16]在金枪鱼管理方面，其中就有印度洋渔业委员会特别委员会（IPFC）、印度洋－太平洋渔业委员会（IPTP）、印度洋－太平洋金枪鱼开发管理计划对印度洋和太平洋的金枪鱼捕捞进行管理。[17]还有不附属于联合国粮农组织的金枪鱼组织，例如国际大西洋金枪鱼保护委员会（ICCAT）、美洲间热带金枪鱼委员会（I－ATTC）以及南太平洋渔业结构论坛（FFA）等。

---

[14] 长期以来，美国作为主要远洋捕捞国家之一，一直主张金枪鱼不属于沿海国管辖范围。自 1992 年 1 月 1 日开始，美国确认了其对专属经济区内金枪鱼的管辖权，并承认了沿海国在其专属经济区对金枪鱼的管辖权。参见美国总统布什在签署 H. R. 2061 号文件（1990 年渔业养护修订案，公法 101－627）。

[15] 又参见联合国法律事务部厅海洋事务与海洋法司编 *The Regime For High-Seas Fisheries：Status and Prospects*，（联合国销售号 E. 92. V. 12（1992））。

[16] 参见粮农组织文件 COFI/87/9（1987 年，油印）、COFI/89/3（1989 年）。

[17] 参见粮农组织文件 COFI/89/3（1989 年，油印）。

64.9（d） "确保高度洄游鱼种的养护和实现最优利用"的表述在任何情形下均强调了第六十一条第 2 款所规定的"适当养护和管理"这两个目标。同时，在促进最适度利用方面其也将第六十四条（第六十四条第 2 款）与第六十二条第 1 款关联起来。渔业管理的总体目标就是保持高度洄游鱼种作为一个可持续的经济资源。

64.9（e） 要求对"专属经济区内外的"高度洄游鱼种进行管理将第六十四条与关于公海的规定相联系。第八十七条第 1 款第（e）项规定所有国家在遵守第一一六条至第一二〇条关于公海生物资源养护与管理的前提下均享有在公海捕鱼的自由。第一一六条第（b）款规定在公海上的捕鱼权利受第六十四条等规定的沿海国的权利、义务和利益的限制。第一一八条要求各国应互相合作以养护和管理公海区域内的生物资源，为此目的，这些国家应在适当情形下设立分区域或区域渔业组织。

64.9（f） 第六十四条的规定适用于捕捞附件一所规定鱼种的国家，在附件一中，有 7 种鲸目动物被列在第 17 项里。关于海洋哺乳动物的第六十五条（参见下文第 65.11（d）段）、规定第六十五条适用于公海哺乳动物养护和管理的第一二〇条均覆盖了这些鲸目动物。第六十四条是关于鲸目动物的一般法，第六十五条则是关于鲸目动物的特别法。

第六十五条　海洋哺乳动物

本部分的任何规定并不限制沿海国的权利或国际组织的职权，对捕捉海洋哺乳动物执行较本部分规定更为严格的禁止、限制或管制。各国应进行合作，以期养护海洋哺乳动物，在有关鲸类动物方面，尤应通过适当的国际组织，致力于这种动物的养护、管理和研究。

资料来源

第三次联合国海洋法会议文件

1. A/AC. 138/SC. II/L. 28，第八十五条。转载在《1973 年海底委员会报告》第三卷第 35、63 页（马耳他）。

2. A/CONF. 62/C. 2/L. 40 和 Add. 1（1974 年），第十三条，正式记录，第三卷第 217、218 页（比利时、丹麦、法国、德意志联邦共和国、爱尔兰、意大利、卢森堡和荷兰）。

3. A/CONF. 62/C. 2/L. 47（1974 年），第二十条，正式记录，第三卷第 222、224 页（美国）。

4. A/CONF. 62/L. 8./Rev. 1（1974 年），附件二附录一 ［A/CONF. 62/C. 2/WP. 1］，条款第一一三条。正式记录，第三卷第 93、107、126 页（总报告员）[《主要趋势工作文件》]。

5. A/CONF. 62/WP. 8/Part II（非正式单一协商案文，1975 年），第五十三条第 3 款，正式记录，第四卷第 152、161 页。

6. A/CONF. 62/WP. 8/Rev. 1/Part II（订正的单一协商案文，1976 年），第五十四条，正式记录，第五卷第 151、162 页。

7. A/CONF. 62/WP. 10（非正式综合协商案文，1977 年），第六十五条，正式记录，第八卷第 1、15 页。

8. A/CONF. 62/WP. 10/Rev. 1（非正式综合协商案文第一次修订稿，1979 年，油印），第六十五条。转载在《第三次联合国海洋法会议文件集》第一卷第 375、415 页。

9. A/CONF. 62/L. 51（1980 年），第三部分，第 11 段和 13 段；和第四部分，第六十五条，正式记录，第十三卷第 82、83、84 页（第二委员会主席）。

10. A/CONF. 62/WP. 10/Rev. 2（非正式综合协商案文第二次修订稿，1980 年。油印），第六十五条。转载在《第三次联合国海洋法会议文件集》第二卷第 3、43 页。

11. A/CONF. 62/WP. 10/Rev. 3*（非正式综合协商案文第三次修订稿，1980 年，油印），第六十五条。转载在《第三次联合国海洋法会议文件集》第二卷第 179、219 页。

12. A/CONF. 62/L. 78（《公约草案》，1981 年），第六十五条，正式记录，第十五卷第 172、185 页。

起草委员会文件

没有与此过程同时的文件。

非正式文件

13. Informal Working Paper No. 4，条款第二十六条；No. 4/Rev. 1，条款第二十九条和 No. 4/Rev. 2，条款第二十六条（均为 1974 年，油印）。转载在《第三次联合国海洋法会议文件集》第三卷第 314、332 和 354 页。

14. Informal Working Paper No. 7/Rev. 1 and Rev. 2，条款第十八条（均为 1974 年，油印）。转载在《第三次联合国海洋法会议文件集》第三卷第 415 页和 429 页。

15. C. 2/Informal meeting/9（1978 年，油印），第六十五条（秘鲁）转载在《第三次联合国海洋法会议文件集》第四卷，第 13、15 页。

16. C. 2/Informal meeting/40（1978 年，油印），第六十五条（秘鲁），转载在《第三次联合国海洋法会议文件集》第五卷第 46 页。

17. 美国（1978 年，油印），第六十五条。转载在《第三次联合国海洋法会议文件集》第四卷，第 511 页。

18. C. 2/Informal meeging/49（1979 年，油印）修订后的第六十五条（美国）。转载在《第三次联合国海洋法会议文件集》第四卷，第 56 页。

（参见《评注》第三卷对《公约》第一二十条的评注。）

评　　注

65. 1.　第六十五条遵循了第六十四条的规定（通过附件一），它允许"一个沿海国或一个国际组织在适当的情况下，制定措施以对捕捉海洋哺乳动物执行较第五部分规定更为严格的禁止、限制或管制"。更进一步，各国有义务合作以养护海洋哺乳动物，特别是鲸类动物，并"通过适当的国际组织，致力于这种动物的养护、管理和研究。"在这些方面，第六十五条明确了对海洋哺乳动物，应在第六十一条和第六十二条所阐述的专属经济区生物资源的养护和利用方面，给予特别考虑。在这方面，可以执行较上述条款更严格的管理办法。

65.2. 在海底委员会 1973 年会议上，马耳他代表（资料来源 1）提出了一些条款草案，其中包括一条规定要求有关制定包括"海洋哺乳动物"在内的养护计划的国际机构、沿海国和其他国家之间的密切合作。这些计划可以通过"适当的区域组织"执行。

65.3. 在海洋法会议第二期会议（1974 年）上，8 个西欧国家（资料来源 2）的提案提出要建立"区域部门渔业组织"以采取对例如鲸鱼等特别种群的合理开发和养护措施。

美国代表（资料来源 3）提交的条款草案中第一次在单独一条中说明了海洋哺乳动物，内容如下：

> 尽管该章规定有关生物资源的充分利用，这些规定不得妨碍沿海国或国际组织在适当的情况下禁止对海洋哺乳动物的开发。

根据该条规定，在沿海国和国际组织禁止开发海洋哺乳动物的权力下，有关生物资源的完全利用的规定将不适用。（这说明了之后成为第六十五条的内容的基本结构。）

美国的提案被纳入了《主要趋势工作文件》（资料来源 4）。

65.4. 在第三期会议上（1975 年），非正式法律专家组（埃文森小组）拟定了关于经济区的条款草案，其中在关于高度洄游鱼种的一条规定中提到了海洋哺乳动物，内容如下：

> 8. 本公约的任何规定不应限制沿海国或国际组织在适当的情况下禁止、管制和限制对海洋哺乳动物的开发。各国应直接或通过适当的国际组织进行合作，以期保护和管理海洋哺乳动物。

这一段出现在一条关于高度洄游鱼种的规定的最后条文中。[①]该案文扩展了美国的提案，要求各国在"保护和管理"海洋哺乳动物上"直接或通过适当的国际组织"进行合作。

非正式单一协商案文第二部分（资料来源 5）将埃文森小组提议的文字并入了第五十三条第 3 款，该款处理高度洄游鱼种的问题（参见上文第 64.4 段）。

65.5. 在第四期会议上（1976 年），经过非正式协商，订正的单一协商案文第二部分（资料来源 6）包括了名为"海洋哺乳动物"的单独的第五十四条，其内容如下：

---

① The Economic Zone（1975 年，油印），第十二条第 8 款（非正式法律专家组）。转载在《第三次联合国海洋法会议文件集》第十一卷第 481、487 页。

本公约的任何规定并不限制沿海国或国际组织在适当的情况下禁止、管制和限制对海洋哺乳动物的开发。各国应直接或通过适当的国际组织进行合作，以期保护和管理海洋哺乳动物。

第一句中的"应限制"被改成了"限制"。

将海洋哺乳动物单独列为一条规定强调了对第五十四条中的鱼种的养护和管理是对第五十三条（现在是第六十四条）规定的补充。

该案文在非正式综合协商案文（资料来源 7）中被逐字重复，该条文被重新编号为第六十五条。

65.6. 在第七期会议（1978 年）上，秘鲁代表（资料来源 15）提出修改第六十五条，指明国际组织的"职权"。秘鲁（资料来源 16）的第二项提案提出了第六十五条的新措辞：

根据第六十一条第 2 款和第六十四条的规定，本公约不限制沿海国在其专属经济区内管制、限制或禁止对海洋哺乳动物开发的权利，或国际组织有关同样适用于专属经济区外的管制、限制或禁止对海洋哺乳动物开发的措施的职权。

各国应直接或通过适当的国际组织进行合作，以期保护和管理海洋哺乳动物。

该案文在第六十五条开头添加适用"根据第六十一条第 2 款和第六十四条的规定"。它也授予了沿海国在其专属经济区内管理海洋哺乳动物的权利，而专属经济区外的职权授予了"国际机构"。该权利或职权适用于海洋哺乳动物开发的"管制，限制或禁止"。

65.7. 在第七期会议续会（1978 年）上，美国代表（资料来源 17）的提案规定：

本公约不限制沿海国或国际组织在适当情况下禁止或更严格地管制或限制海洋哺乳动物开发的权利或职权。各国应直接或通过国际组织进行合作，以期保护和管理海洋哺乳动物。

美国的案文提到了沿海国和国际组织管理海洋哺乳动物的权利和职权。它也规定国际组织或沿海国可以"禁止或更严格地管制或限制"海洋哺乳动物的开发。它还规定合作进行"海洋哺乳动物研究"。

65.8. 在第八期会议（1979 年）上，第二委员会主席报告说海洋哺乳动物协商仍在继续。②非正式综合协商案文第一次修订稿（资料来源 8）重复了非正式综合协商案

---

② A/CONF. 62/L. 38（1979），第 11 段，正式记录，第十一卷第 101、102 页（第二委员会主席）。

文的第六十五条。

65.9. 在第八期会议续会（1979年）上，美利坚合众国代表（资料来源18）提出了第六十五条的进一步修改建议，内容如下：

> 本部分不限制沿海国或国际组织在适当情况下规定比本部分更严格地禁止、限制或管制海洋哺乳动物开发的权利或职权。各国应进行合作，以期养护海洋哺乳动物，在有关鲸类动物方面，尤应通过适当国际组织致力于这种动物的养护、管理和研究。

该案文规定了更严格"禁止、限制或管制"海洋哺乳动物开发的权利。它也特别提到"有关鲸类动物方面"，呼吁在对其"养护、管理和研究"上进行合作。第二委员会主席在该会议上的报告中说，美国的提案没有讨论，因为该提案提出的唯一目的是为了取得其他代表团的评论意见。③

65.10. 在第九期会议（1980年）上，包括加拿大在内的许多国家④表示支持美国提出的对第六十五条的修改。第二委员会主席在随后的报告中说（资料来源9）美国的提案为达成共识的可能提供了实质上的促进。美国的提案被逐字采纳为非正式综合协商案文第二次修订稿（资料来源10）第六十五条。第六十五条没有更进一步的修改。

65.11（a）. 第六十五条扩大了沿海国更严格的禁止、限制或管制对专属经济区内的海洋哺乳动物的开发的权利，尽管有第六十一条的规定（并且根据第一二○条，专属经济区外的开发）。第六十五条的作用是在沿海国将要决定禁止在其专属经济区内对任何海洋哺乳动物的开发时使沿海国免受异议。它也扩大了适当国际组织关于这方面的职权。

虽然沿海国可以根据第六十一条宣布可捕量为零来达到同样的目标，但该条强调的是开发以及取得最高持续产量，并且该条认为沿海国是在管理将被捕获的种群。

65.11（b）. 没有迹象表明在这些事务上什么构成主管国际组织。国际捕鲸委员会专门为有关鲸类的养护和利用作出了特别安排。未能成功养护种群也导致了其他鲸类公约的适用。⑤

65.11（c）. 限制或禁止专属经济区内的海洋哺乳动物的开发可以对其他种群产生重大影响，特别是那些海洋哺乳动物捕食的种群。第六十一条第4款要求沿海国考

---

③ A/CONF. 62/L. 42（1979年），第六十五条，正式记录，第十二卷第92、93页（第二委员会主席）。

④ A/CONF. 62/WS/4（1980年），附件，第六十五条，正式记录，第十三卷第101、104页（加拿大）。该发言同时也对第六十五条所使用的短语"通过"提供了解释。

⑤ 见 P. Birnie，"Whaling Régime,"载于 R. Bernhardt（编），*Encyclopedia of Public International Law*，Instalment 11，第340页（1989年）。

虑养护和管理措施对有关联的或相依赖的种群的影响。而第六十五条却规定对于海洋哺乳动物，第五部分的规定不能限制沿海国或国际组织禁止、限制或管制开发的权利或职权。因此，第六十五条的规定属于特别法，可以取代第六十一条第 4 款。

65.11（d）. 对于一些鲸类，第六十五条的规定也影响第六十四条的规定。附件一中列举了七科鲸类，这使它们受第六十四条规定的限制。第六十四条要求各国合作，"以期确保这种（高度洄游）种群的养护和促进最适度利用这种种群的目标。"对于附件一列举的鲸类，第六十四条表达的"最适度利用目标"的适用应与第六十五条规定的这些种群的"养护、管理和研究"的要求相协调，第六十五条本身可以理解为优先于第五部分的其他规定。

第六十六条　溯河产卵种群

1. 有溯河产卵种群源自其河流的国家对于这种种群应有主要利益和责任。

2. 溯河产卵种群的鱼源国，应制订关于在其专属经济区外部界限向陆一面的一切水域中的捕捞和关于第3款（b）项中所规定的捕捞的适当管理措施，以确保这种种群的养护。鱼源国可与第3和第4款所指的捕捞这些种群的其他国家协商后，确定源自其河流的种群的总可捕量。

3.（a）捕捞溯河产卵种群的渔业活动，应只在专属经济区外部界限向陆一面的水域中进行，但这项规定引起鱼源国以外的国家经济失调的情形除外。关于在专属经济区外部界限以外进行的这种捕捞，有关国家应保持协商，以期就这种捕捞的条款和条件达成协议，并适当顾及鱼源国对这些种群加以养护的要求和需要；

（b）鱼源国考虑到捕捞这些种群的其他国家的正常渔获量和作业方式，以及进行这种捕捞活动的所有地区，应进行合作以尽量减轻这种国家的经济失调；

（c）（b）项所指的国家，经与鱼源国协议后参加使溯河产卵种群再生的措施者，特别是分担作此用途的开支者，在捕捞源自鱼源国河流的种群方面，应得到鱼源国的特别考虑；

（d）鱼源国及其他有关国家应达成协议，以执行有关专属经济区以外的溯河产卵种群的法律和规章。

4. 在溯河产卵种群洄游进入或通过鱼源国以外国家的专属经济区外部界限向陆一面的水域的情形下，该国应在养护和管理这种种群方面同鱼源国进行合作。

5. 溯河产卵种群的鱼源国和捕捞这些种群的其他国家，为了执行本条的各项规定，应作出安排，在适当情形下通过区域性组织作出安排。

资料来源

第三次联合国海洋法会议文件

1. A/AC.138/SC.II/L.4 and Corr.1，第三条第2款（D）和（E）项以及第3款（B）项（3）目，转载在《1971年海底委员会报告》第241、242~243页（美国）。

2. A/AC.138/SC.II/L.6，条款第二条。转载在《1972年海底委员会报告》第158页（苏联）。

3. A/AC.138/SC.II/L.9，Part II，转载在《1972 年海底委员会报告》第 175 页（美国）。

4. A/AC.138/SC.II/L.28，第八十五条。转载在《1973 年海底委员会报告》第三卷第 35、63 页（马耳他）。

5. Variants submitted by delegations，item 6.6，备选案文 A，转载在《1973 年海底委员会报告》第四卷第 100 页。

6. A/CONF.62/C.2/L.37（1974 年），正式记录，第三卷第 214 页（丹麦）。

7. A/CONF.62/C.2/L.38 and Corr.1（1974 年），第二十条，正式记录，第三卷第 214、216 页（保加利亚、白俄罗斯苏维埃社会主义共和国、德意志民主共和国、波兰、乌克兰苏维埃社会主义共和国和苏联）。

8. A/CONF.62/C.2/L.41（1974 年），正式记录，第三卷第 220 页（爱尔兰）。

9. A/CONF.62/C.2/L.46（1974 年），正式记录，第三卷第 221 页（日本）。

10. A/CONF.62/C.2/L.47（1974 年），第十八条，正式记录，第三卷第 222、223 页（美国）。

11. A/CONF.62/C.2/L.80（1974 年），第 3 段，正式记录，第三卷第 239 页（美国）。

12. A/CONF.62/L.8/Rev.1（1974 年），附件二附录一〔A/CONF.62/C.2/WP.1〕，条款第一一○条、第一二八条方案 A 第 5 款和第一六一条，正式记录，第三卷第 93、107、124 和 132 页。

13. A/CONF.62/WP.8/Part II（非正式单一协商案文，1975 年），第五十四条，正式记录，第四卷第 152、161 页（第二委员会主席）。

14. A/CONF.62/WP.8/Rev.1/Part II（订正的单一协商案文，1976 年），第五十五条，正式记录，第五卷第 151、162 页（第二委员会主席）。

15. A/CONF.62/WP.10（非正式综合协商案文，1977 年），第六十六条，正式记录，第八卷第 1、15 页。

16. A/CONF.62/RCNG/1（1978 年），第二委员会主席向全体会议的报告第 13 段（第六十六条第 2 款和第 3 款（a）项），正式记录，第十卷第 13、83、86 页。

17. A/CONF.62/WP.10/Rev.1（非正式综合协商案文第一次修订稿，转载在《第三次联合国海洋法会议文件集》第一卷第 375、416 页。

18. A/CONF.62/WP.10/Rev.2（非正式综合协商案文第二次修订稿，转载在《第三次联合国海洋法会议文件集》第二卷第 3、43 页。

19. A/CONF.62/WP.10/Rev.3*（非正式综合协商案文第三次修订稿，1980 年，油印），第六十六条。转载在《第三次联合国海洋法会议文件集》第二卷第 179、220 页。

20. A/CONF.62/L.78（《公约草案》，1981 年），第六十六条，正式记录，第十五卷第 172、186 页。

起草委员会文件

21. A/CONF. 62/L. 67/Add. 3（1981 年，油印），第 35 ~ 38 页。

22. A/CONF. 62/L. 67/Add. 13（1981 年，油印），第 6 页。

23. A/CONF. 62/L. 67/Add. 14（1981 年，油印），第 33 页。

24. A/CONF. 62/L. 72（1981 年），正式记录，第十五卷第 151 页（起草委员会主席）。

25. A/CONF. 62/L. 152/Add. 23（1982 年，油印），第 66 页。

26. A/CONF. 62/L. 160（1982 年），正式记录，第十七卷第 225 页（起草委员会主席）。

非正式文件

27. Informal Working Paper No. 4，条款第十九条、第二十三条；No. 4/Rev. 1，条款第二十二条、第二十六条，以及 No. 4/Rev. 2，条款第二十三条（均为 1974 年，油印）。转载在《第三次联合国海洋法会议文件集》第三卷第 314、332 和 354 页。

28. Informal Working Paper No. 7，条款第二十二条、第二十三条；No. 7/Rev. 1，条款第二十六条、第二十七条；和 No. 7/Rev. 2，条款第二十六条、第二十七条（均为 1974 年，油印）。转载在《第三次联合国海洋法会议文件集》第三卷第 402、415 和 429 页。

29. 苏联（［1977 年］，油印），第五十五条第 1、2 和 3 款（［b］）。转载在《第三次联合国海洋法会议文件集》第四卷第 440 页。

30. 匿名的（1977 年，油印），第五十五条第 1，2 和 3（a）及（b）款。转载在《第三次联合国海洋法会议文件集》第四卷第 440 页。

评　　注

66.1.　第六十六条针对的是溯河产卵鱼种的问题，[①] 即在一国管辖权内的淡水中产卵的鱼类，并且它们生命周期的一部分用来向大海洄游，再回到它们出生的河流产卵，有时在途中会经过其他国家管辖权内的水域。一些种群随后回到大海，不过绝大部分在产卵过程中死亡。这种生命循环将它们与第六十四条中的高度洄游种群区分开

---

①　在英语、法语和西班牙语文本中，第六十六条中的"种群"和第六十七条中的"鱼种"使用的是不同的词语。在阿拉伯语和俄语文本中，两者使用的是相同的词语。这反映了语言用法的不同。

来。鲑鱼是最典型的溯河产卵鱼类。[②] 在海中这些鱼类要游很长的距离并可能分布在大片海洋之中。从一处来的溯河产卵种群与其他来源的溯河产卵种群和其他种群混合，并且有时容易受到直接捕获或其他种群的间接捕捞的伤害。在此期间鱼类仍在成长并且它们会持续成长直到它们开始游向产卵河流的旅程。

第六十六条建立了一项制度，较之条约的其他渔业规定，它在很大程度上反映了种群的生命历史和习性，以及合乎情理的管理可以发生的条件。因此，该制度认识到了这些鱼种所源自的河流的所在国（鱼源国）的重要作用。鱼源国被认为对这些鱼种具有"主要利益和责任"。上述国家被授予制定总可捕量并为"在其专属经济区外部界限向陆一面的全部水域"建立适当的渔业管制措施。在上述区域外，有关各国对于溯河产卵鱼种的养护和管理应保持协商。唯一的例外是在他国管辖权内捕获时——在这种情况下有关各国应合作养护和管理溯河产卵鱼种。

该制度的其他要素旨在协调之前为捕捞公海中的溯河产卵种群所作出的大量工作，这种活动主要发生在太平洋（主要在白令海中）东北方和西北方以及北大西洋中。第六十六条的这些要素是例外情况。一般的原则是只能在专属经济区外部界限向陆一面的水域中，即沿海国的专属经济区、领海或内水中捕获溯河产卵种群。这种一般原则在某些情况下有一定的减损，比如当鱼源国以外的国家发生经济失调，或受影响船只的所属国与鱼源国就包括种群的再生费用在内的捕鱼条款和条件达成协议。

对于溯河产卵种群的开发、养护和管理的基本考虑，与这些种群有特别利益的国家在提交一些工作文件中向会议作了解释，其中值得注意的是美国[③]和加拿大[④]，它们之间从很早就有了关于鲑鱼的条约关系。美加两国与随后加入的爱尔兰（资料来源 8）特别强调了鱼源国在维持这些鱼类赖以生存的生存环境（特别是河流系统）时产生的费用。

66. 2. 向海底委员会提交的许多提案特别说明了溯河产卵鱼种、鱼类或种群的养护和管理。[⑤] 在 1971 年，美利坚合众国提出的条款草案欲授予溯河产卵鱼种来源于其

[②] 除太平洋和大西洋鲑鱼外，其他重要的溯河产卵鱼类包括美洲西鲱、条文鲈鱼、香鱼和鲟鱼。关于鲑鱼，有如下表述：

鲑鱼是典型的高度洄游鱼类，离开淡水经过几千英里的旅程到达开放的海洋环境，在那里它们遭遇渔业活动，或以它们为目标，或必然会在其寻找其他鱼种的过程中拦截它们。最后，在开放的海洋中经过一年或更久，这些鱼类回到准确的出生地，繁殖并死亡。它们产卵的实际位置可能从内陆距离海洋几百英里。

W. T. Burke, "Anadromous Species and the New Law of the Sea,"《海洋发展与国际法》第 22 期第 95 页（1991年）。

[③] A/AC. 138/SC. II/L. 20，第一部分，转载在《1973 年海底委员会报告》第三卷，第 11 页（美国）。

[④] A/CONF. 62/C. 2/L. 81 (1974)，正式记录，第三卷第 240 页（加拿大）。

[⑤] 例见分配给第二委员会的主题和职责，第 178 段和 179 段，转载在《1972 年海底委员会报告》第 35、45 页；和第二委员会报告，A/AC. 138/95，第 72 段和 73 段，转载在《1973 年海底委员会报告》第一卷第 38、54 页。

淡水的国家捕获这种鱼种的优先权。美利坚合众国的提案也提出了鱼源国实施的管制措施应适用于被指定的溯河产卵鱼种的洄游全程的一般概念。

在海底委员会 1972 年的会议上，苏联代表（资料来源 2）提出的关于捕鱼的条款草案欲授予沿海国关于在与其领海直接邻接的公海区域中的来源于其河流内的溯河产卵鱼种的优先权。

一份加拿大提交的关于海洋生物资源的管理的工作文件注意到了鱼源国在维持溯河产卵鱼种的源自河流时产生的费用。⑥ 该报告建议授予鱼源国管理和捕获其溯河产卵鱼种的唯一权力，并提出这些种群的渔业活动不得在公海上进行。美利坚合众国（资料来源 3）提出的修订后的渔业条款草案欲授予沿海鱼源国管制溯河产卵鱼种的权力和关于在公海洄游的整个范围内的这些鱼种的优先权。澳大利亚和新西兰代表提交的工作文件倡议鱼源国对"在其国内水域繁殖"的溯河产卵种群有类似的权力。⑦ 日本代表在一份关于公海渔业制度的提案中提出了相反的观点，⑧ 该提案规定对于溯河产卵鱼类的捕获，沿海国不应有有关养护特殊地位和优先权。

在海底委员会 1973 年会议上，美利坚合众国代表提交的工作文件基于溯河产卵种群的特性，阐述了将溯河产卵鱼种的开发限制在近岸水域中的必要。⑨ 非洲统一组织的一份宣言⑩和马耳他代表（资料来源 4）提出的条文草案支持国际性和区域性渔业管理机构管理溯河产卵鱼种。

在第二小组委员会提出的不同备选案文表中（资料来源 5）⑪，对溯河产卵种群的问题作了如下说明：

1. 溯河产卵鱼类的渔业活动应只在沿海国的专属渔业区内进行，并受沿海国随时规定的条款、条件和规章的限制。

2. 溯河产卵鱼类在其水域中产卵的沿海国应负有管理这些鱼种和维持这些种群在其最适度水平的责任，并对于它们的总可捕量享有优先权。

3. 当源自一国的溯河产卵种群的渔业活动由他国在其自己的专属渔区内进行时，这些渔业活动应依照相关沿海国（或各沿海各国）和鱼源国（或各鱼源国）之间的协议进行管制，并考虑到鱼源国（或各鱼源国）的优先权及

---

⑥ A/AC. 138/SC. II/L. 8，第二节（c）段，转载在《1972 年海底委员会报告》第 164、166 页（加拿大）。

⑦ A/AC. 138/SC. II/L. 11，原则第十一条，转载在《1972 年海底委员会报告》第 183、186 页（澳大利亚和新西兰）。

⑧ A/AC. 138/SC. II/L. 12，Summary，第（vi）段，转载在《1972 年海底委员会报告》第 188、189 页（日本）。

⑨ 同上注③，第 13 页。

⑩ A/AC. 138/89，declaration E，转载在《1973 年海底委员会报告》第二卷第 4、6 页（非统组织）。

⑪ 最初指定为会议室文件 No. 21。

其（或其）维持鱼种的责任。

鱼源国要承担溯河产卵鱼种的管理和维持的责任，同时也要对这些鱼种的捕获享有优先权。

66.3. 在海洋法会议第二期会议（1974 年）上，非统组织重申了由一个国际渔业机构管制溯河产卵种群的建议。[12] 丹麦代表（资料来源 6）提交的一项提案建议：

> 溯河产卵种群的开发应通过适当的政府间渔业组织，依照利益相关国之间的协议或国际协议进行管制。
>
> 所有利益相关国对于参加上述协议和组织享有同等的权利。任何协议都应考虑到鱼源国的利益和其他沿海国的利益。

该提案强调了依照利益相关国之间的协议或国际协议进行管制，以及所有利益相关国对于参加上述协议有同等权利。

与此相反，6 个东欧社会主义国家（资料来源 7）的一项提案强调了沿海国的主权权利，并规定：

> 1. 有溯河产卵种群（鲑科）在其河流中繁殖的沿海国，在其经济区内对该种群和所有其他生物海洋资源享有主权权利，并在溯河产卵鱼类的洄游范围中经济区以外的部分内享有优先权。
>
> 2. 外国渔业活动捕捉溯河产卵种群可以依照沿海国和另一个利益相关国之间建立外国国民捕鱼的管制条件和其他条件的协议进行。
>
> 3. 与沿海国共同参加采取种群再生的措施，特别是分担为该目的的费用的国家和传统上在相关区域捕捉溯河产卵种群的国家应优先获得溯河产卵种群的捕获权。

第 1 款强烈支持了鱼源国对溯河产卵鱼种的权利，包括"洄游范围中经济区以外的部分内"的优先权。第 2 款和第 3 款欲基于与沿海国的协议、管理措施的费用和传统捕鱼模式，提出外国捕鱼的具体条件。

爱尔兰代表（资料来源 8）提出的条款草案欲完全禁止在公海上捕捉溯河产卵种群。该提案提出：

> 溯河产卵鱼种的开发权应仅依照如下规定行使：

---

[12] A/CONF. 62/33（1974 年），declaration E，正式记录，第三卷第 63、64 页（非统组织）。

（i）在鱼源国的管辖权内的水域中，

（ii）在其他沿海国的管辖权内的水域，受该沿海国和鱼源国达成的条件和规定的限制，并考虑到鱼源国在养护种群中的特殊作用。

附于该提案之后的一项注释概述了鱼源国在维持溯河产卵鱼种时产生的费用。

日本代表（资料来源9）提出的一份溯河产卵种群条款草案采用了一种不同的方法，其规定如下：

1. 溯河产卵种群的养护和管理应按照参加该种群的开发的国家之间的协议进行调节，并在适当的情况下，通过为上述目的而建立的区域性政府间组织进行调节。

2. 有溯河产卵种群在其淡水或河口水域内繁殖的沿海国的特殊利益，应在管制这些种群的协议中予以考虑。

第1款呼吁参加溯河产卵种群开发的国家管理这些种群的养护和管理。第2款承认鱼源国对于这些种群有特殊利益。（这代表日本对之前的提案作出了修改，之前的提案没有承认沿海国对于溯河产卵鱼种具有任何特殊地位。）

美利坚合众国代表的（资料来源10）条款草案欲授予鱼源国关于捕捞溯河产卵种群的同意的权力[13]，内容如下：

1. 禁止在领海向海一面（专属经济区之内和之外）捕捞溯河产卵种群，除非依照第十二和第十三条由鱼源国授权。

2. 有溯河产卵种群回游经过其内水或领海的国家应与鱼源国合作养护和利用这些种群。

一份后来的关于公海生物资源的开发和养护的美国提案（资料来源11）也提到了溯河产卵种群但没有包括具体规定。

一份加拿大代表提交的工作文件检查了"渔业管理世界中多种鲑鱼的特殊地位，"并得出结论"只有鱼源国可以保护和培养鲑鱼并有效管理渔业活动"[14]。

一些关于溯河产卵种群的提案被包括在《主要趋势工作文件》（资料来源12）的不同章节中。处理专属经济区内渔业活动的养护和管理的章节包含了第二小组委员会（资料来源5）提出的不同备选案文（Variant）以及丹麦、6个东欧社会主义国家、日

---

[13] 见"美国在第二委员会的发言"，第41次会议（1974年），第18段。正式记录，第二卷第291页。

[14] A/CONF. 62/C. 2/L. 81（1974），正式记录，第三卷第240页（加拿大）。

本和美国（资料来源6、资料来源7、资料来源9和资料来源10）代表的提案，分别作为第一一〇条规定的方案A至方案E。上述提案中的三份也被包括在了公海生物资源的管理和养护的章节中，丹麦、日本和美国（资料来源6、资料来源9和资料来源10）的提案反映在第一六一条方案A和方案B以及第一六二条中。此外，第一六一条方案B反映了爱尔兰（资料来源8）的提案。最后，日本代表在海底委员会的立场出现在处理沿海国优先权章节的第一二八条方案A。

66.4. 在第三期会议（1975年）上，非正式法律专家组（埃文森小组）提出了一系列关于经济区的条款草案，其中最终版本包括了如下条文：

1. 各国对源自其河流的溯河产卵鱼种有主要利益和责任。

2. 溯河产卵种群的鱼源国，应制订关于在其经济区外部界限以内的一切水域中的捕捞和关于第3款（b）项中所规定的捕捞的适当管理措施，以确保这种种群的养护。鱼源国可与捕捞这些种群的其他国家协商后，确定源自其河流的种群的总可捕量。

3. （a）捕捞溯河产卵种群的渔业活动，应只在经济区外部界限以内的水域中进行，但这项规定引起鱼源国以外的国家经济失调的情形除外。

（b）鱼源国考虑到捕捞这些种群的其他国家的正常渔获量和作业方式，以及进行这种捕捞活动的所有地区，应进行合作以尽量减轻这种国家的经济失调。

（c）（b）项所指的国家，经与鱼源国协议后参加使溯河产卵种群再生的措施者，特别是分担作此用途的开支者，在捕捞源自鱼源国河流的种群方面，应得到鱼源国的特别考虑。

（d）鱼源国和其他有关国家应达成协议，以执行有关专属经济区以外的溯河产卵种群的法律和规章。

4. 在溯河产卵种群洄游进入或通过鱼源国以外国家的专属经济区以内的水域的情形下，该国应在养护和管理这种种群方面同鱼源国进行合作。

5. 溯河产卵种群的鱼源国和捕捞这些种群的其他国家，为了执行本条的各项规定，应作出安排，在适当情形下通过区域性组织作出安排。[15]

第1款将溯河产卵鱼种的主要责任分配给了鱼源国。第2款和第3款欲"在其经济

---

[15] The Economic Zone（1975年，油印），第十三条（非正式法律专家组）。转载在《第三次联合国海洋法会议文件集》第四卷第209、216页。更早些的版本见《第三次联合国海洋法会议文件集》第十一卷第481、488页。所通过的这个版本显然是来自由太平洋国家和大西洋国家组成的另一个国家集团协商的提案。见Burke，前注②，第100页（注48）。

区外部界限以内全部水域中"授予鱼源国管理的权力。第3款（a）项规定捕捞溯河产卵鱼种只能在经济区内进行，除非另一国"将因此陷入经济失调"，并且经济失调应当被最小化。经济区以外的规章的执行应按照相关国之间的协议进行。第4和第5款要求各国合作进行溯河产卵鱼种的养护和管理，并在适当的情况下通过区域性渔业组织执行这些措施。

在非正式单一协商案文第二部分中（资料来源13），与埃文森小组所建议类似的语句被采用，并作为第五十四条，其内容如下：

1. 有溯河产卵种群源自其河流的沿海国对于这种种群应有主要利益和责任。

2. 溯河产卵种群的鱼源国，应制订关于在其专属经济区内的一切水域中的捕捞和关于第3款（b）项中所规定的捕捞的适当管理措施，以确保这种种群的养护。鱼源国可与捕捞这些种群的其他国家协商后，确定源自其河流的种群的总可捕量。

3.（a）捕捞溯河产卵种群的渔业活动，应只在专属经济区内的水域中进行，但这项规定引起鱼源国以外的国家经济失调的情形除外。

（b）鱼源国考虑到捕捞这些种群的其他国家的正常渔获量和作业方式，以及进行这种捕捞活动的所有地区，应进行合作以尽量减轻这种国家的经济失调。

（c）（b）项所指的国家，经与鱼源国协议后参加使溯河产卵种群再生的措施者，特别是分担作此用途的开支者，在捕捞源自鱼源国河流的种群方面，应得到鱼源国的特别考虑。

（d）鱼源国和其他有关国家应达成协议，以执行有关专属经济区以外的溯河产卵种群的法律和规章。

4. 在溯河产卵种群洄游进入或通过鱼源国以外国家的专属经济区以内的水域的情形下，该国应在养护和管理这种种群方面同鱼源国进行合作。

5. 溯河产卵种群的鱼源国和捕捞这些种群的其他国家，为了执行本条的各项规定，应作出安排，在适当情形下通过区域性组织作出安排。

第2、3和4款将鱼源国的管制权力限制在了"其专属经济区内"（取代了"外部界限以内"）的全部水域——这意味着排除了领海和内水。第3款（b）项提到了溯河产卵的"资源"。

66.5. 在第四期会议（1976年）上，非正式协商使得"专属经济区内的水域"被"专属经济区外部界限向陆一面的水域"所代替。该表述包括了领海和内水。

在订正的单一协商案文第二部分（资料来源14）中，第五十五条包括了一些改动，其内容如下：

溯河产卵鱼种

1. 有溯河产卵种群源自其河流的国家对于这种群应有主要利益和责任。

2. 溯河产卵种群的鱼源国，应制订关于在其专属经济区外部界限向陆一面的一切水域中的捕捞和关于第 3 款（b）项中所规定的捕捞的适当管理措施，以确保这种种群的养护。鱼源国可与捕捞这些种群的其他国家协商后，确定源自其河流的种群的总可捕量。

3. （a）捕捞溯河产卵种群的渔业活动，应只在专属经济区外部界限向陆一面的水域中进行，但这项规定引起鱼源国以外的国家经济失调的情形除外。

（b）鱼源国考虑到捕捞这些种群的其他国家的正常渔获量和作业方式，以及进行这种捕捞活动的所有地区，应进行合作以尽量减轻这种国家的经济失调。

（c）（b）项所指的国家，经与鱼源国协议后参加使溯河产卵种群再生的措施者，特别是分担作此用途的开支者，在捕捞源自鱼源国河流的种群方面，应得到鱼源国的特别考虑。

（d）鱼源国和其他有关国家应达成协议，以执行有关专属经济区以外的溯河产卵种群的法律和规章。

4. 在溯河产卵种群洄游进入或通过鱼源国以外国家的专属经济区外部界限向陆一面的水域的情形下，该国应在养护和管理这种种群方面同鱼源国进行合作。

5. 溯河产卵种群的鱼源国和捕捞这些种群的其他国家，为了执行本条的各项规定，应作出安排，在适当情形下通过区域性组织作出安排。

在这一阶段加上了标题。在第 1 款的开头表述中，把"沿海国"扩大到没有任何限制的"国家"，据此为非沿海国的鱼源国作出了规定。在第 2、3 和 4 款中，"专属经济区外部界限向陆一面的水域"代替了之前"专属经济区内的水域"的表述。这表明鱼源国的管制权力适用于受沿海国管辖权或主权限制并可能发现溯河产卵的种群，专属经济区外部界限向陆一面的全部水域。在第 4 款中，在"上述国家"之后增加了"以及任何与后者国家有协议进行捕鱼的国家"。上述增加是为了要明确沿海国可以授权第三国捕捞源自"鱼源国"的溯河产卵种群。

66.6. 在第六期会议（1977 年）上，苏联代表（资料来源 29）提出了许多修改意见。在第 1 款的最后，苏联代表提议增加"并考虑到第五十条和第五十一条的规定"［现在为第六十一条和第六十二条］。苏联代表提议扩大第 2 款，在"溯河产卵种群回游区域"的全部水域中给予鱼源国管制的权力。苏联代表还提议删除第 3 款（a）项并在第 3 款（b）项中提及其他"曾习惯性捕捞"（代替了"捕捞"）所涉及的溯河产卵鱼种的国家。

一份未具名的提案（资料来源 30）欲规定"在其洄游范围界限内"的溯河产卵种群的鱼源国的主权权利。它同时欲使这些鱼种的养护和利用受第五十条和第五十一条[现在是第六十一条和第六十二条]的限制。

在第五期和第六期会议上提出的修正案均未被采纳。非正式综合协商案文（资料来源 15）未作任何改动，但该条文被重新编号为第六十六条。

66.7. 在第七期会议（1978 年）上，第二委员会主席在非正式会议后就一份第六十六条第 2 款和第 3 款（a）项的修改案文作了报告（资料来源 16），该案文受到了广泛的支持，其内容为：

2. 溯河产卵种群的鱼源国，应制订关于在其专属经济区外部界限向陆一面的一切水域中的捕捞和关于第 3 款（b）项中所规定的捕捞的适当管理措施，以确保这种种群的养护。鱼源国可与第 3 款和第 4 款所指的捕捞这些种群的其他国家协商后，确定源自其河流的种群的总可捕量。

3. （a）捕捞溯河产卵种群的渔业活动，应只在专属经济区外部界限向陆一面的水域中进行，但这项规定引起鱼源国以外的国家经济失调的情形除外。关于在专属经济区外部界限以外进行的这种捕捞，有关国家应保持协商，以期就这种捕捞的条款和条件达成协议，并适当顾及鱼源国对这些种群加以养护的要求和需要。[16]

在其向全体会议的报告中，主席建议在非正式综合协商案文的第一次修订时考虑提出的这些案文。[17]这些改动随后反映在非正式综合协商案文第一次修订稿的第六十六条（资料来源 17），其内容为：

1. 有溯河产卵种群源自其河流的国家对于这种群应有主要利益和责任。

2. 溯河产卵种群的鱼源国，应制订关于在其专属经济区外部界限向陆一面的一切水域中的捕捞和关于第 3 款（b）项中所规定的捕捞的适当管理措施，以确保这种种群的养护。鱼源国可与第 3 款和第 4 款所指的捕捞这些种群的其他国家协商后，确定源自其河流的种群的总可捕量。

3. （a）捕捞溯河产卵种群的渔业活动，应只在专属经济区外部界限向陆

---

[16] 主席还指出这些修正是基于一份由加拿大、丹麦、冰岛、爱尔兰、日本、挪威、苏联、英国和美国达成一致意见的案文作出的。

[17] 见 100th plenary meeting（1978 年），第 10 段，正式记录，第九卷第 49 页。

一面的水域中进行，但这项规定引起鱼源国以外的国家经济失调的情形除外。关于在专属经济区外部界限以外进行的这种捕捞，有关国家应保持协商，以期就这种捕捞的条款和条件达成协议，并适当顾及鱼源国对这些种群加以养护的要求和需要。

（b）鱼源国考虑到捕捞这些种群的其他国家的正常渔获量和作业方式，以及进行这种捕捞活动的所有地区，应进行合作以尽量减轻这种国家的经济失调。

（c）（b）项所指的国家，经与鱼源国协议后参加使溯河产卵种群再生的措施者，特别是分担作此用途的开支者，在捕捞源自鱼源国河流的种群方面，应得到鱼源国的特别考虑。

（d）鱼源国和其他有关国家应达成协议，以执行有关专属经济区以外的溯河产卵种群的法律和规章。

4. 在溯河产卵种群洄游进入或通过鱼源国以外国家的专属经济区外部界限向陆一面的水域的情形下，该国应在养护和管理这种种群方面同鱼源国进行合作。

5. 溯河产卵种群的鱼源国和捕捞这些种群的其他国家，为了执行本条的各项规定，应作出安排，在适当情形下通过区域性组织作出安排。

第2款增加了"第3款和第4款所指的其他国家"。该增加要求鱼源国在确定总可捕量时只与满足第3款和第4款条件的国家协商。一项结尾性规定加在了第3款（a）项之后，要求关于在专属经济区外部界限以外进行的溯河产卵种群的捕捞的的条款和条件，各国应保持协商。关于这些条款和条件的协议应适当顾及鱼源国的养护的要求和需要。这些新段落确认了鱼源国在决定是否以及如何进行公海溯河产卵种群的捕捞时的主导地位。

66.8 对第六十六条没有进一步的实质性改动。在将该条与起草委员会的建议合并后成为了最终形式（资料来源21至资料来源26）。一份未被采纳的建议（资料来源22）欲将第3款（d）项的开头表述"以执行……规章"改为"以执行……法律和规章"。也向起草委员会（资料来源23）提及了该建议，但没有进一步建议。

66.9（a）. 第六十六条是一条复杂的条款，它代表了试图协调溯河产卵种群的养护、捕获和管理与相关各国的不同利益的努力。第1款规定溯河产卵种群的鱼源国对于这种种群有"主要利益和责任"。该用语默示承认了其他国家对于这种种群的利益。

66.9（b）. 第2款授予溯河产卵种群的鱼源国管制的权力，以保证种群在"专属经济区外部界限向陆一面的一切水域中"的养护。这包含了该国的领海和内水。与相关国或受影响的国家协商后，鱼源国可以确定源自其河流的溯河产卵种群的总可捕量。"总可捕量"将第六十六条与关于专属经济区生物资源的养护和利用的第六十一条和第六十二条联系起来。

66.9（c）. 第3款将溯河产卵种群的捕捞限制在"专属经济区外部界限向陆一面的水域中"，但也规定了关于适用该规则的例外和特殊考虑。专属经济区外部界限以外的这些种群的捕捞只能按照相关国之间的协议进行，协议的条款和条件应"适当顾及鱼源国的养护要求和需要"。这赋予了鱼源国管理专属经济区外部界限以外的溯河产卵种群的捕捞的主要权力，但要求保持与相关国的协商。⑱

专属经济区以外的溯河产卵种群的捕捞是被允许的，如果禁止这种捕捞会"引起鱼源国以外的国家经济失调"。该国被要求"进行合作以尽量减轻这种国家的经济失调"，并考虑到"其他国家的正常渔获量和作业方式"以及"进行这种捕捞活动的所有地区"（即传统捕鱼权）。（类似的避免经济失调的要求出现在第六十二条第3款。）当这些国家参加鱼源国的"使溯河产卵种群再生的措施，特别是分担作此用途的开支"时，这些国家"在捕捞"溯河产卵种群方面，应得到"特别考虑"。这保护了鱼源国的利益，鼓励对这些种群的良好的生存环境的维持并限制了对它们的开发。

鱼源国和一切其他有关国家应达成协议，以执行有关专属经济区以外的溯河产卵种群的法律和规章。

有关专属经济区外部界限以外的溯河产卵种群的捕捞的规章的执行，应按照鱼源国与其他一切相关国之间的协议进行。

66.9（d）. 在公海上捕捞溯河产卵种群要求在鱼源国的权力和其他在公海上捕捞的国家的权利之间作出协调。根据第一一六条，公海上捕鱼的权利受"除其他外，第六十三条第2款和第六十四条至第六十七条规定的沿海国的权利、义务和利益"的限制。第六十六条确定了鱼源国对公海上溯河产卵鱼种的主要利益——一项第一一六条规定确定的利益。这一点因为（订正的单一协商案文中的）作为第1款第一个词语（参加上文66.5段）的"沿海"的删除而被强调；鱼源国并不一定在所有情况下都是沿海国。

66.9（e）. 第4款规定了溯河产卵种群洄游进入或通过鱼源国以外国家的专属经济区的情形。在这些情况下，两国应合作进行这种种群的养护和管理。

66.9（f）. 第5款规定，在适当情形下，鱼源国和"捕捞这些种群的其他国家"，应通过区域性组织作出安排以执行养护和管理措施。

66.9（g）. 会议没有接受起草委员会在第3款（d）项中用"法律和规章"代替"规章"的建议的行为，明确反映了因为国家之间的协议而采纳并适用于国家管辖权范围以外的规章，与沿海国制定并在国家管辖范围内，即其领海（第二十一条）和专属经济区（第七十三条）内执行的法律和规章之间的区别。

---

⑱　一个例子是《北太平洋溯河产卵种群养护公约》，由加拿大、日本、苏联和美国于1992年2月签署。该《公约》禁止在这些国家的专属经济区以外的区域进行溯河产卵种群的捕捞，并对于该区域内的溯河产卵种群，给予上述国家管理权力和执法管辖权。见《海洋法公报》第22期第21页（1992年1月）。

第六十七条　降河产卵鱼种

1. 降河产卵鱼种在其水域内度过大部分生命周期的沿海国，应有责任管理这些鱼种，并应确保洄游鱼类的出入。

2. 捕捞降河产卵鱼种，应只在专属经济区外部界限向陆一面的水域中进行。在专属经济区内进行捕捞时，应受本条及本公约关于在专属经济区内的捕鱼的其他规定的限制。

3. 在降河产卵鱼种不论幼鱼或成鱼洄游通过另外一国的专属经济区的情形下，这种鱼的管理，包括捕捞，应由第 1 款所述的国家和有关的另外一国协议规定。这种协议应确保这些鱼种的合理管理，并考虑到第 1 款所述国家在维持这些鱼种方面所负的责任。

资料来源

第三次联合国海洋法会议文件

1. Variants submitted by delegations，项目 7.3，备选案文 D，转载在《1973 年海底委员会报告》第 137 页。

2. A/CONF. 62/L. 8/Rev. 1（1974 年），附件二附录一［A/CONF. 62/C. 2/WP. 1］，条款第一一一条，正式记录，第三卷第 93、107、125 页（总报告员）[《主要趋势工作文件》]。

3. A/CONF. 62/WP. 8/Part II（非正式单一协商案文，1975 年），第五十五条，正式记录，第四卷第 152、161 页（第二委员会主席）。

4. A/CONF. 62/WP. 8/Rev. 1/Part II（订正的单一协商案文，1976 年），第五十六条，正式记录，第五卷第 151、163 页（第二委员会主席）。

5. A/CONF. 62/WP. 10（非正式综合协商案文，1977 年），第六十七条，正式记录，第八卷第 1、15 页。

6. A/CONF. 62/WP. 10/Rev. 1（非正式综合协商案文第一次修订稿，1979 年，油印），第六十七条。转载在《第三次联合国海洋法会议文件集》第一卷第 375、416 页。

7. A/CONF. 62/WP. 10/Rev. 2（非正式综合协商案文第二次修订稿，1980 年。油印），第六十七条。转载在《第三次联合国海洋法会议文件集》第二卷第 3、44 页。

8. A/CONF. 62/WP. 10/Rev. 3* （非正式综合协商案文第三次修订稿，1980 年，油印），第六十七条。转载在《第三次联合国海洋法会议文件集》第二卷第 179、220 页。

9. A/CONF. 62/L. 78 （《公约草案》，1981 年），第六十七条，正式记录，第十五卷第 172、186 页。

起草委员会文件

10. A/CONF. 62/L. 67/Add. 3 （1981 年，油印），第 39~42 页。

11. A/CONF. 62/L. 72 （1981 年），正式记录，第十五卷第 151 页（起草委员会主席）。

非正式文件

12. Informal Working Paper No. 4，条款第二十四条；No. 4/Rev. 1，条款第二十七条；和 No. 4/Rev. 2，条款第二十四条（均为 1974 年，油印）。转载在《第三次联合国海洋法会议文件集》第三卷第 314、332 和 354 页。

评　　注

67. 1.　第六十七条规定了管理和捕捞降河产卵鱼种的框架。淡水鳗鱼是一种典型的降河产卵鱼种，这种鱼种在海洋中产卵并洄游到淡水中，在回到海洋繁殖之前在淡水中度过大半生。（这种生命周期与第六十六条处理的溯河产卵种群相反。）有这种鱼种在其淡水中度过大部分生命周期的国家（鱼源国）的角色与溯河产卵种群的鱼源国类似——鱼种的生存依赖于鱼源国对生存环境的维持和对洄游到淡水或洄游到海洋的鱼种的有节制的捕捞。

第六十七条规定降河产卵鱼种的捕捞应只发生在"专属经济区外部界限向陆一面"（实际上，通常不在公海上捕捞降河产卵鱼种，不论故意的还是偶然的）。鱼源国有责任管理这些鱼种，包括它们的捕捞。

第六十七条不排除鱼源国以外的其他国家捕捞降河产卵鱼种。第 3 款处理的是降河产卵鱼种洄游通过另外一国的专属经济区，并允许该国通过与鱼源国的协议管理和捕捞这些鱼种的情形。这种协议必须确保这些鱼种的合理管理，并考虑到鱼源国在维持这些鱼种方面所负的责任。

67. 2.　向海底委员会提出的正式提案都没有明确处理降河产卵鱼种。该主题在非正式会议中被提出，并且在第二小组委员会（资料来源 1）汇编的不同备选案文表①中的一项未具名的"不同备选案文表 D"包含了如下的条文：

---

①　起初被制定为会议室文件 No. 22/Add. 2。

1. 降河产卵鱼类的渔业活动应只在沿海国渔业［经济］区内进行，并受可能制定的条款、条件和规章的限制。

2. 降河产卵鱼类在其水域内度过大部分生命周期的沿海国（以下称生产国）应有责任管理这些种群并维持它们在最适度水平；特别是，生产国应确保洄游鱼类的出入。这些国家对于相关降河产卵种群的总捕捞量应有优先权。

3. 在降河产卵鱼种不论幼鱼或成鱼洄游通过另外一国或其他国家的渔业［经济］区的情形下，这种鱼的管理，包括捕捞，应由生产国和有关的另外一国或其他国家协议规定，这种协议应同时确保这些鱼种保持在它们的最适度水平，并考虑到生产国的优先权和在维持这些鱼种方面所负的责任。

这些条文介绍了第六十七条的基本结构，因为它们提出只允许在某些"渔业区域"捕捞降河产卵鱼种，将管理责任和优先权分配给"生产国"（即鱼源国），并确定了关于这种鱼种的管理和捕捞的国家之间的协议的条件。

67.3. 在海洋法会议第二期（1974年）会议上，没有新的提案提交。在《主要趋势工作文件》中（资料来源2），第一一一条规定重复了不同备选案文表D。唯一的改动是第2款最后一句话被删掉（第3款最后一句包含了同样的观点）。

67.4. 在第三期会议（1975年）上，非正式法律专家组（埃文森小组）在其关于经济区的条款草案中包含了如下的文字：

1. 降河产卵鱼种在其水域内度过大部分生命周期的国家，应有责任管理这些鱼种，并应确保洄游鱼类的出入。

2. 降河产卵鱼种的捕捞应只在第1款所指的国家对生物资源行使主权权利的水域中进行，并且当在经济区进行时，应受本公约关于在经济区捕捞的规定的限制。

3. 在降河产卵鱼种（不论幼鱼或成鱼）洄游通过另外一国或其他国家的水域的情形下，这种鱼的管理应由第1款所述的国家和有关的一国或国家协议规定。这种协议应确保这些鱼种的合理管理，并考虑到第1款所述国家在维持这些鱼种方面所负的责任。②

该案文经过一些改动后，纳入了非正式单一协商案文第二部分（资料来源3）的第五十五条中，其内容为：

---

② The Economic Zone（1975年，油印）第十四条（非正式法律专家组）。转载在《第三次联合国海洋法会议文件集》第四卷第209、217页。

1. 降河产卵鱼种在其水域内度过大部分生命周期的沿海国，应有责任管理这些鱼种，并应确保洄游鱼类的出入。

2. 降河产卵鱼种的捕捞应只在第 1 款所指的国家对生物资源行使主权权利的水域中进行，并且当在专属经济区进行时，应受本公约关于在专属经济区内捕捞的规定的限制。

3. 在降河产卵鱼种不论幼鱼或成鱼洄游通过另外一国或其他国家的水域的情形下，这种鱼的管理应由第 1 款所述的国家和有关的一国或国家协议规定。这种协议应确保这些鱼种的合理管理，并考虑到第 1 款所述国家在维持这些鱼种方面所负的责任。

与主要趋势相比较，该案文中有一些改动。第 1 款和第 2 款的顺序被对调，于是第 1 款处理的是鱼源国的管理责任，而第 2 款处理的是允许进行捕捞的水域。第 2 款对捕捞进行了更多的限制，只允许在鱼源国对生物资源行使主权权利的水域中进行捕捞。这项新的限制代替了对鱼源国优先权的提及。第 3 款中的"包括捕捞"被删除以同意第 2 款的新限制。该案文也删除了对维持种群在其最适度水平的提及，在第 3 款中提到对降河产卵鱼种的"合理管理"。最后，第五十五条提到的是降河产卵"鱼种"而非"种群"。

第五十五条也与埃文森小组的案文不同。第 1 款提到的是"沿海国"而不是一般的"国家"（反映出降河产卵鱼类的管理将只是沿海国的问题的设想）。第 3 款的开头词语从"当……时"改为"在……的情形下"，用这种方式除去了任何临时因素。

67.5. 在 1976 年第 4 期会议上，在非正式会议中有建议应在第 3 款中恢复对降河产卵鱼类的"包括捕捞"的管理的提及（如同来自海底委员会的不同备选案文 D（Variant D）所述）。

订正的单一协商案文第二部分（资料来源 4）的第五十六条的内容为：

降河产卵鱼种

1. 降河产卵鱼种在其水域内度过大部分生命周期的沿海国，应有责任管理这些鱼种，并应确保洄游鱼类的出入。

2. 降河产卵鱼种的捕捞应只在第 1 款所指的国家对生物资源行使主权权利的水域中进行，并且当在专属经济区进行时，应受本公约关于在专属经济区内捕捞的规定的限制。

3. 在降河产卵鱼种不论幼鱼或成鱼洄游通过另外一国或其他国家的水域的情形下，这种鱼的管理，包括捕捞，应由第 1 款所述的国家和有关的一国或国家协议规定。这种协议应确保这些鱼种的合理管理，并考虑到第 1 款所述国家在维持这些鱼种方面所负的责任。

在这一阶段加上了标题。第 3 款中增加的"包括捕捞"扩大了鱼源国和其他相关国家之间的管理协议的范围。它也在第 2 款和第 3 款之间留下了一些不一致，因为后者考虑的是在第 2 款允许的地方之外捕捞。

67.6. 在第五期会议（1976 年）上，经过进一步的非正式会议，第二委员会主席报告说与降河产卵鱼种"最直接相关的国家"已达成了一项协议，该协议提议修改第五十六条。[3]该协议的文字为：

> 1. 降河产卵鱼种在其水域内度过大部分生命周期的沿海国，应有责任管理这些鱼种，并应确保洄游鱼类的出入。
>
> 2. 降河产卵鱼种的捕捞应只在专属经济区外部界限向陆一面的水域中进行。并且当在专属经济区进行时，应受本条和本公约关于在这些区域内捕捞的规定的限制。
>
> 3. 在降河产卵鱼种不论幼鱼或成鱼洄游通过另外一国或其他国家的水域的情形下，这种鱼的管理，包括捕捞，应由第 1 款所述的国家和有关的一国或国家协议规定。这种协议应确保这些鱼种的合理管理，并考虑到第 1 款所述国家在维持这些鱼种方面所负的责任。

通过使用捕捞"只能在专属经济区外部界限向陆一面的水域"进行（与订正的单一协商案文第二部分中第五十五条相同的改动相对应（参见上文第 66.5 段））的表述而明确了第 2 款的文字。该改动规定沿海国可以在其专属经济区、领海和内水中捕捞降河产卵鱼种。

提案建议的其他改动包括，将第 2 款中的"受规定的限制"修改为"受本条和其他规定的限制"，和将第 3 款中的"通过水域"修改为"通过专属经济区"。这些改动改变了订正的单一协商案文规定的重点并消除了第 2 款和第 3 款之间的不一致。

在第六期会议（1977 年）上，上述提案被采用，作为非正式综合协商案文（资料来源 5）的第六十七条。

67.7. 该条文在吸收了起草委员会（资料来源 10 和资料来源 11）建议的一些改动后以《公约草案》的最终形式出现（资料来源 9）。

67.8（a）. 第六十七条与关于溯河产卵鱼种的第六十六条有很大的不同。在第 1 款中被确认为是沿海国的鱼源国被认为有责任管理这些鱼种，并必须"确保洄游鱼类的出入"。在降河产卵鱼种不论在其生命的哪一个阶段洄游通过另外一国的专属经济区的情形下，这种鱼的管理，包括捕捞，应由鱼源国家和其他有关的国家协议规定。这种协议应考虑到鱼源国在维持这些鱼种方面的规章。第 2 款也支持了鱼源国以外的沿

---

③ A/CONF. 62/L. 17（1976 年），第 22 段，正式记录，第二卷第 135、137 页（第二委员会主席）。

海国在其专属经济区内管理和捕捞降河产卵鱼种的权利，第 2 款宣称在"专属经济区内"的捕捞不仅受第六十七的限制——该条是这个问题上的特别法——同时也受其他有关在专属经济区内捕捞的规定的限制。第六十一条、第六十二条和第六十三条因此也适用于鱼源国以外的国家的专属经济区内的降河产卵鱼种的捕捞。

67.8（b）. 第六十七条没有清楚地规定当鱼源国与其他沿海国没有达成协议规定管理和捕捞的情形。鱼源国是否在没有协议的情况下有管理的完全权力，或第 3 款是否对沿海国主权权利的行使施加了更多的限制，都尚未确定。

第 3 款不要求如关于共享种群的第六十三条规定的相关国家"应谋求协议"，而只要求他们同意。

67.8（c）. 有关第 3 款所提的协议的词语"应当"的使用意味着相关国家善意协商这些协议的义务。这项义务在属于第三〇〇条规定的范围之内。该条不处理在这样的协商后未达成协议的后果。

67.8（d）. 在洄游到专属经济区以外的海洋中产卵的过程中的降河产卵鱼种属于第一一六条规定的范围之内，该条包含了第六十七条。

67.8（e）. 第二九七条第 3 款适用于沿海国关于降河产卵鱼种的捕捞和管理的自由裁量权的行使所可能引发的争议。

第六十八条　定居种

本部分的规定不适用于第七十七条第 4 款所规定的定居种。

资料来源

第三次联合国海洋法会议文件

1. A/CONF. 62/WP. 8/Part II（非正式单一协商案文，1975 年），第五十六条，正式记录，第四卷第 152、162 页。

2. A/CONF. 62/WP. 8/Rev. 1/Par II（订正的单一协商案文，1976 年），第五十七条，正式记录，第五卷第 151、163 页。

3. A/CONF. 62/WP. 10（非正式综合协商案文，1977 年），第六十八条，正式记录，第八卷第 1、15 页。

4. A/CONF. 62/WP. 10/Rev. 1（非正式综合协商案文第一次修订稿，1979 年，油印），第六十八条。转载在《第三次联合国海洋法会议文件集》第一卷第 375、417 页。

5. A/CONF. 62/WP. 10/Rev. 2（非正式综合协商案文第二次修订稿，1980 年。油印），第六十八条。转载在《第三次联合国海洋法会议文件集》第二卷第 3、45 页。

6. A/CONF. 62/WP. 10/Rev. 3 *（非正式综合协商案文第三次修订稿，1980 年，油印），第六十八条。转载在《第三次联合国海洋法会议文件集》第二卷第 179、221 页。

7. A/CONF. 62/L. 78（《公约草案》，1981 年），第六十八条，正式记录，第十五卷第 172、186 页。

起草委员会文件

没有与此过程同时的文件。

非正式文件

没有非正式文件。

评　　注

68. 1. 第六十八条详细说明了第五部分不适用于定居种。第七十七条第 4 款描述这些物种为"在可捕捞阶段海床上或海床下不能移动或其躯体须与海床或底土保持接触才能移动的生物"。这维护了大陆架的可适用制度。

68.2. 定居种是在 1972 年由加拿大①和澳大利亚与新西兰②代表提交给海底委员会筹备的第三次联合国海洋法会议（第一次海洋法会议 II）的两份工作文件中第一次被提及。这两份工作文件提出了一项渔业管理的功能性方法（a functional approach）；同时，两份工作文件都支持 1958 年《大陆架公约》中关于大陆架的现有法律规定，③该规定赋予了沿海国对于物种的主权权利。

加拿大工作文件指出 1958 年《公约》"认识到生物和矿物资源的管理之间的相互关系，并分配给沿海国关于属于其大陆架的一切资源的单一的和全部的权力。"

澳大利亚和新西兰代表支持该观点，指出对于定居种，"现在的立场是这些资源在 1958 年《公约》认识到的沿海国的海底管辖权之下。对于这方面的沿海国管辖权没有计划进行任何改动。"

其他提交给海底委员会的提案概括地规定了沿海国对其经济区（承袭海、专属渔区）内的海床和底土中的生物资源有主权权利（管辖权、专属管辖权）。④

68.3. 在海洋法会议第二期会议（1974 年）上，没有专门解决专属经济区内定居种的提案。但是几项提案概括地提到了沿海国对专属经济区内的海床和底土的自然或生物资源的主权权利（或专属权利）。⑤

在《主要趋势工作文件》中，有关专属经济区的规定没有说明定居种的问题。关于大陆架的第八十五条规定包含了一项从 1958 年《大陆架公约》改编而来的定居种定义。

68.4. 与专属经济区有关的定居种的特别问题在非正式单一协商案文第二部分

---

① A／AC. 138／SC. II／L. 8，第二节，（a）段，转载在《1972 年海底委员会报告》第 164、165 页（加拿大）。

② A／AC. 138／SC. II／L. 11，Introduction，第六段，转载在《1972 年海底委员会报告》第 183、184 页（澳大利亚和新西兰）。

③ A／CONF. 13／L. 55（1958），第二条第 4 款，第一次联合国海洋法会议正式记录，第二卷第 142 页；《联合国条约集》第 499 卷第 311 页；《美国条约及其他国际协定》第 15 卷第 471 页，《条约及其他国际条例集》（美国）第 5578 页。

④ 例见 A／AC. 138／80，Patrimonial Sea，第 1 段，转载在《1972 年海底委员会报告》第 70、71 页（《圣多明各宣言》）；A／AC. 138／SC. II／L. 10，第四条，同上第 180、181 页（肯尼亚）；A／AC. 138／SC. II／L. 34，第二节，第（2）段，转载在《1973 年海底委员会报告》第三卷第 71、73 页（中国）；A／AC. 138／SC. II／L. 38，第一条，同上第 82 页（加拿大、印度、肯尼亚和斯里兰卡）；以及 A／AC. 138／SC. II／L. 40，第六条，同上第 87、88 页（阿尔及利亚、喀麦隆、加纳、象牙海岸、肯尼亚、利比亚、牡丹江的、马达加斯加、毛里求斯、塞内加尔、塞拉利昂、索马里、苏丹、突尼斯和坦桑尼亚联合共和国。）

⑤ 例见 A／CONF. 62／C. 2／L. 21 第一次修订稿（1974 年），第 1 条第 2 款（a）项，正式记录，第三卷第 199 页（尼日利亚）；和 A／CONF. 62／L. 38（1974 年），第 2 条，同上第 214、215 页（保加利亚、白俄罗斯、德意志民主共和国、波兰、乌克兰和苏联）。

（资料来源 1）的第五十六条中第一次说明，其规定如下：

本部分的规定不适用于第六十三条第 4 款定义的定居种。

在第四期会议（1976 年）上，上述文字被纳入订正的单一协商案文第二部分（资料来源 2）第五十七条中。加上了标题"定居种"。该条规定的更明确，关于专属经济区的章节"不适用"（代替了"不应适用"）于定居种。

该规定的最后措辞被采用作为非正式综合协商案文（资料来源 3）第六十八条。

68.5（a）. 当与第七十七条一起解读时，第六十八条保留了第七十七条定义的定居种在大陆架制度之下的规定。

68.5（b）. 在第六十八条（或第七十七条）的立法历史中没有迹象表明第三次联合国海洋法会议欲对"定居种"一词作出进一步说明。对于该词的含义以及其在 1958 年《大陆架公约》中的并入，参见下文第 77.7（c）段。

第六十九条 内陆国的权利

1. 内陆国应有权在公平的基础上，参与开发同一分区域或区域的沿海国专属经济区的生物资源的适当剩余部分，同时考虑到所有有关国家的相关经济和地理情况，并遵守本条及第六十一和第六十二条的规定。

2. 这种参与的条款和方式应由有关国家通过双边、分区域或区域协定加以制订，除其他外，考虑到下列各项：

（a）避免对沿海国的渔民社区或渔业造成不利影响的需要；

（b）内陆国按照本条规定，在现有的双边、分区域、或区域协定下参与或有权参与开发其他沿海国专属经济区的生物资源的程度；

（c）其他内陆国和地理不利国参与开发沿海国专属经济区的生物资源的程度，以及避免因此使任何一个沿海国、或其一部分地区承受特别负担的需要；

（d）有关各国人民的营养需要。

3. 当一个沿海国的捕捞能力接近能够捕捞其专属经济区内生物资源的可捕量的全部时，该沿海国与其他有关国家应在双边、分区域或区域的基础上，合作制订公平安排，在适当情形下并按照有关各方都满意的条款，容许同一分区域或区域的发展中内陆国参与开发该分区域或区域的沿海国专属经济区内的生物资源。在实施本规定时，还应考虑到第 2 款所提到的因素。

4. 根据本条规定，发达的内陆国家应仅有权参与开发同一分区域或区域内发达沿海国专属经济区的生物资源，同时顾及沿海国在准许其他国家捕捞其专属经济区内生物资源时，在多大程度上已考虑到需要尽量减轻其国民惯常在该经济区捕鱼的国家的经济失调及渔民社区所受的不利影响。

5. 上述各项规定不妨害在分区域或区域内议定的安排，沿海国在这种安排中可能给予同一分区域或区域的内陆国开发其专属经济区内生物资源的同等或优惠权利。

资料来源

第三次联合国海洋法会议文件

1. A／AC. 138／SC. II／L. 6，第 3、4 段，转载在《1972 年海底委员会报告》第 158 页（苏联）。

2. A/AC. 138/SC. II/L. 9，第五部分 B 段，转载在《1972 年海底委员会报告》第 175、176 页（美国）。

3. A/AC. 138/SC. II/L. 10，第六条，转载在《1972 年海底委员会报告》第 180、181 页（肯尼亚）。

4. A/AC. 138/SC. II/L. 12，第 7.1 款，转载在《1972 年海底委员会报告》第 188、196 页（日本）。

5. A/AC. 138/SC. II/L. 24，第七节第二条，转载在《1973 年第三届海底委员会报告》第 23、28 页（乌拉圭）。

6. A/AC. 138/SC. II/L. 27 and Corr. 1、2，第十五条和第十六条，转载在《1973 年第三届海底委员会报告》第 30、33 页（厄瓜多尔、巴拿马和秘鲁）。

7. A/AC. 138/SC. II/L. 34，第二节第（3）段，转载在《1973 年第三届海底委员会报告》第 71、73 页（中国）。

8. A/AC. 138/SC. II/L. 37 and Corr. 1，第十四条，转载在《1973 年第三届海底委员会报告》第 78、80 页（阿根廷）。

9. A/AC. 138/SC. II/L. 38，第六条，转载在《1973 年第三届年海底委员会报告》第 82、83 页（加拿大、印度、肯尼亚和斯里兰卡）。

10. A/AC. 138/SC. II/L. 39，第二条第 1 段，转载在《1973 年第三届海底委员会报告》第 85 页（阿富汗、奥地利、比利时、玻利维亚、尼泊尔和新加坡）。

11. A/AC. 138/SC. II/L. 40，第八条，转载在《1973 年第三届海底委员会报告》第 87、88 页（阿尔及利亚、喀麦隆、加纳、象牙海岸、肯尼亚、利比亚、马达加斯加、毛里求斯、塞舌尔、塞拉利昂、索马里、苏丹、突尼斯和赞比亚）。

12. A/AC. 138/SC. II/L. 60，第二条，转载在《1973 年第三届海底委员会报告》第 114 页（扎伊尔）。

13. A/CONF. 62/C. 2/L. 35（1974 年），第一条至第五条，正式记录，第三卷第 213 页（海地和牙买加）。

14. A/CONF. 62/C. 2/L. 21/Rev. 1（1974 年），第二条，第 3 段，正式记录，第三卷第 199 页（尼日利亚）。

15. A/CONF. 62/C. 2/L. 36（1974 年），第一条至第五条，正式记录，第三卷第 214 页（牙买加）。

16. A/CONF. 62/C. 2/L. 38 and Corr. 1（1974 年），第十九条，正式记录，第三卷第 214、216 页（保加利亚、白俄罗斯、德意志民主共和国、波兰、乌克兰和苏联）。

17. A/CONF. 62/C. 2/L. 39（1974 年），第二条至第四条和第六条，正式记录，第三卷第 216、217 页（阿富汗、奥地利、比利时、布丹、玻利维亚、波斯瓦纳、芬兰、伊拉克、老挝、莱索托、卢森堡、马里、尼泊尔、荷兰、巴拉圭、新加坡、瑞士、瑞典、乌干达和赞比亚）。

18. A/CONF. 62/C. 2/L. 47（1974 年），第十五条，正式记录，第三卷第 222、223 页（美国）。

19. A/CONF. 62/C. 2/L. 48（1974 年），B 节，正式记录，第三卷第 225 页（巴基斯坦）。

20. A/CONF. 62/C. 2/L. 65（1974 年），第一条和第二条，正式记录，第三卷第 234 页（玻利维亚和巴拉圭）。

21. A/CONF. 62/C. 2/L. 82（1974 年），第六条，正式记录，第三卷第 240、241 页（冈比亚、加纳、象牙海岸、肯尼亚、莱索托、利比亚、阿拉伯利比亚共和国、马达加斯加、马里、毛里求斯、摩洛哥、塞舌尔、塞拉利昂、苏丹、突尼斯、喀麦隆、坦桑尼亚和扎伊尔）。

22. A/CONF. 62/L. 8/Rev. 1（1974 年），附件二附录一［A/CONF. 62/C. 2/WP. 1］，条款第九十四条、第九十八条和第一九五条，正式记录，第三卷第 93、107、121、135 页（总报告员）［主要趋势］。

23. A/CONF. 62/WP. 8/Part II（非正式单一协商案文，1975），第五十七条，正式记录，第四卷第 152、162 页（第二委员会主席）。

24. A/CONF. 62/WP. 8/Rev. 1/Part II（订正的单一协商案文，1976 年），第五十八条，正式记录，第 5 卷第 151、163 页（第二委员会主席）。

25. A/CONF. 62/WP. 10（非正式综合协商案文，1977 年），第六十九条，正式记录，第八卷第 1、15 页。

26. A/CONF. 62/RCNG/1（1978 年），第二委员会主席向全会做的报告，附件 A，第四谈判组主席的妥协性建议（NG4/9/Rev. 2），第六十九条，正式记录，第十卷第 13、83、93 页。

27. A/CONF. 62/WP. 10/Rev. 1（ICNT/Rev. 1，1979 年，油印），第六十九条，转载在《第三次联合国海洋法会议文件集》第一卷第 375、417 页。

28. A/CONF. 62/WP. 10/Rev. 2（ICNT/Rev. 2，1980 年，油印），第六十九条，转载在《第三次联合国海洋法会议文件集》第二卷第 3、45 页。

29. A/CONF. 62/WP. 10/Rev. 3*（ICNT/Rev. 3，1980 年，油印），第六十九条，转载在《第三次联合国海洋法会议文件集》第二卷第 179、221 页。

30. A/CONF. 62/L. 78（《公约草案》，1981 年），第六十九条，正式记录，第十五卷第 172、186 页。

31. A/CONF. 62/L. 107（1982 年），第六十九条，正式记录，第十六卷第 222 页（扎伊尔）。

起草委员会文件

32. A/CONF. 62/L. 67/Add. 3（1981 年，油印），第 43 ~ 45 页。

33. A/CONF. 62/L. 67/Add. 3/Corr. 2（1981 年，油印），第 2 段。

34. A/CONF. 62/L. 67/Add. 14（1981 年，油印），第 7 页。

35. A/CONF. 62/L. 72（1981 年），正式记录，第十五卷第 151 页（起草委员会主席）。

36. A/CONF. 62/L. 152/Add. 23（1982 年，油印），第 67 页。

37. A/CONF. 62/L. 160（1982），正式记录，第十七卷第 225 页（起草委员会主席）。

非正式文件

38. 第 4 号非正式文件，条款第十条；4 号文件/修订本 1，条款第七条和第十二条；4 号文件/修订本 2，条款第七条第十一条（1974 年，油印）；转载在《第三次联合国海洋法会议文件集》第三卷第 314、332 和 354 页。

39. 第 9 号非正式文件和修订本 1 和修订本 2，（1974 年，油印），条款第一条和第十七条，转载在《第三次联合国海洋法会议文件集》第三卷第 466、473 和 481 页。

40. 匿名的（1975 年，油印），第二十条，在《第三次联合国海洋法会议文件集》第四卷第 183、184 页。

41. 新加坡（1975 年，油印），关于生物资源条款，第 1、3、5 段；转载在《第三次联合国海洋法会议文件集》第四卷第 185 页。

42. 七十七国集团联络组（1975 年，油印），第 4 段，转载在《第三次联合国海洋法会议文件集》第四卷第 186 页。

43. 巴拉圭（1975 年，油印），第 3、4 节，转载在《第三次联合国海洋法会议文件集》第四卷第 189、191 页。

44. 玻利维亚（内陆国/地理不利国集团）（1975 年，油印）。转载在《第三次联合国海洋法会议文件集》第四卷第 192 页。

45. C. 2/第 11 号蓝色文件（1975 年，油印），第 3、4 节（匿名）。转载在《第三次联合国海洋法会议文件集》第四卷第 148、150 页。

46.（内陆国/地理不利国集团）（1975 年，油印），第四条和第六条至第十二条，转载在《第三次联合国海洋法会议文件集》第十一卷第 490、491 页。

47.（内陆国/地理不利国集团）（1975 年，油印），第四条和第六条至第十二条，转载在《第三次联合国海洋法会议文件集》第十一卷第 198、199 页。

48.（内陆国/地理不利国集团）（1975 年，油印），第三条至第五条，在《第三次联合国海洋法会议文件集》第四卷第 201 页。

49.（内陆国/地理不利国集团）（1975 年，油印），第三条和第五条至第十一条，在《第三次联合国海洋法会议文件集》第四卷第 202 页。

50. 七十七国集团的联络组（1975 年，油印），第 5 段，转载在《第三次联合国海洋法会议文件集》第四卷第205、206页。

51. 关于领海以外资源管辖条款草案（［1975年］，油印），A部分，第二条（匿名），转载在《第三次联合国海洋法会议文件集》第四卷第218、219页。

52. 七十七国集团（1975年，油印），第五条。转载在《第三次联合国海洋法会议文件集》第四卷第227、229页。

53. 秘鲁（1975年，油印），第十条。转载在《第三次联合国海洋法会议文件集》第十一卷第449页。

54. 内陆国/地理不利国集团（1975年，油印），第二节，第四条和第六条至第十二条，转载在《第三次联合国海洋法会议文件集》第四卷第234、235页。

55. 新加坡（1976年，油印），第五十七条（非正式单一协商案文）。转载在《第三次联合国海洋法会议文件集》第四卷第302页。

56. 喀麦隆联合共和国（［1976年］，油印），第五十七条（非正式单一协商案文）。转载在《第三次联合国海洋法会议文件集》第四卷第302页。

57. 新加坡（1976年，油印），第五十七条。转载在《第三次联合国海洋法会议文件集》第四卷第290、291页。

58. 智利（1976年，油印），第五十七条（非正式单一协商案文）。转载在《第三次联合国海洋法会议文件集》第四卷第300页。

59. 墨西哥（［1976年］，油印），第五十七条（非正式单一协商案文）。转载在《第三次联合国海洋法会议文件集》第四卷第300页。

60. 秘鲁（1976年，油印），第五十七条（非正式单一协商案文）。转载在《第三次联合国海洋法会议文件集》第四卷第301页。

61. 巴拉圭（1976年，油印），第五十七条（非正式单一协商案文）。转载在《第三次联合国海洋法会议文件集》第四卷第301页（两条草案分别起草于1976年3月和4月）。

62. 内陆国/地理不利国集团（1976年，油印），第五十七条（非正式单一协商案文）。转载在《第三次联合国海洋法会议文件集》第四卷第303、304页。

63. 内陆国/地理不利国集团（1976年，油印），第五十七条（非正式单一协商案文）。转载在《第三次联合国海洋法会议文件集》第四卷第303、306页。

64. 巴基斯坦（［1976年］，油印），第五十七条和第五十八条（非正式单一协商案文）。在《第三次联合国海洋法会议文件集》第四卷第307页。

65. 奥地利（1976年，油印），第五十七条（非正式单一协商案文）。转载在《第三次联合国海洋法会议文件集》第四卷第305页。

66. 阿富汗（［1976年］，油印），第五十七条（非正式单一协商案文）。转载在《第三次联合国海洋法会议文件集》第四卷第299页。

67. 奥地利（1976年，油印），第五十七条（非正式单一协商案文）和妥协案文。

转载在《第三次联合国海洋法会议文件集》第四卷第 299 页。

68. 二十一国集团（1976 年，油印），第五十八条（二十一国集团主席）。转载在《第三次联合国海洋法会议文件集》第四卷第 463 页。

69. 二十一国集团（1976 年，油印），第五十八条（订正的单一协商案文）（二十一国集团主席）。转载在《第三次联合国海洋法会议文件集》第四卷第 449 页。也作为 NG4/1。（1976 年，油印）第五十八条。转载在《第三次联合国海洋法会议文件集》第九卷第 314 页。

70. 巴基斯坦（［1976 年］，油印），第五十七条和五十八条（订正的单一协商案文）。转载在《第三次联合国海洋法会议文件集》第四卷第 436 页。

71. 内陆国/地理不利国集团（1977 年，油印），第五十八条（订正的单一协商案文）。转载在《第三次联合国海洋法会议文件集》第四卷第 441 页。

72. 内陆国/地理不利国集团（1977 年，油印），第五十八条（订正的单一协商案文）。转载在《第三次联合国海洋法会议文件集》第四卷第 443 页。

73. 奥地利（［1977 年］，油印），第五十八条（订正的单一协商案文）。转载在《第三次联合国海洋法会议文件集》第四卷第 445 页。

74. 沿海国集团（1977 年，油印），第五十八条（订正的单一协商案文）。转载在《第三次联合国海洋法会议文件集》第四卷第 452 页。

75. 内陆国/地理不利国集团（1977 年，油印），第五十八条（订正的单一协商案文）。转载在《第三次联合国海洋法会议文件集》第四卷第 446 页。

76. 内陆国/地理不利国集团（1977 年，油印），第五十八条。转载在《第三次联合国海洋法会议文件集》第四卷第 381、384 页。

77. 内陆国/地理不利国集团（1977 年，油印），第五十八条（订正的单一协商案文）。转载在《第三次联合国海洋法会议文件集》第九卷第 568、569 页。

78. 沿海国集团（1977 年，油印），第五十八条（订正的单一协商案文）。转载在《第三次联合国海洋法会议文件集》第四卷第 454 页。

79. 二十一国集团（1977 年，油印），第五十八条（订正的单一协商案文）［二十一国集团主席］。转载在《第三次联合国海洋法会议文件集》第四卷第 457 页。

80. NG4/2（1977 年，油印），第五十八条（RSNT II）［二十一国集团主席］。转载在《第三次联合国海洋法会议文件集》第九卷的第 316 页。［也转载在《第三次联合国海洋法会议文件集》第四卷第 460 页中作为"匿名案文"］。

81. 沿海国集团（1978 年，油印），第六十九条（非正式综合协商案文）。转载在《第三次联合国海洋法会议文件集》第四卷第 495 页。

82. NG4/3（1978 年，油印），第六十九条（沿海国集团）。转载在《第三次联合国海洋法会议文件集》第九卷第 319 页。

83. NG4/6（1978 年，油印），第五十八条（内陆国/地理不理国）。转载在《第三

次联合国海洋法会议文件集》第九卷第 323 页。（这是在上述资料来源第 77 条复制了内陆国/地理不利国建议）

84．NG4/9（1978 年，油印），第六十九条（第四谈判组主席）。转载在《第三次联合国海洋法会议文件集》第九卷第 336 页。

85．NG4/9 Rev. 1（1978 年，油印），第六十九条（第四谈判组主席）。转载在《第三次联合国海洋法会议文件集》第九卷第 341、344 页。

86．NG4/9 REV. 2 和 Corr. 1（1978 年，油印），第六十九条（第四谈判组主席）。转载在《第三次联合国海洋法会议文件集》第九卷第 341、344 页。（见上述资料来源第 26 条）

[注：对本条的解读应与第七十条一起进行。]

评　注

69.1　第六十九条的主题是内陆国应有权在公平的基础上，参与开发同一分区域或区域的沿海国专属经济区的生物资源的"适当剩余部分"。该条款描述了这一权利的性质和范畴，并规定了沿海国在这方面的义务。第六十九条的设计是用来满足在新的专属经济区概念下内陆国的利益，第七十条在顾及地理不利国的利益和关切方面也有相似的目的。第六十九条和第七十条是合在一起谈判的，两条款只解决了专属经济区内生物资源的分享问题。

内陆国出入海洋的权利与其分享专属经济区生物资源的权利有着明显的不同，其出入海洋的权利在公约的第十部分（从第一二四条至第一三二条）有所描述，第一二四条第一段（a）款就"内陆国"一词在《公约》中给出的意思是"没有海岸的国家"。

第六十九条的一个重要特征是在"考虑到所有有关国家的相关经济和地理情况，并遵守本条及第六十一条和第六十二条的规定"情况下，内陆国将有参与开发的权利。第六十一条和第六十二条确定的沿海国主权权利的范畴对内陆国参与专属经济区生物资源开发权利的程度设置了条件。参与开发的条件和形式，在考虑第二段所列因素的情况下，通过双边、分区域或区域协议予以确定。

该权利受到地理上的限制，它只适用于与专属经济区国家处于同一个分区域或区域的内陆国。本条对发展中的内陆国和发达内陆国作了区分，发展中国家①有权参与发达或发展中国家专属经济区生物资源的开发；而发达国家只能参与其他发达国家专属经济区生物资源的开发。

---

① 在 1982 年《联合国海洋法公约》中无"发展中国家"的解释，参见上述 62.16（f）节。

69.2 在海底委员会，有关内陆国参与沿海国生物资源开发问题的建议和争论也包含了"准内陆国"和其他地理不利国的案例（参比下面的第七十条第二款）。从争论的初期起，沿海国与内陆国和其他地理不利国所采取的策略就有根本上的不同。大多数内陆国和地理不利国希望为他们建立开发沿海国专属经济区生物资源的权利，或这一水域渔业资源的特权。

在1972年召开的海底委员会会议上，非洲国家海洋法地区研讨会形成的一份报告②建议"专属经济区生物资源的开发应对所有非洲国家，无论是内陆国还是准内陆国开放"。肯尼亚代表提出的建议更具体，点出哪些国家享有参与开发权，要求沿海国准许"相邻的发展中内陆国和准内陆国及拥有小陆架的国家"开发其专属经济区内的生物资源。

沿海国早期建议主张基于经济考虑和沿海国对其专属经济区生物资源的掌控，主张对内陆国和其他地理不利国实行有限参与。苏联和美国代表建议为其他国家，包括内陆国，提供参与开发的机会，但只限于过剩的资源。日本建议要求"发达的非沿海国"与"发展中国家，包括内陆国"合作，促进"（他们）捕鱼业的发展和水产品的国内消费和出口"。

69.3 在1973年召开的海底委员会会议上，沿海国对参与开发权的建议已不太受限制了，但对沿海国控制其专属经济区内的生物资源的立场仍非常坚定。有一些建议给予了内陆国和其他地理不利国特惠捕鱼权，其中有些建议也提到了与之相伴随的通行权（《公约》第一二五条有相关规定）。

主张200海里领海线和适用"多数制"策略的（见上面第2.4段）乌拉圭代表提出了如下建议（资料来源5）：

> 沿海国应视情通过签署所有缔约方利益都给予公平对待的双边或分区域协定，授予与其邻国或同属一个分区域的内陆国在不是专为他们国民保留的领海内比第三国更为优惠的捕鱼权。像这样的特惠待遇将为那些没有海岸的国家，而且这些国家在这一区域的渔船专门悬挂的船旗也是这些国家的国旗，并且它们的渔获量是用于国内消费或上述国家的工业消费，或将这种特惠待遇授予没有海岸但与沿海国的国民企业有关联的国家。

根据乌拉圭代表的建议，与沿海国为邻的或与其同属同一个分区域的内陆国将享有在沿海国200海里领海内特惠捕鱼权。

另有建议（资料来源6、资料来源7和资料来源8）针对内陆国和其他地理不利国

---

② A/AC. 138/79，第一部分，（a）（4）节，转载在《1972年海底委员会报告》第73、74页（Yaoundé Regional Seminar）。

在相邻沿海国专属经济区参与开发生物资源问题提出了一种特惠制度。阿根廷代表的建议（资料来源8）提出了：

> "应与没有海岸的国家就针对第三国（在相邻沿海国专属经济区内）行使特惠捕鱼权这样一种公平制度达成协议"。

该建议涉及了一个"公平制度"的建立。根据非洲统一组织③的声明地理不利国在开发邻国专属经济区生物资源方面与沿海国的国民享有相同的基础。一项由4个国家提出的建议是唯一涉及发达的沿海国作为发起国在"公平的基础上"支持地理不利国参与生物资源的开发。

一些内陆国和其他地理不利国团体持续坚持他们在开发专属经济区内生物资源的这种权力或特权。一项由6个国家提出的建议（资料来源10）写道：

> "内陆国和地理不利国（下称地理不利国）根据第一条不能或不会宣布（主张）一专属经济区，以及在其管辖下的自然人或法人在平等和非歧视的基础上有权参与相邻沿海国专属经济区内生物资源的开发。为了促进这一特定区域内生物资源有序和合理的开发，相关国家应就管理这一区域内资源的开发作出适当的安排。"

该项建议强调的是"在平等和非歧视的基础上"地理不利国的参与（开发权）。一项由14个非洲国家提出的建议用下列的一段措词描述了地理不利国的特权（资料来源11）：

> "发展中内陆国和其他地理不利国国民应享有在其相邻沿海国专属经济区捕鱼的特权，分享这种特权的方式以及他们所指的捕鱼区域应通过相关的内陆国和沿海国之间签署协议加以确定，制定和实施针对区域的管理措施是沿海国的职责。"

该项建议使用的语言与早些时候的四国建议相似，插入了地理不利国的特权但又将具体的细节留给了（相关国家间拟签署的）协议来确定。扎伊尔代表的建议采用了

---

③ A/AC.138/89，声明C，第9段，转载在《1973年海底委员会报告》第二卷第4、6页。

相似的方法。④

69.4　在 1974 年召开的第二届会议上，有一些建议认可了地理不利国参与相邻沿海国专属经济区生物资源开发的特权⑤。海地和牙买加代表的建议（资料来源 13）将地理不利国描述为包括内陆国和由于地理、生物或生态等原因导致不利的其他国家。该建议的第一条和第二条具体条文如下：

第一条

本公约……条款中规定的适用任何经济区或承袭海制度将服从于发展中地理不利国家的权力……

第二条

在任何拥有地理不利国家的区域，这些国家的国民本着培养发展他们的捕鱼业和满足营养需求的目的将享有开发本区域内可再生资源的权力。

牙买加代表（资料来源 15）还就"发展中地理不利国在 12 海里以外的领海内的权力"独自提出了相似的条款，这些国家包括内陆国和其他地理不利国。

还有一些建议认可了在相关国家之间签署了协议的地理不利国的权力。非洲统一组织声明⑥的修订案就支持这一立场，正如尼日利亚代表建议所述（资料来源 14）：

内陆国和地理不利国享有勘探和开发相邻沿海国专属经济区生物资源的权利，但因取决于与沿海国签署适当的双边或区域协议。

一个由 22 个内陆国和地理不利国组成的集团在上述策略的基础上进行了扩充，并建议（资料来源 17）：

内陆国和其他地理不利国在平等和不受歧视的基础上应有权参与相邻沿海国＊专属经济区内生物资源的勘探与开发。为了便利对特定区域生物资源有序的开发与合理利用的目的，相关国家可以就规范这些区域的资源利用采用适宜的安排作出决定。

---

④　也是在这一谈判阶段，乌干达和扎伊尔提出了一个关于地理不利国家获得专属经济区资源的选择方法，他们建议，区域经济区由"有关区域或次区域"中的所有国家使用。A/AC. 138/SC. II/L. 41，第四条，《1973 年第三届海底委员会报告》。在大会的后期阶段不断提出类似的提议。

⑤　一份相关的文件，即"坎帕拉宣言"由发展中内陆国和其他地理不利国会议通过，接下来介绍给第二届会议，该宣言解读了内陆国和其他地理不利国的"平等权利"。见 A/CONF. 62/23（1974），第 8 和 9 段，正式记录，第三卷第 3 页。

⑥　A/CONF. 62/33（1974），C 节，第 9 段，正式记录，第三卷第 63，64 页（OAU）。

内陆国和其他地理不利国在平等和不受歧视的基础上应有权参与相邻沿海国……区内生物资源的勘探与开发。行使这一权利的平等安排应由相关国家作出。[7]

该建议采用了海底委员会一项由 6 个国家提出的建议（资料来源 10）中使用的语言，包括在"平等和非歧视基础上"的参与的参考。没有提及区域为"专属"但更希望这一权利既与生物资源也和非生物资源相关。

由 18 个非洲国家提出的建议（资料来源 21）写道：

1. 发展中内陆国和其他地理不利国有权开发邻国专属经济区内生物资源，但应承担相应义务。

2. 内陆国和其他地理不利国国民在开发邻国专属经济区生物资源时，与邻国国民享有同样的权利和应尽同样的义务。

3. 为了确保本条款第一、二段提到的权利的分享和相同义务的承担，并充分尊重相关国家的主权，应签署双边、分区域或地区协议。

该建议不仅仅规定了平等参与，而是明确规定了所有相邻国家——沿海国、内陆国，其他地理不利国——在开发专属经济区内生物资源方面享有同样的权利和义务。

一项由 6 个东欧社会主义国家的建议对一些类似于那些由不同地理不利国提出的最初主张的条款给予了支持。该项建议提到了在"内陆或仅有一狭窄的出海口或狭窄大陆架的发展中国家"与沿海国公民平等的基础上在专属经济区捕鱼的特权，而非权利。享有这一特权的条件将由相关方之间签署协议来决定。美国代表的建议提出了类似适用于内陆国国民的特权条款。

相似的语言出现在非正式法律专家组（埃文森小组）起草的一条款中，见下列条文：

发展中内陆国的国民在与相邻沿海国国民平等的基础应享有在该国专属经济区临近区域捕鱼的特权。享有这一特权的方式和捕鱼的区域将由相关的沿海国和内陆国之间签署协议来确定，而且不能通过租赁或颁发许可证，成立联合合资企业，或任何其他形式的方式，转让给第三方。对特定区域内资

---

⑦ 建议中带 ＊ 脚注表示：

"相邻沿海国"不仅仅指国家之间相互比邻，还包括与（同）一区域内在合理的相邻范围内的内陆国和其他地理不利国。

源的养护与控制，开发与管理将由该沿海国负责。[⑧]

巴基斯坦代表的建议（资料来源 19）比较直白，只建议沿海国"可与相邻的内陆国签署双边或区域协议"。

由 22 个内陆国和其他地理不利国的建议（资料来源 17）和 18 个非洲国家的建议（资料来源 21）也提出了要么建立地区或分地区经济区，要么作出同等效应的安排。关于这一概念涵盖内容最宽泛的是由玻利维亚和巴拉圭代表（资料来源 20）提出建议，该建议支持由沿海国和他们的邻国共同建立"地区经济区"。所有相关国家拥有平等的权利与义务，全面参与利用区域内的资源。

大多数国家都同意某些分享经济区内生物资源的权力应给予内陆国和其他地理不利国，但是，各种建议僵持不下，一直到会议结束，第二委员会的主席提请会议注意到，各种意见之间还存在着重要分歧，特别是关于"内陆国和其他地理不利国"的期望。[⑨]

许多不同的立场，诸如以签署协议为条件的权力分享，在平等基础上的参与，建立联合地区经济区，都被写入主流工作文件中（资料来源 22）。把这些建议归纳在一起，可以看到由沿海国、内陆国、地理不利国关于专属经济区生物资源分享权力所持有的广泛的观点。对内陆国和其他地理不利国最有利的观点是那些在与沿海国享有平等权利与义务基础上建立他们参与邻国专属经济区生物资源开发与利用的权力。其他一些条款只解决了某些权力，要么是邻国或同一地区的国家，但没有给出详细的解释，使这些建议的范畴不确定。沿海国的主要立场是对某些内陆国和其他地理不利国通过与沿海国谈判建立一种特惠制度。

69.5　在 1975 年召开的第三届会议上，七十七国集团提交了一系列条款草案（资料来源 42、资料来源 50 和资料来源 52），支持内陆国和其他地理不利国开发专属经济区内生物资源的权力。其中（资料来源 52）第五条和第六条写到：

第五条

（i）

a. 根据该条款，内陆国和发展中地理不利国拥有开发相邻沿海国专属经济区内生物资源的权力，但应承担相关的义务。然而发达内陆国和发达地理不利国仅在相邻发达沿海国专属经济区享有开发生物资源的权力。

b. 根据下面（ii）b 段条款，相邻内陆国的国民将与沿海国的国民享有平

---

⑧　供选用的草案条款（1974 年，油印），第二十一条，供选条款 B 条（非正式法律专家组）。

⑨　见第二委员会第 46 次会议，第 16 段；并参见 A/CONF. 62/C. 2/L. 86（1974 年），正式记录，第三卷第 242 页。

等的权力，或将确保公正和公平分享专属经济区生物资源的权力，并和沿海国的公民一样承担相似但非歧视性的义务。

c. 根据下面（ii）b 段条款，相邻发展中地理不利国的国民将享有能确保公正和公平分享专属经济区生物资源的权力，并和沿海国的公民一样承担相似但非歧视性的义务。

（ii）……

b. 为了确保本条第 1 段提及权力的分享和义务的承担，在适当的时候应作出双边、分地区或地区安排，明确指出在专属经济区内哪些区域可以分享上述权力。

第六条

……

（b）为了第五条之目的，一个内陆国或地理不利国如果具备下列条件之一，就可视为与沿海国"相邻"：

（i）它与沿海国拥有共同的边界，或

（ii）与沿海国比邻，或

（iii）它与沿海国处于或与同一个封闭或半封闭海交界，或

（iv）在考虑所有关于地区相关的地理情况后，其位置与沿海国处于合理的相邻距离内。

该建议对内陆国和其他地理不利国在专属经济区内权力的处理进行了扩展。

第五条对由 18 个非洲国家早些时候提出的建议中的语言进行了修正（资料来源 21）。第 1 段 1 款规定了内陆国和发展中地理不利国在开发相邻沿海国专属经济区生物资源的权力并指出享有这一权力的国家应承担相应的义务。该段还加入了一些新的条款，通过允许发达内陆国和发达地理不利国只有在相邻的发达沿海国专属经济区内分享这一权力加以限制。第 1 段 2 款作为选择还提及了内陆国国民分享这一"平等权力"和确保专属经济区内生物资源"公平和平等份额"的权力。在第 1 段 3 款有关地理不利国响应条款中的措辞稍有不同，仅仅提及了这些国家分享"公平和平等份额"。第 1 段 2 款和第 1 段 3 款还都指出了内陆国和地理不利国的国民应和沿海国国民承担相似的非歧视性的义务。第五条第 2 段 1 款（上面没有提到）是涉及这些权力向第三方的转让（见下述第七十二条 4 款）。第 2 段 2 款规定这样的权力和义务应以双边、分区域或地区安排的方式"产生"，而且也应通过允许在专属经济区内的特定区域进行有限应用达到对分享这些权力（"平等"或"公平"）的限制。第六条第一段（上面没有提到）是涉及地理不利国而非内陆国（见下面 70.4 节）。第六条第二段对"邻国"下的定义要比相邻或临近的概念更加宽泛。

由内陆国和地理不利国集团提出的一系列非正式提议（资料来源 44，资料来源 46

至资料来源 49 和资料来源 54）⑩ 所建议的条款都与七十七国集团⑪的相似。

第四条

根据这些条款的规定，内陆国和地理不利国应有权参加沿海国专属经济区内生物资源和非生物资源的勘探与开发。

……

第六条

内陆国和地理不利国根据这些条款在沿海国专属经济区内开展的活动应遵守根据这些条款和《公约》其他相关条款所作出的安排。

第七条

1. 为行使第四条提及权利之目的，应在内陆国或地理不利国和相邻沿海国之间作出平等安排。

2. 相邻沿海国是意味着一国与内陆国或地理不利国相邻或位于它们附近地带。

第八条

如果是由客观标准确定且由相关内陆国或地理不利国与其相邻沿海国一致认同沿海国专属经济区内的资源有限，在考虑到参与沿海国专属经济资源开发权在地区平等分配的情况下，那么第七条提及安排也应在内陆国或地理不利国与一个或更多的比较临近的或本地区其他沿海国之间作出。

第九条

1. 第八条使用的"地区"一词意旨联合国地区经济委员会所覆盖的地理区域。

2. 参与开发权的行使应遵守发达内陆国或地理不利国只能参与发达沿海国专属经济区资源开发的原则。

第十条

1. 在一个地区或分地区之内的沿海国、内陆国和地理不利国应在它们之中的任何一方的要求下，在平等的基础上进行谈判以便作出建立地区或分地区经济区的安排。

2. "地区"或"分地区"经济区一词的含义是由 3 个或以上相邻国家集团建立的经济区，无论它们是否是为了联合开发这类经济区之目的所达成的

---

⑩ 有关该集团组成与构成进一步信息见第一卷第 72－75 页。有关该集团对会议投票表决影响的讨论见 L. Caflisch 撰写的文章"什么是地理不利国"，《海洋开发与国际法》第 18 期第 641 页（1987 年）。

⑪ 在两个集团之内，内陆国和地理不国集团和七十七国集团的成员国有重叠。见七十七国集团中的内陆国和地理不利国的相关宣言（1975 年，油印）。转载于《第三次联合国海洋法会议文件集》第四卷第 232 页，并见内陆国/地理不利国集团原则（草案），《第三次联合国海洋法会议文件集》第四卷第 238 页。

经济一体化协议的缔约方。

第十一条

在行使第四条关于生物资源相关权利时，内陆国在平等和非歧视的基础上将有权勘探和开发相关沿海国专属经济区内的生物资源，地理不利国在公平的基础上享有这一权利。

上述这些条款重复主张了内陆国/地理不利国关于它们参与沿海国专属经济区内生物资源和非生物资源勘探与开发权。根据第七条，有关行使这一权利的公平安排要在内陆国与其相邻的沿海国之间"协商作出"，这一点与七十七国集团的建议相似。第八条作了补充，即如果确定某一特定相邻沿海国专属经济区的资源是有限的，这些安排应与本地区下一个或更多的相邻国或其他沿海国之间协商作出。"地区"一词在第九条第一段被定义为"联合国地区经济委员会所覆盖的地理区域"，在第二段，其条款描述与七十七国集团建议中的描述相似，即只允许发达的内陆国和地理不利国在发达沿海国专属经济区内行使资源的参与开发权。第十条，在平等的基础上提倡"建立区域或分区域经济区"。第十一条对国家针对经济区内生物资源的权利作了进一步区分。它将有权使内陆国"在平等和非歧视的基础上"和地理不利国"在公平的基础上"参与（沿海国专属经济区资源的开发）。[12] 该建议还额外包括了一套有关探讨在经济区内各国参与的地区策略方面的条款。

与上述条款（内容）构成相反，埃文森小组起草的一系列条款没有内陆国参与开发沿海国经济区资源权利方面的规定，反之，只简单谈及了"有参与的权利"。该小组起草的条款包括以下一些规定：

1. 在平等的基础上并考虑所有相关经济和地理情况，内陆国应有参与相邻沿海国经济区或特定区域生物资源开发的权利。有关参与方式的双边、地区或分地区协议将通过谈判达成。[13]

2. 第一段中的条款不对地区内，由于特殊情形，沿海国准备（愿意）授予本地区内陆国平等或特惠开发经济区内生物资源的权利，[14] 所达成的安排构成影响。

---

⑫ 这种不同待遇可能表明内陆国和地理不利国小组感到"内陆国处于最不利的地位，并且……最终他们的权利被束之高阁"，参见 S. Jayakumar "内陆国和地理不利国在经济区中生物资源的权利"，18 Va. J. Int'l L. 69, 78（1977）。

⑬ 经济区（1975年，油印）第十条（非正式法律专家组）。转载于《第三次联合国海洋法会议文件集》第四卷第 209、215 页。该案文的早期草案转载于《第三次联合国海洋法会议文件集》第十一卷第 481、464 页。

⑭ 关于本案文的通函，参见 1975 年 4 月 24 日 Jens Evensen 给各代表团的信，转载于《第三次联合国海洋法会议文件集》第四卷第 209 页。

参与开发区域应限于沿海国"毗连"区域，而非"相邻"区域。

在第三届会议期间提出的其他非正式建议涵盖了 3 个集团的立场：七十七国集团、内陆国/地理不利国集团及埃文森小组。有一个不具名建议（资料来源 40）呼吁沿海国进行谈判或寻求与来自同一地区的内陆国就专属经济区内特惠捕鱼权达成协议。新加坡（资料来源 41）支持内陆国"在平等的基础上开发相邻沿海国专属经济区内生物资源的权利"。由巴拉圭代表（资料来源 43）提出的建议和由非正式磋商集团（资料来源 45）提出的草案建议"在平等和非歧视的基础上内陆国应有单独或与相邻沿海国……联合参与开发生物资源的权利"。在一项不具名提议中（资料来源 51）有类似的条款（更倾向）给予沿海国区内管辖权，而授予"地理不利国"在平等和非歧视的基础上参与开发的权利。秘鲁代表（资料来源 53）建议"称考虑到所有相关经济和地理情况，在平等的基础上，内陆国的国民应享有专属经济区内资源的开采权"。所有这些建议都试图建立内陆国对专属经济区内资源的权利，同时还提出了呼吁与沿海国就实际捕捞的方式或安排进行谈判，为确保这一权利留有空间。

在非正式单一协商案文/第二部分（资料来源 23），第五十七条条文如下：

> 1. 考虑到相关国家所有相关经济和地理情况，内陆国在平等的基础上应有参与开发相邻沿海国专属经济区生物资源的权利。这种参与的条款和条件应由相关国家通过签署双边、亚区域和地区协议的形式来确定。然而，发达的内陆国只有在相邻发达沿海国专属经济区享有参与开发权。
>
> 2. 该条条款不妨害第五十条和第五十一条的规定。

该文本所采取的立场与许多沿海国家所倡导的立场类似。虽然"参与权"被认定，其范围已不仅仅限于"毗邻国家"。此外，它"不妨害，第五十条和第五十一条的规定［现为第六十一条和第六十二条］，"这些规定赋予沿海国保护、利用和管理专属经济区生物资源的广泛权力。第 1 款为发达的内陆国作出了特别的规定，即规定其参与权仅限于"邻近的发达沿海国的专属经济区。"非正式单一协商案文还在单独的条文（第五十七条和第五十八条）中解决内陆国/地理不利国的问题。

69.6 在第四期会议（1976 年）上提出了许多对非正式单一协商案文修改的提案。内陆国/地理不利国集团的主席表达了该集团的意见，即非正式单一协商案文没有考虑到"［内陆国/地理不利］集团成员国的合法权利和利益。"⑮ 主席还报告了一个文本，其"在集团内部获得了广泛的支持"（资料来源 62 和资料来源 63）。⑯ 第二个文本（资料来源 63）内容为：

---

⑮　LL/GDS（1976 年，油印），第 3 款。转载在《第三次联合国海洋法会议文件集》第四卷第 253 页。

⑯　主席同时还指出，该集团的一些成员曾表示倾向于建立区域或分区域经济区（资料来源 62）。

1. 尽管有第五十条和第五十一条之规定，内陆国享有在平等的基础上勘探和开发同一区域或分区域的沿海国经济区的生物资源的权利，以使它们能够得以公平地分享这些区域的生物资源。

2. 为实施本条第 1 款中所指的权利不受第五十一条第 2 款规定的剩余部分存在的限制，应当订立有关国家间适当的双边、区域或分区域协定。

3. 发达的内陆国仅有权在同一区域或分区域的发达沿海国的经济区行使自己的权利。

该案文适用"尽管有第五十条和第五十一条之规定。"此外，还规定了内陆国的生物资源的权利不取决于剩余部分的存在。这两项建议都旨在避免沿海国家的任意控制，内陆国/地理不利国集团认为这与沿海国参与专属经济区生物资源开发利用的权利的概念是不一致的。对这一立场的支持反映在由内陆国/地理不利国集团的个别成员提交的提案（资料来源 55、资料来源 57、资料来源 65 和资料来源 66）。

正如内陆国/地理不利国集团主席所表示的，并非该集团的所有成员都支持该集团的提案。例如，巴拉圭的提案（资料来源 61）就是一个非正式单一协商案文条文的内容和内陆国/地理不利国提案相结合的提案。内陆国参与专属经济区生物资源开发的权利"不妨害第五十条和第五十一条的规定。"此外，参与的条款和条件不受是否存在剩余部分的限制。奥地利提出的折中案文（资料来源 67）如下：

1. 内陆国应有权按照本条规定参与开发同一区域或分区域的沿海国（专属）经济区的生物资源。

2. 行使本条中所规定的权利的条款及条件应由有关国家通过双边、分区域或区域协定或安排商定。

3. 第 1 款中提到的协定和安排应考虑到第五十条和第五十一条的规定，以及确保有效行使本条中所规定的内陆国的权利的目标，使它们能够获得（专属）经济区生物资源的一个公平份额。这些协定和安排在任何情况下都给予内陆国对其他第三国优惠待遇。

4. 发达的内陆国仅有权在同一区域或分区域的发达沿海国的（专属）经济区行使这种权利，同时特别顾及到那些极为依赖（专属）经济区的生物资源的沿海国的需要。

第 3 款增加了"确保有效行使内陆国公平分享生物资源的权利"的目标。它还规定给予内陆国对其他第三国的优惠待遇。第 4 款增加了"特别顾及""那些极为依赖于（专属）经济区的生物资源的沿海国家的需要"的条件。

各沿海国在处理这个问题上的提案也各不相同。智利提出的提案（资料来源 58）

规定发展中内陆国获得某区域或分区域的专属经济区生物资源的优惠权。对于这种准入权的监管要以"阻止对在行使这种准入权的专属经济区的国家的人口或捕鱼业的有害影响"的方式进行。类似的语言也包含在秘鲁的提案（资料来源60）中，以避免对有关沿海国的"渔民社区和渔业的不利影响"。它补充说，参与条件并不视剩余部分存在的情况而定。墨西哥提出的提案（资料来源59）建议在第五十七条增加一款：

第1款的规定不损害该地区沿海国议定的准备给予内陆国在该地区专属经济区内开发生物资源的同等或优惠权利的安排。

喀麦隆（资料来源56）要把非正式单一协商案文第二部分中第五十七条和第五十八条结合成一个单一的条款，既解决内陆国问题，也解决地理不利国问题。这些国家与沿海国和邻近的发达国家有"在平等的基础上"参与在该区域或分区域的专属经济区开发生物资源的权利。巴基斯坦提出的一项提案（资料来源64）要留待由沿海国自由裁量与邻近的内陆国就其在"沿海国指定的范围内"参与生物资源开发达成一项安排。

由埃文森小组编写的一份文件，提出了与非正式单一协商案文条文类似的语言，提到的是"权利"，而不是"准入权"，并规定在对"第三国的优惠"的基础上参与。其提案会使得内陆国参与的权利受第五十条和第五十一条限制（而不是"不妨害"那些条款）。[17] 该提案更具体地区分了发展中内陆国和发达的内陆国之间权利的区别。这些内容载于两个条款中，第一个条款关乎内陆国的权利和该权利的行使，第二个条款针对行使这种权利要考虑的因素。

在订正的单一协商案文第二部分（资料来源24），第五十八条包含了一些新的元素，规定：

内陆国的权利

1. 内陆国应有权在公平的基础上参与开发邻近沿海国专属经济区生物资源，同时考虑到所有有关国家的相关经济和地理情况。这种参与的条款及条件应由有关国家通过双边、分区域或区域协定决定。但是，发达的内陆国应仅有权在毗邻的发达沿海国专属经济区内行使自己的权利。

2. 本条款受第五十条和第五十一条的规定限制。

3. 第1款规定不妨害在区域内议定的安排，沿海国在这种安排中可能给

---

⑰ "Access of Land-locked and Geographically Disadvantaged States to the Living Resources of the Exclusive Economic Zone"（1976 年，油印），第五十七条和第五十九条（非正式法律专家组）。转载在《第三次联合国海洋法会议文件集》第十一卷第 562 页。

予同一分区域或区域的内陆国开发其专属经济区内生物资源的同等或优惠权利。

在这个阶段加上了标题。第 1 款只引进了一处改动，用"邻近"取代了"毗邻"。第 2 款规定，本条将"受"第五十条和第五十一条"限制"，以此表示沿海国权利的主导地位。第 3 款是新的，赋予沿海国给予同一地区的内陆国平等或优惠权利的自由裁量权。

在介绍订正的单一协商案文第二部分时，第二委员会主席没有认为这些改动的"重大"，他说道：

> 关于内陆国和某些发展中沿海国在专属经济区的资源开发上的权利问题，我没有作大的改动。尽管特殊利益集团和其他非正式工作组大量的精力倾注在处理这个问题上，但是对可能发生的改动我没有提出明确的指导意见。没有一项单一的提案博得重大支持。我认为，有关条文中的任何重大改动都会损害可能发生的进一步协商。[18]

关于没有一项单一的提案博得"重大支持"的说明表明，内陆国/地理不利国集团的立场没有被接受，在向内陆国提供开发专属经济区生物资源的权利问题上仍然存在着相当大的分歧。

69.7. 在第五期会议（1976 年）上，大会主席确定，内陆国/地理不利国参与专属经济区生物资源开发的权利，作为留待第二委员会解决的关键问题之一。他还指出，在该区域的沿海国的权利和利益，必须"符合内陆国/地理不利国的主张。"[19] 第二委员会主席报告说，与会者一致认为，这是一个关键的问题，应该被分配到一个处理（除其他事项外）沿海国和其他国家在专属经济区的权利和义务的特别的协商小组处理。[20]

直到后来在该协商小组里才承认，与专属经济区的生物资源的权利和义务的关键问题最直接有关的国家已经商定在该委员会框架以外组织一个有 21 个国家的协商小组。[21]

该协商小组由内陆国/地理不利国集团 10 个成员及沿海国集团 10 个成员，再加上一名主席（萨切雅·南丹（斐济））组成，被称为二十一国集团（见原书第一卷，第

---

⑱ A/CONF. 62/WP. 8/Rev. 1/Part II（订正的单一协商案文，1976 年），介绍性说明，正式记录，第五卷第 11 段，第 153 页（第二委员会主席）。

⑲ A/CONF. 62/L. 12/Rev. l（1976 年），正式记录，第六卷，第 11（d）段及第 12 段，第 122、123 页（大会主席）。

⑳ A/CONF. 62/L. 17（1976 年），正式记录，第六卷第 11（i）段，第 135、136 页（第二委员会主席）。

㉑ 同上，第 23 段。

109 页，注 23）。在该集团讨论的基础上，集团主席为内陆国专属经济区的生物资源的准入权拟定了一项提案（资料来源 68 和资料来源 69）。其最后文本内容为（资料来源 69）：

1. 内陆国有权在公平的基础上参与开发同一区域或分区域的沿海国专属经济区的生物资源，同时考虑到所有有关国家的相关经济和地理情况，并按照本条的规定。

2. 这种参与的条款和条件应由有关国家通过双边、分区域或区域协定决定。

3. 本条第 1 款中提到的参与权与按照第五十条和第五十一条的规定并应在对第三国优惠的基础上所确定的可捕量的剩余部分有关。假设在一个特定的区域的一个显著的物种数量没有剩余部分的情况下，有关国家应通过合作，在双边、分区域或区域的基础上，制定一项公平的安排，可在适当的情况下，允许有关内陆国参与开发在这种区域或这些区域的生物资源，并考虑到这些因素，如：

（a）有关各国人民营养的需要及其满足这些需要的能力；

（b）避免对沿海国或其部分地区渔业社区或渔业的有害影响的需要；

（c）内陆国参与或有权参与开发其他沿海国的专属经济区的程度；

（d）沿海国在多大程度上可接纳其他内陆国和避免一个特定沿海国或其部分地区负担过重的需要。

4. 但是，发达的内陆国应仅有权在同一区域或分区域发达沿海国专属经济区内行使自己的权利。

5. 上述各项规定不妨害在区域或分区域内议定的其他安排，沿海国在这种安排中可能给予同一区域或分区域的内陆国开发专属经济区生物资源的同等或其他特殊待遇。[22]

第 1、2、4 和 5 款包含与订正的单一协商案文条文类似的语言。第 3 款包含涉及该条与第五十条和第五十一条的规定的关系的新的语言。代之以规定"内陆国参与的权利受制于第五十条和第五十一条"，第 3 款规定参与权要按照第五十条和第五十一条的规定视剩余部分的情况决定。第 3 款还认可了内陆国参与的权利将是"在对第三国优惠的基础上"。最后，该款还引进了在无剩余部分时解决国家之间存在的协定的规定，考虑到的"因素"中列在第 3 款（a）~（d）项下。

---

[22] 所提出的该案文后来在第七期会议（1978 年）期间被提交给第四协商小组，其后作为 NG4/1 文件印发（1976 年，油印）。转载在《第三次联合国海洋法会议文件集》第九卷第 314 页。

二十一国集团的主席也发表声明，对有关的折中案文进行说明，部分内容如下：

一些沿海国家希望删除现在出现在订正的单一协商案文第五十八条和第五十九条中的"权利"这个词，并给出了几个理由，包括感觉给予其他国家权利可能与专属经济区的概念不一致。在这一点上，经过认真反思后，我保留了"权利"这个词，因为其他条文说得很清楚，沿海国在专属经济区拥有主权权利。因此，很清楚，无论是专属经济区的概念，还是沿海国对在该区域的资源的主权权利，都不在考虑之中。不过，我有权提及短语"按照第五十条和第五十一条规定"的权利，这是一些沿海国家提出的建议。我相信这是一个可行的折中办法。

被证明有问题的下一个主要问题是内陆国/地理不利国的权利是否被限制在剩余部分。各位成员还记得，内陆国/地理不利国强烈认为，如果没有剩余部分，仍然必须保证它们对生物资源的权利。我理解和领会内陆国/地理不利国在这个问题上有那么强烈的感觉，但坦率地说，我认为，在这里，它们得去理解沿海国关注的问题，它们一直强调如果没有剩余部分而作为一项权利接纳其他国家对沿海国造成的问题。因此，正因为如此，我在我的案文中规定，内陆国/地理不利国的权利是对剩余部分来说的。另一方面，我也认为，沿海国必须明白，在那里可能没有剩余部分的情况下内陆国/地理不利国的恐惧和疑虑。因此，包含某些条文阐明解决这种情况（如果产生这种情况）的办法也许是合理的。

因此，对内陆国来说，它们的权利适用于可捕量的剩余部分，但在对第三国优惠的基础上。如果没有剩余部分，它规定，有关国家应通过合作，在双边、分区域或区域的基础上制定一项公平的安排，可在适当情况下让有关内陆国参与开发这种区域或这些区域的生物资源。[23]

主席的案文是在会议邻近结束时提出的，有关代表团几乎没有时间考虑其条文。但是，有几个代表团表示愿意使用该案文作为第六期会议上进一步讨论的基础。[24]

巴基斯坦（资料来源70）重申其先前的建议，即沿海国要通过协议指定内陆国将参与开发专属经济区生物资源的位置和程度。

69.8. 在第六期会议（1977年）期间，内陆国/地理不利国集团（资料来源71、资料来源72、资料来源75至资料来源77）、沿海国集团（资料来源74和资料来源

---

[23] "Statement By Ambassador Nandan（Chairman of the Group of 21）"（1976年，油印）。弗吉尼亚大学法律图书馆馆藏档案文件。

[24] 参见 S. Jayakumar，前注12，第105页。

78）、二十一国集团（资料来源79）都提出了非正式提案。所有这些提案都采用了类似于二十一国集团在第五期会议上提出的提案的结构（资料来源69）；每个提案都就内陆国的参与提出了国家之间达成协议要考虑到的类似因素，尽管各有不同。但是，这些提案的实质都继续反映了各集团的不同利益。

内陆国/地理不利国集团（资料来源77）最后的提案文字如下：

1. 内陆国应有权在公平的基础上，参与开发同一区域或分区域的沿海国经济区的生物资源。

2. 这种参与的方式，应由有关国家通过双边、分区域或区域协定，按照本条的规定加以制订。

3. 在达成这样的协议时，应考虑以下因素：

（a）避免对经济区的生物资源以及所有有关国家的经济的不利影响的需要；

（b）内陆国参与开发其他沿海国家经济区的程度；以及

（c）其他内陆国在该区域行使自己的参与权利的程度。

4. 但是，发达的内陆国应仅有权在本条中所规定的在同一区域或分区域内发达沿海国家的经济区内行使自己的权利。

5. 本条中的任何内容都不应排除任何沿海国给予一个内陆国比在本条规定中更优惠的待遇，包括与沿海国本身的同等待遇。

该条款的标题是"内陆国的权利"，并吸收了根据二十一国集团的案文所作的一些修订，包括每一个内陆国在平等的基础上参与的权利的背景下提出的在第3款所列的"因素"，虽然规定了相当少的细节。奥地利也提出了类似的语言（资料来源73）。

与此相反，沿海国集团（资料来源78）最后的提案内容是：

1. 在行使其主权权利和遵守第五十条和第五十一条的规定时，沿海国应在平等的基础上给予在同一区域或分区域的内陆国开发其专属经济区生物资源的权利，同时按照本条规定考虑到有关的经济和地理情况。

2. 这些权利的条款和方式应由有关国家通过双边、分区域或区域协定制定。

3. 本条第1款中所提到的权利，适用于根据第五十条和第五十一条的有关规定确定的可捕量的剩余部分。沿海国应确保将准入权剩余部分的适当的权利给予同一区域或分区域的内陆国，除其他外，同时考虑到：

（a）各自国家人民的营养需要及其满足这些需要的能力；

（b）避免对沿海国家或其一部分地区渔民社区或渔业造成不利影响的

需要;

(c) 内陆国按照本条规定，在双边、分区域或区域协定下参与或有权参与开发其他沿海国专属经济区的生物资源的程度;

(d) 沿海国给予在该区域或分区域其他内陆国或具有特殊性质的国家开发其专属经济区生物资源的权利的程度，以及避免任何一个单一的沿海国的国家或其一部分地区承受特殊负担的需要。

4. 根据本条的规定，发达的内陆国应仅有权参与开发同一区域或分区域内发达沿海国专属经济区的生物资源，同时顾及有关国家在人均收入方面发展的相对水平。

5. 上述各项规定不妨害适用于在分区域或区域内议定的安排，沿海国在这种安排中可能给予同一分区域或区域的内陆国或邻近国家开发其专属经济区内生物资源的同等或特殊待遇。

该提案标题为"内陆国的准入权"。第1款的开头语主张根据第五十条和第五十一条给予内陆国有限的准入权。虽然第3款所列的因素类似于内陆国/地理不利国集团所提出的建议，但这些因素仅适用于存在生物资源过剩的情况下。第4款在有关国家的人均收入的基础上给予发达的内陆国有限的准入权。

第二委员会的主席在该委员会第105次非正式会议上的一次发言中，回顾了二十一国集团正在讨论的问题。该发言指出:

> 关于在第五十八条、第五十九条和第六十条所涉及的问题，虽然在协商小组都进行了讨论，但它们是两个利益集团［内陆国/地理不利国集团及沿海国集团］的代表组成的、由斐济的南丹大使担任主席的二十一国集团更广泛和更详细的辩论中的主题。……本小组所审议的问题包括确定是否应提及"参与权";准入权是否应尊重剩余部分;准入权是否应该在优惠的基础上;发展中国家和发达国家是否应平等对待;以及最后根据第五十九条定义可以参与开发的国家的类别的问题。[25]

在此基础上，二十一国集团主席提出了一项新的提案（资料来源79），试图系统地表述内陆国/地理不利国集团与沿海国集团之间的一种折中的立场。这一折中提案的内容为:

---

[25] 见 "Statement by the Chairman of the Second Committee at the 105th informal meeting of the Second Committee" (1977年，油印)，第11段，转载在《第三次联合国海洋法会议文件集》，文件 II，1977年纽约会议，第531页。

1. 内陆国应有权在公平的基础上，参与开发同一分区域或区域的沿海国专属经济区的生物资源的适当剩余部分，同时考虑到所有有关国家的相关经济和地理情况，并遵守本条及第五十条和第五十一条的规定。

2. 在发展中内陆国的情况下，第 1 款中提到的参与应在对第三国优惠的基础上。

3. 这种参与的条款和方式应由有关国家通过双边、分区域或区域协定加以制订，除其他外，考虑到下列各项：

（a）有关各国人民营养的需要及其满足这些需要的能力；

（b）避免对沿海国的渔民社区或渔业造成不利影响的需要；

（c）内陆国按照本条规定，在现有的双边、分区域、或区域协定下参与或有权参与开发其他沿海国专属经济区的生物资源的程度；

（d）其他内陆国和具有特殊性质的国家在沿海国专属经济区行使参与权的程度，以及避免因此使任何一个沿海国或其中一部分地区承受特别负担的需要。

4. 根据本条规定，发达的内陆国应仅有权参与开发同一分区域或区域内发达沿海国专属经济区的生物资源，同时顾及沿海国在准许其他国家捕捞其专属经济区内生物资源时，在多大程度上已考虑到需要尽量减轻其国民惯常在该经济区捕鱼的国家的经济失调及渔民社区所受的不利影响。

5. 上述各项规定不妨害在分区域或区域内议定的其他安排，沿海国在这种安排中可能给予同一分区域或区域的内陆国开发其专属经济区内生物资源的同等或特殊待遇。

第 1 款规定，内陆国"有权在平等的基础上参与"开发生物资源"适当的剩余部分"。第 2 款规定发展中内陆国在优惠的基础上参与。第 3 款重复了在制定参与的条件和方式时要考虑的因素，但没有规定没有剩余部分的情况。第 4 款强调了"需要尽量减轻其国民惯常在该经济区捕鱼的国家的经济失调"。然后，主席再次修改该提案，删去了第 2 款（资料来源 80）。㉖

这些非正式的提案都没有反映在非正式综合协商案文第六十九条中（资料来源25），该条采用了没有改动的订正的单一协商案文第五十八条。在非正式综合协商案文附带的备忘录中，对保留该条文本不变作了如下解释：

内陆国和某些沿海国有权参与专属经济区的生物资源的开发利用的问题是……在第六期会议期间集中协商的主题。一个可能的折中方案似乎触手可

㉖ 在第七期会议（1978 年）上，这项提案作为 NG4/2 号文件重新印发。

及，但最终协商需要时间。在这种情况下，本小组的内陆国/地理不利国表示倾向于保留［订正的单一协商案文］现有的条款，同时表示愿意在这个问题上进一步洽谈。因此，尽管有把由有关代表团商定的相关条文引入作为第七十一条和修改关于权利转让的限制的第七十二条的可能性，［订正的单一协商案文］第五十八条和第五十九条还是被保留不变，作为［非正式综合协商案文］第六十九条和第七十条。㉗

69. 9. 在第六期和第七期会议之间的休会期间，沿海国集团（资料来源 81 和资料来源 82）准备了一份其先前提出的关于内陆国的准入权的提案的修订稿，表述如下：

1. 沿海国应给予同一分区域或区域的内陆国在公平的基础上开发其专属经济区生物资源适当的剩余部分的准入权，同时考虑到所有有关国家的相关经济和地理情况，并遵守本条及第六十一条和第六十二条的规定。

2. 这种准入权的条款和方式应由有关国家通过双边、分区域或区域协定加以制订，除其他外，考虑到下列各项：

（a）有关各国人民的营养需要及其满足这些需要的能力；

（b）避免对沿海国的渔民社区或渔业造成不利影响的需要；

（c）内陆国按照本条规定，在现有的双边、分区域、或区域协定下参与或有权参与开发其他沿海国专属经济区的生物资源的程度；

（d）同一分区域或区域的其他内陆国和具有特殊性质的国家参与开发沿海国专属经济区的生物资源的程度，以及避免因此使任何一个沿海国、或其一部分地区承受特别负担的需要；

（e）沿海国在准许其他国家捕捞其专属经济区内生物资源时，在多大程度上已考虑到需要尽量减轻其国民惯常在该经济区捕鱼的国家的经济失调及渔民社区所受的不利影响。

3. 沿海国可撤销本条所指其给予在人均收入方面具有相同或更高发展水平的内陆国的准入权。

4. 发达的内陆国应仅有权参与开发同一分区域或区域内发达沿海国专属经济区的生物资源适当的剩余部分。

5. 上述各项规定不妨害其他安排，沿海国在这种安排中可能给予同一分区域或区域的内陆国或邻近国家开发其专属经济区内生物资源的同等或其他特殊待遇。

㉗　A／CONF. 62／WP. 10／Add. 1（1977），"［订正的单一协商案文］第二节"，正式记录，第八卷第 65、68 页（大会主席）。

该提案仍然涉及内陆国的"准入权"，这是按照"遵守"第六十一条和第六十二条规定所处理的。在第 2 款中，增加了新的一项（e）项，解决"尽量减轻其国民惯常在该经济区捕鱼的国家的经济失调的需要"。第 3 款允许沿海国家不给予"在人均收入方面具有相同或更高的发展水平的内陆国准入权"。关于准予捕捞生物资源的剩余部分条款的第 3 款规定的早期草案（资料来源 78）被搬过来，作为对发达的内陆国的参与额外限制的第 4 款。

21 国集团主席随后确定了在这个问题上达成折中方案的以下几个主要方面的困难：

（i）人们普遍同意应给予内陆国/地理不利国捕捞专属经济区生物资源的准入权。但是，是否应该把它描述为"参与权"，并没有达成普遍的一致意见。

（ii）在沿海国家有权确定其在专属经济区的捕捞能力与内陆国/地理不利国参与开发这些生物资源的权利之间似乎很难找到一个平衡点。

（iii）另一个困难的问题围绕对第三国来说，内陆国/地理不利国，参与开发专属经济区的生物资源的权利是否是一种优惠，尤其是这种权利的优惠性质是否应规定在本公约里。

（iv）还有一点带来一些困难，即关于公约中处理这个问题的那个部分是否应设法对发达的与发展中内陆国/地理不利国之间区别对待的问题。

......㉘

内陆国/地理不利国集团在早期的一份备忘录草案中也研究了这些困难，并跟踪了关于内陆国/地理不利国在经济区的权利的条文的发展。早期草案中包含沿海国集团的提案不能"被视为向容纳内陆国/地理不利国的合法权利和利益以及寻找到一项折中方案向前迈进的一步"的评估。㉙

69.10. 在第七期会议（1978 年）上，总务委员会建议指定某些问题为核心问题（见第 V.16 段），包括"内陆国/地理不利国进入专属经济区捕捞生物资源的准入权问题"。㉚ 在这种形式中，总务委员会的建议遇到了反对，因为其措辞使用术语"地理不利国家"，而不是已被使用在非正式综合协商案文第七十条的短语"在一个分区域或地区的某些发展中沿海国家"，从而被一些国家认为是对任何讨论结果的损害。㉛ 在全体会议上，根据大会主席的建议，对建立一个处理核心问题的协商小组达成了一项折中

㉘ 随后在第四协商小组被通过作为 NG4/4 号文件（1978 年，油印）［二十一国集团主席］。转载在《第三次联合国海洋法会议文件集》第九卷第 322 页。

㉙ LL/GDS Group（1978 年，油印）。转载在《第三次联合国海洋法会议文件集》第四卷第 502、506 页。

㉚ A/CONF.62/61（1978），建议 5，第（4）项，正式记录，第十卷第 1－2 页。

㉛ 参见在第 89 次全体会议（1978 年）上，关于建议 5，第（4）项的讨论。正式记录，第九卷第 5－10 页。

方案，以处理：

一个分区域或区域的内陆国和某些发展中沿海国在专属经济区的生物资源的准入权。

内陆国/地理不利国进入专属经济区捕捞生物资源的准入权。㉜

这种折中的术语还包括一个脚注，其说明道：

该项目的第一部分是沿海国集团所要求的构想，其第二部分是内陆国/地理不利国所要求的构想。

这个问题被分配到南丹大使担任主席的第四协商小组（NG4）。㉝

内陆国/地理不利国集团散发了另外的备忘录，回顾关于内陆国和地理不利国参与开发专属经济区的协商进程。㉞ 在这些文件中，内陆国/地理不利国集团重述了先前纳入非正式单一协商案文、订正的单一协商案文和非正式综合协商案文的关于这个问题的条文的反对意见。另一方面，该集团确认21国集团的折中提案（资料来源79）作为"进一步协商的基础"。沿海国集团也散发了一份备忘录，"澄清一些前提"，尤其对发展中的地理不利国和地理不利发达国家的区别。㉟

在第四协商小组里对这些问题的协商导致了以内陆国/地理不利国集团的立场、沿海国集团的立场和以前的折中提案为基础制定了几个非正式的提案。协商小组正在审议的是在第七期会议之前由沿海国集团提出的提案（资料来源82）同内陆国/地理不利国集团提出的与在第六期会议上提出的提案（资料来源83）完全相同的提案（资料来源77）之间的主要区别。

经过进一步的非正式协商，第四协商小组主席提出了一项折中提案（资料来源84），试图调和这两个集团的分歧。该案文第六十九条全文如下：

㉜ 参见90th plenary meeting（1978），第1、2和第10段，正式记录，第九卷第10－11页；以及A/CONF.62/62，第5段第（4）项，正式记录，第十卷第6－7页。

㉝ 第四协商小组（NG4）是早期［非正式］的二十一国集团的延续。A/CONF.62/63（1978年），非正式记录，第九卷第二节。第173页。又见A/CONF.62/RCNG/1（1978年），第二委员会主席向全体会议的报告，正式记录，第十卷第1－3段。第13、83页。

㉞ LL/GDS Group（1978年，油印）。转载在《第三次联合国海洋法会议文件集》第四卷第497页；同上，第507页。NG4/7＊（1978年，油印）（内陆国和地理不利国集团）。转载在《第三次联合国海洋法会议文件集》第九卷第325页。

㉟ NG4/8（1978年，油印）。［秘鲁（沿海国家集团）］。转载在《第三次联合国海洋法会议文件集》第九卷第331页。

1. 内陆国有权在公平的基础上，参与开发同一分区域或区域的沿海国专属经济区的生物资源的适当剩余部分，同时考虑到所有有关国家的相关经济和地理情况，并遵守本条及第六十一和第六十二条的规定。

2. 这种参与的条款和方式应由有关国家通过双边、分区域或区域协定加以制订，除其他外，考虑到下列各项：

(a) 避免对沿海国的渔民社区或渔业造成不利影响的需要；

(b) 内陆国按照本条规定，在现有的双边、分区域或区域协定下参与或有权参与开发其他沿海国专属经济区的生物资源的程度；

(c) 其他内陆国和具有特殊性质的国家参与开发沿海国专属经济区的生物资源的程度，以及避免因此使任何一个沿海国，或其中一部分地区承受特别负担的需要；

(d) 相对于发达国家，有关各国人民的营养需要及其满足这些需要的能力。

3. 当由于与第三方的联合企业或其他类似安排，使得沿海国在其专属经济区内捕捞生物资源的能力提高到能够捕获其全部可捕量时，它应采取适当措施，为发展中内陆国，尤其是那些一直都在该区域捕捞的内陆国，按照有关各方都满意的条款，提供充分参与该联合企业或其他类似安排的机会。

4. 根据本条规定，发达的内陆国应仅有权参与开发同一分区域或区域内发达沿海国专属经济区的生物资源，同时顾及沿海国在准许其他国家捕捞其专属经济区内生物资源时，在多大程度上已考虑到需要尽量减轻其国民惯常在该经济区捕鱼的国家的经济失调及渔民社区所受的不利影响。

5. 上述各项规定不妨害在分区域或区域内议定的安排，沿海国在这种安排中可能给予同一分区域或区域的内陆国开发其专属经济区内生物资源的同等或其他特殊待遇。

该提案赋予内陆国开发"生物资源的适当剩余部分"的"参与权"，并规定这种参与要"遵守第六十一条和第六十二条的规定"。第3款处理沿海国家能够开发全部可捕量，没有剩余部分留给其他国家的情况。其中规定。当通过联合企业或类似安排达到这种捕捞能力时，沿海国要采取措施，以向发展中内陆国提供"充分参与"这些联合企业的机会，尤其要考虑到"那些一直都在该区域捕鱼的国家。"第2款是关于参与的条款和方式。第4款和第5款主要沿用了二十一国集团先前的案文的第3款（见上文第69.8段）。

发展中内陆国的优先权的概念，在加上短语"特别顾及第六十九条和第七十条的规定，尤其是关于其中所提到的发展中国家的部分"后被吸收进修订的第六十二条第2款（关于确定沿海国的捕捞能力和由此产生的剩余部分）（另见上文第62.10和62.16

（g）段）。

第四协商小组主席编写了一份解释性备忘录，阐述折中案文草案第一稿审议的情况。⑩ 该备忘录部分内容为：

> 我建议的折中提案包含非正式综合协商案文第六十二条第 2 款的修订稿、关于内陆国的第六十九条的修订稿以及处理具有特殊性质的国家的第七十条的修订稿。
>
> ……
>
> 现在让我来谈谈主要方面的困难，这些都是在编写提案时必须考虑到的。首先，我们来回顾一下，内陆国/地理不利国表示，它们在邻国的专属经济区的参与应该是在优惠或优先的基础上。因此，它们建议对第六十九条和第七十条进行修订，明确包括优先或优惠，以便使这些条款更有意义。许多沿海国家认为，这样明确的措辞是没有必要的，并争辩说，对这些国家的优惠已经隐含在第六十九条和第七十条所载的特别规定里了。
>
> 虽然我能理解一些沿海国家在这个问题上所表达的意见，但我相信，仍然有必要对第六十九条、第七十条和第六十二条的规定之间的关系作一些澄清。根据我的评估，实现这一目标的最佳途径是修改第六十二条第 2 款，规定沿海国在准许其他国家捕捞可捕量的剩余部分时，要特别顾及第六十九条和第七十条的规定，尤其是关于其中所提到的发展中国家的部分。
>
> 该修订稿的优点是在避免使用第六十九条和第七十条中的"优先"或"优惠"的同时，更清楚地提到要特别考虑到这些条款中所提到的国家的需要。在我看来，这是在内陆国/地理不利国立场之间的一个公平和合理的折中，寻求包含对优先或优惠的提法和对希望阻止任何这样的提法的沿海国家。
>
> 人们会注意到，在本方案中也特别强调了接纳发展中的内陆和地理不利国。当然，这一点与几乎一致的看法是相符的，即发展中的内陆国/地理不利国的利益必须放在比发达的内陆国/地理不利国一个更高的地位。在这方面，请让我指出，在第六十九和第七十条的实质性条款中，发达的内陆国/地理不利国与发展中内陆国/地理不利国之间已经区别得更加清楚。
>
> 现在让我来谈谈第二个重要的问题，它涉及内陆国/地理不利国对被排除在参与开发沿海国家有能力捕捞其全部可捕量之外的资源的关切。这是各沿岸国的论点，即在这种情况下，内陆国/地理不利国的参与，可以给自己的渔业社区带来不利影响，并会因给予内陆国/地理不利国优先权而导致产生对其自己国民的歧视。

---

⑩　NG4/10（1978），正式记录，第十卷第 88 页（第四协商小组主席）。

另一方面，内陆国/地理不利国对沿海国会通过与先进的捕鱼国联合企业捕捞全部的可捕量表示严重忧虑。它们认为，在这种情况下，将其排除在参与之外是不公平的，是违背第六十九条和第七十条所规定的对内陆国/地理不利国的特殊考虑的。

我认为，如果双方都试图理解对方真正的当务之急，这两种观点不是不可调和的。在我看来，如果沿海国能够依靠自己的能力捕捞自己的全部可捕量，内陆国/地理不利国在这种情况下仍继续坚持参与就没有了坚实的基础。在这种情况下容许这种参与可能会带来沿海国家希望避免的不利影响。同时，如果捕捞全部可捕量是由沿海国与第三方联合企业或其他类似安排的结果，我认为如果内陆国/地理不利国说将它们排除在外是不公平的，那就非常对了。

因此，我建议处理这种情况的解决方案是在第六十九条和第七十条中增加新的条文。这可见于第六十九条第 3 款和第七十条第 4 款。根据这项新规定，在我刚才提到的那种情况下，沿海国家应采取适当的措施，使发展中内陆国/地理不利国按照有关各方都满意的条款充分参与联合企业或其他类似安排。

关于新的条文，有重要的三点需要注意。首先，它规定了在一个非常特殊和有限的情况下，而不是在所有的情况下沿海国能够捕捞全部的可捕量。其次，它并不适用于发达的内陆国/地理不利国在这样的情况下提出任何参与要求。第三，重点放在当这种情况出现的时候实际上一直都在该专属经济区捕鱼的发展中内陆国/地理不利国家。

经过在第四协商小组内对该提案进行审议，并经进一步协商，对该提案又进行了两次修改（资料来源 85 和资料来源 26）。对第六十九条的第二次修订提出了以下条文：

内陆国的权利

1. 内陆国应有权在公平的基础上，参与开发同一分区域或区域的沿海国专属经济区的生物资源的适当剩余部分，同时考虑到所有有关国家的相关经济和地理情况，并遵守本条及第六十一条和第六十二条的规定。

2. 这种参与的条款和方式应由有关国家通过双边、分区域或区域协定加以制订，除其他外，考虑到下列各项：

（a）避免对沿海国的渔民社区或渔业造成不利影响的需要；

（b）内陆国按照本条规定，在现有的双边、分区域、或区域协定下参与或有权参与开发其他沿海国专属经济区的生物资源的程度；

（c）其他内陆国和具有特殊地理性质的国家参与开发沿海国专属经济区

的生物资源的程度，以及避免因此使任何一个沿海国、或其一部分地区承受特别负担的需要；

（d）有关各国人民的营养需要。

3. 当一个沿海国的捕捞能力接近能够捕捞其专属经济区内生物资源的可捕量的全部时，该沿海国与其他有关国家应在双边、分区域或区域的基础上，合作制订公平安排，在适当情形下并按照有关各方都满意的条款，容许同一分区域或区域的发展中内陆国参与开发该分区域或区域的沿海国专属经济区内的生物资源。在实施本规定时，还应考虑到第2款所提到的因素。

4. 根据本条规定，发达的内陆国应仅有权参与开发同一分区域或区域内发达沿海国专属经济区的生物资源，同时顾及沿海国在准许其他国家捕捞其专属经济区内生物资源时，在多大程度上已考虑到需要尽量减轻其国民惯常在该经济区捕鱼的国家的经济失调及渔民社区所受的不利影响。

5. 上述各项规定不妨害在分区域或区域内议定的安排，沿海国在这种安排中可能给予同一分区域或区域的内陆国开发其专属经济区内生物资源的同等或优惠权利。

第1款规定，内陆国"应"有参与的权利。第2款（d）项进行了修订，提及了各个国家营养的需要，而不是只提及那些发达的国家。第3款被改写成更为普通的字眼，要求在剩余部分下降的情况下，沿海国和其他有关国家要"合作制订公平安排"，让发展中内陆国参与。删除了内陆国参与的"联合企业或其他类似安排"的概念。（先前的草案特别提到了由于"联合企业或其他类似安排"所导致的捕捞能力，并提到了发展中内陆国对这种企业参与）。制定安排要考虑"各方满意的条款"，并考虑到第2款所列的因素。在第4款增加了对"渔民社区所受的不利影响"。第5款是重新起草的，在生物资源的开发利用方面，允许沿海国家给予内陆国"同等或优惠权利"（而不是"同等或其他特殊待遇"）。

在第七期会议即将结束时，第四协商小组完成了对一个可能的折中案文的讨论。第四协商小组主席对讨论情况进行了汇报：

很清楚，尽管有所保留，但双方的几个代表团还是觉得有从案文的某些方面，尤其是第六十九条和第七十条第1款使用"权利"一词和在这些条款的新案文中提及"剩余部分"，特别是提到有关发展中内陆国的地方来讲，经修订的案文在该组中都得到了广泛和实质性的支持，相比协商案文的制定，它被视为为达成共识提供了实质性改善的前景；他认为这个案文代表了能在

此情况下适应双方的实质性关切的问题可以取得的最好的案文。㉟

第四协商小组主席所提及的"广泛和实质性的支持",是指双方已接近达成协议。但是,会议的其他问题推迟了最后批准。这些问题仍在第五协商小组(关于在专属经济区行使主权权利的争端解决)和第六协商小组(关于大陆架外部界限的定义)的协商中。这些协商之间的相互关系说明如下:

> 有相当数量的沿海国家,特别是具有广阔的大陆边缘的国家,把分配给第四、五、六协商小组的突出问题视为"一揽子"。后者把第四协商小组在第六协商小组之前满意地解决这些问题作为支持第四协商小组协商结果的条件,特别是精确定义大陆边缘外部界限的"爱尔兰方案"。㊳

在这一点上沿海国集团协调小组的发言人指出,

> 内陆国/地理不利国期望以其可以接受爱尔兰方案,换取沿海国作出比协商小组主席提交的那些报告中提出的更大的让步是不合理的。㊴

大会主席建议,在委托第六协商小组处理的问题得到解决之前,或在第六协商小组的协商达到可适于召集第四协商小组会议"以便使其完成其工作"的阶段之前,第四协商小组的进一步工作很可能会被暂停。㊵

69.11. 在第七期会议续会(1978 年)上,第四协商小组的主席表示说:"虽然有必要继续寻找手段来改善折中案文,但不是增加工作组的实质性问题工作的最合适时间。㊶ 同时,他指出,尽管有一些基于原则立场上的保留,但对折中案文有"广泛和实质性的支持",它提供了"实质上改善共识的前景"。㊷ 但是,他进一步指出,该工作组的工作未必已经结束,并说:"双方在协商中还表示愿意在下一期会议上进一步考虑有关事宜"。㊸ 坦桑尼亚也提出了一个与就第六十九条达成折中方案相关的问题的解

㉟ 见在第 100 次全体会议(1978 年)上的发言,第 16 段,正式记录,第九卷第 50 页。

㊳ B. H. Oxman,"The Third United Nations Conference On The Law of the Sea: The Seventh Session(1978)",《美国国际法杂志》第 73 期第 1、18 页(1979 年)。另见下文第 76.10 段和本系列丛书第一卷第 126 页。

㊴ 参见 statement by Mexico at the 102nd plenary meeting(1978 年)。第 5 段,正式记录,第九卷第 57 页(又见第 2 段)。

㊵ A/CONF. 62/L. 31(1978),第 15 段,正式记录,第九卷第 185、186 页(大会主席)。

㊶ 参见 108th plenary meeting(1978 年),第 30 段,正式记录,第九卷第 99 页。

㊷ NG4/11(1978),正式记录,第十卷第 166 页(第四协商小组主席)。

㊸ 同上。

决"办法",⑭ 但没有提出关于内陆国的任何具体条文。

69.12. 在第八期会议（1979 年）上，第四协商小组的主席汇报说，该小组内提出的提案没有足够的支持足以改变该小组的折中提案。⑮ 在第二委员会讨论后，委员会主席指出，第四协商小组中提出的折中方案得到了广泛的支持，比非正式综合协商案文为达成共识提供了一个更好的可能性。⑯ 根据他的建议，该案文被合并，在非正式综合协商案文第一次修订稿（资料来源 27）⑰ 中作为第六十九条，其内容相应地为：

内陆国的权利

1. 内陆国应有权在公平的基础上，参与开发同一分区域或区域的沿海国专属经济区的生物资源的适当剩余部分，同时考虑到所有有关国家的相关经济和地理情况，并遵守本条及第六十一条和第六十二条的规定。

2. 这种参与的条款和方式应由有关国家通过双边、分区域或区域协定加以制订，除其他外，考虑到下列各项：

（a）避免对沿海国的渔民社区或渔业造成不利影响的需要；

（b）内陆国按照本条规定，在现有的双边、分区域、或区域协定下参与或有权参与开发其他沿海国专属经济区的生物资源的程度；

（c）其他内陆国和具有特殊地理性质的国家参与开发沿海国专属经济区的生物资源的程度，以及避免因此使任何一个沿海国，或其中一部分地区承受特别负担的需要；

（d）有关各国人民的营养需要。

3. 当一个沿海国的捕捞能力接近能够捕捞其专属经济区内生物资源的可捕量的全部时，该沿海国与其他有关国家应在双边、分区域或区域的基础上，合作制订公平安排，在适当情形下并按照有关各方都满意的条款，容许同一分区域或区域的发展中内陆国参与开发该分区域或区域的沿海国专属经济区内的生物资源。在实施本规定时，还应考虑到第 2 款所提到的因素。

4. 根据本条规定，发达的内陆国应仅有权参与开发同一分区域或区域内发达沿海国专属经济区的生物资源，同时顾及沿海国在准许其他国家捕捞其专属经济区内生物资源时，在多大程度上已考虑到需要尽量减轻其国民惯常在该经济区捕鱼的国家的经济失调及渔民社区所受的不利影响。

---

⑭ 转载在《第三次联合国海洋法会议文集》第四卷第 511 页。

⑮ 见 Second Committee，57th meeting（1979），第 5 段，正式记录，第十一卷，第 57 页。

⑯ 见 Second Committee，58th meeting（1979），第 78 段，同上，第 67 页。

⑰ A/CONF. 62/L. 38（1979 年），第 2 段和第 6 段，正式记录，第十一卷，第 101 页（第二委员会主席）。又见大会主席的解释性备忘录（1979 年，油印）。转载在《第三次联合国海洋法会议文集》第一卷第 389、391 页。

5. 上述各项规定不妨害在分区域或区域内议定的安排，沿海国在这种安排中可能给予同一分区域或区域的内陆国开发其专属经济区内生物资源的同等或优惠权利。

69.13. 在第八期会议续会（1979 年）期间，伊斯兰国家集团的一个一般性发言主张准许内陆国/地理不利国家"公平分享邻国经济区的生物资源"。[48] 起草委员会还认定把第 2 款（c）项"具有特殊地理性质的国家"那句短语要统一到在非正式综合协商案文第一次修订稿中其他地方使用的短语"地理不利国"。[49]

69.14. 在第九期会议（1980 年）上，内陆国/地理不利国集团通知起草委员会，它支持第六十九条和其他地方使用的"地理不利国"的术语，并指出，其成员不能接受其他任何名称。[50] 紧接着会议之后，秘鲁代表正式表示愿意协商内陆国参与开发专属经济区生物资源剩余部分的问题，但同时还表示，"把那种参与定义为一种权利是不必要和不恰当的"。[51] 这个观点没有被接受，故此，非正式综合协商案文第二次修订稿（资料来源 28）第六十九条没有变化。

在第九期会议续会（1980 年）上，南斯拉夫代表通过使用"地理不利国"，表示支持第六十九条的现有文本，[52] 但非正式综合协商案文第三次修订稿（资料来源 29）第六十九条没有作实质性的改变，并继续使用短语"具有特殊地理性质"的国家。会后，起草委员会再次建议统一这两个词。[53]

69.15. 在第十期会议（1981 年）期间，作为统稿过程的一部分，起草委员会就第六十九条提出建议（资料来源 32 至资料来源 35）。在第十期会议续会（1981 年）上，《公约草案》第六十九条（资料来源 30）被吸收进了起草委员会的一致性建议中，但在非正式综合协商案文第三次修订稿的其他方面仍保持不变。另外，在会议期间，一项"秘书长的未来功能的研究"指出了解决协议的制定和管理以及在第六十九条规定安排的必要性。[54]

69.16. 在第十一期会议（1982 年）上，第六十九条仍然是一个争论的话题。罗马尼亚代表的一个书面发言一般性评估了第六十九条的规定和其他有关规定，认为对

---

[48] A/CONF. 62/86（1979），第二节，第 5 段，正式记录，第十二卷第 68–69 页（伊斯兰国家主席）。

[49] A/CONF. 62/L. 40（1979），第三节，正式记录，第十二卷第 95–96 页（起草委员会主席）。

[50] LL/GDS Group（1980 年，油印）。转载在《第三次联合国海洋法会议文件集》第四卷第 532 页。

[51] A/CONF. 62/WS/6（1980），第 17 段，正式记录，第十三卷第 106、108 页（秘鲁）。

[52] A/CONF. 62/WS/11（1980），第 7 段，正式记录，第十四卷第 147–148 页（南斯拉夫）。

[53] A/CONF. 62/L. 63/Rev. 1（1980），附件一，第 3 节，正式记录，第十四卷第 139 页（起草委员会）。

[54] A/CONF. 62/L. 76（1981），第二部分，第 5 段，第 8 段（a）（iii）及第 8 段（b），和第六节第 2 段（a）（ix），正式记录，第十五卷第 153、165、169 页（秘书长）。

具有特殊地理性质的国家给予渔业资源的准入权的情况考虑不足。[55] 扎伊尔代表提出的提案（资料来源 31）建议修改第六十九条第 3 款的规定，以"协调和澄清"其与第六十二条第 2 款的语言。[56]

在第十一期会议续会（1982 年）上，经私下协商后，第 2 款（c）项"具有特殊地理性质的国家"改成了"地理不利国"。[57]

对《公约》中所采用的第六十九条（和第七十条）的条文既引起了反对意见也有支持意见。博茨瓦纳代表指出，内陆国/地理不利国已经在专属经济区的剩余部分"退居可能的参与者"的位置，与此相反，南斯拉夫正式接受如《公约》中所出现的内陆国/地理不利国对剩余部分的权利。[58]

69.17（a） 第 1 款规定，内陆国"应有权在公平的基础上，参与开发同一分区域或区域的沿海国专属经济区的生物资源的适当剩余部分"。对于这种权利附加了一定的条件。要考虑到"所有有关国家的相关经济和地理情况"。此外，该权利的存在依靠在其专属经济区内生物资源有剩余部分的沿海国来决定（由第 3 款进一步作为条件）。通过澄清权利存在要"遵守本条及第六十一条和第六十二条的规定"强调了这种条件。

69.17（b） "在公平的基础上"这个短语意味着在分配可捕量的剩余部分时，沿海国要考虑到在第六十九条中提到的因素。

69.17（c） 第 2 款规定，"这种参与的条款和方式应由有关国家"通过协定制定，也为这种参与的权利设置了条件。列在第 2 款（a）～（d）项的规定是这些协定要考虑到的各方面的因素。第 2 款（b）项和（c）项在内陆国参与沿海国专属经济区生物资源的开发权与根据第五十六条所建立的沿海国对这些资源的主权权利之间建立了一个平衡。第 2 款（c）项有关"避免因此使任何一个沿海国，或其中一部分地区承受特别负担的需要"这句话表示了保护沿海国利益的一般标准。当一个沿海国面临着由一个以上的内陆国或地理不利国家过多的多种需求时，这些都是要考虑的要素。"除其他外"一词表示第 2 款所列的因素并非详尽无遗。

第 2 款中"条款和方式"的表达也出现在第一二五条第 2 款关于内陆国通过过境国（即邻近的沿海国和其他内陆国）领土的过境自由的权利。

69.17（d） 第 3 款涉及的问题在沿海国的捕捞能力"接近可捕量的全部"时可能出现。在这种情况下，沿海国可以暂停外国的捕捞。但是，根据第 3 款，指示沿海

---

[55] A/CONF. 62/WS/24（1982），第 1 段，正式记录，第十六卷第 264 页（罗马尼亚）。

[56] 又见 A/CONF. 62/WS/30（1982），正式记录，第十六卷第 268 页（扎伊尔）。

[57] 这与第七十条第 2 款所采用的术语相关联。见 Statements at the 184th plenary meeting（1982）by Iraq，第 17 段，正式记录，第十七卷第 5 页，以及大会主席的发言，第 18 段，同上。有关进一步详情，请参见下文第 70.15 段。

[58] A/CONF. 62/WS/36（1983），重印博茨瓦纳和南斯拉夫代表的发言，正式记录，第十七卷第 227、235 和 236 页。

国和其他有关国家"合作制定公平安排"，以便让发展中内陆国参与生物资源的开发。在制定这种安排时，要考虑相关的情况及"各方满意的条款"。此外，这种安排还应考虑到第2款中提到的因素。

69.17（e） 根据第4款规定，发达的内陆国均有权参与开发同一分区域或区域其他发达国家的专属经济区。这种权利必须顾及沿海国在多大程度上已考虑到需要尽量减轻其国民惯常在该经济区捕鱼的国家的经济失调。

将第3款（扩大发展中内陆国的权利）和第4款（限制发达的内陆国的权利）放在一起，反映了会议上的普遍共识，即关于第六十九条，有关内陆国的规定应把发达的内陆国的权利与发展中内陆国的权利区别开来，对后者有利。

69.17（f） 第5款保留了沿海国家有权给予同一分区域或区域的内陆国"同等或优惠"的权利，超出了第六十九条的规定。这适用于所有内陆国，不仅发展中内陆国。

69.17（g） 关于"邻近的内陆国/地理不利国"在专属经济区或大陆架进行海洋科学研究的权利受第二五四条支配。

69.17（h） 第二九七条第3款（a）（iii）要与第六十九条结合在一起适用。通过由第五协商小组协商的这个条款（见上文第V.19段），沿海国家确定的可捕量、其捕捞能力、分配给其他国家的剩余部分，以及在其关于生物资源的养护和管理的法律和规章中所制定的条款和条件的自由裁量权，被排除在关于导致具有限制力的决定的强制程序的第十五部分第二节（第二八六条至第二九六条）及其被根据附件五强制性诉诸调解所取代的范围之外。

第七十条　地理不利国的权利

1. 地理不利国应有权在公平的基础上参与开发同一分区域或区域的沿海国专属经济区的生物资源的适当剩余部分，同时考虑到所有有关国家的相关经济和地理情况，并遵守本条及第六十一和第六十二条的规定。

2. 为本部分的目的，"地理不利国"是指其地理条件使其依赖于发展同一分区域或区域的其他国家专属经济区内的生物资源，以供应足够的鱼类来满足其人民或部分人民的营养需要的沿海国，包括闭海或半闭海沿岸国在内，以及不能主张有自己的专属经济区的沿海国。

3. 这种参与的条款和方式应由有关国家通过双边、分区域或区域协定加以制订，除其他外，考虑到下列各项：

（a）避免对沿海国的渔民社区或渔业造成不利影响的需要；

（b）地理不利国按照本条规定，在现有的双边、分区域或区域协定下参与或有权参与开发其他沿海国专属经济区的生物资源的程度；

（c）其他地理不利国和内陆国参与开发沿海国专属经济区的生物资源的程度，以及避免因此使任何一个沿海国、或其一部分地区承受特别负担的需要；

（d）有关各国人民的营养需要。

4. 当一个沿海国的捕捞能力接近能够捕捞其专属经济区内生物资源的可捕量的全部时，该沿海国与其他有关国家应在双边、分区域或区域的基础上，合作制订公平安排，在适当情形下并按照有关各方都满意的条款，容许同一分区域或区域的地理不利发展中国家参与开发该分区域或区域的沿海国专属经济区内的生物资源，在实施本规定时，还应考虑到第3款所提到的因素。

5. 根据本条规定，地理不利发达国家应只有权参与开发同一分区域或区域发达沿海国的专属经济区的生物资源，同时顾及沿海国在准许其他国家捕捞其专属经济区内生物资源时，在多大程度上已考虑到需要尽量减轻其国民惯常在该经济区捕鱼的国家的经济失调及渔民社区所受的不利影响。

6. 上述各项规定不妨害在分区域或区域内议定的安排，沿海国在这种安排中可能给予同一分区域或区域内地理不利国开发其专属经济区内生物资源的同等或优惠权利。

资料来源

第三次联合国海洋法会议文件

1. A/AC. 138/SC. II/L. 27 和 Corr. 1 and 2，第十三条，转载于《1973 年海底委员会报告》第三部分，第 30、32 页（厄瓜多尔、巴拿马和秘鲁）。

2. A/AC. 138/SC. II/L. 34，第二部分，第（3）段，转载于《1973 年海底委员会报告》第三部分，第 71、73 页（中国）。

3. A/AC. 138/SC. II/L. 37 和 Corr. 1，第八条，转载于《1973 年海底委员会报告》第三部分，第 78、79 页（阿根廷）。

4. A/AC. 138/SC. II/L. 39，第二条，第 1 段，转载于《1973 年海底委员会报告》第三部分，第 85 页（阿富汗、奥地利、比利时、尼泊尔和新加坡）。

5. A/AC. 138/SC. II/L. 40 和 Corr. 1 – 3，第八条，转载于《1973 年海底委员会报告》第三部分，第 87、88 页（阿尔及利亚、喀麦隆、加纳、象牙海岸、肯尼亚、利比里亚、马达加斯加、毛里求斯、塞内加尔、塞拉利昂、索马里、苏丹、突尼斯和坦桑尼亚联合共和国）。

6. A/AC. 138/SC. II/L. 55，第一条、第二条和第五条，转载于《1973 年海底委员会报告》第三部分，第 110 页（牙买加）。

7. A/AC. 138/SC. II/L. 60，第二条，转载于《1973 年海底委员会报告》第三部分，第 114 页（扎伊尔）。

8. A/CONF. 62/C. 2/L. 35（1974 年），第一条、第二条和第五条，正式记录，第三卷第 213 页（海地和牙买加）。

9. A/CONF. 62/C. 2/L. 21/Rev. 1（1974 年），第二条，第 3 段，正式记录，第三卷第 199 页（尼日利亚）。

10. A/CONF. 62/C. 2/L. 36（1974 年），第一条至五条，正式记录，第三卷第 214 页（牙买加）。

11. A/CONF. 62/C. 2/L. 38 and Corr. 1（1974 年），第十九条，正式记录，第三卷第 214、216 页（保加利亚、白俄罗斯苏维埃社会主义共和国、德意志民主共和国、波兰、乌克兰苏维埃社会主义共和国和苏联）。

12. A/CONF. 62/C. 2/L. 39（1974 年），第二条至四条和第六条，正式记录，第三卷第 216、217 页（阿富汗、奥地利、比利时、不丹、玻利维亚、博兹瓦纳、芬兰、伊拉克、老挝、莱索托、卢森堡、马里、尼泊尔、荷兰、巴拉圭、新加坡、斯威士兰、瑞典、瑞士、乌干达、上沃尔塔和赞比亚）。

13. A/CONF. 62/C. 2/L. 82（1974 年），第六条，正式记录，第三卷第 240、241 页

（冈比亚、加纳、象牙海岸、肯尼亚、莱索托、利比里亚、利比亚阿拉伯共和国、马达加斯加、马里、毛里求斯、摩洛哥、塞内加尔、塞拉利昂、苏丹、突尼斯、喀麦隆联合共和国、坦桑尼亚联合共和国和扎伊尔）。

14. A/CONF. 62/L. 8/Rev. 1（1974 年），附件二，附录一［A/CONF. 62/C. 2/WP. 1］，条款第九十四条、第九十八条、第一九七条、第一九八条、第一九九条，正式记录，第三卷第 93、107、121~122、136 页（总报告员）［主要趋势］。

15. A/CONF. 62/WP. 8/Part II（非正式单一协商案文，1975 年），第五十八条，正式记录，第四卷第 152、162 页（主席，第二委员会）。

16. A/CONF. 62/WP. 8/Rev. 1/第二部分（订正的单一协商案文，1976 年），第五十九条，正式记录，第五卷第 151、163 页（主席，第二委员会）。

17. A/CONF. 62/C. 2/L. 93（1976 年），正式记录，第六卷第 170 页（玻利维亚）。

18. A/CONF. 62/WP. 10（非正式综合协商案文，1977 年），第七十条，VIII Off. Rec. 1，16。

19. A/CONF. 62/RCNG/1（1978 年），第二委员会对全会的报告，附件 A，NG4 主席的折中建议（NG4/9/Rev. 2），第七十条，正式记录，第十卷第 13、83、93、95［94］页。

20. A/CONF. 62/WP. 10/Rev. 1（ICNT/Rev. 1，1979 年，油印），第七十条，转载在《第三次联合国海洋法会议文件集》第一卷第 375、417 页。

21. A/CONF. 62/WP. 10/Rev. 2（ICNT/Rev. 2，1980 年，油印），条，转载在《第三次联合国海洋法会议文件集》第二卷第 3、46 页。

22. A/CONF. 62/WP. 10/Rev. 3*（ICNT/Rev. 3，1980 年，油印），第七十条，转载在《第三次联合国海洋法会议文件集》第二卷第 179、222 页。

23. A/CONF. 62/L. 78（《公约草案》，1981 年），第 70 条，正式记录，第十五卷第 172、186 页。

24. A/CONF. 62/L. 96（1982 年），第七十条，正式记录，第十六卷第 216 页（罗马尼亚）。

25. A/CONF. 62/L. 107（1982 年），第七十条，第 4 段，正式记录，第十六卷第 222 页（扎伊尔）。

起草委员会文件

26. A/CONF. 62/L. 67/Add. 3（1981 年，油印），第 46~47 页。

27. A/CONF. 62/L. 72（1981 年），正式记录，第十五卷第 151 页（主席，起草委员会）。

28. A/CONF. 62/L. 152/Add. 23（1982 年，油印），第 67 页。

29. A/CONF. 62/L. 160（1982 年），正式记录，第十七卷第 225 页（主席，起草委员会）。

非正式文件

30. 第 4 号非正式工作文件，第十条；No. 4/Rev. 1，第七条和第十二条；和 No. 4/Rev. 2，第七条和第十一条（均为 1974 年，油印）。转载在《第三次联合国海洋法会议文件集》第三卷第 314、332 和 354 页。

31. 第 10 号非正式工作文件和 Rev. 1 和 2（均为 1974 年，油印），条款第一条和第三条。转载于《第三次联合国海洋法会议文件集》第三卷第 488、491 和 494 页。

32. 匿名文件（1975 年，油印），第十九条。转载于《第三次联合国海洋法会议文件集》第四卷第 183、184 页。

33. 新加坡（1975 年，油印），生物资源条款，第 2、3 和 5 段，转载于《第三次联合国海洋法会议文件集》第四卷第 185 页。

34. 七十七国集团联络组（1975 年，油印），第 4 段和第 5 段，转载于《第三次联合国海洋法会议文件集》第四卷第 186 页。

35. 玻利维亚［内陆国/地理不利国集团］（1975 年，油印），转载于《第三次联合国海洋法会议文件集》第四卷第 192 页。

36. 内陆国/地理不利国集团（1975 年，油印），第四条和第六条至第十二条，转载于《第三次联合国海洋法会议文件集》第六卷第 490、491 页。

37. 内陆国/地理不利国集团（1975 年），第四条和第六条至第十六条。转载于《第三次联合国海洋法会议文件集》第四卷第 198、199 页。

38. 内陆国/地理不利国集团（1975 年，油印），第三条至第五条。转载于《第三次联合国海洋法会议文件集》第四卷第 201 页。

39. 内陆国/地理不利国集团（1975 年，油印），第三条和第五条至第十一条。转载于《第三次联合国海洋法会议文件集》第四卷第 202 页。

40. 七十七国集团联络组（1975 年，油印），第五条和第六条。转载于《第三次联合国海洋法会议文件集》第四卷第 205、206 页。

41. 管辖海域外资源条款草案（［1975 年］，油印），A 部分，第二条（匿名）。转载于《第三次联合国海洋法会议文件集》第四卷第 218、219 页。

42. 七十七国集团（1975 年，油印），第五条和第六条。转载于《第三次联合国海洋法会议文件集》第四卷第 227、229 页。

43. 内陆国/地理不利国集团（1975 年，油印），第四条至第十二条。转载于《第三次联合国海洋法会议文件集》第四卷第 234、235 页。

44. 新加坡（1976 年，油印），第五十八条（非正式单一协商案文）。转载于《第三次联合国海洋法会议文件集》第四卷第 312 页。

45. 喀麦隆联合共和国（［1976 年］，油印），第五十七条（非正式单一协商案文）。转载于《第三次联合国海洋法会议文件集》第四卷第 302 页。

46. 德意志民主共和国（［1976 年］，油印），第五十八条（非正式单一协商案文），转载于《第三次联合国海洋法会议文件集》第四卷第 311 页。

47. 新加坡（［1976 年］，油印），第五十八条（非正式单一协商案文），转载于《第三次联合国海洋法会议文件集》第四卷第 313 页。

48. 泰国（［1976 年］，油印），第五十八条（非正式单一协商案文），转载于《第三次联合国海洋法会议文件集》第四卷第 314 页。

49. 泰国和多巴哥（［1976 年］，油印），条（非正式单一协商案文）。转载于《第三次联合国海洋法会议文件集》第四卷第 314 页。

50. 新加坡（1976 年，油印），第五十八条，转载于《第三次联合国海洋法会议文件集》第四卷第 290、291 页。

51. 内陆国/地理不利国集团（1976 年，油印），第五十八条（非正式单一协商案文）。转载于《第三次联合国海洋法会议文件集》第四卷第 303 页。［相同文字转载于《第三次联合国海洋法会议文件集》第四卷第 260 页。］

52. 内陆国/地理不利国集团（1976 年，油印），第五十八条（非正式单一协商案文）。转载于《第三次联合国海洋法会议文件集》第四卷第 306 页。

53. 巴基斯坦（［1976 年］，油印），第五十七条和第五十八条（非正式单一协商案文）。转载于《第三次联合国海洋法会议文件集》第四卷第 307 页。

54. 奥地利（1976 年，油印），第五十八条（非正式单一协商案文）。转载于《第三次联合国海洋法会议文件集》第四卷第 305 页。

55. 内陆国/地理不利国集团（1976 年，油印）。转载于《第三次联合国海洋法会议文件集》第四卷第 263 页。

56. 二十一国集团（［1976 年］，油印），第五十九条［主席，二十一国集团］。转载于《第三次联合国海洋法会议文件集》第四卷第 463 页。

57. 二十一国集团（1976 年，油印），第五十九条（修订的单一协商案文）［主席，二十一国集团］。转载于《第三次联合国海洋法会议文件集》第四卷第 449 页。［也作为 NG4/1（1976 年，油印），第 59 条，转载于《第三次联合国海洋法会议文件集》第九卷第 314 页。］

58. 巴基斯坦（［1976 年］，油印），第五十七条和第五十八条（修订的单一协商案文）。转载于《第三次联合国海洋法会议文件集》第四卷第 436 页。

59. 内陆国/地理不利国集团（1977 年，油印），第五十九条（修订的单一协商案文）。转载于《第三次联合国海洋法会议文件集》第四卷第 441 页。

60. 内陆国/地理不利国集团（1977 年，油印），第五十九条（修订的单一协商案文）。转载于《第三次联合国海洋法会议文件集》第四卷第 443 页。

61. 沿海国集团（1977 年，油印），第五十九条（修订的单一协商案文）。转载于《第三次联合国海洋法会议文件集》第四卷第 452 页。

62. 内陆国/地理不利国集团（1977 年，油印），第五十九条。转载于《第三次联合国海洋法会议文件集》第四卷第 446 页。

63. 内陆国/地理不利国集团（1977 年，油印），第五十九条。转载于《第三次联合国海洋法会议文件集》第四卷第 381、385 页。

64. 内陆国/地理不利国集团（1977 年，油印），第五十九条（修订的单一协商案文）。转载于《第三次联合国海洋法会议文件集》第四卷第 568、571〔570〕页。

65. 沿海国集团（1977 年，油印），第五十九条（修订的单一协商案文）。转载于《第三次联合国海洋法会议文件集》第四卷第 454、455 页。

66. 二十一国集团（1977 年，油印），第五十九条（修订的单一协商案文）〔主席，二十一国集团〕。转载于《第三次联合国海洋法会议文件集》第四卷第 457、458 页。

67. NG4/2（1977 年，油印），第五十九条（修订的单一协商案文）〔主席，二十一国集团〕。转载于《第三次联合国海洋法会议文件集》第九卷第 316、317 页。〔也作为"匿名文本"转载于《第三次联合国海洋法会议文件集》第四卷第 460 页。〕

68. 沿海国集团（1978 年，油印），第七十条（修订的单一协商案文）。转载于《第三次联合国海洋法会议文件集》第四卷第 495、496 页。

69. NG4/3（1978 年，油印），第七十条（沿海国集团）。转载于《第三次联合国海洋法会议文件集》第九卷第 319、320 页。

70. NG4/6（1978 年，油印），第五十九条（内陆国/地理不利国集团）。转载于《第三次联合国海洋法会议文件集》第九卷第 323、324 页。〔复制了资料来源 64 中内陆国/地理不利国集团建议的内容。〕

71. NG4/9（1978 年，油印），第七十条（第四谈判小组主席）。转载于《第三次联合国海洋法会议文件集》第九卷第 336、337 页。

72. NG4/9/Rev. 1（1978 年，油印），第七十条（第四谈判小组主席）。转载于《第三次联合国海洋法会议文件集》第九卷第 338、339 页。

73. NG4/9/Rev. 2 和 Corr. 1（1978 年，油印），第七十条（第四谈判小组主席）。转载于《第三次联合国海洋法会议文件集》第九卷第 341、344 页〔也见于上文资料来源 19〕。

74. 坦桑尼亚（〔1978 年〕，油印），第七十条。转载于《第三次联合国海洋法会议文件集》第四卷第 511 页。

75. C. 2/非正式会议/42（1979 年，油印），第七十条（罗马尼亚）。转载于《第三次联合国海洋法会议文件集》第五卷第 47 页。

76. C. 2/非正式会议/51（1980 年，油印），第七十条，第 1 段之 2（罗马尼亚）。转载于《第三次联合国海洋法会议文件集》第五卷第 58 页。

评　　注

70.1. 第七十条的主题是地理不利国在公平的基础上参与开发"同一分区域或区域的沿海国专属经济区的生物资源的适当剩余部分"的权利。本条款规定了上述权利的性质和范围，也规定了沿海国在此方面的义务。设计第七十条的目的是为了照顾地理不利国在专属经济区这一新概念下的特殊关切和利益，第六十九条在内陆国利益方面也有类似的目的。这两个条款一起进行谈判，第七十条中的第 1、3、4、5 和 6 段的内容与第六十九条的对应段落完全一致，区别仅在于这些条款适用于地理不利国。这两个条款均仅针对专属经济区中的生物资源开发。与第六十九条一样，第七十条也与第六十一条和第六十二条密切相关（见上文 69.1 段）。

第七十条的第 2 段，为第五部分的目的，将"地理不利国"定义如下：

> 地理条件使其依赖于发展同一分区域或区域的其他国家专属经济区内的
> 生物资源，以供应足够的鱼类来满足其人民或部分人民的营养需要的沿海国，
> 包括闭海或半闭海沿岸国在内，以及不能主张有自己的专属经济区的沿海国。

这一用语也出现于第一六〇条第（2）（k）段，第一六一条第（2）（a）段和第二五四条、第二六六条、第二六九条和第二七二条。

70.2. 有关稍后被称之为地理不利国的国家获准捕捞沿海国专属经济区内生物资源的问题，首先在海底委员会被提及。关于这个问题的提案和讨论，涉及的国家被赋予多种多样的称谓，包括"准内陆国"、"架锁国"或者简单的称之为"不利国"。通常，与此相关的条款均主张内陆国也应享受相同的权利（资料来源 2、资料来源 4、资料来源 5 和资料来源 7）[①]（见上文 69.2 段）。

海底委员会收到的其他提案倾向于设立单独的条款，针对同一地区的其他沿海国的生物资源，为特定的不利国设立优惠制度。3 个拉丁美洲国家提出的建议（资料来源 1）尝试为这些不利国的特殊条件进行定义，以区分于内陆国：

> 在区域或分区域，某些沿海国，由于地理或生态因素，不能通过其全部
> 海岸带，将其主权权利和管辖延伸至同一区域或分区域的其他沿海国可主张
> 的相同的距离，则前类国家在后类国家的海域中，在与开发可再生资源相关
> 的事务上，应享有相比第三方国家更优惠的制度，上述制度将由区域、分区
> 域或双边协议确定，并考虑到各国利益。

[①] 也见 A/AC.138/89，第 9 段，转载于《1973 年海底委员会报告》第二卷，第 4、6 页（OAU）。

这一建议特别针对受限于"地理或生态因素"的特定沿海国。阿根廷代表的一项建议（资料来源3）包括为此类受限于"地理或经济原因"的国家设定的类似条款。

牙买加代表（资料来源6）提出"地理不利沿海国"平等获取生物资源的权利。它支持此类国家"为了促进其渔业经济发展和满足人民的营养需求"，在领海以外海域，"在互惠和优惠的基础上，开发可再生资源"的权利。这一建议还为"地理不利沿海国"作出了定义，即"发展中国家，由于地理、生物或生态原因"

（i）在延伸其海洋管辖方面不占有任何实质性优势；或者

（ii）受其他国家延伸海洋管辖的不利影响；（或者）

（iii）拥有短海岸线，且不能均衡地延伸其国家管辖。

荷兰代表提出将海洋管辖延伸至"过渡区"②将会对一些国家有利而对另一些国家不利，因此建议了一套在有利国家和不利国家之间按比例分享有利和不利条件的标准（见上文第57.3节）。

70.3. 在第二次大会期间（1974年），关于地理不利国参加专属经济区生物资源开发的权力的建议同时涉及内陆国和其他地理不利国，视这两类国家在参与开发方面拥有同样的权力或特权（资料来源8至资料来源13）③（见上文69.4段）。海地和牙买加的一项提案（资料来源8）将"地理不利国"定义如下：

为这些条款的目的：

1."地理不利国"指下列发展中国家：

（a）内陆国；或者

（b）由于地理、生物或生态原因：

（i）在建立专属经济区或传统海域方面无法获得任何实质性经济优势；

（ii）因其他国家建立专属经济区或传统海域，经济受到不利影响；

（iii）海岸线较短，且不能均衡地延伸其国家管辖。

荷兰代表还非正式地建议在美国国务院"沿海国海底理论区域的划分"研究中的数据的基础上初步判定地理不利国。④

---

② A/AC. 138/SC. II/L. 59 和 Corr. 1，第五条和第六条，转载于《1973 年海底委员会报告》第三卷，第111、112 页（荷兰）。

③ 见例如 A/CONF. 62/33（1974 年），C 部分，第9段，正式记录，第三卷第63、64 页（OAU）。

④ Netherlands（1974 年，油印），"Definition of Geographically Disadvantaged States."。转载在《第三次联合国海洋法会议文件集》第四卷第176 页。要进一步了解对被认为是地理上不利的国家和内陆国/地理不利国集团编写的条文情况的进一步讨论情况，请参阅本系列丛书第一卷第72 页。

这些建议中的一些被纳入《主要趋势工作文件》（资料来源 14），其标题为"领海以外的专属经济区"，并在另一部分被重复提及，标题为"陆架锁国和窄大陆架或短海岸线国家的权力和利益"。后一部分的内容包括第一九七条公式 A，源自海地和牙买加的提案（资料来源 8），并被重新编辑以单独定义"地理不利国"，区分于内陆国。公式 B 用较为不明确用语设定了一种替代意义：

> "地理不利国"是指内陆国和由于地理原因不能依此……主张……区域或因为没有经济意义而未主张这种……区域的沿海国。⑤

该方案使用了同在海底委员会由 5 个国家提出的提案相似的语言（资料来源 4）。

条文第一九八条中所谓"邻近的沿海国"的定义的意思是"处在合理接近于一个不利国家的一个地区的沿海国家。"这种语言来自由 22 个国家提出的提案的一条脚注（资料来源 12）。⑥

把两者合在一起，这些相关条文证明了沿海国和地理不利国所持的关于进入专属经济区捕捞生物资源的准入权的多方面意见。这些对地理不利国最有利的规定将建立地理不利国在邻国经济区与这些沿海国家平等的权利。其他规定解决其他一些特定的权利，要么是邻近国家，要么是一个区域的国家，但没有详细规定，留下了它们的范围未确定。沿海国的主体地位要求对有关地理不利国的优惠制度要与沿海国进行协商。

70.4. 在第三期会议（1975 年）上，对地理不利国参与专属经济区的生物资源的勘探和开发的权利方面的非正式磋商，仍然是与关于内陆国的类似权利的讨论联系在一起进行的。

七十七国集团的提案（资料来源 34、资料来源 40 和资料来源 42）就内陆国和地理不利国的专属经济区的权利推出了一系列较为详细的规定。最后一项提案（资料来源 42）支持"［开发生物资源的］权利将确保"邻近的发展中的地理不利国的"公平和同等的份额"。⑦ 该提案还提出了对地理不利国在邻近的沿海国专属经济区的权利不一致的处理方法。首先，它只规定了发展中的地理不利国的权利，后来才提及发达的地理不利国在邻近的沿海国家的专属经济区内的权利的行使。除了规定此类权利之外，七十七国集团还给"发展中的地理不利国"下了如下定义（资料来源 42）：

---

⑤ 该条文首先出现在 C.2/非正式工作文件，第 10 期（1974 年），转载在《第三次联合国海洋法会议文件集》第三卷第 488、489 页。

⑥ 对这种语言的注释已并入 C.2/非正式工作文件第十卷（1974 年），转载在《第三次联合国海洋法会议文件集》第三卷第 2 款。

⑦ 相比之下，邻近的内陆国享有"与沿海国国民同等的权利，或确保公正和公平的……份额的权利"（见上文第 69.5 段）。

（a）为了这些条款的目的，"发展中的地理不利国"是指发展中沿海国家：

（i）由于地理原因不能主张专属经济区，或

（ii）由于生物或生态的原因，独有的自然特点，致使其专属经济区的生物资源的开发没有实质性的经济优势，以及由于其他国家建立专属经济区，其获取生物资源的准入权受到不利影响。

内陆国/地理不利国集团（资料来源 35 至资料来源 39 和资料来源 43）规定地理不利国"在公平的基础上"参与沿海国的经济区资源勘探和开发的权利。（该措辞与同一项提案中对内陆国所提出的"平等和非歧视"地位不同；但是，在该提案中，关于地理不利国的规定的发展大部分与关于内陆国的一致。见上文第 69.5 段的讨论）。

由埃文森小组编写的一系列关于经济区的条款，都要求邻近的发展中沿海国"在长期和互相认可的使用和经济上的依赖的基础上"就在对方的经济区捕鱼的权利达成一致意见。这一权利并不转让给第三方。后来的一项草案要求这些国家与邻近的发展中地理不利国就获取经济区的生物资源的准入权进行协商。提交给第二委员会主席的案文的最终版本全文如下：

1. 沿海国应在适当的情况下，在区域、分区域或双边层面上，与毗邻的地理不利国就有关获取经济区或该区域指定区域的生物资源的准入权问题进行协商。这种协商应在公平原则的基础上，并应考虑到所有相关的经济和地理情况，包括有关的地理不利国的经济发展水平和需要，以及避免对沿海国的渔业或其渔民社区造成不利影响的需要。

2. 在一个区域或分区域的地理性质使得一个发展中国家为满足其人民的营养需要而特别依赖于参与开发其他国家经济区的生物资源的情况下，有关的沿海国应在适当的情况下与该国进行协商，以期给予优惠权利。[8]

该案文与内陆国/地理不利国集团的立场显然不同。提案没有谈及参与权，而是"准入权的问题"，这要沿海国"在适当的情况下"与"毗邻的"地理不利国进行协商。相比七十七国集团和内陆国/地理不利国集团所使用的"邻近的"一词，"毗邻"一词用在附近的地理不利国上反映了更狭义的概念。这些毗邻的地理条件不利的国家中那些依赖于这种准入权以满足其人民的营养需要的国家，将有更多的机会，协商以获得

---

[8] The Economic Zone（1975 年，油印），第九条（非正式法律专家小组）。转载在《第三次联合国海洋法会议文件集》第四卷第 209、215 页。这个案文的早期草稿转载在《第三次联合国海洋法会议文件集》第十一卷第 481 和 464 页（包括第九条）；同上，第 425 页（第二十条）。

"适当的优先权利"。

其他各种提案也提及了沿海国和地理不利国之间的协商。一项未具名的折中方案（资料来源32）强调沿海国的主权，但要求沿海国进行协商或"寻求"与同一区域的地理条件不利国家"商定"其在这些沿海国经济区捕鱼的特殊待遇问题。新加坡提出的提案（资料来源33）所主张的关于地理不利国的权利的立场类似于七十七国集团的立场，并规定应沿海国的要求进行磋商。另一项未具名的提案（资料来源41）给予"不利国家"参与的权利，并允许在沿海国和"不利国家"之间必要时作"适当安排"。

在第三期会议上，其中有3项提案寻求对地理不利国概念的定义或描述。一项未具名的提案（资料来源32）与七十七国集团的提案（资料来源42）类似，把重点放在经济上的考虑。埃文森小组编写的提案没有使用"地理不利国"，而是表达了"具有地理特殊性的区域或分区域"的概念与特别依赖在其他国家的专属经济区捕鱼的准入权以"满足其人民的营养需要"之间的联系。

非正式单一协商案文第二部分（资料来源15）将以下条文作为第五十八条：

　　1. 处在一个分区域或区域的其地理性质使得它们特别依赖于在其邻国的专属经济区开发生物资源以满足其人民的营养需要的发展中沿海国，和不能主张有自己的专属经济区的发展中沿海国，有权在公平的基础上，参与开发该分区域或区域的其他国家的专属经济区的生物资源。

　　2. 这种参与的条款和条件应由有关国家通过双边、分区域或区域协定决定，考虑到所有有关国家的有关经济和地理环境，包括避免对其行使参与权的国家的渔民社区或渔业造成不利的影响的需要。

　　3. 本条的规定不妨害第五十条和第五十一条的规定。

第五十八条显示了沿海国对认为自己是地理不利国的权利的一种狭隘看法。这些权利将仅适用于"发展中沿海国"，这样就遇到了下面两个主要要求之一：（1）如果该国所处的分区域或区域显示出的"地理性质"使得这些国家"特别依赖于"在其邻国专属经济区捕鱼以满足其营养需要，或（2）如果这些国家不能主张有自己的专属经济区。发展中沿海国开发专属经济区生物资源的权利是在"公平的基础上"，但权利的实质限于"不妨害第五十条和第五十一条［现为第六十一条和第六十二条］，其赋予沿海国保护、利用和管理专属经济区生物资源的广泛权力。

70.5.　　在第四期会议（1976年）上，内陆国/地理不利国集团主席表示，单一协商案文并没有考虑内陆国/地理不利国集团的"合法权利和利益"。[9] 内陆国/地理不利

---

⑨　LL/GDS（1976年，油印），第3段。转载在《第三次联合国海洋法会议文件集》第四卷第253页。

国集团提交了一份要求修改条文的提案（资料来源51和资料来源52）。虽然内陆国/地理不利国集团主席表示支持区域经济区的概念，[⑩] 但该集团后来提出的修正案（资料来源52）在以下条款是针对个别国家建立的经济区的：

1. 尽管有第五十条和第五十一条的规定，发展中地理不利国应有权在平等的基础上勘探和开发在同一区域或分区域的沿海国经济区的生物资源，以使之能够获得这些区域生物资源的一个公平份额。

2. 为实施本条第1款中所指的不受第五十一条第2款所提到的是否存在剩余部分限制的权利，有关国家间应当制定适当的双边、区域或分区域协定。

3. 受第五十条规定的限制，惯常在该区域或分区域开发利用属于其他沿海发达国家经济区范围内的生物资源的发达的地理不利国，有权继续在平等的基础上开发本区域或分区域沿海发达国家经济区的生物资源。这种参与的条款和条件应由有关国家通过双边、分区域或区域协定制定。

这一提案提出的最显著的变化是排除了适用第五十条和第五十一条（现为第六十一条和第六十二条）中实施发展中地理不利国的权利的说法不受生物资源是否"存在剩余部分"的限制。这些变化将给予沿海国对专属经济区生物资源更少的自由控制权，内陆国/地理不利国集团认为这更符合参与开发这些资源的权利的概念。新加坡（资料来源44和资料来源50）、特立尼达和多巴哥（资料来源49）和奥地利（资料来源54）也提出了类似的条文。

内陆国/地理不利国集团的提案（资料来源52），包含以下对"地理不利国"的定义：

为本公约的目的，"地理不利国"是指以下沿海国家：

（a）由于地理原因，不能主张经济区；

（b）如果它们能够扩展其经济区到本公约所允许的最大宽度，其经济区面积小于其可主张面积的30%；

（c）由于生物学或生态学的原因，独有的自然特点，使之专属经济区的生物资源的开发没有实质性的经济优势，以及由于其他国家建立专属经济区，其进入自己的专属经济区获取生物资源受到不利影响。

这一定义改写自早期提案的语言，增加了（b）款关于一个国家可以主张的经济区的最大的百分比计算。该提案随后提交给第二委员会主席，并要求在订正的单一协商

---

⑩ LL/GDS（1976年，油印），第五十八条。转载在《第三次联合国海洋法会议文件集》第四卷第260页。

案文中予以考虑。

作为内陆国/地理不利国集团一员的德意志民主共和国（资料来源46）接受非正式单一协商案文第五十八条，但提出了一个新的第 2 款，即，尽管有第五十条和第五十一条的规定，惯常在发达沿海国专属经济区捕捞的发达的地理不利国有权在公平的基础上继续开发，有关的条款和条件将由有关国家决定。新加坡代表（资料来源47）也提出了第五十八条的另一个版本，支持发展中地理不利国获得"邻近沿海国专属经济区生物资源的公正和公平份额"的权利。这种权利不会受到是否存在剩余部分的限制，但也不存在对第五十条妨害。"地理不利国"一词在该提案中的定义包括把海岸线长度作为一个要考虑因素。另一项提案基于地理、生态、经济和法律因素把"地理不利国"描述为"地缘经济上不利的国家"。[11] 喀麦隆（资料来源45）提出的提案要求地理不利国与沿海国和邻近的发达国家参与开发区域或分区域的专属经济区的生物资源享有"同等地位"的权利。泰国代表（资料来源48）（尽管其处于不利的地理位置，但没有加入内陆国/地理不利国集团）提出，某些地理不利国都有权在公平的基础上参与开发区域或分区域的其他国家专属经济区的生物资源。

另一批非正式提案与内陆国/地理不利国集团和其他类似的提案相反，要求给予沿海国更多对生物资源的自由控制权。埃文森小组[12]起草的一份文件建议，地理不利国参与开发生物资源的权利应该"受"第五十条和第五十一条规定的"限制"。它还区分了发展中地理不利国和发达的地理不利国之间的权利，并指出，前者应该有参与的优先权。巴基斯坦代表（资料来源53）提出，沿海国保留对其专属区经济资源的全部权力，允许地理不利国在双边或区域安排的基础上参与。尽管有许多提案修改非正式单一协商案文第五十八条，但编入订正的单一协商案文第二部分（资料来源16）第五十九条的几乎是相同的语言，题为"在分区域或区域的某些发展中沿海国的权利"。唯一的变化出现在第 3 款，其中规定，"本条受第五十条和第五十一条规定的限制"。这样一来，就强调了沿海国对其专属经济区生物资源的权力。该案文中没有出现适用于第五十九条的国家的定义。

在介绍订正的单一协商案文第二部分时，第二委员会主席没有认为这些改动的"重大"，他说明道：

> 关于内陆国和某些发展中沿海国在专属经济区的资源开发上的权利问题，
> 我没有作大的改动。尽管特殊利益集团和其他非正式工作组将大量的精力倾

---

[11] Letter from Alfonso Arias Schreiber（Peru）to the President of the Conference（1976 年，油印），第3段，转载在《第三次联合国海洋法会议文件集》第四卷第257页。

[12] Access of LL/GDS to the Living Resources of the Exclusive Economic Zone（1976 年，油印），第五十八条和第五十九条（非正式法律专家小组）。转载在《第三次联合国海洋法会议文件集》第十一卷第562页。

注在处理这个问题上，但是对可能发生的改动我没有提出明确的指导意见。没有一项单一的提案博得重大支持。我认为，有关条文中的任何重大改动都会损害可能发生的进一步协商。⑬

关于没有一项单一的提案博得"重大支持"的发言表明，内陆国/地理不利国集团的立场没有被接受，在向内陆国提供开发专属经济权区生物资源的权利问题上仍然存在着相当大的分歧。

70.6. 在第五期会议（1976年）上，地理不利国参与开发专属经济区生物资源的权利被确定为留待第二委员会解决的关键问题之一。这个问题基本上与解决内陆国家同样权利的文件，包括大会主席的报告、第二委员会的报告以及巴基斯坦代表的提案（资料来源58）结合在一起解决了（见上文第69.7段）。

然而，二十一国集团主席⑭推出了由该集团编写的条款草案（资料来源56和资料来源57），专门处理"具有特殊性质的国家的权利"⑮。第五十九条规定的最后文本（资料来源57）文字如下：

> 1. 处在一个分区域或区域的其地理性质或海洋生物和生态性质使得它们特别依赖于在其邻国的专属经济区开发生物资源以满足其人民的营养需要的发展中沿海国，和不能主张有自己的专属经济区的发展中沿海国，有权按照本条规定在公平的基础上参与开发该分区域或区域的其他国家的专属经济区的生物资源。
>
> 2. 这种参与的条款和条件应由有关国家通过双边、分区域或区域协定决定，并考虑到所有有关国家的有关经济和地理环境，包括具有特殊性质的国家任何专属经济区生物资源的程度和可获得性，和避免对其行使参与权的国家的渔民社区或渔业造成不利的影响的需要。
>
> 3. 本条第1款和第2款所指的参与权涉及的可捕量的剩余部分根据第五十条和第五十一条所决定，前提是具有特殊性质的发展中国家的参与是在对第三国优惠的基础上。假如在一个特定的区域一个显著的物种数量没有剩余部分的情况下，一个具有特殊性质的发展中沿海国和有关沿海国应通过合作，在双边、分区域或区域的基础上，制定一项公平的安排，在情况可能适当时允许具有特殊性质的国家开发一个或多个区域的生物资源，除本条第2款规

---

⑬ A/CONF. 62/WP. 8/Rev. l/Part II（订正的单一协商案文，1976年）介绍性说明，第11段，正式记录，第五卷第153页（第二委员会主席）。

⑭ 有关该集团的进一步详情，请参阅上文第69.7段，本系列丛书第一卷，第109页和注㉓。

⑮ 提议的这个案文后来在第七期会议（1978年）期间提交第四协商小组，其后作为NG4/1号文件（1976年，油印）印发。转载在《第三次联合国海洋法会议文件集》第九卷第314页。

定的情况外，并考虑到以下内容：

（a）有关各国人民营养的需要及其满足这些需要的能力；

（b）沿海国在多大程度上接纳其他具有特殊性质的国家和内陆国，以及避免沿海国或其部分地区负担过重的需要；

（c）具有特殊性质的国家在何种程度上参与或有权参与其他沿海国的专属经济区开发。

4. 本条中的任何内容都不应排除协定的签订，凭此沿海国可给予具有特殊性质的发达的沿海国比在本条规定中更为优惠的待遇。但是，具有特殊性质的发达的沿海国仅有权在同一区域或分区域的发达的沿海国的专属经济区内行使本条中所规定的自己的权利。

此提案仿效了二十一国集团起草的关于内陆国的类似条文（见上文第69.7段）。第1款和第2款修改了订正的单一协商案文第五十九条的前两款，只提到某些具有"地理性质"的发展中沿海国的权利。新提案的第1款，解决某些"具有地理或海洋生物学和生态学特性"沿海国和不能主张有自己的专属经济区的沿海国的参与，这些国家统称为"具有特殊性质的国家"。第2款修订了订正的单一协商案文相应的段落，以便这些国家参与的协定能够考虑"具有特殊性质的国家任何专属经济区生物资源的程度和可获得性"。

在第3款中，在订正的单一协商案文的一般规定中所说的第五十九条"受"第五十条和第五十一条"限制"将被特别提到根据这些条款所确定的可捕量的剩余部分所替代。具有特殊性质的发展中国家的参与，是"在对第三国的优惠基础上"。第3款还包含了在"一个特定区域存在的一个显著的物种数量"没有剩余部分的情况下，有关国家之间为开发生物资源所制定的公平安排要考虑的情况。第4款适用了除了内陆国以外也与地理不利国无关的两项规定，其中包括协定规定比在条款中规定的更优惠的待遇，和对具有特殊性质的发达的沿海国家的限制，它们仅可以参与在同一区域或分区域发达的沿海国的专属经济区的开发。

二十一国集团的主席也发表声明，解释有关的折中方案。他探讨了内陆国和地理不利国家所给予"权利"的性质和剩余部分确定准入权的作用（见上文第69.7段）。特别是关于地理不利国，他写道：

对于地理不利国，它们的权利也是在剩余部分，但对于发展中地理不利国，它们的这些权利是在对第三国优惠的基础上。该条款规定，如果没有剩余部分，具有特殊性质的发展中沿海国和有关沿海国家，应在双边、分区域或区域的基础上通过合作制定一项公平的安排，在可能适当的情况下，允许具有特殊性质的国家参与开发这种区的生物资源。

在这两种情况下，如果没有剩余部分，则列举了各种元素作为确定公平安排的指导方针。这些中的大多数都提到了我们的讨论，我认为它们是非常相关的。

我要指出，在发达的地理不利国的情况下，还有一处显著背离订正的单一协商案文的地方，其中它们被给予在公平的基础上参与的权利。然而，与发展中地理不利国的情况不同，没有规定它们在没有合理的剩余部分的情况下的安排。但是，它规定，在这些条款中没有任何规定排除协定的达成，在这些协定中，沿海国家可以给予更优惠的待遇。在我看来，一个国家对剩余部分有公平的权利本身就是沿海国家不能忽视的针对第三国的优先权。在这个意义上，我不相信，在提及优先的情况下，内陆国和发展中地理不利国还要对这个问题进行任何进一步的研究。⑯

主席进一步评论说，地理不利国概念的定义仍然是一个困难的问题，并指出：

内陆国/地理不利国的代表编写了两种［两点关于］现有的订正的单一协商案文。第一个是，订正的单一协商案文中没有使用地理不利国一词，第五十九条应该修订，使用这个词，也包括这个词的定义。

他们的第二点批评是现有的语言没有明确涵盖现在被认为是地理不利国的所有类别的国家。

关于第一点，沿海国指出了定义地理不利国一词的困难，我必须说，当我试图在方案中使用这个词的时候，我也有困难。因此，我会恳请内陆国/地理不利国保留第五十九条的基本方法而不使用地理不利国一词，因为重要的是，要确保被认为是地理不利国的不同国家被条款所覆盖，在这里，我觉得，他们的第二点批评可能有一个有效的地方。因此，我扩大了第五十九条的开头语为"其地理或海洋生物学和生态学特性……"。

我希望这样会照顾到对相关国家的覆盖面的任何现有的不足之处。

你会注意到，我已经使用"具有特殊性质的国家"，我相信这是传达地理不利国的同样的想法的最好的可能方式，而没有被定义地理不利国固有的困难所困扰。⑰

---

⑯ "Statement by Ambassador Nandan（Chairman of the Group of 21）"（1976 年，油印）。弗吉尼亚大学法律图书馆档案文件。

⑰ "Statement by Ambassador Nandan（Chairman of the Group of 21）"（1976 年，油印）。弗吉尼亚大学法律图书馆档案文件。

在会议行将结束时推出了二十一国集团主席的文本，有关的代表团很少有时间来提出折中条款。然而，有几个代表团表示愿意在第六期会议上作进一步的讨论。[18]

同时，玻利维亚代表（资料来源17）提出了一项关于"内陆国和海洋地理不利的国家同等"的条款。这一案文表示，如果（i）海洋地理不利的国家拥有的"海洋前沿或海岸"不足60英里；（ii）其不能开发经济区；或（iii）它不能独家使用不足12 000平方海里的经济区，这些国家将被认为是同等的。这一提案未被接受。

70.7. 在第六期会议（1977年）上，内陆国/地理不利国集团（资料来源59、资料来源60、资料来源62至资料来源64）、沿海国集团（资料来源61和资料来源65）和二十一国集团（资料来源66）都提出了非正式提案。内陆国/地理不利国集团（资料来源64）最后的提案文字如下：

1. 地理不利国应有权在公平的基础上参与开发同一分区域或区域的沿海国专属经济区的生物资源。

2. 这种参与的方式应由有关国家通过双边、分区域或区域协定加以制订，同时考虑到地理不利国任何经济区生物资源的可获得性，并遵守本条的规定。

3. 本条第1款和第2款中提到的参与权关系到可捕量的剩余部分，规定地理不利国的参与，应在对除内陆国以外的第三国优惠的基础上。在某一特定区域的生物资源没有剩余部分的情况下，发展中地理不利国仍可在平等的基础上参与开发该区域的生物资源，同时考虑到以下因素：

（a）避免对经济区的生物资源，以及所有对有关国家的经济不利影响的需要；

（b）其他地理不利国和内陆国在该区域行使其参与权的程度；

（c）地理不利国参与开发其他沿海国经济区生物资源的程度。

4. 发达的地理不利国应有权行使本条所规定的自己的权利，但仅在同一区域或分区域发达的沿海国的经济区内。

5. 本条中的任何内容都不应排除任何沿海国给予地理不利国比在本条中所规定的更优惠的待遇。

6. 为本公约的目的，地理不利国是一个沿海国家：

（a）由于地理原因，不能主张经济区；或

（b）如果它们能够扩展其经济区到本公约所允许的最大宽度，其经济区面积小于其可主张面积的30%；

（c）由于地理、生物学或生态学的原因，独有的自然特点，使其专属经

---

[18] 参见 S. Jayakumar, "The Issue of the Rights of Landlocked and Geographically Disadvantaged States in the Living Resources of the Economic Zone",《弗吉尼亚州国际法杂志》第18卷第69期，第105页（1977年）。

济区的生物资源的开发没有实质性的经济优势，以及由于其他国家建立专属经济区，其进入自己的专属经济区获取生物资源受到不利影响。

（本条第6款应作为有关定义的条文出现在《公约草案》最后文本中。）

该条的标题是"地理不利国的权利"，在很大程度上反映了二十一国集团在第五期会议上提出的提案的实质内容（资料来源57）。主要的区别是使用了"地理不利国"一词，其定义包含在第6款里。条款的结构也反映了内陆国/地理不利国集团提出的关于内陆国的一个条款（见上文第69.8段）。这两个条款的不同之处在于，所有的内陆国享有在公平的基础上参与的权利，而地理不利国被限制在捕捞可捕量的剩余部分，除了发展中地理不利国要考虑到第3款所列的因素之外。内陆国和地理不利国之间的区别，也反映了二十一国集团提出的条文。

沿海国集团的最后提案（资料来源65）包含了条款草案第五十九条的内容，标题为"具有特殊性质的国家的准入权"：

1. 在第五十条和第五十一条限制下行使其主权权利时，沿海国应按照本条的规定，并考虑到有关经济和地理情况，在公平的基础上给予同一分区域那些其地理性质使得它们特别依赖于在其邻国的专属经济区开发生物资源以满足其人民的营养需要的发展中沿海国和同一分区域不能主张有自己的专属经济区的发展中沿海国（以下统称"具有特殊性质的国家"）进入其专属经济区开发生物资源的准入权。

2. 这种准入权的条款和方式应由有关国家通过双边、分区域或区域协定加以制订。

3. 本条第1款所指的准入权适用于根据第五十条和第五十一条的有关规定确定的可捕量的剩余部分。沿海国应确保给予同一地区的具有特殊性质的国家获取适当的剩余部分的准入权，除其他外，考虑到下列各项：

（a）在具有特殊性质的国家的领海或专属经济区的生物资源的程度和可获得性；

（b）有关各国人民的营养需要及其满足这些需要的能力；

（c）避免对沿海国渔业的渔民社区或其部分地区造成不利影响的需要；

（d）具有特殊性质的国家按照本条规定，在双边或分区域协定下参与或有权参与开发其他沿海国专属经济区的生物资源的程度；

（e）沿海国给予其他具有特殊性质的国家或内陆国准入权的程度，以及避免因开发其专属经济区的生物资源使得在该分区域的任何一个沿海国，或其一部分地区承受特别负担的需要。

4. 上述各项规定的适用不妨害在分区域或区域内议定的安排，沿海国在这种安排中可能给予同一分区域或区域内的其他国家开发其专属经济区内生物资源的同等或优惠权利。

该条反映了二十一国集团先前的提案（资料来源57），在提到"具有特殊性质的国家"时，对这类国家用的是"准入权"，而不是参与权。这种准入权受第五十条和第五十一条所规定的沿海国的权利和义务的限制，而且只适用于可捕量的剩余部分。在给予具有特殊性质的国家准入权时要考虑的因素扩大到包括"在这些国家的领海或专属经济区生物资源的程度和可获得性"。

第二委员会主席审查二十一国集团正在讨论中的问题。最后，他指出：

> 关于在第五十八、五十九和六十条所涉及的问题，虽然在协商小组进行了讨论，但在由两个利益集团的代表［内陆国/地理不利国集团和沿海国家集团］组成的、斐济南丹大使主持的二十一国小组中受到了更广泛和更详细的辩论……。该小组审议的问题包括确定是否应提及的"参与权"的问题；准入权是否应与剩余部分挂钩；准入权是否应该在优惠的基础上；发展中国家和发达国家是否应平等对待；以及最后根据第五十九条定义可以参与开发的国家的类别的问题。⑩

在此基础上，二十一国集团主席提出了一项新的提案（资料来源66）试图制定在内陆国/地理不利国集团和沿海国家集团之间形成一项折中方案，规定：

> 1. 其地理性质使得它们特别依赖于在区域或分区域其他国家的专属经济区开发生物资源以满足其人民的营养需要的发展中沿海国和不能主张有自己的专属经济区的发展中沿海国（以下统称"具有特殊性质的国家"）应有权在公平的基础上参与开发同一分区域或区域的沿海国专属经济区的生物资源的适当剩余部分，同时考虑到所有有关国家的相关经济和地理情况，并遵守本条及第五十条和第五十一条的规定。
>
> 2. 在具有特殊性质的发展中国家的情况下，第1款中提到的参与应在对除发展中内陆国以外的第三国优惠的基础上。
>
> 3. 这种参与的条款和方式应由有关国家通过双边、分区域或区域协定加以制订，除其他外，考虑到下列各项：

---

⑩ "Statement by the Chairman of the Second Committee at the 105th informal meeting of the Second Committee"（1977年，油印），第11段，转载于《第三次联合国海洋法会议文件集》第二卷，1977年《纽约会议文件》第二卷第531页。

（a）有关各国人民的营养需要及其满足这些需要的能力；

（b）避免对沿海国渔民社区和渔业造成不利影响的需要；

（c）具有特殊性质的国家，按照本条规定，在现有的双边、分区域或区域协定下参与或有权参与开发其他沿海国专属经济区的生物资源的程度；

（d）其他内陆国和具有特殊性质的国家在沿海国专属经济区行使参与权的程度，以及避免因此使任何一个沿海国，或其中一部分地区承受特别负担的需要。

4. 根据本条规定，具有特殊性质的发达国家应只有权参与开发同一分区域或区域发达沿海国的专属经济区的生物资源，同时顾及沿海国在准许其他国家捕捞其专属经济区内生物资源时，在多大程度上已考虑到需要尽量减轻其国民惯常在该经济区捕鱼的国家的经济失调。

5. 上述各项规定不妨害在分区域或区域内议定的安排，沿海国在这种安排中可能给予同一分区域或区域内具有特殊性质的国家开发其专属经济区内生物资源的同等或其他特殊待遇。

该提案为"具有特殊性质的国家"规定了"参与权"，但将参与程度限制在"开发……的适当剩余部分并遵守……第五十条和第五十一条〔现为第六十一条和第六十二条〕的规定"。提案增加了对"具有特殊性质的发展中国家"的优惠待遇，并删去了对没有任何剩余资源的国家之间的协定的提法。该小组主席此后修改了他的提案，删去了第2款（资料来源67）。[20]

随后，非正式综合协商案文第七十条（资料来源18）逐字采纳了订正的单一协商案文第二部分第五十九条。在解释没有任何变化时，大会主席指出，一个折中方案"似乎指日可待，但最终协商尚需要时间"（见上文第69.8段）。[21]

70.8. 在第六期会议与第七期会议（1978年）之间的休会期间，沿海国集团（资料来源68和资料来源69）准备了一份对其先前提案修改过的提案（资料来源65），其中包括第七十条作为一条案文"具有特殊性质的国家的准入权"，文字如下：

1. 沿海国应给予如本条第2款所描述的同一分区域或区域的具有特殊性质的国家在公平的基础上开发其专属经济区生物资源适当的剩余部分的准入权，同时考虑到所有有关国家的相关经济和地理情况，并遵守本条及第六十一条

---

[20] 在第七期会议（1978年）上，该提案被作为NG4/2号文件重新印发（1977年，油印）。转载在《第三次联合国海洋法会议文件集》第九卷第316页。

[21] A/CONF. 62/WP. 10/Add. 1（1977年），"〔订正的单一协商案文〕第二部分"，第2段，正式记录，第八卷第65、68页（大会主席）。

和第六十二条的规定。

2. "具有特殊性质的国家"一词适用于其地理性质使得它们特别依赖于开发其邻近国家的专属经济区的生物资源以满足其人民的营养需要的发展中沿海国和不能主张有自己的专属经济区的发展中沿海国。

3. 这种准入权的条款和方式应由有关国家通过双边、分区域或区域协定加以制订，除其他外，考虑到下列各项：

(a) 有关各国人民的营养需要及其满足这些需要的能力；

(b) 避免对沿海国的渔民社区或渔业造成不利影响的需要；

(c) 具有特殊性质的国家按照本条规定，在现有的双边、分区域、或区域协定下参与或有权参与开发其他沿海国专属经济区的生物资源的程度；

(d) 同一分区域或区域的其他具有特殊性质的国家和内陆国参与开发沿海国专属经济区的生物资源的程度，以及避免因此使任何一个沿海国，或其中一部分地区承受特别负担的需要；

(e) 沿海国在给予其他国家捕捞其专属经济区内生物资源的准入权时，在多大程度上已考虑到需要尽量减轻其国民惯常在该经济区捕鱼的国家的经济失调及渔民社区所受的不利影响。

4. 沿海国可撤销本条所指其给予在人均收入方面具有相同或更高发展水平的内陆国的准入权。

5. 上述各项规定不妨害其他安排，沿海国在这种安排中可能给予同一分区域或区域的内陆国或邻近国家开发其专属经济区内生物资源的同等或其他特殊待遇。

这个条文对该集团早先提出的提案的结构进行了重新组织，并引入了新的语言。第 1 款采用了"遵守"［非正式综合协商案文第六十一条和六十二条］代替"受"［订正的单一协商案文第五十条和第五十一条］"限制"，所给予的准入权只限于"生物资源适当的剩余部分"。第 2 款对短语"具有特殊性质的国家"的定义基于该集团早先的提案，见于第 1 款的规定。第 3 款（e）项直接针对尽量减轻其国民惯常在该经济区捕鱼的国家的经济失调及渔民社区所受的不利影响的需要。新的第 4 款规定了沿海国在比较沿海国家和"具有特殊性质的国家"的人均收入的基础上给予准入权的权力。

二十一国集团主席随后确定了在这个问题上达成折中方案的主要困难② （见第69.9 段）。内陆国/地理不利国集团的一份备忘录也回顾了协商的进程，并确定沿海国集团的立场"不被看做是向适应内陆国/地理不利国的合法权利和利益以及寻找折中的

② 随后在第四协商小组作为 NG4/4 号文件通过（1978 年，油印）［二十一国集团主席］，转载在《第三次联合国海洋法会议文件集》第九卷第 322 页。

办法迈进了一步"。㉓

70.9. 在第七期会议（1978 年）上，总务委员会建议指定某些问题为核心问题（见上文第 V.16 段），包括"内陆国和地理不利国对专属经济区生物资源的准入权"。㉔总务委员会这种形式的提案在全体会议上遭到反对，因为其措辞用"地理不利国"一词代替了已被用在非正式综合协商案文第七十条的短语"在分区域或区域的某些发展中沿海国"，被一些国家认为有损于任何讨论的结果。㉕根据大会主席的建议达成了一项折中方案，建立一个协商小组来处理以下核心问题：

> 一个分区域或区域的内陆国和某些发展中沿海国对专属经济区的生物资源的准入权。
> 内陆国和地理不利国对专属经济区生物资源的准入权。㉖

这种妥协的措辞还包括一个脚注，其解释说：

> 该项目的第一部分是制定沿海国集团所要求的方案；该项目的第二部分是制定内陆国和地理不利国集团所要求的方案。

这个问题被分配到南丹大使任主席的第四协商小组（NG4）。㉗

内陆国/地理不利国集团另外印发了备忘录，回顾关于内陆国和地理不利国参与专属经济区开发的协商进程。㉘在这些文件中，内陆国/地理不利国集团重申其反对以前合并到非正式单一协商案文、订正的单一协商案文和非正式综合协商案文中关于这个问题的条款。另一方面，该集团确认二十一国集团早期的折中提案（资料来源 66）作为一个"可行的进一步协商的基础"。

沿海国家集团也印发了一份备忘录"澄清一些前提"，尤其是关于区分发展中不利

㉓ LL/GDS Group（1978 年，油印）。转载在《第三次联合国海洋法会议文件集》第四卷第 502、506 页。

㉔ A/CONF.62/61（1978 年），建议 5（4）项，正式记录，第十卷第 1、2 页。

㉕ 见在第 89 次全体会议（1978 年）上对建议 5 第（4）项的讨论，正式记录，第九卷第 5－10 页。

㉖ 参见 90th plenary meeting（1978 年），第 1、2 和 10 段，正式记录，第九卷第 10、11 页和 A/CONF.62/62，第 5 款第（4）项，正式记录，第十卷第 6、7 页。

㉗ A/CONF.62/63（1978 年），第二节，正式记录，第九卷第 173－74 页。又见 A/CONF.62/RCNG/1（1978 年），Report to the Plenary by the Chairman of the Second Committee，第 1－3 段，正式记录，第十卷第 13、83 页。

㉘ LL/GDS Group（1978 年，油印）。转载在《第三次联合国海洋法会议文件集》第四卷第 497 页；同上。第 507 页。NG4/7*（1978 年，油印）（内陆国/地理不利国集团）。转载在《第三次联合国海洋法会议文件集》第九卷第 325 页。

国家和发达的不利国家。[29]

第四协商小组在这些问题上的协商导致了在内陆国/地理不利国集团的立场、沿海国集团的立场和先前的折中提案的基础上编写了若干非正式提案。由协商小组审议的是沿海国集团在第七期会议之前提出的提案（资料来源69）和内陆国/地理不利国集团提出的与其在第六期会议上提出的提案（资料来源64）相同的提案（资料来源70）之间的主要区别。

经过进一步的非正式协商，第四协商小组主席提出了一项折中提案（资料来源70），试图调和这两个集团之间的分歧。标题为"具有特殊性质的国家的权利"的第七十条文字如下：

1. 具有特殊性质的国家有权在公平的基础上参与开发同一分区域或区域的沿海国专属经济区的生物资源的适当剩余部分，同时考虑到所有有关国家的相关经济和地理情况，并遵守本条及第六十一条和第六十二条的规定。

2. 为本公约的目的，"具有特殊性质的国家"是指其地理条件使之依赖于开发同一分区域或区域的其他国家专属经济区内的生物资源以满足其人民的营养需要的沿海国，包括闭海或半闭海区域的沿岸国在内，以及不能主张有自己的专属经济区的沿海国。

3. 这种参与的条款和方式应由有关国家通过双边、分区域或区域协定加以制订，除其他外，考虑到下列各项：

（a）避免对沿海国的渔民社区或渔业造成不利影响的需要；

（b）具有特殊性质的国家按照本条规定，在现有的双边、分区域或区域协定下参与或有权参与开发沿海国专属经济区的生物资源的程度；

（c）其他内陆国和具有特殊性质的国家参与开发沿海国专属经济区的生物资源的程度，以及避免因此使任何一个沿海国，或其中一部分地区承受特别负担的需要；

（d）对于发达国家，有关各国人民的营养需要。

4. 当由于与第三方的联合企业或其他类似安排使得沿海国在其专属经济区捕捞生物资源的能力提高到能够捕获其全部捕捞量时，它应采取适当措施，为具有特殊性质的发展中国家，尤其是那些一直在该区域捕捞的国家，按照有关各方都满意的条款，提供充分参与该联合企业或其他类似安排的机会。

5. 根据本条规定，具有特殊性质的发达国家应只有权参与开发同一分区域或区域发达沿海国的专属经济区的生物资源，同时顾及沿海国在准许其他

---

[29] NG4/8（1978年，油印）（秘鲁（沿海国集团））。转载在《第三次联合国海洋法会议文件集》第九卷第331页。

国家捕捞其专属经济区内生物资源时，在多大程度上已考虑到需要尽量减轻其国民惯常在该经济区捕鱼的国家的经济失调。

  6. 上述各项规定不妨害在分区域或区域内议定的安排，沿海国在这种安排中可能给予同一分区域或区域内具有特殊性质的国家开发其专属经济区内生物资源的同等或特殊待遇。

  该提案给予"具有特殊性质的沿海国"——沿海国集团偏爱的术语——参与的权利。第1款规定该权利适用于"适当的剩余部分"，并"遵守本条及第六十一条和第六十二条的规定"。第2款在二十一国集团早期使用语言的基础上描述了"具有特殊性质的国家"。第3、5和第6款也反映了二十一国集团提出的条文。第4款处理沿海国家能够捕捞全部可捕量而没有剩余部分留给其他国家的情况的规定。当发生这种捕捞能力时，沿海国家要采取措施，通过合资或类似安排，为具有特殊性质的发展中国家提供"充分参与"有关合营企业的机会，尤其要考虑那些"一直在该区域捕捞的"国家。

  对具有特殊性质的发展中国家优先权的概念被纳入在修订的第六十二条第2款（关于确定沿海国的捕捞能力和由此产生的剩余部分），通过加上短语"特别顾及第六十九条和七十条的规定，尤其是其中提到的有关发展中国家的规定"（另见上文第62.10和62.16（h）段）。第四协商小组主席解释说，这项修正案旨在"更明确地提出需要给予这些条款中提到的各国特别的考虑。"[30]

  经过进一步协商，又对提案修订了两次（资料来源72和资料来源19）。第二次修订建议第七十条采用以下文字：

具有特殊地理性质的国家的权利

  1. 具有特殊地理性质的国家应有权在公平的基础上参与开发同一分区域或区域的沿海国专属经济区的生物资源的适当剩余部分，同时考虑到所有有关国家的相关经济和地理情况，并遵守本条及第六十一条和第六十二条的规定。

  2. 为本公约的目的，"具有特殊地理性质的国家"是指其地理条件使之依赖于开发同一分区域或区域的其他国家专属经济区内的生物资源以供应足够的鱼类来满足其人民或部分人民的营养需要的沿海国，包括闭海或半闭海区域的沿岸国在内，以及不能主张有自己的专属经济区的沿海国。

  3. 这种参与的条款和方式应由有关国家通过双边、分区域或区域协定加

---

[30] NG4/10（1978），正式记录，第十卷第88页（第四协商小组主席）。关于这种提案所涉及的考虑因素的进一步详情，请参阅上文第69.10段。

以制订，除其他外，考虑到下列各项：

（a）避免对沿海国的渔民社区或渔业造成不利影响的需要；

（b）具有特殊地理性质的国家按照本条规定，在现有的双边、分区域或区域协定下参与或有权参与开发沿海国专属经济区的生物资源的程度；

（c）其他内陆国和具有特殊地理性质的国家参与开发沿海国专属经济区的生物资源的程度，以及避免因此使任何一个沿海国，或其中一部分地区承受特别负担的需要；

（d）有关各国人民的营养需要。

4. 当由于与第三方的联合企业或其他类似安排使得沿海国在其专属经济区捕捞生物资源的能力提高到能够捕获其全部捕捞量时，沿海国和其他有关国家应在双边、分区域或区域基础上合作制定公平安排，在适当情况下并按照有关各方都满意的条款，允许同一分区域或区域的具有特殊地理性质的发展中国家参与开发该分区域或区域的沿海国专属经济区的生物资源。在实施本条款时，还应考虑到第3款提到的因素。

5. 根据本条规定，具有特殊地理性质的发达国家只应有权参与开发同一分区域或区域发达沿海国的专属经济区的生物资源，同时顾及沿海国在准许其他国家捕捞其专属经济区内生物资源时，在多大程度上已考虑到需要尽量减轻其国民惯常在该经济区捕鱼的国家的经济失调及渔民社区所受的不利影响。

6. 上述各项规定不妨害在分区域或区域内议定的安排，沿海国在这种安排中可能给予同一分区域或区域内具有特殊性质的国家开发其专属经济区内生物资源的同等或优惠权利。

在标题和在整个条款中，都把"具有特殊性质的国家"修改为"具有特殊地理性质的国家"，使文字更接近于内陆国/地理不利国集团所偏爱的短语"地理不利国"的措辞。第1款规定具有特殊地理性质的国家"应"有参与的权利。第2款中定义这些国家的语言改为那些国家的地理条件使之"依赖于足够的鱼类来满足其人民或部分人民的营养需要。"第3款（d）项进行了修订，提到各自国家的营养需要，而不是只有那些发达的国家。第4段被改写更为普通的字眼，要求在剩余部分下降的情况下，沿海国和其他有关国家要"合作建立公平的安排"，让具有特殊地理性质的发展中国家参与。内陆国参与的"联合企业或其他类似安排"的概念已被删除。（早期的草案特别提到捕捞能力是由于"联合企业或其他类似安排"以及发展中国家参与这种企业的结果）。安排的制定要按照"各方满意的条款"，并考虑到第3段所列的因素。在第5款增加了"对渔业社区不利影响"的考虑。第6款是重新拟订的，允许沿海国给予具有特殊地理性质的国家在开发生物资源中的"同等或优惠权利"（而不是"同等或其他特殊待遇")。

在第七期会议结束前，第四协商小组完成了对一个可能的折中案文的讨论。该小组主席汇报说：

> 很清楚，尽管有所保留，但双方的几个代表团还是觉得有从案文的某些方面，尤其是第六十九条和七十条第 1 款使用"权利"一词和在这些条款的新案文中提及"剩余部分"，特别是就提到有关发展中内陆国的地方来讲，经修订的案文在该组中都得到了广泛和实质性的支持，相比协商案文的制定，它被视为为达成共识提供了实质性改善的前景；他认为这个案文代表了能在此情况下适应双方的实质性关切的问题可以取得的最好的案文。[31]

在这个阶段，第四协商小组内所进行的协商取决于第五协商小组（关于在专属经济区行使主权权利的争端的解决）和第六协商小组（大陆架外部界限的定义）正在处理的问题的解决（进一步的情况见上文第 69.10 段）。

然后，大会主席建议，第四协商小组的进一步工作很可能会被暂停，直到委托给第六协商小组协商的问题得以解决，或直到第六协商小组内的协商达到一个阶段，它可能是召集第四协商小组"以使之能够完成它的工作"适当时候。[32]

70.10. 在第七期会议续会（1978 年）上，第四协商小组主席表示说："虽然有必要继续探索改善折中案文，但这不是加强工作组在实质性问题上工作的最合适的时机"。[33] 同时，他还指出，尽管有一些基于原则立场上的保留，但折中案文有"广泛和实质性的支持"，它提供了"实质上改善共识的前景"。[34] 但是，他进一步指出，该工作组的工作未必已经结束，并说："双方在协商中也表达了愿意在下一期会议上进一步考虑有关事宜。"[35] 坦桑尼亚代表（资料来源 73）还提出了一个与第七十条的规定达成折中方案相关的问题的解决"办法"，包括对"地理不利国"一词的描述。

70.11. 在第八期会议（1979 年）上，协商小组的主席汇报说，该小组内提出的提案没有足够的支持足以改变该小组的折中提案。[36] 在第二委员会讨论后，第二委员会主席指出，第四协商小组中提出的折中方案得到广泛的支持，比非正式综合协商案文提供了达成共识的一个更好的可能性。[37] 根据主席的建议，非正式综合协商案文第一次

---

[31] 请参见 100th plenary meeting（1978 年），第 16 段，正式记录，第十一卷第 50 页。

[32] A/CONF. 62/L. 31（1978 年），第 15 段，正式记录，第十一卷第 185、186 页（大会主席）。

[33] 请参见 108th plenary meeting（1978 年），第 30 段，正式记录，第九卷第 99 页。

[34] NG4/11（1978 年），正式记录，第十卷第 166 页（第四协商小组主席）。

[35] 同上。

[36] Second Committee, 57th meeting（1979 年），第 5 段，正式记录，第十一卷第 57 页。

[37] Second Committee, 58th meeting（1979 年），第 78 段，同上，第 67 页。

修订稿第七十条（资料来源20）吸收了第四协商小组提出的最后折中方案的文字，[38]相应的条文如下：

分区域或区域的某些发展中沿海国的权利

1. 具有特殊地理性质的国家应有权在公平的基础上参与开发同一分区域或区域的沿海国专属经济区的生物资源的适当剩余部分，同时考虑到所有有关国家的相关经济和地理情况，并遵守本条及第六十一条和第六十二条的规定。

2. 为本公约的目的，"具有特殊地理性质的国家"是指其地理条件使之依赖于开发同一分区域或区域的其他国家专属经济区内的生物资源以供应足够的鱼类来满足其人民或部分人民的营养需要的沿海国，包括闭海或半闭海区域的沿岸国在内，以及不能主张有自己的专属经济区的沿海国。

3. 这种参与的条款和方式应由有关国家通过双边、分区域或区域协定加以制订，除其他外，考虑到下列各项：

（a）避免对沿海国的渔民社区或渔业造成不利影响的需要；

（b）具有特殊地理性质的国家按照本条规定，在现有的双边、分区域或区域协定下参与或有权参与开发沿海国专属经济区的生物资源的程度；

（c）其他内陆国和具有特殊地理性质的国家参与开发沿海国专属经济区的生物资源的程度，以及避免因此使任何一个沿海国，或其中一部分地区承受特别负担的需要；

（d）有关各国人民的营养需要。

4. 当由于与第三方的联合企业或其他类似安排使得沿海国在其专属经济区捕捞生物资源的能力提高到能够捕获其全部捕捞量时，沿海国和其他有关国家应在双边、分区域或区域基础上合作制定公平安排，在适当情况下并按照有关各方都满意的条款，允许同一分区域或区域的具有特殊地理性质的发展中国家参与开发该分区域或区域的沿海国专属经济区的生物资源。在实施本条款时，还应考虑到第3款提到的因素。

5. 根据本条规定，具有特殊地理性质的发达国家只应有权参与开发同一分区域或区域发达沿海国的专属经济区的生物资源，同时顾及沿海国在准许其他国家捕捞其专属经济区内生物资源时，在多大程度上已考虑到需要尽量减轻其国民惯常在该经济区捕鱼的国家的经济失调及渔民社区所受的不利

---

[38] A/CONF. 62/L.38（1979 年），第 2 段和第 6 段，正式记录，第十一卷第 101 页（第二委员会主席）。又见 Explanatory Memorandum by the President of the Conference（1979 年，油印），转载在《第三次联合国海洋法会议文件集》第一卷第 389、391 页。

影响。

6. 上述各项规定不妨害在分区域或区域内议定的安排，沿海国在这种安排中可能给予同一分区域或区域内具有特殊性质的国家开发其专属经济区内生物资源的同等或优惠权利。

70.12. 在第十八期会议的续会（1979年）上，罗马尼亚代表（资料来源75）表示的"在修订后的综合案文中所体现的提案"妨害地理不利国"获取其他国家的经济区渔业资源的准入权"。为了确保这种准入权，罗马尼亚代表提议第七十条增加第4款的规定，具体条文为"海洋生物资源贫乏的闭海或半闭海沿岸的地理不利国"。[39] 伊斯兰国家集团的一项声明用更为普通的字眼主张内陆国和地理不利国"获取邻国经济区生物资源的公平份额"。[40]

起草委员会认为第3款（c）项中的短语"具有特殊地理性质的国家"需要与非正式综合协商案文第一次修订稿及其他地方使用的短语"地理不利国"统一。[41]

70.13. 在第九期会议（1980年）上，罗马尼亚代表（资料来源76）再次建议修改第七十条，考虑某些处在"生物资源贫乏的地区"地理不利国。像以前一样，第二委员会主席确认正在考虑这个提案。[42] 在会议即将结束时，罗马尼亚代表一份书面声明中提到这一点，但没有再提出正式或非正式的提案。[43]

在本期会议期间，第七十条中使用"地理不利国"一词也仍然没有得到解决。内陆国/地理不利国集团通知起草委员会，它支持使用这个词代替"具有特殊地理性质的国家"一词，支持"在非正式综合协商案文和附件中无论什么必要的地方"都做这样的修改，并指出其不能接受任何其他名称。[44] 内陆国/地理不利国集团还为了本公约的目的非正式地提出了"地理不利国"的定义。[45] 巴林代表支持同一个词的确切定义。它要删除第七十条第1款提到的"剩余部分"的提法，并将第3款（d）项中短语"人民的营养需要"替换为短语"人民的经济和发展的需要"。[46]

---

[39] 在第八期会议续会结束时，这一提案得到正式承认。见 A/CONF.62/L.42（1979年），第七十条，正式记录，第十二卷第92、93页（第二委员会主席）。

[40] A/CONF.62/86（1979年），第二节，第五段，同上。第68、69页（伊斯兰国家集团主席）。

[41] A/CONF.62/L.40（1979年），第三节，同上，第95、96页（起草委员会主席）。

[42] A/CONF.62/L.51（1980年），第三节，第12段，第七十条，正式记录，第十三卷第82、83页（第二委员会主席）。

[43] A/CONF.62/WS/2（1980年），第7段，同上，第98页（罗马尼亚）。

[44] LL/GDS Group（1980年，油印）。转载《第三次联合国海洋法会议文件集》第四卷第532页。

[45] LL/GDS Group（1980年，油印）。转载《第三次联合国海洋法会议文件集》第十一卷第575页；这项提案重复了该集团在第四期会议上提出的定义（1976年）（见上文第70.5段）。

[46] A/CONF.62/WS/7（1980年），第12-14段，正式记录，第十三卷第109页（巴林）。

秘鲁紧接会议表示愿意协商与发展中国家参与开发专属经济区生物资源的剩余部分相关的问题，但也反对把这种参与定义为权利。[47]

非正式综合协商案文第二次和第三次修订稿（资料来源 21 和资料来源 22）分别在第九期会议和第九期会议续会后通过，对第七十条仅仅在起草文字上进行了稍加润色。

继非正式综合协商案文第三次修订稿形成后，南斯拉夫代表支持案文中处理内陆国和地理不利国参与开发专属经济区生物资源的适当剩余部分的条文包含在文本——假如沿海国家确定该剩余部分的话。[48] 起草委员会再次提议待适当磋商统一"具有特殊地理性质的国家"和"地理不利国"。[49]

70.14. 在第十期会议（1981 年）上，作为通稿过程的一部分，起草委员会（资料来源 26 和资料来源 27）提出对第七十条进行细微的改动。在第十期会议续会（1981 年）上，《公约草案》第七十条（资料来源 23）吸收了起草委员会关于一致性的建议，但在非正式综合协商案文第三次修订稿其他方面保持不变。

另外，还是在这次会议期间，根据《公约草案》对秘书长未来职能的研究指出，必须解决建立和管理第七十条所规定的协定和安排的问题。[50]

70.15. 在第十一期会议（1982 年）上，罗马尼亚和扎伊尔代表对第七十条的评价是其对地理不利国的需要考虑不足。[51] 为此，罗马尼亚（资料来源 24）提议在第七十条条文增加新的第 1 款之二，来解决鱼类资源贫乏的区域或分区域地理不利国的利益问题。该提案的内容为：

> 1（之二）．如果具有特殊地理性质的国家所在的区域或分区域生物资源贫乏，这些国家根据第 1 款的权利应适用于邻近地区或分区域。[52]

扎伊尔代表（资料来源 25）提出一项修正案，以使第 4 款与第六十二条第 2 款看齐。这些提案没有被接受。

在第十一期会议续会（1982 年）上，经过私下协商，在伊拉克代表的提案的基础上，会议同意把第 1 款中"具有特殊地理性质的国家"的表述改为"地理不利国"，并

---

[47] A/CONF. 62/WS/6（1980 年），第 17 段，同上，第 106、108 页（秘鲁）。

[48] A/CONF. 62/WS/11（1980 年），第 7 段，正式记录，第十四卷第 147、148 页（南斯拉夫）。

[49] A/CONF. 62/L. 63/Rev. 1（1980 年），附件 I，第三段，同上，第 139 页（起草委员会主席）。

[50] "Study on the future functions of the Secretary-General under the draft Convention，A/CONF. 62/L. 76（1981 年），第二节，第 5 段，第 8（a）（iii）及 8（b）段，和第 6 段，第 2（a）（ix）段，正式记录，第十五卷第 153、165、169 页（秘书长）。

[51] A/CONF. 62/WS/24（1982 年），第 1 段，正式记录，第十六卷第 264 页（罗马尼亚）；A/CONF. 62/WS/30（1982 年），同上，第 268 页（扎伊尔），请参阅上文第 69.16 段。

[52] 见 the statement by Romania at the 169th plenary meeting，第 50－51 段，同上，第 96 页。

在第 2 款中用"本部分的目的"取代"本公约的目的"的表述。^⑥ 这些改动都纳入了《公约》第七十条的标题和条文之中。

《公约》所通过的第七十条的条文（资料来源 69）遭到了博茨瓦纳代表的反对而得到南斯拉夫代表的支持（见第 69.16 段）。

70.16（a）. 第 1 款规定，地理不利国"应有权在公平的基础上参与开发同一分区域或区域的沿海国专属经济区的生物资源的适当剩余部分"。它还对这一权利附加了一定的条件，同时考虑到"所有有关国家的相关经济和地理情况"。此外，该权利的存在取决于沿海国确定在其专属经济区的生物资源有剩余部分（第 4 款进一步规定了条件）。通过声明权利存在于"遵守本条及第六十一条和第六十二条的规定强调了这项条件。"

70.16（b）. "在公平的基础上"这个短语意味着在分配可捕量的剩余部分时，沿海国要考虑到在第七十条中提到的因素。

70.16（c）. 为了第五部分的目的，第 2 款赋予"地理不利国家"一词的意义适用于：（a）依赖于同一分区域或区域的其他国家专属经济区内的生物资源，"以供应足够的鱼类来满足其人民或部分人民的营养需要"的沿海国；及（b）以及不能主张有自己的专属经济区的沿海国。它包括闭海或半闭海的沿岸国。根据第一二二条的描述，为本公约的目的，闭海或半闭海是指

> 两个或两个以上国家所环绕并由一个狭窄的出口连接到另一个海或洋，或全部或主要由两个或两个以上沿海国的领海和专属经济区构成的海湾、海盆或海域。

"地理不利国"一词还出现在《公约》的其他地方（上文第 70.1 段）。在第七十条所赋予的涵义也可以适用于《公约》中涉及专属经济区生物资源的准入权的其他部分。根据这一研究，对第七十条术语所赋予之涵义的限制，不损害其在《公约》其他部分的涵义。

70.16（d）. 第 3 款要求"这种参与的条款和方式应由有关国家"通过协定加以制订，也对参与权设置了条件。这些协定要考虑到第 3 款（a）~（d）项中所列出的各种因素。第 3 款（b）项和（c）项在地理不利国开发沿海国专属经济区的生物资源的参与权和根据第五十六条设立的沿海国对这些资源的主权权利之间建立了平衡。这句话在第 3（c）有关"避免因此使任何一个沿海国，或其中一部分地区承受特别负担"

---

⑥　有代表指出，第六十九条第 2 款（c）项也使用了术语"具有特殊地理特点的国家"。请参阅伊拉克 statements at the 184th plenary meeting（1982 年），第 17 段，正式记录，第十七卷第 5 页；由大会主席的发言，第 18 段，同上。相应的变化请参阅第六十九条第 2 款（c）项，上文第 69.16 段。

这个短句表示了保护沿海国利益的一般标准。所有这些要素都是为了保护沿海国家避免一个或更多内陆国或地理不利国过多的多种要求。第3款中"除其他外"一词表述所列因素并不是详尽无遗的。

70.16（e）. 第4款有关当一个沿海国的捕捞能力"接近能够捕捞其专属经济区内生物资源的可捕量的全部"时可能出现的问题。在这种情况下，沿海国可以暂停外国的捕捞。但是，第4款规定指示沿海国家应和其他有关国家合作，"制定公平的安排"，"在适当情形下并按照各方都满意的条款"，允许地理不利国参与开发专属经济区的生物资源。此外，这种安排要考虑到在第3款中所提及的因素。

70.16（f）. 根据第5款，地理不利发达国家应只有权参与开发同一分区域或区域发达沿海国的专属经济区（的生物资源）。这种权利必须顾及沿海国家在多大程度上已考虑到"需要尽量减轻其国民惯常在该经济区捕鱼的国家的经济失调及渔民社区所受的不利影响"。

第4款（扩大发展中地理不利国的权利）和第5段（限制地理不利发达国家开发的权利）两者合在一起，反映了会议的普遍共识认为，关于第七十条，对地理不利国的规定应区分发达国家的权利和发展中国家的权利之间的区别，其对后者有利。

70.16（g）. 第6款保留了沿海国家给予在同一分区域或区域的地理不利国"同等或优惠"权利的权利，超出了第七十条中所描述的权利。这适用于所有地理不利的国家，不仅发展中地理不利国。

70.16（h）. "邻近的内陆国和地理（不利）国家关于在专属经济区或大陆架进行海洋科学研究计划的权利"受第二五四条支配。[54]

70.16（i）. 第二九七条第3款（a）项（iii）目的规定，结合第七十条适用。通过第五协商小组协商的（见上文第V.19段）这项条款，沿海国家确定可捕量、其捕捞能力、分配给其他国家的剩余部分的自由裁量权，以及在其关于生物资源的养护和管理的法律、法规中所规定的条款和条件，被排除在关于强制程序的第十五部分第二节（第二八六条至第二九六条）中导致有约束力的决定和根据附件五由强制追索权更换为调解的范围之外。

---

[54] 在第二五四条的评注中，第七十条中的术语所表达的涵义可以适用于第二五四条，"因为涉及专属经济区内的海洋科学研究"。见第四卷，第595页，第254.14（b）段。又见 J. Symonides, "Geographically disadvantaged States under the 1982 Convention on the Law of the Sea，208 *Recueil des Cours* 283（1988－I）。

第七十一条　第六十九和第七十条的不适用

第六十九和第七十条的规定不适用于经济上极为依赖于开发其专属经济区内生物资源的沿海国的情形。

资料来源

第三次联合国海洋法会议文件

1. A/CONF. 62/WP. 10（非正式综合协商案文，1977 年），第七十一条，正式记录，第八卷第 1、16 页。

2. A/CONF. 62/WP. 10/Rev. 1（非正式综合协商案文第一次修订稿，1979 年，油印），第七十一条。转载在《第三次联合国海洋法会议文件集》第一卷第 375、419 页。

3. A/CONF. 62/WP. 10/Rev. 2（非正式综合协商案文第二次修订稿，1980 年，油印），第七十一条。转载在《第三次联合国海洋法会议文件集》第二卷第 3、47 页。

4. A/CONF. 62/WP. 10/Rev. 3[*]（非正式综合协商案文第三次修订稿，1980 年，油印），第七十一条。转载在《第三次联合国海洋法会议文件集》第二卷第 179、223 页。

5. A/CONF. 62/L. 78（《公约草案》，1981 年），第七十一条。转载在正式记录，第十五卷第 172、187 页。

6. A/CONF. 62/L. 107（1982 年），第七十一条，正式记录，第十五卷第 222 页（扎伊尔）。

起草委员会文件

7. A/CONF. 62/L. 67/Add. 3（1981 年，油印），第 48 页。

8. A/CONF. 62/L. 72（1981 年），正式记录，第十五卷第 151 页（起草委员会主席）。

9. A/CONF. 62/L. 152/Add. 23（1982 年，油印），第 68 页。

10. A/CONF. 62/L. 160（1982 年），正式记录，第十七卷第 225 页（起草委员会主席）。

11. 奥地利（1976 年，油印），第五十九条。转载在《第三次联合国海洋法会议文件集》第四卷第 315 页。

12. Group of 21（1976 年，油印），第五十九条之二。转载在《第三次联合国海洋法会议文件集》第四卷第 449、451 页。还作为 NG4/1（1976 年，油印），第五十九条之二，转载在《第三次联合国海洋法会议文件集》第九卷第 314 页。

13. LL/GDS Group（1977 年，油印），第五十九条之二。转载在《第三次联合国海洋法会议文件集》第四卷第 441、442 页。

14. Coastal States Group（1977 年，油印），第五十九条之二。转载在《第三次联合国海洋法会议文件集》第四卷第 452、453 页。

15. LL/GDS Group（1977 年，油印），第五十九条之二。转载在《第三次联合国海洋法会议文件集》第四卷第 446、447 页。

16. LL/GDS Group（1977 年，油印），第五十九条之二。转载在《第三次联合国海洋法会议文件集》第四卷第 381、386 页。

17. LL/GDS Group（1977 年，油印），第五十九条之二。转载在《第三次联合国海洋法会议文件集》第十一卷第 568、570［571］页。

18. Coastal States Group（1977 年，油印），第五十九条之二。转载在《第三次联合国海洋法会议文件集》第四卷第 454、456 页。

19. Group of 21（1977 年，油印），第五十九条之二［二十一国集团主席］。转载在《第三次联合国海洋法会议文件集》第四卷第 457、459 页。

20. NG4/2（1977 年，油印），第五十九条之二［二十一国集团主席］。转载在《第三次联合国海洋法会议文件集》第九卷第 316、318 页。［还转载了"未具名案文"第五十九条之二，转载在《第三次联合国海洋法会议文件集》第四卷第 460 页。］

21. NG4/3（1978 年，油印），第七十一条（沿海国家集团）。转载在《第三次联合国海洋法会议文件集》第九卷第 319、321 页。

22. NG4/6（1978 年，油印），第五十九条之二（内陆国/地理不利国集团）。转载在《第三次联合国海洋法会议文件集》第九卷第 323、325 页。［其在资料来源 17 中转载了内陆国/地理不利国集团提案］。

评　　注

71. 1. 第七十一条为第六十九条和第七十条的适用规定了一种例外，即一个沿海国经济"极为依赖"开发其专属经济区的生物资源的特定情形。在这种情形下，第六十九条和七十条不适用，其目的是为了保护极为依赖于其专属经济区生物资源的沿海国家的经济，避免内陆国和地理不利国为从这些国家寻求对这些资源的准入权提出要求。

71.2. 这个问题第一次提出是在第三期会议（1975 年）期间。由非正式法律专家小组（埃文森小组）起草的关于"毗邻的地理不利国"进入沿海国的专属经济区的规定处理"避免对沿海国渔民社区及其渔业的不利影响的需要"的问题。① 类似的语言也包含在非正式单一协商案文第二部分第五十八条第 2 款的条文里（见上文第 70.4 段）。

71.3. 在第四期会议（1976 年）上，由埃文森小组编写的一份文件采用一种不同的办法，在 3 条条文中处理了沿海国家经济脆弱性的问题。②《条款草案》第五十七条和五十八条，专门分别用于内陆和地理不利国参与开发专属经济区的生物资源的权利。这些条款包含的条文规定，这种权利"不得在极为依赖于专属经济区生物资源的沿海国行使"（见上文第 69.6 和 70.5）。该草案还提出了一个关于实施第五十七条和第五十八条的单独的第五十九条。新的第五十九条提到了"避免对在其专属经济区行使参与权的沿海国的渔民社区及其渔业的不利影响的需要"，以及"把任何单个沿海国家的负担降到最低的需要"。奥地利（资料来源 11）的非正式提案，也提出了新的第五十九条第 1 款，其中载有类似的条文。

标题为"分区域或区域的某些发展中沿海国的权利"的订正的单一协商案文第二部分第五十九条，吸收了非正式单一协商案文条文的语言，包括提及以避免对沿海国的渔业社区或捕鱼业的不利影响（见上文第 70.5 段）。然而，没有有关其中及其依赖其专属经济区的生物资源的沿海国家的条文纳入订正的单一协商案文第二部分。

71.4. 作为非正式磋商的结果，在第五次会议（1976 年）期间，二十一国集团提出了一项新的提案（资料来源 12）。在该提案中，第五十八条和第五十九条针对内陆国和地理不利国参与专属经济区的生物资源的开发的权利，两个条款都提到"避免对沿海国家造成不利影响的需要"（见上文第 69.7 段和 70.6 段）。一条编号为第五十九条之二的新的条文规定：

> 第五十八条和第五十九条的规定不应适用于极其依赖于开发其专属经济区生物资源的沿海国的情形。

这是第一个提及"极其依赖于"开发其专属经济区生物资源的沿海国的提案。

71.5. 在第六期会议（1977 年）上，由沿海国集团、内陆国/地理不利国集团和

① The Economie Zone（1975 年，油印），第九条（非正式法律专家小组）。转载在《第三次联合国海洋法会议文件集》第四卷第 209、215 页。

② Access of ［LL/GDS］to the Living Resources of the Exclusive Economic Zone（1976 年，油印），第五十七条、第五十八条和第五十九条（非正式法学专家小组）。转载在《第三次联合国海洋法会议文件集》第十一卷第 562、563 页。

二十一国集团起草的相关的非正式提案支持列入一个单独的条款，以解决订正的单一协商案文第五十八条和第五十九条的适用性免除的问题。沿海国集团（资料来源 14 和资料来源 18）提出的一项条款，题为"给予准入权义务的免除"，其中载有类似于二十一国集团提出的义务免除的语言。内陆国/地理不利国集团（资料来源 13 和资料来源 15）起初提出纳入沿海国家的经济必须"完全依赖于开发其专属经济区的生物资源"的条件。但是，后来该集团的提案（资料来源 16 和资料来源 17）支持与沿海国集团的提案几乎相同的语言。二十一国集团也提出了一项新的提案（资料来源 19 和资料来源 20），标题为"第五十八条和第五十九条的不适用"，其条文措辞如下：

> 第五十八条和第五十九条的规定不应适用于经济极其依赖于开发其专属经济区生物资源的沿海国家的情形。

非正式综合协商案文（资料来源 1）纳入了这种语言作为新的第七十一条（改变"第六十九条和第七十条"交叉引用）。在关于非正式综合协商案文的备忘录中，大会主席指出"可能引进由有关代表团商定的相关的条文作为第七十一条"。[3]

71.6. 在第七期会议（1978 年）期间，沿海国集团（资料来源 21）提出寻求扩大不适用的范围的提案，提出第六十九条和第七十条的规定不应适用于经济极其依赖于开发其专属经济区生物资源的沿海国家的"一部分"。内陆国/地理不利国集团（资料来源 22）继续支持非正式综合协商案文的语言。

71.7. 在非正式综合协商案文的 3 个修订稿中，第七十一条（资料来源 2 至资料来源 4）都没有发生任何变化。根据起草委员会的建议（资料来源 7 至资料来源 10），提案经起草文字的改动后被纳入《公约草案》第七十一条（资料来源 5）。这些改动包括将"shall not apply（不应适用）"替换为"do not apply（不适用）"（资料来源 7）。

71.8. 在第十一期会议（1982 年）上，扎伊尔（资料来源 6）提交了一份正式提案，要求删除第七十一条，因为鉴于第六十二条、第六十九条和第七十条，该条是多余的。后来决定不将这个提案付诸表决。[4]

71.9（a）. 第七十一条的基础，可在第六十二条第 3 款规定里找到，该款规定沿海国在准许其他国家进入其专属经济区时，要考虑到所有有关因素，除其他外，包括："该区域的生物资源对有关沿海国的经济的重要性"。在这种情况下，沿海国还要考虑到"第六十九条和第七十条的规定"，这两个条款规定了内陆国和地理不利国参与

---

③ A/CONF. 62/WP. 10/Add. 1（1977），"［订正的单一协商案文］第二部分"，第二段，正式记录，第八卷第 65、68 页（大会主席）。

④ 在第 169 次全体会议上提出，第 68 段，正式记录，第十六卷第 98 页．请参阅 175th plenary meeting，第 8 段，同上。第 131 页。又见 A/CONF. 62/WS/30（1982 年），同上，第 268 页（扎伊尔）。

开发同一分区域或区域沿海国专属经济区生物资源的权利。第七十一条进一步规定，在一个沿海国家"其经济极为依赖"于其专属经济区的生物资源的特殊情形下，第六十九条和七十条不适用。

71.9（b） 第七十一条来源于在第二次联合国海洋法会议上冰岛提出的一项提案，⑤ 其经济极其依赖于捕鱼。

71.9（c） "极其依赖"这个短语在《公约》中没有定义；但看起来，这种依赖必须扩展到整个沿海国家，而不是仅仅一个省或一个选定的区域。这种解释由沿海国集团对提案的反对所支持（在第七期会议上），其建议将这种依赖的概念适用于沿海国的"一部分"。

---

⑤ 参见 A/CONF. 19/C. 1/L. 1 and Rev. 1（1960 年），第二次联合国海洋法会议，正式记录，第二卷第 168、169 页。该提案的相关部分内容如下：

如果一个民族其民生或经济发展极其依赖于其沿海渔业，有必要限制其总捕获量或在毗邻沿海渔业区的地区的鱼类总捕获量，在这种必须根据对渔业的依赖程度作出的限制，沿海国应具有优先的权利。

该案文经委员会全体通过（见 28th meeting，第 4 段，同上，第 151 页），但被全体会议否决（见 13th meeting，第 11 段，同上，第 29 页）。冰岛在第一次联合国海洋法会议上较早的提案，使用了"极其依赖"一词。A/CONF. 13/C. 1/L. 131（1958 年），第一次联合国海洋法会议，正式记录，第三卷第 246 页。

第七十二条　权利的转让的限制

1. 除有关国家另有协议外，第六十九和第七十条所规定的开发生物资源的权利，不应以租借或发给执照、或成立联合企业，或以具有这种转让效果的任何其他方式，直接或间接转让给第三国或其国民。

2. 上述规定不排除有关国家为了便利行使第六十九和第七十条所规定的权利，从第三国或国际组织取得技术或财政援助，但以不发生第1款所指的效果为限。

资料来源

第三次联合国海洋法会议文件

1. A/AC. 138/SC. II/L. 37 and Corr. 1，第十四条，转载在《1973 年海底委员会报告》第三卷第 78、80 页（阿根廷）。

2. A/AC. 138/SC. II/L. 38，第六条，转载在《1973 年海底委员会报告》第三卷第 82、83 页（加拿大、印度、肯尼亚和斯里兰卡）。

3. A/AC. 138/SC. II/L. 39，第二条第 4 款，转载在《1973 年海底委员会报告》第三卷第 85、86 页（阿富汗、奥地利、比利时、玻利维亚、尼泊尔和新加坡）。

4. A/AC. 138/SC. II/L. 60，第二条，转载在《1973 年海底委员会报告》第三卷第 114 页（扎伊尔）。

5. A/CONF. 62/C. 2/L. 39（1974 年），第四条，正式记录，第三卷第 216 页（阿富汗、奥地利、比利时、不丹、玻利维亚、博茨瓦纳、芬兰、伊拉克、老挝、莱索托、卢森堡、马里、尼泊尔、荷兰、巴拉圭、新加坡、斯威士兰、瑞典、瑞士、乌干达、上沃尔特和赞比亚）。

6. A/CONF. 62/C. 2/L. 47（1974 年），第十四条，正式记录，第三卷第 225、226 页（美国）。

7. A/CONF. 62/C. 2/L. 48（1974 年），B 条第 2 款，正式记录，第三卷第 225、226 页（巴基斯坦）。

8. A/CONF. 62/L. 8/Rev. 1（1974 年），附件二，附录一〔A/CONF. 62/C. 2/WP. 1〕，条文第一九五条、第一九六条和第二〇〇条，正式记录，第三卷第 93、107、135、136 页（总报告员）〔主要趋势文件〕。

9. A/CONF. 62/WP. 8/Part. II（非正式单一协商案文，1975 年），第五十九条，正式记录，第四卷第 152、162 页（第二委员会主席）。

10. A/CONF. 62/WP. 8/Rev. 1/Part. II（订正的单一协商案文，1976 年），第六十条，正式记录，第五卷第 151、163 页（第二委员会主席）。

11. A/CONF. 62/C. 2/WP. 10（非正式综合协商案文，1977 年），第七十二条，正式记录，第八卷第 1、16 页。

12. A/CONF. 62/WP. 10/Rev. 1（非正式综合协商案文第一次修订稿，1979 年，油印），第七十二条。转载在《第三次联合国海洋法会议文件集》第一卷第 375、419 页。

13. A/CONF. 62/WP. 10/Rev. 2（非正式综合协商案文/第二次修订稿，1980 年，油印），第七十二条。转载在《第三次联合国海洋法会议文件集》第二卷第 3、47 页。

14. A/CONF. 62/WP. 10/Rev. 3*（非正式综合协商案文第三次修订稿，1980 年，油印），第七十二条。转载在《第三次联合国海洋法会议文件集》第二卷第 179、223 页。

15. A/CONF. 62/L. 78（《公约草案》，1981 年），第七十二条，正式记录，第十五卷第 172、187 页。

起草委员会文件

16. A/C0NF. 62/L. 67/Add. 3（1981 年，油印），第 49～51 页。

17. A/CONF. 62/L. 67/Add. 3/Corr. 3（1981 年，油印），第 1 款。

18. A/CONF. 62/L. 67/Add. 14（1981 年，油印），第 7 页。

19. A/CONF. 62/L. 72（1981 年），正式记录，第十五卷第 151 页（起草委员会主席）。

非正式文件

20. C. 2/Informal Working Paper No. 9，条文第十七条，方案 A［方案 B］，第 2 款，和条文第十八条；No. 9/Rev. 1，条文第十七条，方案 B，和条文第十八条；No. 9/Rev. 2，条文第十七条，方案 B，和条文第十八条（所有均在 1974 年，油印）。转载在《第三次联合国海洋法会议文件集》第三卷第 466、473 和 481 页。

21. C. 2/Informal Working Paper No. 10 and Rev. 1 and 2（所有均在 1974 年，油印），条文第四条和第五条。转载在《第三次联合国海洋法会议文件集》第四卷第 488、491 和 494 页。

22. 新加坡（1975 年，油印），"关于生物资源的条款"，第六段。转载在《第三次联合国海洋法会议文件集》第四卷第 185 页。

23. 巴拉圭（1975 年，油印），第 4 节。转载在《第三次联合国海洋法会议文件集》第四卷第 189、191 页。

24. C. 2/Blue Paper No. 11（1975 年，油印），第 4 条，第二项规定。转载在《第三次联合国海洋法会议文件集》第四卷第 148、151 页。

25. LL/GDS Group（1975 年，油印），第五条和第六条。转载在《第三次联合国海洋法会议文件集》第十一卷第 490、491 页。

26. LL/GDS Group（1975 年，油印），第五条。转载在《第三次联合国海洋法会议文件集》第四卷第 198 页。

27. LL/GDS Group（1975 年，油印），第四条。转载在《第三次联合国海洋法会议文件集》第四卷第 201 页。

28. LL/GDS Group（1975 年，油印），第四条。转载《第三次联合国海洋法会议文件集》第四卷第 202 页。

29. Contact Group of the Group of 77（1975 年，油印），第 5 款（ii）a。转载在《第三次联合国海洋法会议文件集》第四卷第 205、206 页。

30. Draft Articles on Resource Jurisdiction Beyond the Territorial Sea（1975 年，油印），A 部分，第二条，第 6 款（未具名）。转载在《第三次联合国海洋法会议文件集》第四卷第 218 页。

31. Group of 77（1975 年，油印），第五条（ii）a。转载在《第三次联合国海洋法会议文件集》第四卷第 227、229 页。

32. LL/GDS Group（1975 年，油印），第五条。转载在《第三次联合国海洋法会议文件集》第四卷第 234、235 页。

33. 奥地利（1976 年，油印），第五十九条之二。转载在《第三次联合国海洋法会议文件集》第四卷第 315 页。

34. Group of 21（1976 年，油印），第六十条，二十一国集团主席。转载在《第三次联合国海洋法会议文件集》第四卷第 449、451 页。［还作为 NG4/1 号文件转载在《第三次联合国海洋法会议文件集》第九卷第 314 页。

35. 巴基斯坦（［1976 年］，油印），第五十九条。转载在《第三次联合国海洋法会议文件集》第四卷第 436 页。

36. LL/GDS Group（1977 年，油印），第六十条。转载在《第三次联合国海洋法会议文件集》第四卷第 441、443 页。

37. Coastal States Group（1977 年，油印），第六十条。转载在《第三次联合国海洋法会议文件集》第四卷第 452、454 页。

38. LL/GDS Group（1977 年，油印），第六十条。转载在《第三次联合国海洋法会议文件集》第四卷第 446、448 页。

39. LL/GDS Group（1977 年，油印），第六十条。转载在《第三次联合国海洋法会议文件集》第四卷第 381、386 页。

40. LL/GDS Group（1977 年，油印），第六十条。转载在《第三次联合国海洋法会议文件集》第十一卷第 568、572 页。

41. Coastal States Group（1977 年，油印），第六十条。转载在《第三次联合国海洋法会议文件集》第四卷第 454、456 页。

42. Group of 21（1977 年，油印），第六十条，二十一国集团主席。转载在《第三次联合国海洋法会议文件集》第四卷第 457、459 页。

43. NG4/2（1977 年，油印），第六十条，二十一国集团主席，转载在《第三次联合国海洋法会议文件集》第九卷第 316、318 页。［转载在"未具名的案文"，《第三次联合国海洋法会议文件集》第四卷第 460 页。］

44. NG4/3（1978 年，油印），第七十一条（沿海国家集团）。转载在《第三次联合国海洋法会议文件集》第九卷第 319、321 页。

45. NG4/6（1978 年，油印），第六十条（内陆国/地理不利国集团）。转载在《第三次联合国海洋法会议文件集》第九卷第 323、325 页。［其在资料来源 40 中转载了内陆国/地理不利国集团提案］。

评　　注

72.1.　第七十二条的目的是确保根据第六十九条和第七十条所赋予内陆国和地理不利国的权利仅用于这些国家的利益。第 1 款规定，除有关国家另有协议外，禁止将这些权利以租借或发给执照，或成立联合企业，或以"具有这种转让效果"的任何其他方式转让给第三国或其国民。第 2 款明确了这些对权利转让的限制不排除某种形式的技术或财政援助，但条件是这些援助不具有权利转让的效果。

72.2.　在 1973 年的海底委员会会议上，第一次由 4 个国家的提案（资料来源 2）涉及了对发展中内陆国家在专属经济区的权利转让的限制的问题。这一提案针对发展中内陆国特定的"捕鱼特权"的限制，并规定：

> 发展中内陆国的国民应在与该国国民公平的基础上享有在毗邻的沿海国家的专属渔业区的邻近区域捕鱼的特权。享受这种特权的方式及其涉及的区域应由有关沿海国和内陆国之间的协定而定。此特权将对内陆国的国民有效，但不得以租借或发给执照、或成立联合企业，或以任何其他方式转让给第三方。指定区域的管辖权和对该区域资源的保护、开发和管理的控制权，应属于该区域所在的沿海国。

该提案引入的特权限制以租借或发给执照，或成立联合企业，或以任何其他方式转让。一项由 6 个国家提出的提案（资料来源 3）规定了这些广泛限制的一个例外，其内容为：

不利国家不得将第 1 款所赋予它们的［勘探和开发生物资源］的权利转让给第三方。但是，该规定应不排除不利国与第三方达成安排，旨在使之能发展其自身可以独立发展的渔业。

这个条款的第 1 款提到内陆国和"不能或尚未宣布……区"的沿海国参与邻近沿海该"区"的生物资源勘探和开发的权利。通过区分第 1 款规定的权利转让和某些"与第三方之间的安排"，该提案试图避免限制该权利转让会阻碍不利国家获得援助以发展自身可以独立发展的渔业的可能性。

在海底委员会没有其他的提案直接涉及权利转让的限制，但是有两个提案（资料来源 1 和资料来源 4）要求将地理不利国的权利保持在这些国家的有效控制之下。在雅温得海洋法区域研讨会的结论中首次提出了这个理念，它规定，所有非洲国家，包括内陆国和近内陆国，都应该能够开发经济区的生物资源，"只要希望开发这些资源的那些国家的企业在非洲资本和人员的有效地控制之下"。①

72.3. 在第二期会议（1974 年）期间，22 个内陆国和地理不利国（资料来源 5）提出了关于限制权利转让的一项新的提案，规定：

1. 内陆和其他地理不利国不得将第二条和第三条所赋予它们的权利转让给第三国，除非有关国家另有约定。
2. 但是，第 1 款的规定不排除内陆国和其他地理不利国从第三国或适当的国际组织取得技术或财政援助，以便使之能发展其自身可以独立发展的产业［渔业］。

这个条款的规定扩展了由 6 个国家在海底委员会上提出的条文（资料来源 3）。第 1 款一般性地限制转让提案中其他地方规定的权利，但有关国家之间达成协定的例外。第 2 款处理特定的例外，即"从第三国或适当的国际组织取得技术或财政援助"，以使地理不利国"能发展其自身可以独立发展的产业［渔业］。"

巴基斯坦提出的解决内陆国进入沿海国专属经济区的提案（资料来源 7）包含如下的条文：

沿海国可以规定内陆国的国民所享有的特权不得通过租借、发给许可证或任何其他安排转让给任何第三国的国民。发展中内陆国家的国民可以利用自己与联合国专门机构合作的好处，这种合作是沿海国本身的国民所采取的。

---

① 见 A/AC. 138/79，第一部分，第（4）款，转载在《1972 年海底委员会报告》，第 73 页（Conclusions in the General Report of the African States Regional Seminar on the Law of the Sea）。

这种措辞将让沿海国选择规定给予内陆国某些特权不得转让。该段还包含限制特权转让的一个新的例外，它允许内陆国的国民与联合国专门机构合作，只要沿海国家的国民也采取这样的合作。

美利坚合众国代表的提案（资料来源6）提到邻近的沿海国在各自的经济区指定区域"在互惠，或长期和互相认可的用途，或经济上的依赖的基础上"捕鱼的权利，它进一步规定，"这种权利不得转让给第三方"。这项提案并没有直接针对地理不利国，也没有对为内陆国提出的某些特权进行这种限制。

由非正式法律专家小组（埃文森小组）编写的一系列的案文多次提到限制转让由国家在经济区享有的某些权利，[2] 这些案文吸收了此前在海底委员会和第二期会议期间提出提案所使用的语言。

《主要趋势工作文件》（资料来源8）包括两个与权利转让相关的提案。条文第一九五条方案B，反映了由4个国家在海底委员会提出的正式提案（资料来源2）和埃文森小组的提案中案文的语言。条文第一九六条和第二〇〇条所纳入的关于内陆国和地理不利国的文字与6个国家在海底委员会提出的提案（资料来源3）和此后由22个国家在第二期会议上提出的提案（资料来源5）的文字几乎相同。

72.4. 在第三期会议（1975年）上，若干个非正式提案都涉及权利转让的问题，但所有这些提案都建议，没有沿海国的同意，不得进行转让。新加坡（资料来源22）的非正式提案支持二十二国集团在第二期会议（资料来源5）上提出的提案的语言。巴拉圭代表起草的条文（资料来源23）和非正式协商小组准备的一份关于专属经济区（资料来源24）的文件上包含有类似的语言，但已经用"能够更切实地参与……区的生物和非生物资源的勘探和开发"取代了"使不利国能够发展其自身可以独立发展的渔业"的提法。由内陆国/地理不利国集团提出的一系列提案（资料来源25至资料来源28，和资料来源32）也反映了早先由该集团的22个成员提出的提案的语言，但在最后的草案用更广泛的提法"使他们能够享受自己在沿海国家经济区的权利"取代了"发展可以独立发展的渔业"。

一项未具名的草案（资料来源30）禁止地理不利国将自己的权利转让给第三方，除非安排的目的是"使之能够发展其自身可以独立发展的渔业"。玻利维亚代表提出限制转让赋予任何缔约国对区域或分区域经济区的权利，[3] 埃文森小组也编写了一系列新的提案，其中包括权利转让的条款。最终草案第十一条文字为：

根据第八、第九和第十条规定赋予的开发生物资源的权利，未经沿海国

---

② Tentative Draft Articles（1974年，油印），第二十条，备选方案B和C；和第二十一条，备选方案B（非正式法律专家小组）。转载在《第三次联合国海洋法会议文件集》第十一卷第393、403页。

③ Bolivia（1975年，油印），第九条，转载在《第三次联合国海洋法会议文件集》第四卷第192、193页。

的同意，不得通过租借或发给许可证、建立合作企业或任何其他安排转让给第三国或其国民。④

该提案第八条、第九条和第十条，处理邻近的沿海国、地理不利国和内陆国家进入沿海国的专属经济区的准入权的问题。第十一条不禁止这些国家准入权的转让，但要求这种转让须经沿海国家的同意。它还对权利的转让引入了更广泛的"第三国或其国民"，并专门列举了通过租借或发给许可证、建立合作企业或任何其他安排进行的转让要经过沿海国的同意。

这些相同的转让方式也列在七十七国集团联络小组（资料来源29）和七十七国集团本身（资料来源31）的两项非正式提案里。这些提案都禁止将权利转让给第三方，除非涉及"来自第三国或主管国际组织的技术和财政援助的情况下"。

在本期会议结束时，非正式单一协商案文第二部分（资料来源9）纳入了如下条文作为第五十九条规定：

> 根据第五十七条和五十八条的规定所赋予的开发生物资源的权利，未经沿海国明示同意，不得通过租借或发给许可证、建立合作企业或任何其他安排转让给第三国或其国民。

该案文紧紧遵循埃文森小组编写的条文之后。增加的"明示"指沿海国家的同意。

72.5.　在第四期会议（1976年）上，新加坡代表评论说，非正式单一协商案文第五十九条的效果，有点像"一只手给予，而另一只手拿走"，并进一步说"应允许联合企业"。⑤埃文森小组编写的文件中提及权利转让给第三国时所用的语言类似于非正式单一协商案文第五十九条的条文。⑥奥地利代表（资料来源33）支持类似于第五十九条的条文，但增加了"除非有关国家另有约定"的例外（最初在第二期会议上提出的语言）（见上文第72.3段）。奥地利代表的提案也要增加新的第2款，规定禁止未经沿海国家同意的转让不排除内陆国和地理不利国获得第三国或国际组织的技术和财政援助，以使它们能够享受根据第五十七条和第五十八条所规定的的权利。

以下条文被列入订正的单一协商案文第二部分（资料来源10）第六十条的规定：

---

④　The Economic Zone（1975年，油印），第十一条（非正式法律专家小组）。转载在《第三次联合国海洋法会议文件集》第四卷第209、216页。如要了解早期的草案，请参阅《第三次联合国海洋法会议文件集》第十一卷第481页（第十一条）；以及同上，第425页（第二十条和第二十一条，备选方案A、B和折中方案）。

⑤　Singapore（1976年，油印），第五十九条。转载在《第三次联合国海洋法会议文件集》第四卷第290、291页。

⑥　Access of［LL/GDS］to the Living Resources of the Exclusive Economic Zone（1976年，油印），第五十九条，第3款（非正式法律专家小组）。转载在《第三次联合国海洋法会议文件集》第十一卷第562、564页。

权利转让的限制

1. 第六十九和第七十条所规定的开发生物资源的权利，不得以租借或发给执照、或成立合作企业，或任何其他安排转让给第三国或其国民。

2. 第1款不排除各国从第三国或国际组织取得技术或财政援助，以便行使根据第五十八条和第五十九条所规定的权利。

在这个阶段加上了标题。第1款采用了类似非正式单一协商案文第五十九条的语言。第2款是新的，反映了奥地利的提案。其允许各国与第三国或国际组织缔结安排获得援助，以行使根据第五十七条和第五十八条所规定的权利。在这个方案中，这种安排不会被认为是一种权利的转让，而是在帮助行使这些权利。

72.6. 在第五期会议（1976 年）上，二十一国集团的提案（资料来源34）[⑦] 将第六十条第1款中的"任何其他安排"改成了"具有这种转让效果的任何其他方式"。该提案第六十条第2款，改变了订正的单一协商案文的语言，声明说"受……第1款的限制"，各国可以取得技术或财政援助，以促进根据第五十八条和第五十九条所规定的权利的行使。这种变化排除了联合企业或其他任何类似安排。巴基斯坦提出的一项非正式提案（资料来源35）提出未经沿海国明示同意禁止将"给内陆国或地理不利国带来的利益"转让给第三国或其国民。

72.7. 在第六期会议（1977 年）期间，内陆国/地理不利国集团起草了一系列的非正式提案（资料来源36，资料来源38 至资料来源40）处理关于权利转让的限制。在本系列丛书所述的订正的单一协商案文第六十条第1款的最终版本（资料来源39）用"除有关国家另有协议外"一般禁止任何权利转让的提法取代了沿海国家同意的提法。在谈到合作的措施时，新规定也将适用于"具有这种转让效果"的任何此类措施"。

相反，沿海国集团的两项提案（资料来源37 和资料来源41）都支持二十一国集团较早前提出的提案所使用的语言。然而，沿海国提案的第六十条提到的是根据第五十八条和第五十九条"给予的准入权"，而不是这些条款"所规定的权利"。该提案的第2款还允许各国取得技术或财政援助，以促进本身按照第五十八条和第五十九条规定开发生物资源的能力。

由二十一国集团提出的一项新的提案提出了一项在内陆国/地理不利国集团和沿海集团之间的折中方案（资料来源42 和资料来源43）[⑧]。后一项提案条文的文字为：

1. 除有关国家另有协议外，第五十八条和第五十九条所规定的开发生物

---

⑦ 这个文件后来在第七期会议上由第四协商小组审议，似乎两者都出现在二十一国集团的一项非正式提案和第四协商小组的 NG4/1 号文件中。

⑧ 在第七期会议（1978 年）期间，这个提案作为第四协商小组 NG4/2 号文件再次印发。

资源的权利，不应以租借或发给执照、或成立合作企业，或以具有这种转让效果的任何其他方式，直接或间接转让给第三国或其国民。

2. 上述规定不排除有关国家为了便利行使第五十八和第五十九条所规定的权利，从第三国或国际组织取得技术或财政援助，但以不发生第1款所指的效果为限。

第1款采取了内陆国/地理不利国集团条文的立场，使用的是"权利"，而不是"准入权"。同内陆国/地理不利国集团的立场一样，这个提案消除了任何关于沿海国同意的提法。第1款通过在"转让"一词之前加上"直接或间接"以及禁止任何"具有这种转让效果"的安排，也支持了沿海国集团的立场。但是紧紧遵循订正的单一协商案文第六十条第2款增加了取得的援助"以不发生第1款所指的效果为限"。

非正式综合协商案文（资料来源11）第七十二条基本上纳入了与二十一国集团的折中提案内容相同的语言（起草文字上稍加改动）（资料来源43）。该案文表述为：

第七十二条　关于权利转让的限制

1. 除有关国家另有协议外，第六十九和第七十条所规定的开发生物资源的权利，不应以租借或发给执照、或成立合作企业，或以具有这种转让效果的任何其他方式，直接或间接转让给第三国或其国民。

2. 上述规定不排除有关国家为了便利行使第六十九和第七十条所规定的权利，从第三国或国际组织取得技术或财政援助，但以不发生第1款所指的效果为限。

72. 8. 在第七期会议（1978年）上，内陆国/地理不利国集团（资料来源45）提议删去第七十二条第1款中的"或任何其他方式"的提法。这种修改表明，只要租借、发给许可证或合作企业不具有权利转让的效果，它们是允许的。该提案还要删除第2款中所说"但以不发生第1款所指的效果为限"这句话，从而消除了关于权利转让的援助效果的任何问题。

沿海国集团（资料来源44）再次建议用"准入权"代替在第七十二条的标题中和在第1款中的"权利"的提法。此外，该提案还将第2款中的将"便利行使……权利"更改为"促进开发生物资源的能力"。

不论是内陆国/地理不利国集团的提案，还是沿海国集团的提案，都没有得到足够的支持以保证对非正式综合协商案文的修改，于是非正式综合协商案文第一次修订稿（资料来源12）重复了非正式综合协商案文第七十二条。

72. 9. 在第八期会议的续会（1979年）上，起草委员会在统稿期间提议删除第七十二条第 1 款中的"合作"一词。⑨ 于是，非正式综合协商案文第七十二条采纳了这种修改（资料来源 13）。

在第十期会议（1981 年）期间，这些条款吸取了起草委员会的建议，形成了它们的最终形式（资料来源 16 至资料来源 19）。在关于秘书长未来的职能的报告中指出了关于第七十二条第 2 款中提到了技术和资金援助的国家之间进行合作的必要性。⑩

72. 10（a） 第七十二条规定的禁止权利转让的范围是不明确的。对内陆国和对地理不利国援助的进一步安排想必会要求沿海国的国民直接参与沿海国家生物资源的勘探和开发。否则，则权利似乎有"被转让的效果"。这种参与可能足以消除"这种转让的效果"，因为"联合企业"通常包括国家或拥有捕捞权利的其国民直接参与捕捞过程，这似乎是第 1 款所禁止的。

72. 10（b） 第七十二条的条件留出了广泛的其他安排，来支持这些内陆国和地理不利国行使第六十九条和第七十条所赋予的权利。可允许的援助包括用于购买船只和渔具、加工设备和仓储设施的财政援助以及技术援助，例如有关这些过程和管理活动的专业知识，包括法律安排、谈判、科学和商业咨询、市场营销和营养等。也允许为这些目的聘请顾问和客座专家。由联合国粮食和农业组织（FAO）和国际复兴和开发银行（世界银行）等机构提供的援助类型不受这一规定的影响。

---

⑨ 见 A/CONF. 62/L. 40（1979 年），第七节，正式记录，第十二卷第 95、97、105 页（起草委员会主席）；A/CONF. 62/L. 56（1980 年），附件 B，第七节，正式记录，第十三卷第 94、96 页（起草委员会主席）。

⑩ A/CONF. 62/L. 76（1981 年），第二部分，第 6 节，第 2（a）（x），正式记录，第十五卷第 153、169 页。

第七十三条　沿海国法律和规章的执行

1. 沿海国行使其勘探、开发、养护和管理在专属经济区内的生物资源的主权权利时，可采取为确保其依照公约制定的法律和规章得到遵守所必要的措施，包括登临、检查、逮捕和进行司法程序。

2. 被逮捕的船只及其船员，在提出适当的保证书或其他担保后，应迅速获得释放。

3. 沿海国对于在专属经济区内违犯渔业法律和规章的处罚，如有关国家无相反的协议，不得包括监禁，或任何其他方式的体罚。

4. 在逮捕或扣留外国船只的情形下，沿海国应通过适当途径将其所采取的行动及随后所施加的任何处罚迅速通知船旗国。

资料来源

第三次联合国海洋法会议文件

1. A/AC. 138/SC. II/L. 4 and Corr. 1，第三条，第 4 段，转载在《1971 年海底委员会报告》，第 241、243 页（美国）。

2. A/AC. 138/SC. II/L. 6，第 6 段，转载在《1972 年海底委员会报告》，第 158 页（苏联）。

3. A/AC. 138/SC. II/L. 9，第八条，转载在《1972 年海底委员会报告》，第 175、177 页（美国）。

4. A/AC. 138/SC. II/L. 11，原则 8，转载在《1972 年海底委员会报告》，第 183、186 页（澳大利亚和新西兰）。

5. A/AC. 138/SC. II/L. 12，概述，第 7 段，第 5.1 和 5.2 款，转载在《1972 年海底委员会报告》，第 188、189、194 页（日本）。

6. A/AC. 138/SC. II/L. 28，第九十条，转载在《1973 年海底委员会报告》，第 35、64 页（马耳他）。

7. A/AC. 138/SC. II/L. 34，第 2 部分，第 7 段，转载在《1973 年海底委员会报告》，第 71、73 页（中国）。

8. A/AC. 138/SC. II/L. 37 and Corr. 1，第十一条，转载在《1973 年海底委员会报告》，第 78、80 页（阿根廷）。

9. A/AC. 138/SC. II/L. 38，第十三条，转载在《1973 年海底委员会报告》，第 82、84 页（加拿大、印度、肯尼亚和斯里兰卡）。

10. A/AC. 138/SC. II/L. 54，第 E 条，转载在《1973 年海底委员会报告》，第 107、108 页（厄瓜多尔、巴拿马和秘鲁）。

11. A/CONF. 62/C. 2/L. 40 and Add. 1（1974），第十条和第十二条，正式记录，第 217、218 页（比利时、丹麦、法国、德意志联邦共和国、爱尔兰、意大利、卢森堡和荷兰）。

12. A/CONF. 62/C. 2/L. 47（1974 年），第二十一条，正式记录，第三卷第 222、224 页（美国）。

13. A/CONF. 62/C. 2/L. 82（1974 年），第四条，正式记录，第三卷第 240、241 页（冈比亚、加纳、象牙海岸、肯尼亚、莱索托、利比里亚、利比亚、马达加斯加、马里、毛里塔尼亚、塞内加尔、塞拉利昂、苏丹、突尼斯、喀麦隆、摩洛哥、坦桑尼亚和扎伊尔）。

14. A/CONF. 62/L. 8/Rev. 1（1974 年），附件二，附录一〔A/CONF. 62/C. 2/WP. 1〕，第一一四条和第一三〇条，正式记录，第三卷第 93、107、126、128 页（总报告人）〔主要趋势〕。

15. A/CONF. 62/WP. 8/第二部分（非正式单一协商案文，1975 年），第六十条，正式记录，第四卷第 152、161 页（第二委员会主席）。

16. A/CONF. 62/WP. 8/Rev. 1/第二部分（订正的单一协商案文，1976 年）第六十一条，正式记录，第五卷第 151、163 页（第二委员会主席）。

17. A/CONF. 62/C. 2/WP. 10（非正式综合协商案文，1977 年）第七十三条，正式记录，第八卷，第 1、16 页。

18. A/CONF. 62/WP. 10/Rev. 1/（ICNT/Rev. 1，1979 年，油印），第七十三条，《第三次联合国海洋法会议文件集》第一卷，第 375、419 页。

19. A/CONF. 62/WP. 10/Rev. 2（ICNT/Rev. 2，1980 年，油印），第七十三条，《第三次联合国海洋法会议文件集》第二卷，第 3、47 页。

20. A/CONF. 62/WP. 10/Rev. 3 *（ICNT/Rev. 3，1980 年，油印），第七十三条，《第三次联合国海洋法会议文件集》第二卷，第 170、223 页。

21. A/CONF. 62/L. 78（《公约草案》，1981 年），第七十三条，正式记录，第十五卷，第 172、187 页。

起草委员会文件

22. A/CONF. 62/L. 67/Add. 3（1981 年，油印），第 52 ~ 55 页。

23. A/CONF. 62/L. 67/Add. 3/Corr. 3（1981 年，油印），第 2 段。

24. A/CONF. 62/L. 67/Add. 13（1981 年，油印），第 7 页。

25. A/CONF. 62/L. 67/Add. 14（1981 年，油印），第 8 页。

26. A/CONF. 62/L. 72（1981 年），正式记录，第十五卷，第 151 页（起草委员会主席）。

非正式文件

27. Informal Working Paper No. 4，条款第二十七条；No. 4/Rev. 1，第三十条；No. 4/Rev. 2，第二十七条（均为 1974 年，油印）转载在《第三次联合国海洋法会议文件集》第三卷第 314、332、254 页。

28. Informal Working Paper No. 5，条款第六条，No. 5/Rev. 1，条款第七条（均为 1974 年，油印），转载在《第三次联合国海洋法会议文件集》第四卷，第 378、387 页。

29. 新加坡（1976 年，油印）第六十条，转载在《第三次联合国海洋法会议文件集》第四卷第 290、292 页。

30. 乌拉圭（［1976 年］，油印），第六十条，转载在《第三次联合国海洋法会议文件集》第四卷第 315 页。

31. C. 2/Informal Meeting/12（1978 年，油印），第六十条，第 1 段（巴西），转载在《第三次联合国海洋法会议文件集》第五卷第 19 页。

32. C. 2/Informal Meeting/16（1978 年，油印），第七十三条之三（乌拉圭），转载在《第三次联合国海洋法会议文件集》第五卷第 22 页。

33. C. 2/Informal Meeting/16/Corr. I（1978 年，油印），第七十三条之三（乌拉圭），转载在《第三次联合国海洋法会议文件集》第五卷第 23 页。

34. C. 2/Informal Meeting/28（1978 年，油印），第七十三条，第 1 段（洪都拉斯），转载在《第三次联合国海洋法会议文件集》第五卷第 37、38 页。

35. C. 2/Informal Meeting/31（1978 年，油印），第七十三条，第 4 段（保加利亚），转载在《第三次联合国海洋法会议文件集》第五卷第 40 页。

36. C. 2/Informal Meeting/33（1978 年，油印），第七十三条，第 4 段（苏联），转载在《第三次联合国海洋法会议文件集》第五卷第 41 页。

37. C. 2/Informal Meeting/31/Rev. 1（1980 年，）（保加利亚），转载在《第三次联合国海洋法会议文件集》第五卷第 40 页。

评　　注

73. 1　第七十三条是关于沿海国根据其制定的法律和规章行使勘探、开发、养护和管理在其专属经济区内生物资源主权权利的执行权力。该条还对该执行权力设定了限制，特别是关于船只及其船员的逮捕，以及沿海国对于违犯该国渔业法律和规章的处罚。

《公约》在不同海域规定了对保护沿海国渔业所采取的不同措施。通常来讲，对专属经济区渔业保护的权利严格采用了在领海的渔业保护措施。第十九条第 2 段（i），第二十一条第 1 段（d）关于领海无害通过的条款，第四十二条第 1 段（c）关于用于国际航行的海峡的过境通行的条款以及第五十四条关于群岛海道通行的条款对这些权力进行了规定。

73.2 针对在沿海国渔区或经济区规章的执行，海底委员会提出了几项建议。第一项建议是由美国代表（资料来源 1）在委员会 1971 年会议上提出的。该项建议为：

4. 根据本条款所制定的渔业规章的执行应当遵守以下规定：

……

B. 适当的渔业组织官员或由该组织授权的任何一国官员应当对任何船舶捕获受管理渔业资源的行为执行根据本条制定的规章。在尚未根据本条规定建立渔业组织的情况下，沿海国获适当授权的官员可以执行这些规章。根据本条规定所采取的行动应当把对渔业活动及其他海上活动的干扰限定在最小范围内。

C. 被逮捕的船只应当迅速移交给该国适当授权的官员。只有当事船只的船籍国拥有审判案件或对违犯依据本条款制定的渔业规章行为进行处罚的管辖权。该国有义务在处理该案件的 6 个月内通知逮捕该船只的渔业组织或国家。

上述条款规定应当由"适当的渔业组织"或由该组织授权的国家执行渔业规章。采取的行动只限于"检查和逮捕"。此外，只有当事船只的船籍国拥有对作出处罚的管辖权。

在 1972 年海底委员会会议上，苏联代表（资料来源 2）建议给予沿海国更多的授权，建议具体如下：

1. 沿海国可自行就其根据第五条制定的渔业规范性措施的遵守情况进行执法。

2. 当沿海国职能机构有充分理由认定一艘外国捕鱼船只正在违反这些规定时，可命令其停船并进行检查，还可以起草关于该船只违法行为的声明。该违法船只的船旗国可审理因违反这些规定而可能提起的诉讼案件，并对实施违法行为的船员进行处罚。该国应将调查结果和所采取的措施通知沿海国。

该建议赋予了沿海国拦截和检查任何涉嫌违犯渔业规章船只的最初权力，但将审理案件并处罚船员的权力留给了违法船只的船旗国。

美国代表建议的修改版（资料来源3）希望赋予沿海国和国际渔业组织执法权。该建议为：

A. 沿海国——沿海国可检查并逮捕违犯规章捕鱼的船只。沿海国可起诉并处罚违犯规章捕鱼的船只。但是如果该船只的船旗国规定了对违犯根据该条制定的沿海国渔业规章的行为进行起诉和处罚的程序，那么应当将被逮捕的船只迅速移交给船籍国获得授权的官员予以起诉和处罚，并在6个月内将案件的处理情况通知沿海国。

B. 国际渔业组织——国际组织的任何缔约国都应把悬挂本国国旗的船只违犯该组织依据第七十三条制定的规章的行为认定为违法行为。相关国际组织授权的官员或该组织授权的任何国家的官员可检查和逮捕违犯该组织所制定的渔业规章的船只。被逮捕的船只应当迅速移交给船旗国授权的官员。只有违法船只的船旗国才拥有对违犯该组织根据第七十三条所制定的渔业规章行为进行起诉或给予处罚的管辖权。该船旗国有义务在6个月内将案件的处理情况通知该国际组织。

任何执法行动的实施都应当"以最大限度减少对渔业和其他海上活动干扰的方式进行"。

日本代表（资料来源5）也对船旗国的起诉权予以支持，具体见以下条款：

5.1　沿海国控制权

在采取根据现有体系所制定的规范性措施时，沿海国对资源养护具有优先权和（或）特殊地位，该国有权对在其邻近水域的渔业活动予以管控。在行使这一权利时，沿海国可对外国船只进行检查，对违犯规范性措施的船只进行逮捕。被逮捕的船只应当迅速移交给相关船旗国。沿海国不能拒绝其他国家参加执法行动，包括应他国要求，派驻官员到沿海国巡逻船只。具体管控措施应当由相关各方达成一致。

5.2　管辖权

（a）一国应当把其国民违犯根据现有制度制定所规范性措施的行为认定为违法行为。

（b）对于在船上违犯现行规范性措施的人员，应当由相关船旗国提起诉讼。

（c）沿海国官员制作的关于他国所属船只违法情况的报告应当得到他国的完全尊重，后者应当尽快将案件的处理情况通知沿海国。

这些规定承认了沿海国"在各自邻近海域管控捕鱼活动的权利"，但同时要求这些国家迅速将扣押船只交付给相关船旗国，以便船旗国进行起诉。

与日本提案相比，有两项提案建议赋予沿海国更加广泛的权利，权力机关除可以检查和扣留船只外，还应有起诉违法船只的权力。澳大利亚和新西兰代表（资料来源4）提出既然违犯的是某个沿海国的法律法规，那就应该在该国的法庭提起诉讼。

在1973年海底委员会会议上，马耳他代表的提案（资料来源6）附加了一个条件，即沿海国法庭必须能够胜任对违法行为的审理。另外的几个提案（资料来源7至资料来源10）只是笼统的提及沿海国采取执法措施处置违法行为的管辖权和控制权。有4个国家曾提出了同样的建议（资料来源9）：

> 在专属经济区内对所有渔业活动的管辖权和控制权属于相关沿海国……

73.3 在海洋法会议第二期会议上，一项由8个西欧国家提出的提案（资料来源11）建议，应当由沿海国在所划定的渔区内执行规范性措施。该提案第十二条甚至赋予沿海国特别执法权：

> 1. 如具有充分理由怀疑某些渔船从事了渔业法规诸条款所禁止的行为，那么沿海国可在其专属经济区内对这些渔船进行拦截、登临和检查。
> 2. 沿海国也可起诉、处罚渔船的违法行为，除非船旗国已经建立了相关程序允许起诉和处罚违犯沿海国依诸条款所制定渔业规定的行为。
> 在此情况下，沿海国应向船旗国发送一份报告，证明确实存在违法行为，并附上证明从事违法行为从而构成证据的具体情况。在接到违法报告6个月内，船旗国应当通知沿海国是否已将此案件移交司法部门以启动司法程序。
> 如船旗国未将案件移交司法部门或未向沿海国反馈，那么沿海国有权在本国法院对此提起诉讼。
> 如船旗国已决定将案件移交其司法部门，那么应当将诉讼结果通知沿海国。

该条提案授权沿海国对涉嫌违法船只进行检查，并赋予沿海国起诉和处罚这些船只的权力，除非船旗国已经建立了此类起诉和处罚的程序。这与美国代表早些时候的提案相（资料来源3）类似。

美国的一项新提案（资料来源12）对原来的条款进行了扩展，具体如下：

> 1. 在行使根据本章关于可再生自然资源的权利时，沿海国可采取一系列必要措施确保对其法律规章的遵守，包括在经济区以及涉及溯河产卵物种时，

在鱼源国和其他国家之间的经济区内进行检查和逮捕。如船只的船籍国具备有效程序对违反这些法律法规的船只进行惩罚，那么应将这些船只迅速移交给船籍国正式授权的官员以便进入法律程序，沿海国可在案件审理过程中禁止其在该海域进行捕鱼。船籍国应在移交后 6 个月内，将违法船只的处理情况通知沿海国。

2. 国际组织依据第十九条制定的规章应根据以下情况实施：

（a）国际组织的每一个成员国都应认定违反该规章的行为属于违法行为，并与其他国家合作以确保该规章得到遵守。

（b）沿海国可在经济区内对违犯规章的船只予以检查和逮捕。国际组织应建立沿海国和其他国家在经济区以外逮捕和检查违法船只的程序。

（c）应船旗国请求，属于国际组织成员国的被捕船只应迅速移交给船旗国正式授权的官员以进入法律程序。

（d）船只的船籍国应在6个月内向国际组织和实施逮捕的国家通报处理情况。

3. 被逮捕的船只及其船员，在提供适当的保证书或其他担保后应予以释放。只有船籍国和相关人员的国籍国才能对违法行为采取监禁以及其他形式的体罚。

提案第一条提出了沿海国为"确保法律法规得到遵守"应采取的措施。本条对美国之前提出的提案进行了扩展，提出了涉及溯河产卵物种在经济区向海一侧水域的特别规章的执行，建议授权沿海国禁止被捕船只在案件处理过程中再进行捕鱼活动。第二条具体规定了对国际组织制定的关于高度洄游物种规章的执行，该规章是根据提案第十九条制定的。第三条介绍了被捕船只及其船员"在提供适当的保证书或其他担保后"应予以释放的新规定。本条还规定除船籍国和相关人员国籍国外，其他国家不得采用监禁或体罚措施作为对非法捕鱼活动的处罚。

由非洲 18 个国家共同提出的提案（资料来源 13），建议赋予沿海国就在其专属经济区内进行钻探、科学研究、人工岛屿和其他设施建造、捕鱼等活动的制定和实施规章的专属权利。

海底委员会及第二期会议上提出的各种提案都被汇总到主要趋势工作文件中（资料来源 14），在第五部分"领海以外的专属经济区"中的子标题"捕鱼"和第六部分"沿海国在领海以外对资源的优先权或其他非专属管辖权"中的子标题"捕鱼"之下。第一一四款中的 A、B、C 三个方案分别反映了苏联（资料来源 2）、美国（资料来源 12）和四国小组（资料来源 9）的提案内容。第 130 款方案 A 反映了日本（资料来源 5）的提案，方案 B 则重复了西欧 8 国（资料来源 11）的提案。

73.4 在 1975 年第三期会议期间，非正式法律专家组（埃文森小组）提出了一系列条款，包括以下内容：

　　　　沿海国行使其勘探、开发、养护和管理在经济区内的生物资源的主权权利时，可采取为确保其依照本公约条款制定的法律和规章得到遵守所必要的措施，包括登临、检查、逮捕和进行司法程序。

　　　　被逮捕的船只及其船员，在提出适当的保证书或其他担保后，应迅速获得释放。

　　　　沿海国对于在经济区内违犯渔业法律和规章的处罚，如有关国家无相反的协议，不得包括监禁，或任何其他方式的体罚。

　　　　在逮捕或扣留外国船只的情形下，沿海国应通过外交或类似途径将其所采取的行动及随后所施加的任何处罚迅速通知船只登记国。①

　　该文本列举了登临、检查、逮捕和司法程序作为沿海国可以采取的执法措施。第二段引入了迅速释放船只和船员的理念。本条最后一段也介绍了一项新规定，即要求沿海国"迅速通知"船只登记国所采取的任何逮捕、扣押和处罚措施。

　　在非正式单一协商案文第二部分（资料来源15）中，第六十条几乎严格遵循了埃文森小组提出的文本。具体如下：

　　　　1. 沿海国行使其勘探、开发、养护和管理在专属经济区内的生物资源的主权权利时，可采取为确保其依照现有公约条款制定的法律和规章得到遵守所必要的措施，包括登临、检查、逮捕和进行司法程序。

　　　　2. 被逮捕的船只及其船员，在提出适当的保证书或其他担保后，应迅速获得释放。

　　　　3. 沿海国对于在专属经济区内违犯渔业法律和规章的处罚，如有关国家无相反的协议，不得包括监禁，或任何其他方式的体罚。

　　　　4. 在逮捕或扣留外国船只的情形下，沿海国应通过适当途径将其所采取的行动及随后所施加的任何处罚迅速通知船只登记国。

　　埃文森小组文本中最显著的变化是在第4段，即把要求"通过外交或类似途径迅速通知"改为"通过适当途径迅速通知"。

　　73.5　在1976年第四期会议上，新加坡代表（资料来源29）建议将第一段的"主权权利"替换成"管辖权"。乌拉圭代表提出了一项非正式提案，是关于除沿海国之外的他国军舰在专属经济区的执法活动。根据该提案，如果该国军舰有合理理由怀疑一艘船只在沿海国专属经济区内从事了特定的非法活动，应当通知沿海国可疑船只的存

---

　　① 经济区（1975年，油印）第十五条（非正式法律专家组）。《第三次联合国海洋法会议文件集》第四卷第209、217页。

在，并可以在沿海国的要求下"在采取相关措施时"进行合作。

订正的单一协商案文第二部分第六十一条（资料来源16）仅对非正式单一协商案文的条款作了微调。该文本为：

沿海国法律和规章的执行

1. 沿海国行使其勘探、开发、养护和管理在专属经济区内的生物资源的主权权利时，可采取为确保其依照现有公约制定的法律和规章得到遵守所必要的措施，包括登临、检查、逮捕和进行司法程序。

2. 被逮捕的船只及其船员，在提出适当的保证书或其他担保后，应迅速获得释放。

3. 沿海国对于在专属经济区内违犯渔业法律和规章的处罚，如有关国家无相反的协议，不得包括监禁，或任何其他方式的体罚。

4. 在逮捕或扣留外国船只的情形下，沿海国应通过适当途径将其所采取的行动及随后所施加的任何处罚迅速通知船旗国。

到这时，该条款有了标题。第一款中原有的"条款"一词被删掉，第四款"登记国"改为"船旗国"。

订正的单一协商案文条款后来被原封不动地引用为非正式综合协商案文的第七十三条（资料来源17）。

73.6 在1978年第七期会议上，巴西（资料来源31）建议将第一款扩展为适用于生物和"非生物"资源。乌拉圭代表（资料来源32和资料来源33）以公海执法行动条款为基础，再次提出外国船只与沿海国合作采取执法措施的问题。洪都拉斯代表（资料来源34）建议在第一款末尾增加"或与公约相一致"。保加利亚代表（资料来源35）建议针对外国船只的逮捕或扣留规定特定的程序。苏联代表（资料来源36）建议在第4款增加一项内容，即"如果无正当理由对外国船只进行了逮捕或扣留，则有权要求沿海国对船主的损失进行补偿。"

73.7 在1979年第八期会议上，根据非正式磋商，订正的单一协商案文第一修改版（资料来源19）的第七十三条仅吸收了少量的修改意见，包括将第三款中的"协议"一词改为复数形式。

73.8 在1980年第九期会议上，保加利亚代表（资料来源37）建议在第1款和第2款之间插入一项新的内容，即在逮捕或扣留外国船只时应要求遵守特定的程序并提供有关信息。第二委员会的主席随后表示委员会将考虑这些修改。[②] 然而，到会议结束时，订正的单一协商案文第二修改版（资料来源19）的第七十三条也没有采纳这些修

---

② A/CONF. 62/L. 51（1980），第三部分，第12段，正式记录，第十三卷第82、83页（第二委员会主席）。

改建议。

1980 年第九期会议的续会会议以后，根据起草委员会的建议，在非正式单一协商案文第三修改版（资料来源20）③ 第七十三条第 1 款中，"颁布"一词（英文为 enacted，译者注）改为"通过"（英文为 adopted，译者注）。

73.9 在第十期会议续会会议上，根据起草委员会的建议（资料来源 22 至资料来源 26），第七十三条第 3 款"规章"一词（英文为 regulations，译者注）在《公约草案》（资料来源 21）中修改为"法律和规章"（英文为 laws and regulations，译者注）第 4 款也做了一些小的修改。

73. 10（a） 第 1 款允许沿海国采取必要的执法措施以确保外国船只④遵守沿海国依据《公约》制定的法律和规章。这些措施可包括登临、检查、逮捕和提起司法程序。但是，这一看似广泛的授权只是限定在沿海国在其专属经济区行使勘探、开发、养护和管理的主权权利时所需要采取的行动（也就是说，是与第五十六条第 2 款特别指出的与生物资源相关的主权权利）。第七十三条规定的具体执法权与沿海国在专属经济区内对非生物资源的主权权利无关（根据第七十七条第 2 款，在专属经济区内，这些权利也是"专属"的）。该执法权受到第六部分的限制，或者根据第五十六条第 1 款（b）段和（c）段，分别只及于沿海国具有管辖权或其他权利的事项。例如，执行沿海国关于海洋环境保护与保全的法律和规章就涉及第二二〇条。

73. 10（b） "登临"一词指以执法为目的的登船（只要不违反《联合国宪章》，可包括使用武器）。通常，对沿海国渔业法律和规章的执行都授权给渔业保护机构——在实践中，任何经正式授权的具有清晰和可辨认标识的船舶或飞机都可以视为政府机构——对违反法律和规章行为的管辖权则归于一国的法院。

73. 10（c） 第七十三条"检查"一词含义并不明确。第二二〇条第五款的"实际检查"只是限定在对第二二六条第 1 款（a）段中各种文件的检查（见第四卷第 300 页第 220 款 11（h）段）。

73. 10（d） 第 2 款要求被逮捕的船只及其船员，在提出适当的保证书或其他担保后，应迅速获得释放。该款在第二二六条得到重申，用语近似。第二九二条主要涉及船只及其船员的迅速释放问题。根据第二九二条规定，当其他法庭或仲裁庭对逮捕和扣留船只的案件没有管辖权时，国际海洋法法庭（附件六）具有对该案件的剩余管辖权。因此，筹备委员会的第四特别委员会提出了关于迅速释放船只及其船员的补充规定，就作为了国际海洋法法庭规章草案的一部分。

73. 10（e） 使用"逮捕"一词有两方面含义（与第二十七条、第二十八条、第

---

③ A/CONF. 62/L. 57/Rev. 1（1980），第三部分，正式记录，第十四卷第 114、116 页（起草委员会主席）。

④ 在第二委员会指定的条款中，只有第四十二条和第七十三条用"vessels"一词，其他所有条款都用"ships"，对于这两个词的讨论请见前面 1. 28 段。

一〇五条、第一一一条不同）。当涉及轮船或舰船，是指在英美海商法中表示启动限制轮船或舰船物权行动的专业用语。当涉及人员时，是指启动刑事审判前拘留嫌疑人的正式程序。在其他语言版本中能否完全体现这两种意思尚不清楚。因此，在第二二〇条第6款有意使用"扣留"船舶，而不是"逮捕"（见第四卷第300页第220.11（e）段）。很明显，第七十三条使用"逮捕"一词并没有排除行政管理意义上的扣留。⑤

73.10（f） 第3款指出只有沿海国与另一国或其他相关国家存在协议，才可以对违反沿海国渔业法律和规章的行为采取监禁或其他形式的体罚。这与第二三〇条不同。第二三〇条明确规定，对外国船只所犯违反关于防止、减少和控制海洋环境污染的国内法律和规章或可适用的国际规则和标准的行为，仅可处以罚款。

73.10（g） 第4款要求沿海国迅速通知被逮捕或扣留船只的船旗国。该规定与第二三一条相似，但是第二三一条对于通知船旗国的规定更为明确。虽然在对第七十三条前期的磋商中，将"通过外交或类似途径"通知船旗国修改为通过"适当途径"，但是在很多案件中很可能是通过外交或领事服务途径。尽管如此，第七十三条的用词并没有排除其他被认为更适当的沟通途径。在这方面，第二十七条规定的在外国船上行使刑事管辖权的问题，与第七十三条相比则缺乏弹性。

73.10（h） 沿海国制订了大量措施用来执行在专属经济区的渔业法律和规章。尽管第七十三条已经禁止对违反这些法律和规章给予监禁的处罚⑥，但一些措施仍做了这一规定。这些规定与第七十三条没有保持一致。

---

⑤ 国际法委员会在其文件《国家及其财产的司法豁免》中讨论了在其他语言版本的海洋法中使用普通法术语在语言学和概念上的困难。见国际法委员会报告关于第43次会议（1991年）的文件，第二章第十六条评论 paras.（3）、（4），46 GAOR，Supp. No. 10（A/46/10），第119页。

⑥ 关于就此问题对沿海国的调研，见 G. Moore，"沿海国对外国捕鱼活动的要求"，《粮农组织立法研究》No. 21/Rev. 3，第13－16页（1988年）。

第七十四条　海岸相向或相邻国家间专属经济区界限的划定

1. 海岸相向或相邻国家间专属经济区的界限，应在国际法院规约第三十八条所指国际法的基础上协议划定，以便得到公平解决。

2. 有关国家如在合理期间内未能达成任何协议，应诉诸第十五部分所规定的程序。

3. 在达成第1款规定的协议以前，有关各国应基于谅解和合作的精神，尽一切努力作出实际性的临时安排，并在此过渡期间内，不危害或阻碍最后协议的达成。这种安排应不妨害最后界限的划定。

4. 如果有关国家间存在现行有效的协定，关于划定专属经济区界限的问题，应按照该协定的规定加以决定。

资料来源

第三次联合国海洋法会议文件

1. A/AC.138/SC.II/L.10，第八条，转载在《1972年海底委员会报告》，第180、181页（肯尼亚）。

2. A/AC.138/SC.II/L.22 and Rev.1，转载在《1973年海底委员会报告》第三卷第22页（土耳其）。

3. A/AC.138/SC.II/L.28，第十九条，转载在《1973年海底委员会报告》第三卷第35、43页（马耳他）。

4. A/AC.138/SC.II/L.34，第二部分，第8段，转载在《1973年海底委员会报告》第三卷第71、73页（中国）。

5. A/AC.138/SC.II/L.36，第二部分，转载在《1973年海底委员会报告》第三卷第77、78页（澳大利亚和挪威）。

6. A/AC.138/SC.II/L.37 and Corr.1，第六条，转载在《1973年海底委员会报告》第三卷第78、79页（阿根廷）。

7. A/AC.138/SC.II/L.40 and Corr.1-3，第九条，转载在《1973年海底委员会报告》第三卷第87、89页（阿尔及利亚、喀麦隆、加纳、象牙海岸、肯尼亚、利比里亚、马达加斯加、毛里求斯、塞内加尔、塞拉利昂、索马里、苏丹、突尼斯和坦桑尼亚联邦共和国）。

8. A/CONF. 62/C. 2/L. 14（1974 年），正式记录，第三卷第 190 页（荷兰）。

9. A/CONF. 62/C. 2/L. 17（1974 年），第一段，正式记录，第三卷第 195 页（尼加拉瓜）。

10. A/CONF. 62/C. 2/L. 18（1974 年），第三条，正式记录，第三卷第 195、196 页（罗马尼亚）。

11. A/CONF. 62/C. 2/L. 28，正式记录，第三卷第 205 页（肯尼亚和突尼斯）。

12. A/CONF. 62/C. 2/L. 32（1974 年），第二条，正式记录，第三卷第 211 页（希腊）。

13. A/CONF. 62/C. 2/L. 34（1974 年），正式记录，第三卷第 213 页（土耳其）。

14. A/CONF. 62/C. 2/L. 74（1974 年），正式记录，第三卷第 237 页（法国）。

15. A/CONF. 62/C. 2/L. 82（1974 年），第八条，正式记录，第三卷第 240、241 页（冈比亚、加纳、象牙海岸、肯尼亚、莱索托、利比里亚、利比亚、阿拉伯共和国、马达加斯加、马里、毛里塔尼亚、摩洛哥、塞内加尔、塞拉利昂、苏丹、突尼斯、喀麦隆联邦共和国、坦桑尼亚联合共和国和扎伊尔）。

16. A/CONF. 62/L. 8/Rev. 1（1974 年）附件二，附录一〔A/CONF. 62/C. 2/WP. 1〕，条款第一—六条，正式记录，第三卷第 93、107、126 页（总报告人）〔主流观点〕。

17. A/CONF. 62/WP. 8/Part II（非正式单一协商案文，1975 年），第六十一条，正式记录，第四卷第 152、162 页（第二委员会主席）。

18. A/CONF. 62/WP. 8/Rev. 1/Part II（订正的单一协商案文，1976 年），第六十二条，正式记录，第五卷第 151、164 页（第二委员会主席）。

19. A/CONF. 62/WP. 10（非正式单一协商案文，1977 年），第七十四条，正式记录，第八卷第 1、16 页。

20. A/CONF. 62/WP. 10/Rev. 1（ICNT/Rev. 1，1979 年，油印），第七十四条，《第三次联合国海洋法会议文件集》第一卷，第 375、420 页。

21. A/CONF. 62/91（1979 年），全体会议报告，NG7/45（NG7 主席），正式记录，第十二卷第 71、107 页。

22. A/CONF. 62/L. 47（1980 年），第七十四条，正式记录，第十三卷第 76、77 页（NG7 主席）。

23. A/CONF. 62/WP. 10/Rev. 2（ICNT/Rev. 2，1980 年，油印），第七十四条，《第三次联合国海洋法会议文件集》第二卷，第 3、48 页。

24. A/CONF. 62/WP. 10/Rev. 3*（ICNT/Rev. 3，1980 年，油印），第七十四条，《第三次联合国海洋法会议文件集》第二卷，第 179、224 页。

25. A/CONF. 62/WP. 11（1981 年，油印），第 1 段（会议主席），《第三次联合国

海洋法会议文件集》第九卷，第 474 页（也见正式记录第十五第 39 页）。

26. A/CONF. 62/L. 78（《公约草案》，1981 年），第七十四条，正式记录，第十五卷第 172、187 页。

起草委员会文件

27. A/CONF. 62/L. 152/Add. 23（1982 年，油印）第 69～71 页。

28. A/CONF. 62/L. 160（1982 年），正式记录，第十七卷第 225 页（起草委员会主席）。

非正式文件

29. Informal Working Paper No. 4，条款第二十八条；No. 4/Rev. 1，条款第三十一条；No. 4/Rev. 2，条款第二十九条（均是 1974 年，油印），转载在《第三次联合国海洋法会议文件集》第三卷第 314、332、354 页。

30. 加拿大（1976 年，油印）第六十一条，第 5 段，转载在《第三次联合国海洋法会议文件集》第四卷第 316 页。

31. 塞浦路斯（1976 年，油印），第六十一条，第 1 段和第 3 段，转载在《第三次联合国海洋法会议文件集》第四卷第 316 页。

32. 希腊（1976 年，油印），第六十一条，转载在《第三次联合国海洋法会议文件集》第四卷第 317 页。

33. 爱尔兰（1976 年，油印），第六十一条，转载在《第三次联合国海洋法会议文件集》第四卷第 318 页。

34. 西班牙（1976 年，油印），第六十一条，第 1 段和第 6 段，转载在《第三次联合国海洋法会议文件集》第四卷第 319 页。

35. 土耳其（1976 年，油印），第六十一条，转载在《第三次联合国海洋法会议文件集》第四卷第 319 页。

36. 土耳其（1976 年，油印），第六十一条，转载在《第三次联合国海洋法会议文件集》第四卷第 320 页。

37. 加拿大（［1976 年］，油印），第六十二［六十一］条，第 1 段，转载在《第三次联合国海洋法会议文件集》第四卷第 320 页。

38. 摩洛哥（1977 年，油印），第六十二条，第 1 段，转载在《第三次联合国海洋法会议文件集》第四卷第 467 页。

39. 加拿大（［1977 年］，油印），第六十二条，第 1 段，转载在《第三次联合国海洋法会议文件集》第四卷第 467 页。

40. 西班牙（［1977 年］，油印），第六十二条，第 2 段和第 3 段，转载在《第三次联合国海洋法会议文件集》第四卷第 467 页。

41. 巴拿马、巴巴多斯、哥伦比亚、波多黎各、塞浦路斯、也门民主共和国、丹麦、希腊、圭亚那、意大利、日本、科威特、马耳他、挪威、西班牙、瑞典、突尼斯、阿拉伯联合酋长国（［1977 年］，油印），第六十二条，转载在《第三次联合国海洋法会议文件集》第四卷第 467 页。

42. 阿尔及利亚、法国、伊拉克、爱尔兰、利比亚阿拉伯民众国、摩洛哥、尼加拉瓜、巴布亚新几内亚、波兰、罗马尼亚和土耳其（［1977 年］，油印），第六十二条，转载在《第三次联合国海洋法会议文件集》第四卷第 468 页。

43. 土耳其（［1977 年］，油印），第六十二条，第 1 段，转载在《第三次联合国海洋法会议文件集》第四卷第 468 页。

44. NG7/2（1978 年，油印），第七十四条，第 1 段至第 3 段（巴拿马、巴巴多斯、加拿大、哥伦比亚、塞浦路斯、也门民主共和国、丹麦、冈比亚、希腊、圭亚那、意大利、日本、科威特、马耳他、挪威、西班牙、瑞典、突尼斯、阿拉伯联合酋长国、英国和南斯拉夫）转载在《第三次联合国海洋法会议文件集》第九卷第 392 页。

45. NG7/3（1978 年，油印），第七十四条，（摩洛哥），转载在《第三次联合国海洋法会议文件集》第九卷第 394、395 页。

46. NG7/4（1978 年，油印），第七十四条，第 1 段至第 4 段（阿尔及利亚、孟加拉、法国、伊拉克、爱尔兰、肯尼亚、利比里亚、阿拉伯利比亚民众国、马达加斯加、马里、毛里塔尼亚、摩洛哥、尼加拉瓜、尼日利亚、巴基斯坦、巴布亚新几内亚、波兰、罗马尼亚、塞内加尔、阿拉伯叙利亚共和国、索马里和土耳其），转载在《第三次联合国海洋法会议文件集》第九卷第 397 页。

47. NG7/5（1978 年，油印），第七十四条，第 2 段（保加利亚），转载在《第三次联合国海洋法会议文件集》第九卷第 397 页。

48. NG7/6（1978 年，油印），第七十四条，第 1 段（秘鲁），转载在《第三次联合国海洋法会议文件集》第九卷第 399 页。

49. NG7/9（1978 年，油印），第七十四/八十三条（NG7 主席），转载在《第三次联合国海洋法会议文件集》第九卷第 401 页。

50. NG7/10（1978 年，油印），第七十四条（阿尔及利亚、阿根廷、孟加拉、贝宁、刚果、法国、伊拉克、爱尔兰、象牙海岸、肯尼亚、利比里亚、阿拉伯利比亚民众国、马达加斯加、马里、毛里塔尼亚、摩洛哥、尼加拉瓜、尼日利亚、巴基斯坦、巴布亚新几内亚、波兰、罗马尼亚、塞内加尔、阿拉伯叙利亚共和国、索马里、土耳其和委内瑞拉），转载在《第三次联合国海洋法会议文件集》第九卷第 402 页。

51. NG7/11（1978 年，油印），第七十四/八十三条（NG7 主席），转载在《第三次联合国海洋法会议文件集》第九卷第 405 页。

52. NG7/14（1978 年，油印），第七十四条，第 1 段（秘鲁），转载在《第三次联合国海洋法会议文件集》第九卷第 406 页［只有法国］。

53. NG7/15（1978 年，油印），第七十四条，第 3 段（巴布亚新几内亚），转载在《第三次联合国海洋法会议文件集》第九卷第 406 页。

54. NG7/17（1978 年，油印），第七十四条，第 2 段（美国），转载在《第三次联合国海洋法会议文件集》第九卷第 407 页。

55. NG7/19（1978 年，油印），第七十四条，第 2 段（德意志联邦共和国），转载在《第三次联合国海洋法会议文件集》第九卷第 408 页。

56. NG7/28（1979 年，油印），第七十四条（以色列），转载在《第三次联合国海洋法会议文件集》第九卷第 448 页。

57. NG7/29（1979 年，油印），第七十四条，第 1 段（墨西哥），转载在《第三次联合国海洋法会议文件集》第九卷第 448 页。

58. NG7/29/Rev. 1（1979 年，油印），第七十四条，第 1 段（墨西哥），转载在《第三次联合国海洋法会议文件集》第九卷第 451 页。

59. NG7/32（1979 年，油印），第七十四条，第 3 段（印度、伊拉克和摩洛哥），转载在《第三次联合国海洋法会议文件集》第九卷第 453 页。

60. NG7/34（1979 年，油印），第七十四条，第 1 段和第 2 段（秘鲁），转载在《第三次联合国海洋法会议文件集》第九卷第 455 页。

61. NG7/35（1979 年，油印），第七十四条，第 1 段和第 2 段（象牙海岸），转载在《第三次联合国海洋法会议文件集》第九卷第 455 页。

62. NG7/36（1979 年，油印），第七十四条（墨西哥和秘鲁），转载在《第三次联合国海洋法会议文件集》第九卷第 456 页。

63. NG7/36/Rev. 1（1979 年，油印），第七十四条（墨西哥和秘鲁），转载在《第三次联合国海洋法会议文件集》第九卷第 456 页。

64. NG7/38（1979 年，油印），第七十四条，第 3 段（NG7 主席），转载在《第三次联合国海洋法会议文件集》第九卷第 459 页。

65. NG7/39（1979 年，油印），第七十四/八十三条（1）和（3）（NG7 主席），转载在《第三次联合国海洋法会议文件集》第九卷第 459~461 页。

66. NG7/42（1979 年，油印），第七十四条，第 3 段（NG7 主席），转载在《第三次联合国海洋法会议文件集》第九卷第 466 页。

67. NG7/43（1979 年，油印），第七十四条，第 3 段（NG7 主席），转载在《第三次联合国海洋法会议文件集》第九卷第 466 页。

68. NG7/44（1979 年，油印），第七十四条，第 1 段（NG7 主席），转载在《第三次联合国海洋法会议文件集》第九卷第 467 页。

69. NG7/45（1979 年，油印），第七十四条，第 1 段和第 3 段（NG7 主席），转载在《第三次联合国海洋法会议文件集》第九卷第 468 页。［见上面资料来源21］

70. NG7/2/Rev. 1（1980 年，油印），第七十四条，第 1 段至第 3 段（巴拿马、巴巴多斯、加拿大、哥伦比亚、塞浦路斯、也门民主共和国、丹麦、冈比亚、希腊、圭亚那、意大利、日本、科威特、马耳他、挪威、葡萄牙、西班牙、瑞典、阿拉伯联合酋长国、英国和南斯拉夫），转载在《第三次联合国海洋法会议文件集》第九卷第 393 页。

71. NG7/2/Rev. 2（1980 年，油印），第七十四条，第 1 段至第 3 段（巴拿马、巴巴多斯、加拿大、佛得角、智利、哥伦比亚、塞浦路斯、也门民主共和国、丹麦、冈比亚、希腊、几内亚比绍、圭亚那、意大利、日本、科威特、马耳他、挪威、葡萄牙、西班牙、瑞典、阿拉伯联合酋长国、英国和南斯拉夫），转载在《第三次联合国海洋法会议文件集》第九卷第 394 页。

72. NG7/10/Rev. 1（1980 年，油印），第七十四条（阿尔及利亚、阿根廷、孟加拉、贝宁、布隆迪、刚果、法国、伊拉克、爱尔兰、象牙海岸、肯尼亚、利比里亚、阿拉伯利比亚民众国、马达加斯加、马尔代夫、马里、毛里塔尼亚、摩洛哥、尼加拉瓜、巴基斯坦、巴布亚新几内亚、波兰、罗马尼亚、塞内加尔、阿拉伯叙利亚共和国、索马里、土耳其、委内瑞拉和越南），转载在《第三次联合国海洋法会议文件集》第九卷第 403 页。

73. NG7/10/Rev. 2（1980 年，油印），第七十四条（阿尔及利亚、阿根廷、孟加拉、贝宁、布隆迪、刚果、法国、伊拉克、爱尔兰、象牙海岸、肯尼亚、利比里亚、阿拉伯利比亚民众国、马达加斯加、马尔代夫、马里、毛里塔尼亚、摩洛哥、尼加拉瓜、巴基斯坦、巴布亚新几内亚、波兰、罗马尼亚、塞内加尔、阿拉伯叙利亚共和国、索马里、苏里南、土耳其、委内瑞拉和越南），转载在《第三次联合国海洋法会议文件集》第九卷第 404 页。

评　　注

74.1　第七十四条规定了海岸相向或相邻国家专属经济区主张重叠海域的划界问题。①第一款规定了一般性原则，即为了"得到公平解决"，沿海国专属经济区划界应在《国际法院规约》② 第三十八条所指国际法的基础上以协议划定。第 2 款和第 3 款是

---

①　第七十四条文本中的划界是关于海岸相向或相邻国家对专属经济区外部或两侧界限的确定。（第七十四条使用的"海岸相向或相邻国家"与第十五条的用语略有差别。第十五条指的是"两国海岸彼此相向或相邻"情况下的领海划界。）对涉及专属经济区边界的一般性讨论，可参考上文 para. V. 22。

②　国际法院规约第三十八条规定：

1. 法院对于陈诉各项争端，应依国际法裁判之，裁判时应适用：

　　a. 不论普通或特别国际协约，确立诉讼当事国明白承认之规条者。

　　b. 国际习惯，作为通例之证明而经接受为法律者。

　　c. 一般法律原则为文明各国所承认者。

　　d. 在第五十九条规定之下，司法判例及各国权威最高之公法学家学说，作为确定法律原则之补助资料者。

2. 前项规定不妨碍法院经当事国同意本"公允及善良"原则裁判案件之权。

关于在没有根据第 1 款达成协议的情况下所适用的程序。第 4 款是关于存在专属经济区划界有效协议的保留条款。

第七十四条规定了应当适用专属经济区划界规则的两种地理情况：（i）在海岸相向国家之间，通过划界则建立了每个国家的外部边界；（ii）在海岸相邻国家之间，则建立了每个国家一侧的边界。

74.2 在第三次海洋法会议接受专属经济区概念之后（见上文 para. V.11），专属经济区的划界问题也就随之出现了。早期重叠渔区的划界都是通过协议确定，并没有作为广泛应用的先例。在以后长期的磋商中存在着两种实质上不可调和的方法：（i）应当使用中间线或等距离线加特殊情况方法划界；（ii）划界应当更加明确的坚持公平原则。两个方法的共同点就是都承认通过协议进行划界是解决主张重叠问题最令人满意的方法。

在第三次联合国海洋法会议期间，大陆架划界与涉及专属经济区划界的磋商一起进行。但是，却出现了主要的分歧。对于第七十四条规定，没有先例予以支持，但是第八十三条规定则在 1958 年大陆架《公约》的第六条第 1、2 款中都有表述。同时，关于划界的讨论也受到国际法院和仲裁庭法官权威言论的影响。国际法院和仲裁庭已经处理过其他类型海域的划界，特别是大陆架划界（具体见下文 83.19（a）段）。在某些方面，专属经济区划界与大陆架划界在概念上具有联系。实际上，都是针对沿海国对自然资源享有管辖权的海域的划界。然而，大多数情况下，在磋商中决定各代表团不同立场的因素是其对于大陆架划界的考虑（具体见下文 VI.4 段）。

74.3 1972 年国际海底委员会会议上，在众多向委员会提交的提案中，重叠经济区划界的问题是首次提交。《圣多明各宣言》提出"承袭海"的划界应当"根据《联合国宪章》规定的和平程序"进行。③《非洲国家海洋法地区会议总报告》的结论指出，两个或多个国家的经济区划界应当"根据《联合国宪章》和非洲统一组织的宪章"制定。④ 肯尼亚代表（资料来源 1）提出的该条款草案为：

> 海岸相邻与相向国家间经济区划界应当依据国际法进行。由此引起的争端应当依据《联合国宪章》及其他地区安排予以解决。

经济区划界应当从广义上说"依据国际法"，相关争端的解决应当依据《联合国宪章》和"其他相关地区安排"。

在 1973 年海底委员会会议上，关于对各种界定的国家经济区主张重叠的划界建

---

③ A/AC.138/80，"承袭海"第 4 段，《1972 年海底委员会报告》第 70、71 页。

④ A/AC.138/79，建议一，para.（6），ibid. 73，74（雅温得地区会议）。非洲统一组织宪章于 1963 年通过，见 UNTS 39 第 479 页。

议，通常包含下面某项或多项要素：适用等距离线或中间线；强调适用公平原则；考虑特殊情况；以及划界争端的解决。

土耳其代表提出的涉及所有海洋边界的一项提案，提出依据公平原则通过协商划界，且应当考虑相关情况，包括海岸一般地形，岛屿的存在以及"划界海域的物理和地质结构"。该建议指出各国应"利用《联合国宪章》第三十三条规定的方法"⑤来解决分歧，同时建议，在没有特殊情况时，应适当考虑中间线。马耳他代表（资料来源3）提案提出，划定"国家海洋空间"的边界应适用中间线和公平原则，并遵守"历史性权利或其他例外情况"，并应由国际法院解决争端。中国代表（资料来源4）建议海岸相邻或相向国家间的界限应当"在平等基础上进行协商……以维护和尊重国家主权为基础综合确定。"澳大利亚和挪威代表（资料来源5）要求海岸相邻和相向国家"尽最大努力就经济区划界达成协议"，建议"相邻国家间划界适用等距离线，相向国家间适用中间线"，除非国家间就资源历史性主权权利达成特殊协议以及存在特殊情况。阿根廷代表（资料来源6）和非洲14国（资料来源7）代表的提案只是一般性的提出要根据国际法进行划界。

74.4 在1974年海洋法会议第二期会议上，涉及海岸相向或相邻国家间经济区划界的一部分提案再次强调应通过协议进行划定，但是对于应考虑适用等距离原则、公平原则还是特殊情况和国际法，在适用程度上还存在分歧。

土耳其代表的（资料来源13）提案的中心内容是依据公平原则进行划界，修改了其在海底委员会（资料来源2）提出的提案。土耳其提案提出：

> [1.] 如两个或多个国家海岸相邻或相向，应根据协议并依据公平原则划定各自经济区界限，并考虑所有相关因素，包括，特别是划界海域海床的地貌和地质结构，以及特殊情况，如各自海岸的一般走向，该海域岛屿、小岛或岩礁的存在。
>
> 2. 为避免有关缔约方拒绝开展或继续开展磋商，并为解决磋商过程中可能产生的分歧，有关国家应充分利用《联合国宪章》第三十三条所规定的方法以及有关国际协议确定的方法，只要各国均为该协议的缔约国，或者采用其他可行的和平方式。
>
> 3. 有关国家可决定采用任一适当方法和原则或多种原则和方法的组合，以在协议基础上获得公平划界。

---

⑤ 《联合国宪章》第三十三条规定：

1. 任何争端之当事国，于争端之继续存在足以危及国际和平与安全之维持时，应先以谈判、调查、调停、和解、公断、司法解决、区域机关或区域办法，或各国自行选择其他和平方法，求得解决。

2. 争端之和平解决认为必要时，应促请各当事国以此项方法，解决其争端。

希腊代表的提案（资料来源 12）强调中间线在划界中的作用，建议在有关国家无法达成协议时可采用中间线方法划界，具体如下：

1. 如两个或多个国家间海岸相邻或相向，海岸之间的距离少于本公约规定的统一宽度的两倍，那么其经济区和海底地区的划界应当由有关各国协议划定。

2. 当无法达成协议时，有关国家无权将其对经济区和海底地区的权利拓展至中间线以外，中间线是其上的任何一点到量算两国上述海域宽度的基线最近点的等距离线，包括到大陆基线和岛屿基线的距离。

荷兰代表（资料来源 8）的提案把公平原则作为达成划界协议的基本要素，但是也建议适用等距离原则。该建议为：

1. 当海岸相邻或相向国家根据公约规定对海域（领海、大陆架、经济区）的确定主张边界最大化，那么有可能导致主张海域的重叠，有关国家的海洋边界应当依据公平原则并考虑所有相关情况，以协议划定。

2. 在达成协议前，各国确立的海上边界都无权越过一条其上每一点同测算两国领海宽度的基线最近点的等距离线。

3. 磋商启动后，如果其中一国拒绝开始磋商或继续磋商，或在……时间内没有达成协议，那么任一有关国家可以启动 1969 年《维也纳条约法公约》第六十六条（b）和附件中规定的调解程序。

4. 如果在调解委员会作出最后建议后，有关国家在……时间内没有达成协议，那么任一有关国家可依据本公约……条款，将划界问题提交强制司法争端解决机制。

提案第 1 款要求国家间确定所有海上边界都要适用公平原则。第 2 款指出在对主张重叠海域的划分达成协议前，任何国家都不能确立超过中间线的海洋边界。第 3 款规定当一方拒绝启动磋商或继续进行磋商，或在一段特定时期内没有达成协议，建议采用 1969 年《维也纳条约法公约》⑥ 第六十六条（b）和附件所规定的调解程序予以解决。第四条指出在调解委员会作出调解建议后，在一个特定时期内有关国家未达成协议的情况。在这种情况下，可以适用《海洋法公约》规定的"强制司法争端解决"程序。该建议所附的解释性备注指出，在有些情况下等距离原则并没有导致公平划界，

---

⑥ 见《联合国条约集》1155 第 331 页；《联合王国条约集》No. 58（1980），英王敕令书 7964；《美国国际法期刊》63 期 875 页（1969）；《国际法律资料》8 第 679 页（1969）。

因此，应考虑所有相关情况以达到公平解决。

还有一些提案提出了达成划界协议的其他方法。罗马尼亚代表的（资料来源 10）提案建议"两个邻国间所有近海或远海空间"的划界应当依据公平原则，考虑包括岛屿在内的"所有地理、地质或其他因素"，通过协议划定。根据这一提案，划界将由"确保最公平解决划界的一种方法或多种方法组合来决定"。与使用的方法相比，如公平原则或中间线、等距离线，该条建议第一次指向了划界的结果——达到"公平的解决"。

肯尼亚和突尼斯（资料来源 11）代表的提案确立了一条"公平的划界线"，内容如下：

> 1. 海岸相邻和（或）相向国家间大陆架或专属经济区划界必须依据公平划界线以协议划定，中间线或等距离线不一定是划界的唯一方法。
>
> 2. 为此，应当对地理和地形地貌标准以及所有特殊情况包括划界海域的岛屿或小岛，予以特别考虑。

该建议指出中间线或等距离线不是划界的唯一方法，应当在划界协议中考虑"地理和地形地貌标准"。法国（资料来源 14）和非洲 18 国（资料来源 15）代表的提案中也有类似的表述。

其他涉及专属经济区划界的提案包括：尼加拉瓜代表（资料来源 9）提案主张依据《公约》规定划定一个"国家区域"，西欧 8 国的提案涉及海岸相向或相邻国家间渔区的划界。[⑦]

在《主要趋势工作报告》（资料来源 16）中，第一一六条吸收了一些关于经济区划界的早期提案。方案 A 包含的原则为：应当依据国际法进行划界。方案 B、C、D 分别包含了在第二期会议上希腊代表（资料来源 12）、土耳其代表（资料来源 13）以及肯尼亚和突尼斯代表（资料来源 11）提出的表述类似的提案。西欧 8 国的提案则反映在第一二七条，属于《主要趋势工作报告》中不同的部分，强调沿海国在领海之外对资源的优先权利。

74.5 在 1975 年第三期会议期间，在第二委员会下成立了一个关于划界的非正式咨询小组，并召开了两次会议。[⑧]

经过进一步的非正式磋商后，非正式单一协商案文第二部分（资料来源 17）第

[⑦] A/CONF. 62/C. 2/L. 40 and Add. 1（1974），第六条，正式记录，第 3 卷第 217 页（比利时、丹麦、法国、德意志联邦共和国、爱尔兰、意大利、卢森堡和荷兰）。

[⑧] 见 A/CONF. 62/C. 2/L. 89/Rev. 1（1975），第 5、17 段，正式记录，第 4 卷第 195、196 页（第二委员会报告人）。

六十一条提出了在专属经济区主张重叠海域进行划界的问题。该条为：

> 1. 海岸相邻或相向国家间专属经济区的界限应根据公平原则，适当采用中间线或等距离线，并考虑所有相关情况，以协议划定。
>
> 2. 如果在合理期限内没有达成协议，有关国家应当诉诸某部分（争端解决）。
>
> 3. 协议达成前，任何国家都无权将其专属经济区扩展至中间线或等距离线以外。
>
> 4. 根据本条款的目的，"中间线"是指其上任意一点到测算一国领海宽度的基线上的最近点距离相等的一条线。
>
> 5. 在划定专属经济区界限时，根据本条规定划出的任何界线应当根据海图和该海域特定时间的地形地貌确定，且应在陆地设定固定的永久可分辨的标志。
>
> 6. 如果有关国家就专属经济区划界达成了有效的协议，那么对与划界相关的问题应当根据该协议的规定予以确定。

第 1 款包含的概念包括：以公平原则为基础的协议、"适当"采用中间线或等距离线、考虑所有相关情况。第 2 款沿用了荷兰代表的提案（资料来源 8），提出有关国家无法在"合理期限内"达成划界协议时，应当诉诸《公约》规定的争端解决程序。第 3 款提出了最后协议达成前应采用临时安排的要素，似乎吸收了荷兰和希腊提案（资料来源 8 和资料来源 12）的内容，规定划界协议达成前，一方不能将其专属经济区扩展至中间线或等距离线以外。第 4 款明确了"中间线"一词的意义。第 5 款规定了在划分专属经济区界限时应考虑海图和该海域的地理特点。第 6 款确认当有关国家间专属经济区划界的协议已经生效，那么该协议就作为解决与划界相关问题的基础。

非正式单一协商案文关于争端解决的第四部分第十八条第 2（b）款提出了划界争端的问题。[9] 该条包括了海上划界争端适用《公约》强制争端解决程序的有保留的例外情况（见第五卷第 110 页 298.3、298.4 段）。

74.6 在 1976 年第四期会议上，有很多非正式提案建议对非正式单一协商案文第六十一条进行修改。加拿大代表的（资料来源 30）提案要求将第五条的文字修改为：在海图上标注所划界限，在适当情形下，可用列出地理坐标并注明大地基准点的表来代替。该提案还要求沿海国将这种海图或地理坐标表妥为公布，并将一份副本交存于联合国秘书长。[这些新的规定为随后订正的单一协商案文第二部分第六十三条内容奠定了基础（现为第七十五条，见下文 75.3 段）]。

---

⑨ A/CONF. 62/WP. 9 (1975)，正式记录，第 5 卷第 111 页（主席）。

有 3 个提案支持将等距离线作为专属经济区划界的首要规则。塞浦路斯代表（资料来源 31）建议"将中间线或等距离线作为一项规则予以采用"。西班牙（资料来源 34）提案建议第六十一条第一款以下列内容代替：

1. 海岸相邻或相向的国家间专属经济区的界限应当在中间线或等距离线的基础上，在适当情形下，考虑所有相关情况，采用公平原则，以协议划定。

加拿大代表（资料来源 37）也支持将使用中间线或等距离线"作为一项一般适用规则"。

希腊代表的（资料来源 32）提案建议海岸相向国家间划界适用中间线或等距离线，海岸相邻国家间"根据公平原则"以协议划定。该提案还提出，在海岸相向国家间划界，国际法院在北海大陆架划界案中认为，对于划界结果造成不成比例影响的小岛、岩礁以及微小的海岸突出在划界中应当予以忽略。[⑩]

其他国家的提案强调了公平原则以及海岸相邻和相向国家间划界都应考虑特殊情况。爱尔兰（资料来源 33）提案建议第六十一条第 1 款以新的第 1、2 款来代替，内容如下：

1. 海岸相邻或相向国家间专属经济区的界限应当根据公平原则，以协议划定。
2. 为此目的，有关国家应当通过深入的磋商，考虑所有相关因素，如地质特征和包括划界海域中存在岛屿在内的特殊情况，决定适用一种或多种划界方法，以适当取得公平的结果。

该提案也建议扩展关于争端解决的规定，删除了第六十一条第 3、4 款，重新起草了第 6 款。土耳其代表（资料来源 35）首次提交的提案几乎与爱尔兰提案相同，但后来土耳其代表对该提案进行了修改，内容如下：

1. 海岸相邻或相向国家间大陆架（经济区/专属经济区）的界限应当根据公平原则，以协议划定。
2. 为此目的，有关国家通过深入的磋商，并考虑物理和地质特征以及特殊情况，可以采用一种或多种结合的方法，以适当获得对各自大陆架（经济区/专属经济区）海域的公平划界。

---

⑩ 北海大陆架划界案（德意志联邦共和国/丹麦；德意志联邦共和国/荷兰），1969 年国际法院报告 3、36，第 57 段；ILR 29，66。

3. 当岛屿的存在可能影响国家间大陆架（经济区/专属经济区）海域的划界，那么为获得公平结果，界限的划定应当考虑这种岛屿的大小、地理位置或其他相关因素。

4. 如果在合理期限内，有关国家未能达成协议，有关各方应联合将该问题诉诸对其适用的争端和平解决程序。

该提案的第三款强调了岛屿作为国家间获得公平划界应当考虑的一个因素。

订正的单一协商案文第二部分（资料来源18）第六十二条对非正式单一协商案文第六十一条进行了修改，即：

海岸相邻或相向国家间专属经济区界限的划定

1. 海岸相邻或相向的国家间专属经济区的界限应当根据公平原则，在适当情形下，采用中间线或等距离线，考虑所有相关情况，以协议划定。

2. 如果在合理期限内未能达成协议，有关国家应诉诸公约某部分的程序（争端解决）。

3. 在达成协议或解决争端前，有关国家应考虑第一款的规定作出临时安排。

4. 为本公约的目的，"中间线或等距离线"指的是其线上每一点到各国测算领海宽度的基线距离最近点的等距离的一条线。

5. 如果有关国家就专属经济区划界达成了有效的协议，那么对与划界相关的问题应当根据该协议的规定予以确定。

本条的标题是在此阶段才加上的。第1、2、4款内容没有变化。第3款去掉了将中间线或等距离线作为临时安排的规定，改为要求有关国家在未达成协议或争端解决前，应考虑第1款的规定作出临时安排。

"中间线或等距离线"的定义在第四款予以了保留（关于大陆架划界的第七十一条（现在的第八十三条）将该内容去掉了，见下文83.7段）。第5款重复了非正式单一协商案文规定中第6款的内容。另外一个变化是将非正式单一协商案文第六十一条第5款改为关于海图和地理坐标表的一个新条款（现在的第七十五条；见下文75.3段）。⑪

第二委员会主席在介绍订正的单一协商案文时，对第三款有关修改进行了解释，内容为：

12. 各国对海岸相邻或相向国家间专属经济区界限的划定进行了广泛的意

---

⑪ 这一草案中的修改也同样体现在领海和大陆架划界的条款中（见上文15.6段和下文83.7段）。

见交流。各国对讨论情况进行深入的研究，并牢记沉默规则（见上文 para. Intro. 16），体现了各国对在单一协商案文（订正的单一协商案文）（第六十二条）中加入该条款给予了广泛的支持。但是，原来第六十一条和（非正式单一协商案文）第七十条的第 3 款提出了一个问题。既然公约会议可能不会通过一项解决划界争端的强制司法程序，我认为将中间线或等距离线作为一项临时安排也可能无法体现鼓励达成协议的潜在效果。实际上，这样的规定可能会损坏本条第 1 款所确定的主要目的。但是，显而易见，我们还是需要一项临时安排。我个人认为，解决方法就是使第 3 款在用词上与第 1 款的原则能够有更加紧密的联系。⑫

关于一般意义上的争端解决，订正的单一协商案文第四部分指出，一国可以提出声明，不接受《公约》规定的涉及海岸相邻或相向国家间海域划界的"某些或所有争端解决程序"。但是，该部分还指出，作出上述声明时，该国"应指定一项地区性或其他第三方解决程序，从而达成为各方所接受的争端解决的有拘束力的决定"。⑬

74.7　在 1976 年第五期会议上，第二委员会建立了 5 个磋商组，这些磋商组对所有成员国开放。第五磋商组的任务就是研究讨论海岸相邻或相向国家间领海、专属经济区和大陆架的划界问题。该组已经召开了两次会议。该磋商组下面的一个规模较小的分组召开了一次会议，主要围绕第六十二条和第七十一条进行了磋商。第二委员会主席就这些组磋商的结果进行了报告，指出：

这些组讨论的核心问题就是中间线或等距离线方法对于解决有关海域划界问题的价值。一些代表团认为应当给予这一方法头等重要地位，而其他代表团认为应当依据公平原则解决这一问题。就我而言，在听取了这一问题的辩论之后，我仍然相信第六十二条和第七十一条的第 1 款可以很好的作为能够促成一般协议达成的解决办法，因为它没有忽视中间线或等距离线的方法，但是同时，避免这一方法使用在根据公平原则即可达成结果的案件上。⑭

通过对第 3 款内容的讨论，主席注意到，找到一种相互妥协的规则是有可能的，但是作出可令人接受的选择尚需时日。

74.8　在 1977 年第六期会议上，涉及海岸相向或相邻国家间专属经济区划界的提

---

⑫　A/CONF. 62/WP. 8/Rev. 1（1976），介绍声明，第 12 段，正式记录，第五卷第 151、153 页（第二委员会主席）。

⑬　A/CONF. 62/WP. 9/Rev. 1（1976），第十八条，第 2 段（a），正式记录，第五卷 185、190 页（主席）。见第五卷第 111 页第 298.6 和 298.7 项。

⑭　A/CONF. 62/L. 17（1976），第 46 段，正式记录，第六卷 135、138 页（第二委员会主席）。

案，在强调公平原则还是强调等距离原则上，意见各不相同。从该期会上的讨论情况可以看出，对两种方法的支持国家数量大体相等。

加拿大（资料来源 39）将中间线或等距离线作为"一般原则"。西班牙代表（资料来源 40）寻求重新将中间线或等距离线作为达成协议前的临时措施。为此，西班牙代表对非正式单一协商案文先前第六十一条第 3 款的规定进行了扩展，即：

> 3. 在根据第 2 款规定达成协议或解决争端前，争议各方行使管辖权不得超过中间线或等距离线，除非各方就相互限制的其他临时措施达成一致。

一项由 19 个国家（资料来源 41）联合提出的提案建议将中间线或等距离线作为一般原则，同时也要考虑特殊情况。提案还包括了对临时措施的规定，其表述与西班牙的提案类似。

与此相反，由 11 个国家（资料来源 42）联合提出的提案则强调公平原则的地位，没有提到等距离线，建议应当采用"能导致公平解决的任何一种方法或多个方法……"。土耳其代表（资料来源 43）主张要考虑"各自海岸的一般地形，划界海域岛屿、小岛或岩礁的存在"。

摩洛哥代表（资料来源 38）提出的一项提案将两方面因素进行了结合，提出划界应当根据公平原则以协议划定，"在适当情形下，采用中间线或等距离线，考虑所有相关情况。"该提案还列出了在划界时需要考虑的一些因素，包括地形地貌因素、拟划界海域的自然资源，还应考虑"海岸相邻国家在同一海域进行的其他划界对现在或未来可能的影响。"

非正式综合协商案文（资料来源 19）将该项规定重新排列为第七十四条，对订正的单一协商案文第六十二条逐字进行了照搬（只是将第一段的"等距离"（equidistance）替换为"等距离的"（equidistant））。在介绍该案文的过程中，会议主席解释了对所有划界条款没有做修改的原因。他指出：

> 关于海岸相邻或相向国家间领海、专属经济区和大陆架的划界问题，（第二委员会）主席决定应当保留订正的单一协商案文里的相关条款，因为提出一种方案来缩小相对立观点之间的差距是不可能的。[15]

非正式综合协商案文确实在有关海域边界划分争端解决的规定上进行了修改。所有强制争端解决程序都删除了适用于"主权或其他涉及大陆或岛屿陆地领土权利的确定"（见第五卷第 112 页 298.9 段）。

---

[15] A/CONF. 62/WP. 10/Add. 1（1977），"［RSNT］的第二部分，"正式记录，第八卷第 65、69 页（主席）。

74.9 在 1978 年第七期会议上，"海岸相邻或相向国家间海上边界的划分以及其后的争端解决"议题被确认为讨论问题的核心。[⑯] 该问题提交给由 Eero J. Manner（芬兰）担任主席的第七磋商小组（NG7）（具体见下文 83.10 段）。

在绝大多数情况下，海洋划界的两种方法问题成为第七磋商小组的主要研究工作，即：是采用中间线或等距离线作为基本规则，还是采用公平原则。[⑰] 提交给第七磋商小组的专属经济区划界的非正式建议中都反映了这两种方法。

大多数向第七磋商小组提交的提案都同时提到了专属经济区划界和大陆架划界，把对第七十四条和第八十三条的修订建议合并在一个提案中。[⑱] 关于第八十三条的评注（见下文 83.10 段至 83.15 段）对向第七磋商小组提交的提案（资料来源 21、资料来源 22、资料来源 44 至资料来源 73）也进行了评论。

当第七磋商小组刚开始启动时，第七十四条和第八十三条的规定是不同的。第七十四条第 4 款保留了"中间线或等距离线"的定义，而第八十三条则没有。在第七期会议期间，第七磋商小组主席建议，"如果认为该定义有必要，那么它的合适位置应当是与其他定义一起放在第一条"。[⑲] 该定义出现在非正式综合协商案文第一次修订稿的第七十四条（资料来源 20）。在 1980 年第九期会议上，非正式综合协商案文第二次修订稿（资料来源 23）把该定义作为第七十四条的一个脚注。[⑳] 该案文的第七十四条为：

海岸相邻或相向国家间专属经济区界限的划定

1. 海岸相邻或相向的国家间专属经济区的界限应当根据国际法，以协议划定。该协议应当依据公平原则，在适当情形下，采用中间线或等距离线方法，并考虑有关海域的所有的当时情况。

2. 如果在合理期限内未能达成协议，有关国家应诉诸第十五部分规定的程序。

3. 在达成第 1 款规定的协议以前，有关各国应基于谅解和合作的精神，尽一切努力作出实际性的临时安排，并在此过渡期间内，不危害或阻碍最后

---

⑯ 见 A/CONF.62/62（1978），第二部分，第五段第 7 项，正式记录，第十卷第 6、8 页。也可见第一卷第 94、97 页以及上文 15.6 段。

⑰ 在第七期会议期间成立了两个特别利益小组，各自支持不同的方法。关于这两个小组的具体情况，包括其成员，见本丛书的第一卷第 78–79 页。

⑱ 以色列的提案是个例外，NG7/28（1979 年，油印）。《第三次联合国海洋法会议文件集》第九卷第 448 页。又见下文 83.13 段注释 29。

⑲ NG7/21（1978 年，油印）第七十四条第 4 段（第七磋商小组主席）。A/CONF.62/RCNC/1（1978），正式记录，第十卷第 13、124、125 页。

⑳ 该脚注后来在《公约草案》中去掉了（1981 年）（资料来源 26）。

协议的达成。这种安排应不妨害最后界限的划定。

4. 如果有关国家间存在现行有效的协定，关于划定专属经济区界限的问题，应按照该协定的规定加以决定。

74.10 在接下来的会议中，关于第七十四条的磋商由直接相关的国家间进行。在第九期会议的后期会议期间，非正式综合协商案文第三次修订稿（资料来源 24）逐字采用了第二次修订稿的第七十四条内容。1981 年第十期会议期间，海洋法会议主席提交了一份关于第一款的妥协的新案文（资料来源 25），该案文最终被《公约草案》（资料来源 26）以及《公约》所采用。（关于历次会议期间磋商的详细情况，包括各国提出的对第七十四条的各种解释，以及对《公约》的相关问题予以保留的审查，见下文 83 条 83.16 段至 83.18 段的评注，这些对于第 74 条的发展同样适用。）

74.11（a） 第 1 款规定的几个要素共同构成了海洋相向或相邻国家间专属经济区划界的根本规则。有关国家通过协议，以"国际法"为基础，以获得"公平解决"为目标，划定海上边界。

规定通过协议进行划界明确了虽然划定专属经济区外部界限的行为通常是单方面行为，但是当出现主张的重叠，有关国家必须准备启动对该问题的磋商。在对北海大陆架划界案的审判中，国际法院（ICJ）注意到有些观点构成了大陆架制度的发展基础，特别是以下观点：

> 各方履行开展磋商的义务旨在达成一项协议，而不仅只是通过一项正式的磋商程序，把它作为在没有协议时自动适用某种划界方法的某种前提条件；各方的磋商义务是让这些磋商有进行的意义，如果双方都坚持各自立场，不考虑任何调整，那就不是磋商的本意。[21]

在国际法院处理的划界案件中，都是大陆架主张重叠的案件。关于磋商的理论是支撑所有国际关系的根本原则，因此也同样平等适用于专属经济区划界。[22] 因此，国际法院在一起关于面向公海的领海划界案中做了如下声明：

> 海域划界从来都有国际性的一面；不同于其国内法，划界不能仅仅依赖于沿海国一国的意愿。虽然划界行为必然是一项单方面行为，这是肯定的，因为只有沿海国才有能力承担此项工作，但是涉及其他国家的划界的有效性

㉑　见前脚注⑤，1969 年国际法院报告《判决、咨询意见和命令汇编》第 3、47 页；41 ILR 第 29、76 页。
㉒　同上，第 86 段。

也要根据国际法来确定。㉓

该声明也同样适用于两国间的划界。

第 1 款还规定作为协议基础的国际法是指"《联合国宪章》第三十八条的规定"（见 Super note 2）。在有关国家对于在国际法基础上难以达成协议的情况下，第 2 款规定了"在合理期间内"不能达成协议的情况（见下文 83.19（c）段）。

要求划界获得公平解决强调了划界的目标而非划界的方法（具体见下文 83.17 段）。

74.11（b） 第七十四条（以及第八十三条）没有给予任何一种划界方法以优先地位。无论是就划界协议进行磋商，还是处理划界争端，都可以根据第七十四条（以及第八十三条）规定采用任何一种能够获得公平解决的方法。㉔

74.11（c） 第 2 款规定如果在"合理期间内"没有达成划界协议，那么应适用《公约》第十五部分的规定（争端解决）。根据第十五部分规定，一国可根据第二九八条 1（a）的规定以书面方式声明，排除第七十四条所涉及的争端适用导致有拘束力裁判的强制程序。那么，第二九八条的规定就适用于将有关争端提交附件五所规定的强制调解程序的情况。

对"在合理期间内"这一表述的解释也引起争论。该表述出现在第七十四条第 1 款，第八十三条第 1 款以及第二九八条第 1（a）（i）段。当有关国家就是否超过合理期间产生争议时，调解委员会应当有权决定根据第二九八条提出先决反对，以及根据第七十四条（以及第八十三条）断定争端的是非曲直。

74.11（d） 第 3 款提出了有关国家"达成划界协议前"的义务。该义务包括两个因素：一是"尽一切努力"作出实质性的临时安排；二是禁止危害或阻碍最后协议的达成。第一个因素旨在推动通过某种临时措施；第二个因素寻求限制有关国家在争议海域的活动。

尽管有第 2 款的规定，第 3 款的规定显然并不依赖于划界磋商的启动。有关国家根据第 1 款规定进行磋商也要求"尽一切努力作出临时安排"。"尽一切努力"的表述为有关国家或争端解决机构对此的解释留有了一定空间。

"实质性的临时安排"不能危害最终划界。这也符合临时措施效果、即不危害有关

㉓ 渔业案件，1951 ICJ Reports 116，132。该意见一直适用于渔业管辖权案件的渔区划界（英国诉冰岛；德意志联邦共和国诉冰岛），1974 ICJ Reports 3、22，para. 49；ibid. 175、191，para. 41。该意见也适用于在 1982 年大陆架案件（突尼斯/利比亚阿拉伯共和国）大陆架划界中，1982 ICJ Reports 18、67，para. 87。又见上文 paras. 15.12（b）和 74.11（a）。

㉔ 具体见 E. J. Manner 的"根据 1982 年海洋法规定解决海上划界争端"，J. Makarczyk 编辑的 1984 年《纪念 Manfred Lachs 法官国际法论文集》，第 625、641 页。

各方权利、主张或立场的一般规则。㉕ 如果有关各方同意，临时安排可以成为最终划界协议的一部分。"实质性"的含义在这里并没有明确，要根据每个具体案件的情况来定。

"不危害或阻碍最后协议的达成"并不排除有关国家在争议海域从事某些活动，只要这些活动不对最后协议造成损害。

74.11（e） 第 4 款规定了如果有关国家间存在现行有效的划界争端协定，该协定将继续适用。海洋法会议对该项规定没有产生争执。本款规定是与第三一一条（关于 1982 年海洋法公约与其他公约和国际协定的关系）相关的特别法，在第三一一条第 5 款中有规定。

74.11（f） 在海洋法会议期间，各种允许对《公约》予以保留的意见一般都与第七十四条（以及第八十三条）的规定有关，或者通过对第三〇九条（关于保留的规定）增加脚注的方式，或者对该条进行修订（见下文第 83.16 段至 83.18 段）。㉖ 第二九八条第 1（a）（i）（关于海洋划界争端）的通过解决了该问题，而且第七磋商小组也就该问题进行了磋商，通过了与现在内容相同的第三〇九条。

㉕ Cf. 联合国宪章第四十条。

㉖ 关于划界条款与第三〇九条（保留与例外情况）关系的问题见第五卷，第 218 页，第 309.5 ff 段。

第七十五条　海图和地理坐标表

1. 在本部分的限制下，专属经济区的外部界线和按照第七十四条划定的分界线，应在足以确定这些线的位置的一种或几种比例尺的海图上标出。在适当情形下，可以用列出各点的地理坐标并注明大地基准点的表来代替这种外部界线或分界线。

2. 沿海国应将这种海图或地理坐标表妥为公布，并应将各该海图或坐标表的一份副本交存于联合国秘书长。

资料来源

第三次联合国海洋法会议文件

1. A/CONF. 62/WP. 8/Part II（非正式单一协商案文，1975 年），第六十一条第 5 款，正式记录，第四卷第 152、162 页（第二委员会主席）。

2. A/CONF. 62/WP. 8/Rev. 1/Part II（订正的单一协商案文，1976 年），第六十三条，正式记录，第五卷第 151、164 页（第二委员会主席）。

3. A/CONF. 62/WP. 10（非正式综合协商案文，1977 年），第七十五条，正式记录，第八卷第 1、16 页。

4. A/CONF. 62/WP. 10/Rev. 1（非正式综合协商案文第一修订稿，1979 年，油印），第七十五条。转载在《第三次联合国海洋法会议文件集》第一卷，第 375、420 页。

5. A/CONF. 62/WP. 10/Rev. 2（非正式综合协商案文第二修订稿，1980 年，油印），第七十五条。转载在《第三次联合国海洋法会议文件集》第二卷，第 3、48 页。

6. A/CONF. 62/WP. 10/Rev. 3*（非正式综合协商案文第三修订稿，1980 年，油印），第七十五条。转载在《第三次联合国海洋法会议文件集》第二卷，第 179、224 页。

7. A/CONF. 62/L. 78（《公约草案》1981 年），第七十五条，正式记录，第十五卷第 172、187 页。

起草委员会文件

8. A/CONF. 62/L. 67/Add. 3（1981 年，油印）第 56 页。

9. A/CONF. 62/L. 72（1981 年），正式记录，第十五卷第 151 页（起草委员会主席）。

非正式文件

10. 加拿大（1976 年，油印）第六十一条（非正式单一协商案文二），转载在《第三次联合国海洋法会议文件集》第四卷，第 316 页。

11. 希腊（〔1976 年〕，油印）第六十一页第 6 款，转载在《第三次联合国海洋法会议文件集》第四卷，第 317 页。

12. 爱尔兰（1976 年，油印）第六十一条第 4 款，转载在《第三次联合国海洋法会议文件集》第四卷，第 318 页

13. 土耳其（〔1976 年〕，油印）第六十一条第 4 款，转载在《第三次联合国海洋法会议文件集》第四卷，第 319 页。

〔注：还可见关于第十六条的评注。〕

评　注

75.1　第七十五条第 1 款要求沿海国将专属经济区外部界线和按照第七十四条划定的分界线标在海图上。或者，在适当情形下，可列出地理坐标代替这种外部界线或分界线。第 2 款要求沿海国妥为公布第 1 款所规定的海图和坐标表，并将各该海图或坐标表的一份副本交存于联合国秘书长。

第八十四条（见下文 84.1 段）包含了关于大陆架划界的外部界线或分界线与上述内容几乎相同的规定。

第十六条关于领海划界也有类似的规定。把第十六条和第七十五条所规定的要求相结合，就为国际社会提供了关于专属经济区界限具体术语的必要信息。

75.2　在 1975 年第三期会议上，非正式单一协商案文第二部分（资料来源 1）第六十一条第 5 款规定：

> 5. 在划定专属经济区界限时，任何根据本条规定划出的分界线应当用海图来标明，明确在具体日期的地理特征，这种标示应当在陆地上标为固定的永久可辨识的各点。

第六十一条涉及专属经济区的划界。第 5 款是从界定该海域的分界线角度来拟订的。

75.3　在 1976 年第四期会议上，一些提案重复使用了非正式单一协商案文的用词和内容。加拿大代表提出了一项非正式提案，建议删除非正式单一协商案文的第六十一条第 5 款，并增加一个新的内容，即：

在本部分的限制下，专属经济区的外部界线和按照第六十一条划定的分界线，应在足以确定这些线的位置的一种或多种比例尺的海图上标出。在适当情形下，可以用列出各点的地理坐标并注明大地基准点的表来代替这种分界线。

沿海国应将这种海图或地理坐标表妥为公布，并应将副本交存于联合国秘书长。

在该提案中，专属经济区的界限是"在海图上标出"（不是"由海图来标明"）。该提案还规定坐标表可以代替海图上的这些线。此外，要求将这种海图或坐标表妥为公布。

订正的单一协商案文第二部分（资料来源2）增加了一条新的规定作为第六十三条，内容为：

第六十三条　海图和地理坐标表

1. 在本章限制下，专属经济区的外部界线和按照第六十三条划定的分界线，应在足以确定这些线的位置的一种或几种比例尺的海图上标出。在适当情形下，可以用列出各点的地理坐标并注明大地基准点的表来代替这种外部界线或分界线。

2. 沿海国应将这种海图或地理坐标表妥为公布，并应将各该海图或坐标表的一份副本交存于联合国秘书长。

该案文对加拿大的提案进行了修改，规定了与订正的单一协商案文第二部分第十五条（现在《公约》第十六条）关于各条中领海各种分界线的相似的要求（见上文16.4段和16.5段）。订正的单一协商案文第十五条、第六十三条以及第七十二条对于描述大陆架界限的表述相类似，使对每个海域分界线公布信息的要求达到了平衡。第一一九条第6款关于群岛基线的表述也与其近似（现在是第四十七条第9款）。

75.4 在1977年第六期会议上，订正的单一协商案文第六十三条被吸收为非正式综合协商案文的第七十五条（资料来源3）。随后根据起草委员会的建议，做了些小地方修改（资料来源8和资料来源9）。

75.5（a） 第七十五条要求专属经济区的外部界线和按照第六十三条划定的分界线，"应在足以确定这些线的位置的一种或几种比例尺的海图上标出"。沿海国可以制作或出版自己的海图或使用海图权威部门出版的海图（见上文5.4（d）段）。在这两种情况下都要求把这种线标在海图上。① 为国际航行的目的，海图的比例尺的精度应与

---

① 更全面的解释见联合国海洋事务与海洋法办公室出版的《基线：对＜联合国海洋法公约＞相关规定的审查》，第100段，第40页（UN Sales No. E. 88. V. 5*（1989））。

沿海国所使用的精度相同，以便用户能够确定这些外部界线和分界线。

75.5（b） 要求在海图上标示外部界线和分界线只是特征的示意，没有必要在满足国际航行需要的标准航海图上进行标示。地理坐标表应更加精确的描述这些界限（最好的方法是使用这两种方式来体现。）[②] 由此，该条规定了在适当情形下，[③] 各点的地理坐标表可以代替海图。在这种情况下，地理坐标表必须明确"大地基准点"。在对基线进行审查时，联合国海洋事务与海洋法办公室将"基准"一词解释为坐标系的基础。在描述一个基于坐标的位置时，知道大地基准点是非常重要的。因为"通过两个不同的调查获取的同一点的位置在不同的大地基准点上地理坐标是不同的"。[④]

75.5（c） 第二款要求沿海国将第一款规定的这种海图或地理坐标表"妥为公布"。联合国海洋事务与海洋法办公室在关于基线的研究中将"妥为公布"解释为"在合理的期间内以适当的方式通过适当机构将采取的行动转为一般信息对外通告"。[⑤] 这一用语还用于《公约》第十六条第2款、第四十七条第9款、第七十六条第9款和第八十四条第2款所规定的基线、界线和其他边界线标示位置的海图或地理坐标表。"妥为公布"一词还出现在公约第二十一条第3款、第二十二条第4款、第四十一条第2、6款、第五十三条第7、10款和第二一一条第3款（后者见 Volume IV 第203页，211.15（g））。[⑥]

75.5（d） 第二款还要求沿海国将第一款规定的这种海图和地理坐标表"交存

---

② 《关于公约草案中秘书长未来职能的研究》，A/CONF.62/L.76（1981），第二部分第七节技术评论（iii）和（v），正式记录，第十五卷第153、170页。

③ 第八十四条中"在适当情形下"与第十六条的表述不同，第十六条涉及基线和领海外部界线或分界线的海图和地理坐标表，规定"或者"可以用列出各点的地理坐标表来代替海图。见《关于公约草案中秘书长未来职能及各国特别是发展中国家在新法律制度下在信息、建议和协助方面需求的研究》，A/CONF.62/L.76（1981），第二部分第七节技术评论（iii）和（v），正式记录，第十五卷第153、170页。

④ 见《基线……》supra note 1，附件一（专业术语词汇表），第47、55页。还可见 supra note 3，技术评论（vi）第170页。

⑤ Supra note 1，第54页。

⑥ 《公约》中其他类似的但不相同的表述包括：出现在第二十四条第2款、第四十四条和第六十条第3款的"适当公布"，出现在第五十一条第2款、第六十条第3、5款、第六十二条第5款、第一四七条第2款（a）以及附件六第三十条第4款的"适当通知"。由此，秘书长作出以下评论：

许多条款，如第二十一条、第二十二条、第二十四条、第二十五条、第四十一条、第四十二条、第五十一条、第五十二条、第五十八条、第六十条、第六十二条、第一九八条、第二一一条、第二四四条、第二四六条和第二五四条，要求不同的"妥为公布"、"适当通知"、"通报"、"适当公布"等。根据条款内容，各国可以把联合国和（或）联合国系统的组织作为达到这一结果的适当渠道。然而，对于这些条款的适用方式还需进行解释。如果这些条款以其他条约的规定为基础，那么推测来看，在这些条约规定下的通知和公布方式也应当予以保留。

Supra note 3，A/CONF.62/L.76，第157页（note 52）。

于"联合国秘书长。在起草委员会内，一项建议提出使用其他用词，如"递交"来代替"交存"，以避免暗示秘书长作为《公约》的储存所来接受这些文件。但是，这一建议只是集中于英语和法语语言组内，没有被广泛接受。⑦

⑦　见英语和法语语言组报告，ELGDC/5（1980 年，油印），第三部分 C；ELGDC/6（1981 年，油印）；FLG-DC/8/1（1981 年，油印）；DC/Part II/Article 16（1981 年，油印）。还可见上文 16.8（d）段。

第六部分
大陆架

导　言

VI. 1.　第六部分（第七十六条至第八十一条）和《公约》附件二（连同最后文件的附件二）建立了大陆架制度，广泛地提出该部分海域归于沿海国的管辖之下（第二条至第八十五条），使《公约》的规定更加完整。大陆架制度现在已经完全纳入海洋法使之作为一个整体（而不是像 1958 年《大陆架公约》一样予以分别对待）。[①] 这种制度包括了大陆架新的法律上的定义，规定了划定其外部界限的方法，[②] 建立了大陆架界限委员会。该制度还规定了沿海国在从测算领海宽度的基线量起 200 海里以外大陆架上开发非生物资源的规则。第六部分规定了沿海国对大陆架行使权利的规则（特别关注一国没有专属经济区或一国大陆架超出专属经济区范围的情况）。而且，还包括了海岸相向或相邻国家间大陆架划界的规定。第六部分的许多条款都来自 1958 年《大陆架公约》，这些条款都纳入 1982 年《公约》所规定的新的海洋法中。

VI. 2.　第六部分（关于大陆架）和第五部分（关于专属经济区）共同建立了一系列制度，确定了沿海国对领海外部界限以外国家管辖海域的自然资源以及其他经济活动应行使的权利和应履行的义务。第六部分涉及大陆架的自然资源，即 "海床和底土的矿物和其他非生物资源以及属于定居种的生物。" 根据第七十六条，大陆架包括领海外部界限以外直至大陆边外缘的海床和底土，或者从测算领海宽度的基线量起到大陆边的外缘的距离不到 200 海里时，则扩展到 200 海里的海床和底土。第五部分主要但并不排他的涉及专属经济区的生物资源，该海域最大宽度可以从基线量起扩展到 200 海里。从沿海国行使权利的角度看，第五部分和第六部分的主要区别体现在第七十七条第 3 款，该款规定 "沿海国对大陆架的权利并不取决于有效或象征的占领或任何明文公告"。第五部分则无此规定。

VI. 3.　大陆架制度适用于领海外部界限以外的国家全部管辖海域的海床和底土。如沿海国具有专属经济区，那么第五部分和第六部分都对沿海国和其他国家在从测算领海宽度的基线量起直到 200 海里海域（与专属经济区的最大宽度一致）的所有权利、管

---

　　① 在 1956 年国际法委员会起草的海洋法条款草案中，关于大陆架的条款（第六十七条至第七十三条）作为第三节规定在第二部分公海中。1958 年第一次海洋法会议期间，国际法委员会负责的条款被分到 4 个主要的委员会。第二、三委员会负责公海问题，第四委员会负责大陆架（具体见上文 para. Intro. 8）。最终结果是，会议的成果是形成了 4 个不同的公约，包括《大陆架公约》和《公海公约》。（这些文件的文本将收入这一系列的第三卷。）

　　② 通过第一条第 1 款（1）、第一三四条第 3、4 款的规定，沿海国大陆架的外部界限将其与区域（即 "国家管辖范围以外的海床和洋底及其底土"）分开。

辖权和义务进行规定。如沿海国没有专属经济区，那么第六部分单独适用于第七十六条所规定的领海外部界限以外的大陆架。如沿海国的大陆架超过其专属经济区，那么就适用第六部分的特别规定，包括第七十六条第 4~8 款，第八十二条和附件二。在上述所有情况下，《公约》关于大陆架的其他规定也都适用（见下文 VI. 17）。

VI. 4. 大陆架和专属经济区制度有一些要素是相同的。因此，相似或相同的规定通过适当调整后出现在第五部分和第六部分。根据第五十六条第 3 款，该条所载的沿海国关于专属经济区海床和底土的权利按照第六部分的规定行使。这种相互契合排除了专属经济区和大陆架之间潜在的混乱。③ 在涉及海床和底土方面，第五部分和第六部分还包含了其他要素：第六十条和第八十条分别规定专属经济区和大陆架的人工岛屿、设施和构筑物；第六十八条规定了定居种，第七十七条第 4 款规定了沿海国对大陆架自然资源的权利④；第五十八条第 1 款规定了其他国家在一国专属经济区的权利和义务，包括铺设海底电缆和管道的自由，第七十九条规定了在大陆架铺设海底电缆和管道的自由（第一一三条至第一一五条也作出了规定）。⑤

关于海岸相向或相邻国家间专属经济区（第七十四条）划界和大陆架划界（第八十三条）的规定在结构上是对称的。⑥ 对这两个条款是一起进行磋商的。但是在大多数情况下，决定代表团关于划界问题不同立场的因素是他们对大陆架划界的关注。之所以如此，是因为在海洋法会议期间，在世界大多数地区存在许多大陆架主张重叠的情况。因此，多数提交国际法院或国际仲裁庭的双边划界争端都是关于大陆架主张的重叠。自从第三次海洋法会议以来，也会有一些涉及渔区和专属经济区的争端。

---

③ 在 1985 年大陆架案件中（利比亚阿拉伯共和国诉马耳他），国际法院指出：

虽然大陆架和专属经济区制度是不同的，独特的，但是专属经济区内对海床赋予的权利则引用大陆架规定的制度来界定。在没有专属经济区的情况下可以有大陆架，但是没有相应的大陆架就不可能有专属经济区。

1985 ICJ Reports 第 4、33 页，第 34 段。

④ 第五部分中的"生物资源"不包括定居种。根据第六十八条和第七十七条第 4 款，这些物种包括在大陆架自然资源内，由第六部分予以规定。具体见下文 77.7（c）段。

⑤ 关于对电缆和管道有关规定的讨论见下文 79.8（f）段。

⑥ 在缅因湾海域划界案（加拿大诉美国）中，国际法院的特别法庭指出：

关于大陆架和专属经济区划界的两个规定的对称性，对于如本案一样的案件来说是非常有趣的。本案中，对于海床以及其上覆的渔区的划界使用一条边界线来划定。专属经济区已经包括了渔区的概念在内。使用语言的同一性，即使对于决定国际法相关原则和规则的作用是有限的，但还是具有特殊的意义。

1984 年 ICJ Reports 第 246、295 页，第 96 款。

VI. 5.　沿海国关于大陆架管辖权的扩展在第二次世界大战刚刚结束后就开始了。[⑦] 1945 年 9 月 28 日，美利坚合众国总统杜鲁门发布了一项公告，阐明美国对大陆架海床和底土自然资源的政策。[⑧] 该公告部分内容如下：

> 美国政府认为，处于公海之下但毗连美国海岸的大陆架的海床和底土的自然资源属于美国政府，受美国的管辖及控制。

与公告发布同时举办的一个新闻发布会指出，大陆架扩展至 100 英寻水深的海域（600 英尺）。[⑨] 公告发布后，许多国家对扩展海域主张主权，包括大陆架及其资源，并不是很清楚，虽然这些主张是否针对海床和底土，上覆水域，或仅是其中的一部分（具体见上文 para. V. 5）。

1950 年国际法委员会开始着手进行公海问题的研究，J. P. A. Francois（荷兰）教授被指定为特别报告人。[⑩] 到 1951 年，作为研究的一部分，国际法委员会通过了关于大陆架条款的第一稿。这一早期的草稿以可开采能力作为标准给出大陆架的定义；也就是，大陆架的外部界限由沿海国开采大陆架资源的能力来决定。1953 年国际法委员会对定义进行了修改，将可开采能力标准改为以固定水深为基础的定义。

"美洲国家资源养护特别会议：大陆架与海水"会议于 1956 年在特鲁希略城召开。会议的结论是沿海国在大陆架的权利应当扩展至"深度达 200 米或超过此限度，扩展至对海床和底土自然资源容许开采的上覆水域的深度。"[⑪] 这一表述也受到国际法委员会决定保留可开采能力标准的影响。国际法委员会 1956 年提出的大陆架定义的最终版本将两个因素——水的深度和可开采能力——合二为一。[⑫]

---

⑦　据认为，对"海底区域"现代最早的引用是在《帕利亚湾海底区域条约》（大不列颠及北爱尔兰与委内瑞拉），于 1942 年 2 月 26 日在加拉加斯签署，205 LNTS 121。

⑧　第 2667 号美国关于大陆架的海床和底土的自然资源政策的公告。见 3 C. F. R. 1943—1948 Comp. ，第 67 页；59 Stat. ，第二部分第 884 页（1945 年）；40 Am. J. Int'l L. Supp. 45（1946 年）；UN Legislative Series，《公海制度的法律和规章》（ST/LEG/SER. B/1）第 38 页（UN Sales No. 1951. V. 2（1951））。

⑨　见《美国总统的公共文件：亨利·S. 杜鲁门（1945 年）》第 353 页（1961 年）；法律和规章……，supra note 8 第 39 页。

⑩　还可见《公海制度的谅解备忘录》，A/CN. 4/32（1950 年，英文油印），《国际法委员会 1950 年年鉴 II》，第 67 页（法语版）。英语版第三章第 48 – 112 页是关于大陆架的内容。据了解，该谅解备忘录由秘书提供，由 G. Gidel 制定。

⑪　该会议的决议见 A/CN. 4/102/Add. 1（1956 年），《国际法委员会 1956 年年鉴 II》第 251、252 页。

⑫　国际法委员会报告包括了其第八期会议的工作（A/3159），第六十七条评注，（4）段，《国际法委员会 1956 年年鉴 II》第 253、296 页。具体见下文 76. 18（a）段。

VI. 6. 1958 年《大陆架公约》[13] 第一条规定，为了本公约各条款的目的，"大陆架"一词是用以指：

（a）邻接海岸但在领海范围以外，深度达 200 米或超过此限度而上覆水域的深度容许开采其自然资源的海底区域的海床和底土；

（b）邻近岛屿海岸的类似的海底区域的海床和底土。

这一定义不是以大陆架的地质或地形地貌特征为基础。相反，该定义采用了国际法委员会的方法，规定大陆架与水的深度（200 米）和开采海床和底土自然资源的能力相关。

在第一次海洋法会议以后的发展中，由于多种原因证实该定义并不令人满意。特别是考虑到水下区域资源开采使用技术的迅猛发展，对水深和可开采能力的检测并不精确，在很多地理情况下也并不妥当。而且，国家管辖范围以外的海床和洋底及其底土构成人类的共同继承财产，对这一原则的接受使得界定国家对大陆架的管辖界限就显得至关重要。

1969 年，国际法院对"北海大陆架划界案"[14] 的判决指出 1958 年《大陆架公约》存在一些问题。同一年，联合国大会在 1969 年第 2574A（26 次会议）号决议中正式表达了其观点，指出 1958 年《大陆架公约》：

没有有效准确的界定该海域的界限，在该海域沿海国行使旨在勘探开发自然资源的主权权利，对这一问题的习惯国际法也是不确定的。

这些声明为旷日持久、艰难而且时常带有高技术性的关于大陆架界限的磋商做好了准备，接下来，首先是在海底委员会磋商，然后是在第三次海洋法会议上磋商。

VI. 7. 在海底委员会，在关于大陆架问题的磋商中，人们发现在将海洋法作为一个整体的框架下建立大陆架制度非常困难。1973 年会议的第二分委会报告就反映了关于这个问题的一些考虑，特别是如下内容：

既然国家对大陆架的管辖在建议建立国际海底区域之前就存在，那么沿海国要求的对大陆架的权利应当予以承认。有的建议提出需要修改《日内瓦

---

⑬　对《公约》的进一步讨论，见 J. C. Gutteridge，1958 年《大陆架公约》35 Brit. YB Int'l L. 102（1959年）；Marjorie M. Whiteman，《海洋法会议：大陆架公约》52 Am. J. Int'l L. 629（1958 年），两位作者均为第一次海洋法会议第四委员会的代表。

⑭　北海大陆架案（德意志联邦共和国诉丹麦；德意志联邦共和国诉荷兰），1969 年 ICJ Reports 3。

公约》使之能够反映对海床的自然资源勘探的目前的意见和技术进展。我们应对确定大陆架界限的各种标准的适当性进行评估。由此出现了各种界限，包括以水深和与海岸或适当基线的距离为标准以及以地形地貌、地质、经济或其他因素为基础确定的界限。还提到相邻或相向国家间划界以及大陆架资源问题。

......

74......有观点还提到沿海国应当通过在管辖海域开采自然资源获得的收益对国际社会作出贡献。[15]

上述内容以及其他问题都反映在第三次海洋法会议第二委员会的议题和事务清单上。[16] 关于大陆架的主要议题为：

5. 大陆架

5.1 沿海国对大陆架享有主权权利的性质和范围。国家的义务

5.2 大陆架的外部界限：适用标准

5.3 国家间划界的问题；涉及的有关方面

5.4 大陆架自然资源

5.5 大陆架上覆水域的制度

5.6 科学研究

10. 无大陆架、窄大陆架或短岸线的国家的权益

10.1 国际制度

10.2 渔业

10.3 无大陆架、窄大陆架或短岸线的发展中国家的特殊利益和需要

10.4 自由出入公海

11. 宽大陆架国家的权益

清单上的其他议题也与其相关，包括人工岛屿和设施（第18项）；争端解决（第21项）。

VI. 8. 在1974年第二期海洋法会议期间，在全体会议和第二委员会上关于大陆架的争论主要集中于大陆架在统一的海洋法公约框架下的定义问题。大陆架新的定义

---

[15] 第二委员会报告，A/AC. 138/95，第51段和74段，《1973年海底委员会报告I》，附件一第38、51页。

[16] 分配给第二委员会的完整的清单见上文 para. Intro. 7 以及 Volume I of this series，第87页。

应当平衡窄大陆架、无大陆架国家同依据 1958 年《大陆架公约》主张权利的宽大陆架国家之间的利益，这一点已经很清楚。一些国家支持以固定的距离确定大陆架的外部界限；其他国家强调外部界限以陆地领土自然延伸的概念为基础。同时，有一种观点坚持国家管辖范围以外的海床和底土及其资源是人类共同继承财产——正如 1970 年 12 月 17 日联合国大会第 2749 号决议（第 25 次会议）中原则宣言（见 Volume I 第 173 页）中所声明的——抵制沿海国拓展国家管辖范围的企图，因为这种拓展将会导致作为人类共同继承财产的海域的减少。

领海以外具有专属管辖权海域（该海域将成为专属经济区）概念的介入，使得磋商更加复杂。这一概念与大陆架制度之间的关系变得不确定（见下文 76.5 段）。如果接受了专属经济区的概念，那么对于是否有必要保留大陆架的规定就产生了疑问。在这方面，一些代表团在支持保留大陆架的同时，希望建立分享 200 海里以外大陆架资源开采的收益、资源或利益的制度（见下文 82.3 段）。

VI. 9.　　在 1975 年第三期会议上，第二委员会的工作以非正式磋商的方式进行，建立了关于大陆架的非正式磋商小组。大陆架划界问题被单独提交给非正式划界磋商小组。作为大陆架小组的工作结果，成立了一个较小规模由有兴趣国家参与的工作组，并召开了两次会议。[17]

随着非正式单一协商案文第二部分的出现，两个新的条款对于大陆架制度的发展迈出了有意义的一步。第六十二条关于大陆架的定义，采用或使用地形地貌标准或距离标准的方法来确定大陆架的外部界限。第六十九条吸收了关于从基线量起 200 海里以外大陆架上的非生物资源开发的收益分享制度，为现在《公约》第八十二条提供了基本架构。

VI. 10.　　在 1976 年第四期会议上，内陆国和地理不利国努力争取参与大陆架自然资源勘探和开发的权利。[18] 与此相类似的提案是关于这些国家参与本区域或次区域内沿海国专属经济区生物资源开发的权利，并以此为基础争取参与获得大陆架权利。这些国家参与生物资源开发已经纳入了专属经济区制度（第六十九条和第七十条），但是参与大陆架开发的努力没有被接受。

一些非正式的提案也提出了确定大陆架外部界限的精确方法。在对非正式单一协商案文第二部分进行逐条讨论后，第二委员会主席提出其对这些提案表示赞同，但是强调这些提案的技术性质有必要在下期会议上由专家组进行审查。[19]

---

[17]　A/CONF. 62/C. 2/L. 89/Rev. 1 (1975)，第 5 段和第 15 段，正式记录，第四卷，第 195、196 页（第二委员会报告人）。

[18]　例见，奥地利（1976 年，油印），第六十三条之二（非正式单一协商案文 II）。《第三次联合国海洋法会议文件集》第四卷，第 323 页。还可见 LL/GDS Group（1976 年，油印），第六十三条之二（非正式单一协商案文 II），同上，第 324 页。

[19]　A/CONF. 62/WP. 8/Rev. 1/Part II（订正的单一协商案文 1976 年），Introductory note，第 13 段，正式记录，第五卷第 151、153 页（具体内容见下文 76.7 段）。

VI. 11. 在 1976 年第五期会议上，会议主席指出第二委员会面临两个关键问题，即"大陆边外部界限的定义"和"200 海里外大陆架开发的收益分享"。[20] 第二委员会以上述意见为指导，决定将精力集中在某些优先问题上并建立几个磋商小组（见上文 INTRO. 17）。第三磋商小组被指定的研究任务是：

（iii）对 200 海里外大陆架上的开发应缴的费用和实物。

（iv）大陆边外缘的定义。[21]

第三小组召开了五次会议，讨论集中在大陆边外缘定义的含义和实际适用上，以及收益分享系统的具体条件。

第五磋商小组被指定研究划界问题，包括大陆架划界。

VI. 12. 在第六期会议上，第二委员会优先研究讨论第三磋商小组和第五磋商小组提出的问题。[22] 第二委员会也要求秘书处对各种大陆边外缘定义方式的含义进行研究。[23] 各国代表团对这种研究的实用性存在不同意见；许多国家在该研究完成前不愿意对案文进行修改。

VI. 13. 在 1978 年第七期会议上，会议建立了磋商小组处理突出的"难点"问题（见上文 Intro. 19）。第六磋商小组（NG6）处理的问题为：

大陆架外部界限的定义和对 200 海里以外的大陆架上开发应缴的费用和实物问题。

大陆架外部界限定义和收益分享问题。[24]

第六磋商小组的主席是 Andrés Aguilar（委内瑞拉），也是第二委员会的主席。第六磋商小组是开放式的，但是没有确定的核心成员，这与其他磋商小组不同。该小组举行了七次会议，讨论集中在如何更准确界定大陆架外部界限的方式上。起初，应缴费用和实物的问题并不是讨论的主要议题。然而该议题以及其他相关事项都与第六磋商

---

[20] A/CONF. 62/L. 12/Rev. 1（1976）第 11（e）和（f）段，正式记录，第六卷第 122－123 页（主席）。

[21] A/CONF. 62/L. 17（1976），正式记录，第六卷第 137 页（第二委员会主席）。（主席报告的具体内容见下文 76.8 段、82.6 段和 83.8 段）。

[22] 总务委员会，第 31 次会议（1977 年），第 5 段，正式记录，第七卷第 22 页。

[23] 该研究报告后来在 1979 年第八期会议上提交给了第二委员会，下文将其作为第七十六条评注的附件（还可见下文 76.9 段和 76.12 段）。秘书处向 1978 年第七期会议提交的初步研究报告见 A/CONF. 62/C. 2/L. 98 和 Add. 1－3（1978），正式记录，第九卷第 189 页。

[24] A/CONF. 62/62（1978），第 5 段，number（6），正式记录，第十卷第 6、7 页。还可见上文 Intro. 19 和第一卷第 94、97 页。

小组关于大陆架定义的讨论紧密相联。由此，第二委员会主席报告称：

> 拥有超过 200 海里大陆架的国家提出应享有的权利，非正式综合协商案文第八十二条规定的应缴费用和实物体系，以及需对内陆国和地理不利国集团的期望予以解决，对上述事项的认可，构成了向第二委员会提交的关于该问题的一般性协议的基本要素。[25]

（对内陆国和地理不利国"期望"的解决主要由第四磋商小组负责，其成果反映在第六十九条至七十二条（见上文 pars. V18、79.10 和 70.9）。）

另一个难点问题是海岸相向或相邻国家间的海域划界，以及关于划界的争端解决机制。该问题交由会议的第七磋商小组研究，对这一问题的磋商形成了公约的第七十四条和第八十三条，以及第二九八条第 1 款（a）。（关于第七磋商小组具体情况见下文 83.10 至 83.15 段。）

VI. 14. 为回应一些代表团的要求，第六磋商小组成立了一个由 38 个国家组成的小型磋商小组，旨在对第六磋商组所处理的问题提供协助。该小组召开了 5 次会议，处理了一些事项，包括：

（i）大陆架的外部界限；
（ii）二百海里以外大陆架上的开发应缴的费用和实物（第八十二条）；
（iii）海底洋脊；
（iv）大陆架界限委员会（包括其职能）；
（v）斯里兰卡问题。[26]

第六磋商小组的主席在总结该组工作时作出如下声明：

> 第六磋商小组……对所有提交小组研究的问题，在各参与代表团所提各种建议的基础上进行了审查。虽然没有形成反映最终一般协议的规则，但是我相信，对这些问题的讨论有益于对存在的分歧和可能的解决方式进行准确的界定。[27]

---

[25]　A/CONF. 62/RCNG/1（1978），第二委员会主席在全体会议上的报告，第 9 段，正式记录，第十卷第 13、83、85 页。还可见 1978 年第 94 次全体会议，第 15 段和第 16 段，正式记录，第九卷第 23 页。

[26]　A/CONF. 62/L. 42（1979），第 8 段，（第二委员会主席），A/CONF. 62/91（1979），正式记录，第十二卷第 71、92 页；NG6/19（1979 年）（第六磋商组主席），ibid. 106。"斯里兰卡问题"是指最后决议附件二中指出的情况。对于这些问题第六磋商组的具体讨论，见下文第 76.13、82.10、A. II. 6 和 FA. A. II. 4 段。

[27]　NG6/19（1979），ibid. 107。

在第九期会议上，第六磋商小组继续讨论这些议题。这些工作主要在由对具体事务有直接兴趣的代表团组成的小规模团体中开展。第六磋商小组的工作以及为第二委员会所采纳的主席折中建议，[28] 为第七十六条、第八十三条、附件二以及斯里兰卡提出的已列入最后文件附件二的特殊事项的达成协议奠定了基础。

VI. 15. 第七十六条和第八十二条体现了最后折中方案的核心内容。该折中方案就大陆架制度达成了一致，特别提出 200 海里以外的大陆架问题。这一方案接受了把大陆边（外缘）作为专属经济区以外大陆架的外部界限，以及第八十二条规定的收益分享制度，并将此作为基础。第七十六条规定了大陆架新的法律上的定义。第八十二条规定了沿海国对 200 海里以外大陆架上的开发应缴付的费用和实物。费用或实物应通过海底管理局向发展中国家缴纳，"特别是其中最不发达的内陆国"。第六部分关于沿海国大陆架管辖权扩展的一个附加成果是附件二，即成立大陆架界限委员会。大陆架界限委员会的建议是确定 200 海里以外大陆架外部界限的基础（根据第七十六条第 8 款）。

VI. 16. 第六部分保留了沿海国为勘探大陆架和开发其自然资源的目的，对大陆架行使主权权利的概念（第七十七条）。该部分对沿海国的主权权利以及保护航行自由和其他国家的权利和自由免受沿海国侵害或不当干扰之间进行了平衡（第七十八条）。所有国家在大陆架上铺设海底电缆和管道的权益应予以特别保护（第七十九条）。一些条款列举了沿海国在大陆架上活动所享有的具体权利，包括人工岛屿、设施和构筑物（第八十条）、钻探（第八十一条）和开凿隧道（第八十五条）。第六部分还包括与第五部分相同的关于海岸相向或相邻国家间大陆架划界的规定（第八十三条）以及对公布外部界线和分界线的要求（第八十四条）。

VI. 17. 通过的另外几个条款使大陆架的法律制度更加完备。第二〇八条是关于国家管辖的海底活动对海洋环境造成污染的规定，第二一四条是关于来自海底活动的污染的执法，以及第二四六条关于在专属经济区和大陆架上的海洋科学研究。第二四六条第 5 款列举了在某些具体情况下，沿海国可斟酌决定不同意另一国家或主管国际组织在其大陆架上进行海洋科学研究计划，但要受到第 6 款和第 7 款的限制。这些规定由第三委员会最终确定，并在系列丛书的第五卷中进行了探讨。关于争端的解决，则适用第二九七条第 1 款和第二九八条第 1 款（a）（i）的规定。

VI. 18. 沿海国大陆架的地理扩展范围要根据第七十六条和第八十三条来确定。第七十六条规定大陆架的范围为沿海国陆地领土自然延伸至大陆边外缘或如果从测算领海宽度的基线量起到大陆边的外缘不足 200 海里，则扩展至 200 海里。第八十三条规定了海岸相向或相邻国家间大陆架主张重叠的划界。这些条款结合起来可确定大陆架的边界，在边界内，沿海国按照第七十七条行使对大陆架自然资源的主权权利。

㉘ A/CONF. 62/L. 51（1980），第 4－7 段和 17 段，正式记录，第十二卷第 82－84 页。

按照第八十四条规定，大陆架外部界线和分界线应当在海图上标出或用列出各点地理坐标的表来表示。（相似的规定还出现在第十六条关于领海外部界线和界线的划定；第四十七条第 8 款关于测算群岛国领海、专属经济区和大陆架的群岛基线的规定；以及第七十五条关于专属经济区的规定）在这一点上，第十六条与第八十四条建立了联系。

第七十六条 大陆架的定义

1. 沿海国的大陆架包括其领海以外依其陆地领土的全部自然延伸，扩展到大陆边外缘的海底区域的海床和底土，如果从测算领海宽度的基线量起到大陆边的外缘的距离不到 200 海里，则扩展到 200 海里的距离。

2. 沿海国的大陆架不应扩展到第 4 至第 6 款所规定的界限以外。

3. 大陆边包括沿海国陆块没入水中的延伸部分，由陆架、陆坡和陆基的海床和底土构成，它不包括深洋洋底及其洋脊，也不包括其底土。

4. （a）为本公约的目的，在大陆边从测算领海宽度的基线量起超过 200 海里的任何情形下，沿海国应以下列两种方式之一，划定大陆边的外缘：

（i）按照第 7 款，以最外各定点为准划定界线，每一定点上沉积岩厚度至少为从该点至大陆坡脚最短距离的百分之一；或

（ii）按照第 7 款，以离大陆坡脚的距离不超过 60 海里的各定点为准划定界线。

（b）在没有相反证明的情形下，大陆坡脚应定为大陆坡坡底坡度变动最大之点。

5. 组成按照第 4 款（a）项（i）和（ii）目划定的大陆架在海床上的外部界线各定点，不应超过从测算领海宽度的基线量起 350 海里，或不应超过连接 2 500 米深度各点的 2 500 米等深线 100 海里。

6. 虽有第 5 款的规定，在海底洋脊上的大陆架外部界限不应超过从测算领海宽度的基线量起 350 海里。本款规定不适用于作为大陆边自然构成部分的海台、海隆、海峰、暗滩和坡尖等海底高地。

7. 沿海国的大陆架如从测算领海宽度的基线量起超过 200 海里，应连接以经纬度坐标标出的各定点划出长度各不超过 60 海里的若干直线，划定其大陆架的外部界限。

8. 从测算领海宽度的基线量起 200 海里以外大陆架界限的情报应由沿海国提交根据附件二在公平地区代表制基础上成立的大陆架界限委员会。委员会应就有关划定大陆架外部界限的事项向沿海国提出建议，沿海国在这些建议的基础上划定的大陆架界限应有确定性和拘束力。

9. 沿海国应将永久标明其大陆架外部界限的海图和有关情报，包括大地基准点，交存于联合国秘书长。秘书长应将这些情报妥为公布。

10. 本条的规定不妨害海岸相向或相邻国家间大陆架界限划定的问题。

资料来源

第一次海洋法会议文件

1.《大陆架公约》（1958 年），第一条，与国际法委员会条款草案第六十七条相一致。关于先前历史，见《秘书处参考指导》第六十七和第六十八条。关于对第一次海洋法会议的讨论，见第四委员会报告，A/CONF. 13/L. 12（1958 年），第 5 段，UN-CLOS I，正式记录，第二卷第 89 页。

第三次海洋法会议文件

2. A/AC. 138/SC. II/L. 21，第十三条（a），转载在《1973 年海底委员会报告》第三卷，第 19、21 页（哥伦比亚、墨西哥和委内瑞拉）。

3. A/AC. 138/SC. II/L. 26，第 1 ~ 3 款，转载在《1973 年海底委员会报告》第三卷，第 29 页（苏联）。

4. A/AC. 138/SC. II/L. 34，第 3 节，第 1 款，转载在《1973 年海底委员会报告》第三卷，第 71、74 页（中国）。

5. A/AC. 138/SC. II/L. 36，第 1 节（c）款，转载在《1973 年海底委员会报告》第三卷，第 77、78 页（澳大利亚和挪威）。

6. A/AC. 138/SC. II/L. 37 and Corr. 1，第十五条，转载在《1973 年海底委员会报告》第三卷，第 78、80 页（阿根廷）。

7. A/AC. 138/SC. II/L. 59 和 Corr. 1，第一条的脚注（*），（b）款，转载在《1973 年海底委员会报告》第三卷，第 111、112 页（荷兰）。

8. A/CONF. 62/L. 4（1974 年），第十九条第 2 款和注释，正式记录，第三卷第 81、83 页（加拿大、智利、冰岛、印度、印度尼西亚、毛里求斯、墨西哥、新西兰和挪威）。

9. A/CONF. 42/C. 2/L. 17（1974 年），第 3 款，正式记录，第三卷第 195 页（尼加拉瓜）。

10. A/CONF. 62/C. 2/L. 25（1974 年），第一条和第三条，正式记录，第三卷第 202 页（希腊）。

11. A/CONF. 62/C. 2/L. 31/Rev. 1（1974 年），第 2 款，正式记录，第三卷第 211 页（日本）。

12. A/CONF. 62/C. 2/L. 47（1974 年）第二十二条第 2 款和第二十三条，正式记录，第三卷第 222、224 页（美国）。

13. A/CONF. 62/L. 8/Rev. 1（1974 年），附件二，附录一 ［A/CONF. 62/C. 2/WP. 1］，第六十八条和第八十一条，正式记录，第三卷第 93、107、117、119 页（总报

告人）［主要趋势］。

14. A/CONF. 62/WP. 8/Part II（1975 年非正式单一协商案文），第六十二条，正式记录，第四卷第 152、162 页（第二委员会主席）。

15. A/CONF. 62/WP. 8/Rev. 1/Part II（订正的单一协商案文，1976 年），第六十四条，正式记录，第五卷第 151、164 页（第二委员会主席）。

16. A/CONF. 62/WP. 10（非正式综合协商案文，1977 年），第七十六条，正式记录，第八卷第 1、16 页。

17. A/CONF. 62/C. 2/L. 98 and Add. 1–3（1978 年），注释，正式记录，第九卷第 189 页（秘书处）。

18. A/CONF. 62/L. 37（1979 年），第七十六条，正式记录，第十一卷第 100 页（第六磋商组主席）。

19. A/CONF. 62/WP. 10/Rev. 1（非正式综合协商案文第一修订稿，1979 年，油印），第七十六条。转载在《第三次联合国海洋法会议文件集》第一卷，第 375、420 页。

20. A/CONF. 62/L. 51（1980 年），第四部分，第七十六条，正式记录，第十三卷第 82、84 页（第二委员会主席）。

21. A/CONF. 62/WP. 10/Rev. 2 and Corr. 2（非正式综合协商案文第二修订稿，1980 年，油印），第七十六条。转载在《第三次联合国海洋法会议文件集》第二卷，第 3、48 页。

22. A/CONF. 62/WP. 10/Rev. 3*（非正式综合协商案文第三修订稿，1980 年，油印），第七十六条。转载在《第三次联合国海洋法会议文件集》第二卷，第 179、224 页。

23. A/CONF. 62/L. 78（《公约草案》1981 年），第七十六条，正式记录，第十五卷第 172、188 页。

24. A/CONF. 62/L. 126（1982 年），第七十六条，第 8 款，正式记录，第十六卷第 233 页（英国）。

起草委员会文件

25. A/CONF. 62/L. 67/Add. 4（1981 年，油印），第 2 ~ 13 页。

26. A/CONF. 62/L. 67/Add. 4/Corr. 1–5（均为1981 年，油印）。

27. A/CONF. 62/L. 67/Add. 14（1981 年，油印），第 8 ~ 9 页。

28. A/CONF. 62/L. 72（1981 年），正式记录，第十五卷第 151 页（起草委员会主席）。

29. A/CONF. 62/L. 152/Add. 23（1982 年，油印），第 72 ~ 72 页。

30. A/CONF. 62/L. 160（1982 年），正式记录，第十七卷 225（起草委员会主席）。

非正式文件

31. 非正式工作文件三，条款第一条和第八条；No. 3/Rev. 1，条款第一条和第十四条；No. 3/Rev. 2，条款第一条和第十四条。转载在《第三次联合国海洋法会议文件集》第三卷，第 288、296、305 页。

32. 日本（1975 年，油印）。转载在《第三次联合国海洋法会议文件集》第十一卷，第 497 页。

33. 美国（1975 年，油印）。转载在《第三次联合国海洋法会议文件集》第十一卷，第 498 页。

34. 美国（1975 年，油印）。转载在《第三次联合国海洋法会议文件集》第十一卷，第 500 页。

35. 澳大利亚（1976 年，油印），（非正式单一协商案文 II）第六十二条。转载在《第三次联合国海洋法会议文件集》第四卷，第 320 页。

36. 智利（[1976 年]，油印），（非正式单一协商案文 II）第六十二条。转载在《第三次联合国海洋法会议文件集》第四卷，第 322 页 [只有西班牙文版本]。

37. 苏联（[1976 年]，油印），（非正式单一协商案文 II）第六十二条。转载在《第三次联合国海洋法会议文件集》第四卷，第 322 页。

38. 日本（[1976 年]，油印），（订正的单一协商案文 II）第六十四条。转载在《第三次联合国海洋法会议文件集》第四卷，第 468 页。

39. C. 2/Informal meeting/14（1978 年，油印），第七十六条（苏联）。转载在《第三次联合国海洋法会议文件集》第五卷，第 20 页。

40. NG6/1（1978 年，油印），第七十六条（爱尔兰）。转载在《第三次联合国海洋法会议文件集》第九卷，第 370 页。

41. NG6/2（1978 年，油印），第七十六条 [第 1 款]（阿拉伯集团）。转载在《第三次联合国海洋法会议文件集》第九卷，第 371 页。

42. NG6/3（1978 年，油印），第七十六条（塞舌尔）。转载在《第三次联合国海洋法会议文件集》第九卷，第 372 页。

43. NG6/4（1979 年，油印），第七十六条（丹麦）。转载在《第三次联合国海洋法会议文件集》第九卷，第 372 页。

44. NG6/5（1979 年，油印），第七十六条，第 3（c）款和第 5 款（斯里兰卡）。转载在《第三次联合国海洋法会议文件集》第九卷，第 374 页。

45. NG6/8（1979 年，油印），第七十六条（苏联）。转载在《第三次联合国海洋法会议文件集》第九卷，第 377 页。

46. NG6/9（1979 年，油印），第七十六条，第 5 款（苏联）。转载在《第三次联合国海洋法会议文件集》第九卷，第 379 页。

47. NG6/10（1979 年，油印），第七十六条，第 4（a）款（斯里兰卡）。转载在《第三次联合国海洋法会议文件集》第九卷，第 379 页。

48. NG6/11（1979 年，油印），第七十六条，第 5 款（阿根廷、澳大利亚、加拿大、印度、爱尔兰、新西兰、挪威、英国、美国和乌拉圭）。转载在《第三次联合国海洋法会议文件集》第九卷，第 380 页。

49. NG6/14（1979 年，油印），第七十六条，第 5 款（保加利亚）。转载在《第三次联合国海洋法会议文件集》第九卷，第 382 页。

50. NG6/16（1979 年，油印），第七十六条，第 3 款、第 5 款（日本）。转载在《第三次联合国海洋法会议文件集》第九卷，第 383 页。

51. NG6/17（1979 年，油印），第七十六条，第 5 款和第 7 款（新加坡）。转载在《第三次联合国海洋法会议文件集》第九卷，第 384 页。

52. NG6/18（1979 年，油印），第七十六条，第 1 款和第 3 款（中国）。转载在《第三次联合国海洋法会议文件集》第九卷，第 384 页。

53. 边缘国家集团（1980 年，油印），第七十六条，第 3 款。转载在《第三次联合国海洋法会议文件集》第九卷，第 524 页。

54. 澳大利亚（［1980 年］，油印），第七十六条，第 3 款。转载在《第三次联合国海洋法会议文件集》第九卷，第 524 页。

55. NG6/21（1980 年，油印），第七十六条，第 3 款、第 5 款之二，转载在《第三次联合国海洋法会议文件集》第九卷，第 389 页。

56. 苏联（1980 年，油印），第七十六条，第 3 款、第 5 款之二，转载在《第三次联合国海洋法会议文件集》第十一卷，第 574 页，第九卷 524 页。

57. 匿名（1980 年，油印），［第六磋商组主席］转载在《第三次联合国海洋法会议文件集》第十一卷，第 576 页和第九卷第 525 页。

58. 德意志联邦共和国（1980 年，油印），第七十六条，第 8 款。转载在《第三次联合国海洋法会议文件集》第九卷第 527 页。

59. C. 2/Informal Meeting/72（1982 年，油印），第七十六条，第 1 款和第 3 款（中国）。转载在《第三次联合国海洋法会议文件集》第五卷，第 76 页。

评　注

76. 1.　第七十六条规定了大陆架新的定义。该条规定大陆架包括沿海国领土以外"依其陆地领土的自然延伸至大陆边外缘的海床和底土，如果从基线量起到大陆边外缘的距离不到 200 海里，则扩展到 200 海里的距离"。由此，沿海国在确定其大陆架外部界限时可以采用地形地貌标准或距离标准。如果以地形地貌标准为基础，那么沿海国可对超过 200 海里直至大陆边外缘的区域行使权利。如果以距离标准为基础，而沿海国的大陆边不足 200 海里，那么该国的大陆架可以扩展到 200 海里，而不考虑其海床和底土的地形地貌。对这两个标准的采用体现了对 1958 年《大陆架公约》的重大改变。该公约对大陆架的规定涉及水深和资源可开采能力（见上文 VI. 5 和 VI. 6 段）。

第七十六条以确定大陆边外缘为基础，并对大陆架外部界限进行了准确的描述。该条特别规定了当沿海国大陆边延伸至 200 海里以外时，其确定大陆边外缘的技术标准。

76. 2. 1958 年《大陆架公约》（资料来源 1）第一条规定，为了本公约各条款的目的，"大陆架"一词是用以指：

（a）邻接海岸但在领海范围以外，深度达 200 米或超过此限度而上覆水域的深度容许开采其自然资源的海底区域的海床和底土；
（b）邻近岛屿海岸的类似的海底区域的海床和底土。

上述规定中的基本标准涉及海底区域的深度及超过此深度其自然资源的可开采能力。联合国大会 1969 年 12 月 15 日第 2574A 号决议（第 24 届会议）很快就认识到了可开采能力标准所固有的模糊性和不准确性（具体见上文 VI. 6 段）。

76. 3. 在海底委员会工作之初，一套国家管辖范围以外的海底国际制度的建立要求更准确地定义大陆架的外部界限。对此各国已存在广泛的共识。① 该问题的主要分歧在于，一部分国家希望以从海岸量起的距离标准为基础确定大陆架的外部界限；另一部分则希望采用地貌学标准。②

一些提案反映了沿海国对 200 海里以外海域的主张。《圣多明戈宣言》保留了 1958 年《公约》对大陆架的定义，并敦促海底委员会中的拉丁美洲代表团促进"一项关于考虑大陆基外部界限从而确定大陆架准确外部界限的可取性和时间安排的研究"。③

76. 4. 在 1973 年海底委员会会议上，由 3 个拉美国家代表（资料来源 2）提交的条约规定草案将大陆架规定向前推进了一步。该草案规定，大陆架是"邻接海岸，位于领海之外延伸至与大洋海盆或深海底相连接的大陆基外部界限的海床和底土。"

苏联代表（资料来源 3）提出了一项提案，就大陆架外部界限提出下列"基本规定"：

---

① 见《1969 年海底委员会报告》第二部分，第 34 段，第 16 页；《1973 年海底委员会报告一》，附件一（分委会报告一），第 2 段，第 13 页。

② 后一个立场导致宽大陆国家集团的成立，也被称为"边缘国家"。其成员包括阿根廷、澳大利亚、巴西、加拿大、冰岛、印度、爱尔兰、马达加斯加、新西兰、挪威、斯里兰卡、英国和委内瑞拉。具体见本丛书第五卷，第 76 页。

③ A/AC. 138/80，大陆架，第 3 段，《1972 年海底委员会报告》第 70、72 页［经加勒比海国家海洋问题特别会议批准］。

1. 沿海国可根据 500 米等深线确定大陆架外部界限。

2. 如在第一款指出的 500 米等深线所在的位置与测算领海宽度的基线的距离不足 100 海里，那么沿海国可确定一条大陆架外部界线，即在该线上的各定点与上述基线的最近点的距离不超过 100 海里。

3. 在没有大陆架的海域，如同拥有对海床的权利一样，沿海国也同样拥有对大陆架的权利，其外部界限根据上述第二款确定。

最大的外部界限为 500 米等深线。如沿海国只有窄大陆架或没有大陆架，其同样享有对海床的权利，最远距离为 100 海里。

中国代表提出的一项提案对大陆架界限做了一般规定，措辞更加有弹性。该提案为：

（1）大陆架为大陆领土的自然延伸，按照这一原则，沿海国根据具体的地理条件，在其对领海或经济区以外的专属管辖权限制下，可以合理地确定大陆架的界限。大陆架的最大界限可以通过国家间协商确定。

这是关于大陆架是大陆领土的"自然延伸"的第一个提案。[4] 其界限应"根据（沿海国）的具体地理条件"，通过国家间协商确定。该意见也适用于领海或经济区以外的大陆架界限的确定。

澳大利亚和挪威代表（资料来源 5）提出沿海国对大陆架的权利应参考对经济区的权利：

对于沿海国（经济区 – 承袭海）以外陆块的自然延伸，其有权保留按照公约生效前的国际法在海床及其底土行使主权权利：该权利行使的范围不能超过大陆边的外缘。

该提案也指出了陆地领土"自然延伸"，规定沿海国对这一区域行使权利的范围不

---

[4] 指出大陆架为陆地领土的"自然延伸"首次是在国际法院在"北海大陆架案件"判决中，对此，法院的陈述为：

法院毫不犹豫考虑的是关于大陆架法律规则的最基本原则，体现在 1958 年《日内瓦公约》第二条，虽然看似独立于该条款。也就是说，大陆架构成其陆地领土向海方向在海底的自然延伸自古以来事实上就存在着，沿海国凭借对陆地的主权对大陆架海域行使权利。

1969 年国际法院报告第 3、22 页，第 9 段。

能超过"大陆边的外缘"。

阿根廷代表的一项提案明确提出了需要考虑的两个原则标准——地貌和距离，内容为：

> 大陆架包括邻接一国领土、位于领海之外的海底区域的海床和底土，延伸至大陆边邻接深海平原的最低外缘，或其外缘距海岸的距离不足200海里，则扩展至200海里。

荷兰代表（资料来源7）在其提案对"过渡区"（即经济区）文本的脚注中也作出了类似的规定。在该文本中，这一脚注对大陆架进行了解释，指出大陆架应理解为"邻接海岸、不超过200米等深线或位于从领海基线量起宽度为40海里的一带海域水下的海床和底土。"

76.5 在1974年海洋法会议第二期会议上，关于大陆架的争论在两组国家间一直持续着，一组国家希望将大陆架作为法律制度予以保留，另一组则主张应当把对大陆架行使的权利并入专属经济区这一新的概念。第一组国家希望保留对专属经济区200海里以外的大陆架管辖权主张。第二组国家则支持将沿海国的管辖权限制在领海外部界线以外从基线量起最大200海里的范围。

支持后一个观点的国家主要是内陆国和地理不利国以及不具有宽大陆架的国家。例如，奥地利代表提出：

> 建立一个经济的有意义的国际海域对于海洋法会议来说至关重要……将足够的有意义的资源留给将来所有国家共享。因此（奥地利）支持不超过200海里的距离标准。⑤

在同样情况下，水深标准的不公平性导致许多国家主张扩展对大陆架的管辖权主张，这一点值得注意。对此，新加坡代表的主张为：

> 为了真正遵守全人类共同继承财产的原则，海洋法会议应当放弃大陆架作为独立海域的概念。沿海国对于建议的经济区以外的管辖权的延伸将不符合全人类作为一个整体的利益的需要。⑥

在这一时期，日本代表（资料来源11）也支持200海里作为最大界限。有提案提

---

⑤ 第二委员会第16次会议（1974年），第4段，正式记录，第二卷第143页。

⑥ 第二委员会第18次会议（1974年），第32段，同上，第151页。

出，沿海国可对200海里以外延伸至大陆边尽头的海域的资源主张主权权利。日本代表对此表示反对，理由为，这将"使沿海国保留的资源量不均衡，减少了国际海底管理局的收益，损害了发展中国家的利益"。⑦

非洲国家和政府首脑签署了《非洲统一组织宣言》。⑧ 这些国家建议把大陆架的概念纳入专属经济区概念里，国家管辖范围以外的海域应为国际海域的一部分，适用"全人类共同继承财产"的概念。肯尼亚和突尼斯代表根据这一宣言反对将大陆架延伸至200海里界限以外。⑨

在3个拉美国家提案（资料来源2）后，尼加拉瓜代表也提出一项提案（资料来源9）。该提案规定沿海国对国家区域（即专属经济区）行使的权利也适用于大陆架，提出大陆架是专属经济区的补充完善。该提案将大陆架描述为"是将国家领土延伸直至陆地外部边缘或延伸至国家管辖范围的外部界限（即到200海里）的海底陆架"。

阿根廷代表继续反对一些国家主张的为确定大陆架外部界限而建立的单一距离标准。该国认为：

> 为建立起200海里的邻近水域和大陆架的适当关系，建立大陆架外部界限的距离标准不仅把其作为一种选择，而且作为一种混合标准适用于大陆架外部界限距离海岸不足200海里的一些情形。⑩

与上述说法一脉相承，委内瑞拉代表认为：

> 最好是返回到大陆架原本的概念，并适用单一的法律制度涵盖位于专属经济区内的海域以及超过专属经济区的海域。⑪

在这些争论中形成如下观点：

⑦　见日本在第二委员会第七期会议上的声明，第24段，同上，第148页。还可见新加坡在第十八期会议上的声明，第32段（对经济区以外资源的权利将"否定人类共同继承财产的原则"），同上，第151页；瑞典在第十九期会议上的声明，第20段（专属经济区的建立"将必然造成［大陆架］制度的消失"），同上，第157页；冈比亚在第二十期会议上的声明，第2段（专属经济区概念"应当代替犯有历史性错误的大陆架概念"），同上，160。

⑧　原始的非洲统一组织关于海洋法问题的宣言（A/AC.138/89）收录在《1973年海底委员会报告二》，第4页。后来在第二期会议上作为文件A/CONF.62/33（1974），正式记录，第三卷第63页。

⑨　见肯尼亚在1974年第二委员会第20次会议上的声明，第19段，正式记录，第二卷162页；突尼斯见第34、35段，同上，第163页。

⑩　第二委员会第18次会议，第24、25段，同上，第150页。

⑪　同上，第43段，第152页。

唯一的解决办法是承认沿海国延伸至大陆边或大陆基上的大陆架主权权利。如果大陆边到领海基线的距离超过 200 海里，可规定采用收益分享制度来满足发展中内陆国和地理不利国的要求。[12]

虽然海底委员会已经提出了收益分享的概念（见下文 82.2 段），但这是第一次建议对利益予以限制并转让给发展中内陆国和地理不利国。随着海洋法会议的推进，各国越来越清晰地认识到，沿海国对大陆架资源管辖权的接受与开发 200 海里外大陆架的收益分享制度之间有着紧密的联系。

一项由 9 个国家直接提交全体会议的提案（资料来源 8）特别提出了大陆架的定义，内容为：

2. 沿海国领海之外的大陆架扩展至从可适用的基线量起 200 海里的范围，当大陆架自然延伸超过 200 海里，则为其陆地领土的全部自然延伸。

该定义也采用了将大陆架作为沿海国陆地领土的"自然延伸"的概念，包括扩展到 200 海里之外的情形。加拿大在引用这些条款草案时指出，这一定义既反映了国际习惯法又反映了传统国际法。"它既是法律概念又是地形地貌概念……试图成为代替灵活、开放的可开发标准的讨论基础。"[13] 它引用了国际法院在 1969 年北海大陆架案中使用的表述。在很多情况下，该案件的判决对这一定义所指出的沿海国陆地领土的自然延伸具有重要意义。提出该提案的国家认为，"忽略沿海国的法律地位是不现实、不公平的，当这些国家很早以前就通过国家实践、立法、许可程序、双边协议以及甚至纳入国家宪法的方式，规定了对大陆边外缘的主权权利。"[14] 对于已经进行立法的国家，这也是"领土主权和国家完整"的问题。与该提案一同提出的一项评论提出，有必要对包括 200 海里以外大陆边界限的明确分界在内的问题做进一步规定。非正式法律专家组（埃文森小组）提出的"暂定条款草案"也使用了类似的表述。[15]

希腊代表（资料来源 10）提出的一项提案采用了一种类似于苏联代表（资料来源 3）较早提案中的表述方法。虽然这种方法没有明确大陆架的外部界限，但是确实规定了这些外部界限可以使用水深或距离标准来确定。加拿大还提出了不存在大陆架的海域的情况，规定沿海国可以拥有与其在海床上权利相同的在大陆架上的权利。

在美国代表（资料来源 12）提交的关于经济区和大陆架的条款草案中，在定义专

---

[12]　见毛里求斯在第 20 次会议上的声明，第 42 段，同上，第 163 页。

[13]　见 1974 年第 46 次全体会议，第 63 段，正式记录，第一卷第 203 页。

[14]　Ibid.

[15]　暂定条款草案（1974 年，油印），第二十四条，Alternative A，第 2 段（非正式法律专家组）。《第三次联合国海洋法会议文集》第十一卷，第 393、406 页。

属经济区以外大陆架的界限时也使用了自然延伸的概念。该提案第二十二条的部分规定为：

> 2. 大陆架是沿海国领海以外并邻接领海的海底区域的海床和底土，其范围为到经济区的界限，或者在其界限以外，是沿海国陆地领土在水下的全部自然延伸，一直扩展至大陆边外缘……

条款草案第二十三条明确提出，有必要确定大陆边具体界限的位置和定义，并规定沿海国管辖范围同其他国际海底区域之间的确切和永久的边界。

肯尼亚代表对这一问题的意见是：

> 大陆边作为国家管辖范围外缘这一概念的一个主要弱点就是，无论是科学家还是提案人都不能在任何程度上确定大陆边外缘在哪。如果允许各国自行确定其陆地领土自然延伸的范围，那将是一个悲剧，因为这些国家将试图对存在有价值矿藏，特别是碳氢化合物的海域主张权利，而国际海底管理局将只能拥有海底矿产。如果这样的事情发生，管理局将无法获得足够的收益来资助发展中国家。[16]

在《主要趋势工作文件》（资料来源 13）中，第六十八条规定包含了大陆架的不同定义，虽然它并没有反映一些国家所代表的趋势，对这些国家来说接受经济区概念则必须去掉大陆架的法律概念。第八十一条规定明确了确立大陆架外部界限的各种标准（通过引用，包括第六十八条规定的大陆架的各种定义）。

76.6.　在 1975 年第三期会议上，第二委员会通过非正式磋商方式开展工作。[17] 内陆国和地理不利国在一系列原则草案中重申其立场，即 200 海里以外的大陆架应当是国际海底区域的一部分。在这种情况下，这一组还认为关于经济区的规定应当替代 1958 年《大陆架公约》。[18]

日本代表（资料来源 32）提交了一项非正式提案，将大陆架描述为扩展至 200 海里，或超过 200 海里的扩展至大陆边的外缘。该描述的第二层因素则符合关于收益分享制度所规定的情况。

---

⑯　第二委员会第 20 次会议，第 17 段，正式记录，第二卷第 161 页。还可见新加坡代表在第 18 次会上的声明，第 29 段，同上，151；见瑞典代表在第 19 次会议上的声明，第 22 段，同上，157。

⑰　A/CONF. 62/C. 2/L. 89/Rev. 1 (1975)，正式记录，第四卷第 195、196 页（第二委员会报告人）。具体见上文 Ⅵ. 9。

⑱　原则草案（1975 年，油印）。第四部分（LL/GDS Group）。《第三次联合国海洋法会议文件集》第九卷第 238、239 页。

美国代表（资料来源33和资料来源34）提交了两项提案。第一项提案描述了大陆架和大陆边。第二项提案（资料来源34）结合第一项提案的描述，对大陆架进行了更加具体的规定，内容如下：

1. 为本公约的目的，沿海国的大陆架包括其领海以外依其陆地领土的全部自然延伸，扩展到大陆边外缘的海底区域的海床和底土，或如果从测算领海宽度的基线量起到大陆边外缘的距离没有超过200海里，则扩展到200海里的距离。

2. 大陆边包括沿海国陆块的岩石没入水中的延伸部分，包括所有这种位于大陆架、陆坡和陆基之下的岩石，但不包括深洋洋底的岩石或沉积物。

3. 大陆架向海一面的边界应根据上述第1款和第2款确定的原则来界定。或者，沿海国可以以离大陆坡脚的距离不超过60海里的各定点的连线为准划定界线。

4. 沿海国在界定从基线量起超过200海里的大陆架向海一面边界时，应当以长度不超过……海里、连接各定点的直线划定，这些定点应以经纬度坐标确定。

5. 按照本条款界定边界应当依据附件……提交给大陆架界限委员会予以审查。委员会接受提交的划界案或委员会依据附件……作出最后决定，那么该边界就固定下来，作为确定的和具有拘束力的边界。

6. 按照本条款建立的边界应当在适当的海图上标出，海图上的标识应当是永久性的。

7. 本条款的规定不妨害海岸相向或相邻国家间大陆架界限划定的问题。

埃文森小组也继续研究这一问题，另外提出了两个草案。第一个草案规定了描述大陆架和确定外部界限的标准可供选择的模式。[19] 第二个草案像美国的提案一样，是一个关于大陆架的冗长的文本，内容如下：

1. 沿海国的大陆架包括其领海以外的陆地领土的全部自然延伸，扩展到大陆边外缘的海底区域的海床和底土，或如果从测算领海宽度的基线量起到大陆边外缘的距离不足200海里，则扩展到200海里的距离。

2. 大陆边包括陆块没入水中的延伸部分，由所有属于该陆块的岩石以及陆架、陆坡和陆基下的沉积物组成，但不包括深洋洋底的岩石和沉积物。

[19] 大陆架（1975年，油印），第二十六条，Alternative A，B和C（非正式法律专家组）。《第三次联合国海洋法会议文件集》第十一卷第469页。

3. 大陆架向海一面的边界应根据上述第 1 款和第 2 款确定的原则来界定。或者，沿海国可以以离大陆坡脚的距离不超过 60 海里的各定点的连线为准划定界线。

4. 沿海国在界定从基线量起超过 200 海里的大陆架向海一面的边界时，应当以长度不超过 60 海里、连接各定点的直线划定，这些定点应以经纬度坐标确定，并妥为公布这一边界。

5. 沿海国、任何对该问题有特别兴趣的国家或国际机构可以按照附件……向大陆架界限委员会提交任何划界案进行审查。委员会对划界案的决定应有确定性和拘束力。*

6. 依据本条款规定确定的边界应当是永久性的，应当在适当海图上标出。

7. 本条款的规定不妨害海岸相向或相邻国家间大陆架界限划定的问题。[20]

对第 5 款的一个脚注（*）指出：

    * 假定大陆架边界委员会是个独立的机构，它的人员组成应确保其处理必要的技术和科学问题。委员会的权力范围、可能的上诉程序、法律专家参与委员会工作、与新公约规定的可能的争端解决程序的关系等问题，还需要进行讨论。

虽然在这一阶段，美国代表和埃文森小组的提案都没有被采纳，但是两个提案的内容包含的许多要素后来都纳入到第七十六条。两个提案都将大陆架作为大陆边的全部自然延伸或从基线量起扩展至 200 海里。他们在对大陆架的描述中采用了地质特征，区分了大陆边和深洋洋底。两个案文在对大陆边外缘的描述上都采纳了"Hedberg 模式"的从大陆坡脚到外缘的固定距离。[21] 两个案文还提到了"大陆架界限委员会"在确定大陆架外部界限的作用，要求在适当海图上标出边界，规定对大陆架和大陆边的界定不能损害相向或相邻国家间的大陆架划界问题。然而只有埃文森小组提出国际机构可以向委员会提出大陆架划界案供其审查。

在非正式单一协商案文第二部分（资料来源 12）中，关于大陆架的定义包含在第六十二条中：

---

[20] 大陆架（1975 年，油印），第一条（非正式法律专家组）。Ibid. 501。（还可见《第三次联合国海洋法会议文件集》，1975 年文件，第 281 页，该文本被列为"第四修改稿"。）

[21] H. D. Hedberg，《国家与国际在洋底的边界》，海洋法研究所专刊 No. 16（1972 年）。Hedberg 规则具体见 76.18（g）段。

沿海国的大陆架包括其领海以外依其陆地领土的全部自然延伸，扩展到大陆边外缘的海底区域的海床和底土，或如果从测算领海宽度的基线量起到大陆边外缘的距离不足 200 海里，则扩展到 200 海里的距离[22]。

这一定义模式既包含了地形地貌标准，又包含了距离标准。它采用的大陆架的概念为陆地领土的自然延伸，扩展至大陆边外缘。在大陆边无法扩展至 200 海里时，沿海国的大陆架可以视为扩展至该距离，而不考虑地形地貌因素。这一表述并没有给出"大陆边外缘"的定义，也没有指出该界限如何确定。而是把这些问题留给了海洋法会议以后的会议讨论。

76.7 在 1976 年第四期会议期间，在第二委员会非正式会议对非正式单一协商案文进行逐条讨论时，澳大利亚代表（资料来源 35）提交了一项提案，指出大陆架是：

领海之外邻接海岸的海底区域的海床和底土，延伸至 500 米水深或从测算领海宽度的基线量起 200 海里，而不论哪种方式确定的海域距离海岸更远。

该提案允许适用水深标准（500 米）或到基线的距离标准（200 海里），不考虑哪个标准向海延伸得更远。

智利代表（资料来源 36）提交了一项提案，对大陆架进行了如下定义：

大陆边包括陆块没入水中的延伸部分，由所有该陆块所属的岩石以及陆架、陆坡、陆基下面的沉积物构成，但不包括属于深洋洋底的岩石或其下面的疏松沉积物。[23]

该案文有望成为第六十二条的第 2 款，试图对陆壳和洋壳进行区分。

爱尔兰代表的提案建议对第六十二条增加 6 个新的条款。该提案吸收了美国提案和埃文森小组案文中的要素，提出：

2. 大陆边包括沿海国陆块没入水中的延伸部分，由陆架、陆坡和陆基的海床和底土构成，它不包括深洋洋底，也不包括其底土。

3. 为本公约的目的，在大陆边从测算领海宽度的基线量起超过 200 海里的任何情形下，沿海国应以下列两种方式之一，划定大陆边的外缘：

---

[22] 该案文几乎逐字重复了埃文森小组案文的第一款，Supra. note 20。

[23] 该案文引自第二委员会第 75 次非正式会议的记录（1976 年 4 月 15 日）。在《第三次联合国海洋法会议文件集》中只有西班牙文版本。

（a）按照第 4 款，以最外各定点为准划定界线，每一定点上沉积岩厚度至少为从该点至大陆坡脚最短距离的 1%；或

（b）按照第 4 款，以离大陆坡脚的距离不超过 60 海里的各定点为准划定界线。

在没有相反证明的情形下，大陆坡脚应定为大陆坡坡底坡度变动最大之点。

4. 沿海国的大陆架如从测算领海宽度的基线量起超过 200 海里，应连接以经纬度坐标标出的各定点划出长度各不超过 60 海里的若干直线，划定其大陆架的外部界限。

5. 根据本条款划定的界限应当依据附件提交给大陆架委员会进行确认。委员会依据附件承认了提交的划界案，该划定的界限就是固定的，应当有确定性和拘束力。

6. 沿海国应将永久标明其大陆架外部界限的海图和有关情报，包括大地基准点，交存于联合国秘书长。秘书长应将这些情报妥为公布。

7. 本条的规定不妨害海岸相向或相邻国家间大陆架界限划定的问题。[24]

该提案吸收了美国提案和埃文森小组案文的要素，并包含了一些新的要素。与较早的规定一样，爱尔兰提案在第 2 款描述了大陆边，在第 3 款（b）和第 4 款采用了"Hedberg 模式"[25]，第 5 款规定了大陆架界限委员会在认定 200 海里以外大陆架界限的作用。第 7 款提出大陆架和大陆边界限的划定"不能妨害……相向或相邻国家间大陆架划界。"

爱尔兰提案模式的意义在于提出了划定 200 海里以外大陆架的其他方法。第 3 款（a）采用了一种新的方法，以沉积岩厚度及其到大陆坡脚的距离为基础。第 3 款（b）包含了 Hedberg 模式，并增加了一项新的规定，即将大陆坡脚确定为"大陆坡坡底坡度变动最大之点"。第 6 款也是一项新的规定，要求将标明其大陆架外部界限的海图和"有关情报"交存于联合国秘书长。秘书长应将这些情报妥为公布。

宽大陆架国家集团普遍支持爱尔兰模式；但是他们认为这是一项妥协的方案，将减少他们根据 1958 年《公约》所主张的对大陆架的管辖权。

苏联代表（资料来源 37）提出了一项提案，与奥地利代表（资料来源 35）的提案相似，规定大陆架为：

领海以外水深在 500 米等深线以内依其陆地领土全部自然延伸的海底区

---

[24] 该案文摘自第二委员会第 75 次非正式会议的记录（1976 年 4 月 15 日）。该案文后来成为"爱尔兰模式"。

[25] Supra note 21。

域的海床和底土，或如果 500 米等深线距离测算领海宽度的基线不足 200 海里，则扩展至 200 海里的距离。

该提案也考虑到大陆架的外部界限确定为 500 米等深线或从基线量起 200 海里的距离。500 米这一数字是以地形地貌定义为基础的。苏联代表提出爱尔兰模式是不可接受的；该模式超出了大陆架的主题，不应当由大陆架界限委员会确定任何国家的界限。

在订正的单一协商案文第二部分（资料来源 15）中，作为第六十四条的大陆架定义没有变化。在订正的单一协商案文第二部分的引言中，第二委员会主席对此的解释为：

> 关于大陆架的定义，我赞同一些提案提出的大陆边的外部界限需要准确界定，特别是（非正式协商案文）里的定义值得大力支持。但是，由于提案中如此准确的界限技术性非常强且实际上是第一次具体提交给委员会，我认为在目前的阶段考虑这一定义是不妥当的。在下一期会议上，有必要召开一个专家组会议来更深入地探讨这一问题。㉖

76.8. 在 1976 年第十五期会议上，海洋法会议主席指出需要解决的关键问题之一就是大陆边外部界限的定义问题。他提出这是"一个复杂的技术问题，已经提了出来但是还没有经过具体讨论，第六十四条也没有将其纳入"。㉗

第二委员会成立了几个磋商小组（见导言 13），包括第三磋商小组，该小组被指定磋商的问题是：

（iii）开发二百海里以外大陆架需要缴付的费用和实物。

（iv）大陆边外缘的定义。

第二委员会主席在向全体大会报告第三磋商小组的磋商情况时，特别提出：

37. 关于大陆边外缘定义的问题，磋商小组的讨论集中于大陆边外缘的含义以及在实践中适用由一个代表团提出的模式用以补充（订正的单一协商案文）中其定义的可能性。

38. ……拥有宽大陆架国家的代表团重申了他们的立场，即对他们来说，

㉖ 资料来源 15，引言，第 13 段。

㉗ A/CONF. 62/L. 12/Rev. 1（1976 年），第 11 款（c），正式记录，第六卷第 122、123 页（主席）。

这个问题是"一揽子解决"的最重要的基础之一，因此，一个妥协的解决办法可能在于收益分享制度，该制度的细节应当作为磋商的议题。

39. 就我而言，我一直认为……拥有超过200海里大陆架的国家对大陆架权利的承认实际上是第二委员会承担的"一揽子解决"事项的主要要素之一。㉘

日本代表（资料来源38）提交了一项非正式提案，该提案主要对大陆边外缘概括地进行了界定，即是"陆壳和洋壳结构的边界"。如果该边界无法利用"令人满意的科学证据"进行确定的话，大陆边的外缘"以离大陆坡脚的距离不超过60海里"的各定点为准划定边界。

76.9. 在1977年第六期会议上，第二委员会要求秘书处对大陆边外缘定义的各种模式进行研究。这一要求的目的是：

使用地图和数字标出通过各种方法划定国家对大陆架管辖范围的边界在海域上的区别。在地图上标出所有永久高于海平面的高地的200海里线、500米等深线、大陆边外缘线以及显示爱尔兰模式效果的线。㉙

第二委员会对这一要求的争论体现了一些国家对这一要求的支持，这些国家都不愿接受国家管辖范围扩展至200海里以外的大陆架。他们提出，代表团在作出决定前应掌握尽量多的科学和技术数据。㉚另一方面，一些国家则提出这种研究是不现实的，只能不合理地拖延海洋法会议进程。这些国家都主张超过200海里的大陆架的管辖权。㉛

在争论过程中，一些代表团反对使用沉积岩厚度作为划定大陆边外缘的一种方法（爱尔兰模式的第3款（a））。他们支持采用爱尔兰提案第3款（b）中的Hedberg模式。例如，日本代表提出：

大陆边外缘的沉积物厚度很难测量。因此他强调他的代表团反对使用沉积物厚度作为确定大陆边外缘的标准，并敦促以爱尔兰模式第3款（b）提出

㉘ A/CONF.62/L.17（1976年），第11、13段和37–39段，正式记录，第六卷第137页（第二委员会主席）。

㉙ 第二委员会第51次会议（1977年），第2段，正式记录，第七卷第40页（委员会秘书）。

㉚ 见波兰代表在第二委员会第50次会议上的声明（1977年），第10段，同上，35。还可见乌干达的声明，第5段，同上；匈牙利，第15段，同上，36；喀麦隆，第26段，同上；尼泊尔，第27段，同上；伊拉克，第45段，同上，38；阿尔及利亚，第47段，同上；伊朗，第60段，同上，39；马耳他，第66段，同上。

㉛ 见英国代表在第50次会议上的声明，第25段，同上，36。还可见加拿大代表的声明，第6段，同上，35；乌拉圭，第18段，同上，36；马达加斯加，第30段，同上，37；挪威，第46段，同上，38。

的客观标准为基础，制定一种折中的模式。㉜

对此，爱尔兰代表提出其提案对于沿海国来说是重要的妥协，因为该提案将防止沿海国主张邻近的大陆边全部范围。

23. 另一个值得重视的问题是，爱尔兰提案中第 3 款（b）提出的采用沉积物厚度确定边界的概念是完全可行的，也有为此目的的技术，现有的数据确定这种界定方式是可能的。但是，所有国家都希望开展该项工作是不可能的，除非公约要求这样做。因此实际上在全球范围内开展是不可能的。爱尔兰提案进一步提出了两个供选择的界定方法，两种方法都以大陆坡为基础，沿海国可以选择他们喜欢的方法。㉝

在非正式综合协商案文（资料来源 16）中，该规定重新排序为第七十六条，大陆架的定义逐字重复了订正的单一协商案文的规定。海洋法会议主席在关于非正式综合协商案文的备忘录中提出：

> 非正式综合协商案文第七十六条中大陆架的定义构成了一揽子解决的核心要素，对此已经形成了广泛的共识。基于这一假定，根据该条款的用语，各国认识到需要对大陆边外缘进行更加准确的界定。一个主张与该问题有最直接利益的代表团集团对一项特别提案表示支持。但是，尽管需要这一定义，也没有提出为各国所广泛接受的其他定义，（非正式综合协商案文）中建议的用语在这个阶段被认为是没有道理的。㉞

鉴于联合国秘书处需要开展一项研究，来对比各种界定大陆架的模式的效果，许多国家在该研究完成前都不愿修改第七十六条文本。

76. 10. 在 1978 年第七期会议上，成立了第六磋商小组（NG6）来解决以下"难点"问题：

> 大陆架外部界限的定义和 200 海里以外大陆架上的开发应缴付的费用和实物问题。

㉜ 第二委员会第 50 次会议（1977），第 28 段，ibid. 37。还可见德意志联邦共和国代表声明，第 40 段，ibid. 38。

㉝ Ibid. ，第 22 段第 36 页。还可见澳大利亚代表的声明，第 38 段，同上，37。

㉞ A/CONF. 62/WP. 10/Add. 1（1977 年），［非正式综合协商案文］第二部分，正式记录，第八卷第 65、68 页（主席）。

大陆架外部界限的定义和收益分享问题。㉟

　　第六磋商小组的讨论主要集中在苏联和爱尔兰提出的提案上。苏联的提案（资料来源39）提出了大陆架定义的修改建议，指出大陆架可以扩展至大陆边外缘，"但是不超过从200海里经济区外部界限量起100海里的距离。"通过确定大陆架可以扩展到专属经济区以外海域的最大距离，就有可能确定大陆架和国际海底区域之间的边界。任何国家都不能对超过这一最大距离的大陆架行使权利。因此，大陆架外缘可根据以下方式确定：

　　　　（1）如果大陆边没有延伸至200海里经济区范围以外，那么大陆架的边缘即为经济区的外部界限。

　　　　（2）如果大陆边的外缘延伸至200海里经济区外部界限以外不足100海里，那么沿海国的大陆架将根据坚实科学基础的地质和地形地貌数据来确定。如果无法获取这些数据，大陆架外缘将根据爱尔兰修订提案中的第3款（b）的规定（离大陆坡脚的距离不超过60海里）来确定，但是在任何情况下所确定的大陆架边缘都不应超过200海里经济区外部界限100海里。

　　　　（3）如果大陆边超过200海里经济区外部邻接的100海里范围，那么大陆架的边缘应该确定为从经济区外部界限量起向外100海里的距离。

　　采用上述方法，大陆架外缘的确定要参照专属经济区的外部界限，但是不能超过经济区200海里界限以外100海里。

　　爱尔兰的提案（资料来源40）重申了其在第四期会议上提出的爱尔兰模式（见上文76.7段），将非正式综合协商案文的第七十六条作为第1款。

　　第二委员会主席在向全体大会报告时，对此解释道：

　　　　15.……在讨论过程中，各国注意力都集中于只在更准确界定大陆架外部界限的模式，而不是200海里以外大陆架上的开发应缴付的费用和实物问题……

　　　　16.……如果对具有超过200海里大陆架的国家对此拥有的权利予以承认，那么就会与圆满解决缴付费用和实物问题、与解决内陆国和地理不利国所面临的问题产生联系，他感到会达成一个可能的折中方案。㊱

㉟　A/CONF. 62/62（1978年），第5段，第（6）项，正式记录，第十卷第6、7页。还可见上文 Intro. 19 和 VI. 13；Volume I，第94、97页。

㊱　见第94次全体会员（1978年），第15、16段，正式记录，第九卷第23页。内陆国和地理不利国提出的问题在第四磋商小组得到解决（见上文69.10段和70.9段）。

主席的正式报告对非正式提案进行了讨论，指出：

6. ……所谓的爱尔兰模式的特征之一……就是无论大陆边扩展到 200 海里以外多远都应当予以采纳，确定大陆边外缘的两个标准，都应当以大陆坡脚作为起点。第一个标准以沉积岩厚度为基础，通过连接最外各定点划定大陆架外部界线，每一定点上沉积岩厚度至少为从该点至大陆坡脚最短距离的百分之一。

7. 另一个提案是第六磋商小组讨论的一个主要议题，由苏联提出。该提案将水下陆地领土的自然延伸限制在 200 海里经济区以外 100 海里。换句话说，如果大陆边没有延伸至 200 海里经济区范围以外，那么大陆架的边缘即为经济区的外部界限。如果大陆边的外缘延伸至 200 海里经济区外部界限以外不足 100 海里，那么沿海国的大陆架将根据以可靠科学为基础的地质和地形地貌数据来确定。最后，如果大陆边超过 200 海里经济区外部邻接的 100 海里范围，那么大陆架的边缘应该确定为从经济区外部界限量起向外 100 海里的距离。换句话说，在本提案限制下，距离标准将确定大陆边的最大可能范围。

8. 尽管对此作出努力，但是对这一重要问题达成广泛的一致意见似乎不太可能。会议的讨论都集中于第七十六条中大陆架概念的明晰，这当然是该问题最重要的方面。我应该补充一下，秘书处根据委员会要求提出的案文，即文件 A/CONF. 62/L. 98 以及 Add. 1 和 2，有助于对该问题的讨论。

9. 我仍然相信对拥有超过 200 海里的大陆架国家权利的承认、(非正式综合协商案文) 第八十二条规定的缴付费用和实物的制度，以及内陆国和地理不利国关切的解决三者构成了第二委员会就该问题达成广泛协议的核心要素。[37]

阿拉伯国家集团提出的一项非正式提案详细阐述了肯尼亚和突尼斯代表较早时候的声明（见上文 76.5 段，注释 9），内容为：

沿海国的大陆架包括其领海以外依其陆地领土自然延伸至从测算领海宽度的基线量起 200 海里距离的海底区域的海床和底土。

该提案反映了对大陆架管辖权延伸至 200 海里以外范围的持续反对。

---

[37] A/CONF. 62/RCNG/1（1978 年），第二委员会主席在全体会议上的报告，第 6 – 9 段，正式记录，第十卷第 13、83、84 页。还可见第 94 次全体会议的主席声明（1978 年），第 14 – 16 段，正式记录，第九卷第 23 页。

斯里兰卡代表提出，该国已经接受了爱尔兰模式的理念，但是对于其适用还存在困难。斯里兰卡的观点是，将距离和沉积层/厚度标准相结合：

> 只有当大陆边急剧变薄时才能取得公平的结果。如果像有些国家如斯里兰卡的大陆边范围广、厚度大，可能会导致不公平。[38]

由于这一非典型的特征，斯里兰卡代表认为应将其作为严格适用爱尔兰模式的例外情况。斯里兰卡的立场获得大量支持。

76.11. 在1978年第七期后期会议上，第二委员会主席（同时也是第六磋商小组的主席）对第六磋商小组的工作进行总结，内容如下：

> 第六磋商小组……继续致力于大陆架外部界限的定义以及200海里以外大陆架上开发缴付费用和实物的问题。小组在第七期后期会议期间共召开了7次非正式会议。开展的工作在性质上与前一期会议上非常相似；也就是说，虽然进行了积极的讨论，但是不可能达成一项广泛的协议……各国声明集中于外部界限问题，一些代表团第一次对这一问题声明立场。我们在小组内讨论的建议包括：爱尔兰模式，文件NG6/1；苏联提案，文件C.1/Informal Meeting/14，以及阿拉伯国家集团的提案，文件NG6/2，该集团的提案主张大陆架的最大范围为200海里。在工作的最后阶段，一个代表团提出了一项非正式建议，包括接受所谓的爱尔兰模式，修改非正式综合协商案文第八十二条关于200海里外大陆架上开发需缴付的费用和实物的规定。总之，我在此愿意重申我在全体会议上所做的上一个报告，关于解决这一问题的要素以及在第二委员会就此达成广泛一致非常重要。[39]

主席提到的"一个代表团"的非正式建议指塞舌尔（资料来源42）提交的一项提案，它对爱尔兰模式表示支持。该提案还对第八十二条进行了修改（见下文82.8段），指出这两个条款（第七十六条和第八十二条）是"不可分割的"，必须对此同时达成一致。

76.12. 在1979年第八期会议上，根据第七期会议的要求，国际海洋学委员会向第二委员会提交了一份关于为《联合国海洋法公约》提供大比例尺海图含义和困难的报告。[40] 该报告——已作为本评注的附件——向海洋法会议提供了关于大陆架外部界限

---

[38]　见第104次全体会议（1978年），第27段，正式记录，第九卷第71页。

[39]　A/CONF.62/RCNG/2（1978年），第二委员会主席在全体会议上的报告，第6段，正式记录，第十卷第126、164页。

[40]　A/CONF.62/C.2/L.99（1979），正式记录，第十一卷第121页［海洋学委员会执行秘书］。秘书处第七期会议提交的初步研究报告，收录在A/CONF.62/C.2/L.98 and Add. 1–3，正式记录，第九卷第189页。

定义的主要提案的重要科学视角。

第六磋商小组召开了 6 次非正式会议，继续对此问题进行讨论。提交了一些对于爱尔兰模式的修正案。丹麦代表（资料来源 43）提出了一项提案，建议第 2 款中"包括沿海国陆块没入水中的延伸部分"替换为"沿海国的"。理由是第 1 款已经将大陆架定义为"沿海国陆地领土的自然延伸至大陆边外缘"。随该提案一并提出的解释说明指出，现有的第 2 款内容含糊不清，

> 因为该条款是一项解释说明，第 2 款里的"延伸"与第 1 款"自然延伸"的表述相似，结果大陆边的概念与法律意义上的大陆架也相似。在大多数情况下，沿海国可以主张对作为法律意义上的大陆架的包括陆架、陆坡、路基在内的大陆边的权利。但是在现有国际法限制下，沿海国并不能在所有情况下都可以主张对整个大陆边的权利。在具体的案件中，沿海国是否能够主张对整个大陆边的权利取决于该区域的根本上的地质连续情况，这是在大陆架定义中"自然延伸"概念的精髓。在一些情况下，根本的地质连续可能被一个重要的物理特征中断（例如足够巨大的海沟）。在现有国际法限制下，正是该特征而不是大陆边的外缘构成了法律意义上大陆架的界限。

> 该修正案提出上述建议出于避免改变原有国际法的意图，原国际法规定沿海国主张的大陆边即为大陆架，没有任何保留，同时忽略没入水中的地质结构的所有不连续情况，不论这些不连续情况有多重要。

斯里兰卡代表（资料来源 44）也提交了一项对爱尔兰模式的修正案，建议增加一个新的条款 3（c），内容为：

> （c）当大陆边的大陆坡脚到测算领海宽度的基线的平均距离不超过……海里，以及大陆基下面的沉积岩具有更大厚度，那么大陆边的外缘即根据第 4 款确定的连接各定点的连线确定，每一定点的沉积岩厚度不少于大陆边外缘沉积岩的最小厚度，则适用本款的前项规定。

还有代表团对第 5 款提出了新的提案，即：

> 5. 沿海国可以根据本条第 3 款规定的任何方法确定大陆边的外部界限，或根据大陆边的不同情况适当对各方法予以结合。

综合来看，这些建议的条款提出了斯里兰卡大陆边的具体情况。[41]（后来收入最后文件的附件二。见下文对最后文件附件二的评注。）

苏联代表（资料来源45）提出了一项提案，建议对本条进行一些修改。首先，增加一个新的第1款，即：

> 1 之二沿海国大陆架在任何情况下都不能扩展至超过本条第3款和3之二所规定的界限。

该提案强调对大陆架应当有一个最大界限，适用于"任何情况"。

苏联的提案还对第2款进行了修改，指出大陆边不包括"水下洋脊及其底土"。对第2款的修改提出了一个重要问题，即对大陆架的管辖权扩展至海底洋脊多远的距离，海底洋脊可能被认为是沿海国自然延伸的一部分。

进而，随着新的第1款的提出，提出了新的第3款，内容如下：

> 3 之二组成按照第4款（a）项和（b）项划定的大陆架在海床上的外部界线各定点，不应超过与200海里专属经济区外部界限相一致的从海床上的界线量起100海里，或不应超过连接2 500米深度各点的2 500米等深线60海里。

此外，还提出了新的第5款，内容为：

> 5. 200海里专属经济区以外大陆架界限的情报应由沿海国提交根据附件……在公平地区代表制基础上成立的大陆架界限委员会。委员会应就有关划定大陆架外部界限的事项向沿海国提出建议，沿海国在这些建议的基础上划定的大陆架界限应有确定性和不可变更性。

大陆架界限的确定要"考虑"（而不是以此为基础）委员会的建议，且具有"确定性和不可变更性"（不是"确定性和拘束力"）。

苏联代表的提案对于寻求大陆架外部界限问题的解决迈出了有意义的一步。新增加的第3款在距离标准的基础上增加了水深标准，这在较早时候苏联的提案（资料来源39）中也有体现。一些宽大陆架国家认为其较早的提案过于严格。新的提案则包括了两个标准——距离（不应超过与200海里专属经济区外部界限相一致的从海床上的

---

[41] 斯里兰卡在第七期全体会议上提出了这一问题（见上文76.10段），对其关于爱尔兰模式的立场进行了具体解释。Aide Memoire（［1979年］，油印）（斯里兰卡）。《第三次联合国海洋法会议文件集》第九卷第514页。

界线量起100海里）和水深/距离的结合（不超过2500米等深线60海里）。第5款接受了大陆架界限委员会的作用。

第六磋商小组主席于是提交了折中后的对于第七十六条（资料来源18）的建议，内容为：

大陆架的定义

1. 沿海国的大陆架包括其领海以外依其陆地领土的全部自然延伸，扩展到大陆边外缘的海底区域的海床和底土，如果从测算领海宽度的基线量起到大陆边的外缘的距离不到200海里，则扩展到200海里的距离。

增加1. 沿海国的大陆架不应扩展到下面第3款和增加的第3款所规定的界限以外。

2. 大陆边包括沿海国陆块没入水中的延伸部分，由陆架、陆坡和陆基的海床和底土构成，它不包括深洋洋底及其底土。*

3. 为本公约的目的，在大陆边从测算领海宽度的基线量起超过200海里的任何情形下，沿海国应以下列两种方式之一，划定大陆边的外缘：

（a）按照第4款，以最外各定点为准划定界线，每一定点上沉积岩厚度至少为从该点至大陆坡脚最短距离的百分之一；或

（b）按照第4款，以离大陆坡脚的距离不超过60海里的各定点为准划定界线。**

在没有相反证明的情形下，大陆坡脚应定为大陆坡坡底坡度变动最大之点。

增加3. 组成按照第3款（a）和（b）项划定的大陆架在海床上的外部界线各定点，不应超过从测算领海宽度的基线量起350海里，或不应超过连接2 500米深度各点的2 500米等深线100海里。

4. 沿海国的大陆架如从测算领海宽度的基线量起超过200海里，应连接以经纬度坐标标出的各定点划出长度各不超过60海里的若干直线，划定其大陆架的外部界限。

5. 从测算领海宽度的基线量起200海里以外大陆架界限的情报应由沿海国提交根据附件……在公平地区代表制基础上成立的大陆架界限委员会。委员会应就有关划定大陆架外部界限的事项向沿海国提出建议，沿海国考虑这些建议划定的大陆架界限应有确定性和拘束力。

---

* 关于海底洋脊的问题还要另外进行讨论，起草可互相接受拟纳入第七十六条的规定，对此各方已经达成了广泛的谅解。

** 斯里兰卡代表团提出的采用另外的界定方法适用于其地质和地形地貌条件的建议得到了广泛的共鸣。但是该问题已经留待海洋法会议的下一期会议来进行磋商。

6. 沿海国应将永久标明其大陆架外部界限的海图和有关情报，包括大地基准点，交存于联合国秘书长。秘书长应将这些情报妥为公布。

7. 本条的规定不妨害海岸相向或相邻国家间大陆架界限划定的问题。

案文的脚注表明关于水下洋脊问题和斯里兰卡的提案已经取得了某些一致，但是还需要在下一期会议上进一步讨论

这是第一个规定了大陆架定义的实质性案文，包括了大部分随后纳入第七十六条的要素。案文的基础就是爱尔兰提案模式。增加的第 1 款和第 5 款采用了苏联提案的提案，但是第 5 款最后的用词改为"有拘束力"（替换"不可改变"）。增加的第 3 款结合了距离和水深标准，规定大陆架外部界限的最远距离是从基线量起 350 海里，或者 2 500 米等深线以外 100 海里。

第二委员会主席在报告中指出，此案文是第六磋商小组中许多最积极参与磋商的代表团密集磋商的结果。虽然有些代表团对此持保留或反对意见，但是他希望这些代表团理解这些磋商是开放的，他们仍旧有机会在将来某个阶段提出他们的意见。他进一步阐述道：

（a）确定增加的第 3 款规定的距离的起始线的问题，也就是说，是测算领海宽度的基线还是专属经济区的外部界限，仍然是一个有争议的问题，需要进一步磋商。

（b）从大陆架问题的磋商和讨论来看，科学研究问题在关于沿海国管辖权与其他国家间的全面和解中是一个重要的因素，对我来说这是很清楚的。从我主持的讨论中判断，我相信我正在介绍的模式获得最终接受将取决于这个问题的解决。因此，我希望第三委员会能够找到一个关于大陆架上科学研究的适当模式，以便获得令所有有关代表团满意的结果。㊷

同时，主席的案文包括了增加内容的第七十八条和第八十二条的提案（具体见下文 78.7 和 82.9 段）。这些提案旨在（i）确保沿海国所扩展的对大陆架的管辖权不会对其他国家的权利和自由造成侵害或不当干扰；（ii）就沿海国从 200 海里以外大陆架上的开发需缴付的费用和实物比例达成广泛一致。

主席的案文获得了广泛的支持，该案文连同脚注已被纳入非正式综合协商案文第一修订稿（资料来源 17）。该案文内容为：

㊷　A/CONF. 62/L. 38 (1979)，第 9 段，正式记录，第十一卷第 101 页（第二委员会主席）。关于第三委员会达成的解决办法见本丛书第六卷，第 515 页，第 246.15 段和 246.16 段。[本声明的英文版，（a）项已经不准确了，是从西班牙原版翻译过来的。]

大陆架的定义

1. 沿海国的大陆架包括其领海以外依其陆地领土的全部自然延伸，扩展到大陆边外缘的海底区域的海床和底土，如果从测算领海宽度的基线量起到大陆边的外缘的距离不到 200 海里，则扩展到 200 海里的距离。

2. 沿海国的大陆架不应扩展到第 4 至第 5 款所规定的界限以外。

3. 大陆边包括沿海国陆块没入水中的延伸部分，由陆架、陆坡和陆基的海床和底土构成，它不包括深洋洋底及其底土。[*]

4.（a）为本公约的目的，在大陆边从测算领海宽度的基线量起超过 200 海里的任何情形下，沿海国应以下列两种方式之一，划定大陆边的外缘：

（i）按照第 6 款，以最外各定点为准划定界线，每一定点上沉积岩厚度至少为从该点至大陆坡脚最短距离的 1%；或

（ii）按照第 6 款，以离大陆坡脚的距离不超过 60 海里的各定点为准划定界线。^{**}

（b）在没有相反证明的情形下，大陆坡脚应定为大陆坡坡底坡度变动最大之点。

5. 组成按照第 4 款（a）项（i）和（ii）目划定的大陆架在海床上的外部界线各定点，不应超过从测算领海宽度的基线量起 350 海里，或不应超过连接 2 500 米深度各点的 2 500 米等深线 100 海里。

6. 沿海国的大陆架如从测算领海宽度的基线量起超过 200 海里，应连接以经纬度坐标标出的各定点划出长度各不超过六十海里的若干直线，划定其大陆架的外部界限。

7. 从测算领海宽度的基线量起 200 海里以外大陆架界限的情报应由沿海国提交根据附件在公平地区代表制基础上成立的大陆架界限委员会。委员会应就有关划定大陆架外部界限的事项向沿海国提出建议，沿海国考虑这些建议后划定的大陆架界限应有确定性和拘束力。

8. 沿海国应将永久标明其大陆架外部界限的海图和有关情报，包括大地基准点，交存于联合国秘书长。秘书长应将这些情报妥为公布。

9. 本条的规定不妨害海岸相向或相邻国家间大陆架界限划定的问题。

[*]　关于海底洋脊的问题还要另行讨论，将起草可互相接受的拟纳入第 76 条的规定，对此各方已经达成了广泛的谅解。

^{**}　斯里兰卡代表团提出的采用另外的界定方法以适用于其地质和地形地貌条件的建议得到了广泛的共鸣。但是该问题已经留待海洋法会议的下一期会议来进行磋商。

除了对各条款进行重新编号，主席案文唯一的修改是第 5 款（在主席案文中是增加的第 3 款）在用词方面的变化，强调了可以采用距离"或者"水深来明确大陆架的外部界限。

76.13. 在第八期后期会议上，第六磋商小组成立了由 38 国参加的小规模磋商小组，该小组研究以下问题：（ⅰ）大陆架的外部界限；（ⅱ）200 海里以外大陆架上的开发需缴付的费用和实物（第八十二条）；（ⅲ）海底洋脊；（ⅳ）大陆架界限委员会（包括其权限）；（ⅴ）斯里兰卡问题。[43]

关于第一个问题，第六磋商小组主席提出"虽然一些代表团宣称希望继续磋商以达成广泛的一致，但是他们还是倾向于扩展至 200 海里"。[44] 磋商组审查了涉及海底洋脊复杂问题的几个提案。苏联（资料来源 46）的提案建议第 5 款最后增加以下内容"但是，在海底洋脊上的大陆架外部界限不应超过 350 海里。"（这与苏联代表较早的提案是一致的，建议确定大陆架外部界限的最远距离。）

另一个非正式的提案由 10 个国家（资料来源 48）提出，为第 5 款的目的，将海底洋脊定义为"狭长的由洋壳形成的海底高地，在这种洋脊地区的大陆架的外部界限不能超过……350 海里。"也就是说，海底洋脊上的大陆架外部界限不能超过 350 海里。

保加利亚代表（资料来源 49）在一项非正式提案中也提出了海底洋脊问题。它建议第 5 款在"或者"后面插入"根据大陆架不能拓展至海底洋脊区域。"采用水深与距离相结合的标准，海底洋脊并不是 200 海里以外大陆架拓展的基础。

关于海底洋脊的问题，日本代表（资料来源 50）的提案建议第 3 款增加"或者由洋壳构成的洋脊"。那么最后一句就改为"它不包括深洋洋底及洋壳形成的洋脊也不包括其底土。"

新加坡代表（资料来源 51）在提案中建议删除第 5 款中的距离/水深标准，即以大陆架扩展至 2500 米等深线外 100 海里的可能性为准。关于第 7 款规定的大陆架界限委员会的权限，新加坡建议由沿海国确定的大陆架界限应当"遵照"（而不是"考虑"）委员会的建议，虽然沿海国可以经与委员会协商或征得委员会同意改变这些建议（而不是说这些界限具有"确定性和拘束力"）。

斯里兰卡代表（资料来源 47）为第 4 款（a）项提出了一个新的（ⅲ）目，强调大陆边的特殊情况。该提案为：

（ⅲ）一国根据本款前述规定所确定大陆边最大允许距离的外缘的沉积岩厚度的数学平均值应至少为 3.5 公里。当超过一半的大陆边位于划定的大陆

---

[43] A/CONF.62/L.42（1979 年）第 8 段（第二委员会主席），收录在 A/CONF.62/91（1979 年），正式记录，第十二卷第 71、92 页；NG6/19（1979 年）（第六磋商组主席），同上，第 106 页。

[44] NG6/19，同上。

架外缘以外,那么根据第 6 款规定参考最外各定点为准划定界线,每一定点上沉积岩厚度至少为 0.8 公里。

该模式是为了处理斯里兰卡的特殊地质和地形地貌情况,但是斯里兰卡要求在磋商过程中不与其他代表团对此进行审查。(该提案后收录在最后文件的附件二中(见下文 FA. A. II. 4 节))。

中国代表(资料来源 52)建议对第七十六条第 1 款进行修改,指出陆地领土的自然延伸扩展的"界限不超过"大陆边外缘。中国代表还建议第 3 款"由……构成"前增加"通常情况下"加以限制。

伊斯兰国家集团遵守年初其成员会议的建议,支持阿拉伯国家集团的提案(见上文 76. 10),将大陆架自然延伸的界限限制在 200 海里。[45]

76. 14. 在 1980 年第九期会议上,第六磋商小组继续对这些问题进行讨论。宽大陆架国家集团(资料来源 53)建议修改第七十六条第 3 款,规定大陆边应当包括海底高地,但不包括深洋洋底的洋脊。澳大利亚是该集团的成员之一,提出了相似的提案(资料来源 54),列出"海台、海隆、暗滩和坡尖"作为大陆边的海底高地的例子。苏联(资料来源 55 和资料来源 56)的提案建议修改第 3 款,规定大陆边不包括"深洋洋底及其洋脊、海山、平顶山和任何其他不在大陆边上的海底高地,也不包括洋底的底土。"该提案还建议第 5 款增加 2 款,内容为:

> 虽有第 5 款的规定,在海底洋脊以及现有第 3 款规定以外的海底高地上的大陆架,其外部界限不应超过从测算领海宽度的基线量起 350 海里。

第六磋商小组主席(资料来源 57)提出了一项关于海底洋脊问题的折中提案。该提案建议第 3 款最后一句改为:"它不包括深洋洋底及其洋脊,也不包括其底土"。此外,提出了一个新的第 5 款,内容为:

> 虽有第 5 款的规定,在海底洋脊上的大陆架外部界限不应超过从测算领海宽度的基线量起 350 海里。本款规定不适用于作为大陆边自然构成部分的海台、海隆、海峰、暗滩和坡尖等海底高地。

第二委员会主席对这些磋商情况进行了报告,提出关于海底洋脊和海底高地以及其他与第七十六条相关问题的折中建议。[46] 关于大陆架界限委员会的权限问题——更确

---

[45] 见 A/CONF. 62/86 (1979),part A,item 4,正式记录,第十二卷第 68、69 页(伊斯兰国家集团主席)。

[46] A/CONF. 62/L. 51 (1980),第 4 – 7 段,正式记录,第十三卷第 82 页。

切的说是委员会建议的地位问题——建议第 7 款最后一句改为："沿海国在这些建议的基础上划定的大陆架界限应有确定性和拘束力。"在该案文中，"在……的基础上"的表述代替了"考虑"一词。

斯里兰卡代表建议的有关界定方法的例外情况需要进行深入讨论。主席报告指出该建议将由海洋法会议主席通过谅解声明的方式予以协调，并纳入最后文件的附件二中（具体见下文 FA. A. II. 5）。

在其报告中，第二委员会主席概括提出了关于阿拉伯国家集团正在讨论问题的立场，指出，他们

> 同意大陆架拓展至 200 海里以外；大陆架的拓展必须以距离标准为基础；需要对缴付费用和实物的问题进行审核（第八十二条）。[47]

对于主席的案文可能会出现两种意见。第一，一些代表团对第 7 款中"在……基础上"代替"考虑"持保留立场。第二，某些代表团作出声明，试图阐明新的第 5 款的内涵。丹麦代表将"大陆边自然构成部分的海底高地"解释为"与沿海国陆地领土从根本上具有相同地质结构的海底高地"。[48]冰岛提出它"理解关于海底洋脊的新规定的意思是 350 海里界限标准适用于作为沿海国陆块延伸的洋脊。"[49]

与此一脉相承，美国代表就楚克齐海台及其构成高地提出以下声明：

> ［美国］支持第二委员会主席报告中包含的大陆架建议，该建议基于认识到它得到认可——据其所知对其没有相反的解释——这些地理特征例如楚克齐海台及其构成高地不能被视为洋脊，建议的第七十六条第 5 款的最后一句包含这一特征。[50]

第六磋商小组的第二委员会主席建议对第七十六条规定一种折中的模式，并附在主席报告的后面（资料来源 20）。非正式综合协商案文第二修订稿（资料来源 21）中第七十六条逐字逐句采纳了这些规定，即：

大陆架的定义

1. 沿海国的大陆架包括其领海以外依其陆地领土的全部自然延伸，扩展到大陆边外缘的海底区域的海床和底土，如果从测算领海宽度的基线量起到大陆边的外缘的距离不到 200 海里，则扩展到 200 海里的距离。

---

[47] 同上，第 7 段。

[48] 见第 126 次全体会议（1980 年），第 96 段，正式记录，第十三卷第 17 页。

[49] 见第 128 次全体会议，第 58 段，同上，第 36 页。

[50] 同上，第 156 段，第 43 页。

2. 沿海国的大陆架不应扩展到第 4 至第 6 款所规定的界限以外。

3. 大陆边包括沿海国陆块没入水中的延伸部分，由陆架、陆坡和陆基的海床和底土构成，它不包括深洋洋底及其洋脊，也不包括其底土。

4. （a）为本公约的目的，在大陆边从测算领海宽度的基线量起超过 200 海里的任何情形下，沿海国应以下列两种方式之一，划定大陆边的外缘：

（i）按照第 7 款，以最外各定点为准划定界线，每一定点上沉积岩厚度至少为从该点至大陆坡脚最短距离的 1%；或

（ii）按照第 7 款，以离大陆坡脚的距离不超过 60 海里的各定点为准划定界线。

（b）在没有相反证明的情形下，大陆坡脚应定为大陆坡坡底坡度变动最大之点。

5. 组成按照第 4 款（a）项（i）和（ii）目划定的大陆架在海床上的外部界线各定点，不应超过从测算领海宽度的基线量起 350 海里，或不应超过连接 2 500 米深度各点的 2 500 米等深线 100 海里。

6. 虽有第 5 款的规定，在海底洋脊上的大陆架外部界限不应超过从测算领海宽度的基线量起 350 海里。本款规定不适用于作为大陆边自然构成部分的海台、海隆、海峰、暗滩和坡尖等海底高地。

7. 沿海国的大陆架如从测算领海宽度的基线量起超过 200 海里，应连接以经纬度坐标标出的各定点划出长度各不超过 60 海里的若干直线，划定其大陆架的外部边界。

8. 从测算领海宽度的基线量起 200 海里以外大陆架界限的情报应由沿海国提交根据附件二在公平地区代表制基础上成立的大陆架界限委员会。委员会应就有关划定大陆架外部界限的事项向沿海国提出建议，沿海国在这些建议的基础上划定的大陆架界限应有确定性和拘束力。

9. 沿海国应将永久标明其大陆架外部界限的海图和有关情报，包括大地基准点，交存于联合国秘书长。秘书长应将这些情报妥为公布。

10. 本条的规定不妨害海岸相向或相邻国家间大陆架界限划定的问题。

增加的第 6 款对"洋脊"、"海底洋脊"和"海底高地"进行了区分。它规定了沿海国在海底洋脊上的大陆架能够扩展的距离限制（350 海里），还规定这一限制不适用于"大陆边自然构成部分的海底高地"（见下文 76.18（i））。第 8 款要求沿海国"在大陆架委员会建议的基础上"划定的大陆架界限。此外，非正式综合协商案文第二修订稿首次带有一个附件（附件二），规定了委员会的地位和功能（见下文 A. II. 7）。出现在非正式综合协商案文第一修订稿中的脚注在这一稿中也去掉了。该案文把对第 3 款和第 6 款就洋脊和海底高地问题的修改，以及斯里兰卡问题在会议期间所达成的谅解也反映了进去。

76.15. 在 1980 年第九期后期会议上，德意志联邦共和国代表（资料来源 58）提出提案对第 8 款关于大陆架界限委员会的问题进行修改。该提案建议强化委员会的地位，规定委员会对划定大陆架界限的"决定"应有确定性和拘束力。（非正式综合协商案文第二修订稿中的第 8 款指出委员会对沿海国提出"建议"；沿海国在这些建议的基础上划定的大陆架界限应有确定性和拘束力。）德意志联邦共和国代表对附件二第 3 款也相应地提出了修改提案（见下文 A. II. 8）。关于第 8 款的提案没有被接受，非正式综合协商案文第三修订稿的第七十六条原封照搬了第二稿的规定。

76.16. 在 1981 年第十期后期会议上，根据起草委员会的建议（资料来源 25 至资料来源 28），许多起草用词方面的修改也纳入了《公约草案》第七十六条（资料来源 23）。这些修改包括：第 7 款由"外部界限"代替"海上边界"；第 8 款由更精确的表述"从测算领海宽度的基线量起 200 海里"代替"200 海里专属经济区"；第 10 款由"海岸相向或相邻国家"代替"相向或相邻国家"。对第 8 款的修改反映了海洋法会议和《公约》都不会使用涉及专属经济区的语言。

76.17. 在 1982 年第十一期会议上，中国代表（资料来源 59）重申了其早期提案，对第 1 款和第 3 款进行修改（见上文 76.13 段）。英国代表（资料来源 24）建议第 8 款的"在……基础上"替换为"考虑"，恢复其在非正式综合协商案文第一修订稿中的用词。[51] 这些提案都没有被采纳。

除起草委员会建议中的措辞修改外，第七十六条内容保持不变（资料来源 29 和资料来源 30）。

76.18（a）. 第七十六条包含对大陆架的法律定义。这一新定义是大陆架的法律概念，而不是科学意义上的定义——不是 1956 年国际法委员会所起草的条款中所采用的方法。[52] 在法律意义上，"大陆架"一词适用于领海以外在国家管辖范围内的任何

---

[51] 这个正式修改意见在第 168 次全体会议（1982 年）上提出，第 57 段，正式记录，第十六卷第 91 页。根据进一步的讨论，会议主席指出不会通过投票方式决定是否接受该修改建议，第 174 次全体会议，第 50 段，ibid. 129。

[52] 国际法委员会对大陆架定义的评注包括以下解释性声明：

（5）"大陆架"一词的意义在某种程度上不同于该术语的地理概念。科学家对这一术语的各种使用，其本身对采用地理概念作为这一问题法律规定的基础造成了一种障碍。

……

（7）当在某种程度上采用大陆架的地理标准作为这一术语的法律定义基础，委员会无法主张通常理解的地理上的大陆架的存在对于沿海行使权利至关重要。

国际法委员会涉及其第八期会议的报告（A/3159），第六十七条评注，第（5）段和第（7）段，《国际法委员会年鉴 II》，1956 年，第 253、297 页。

对第七十六条的具体讨论，见联合国法律事务办公室、海洋事务与海洋法司，《大陆架定义：对联合国海洋法公约相关规定的审查［草案］》（1993 年）。

海床和底土。地质学上的定义则将大陆架描述为扩展至大陆坡边缘的地理特征。第七十六条将这一概念进行了扩展，包括陆地领土自然延伸至大陆边外部界限——根据第 3 款规定，"大陆边"包括陆架、陆坡、陆基，这些都是分开的可确定的地形地貌特征。从科学观点来看，200 海里的距离标准也是一个法律的抽象概念。

76.18（b）． 第 1 款规定了大陆架由沿海国领海以外的海床和底土构成，包括（a）陆地领土的全部自然延伸，扩展至大陆边外缘；或（b）"如果从测算领海宽度的基线量起到大陆边的外缘的距离不到 200 海里"，则扩展到 200 海里的距离。第一个要素是以地形地貌标准为基础，要求对大陆边外缘进行界定。第 3 款和第 6 款规定了大陆架定义以及确定外缘的标准。第二个因素是距离标准。它强调沿海国的大陆架至少拓展至从基线量起 200 海里，而不论地质或地形地貌特征如何[53]——也就是专属经济区的最大范围。（关于第七十六条内容的图解见图 1。）

（本图表及相关特征见图 2。）

76.18（c）． 第 2 款指出沿海国大陆架在海上的拓展是有限度的。该条款再次向有关国家明确沿海国对大陆架管辖范围的扩展，其对管辖权是有限制的。第 4~6 款对这些限制进行了规定。[54] 就此而言，第 2 款只涉及从基线量起超过 200 海里的大陆架。这与第一三七条确定的规则是一致的，该条规定"任何国家不应对'区域'的任何部分或其资源主张或行使主权或主权权利。"

第 2 款规定体现了对大陆架外部界限进行妥协的因素。这种妥协还包括了关于从基线量起 200 海里以外大陆架上的开发的收益分享制度（见上文 76.12 段）。

76.18（d）． 第 3 款对大陆边进行了规定，从地形地貌学角度看，由沿海国陆块没入水中的延伸部分的"陆架、陆坡和陆基组成"。在地质学术语中，国际水道测量组织对陆坡和陆基进行了规定，内容如下：

"大陆坡"是位于陆架和陆基之间的大陆边的一部分。陆坡可能不是一直平缓或陡峭的，局部地区可能呈现出阶梯状。坡度通常大于 1.5 度。

"大陆基"是位于陆坡和深洋洋底之间的大陆边的一部分。它通常坡度最大为 0.5 度，具有由沉积物构成的平坦表面。[55]

---

[53] 国际法院对大陆架的法律名称进行了相似的解释。大陆架案件（利比亚阿拉伯共和国诉马耳他），1985 年国际法院报告 13、35，第 39 段。

[54] 对这些规定的具体讨论见 V. E. Mckelvey，"对《联合国海洋法公约》第三部分大陆架定义的解释" D. M. Johnston and N. G. Letalik（eds.），《海洋法与海洋产业：新的机遇与限制》，《1982 年海洋法研究所论文集》，第 465 页。

[55] 国际水道测量组织，《1982 年联合国海洋法公约技术手册》，特刊，No. 51（1990），第 4、12-13 页［以下简称 IHO 手册］。还可见联合国海洋事务与海洋法办公室，《基线：联合国海洋法公约相关规定的审查》附件 I（技术术语词汇表），第 47、53 页（UN Sales No. E. 88. V. 5°（1989））［以下简称《基线……》]。

大陆架界限向海方向的进一步扩展不能超过下述任何一种情况

或

陆地领土的自然延伸扩展至大陆边外缘(1)

从基线量超过200海里(1)

大陆边不包括深洋洋底及其洋脊(3)

大陆边包括陆块没入水中的延伸部分，由陆架、陆坡、陆基构成。(3)

沿海国可以连接各定点的直线（不超过60海里）划定大陆边外缘(7)

或

每一定点沉积岩厚度最少为该点到坡脚距离的1%（4（a）(i)）

离大陆坡脚的距离不超过60海里（4（a）(ii)）

只要

这些定点没有超过

或

2 500米等深线以外100海里（5）

从基线量起350海里（6）

除非

如果海底洋脊并不是作为大陆边自然构成部分的海台、海隆、海峰、暗滩和坡尖等海底高地，那么适用350海里（6）

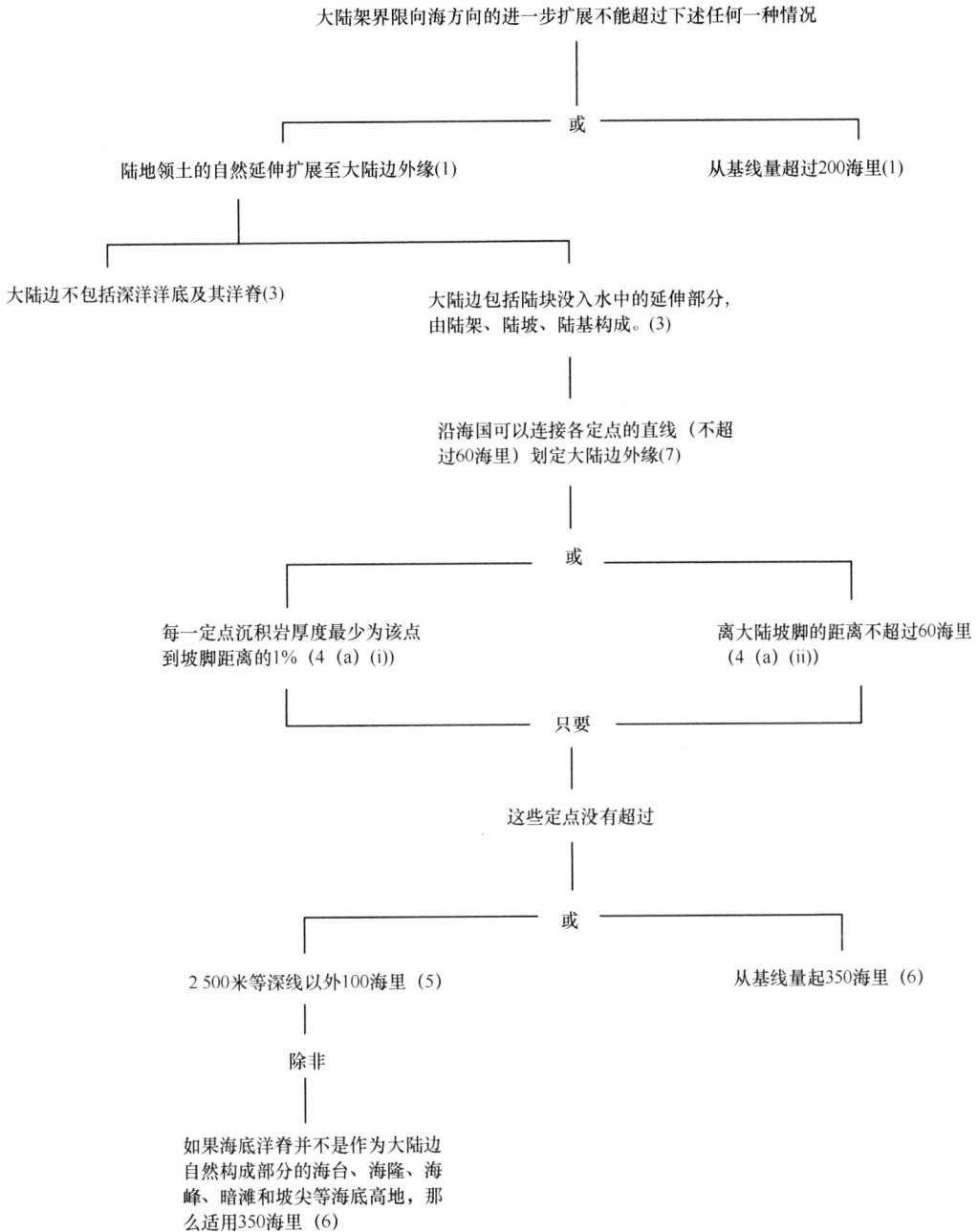

图1　第七十六条图表*

* 改编自 B. H. Oxman，"《联合国海洋法公约》1980 年第九期会议" 75 Am. J. Int' l L. 211、229（1981 年）。括号中的数字是指第七十六条各款的序号。距离为海里。

第3款也指出，除了科学上的考虑，大陆边不包括深洋洋底及其洋脊，也不包括其底土。对这些地质构造的排除是对大陆架拓展问题相互妥协的一部分。因此，洋脊

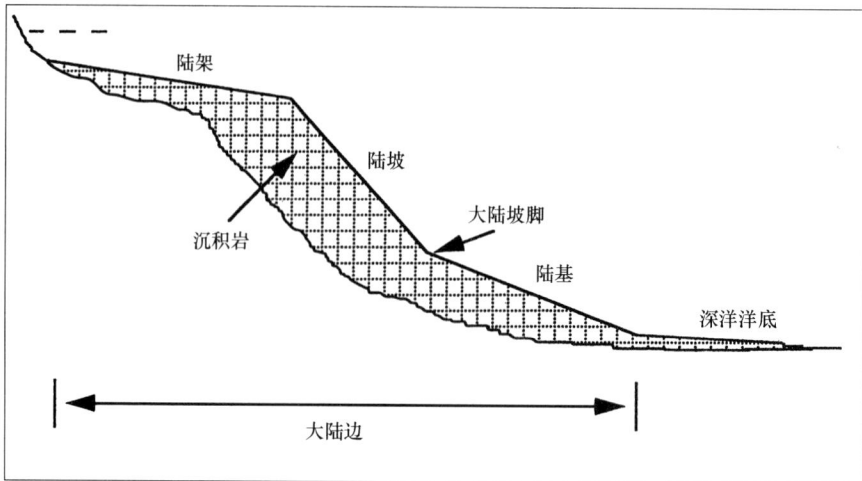

图2 大陆边示意图（第七十六条（3）款）
（图中文字根据《公约》七十六条表述翻译）

不能用来作为大陆架扩展至200海里以外的基础。这一点来自于第1款，第1款把大陆架定义为陆地领土自然延伸扩展至大陆边外缘。国际海道测量组织对"洋脊"的定义是：

深洋洋底的两边陡峭、地形起伏或平缓的长的隆起。

国际海道测量组织对"深洋洋底"的描述是：

位于大陆边以外、深洋底部的具有洋脊的表面。⑯

76. 18（e）. 第4款规定了沿海国确定大陆边外缘的标准，该款也适用于沿海国任何时候意图确定200海里以外大陆边外部界限的情况（参见附件二第四条）。在这种情况下，该款赋予沿海国适用第（a）项（i）或（ii）目所规定标准的义务。第一个标准规定了以大陆基上沉积岩厚度为基础的大陆边最外各定点的确定。大陆边扩展至沉积岩的厚度"最少为该点到坡脚最短距离的1%"。第二个标准规定划定大陆边外缘的各定点"离大陆坡脚的距离不超过60海里"。这两个标准都要求确定大陆坡脚。因此，第4款（b）规定大陆坡脚是"大陆坡底坡度变动最大之点"。"在没有相反证明的情形下"暗示可能会有特殊情况要求采用其他方法确定大陆坡脚。

当沉积岩厚度导致对以第七十六条为基础划定的大陆边外缘不公平的情况，那么

---

⑯ IHO手册，supra note 55，第13、23页；《基线……》，supra note 55，第53页。

就适用第 4 款所规定标准的例外。这种例外是在处理南部孟加拉湾案件中产生的，参考最后文件的附件二关于该地区的内容，"关于采用特殊方法确定大陆边外缘的谅解声明"。（具体见下文对最后文件附件二的评注。）

显示大陆架外部界限的线根据第 7 款，即以"连接以经纬度坐标标出的各定点划出长度各不超过六十海里的若干直线"划定（具体见下文 76.18（j）段）。

从地质学的观点看，确定沉积岩厚度和大陆坡脚存在固有的难度。假定这些困难由大陆架界限委员会（附件二）来解决，在确定法律边界时，有必要为委员会制定解决困难的标准和指导原则。

76.18（f）. 第 4 款（a）（i）目包含通常所指的"爱尔兰模式"。该模式要求确定大陆边的沉积岩厚度，并把对沉积岩厚度的测量与一国大陆架从其大陆坡脚至定点的距离联系了起来。这一模式在几个方面都有意义。它与自然地质特征有关，例如大陆坡脚和大陆边的沉积岩厚度。它还考虑了大陆基宽度和厚度在全球的地质变化。由于大陆基的沉积岩厚度从大陆坡脚起向海逐渐变薄，那么对扩展的陆架的主张自然就受到限制（而不是通过一些地理上的人为设定的标准，如距离或水深）。通过适用这一模式，与沉积岩厚度相关的从大陆坡脚量算距离就确定了大陆边的最外各定点。

实际上，第 4 款（a）（i）目规定了一个比例，即沉积岩厚度与所在地与大陆坡脚距离的最小比例为 1:100（0.01）。例如，如果确定的外部界限距离大陆坡脚 100 海里，那么沉积岩的厚度最少是 1 海里。选择这个数字比例的结果是沿海国将相当一部分大陆基置于其管辖之下。[57]

76.18（g）. 第 4 款（a）（ii）目确定的模式通常指"Hedberg 模式"（见上文 76.6 段，注释 21），但在磋商中已经稍微进行了修改。该模式取决于大陆坡脚的确定以及从大陆坡脚向海扩展距离的量算。Hedberg 模式将大陆坡作为"在世界范围内突出的地形地貌特征"，提供了"划定国家管辖与国际范围准确边界的符合逻辑、公平且急需的指标。"而且：

> 大陆（或岛屿）坡的底部是邻接陆地的部分洋底同属于大洋范围、可能置于国际管辖的洋底之间的重要分界线。陆坡的底部是确定沿海国拓展最小管辖范围的参考性特征。[58]

由于确定大陆坡准确底部存在固有的困难，Hedberg 建议在陆坡底部线以外建立一个边界区域。他把 100 千米作为"技术上边界区域的最小实际宽度"，转变为海里大约

---

[57] 关于爱尔兰模式的具体内容，以及关于大陆架定义早期磋商的进展，见 Piers R. R. Gardiner，《确定法律上的 200 海里外大陆架外部界限的原因和方法》，Int'l Rel. 11－12 Iranian Rev.（1978）第 145、158 页。

[58] Supra note 21，第 3、5 页。

为 60 海里。⑤ 最终形成了第 4 款（a）（ii）目规定的模式。

76.18（h）. 第 5 款规定了根据第 4 款确定大陆架外部界线上各定点的两个标准。一个标准以单一的距离为基础，即该界线不应超过从测算领海宽度量起的 350 海里。第二个标准是该界线不能超过 2 500 米等深线 100 海里。这一模式把距离标准和水深标准结合了起来，可能导致确定的大陆边扩展至从基线量起超过 350 海里。这两种情况都遵守了第 1 款的规定，即沿海国大陆架必须是其陆地领土的"自然延伸"。

76.18（i）. 第 6 款是对第 5 款关于海底洋脊问题适用的限制。该款规定，尽管有第 5 款规定的方法，"在海底洋脊上的大陆架外部界限不应超过 350 海里。"其结果是，沿海国在海底洋脊上不能采用距离 – 水深相结合的标准（2500 米等深线以外 100 海里）将大陆架外部界限扩展至 350 海里。这一限制不适用于"作为大陆边自然构成部分的海底高地"。第 3 款提出的"海底洋脊"既不是大陆边的构成部分，也不是陆地领土的自然延伸。同样的，海底洋脊不能用于将大陆架扩展至 200 海里以外（见上文 76.18（d）段）。

第 6 款没有直接提出"海底洋脊"一词的意义；它把"海底洋脊"同"大陆边自然构成部分的海底高地"区分开。这种区别，连同参考第 3 款对深洋洋底的洋脊的规定，体现出为《公约》目的，可以把海底洋脊描述为沿海国陆地领土自然延伸的一部分，但是并非大陆边的自然构成部分。⑥ 可以把这些洋脊分为两类：一是起源于大陆边、向深海海底区域延伸的洋脊；二是不与大陆连接的、支撑岛链的海底洋脊。⑥

国际水道测量组织对第 6 款所使用的几个术语都进行了描述。国际水道测量组织把海底洋脊描述为：

> 一个狭长的海底隆起，地形或崎岖或平坦，两边陡峭，构成陆地领土的自然延伸。⑥

---

⑤ 60 海里相当于 1 个纬度的宽度。关于海里的普遍信息，见上文 1.27 段。

⑥ Cf. J. -F. Pulvenis, "The Continental Shelf Definition and Rules Applicable to Resources," in R. -J. Dupuy and D. Vignes（eds.）, *A Handbook on the New Law of the Sea* 354（1991）。Pulvenis 曾经是第三次海洋法会议委内瑞拉代表团的成员。

⑥ J. R. V. Prescott, "An analysis of the geographical terms in the United Nations Convention on the Law of the Sea," 第 143 页（1987 年）。还可见联合国法律事务办公室海洋事务与海洋法司, *Definition of the Continental Shelf：An Examination of the Relevant Provisions of the United Nations Convention on the Law of the Sea*［Draft］（1993）。
冰岛主张雷克雅内斯洋脊就属于海底洋脊的第二类，其国内法规定"根据第七十六条，在雷克雅内斯洋脊上的大陆架边界为距离冰岛 350 海里"。见 *Law of the Sea Bulletin* 8, 第 11 – 12 页（1986 年 11 月）。（还可见冰岛在第 128 次全体会议上的声明，supra note 49）。

⑥ IHO *Manual*, supra note 55, 第 29 页；*Baselines*⋯, supra note 55, 第 64 页。

国际水道测量组织还对第 6 款列出的一些海底高地进行了描述，具体如下：

海峰——顶上圆形如帽子般的地理实体。也定义为大片面积的高原或平坦地区，其中一边或多边突然下降。

暗滩——位于大陆架（或岛屿架）上的海床上的高地，其上覆水域深度较浅。

移动沙地、碎石、泥地等的浅水区域，如沙滩、泥滩等。通常对航行构成威胁，出现在相对较浅的水域。

坡尖——从较大地理实体上突出的次一级高地、洋脊或海基。[63]

第 6 款所列举的海底高地，包括高原、海隆、海峰、暗滩和坡尖，这只是举例说明，并没有穷尽其内容。[64]

在实践中，地形地貌的各种术语并不经常用于海底地形特征。这一事实使得以海底地形特征为基础的大陆架的扩展变得复杂。如下所述：

大陆边和深洋洋底在地质来源和构成方面有很大的不同，但是这些不同并非直截了当的，这也反映在用于这些构成地形地理实体的名称中。部分原因是由于许多海底地理实体早在认识其地质特征之前就已经命名了。而且，更重要的是，指导海底地形命名的原则之一是该地形的名称只描述了其地形形态，而不是其地质来源或构成。例如洋脊、海隆、海山等名称可以对一些深洋洋底部分的海底地形命名，也可对作为大陆边一部分的其他地形进行命名……然而，问题的核心是不论对一个地理实体如何命名——洋脊、高原、海隆或其他名称——如果能够体现是大陆边的自然构成部分，那么第 6 款第 2 句清楚的规定不适用于 350 海里的规定。[65]

---

[63]　IHO *Manual*，supra note 55，第 8、10 和 27 页；*Baselines*…，supra note 55，第 50、51 和 62 页。

[64]　关于哪些地理实体可以划定超过 350 海里的外部界限的例子，见 P. A. Symonds and J. B. Willcox, *Definition of the Continental Margin using UN Convention on the Law of the Sea*（第七十六条）*and its Application to Australia*，矿产资源、地质和地球物理局，Record No. 1988/38（1988 年）。还可见美国国务院，海洋和国际环境与科学事务局，*United States Responses to Excessive National Maritime Claims*，Limits in the Seas No. 112，第 41 页（1992 年）。

[65]　V. E. McKelvey, "Interpretation of the UNCLOS III Definition of the Continental Shelf," in D. M. Johnson and N. G. Letalik, eds., *The Law of the Sea and Ocean Industry：New Opportunities and Restraints.* 海洋法研究所第 16 次年会论文，哈利法克斯，新斯科舍省，1982 年（火奴鲁鲁，1984 年），第 468 – 469 页。还可见联合国法律事务办公室海洋事务与海洋法司，*Definition of the Continental Shelf：An Examination of the Relevant Provisions of the United Nations Convention on the Law of the Sea*［Draft］（1993 年）。

76.18（j）.　第 7 款要求沿海国对其超过 200 海里的大陆架划定外部界限，也就是超过 200 海里专属经济区的外部界限，无论其专属经济区确定在哪。外部界限由"连接以经纬度坐标标出的各定点划出的长度各不超过 60 海里的若干直线"划定。第八十四条对该款进行了补充，规定大陆架外部界限可以用"列出各点的地理坐标表标出"。

"直线"的意思是两点之间距离最短的线。在绘图的术语中，在椭球体（例如地球）上两点之间的最短距离是大地线。但是，也会根据地图所使用的投影不同而有变化；在墨卡托投影中的直线描绘成恒向线，两点之间的大地线与恒向线可能有相当大的区别，特别是在高纬度地区。随着两点距离的增加，这种区别会更加明显。在第 7 款的限制下，通过要求这些直线长度不超过 60 海里，使这种区别降到了最小。

76.18（k）.　第 8 款对大陆架界限委员会做了规定，附件二对其进行了具体规定。第 8 款规定委员会的目的是，当沿海国大陆架从基线量起超过 200 海里，"就有关划定大陆架外部界限的事项向沿海国提出建议"。委员会根据附件二在公平地区代表制基础上成立（关于委员会组成以及委员的选举见下文 A. II. 10（b）段）。

第 8 款规定沿海国向委员会提交关于其 200 海里以外大陆架的资料（cf. 附件二，第四条）。委员会对这些资料进行审议然后提出建议；根据附件二第三条的规定，委员会也可以使用由相关国际组织提供的科学和技术信息（见下文 A. II. 10（g）段）。委员会对于沿海国 200 海里以外大陆架的确定具有重要作用。沿海国在委员会建议的基础上确定大陆架外部界限。

第 8 款还规定沿海国在委员会建议基础上确定的大陆架界限具有"确定性和拘束力"。这一规定原体现在附件二的早期版本中，后来为与第七十六条相协调而移到第七十六条（见下文 A. II. 7 段）。该款对第 9 款的规定进行了补充，交存于联合国秘书长的海图和有关情报应"永久"标明沿海国的大陆架外部界限。

76.18（1）.　第 9 款规定了大陆架外部界限有关情报交存[66]和妥为公布这些情报的要求。这一规定适用于以第 1 款中任一要素为基础确定的大陆架（见上文 76.18（b）段）。

第 9 款与第八十四条关于"海图和地理坐标表"的规定相似但不相同。两个规定都意图将大陆架界限的信息向国际社会周知。沿海国提供这一信息，即指出其国家管辖范围构成的界限，该界限以外为国际海底区域（区域，cf. 第 1 条第 1（1）款）。因此，第一三四条第 3 款规定，关于国家管辖范围的信息"交存和予以公布"的规定"载于第六部分"。

第八十四条要求向秘书长交存类似的信息，但是允许以地理坐标表代替海图提供这种信息。然而，与第七十六条第 9 款相比，第八十四条第 2 款要求沿海国（而不是

---

[66]　这里"交存"一词与第十六条、第七十五条和第八十五条中的意思相同。见上文 16.8（d）段。

秘书长）将这些信息妥为公布。该款还要求将外部界线的信息交存国际海底管理局秘书长。

无论如何，沿海国交存一套海图和有关情报就足够了。因此，第 9 款能够有效适用于大陆架外部界限扩展至 200 海里以外的情况。第 9 款（"外部界限"）与第八十四条（"外部界线"）在用语上的微小差别不具有法律意义。

"永久标明"外部界限的用语表示外部界限一旦确定，就不能再更改。就此而言，它重申了第 8 款最后一句，即沿海国在大陆架界限委员会建议的基础上划定的大陆架应有"确定性和拘束力"。

交存"大地基准点"的要求为确定大陆架外部界限的精确位置提供了统一的基准点（具体见上文 75.5（b）段）。

76.18（m）.　第 10 款是涉及大陆架主张重叠国家间划界所有问题的保留条款。它规定大陆架外部界限的确定"不能妨害"海岸相向或相邻国家建大陆架的划界。该规定强调了第七十六条规定了确定大陆架外部界限的方法；该条没有解决相邻或相向国家间大陆架划界的问题，该问题完全在第八十三条中予以解决。附件二第 9 款对这一差别进行了重申，该款规定大陆架界限委员会在沿海国提交的数据和其他资料的基础上提出建议的行动不应在任何方面影响"海岸相向或相邻国家间划定界限的事项"。第一三四条第 4 款进一步重申这一差别，规定第十一部分不"影响大陆架外部界限的划定……或关于划定海岸相向或相邻国家间界限的协定的效力"。

附　录
文件 A/CONF. 62/C. 2/L. 99
为第三次联合国海洋法会议制作大比例尺海图的
有关问题的研究报告
【政府间海洋学委员会执行秘书】

一、背　　景

1. 1978 年 5 月 19 日召开的海洋法会议第 106 次全体会议决定，请政府间海洋学委员会（IOC）和其他相关国际机构研究制作大西洋、印度洋、太平洋和北冰洋大比例尺海图（1:10 000 000）的经费及其他问题，特别是所需时间问题。制作这些海图目的在于展示划定大陆架外部界限采用不同模式的效果。

2. 根据会议主席的要求，秘书长的特别代表邀请政府间海洋学委员会和其他职能机构协助完成此项任务。

3. 海委会的执行委员会在 1978 年第 10 次会议上接受了该任务，指示执委会秘书立即安排执行此项任务，并与国际水道测量组织（IHO）进行密切合作。

二、任　　务

4. 研究制作大西洋、印度洋、太平洋和北冰洋 1: 10 000 000 适当海图涉及的问题，以海图展示界定法律上的大陆架外部界限的 3 种不同模式的效果，即资料来源 41 中的 200 海里界限（特别是阿拉伯国家集团的提案），资料来源 40 中的爱尔兰模式的两部分，以及资料来源 39 中苏联提交的提案。

三、对以 1:30 000 000 相关海图展示不同模式界定大陆架定义
的初步研究报告的评论［资料来源 15］

5. 该初步研究是由 1977 年 6 月的海洋法会议提出要求，联合国秘书处于 1978 年 1 月对外委托，旨在对界定大陆架外缘的各种模式的影响进行评估。

6. 海图选择 1:30 000 000 的比例尺是为了能在一张纸上对根据不同模式确定的世界边缘提供一个直观的印象，展示可能属于沿海国或国际海底管理局的海域。在制作该地图可用的时间内，只能采用现有的数据资源，而且还要做大量数据同化工作。模式的准确解释还缺乏具体的支持论点或理由，由于时间紧，精度无法保障。因此，

最终的结果含有很多失误、疏忽和不正确的评估（见资料来源15，Rev. 3），只能作为说明性的结果。

7. 特别是，由于缺少对大陆边外缘这一术语广为接受且普遍适用的定义，描述大陆边外缘的线在图上的位置非常不稳定。

8. 该地图没有体现苏联提出的非正式建议［资料来源39］，由于其当时没有提出该建议。政府间海洋学委员会根据要求作出了一条线来说明苏联的建议并将其纳入初步研究报告中。但是在起草了几稿之后，发现这样做几乎没有可能性（见第六磋商小组中政府间海洋学委员会代表的声明，1978年8月29日）。

四、关于制作大比例尺海图提案的研究：一般评论

9. 认识到对不同提案的相对价值进行评论要依靠现有任务之外的工作，该研究报告就避免了作出这种评论。但是，为了对制作不同模式大比例尺海图涉及的技术问题进行评估，有必要对这些模式本身进行分析，并指出影响制作这些海图的技术难点。

10. 如果一系列1∶10 000 000的海图是在国际机构的赞助下制作的，那么很明显存在一种危险，即这些海图有可能被看做结论性的文件并用于支持国家的主张。因此，保持小比例尺地图和大比例尺地图之间的清晰界限至关重要。小比例尺海图，例如初步研究报告制作的只用于解释说明目的的1∶30 000 000比例尺，是以现有大陆边地形地貌和地质知识为基础的。大比例尺的海图其比例尺可能在1∶10 000 000至1∶50 000之间。这些大比例尺海图是沿海国最终确定界限和进行可能的磋商所必要的，可能包括特别为此目的而获取的数据。

11. 接下来的分析认为海图比例尺的可用性与需要展示的信息的数量和精确度有关。在1∶30 000 000海图上，展示信息的数量不会造成过度拥挤。界线位置的精确度可根据要求画成任何比例。其精确度取决于：（a）对各种模式的实际解释；（b）地理、地形地貌和地质数据的质量和数量。这些要素还要结合每个模式才能进行确定。

五、200海里界限

12. ［资料来源41］规定了建议使用从测算领海宽度的基线向海上量起200海里画的线。

13. 原则上，用适于所选择的任何比例尺的精度都很容易从海岸线画一条200海里的界限。然而，对非正式综合协商案文规定的影响基线的地形特征在何种程度上会影响这种线的画出，必须进行认真细致地研究。没有估计如协商案文所规定的绘制从基线量起200海里线的费用、时间或其他要求，因为这样做会把对沿海国适用有关规定的方式的了解作为先决条件。

14. 所需的数据是已经可以在以赤道为基准的1∶10 000 000比例尺墨卡托投影的《世界全图》（法国国家地理研究所）上正在使用的《通用大洋水深图》（GEBCO）第

五版得到合适的图形形式的世界海岸线。海岸线还有数字化格式。关于基线的一些信息已经可以从沿海国的国家声明中得到。

15. 有几个方面的不确定性。上述海岸线已被编制用于特定目的。出于对比例尺的考虑，不知道省略了海上的什么地形特征、岛屿等。要检查丢失的信息将是一个相当大的任务。尽管使用已经宣布的基线并没有任何制图的问题，但对没有宣布的基线进行假设将是不恰当的。即使已经宣布的基线，也可能不是所有的都是国际上可以接受的，而且使用这些国际文件上的数据是否恰当也有一些疑问。

16. 鉴于这些不确定性，唯一直接实用的程序是以海岸线为基础绘制 200 海里界限。可能的绘制方法有两种：通过计算机或手工操作。

17. 下面是对用于编制所需要的时间和生产费用进行的估计：

（a）使用计算机以海岸线为基础编制地图需要 12 个月到 14 个月，其中考虑了程序的编制和磁带的制备、印刷、描线和打印的时间，包括合同谈判的启动时间。转换为相等的区域或其他的投影将需要两个月的时间。费用总额将达到约 5 万美元，包括空白磁带的价格、在电脑上绘制的时间、编制和生产、印刷、管理和行政费用。

（b）手工编制这些图集至少需要 6 到 8 个月的时间，而且费用不会明显小于（a）项所列数额。这两个数字都取决于可用的大量得力的工作人员。

六、爱尔兰方案

18. 爱尔兰方案中有两个从基线量起扩展到 200 海里以外建立大陆边的外缘的选项，这两个选项都要求确定"大陆坡脚"的位置。

19. "大陆坡脚"的测定提出了一些解释上的困难。方案规定，"在没有相反证据的情形下，大陆坡脚应定为大陆坡底坡度变动最大处"。这允许根据"证据"的性质确定这条线的位置具有相当大的灵活性。这种"证据"可能是地貌形态的，也可能是地质的。"在没有相反证据"，该定义纯粹是地貌形态的，是基于与边缘轮廓相关的几何概念，这是在本研究中一直考虑的唯一方面。"坡底坡度变动最大处"一语表明，如果有几处大的梯度变化，只应选择大陆坡底（与大陆坡脚是同义词）来确定大陆坡脚。

20. 于是，在任何比例尺的世界地图上绘制 200 海里以外的大陆坡脚线引发了各种困难。基本上有 3 种类型的斜坡：

（a）连接浅海大陆架和深海海底的正常的斜坡。这些地形可能跨越阶地、山脊、峡谷等引起的快速变化的梯度。

（b）连接浅海陆架和超深海沟的海底的斜坡。在陆架边缘与所述海沟中轴线之间的区域可能包含与海沟中轴线平行的几个山脊从而引起轮廓梯度逆转。

（c）从浅陆架上到正常的深海海底的斜坡，被中等深度或浅深度的区域所打断。初步研究表明，这些类型的例子，尤其是第三种类型，发生在 200 海里界限之外。

21. 为了在一个新的大规模研究中显著提高说明性的价值和坡脚线的准确性，必须对成千上万个单个回声探测剖面进行检查。在初步研究中，为方便起见，直接从《世界洋底地形图》取得坡脚线，这种图在海洋法会议第七期会议上提供给了所有代表团。然而，该图只使用了现有的全部斜坡数据的一部分，此外它还具有固有的位置的不准确性。尽管如此，它花了10年完成，总费用超过了100万美元。

22. 除了剖面外，还有必要建立从其他的深度数据获得的剖面和地质知识之间的地形图，这最好能够使用详细的轮廓来做。目前正由国际项目编制这样的轮廓，提供全世界覆盖面的《通用大洋水深图》第五版，应于1982年完成。

23. 显示描述大陆坡脚线的准确性和实用性将取决于数据的数量、其空间分布和可用性。

24. 据估计，要完成划定精度适合1:10 000 000比例尺的大陆坡脚线至少必须3年，费用可能会超过100万美元。

七、爱尔兰3a方案

25. 这个选项需要测量坡脚线向海一侧的沉积岩厚度，该厚度最初要通过地球物理数据然后再进行钻探测试获得。

26. 初步研究使用已经出版的沉积厚度图的合成图，最初以地震波反射时间为单位画出轮廓线，然后再用一些测量的和一些假设的地震速度以厚度为单位修整外形。数据不完备的覆盖面和质量，需要相当大的插值和外推。

27. 初步研究还表明，在爱尔兰3a方案中的线很少从坡脚向外超过120海里（相当于1.2海里沉积岩厚度），且往往小于60海里（相当于0.6海里沉积岩厚度）。在这样厚度的沉积岩的基底不难鉴别，而测量沉积岩厚度的精度是1%的线的模糊性不得大于坡脚线的模糊性。目前只有极少数的钻孔可用来测试厚度剖面。

28. 然而，尽管存在或者假设存在允许以这种方式识别沉积物基底的数据的数量相当大，但在它们被编制成地图形式前需要大量的处理和解译。即便如此，在某些区域可能满足方案所要求的在60海里间隔所需要的数据点的剖面不足。

29. 即使是为了编制1:10 000 000比例尺的地图，寻找、获得、整理和协调成千上万个存在于公共领域的单个地震反射剖面的任务也将是巨大的。反射剖面没有在数据中心存档，大多数剖面文件保存在向公众开放的私人或国家图书馆。因此一个单一的机构无法完成研究任务，它需要跨国和跨机构的研究。它将涉及几十个可能正在进行其他研究项目的专家。这项任务可能需要很多年，花费也可能超过100万美元。

八、爱尔兰3b方案

30. 由于爱尔兰3b方案吸收了与3a方案同样的大陆坡脚线，它也遇到了类似的解释方面的困难（见上文第19段和第20段），增加地图的比例尺也将不会在任何重大程度上得到解决。

31. 一旦大陆坡脚建立在一个1∶10 000 000 地图集上，增加一条从坡脚向外60海里的线，将是一个相对较小的额外任务。其准确性将取决于坡脚的准确性。

九、苏维埃社会主义共和国联盟的建议

32. 正如爱尔兰方案一样，苏联的提案关注超过200海里的宽广的大陆边缘。该提案建议在现有文本的第七十六条应插入"而不是再超过从200海里经济区外部界限起100海里"这句话。没有一个沿海国家的大陆架外部界限从建立领海的基线量起超过300海里的情况。在上文第五节的讨论已经显示出200海里线的比例尺为1∶10 000 000 的地图上画出新的300海里长的线，将需要相对较少的精力和费用。

33. 实施苏联提案的难度在于它适用于需要划定"大陆边的外缘"特定的地理区域。在提案中案文没有实际指导如何定义"大陆边的外缘"。由于为此目的使用"科学合理的地质和地貌数据"具有相当大的灵活性，正如爱尔兰方案一样（见第19、20和30段），增加地图的比例尺不会显著改善对这种界限的决定。

十、结 论

34. 用目前现有的信息，只有从海岸线（其与基线不同）量起200海里的界限显示在1∶10 000 000 比例尺的地图上才可以比初步研究的1∶30 000 000 比例尺的地图上更准确（见上文第16段）。

35. 编制显示基于发布的海岸线的适当的精度的比例尺为1∶10 000 000 的地图集将需要6个月至16个月的时间，耗资约5万美元。

36. 难以解释的爱尔兰方案中的"大陆坡脚"和苏联提案中的"大陆边外缘"的建议阻碍通过制作比例尺为1∶10 000 000 的地图达到目前任何更高的精确度和清晰度。

37. 如果这些困难被克服，编制比例尺为1∶10 000 000 的地图集将显示出200海里线（如果从基线画起）适当的精度（限于现有数据的变化），爱尔兰方案和苏联提案中的300海里的线这两个部分将需要至少3年的时间，耗资约2万美元。

38. 这项工作只可以在作出决定、资金有了保证并在找到承办商之后启动。所需要时间限制的一个关键可能是缺乏足够的专业技术人员开展这项工作。因此，它可能在由会议指定的6至10个月的期限内（从1978年5月算起）无法完成。

第七十七条　沿海国对大陆架的权利

1. 沿海国为勘探大陆架和开发其自然资源的目的，对大陆架行使主权权利。

2. 第1款所指的权利是专属性的，即：如果沿海国不勘探大陆架或开发其自然资源，任何人未经沿海国明示同意，均不得从事这种活动。

3. 沿海国对大陆架的权利并不取决于有效或象征的占领或任何明文公告。

4. 本部分所指的自然资源包括海床和底土的矿物和其他非生物资源，以及属于定居种的生物，即在可捕捞阶段海床上或海床下不能移动或其躯体须与海床或底土保持接触才能移动的生物。

资料来源

第一次联合国海洋法会议文件

1. 《大陆架公约》（1958年），第二条，对应于国际法委员会的条款草案第六十八条。关于前期历史见秘书处《参考文献指南》中的第六十七条和第六十八条。关于在第一次联合国海洋法会议中的讨论情况，见第四委员会报告 A/CONF. 13/L. 12（1958年）第6段，第一次联合国海洋法会议，正式记录，第二卷第89页。

第三次联合国海洋法会议文件

2. A/AC. 138/SC. II/L. 21，第十四条，转载在《1973年海底委员会报告》，第19、21页（哥伦比亚、墨西哥和委内瑞拉）。

3. A/AC. 138/SC. II/L. 34，第3节第（1）、（2）和（4）段，转载在《1973年海底委员会报告》第三卷，第71、74页（中国）。

4. A/AC. 138/SC. II/L. 36，第1节（c）段，转载在《1973年海底委员会报告》第三卷，第77、78页（澳大利亚和挪威）。

5. A/AC. 138/SC. II/L. 37 and Corr. 1，第十五条、第十七条、第十八条和第十九条，转载在《1973年海底委员会报告》第三卷，第78、80页（阿根廷）。

6. A/CONF. 62/L. 4（1974年），第十九条第1款，正式记录，第三卷第81、83页（加拿大、智利、冰岛、印度、印度尼西亚、毛里求斯、墨西哥、新西兰和挪威）。

7. A/CONF. 62/C. 2/L. 25（1974年），第四条、第七条和第八条，正式记录，第三卷第 202 页（希腊）。

8. A/CONF.62/C.2/L.31/Rev.1（1974 年），第 1 款，正式记录，第三卷第 211 页（日本）。

9. A/CONF.62/C.2/L.47（1974 年），第二十二条第 1 款和第二十四条，正式记录，第三卷第 222、224 页（美国）。

10. A/CONF.62/C.2/L.84（1974 年），正式记录第三卷第 242 页（伊朗）。

11. A/CONF.62/L.8/Rev.1（1974 年），附件二，附录一〔A/CONF.62/C.2/WP.1〕，条款第六十九条、第七十条、第七十一条和第八十五条，正式记录，第三卷第 93、107、118、120 页（总报告员）〔《主要趋势工作文件》〕。

12. A/CONF.62/WP.8/Part II（非正式单一协商案文，1975 年），第六十三条，正式记录，第四卷第 152、162 页（第二委员会主席）。

13. A/CONF.62/WP.8/Rev.1/Part II（订正的单一协商案文，1976 年），第六十五条，正式记录，第五卷第 151、164 页（第二委员会主席）。

14. A/CONF.62/WP.10（非正式综合协商案文，1977 年），第七十七条，正式记录，第八卷第 1、16 页。

15. A/CONF.62/WP.10/Rev.1（非正式综合协商案文第一次修订稿，1979 年，油印），第七十七条，转载在《第三次联合国海洋法会议文件集》第一卷第 375、422 页。

16. A/CONF.62/WP.10/Rev.2（非正式综合协商案文第二次修订稿，1980 年，油印），第七十七条。转载在《第三次联合国海洋法会议文件集》第二卷第 3、50 页。

17. A/CONF.62/WP.10/Rev.3*（非正式综合协商案文第三次修订稿，1980 年，油印），第七十七条。转载在《第三次联合国海洋法会议文件集》第二卷第 179、226 页。

18. A/CONF.62/L.78（《公约草案》，1981 年），第七十七条，正式记录，第十五卷第 172、188 页。

起草委员会文件

19. A/CONF.62/L.67/Add.4（1981 年，油印），第 14～15 页。

20. A/CONF.62/L.72（1981），正式记录，第十五卷第 151 页（起草委员会主席）。

21. A/CONF.62/L.152/Add.23（1982 年，油印），第 74 页

22. A/CONF.62/L.160（1982），正式记录，第十七卷第 225 页（起草委员会主席）。

非正式文件

23. Informal Working Paper No. 3，条款第二条至第四条和第十六条；No. 3/Rev.1，

条款第二条至第四条和第十七条；以及 No. 3/Rev. 2，条款第二条至第四条和第十八条（均在 1974 年，油印）。转载在《第三次联合国海洋法会议文件集》第三卷第 288、296 和 305 页。

24. C. 2/Informal Meeting/43（1979 年，油印）（佛得角、希腊、意大利、马耳他、葡萄牙、突尼斯和南斯拉夫）。转载在《第三次联合国海洋法会议文件集》第五卷第 50 页。

25. C. 2/Informal Meeting/43/Rev. 1（1979 年，油印）（佛得角、希腊、意大利、马耳他、葡萄牙、突尼斯和南斯拉夫）。转载在《第三次联合国海洋法会议文件集》第五卷第 50 页。

26. C. 2/Informal Meeting/43/Rev. 2（1980 年，油印）（佛得角、希腊、意大利、马耳他、葡萄牙、突尼斯和南斯拉夫）。转载在《第三次联合国海洋法会议文件集》第五卷第 51 页。

27. 匿名的（［1980 年］，油印）。转载在《第三次联合国海洋法会议文件集》第四卷第 525 页。

28. C. 2/Informal Meeting/43/Rev. 3（1980 年，油印）（佛得角、希腊、意大利、马耳他、葡萄牙、突尼斯和南斯拉夫）。转载在《第三次联合国海洋法会议文件集》第五卷第 51 页。

29. 希腊（［1980 年］，油印）。转载在《第三次联合国海洋法会议文件集》第四卷第 526 页。

评　　注

77. 1.　第七十七条规定，沿海国"为勘探和开发其自然资源的目的，对大陆架行使主权权利"。它规定了这些权利的性质，并描述了第六部分所适用的自然资源。

77. 2.　关于沿海国的大陆架权利，已由国际法委员会（ILC）在其 1956 年《条款草案》第六十八条解决。① 文字如下：

> 沿海国为勘探和开发其自然资源的目的，对大陆架行使主权权利。

该文字和国际法委员会附带的评注②反映在 1958 年《大陆架公约》（资料来源 1）第二条：

---

① Report of the International Law Commission covering the work of its eighth session（A/3159），《评注》第六十八条，第 2 段，1956 年《国际法委员会年鉴》第二卷，第 253、297 页。

② 关于国际法委员会对第六十八条的评注，参见下文第 77.7（b）和（c）段。

1. 沿海国为了勘探和开采自然资源的目的，对大陆架行使主权权利。

2. 第一款所指的权利是专属性的，即：如果沿海国不勘探大陆架或开采其自然资源，任何人未经沿海国的明示同意，均不得进行这种活动，或对大陆架提出权利主张。

3. 沿海国对大陆架的权利不决定于有效或象征的占领或任何明文公告。

4. 本公约各条款所指的自然资源包括海床和底土的矿物和其他非生物资源，以及属于定着种的生物，即在可收获阶段在海床上或海床下不移动或除与海床或底土经常实体接触外不能移动的生物。

77.3.　在 1973 年海底委员会会议上，许多提案（资料来源 2 至资料来源 5）含有类似于 1958 年《公约》第二条第 1 款语言的案文。[③] 这些提案都提到了沿海国对大陆架的"专属管辖权"或"主权权利"。阿根廷的提案（资料来源 5）还包括类似 1958 年《公约》第 2、3 款和第 4 款的语言，指出沿海国的权利不取决于"有效或象征占领，或任何相关的公告"，并规定了大陆架自然资源的定义。

77.4.　在第二期会议（1974 年）上，许多提案再次利用了 1958 年《公约》的语言，提到沿海国对大陆架的主权权利（资料来源 6 至资料来源 10）、这些权利的专属性（资料来源 7 和资料来源 10）、这些权利独立于任何占领或公告的地位（资料来源 7），以及对大陆架的自然资源（资料来源 7 和资料来源 9）的定义。[④] 有些提案（资料来源 6、资料来源 7 和资料来源 9）被纳入了《主要趋势工作文件》（资料来源 11）。

77.5.　在第三期会议（1975 年）上，非正式法律专家小组（埃文森小组）编写了一系列有关大陆架的草案。这些案文所载条文均吸收了《1958 年公约》第二条关于沿海国权利的规定，只是作了一些起草文字上的修改。

在非正式单一协商案文第二部分（资料来源 12），[⑤] 第六十三条表述为：

1. 沿海国为了勘探和开采自然资源的目的，对大陆架行使主权权利。

2. 第一款所指的权利是专属性的，即：如果沿海国不勘探大陆架或开采其自然资源，任何人未经沿海国的明示同意，均不得进行这种活动。

---

③　参见，例如，A/AC.138/80，大陆架，第 1 款，转载在《1972 年海底委员会报告》，第 70、72 页（《圣多明各宣言》）；A/AC.138/SC.II/L.35 and Corr.1，第一条第 1 款，转载在《1973 年海底委员会报告》第三卷，第 75 页（美国）；和 A/AC.138/SC.II/L.56，原则第一条，同上，第 111 页（日本）。

④　又参见《临时条款草案》（1974 年，油印），第二十四条，备选案文 A，第 1 款，和第二十五条（非正式法律专家小组）。转载在《第三次联合国海洋法会议文件集》第十一卷第 393、406 页。

⑤　The Continental Shelf（1975 年，油印），第二十七条和第二十八条（非正式法律专家小组），《第三次联合国海洋法会议文件集》第十一卷第 469 页；同上，第二条和第三条，第 501 页（另见《第三次联合国海洋法会议文件集》1975 年文件，第 281 页，其中该案文被列入"第四次修订版"。）

3. 沿海国对大陆架的权利不决定于有效或象征的占领或任何明文公告。

4. 本公约各条款所指的自然资源包括海床和底土的矿物和其他非生物资源，以及属于定着种的生物，即在可收获阶段在海床上或海床下不移动或除与海床或底土经常实体接触外不能移动的生物。

这一案文反映了1958年《大陆架公约》第二条的语言，在起草文字上稍加润色，删除了第2款中"或对大陆架提出权利主张"的说法。鉴于第六十二条（现为第七十六条）新的措辞定义大陆架是沿海国陆地领土的全部自然延伸，这句话就成了多余的。

后来的案文（资料来源13至资料来源18）只在起草文字上稍加润色后被纳入，其中包括起草委员会提出的建议作为统稿过程的一部分被纳入（资料来源19至资料来源22）。

77.6. 在第八期会议续会（1979年）期间，一个7个国家小组（资料来源24和资料来源25）建议第七十七条增加新的一款，其文字为：

5. 沿海国对在其大陆架上的以研究、抢救、保护和适当展示为目的的任何纯粹的考古和历史文物都行使主权权利。然而，在这些文物被销售或以任何其他方式处置，致使这些文物移出沿海国的情况下，这些文物的原产地国家、文化的发源地国家或历史和考古上的来源国应享有优惠权利。

该案文给予沿海国家对在其大陆架上发现的考古和历史文物更广泛的控制权。

在第九期会议（1980年）上，该国家集团提出了同样的建议，只是在起草文字上进行了润色（资料来源26）。一项对该案文进一步修改的未署名的提案（资料来源27）被纳入该提案的第三次修改（资料来源28），第二委员会未能对其进行讨论。[6] 希腊代表也独立地提出了相关的语言（资料来源29）。

大陆架上的考古和历史文物的问题没有被纳入第七十七条或有关大陆架的其他条款中。其后该问题按照根据海洋法的一般规定处理，导致通过了第三〇三条（见第五卷，第159页，第303.3段）。

77.7.（a） 第七十七条第1款规定，沿海国对大陆架享有主权权利，并强调这些权利的行使是"为勘探和开发其自然资源的目的"。第2款规定，这些权利是"专属性的"，也就是说，没有沿海国"明示同意"，其他国家或实体不得勘探大陆架或开发其自然资源。第3款规定，沿海国对大陆架的权利不取决于"有效或象征占领，或任何明文公告"。

---

⑥ 参见 A/CONF. 62/L. 51（1980年），第12段和16段，正式记录，第十三卷第82-84页（第二委员会主席）。

77.7.（b） 第 1 款至第 3 款相应于 1958 年《大陆架公约》第二条第 1 款至第 3 款。鉴于在第三次海洋法会议上没有任何提案提出对这一条款进行重大修改，国际法委员会对该条文的评注有助于说明沿海国对大陆架的主权权利。该评注相关部分文字为：

（1）尽管于 1951 年临时制定的这项条款（《条款草案》第二条）提到"沿海国为勘探和开发其自然资源的目的行使对大陆架的控制和管辖"，但该条款目前的措辞规定"沿海国为勘探和开发其自然资源的目的，行使对大陆架的主权权利"。

（2）委员会希望避免使得委员会认为具有决定性意义的题目（即维护大陆架上覆水域和上空充分自由的原则）的语言发生异化。因此，它不愿意接受沿海国对大陆架海床和底土的主权。另一方面，现在采用的文字毫无疑问赋予沿海国的权利包括所有勘探和开发大陆架的自然资源必要的权利和相关权利。这些权利包括预防和惩治违反法律的管辖权。如果它自己不开发大陆架，那么经其同意，任何人都可以这样做，在这个意义上，沿海国的权利是专属的。

……

（5）人们清楚地理解，所谈的权利不包括如处在海底上的或被底土泥沙覆盖的沉船及其货物（包括黄金）等物体。

……

（7）沿海国对大陆架的权利并不取决于有效或象征的占领或任何明文公告。

（8）委员会并不认为有必要阐述属于沿海国的主权权利的性质和法律依据的问题。与此相关的考虑因素不能减少到一个单一的因素。特别是，它不可能专门把沿海国最近的做法作为主权权利的基础，在这种情况下，把法律规则的权威赋予完全依赖于有关国家的意志的单方面的做法是毫无疑问的。然而，委员会认为这种做法本身是由法律和事实上的考虑所支持的。特别是，一旦海床和底土成为沿海国勘探和开发其资源的一个积极关注的对象，它们不能被认为是无主地，即可以被第一个占领者所占用。沿海国应抵制任何这样的解决方案，这是很自然的。此外，在大多数情况下，有效地开发自然资源必须把在沿海国领土上存在设施为先决条件。既不可以忽略地理现象（不论用什么字眼）——接近性、连续性、地理上的连续性、附属性或相同性——用于定义所谈的水下区域和非淹没土地之间的关系。所有这些考虑因素都具有通用的原则，为委员会目前为沿海国所制订的主权权利提供了充分的依据。正如前面已经指出的，这条原则基于国际社会目前需要的一般原则，与海洋自由的原则是绝对不相容的。⑦

77.7（c） 第 4 款对应于 1958 年《公约》第二条第 4 款，笼统地赋予第六部分中提到的自然资源的意义。这些资源可分为两类：（i）海床和底土的矿物和其他非生物资源；以及（ii）属于定居种的生物。"定居种"一词是指符合两种条件的任一条件的生物，即（i）不能移动或在海床以下的生物，或（ii）其躯体须与海床或底土保持接触才能移动的生物。这些标准只适用于在其生命周期的"可捕捞阶段"的生物。

在这个问题上，在第三次联合国海洋法会议上所提出的提案中的条文也没有重大的变化。海洋法委员会的评注和第一次联合国海洋法会议的协商，有助于说明这些语言的目的是什么。国际法委员会并没有提出任何特别提及定居种生物的条款草案。然而，在其对草案第六十八条的评注指出，"沿海国对大陆架的主权权利，也包括定居种生物"。⑧ 关于定居种的生物作为大陆架自然资源的一部分，委员会表示：

> （3）在其第五次会议上，经过长时间的讨论，委员会决定保留"自然资源"一词，以区别于更有局限性的"矿产资源"。委员会在其先前的草案只处理"矿产资源"，一些委员提出要坚持该方针。然而，委员会得出的结论是，"定居种"鱼类产品，特别是，就其是永久固着在海床上的天然资源这方面来说，不应被放在所采取的制度之外，并可以通过使用术语"天然资源"实现这个目的。这显然可以理解为所说的权利不包括所谓的底层鱼类和虽然生活在海中但偶尔在海底也栖息或在海底长大的其他鱼类。
>
> （4）在第八次会议上，有人提议，应在该条本身提及永久附着在海底的这个条件。同时有意见认为，这种条件应该不太严格，所说的海洋动植物与海底和大陆架保持身体的和生物学的关系生活就足够了，对这个问题科学方面的研究应该留给专家。然而，委员会决定坚持对该条评注文字的意见。⑨

这些问题在第一次联合国海洋法会议（1958 年）上由第四委员会继续审议，通过了以下文本：

> 这些条款中所指的自然资源包含海床和底土的矿物和其他非生物资源，以及属于定居种的生物，也就是说即在可捕捞阶段海床上或海床下不能移动

---

⑦　前注①，第（1）-（2）及（7）-（8）段。

⑧　同上，第（6）段。要从历史的角度了解定居种生物是如何被列入大陆架制度的，见 S. V. Scott, "The inclusion of sedentary fisheries within the continental shelf doctrine," 41 Int'l & Comp. L. Quart. 788（1992）。

⑨　前注①，第（3）-（4）段。

或其躯体须与海床或底土保持接触才能移动的生物，但不包括甲壳类动物和游泳物种。

有些人对此表示反对，在全体会议上，"但不包括甲壳类动物和游泳物种"的措辞被删除。其余的段落成为1958年《大陆架公约》第二条第4款的条文（资料来源1）[⑩]

第七十七条第4款和第六十八条都重复了1958年《公约》的规则中关于定居种生物包括在大陆架的自然资源中的说法。根据第六十八条，第五部分不适用于这些定居种的生物（在海底委员会和第三次联合国海洋法会议期间，定居种生物一般被确认为沿海国对大陆架的主权权利范围内，不过，在海底委员会，它们还作为受沿海国渔业管理的一些种类之一进行过讨论）。[⑪]

77.7（d） 在关于大陆架上的海洋科学研究的第二四六条规定中提及了第七十七条。第二四六条第5款规定，沿海国可斟酌决定，拒不同意另一国家或主管国际组织在该沿海国专属经济区内或大陆架上进行海洋科学研究计划。第6款规定，尽管沿海国可指定在特定的区域为正在进行或将要进行勘探或开发业务的区域，但沿海国不得行使其酌情权，拒绝同意从基线量起200海里以外的大陆架的海洋科学研究项目。在这方面，第二四六条第7款规定，"第6款的规定不影响经第七十七条所规定的沿海国对大陆架的权利"。

---

⑩ 第四委员会第24次会议（1958年）上，该案文以41票赞成、11票反对、17票弃权的表决通过被接受，后经补充修改，删去"甲壳类动物和"字样因有27票赞成、27票反对、13票弃权并没有被采纳。第29段，第一次联合国海洋法会议，正式记录，第四卷第70页。在全体会议上对这句话进行单独表决的请求在狭义上获得通过，并在唱名表决时，"甲壳类动物和"一语以42票对22票6票弃权被否决，"但游泳种类不包括在此定义"一语以43票对14票、9票弃权被否决，然后修订案文以59票对5票、6票弃权获得通过。请参阅8th plenary meeting（1958），第64和65段，第一次联合国海洋法会议，正式记录，第二卷第14页。关于对这种修改的进一步讨论，请参阅 M. M. Whiteman, "Conference on the Law of the Sea: Convention on the Continental Shelf"，《美国国际法杂志》第5期第629、638－640页（1958年）。

⑪ 在这方面，有人指出，很难确定何种生物资源为"定居种的生物"，并决定这些种类应按照其收获使用的方法的一般渔业管理制度处理。

第七十八条 上覆水域和上空的法律地位以及其他国家的权利和自由

1. 沿海国对大陆架的权利不影响上覆水域或水域上空的法律地位。

2. 沿海国对大陆架权利的行使，绝不得对航行和本公约规定的其他国家的其他权利和自由有所侵害，或造成不当的干扰。

资料来源

第一次联合国海洋法会议文件

1. 《大陆架公约》（1958 年），第三条和第五条，第 1 款，对应《国际法委员会条款草案》第六十九条和第七十一条。之前的情况，见秘书处会议指南第六十九条和第七十一条。联合国海洋法会议讨论情况，见第四委员会报告，A/CONF. 13/L. 12（1958），第 8 款和第 10 款，UNCLOS I，正式记录，第二卷第 89 页。

第三次联合国海洋法会议文件

2. A/AC. 138/SC. II/L. 34，第 3 节，第 3 款，转载在《1973 年海底委员会报告》，第 71、74 页（中国）。

3. A/AC. 138/SC. II/L. 34 and Corr. 1，第十六条和第二十七条，转载在《1973 年海底委员会报告》，第 78、80、81 页（阿根廷）。

4. A/CONF. 62/C. 2/L. 25（1974 年），第九条和第十条，正式记录，第三卷第 202 页（希腊）。

5. A/CONF. 62/C. 2/L. 47（1974 年），第二十五条和第二十六条，正式记录，第三卷第 222、224 页（美国）。

6. A/CONF. 62/L. 8/Rev. 1（1974 年），附件二，附录一〔A/CONF. 62/C. 2/WP. 1〕，条款第七十三条和第八十六条，正式记录，第三卷第 93、107、118、120 页（总报告员）〔主要趋势工作文件〕。

7. A/CONF. 62/WP. 8/Part II（非正式单一协商案文，1975 年），第六十四条，正式记录，第四卷第 152、163 页（第二委员会主席）。

8. A/CONF. 62/WP. 8/Rev. 1/Part II（订正的单一协商案文，1976 年），第六十

条，正式记录，第五卷第 151、164 页（第二委员会主席）。

9. A/CONF.62/WP.10（非正式综合协商案文，1977 年），第七十八条，正式记录，第八卷第 1、17 页。

10. A/CONF.62/L.37（1979 年），第七十八条之二，正式记录，第十一卷第 100、101 页（NG6 主席）。

11. A/CONF.62/WP.10/Rev.1（非正式综合协商案文/Rev.1，1979 年，油印），第七十八条。转载在《第三次联合国海洋法会议文件集》第一卷，第 375、422 页。

12. A/CONF.62/WP.10/Rev.2（非正式综合协商案文/Rev.2，1980 年，油印），第七十八条。转载在《第三次联合国海洋法会议文件集》第二卷，第 3、50 页。

13. A/CONF.62/WP.10/Rev.3（非正式综合协商案文/Rev.3，1980 年，油印），第七十八条。转载在《第三次联合国海洋法会议文件集》第二卷，第 179、226 页。

14. A/CONF.62/L.78（1981 年），第七十八条，正式记录，第十五卷第 172、188 页。

起草委员会文件

15. A/CONF.62/L.67/Add.4（1981 年，油印），第 16～17 页。

16. A/CONF.62/L.72（1981 年），正式记录，第十五卷第 151 页（起草委员会主席）。

非正式文件

17. 第 3 号非正式文件，条款第六条和第十七条；No.3/Rev.1，条款第六条和第十九条；No.3/Rev.2，条款第六条和第十九条（均为 1974 年，油印）。转载在《第三次联合国海洋法会议文件集》第三卷，第 288、296、305 页。

18. 美国（1975 年，油印），第 1 段。转载在《第三次联合国海洋法会议文件集》第六卷，第 495 页。

19. 苏联（1979 年，油印），第八十条，第 1 款（NG6/8）。转载在《第三次联合国海洋法会议文件集》第四卷，第 377、378 页。

评　　注

78.1. 第七十八条规定沿海国对大陆架的权利不得影响大陆架上覆水域和水域上空的法律地位（如第七十七条规定）。这一规定平衡了沿海国行使自己的权利与沿海国不得侵犯或不公正地妨碍其他国家的航行和其他权利及自由之间的关系。

78.2. 第七十八条由 1958 年《大陆架公约》（资料来源 1）第三条和第五条第 1 款衍生而来。其规定内容如下：

第三条

沿海国对于大陆架之权利不影响其上海水为公海之法律地位，亦不影响海水上空之法律地位。

第五条

1. 探测大陆架及开发其天然资源不得使航行、捕鱼或海中生物资源之养护受任何不当之妨害，亦不得对于以公开发表为目的而进行之基本海洋学研究或其他科学研究有任何妨害。

第五条明确指出沿海国不得不合理地妨碍航行、捕捞、生物资源保护和"基本的海洋学或其他科学研究"等活动。

78.3. 1973 年海底委员会期间，有两份提案包含了区分沿海国对大陆架的权利或管辖及上覆水域和水域上空所适用的体制的规定。[①] 中国代表（资料来源 2）建议"领海、经济区或渔区以外大陆架的上覆水域"不受沿海国管辖，所有国家在这种上覆水域和水域上空的"正常航行和飞越"不应受到妨碍。阿根廷代表（资料来源 3）建议沿海国对大陆架的权利不"影响上覆水域和水域上空的法律制度"。该案文进一步规定：

沿海国行使其大陆架权利不应对大陆架上覆水域的航行自由和水域上空的飞越自由造成任何不公正的影响，也不应阻碍对公认的重要国际航道的使用。

两份案文都强调了保持航行的自由。

78.4. 在第二期会议上（1974 年），尼加拉瓜代表的一份工作文件提到了"大陆架外缘"延伸区域的"海底陆架和/或海床和底土"的"完整性和不可侵犯性"。[②] 希腊代表（资料来源 4）建议在"大陆架上覆水域制度"标题下加入下列条款：

第九条

沿海国对大陆架的权利不应影响大陆架上覆水域或水域上空的法律制度。

第十条

所有国家的船舶和飞行器在大陆架上覆水域和水域上空的正常航行和飞

---

① 海底委员会相关文件包括：A/AC.138/80，大陆架，第 4 段，《1972 年海底委员会报告》，第 70、72 页（《圣多明各宣言》）；A/AC.138/SC.II/L.21，第十五条，《1973 年海底委员会报告》，第 19、21 页（哥伦比亚、墨西哥和委内瑞拉）。两份文件都对"传统海洋"和大陆架适用的体制进行了区分。另见 A/AC.138/SC.II/L.35 和 Corr.1，第四条，同上，第 75、77 页（美国），规定沿海国对"沿海海底经济区"的权利不得影响自由权及航行和飞越权。

② A/CONF.62/C.2/L.17（1974），第 3、4 段，正式记录，第三卷第 195 页（尼加拉瓜）。

越权利不应受到影响。

非正式法律专家组（埃文森小组）制定了类似规定，作为大陆架条款草案的一部分。③ 该案文第二十六条和第二十七条内容如下：

第二十六条

沿海国对［大陆架］［沿海国海底区域］的权利不应影响上覆水域，或水域上空的法律地位。

第二十七条

沿海国行使大陆架相关权利和履行大陆架相关职责时不应对航行、捕捞和其他合法的海洋使用活动，包括本公约规定的铺设光缆和管道活动造成不当影响。

该案文所列之不应受到沿海国妨碍的活动范围更为广泛，还提到了"其他合法的海洋利用。"

美国代表（资料来源5）在关于大陆架条款的一套草案中，建议在"上覆水域"标题下增加如下内容：

沿海国对大陆架的权利不应影响大陆架上覆水域，或水域上空的法律地位。

该提案使用的文字和1958年《公约》第三条相似。此外，提案第二十六条称，"本章［经济区］第一部分的规定应比照适用于大陆架海床和底土。"那样，关于沿海国行使权利和履行职责不得对经济区内的航行和其他海洋使用造成影响的规定，也应适用于大陆架。

各种与大陆架上覆水域和水域上空法律地位，以及沿海国行使与之相关的权利的提案，均被纳入到主流工作文件（资料来源6）第七十三条和第八十六条。这些提案包括1958年《公约》（资料来源1）相关规定及阿根廷、希腊和美国的提案（资料来源3、资料来源4和资料来源5）。

78.5. 在第三会议上（1975年），非正式法律专家组继续就此问题进行讨论，并对先前的案文进行了修改，修改后的案文内容如下：

---

③ 暂定条款草案（1974年，油印），第二十六条和第二十七条（非正式法律专家组）。转载在《第三次联合国海洋法会议文件集》第十一卷，第393、407页。

第四条

沿海国对大陆架的权利不影响上覆水域或上空的法律地位。

第五条

1. 在根据本公约行使关于大陆架的权利和履行相关义务时，沿海国应妥为考虑其他国家的权利和义务，并应遵照本公约规定执行。特别是，大陆架的勘探及对位于经济区外部界限以外大陆架自然资源的开发，不应对航行、捕捞或海洋自然资源保护造成不利影响，也不应对基础海洋学研究或其他以公开发表为目的的科学研究造成影响。

2. 在根据本公约行使权利和履行义务时，各国应妥为考虑到沿海国对大陆架的权利和义务，并应遵照本公约规定执行。④

第五条要求沿海国在行使其权利和履行其义务时，应妥为考虑其他国家的权利和义务，反之亦然。第1款重复了1958年《公约》关于沿海国不得造成不利影响的活动。如其所述，这些限制应仅适用于"经济区外部界限以外"大陆架自然资源的勘探和开发。

美国代表（资料来源18）的一份非正式提案包括如下规定：

根据本公约行使权利和履行义务时，沿海国应妥为考虑其他国家的权利和义务，并应遵照本公约规定执行。

在根据本公约行使权利和履行义务时，各国应考虑到沿海国对大陆架的权利和义务，并应遵照本公约规定执行。

该提案第一段没有特别指出沿海国不应影响的其他国家的自由；而是就沿海国应考虑其他国家的权利和义务提出普遍要求。第二段应就沿海国的权利和义务向其他国家提出同等适用的要求。

非正式单一协商案文/第二部分（资料来源7）以下列第六十四条规定：

沿海国对大陆架的权利不影响上覆水域或水域上空的法律地位。

该段案文不包括沿海国对其他国家的权利和自由造成"不利影响"的相关规定。

78.6. 在第四期会议上（1976年），非正式单一协商案文/第二部分（资料来源8）第六十六条加上了"上覆水域和水域上空"的标题，逐字采纳了非订正单一协商案文第六十四条的内容。

在第六期会议上（1977年），非正式综合协商案文（资料来源9）第七十八条重复了

---

④ 大陆架（1975年，油印），第四条和第五条（非正式法律专家组）。转载在《第三次联合国海洋法会议文件集》第十一卷，第501、502页。（另见《第三次联合国海洋法会议文件集》，1975年文件，第281页，该段案文题为"第四次修订稿。"）

非正式单一协商案文的规定，并作出一项修改，在"the air space（水域上空）"前增加了"of"。这就强调了是水域上空的"法律地位"，而不是水域上空本身不能受到影响。

78. 7.　在第八期会议上（1979 年），苏联代表（资料来源 19）的一份非正式提案应对非正式综合协商案文第八十条（关于人工岛屿、设施和结构）进行修改，新增一段案文作为第 1 款，即：

> 沿海国行使关于大陆架的权利和履行相关义务，不得对其他国家行使航行和其他权利及自由有所侵害，或造成不当干扰；其他国家在行使航行和其他权利及自由时不得对沿海国行使勘探开发大陆架自然资源的权利有所侵害，或造成不当干扰。

该段案文以更简洁的表述采用了非正式法律专家组和美国提案之前的提案，应使沿海国行使权利和其他国家行使其各种权利和自由达到平衡（该案文后来被改编为第七十八条）。案文中新增加了"不得对其他国家行使航行和其他权利及自由有所侵害或造成不当干扰"的表述。重点主要放在航行自由，"其他权利和自由"也同样得到了保护。

由第六协商小组主席建议的一份折中提案（资料来源 10）也包括了第七十八条之二，题为"沿海国的权利行使"，内容为：

> 沿海国对大陆架权利的行使，绝不得对航行和本公约规定的其他国家的其他权利和自由有所侵害，或造成不当的干扰。

这段案文改编了苏联提案的第一部分，从而将重点放在保护其他国家的权利和自由上。不过，它把这些规定与第七十八条而非第八十条联系在一起。这一努力向关注延伸大陆架管辖权利的国家再次保证，此种管辖权的延伸不会对航行及本公约授予各国的其他自由和权利造成干扰。（见上文 76.12）。

在非正式综合协商案文/Rev. 1（资料来源 11）中，该提案被纳入第七十八条第 2 款。第七十八条的标题在这一阶段被改为当前所用之标题。

后面的案文（资料来源 12 至资料来源 14）在起草委员会建议下（资料来源 15 至资料来源 16）做了微小调整。

78. 8（a）.　第 1 款对应 1958 年《大陆架公约》第三条。国际法律委员会在其相应的第六十九条草案的注解里解释到，该条规定的本意是在延伸沿海国对大陆架主权权利的情况下确保对海洋自由的尊重。大陆架上覆水域应仍为公海的一部分。[5] 根据 1982 年《公约》，沿海国大陆架上覆水域既可以在专属经济区内，又可以是公海的一

---

⑤　国际法律委员会报告，第八期会议相关内容（A/3159），第六十九条注释，II YB ILC 1956，第 253、298 页。

部分。两部公约中公海航行自由均适用于领海之外的范围。

78.8（b）. 《公约》在关于其他海区的条款中分别对上覆水域和上空的法律地位进行了规定。第二条第 2 款和第三十四条、第三十五条（b）段，与领海和用于国际航行的海峡的水域和水域上空的地位有关。第四十九条规定了群岛水域及水域上空的法律地位。第一三五条对区域上覆水域（即公海）和水域上空的法律地位作出了类似的规定。

联合国海洋事务与海洋法司的一份研究对"上覆水域"这一术语的定义是："直接位于海床上方的水域或深海底到海面的水域。"⑥ "上覆水域"这一术语在《公约》第二五七条中对应的是"水体"（见第四卷，第 611 页，第 257.6（c）段）。

78.8（c）. 第 2 款重申了贯穿整个《公约》的一个主题——保持航行自由——并确保沿海国承认本公约认可的其他国家的权利和自由。该款强调，沿海国行使关于大陆架的权利和履行相关义务时，绝不得对航行和本公约规定的其他国家的其他权利和自由有所侵害，或造成不当的干扰。"绝不得"一词充分强调了这一义务的绝对性。该观点记录在国际法律委员会对第六十九条草案的注释中，其目的在于表明

> 其关于大陆架的条款旨在为大陆架制定一套体制，使其适用于用海自由和海域上空自由这一重要原则范围之内。除非通过各种条款进行详细说明，任何对这一原则的修改或例外都是不可接受的。⑦

有关沿海国在行使其权利和管辖的情况下保护其他国家的权利和自由——特别是航行自由——的类似规定包含在第二十四条第 1 款（领海）；第四十二条第 2 款，第四十四条，第四十五条第 2 款（用于国际航行的海峡）；第五十二条，第五十三条第 2 款（群岛水域）；第五十六条第 2 款，第五十八条，第六十条第 7 款（专属经济区）；第八十七条第 2 款（公海）。

78.8（d）. 第 2 款中提到的"其他国家的权利和自由"反映出 1982 年《公约》更为宽泛的特点，包括纳入了专属经济区概念。该短语涵盖了海底光缆和管道（铺设）的权利，科学研究自由和进行海洋科学研究的权利（第二四六条）。增加第 2 款强调了各国——特别是内陆国和地理不利国——对于沿海国大陆架管辖权的延伸可能对《公约》其他规定赋予这些国家的权利和自由造成侵害的考虑。

---

⑥ 联合国海洋事务和海洋法司，基线：《联合国海洋法公约》相关规定研究，附录一（技术术语表），第 47、64 页（联合国出版，销售编码 E.88V.5＊（1989 年））。

⑦ 国际法律委员会报告，第 8 期会议相关内容（A/3159），第六十九条注释，Ⅱ YB ILC 1956，第 253、298 页。

第七十九条　大陆架上的海底电缆和管道

1. 所有国家按照本条的规定都有在大陆架上铺设海底电缆和管道的权利。

2. 沿海国除为了勘探大陆架，开发其自然资源和防止、减少和控制管道造成的污染有权采取合理措施外，对于铺设或维持这种海底电缆或管道不得加以阻碍。

3. 在大陆架上铺设这种管道，其路线的划定须经沿海国同意。

4. 本部分的任何规定不影响沿海国对进入其领土或领海的电缆或管道订立条件的权利，也不影响沿海国对因勘探其大陆架或开发其资源或经营在其管辖下的人工岛屿、设施和结构而建造或使用的电缆和管道的管辖权。

5. 铺设海底电缆和管道时，各国应适当顾及已经铺设的电缆和管道。特别是，修理现有电缆和管道的可能性不应受到妨碍。

资料来源

第一次联合国海洋法会议文件

1. 《大陆架公约》（1958 年），第四条，对应国际法律委员会条款草案的第七十条。之前的历史见秘书处参考指南第七十条。联合国海洋法会议讨论情况，见第四委员会报告，A/CONF. 13/L. 12（1958 年），第 9 款，联合国海洋法会议，正式记录，第二卷第 89 页。

2. 《公海公约》（1958 年），第二十六条；对应国际法律委员会条款草案第六十一条。之前的历史资料见秘书处参考指南第六十一条。联合国海洋法会议讨论情况，见第二委员会报告，A/CONF. 13/L. 17（1958 年），第 59、60 页，第一次联合国海洋法会议，正式记录，第二卷第 98 页。

第三联合国海洋法大会文件

3. A/AC. 138/SC. II/L. 34，第三部分，第 4 款，转载在《1973 年海底委员会报告》，第 71、74 页（中国）。

4. A/AC. 138/SC. II/L. 37 and Corr. 1，第二十三条，转载在《1973 年海底委员会报告》，第 78、81 页（阿根廷）。

5. A/CONF. 62/C. 2/L. 47（1974 年），第二十九条，正式记录，第三卷第 222、225

页（美国）。

6. A/CONF.62/L.8/Rev.1（1974 年），附件二，附录一〔A/CONF.62/C.2/WP.1〕，条款第七十二条，正式记录，第三卷第 93、107、118 页（总报告员）〔《主要趋势工作文件》〕。

7. A/CONF.62/WP.8/Part Ⅱ（非正式单一协商案文，1975 年），第六十五条，正式记录，第四卷第 152、163 页（第二委员会主席）。

8. A/CONF.62/WP.8/Rev.1/Part Ⅱ（订正的单一协商案文，1976 年），第六十七条，正式记录，第五卷第 151、164 页（第二委员会主席）。

9. A/CONF.62/WP.10（非正式综合协商案文，1977 年），第七十九条，正式记录，第八卷第 1、17 页。

10. A/CONF.62/WP.10/Rev.1（非正式综合协商案文/Rev.1，1979 年，油印），第七十九条。转载在《第三次联合国海洋法会议文件集》第一卷，第 375、422 页。

11. A/CONF.62/WP.10/Rev.2（非正式综合协商案文/Rev.2，1980 年，油印）第七十九条。转载在《第三次联合国海洋法会议文件集》第二卷，第 3、50 页。

12. A/CONF.62/WP.10/Rev.3＊（非正式综合协商案文/Rev.3，1980 年，油印）第七十九条。《第三次联合国海洋法会议文件集》第二卷，第 179、226 页。

13. A/CONF.62/L.78（《公约草案》，1981 年），第七十九条，正式记录，第十五卷第 172、188 页。

起草委员会文件

14. A/CONF.62/L.67/Add.4（1981 年，油印），第 18～21 页。

15. A/CONF.62/L.72（1981 年），正式记录，第十五卷第 151 页（起草委员会主席）。

16. A/CONF.62/L.152/Add.23（1982 年，油印），第 75～77 页。

17. A/CONF.62/L.160（1982 年），正式记录，第十七卷第 225 页（起草委员会主席）。

非正式文件

18. No.3 非正式文件和 Rev.1 和 2（1974 年，油印），条款第五条。转载在《第三次联合国海洋法会议文件集》第三卷，第 288、296、305 页。

19. 丹麦（〔1977 年〕，油印），第六十七条（订正的单一协商案文，第二卷）。转载在《第三次联合国海洋法会议文件集》第四卷，第 470 页。

评　　注

79.1.　第七十九条确认了所有国家都有在大陆架上铺设海底电缆和管道的权利。

第 2 款规定了沿海国的义务，除了为勘探大陆架、开发自然资源和防止、减少和控制管道造成的污染外，对于铺设或维持这种海底电缆或管道不得加以阻碍。第 3 款规定在大陆架上铺设海底管道的路线须经沿海国同意。第 4 款再次确认了沿海国对于进入其领土或领海的电缆和管道的权利，及其经营和使用在其大陆架上的电缆和管道的管辖权。第 5 款强调了现有电缆和管道的问题。

79. 2.　在国际法律委员会 1956 年的条款草案中，海底电缆的铺设和维持被放在第七十条关于大陆架的规定下；海底电缆和管道则被放在第六十一条公海海床中。[①] 联合国海洋法会议第二委员会和第四委员会对这些规定的相似性及相互关系进行了讨论。[②] 讨论结束后，国际法律委员会的结构被保留下来，而《大陆架公约》和《公海公约》也分别对电缆和管道作出了规定。

1958 年《大陆架公约》第四条（资料来源 1）规定：

> 沿海国除为探测大陆架及开发其天然资源有权采取合理措施外，对于在大陆架上敷设或维持海底电缆或管线不得加以阻碍。

该条规定对国际法律委员会草案的唯一修改之处是其规定同时适用于管道和电缆。[③]

由于大陆架在当时被看做是公海的海底，1958 年《公海公约》第二十六条也同样使用。该条规定内容为：

> 1. 所有国家均有权在公海海床上铺设海底电缆和管道。
>
> 2. 除行使为勘探大陆架及开发其自然资源而采取合理措施的权利外，沿海国不得妨碍此种电缆或管道的铺设或维护。
>
> 3. 在铺设此种电缆或管道时，有关国家应充分注意海底已有的电缆或管道，特别是不得妨碍对现有电缆或管道进行修理的可能性。

第 2 款逐字采用了国际法律委员会草案内容，国际法律委员会在其注释中写道：

---

① 第六十一条强调"公海海床上的电缆和管道"（包括大陆架）。第七十条强调了"大陆架上的海底电缆"。另见国际法律委员会第八期会议报告（A/3159），第六十一条和注释，第七十条和注释，II YB ILC 1956，第 253、293 和 299 页。

② 在联合国海洋法会议上，第四委员会第 27 期会议对第 5 - 52 款/段第七十条进行了讨论，正式记录，第六卷第 78 - 81 页，把第七十条和第六十一条相同的案文进行关联，并在是否保留一条或两条都保留的问题上出现了分歧，并在第二委员会第 30 次会议和第 32 次会议上进行了讨论，正式记录，第四卷第 88 - 90 页、第 94 页。

③ 事实上，国际法律委员会在第七十条的注释中已经提到这个问题，但当时的注释是"这一问题似乎还不具备现实重要性。"Supra note 1，第 299 页。

沿海国有责任允许在其大陆架上铺设电缆和管道，但……可就应遵守的路线作出限制，以防止对开发海床和底土的自然资源造成不当的干扰。很明显，电缆和管道的铺设不得阻碍航行。

第3款被加入到国际法律委员会的相应条款中，构成了保护已有电缆和管道的规定。

79.3. 在1973年海底委员会上，中国代表的一份提案（资料来源3）包括了下列一段案文：

外国在划定铺设海底电缆和管道的线路时应得到沿海国的同意。

这是首个纳入国际法律委员会关于沿海国有权就在大陆架上铺设电缆和管道提出条件的观点的提案。

阿根廷代表的提案（资料来源4）就沿海国对该问题的权利上提出了总体建议。提案第二十三条写道：

23. 沿海国应授权在大陆架上铺设海底电缆和管道，除大陆架其他权利有规定，不受任何限制。

79.4. 在第二期会议期间（1974年），尼加拉瓜代表的一份提到"国家区域"的提案称，"海底电缆和管道的铺设……除本公约和在其后形成的条约有所规定外，不应受到任何限制。"④ 非正式法律专家组（埃文森小组）就大陆架制定了一套初步的条款草案，其中一条规定如下："沿海国行使与大陆架相关的权利和履行有关义务，不应对铺设电缆和管道造成不当的干扰。"⑤

美国代表的提案（资料来源5）包括了下列规定：

海底电缆和管道

1. 沿海国除为了勘探开发大陆架自然资源有权采取合理措施，对于铺设海底电缆或管道不得加以阻碍。

2. 本部分的规定不应影响沿海国对用于勘探开发其大陆架资源，或经营在其管辖下的设施而使用的电缆和管道的管辖权，也不影响其对进入其领土

---

④ A/CONF. 62/L. 17（1974），第6款，正式记录，第三卷第195页（尼加拉瓜）。

⑤ 暂定条款草案（1974年，油印），第二十七条（非正式法律专家组），转载在《第三次联合国海洋法会议文件集》第十一卷，第393、407页。

或领海的电缆或管道订立条件的权利。

美国代表提案的第一款基本上重复了 1958 年《大陆架公约》的第四条。第 2 款引入了新的规定，澄清了沿海国对大陆架管辖权的某些方面，以及沿海国在其领土和领海的权利不得被第 1 款规定所影响。

主流文件（资料来源 6）第七十二条规定综合了 1958 年《公海公约》，1958 年《大陆架公约》、中国在海底委员会的建议以及美国在第二期会议（资料来源 1、资料来源 2、资料来源 3 和资料来源 5）的相关规定。第七十二条，规则 C 采纳了美国的提案（资料来源 5），增加了沿海国除采取合理措施防止污染之外，不得妨碍在大陆架上铺设和维持海底电缆和管道的义务。

79.5. 第三期会议（1975 年）继续以非正式的形式展开谈判。在第二委员会内成立了大陆架非正式协商组并召开两次会议，感兴趣国家的小型工作组也召开了会议。⑥非正式法律专家组对大陆架有关案文进行了一系列修订。最终版本第六条规定：

1. 沿海国除勘探大陆架、开发其自然资源和防止由管道造成的污染有权采取合理措施外，对于在其大陆架上铺设或维护海底电缆和管道不得加以阻碍。

2. 外国在大陆架上铺设海底管道，其线路的划定须经沿海国同意。

3. 本部分的任何规定不应影响沿海国对因勘探其大陆架或开发其资源或经营在其管辖下的人工设施而建造或使用的电缆和管道的管辖权，也不影响沿海国对进入其领土或领海的电缆或管道订立条件的权利。

4. 铺设海底电缆和管道时，各国应适当顾及海底已经铺设的电缆和管道。特别是，修理现有电缆和管道的可能性不应受到妨碍。⑦

在两种情况下，上述第六条仅就管道而言。第 1 款引用了"防止管道造成的污染"，第 2 款提到沿海国同意"铺设海底管道的线路。"第 4 款将 1958 年《公海公约》第二十六条第 3 款（见 79.2）纳入了大陆架制度。

非正式单一协商案文/第二部分（资料来源 7）第六十五条引入了相应的规定：

1. 所有国家都应有在大陆加上铺设海底电缆和管道的权利。

---

⑥　A/CONF. 62/C. 2/L. 89/Rev. 1（1975），第 17 款，正式记录，第四卷第 195、196 页（第二委员会书记员）。

⑦　大陆架（1975 年，油印），第六条（非正式法律专家组）。转载在《第三次联合国海洋法会议文件集》第十一卷，第 501、502 页。（另见《第三次联合国海洋法会议文件集》，1975 年文件，第 281 页，该段案文注有"第四次修改。"）

2. 沿海国除勘探大陆架、开发其自然资源和防止由管道造成的污染有权采取合理措施外，对于铺设或维护这种海底电缆和管道不得加以阻碍。

　　3. 在大陆架上铺设海底管道，其线路的划定须经沿海国同意。

　　4. 本部分的任何规定不应影响沿海国对进入其领土或领海的电缆或管道订立条件的权利，也不影响沿海国对因勘探其大陆架或开发其资源或经营在其管辖下的人工岛屿、设施和构筑物而建造或使用的电缆和管道的管辖权。

　　5. 铺设海底电缆和管道时，各国应适当顾及已经铺设的电缆和管道。特别是，修理现有电缆和管道的可能性不应受到妨碍。

　　第 1 款正式确定了沿海国在大陆架上铺设海底电缆和管道的权利。第 2～5 款沿用了非正式法律专家组条款草案的结构；不过，第 4 款中沿海国的管辖权有所扩大，增加了"经营人工岛屿、设施和结构"相关内容。第 4 款同时还扩展了该款的适用范围，规定本"部分"（而不是本"条"）的规定不影响该条中规定的沿海国的权利和管辖权。

79.6. 在第四期会议期间（1976 年），上述规定被列入订正的单一协商案文/第二部分第六十七条（资料来源 8），具体内容如下：

大陆架上的海底电缆和管道

　　1. 所有国家按照本条的规定都有在大陆架上铺设海底电缆和管道的权利。

　　2. 沿海国除勘探大陆架、开发其自然资源和防止由管道造成的污染有权采取合理措施外，对于铺设或维护这种海底电缆和管道不得加以阻碍。

　　3. 在大陆架上铺设这种海底管道，其线路的划定须经沿海国同意。

　　4. 本章的任何规定不得影响沿海国对进入其领土或领海的电缆或管道订立条件的权利，也不影响沿海国对因勘探其大陆架或开发其资源或经营在其管辖下的人工岛屿、设施和构筑物而建造或使用的电缆和管道的管辖权。

　　5. 铺设海底电缆和管道时，各国应适当顾及已经铺设的电缆和管道。特别是，修理现有电缆和管道的可能性不应受到妨碍。

　　这一阶段给大陆架规定增加了标题。第 1 款有所修改，在末尾增加了"根据本条规定"的表述。第 1 款和第 4 款被修改得更为严格——"有"取代了第 1 款中的"应有"，"不得影响"取代了第 4 款中的"不应影响"。

79.7. 在第六期会议期间（1977 年），丹麦代表（资料来源 19）建议将第六十七条修改为：

大陆架上的海底电缆和管道

　　1. 所有国家按照本条的规定都有在大陆架上铺设海底电缆和管道的权利。

2. 沿海国除勘探大陆架、开发其自然资源有权采取合理措施外，对于铺设或维护这种海底电缆和管道不得加以阻碍。

3. 本章规定不得影响沿海国对进入其领土或领海的电缆订立条件的权利，也不影响沿海国对因勘探其大陆架或开发其资源或经营在其管辖下的人工岛屿、设施和构筑物而建造或使用的电缆的管辖权。

4. 铺设海底电缆时，各国应适当顾及已经铺设的电缆。特别是，修理现有电缆和管道的可能性不应受到妨碍。

5. 在大陆架上铺设海底管道须经沿海国同意。

该提案对订正的单一协商案文规定的结构做了调整，并将电缆和管道分开进行规定。第1~4款只涉及电缆。第5款强调了铺设海底管道（不仅仅是路线的划定）须经沿海国同意。⑧

非正式综合协商案文（资料来源9）中大陆架有关规定被重新编为第七十九条，第2款把范围扩大到"防止、减轻和控制管道造成的污染"（从而和第三委员会上的协商达成了一致）。尽管后来在起草委员会的建议下又进行了部分修改（资料来源14至资料来源17），到此阶段，这条规定已经基本定型了。

79.8（a）. 第1款规定，"根据本条规定"，所有国家都有在大陆加上铺设海底电缆的权利（第2~5款对这一自由进行了限制）。第1款确定了适合大陆架的形式，第八十七条第1款（c）项规定公海自由包括铺设海底电缆和管道的自由，但"受第六部分的限制"。第八十七条中出现的"受第六部分的限制"合并了第七十九条规定中关于自由的限制。

79.8（b）. 第2款重复了1958年《大陆架公约》第四条，并增加了管道造成污染的内容。第2款同时进一步描述，若沿海国不予阻碍，所有国家都有在大陆架铺设和维持海底电缆和管道的自由。不过，沿海国为勘探大陆架和开发其自然资源，以及防止、减轻和控制管道造成的污染有权采取合理措施。这一问题在第二〇八条国家管辖的海底活动造成的污染里进行了更为详细的规定（见第四卷，第145页，208.10（b））。

第七十九条第2款中的"铺设"指新电缆和管道，而"维护"则与已有的和新铺设的电缆和管道相关。

79.8（c）. 第3款与管道线路有关，涉及已有的和新铺设的管道。该款规定各国在大陆架上铺设管道（不包括电缆）的路线应得到沿海国的同意，从而对所有国家在大陆架铺设管道的自由进行了限制。这一规定与第2款允许沿海国对防止、减轻和

⑧ 会议后期，丹麦代表对此提案作了解释，称丹麦代表团"注意到铺设电缆和管道之间存在重大区别；因此主张……管道的铺设须在获得沿海国同意后方可进行。"见第138次全体会议（1980年），第150段，正式记录，第四卷第61页。

控制管道造成的污染采取合理措施达成了一致。

79.8（d）. 第 4 款涉及两部分内容：（i）沿海国对进入其领土或领海的电缆或管道订立条件的权利；（ii）沿海国因勘探其大陆架或开发其资源或经营在其管辖下的人工岛屿、设施和构筑物而建造或使用的电缆和管道的管辖权。

第一部分是关于沿海国对领土和领海的主权。第二部分与沿海国对大陆架自然资源的主权权利相关。从这方面讲，根据第七十七条第 2 款，任何与勘探、开发大陆架资源有关的活动都必须获得沿海国的同意之后方可进行。大陆架上人工岛屿的建设、经营和利用，以及设施和构筑物由第八十条进行规定（第八十条比照适用于第六十条，关于在专属经济区使用这种设施的规定）。

79.8（e）. 第 5 款保护现有电缆和管道免受新铺设的电缆和管道干扰，要求各国"应适当顾及已经铺设的电缆和管道。"特别是，修理现有电缆和管道的可能性不应受到妨碍。类似的规定被纳入到第五十一条第 2 款中允许维护、替换和修复群岛水域的海底电缆的有关规定。类似规定可见第一一二条第 2 款，该款强调，所有国家都有在大陆架以外的公海海床铺设海底电缆和管道的权利。

79.8（f）. 第七十九条是《公约》关于电缆和管道的规定之一，对电缆、管道，或电缆和管道的规定散见于《公约》各部分。

第二十一条，第 1 款（c）项，允许沿海国采取有关法律法规保护其领海内的电缆和管道。

第五十一条第 2 款，要求群岛国尊重其他国家所铺设的通过其水域的现有海底电缆，并准许对其进行维修和更换。

第五十八条第 1 款规定所有国家都有在沿海国专属经济区铺设和运行海底电缆和管道的自由。此处提到了受第六部分限制的第八十七条第 1 款（c）项中规定的公海自由。[9] 第五十八条第 2 款将第一一二条至第一一五条应用于专属经济区，"如此它们就与第五部分内容形成一致了。"

第一一二条采用了第七十九条第 5 款关于已有电缆和管道的规定，将其用于"大陆架以外的公海海底上。"第一一三条至第一一五条强调了海底电缆或管道的破坏和损害，规定对为避免损害海底电缆或管道而对船舶造成的损失予以赔偿。此处，这几条规定适用于领海外部界线之外所有海域内与电缆和管道有关的航行事故和活动。如果沿海国建立了专属经济区，通过纳入公海有关规定从而使其与第五部分形成了一致的第五十八条，第一一三条至第一一五条的规定适用于专属经济区，即，专属经济区内与电缆和管道相关的活动。对于专属经济区外部界限以外的大陆架而言，与大陆架上的电缆和管道相关的事故和活动受公海规定的约束。如果沿海国尚未建立专属经济区，

---

⑨　根据第五十六条第 3 款，沿海国关于专属经济区海床和底土的权利，应按照第六部分的规定行使。因此，沿海国在专属经济区内行使与海底电缆和管道相关的权利应遵照第七十九条规定。

则第一一三条至第一一五条的规定直接适用于大陆加上与电缆和管道有关的所有事故和活动。[10]

第二九七条第 1 款（a）项规定，与铺设海底电缆和管道相关的自由和权利相关的争端应按照第十五部分的争端解决程序予以解决。

---

[10] L. D. M. Nelson,《海底电缆和管道》，R-J Dupuy 和 D. Vignes（eds.），《新海洋法手册》，第 977、987 页（1991 年）。Nelson 曾任第三次联合国海洋法会议起草委员会秘书。

第八十条　大陆架上的人工岛屿、设施和构筑物

第六十条比照适用于大陆架上的人工岛屿、设施和构筑物。

资料来源

第一次联合国海洋法会议文件

1. 《大陆架公约》（1958 年）第五条第 2～6 款，对应国际法律委员会草案第七十一条第 2～5 款。在此之前的情况，见秘书处参考指南关于第七十一条的说明。联合国海洋法会议的讨论情况见第四委员会报告，A/CONF. 13/L. 12（1958 年），第 10 段，UN-CLOS I，正式记录，第二卷第 89 页。

第三次联合国海洋法会议文件

2. A/AC. 138/91，B 节，第（c）条和（d）条，转载在《1973 年海底委员会报告》第二卷，第 9、11 页（比利时）。

3. A/AC. 138/SC. II/L. 37 and Corr. 1，第二十四条至第二十六条，转载在《1973 年海底委员会报告》第三卷，第 78、81 页（阿根廷）。

4. A/CONF. 62/C. 2/L. 42/Rev. 1（1974 年），正式记录，第三卷第 220 页（阿尔及利亚、阿根廷、孟加拉国、缅甸、巴西、智利、哥伦比亚、古巴、塞浦路斯、厄瓜多尔、萨尔瓦多、加纳、危地马拉、几内亚、圭亚那、海地、印度、印度尼西亚、伊朗、牙买加、肯尼亚、利比亚、毛里塔尼亚、毛里求斯、墨西哥、摩洛哥、尼日利亚、巴拿马、秘鲁、菲律宾、塞内加尔、索马里、特立尼达和多巴哥、喀麦隆、乌拉圭、委内瑞拉、南斯拉夫）。

5. A/CONF. 62/C. 2/L. 47（1974 年），第二十八条，正式记录，第三卷第 222、225 页（美国）。

6. A/CONF. 62/L. 8/Rev. 1（1974 年），附件二，附录一［A/CONF. 62/C. 2/WP. 1］，条款第七十四条至第七十七条，正式记录，第三卷第 93、107、118 页（总报告员）［《主要趋势工作文件》］。

7. A/CONF. 62/WP. 8/Part II（非正式单一协商案文，1975 年）第六十六条，正式记录，第四卷第 152、163 页（第二委员会主席）。

8. A/CONF. 62/WP. 8/Rev. 1/Part II（订正的单一协商案文，1976 年），第六十八条，正式记录，第五卷第 151、164 条（第二委员会主席）。

9. A/CONF. 62/WP. 10（非正式综合协商案文，1977 年），第八十条，正式记录，第八卷第 1、17 页。

10. A/CONF. 62/WP. 10/Rev. 1（非正式综合协商案文/Rev. 1，1979 年，油印），第八十条。转载在《第三次联合国海洋法会议文件集》第一卷，第 375、423 页。

11. A/CONF. 62/WP. 10/Rev. 2（非正式综合协商案文/Rev. 2，1980 年，油印），第八十条。转载在《第三次联合国海洋法会议文件集》第二卷，第 3、51 页。

12. A/CONF. 62/WP. 10/Rev. 3*（非正式综合协商案文/Rev. 3，1980 年，油印），第八十条。转载在《第三次联合国海洋法会议文件集》第二卷，第 179、227 页。

13. A/CONF. 62/L. 78（《公约草案》，1981），第八十条，正式记录，第十五卷第 172、189 页。

起草委员会文件

无相应文件。

非正式文件

14. 第 3 号非正式文件，条款第七条至第十一条；No. 3/Rev. 1，条款第八条至第十条；No. 3/Rev. 2，条款第七条至第十条（均为 1974 年，油印）。转载在《第三次联合国海洋法会议文件集》第三卷，第 288、296、305 页。

15. 墨西哥（〔1976 年〕，油印），第六十七条之二。转载在《第三次联合国海洋法会议文件集》第四卷，第 325 页。

16. NG6/8（1979），第八十条（苏联）。转载在《第三次联合国海洋法会议文件集》第九卷，第 377、378 页。

评 注

80. 1. 第八十条强调了大陆架上的人工岛屿、设施和构筑物问题，比照适用于第六十条有关专属经济区内人工岛屿、设施和构筑物的规定（见 60.1 款）。由此，该条适用于以下两种情况：（i）尚未建立专属经济区的沿海国；和（ii）延伸至专属经济区外部界限之外的大陆架。

80. 2. 第六十条的有关规定及第八十条，都是从 1958 年《大陆架公约》第五条第 2～6 款衍生而来（资料来源 1）。这几款都强调了大陆架上的设置和装置，其内容为：

2. 以不违反本条第一项及第六项之规定为限，沿海国有权在大陆架上建立、维持或使用为探测大陆架及开发其天然资源所必要之设置及其他装置，并有权在此项设置与装置之周围设定安全地带以及在安全地带内采取保护设置及装置之必要措施。

3. 本条第二项所称之安全地带得以已建各项设置及其他装置周围500米之距离为范围、自设置与装置之外缘各点起算之。各国船舶必须尊重此种安全地带。

4. 此种设置与装置虽受沿海国管辖，但不具有岛屿之地位。此种设置与装置本身并无领海，其存在不影响沿海国领海界限之划定。

5. 关于此项设置之建立必须妥为通告、并须常设警告其存在之装置。凡经废弃或不再使用之设置必须全部拆除。

6. 此项设置或位于其周围之安全地带不得建于对国际航行所必经之公认海道可能妨害其使用之地点。

（上述适用于专属经济区的条款，形成了1982年《公约》第六十条的基础。）

80.3. 在1973年的国际海底委员会上，比利时代表（资料来源2）提出了如下两条建议：

第（c）条：在符合以下条款规定的情况下，沿海国可授权在其大陆架上建造人工岛屿或不可移动的设施，用于勘探或开发自然资源。此类构筑物应由沿海国或建造国管辖，处于保护的目的，其周围可设定不超过500米的安全地带。此类人工岛屿或不可移动的设施本身并无领海。

第（d）条：沿海国在开始建造第（c）条提到的人工岛屿或设施前，应公布相关计划并考虑其他国家向其提交的任何观察情况。意见不一致时，认为自己受到损害的国家向……＊提出申诉，在合适的情况下，对它认为必要的变化或调整描述，以保证其他国家的合法利益。

第（d）条的脚注指出不指明负责受损害国家申诉的智能机构应该是明智的。

美国代表提议准予沿海国在被描述为"沿海海底经济区"的区域内授权和约束影响其经济利益的海上设施的专属权利。① 阿根廷代表的（资料来源3）提案第二十四条至第二十六条规定：

---

① A/AC. 138/SC. II/L. 35 和 Corr. 1，第一条第3款（a）项，第4款和第5款，转载在《1973年海底委员会报告》，第75页（美国）。

24. 第三国或其国民建造任何其他类型的设施前都应获得沿海国的允许。

25. 沿海国有权建造、维护或使用大陆架上或上方的设施和其他行使其大陆架权利的必要装置，有权在这类装置和设施周围建立安全地带，在安全地带内采取必要措施对其进行保护。安全地带可能从设施或装置周边延伸 500 米，所有国家的船舰都应尊重这些安全地带。

26. 任何设施和装置之建立必须经官方妥为通告、并对其存在应维持永久性的警告方法。凡不再使用之设施应由沿海国拆除。

上述规定之表述与美国的提案相似，但特别指出了"大陆架上或上方"的区域。

80.4. 在大会的第二期会议期间（1974 年），非正式法律专家组（埃文森小组）制定了大陆架海上设施的相关规定。[②] 其第二十九条，B 版本规定：

1. 沿海国为勘探和开发自然资源或其他经济目的，在［大陆架］［沿海国海底区域］内应具有授权和规范建造、运行和使用海洋设施的专属权利。

2. 沿海国可于必要时在此类海上设施周围建立安全地带，并可在安全地带内采取恰当的措施保护人员、财产和海洋环境。安全地带的设计应与设施的特性和功能有合理的关联。

［安全地带的宽度应由沿海国决定，并应遵守已有的国际标准，或将由政府间海洋咨询确定的海上设施周围安全地带的宽度，假如自设施外缘各点算起，用于勘探和开发海底和底土不可再生资源的设施周围的安全地带可延伸五百米的距离。］

［此类地带从其外缘各点量起，可延伸至一千米的距离，包括系泊系统。所有国家的船舰必须尊重这些安全地带。对于未经设施和装置负责人允许进入安全区的船舶，沿海国可对其执行有关法律法规。］

3. 设施及其周围的安全地带不得设在对使用国际航行必经的公认海道可能有干扰的地方。

4. 任何此类设施的建造必须妥为通知，并对其存在必须维持永久性的警告方式。已被放弃或不再使用的任何此类设施必须完全予以撤除。

5. 在本部分中，"设施"指的是海上人工岛屿、设备、或装置，而非正常运行状态下会在海上移动的设施。此类设施不应成为沿海国延伸领海或专属经济区主张的基础。

---

② 暂定条款草案（1974 年，油印），第二十九条（非正式法律专家组）。转载在《第三次联合国海洋法会议文件集》第十一卷，第 393、407、408 页。

上述规定赋予了沿海国授权和规范大陆架海上设施的专属权利，而不是陈述沿海国有权采取此类行动。第 5 款把"装置"列为设施的一种。

三十七国集团的（资料来源4）提案建议：

> 未经沿海国同意，任何国家，无论出于何种目的，都无权在其他国家的大陆架或大陆架之上建造、维持、配置或使用任何军事设施或装置或其他设施。

（18 个国家（其中包括很多已经提交过此提案的相同的国家）就专属经济区提交了一份同样的提案，该提案后来成为第六十条（见上文60.5））。

美国代表关于大陆架的提案（资料来源5）包括了如下有关设施的规定：

> 1. 沿海国为勘探和开发自然资源或其他经济目的，应具有授权和规范在大陆架建造、运行和使用人工岛屿和设施，以及任何可能干扰沿海国行使权力的设施的专属权利。
>
> 2. 沿海国可于必要时在此类海上设施周围建立安全地带，并可在安全地带内采取恰当的措施保护设施和航行安全。安全地带的设计应与设施的特性和功能有合理的关联。所有国家的船舶必须尊重这种安全地带。
>
> 3. 安全地带的宽度应由沿海国决定，并应遵守已有的国际标准，或将由政府间海洋咨询组织制定的有关建立安全地带及其宽度的标准。在没有此类额外标准的情况下，用于勘探和开发不可再生资源的设施周边的安全地带，自设施外缘各点量起，可延伸 500 米的距离。
>
> 4. 任何此类设施的建造及安全地带的范围必须妥为通知，并对其存在必须维持永久性的警告方式。已被放弃或不再使用的任何此类设施必须完全予以撤除。
>
> 5. 各国应确保其舰船在安全地带之外，设施附近区域的航行遵守适用的国际标准。
>
> 6. 设施及其周围的安全地带不得设在对使用国际航行必经的公认海道可能有干扰的地方。
>
> 7. 为本部分的目的，"设施"指的是海上人工岛屿、设备、或类似装备，而非正常运行状态下会在海上移动的设施。此类设施不应作为领海或专属经济区主张的基础，其存在也不影响沿海国领海或专属经济区界限的划定。

该建议改编并扩展了非正式法律专家组案文的语言。第 5 款关于各国船舶在安全地带外航行应遵守国际标准的规定为新增内容。在介绍该提案时，美国代表解释该提案。

包括了保证沿海国控制用于勘探和开发资源和其他经济目的建造的设施和可能干扰沿海国资源权利的设施的规定。与联合国《大陆架公约》（1958）不同，新的草案条款看到了遵照任何适用的国际标准围绕设施延伸 500 米的安全地带的可能性。对于新型大陆架上设施来说，比如机场和超级港口，此类大型的区域可能极为必要。③

《主要趋势工作文件》（资料来源 6）第七十四条至第七十七条合并了关于大陆架上的人工岛屿，设施和装置的各种规定。包括 1958 年《大陆架公约》，阿根廷代表在海底委员会上的提案，以及美国代表在第二期会议期间的提案（资料来源 1、资料来源 3 和资料来源 5）。

80.5. 第三期会议（1975 年）起开始区分专属经济区范围内的大陆架和专属经济区外向海延伸部分的大陆架。非正式法律专家组对其关于大陆架的条款草案进行了一系列修改，最终版本包括如下规定：

> 1. 经济区一章第四条规定应比照适用于位于经济区内大陆架上的人工岛屿、设施和构筑物。
> 2. 沿海国为勘探和开发大陆架自然资源的目的，有权在经济区以外的大陆架上建造、授权和规范人工岛屿、设施和构筑物。第四条第 2 至 6 款应比照适用于此类设施和结构。④

该提案源于第八十条，可将经济区人工岛屿、设施和构筑物的相关规定比照适用于大陆架上的此类结构。该提案区分了专属经济区内大陆架上的人工岛屿、设施和构筑物以及专属经济区外大陆架上的设施。在专属经济区内，沿海国出于各种目的，本应具有在大陆架上建造，授权和管理此类设施的建造和使用的专属权利。在专属经济区外，为了勘探和开发大陆架自然资源之目的，沿海国应被赋予建造、授权和管理此类结构的权利。

经过一系列非正式协商后，非正式单一协商案文/第二部分（资料来源 7）第六十六条规定：

> 第四十八条之规定应比照适用于大陆架上的人工岛屿、设施和构筑物。

---

③ 第二委员会，第 41 次会议（1974 年），第 21 款，正式记录，第三卷第 291 页。

④ 大陆架（1975 年，油印），第八条（非正式法律专家组）。转载在《第三次联合国海洋法会议文件集》第十一卷，第 501、503 页。（另见《第三次联合国海洋法会议文件集》，1975 年文件，第 281 页，文案标题为"第四次修改。"）该案文第 4 款适用于专属经济区的情况，见 60.6。

该案文将第四十八条关于专属经济区人工岛屿、设施和构筑物的规定（见上文 60.6），比照适用于大陆架上的相同结构。

80.6. 墨西哥代表（资料来源15）在第四期会议（1976年）期间，重复了三十七国集团在第二期会议（资料来源4）上递交的提案，即禁止各国在另一国的大陆架上或上方建造、维护、使用或操作任何军事设施或装置，或其他任何设施。

订正的单一协商案文/第二部分（资料来源8）第六十八条采纳了非正式单一协商案文的语言，并做了局部调整，规定为：

大陆架上的人工岛屿、设施和构筑物

第四十八条比照适用于大陆架上的人工岛屿、设施和构筑物。

这一阶段给该条规定加上了标题。条文叙述采用了更为绝对和直接的用语，指明第四十八条（现第六十条）"适用于"（而非"应适用于"）大陆架。

非正式综合协商案文（资料来源9）逐字重复了该案文，作为第八十条。至今未做改变。

80.7. 在第八期会议（1979年）上，苏联代表（资料来源16）就第八十条的措辞提出建议，具体内容为：

1. 沿海国行使关于大陆架的权利和履行相关义务，不得对其他国家行使航行和其他权利及自由有所侵害，或造成不当干扰；其他国家在行使航行和其他权利及自由时不得对沿海国行使勘探开发大陆架自然资源的权利有所侵害，或造成不当干扰。

2. 在不妨碍第1款规定的情况下，第六十条比照适用于专属经济区以外大陆架上的人工岛屿、设施和构筑物。

3. 大陆架上建造的任何人工岛屿、设施和构筑物均应仅用于和平目的。

该提案建议对第八十条进行若干修改。第一款强调沿海国和其他国家在行使各自的权利和自由时互不干涉。（关于航行，非正式综合协商案文第八十条通过结合第六十条第6款和第7款已经作出规定。关于不得干扰的普遍问题随后被放在第七十八条（见上文78.7））。第2款把第六十条，关于专属经济区内的人工岛屿、设施和构筑物的规定，适用于"经济区之外"的大陆架。也就是说，该款规定可能延伸了沿海国的管辖权，将管辖权扩展大了200海里以外大陆架上的此类设施。第3款明确把人工岛屿、设施和构筑物的用途限制为"和平目的"。

80.8. 第9期会议（1980年）期间，就非正式综合协商案文/Rev.1第六十条第3

款规定，并合并于第八十条的关于移除废弃或不再使用的设施的要求进行了讨论。⑤ 随后第六十条阐明了该要求（见上文 60. 10 ~ 60. 13）。

80. 9. 第八十条适用于大陆架的任何地方，包括 200 海里以内和超过 200 海里的范围，并特别适用于延伸至专属经济区以外的大陆架。第八十条比照合并了第六十条的规定。因此，由于适用于大陆架，60. 15（a）~（m）项也适用于第八十条的注解。

---

⑤ 见 E&P 论坛备忘录（1980 年，油印）（石油工业国际勘探和生产论坛）。转载在《第三次联合国海洋法会议文件集》第四卷，第 533 页。

第八十一条 大陆架上的钻探

沿海国有授权和管理为一切目的在大陆架上进行钻探的专属权利。

资料来源

第三次联合国海洋法会议文件

1. A/CONF. 62/C. 2/L. 47（1974 年），第四条和第二十六条，正式记录，第三卷第 222、225 页。

2. A/CONF. 62/L. 8/Rev. 1（1974 年），附件二，附一〔A/CONF. 62/C. 2/WP. 1〕，第七十八条，规则 B，正式记录，第三卷第 93、107、119 页（总报告员）〔《主要趋势工作文件》〕。

3. A/CONF. 62/WP. 8/Part II（非正式单一协商案文，1975 年），第六十七条，正式记录，第四卷第 152、163 页（第二委员会主席）。

4. A/CONF. 62/WP. 8/Rev. 1/Part II（订正的单一协商案文，1976 年），第六十九条，正式记录，第五卷第 151、164 页（第二委员会主席）。

5. A/CONF. 62/WP. 10（非正式综合协商案文，1977 年），第八十一条，正式记录，第八卷第 1、17 页。

6. A/CONF. 62/WP. 10/Rev. 1（非正式综合协商案文/Rev. 1，1979 年，油印），第八十一条。转载在《第三次联合国海洋法会议文件集》第二卷，第 375、423 页。

7. A/CONF. 62/WP. 10/Rev. 2（非正式综合协商案文/Rev. 2，1980 年，油印），第八十一条。转载在《第三次联合国海洋法会议文件集》第二卷，第 3、51 页。

8. A/CONF. 62/WP. 10/Rev. 3*（非正式综合协商案文/Rev. 3，1980 年，油印），第八十一条。转载在《第三次联合国海洋法会议文件集》第二卷，第 179、227 页。

9. A/CONF. 62/L. 78（《公约草案》，1981 年），第八十一条，正式记录，第十五卷第 172、189 页。

起草委员会文件

无相应文件。

非正式文件

无非正式文件。

评　注

81.1.　第八十一条确认了沿海国授权和管理在大陆架上进行钻探的专属权利，并将钻探的权利扩展到"为一切目的"。

81.2.　1956 年《国际法律委员会条款草案》未就大陆架上的钻探主体作出说明。1958 年，联合国海洋法会议预备文件中出现了大量关于钻探的内容。① 尽管 1958 年《大陆架公约》未对钻探作出详细说明，承认沿海国对大陆架主权权利的主要目的是为了提供其勘探和开发矿藏资源，尤其是石油的权利。钻探被认为是开发海底和底土的主要方法之一。②

81.3.　美国代表在 1973 年海底委员会的提案基本上赋予了沿海国在被描述为沿海国海底经济区的区域内勘探和开发，授权勘探和开发海底以及底土自然资源的专属权利。③ 此外，沿海国还应有授权和管理在该区域内"除勘探和开发资源以外目的的其他钻探活动"的专属专利。

81.4.　在第二期会议上（1974 年），美国代表提交的一份关于经济区和大陆架（资料来源 1）提案中包括了 1 款与钻探相关的规定草案：

> 沿海国应有授权和管理为一切目的在经济区进行钻探的专属权利。

该条强调了在经济区的钻探。该提案第二十六条规定应可比照适用于大陆架的底床和底土。

《主要趋势工作文件》（资料来源 2），第七十八条，规则 B，将美国代表的提案改编适用于大陆架，规定"沿海国应有授权和管理为一切目的在大陆架上进行钻探的专属权利。"（措辞相同，但关于经济区的规定被放在了第九十条，规则 E，第 3 款中。）

81.5.　在第三期会议上（1975 年），主流规定被逐字纳入非正式单一协商案文/第二部分第六十七条（资料来源 3）。

81.6.　第四期会议期间（1975 年），订正的单一协商案文/第二部分（资料来源

---

①　A/CONF. 13/25（1958 年，油印），第 20 号预备文件，关于"大陆架矿产资源开发技术的近期发展情况。"

②　在联合国海洋法会议第四委员会的普通辩论上，以下国家的代表提到了钻探问题：爱尔兰（第 6 次会议，第 12 款），以色列（第 9 期会议，第 27 款），巴基斯坦（第 10 期会议，第 1 款）；埃及［阿联酋］（第 12 期会议，第 6 款），以及加拿大（第 12 期会议，第 35 款），UNCLOS I，正式记录，第六卷。

③　A/AC. 138/SC. II. /L. 35 和 Corr. 1，第一条第 3 款（b）项，《1973 年海底委员会报告》，第 75 页（美国）。

4）把该规定重新编号，变为第六十九条，并加上了标题。非正式综合协商案文（资料来源5）又将其编为第八十一条，后保持未动。

81.7（a）. 为"一切目的"反映出沿海国除第七十七条第1款规定的勘探开发自然资源之外，在大陆架上为其他目的授权和管理钻探的权利。

81.7（b）. 在大陆架上开发碳氢化合物的主要设施是人工岛屿和构筑物。管理其建造、运行和使用的规定（第八十条，如第六十条具体规定）适用于通过这些结构在大陆架上进行的钻探活动。

81.7（c）. 第二〇八条关于沿海国通过法律法规防止、降低和控制在其管辖范围内的海底活动造成的污染之规定，适用于大陆架上的钻探。第二一四条与此类法律法规的执行有关。

81.7（d）. 第二四六条第5款（b）项也与大陆架上的钻探有关。根据该项规定，海洋科学研究计划如果"涉及大陆架的钻探"，沿海国可以拒不同意该计划。该规定适用于另一国家或主管国际组织负责的研究计划，同时也适用于延伸至200海里外的大陆架。

第八十二条　对 200 海里以外的大陆架上的开发
应缴的费用和实物

1. 沿海国对从测算领海宽度的基线量起 200 海里以外的大陆架上的非生物资源的开发，应缴付费用或实物。

2. 在某一矿址进行第一个五年生产以后，对该矿址的全部生产应每年缴付费用和实物。第六年缴付费用或实物的比率应为矿址产值或产量的 1%。此后该比率每年增加 1%，至第十二年为止，其后比率应保持为 7%。产品不包括供开发用途的资源。

3. 某一发展中国家如果是其大陆架上所生产的某种矿物资源的纯输入者，对该种矿物资源免缴这种费用或实物。

4. 费用或实物应通过管理局缴纳。管理局应根据公平分享的标准将其分配给本公约各缔约国，同时考虑到发展中国家的利益和需要，特别是其中最不发达的国家和内陆国的利益和需要。

资料来源

第三次联合国海洋法会议文件

1. A/AC. 138/SC. II/L. 39，第三条，转载在《1973 年海底委员会报告》，第 85、86 页（阿富汗、澳大利亚、比利时、玻利维亚、尼泊尔和新加坡）。

2. A/CONF. 62/C. 2/L. 39（1974 年），第五条，正式记录，第三卷第 216、217 页（阿富汗、奥地利、比利时、不丹、玻利维亚、博茨瓦纳、芬兰、伊拉克、老挝、莱索托、卢森堡、马里、尼泊尔、荷兰、巴拉圭、新加坡、斯威士兰、瑞典、瑞士、乌干达、上沃尔特和赞比亚）。

3. A/CONF. 62/C. 2/L. 47（1974 年），第二十七条，（b）款，正式记录，第三卷第 222、225 页（美国）。

4. A/CONF. 62/C. 2/L. 84（1974 年），正式记录，第三卷第 242 页（伊朗）。

5. A/CONF. 62/L. 8/Rev. 1（1974 年），附件二，附录一〔A/CONF. 62/C. 2/WP. 1〕，条款第八十条，正式记录，第三卷第 93、107、119 页（总报告员）〔《主要趋势工作文件》〕。

6. A/CONF. 62/WP. 8/Part II（非正式单一协商案文，1975 年），第六十九条，正式

记录，第四卷第 152、163 页（第二委员会主席）。

7. A/CONF. 62/WP. 8/Rev. 1/Part II（订正的单一协商案文，1976 年），第七十条，正式记录，第五卷第 151、164 页（第二委员会主席）。

8. A/CONF. 62/WP. 10（非正式综合协商案文，1977 年），第八十二条，正式记录，第八卷第 1、17 页。

9. A/CONF. 62/L. 37（1979 年），第八十二条，正式记录，第十一卷第 100、101 页（第六协商小组主席）。

10. A/CONF. 62/WP. 10/Rev. 1（非正式综合协商案文/Rev. 1，1979 年，油印），第八十二条。转载在《第三次联合国海洋法会议文件集》第一卷第 375、423 页。

11. A/CONF. 62/WP. 10/Rev. 2（非正式综合协商案文/Rev. 2，1980 年，油印），第八十二条。转载在《第三次联合国海洋法会议文件集》第一卷第 3、51 页。

12. A/CONF. 62/WP. 10/Rev. 3 *（非正式综合协商案文/Rev. 3，1980 年，油印）第八十二条。转载在《第三次联合国海洋法会议文件集》第二卷第 179, 227 页。

13. A/CONF. 62/L. 78（公约草案，1981 年），第八十二条，正式记录，第十五卷第 172、189 页。

起草委员会文件

14. A/CONF. 62/L. 67/Add. 4（1981 年，油印），第 22~24 页。

15. A/CONF. 62/L. 72（1981 年），正式记录，第十五卷第 151 页（起草委员会主席）。

非正式文件

16. 3 号非正式文件，条款第十二条；No. 3/Rev. 1，条款第十三条；和 No. 3/Rev. 2，条款第十三条（均为 1974 年，油印）。转载在《第三次联合国海洋法会议文件集》第三卷第 288、296、305 页。

17. 美国（1975 年，油印），第 1~3 款。转载在《第三次联合国海洋法会议文件集》第十一卷第 495 页。

18. 新西兰（1975 年，油印），第 1~3 款。转载在《第三次联合国海洋法会议文件集》第十一卷第 496 页。

19. 奥地利（1976 年，油印），第六十九条。转载在《第三次联合国海洋法会议文件集》第四卷第 325 页。

20. 美国（［1976 年］，油印），第六十九条。转载在《第三次联合国海洋法会议文件集》第四卷第 326 页。

21. LL/GDS 小组（［1976 年］，油印），第六十九条。转载在《第三次联合国海洋法会议文件集》第四卷第 327 页。

22. 奥地利（［1977 年］，油印），第七十条。转载在《第三次联合国海洋法会议文件集》第四卷第 471 页。

23. 美国（1977 年，油印），第七十条。转载在《第三次联合国海洋法会议文件集》第四卷第 471 页。

24. NG6/3（1978 年，油印），第八十二条（塞舌尔）。转载在《第三次联合国海洋法会议文件集》第九卷第 372 页。

25. NG6/6（1979 年，油印），第八十二条（斯里兰卡）。转载在《第三次联合国海洋法会议文件集》第九卷第 374 页。

26. NG6/7（1979 年，油印），第八十二条（荷兰）。转载在《第三次联合国海洋法会议文件集》第九卷第 376 页。

27. NG6/8（1979 年，油印），第八十二条（苏联）。转载在《第三次联合国海洋法会议文件集》第九卷第 377、378 页。

28. 美国（［1979 年］，油印），第八十二条。转载在《第三次联合国海洋法会议文件集》第四卷第 516 页。

29. NG6/13（1979 年，油印），第八十二条（美国）。转载在《第三次联合国海洋法会议文件集》第九卷第 382 页。

30. NG6/15（1979 年，油印），第八十二条（阿富汗、奥地利、玻利维亚、莱索托、尼泊尔、新加坡、乌干达、上沃尔特和赞比亚）。《第三次联合国海洋法会议文件集》第九卷第 383 页。

31. C.2/非正式会议/45/Rev.1（1981 年，油印），第八十二条（阿富汗、奥地利、玻利维亚、不丹、莱索托、尼泊尔、巴拉圭、新加坡、乌干达、上沃尔特和赞比亚）。转载在《第三次联合国海洋法会议文件集》第五卷第 53 页。

评　注

82.1.　《公约》第八十二条规定了一套自基线量起 200 海里以外的大陆架上非生物资源开发的收益分享体系。本条只关注 200 海里以外大陆架，应与第七十六条同时解读。第 1 款规定沿海国对 200 海里以外的大陆架上的非生物资源的开发，应缴付费用或实物。第 2 款规定了所缴付费用或实物的比率和时间。第 3 款免除了部分发展中国家开采其大陆架上矿产资源缴付的费用或实物。第 4 款要求费用或实物应通过管理局缴纳，并由管理局分配给本公约各缔约国，同时规定了分配这些费用或实物的普遍标准。

第八十二条是拥有广阔大陆架的国家和希望把大陆架限制到 200 海里的国家之间的折中办法的第二部分。第七十六条为折中办法的第一部分，包括了对大陆架的新定义，并与附件二一起，设定了各国确定 200 海里以外大陆架外部界限的方法。有的国家认为将大陆架延伸到 200 海里外减小了国际区域的范围。经同意，作为对延伸 200 海里以外大陆架的回报，拥有广阔大陆架的国家应通过费用或实物的形式，与国际社会分享在延伸大陆架上开采资源获取的收益。这些收益应通过国际海底管理局分配给《公约》缔约国。第八十二条为此类缴费和实物设置了标准，并规定了相应限制和条件。本条和第七十六条同步协商，《公约》中的最终折中办法由第六协商小组完成（见 VI. 9，76. 12 – 76. 14）。

82. 2. 早期与沿海国向国际社会缴付因开发大陆架非生物资源获取的收益的提案运用了沿海国领海范围以外各类管辖海洋区域的收益分配体系。这一情况与大陆架的新定义以及专属经济区制度的形成密切相关，或者说以其为依赖。如果没有建立确定延伸大陆架或专属经济区的办法，或对这两种制度在海底和底土非生物资源方面的关系没有清楚的认识，关于收益分配的规定则不能适用于海底或大陆架的具体部分。

在 1973 年召开的海底委员会上，马耳他代表提出了一份条约草案，建议沿海国应有义务"将从开发国家海洋空间自然资源获取的经济收益转移一部分至国际海洋空间组织。"[①] 美国代表关于"沿海海底经济区"的提案则要求沿海国让在这一区域特定部分内"开采矿产资源获取的收益可被分享"。[②]

一份由 6 个国家共同提出的（资料来源 1）关于领海范围以外资源管辖的提案包括了如下规定：

    1. 沿海国应根据下列条款，向国际管理局缴纳从其……区域开采非生物资源获取的收益。

    2. 缴纳的比率应为从……区 40 海里或 200 米等深线以内开采所获收益的百分之……，无论沿海国可能采纳哪种界限，和从……区 40 海里或 200 米等深线以外区域开采非生物资源所获收益的百分之……

    3. 国际管理局应依据公平分享的标准分配这些收益。

该提案规定根据开采非生物资源的收益向一个"国际管理局"进行缴纳，并建议缴纳的比率在领海邻近区域之内或之外应有所不同。该提案的注释中还建议应对"收益"进行定义，发达国家和发展中国家应缴纳的百分比应有不同。缴纳收益的分配应以"公平分享标准"为依据。

荷兰关于"过渡区"的提案强调了在毗连领海的区域和领海以外区域勘探和开采生物和非生物资源的问题。该提案赋予沿海国许可此类勘探开发活动的权利，同时要

---

① A／AC. 138／SC. II／L. 28，第八十条第 2 款，转载在《1973 年海底委员会报告》，第 35、61 页（马耳他）。

② A／AC. 138／SC. II／L. 35，and Corr. 1，第二条（e）款，转载在《1973 年海底委员会报告》，第 75、76 页（美国）。

求从这些活动中获取的任何国家收益应缴纳一定的百分比给"主管的国际机构。"③

82. 3. 　　大会第二期会议（1974 年）期间，关于大陆架的讨论主要集中在大陆架的定义上。部分国家赞同大陆架最大界限为 200 海里，以确保界限之外的所有资源由国际社会分享（见 76. 5）。在此背景下，部分代表团提出支持分享开发 200 海里以外大陆架所获取的收益、资源或利益的制度。④ 不过，关于收益分配的提案，并不局限于大陆架的那一部分。22 国集团递交的提案（资料来源 2）建议将之前的 6 国提案（资料来源 1）修改为：

> 1. 所有从开发……区非生物资源获取的国家收益都应以净收益百分之……的比率向国际管理局进行缴纳。
> 2. 国际管理局应按照与分配国际海底区域开发所获收益相同的依据分配这些缴纳的收益。

美国代表的（资料来源 3）一套关于大陆架的条款草案中，包含一条关于开采不可再生资源缴付费用的规定，其具体内容如下：

> 与不可再生资源相关的职责
> 在行使关于大陆架上不可再生资源的权利时，沿海国：
> ……
> （b）开采领海向海或 200 米等深线区域内的不可再生资源，无论哪条标准向海延伸得更远（插入公式），如第……条所采用，应为着国际社会之目的，特别是为发展中国家的利益，缴纳一定费用。

根据美国代表团的阐述，该条款可作为：

> 一条调解坚持将其权利延伸至 200 海里以外大陆架边缘的国家和不愿意看到因沿海国实现 200 海里以外管辖权而减少人类共同遗产的国家之间的立场的途径。⑤

---

③　A/AC. 138/SC. II/L. 59 和 Corr. 1，第八条，《1973 年海底委员会报告》，第 111、114 页（荷兰）。

④　见，例，乌干达代表在第二委员会（1974 年）第十八期会议上的陈述，第 34 段，正式记录，第二卷第 151 页；与特立尼达和多巴哥代表，第 86 段，同上，第 155 页。另见丹麦代表在第 20 期会议上的陈述，第 21 段，同上，第 162 页；毛里求斯代表，第 42 段，同上，第 163 页；加纳代表，第 65 段，同上，第 165 页；与牙买加代表，第 97 段，同上，第 168 页。

⑤　第二委员会，第 41 次会议（1974 年），第 20 款，正式记录，第二卷第 291 页。

非正式法律专家组（埃文森小组）制定了一份语言与美国提案完全相同的案文。⑥

相反，伊朗（资料来源4）建议"沿海国因开发大陆架上的自然资源获取的收益不应被用于任何收益分享。"

会议结束时，主流趋势工作文件（资料来源5）第八十条选用了海底委员会上的六国提案（资料来源1）和美国提案（资料来源3）。

82.4. 在第三期会议上（1975年），日本代表提出了一份关于大陆架定义的非正式提案，根据收益分享条款规定了延伸至200海里外的大陆架。⑦ 美国代表（资料来源17）则提出如下案文：

1. 沿海国对从测算领海宽度的基线量起向海延伸200海里的大陆架上的非生物资源的开发，应缴付费用。

2. 第六年缴付费用的比率应为矿址产值的1%，此后四年内该比率每年增加1%，其后保持为5%。产品不包括开发用途的资源。

3. 每年的费用应缴付给［管理局］［联合国附属的国际或地区开发组织］，为了发展中国家的利益进行公平分配。

该提案更为详细地描述了应缴付费用的资源、确定缴付比率的办法，以及分配缴纳费用的机构的责任。第1款具体指出沿海国应对开采"自基线量起向海延伸200海里"的大陆架上的非生物资源缴付费用。第2款提出缴付费用的具体百分比和时限，并指出以5%封顶。第3款指定联合国附属的"管理局"或其他组织"为了发展中国家的利益公平分配"缴纳的费用。

新西兰代表的一份提案（资料来源18）提出：

1. 沿海国应每年向国际海底管理局缴纳开发专属经济区外部界限以外大陆架上自然资源所获任何收益的百分之X。

2. 为了本条的目的，"收益"指有关矿场资源的产出价值及产品成本之间的差异。确定产出价值和产品成本的办法应由国际海底管理局和缴付国通过协议确定。

3. 国际海底管理局与缴付国关于确定产出价值和产品成本，或缴付国缴纳数量之间的争议应根据本公约第……章中规定的相关程序予以解决。

---

⑥ 条款草案（1974年，油印），第二十八条（非正式法律专家组）。转载在《第三次联合国海洋法会议文件集》第十一卷第393、407页。

⑦ 日本（1975年，油印）。转载在《第三次联合国海洋法会议文件集》第十一卷第497页。第三委员会关于大陆架定义协商情况的完整讨论，见76.6。

第 1 款指定由"国际海底管理局"作为接收沿海国缴纳费用的机构,但没有指明缴纳费用的最终用途。第 2 款从矿产资源的产出价值和产品成本角度确定"收益"的定义,产出价值和产品成本都应由国际海底管理局和缴费国通过协议确定。第 3 款强调国际海底管理局和缴费国之间关于缴付标准和确定标准的办法的争端解决。

非正式法律专家组对其开发 200 海里以外大陆架缴付费用或实物的规定草案进行了若干修改,最终修订本规定:

1. 沿海国对从测算领海宽度的基线量起 200 海里以外的大陆架上的非生物资源的开发,应缴付费用或实物。

2. 缴付费用或实物的比率应为矿址产值或产量的百分之 X。产品不包括开发用途的资源。

3. 国际管理局应确定发展中国家缴付第 1 款和第 2 款所规定的费用或实物的程度。

4. 第 1 款和第 2 款所规定之费用和实物应缴付给国际管理局,每次缴纳根据与管理局达成一致的规定和程序进行。国际管理局应根据公平分享的标准,为了国际社会和发展中国家的特殊利益,分配这些费用和实物。[⑧]

该提案中包含了几条新的规定。第 1 款规定缴付费用"或实物"。第 2 款规定了缴纳矿址"产值或产量"的一般百分比。第 3 款本应赋予国际管理局决定发展中国家应缴纳的费用或实物的额度的决定权。第 4 款规定费用或实物应通过国际管理局缴纳,并"根据公平分享的标准",为了国际社会和"发展中国家的特殊利益"进行分配。

在本期会议结束前,上述大部分规定被并入非正式单一协商案文/第二部分(资料来源 6)第六十九条,其内容如下:

1. 沿海国对从测算领海宽度的基线量起 200 海里以外的大陆架上的非生物资源的开发,应缴付费用或实物。

2. 缴付费用或实物的比率应为矿址产值或产量的百分之……。产品不包括开发用途的资源。

3. 国际管理局应确定发展中国家缴付第 1 款和第 2 款所规定的费用或实物的程度。

4. 第 1 款和第 2 款所规定之费用和实物应缴付给国际管理局,每次缴纳

---

⑧ 大陆架(1975 年,油印)第七条(非正式法律专家组)。转载在《第三次联合国海洋法会议文件集》第十一卷第 501、503 页。(另见《第三次联合国海洋法会议文件集》,1975 年文件,第 281 页,该处此段案文标题为"第四次修改")。

根据与管理局达成一致的规定和程序进行。国际管理局应根据公平分享的标准将其进行分配，同时考虑到发展中国家的利益和需要。

由此，本条的基本结构在非正式单一协商案文中得以确定。第六十九条重复了非正式法律专家组的案文，仅做了微小的修改。第 4 款的最后一句，"为了国际社会"和"发展中国家的特殊利益"被改为"发展中国家的利益和需要"。

82.5. 在第四期会议上（1976 年），奥地利（资料来源 19）通过一段案文提出了几处修改意见：

1. 各国对 200 米水深或从测算领海宽度的基线量起 50 海里以外大陆架上的非生物资源的开发，无论哪个离海岸更远，应按照第 3 款规定缴付费用或实物。

2. 缴付费用或实物的比率，从测算领海宽度的基线量起 200 海里以外大陆架上的开采为 10%，200 海里以内的开采为 5%。产品不包括开发用途的资源。

3. 国际管理局应考虑相关国家的经济发展状况，确定根据第六十三条之二分享资源的发展中国家和沿海国家是否应缴付第 1 款和第 2 款规定的费用或实物，以及缴付的程度。

4. 第 1 款和第 2 款所规定之费用和实物应缴付给国际管理局，每次缴纳根据与管理局达成一致的规定和程序进行。国际管理局应根据第……条规定的标准分配这些费用和实物。

5. 如果有关国家未能遵守本章要求，国际管理局可根据本公约授予其之权利和职责采取恰当措施。⑨

第 1 款包括一种复合了深度（200 米）和距离（50 海里）标准的确定沿海国应缴付费用或实物的大陆架范围的标准。第 2 款建议在 200 海里界限内、外应采用不同的费用或实物缴付比率。第 3 款提到发展中国家和"依照第六十三条之二分享资源的沿海国"应缴付费用或实物的程度。（第六十三条之二强调了内陆国和地理不利国参与勘探开发的问题。）第 4 款中提到的"公平分享标准"被替换为另外一条规定中设定的标准，用省略号表示。第 5 款预想到了国际管理局采取"恰当措施"确保各国遵守本条的规定。

LL/GDS 小组（资料来源 21）制定了类似的规定，但第 2 款中不包括具体的缴纳百分比比率。

---

⑨ 该提案第 5 款未在 19. Cf. 《第三次联合国海洋法会议文件集》，1976 年第二委员会文件，第 617 页中转载。

美国代表团提出新的提案（资料来源 20），对其之前的案文进行了修订（资料来源 17）：

1. 沿海国对从测算领海宽度的基线量起 200 海里以外的大陆架上的非生物资源的开发，应缴付费用，或根据其自由裁量权，缴纳同等价值的实物。

2. 缴付费用或实物的比率，应为本条第 4 款指明的矿址开采的产值或产量的百分之……产品不包括开发用途的资源。

3. 第 1 款和第 2 款所规定之费用或实物应缴付给联合国认可的国际或区域发展组织。本公约缔约国应就必要的费用和其他相关程序达成一致。接收缴付费用或实物的组织应根据公平分享的标准将其分配给本公约缔约国，同时考虑发展中国家的利益和需要。

4. 在某一矿址进行第一个五年生产以后，对该矿址的全部生产应缴付第 2 款规定的费用和实物；第六年缴付的比率应为 6%，以后该比率每年增加 1% 直到第十年，此后比率应保持为 5%。

第 1 款规定沿海国应，根据其自由裁量权，选择缴纳费用或"等额的资源实物"。第 3 款指出由"一个联合国认可的国际或区域发展组织"（不一定是管理局）来接受和分配这些缴付的费用和实物。第 4 款是关于缴付费用和实物的比率和时限，基本上重复了美国之前提案第 2 款的内容。

订正的单一协商案文/第二部分（资料来源 7）把上述规定重新编为第七十条，并做了若干修改。具体内容如下：

对 200 海里以外的大陆架上的开发应缴的费用和实物

1. 沿海国对从测算领海宽度的基线量起 200 海里以外的大陆架上的非生物资源的开发，应缴付费用或实物。

2. 在某一矿址进行第一个五年生产以后，对该矿址的全部生产应每年缴付费用和实物。第六年缴付费用或实物的比率应为矿址产值或产量的百分之……此后该比率每年增加百分之……至第十年为止，其后比率应保持为百分之……产品不包括供开发用途的资源。

3. 国际管理局应决定发展中国家是否应按照第 1 款和第 2 款之规定缴付费用或实物，以及缴付的程度。

4. 费用和实物应根据每一次与国际管理局达成一致的规定和程序缴付给国际管理局。国际管理局应根据公平分享标准分配这些费用和实物，并考虑发展中国家的利益和需要，特别是其中最不发达国家的利益和需要。

这一阶段为上述规定加上了标题。第1款重复了非正式单一协商案文的相应规定。第2款采纳了美国代表的提案（资料来源20）第4款特定时间段内增加缴付比率的有关规定，但没有明确指出适用的具体比率。第3款明确了管理局确定发展中国家是否应该缴纳费用或实物及缴纳程度的资格。结束语"特别是其中最不发达国家"也增加到了第4款。

82.6. 在第五期会议期间（1976年），第二委员会成立了几个开放式协商小组讨论重点问题。第三小组讨论了大陆架的定义，以及"开采200海里以外大陆架上的资源缴付费用和实物"的问题。第二委员会主席报告了第三协商小组内设咨询组的讨论情况，提到：

> 以下几点特别进行了详细讨论：缴纳实物的比率和根据区域开采活动开始后获取的经验对该比率进行修改的可能性；是否所有具有200海里以外大陆架的国家均应缴纳收益，或是否发展中国家或其中相对欠发达的国家应免除缴纳；哪些国家可以从缴付费用和实物中获益，最后，哪个机构负责接收和分配缴纳的费用和实物。[10]

主席注意到，上述问题尚未达成一致。在讨论结束时，部分代表团坚持大陆架不应延伸到200海里以外，而拥有广阔大陆架的国家反复重申该问题的重要性，并建议收益分享可能是一种折中的办法。[11]

82.7. 奥地利代表（资料来源22）在第六期会议（1977年）上提议对第七十条作如下修改：

> 1. 沿海国对从测算领海宽度的基线量起200海里以外的大陆边缘的非生物资源的开发，应缴付费用或实物。
>
> 2. 在某一矿址进行第一个三年生产以后，对该矿址的全部生产应每年缴付费用和实物。第四年缴付费用或实物的比率应为矿址产值或产量的1%。此后该比率每年增加1%至第十年为止，其后比率应保持为7%。产品不包括供开发用途的资源。
>
> 3. 内陆国和地理不利国根据第六十五条之二有可能参与开发，国际管理局应确定其是否应按照第2款的规定缴付费用或实物及缴纳的程度。
>
> 4. 费用和实物应根据每一次与国际管理局达成一致的规定和程序缴付给

---

⑩ A/CONF. 62/L. 17（1976年），第11、13和36段，正式记录，第六卷第135、136和138页（第二委员会主席）。

⑪ 同上，第38段。另见76.8。

国际管理局。国际管理局应根据第……条规定的标准分配这些费用和实物。

第 1 款中提到的是"大陆边缘"而非大陆架。第 2 款本应修改缴付费用和实物比率的时限，并建议将缴付的最大比率定为 7%。第 3 款和第 4 款采用了奥地利代表先前提案（资料来源 19）的相应内容。

美国代表团（资料来源 23）建议删除第七十条第 3 款，将第 4 款修改为：

> 4. 第 1 款和第 2 款所规定的费用和实物应缴付给联合国的恰当机构。本公约缔约国应就产生的必要费用和其他相关程序达成一致。该机构应根据公平分享标准将缴纳的费用和实物分配给本公约的缔约国，同时考虑发展中国家，特别是内陆国和地理不利国，以及已根据第 1 款和第 2 款缴纳过费用或实物的发展中国家的利益和需要。

此款规定本可放弃国际机构的提法，而以"恰当的联合国机构"代之。缴纳费用的标准及其他相关程序应由本公约缔约国同意后确定。第 4 款具体增加了应考虑"内陆国和地理不利"国，以及已根据第 1 款和第 2 款缴付过费用或实物的发展中国家的利益和需要。

在非正式综合协商案文（资料来源 8）中，上述规定被重新编为第八十二条，具体为：

> 1. 沿海国对从测算领海宽度的基线量起 200 海里以外的大陆架上的非生物资源的开发，应缴付费用或实物。
> 2. 在某一矿址进行第一个五年生产以后，对该矿址的全部生产应每年缴付费用和实物。第六年缴付费用或实物的比率应为矿址产值或产量的 1%。此后该比率每年增加 1%，至第十年为止，其后比率应保持为 5%。产品不包括供开发用途的资源。
> 3. 某一发展中国家如果是其大陆架上所生产的某种矿物资源的纯输入者，对该种矿物资源免缴这种费用或实物。
> 4. 费用或实物应通过管理局缴纳。管理局应根据公平分享的标准将其分配给本公约各缔约国，同时考虑到发展中国家的利益和需要，特别是其中最不发达的国家和内陆国的利益和需要。

第 1 款重复了订正的单一协商案文/第二部分的相应规定。第 2 款提出了订正的单一协商案文第七十条中未确定的百分比数字，加入了之前美国提案中的百分比数。第 3 款放弃了由国际管理局决定免除发展中国家缴纳义务的笼统表述，引入了具体的免除标准，任何发展中国家，如果是某种矿物资源的纯输入者，则对该种矿物资源免缴这种费用或实物。第 4 款规定费用或实物应"通过"（而不是"到"）管理局缴纳，删除了每次缴纳根据达成一致的规定和程序进行的规定。

委员会主席在其非正式综合协商案文备忘录中就第八十二条作了如下注释：

> 关于开采 200 海里以外大陆架缴纳费用和实物的问题，第二委员会主席决定第八十二条的相关规定应反映出第二委员会在制定能更为全面地体现适用于所缴付费用和实物的制度方面所作的努力。在相关条款中采用了某些表述并不说明第二委员会已就此问题达成一致。⑫

82. 8. 第 7 期会议（1978 年）将下列议题确定为重点并分配到第六协商小组进行讨论（NG6）：

> 大陆架外部界限的定义，以及开发 200 海里以外大陆架缴付的费用和实物问题。
> 大陆架外部界限的定义，以及收益分享问题。⑬

第六协商小组组长安德里斯·阿圭勒（委内瑞拉），同时也是第二委员会的主席。此次会议期间，第六小组集中讨论了大陆架的定义，将缴付费用和实物的问题延期讨论（见 76. 10）。

第 7 期会议（1978 年）复会后，塞舌尔（资料来源 24）建议更改第八十二条第 2 款中的内容，从而可以从第六年起，将缴付的费用和实物固定为某一矿址总产值或产量的 10% 。该修订被与第七十六条关于大陆架的定义（第六小组讨论的另一重点）的规定相联系（见 76. 11）。

82. 9. 在第 8 期会议上（1979 年），部分国家建议对第八十二条中的缴纳制度进行修改。斯里兰卡（资料来源 25）建议根据商业生产的三个阶段确立该制度。在每个矿址生产的第一年到第五年，沿海国应每年缴付所生产资源价值 4% 的费用或实物；第六年到第八年缴纳比率为 8% ；第十年到第二十年为 17% 。第二十年以后，除另协商，比率应为 15% 。产品价值应以市场均价为依据，或由管理局和沿海国协商确定。该提案同样包括特殊免除向发展中国家费用或实物的规定。

---

⑫ A／CONF. 62／WP. 10／Add. 1 （1977），Part II of the ［订正的单一协商案文］，正式记录，第八卷第 65、68 页（主席）。

⑬ A／CONF. 62／62 （1978），第 II 部分，第 5 款 （6），正式记录，第十卷第 6、7 页。另见第一卷，第 94、97 页。

荷兰（资料来源 26）建议对产品的收费应根据两个阶段进行，使用考虑现金注入和输出、家庭征税及利率的方法。该提案同样建议免除向最不发达国家缴付费用或实物。

苏联（资料来源 27）提议某一矿址生产第五年之后缴纳比率每年增加 1%，直到第十二年，此后比率保持在 7%。此处和奥地利提案的缴付比率最大值相同。美国（资料来源 28）提案在第 2 款提出的数字与苏联一致，并修改了第 4 款，增加应考虑根据第 1 款和第 2 款之规定已缴付费用和实物的发展中国家的利益和需要。

在第 8 期会议结束之际，第六协商小组主席向第二委员会汇报了小组工作情况[14]，并建议对第七十六条，七十八条之二（现第七十八条第 2 款）和第八十二条（见76.12）的规定进行折中。第八十二条的提案就是关于大陆架定义折中的一部分，具体内容如下：

> 1. 沿海国对从测算领海宽度的基线量起 200 海里以外的大陆架上的非生物资源的开发，应缴付费用或实物。
>
> 2. 在某一矿址进行第一个五年生产以后，对该矿址的全部生产应每年缴付费用和实物。第六年缴付费用或实物的比率应为矿址产值或产量的 1%。此后该比率每年增加 1%，至第十二年为止，其后比率应保持为 7%。产品不包括供开发用途的资源。
>
> 3. 某一发展中国家如果是其大陆架上所生产的某种矿物资源的纯输入者，对该种矿物资源免缴这种费用或实物。
>
> 4. 费用或实物应通过管理局缴纳。管理局应根据公平分享的标准将其分配给本公约各缔约国，同时考虑到发展中国家的利益和需要，特别是其中最不发达的国家和内陆国的利益和需要。

该提案重复了非正式综合协商案文中的相应规定，并采纳了苏联和美国代表提案中的比率数。主席的折中提案被采纳为非正式综合协商案文/Rev. 1（资料来源 10）第七十六条、第七十八条第 2 款和第八十二条。

82.10. 第 8 期会议复会后（1979 年），第六协商小组成立了一个由 38 个国家组成的规模较小的协商小组，具体讨论几大问题，包括对 200 海里以外大陆架上的开发缴付费用和实物的问题。[15]

美国代表（资料来源 29）建议重新起草第八十二条第 3 款，将其修改为：

---

[14] A/CONF. 62/C. 2/L. 100（1979），正式记录，第十一卷第 126 页（第六协商小组主席）。

[15] A/CONF. 62/C. 2/L. 42（1979），第 8 款（第二委员会主席），A/CONF. 62/91，正式记录，第十二卷第 71、92 页；NG6/19（1979）（第六协商小组主席），同上，第 106 页。另见上文 VI. 14。

3. 向发展中国家分配利润，应考虑这些国家根据第 1 款和第 2 款缴纳的费用和实物，以达到公平。沿海国放弃根据第 4 款所获的所有利益一段年限（20 年）后，免除此段年限内本条规定须缴付的所有费用或实物。放弃接收利益的国家可在任何时候向联合国秘书长备案（也可恢复）。

该提案的要点在于发展中国家可放弃根据第 4 款可获得利益，以免除缴纳费用或实物。

有 9 个国家（资料来源 30）建议对第 4 款的开放表述进行修改，改为将费用或实物缴纳到"通过管理局按第__条成立的共同遗产基金。"

82. 11. 第二委员会主席在第九期会议（1980 年）上报告，第六协商小组没有提出针对第八十二条的新的非正式建议。同时，他补充，已经接受延伸大陆架的阿拉伯国家集团（见 76.14），注意到"讨论缴付费用和实物的规定的需要。"⑯

建议修改第 4 款的 9 个国家组成了共同遗产基金组，"致力于强化海洋法《草案条约》中旨在将国家管辖范围以外海域作为'人类共同遗产'的规定。"⑰该小组建议对第五十六和第八十二条进行修改，以使沿海国缴付费用或实物到共同基金的制度能够适用于对专属经济区和 200 海里以外大陆架非生物资源的开采。

非正式综合协商案文/Rev. 2（资料来源 11）第八十二条重复了非正式综合协商案文/Rev. 1 的规定，将第 3 款和第 4 款中的"developing country"替换为"developing state"。⑱

第九期会议复会期间（1980 年），非正式综合协商案文/Rev. 3（资料来源 12）逐字重复了之前的案文。

第十期会议（1981 年）根据起草委员会的建议（资料来源 14 和资料来源 15）合并了案文的修改。

82. 12（a）. 第 1 款建立了沿海国开采自领海基线量起 200 海里以外大陆架上非生物资源应缴付费用或实物的原则。选择缴付"费用"还是"实物"由沿海国自行决定。该条的其余内容列出了缴纳费用和实物的具体要求。

82. 12（b）. 第 2 款的主要内容为，某一矿址进行第一个五年生产之后，应对该矿址的全部生产缴付费用和实物。从第六年到第十二年，缴付费用或实物的比率应为

---

⑯ A/CONF. 62/L. 51（1980），第 6 款（e）项和第 7 款，正式记录，第十三卷第 82、83 页（第二委员会主席）。

⑰ 见"背景文件"和信件（1980 年，油印）（共同遗产基金组）。转载在《第三次联合国海洋法会议文件集》第四卷第 528 和 531 页。9 个国家包括阿富汗、奥地利、玻利维亚、莱索托、尼泊尔、新加坡、乌干达、上沃尔特和赞比亚。

⑱ 该修订是根据起草委员会的建议，作为委员会协调工作的一部分进行的，见 A/CONF. 62/L. 56（1979 年），正式记录，第十三卷第 94、95 页（起草委员会主席）。

矿址每年产值的 1%，每年增加 1%。第十二年之后，其比率保持为 7%。

该条规定"产品不包括供开发用途的资源"，然而并未说明"产品"的具体含义。

第 2 款第二句话指出"缴付费用或实物的比率"根据"某一矿址的产值或产量"决定。也就是说，"费用"与所生产资源的价值相关，而"实物"与所生产资源的数量挂钩。管理局作为这些费用和实物的接收者，有责任对其进行分配。在这点上就出现了一系列实际问题。首先，为了方便管理局分配，缴付的费用就必须是对国际社会来说相对实用的现金形式。其次，如果沿海国选择缴付实物，就必须和管理局进行必要的安排，以便在生产矿址销售这些资源，或对资源的运输和存储，及将其转换成可供分配的恰当形式作出安排。最后，这些资源的价值还需要加以确定（尽管其价值大概应基于生产时的市场主导价格）。[19]

上述考虑需要缴付费用或实物的国家和管理局进行协商并达成一致，以使管理局能够依照第八十二条、第一六〇条第 2 款（f）项、（i）项和第一六二条第 2 款（o）项和（i）项行使职责。

82. 12（c）. 第 3 款规定，某一发展中国家[20]如果是其大陆架上所生产的某种矿物资源的纯输入者，对该种矿物资源免缴这种费用或实物。[21] 该款具体包括几项主要元素：（i）仅适用于发展中国家；（ii）针对特殊资源——所涉相关国家必须是有关资源的纯输入者；（iii）仅适用于对 200 海里以外大陆架上矿物资源的开发。

82. 12（d）. 第 4 款确立了费用或实物通过国际海底管理局缴纳的原则（第一五六条确定，第一五七条描述）。管理局则将其分配给《公约》缔约国。（第一条第 2 款对"缔约国"进行了定义。）此处应适用如下几条标准：（i）分配必须"按照公平分享标准"进行；（ii）应考虑发展中国家的"利益和需要"；（iii）应特别考虑合格的发展中国家中最不发达的国家和内陆国的需要。

"通过"一词表明缴付的费用和实物并非管理局的基金。因此，根据第八十二条分配缴付费用和实物的规定与适用于管理局基金的规定是不同的（cf. 第一七一条）。

上述规定为管理局决定如何分配这些费用和实物以及分配给谁提供了部分指导。其余指导，尽管是概述性的，包含在本公约第一六〇条第 2 款（f）项和（i）项中。管理

---

⑲ 例如，就碳氢化合物资源来说，通常用美元来衡量其价值。附录三，第十三条第 12 款指出，就海底资源而言：

缴付管理局的费用……应为自由流通的货币，或在主要国际交换市场可自由有效流通的货币，或，根据合同人的选择，为符合市场价的经过加工的等值金属。

⑳ 1982 年《公约》在此处和其他地方都没有关于"发展中国家"的解释。该表述为普遍用法，不过联合国已经明确了确定此类国家的标准。另见 A. A. Fatouros，"发展中国家"，R. Bernhardt（ed.），《国际法百科全书》，第 9 册，第 71–77 页（1986 年）。

㉑ 该规定首次出现在非正式综合协商案文第 82 条（见上文 82.7）。

局大会根据这些规定，在理事会建议的基础上，来考虑和通过平等分享因第八十二条缴付的费用和实物产生的财政和其他经济利益的规则、规定和程序。理事会所作的建议应以第一六二条第 2 款（o）项和（i）项为依据，根据该规定，理事会应特别考虑到"发展中国家和尚未取得完全独立或其他自治地位的人民的利益和需要。"根据附件二第 4 条（见下述 A. II. 10（d）段），这些都是《公约》生效后管理局大会和理事会应解决的问题。

82. 12（e）. 沿海国在对大陆架资源的权利和管辖至上，第一四二条同样对此进行了强调。该条强调了"跨越国家管辖范围"的区域内的资源情况。在此种区域内的活动，尤其是与资源开发有关的活动，应"妥为关注相关沿海国的权利和合法利益。"

第八十三条　海岸相向或相邻国家间大陆架界限的划定

1. 海岸相向或相邻国家间大陆架的界限，应在国际法院规约第三十八条所指国际法的基础上以协议划定，以便得到公平解决。

2. 有关国家如在合理期间内未能达成任何协议，应诉诸第十五部分所规定的程序。

3. 在达成第 1 款规定的协议以前，有关各国应基于谅解和合作的精神，尽一切努力作出实际性的临时安排，并在此过渡期间内，不危害或阻碍最后协议的达成。这种安排不妨害最后界限的划定。

4. 如果有关国家间存在现行有效的协定，关于划定大陆架界线的问题，应按照该协定的规定加以决定。

资料来源

第一次联合国海洋法会议文件

1. 1958 年《大陆架公约》第六条第 1 款和第 2 款，相应条款为国际法律委员会条款草案第七十二条。之前的历史，见第七十二条秘书处参考指南。关于在联合国海洋法会议上的讨论，见第四委员会，A/CONF. 13/L. 12（1958 年），第 11 款，联合国海洋法会议，正式记录，第二卷第 89、90 页。

第三次联合国海洋法会议文件

2. A/AC. 138/SC. II/L. 22 和 Rev. 1，转载在《1973 年海底委员会报告》，第 22 页（土耳其）。

3. A/AC. 138/SC. II/L. 28，第十九条，转载在《1973 年海底委员会报告》，第 35、43 页（马耳他）。

4. A/AC. 138/SC. II/L. 34，第 3 部分，第 5 款和第 6 款，转载在《1973 年海底委员会报告》，第 71、74 页（中国）。

5. A/AC. 138/SC. II/L. 37 和 Corr. 1，第二十八条和第二十九条，转载在《1973 年海底委员会报告》，第 78、81 页（阿根廷）。

6. A/AC. 138/SC. II/L. 56，原则 2 和原则 3，转载在《1973 年海底委员会报告》，第 111 页（日本）。

7. A/CONF. 62/L. 4（1974 年），第十九条第 3 款和注释，正式记录，第三卷第 81、83 页（加拿大、智利、冰岛、印度、印度尼西亚、毛里求斯、墨西哥、新西兰和挪威）。

8. A/CONF. 62/C. 2/L. 14（1974 年），正式记录，第三卷第 190 页（荷兰）。

9. A/CONF. 62/C. 2/L. 18（1974 年），第三条，正式记录，第三卷第 195、196 页（罗马尼亚）。

10. A/CONF. 62/C. 2/L. 23（1974 年），正式记录，第三卷第 201 页（土耳其）。

11. A/CONF. 62/C. 2/L. 25（1974 年），第六条，正式记录，第三卷第 202 页（希腊）。

12. A/CONF. 62/C. 2/L. 28（1974 年），正式记录，第三卷第 205 页（肯尼亚和突尼斯）。

13. A/CONF. 62/C. 2/L. 31/Rev. 1（1974 年），第 3 款和第 4 款，正式记录，第三卷第 211 页（日本）。

14. A/CONF. 62/C. 2/L. 43（1974 年），正式记录，第三卷第 220 页（爱尔兰）。

15. A/CONF. 62/C. 2/L. 74（1974 年），正式记录，第三卷第 237 页（法国）。

16. A/CONF. 62/L. 8/Rev. 1（1974 年），附录二，附件一［A/CONF. 62/C. 2/WP. 1］，条款第八十二条和八十三条，正式记录，第三卷第 93、107、119 页（总报告员）［《主要趋势工作文件》］。

17. A/CONF. 62/WP. 8/Part II（非正式单一协商案文，1975 年），第七十条，第 1~4 款和第 6 款，正式记录，第四卷第 152、163 页（第二委员会主席）。

18. A/CONF. 62/WP. 8/Rev. 1/Part II（订正的单一协商案文，1976 年），第七十一条，正式记录，第五卷第 151、165 页（第二委员会主席）。

19. A/CONF. 62/WP. 10（非正式综合协商案文，1977 年），第八十三条，正式记录，第八卷第 1、17 页。

20. A/CONF. 62/WP. 10/Rev. 1（非正式综合协商案文/Rev. 1，1979 年，油印），第八十三条，《第三次联合国海洋法会议文件集》第一卷，第 375、423 页。

21. A/CONF. 62/91（1979 年），大会报告，NG7/45，（第七协商小组主席），正式记录，第十二卷第 71、107 页。

22. A/CONF. 62/L. 47（1980 年），第八十三条，正式记录，第十三卷第 76、78 页（第七协商小组主席）。

23. A/CONF. 62/WP. 10/Rev. 2（非正式综合协商案文/Rev. 2，1980 年，油印），第八十三条，《第三次联合国海洋法会议文件集》第二卷，第 3、51 页。

24. A/CONF. 62/WP. 10/Rev. 3[*]（非正式综合协商案文/Rev. 3，1980 年，油印），第八十三条，《第三次联合国海洋法会议文件集》第二卷，第 179、227 页。

25. A/CONF. 62/WP. 11（1981 年，油印），第 2 款（大会主席）。《第三次联合国

海洋法会议文件集》第九卷，第 474 页。

26. A/CONF. 62/L. 78 （《公约草案》，1981 年），第八十三条，正式记录，第十五卷第 172、189 页。

起草委员会文件

27. A/CONF. 62/L. 152/Add. 23 （1982 年，油印），第 78~79 页。

28. A/CONF. 62/L. 160 （1982 年），正式记录，第十七卷第 225 页（起草委员会主席）。

非正式文件

29. 第 3 号非正式文件，条款第十四条；No. 3/Rev. 1，条款第十五和第十六条；和 No. 3/Rev. 2，条款第十五条和十六条（均为 1974 年，油印）。转载在《第三次联合国海洋法会议文件集》第三卷第 288、296 和 305 页。

30. 土耳其（1976 年，油印），第七十条。转载在《第三次联合国海洋法会议文件集》第四卷第 320 页。

31. 摩洛哥（1977 年，油印），第七十一条。转载在《第三次联合国海洋法会议文件集》第四卷第 389、391 页。

32. 西班牙（［1977 年］，油印），第七十一条第 2 款和第 3 款，转载在《第三次联合国海洋法会议文件集》第四卷第 467 页。

33. 巴哈马、巴巴多斯、哥伦比亚、哥斯达黎加、塞浦路斯、也门共和国、丹麦、希腊、圭亚那、意大利、日本、科威特、马耳他、挪威、西班牙、瑞典、突尼斯、阿拉伯联合酋长国、英国（［1977 年］，油印），第七十一条，转载在《第三次联合国海洋法会议文件集》第四卷第 467 页。

34. 阿尔及利亚、法国、伊朗、爱尔兰、利比亚、摩洛哥、尼加拉瓜、巴布亚新几内亚、波兰、罗马尼亚、土耳其（［1977 年］，油印），第七十一条，转载在《第三次联合国海洋法会议文件集》第四卷第 468 页。

35. 土耳其（［1977 年］，油印），第七十一条第 1 款，转载在《第三次联合国海洋法会议文件集》第四卷第 468 页。

36. NG7/2 （1978 年，油印），第八十四［八十三］条，第 1、2、3 款（巴哈马、巴巴多斯、加拿大、哥伦比亚、塞浦路斯、也门、丹麦、赞比亚、希腊、圭亚那、意大利、日本、科威特、马耳他、挪威、西班牙、瑞典、阿拉伯联合酋长国、英国、南斯拉夫，转载在《第三次联合国海洋法会议文件集》第九卷，第 392 页。

37. NG7/3 （1978 年，油印），第八十三条（摩洛哥）。转载在《第三次联合国海洋法会议文件集》第九卷，第 394、396、［398］页。

38. NG7/4 （1978 年，油印），第八十三条（阿尔及利亚、孟加拉国、法国、伊拉克、爱尔兰、肯尼亚、利比里亚、利比亚、马达加斯加、马里、毛里塔尼亚、摩洛哥、尼加拉瓜、尼日利亚、巴基斯坦、巴布亚新几内亚、波兰、罗马尼亚、塞内加尔、叙利亚、索马里和土耳其）。转载在《第三次联合国海洋法会议文件集》第九卷，第397〔398〕页。

39. NG7/5（1978年，油印），第八十三条，第2款（保加利亚）。转载在《第三次联合国海洋法会议文件集》第九卷，第397〔398〕页。

40. NG7/6（1978年，油印），第八十四〔八十三〕条，第1款（秘鲁）。转载在《第三次联合国海洋法会议文件集》第九卷，第399页。

41. NG7/9（1978年，油印），第七十四/八十三条（第七协商小组主席）。转载在《第三次联合国海洋法会议文件集》第九卷，第401页。

42. NG7/10（1978年，油印），第八十三条（阿尔及利亚、阿根廷、孟加拉国、贝宁、刚果、法国、伊朗、爱尔兰、象牙海岸、肯尼亚、利比里亚、利比亚、马达加斯加、马里、毛里塔尼亚、摩洛哥、尼加拉瓜、尼日利亚、巴基斯坦、巴布亚新几内亚、波兰、罗马尼亚、塞内加尔、叙利亚、土耳其和委内瑞拉）。转载在《第三次联合国海洋法会议文件集》第九卷，第402页。

43. NG7/11（1978年，油印），第七十四/八十三条（第七协商小组主席）。转载在《第三次联合国海洋法会议文件集》第九卷，第405页。

44. NG7/14（1978年，油印），第八十三条，第1款（秘鲁）。转载在《第三次联合国海洋法会议文件集》第九卷，第406页〔仅法语〕。

45. NG7/15（1978年，油印），第八十三条，第3款（巴布亚新几内亚）。转载在《第三次联合国海洋法会议文件集》第九卷，第406页。

46. NG7/17（1978年，油印），第八十三条，第2款（美国）。转载在《第三次联合国海洋法会议文件集》第九卷，第407页。

47. NG7/19（1978年，油印），第八十三条，第2款（德意志联邦共和国）。转载在《第三次联合国海洋法会议文件集》第九卷，第408页。

48. NG7/29（1979年，油印），第八十三条（墨西哥）。转载在《第三次联合国海洋法会议文件集》第九卷，第448页。

49. NG7/29/Rev1.（1979年，油印），第八十三条（墨西哥）。转载在《第三次联合国海洋法会议文件集》第九卷，第451页。

50. NG7/32（1979年，油印），第八十三条第3款（印度、伊拉克和摩洛哥）。转载在《第三次联合国海洋法会议文件集》第九卷，第453页。

51. NG7/34（1979年，油印），第八十三条第3款（秘鲁）。转载在《第三次联合国海洋法会议文件集》第九卷，第455页。

52. NG7/35（1979年，油印），第八十三条（象牙海岸）。转载在《第三次联合国海洋法会议文件集》第九卷，第455页。

53. NG7/36（1979 年，油印），第八十三条（墨西哥和秘鲁）。转载在《第三次联合国海洋法会议文件集》第九卷，第 456 页。

54. NG7/36/Rev. 1（1979 年，油印），第八十三条（墨西哥和秘鲁）。转载在《第三次联合国海洋法会议文件集》第九卷，第 456 页。

55. NG7/38（1979 年，油印），第八十三条（第七协商小组主席）。转载在《第三次联合国海洋法会议文件集》第九卷，第 459 页。

56. NG7/39（1979 年，油印），第七十四/八十三条（1）和（3）（第七协商小组主席）。转载在《第三次联合国海洋法会议文件集》第九卷，第 459 ~ 461 页。

57. NG7/42（1979 年，油印），第八十三条，第 3 款（第七协商小组主席）。转载在《第三次联合国海洋法会议文件集》第九卷，第 466 页。

58. NG7/43（1979 年，油印），第八十三条，第 3 款（第七协商小组主席）。转载在《第三次联合国海洋法会议文件集》第九卷，第 466 页。

59. NG7/44（1979 年，油印），第八十三条，第 1 款（第七协商小组主席）。转载在《第三次联合国海洋法会议文件集》第九卷，第 467 页。

60. NG7/45（1979 年，油印），第八十三条，第 1、3 款（第七协商小组主席）。转载在《第三次联合国海洋法会议文件集》第九卷，第 468 页。［见上文资料来源 21］。

61. NG7/2/Rev. 1（1980 年，油印），第八十三条，第 1、2、3 款（巴哈马、巴巴多斯、加拿大、哥伦比亚、塞浦路斯、也门、丹麦、赞比亚、希腊、圭亚那、意大利、日本、科威特、马耳他、挪威、葡萄牙、西班牙、瑞典、阿拉伯联合酋长国、英国、南斯拉夫）。转载在《第三次联合国海洋法会议文件集》第九卷，第 393 页。

62. NG7/2/Rev. 2（1980 年，油印），第八十三条，第 1、2、3 款（巴哈马、巴巴多斯、加拿大、佛得角、智利、哥伦比亚、塞浦路斯、也门、丹麦、赞比亚、希腊、几内亚比绍、圭亚那、意大利、日本、科威特、马耳他、挪威、葡萄牙、西班牙、瑞典、阿拉伯联合酋长国、英国、南斯拉夫）。转载在《第三次联合国海洋法会议文件集》第九卷，第 394 页。

63. NG7/10/Rev. 1（1980 年，油印），第八十三条（阿尔及利亚、阿根廷、孟加拉国、贝宁、布隆迪、刚果、法国、伊朗、爱尔兰、象牙海岸、肯尼亚、利比里亚、利比亚、马达加斯加、马尔代夫、马里、毛里塔尼亚、摩洛哥、尼加拉瓜、巴基斯坦、巴布亚新几内亚、波兰、罗马尼亚、塞内加尔、叙利亚、索马里、土耳其、委内瑞拉和越南）。转载在《第三次联合国海洋法会议文件集》第九卷，第 403 页。

64. NG7/10/Rev. 2（1980 年，油印），第八十三条（阿尔及利亚、孟加拉国、贝宁、布隆迪、刚果、法国、伊朗、爱尔兰、象牙海岸、肯尼亚、利比里亚、利比亚、马达加斯加、马尔代夫、马里、毛里塔尼亚、摩洛哥、尼加拉瓜、巴基斯坦、巴布亚新几内亚、波兰、罗马尼亚、塞内加尔、叙利亚、索马里、苏里南、土耳其、委内瑞拉和越南）。转载在《第三次联合国海洋法会议文件集》第九卷，第 404 页。

评　　注

83.1.　第八十三条强调了海岸相向或相邻、存在重叠主张的国家间的大陆架界限问题。① 第 1 款规定了基本的准则，即为了"公平解决"，海岸相向或相邻国家间的大陆架界限，应在国际法院规约第三十八条②所指国际法的基础上以协议划定。第 2 款和第 3 款与无法根据 1 款达成协议的情况下适用的程序有关。第 4 款为与大陆架界限相关的现行有效协议的挽救条款

根据第八十三条，在划定两种地理情况下的划定大陆架界限应适用这些规定：（i）对于海岸相向的国家，第八十三条确定各国大陆架的向海界限；（ii）海岸相邻的国家，则确立各国大陆架的侧部界限。

83.2.　领海技术问题专家委员会，对海岸相向或相邻国家间应如何划定界限给出了一些指导。指导除讨论领海外还深入讨论了其他问题，称其

考虑找到一个既可划定领海国际边界，同时也能用于划定具有同一大陆架的两个国家各自大陆架界限的办法具有重要意义。③

为此，委员会分别讨论了海岸相向和相邻国家间的界限问题。

1956 年国际法律委员会草案条款采纳了这种办法。该草案条款用单独一条强调了大陆架的界限问题，把海岸相向和相邻国家间的界限问题放入了不同的条款。④ 1958 年《大陆架公约》（资料来源 1）第六条第 1 款和第 2 款几乎全文采纳了国际法律委员

---

①　第八十三条案文中所指的界限与海岸相向或相邻国家间大陆架的外部或侧面界限有关。（第八十三条中应用的表述"海岸相向或相邻国家"与第十五条中的措辞稍有不同，第十五条所指为"两国海岸彼此相向或相邻"的领海界限。）关于大陆架边界的讨论概况，见 VI.12。

②　国际法院规约第三十八条规定：

1. 法院对于陈诉各项争端，应依国际法裁判之，裁判时应适用：

　　a. 不论普通或特别国际协约，确立诉讼当事国明白承认之规条者。

　　b. 国际习惯，作为通例之证明而经接受为法律者。

　　c. 一般法律原则为文明各国所承认者。

　　d. 在第五十九条规定之下，司法判例及各国权威最高之公法学家学说，作为确定法律原则之补助资料者。

2. 前项规定不妨碍法院经当事国同意本"公允及善良"原则裁判案件之权。

③　A/CN.4/61/Add.1（1953 年，英文，油印），问题 VI、VII，II YB ILC 1953，第 77 页（法语）。全文见上述第 II 部分引言附录。

④　国际法律委员会第八次会议工作报告（A/3159），第七十二条，II ILC YB 1956，第 253、264 页。在对该条的评述中，委员会注意到其已采纳了与划定领海界限相同的原则。更多内容见 15.2。

会的规定。该案文内容为：

> 1. 同一大陆架邻接两个以上海岸相向国家之领土时，其分属各该国部分之界线由有关各国以协议定之。倘无协议，除因情形特殊应另定界线外，以每一点均与测算每一国领海宽度之基线上最近各点距离相等之中央线为界线。
>
> 2. 同一大陆架邻接两个毗邻国家之领土时，其界线由有关两国以协议定之。倘无协议，除因情形特殊应另定界线外，其界线应适用与测算每一国领海宽度之基线上最近各点距离相等之原则定之。

两种情况，边界都将由相关国家以协议确定。若无协议可用，海岸相向国之间的边界线应该是中间线，而海岸相邻国家则采用等距离原则。如证明属于"特殊情况"，可采用相应变体。第六条第 3 款涉及界线与海图和地理特征相关的内容［现被并入第八十四条］。

83. 3.　在第三次联合国海洋法会议期间，影响这一问题谈判的因素主要有两个。具有重叠主张的国家间的大陆架界限是国际法院 1969 年北海大陆架案的诉讼主题。在该案的判决中，国际法院认为，1958 年《大陆架公约》第六条

> 没有收录或明确任何先前已有或即将形成的习惯法规则，规定海岸相邻国家间的大陆架区域界限必须，除非另有协定，按照等距离－特殊环境基础实行。⑤

同时，国际法院强调：

> 界限必须是相关国家协定的目标，且此种协定必须根据公平原则达成。⑥

影响第三次联合国海洋法会议谈判的第二个因素是——如 1969 年 12 月 15 日 2574A（ⅩⅩⅡ）大会决议所注（见该系列第 I 卷，第 169 页）——技术的开发使得整个海床和海底的科学、经济、军事和其他开发的可能性日益增强。这反映出随着技术的发展大陆架主张的扩张。

因此，有必要重新审查确定重叠主张的大陆架界限的办法。有关该问题的谈判被拖延，透露出目前存在两种不可调和的办法，即：（ⅰ）界限应采用中间线或等距离线，同时考虑特殊环境下的例外情况；（ⅱ）界限应采用更为明确的公平原则。两种途径的

---

⑤　北海大陆架案（德意志联邦共和国/丹麦；德意志联邦共和国/荷兰），1969 国际法院报告 4，第 69 段。

⑥　同上，第 85 段。有关单独使用等距离法可能导致不平等的情况，见判决的第 89、91 段。

共同点是，都认同经过协议进行划界是解决重叠主张引起的问题的最佳方式。

第三次联合国海洋法会议期间的谈判考虑把大陆架界限和专属经济区的界限同时进行。不过二者存在一个重大差异，即第八十三条以大 1958 年《大陆架公约》第六条第 1 款和第 2 款为前例，而第七十四条则没有前例。在某些方面，二者之间有一个概念上的链接——事实上，二者都强调了沿海国对与自然资源相关、具有主权权利的海洋区域的界限问题。不过，在很大程度上来说，决定代表团在界限问题上的立场差异的，还是他们对大陆架界限的关注（见 VI.4）。

83.4. 在1973年的海底委员会会议期间，关于大陆架重叠主张界限的提案基本上都考虑了以下一个或几个因素：采用等距离线或中间线；强调使用公平原则；考虑特殊情况；划界争端的解决。

土耳其代表递交了一份关于海洋边界的提案（资料来源2），提出根据公平原则同时考虑相关环境，包括海岸的基本构造、海岛的存在，和"相关海洋区域的物理和地质结构，"协商解决所有海洋边界划界问题。该提案指引各国"运用《联合国宪章》第三十三条提出的办法"⑦ 来处理分歧，并建议，在不存在特殊环境的情况下，应妥为考虑中间线。马耳他代表（资料来源3）建议根据"历史性所有权或其他特殊情况"，采用中间线和平等原则确定"国家海洋空间"边界。争端应由"国际海洋法庭"解决。中国代表（资料来源4）建议，"海岸相邻或相对，大陆架连接在一起的国家，应在平等的基础上通过协商共同确定大陆架管辖范围的界限。"阿根廷代表（资料来源5）概括地规定依照国际法确定界限。日本代表（资料来源6）建议采用等距离线来划分海岸相邻或相对国家的"沿海海底区域"界限。

83.5. 在大会第二期会议上（1974年），大部分关于海岸相向或相邻国家的大陆架界限提案又再次集中在通过协议划定界限方面，但在考虑采用等距离原则、公平原则、特殊情况和国际法方面的程度存在差异。

土耳其代表的提案（资料来源10），替换了其在海底委员会（资料来源2）上的提案，集中提出根据公平原则确定界限。其提案内容如下：

> 1. 两个或多个国家的海岸相邻和/或相向时，属于各国的大陆架区域应根据公平原则，通过有关国家间达成的协议划定。
>
> 2. 在谈判过程中，各国应考虑到所有相关因素，包括直到大陆边缘外部界限的地貌和地质结构，以及特殊情况，如各个海岸的普遍构造，和一国在

---

⑦ 《联合国宪章》第三十三条规定：

1. 任何争端之当事国，于争端之继续存在足以危及国际和平与安全之维持时，应尽先以谈判、调查、调停、和解、公断、司法解决、区域机关或区域办法之利用，或各该国自行选择之其他和平方法，求得解决。

2. 争端之和平解决认为必要时，应促请各当事国以此项方法，解决其争端。

另一国大陆架上的岛屿、小岛和礁石。

3. 倘若任何一方拒绝谈判或继续谈判，或为了解决此类谈判中出现的问题，各国应运用《联合国宪章》第三十三条提出的任何解决办法，以及根据国际协定确定的、各国为成员国的协定，或其他对其开放的和平手段。

4. 为划定基于协定的公平界限，各国可决定采用一种或多种复合手段和原则。

第 1 款将公平原则作为界限协定的主要元素。第 2 款列出了在划界过程中应考虑的"相关因素"。第 3 款再次强调各国应以联合国宪章第三十三条作为解决分歧的基础。第 4 款提出可采用多种方法以实现公平的划界。

其他提案强调了中间线或等距离原则的作用。希腊代表的提案（资料来源 11）建议在没有达成协定的情况下应采用中间线原则：

1. 两个或多个海岸相邻或相向的国家，其大陆架界限应通过各国之间的协议划定。

2. 倘无协议，任何国家都无权将其大陆架扩张到从每一点均与测算领海宽度之基线、大陆架或岛屿上最近各点距离相等的中间线以外，应从中间线开始来测量两国各自的大陆架宽度。

日本代表的提案（资料来源 13）采用了相似的语言，进一步强调了等距离原则的作用。该提案第 3 款和第 4 款规定为：

3. （a）两个或多个海岸相邻或相向的国家，属于其大陆架（沿海海底区域）的界限应通过各国之间的协议划定，同时考虑等距离原则。

（b）倘无协议，任何国家都没有权利将其大陆架扩张到从每一点均与测算领海宽度之基线、大陆架或岛屿上最近各点距离相等的中间线以外，应从中间线开始来测量各自的大陆架宽度。

4. 此处的任何规定不应妨害沿海国之间已有的关于确定其各自大陆架（沿海海底区域）界限的协定。

第 4 款首次规定了沿海国之间已有的相关协定不得受到划界过程的影响。

有两份提案本应将公平原则作为实现划界协定的首要元素，但同时也提出了采用等距离原则。荷兰代表的提案（资料来源 8）内容如下：

1. 海岸相邻或相向国家根据第……条划定海洋区域（领海、大陆架、经济区）的界限到达最大限制可能导致重叠区域时，这些国家间的海洋边界，应根据公平原则，考虑相关特殊情况，以协定划定。

2. 倘无协定，任何国家均无权在每一点均与测算每一国领海宽度之基线上最近各点距离相等之中间线以外确定海洋边界。

3. 如果某一相关国家拒绝谈判或继续谈判，或在谈判开始之后……时间内没有达成协议，应开始启动第六十六条（b）款中规定的调解程序和1969年《维也纳条约法公约》附录的规定。

4. 如果在调解委员会作出最终调解建议之后……时间内还未达成协议，界限问题可由任何相关国家提交至本公约……条规定的强制解决争端程序。

第1款号召用公平原则划定各国之间的所有海洋边界。第2款规定，在还没有就重叠主张达成协议的情况下，任何国家都不能在中间线以外建立海洋边界。第3款就一方拒绝谈判或拒绝继续谈判，或在一定时间内没有达成协议的情况作出规定，建议采取第六十六条（b）款中规定的调解程序和1969年《维也纳条约法公约》附录的规定。[8] 第4款就调解委员会提出最后建议后一定时间内还没有达成协议的情况作出了规定。在这种情况下，可适用海洋法公约中规定的"强制解决争端程序"。该提案所附的说明指出，存在无法通过等距离原则实现公平划界的情况，因此应考虑所有相关情况以达到公平的解决。

爱尔兰代表的提案（资料来源14）同样规定把公平原则作为达成界限协定的主要原则。该提案内容如下：

1. 海岸相向或相邻的国家，大陆边缘/大陆架所属区域的界限应按照公平原则以协议划定。

2. 在没有特殊情况，且在无法适用公平原则的范围内，达成一致的边界应建立在每一点均与有关国家沿海低水位线上最近各点距离相等之中间线基础上。为了本条目的确定中间线，可考虑有人居住、且可能存在以下情况的岛屿：

（i）所处的位置低于从海岸低潮线量起的领海宽度；或

（ii）至少包括相关国家陆地面积和人口的1/10。

3. 在没有达成上述条款规定的协定之前，除非经有关国家同意，任何国家无权在其他国家合理主张的任何区域内进行勘探或开发活动，假如这种主张与本条规定的原则相符。

---

⑧ 见 1155 UNTS 331；UKTS No. 58（1980），Cmnd. 7964；63 Am. J. Int'l L. 875（1969）；8ILM 679（1969）。

4. 根据本条划定沿海国所属区域的边界时，任何线均应参照图表和地理特征进行定义，因其存在于一个特定的日期，并且应参照陆地上永久固定的识别点。

中间线只能在与公平原则"不一致"的情况下适用。该提案所附的注释写道：

本条草案之规定确定不会妨害沿海国扩展对大陆架或大陆边毗邻区域的权利的一般问题。其目的是为相邻国家划定此类区域的界线提供一个普遍接受的法律参考。在制定草案的过程中，不得不对北海大陆架案中定下的原则（该案中国际法庭坚持的因沿海国对陆地的主权而产生的对大陆架的权利），和界线应按照公平原则以协议划定的重要国际法规定进行特别考虑。也不得不对各国在谈判中经常适用的作为谈判起点的等距离标准，以及与岛屿相关的经常出现的特殊问题作出考虑。一般认为，在任何情况下，离岛都不应作为测量等距离边界线的基点。该条草案提出了一条确定哪些岛屿可以在等距离基础上对大陆边（或大陆架）进行界线时加以考虑的客观标准。该条规定同时还努力确保在相邻国家间有争议的区域内不得进行勘探开发活动。

其他提案提出了确定划界协定的替代办法。罗马尼亚代表（资料来源9）建议"相邻国家之间所有海洋或海洋空间"的界限应在公平原则的基础上以协议划定，同时考虑"所有相关地理、地质和其他因素"，包括岛屿。根据该提案，划界应"采用能够达到公平解决的一种办法或多种办法"。对比划界办法，即使用公平原则或中间线或等距离线，这是首个提到划界结果——达到"公平解决"的提案。

肯尼亚和突尼斯代表的提案（资料来源12）本应建立起一条"公平划分线"，该提案规定：

1. 海岸相邻和/或相对的国家间的大陆架或专属经济区界线，应按照公平划分线，以协议划定，中间线或等距离线不是划界的唯一方法。

2. 为此，应特别考虑地质和地貌标准，以及所有特殊环境，包括待划分区域中的岛屿或小岛。

该提案指出中间线或等距离线并非划界的唯一方法，划界协议中须考虑"地质和地貌标准"。法国的提案（资料来源15）采用了类似的语言。

主流趋势文件（资料来源16）第八十二条合并了早期关于大陆架界限的几项提案。方案A重复了1958年《大陆架公约》第六条的内容。方案B、C和D分别吸收了类似土耳其（资料来源10）、希腊和日本（资料来源11和资料来源13）、肯尼亚和突尼斯

（资料来源 12）在第二委员会上所作提案的语言。第八十三条提到使用有关国家间已有的协定作为解决划界相关问题的基础。

83.6. 第三期会议期间（1975 年），在第二委员会内部成立了划界非正式协商小组，并召开了两次会议。⑨

在更为深入的非正式协商之后，非正式单一协商案文/第二部分（资料来源 17）第七十条，强调了大陆架重叠主张的界限问题。该条内容如下：

> 1. 海岸相向或相邻国家间大陆架的界限，应在公平原则的基础上以协议划定，在适当的情况下，采用中间线或等距离线，同时考虑所有相关情况。
>
> 2. 若在一段合理时间内无法达成协议，有关国家应诉诸第……部分规定的程序（争端解决）。
>
> 3. 达成一致前，任何国家无权将其大陆架延伸到中间线或等距离线以外。
>
> 4. 为了本章目的，"中间线"指每一点均与测算各国领海宽度之基线上最近各点距离相等的线。
>
> 5. 划定大陆架的边界时，任何根据本条规定确定的线都应参照海图和地理特征，因其存在于一个特定的日期，并且应参照陆地上永久固定的识别点。
>
> 6. 如果有关国家间存在现行有效的协定，关于划定大陆架界线的问题，应按照该协定的规定加以决定。

第 1 款合并了以公平原则作为基础，在适当情况下采用中间线或等距离线，同时考虑所有相关情况的概念。第 2 款跟随爱尔兰提案（资料来源 9），规定沿海国"一段合理时间内无法达成协议"，应诉诸于本公约规定的争端解决程序。第 3 款引入了达成最终协议前的临时性安排原则。该款似乎采用了爱尔兰和希腊的提案（资料来源 9 和资料来源 13），规定达成划界协定前，各国不得将大陆架延伸到中间线或等距离线之外。第 4 款阐明了术语"中间线"的含义。第 5 款规定确定大陆架界线时参考图表和地理特征。第 6 款作出保证，当有关国家间存在现行有效的协定时，该协定应作为解决与大陆架划界相关的问题的基础。

关于划界争端的问题，非正式单一协商案文/第四部分第十八条第 2 款（b）项作出了相关规定。⑩ 该项规定包含了应用本公约关于海洋边界划界争端的强制争端解决程序的例外情况。（见第五期，第 110 页，298.3 和 298.4）。

83.7. 第四期会议（1976 年）期间，土耳其代表（资料来源 30）建议修改非正

---

⑨ 见 A/CONF. 62/C. 2/L. 89/Rev. 1（1975 年），第 5 款和第 17 款，正式记录，第四卷第 195、196 页（第二委员会书记员）。

⑩ A/CONF. 62/WP. 9（1975），正式记录，第五卷第 111 页（主席）。

式单一协商案文第七十条，强调公平原则及对海岸相邻和相向国家特殊情况的考虑。该提案具体内容如下：

    1. 海岸相邻或相向国家间的大陆架（经济区/专属经济区）的界限，应在公平原则的基础上，以有关国家间的协议确定。

    2. 为此，各国通过有效的谈判，同时考虑物理和地质特征，以及特殊情况，可采用一种或几种适当的方法，以公平地划分各自大陆架区域（经济区/专属经济区）的界线。

    3. 若岛屿的存在会对大陆架区域（经济区/专属经济区）的界线产生影响，则划界应以此类岛屿的大小、地理位置或其他任何相关情况确定，以实现公平的结果。

    4. 若在一段合理时间内不能达成协议，有关各方应联合将划界问题提交向其开放的程序，和平解决争端。

该提案第3款强调各国为实现公平划界应考虑到岛屿的因素。

订正的单一协商案文/第二部分（资料来源18）第七十一条对非正式单一协商案文第七十条进行了修改，具体内容如下：

相邻或相向国家间大陆架界限的划定

    1. 相向或相邻国家间大陆架的界限，应在公平原则的基础上以协议划定，在适当的情况下，采用中间线或等距离线，同时考虑所有相关情况。

    2. 若在一段合理时间内无法达成协议，有关国家应诉诸第……部分规定的程序（争端解决）。

    3. 达成协议或解决问题之前，有关国家可作出临时性安排，同时考虑第1款之规定。

    4. 如果有关国家间存在现行有效的协定，关于划定大陆架界线的问题，应按照该协定的规定加以决定。

这一阶段为该条加上了标题。第1款和第2款保持不变，除了第1款改为了中间或"等距离 equidistant"（而不是"等距离 equidistance"）线。第3款放弃了把中间线或等距离线作为过渡性安排的提法，改为在达成协议或解决问题之前，要求有关国家考虑第1款规定作出临时性安排。第4款重复了非正式单一协商案文第6款之规定。在非正式单一协商案文中已经出现过的"中间线或等距离线定义"此处也被放弃（尽管该条规定在第六十二条专属经济区界限（现第七十四条）中保留；见74.6）。另一个变化是将非正式单一协商案文第5款之规定改为一条新条款——海图和地理坐标表（现在的第八十四条；见下文 84.5）。⑪

第二委员会主席在介绍订正的单一协商案文/第二部分时，就第 3 款的变化做了如下解释：

> 12. 关于相邻或相向国家间专属经济区和大陆架的界限问题，会议广泛交换了意见。仔细对讨论进行研究，并谨记沉默原则（见 Intro. 16），可发现对［订正的单一协商案文］（art. 62）条款（关于专属经济区）的普遍支持。既然大会可能不会采纳划界强制争端解决程序，我认为采用中间线或等距离线作为临时性解决办法可能达不到促成协议的目的。事实上，此提法可能影响第 1 款中所规定的本条的主要意图。不过，临时性解决办法的需要是显而易见的。我认为，解决的办法是对第 3 款的措辞进行修改，使其与第 1 款的原则更为贴切。⑫

关于争端解决，订正的单一协商案文第四部分规定各国可声明不接受本公约关于相邻或相向国家间海洋边界界限的"部分或所有争端解决程序"。然而，该部分同时规定，作出此类声明，各国"应指出愿意接受某一区域或其他具有拘束力的第三方程序，用于解决争端。"⑬

83.8. 第五期会议期间（1976 年），第二委员会成立了五个协商小组，向所有成员国开放。第五协商小组负责讨论海岸相邻或相向国家间领海、专属经济区和大陆架界限的问题，召开了两次会议。一个更小规模的分组举行了一次会议，议题针对第六十二条和第七十一条。第二委员会主席对这些谈判的结果进行了汇报，指出：

> 讨论的核心问题是中间线或等距离线在解决与这些海洋区域划界相关问题中的价值。部分代表团认为该方法应被给予头等重要性，而其他代表团认为相关问题应根据公平原则解决。就我而言，在听取了此次辩论之后，我继续相信，已经在［订正的单一协商案文］中出现的第六十二条第 1 款和第七十一条，因其没有忽略涉及中间线或等距离线的方法，很可能就是可促成协议的解决办法，但同时限制将其用于可根据公平（原则）产生结果的情况。⑭

---

⑪ 领海和专属经济区的划界条款亦做了同样的起草调整（见 15.6 和 74.6）。

⑫ A/CONF. 62/WP. 8/Rev. 1（1976），引言，第 12 段，正式记录，第五卷第 151、153 页（第二委员会主席）。

⑬ A/CONF. 62/WP. 9/Rev. 1（1976），第十八条第 2 款（a）项，正式记录，第五卷第 185、190 页（主席）。见第 V 卷，第 111 页，第 298.6 和 298.7 段。

⑭ A/CONF. 62/L. 17（1976），第 46 段，正式记录，第六卷第 135、138 页（第二委员会主席）。

至于第 3 款，主席指出，讨论表明有可能找到一个折中的办法，但目前还没有发现可接受的替代方案。

83.9. 第六期会议（1977 年）期间，关于海岸相向或相邻国家间大陆架界限的讨论继续在强调公平原则和等距离原则方面存在差异。会议讨论证实，两种方法的支持者平分秋色。

西班牙代表（资料来源 32）努力重新引入在未达成协议前用中间线或等距离线作为临时性措施的理念。为此，其提案扩充了之前非正式单一协商案文第六十一条第 3 款的规定，提出：

> 3. 在根据第 2 款要求进行在达成协议或处理方案以前的情况下，有关各国应避免在超出中间线或等距离线的区域行使主权，除非他们同意采取其他临时措施来进行相互限制。

在十九国的提议（资料来源 33）中包含对作为一般原则的中间线或等距离线原则的参考内容和对特殊情况的考虑。提议还包含有关于临时措施的条款，与西班牙代表的提议相似。

与此相反，十一国的提议（资料来源 34）重点强调公平原则的重要性，没有提到等距离原则，建议应采取"可以实现公平解决方案的一切措施"。土耳其代表的提议（资料来源 35）建议考虑"各国海岸的一般构造和待划定区域内存在的岛屿、小岛或岩石。"

摩洛哥代表的提议（资料来源 31）综合了以上建议。它提出应当按照公平原则，通过协议来进行划界，"根据情况采用中间线或等距离线原则，并考虑所有相关因素"。提议列出了在划界中应考虑的一些因素，包括划界区域内的地貌因素和自然资源，并提出要考虑当前或未来可能影响同一区域内毗邻国家之间划界的因素。

非正式综合协商案文（资料来源 19）逐字重复了按照订正的单一协商案文第八十三条和第七十一条重新编码的条款（在第 1 款中用"等距离"替换"等距离的"）。大会主席在介绍这一部分时，解释了为什么没有修改划界条款，说明如下：

> 在处理相邻或相向国家之间的领海、专属经济区和大陆架划界问题时，第二委员会主席决定在已修改的单一协商文本中出现的相关条款应当被保留，因为至今都没有制定出一条规则来缩小相反意见之间的分歧。[15]

---

[15] A/CONF. 62/WP. 10/Add. 1（1977），"［订正的单一协商案文］第二部分，"正式记录，第八卷第 65，69 页（主席）。

非正式综合协商案文包含对海洋划界争端处理条款所作的调整。所有的争端强制处理程序都不包括"大陆或岛屿的陆地领土的主权或其他权利主张的判定"（见卷五，第 112 页，第 298.9 款）。

83.10. 在 1978 年第七期会议期间，"毗邻和相向国家之间的海洋划界与相关争端处理"被确定为核心问题。[16] 上述问题交由七国协商集团（NG7），由 Eero J. Manner（芬兰）担任主席。起初，全体会议讨论相邻或相向国家之间的海洋划界是否应当与争端处理联系到一起讨论。主席指出，虽然这两个问题可以一起讨论，但是划界问题要保持在第二委员会的讨论范畴内，而争端处理"仍然作为未来大会的独立讨论主题"。[17] 七国协商集团处理的争端问题只针对于海洋边界争端，而由 Louis B. Sohn（美国）教授领导的专家小组讨论争端解决方案。[18]

大多数情况下，七国协商集团主要采取两种方法解决划界问题：采用作为主要规则的中间线或等距离原则或者采用公平原则。[19] 提交给七国协商集团的大陆架划界非正式建议提到了这两种方法。

二十国集团的非正式提议偏重于中间线或等距离线原则（资料来源 36），内容如下：

> 1. 相邻或相向国家之间的专属经济区或大陆架划界应当遵循所采用的协议，作为一般原则的中间线或等距离线，此外还要考虑正当的特殊情况。

> 2. 如果从涉及的其中一方要求进行划界协商开始后的一段时间内没有达成协议，那么相关各国应当采用部分（争端解决）程序或者产生适用于各方的约束决议的第三方程序。

> 3. 在达成第 1 款和第 2 款规定的协议或处理方案以前，有关各国应避免在超出中间线或等距离线的区域行使主权，除非他们同意采取其他临时措施来进行相互限制。

上述提议强调使用"作为一般原则"的中间线或等距离线原则，同时考虑正当的

---

[16] 见 A/CONF. 62/62（1978），第二部分，第 5 段，项目（7），正式记录，第十卷 6、8. 又见第一卷，第 94、97 页；上文 15.8 段。

[17] 相关讨论内容见第 90 次全体会议（1978 年），第 21 - 35 段，正式记录，第九卷 11 - 12。

[18] 见 A/CONF. 62/RCNG/1（1978 年），"主席所作的关于处理争端的报告，"第 4 款，正式记录，第十卷 13、116。关于第八十三条的评注只处理那些直接针对第八十三条规定的议案；关于七国协商集团在制定与第十五部分，尤其是第二九八条有关的海洋边界争端处理的相关条款中的作用，见第五卷，第 12 页，第 XV. 12 至 XV. 14 段；以及第一一八条，第 298. 21 - 298. 27 款。

[19] 第七期会议组建了两个专门的利益群体，支持这些不同的方案。关于这两个群体，包括其成员组成在内的进一步详情，见该部分卷一，第 78 页。

特殊情况。第 2 款扩展至允许通过"产生约束性决议的第三方程序"解决争端。在搁置争端处理协议的情况下，争议各方不应将其主权扩展到中间线或等距离线之外，除非他们同意采取其他临时措施来进行相互限制。

22 国集团（资料来源 38）提交非正式提议，主张公平原则。27 国集团（上述 22 个国家及另外 5 个国家）的提议对上述文本进行了修改，内容如下：

> 1. 相向或相邻的国家间专属经济区（或大陆架）的界限，应考虑所有相关因素，并采用任何方法，以协议划定，以便遵循公平原则得到解决。
>
> 2. 有关国家如在合理期间内未能达成任何协议，应诉诸公约第十五部分所规定的争端处理程序或依据《联合国宪章》第三十三条制定的其他程序。
>
> 3. 在达成第 1 款规定的协议或处理意见以前，有关各国应作出临时安排。
>
> 4. 如果有关国家间存在现行有效的协定，关于划定专属经济区（或大陆架）界限的问题，应按照该协定的规定加以决定。

第 1 款中的"考虑所有相关因素，遵循公平原则"取代了非正式综合协商案文条款中关于中间线或等距离线的表述。第 1 款还提出采用的所有方法应实现"公平解决"（罗马尼亚在第二期会议中首次提出这一说法，见上文第 83.5 款）。第 2 款中加入了《联合国宪章》第三十三条（土耳其在海底委员会中首次提出（见上文 83.4））。在达成第 1 款规定的协议以前，应作出临时安排。

摩洛哥（资料来源 37）和秘鲁代表（资料来源 40 和资料来源 44）分别支持"公正原则"和"平等原则"，作为划界的主要考虑因素。类似于非正式综合协商案文第七十四条的那些提议还提出在适当情况下采用中间线或等距离线原则。

七国协商集团的主席提出了两个非正式提议（资料来源 41 和资料来源 43），试图"融合相关重要因素，寻求分歧观点之间的中立解决方案"。第二项提案内容如下：

第七十四条/八十三条

> 1. 相向或相邻的国家间专属经济区（或大陆架）的界限，应考虑所有相关因素，并在具体条件合理的情况下，采用等距离原则，以协议划定，以便遵循公平原则得到解决。
>
> 2. 有关国家如在合理期间内未能达成任何协议，应依据第二九七条的条款，诉诸《公约》第十五部分所规定的争端处理程序，除非已依据《联合国宪章》第三十三条同意诉诸其他程序。
>
> 3. 在达成第 1 款规定的协议或处理意见以前，有关各国应作出临时安排。
>
> 4. 如果有关国家间存在现行有效的协定，关于划定专属经济区或大陆架界限的问题，应按照该协定的规定加以决定。

第 1 款强调协议应"遵循公平原则"并"在具体条件合理的情况下",采用等距离原则。除第 2 款增加了"依照第二九七条的条款"的要求外",第 2 款至第 4 款紧密遵循二十七国(资料来源 42)提议中的相关内容。

一些非正式提议或者针对的是第 2 款关于处理划界争端的条款或者针对第 3 款关于搁置划界协议的临时措施的条款。保加利亚代表(资料来源 39)提议修改第 2 款,为相关国家提供选择权,根据第十五部分提出的要求,"通过相互间的协议采用各方都接受的程序"。巴布亚新几内亚代表(资料来源 45)提出暂停争议区域内的经济活动。挪威提出的非正式文件包含许多用于讨论临时措施的因素,包括(i)关于限制行使主权的指导方针是否应当遵循功能划分;(ii)一般指导方针是否应当针对相关国家按照临时措施采取的行动。[20]美国代表(资料来源 46)提出在特殊划界案例中与"具体原则和因素"相关的问题应遵循争议处理程序。法院或特别法庭提出的原则和要素应作为进一步协商的依据。德国代表(资料来源 47)建议当相关方不能就适用的划界方法达成一致时,案件应交法院裁决。

七国协商集团主席就第七期会议期间关于支持等距离和公平原则国家之间争论的讨论总结如下:

> 在讨论期间,虽然各方似乎就各种解释因素中的两点达成一致意见,但是他们就争议点没有达成妥协意见,上述两点包括:首先,一致同意按照协议执行划界措施;其次,所有提交的提议都认为要在划界过程中考虑相关的或特殊情况……讨论结果显示根据非正式综合协商案文目前的表述内容不能达成一致意见。[21]

主席还指出第 2 款中的讨论内容"仍然存在对于采用争议强制解决程序的不同意见"(见卷五,第 118 页,第 298.22 款)。关于第 3 款,主席指出虽然一致同意包括在达成划界协议以前作出临时安排的条款,但根据第 1 款,没有明确内容表示会显著提高达成一致意见的程度。根据主席的意见,可以采纳非正式综合协商案文第八十三条第 4 款。

83.11. 在第七期会议续会(1978 年)期间,七国协商集团重点协商在未达成最终划界意见的情况下采用临时措施的问题和划界争端处理问题。七国协商集团主席发布了一系列关于上述讨论的报告。在最初的报告中,他针对的是划界所采用的标准问题。[22]他指出目前正在考虑的划界基本类型有两种:相向区域划界和相邻区域划界。他

---

[20] NG7/16(1978 年,油印)(挪威)。《第三次联合国海洋法会议文件集》第三卷,第 406 页。

[21] NG7/21(1978 年,油印),第七十四/八十三条(主席,七国协商集团)。转引在 A/CONF. 62/RCNG/1(1978),正式记录,第十卷 13,124。

[22] NG7/22(1978 年,油印),第 4 款(主席,七国协商集团)。《第三次联合国海洋法会议文件集》第九卷,第 427 页。

表示如果就这两类划界采用何种划界标准不能达成一致意见，那么"可能采取一个更加简单的方式"，即可能"考虑所有相关因素，以协议划定"及国际法的一般法规进行划界。

主席的第二份报告针对未达成划界协议时采用临时措施的问题。[23] 他在报告中指出各国没有责任必须采取临时安排；但应当鼓励他们在适当情况下采用临时措施。各国普遍认为所采取的临时措施应当遵循第 1 款中的标准，而且这些安排不妨害最后界限的划定。

七国协商集团主席在第七期会议续会作的最后的报告介绍了集团所审查的仍在搁置的有关于非正式综合协商案文第七十四条、第八十三条和第二九七条（后者目前为第二九八条）的三项内容：划界标准、最终划界隔置时采用的临时措施与划界争端解决。关于划界标准，主席指出普遍认为最终解决方案可能会包含 4 项内容：

（1）说明划界所有措施应按协议实施；（2）说明在划界过程中应考虑所有相关的特殊情况；（3）在某种形式上，说明平等或公平原则；（4）在某种形式上，说明中间线或等距离原则。[24]

报告指出对于之前两项似乎已经达成一致意见，但是对第（3）和第（4）项还存在争议。关于第四点，报告指出有些国家认为提及等距离或中间线原则的条款还应包含涉及岛屿的内容。而有些国家则反对包含这类内容。关于临时措施，报告指出"一致赞同所有临时安排不妨害最后界限的划定。"此外，在讨论中，还有一些意见反对采用争端强制解决程序。

83.12. 在第八期会议之前（1979 年），包括七国协商集团在内的一些协商组织 2 月份在日内瓦召开"会间非正式协商"会议，"研究解决现有分歧的可行方法。"[25] 七国协商集团主席指出为避免分级命令对于提出的划界标准的影响，特制定了相关建议。关于临时措施，他在报告中论及非正式综合协商案文中有关于临时措施的其他条款时，对于是否需要这类条款仍有疑问；然而，普遍支持保留"关于划界临时措施的某些条款。"协商期间，Shabtai Rosenne 大使（以色列）和 Louis B. Sohn 教授（美国）就争端

㉓ NG7/23（1978 年，油印），第七十四/八十三条第 3 款（主席，七国协商集团）。《第三次联合国海洋法会议文件集》第九卷，第 428 页。

㉔ NG7/24（1978 年，油印）（主席，七国协商集团）。转引在 A/CONF.62/RCNG/2（1978），正式记录，第十卷 126，170，171。

㉕ 见七国协商集团主席关于非正式临时协商的报告，"［UNCLOS III］主席于 1979 年 2 月 21 致函给参与大会的代表国首脑，"联合国工作编号 79 – 75557（1979 年，油印）。《第三次联合国海洋法会议文件集》，Dokumente，I Genfer Session 1979 中，第 254、275 页。

处理问题共提出两份非正式工作文件。㉖

83.13. 在第八期会议（1979 年）期间，七国协商集团主席准备了一份关于集团工作的综述文件，归纳了一直以来的发展历程。㉗ 在划界标准问题方面，文件中指出七国协商集团需解决的最困难的问题之一是公平原则与等距离原则（后者将两者都看做是一种方法和普遍原则）之间的关系问题。

关于第 3 款中的临时措施和临时安排，主席认为文字说明不够清楚。他建议在制定临时措施时，必须"根据第 1 款中提到的最终划界目标"。此外，为避免协议达成前"暂停"经济开发活动，可能会增加禁止"单边行动"的规定。

划界争端处理与针对第二九七条第 1 款（a）项（现改为第二九八条）的协商有关。主席指出"在［处理争端］的众多可能的综合方法中，只有那些采用强制调解方法的或许会达成一致意见。"然而，他还指出调解程序不产生有拘束力的决议，而且国家仍然需要达成一致意见。（详情见第五卷，第 298.24 款，第 122 页）

紧随主席评述之后是大量的提议。以色列代表提出的非正式工作报告针对专属经济区的划界问题，而且修改了第七十四条；该报告包含的意见是"提议不必涉及第八十三条，但如果达成一致意见，就可以涉及该条款"。㉘ 提议将第 1 款修改为：

> 1. 如果争议双方不能达成协议［或缺少协议］［或除非另有协议］，海岸相向或相邻国家之间的专属经济区划界应依据中间线或等距离线和其他特殊条件，采用公平原则。

上文强调了相关国家之间通过协议进行划界。此外，它使用"海岸相向或相邻国家"来代替"相邻或相向国家"。它删除了关于争议处理和临时措施的第 2 款和第 3 款。关于生效协议的第 5 款被重新标注为第 2 款，并提出如果相关国家之间已达成协议，那么划界问题要依据协议内容来处理。㉙

㉖ 同上第 278 和 280 页，附录一和附录二。详情见卷五，第 119 页，第 298.23 款。

㉗ NG7/26（1979 年，油印）（七国协商集团，主席）。转载在《第三次联合国海洋法会议文件集》第九卷，第 432 页。

㉘ NG7/28（1979 年，油印），第七十四条（以色列）。转载在《第三次联合国海洋法会议文件集》第九卷，第 448 页。

㉙ 关于第 5 款中提议进行的改变，以色列代表之后指出：

两国或更多国家之间划界协议中包含争议处理条款在内的所有条款，应当给予相对于公约的绝对优先，而且插入"all"一词将会消除相关的所有疑虑。

第二委员会，第 57 次会议（1979 年），第 53 款，正式记录，第十一卷，61。

印度、伊拉克和摩洛哥代表在议案中针对第 3 款提出下述建议：

[3]. 在达成协议或处理方案以前，有关各国应基于合作的精神，自由作出临时安排。因此，在此过渡期间内，他们应避免其行为或措施恶化或危害国家利益。

这类安排无论是相互约束或是相互适应，都不应妨害最后界限的划定。

提案建议相关国家之间的临时措施应达成"合作态度"。那些措施可以相互约束或是相互适应，但都不应损害划界的最终决定。

象牙海岸代表在非正式提案（资料来源 52）中提出：

1. 相邻或相向国家之间的专属经济区（或大陆架）的界限应依据公平原则，在不根据所有这些标准或方法考虑优先性或重要性次序的情况下，依据中间线或等距离线和其他可能有利于和平处理方案的相关因素或条件，以有关国家之间的协议划定。

2. 尽管存在本条第 1 款的规定内容，但如果相关国家愿意，他们可以依据标准或方法，而不是目前《公约》中的内容来处理划界问题，但必须保证国际的和平与安全。

第 2 款允许相关国家利用《公约》中未提到的标准或方法处理划界问题，但必须"保证国际和平与安全"。

先后由墨西哥（资料来源 48 和资料来源 49）、秘鲁（资料来源 51）和墨西哥与秘鲁（资料来源 53 和资料来源 54）共同提交的议案都提到了划界标准问题。其中，最后的议案（资料来源 54）提出：

1. 海岸相向或相邻国家间专属经济区（或大陆架）的界限应以有关各方之间的协议划定，依照所有相关标准和条件，并根据每个具体案例的情况采用等距离或其他方法，以便遵照公平原则达成［各方都满意的］解决方案。

2. 在达成第 1 款规定的协议以前，有关各国应基于谅解和合作的精神，在不超出两年的合理期限内，尽一切努力作出临时安排，不阻碍最后协议的达成。这种安排不妨害最后界限的划定。

3. 有关国家如在过渡时期结束时未能达成任何协议，应诉诸公约第十五部分所规定的程序。

第 1 款提到的"海岸相向和/或相邻国家"对于达成一致意见不是一个合理的依

据，所以之后被取消。

在第八期会议期间，七国协商集团主席召集了一个私人团体来分析临时措施的相关问题。[30] 该团体建议为第 3 款（资料来源 55）增加一项折中的规定，内容如下：

> 在达成第 1 款规定的协议以前，有关各国应基于谅解和合作的精神，尽一切努力作出临时安排。因此，在此过渡期间内，他们应避免其行为或措施危害或阻碍最后协议的达成。这种安排不妨害最后界限的划定。

许多代表都对提案内容提出了不同意见，他们认为提案可能暂停争议区域内的经济活动。

在第八期会议期间（资料来源 56），七国协商集团主席在其关于集团工作的报告中指出，依据七国协商集团的讨论结果，他不建议对非正式综合协商案文进行任何改变。此外，关于第 1 款的内容，他质疑道"由于我们长久地进行研究，而且争议仍然存在，大会是否仍然能制定规定，为划界标准问题提供明确的答案"。但他还是提出如下建议，为第 1 款和第 3 款的折中方法提供了可能的依据：

> ［1.］海岸相向或相邻国家间专属经济区（或大陆架）的界限应以有关各方之间的协议划定，依照所有相关标准和条件，并根据每个具体案例的情况采用等距离规则或其他方法，以便遵照公平原则达成解决方案。
> ……
> ［3.］在达成第 1 款规定的协议以前，有关各国应基于谅解和合作的精神，尽一切努力作出临时安排。因此，在此过渡期间内，他们应避免其行为或措施危害或阻碍最后协议的达成。这种安排不妨害最后界限的划定。

第 1 款选取墨西哥和秘鲁议案中关于"海岸相向或相邻国家"的叙述。智利代表就主席关于第 3 款的说明发表意见，提出"调解的强制特性是相对的，因为相关各方可以在'合理期间内'达成协议，对此没有设定时间限制"。[31]

主席还指出关于临时措施的提案似乎指明了向调解迈进的步骤，但没有获得足够的支持来验证对于非正式综合协商案文的修改。主席在关于处理海洋边界争议的提案中提出将争议提交调解委员会，该委员会的报告可以作为争议方之间进行协商的依据（见第五卷，第 127 页，第 298.25 款）。

此外，主席指出关于现有协议和划界问题之间的关系，提案在第七十四条第 2 款

---

[30] 该私人团体由七国协商集团主席以及印度、伊拉克、摩洛哥、苏联和乌克兰的代表组成。见资料来源 56。

[31] 第二委员会，第 57 次会议（1979 年），第 49 款，正式记录，第十一卷，第 60 页。

中将"所有"加到"问题"之前。他补充道，这类提议还可以应用于第八十三条第 4 款；然而，对于提出的修正案还没有达成一致意见。㉜

依据主席的报告并鉴于对主要问题没有达成一致意见，非正式综合协商案文/第一次修订稿（资料来源 19）重复了非正式综合协商案文中包含的第八十三条的条款，只对第 3 款草拟了修正内容。案文如下：

相向或相邻国家间大陆架界限的划定

1. 相向或相邻国家间大陆架的界限应以协议划定，依照公平原则，在适当情况下，采用中间线或等距离线，并考虑所有相关条件。

2. 有关国家如在合理期间内未能达成任何协议，应诉诸第十五部分所规定的程序。

3. 在达成协议或处理方案以前，有关各国应基于合作的精神，自由作出临时安排。

4. 如果有关国家间存在现行有效的协定，关于划定大陆架界线的问题，应按照该协定的规定加以决定。

83.14. 在第八期会议续会（1979 年）期间，七国协商集团主席针对第八十三条独立款项提出一系列的协调方法（资料来源 57 至资料来源 59）。主席在全体会议（资料来源 21）所作的总结报告中指出，关于划界条款（第七十四条和第八十三条）中第 1 款内容，划界各方仍存在争议。根据报告内容，很明显"一致意见不可能依据一个只列出划界基本要素的'非级别'说明"，正如主席在第八期会议之前提交的报告中所建议的那样（见上文第 83.12 款）。他还指出依据国家法，按照协议来进行划界的"精确说明"没有获得来自划界任何一方的强力支持。

主席关于第 1 款（资料来源 59）的协调说明反映出该方法：

[1.] 海岸相向或相邻国家间专属经济区（大陆架）的界限应以协议划定，依照公平原则，考虑各国在划界区域内的地理关系的平等性，并遵照上述标准和特殊案例中的特殊情况，采用等距离原则。

㉜ 关于第 5 款中提议进行的改变，以色列代表之后指出：

两国或更多国家之间划界协议中包含争议处理条款在内的所有条款，应当给予相对于公约的绝对优先，而且插入"all"一词将会消除相关的所有疑虑。

第二委员会，第 57 次会议（1979 年），第 53 款，正式记录，第十一卷，61。

该提议包含一个新的因素，"各国在划界区域内的地理关系的平等性"。依据在特定案例中的"特殊情况"，并遵照该条款中制定的其他标准，在划界中采用"等距离规则"。依照起草委员会的建议（见下文），采用"海岸相向或相邻国家"这种说法（来取代"相向或相邻国家"）。

关于第 3 款中临时措施的讨论依照七国协商集团主席（资料来源 56）在第八期会议所作的第一份报告中的提议来进行。讨论内容集中于提议的第二句，因为有些代表认为它可以被理解为禁止在争议区内进行任何经济活动。七国协商集团之间和两个小型协商群体间的协商使得修正文本获得采用（资料来源 57 和资料来源 58），这被认为是关于划界问题的最终协商结果中的一项可以接受的因素。依据对修订文本的讨论结果，进一步的说明包含在七国协商集团主席准备的协调提议和他的总结报告中（资料来源 21）。案文内容如下：

[3.] 在达成第 1 款规定的协议以前，有关各国应基于谅解和合作的精神，尽一切努力作出实际性的临时安排，并在此过渡期间内，不危害或阻碍最后协议的达成。这种安排不妨害最后界限的划定。

虽然案文内容获得普遍接受，但有些代表要依据关于划界标准的最终协商结果来决定是否接受。

关于处理划界争议的讨论也要依照七国协商集团主席所作的第一份报告中的提议（资料来源 56）以及后续提议（见第五卷，第 128 页，第 298.26 款）来进行。依据七国协商集团主席关于集团工作的报告（资料来源 21），讨论强化了主席的认识，即只有建立在强制调解程序基础上的提议才能达成对问题的可以认可的调解方案。

同期，起草委员会指出第八十三条中的"相邻或相向国家"与第十五条中的"海岸相向或相邻国家"的说法之间存在差别。建议：

"相向"或"相邻"应用于修饰"海岸"而不是"国家"。这样提出了第十五条的标题范例，在英语文本中表述为："海岸相向或相邻国家之间的…划界"。

关于将"相向"放于"相邻"之前，还是之后的问题，由起草委员会主席根据哪种叙述对案文产生的变化最小，并根据"等距离线"适合于海岸相邻国家以及"中间线"适合于海岸相向国家来进行决定。[33]

83. 15. 在第九期会议期间（1980 年），七国协商集团主席提出（资料来源 22）

[33] A/CONF. 62/L. 40（1979），第十四部分，正式记录，第十二卷 95、99（主席，起草委员会）。

划界各国认为他所提出的包含了划界区域内地形相关国家公平原则的仲裁提议中的划界标准存在歧义。支持中间线或等距离原则的国家代表否定了非正式综合协商案文/第一次修订稿（资料来源20）的第1款案文，因此，该案文不能作为达成一致意见的依据。㉞主席进一步指出有些代表认为采用只提出"依照国际法规定下的协议"进行划界的这种更精确的说明的可能性不会对划界过程提供充足的指导。这使主席提出一项议案（资料来源22），内容涉及依据国际法和具体划界原则所制定的协议。议案第1款内容如下：

> 1 海岸相向或相邻国家之间的大陆架划界应依据国际法，遵照协议执行。这类协议应依据公平原则，酌情采用中间线或等距离线，并考虑相关区域内的所有重要条件。

第2款和第4款重复了非正式综合协商案文/第一次修订稿中包含的条款。第3款采用了主席在第八期会议续会（资料来源21）所提出的相关案文内容。

第二委员会主席提出，在听取了两个划界组的协调员在非正式会议中所作的声明之后，委员会决定推迟在全体会议中讨论七国协商集团主席所作的报告㉟。加拿大代表就七国协商集团主席提案中的第1款提出"虽然该项提案还没有获得包括我在内的所有代表的赞同，但它仍为向达成一致意见的迈进提供了依据"。㊱

在七国协商集团进行协商期间，划界双方重新提交了各自在第七期会议期间的议案。支持使用中间线或等距离线的国家提出如下建议（资料来源61和资料来源62）：

> 1. 相邻或相向国家之间的专属经济区或大陆架的界限应以协议划定，采用作为一般原则的中间线或等距离线，在合理情况下，考虑所有特殊条件。
>
> 2. 如果有关国家在始于一方要求进行划界协商的一段时期内，未达成协议，应采用…（争端处理）部分所规定的程序或能达成适合于他们的约束性决议的其他第三方程序。
>
> 3. 在达成第1款和第2款规定协议或处理方案以前，有关国家应避免在超出中间线或等距离线的区域行使主权，除非他们同意采取其他临时措施来进行相互限制。

㉞ 该议案没有获得支持公平原则的群体的通过。见爱尔兰在第126次全体会议（1980年）中所作的声明，第48款，正式记录，第十三卷，14。

㉟ A/CONF.62/L.51（1980），第8款和第9款，正式记录，第十三卷，82、83（主席，第二委员会）。

㊱ A/CONF.62/WS/4（1980），附件，"第七十四条和第八十三第1款，"正式记录，第十二卷，101、104（加拿大）。又见声明支持第1款，A/CONF.62/WS/8（1980），第12款，正式记录，第十三卷，111（危地马拉）。

该案文与利益群体（和其他支持方；见上文第83.10款）在第七期会议中的提案一致。代表支持中间线或等距离线的划界群体的西班牙代表认为利益方提案中的第1款比非正式综合协商案文/第一次修订稿中包含的条款更适合作为达成一致意见的依据。[37]

支持使用公平原则作为划界主要标准的国家群体所建议的条款（资料来源63和资料来源64）如下：

1. 相邻和/或相向国家间专属经济区［或大陆架］的界限应以协议划定，依照公平原则，考虑所有相关条件，在适当情况下，采用任何方法，以便得到公平解决。

2. 有关国家如在合理期间内未能达成任何协议，应诉诸公约第十五部分所规定的争端的解决程序或《联合国宪章》第三十三条制定的其他程序。

3. 在达成第1款规定的协议或处理方案以前，有关各国应作出临时安排。

4. 如果有关国家间存在现行有效的协定，关于划定专属经济区［或大陆架］界线的问题，应按照该协定的规定加以决定。

案文与利益群体（和其他三个支持方；见上文第83.10款）在第七期会议期间的提案一致。爱尔兰代表支持公平原则的划界群体，指出该提案更精确地反映出目前的国家法，尤其是有关于通过"强制和有拘束力的处理程序"来解决划界争议的条款。[38]

尽管两方观点存在差别，但融入了新的第1款和第3款的七国协商集团主席的提案，作为第八十三条，纳入到非正式综合协商案文/第二次修订稿中（资料来源23），内容如下：

海岸相向或相邻国家间大陆架界限的划定

1. 海岸相向或相邻国家间大陆架的界限应依据国际法，以协议划定。这类协议应依据公平原则，酌情采用中间线或等距离线，并考虑相关区域内的所有重要条件。

2. 有关国家如在合理期间内未能达成任何协议，应诉诸公约第十五部分所规定的程序。

3. 在达成第1款规定的协议以前，有关各国应基于谅解和合作的精神，尽一切努力作出实际性的临时安排，并在此过渡期间内，不危害或阻碍最后

---

[37] 见第126次全体会议（1980年），第24款，正式记录，第十三卷，13。

[38] 同上，第49款，第15页。又见A/CONF.62/WS/5（1980年），同上，第11–14款，第105页（阿根廷）。

协议的达成。这种安排不妨害最后界限的划定。

4. 如果有关国家间存在现行有效的协定，关于划定专属经济区〔或大陆架〕界线的问题，应按照该协定的规定加以决定。

第1款提到了起草委员会之前建议的"海岸相向或相邻国家"（见上文第83.10款）。[39] 第八十三条的案文仍然存在争议。大会主席在包含非正式综合协商案文/第二次修订稿的说明书中提到第二委员会主席"对于……在修正文本中包含七国协商集团主席所建议的案文是否合理或适宜"持保留意见。[40]

83.16. 在第九期会议续会（1980 年）之前，支持公平原则的划界方致函大会主席，表示加入第1款的新规定违反大会程序并会"只提高争议并会负面影响我们的工作结论。"[41]

在第九期会议续会期间，对划界问题十分感兴趣的国家进行了直接协商，但是代表们不能就进一步修正第八十三条达成一致意见。[42] 尽管支持公平原则的群体表示反对，但非正式综合协商案文/第三次修订稿（资料来源 24）保留了第1款。该文本第三〇九条涉及保留内容和特例，包含一个脚注，提出海区划界的最终结果可能包含了一项关于保留内容的条款（见第五卷，第 219 页，第 309.6 和 309.7 页）。[43]

第 83.17. 在第十期会议（1981 年）期间，海岸相向或相邻国家之间的划界问题

---

[39] 又见 A/CONF. 62/L. 56（1980 年），附件 B，第十四部分，正式记录，第十三卷第 94、96 页（主席，起草委员会）。

[40] A/CONF. 62/WP. 10/第二次修订稿（1980 年，油印），说明书，第 10 款。转载在《第三次联合国海洋法会议文件集》第二卷，第 3、20 页。

[41] 该函件由爱尔兰代表在第 130 次全体会议（1980 年）期间递交大会，第 59 款，正式记录，第十四卷，8.

[42] 见关于非正式协商的下述声明：A/CONF. 62/WS/12（1980），第 13 - 16 款，正式记录，第十四卷第 150 页（西班牙）；A/CONF. 62/WS/14（1980），同上，第 12 款，第 154 页（加拿大）；A/CONF. 62/WS/15（1980），同上，第 17 - 24 款，第 156 页（哥伦比亚）。

[43] 关于保留问题，它已经指出：

关于保留内容的讨论意见指出问题的另一方面：关于划界的第七十四条和第八十三条与关于岛屿体制的第一二一条之间的关系……事实上〔划界群体〕各方可能试图确保第七十四条和第八十三条的保留内容组成第一二一条的保留内容，这样后者就与关于划界的两项条款相关。

B. H. Oxman，"第三次联合国海洋法会议：第九次分会（1980 年），" 75 Am. J. Int'l L. 211，232（1981 年）。Oxman 作为第三次联合国海洋法会议起草委员会英语团的协调员和美国代表团的副主席。

实例之一是爱尔兰代表在第九次分会期间所做的评论"根据其代表团的意见，划界条款与关于岛屿体制的第一二一条款之间存在显著联系，这点没有在修正后的协商案文中充分反映出来。"见第 126 次全体会议（1980 年），第 51 款，正式记录，第十三卷，15。

由于此问题直接相关的两组国家进行讨论。㊹ 新选出的大会主席徐通美（Tommy T. B. Koh，新加坡）在萨切雅．南丹（Satya N. Nandan，斐济）大使的帮助下，与上述两组国家的代表爱尔兰和西班牙国家代表团进行了直接协商。㊺

依据在第十期会议续会（1981 年）期间的协商和讨论内容，主席提交了有关于第 1 款的新的调解文本，内容如下：

> 1. 海岸相向或相邻国家间大陆架的界限，应在国际法院规约第三十八条所指国际法的基础上以协定划定，以便得到公平解决。

提案包含达成协议所要依据的两个因素：应按照协议和国际法执行划界。依据国际法，该提案还包含了更精确的相关说明，"正如［国际法院法令］第三十八条所要求的那样"。㊻ 在新的案文中，重点强调划界进程的目标，即实现"公平解决"（依据支持采用公平原则的国家在第九期会议中提出的建议；见上文第 83.15 款），这取代了处理重叠诉求的方法或程序。

上述提案获得划界双方的支持。㊼ 许多代表建议将提案推迟至下一期会议，有些代表表示他们希望保留对该议案发表评论的权利。㊽ 主席以及划界双方的代表呼吁代表们不要对提案进行说明。㊾ 之后，《公约草案》（资料来源26）增加了主席的议案。与此同时，关于保留和特例的第三〇九条的脚注被部分修改为"在对重大问题的讨论未达成最终结论的情况下，该条款可以被视为临时条款。"（关于该条款的详细讨论内容，见第五卷，第 221 页第 309.7 款）。

83. 18. 在第十一期会议期间（1982 年），有些国家仍然对《公约草案》中的划界条款表示反对。委内瑞拉对关于保留和特例的第三〇九条提出正式修正案，表示只有对第十五条、第七十四条、第八十三条和第一二一条第 3 款的保留内容或《公约》

㊹ A/CONF. 62/L. 69（1981），第 2 款，正式记录，第十五卷，147（主席，第二委员会）。

㊺ 进一步信息见西班牙代表提交给主席的信函中的协商内容，DEL/1（1981 年），转载在《第三次联合国海洋法会议文件集》第九卷，第 472 页；和爱尔兰代表的报告，DEL/2（1981 年），同上，第 473 页。

㊻ 详情见 E. J. Manner 的观点，"依据 1982 年《联合国海洋法公约》条款处理海洋边界划界争端，" J. Makarczyk（编），为纪念 Manfred Lachs 法官的国际法评论，第 625、641 页（1984 年）。

㊼ 见主席与爱尔兰和西班牙代表的声明，第 154 次全体会议（1981 年），第 1－5 款，正式记录，第十五卷，第 39 页。

㊽ 见第 154 次全体会议上的一般声明，同上，39－42。

㊾ 见第 154 次全体会议上主席所做声明，第 16 款，同上 40；西班牙，第 26 款，同上，第 41 页；爱尔兰，第 27 款，同上。

其他条款明确允许的特例才能写入《公约》。⑤⓪为支持土耳其代表关于取消第三〇九条的提案，委内瑞拉代表的议案被撤销。议案中提出的修改内容经代表表决后被否决（见第五卷，第221页第309.8款）。⑤①许多国家指出了划界条款的折中性质，表明平衡的实现不能被打破。基于这一理念，《公约草案》的案文被逐字纳入《公约》中。

各国对《公约》第八十三条第1款提出了各自的解释，说明了条款规定内容的折中性质。阿尔及利亚代表所做的声明如下：

> 应用国际法院法规第三十八条所指国际法的目的是为实现"公平解决"的合理和自然的公平原则提供了重要性。⑤②

爱尔兰代表指出在规定中表明相关法律的若干努力已经失败。爱尔兰代表认为目前关于国际法院在其1969年《北海大陆架》案例的判决中所确定的原则的说明在后续的司法和仲裁决议中得到确认。⑤③

哥伦比亚代表对第八十三条的重新起草内容和第三〇九条的删节都提出了异议，认为：

> 第七十四条和八十三条提倡对争端采取"公平解决"，这与作为划界程序的"公平原则"的运用存在巨大的差异。⑤④

索马里代表增加了如下声明内容：

> 与划界有关的所有判决的目标或宗旨应当是确保公平处理方案。在没有合理考虑所有相关条件的情况下，公平性可能永远不会实现。⑤⑤

---

⑤⓪ A/CONF.62/L.108（1982），正式记录，第十六卷，第223页（委内瑞拉）。又见委内瑞拉代表在158次全体会议上所做的声明（1982年），第11款，同上15；第168次全体会议，第67-70款，同上92。详见A/CONF.62/L.134（1982），同上，241（委内瑞拉）。

⑤① A/CONF.62/L.120（1982），正式记录，第十六卷，第226页（土耳其）。关于土耳其议案的介绍，见第168次全体会议，第46和47款，同上96。投票结果为100票反对，18票赞同，26票弃权。见第176次全体会议，第14款，同上，第133页。

⑤② 见第164次全体会议，para.44，正式记录，第十六卷，第63页。

⑤③ 见第186次全体会议（1982年），paras.9和10，正式记录，第十七卷，第24页。

⑤④ 见第90次全体会议（1982年），para.248，同上，82。又见A/CONF.62/WS/18（1982），正式记录，第十六卷，257、258（哥伦比亚）；和A/CONF.62/WS/21（1982），同上，第259页（哥伦比亚）。

⑤⑤ 见第192次全体会议（1982年），para.159，正式记录，第十七卷，第127页。

美国代表对所采用的划界方法提出如下意见：

> 第七十四条和八十三条中出现的边界条款……只是反映出现有法律要求通过遵循公平原则的协议来确立边界，而且现有法律对所有特殊划界方法都不给予优先权。⑤

罗马尼亚代表签署《公约》后，根据第八十三条，发表关于岛屿位置的声明，内容如下：

> 依据公平性的要求（源于《联合国海洋法公约》第七十四条和八十三条），不存在经济活动的无人居住岛屿不能影响属于沿海国家主要大陆海岸的海洋空间的划界。⑤

83. 19（a） 第 1 款制定的要素共同构成了海岸相向或相邻国家之间大陆架划界的基本法规。划界要按照相关国家之间制定的"协议"执行并遵循实现"公平解决"的目标，依照"国际法"执行。

遵照协议进行划界表明，即使划定大陆架外部界限的行为通常会单边进行，当存在重叠的主权诉求时，相关国家必须准备就划界问题进行协商。国际法院在北海大陆架案例的判决中指出大陆架制度发展的基本理论。其中，包含内容如下：

> 相关各方有责任为达成协议而进行协商，不仅要进行正式协商，作为在未达成协议的情况下，自觉采用特定划界方法的优先条件；他们有责任进行有意义的协商，任何一方不应只坚持自己的立场而不考虑进行一些调整。⑤

在上述情况下，法院正在处理关于大陆架的重复主权诉求。关于协商过程的规定是所有国际关系的基本原则，并公平地应用于专属经济区划界中。⑤ 在这种联系中，国际法院在关于面临公海的领海划界案例中，发布如下声明：

> 海区划界永远是国际问题；它不能只依赖于沿海国家在市政法律中表达的意愿。虽然，划界行为一定是单边行为，因为只有沿海国家能进行划界，

---

⑤ A/CONF. 62/WS/37 和 Add. 1 和 2（1983 年），正式记录，第十七卷，240，244（美国）。

⑤ 见《秘书长保留多边条约》的最新版本（ST/LEG/SER. E/－），Ch. XXI. 6. 又见 A/CONF. 62/WS/24（1982），para. 2，正式记录，第十六卷，264（罗马尼亚）。

⑤ 北海大陆架案，第 85 段（a），1969 国际法院报告 3、47；41 ILR 29、76。

⑤ 北海大陆架案，第 86 段。

与其他国家之间的划界效力取决于国际法。⑥⓪

上述声明公平应用于国家之间划界。

第1款还提出协议所依据的国际法要依照"《国际法院法令第三十八条》中提出的那样"（见前文中的注释2）。第2款针对的是相关国家"在合理期间内"仍未达成协议的情况（见下文第83.19（c）款）。

关于划界应实现公平解决方案的要求，重点在于划界目标而不是划界方法（见前文第83.17款）。

83.19（b） 依据第八十三条（与第七十四条），任何一种划界方法都不具有优先性。根据第八十三条（和第七十四条），商议签署协议的各方和处理划界争议的各方可以自由选择会达成公平处理方案的划界方法。⑥①

国际法院的两项规定与上述问题相关，虽然这两项规定适用于每个具体案例并且不能作为对1982年《公约》条款的一般说明。国际法院在1982年的突尼斯与利比亚划界案中对第1款规定进行了如下评述：

> 第1款没有指明对于相关国家达成公平解决方案提供知道的具体标准。重点在于必须达成公平解决方案。⑥②

国际法院在1985年利比亚和马耳他之间的大陆架划界案中补充说明如下内容：

> 《公约》设定了要实现的目标，但没有提及需要遵循的方法。《公约》严格限定执行标准，并交由各国或法院为标准设定具体内容。⑥③

83.19（c） 第2款提出如果"在合理期间内"没有达成划界协议，那么就采用《公约》第十五部分规定（关于争议处理）。根据第十五部分规定，各国可以通过遵照第二九八条第1（a）款发布书面声明，而不将第八十三条作为产生有拘束力决议（第

---

⑥⓪ 渔业案例，1951年国际法院报告116、132。上述意见适用于渔业管辖案例中的渔区划界（英国对爱尔兰；德国对冰岛），1974年国际法院报告3、22，para. 49；同上175、191，para. 41。它适用于1982年大陆架案例（突尼斯/利比亚 阿拉伯 牙买加）中的大陆架划界，1982年国际法院报告18、67，para. 87。又见 paras. 15.12（b）和74.11（a）上文。

⑥① 详情见 E. J. Manner，前注㊻，第641页。

⑥② 关于大陆架的案例（突尼斯/利比亚 阿拉伯 牙买加），1982国际法院报告18、49，para. 50；67 ILR 4，42。

⑥③ 关于大陆架的案例（利比亚 阿拉伯 牙买加/马耳他），1985国际法院报告13、30，para. 28；81 ILR 238，262。

二八六条至第二九六条）的强制程序。在上述情况下，第二九八条关于依据附则五进行强制协商的规定得到采用。

关于"在合理期间内"的说明可能会产生争议。这一词段出现在第七十四条第1款，第八十三条第1款和第二九八条第1（a）（i）款中。当人们对于是否要删除"合理期间"存在争议时，调解委员会必须能够在根据第二九八条确定对其提出初步异议的情况下和根据第八十三条（和第七十四条）针对争议有利内容的情况下，来解决这类问题。

83. 19（d） 第3款针对相关国家在"达成协议以前"的情况下的责任。它综合了两个因素：有责任"尽一切努力"，作出实际性的临时安排，并不危害或阻碍最后协议的达成。第一因素旨在推动采用某些临时措施；第二因素试图限制相关国家在争议区内的活动。

根据第2款的案文，第3款显然不取决于划界协商活动。关于各相关国家"尽一切努力作出临时安排"的要求，根据第1款达成协议也要具有同样的责任。"尽一切努力"可能为相关国家或争议处理机构进行解释留有余地。

"实际性的临时安排"将公平地融入到最终划界案中。这与临时措施效力的一般规定一致，这些措施公平用于相关各方的权利、诉求或立场。[64] 如果相关各方同意，临时措施可以成为划界最终协议的一部分。"实际性的"没有明确的含义。这取决于每个案例的具体情况。

"不危害或损害最终协议的达成"这一要求不排除争议区域内相关国家所进行的活动，只要这些活动不损害最终的划界决定。

83. 19（e） 第4款规定如果国家间已生效的协议涉及划界争端中，那么该协议可继续适用。大会对这项规定不存在争议。规定属于"特别法"（lex specialis），与第三一一条有关（涉及1982年《公约》与其他公约和国际协议的关系），保留在第三一一条第5款中。

83. 19（f） 大会期间，代表们依据第八十三条（和第七十四条）的规定，或者通过在第三〇九条中加上脚注（关于保留内容）或者通过修正条款内容（见上文第83. 16款至第83. 18款），采取各种方式许可对《公约》整体持保留内容。[65] 第二九八条第1（a）（i）条（关于海洋划界的争议）的通过解决了该问题，这也经过了七国协商集团的商议，并采用目前形式下第三〇九条的规定。

---

⑥ 关于划界条款与第三〇九条（保留和特例）之间关系的问题见卷五，第218页，paras. 309. 5 ff。

第八十四条　海图和地理坐标表

1. 在本部分的限制下，大陆架外部界限和按照第八十三条划定的分界线，应在足以确定这些线的位置的一种或几种比例尺的海图上标出。在适当情形下，可以用列出各点的地理坐标并注明大地基准点的表来代替这种外部界线或分界线。

2. 沿海国应将这种海图或地理坐标表妥为公布，并应将各该海图或坐标表的一份副本交存于联合国秘书长，如为标明大陆架外部界线的海图或坐标，也交存于管理局秘书长。

资料来源

第一次联合国海洋法会议文件

1. 《大陆架公约》（1958 年），第六条第 3 款。关于第一次联合国海洋法会议的讨论内容，见第四委员会的报告，A/CONF. 13/L. 12（1958），第 11 款，UNCLOS I，正式记录，第二卷，89、90。

第三次联合国海洋法会议文件

2. A/CONF. 62/C. 2/L. 43（1974），第 4 款，正式记录，第三卷，220（爱尔兰）。

3. A/CONF. 62/L. 8/第一次修订稿（1974 年），附件二，附录一［A/CONF. 62/C. 2/WP. 1］，条款第八十二条，规则 A，第 3 款，正式记录，第三卷，93、107、119（总报告人）［《主要趋势工作文件》］。

4. A/CONF. 62/WP. 8/第二部分（1975 年非正式单一协商案文），第七十条，第 5 款，正式记录，第四卷，152、163（主席，第二委员会）。

5. A/CONF. 62/WP. 8/第一次修订稿/第二部分（订正的单一协商案文，1976 年），第七十二条，正式记录，第五卷，151、165（主席，第二委员会）。

6. A/CONF. 62/WP. 10（非正式综合协商案文，1977 年），第八十四条，正式记录，第八卷，1、17。

7. A/CONF. 62/WP. 10/第一次修订稿（非正式综合协商案文/第一次修订稿，1979 年），第八十四条。转载在《第三次联合国海洋法会议文件集》第一卷，第 375、424 页。

8. A/CONF. 62/WP. 10/第二次修订稿（非正式综合协商案文/第二次修订稿，1980年），第八十四条。转载在《第三次联合国海洋法会议文件集》第二卷，第3、52页。

9. A/CONF. 62/WP. 10/第三次修订稿*（非正式综合协商案文/第三次修订稿，1980年），第八十四条。《第三次联合国海洋法会议文件集》第二卷，第179、228页。

10. A/CONF. 62/L. 78（《公约草案》，1981年），第八十四条。正式记录，第十五卷，172，189。

起草委员会文件

11. A/CONF. 62/L. 67/Add. 4（1981年，油印），第25－28页。

12. A/CONF. 62/L. 72（1981），正式记录，第十五卷，151（主席，起草委员会）。

13. A/CONF. 62/L. 67/Add. 16 和 Corr. 1（1981年，油印），第5~7页。

14. A/CONF. 62/L. 82（1981年，油印），正式记录，第十五卷，243（主席，起草委员会）。

非正式文件

15. 非正式工作组文件编号3，条款第十四条，规则A，第3款；第3号/第一次修订稿，条款第十五条，规则A，第3款；第3号/第二次修订稿，条款十五，规则A，第3款（均为1974年，油印）。转载在《第三次联合国海洋法会议文件集》第三卷，第288、296和305页。

16. NG6/1（1978年），第6款（爱尔兰）。转载在《第三次联合国海洋法会议文件集》第九卷，第370、371页。

17. NG6/8（1979年），第6款（苏联）。转载在《第三次联合国海洋法会议文件集》第九卷，第377、378页。

评　　注

84. 1.　第八十四条第1款要求沿海国家在图上显示依据第八十三条划定的大陆架外部界限和划界线。此外，在适当情况下，地理坐标列表可用于代替这类界线。

第2款要求沿海国家妥为公布第1款介绍的图或列表并且应当为联合国秘书长留有图形或列表的副本。表现出大陆架外部界限的那些图形或列表的副本也应保留给国际海底管理局秘书长。

第七十五条包含的关于专属经济区外部界限和划界线的规定基本一致。差别在于第八十四条包含其他关于在国际海底管理局秘书长保留材料的要求。该项规定与第一三四条有关，涉及第十一部分的范畴（见下文第84.9（b）款）。

第十六条包含关于领海的并列条款。第十六条和第八十四条的规定共同为国际区域提供以具体条款确立大陆架边界所需的必要信息。

84.2 国际法委员会于1956年准备的草案文本没有设立规定，要求国家在图上显示大陆架界限或利用地理坐标列表。然而，委员会在评述关于相向或相邻国家之间大陆架划界的第七十二条草案中指出"在官方大尺度图中标注边界线具有明显的优势"。①

第七十二条被吸纳为1958年《大陆架公约》（资料来源1）第六条，增加了新的第3款规定，内容如下：

> 在划定大陆架边界中，遵循该条文第1款和第2款中原则划定的界限应当根据在特定日期存在的制图和地理特征进行确定，而且参考点应当标为陆上的永久固定点。②

84.3 在大会第二期会议（1974年）期间，爱尔兰代表就毗邻国家之间大陆架划界（资料来源2）提出议案，利用制图来显示大陆架边界的问题随即产生。第4款大篇幅重复1958年《大陆架公约》第六条第3款内容。相似的案文被吸纳为《主要趋势工作文件》第八十二条规则A第3款（资料来源3）。

84.4. 在第三期会议期间（1975年），非正式单一协商案文/第二部分第七十条第5款（资料来源4）内容如下：

> 5. 在划定大陆架边界过程中，依据条款规则划定的界限应依据特定日期的制图和地理特征，应以陆上的永久固定点为参考。

第七十条针对的是相邻或相向国家之间的大陆架划界。第5款采用《主要趋势工作文件》第八十二条使用的案文。

84.5. 在第四期会议期间（1976年），第二次委员会非正式会议逐条讨论非正式单一协商案文/第二部分内容。订正的单一协商案文/第二部分（资料来源5）增加了新的第七十二条，内容如下：

> 海图和地理坐标表
> 1. 在本章节的限制下，大陆架外部界限和按照第七十一条划定的分界线，应在足以确定这些线的位置的一种或几种比例尺的海图上标出。在适当情形

---

① 见国际法委员会关于其第八期会议工作的报告（A/3159），第七十二条评注，第（2）款，II YB ILC 1956，第253、300页。

② 第六条第3款文本，大部分引自英国于1958年会议提交的议案。见A/CONF. 13/C. 4/L. 23（1958），第一次联合国海洋法会议，正式记录，第六卷，134。

下，可以用列出各点的地理坐标并注明大地基准点的表来代替这种外部界线或分界线。

2. 沿海国应将这种海图或地理坐标表妥为公布，并应将各该海图或坐标表的一份副本交存于联合国秘书长。

第七十二条的新案文与关于专属经济区的订正的单一协商案文/第二部分第六十三条使用的案文相呼应（目前的《公约》第七十五条，见上文第75.3款）。相似的规定也包含在关于领海的第十五条规定（目前为第十六条规定）中和关于群岛基线的第一一九条第6款（目前为第四十七条第8款和第9款）。③ 订正的单一协商案文那些条款中使用的相似案文平衡了在每一部分中制定的要求，要求各国公开关于外部界限和划界线的信息。

84.6 在第六届会议期间（1977年），第七十二条（订正的单一协商案文/第二部分）被吸纳为非正式综合协商案文第八十四条（资料来源6）。第七届会议期间（1978年），爱尔兰的非正式议案（资料来源16）包括关于界定大陆架的第七十六条规定范围内的关于公布大陆架外部界限的条款。在第八届会议期间（1979年），USSR（资料来源17）针对第七十六条提出相似的修正案。然而，非正式综合协商案文/第一次修订稿（1979年）第八十四条仍然作为一项单独的条款，内容为：

海图和地理坐标表

1. 在本部分的限制下，大陆架外部界限和按照第八十三条划定的分界线，应在足以确定这些线的位置的一种或几种比例尺的海图上标出。在适当情形下，可以用列出各点的地理坐标并注明大地基准点的表来代替这种外部界线或分界线。

2. 沿海国应将这种海图或地理坐标表妥为公布，并应将各该海图或坐标表的一份副本交存于联合国秘书长。

84.7. 在第八期会议续会期间（1979年），起草委员会核查表述"妥为公布海图"（和相似的表述）作为第十六条、第四十七条、第七十五条、第七十六条、第八十四条和第一三四条之间协调过程的一部分。④ 这表明语言组协调员仍然在协商第七十六条、第八十四条和第一三四条的协调问题。⑤

---

③ 这些规定还包含与订正的单一协商案文/第二部分第七十二条规定存在的重要差别。第十五条还适用于基线，而非正常基线，而且这"另外"许可利用地理坐标。第一一九条没提及坐标。

④ A/CONF.62/L.40（1979），第十五部分、正式记录、第十四卷第95、99页（主席，起草委员会）。

⑤ 同上。第九期会议续会作了同样的注释（1980年）。见A/CONF.62/L.57/第一次修订稿（1980年），"已被推迟的项目，"正式记录，第十四卷，第114、128页（主席，起草委员会）。

在《非正式综合协商案文》第二次和第三次修订稿中没有对该条文作进一步修改。

在第十期会议期间（1981 年），起草委员会建议用"确定他们的位置"来取代"对他们进行确定"（资料来源 11 和资料来源 12）。

在第十期会议续会期间（1981 年），在对第一三四条进行审查后（资料来源 13 和资料来源 14），第八十四条第 2 款（"如为标明大陆架外部界线的海图或坐标，也交存于管理局秘书长"）的最终内容被纳入到起草委员会的建议中。

84.9（a）　　第八十四条制定的规则基本与专属经济区外部界限和划界线的规定一致。在这一方面，上文的第 75.5（a）至 75.5（d）款可以适用，他们适用于大陆架的范畴。

84.9（b）　　第 2 款提出其他要求，沿海国家应为国际海底管理局秘书长"交存"⑥ 能表现大陆架外部界限的海图或地理坐标表（比较第一六六条）。这适用于所有关于大陆架外部界限的信息。这反映出外部界限构成了国家管辖的最大范围，超出这个范围就是国际区域，第一三四条第 3 款参考大陆架外部界限（即国家管辖界限）对"区域"进行了描述（第一条第 1（1）款给出了定义）。

84.9（c）　　第 2 款要求沿海国家"妥为公布"描绘大陆架外部界限的地理坐标图和列表。这不同于第七十六条第 9 款的要求，根据该项规定，秘书长（而不是沿海国家）应妥为公布沿海国家所保存的"永久描述"大陆架"外部界限的海图和相关信息……"。虽然这些在本质上是同样的要求，但在专属经济区的外部界限方面，第八十四条与第七十五条并列。在所有情况下，目标都是相同的，即向国际社会公开信息。

---

⑥　"保留"一词如第十六条，第七十五条和第七十六条一样具有同样的意义。详见上文 16.8（d）段。

第八十五条　开凿隧道

本部分不妨害沿海国开凿隧道以开发底土的权利，不论底土上水域的深度如何。

资料来源

第一次联合国海洋法会议文件

1. 《大陆架公约》（1958 年），第七条。详见第四委员会的报告，A/CONF.13/L.12（1958 年），附件一，第七十三条（新条款），UNCLOS I，正式记录，第二卷，第89、92 页。

第三次联合国海洋法会议文件

2. A/CONF.62/L.8/第一次修订稿（1974 年），附件二，附录一〔A/CONF.62/C.2/WP.1〕，条款第七十九条，正式记录，第三卷，第93、107、119 页（总报告人）〔《主要趋势工作文件》〕。

3. A/CONF.62/WP.8/第二部分（非正式单一协商案文，1975 年），第七十二条，正式记录，第四卷，第152、163 页（主席，第二委员会）。

4. A/CONF.62/WP.8/第一次修订稿/第二部分（订正的单一协商案文，1976 年），第七十四条，正式记录，第五卷，第151、165 页（主席，第二委员会）。

5. A/CONF.62/WP.10（非正式综合协商案文，1977 年），第八十五条，正式记录，第八卷，第1、17 页。

6. A/CONF.62/WP.10/第一次修订稿（非正式综合协商案文/第一次修订稿，1979 年），第八十五条，《第三次联合国海洋法会议文件集》第一卷，第375、424 页。

7. A/CONF.62/WP.10/第二次修订稿（非正式综合协商案文/第二次修订稿，1980 年），第八十五条，《第三次联合国海洋法会议文件集》第二卷，第3、52 页。

8. A/CONF.62/WP.10/第三次修订稿*（非正式综合协商案文/第三次修订稿，1980 年），第八十五条，《第三次联合国海洋法会议文件集》第二卷，第179、228 页。

9. A/CONF.62/L.78（《公约草案》，1981 年），第八十五条，正式记录，第十五卷，第172、189 页。

起草委员会文件

10. A/CONF. 62/L. 152/Add. 23（1982 年，油印），第 80 页。

11. A/CONF. 62/L. 160（1982 年），正式记录，第十七卷，第 225 页（主席，起草委员会）。

非正式文件

12. 非正式工作文件第 3 号，条款第 11 款；第 3 号/修订稿 1 和修订稿 2，第 12 款（均为 1974 年，油印）。转载在《第三次联合国海洋法会议文件集》第三卷，第 288、296 和 305 页。

评　　注

85. 1. 第八十五条认定第六部分包含的条款不妨害沿海国开凿隧道以开发大陆架底土的权利，并规定底土上水域的深度不影响该项权利。

85. 2. 在第一次联合国海洋法会议期间（1958 年），第四委员会采纳了针对开凿隧道的条款，之后条款内容全部纳入 1958 年《大陆架公约》第七条中（资料来源 1）。第七条内容如下：

> 这些条款的规定不妨害沿海国开凿隧道以开发底土的权利，不论底土上
> 水域的深度如何。

85. 3. 在海底委员会会议或在大会第二期会议期间（1974 年）都没有提出关于开挖隧道的具体提案。《主要趋势工作文件》将 1958 年《公约》第七条全部纳入进来，作为第七十九项规定（资料来源 2）。

85. 4. 在第三期会议期间（1975 年），非正式单一协商案文/第二部分（资料来源 3）将条款第七十九条内容作为第七十二条规定，内容如下：

> 此部分规定不妨害沿海国开凿隧道以开发底土的权利，不论底土上水域
> 的深度如何。

85. 5. 在第四期会议期间（1976 年），增加了该条款标题并对第七十二条内容做少许修改后，作为订正的单一协商案文/第二部分（资料来源 4）第七十四条规定。在非正式综合协商案文中，该条款被编排为第八十五条。之后包含的案文（资料来源 6 至资料来源 9）只做少许修改，包括起草委员会所建议的内容（资料来源 10 和资料来源 11）。

85.6. 第八十五条保留了 1958 年《大陆架公约》中提到的沿海国家开凿隧道以开发大陆架底土的权利。该条款重申了在新的大陆架制度背景下所享有的权利和新的大陆架定义。因此，虽然保留了权利本质，但是依据新的大陆架定义，权利的对象发生了变化。第八十五条强调（如 1958 年《公约》所提出的那样），开凿隧道的权利适用于"不论底土上水域的深度如何"的情况。

附件一

附件二

最后文件，附件二

附件一　高度洄游鱼类

1. 长鳍金枪鱼
2. 金枪鱼
3. 肥壮金枪鱼
4. 鲣鱼
5. 黄鳍金枪鱼
6. 黑鳍金枪鱼
7. 小型金枪鱼
8. 麦氏金枪鱼
9. 扁舵鲣
10. 乌鲂科
11. 枪鱼类
12. 旗鱼类
13. 箭鱼
14. 竹刀鱼科
15. 鲯鳅
16. 大洋性鲨鱼类
17. 鲸类

资料来源

第三次联合国海洋法会议文件

1. A/AC. 138/SC. II/L. 4 and Corr. 1，第三条第 2（C）和 3（A）项，《1971 年海底委员会报告》，第 241～243 页（美国）。

2. A/AC. 138/SC. II/L. 9，第 II（A）和 III 部分，《1972 年海底委员会报告》，第 175、176 页（美国）。

3. A/CONF. 62/C. 2/L. 47（1974 年），第十九条和附件，正式记录，第三卷，第 222、225 页（美国）。

4. A/CONF. 62/L. 8/第一次修订稿（1974 年），附件二，附录一〔A/CONF. 62/

C. 2/WP. 1]，条款第一一二条，规则 A，第 A 项，正式记录，第三卷，第 93、107、125 页（总报告人）［主要趋势工作文件］。

5. A/CONF. 62/WP. 8/第二部分（非正式单一协商案文，1975 年），第五十三条第 1 款，附件，正式记录，第四卷，第 152、161、171 页（主席，第二委员会）。

6. A/CONF. 62/WP. 8/第一次修订稿/第二部分（订正的单一协商案文，1976 年），第五十三条第 1 款，附件，正式记录，第五卷，第 151、162、173 页（主席，第二委员会）。

7. A/CONF. 62/WP. 10（非正式单一协商案文，1977 年），第六十四条第 1 款，附件一，正式记录，第八卷，第 1、15、49 页。

8. A/CONF. 62/WP. 10/第一次修订稿（非正式综合协商案文/第一次修订稿，1979 年，油印），第六十四条第 1 款，附件一，转载在《第三次联合国海洋法会议文件集》第一卷，第 375、415、499 页。

9. A/CONF. 62/WP. 10/第二次修订稿（非正式综合协商案文/第二次修订稿，1980 年，油印），第六十四条第 1 款，附件一，转载在《第三次联合国海洋法会议文件集》第二卷，第 3、43、126 页。

10. A/CONF. 62/WP. 10/第三次修订稿*（非正式综合协商案文/第三次修订稿，1980 年，油印），第六十四条第 1 款，附件一，转载在《第三次联合国海洋法会议文件集》第二卷，第 179、219、310 页。

11. A/CONF. 62/L. 78（《公约草案》，1981 年），第六十四条第 1 款，附件一，正式记录，第十五卷，第 172、185、224 页。

起草委员会文件

12. A/CONF. 62/L. 152/Add. 26（1982 年，油印），第 2 页。

13. A/CONF. 62/L. 160（1982），正式记录，第十七卷，第 225 页（起草委员会主席）。

非正式文件

14. 提议的折中方案（1975 年，油印），第一条第 1 段（无提议者），转载于《第三次联合国海洋法会议文件集》第四卷，第 183 页。

15. 日本（1977 年，油印），第 53 条，转载于《第三次联合国海洋法会议文件集》第四卷，第 440 页。

16. C. 2/非正式会议/9（1978 年，油印），第 64 条第 1 段（附件一）（秘鲁）。转载于《第三次联合国海洋法会议文件集》第五卷，第 13、15 页。

17. C. 2/非正式会议/60（1980 年，油印），（日本和韩国）。转载于《第三次联合国海洋法会议文件集》第五卷，第 63 页。

［注：评注应与第六十四条一同解读。］

评　注

A. I. 1.　附件一确定第六十四条第 1 款所指的高度洄游物种。附件一包括鲸的 7 个属类；第六十五条包含关于海洋哺乳动物的具体条款（见上文第 65.11（d）款）。

A. I. 2.　在海底委员会 1971 年召开的会议期间，美国提出的草案条款（资料来源 1）提到但不包含确定"高度洄游海洋物种"的"附录 A"，1972 年提出的草案条款修正案（资料来源 2）提到"附录 A 中所列出的高度洄游物种"，但是提案中不包含这一附录。

A. I. 3.　在大会第二期会议期间（1974 年），非正式法律专家组（埃文森小组）编辑了一系列暂定草案条款，其最初版本提到"附录 A 中列出的高度洄游物种"，但不包含这一附录。①

美国代表的议案（资料来源 3）包含一项关于高度洄游物种的条款并附有下列附件内容：

高度洄游鱼类

1. 长鳍金枪鱼
2. 金枪鱼
3. 肥壮金枪鱼
4. 鲣鱼
5. 黄鳍金枪鱼
6. 乌鲂科
7. 枪鱼类
8. 旗鱼类
9. 箭鱼
10. 竹刀鱼科
11. 鲯鳅
12. 鲸类（鲸与小鲸）

澳大利亚与新西兰代表提出的关于高度洄游物种的草案条款提到但并未包含列举

---

①　暂行草案条款（1974 年，油印），第二十二条，备选 B 文件（非正式法律专家组）。《第三次联合国海洋法会议文件集》第十一卷，第 393、405 页。

这些物种的附件。它增加的脚注表明需要一种针对于修订这类技术附件的灵活的程序。②

美国议案中关于附件的内容之后被纳入到《主要趋势工作文件》第112项规定中（资料来源4）。然而，附件本身没有包含在《主要趋势》中。

A. I. 4. 在第三期会议期间（1975年），不具名提案和非正式法律专家组（埃文森小组）③提出的修改后的草案条款都提到一份包含高度洄游物种名单的附录或附件。只有非正式法律专家组（埃文森小组）提出的条款包含这类附件，内容如下：

高度洄游鱼类

1. 长鳍金枪鱼
2. 金枪鱼
3. 肥壮金枪鱼
4. 鲣鱼
5. 黄鳍金枪鱼
6. 黑鳍金枪鱼
7. 小型金枪鱼
8. 扁舵鲣
9. 乌鲂科
10. 枪鱼类
11. 旗鱼类
12. 箭鱼
13. 竹刀鱼科
14. 鲯鳅
15. 大洋性鲨鱼类
16. 鲸类（鲸与小鲸）

该草案在早期美国提案中列出的物种中增加了黑鳍金枪鱼、小型金枪鱼、扁舵鲣和大洋性鲨鱼类。新的附件还区分了金枪鱼、鲣鱼和扁舵鲣的复数。脚注（*）表示列表中引用的常用名来自粮农组织的《渔业统计年报》，附件的内容会依据粮农组织获取的建议而重新进行考虑。

---

② A/CONF. 62/C. 2/L. 57/第一次修订稿（1974年），脚注26，正式记录，第三卷，第231页（澳大利亚和新西兰）。

③ 经济区（1975年，油印），第十二条，第1款，和附件A（非正式法律专家组），《第三次联合国海洋法会议文件集》第十一卷，第481、487和489页。

非正式单一协商案文/第二部分（资料来源5）加入了与非正式法律专家组（埃文森小组）提出的附件一致的关于高度洄游物种的附件。④ 第五十三条第3款专门针对海洋哺乳动物的保护和管理，这也被纳入到附件第16项中（"鲸（鲸与小鲸）"）。

A. I. 5. 在第四期会议期间（1976年），关于高度洄游物种的附件得到了修改，纳入到订正的单一协商案文/第二部分中（资料来源6）。类和物种的科学名单或一些物种的属类被加入到一般名称的名单中。名单如下：

高度洄游鱼类

1. 长鳍金枪鱼

2. 金枪鱼

3. 肥壮金枪鱼

4. 鲣鱼

5. 黄鳍金枪鱼

6. 黑鳍金枪鱼

7. 小型金枪鱼

8. 扁舵鲣

9. 乌鲂科

10. 枪鱼类

11. 旗鱼类

12. 箭鱼

13. 竹刀鱼科

14. 鲯鳅

15. 大洋性鲨鱼类

16. 鲸类

订正的单一协商案文第五十三条第1款提到该附件。名单中的金枪鱼和鲣鱼与扁舵鲣从复数调整为单数。同时，因为名单中包含了一些物种，所以金枪鱼被列为复数。新加的第五十四条融入了非正式单一协商案文第五十三条第3款的内容，针对海洋哺乳动物方面的内容。这就使得附件第16项列出了第五十四条也提出的物种名单（见上文第64.5款）。然而，第五十四条范围更广，提到了一般海洋哺乳动物。

A. I. 6. 在第六期会议期间（1977年），日本代表的非正式议案（资料来源15）用只说明金枪鱼和鲸类作为高度洄游物种的条款代替了附件，并允许"相关区域或全

---

④ 非正式法律专家组（埃文森小组）准备的草案条款最终版（《第三次联合国海洋法会议文件集》第四卷，第209页）不包括这一附件。但，非正式单一协商案文包含早期版本中所列附件。

球组织"指定其他物种,该议案未获通过。

非正式综合协商案文(资料来源7)没有对附件作很大的修改,并将其列为"附件一"。

A. I. 7. 在第七期会议期间(1978 年),秘鲁代表在非正式提案(资料来源16)中建议修改附件,使之包含 Onmastrephidae(头足类动物),Exocoetidae(飞鱼)和龟类(海龟)。这点未获通过,且附件一在非正式综合协商案文/第二次修订稿中未作改变(资料来源8)。

A. I. 8. 在第九期会议期间(1980 年),日本与韩国代表(资料来源17)提出向附件一增加"南部金枪鱼:*Thunnus maccoyii*"。第二委员会主席支持该项议案,⑤ 而且非正式综合协商案文/第二次修订稿附件一加入了新的物种,作为第 17 项内容。

A. I. 9. 在第十期会议续会期间(1981 年),附件一作最后一次改变,制定了《草案公约》(资料来源11)。新的案文将"南部金枪鱼:*Thunnus maccoyii*"列为第 8 项,将其与其他的金枪鱼物种归为一组,并因而调整了剩余项目的编号。

A. I. 10(a). 除了遵循第六十四条规定,关于海洋哺乳动物的第六十五条规定也涉及了附件第 17 项所列的 7 种鲸类(见上文第65.11(d)款)。第 17 项包括海豚(*Delphinidae* 属),这些是海洋哺乳动物;他们不与第 15 项中的属于大洋鱼类的海豚混淆(也称为"mahi mahi")。

A. I. 10(b). 该《公约》不包含修正这一附件的灵活程序,但名单可以通过第三一三条的简化程序进行修改。

---

⑤ A/CONF. 62/L. 51(1980 年),第 12、13 和 15 款,与附件一,正式记录,第八卷,第 82、83、85 页(主席,第二委员会)。

附件二 大陆架界限委员会

第一条

按照第七十六条的规定，应依本附件以下各条成立一个 200 海里以外大陆架界限委员会。

第二条

1. 本委员会应由 21 名委员组成，委员应是地质学、地球物理学或水文学方面的专家，由本公约缔约国从其国民中选出，选举时应妥为顾及确保公平地区代表制的必要，委员应以个人身份任职。

2. 初次选举应尽快举行，无论如何应在本公约生效之日后 18 个月内举行。联合国秘书长应在每次选举之日前至少 3 个月发信给各缔约国，邀请它们在进行适当的区域协商后于 3 个月内提出候选人。秘书长应依字母次序编制所有候选人的名单，并将名单提交所有缔约国。

3. 委员会委员的选举应由秘书长在联合国总部召开缔约国会议举行，会议上，缔约国的三分之二应构成法定人数，获得出席并参加表决的缔约国代表三分之二多数票的候选人应当选为委员会委员。从每一地理区域应至少选出 3 名委员。

4. 当选的委员会委员任期 5 年，连选可连任。

5. 提出委员会委员候选人的缔约国应承担该委员在执行委员会职务期间的费用。有关沿海国应承担为提供本附件第三条第 1 款（b）项所指的咨询意见而引起的费用。委员会秘书处应由联合国秘书长提供。

第三条

1. 委员会的职务应为：

（a）审议沿海国提出的关于扩展到 200 海里以外的大陆架外部界限的资料和其他材料，并按照第七十六条和 1980 年 8 月 29 日第三次联合国海洋法会议通过的谅解声明提出建议；

（b）经有关沿海国请求，在编制（a）项所述资料时，提供科学和技术咨询意见。

2. 委员会可在认为必要和有用的范围内与联合国教科文组织的政府间海洋学委员会、国际水文学组织及其他主管国际组织合作，以求交换可能有助于委员会执行职务的科学和技术情报。

第四条

拟按照第七十六条划定其 200 海里以外大陆架外部界限的沿海国，应将这种界限的详情连同支持这种界限的科学和技术资料，尽早提交委员会，而且无论如何应于本公约对该国生效后十年内提出。沿海国应同时提出曾向其提供科学和技术咨询意见的委员会内任何委员的姓名。

第五条

除委员会另有决定外，委员会应由七名委员组成的小组委员会执行职务，小组委员会委员应以平衡方式予以任命，同时考虑到沿海国提出的每一划界案的具体因素。为已提出划界案的沿海国国民的委员会委员，或曾提供关于划界的科学和技术咨询意见以协助该国的委员会委员，不得成为处理该案的小组委员会委员，但应有权以委员身份参与委员会处理该案的程序。向委员会提出划界案的沿海国可派代表参与有关的程序，但无表决权。

第六条

1. 小组委员会应将其建议提交委员会。

2. 小组委员会的建议应由委员会以出席并参加表决委员的三分之二多数核准。

3. 委员会的建议应以书面递交提出划界案的沿海国和联合国秘书长。

第七条

沿海国应依第七十六条第8款的规定并按照适当国家程序划定大陆架的外部界限。

第八条

在沿海国不同意委员会建议的情形下，沿海国应于合理期间内向委员会提出订正的或新的划界案。

第九条

委员会的行动不应妨害海岸相向或相邻国家间划定界限的事项。

资料来源

第三次联合国海洋法会议文件

1. A/CONF. 62/L. 51（1980），第6（c）款和第17款，附件二，正式记录，第十三卷，第82、84页（主席，第二委员会）。

2. A/CONF. 62/WP. 10/第二次修订稿（非正式综合协商案文/第二次修订稿，1980年，油印），附件二，转载在《第三次联合国海洋法会议文件集》第二卷，第3、127页。

3. A/CONF. 62/WP. 10/第三次修订稿*（非正式综合协商案文/第三次修订稿，1980年，油印），附件二，转载在《第三次联合国海洋法会议文件集》第二卷，第179、311页。

4. A/CONF. 62/L. 78（《公约草案》，1981），附件二，正式记录，第十五卷，第172、224页。

起草委员会文件

5. A/CONF.62/L.67/Add.4（1981 年，油印），第 30～48 页。

6. A/CONF.62/L.67/Add.4/Corr.1（1981 年，油印）。

7. A/CONF.62/L.67/Add.14（1981 年，油印），第 9 页。

8. A/CONF.62/L.72（1981 年），正式记录，第十五卷，第 151 页（主席，起草委员会）。

非正式文件

9. 加拿大（1976 年，油印），第六十二条（非正式单一协商案文 II），附件。转载在《第三次联合国海洋法会议文件集》第四卷，第 321 页。

10. 英国（1979 年，油印），大陆架界限委员会附件草案。转载在《第三次联合国海洋法会议文件集》第四卷，第 520 页。

11. 不具名（1980 年，油印），大陆架界限委员会附件。转载在《第三次联合国海洋法会议文件集》第四卷，第 521 页。

12. NG6/20（1980 年，油印），非正式建议（匿名）。转载在《第三次联合国海洋法会议文件集》第九卷，第 387 页。

13. 德国（1980 年，油印），附件二，第三条。转载在《第三次联合国海洋法会议文件集》第四卷，第 527 页。

评　　注

A. II. 1.　　附件二包含大陆架界限委员会的相关规定，正如第七十六条第 8 款提到的那样。附件二制定了委员会的构成和职务与沿海国家对委员会的职责和义务。它还描述了委员会在提出 200 海里外大陆架外部界限相关建议时应遵循的程序。与此同时，它还提出委员会的行动不应损害海岸相向或相邻国家之间的划界问题。

A. II. 2.　　在第三次联合国海洋法会议初始阶段，大陆架界限专门委员会的参考内容包含在确定大陆架的非正式提案中。在第三次大会期间（1975 年），美国在提案中建议大陆架的每项划界案应当"提交大陆架边界委员会，依据附件……进行审查"① （见上文第 76.6 款）。委员会提交的决议是最终的和具有拘束力的。非正式法律专家组（埃文森小组）提交的关于大陆架界定的案文中出现了相似的内容。案文包含了一段关于提议建立的边界委员会的脚注，内容如下：

---

① 美国（1975 年，油印），第 5 款，转载在《第三次联合国海洋法会议文件集》第十一卷，第 500 页。

大陆架边界委员会是一个独立机构，而且它的构成可以确保能处理必要的技术和科学专业问题。仍需讨论的内容包括：委员会的权力范围，申诉程序问题，法律专业技术涉及问题，根据新《公约》与提议的争议处理程序之间的关系问题。[②]

第六十二条包含大陆架定义的非正式单一协商案文/第二部分中的大陆架规定没有提到上述委员会。

A. II. 3. 在第四期会议期间（1976 年），加拿大代表（资料来源9）提出如下规定，作为非正式单一协商案文/第二部分第六十二条的附件：

大陆架边界委员会

第一条

应依本附件以下各条成立一个划定从测算领海宽度的基线起 200 海里以外大陆架外部界限的大陆架边界委员会。

第二条

本委员会应由 30 名委员组成，委员应是地质学、地球物理学或水文学方面的专家，并通过政府间海洋学委员会和国际水道测量局确立的程序进行任命。

第三条

委员会的职务应为：

（a）按照第六十二条，审议沿海国提出的关于扩展到从测算领海宽度的基线起 200 海里以外的大陆架外部界限；

（b）经有关沿海国请求，由委员会成员提供关于（a）项划界的技术咨询意见。

第四条

按照第六十二条划定其从测算领海宽度的基线起 200 海里以外大陆架外部界限的沿海国，应将这种界限连同支持这种界限的科学资料，提交委员会。沿海国应同时提出曾向其提供技术咨询意见的委员会内任何委员的姓名。

第五条

委员会应由五名委员组成的特别委员会执行职务，特别委员会委员应予以任命，处理沿海国提出的每一划界案。为已提出划界案的沿海国国民的委员会委员不得成为特别委员会委员。曾提供关于划界的技术咨询意见以协助该沿海国的委员会委员，不得成为处理该案的特别委员会委员。

---

② 大陆架（1975 年，油印），第一条，第5 段（非正式法律专家组）。《第三次联合国海洋法会议文件集》第十一卷，第501 页（又见《第三次联合国海洋法会议文件集》，文件1975，第281 页，其中该案文被列为"第四修正案"）。

第六条

如果特别委员会多数委员依据沿海国提供的证明材料核准其全部或部分边界已根据第六十二条进行了准确的划定，那么就可认定这一边界或其部分。这类决议应是最终的和具有拘束力的，并且根据《公约》宗旨也应是决定性的。沿海国家应妥为公布海图，标明已认定的边界，并将其交存联合国秘书长。

第七条

如果特别委员会依据沿海国提供的证明材料未核准其全部或部分边界根据第六十二条进行了准确的划定，那么委员会应于收到沿海国提案日起六个月内以书面向沿海国告知原因。沿海国应于合理期间内向委员会提出新的划界案，划界案包含订正的边界以及关于还未认定的边界部分的进一步的资料。

第八条

《公约》的每个沿海缔约国应于本公约对该国生效后十年内向委员会提出二百海里以外大陆架外部界限的划界案。

第九条

委员会的职务不应包含海岸相向或相邻国家间划定界限的事项。

案文确立了附件二的依据。委员会由 30 名成员构成，成员的任命遵循国家间海洋学委员会和国际水道测量局制定的程序。委员会的主要职务是确认国家 200 海里外大陆架的向海边界是否依据大陆架定义来确定。上述职务由委员会内部建立的特别委员会来执行，而且委员会的决议将是"最终的和具有拘束力的"并且是"决定性的"。如果所有或部分议案未经特别委员会通过，那么沿海国家将要对其划界案进行修正。委员会不会对相向或相邻国家之间的边界划界提供建议。

爱尔兰关于界定大陆架的提案（之后被称为"爱尔兰公式"）还提出由大陆架边界委员会划定 200 海里外大陆架（见上文第 76.7 款）。

订正的单一协商案文/第二部分中的第六十四条包含大陆架定义，其中关于大陆架的规定中没有显示出加拿大的案文。

A. II. 4.　在第五期会议期间（1976 年），日本关于修正的单一协商案文/第二部分第六十四条的提案还提到由"大陆架边界委员会"确认大陆架界限以及建立这类委员会的一份附件。③

第六期会议通过的非正式综合协商案文第七十六条没有提到大陆架边界委员会。

A. II. 5.　在第七期会议期间（1978 年），六国协商集团（NG6）组建，处理大陆架外部界限的界定（见上文第 76.10 款）。在这期会议以及第七期会议续会（1978 年）

---

③　日本（［1976 年］，油印）第六十四条（订正的单一协商案文 II），第 6 段，转载在《第三次联合国海洋法会议文件集》第四卷，第 468 页。

和第八期会议（1979年）上，爱尔兰和苏联代表向六国协商集团提交的议案分别提到"大陆架边界委员会"和"大陆架界限委员会"（见上文第76.10和第76.12款）。④

非正式综合协商案文/第一次修订稿中第七十六条第7款提出：

7. 沿海国家应在公平地区代表制的基础上，依据附件建立的大陆架界限委员会提交关于200海里专属经济区外大陆架界限的信息。委员会应向沿海国家提供关于确立他们的大陆架外部界限的建议。沿海国家根据这些建议确立的大陆架界限应当是最终的和具有拘束力的。⑤

上述规定第一次提到了关于大陆架界限委员会的附件包含在协商案文中。虽然该案文认为将会成立这类委员会，但关于委员会的附件不包含在非正式综合协商案文/第一次修订稿中。

A. II. 6. 在第八期会议续会期间（1979年），英国代表（资料来源10）提出"关于大陆架界限委员会的附件草案"，内容如下：

第一条

应依本附件以下各条成立一个划定从测算领海宽度的基线起200海里以外大陆架外部界限的大陆架界限委员会。

第二条

本委员会应由30名委员组成，委员应是地质学、地球物理学或水文学方面的专家，并通过政府间海洋学委员会和国际水道测量局确立的程序进行任命。委员任命时应依据其专业，并妥为顾及确保公平地区代表制的必要。

第三条

委员会的职务应为：

（a）按照第七十六条第（7）款，向沿海国提出关于扩展到从测算领海宽度的基线起200海里以外的大陆架外部界限的建议；

（b）经有关沿海国请求，由委员会成员提供关于（a）项划界的技术咨询意见。

第四条

拟按照第七十六条划定其从测算领海宽度的基线起200海里以外大陆架外部界限的沿海国，应将这种界限的详情连同支持这种界限的科学资料于本公约对该国生效后

---

④ 见NG6/1（1978年，油印），第七十六条，第5段（爱尔兰）[NG6/3中重复（1978年，油印）（塞舌尔）]；和NG6/8（1979年，油印），第七十六条，第5段（苏联）。转载在《第三次联合国海洋法会议文件集》第九卷，第370、372和377页。

⑤ A/CONF. 62/WP. 10/第一次修订稿（非正式综合协商案文/第一次修订稿，1979年），第七十六条，第7款。转载在《第三次联合国海洋法会议文件集》第一卷，第375，421页。

十年内提交委员会。沿海国应同时提出曾向其提供技术咨询意见的委员会内任何委员的姓名。

第五条

委员会应由五名委员组成的特别委员会执行职务,特别委员会委员应予以任命,处理沿海国提出的每一划界案。为已提出划界案的沿海国国民的委员会委员不得成为特别委员会委员。曾提供关于划界的技术咨询意见以协助该沿海国的委员会委员,不得成为处理该案的特别委员会委员。

第六条

特别委员会应依据第七十六条第(7)款向沿海国递交关于该国划界案的报告。

第七条

沿海国根据委员会建议确立的大陆架应是最终的和具有拘束力的。

第八条

委员会的职务不应包含海岸相向或相邻国家间划定界限的事项。

案文包含加拿大在第四期会议所做议案的大部分要点(资料来源9),并作了一些重要的修改。第二条包含一项新规定,确保委员会成员之间"公平地区代表制"——这是非正式综合协商案文/第一次修订稿中第七十六条第7款提出的说法。第三条(a)款和第七条提出委员会在提供关于划界问题的建议中发挥更积极的作用(而不是仅仅论证边界案)。第七条也是新出现的,提出特别委员会的建议是"最终的和有拘束力的"。在这方面,与加拿大提案不同,英国代表的案文没有就沿海国家与委员会(或特别委员会)之间在沿海国家大陆架边界的分歧情况提出任何规定。此外,沿海国家会"参考"特别委员会的建议确立大陆架界限。

新加坡代表关于修改第七十六条第7款的议案将会允许沿海国家在不同意委员会建议的情况下,在与委员会协商时,摒弃这些建议,目的是实现"共同达成"划界决议。⑥

会议结束时,第二委员会主席及六国磋商集团主席 Andrés Aguilar,在进行报告时说六国磋商集团内部已经成立了一个"所谓的三十八国集团,这是一个依据关注较小框架内同一主题的登记代表组成的不限名额组织。"⑦ 他指出这一较小规模群体已召开五次会议并针对"界限委员会"进行讨论。作为六国磋商集团主席,他表示:

第七十六条第7款建立这种[大陆架界限委员会]。有些代表进行协商,目的是准

---

⑥ NG6/17(1979年,油印),第7段(新加坡)。《第三次联合国海洋法会议文件集》第九卷,384。

⑦ A/CONF.62/L.42(1979年),第8段(主席,第二委员会),纳入到 A/CONF.62/91(1979),XII Off. Rec. 71、92。

备一份案文，作为介绍委员会构成和职务的附件的依据。⑧

A. II. 7. 在第九期会议期间（1980年），两份基本相同的草案附件被提出来（资料来源11和资料来源12）。⑨ 其中的第二份提案提交给六国集团，内容如下：

附件　大陆架界限委员会

第一条

按照公约第七十六条的规定，应依本附件以下各条成立一个200海里以外大陆架界限委员会。

第二条

1. 本委员会应由21名委员组成，委员应是地质学、地球物理学或水文学方面的专家，由本公约缔约国从其国民中选出，选举时应妥为顾及确保公平地区代表制的必要，委员应以个人身份任职。

2. 初次选举应尽快举行，无论如何应在本公约生效之日后18个月内举行。联合国秘书长应在每次选举之日前至少3个月发信给各缔约国，邀请它们在进行适当的区域协商后于3个月内提出候选人。秘书长应依字母次序编制所有候选人的名单，并将名单提交所有缔约国。

3. 委员会委员的选举应由秘书长在联合国总部召开缔约国会议举行。在该次会议上，缔约国的三分之二应构成法定人数，获得出席并参加表决的缔约国代表三分之二多数票的候选人应当选为委员会委员。从每一地理区域应至少选出3名委员。

4. 当选的委员会委员任期五年，连选可连任。

5. 提出委员会委员候选人的缔约国应承担该委员在执行委员会职务期间的费用。有关沿海国应承担为提供本附件第三条第1款（b）项所指的咨询意见而引起的费用。委员会秘书处应由联合国秘书长提供。

第三条

1. 委员会的职务应为：

（a）审议沿海国提出的关于扩展到200海里以外的大陆架外部界限的资料和其他材料，并按照公约第七十六条提出建议；

（b）经有关沿海国请求，在编制（a）项所述资料时，提供科学和技术咨询意见。

2. 委员会可在认为必要和有用的范围内与联合国教科文组织的政府间海洋学委员会、国际水文学组织及其他主管国际组织合作，以求交换可能有助于委员会执行职务

---

⑧　NG6/19（1979年），（d）部分，同上，第106、107页（主席，六国协商集团）。

⑨　第一次提案（资料来源11）在第四条规定方面有别于第二次提案（资料来源12），前者引用的是七年时段（而非10年）。

的科学和技术情报。

第四条

拟按照第七十六条划定其 200 海里以外大陆架外部界限的沿海国，应将这种界限的详情连同支持这种界限的科学和技术资料，尽早提交委员会，而且无论如何应于本公约对该国生效后十年内提出。沿海国应同时提出曾向其提供科学和技术咨询意见的委员会内任何委员的姓名。

第五条

除委员会另有决定外，委员会应由 7 名委员组成的小组委员会执行职务，小组委员会委员应以平衡方式予以任命，同时考虑到沿海国提出的每一划界案的具体因素。为已提出划界案的沿海国国民的委员会委员，或曾提供关于划界的科学和技术咨询意见以协助该国的委员会委员，不得成为处理该案的小组委员会委员，但应有权以委员身份参与委员会处理该案的程序。向委员会提出划界案的沿海国可派代表参与有关的程序，但无表决权。

第六条

1. 小组委员会应将其建议提交委员会。

2. 小组委员会的建议应由委员会以出席并参加表决的委员三分之二多数核准。

3. 委员会的建议应以书面递交提出划界案的沿海国和联合国秘书长。

第七条

沿海国应考虑委员会的意见，依公约第七十六条第 7 款的规定并按照适当国家程序划定大陆架的外部界限。

第八条

在沿海国不同意委员会建议的情形下，沿海国应于合理期间内向委员会提出订正的或新的划界案。

第九条

委员会的行动不应妨害相向或相邻国家间划定界限的事项。

上述案文与英国早期提交的附件相比作了一些改动（资料来源10）。第一条增加了起始用语"按照第七十六条的规定……，"反映出第七十六条规定与提议的附件之间的联系。第二条将委员会成员数量从 30 名降为 21 名并增加了关于选拔和成员费用支付方法的新规定。委员由《公约》缔约国提名和选拔而不是专门"根据国际海洋学委员会和国际水道测量局制定的程序从成员国任命的专家中进行指派"。

第三条第 1（a）款修改了委员会职务，包括参考"沿海国提出的资料和其他材料。"第 1（b）款增加了提供"科学"以及技术建议的要求。第三条第 2 款引入委员会与相关国际组织（包括国际海洋学委员会和国际水文学组织）之间进行合作的规定。第四条修改了对沿海国提交材料的要求，规定科学和技术数据都应"尽早"提交委员会，必须在《公约》对该国生效后十年内提出。

第五条和第六条将有关于委员会内部特别委员会的信息替换为关于分委员提出建议的过程的规定。分委会建议提交委员会全会审议，然后将建议提交给沿海国。

第七条将界限归结为"最终的和有拘束力的"并详述该条款，这样界限的确立会依据第七十六条第7款（包含将界限作为"最终的和有拘束力的"这方面内容）并"遵照适当的国家程序"。

第八条引入针对沿海国家与委员会建议不一致情况的规定。在这类情况中，沿海国家必须"向委员会提交修改后的或新的划界案"。第九条规定委员会实施的行动不能妨害相向或相邻国家间划定界限的事项（除非委员会职务不包括与划界相关的事务）。

根据该提案，第二委员会主席审查了六国磋商集团的磋商内容并提出一项调解规定（资料来源1），包含对附件的修正内容。他指出：

提交给集团的非正式提案（NG6/20）[资料来源12]已经遵循利益相关各国之间的一系列磋商并依据会上各方代表提出的内容起草完成。根据讨论该文件期间所提出的意见，我提出许多修改意见…内容如下：将委员会委员任期从10年缩短至5年[附件第二条第4款]，并参考我在修改后的磋商案文中提出的第七十六条第7款的修正案[用依据取代参考]修改第七条。因此，第七条内容为：

"沿海国应依据目前《公约》第七十六条第7款的规定及适合的国家程序确立大陆架向海的外部界限。"

一些代表团也对提议的委员会相关条款提出一些评论。蒙古支持委员对此表示支持并建议委员会应"按照能反映内陆国和地理不利国利益的方式"进行构建。[10] 加拿大代表指出主席提议的第七十六条第7款修正案（折中方案新的第8款）可通过以下方式影响委员会：

削弱根据最基本条款即第七十六条明确认可的沿海国的主权权利。委员会是向国际社会保证沿海国将严格遵照第七十六条的规定确立他们的大陆架外部界限的主要机构，从没有也不计划将其作为一种措施来强制实行不同于那些已经在第七十六条中认可的沿海国家界限。因此，建议沿海国应以委员会的建议"为基础"而不是基于第七十六条来确立他们的界限，这可以被理解为给予委员会确定沿海国大陆架外部界限的职能和权力。[11]

---

⑩ A/CONF. 62/WS/3（1980年），第13款，正式记录，第八卷，第99、100页（蒙古）。

⑪ A/CONF. 62/WS/4（1980年），第15款，正式记录，第八卷，第101、102页（加拿大）。

巴林代表也对提议的委员会进行了评论，尤其不赞同委员会的职能和委员资格的设定。[12]

非正式提案（资料来源 12）之后纳入非正式协商案文/第二次修订稿的附件二（资料来源 2）（该附件出现在《公约》第一份草案中）。它吸纳了第二委员会主席关于委员会委员 5 年任期的修改建议。主席关于第七十六条第 7 款（新版为第 8 款）的相关修正案不包含在内。

A. II. 8. 在第九期会议续会期间（1980 年），德国代表（资料来源 13）提出关于附件二，第三条第 1（a）款的新修改意见，内容如下：

1. 委员会职务应为：

（a）审议沿海国提交的关于界限超出 200 海里外区域内的大陆架外部界限的数据和其他资料，并依据本公约第六部分第七十六条作出决议。

该项议案将会加强委员会在制定关于外部界限"建议"中的作用，直至可以"作出决议"。针对第七十六条第 8 款还有一项修改意见（见上文第 76.15 节）。这些提案都没有获得通过。

在非正式综合协商案文/第三次修订稿（资料来源 3）中，附件二重复了非正式综合协商案文/第二次修订稿中的相应案文。然而，新案文中第七十六条第 8 款的最后一句经修改后是指"依据"委员会建议，确定外部界限。

A. II. 9. 在第十期会议（1981 年）之前，秘书长报告了《公约》产生的财政问题，包括对会议计划、运作程序和委员会及其分委会人员方面的详细评估。[13]

在第十期和第十期会议续会期间（1981 年），起草委员会建议对附件二（资料来源 5 至资料来源 8）作一些修改，而且这些被纳入到《草案公约》附件二中（资料来源 4）。这些变化包含第三条第 1（a）款修正案，因而，委员会的职务包括依据第七十六条"与第三次联合国海洋法会议于 1980 年 8 月 29 日通过的《谅解声明》"（资料来源 5，第 37 页）提出建议。（《谅解声明》目前作为《最后文件》的附件二包含其内（见后文评注）。）

根据《公约》草案对秘书长未来行使的职务进行了研究，其中包括审查根据附件二明确赋予秘书长的各项职务。[14]

A. II. 10（a）. 第一条根据第七十六条第 8 款建立大陆架界限委员会，并确定其

---

[12] A/CONF. 62/WS/7（1980 年），第 10 款，正式记录，第八卷，第 109 页（巴林）。

[13] A/CONF. 62/L. 65（1981 年），第 45 – 50 款，正式记录，第十五卷，第 102、111 页（秘书长）。

[14] A/CONF. 62/L. 76（1981 年），第一部分，第 12 款，第 1（b）和（c）节与第 3 节；第二部分，第 5 节，第 1 款和第 7 节，（e）（ii）款，同上，第 153、155、164 – 165 页（秘书长）。

参考条款。委员会职务只涉及从领海基线量起 200 海里以外大陆架外部界限的相关问题。

A. II. 10（b）. 第二条涉及委员会的构成、委员选拔方法、任期及其消费的支出。

委员会应由 21 名在地质、地球物理学或水文地理学领域的专家构成。他们由《公约》成员国从这些国家内进行提名和选举，委员的选举应确保委员会成员间"公平的地理代表性"。"公平的地理代表性"这一理念反映在联合国确立的地理分组中。在附件二的情况中，它的适用范围限于 1982 年《公约》缔约国间公平地区代表制。

第 2 款提出委员会成员的首次选举应"尽早"举行，但必须在《公约》生效后的 18 个月内。根据《公约》第三〇八条，本《公约》应自第六十批准书或加入书交存之日后 12 个月生效。这就给负责组织初期选举的联合国秘书长留出 30 个月的时间来邀请成员国的提名并准备一份提名人员的名单，召集缔约国开会选举委员会委员。第 2 款的第二句和第三句明显仿照的是国际法院法令第 5 条和第 7 条；然而，根据其他相关因素，国际法院成员选举与委员会委员选举之间没有相似点。

第 3 款提出委员会成员的选举应召集《公约》缔约国在联合国总部开会。会议由联合国秘书长召集，秘书长也应提出委员会的秘书长人选（第 5 款）。三分之二的成员国必须出席组成评审团，开会选举委员会成员。对于提名人员的选举要求有"出席并表决"的缔约国的三分之二多数通过。按照联合国惯例，"出席并表决"在上述情况下不包括弃权或不参与投票的国家。作为最后的条件，要求从每个"地理区域"至少选出 3 名委员。

依据第 4 款，委员会委员任期为 5 年并具有再次参选的资格。

第 5 款涉及委员会的支出。该条款提出针对提名委员会委员的缔约国应支付其在委员会任职期间的费用。此外，委员会在审议沿海国提案时，沿海国应支付委员会在提供沿海国所需的科学和技术信息的费用。估计，成员国和秘书长将会在进行第一次选举之前阐明这些因素。

A. II. 10（c）. 根据《公约》第七十六条，委员会向沿海国家提供关于确立大陆架外部界限的建议。这只适用于沿海国计划确立 200 海里以外大陆架的情况。附件二第 3 款进一步说明委员会在该框架内的职责。这些职责分为两类。第一类包含（i）审议沿海国家所提交的关于 200 海里外大陆架外部边界的数据和其他材料；（ii）基于该数据提供关于划定外部界限的建议，上述建议应依据第七十六条与《最后文件》附件二中包含的《谅解声明》（见后文 para. FA. A. II. 7）。第二类职务是应沿海国家要求，在其准备数据期间，提供科学与技术建议。

第三条第 2 款提出如果减轻委员会职责是"必要的或有利的"，那么可能会与政府间海洋学委员会，国际水文学组织和其他负责的国际组织交流科学和技术信息。这有助于确保委员会在提出建议时具备所有必要信息。附件八（特别仲裁）第二条与《公约》第二八九条都提到政府间海洋学委员会。

A. II. 10（d）．　第四条要求计划确立 200 海里以外大陆架的沿海国家向委员会提交划界案情以及支持性的科学和技术数据。该数据应"尽快但要在《公约》在该国生效后 10 年内"提供（比较第三〇八条第 2 款）。同时，国家要指明向其提供科学与技术建议的委员会成员姓名（比较附件二第三条第 1（b）款和第五条）。

A. II. 10（e）．　第五条介绍了委员会工作的一般方法，即，通过"参考沿海国家提案具体要素，以平衡的方式任命的"7 名委员构成的分委会来执行。因此，在合理的条件下，在考虑沿海国家提交的信息的同时，可能有不止一个分委会在运作。

委员会成员在两种情况下不能参与分委会审议划界案。第一种是成员属于提出划界案的沿海国，第二种是委员会成员向划界案沿海国提出过科学和技术建议。但这些成员有权利参与委员会对该议案的审议。

第五条最后一款提出向委员会提出议案的沿海国可以派代表参与委员会相关进程，但那些代表都没有权利就审议中的议案进行投票。相对于在仲裁或司法程序中的成员国代表来说，这大致是指委员会代表。

"以平衡方式"构成的分委会反映出第二条第 1 款的要求，即委员会成员确保"公平地区代表制"（见上文 A. II. 10（b）节）。

A. II. 10（f）．　第六条规定分委会要向委员会提交其建议。如果出席并参加表决的成员三分之二多数接受该建议，该建议就被认为获得通过。如上文所述，依联合国惯例，"出席并表决"不包含弃权或不参加投票的成员。

如果建议获得通过，那么分委会的建议成为委员会的建议。之后，会以书面形式向那些给联合国秘书长提交划界案的沿海国家提出建议。

A. II. 10（g）．　第七条要求沿海国家应遵循《公约》第七十六条第 8 款的规定并"按照适当国家程序"来确定大陆架的外部界限。第七十六条第 8 款提出沿海国家应"依据"委员会的建议确立 200 海里外大陆架界限，那些界限应当是"最终的和具有拘束力的"（见上文第 76.18（j）款）。第七条提及的"适当国家程序"是指某一沿海国家为确立国家边界而使用的程序。

A. II. 10（h）．　第八条针对的是沿海国与委员会建议不一致的情况。在这类情况下，沿海国应修改划界案或"在合理期间内"向委员会提交新划界案。

A. II. 10（i）．　第九条是关于委员会作用的保留条款。"划定界限的事项"强调委员会的职责不是对大陆架有重叠诉求（假定争议边界位于 200 海里外）的国家之间的大陆架划界做决定或影响其谈判。它还指出委员会不参与沿海国与另一国家确定有争议的大陆架外部边界。委员会的任务是就沿海国大陆架外部界限提出建议，而不是参与国家间大陆架划界的相关事务。相似的有关划界保留条款包括在第七十六条第 10 款和第一三四条第 4 款（见上文第 76.18（m）款）。

A. II. 10（j）．　沿海国依据委员会建议确立的划界线构成了大陆架的外部界限。

大陆架外部界限构成了沿海国的最大管辖范围。同时按照第一三四条第 3 款规定，大陆架外部界限确立了国家管辖海域与"区域"之间的边界。

A. II. 10（k）. 第七十六条和附件二为 1982 年《公约》所有缔约国制定了确定 200 海里以外大陆架外部界限的方法（见上文第 VI. 15 款）。根据第三一一条（关于 1982 年《公约》与其他公约和国际协议的关系），不考虑这些国家根据《公约》所设定的大陆架范围，第七十六条和附件二适用于同样也加入 1958 年《大陆架公约》的成员国。所有的 1982 年《公约》缔约国，无论是否加入 1958 年《公约》，都必须向委员会提交"200 海里外大陆架界限的信息"（第七十六条第 8 款）和"这种界限的详情"（附件二，第四条）。大多数的宽陆架国家集团成员已经签署了《公约》（除英国和委内瑞拉）。⑮ 迄今，在这些国家中，只有巴西和冰岛已经批准了《公约》（1993 年 3 月 19 日）。

---

⑮ 该集团，也被称为"Margineers"，由阿根廷、澳大利亚、巴西、加拿大、冰岛、印度、爱尔兰、马达加斯加、新西兰、挪威、斯里兰卡、英国和委内瑞拉的代表组成。详见上文第 76.3 款；和本系列第一卷，第 76 页。

最后文件，附件二

关于使用一种特定方法划定大陆边外缘的谅解声明

第三次联合国海洋法会议，

考虑到在下列情形下，一国大陆边的特殊特征：（1）200米等深线所在处的平均距离不超过二十海里；（2）大陆边沉积岩的大部分位于大陆基之下；

考虑到《公约》第七十六条适用于该国大陆边对该国所将造成的不公平后果，因为沿着按照该条第4款（a）项（1）和（2）目所许可的最大距离划定的作为大陆边整个外缘的线上的沉积岩，其厚度的数学平均值将不少于3.5千米；而且将有一半以上的大陆边被其排除在外；

认识到虽有第七十六条的规定，这种国家可以连接各定点划出长度不超过60海里的直线的方法，划定其大陆边外缘，各定点以经纬度标明，而且各点上的沉积岩厚度不少于1千米。

一国如应用本声明上一段所述方法划定其大陆边外缘，则一个邻国也可以利用这个方法划定其地质特征相同的大陆边外缘，如果该邻国具有这种特征的大陆边外缘是沿着按照第七十六条第4款（a）项（1）和（2）目所许可的最大距离划定的线，而在该线上的沉积岩厚度的数学平均值不少于3.5千米。

会议请依据本公约附件二设立的大陆架界限委员会在其就有关孟加拉湾南部国家大陆边外缘的划定问题提出建议时以本声明的规定为依据。

资料来源

无正式文件。

非正式文件

1. C. 2/非正式会议65（1980年，油印）（匿名）。转载在《第三次联合国海洋法会议文件集》第五卷，第71页。

2. FA/1/附件三（最后文件草案，1982，油印）。转载在《第三次联合国海洋法会议文件集》，Dokumente，I Schluss-Session 1982，第331页。

评　　注

FA. A. II. 1.　《最后文件》附件二引入斯里兰卡代表议案，包含大会通过的《谅解声明》并针对在确定孟加拉湾南部国家大陆边的外部界限中所涉及的特殊地理条件。附件二说明了该地区的主要情况，并提出确定大陆边外部界限的特殊标准。它还提出一国如应用这种方法，则邻国也可以利用相同的方法划定其大陆边外缘。

FA. A. II. 2.　在大会第七期会议期间（1978年），斯里兰卡在向全体会议所作的声明中以及六国协商集团在讨论中都指出大会《最后文件》附件二中所包含的理念。对于爱尔兰提出的确定大陆架外部界限的方法（见上文第 76.10 款），斯里兰卡代表的意见如下：

距离/沉积层厚度联合标准只有在边缘迅速变薄的情况下才能带来公平的结果。如果国家的大陆边缘宽且厚，那么它可能引发不公正的结果。①

上述意见提出所谓的"爱尔兰公式"不能公平地用于确定斯里兰卡的大陆架。

FA. A. II. 3.　在第八期会议期间（1979年），斯里兰卡在大会传发的备忘录中提出：

不久将会向大会提出允许处于斯里兰卡国情下的发展中国家设定国家资源管辖界限，以便使达到的结果相当于通过"爱尔兰公式"在其他区域实现的结果。②

之后，斯里兰卡代表提出通过增加一项新的第 3（c）款来修订爱尔兰公式③。该案文提出一种特殊方法，沿海国可借此确立大陆边的外部界限：

（c）在大陆坡脚处平均距离少于从测算领海宽度的基线量起……海里的情况下，以及在较大比例的大陆边缘沉积岩位于大陆基之下方的情况下，依据第 4 款连接沉积岩厚度不少于大陆边外部界限的沉积岩最小厚度的固定点所划定的一条线，上述的该条款中的子项适用于这类区域。

---

① 见第 104 次全体会议（1978 年），第 27 项，正式记录，第十一卷，第 71 页。

② 备忘录（〔1979 年〕，油印）（斯里兰卡）。《第三次联合国海洋法会议文件集》第九卷，第 374 页。

③ NG6/5（1979 年，油印），"斯里兰卡提出的修改爱尔兰提案的非正式建议"。《第三次联合国海洋法会议文件集》第九卷，第 374 页。

同时提出了新的第5款，内容如下：

5. 沿海国家可以通过该条第3款提出的任一方法或将适合于大陆边不同条件的各种方法综合起来，确定大陆边的外部界限。

斯里兰卡代表对该提案表述了意见，指出：

该提案公平界定了大陆边。采用仅适用于大陆边的两个主要类型的划界方法是不公正的，损害了斯里兰卡等发展中国家。爱尔兰代表支持斯里兰卡的提案而且打算修改本国提案。爱尔兰代表希望第七十六条草案修正案能考虑该国立场。④

在非正式协商案文/第一次修订稿中，第七十六条第4（ii）款增加了一个脚注，内容如下：

斯里兰卡代表建议增加一种适用于其地质和地貌的划界方法，该建议获得了广泛的同情。然而，这项内容已经交由大会后续会议进行磋商。⑤

FA. A. II. 4. 在第八期会议续会期间（1979年），斯里兰卡代表提议通过增加新的第4（a）（iii）款修改第七十六条中的大陆架定义，内容如下：

（iii） 在某国沿着按照该条款规定所许可的最大距离划定的作为大陆边整个外缘的线上的沉积岩，其厚度的数学平均值不少于3.5千米；而且将有一半以上的大陆边被其排除在外的情况下，按照第6款规定并用每一点的沉积岩厚度不少于0.8千米的最外部固定点连线划定界限。⑥

该提议允许沿海国家采用一种考虑沉积岩厚度的标准来确定大陆边的外部界限。它针对的是斯里兰卡大陆架的特殊条件。

六国协商集团的主席在关于"斯里兰卡问题"的报告中指出：

斯里兰卡代表建议增加一种适用于其地质和地貌的划界方法，该建议在第八期会

---

④ 第二委员会，第58次会议（1979年），第84项，XI Off. Rec. 67。

⑤ A/CONF. 62/WP. 10/第一次修订稿（1979年非正式综合协商案文/第一次修订稿，油印），第七十六条，脚注2。转载在《第三次联合国海洋法会议文件集》第一卷，第375、421页。

⑥ NG6/10（1979年，油印），第七十六条，第4（a）（iii）项。转载在《第三次联合国海洋法会议文件集》第九卷，第379页。

议的第一阶段获得了广泛的同情。六国集团磋商与三十八国集团磋商都会讨论该问题〔见上文第76.13款〕。斯里兰卡提交了一份新的非正式议案（NG6/10），在第七十六条第4（a）款中增加了一个新的子条款……该非正式议案没有详细的分析，应斯里兰卡代表要求，没有决定与其他代表的磋商结果。⑦

FA. A. II. 5. 在第九期会议期间（1980年），第二委员会的主席报告了斯里兰卡代表提案的进展情况：

斯里兰卡代表建议增加一种适用于具体区域内独特地质和地貌的划界方法，该建议经过了相关国家间的密切磋商。广泛认为该建议作为变通方法被采纳，变通的条款将通过大会主席所作的谅解声明的方式提出来，作为整体解决方案的一部分并入大会最后文件的附件。关于主席的谅解声明的内容还在继续磋商，将在第九期会议结束前得出结论。⑧

在第九期会议续会期间（1980年），第二委员会的非正式会议提出了如下案文（资料来源1）：

关于使用一种特定方法划定大陆边外缘的谅解声明

第三次联合国海洋法会议，

考虑到在下列情形下，一国大陆边的特殊特征：（1）200米等深线所在处的平均距离不超过二十海里；（2）大陆边沉积岩的大部分位于大陆基之下；

考虑到当前《公约》第七十六条适用于该国大陆边对该国所将造成的不公平后果，因为沿着按照该条第4款（a）项（1）和（2）目所许可的最大距离划定的作为大陆边整个外缘的线上的沉积岩，其厚度的数学平均值将不少于3.5千米；而且将有一半以上的大陆边被其排除在外；

认识到虽有第七十六条的规定，这种国家可以连接各定点划出长度不超过60海里的直线的方法，划定其大陆边外缘，各定点以经纬度标明，而且各点上的沉积岩厚度不少于1千米。

一国如应用本声明上一段所述方法划定其大陆边外缘，则一个邻国也可以利用这个方法划定其地质特征相同的大陆边外缘，如果该邻国具有这种特征的大陆边外缘是沿着按照第七十六条第4款（a）项（1）和（2）目所许可的最大距离划定的线，而

---

⑦ NG6/19（1979年），第（e）部分（主席，六国协商集团）。转引在A/CONF.62/91（1979年），正式记录，第十二卷，第71、106页。

⑧ A/CONF.62/L.51（1980年），第6（d）段，正式记录，第十三卷，第82、83页（主席，第二委员会）。

在该线上的沉积岩厚度的数学平均值不少于3.5千米。

会议请依据本公约附件……设立的大陆架界限委员会在其就有关孟加拉湾南部国家大陆边外缘的划定问题提出建议时以本声明的规定为依据。

之后，主席报告指出谅解声明"没有遇到任何反对，将作为整体解决方案的一部分并入大会最后文件的附件"。大会正式决定将上述声明纳入最后文件的附件。⑨

FA. A. II. 6. 在第十一期会议续会期间（1982年），大会《最后文件》的非正式草案中的附件三包含《谅解声明》（资料来源2）。该附件通过提及《公约》附件二内容，完成了声明的最后一段。在审查大会《最终草案》之后（见第一卷，第447页，第4~7款），谅解声明归入大会《最后文件》的附件二中。⑩

FA. A. II. 7（a）. 与构成《最后文件》中附件1的4项决议不同，《最后文件》中的附件二不代表大会通过的"整体"中的部分。⑪《最后文件》附件二是谅解声明，考虑到地理特点的具体情况并已发展到适用于孟加拉湾的南部区域。它通过附件二第三条第1（a）款与《公约》条款相联系（见上文 A. II. 10（c）款）。

FA. A. II. 7（b）. 第一段设定了谅解声明将适用于大陆边外部界限划定的具体的地理条件。，根据该条件，200米等深线平均位于不超过20海里的区域，以及大陆边下方大部分沉积岩位于大陆基之下的区域。

第二款认为，根据这些条件，如果第七十六条规定在特殊的第4（a）（i）和（ii）款中适用，那么划定的大陆边外部界限的沉积岩平均厚度"不少于3.5千米"。大陆边距海岸相对较近，可被提出主权要求的一半以上的地质大陆边会被上述要求排除在外，所以可能造成对该地区内国家的不公正性。

为克服在这种情况下适用第七十六条产生不平等性，第3款提出一项新规定，大陆边的外部界限可以扩展至"沉积岩厚度不少于1千米"的区域。这允许那些国家将其大陆边外缘扩展至更远，超过其他国家通过第七十六条提出主权要求的大陆边外缘。

该谅解声明原意只针对斯里兰卡外洋底的地质条件。实际上，第4款提出邻国可以利用这个方法划定其"地质特征相同"的大陆边外缘，这将谅解声明的适用范围扩大至印度东南海域，如在结束段落中，要求大陆架界限委员会在其就有关"孟加拉湾南部国家"大陆边外缘的划定问题提出建议时以本谅解声明的规定为依据。

---

⑨ 见主席在第141次全体会议所作的声明（1980年），第44项，正式记录，第十四卷，第84页。

⑩ A/CONF. 62/121（最后文件，1982年），附件二，正式记录，第十七卷，第138、148页。

⑪ 第三次联合国海洋法会议（1982年）的《最后文件》，第42段（见第一卷，第420页）。